제2판

# 물권법강의

박 동 진 저

法 文 社

# 제2판 머리말

「물권법강의」의 초판이 나온 지 벌써 4년이 지났다. 좀 더 일찍 2판을 냈어야 함에도 불구하고 능력부족으로 시일을 지체하고 말았다. 내용적으로 부족한 부분도 없지 않았는데도 「물권법강의」를 통해서 물권법을 배울 때 도움이 되었다는 말을 들을 때마다 감사하고 책임감을 느끼게 된다.

다음과 같은 점을 생각하면서 제2판을 준비했다.

우선 초판에서 채택한 서술방식은 그대로 유지했다. 본문에 들어 있는 중요내용의 목차를 보다 알차게 개선하고, 2022년 초까지의 대법원 판결례를 반영했다. 중요한 대법원판결례는 사례문제로 만들어 보충했다. 누적적 근저당 등 내용적으로 설명이 빠지거나 부족한 부분도 추가 또는 보충하였다.

변호사시험의 사례형 문제와 해설을 보충하였다. 변호사시험 제1회(2012)부터 제7회(2018)까지의 문제와 해설에 더하여, 2022년 변호사시험까지 총 4회의 민법 사례형 문제 중 물권법 관련부분을 추려서 해설과 함께 추가하였다. 2015년 제4회 변호사시험 제1문의2의 해설('전세권의 법정갱신과 전세권저당권의 실행')은 특히 정확한 쟁점을 찾아 필요한 해설을 추가한 점은 특기할 만하다.

함께 책을 읽고 검토해 준 연구실 제자들에게 고마운 마음을 전한다. 이미 법전원 교수로 민법강의를 하는 바쁜 중에도 격주로 같이 공부하는 시간이 즐겁고 유익했기를 바란다. 교정에 신경을 써준 석지윤 연구교수, 박사과정에서 공부중인 이수인 조교에게도 감사한 마음이다.

편집부의 김용석 차장은 초판에서와 같이 세심하게 책 만드는 작업을 진행해 주었다. 감사드린다.

마지막 교정작업을 마치고 최종 원고를 편집부에 전달하고 나서도 아쉬움은 항상 남는다. 그래도 초판보다는 조금이라도 좋아졌으리라 감히 기대해 본다.

2022년 8월

현석재에서 박동진

# 머리말

민법 강의용 교과서로 「계약법강의」가 나온 지 2년이 되었다. 이제 두 번째 민법교재로 이 책 「물권법강의」를 내놓게 되었다.

이 책의 구성과 순서는 먼저 선보였던 「계약법강의」와는 달리 민법전 중 물권편의 순서에 따랐다. 물권관련 법률분쟁의 유형을 고려해 볼 때 민법전 순서와 달리 새롭게 구성할 필요성이 적었기 때문이다. 그러나 물권법강의에서도 「계약법강의」의 특징은 동일하게 유지하려고 노력하였다.

이 책의 특징은 아래와 같다. 먼저 법리를 보다 구체적으로 이해할 수 있도록 사례를 많이 기재했는데 거의 모든 사례는 판결례의 사실관계를 기초로 했다. 판례를 통하여 물권법이 어떻게 적용되는지를 확인하는 것이 중요하기 때문이다. 민법을 추상적인 이론으로만 이해하는 것은 불충분하다. 민법은 법적 분쟁을 해결하는 실천적 도구로서 기능해야 하기 때문이다. 이러한 점을 고려하여 물권법의 중요한 내용은 책의 곳곳에 요건사실론의 관점에서 요약·재정리해 보았다.

그리고 물권법 관련 판결례에 의하여 거론된 내용과 쟁점을 빠짐없이 설명하려 하였다. 다만 이 책이 강의용 교과서라는 본분을 벗어나지 않도록 지나치게 학리적인 부분은 설명을 지양했다. 그럼에도 불구하고 책의 분량이 생각했던 것보다 많아져 학생들에게 미안한 마음이다. 물권법의 중요한 법리 중 빠진 부분은 없도록 노력했다는 점에서 학생들이 물권법을 잘 이해하는 데 도움이 되리라 기대한다.

또한 제1회 변호사시험(2012)부터 제7회 시험(2018)까지 사례형 문제 중 물권법과 관련된 내용을 그 풀이와 함께 넣었다. 수험준비에 도움이 되었으면 한다.

마지막으로 이 책의 특징은 본문 중에 목차를 넣었다는 점이다. 목차는 그 이하의 내용을 개관할 수 있게 한다. 책의 가장 앞부분에서 목차를 두고 있지만 이를 통해서는 물권법 전체를 개관할 수 있을 뿐이다. 전체목차로는 개별적인 법리의 세부적인 내용이 어떻게 구성되어 있는지를 알 수 없다. 본문에 들어 있는 목차는 보다 자세한 이해가 필요하다고 판단된 부분에 넣어 내용을 개관할 수 있도록 했다.

이 책이 나오기까지 도움을 준 사람들에게 감사의 말씀을 전하고 싶다. 먼저 가장 감사해야 할 사람은 연구실의 제자들이다. 원고를 처음부터 끝까지 읽으며 내용을 검토해 주었을 뿐만 아니라 비판적 시각에서 여러 의견을 주었다. 이 책이 내용적으로 오류가 좀 더 적어지고 내용과 구성이 충실하다면 이는 나보다 이들의 노력의 결과라 생각한다. 필자가 생각하지 못했던 것을 지적해 주고 일부는 이 책의 내용으로 반영된 그간의 과정을 통해 제자들이 더욱 성장해 나가는 모습도 또한 감사하다. 민법 전공 박사과정을 수료한 고명환 군은 세심하게 교정작업까지 해 주었다. 그리고 책의 출간을 위해 수고해 주신 법문사 장지훈 부장님, 김용석 과장님께도 감사드린다. 김용석 과장님은 편집이라는 마법을 통해 필자의 원고가 책의 모습을 갖게 해 주었다. 항상 응원해 주는 평생 동지 홍정화에게도 고마운 마음을 전한다. 이심전심일 것이라 믿는다.

혹자에 따라서는 이 책에 불만을 갖거나 혹평이 이어질 수도 있다고 생각한다. 그러나 주어진 나의 능력을 고려해 보면 이 책의 출간에 최선을 다했다고 감히 말하고 싶다. 더 많은 학생들이 읽어야 할 책이 될 수 있도록 부족한 부분은 계속 보완해 나갈 것이다.

이 책을 읽고 학생들이 물권법을 잘 이해하게 된다면 그것이야말로 필자가 가장 소망하는 것이다.

2018년 8월

박 동 진

# 차 례

# 제 2 장　점 유 권 (129~174)

# 제 4 장 지 상 권

(304~338)

# 제 5 장　지 역 권

# 제 6 장　전 세 권

# 제 7 장 담보물권총설 (375~378)

# 제 8 장 유 치 권 (379~412)

# 참고문헌

고상룡, 물권법, 법문사, 2001

곽윤직 · 김재형, 물권법, 전면개정판 제8판, 박영사, 2015

김상용, 물권법, 제4판, 화산미디어, 2018

김준호, 물권법, 제15판, 법문사, 2022

김준호, 민법강의, 제28판, 법문사, 2022

김증한 · 김학동, 물권법, 제9판, 박영사, 1997

김홍엽, 민사집행법, 제7판, 박영사, 2022

박동진, 계약법강의, 제2판, 법문사, 2020

양창수 · 권영준, 권리의 변동과 구제, 제4판, 박영사, 2021

양창수 · 김재형, 계약법, 제3판, 박영사, 2020

양창수 · 김형석, 권리의 보전과 담보, 제4판, 박영사, 2021

이시윤, 신민사소송법, 제15판, 박영사, 2021

이영준, 물권법, 전정신판, 박영사, 2009

이은영, 물권법, 제4판, 박영사, 2006

송덕수, 물권법, 제5판, 박영사, 2021

송덕수, 신민법강의, 제15판, 박영사, 2022

지원림, 민법강의, 제19판, 홍문사, 2022


곽윤직 편집대표, 민법주해 4 · 5 · 6 · 7, 박영사, 2009

김용덕 편집대표, 주석 민법(제5판) 물권 1 · 2 · 3 · 4, 한국사법행정학회, 2019

# 법령 약어표

(조문만 인용된 경우에는 민법의 조문을 말한다)

가등기담보 등에 관한 법률 – 가등기담보법
공간정보의 구축 및 관리 등에 관한 법률 – 공간정보관리법
공유수면 관리 및 매립에 관한 법률 – 공유수면법
국토의 계획 및 이용에 관한 법률 – 국토이용법
동산 · 채권 등의 담보에 관한 법률 – 동산채권담보법
부동산실권리자명의등기에관한법률 – 부동산실명법
집합건물의 소유 및 관리에 관한 법률 – 집합건물법
채무자 회생 및 파산에 관한 법률 – 채무자회생법

# 물권법강의

# 제1장 물권법 총론

## 제1절 개 관

### Ⅰ. 물권법의 의의

우리 사회는 시장경제질서($\binom{헌법 제}{119조}$)에 입각하여 그 구성원 각자가 독립·대등한 권리주체($\binom{헌법}{제10조}$)로서 재화에 대한 사적 지배와 재화의 자유로운 교환을 통해 자신의 생활을 영위할 것을 전제로 하고 있다. 이러한 사회에서 사법의 역할은 이러한 생활이 가능하도록 법적으로 보장하는 것에 있다. 이런 의미에서 실질적 의미의 물권법은 사유재산제($\binom{헌법 제23}{조 제1항}$)를 기초로 재화에 대한 배타적 지배·이용관계를 규율하는 사법으로 정의된다. 반면 형식적 의미의 물권법은 제2편 물권에 규정된 성문법을 말한다.

### Ⅱ. 물권법의 법원(法源)

법원에 대한 설명 가운데 물권법과 관련해서 특별히 살펴볼 부분은 이하와 같다(물권법의 법원에 관해서는 제1조 법원에 대한 설명을 참고하기 바란다).

#### 1. 법 률

물권법의 법원으로서 법률에는 민법 제2편(형식적 의미의 물권법) 외에 실질적 의미의 물권법이 포함된다. 예컨대 부동산등기법, 부동산등기특별조치법, 부동산 실권리자명의 등기에 관한 법률, 집합건물의 소유 및 관리에 관한 법률, 입목에 관한 법률, 가등기담보 등에 관한 법률, 동산·채권 등의 담보에 관한 법률, 공장 및 광업재단 저당법, 자동차 등 특정동산 저당법 등이 실질적 의미의 물권법이다. 특히 부동산에 관해서는 다수의 공법적 규제를 위한 법률이 존재하고, 이로 인해 물권의 행사가 제한을 받는 경우가 많으므로 이에 대한 관심이 필요하다. 예컨대 건축법, 국토의 계획 및 이용에 관한 법률, 공간정보의 구축 및 관리 등에 관한 법률,

농지법, 도로법 등이 이에 해당한다.

## 2. 관 습 법

제1조에서 관습법은 성문법에 대한 보충적 효력을 갖는 것으로 규정하지만, 제185조는 "물권은 법률 또는 관습법에 의하는 외에는 임의로 창설하지 못한다"고 규정하고 있다. 물권관계에서 법률과 관습법의 관계에 대한 제185조의 의미를 둘러싸고 보충적 효력설과 대등적·변경적 효력설의 다툼이 있다(학설의 자세한 내용에 대해서는 아래 제3절 Ⅱ. 참조).

## Ⅲ. 물권법의 특질(特質)

### 1. 강행규정성

특정인에게만 효력을 발생시키는 상대적 법률관계를 규율하는 채권법은 사적 자치의 원칙이 적용되며 원칙적으로 임의규정으로 구성된다. 반면 물권법정주의에 기하여 물건에 대한 배타적 지배관계를 규율하는 물권법 규정들은 강행규정이 원칙이다. 다만 물권법정주의에도 불구하고 당사자 간의 법률행위에 의한 물권변동과 같이 사적 자치의 원칙이 허용되는 경우도 있지만 물권법정주의에 의해 내용결정의 자유는 제한적일 수밖에 없다.

### 2. 고유법성

재화의 이동관계를 규율하는 채권법은 보편성을 갖는 반면, 재화에 대한 지배관계를 규율하는 물권법은 각국의 고유법성이 강하다. 예컨대 전세권, 분묘기지권 등은 우리나라 특유의 물권이라고 할 수 있다. 이에 대해 물권법 규정의 대부분은 유럽대륙의 물권법을 계승한 것이라는 점에서 우리 물권법의 고유법성에 대해 의문을 제기하는 견해도 있다. 이런 견해에 따르면 로마법적 요소(개인주의적 관념에 입각한 추상적 지배권인 소유권을 중심으로 파악, 일물일권주의, 소유권과 점유권의 분리, 중첩적 소유관계의 부정, 소유권과 제한물권의 준별, 개인주의적 소유관념 등)와 게르만법적 요소(Gewere를 통해 소유권과 점유를 일체로 파악, 부동산과 동산의 구별, 부동산등기제도, 선의취득, 총유와 합유의 인정 등)의 교착에 의해 우리 물권법의 근간이 형성되었다고 본다.

## Ⅳ. 물권법의 구성

### 1. 제2편에 구성

총칙과 8개의 개별적 물권(점유권, 소유권, 지상권, 지역권, 전세권, 유치권, 질권, 저당권)으로 구성된다. 점유권 이외의 권리를 본권(本權, 지배할 수 있는 권리)이라 한다.

| | | | | | | |
|---|---|---|---|---|---|---|
| **물권** | 민법 | 본권 | 제한<br>물권 | 용익<br>물권 | 지상권(제279조 이하)<br>지역권(제291조 이하)<br>전세권(제303조 이하) | 토지<br>토지<br>토지, 건물 |
| | | | | 담보<br>물권 | 유치권(제320조 이하)<br>질권(제329조 이하)<br>저당권(제356조 이하) | 토지, 건물, 동산, 유가증권<br>동산, 권리<br>토지, 건물 |
| | 민법 이외의<br>법률 | 상법상 상사유치권, 주식질권, 선박서낭권 등<br>특별법상 입목저당권, 공장저당권, 가등기담보권, 광업권, 동산채권담보권 등 | | | | |
| | 관습법 | 분묘기지권, 관습법상 법정지상권, 동산양도담보권 | | | | |

*(표 상단 머리글: 점유권 / 소유권)*

## 2. 물권법의 규정 체계

### (1) 제1장 총칙

물권법정주의$\binom{\text{제185}}{\text{조}}$, 물권변동[부동산의 경우$\binom{\text{제186조,}}{\text{187조}}$, 동산의 경우$\binom{\text{제188조 내}}{\text{지 제190조}}$], 물권소멸원인 중에서 혼동$\binom{\text{제191}}{\text{조}}$에 관하여 규정하고 있다.

### (2) 제2장 점유권$\binom{\text{제192조 내}}{\text{지 제210조}}$

### (3) 제3장 소유권$\binom{\text{제211조 내}}{\text{지 제278조}}$

### (4) 용익물권(사용가치에 대한 지배)

제4장 지상권$\binom{\text{제279조 내}}{\text{지 제290조}}$, 제5장 지역권$\binom{\text{제291조 내}}{\text{지 제302조}}$, 제6장 전세권$\binom{\text{제303조 내}}{\text{지 제319조}}$

### (5) 담보물권(교환가치에 대한 지배)

제7장 유치권$\binom{\text{제320조 내}}{\text{지 제328조}}$, 제8장 질권$\binom{\text{제329조 내}}{\text{지 제355조}}$, 제9장 저당권$\binom{\text{제356조 내}}{\text{지 제372조}}$

## 제2절 물 권

### Ⅰ. 의 의

물권은 특정·독립된 물건을 직접 지배해서 이익을 얻는 것을 내용으로 하는 배타적·독점적 권리이다.

### Ⅱ. 물권의 본질

#### 1. 재산권으로서의 물권

물권은 특정·독립된 물건을 지배하여 그로부터 재산적 이익을 얻는 것을 목적으로 하는 권리로서 물권자가 그 물건의 지배를 통해 얻을 수 있는 재산적 이익은 물건의 사용가치와 교환가치가 있다. 물권은 채권과 더불어 재산권에 속하며, 그 성질상 당연히 양도성을 갖는다(예외: 제292조, 제361조).

#### 2. 지배권으로서의 물권: 직접적, 배타적 지배

채권은 채무자에게 일정한 행위를 청구할 수 권리, 즉 청구권인 반면 물권은 물건을 직접적·배타적 지배할 수 있는 권리, 즉 지배권이다.

#### (1) 직접적 지배

물권은 물건을 직접적으로 지배하는 권리를 말한다. 물건의 직접적 지배란 타인의 행위를 매개하지 않고 물건에 대해 직접 작용하여 물건으로부터 이익을 얻는 것을 의미한다. 이에 반해 채권은 채무자의 행위를 매개로 하여 이익을 얻는다는 점에서 양자는 차이가 있다. 물건에 대한 지배란 현실적 지배를 해야 하는 것이 아니라 관념적 지배도 물권으로서 보호를 받는다(예외: 점유권).

#### (2) 배타적 지배

물권의 배타성은 독점성의 형태로 나타난다. 즉 하나의 물건 위에 상충되는 수개의 물권이 존재할 수 없기 때문에 타인의 간섭을 배제하는 독점적 이익이 특징적이다. 물권의 실현이 방해받거나 그러한 우려가 있을 경우 물권의 실효성 확보를 위해 물권적 청구권이 인정되고, 물권은 권리자를 제외한 모든 자에 대해 그 권리를 존중해야 할 의무를 부담시키기 때문에 제3자의 물권침해는 위법하므로 불법행위를 성립시킨다.

이러한 물권의 배타적 지배는 제3자의 이익과 충돌될 우려가 있기 때문에 권리자, 권리의 내용, 대상인 물건을 특정하여 그 지배범위를 한정하고, 그 권리의 내용을 제3자에게 알리기 위한 공시제도가 필요하다.

### 3. 절대권으로서의 물권

물권은 물건을 직접 지배하는 권리로 누구에게나 주장가능한 권리라는 점에서 절대권이라고 한다. 물권의 절대권적 성격에 기해 물권에 추급력이 인정되고, 이는 물권적 청구권의 형태로 나타난다. 이에 반해 채권은 채무자에게만 주장할 수 있는 권리라는 점에서 상대권(예외: 임차권의 물권화 경향)이라고 한다. 이와 같이 절대권과 상대권의 구별을 긍정하는 견해에 반대하여 제3자의 채권침해가 있어도 불법행위가 성립할 수 있기 때문에 채권의 상대성을 부정하여 절대권과 상대권의 구별을 부정하는 견해도 있다.

> **사례 1** A는 주택의 소유자인 B로부터 주택을 빌려 사용하고자 한다. 이를 위해 A는 B와 사이에 ① 주택임대차계약을 체결하고 주택을 인도받는 방법(전입신고를 하지 않음)과 ② 전세권설정계약을 체결하고, 전세권설정등기를 한 다음 주택을 인도받는 방법을 고민하고 있다. A가 ① 또는 ②의 방법으로 거주하던 중 B가 그 소유의 주택을 C에게 매도하고 소유권이전등기를 한 경우, A는 계속 주택을 사용할 수 있는가?
>
> **┃해설 1┃** ①의 방법을 선택한 경우 A는 C에게 주택의 사용을 주장할 수 없지만, ②의 방법을 선택한 경우 A는 C에게 주택의 사용을 주장할 수 있다.
>
> A가 주택을 사용하기 위해 선택한 ①의 방법은 B와 사이에 채권계약인 임대차계약을 체결하여 채권인 임대권에 기해 주택을 사용하는 것이다. 임차권은 채권이므로, 채무자인 B에게만 그 주택의 사용·수익을 주장할 수 있는 권리일 뿐 채무자 아닌 제3자인 C에게 주택의 사용·수익을 주장할 수 없는 권리이다(청구권·상대권). 그러나 ②의 방법은 A가 B와의 전세권설정계약과 등기를 통해 B 소유의 주택에 대해 직접 사용·수익할 수 있는 물권을 취득하는 방법이다. 따라서 전세권자인 A는 주택의 소유자가 B 또는 C인지를 불문하고(배타적 지배) 그 목적물인 주택을 직접 지배하여 사용·수익할 수 있는 물권자이므로(직접 지배) 새로운 소유자인 C에게도 주택의 사용·수익을 주장할 수 있다.

### Ⅲ. 물권의 객체

### 1. 서    설

물권의 객체는 원칙적으로 특정한 독립된 물건이다.

(1) 물권의 객체는 원칙적으로 물건이어야 한다.

(가) 물건의 의의

물건이란 유체물 및 전기 기타 관리할 수 있는 자연력을 말한다(제98조). 민법은 물건을 부동산과 동산으로 구별하여 토지 및 그 정착물을 부동산으로, 그 밖의 물건을 동산으로 규정하고 있다(제99조). 제98조는 권리의 객체로서의 물건을 규정하고 있는데, 명시적 요건과 일반적 요건을 전제하고 있다. 일반적으로 ⅰ) 유체물 및 자연력, ⅱ) 관리가능성, ⅲ) 독립성, ⅳ) 비인격성을 물건의 요소로 들고 있다.

1) 유체물 및 자연력

유체물이란 공간의 일부를 차지하고 사람의 오감에 의하여 지각할 수 있는 형태를 가진 물질을 말하고, 무체물은 전기, 열, 빛, 원자력, 풍력, 음향 등과 같이 공간을 차지하는 형체를 가지지 않는 것을 말하는데, 민법은 유체물과 무체물 중 자연력만을 물건으로 파악하고 있다. 여기서 자연력을 자연계에 존재하는 힘으로 이해한다면 앞서 본 전기나 기타 인위적으로 만들어낸 물질이나 에너지가 모두 자연력에 포함된다고 할 수 있다. 그러나 인간의 노동력은 자연력에 포함되지 않는다고 본다. 인간의 노동력을 민법상 물건에 포함시킬 경우 인간의 노동력이 물권의 대상이 되어 급부행위를 대상으로 하는 채권과의 구별이 모호해지고 인간에 대한 물적 지배가 이론상 가능해지기 때문이다.

2) 관리가능성

관리가능성이란 사람이 배타적으로 지배할 수 있는 가능성을 의미한다. 유체물이든 무체물이든 모두 관리가능성이 있어야 물건이 된다. 해, 달, 해양[1] 등은 유체물이지만 누구도 배타적으로 지배할 수 없으므로 물건이 아니다. 대기 중 방송전파는 무체물로서 배타적 지배가 가능하지 않아 물건으로 볼 수 없다. 그러나 과학기술의 발달은 인간의 지배가능성을 넓혀 왔으므로 관리가능성의 개념 역시 시대와 장소에 따라 다른 상대적 개념이다.

3) 독립성

물권의 객체인 물건은 배타적 지배를 위해 원칙적으로 독립적 존재여야 한다. 독립적 존재란 그 자체가 다른 개체와 구별되어 독자적으로 존재하는 것을 말한다. 그 독립성 여부는 물리적으로만 판단할 것이 아니라 사회생활상의 거래관념에 따라 판단한다. 판례도 거래상의 독립성을 권리의 객체성에 대한 판단기준으로 삼고 있다(대판 1985.12.24. 84다카2428). 거래상 독립한 것인지 여부는 사회통념상 경제적 효용과 공시의 가능성 등을 기준으로 고려하고 있다(대판 2007.7.27. 2006다39270, 39287). 이러한 물건의 독립성은 물건의 개수를 정하는 기준이 된다. 일물일권주의 원칙상 물건의 일부나 구성부분 또는 물건의 집단은 원칙적으로 독립한 하나의 물권의 객체가 되지 못한다. 그런데 수개의 물건이 집합하여 경제적으로 단일한 가치를 가지고 거래상으로도 일체로 취급되는 경

---

1) 해양은 원칙적으로 지배가능성이 없지만 일정한 범위를 구획하여 어업권이나 공유수면매립권 등 권리의 객체가 될 수 있다.

우가 있다.

### 4) 비인격성

인간은 존엄한 존재로서 기본권의 주체가 되며$\binom{\text{헌법}}{\text{제10조}}$ 다른 목적을 위한 수단이 되지 않는다. 이에 따라 인격을 가진 사람 및 인격의 일부분에 대한 배타적 지배는 인정될 수 없다. 따라서 권리의 객체인 물건은 사람이 아닌, 비인격적인 외계의 일부여야 한다. 따라서 인체는 물건이 아니다. 그러나 인체의 일부로서 분리된 것, 예컨대 머리카락, 치아, 혈액 등은 독립한 물건으로서 분리된 사람의 소유가 된다. 인체의 일부를 분리시키는 채권계약이나 분리된 것을 처분하는 행위도 사회질서에 반하지 않는 한 유효하다.

### (나) 채권 기타의 권리

준점유$\binom{\text{제210}}{\text{조}}$, 권리질권$\binom{\text{제345}}{\text{조}}$, 재산권의 준공동소유$\binom{\text{제278}}{\text{조}}$, 지상권이나 전세권을 목적으로 하는 저당권$\binom{\text{제371조}}{\text{제1항}}$의 객체가 된다.

(다) 특허권, 상표권, 저작권 등의 지식재산권은 절대권이나 그 객체가 배타적 지배가 가능한 정신적 창작물로 물권은 아니지만 물권에 준하여 취급한다.

(라) 광업권, 조광권 및 어업권은 특별법에 의해 물건을 전속적으로 취득할 수 있는 권리로서 물권에 준하여 취급하는 준물권이다.

(2) 물건은 원칙적으로 특정되고, 현존하는 것이어야 한다. 다만 각종 재단저당 또는 동산담보권에서는 집합물에 대한 물권의 성립을 인정한다. 이 경우 집합물의 구성물에 변동이 발생하더라도 그 특정성은 유지되는 것으로 본다.

(3) 물권의 객체는 독립된 물건이어야 한다. 물건의 일부 또는 구성부분은 물권의 객체가 될 수 없다, 이에 대한 공시가 곤란하기 때문이다. 이는 일물일권주의(一物一權主義)를 기초로 한다. 예외적으로 용익물권의 경우 공시가 가능한 경우에는 토지나 건물의 일부에 성립이 가능하다$\binom{\text{부등법 제69조,}}{\text{제70조, 제72조}}$.

---

**사례 2** 뱀장어 양식을 하는 A는 B에 대한 현재 및 장래에 부담할 채무 한도액 1억 원의 담보로 양만장 내에 있던 뱀장어 전부의 소유권을 B에게 양도하고 이를 점유개정의 방법으로 인도하여 A가 계속하여 위 뱀장어를 점유하고 관리, 사육하면서 B의 승낙하에 이를 처분하기로 하는 내용의 양도담보계약을 체결하였다. B는 뱀장어에 대해 물권인 양도담보권을 취득할 수 있는가?

(대판 1990.12.26, 88다카20224 참고)

**│해설 2│** 양도담보권을 취득할 수 있다.

일반적으로 일단의 증감 변동하는 여러 개의 동산을 하나의 물건으로 보아 이를 채권담보의 목적으로 삼으려는 이른바 집합물에 대한 양도담보설정계약체결도 가능하며, 이 경우 그 목적동산이 담보설정자의 다른 물건과 구별될 수 있도록 그 종류, 장소 또는 수량지정 등의 방법에 의하여 특정되어 있으면 그 전부를 하나의 재산권으로 보아 이에 대해 유효한 담보권의 설정이 된 것으로 볼 수 있다. 이 사건의 경우 양만장 내에 있는 뱀장어 전부를 양도담보권의 목적으로 하고 있는 바, 이는 목적물의 종류, 장소에 의해 다른 물건과 구별이 가능하므로 그 목적물의 특정이 된 것으로 보아야 한다.

## 2. 일물일권주의(一物一權主義)

### (1) 의 의

일물일권주의란 하나의 물건에는 서로 양립할 수 없는 두 개의 물권이 인정되지 않는다는 원칙을 말한다. 한편 권리를 중심으로 설명하면 일물일권주의는 1개의 물권의 객체는 1개의 독립된 물건이어야 한다는 원칙을 말한다. 이에 따르면 원칙적으로 물건의 일부 또는 수개의 물건에 1개의 물권이 성립할 수 없게 된다.

일물일권주의의 근거로 첫째, 물건의 일부 또는 수개의 물건에 하나의 물권을 인정할 사회적 실익이 없고, 둘째, 물권의 배타적 효력이 인정되므로 제3자에 대한 공시가 필요한데, 물건의 일부 또는 수개의 물건에 하나의 물권을 인정하면 공시가 현저히 곤란해진다는 점을 든다. 결국 물건의 일부 또는 수개의 물건에 하나의 물권을 인정할 사회적 실익이 있고, 이를 공시할 방법이 있는 경우에는 물건의 일부나 수개의 물건에 하나의 물권을 인정할 수도 있다.

### (2) 일물(一物)(독립된 물건) 판단의 기준

독립한 물건, 즉 1개의 물건인지 여부는 그 물리적 형태와 거래관념에 의해 결정된다. 동산의 경우는 그 물리적 형태에서 독립성을 인정하기 용이하나 부동산의 경우에는 물리적 독립성을 인정하기 쉽지 않다. 문제되는 경우는 다음과 같다.

### (가) 토 지

토지는 수면으로 덮이지 않은 지표부분으로 해면 아래의 토지, 하천, 호수와 늪 등의 부지는 자연공물(自然公物)로서 공법적 지배관리의 대상일 뿐 사적 소유권의 대상이 아니다. 토지와 바다의 경계는 만조수위선이다. 토지는 흙, 모래, 암석 등으로 구성되는데, 이들은 토지의 구성부분으로 토지와 별도로 권리의 객체가 될 수 없다(대판 1989.6.27. 88다카25861). 실제 토지는 연속하고 있기 때문에 이를 인위적으로 구획하여 지적공부에 등록하고(공간정보법 제59조), 이와 같이 구획된 토지의 한 구역을 1필(筆)의 토지라고 한다. 이는 1개의 독립된 물건으로 인정된다.

1필의 토지는 나누어 여러 필의 토지로 나누거나(분필) 여러 필의 토지를 합하여 1필의 토지로 할 수 있다(합필)(공간정보법 제59조, 부동법 제35조 이하 참조). 원칙적으로 1필 토지의 일부에 대한 처분은 분필절차가 선행되지 않는 한 허용되지 않지만, 처분의 원인행위 자체는 허용된다. 용익물권(用益物權)은 1필 토지의 일부에도 공시방법을 갖추는 한 성립가능하고, 지상공간의 일부나 지하의 일부만을 대상으로 하는 구분지상권($^{제289}_{조의2}$)도 인정된다.

### (나) 건 물

건물은 토지의 정착물로서 토지와 별개의 부동산으로 정하고 있다. 건축 중인 건물은 독립성이 인정될 때 별개의 부동산이 되는데, 보통 최소한의 기둥과 지붕, 주벽(周壁)이 갖추어지면 독립성이 인정된다($^{대판 1977.4.26.}_{76다1677}$).

건물의 개수는 물리적 구조, 경제적 용도, 주위의 상황 등을 종합적으로 고려하여 거래관념상 별개의 소유권의 객체가 될 수 있는지 여부에 의해 객관적으로 결정되어야 한다. 건물의 일부에 대해 용익물권이 인정되며, 1동의 건물의 일부가 구조상·이용상 독립성을 갖춘 경우 구분소유권의 객체가 될 수 있다($^{제215조 및 집합건물의 소유}_{및 관리에 관한 법률 참조}$).

### (다) 수 목

수목은 토지의 정착물로 토지의 구성부분이므로 원칙적으로 토지와 독립한 물권의 객체가 될 수 없다. 다만 예외적으로 별개의 물건으로 다루어지기도 한다. 예컨대 '수목의 집단'이 입목법 제3조에 의해 등기되면 독립된 부동산으로 다루어지며, 양도와 저당권의 목적이 될 수 있다. 또 '수목의 집단'에 관습법상 명인방법이라는 공시방법을 갖춘 경우 독립한 부동산으로 '소유권과 이에 준하는 양도담보의 객체'가 될 수 있다. 개개의 수목이라도 명인방법을 구비했을 때에는 독립된 물건이 되는데 이를 동산으로 보는 견해와 부동산으로 보는 견해가 대립된다.

### (라) 미분리의 과실

원칙적으로 독립된 물건이 될 수 없으나 명인방법을 갖추면 독립한 물건으로 인정된다. 이를 부동산으로 보는 견해와 동산으로 보는 견해가 대립된다.

선의취득($^{제249}_{조}$)은 동산만을 대상으로 하기 때문에 동산인지 부동산인지를 구별할 실익이 있다.

### (마) 농작물

농작물은 토지의 일부에 불과하지만, 정당한 권원(임차권 등)에 기하여 타인이 재배한 농작물은 토지와 별개의 독립한 '부동산'으로 본다($^{제256조}_{단서}$)(이와는 달리 동산으로 보는 견해도 있다).

그러나 수확기간이 비교적 짧은 농작물(⑩ 벼)은 정당한 권원이 없이 타인의 토지에 심은 경우에도 성숙하여 독립한 물건으로서 존재를 갖추었으면 별도의 명인방법 없이도 독립한 부동산이 되어 토지소유자가 아닌 경작자에게 소유권이 인정된다($^{대판 1979.8.}_{28. 79다784}$).

농작물을 매매할 경우에는 점유를 이전하거나 명인방법을 갖추어야 한다. 판례도 "물권 변동에 있어서 형식주의를 채택하고 있는 현행 민법하에서는 소유권을 이전한다는 의사 외에 부동산에 있어서는 등기를, 동산에 있어서는 인도를 필요로 함과 마찬가지로 쪽파와 같은 수확되지 아니한 농작물에 있어서는 명인방법을 실시함으로써 그 소유권을 취득"한다고 판시하였다($^{대판 1996.2.}_{23. 95도2754}$).

### (바) 집합물

일물일권주의에 따르면 원칙적으로 수개의 물건이나 물건의 집단에 대해서는 하나의 물권이 성립할 수 없다. 그런데 다수의 물건이 집합하여 경제적으로 단일한 가치를 가지고, 거래상으로도 일체로 다룰 필요가 있는 경우(⑩ 특정한 창고 안의 의류들), 집합물을 하나의 물건으로 인정할 것인지 여부에 대해서는 견해가 나뉜다.

먼저 물건마다 하나의 물권이 성립하는 것으로 하는 것은 거래상 번거롭기 때문에 이를 집합물로 인정하여 이를 하나의 물건으로 취급하여야 한다는 견해가 있다. 반면 집합물 개념은 민법이 인정하지 않는 것으로 복수의 개별 물건일 뿐이며, 집합물을 양도담보의 대상으로 삼는 경우 포괄적 점유개정의 사전약정이라는 법률구성으로 동일한 효과를 얻을 수 있다고 하여 집합물 개념을 인정하지 않는 견해도 있다.

판례는 집합동산양도담보에 관하여 그 전체를 하나의 물건으로 인정하고 있다. 즉 그 대상이 단일한 경제적 가치를 가지고, 거래상 일체로서 취급되는 경우로 그 대상의 종류, 수량, 장소 등의 방법으로 특정된 경우에는 수량이 변동하는 뱀장어 전체(유동집합동산)에 대해 하나의 양도담보권의 설정을 인정한다(대판 1990.12.26, 88다카20224).

한편, 복수의 물건이 경제적으로 단일한 의미를 가지고 있어 이를 하나의 물건으로 취급할 필요가 있고, 공시방법을 마련할 수 있는 경우 별도의 법률을 정하여 이를 하나의 물건으로 취급할 수 있다(예컨대 채권·동산 등의 담보에 관한 법률 참조).

### (3) 일물일권주의 위반의 효과

일물일권주의를 위반한 물권행위(처분행위)는 원칙적으로 무효이다. 그러나 일물일권주의를 위반한 채권행위는 원칙적으로 특별한 사정(예컨대 토지분할이 허용되지 않는 사정)이 없는 한 유효하다.

---

**사례 3** 농장에서 돼지를 사육하던 A는 그에게 돼지사료를 공급하던 B 축산업협동조합에게 이미 공급한 사료대금과 앞으로 공급할 사료대금채권 3억 원을 담보하고자 한다. A는 농장 내 돼지 전체인 3,000두의 소유권을 B에게 양도하되, 점유개정의 방법으로 A가 담보제공된 돼지를 계속 점유·관리하면서 B 조합의 승낙을 얻어 처분하여 그 대금으로 사료대금을 변제하며, 항상 3,000두를 유지하기로 하는 내용의 양도담보계약을 체결했다. B 조합은 돼지 3,000두 각각에 3,000개의 양도담보권을 취득하는가? 아니면 돼지 3,000두에 1개의 양도담보권을 취득하는가?

(대판 2004.11.12, 2004다22858 참고)

**│ 해설 3 │** B 조합은 돼지 3,000두를 1개의 집합물로 하여 1개의 양도담보권을 취득한다.

B 조합과 A는 농장 내에서 사육하고 있던 돼지 3,000두를 양도담보의 목적물로 삼기로 계약하였는데, 이러한 양도담보계약은 일단의 증감 변동하는 동산을 하나의 물건으로 보아 이를 채권담보의 목적으로 삼는 이른바 '유동집합물에 대한 양도담보계약'에 해당한다. 이 경우 양도담보

권자가 담보권설정계약 당시 존재하는 집합물에 대하여 점유개정의 방법으로 점유를 취득하면 그 후 새로이 반입되는 개개의 물건에 대하여 그 때마다 별도의 양도담보계약을 맺거나 점유개정의 표시를 하지 아니하더라도 하나의 집합물로서의 동일성을 잃지 아니한 채 양도담보권의 효력은 항상 현재의 집합물 위에 미치게 된다.

## 제3절 물권의 종류(물권법정주의)

### Ⅰ. 물권법정주의(物權法定主義)

### 1. 의    의

제185조는 "물권은 법률 또는 관습법에 의하는 외에는 임의로 창설하지 못한다"고 규정하고 있다. 이는 물권의 종류와 내용은 법률이 정하는 것으로 한정되고, 당사자들이 임의로 물권을 창설하는 것은 금지된다는 원칙을 선언한 것이다. 이를 물권법정주의라고 한다. 물권의 영역에서는 사적 자치도 물권법정주의 범위 내에서 허용되기 때문에 당사자의 내용결정의 자유는 제한될 수밖에 없다(유형강제). 이는 채권법상 계약자유의 원칙과 대비되는 물권법상의 원칙이다.

### 2. 근거와 한계

#### (1) 인정근거

#### (가) 자유로운 소유권의 확보(역사적 이유)

봉건시대를 극복하기 위하여 자유로운 소유권확립을 위해서 확립된 원칙이다. 즉 자유로운 소유권을 방해하는 제한물권의 부활 내지 생성을 방지하기 위하여 출발된 제도이다.

#### (나) 공시의 목적 달성(현실적 이유)

배타적 지배권인 물권은 제3자의 이해관계에 중요한 의미를 가지므로 제3자가 물권을 인식할 수 있는 방법(공시제도)이 채택되었다. 공시되는 물권의 유형과 내용이 미리 확정되어 임의로 물권을 창설하지 못하도록 한다. 그래야 제3자가 예상치 못한 피해를 입지 않게 되고, 결국 거래의 안전과 신속을 확보하기 위한 기초가 마련된다.

#### (2) 한 계

물권법정주의를 엄격하게 적용하면 물권은 정형화되고 경직되어 사회변화에 따른 새로운 수요에 부응하지 못하게 된다. 그래서 민법은 관습법에 의해 새로운 유형의 물권을 인정하고 있다. 그러나 관습법에 의한 물권의 인정은 제한적으로 인정되고 있으므로(예컨대 관습상의 사도통행권을 부정한 대판 2002.2.26, 2001다64165 참조), 특별법의 제정을 통하여 새로운 유형의 물권이 창설되게 된다(예컨대 채권·동산 등의 담보에 관한 법률 참조).

---

**사례 4** A는 1982년경에 자기 소유의 토지 위에 B시가 농촌지도소 사무실로 쓸 건물을 신축하여 그 부지로 위 토지를 사용하는 것에 대해 승낙을 하였다. 건물이 신축된 후 B시는 1982년경부터 2003년경까지 이 사건 토지의 소유자이던 A에 대하여 세금을 전혀 부과하지 아니하였다. 그런데 A는 2004년 4월에 "현재 토지 위 건물은 농촌지도소로 사용되지 않고 있으므로 본인은 현 시점에서 본인의 의사와 다르게 사용되는 토지의 권리를 다시 회수코자 한다"는 내용의 통고서를 B시에 보냈다. 그 후 A가 2006.7.20. 사망하여 C가 토지를 단독으로 상속하였다. C는 B시를 상대로 토지소유권에 기하여 건물의 철거 및 토지의 반환을 구하는 소송을 제기하였다. 그런데 이 사건 소를 제기할 때까지 C가 B시의 토지 사용에 대하여 이의를 제기하거나 임료 상당의 부당이득을 청구한 사실이 없다. 소송과정에서 B시는 "A가 토지를 B의 위 건물 건축 및 사용에 제공함으로써 토지에 대한 배타적인 사용·수익권을 포기하였"음을 이유로 C의 청구는 기각되어야 한다고 주장한다. 이 주장은 물권법정주의에 비추어 타당한가? (대판 2009.3.26, 2009다228,235 참고)

**│ 해설 4 │** B시의 주장은 타당하지 않다.

제211조는 "소유자는 법률의 범위 내에서 그 소유물을 사용, 수익, 처분할 권리가 있다"고 규정하고 있으므로, 소유자가 채권적으로 그 상대방에 대하여 사용·수익의 권능을 포기하거나 사용·수익권의 행사에 제한을 설정하는 것 외에 소유권의 핵심적 권능에 속하는 배타적인 사용·수익의 권능이 소유자에게 존재하지 않는다는 것은 물권법정주의에 반하여 특별한 사정이 없는 한 허용될 수 없다.

한편 채권적 의미에서 사용·수익권의 제약은 효력을 가질 수 있다. 예컨대 도로부지를 무상제공 받는 사람들에게 채권적으로 사용·수익권의 포기 또는 일시적으로 소유권행사를 하지 않겠다는 의사표시는 유효할 수 있다(대판 2017.6.19, 2017다211528,211535).

---

**사례 5** A 소유의 저지대인 X토지로 빗물과 인접 토지의 생활하수가 흘러와 도랑의 형태로 X토지를 가로질러 악취를 풍기고 주변 경관을 해치자 A를 포함한 마을 주민들은 1970~1980년경 주민회의에서 X토지에 우수관(이하 '이 사건 우수관'이라 함)을 매설하였다. A가 사망하자 B가 1995. 5.29. 상속을 원인으로 X토지의 소유권이전등기를 마쳤다. C市는 2008.11.19. X토지의 우수관을 설치했는데, 그 우수관의 위치가 이 사건 우수관과 중첩된다. A와 B는 C市에 이 사건 우수관의 철거 또는 부당이득반환을 요구한 적이 없다가 2016.7.24. B는 토지소유자로서 이 사건 우수관의 관리주체인 C市를 상대로 이 사건 우수관 철거와 그 부분 토지 사용에 따른 차임 상당의 부당이득반환을 구한다. 이에 C市는 X토지 중 우수관이 매설된 부분(이하 '이 사건 계쟁토지 부분'이라 함)을 소유하던 A가 우수관 매설 당시 이 사건 계쟁토지 부분에 대한 독점적이고 배타적인 사용·수익권을 포기하였다고 주장한다. C市의 주장은 타당한가? (대판(전) 2019.1.24, 2016다264556 참조)

**┃해설 5┃** C市의 주장은 타당하다.

토지 소유자가 그 소유의 토지를 도로, 수도시설의 매설부지 등 일반 공중을 위한 용도로 제공한 경우에, 소유자가 토지를 소유하게 된 경위와 보유기간, 소유자가 토지를 공공의 사용에 제공한 경위와 그 규모, 토지의 제공에 따른 소유자의 이익 또는 편익의 유무, 해당 토지 부분의 위치나 형태, 인근의 다른 토지들과의 관계, 주위 환경 등 여러 사정을 종합적으로 고찰하고, '토지소유자의 소유권 보장과 공공의 이익 사이의 비교형량'을 한 결과, 소유자가 그 토지에 대한 독점적·배타적인 사용·수익권을 포기한 것으로 볼 수 있다면, 타인이 그 토지를 점유·사용하고 있다 하더라도 특별한 사정이 없는 한 그로 인해 토지 소유자에게 어떤 손해가 생긴다고 볼 수 없으므로, 토지소유자는 그 타인을 상대로 부당이득반환을 청구할 수 없고, 토지의 인도 등을 구할 수도 없다. 또한 피상속인이 사망 전에 그 소유 토지를 일반 공중의 이용에 제공하여 독점적·배타적인 사용·수익권을 포기한 것으로 볼 수 있고 그 토지가 상속재산에 해당하는 경우에는, 피상속인의 사망 후 그 토지에 대한 상속인의 독점적·배타적인 사용·수익권의 행사 역시 제한된다고 보아야 한다.

사안의 경우 이 사건 우수관 설치 당시 A는 자신이 소유하던 X토지의 편익을 위하여 자발적으로 이 사건 우수관을 설치하도록 한 것으로 볼 수 있고, A의 독점적이고 배타적인 사용·수익권의 행사를 제한하는 것을 정당화할 정도로 분명하고 확실한 공공의 이익 또한 인정되므로, A는 이 사건 계쟁토지 부분을 포함한 X토지에 대하여 독점적이고 배타적인 사용·수익권을 행사할 수 없게 되었고, A의 상속인인 B의 독점적이고 배타적인 사용·수익권의 행사 역시 제한된다고 보아야 한다. 따라서 C市에 대한 B의 이 사건 우수관 철거 및 그 부분 토지 사용에 따른 차임 상당의 부당이득반환청구는 타당하지 않다.

## Ⅱ. 제185조의 해석

제185조에 규정된 "법률"은 형식적 의미의 법률, 즉 민법 기타 성문의 법률만을 의미한다. 따라서 명령·규칙은 배제된다.

제185조는 관습법에 의한 물권의 창설을 허용한다. 이때에도 원칙적으로는 관습법상의 공시방법을 갖추어야 한다.

성문법률과 다른 관습법이 있는 경우, 관습법의 효력이 문제된다. 제1조는 성문법의 우위를 인정하고, 제185조는 성문법과 관습법이 대등함을 인정하는 것처럼 규정하여 양자의 관계와 그 해석에 관해 학설이 대립한다.

제1조에 충실하여 관습법에 의한 물권은 인정되나 성문법에서 특별히 규정을 두지 않는 종류의 물권에 대해서만 관습법상 물권의 성립을 인정하는 보충적 효력설, 제185조는 제1조의 예외로서 물권에 대해서는 관습법에 대해 성문법과 동일한 효력을 인정하는 대등적 효력설, 형식적으로는 대등한 효력이 있다고 하지만 결국은 성문법에 규정된 물권의 내용을 변경하게 되는 강력한 효력이 인정된다는 변경적 효력설이 존재한다. 생각건대 관습법에는 보충적 효력만을 인정하여야 한다. 물권에는 절대적 효력이 인정되기 때문에 그 요건이 불명확한 관습법에 의하

여 법률상 물권이 변경된다고 볼 수 없기 때문이다.

제185조에서의 "임의로 창설하지 못한다"는 것은 i) 새로운 "종류"의 물권을 창설하는 것을 금지하고($\binom{종류강제:\ 대판\ 2002.}{2.26,\ 2001다64165}$), ii) 법률 또는 관습법상의 물권과 다른 "내용"의 물권을 인정하는 것을 금지한다($\binom{내용강제:\ 대판\ 2009.}{3.26,\ 2009다228,235}$)는 것을 의미한다.

본조는 강행규정이므로 이에 위반되는 법률행위(물권행위)는 무효이다($\binom{제103}{조}$). 당사자 사이에서만 채권적 효력을 인정하는 것은 무방하다는 견해(통설)와 채권적 효력도 부정하는 견해가 있다.

판례는 관습법상 물권을 매우 제한적으로 인정한다. 관습법에 의한 물권으로 인정되는 것으로는 관습상의 법정지상권, 분묘기지권($\binom{대판\ 1962.4.26,}{4294민상1451}$)이 있다. 그 외에 소위 '명인방법'을 관습상의 공시방법으로 인정한다. 그러나 온천권($\binom{대판\ 1970.5.26,}{69다1239}$), 사도통행권($\binom{대판\ 2002.2.26,}{2001다64165}$), 미등기 무허가 건물의 양수인에게 소유권에 준하는 관습상의 물권($\binom{대판\ 1996.6.14,}{94다53006}$) 등은 부정된다. 실제로 관습상의 법정지상권의 인정여부 및 그 효과에 대한 다툼이 관습상 물권의 주된 내용을 이루고 있다.

## 제4절 물권의 효력

# Ⅰ. 서  설

모든 물권에 공통하는 일반적 효력은 대내적 효력과 대외적 효력으로 구별된다. 물건에 대한 직접적 지배력을 대내적 효력이라 하는 반면, 대외적 효력에는 우선적 효력(優先的 效力)과 물권적 청구권(物權的 請求權, 物上請求權)을 들 수 있다. 이하에서는 대외적 효력을 중심으로 설명한다.

# Ⅱ. 물권의 우선적 효력(優先的 效力)

## 1. 의  의

물권의 우선적 효력이란 하나의 물건 위에 수개의 권리가 경합하는 경우, 어느 하나의 권리가 다른 권리에 우선하는 효력을 말한다.

## 2. 물권 상호 간의 우선적 효력

하나의 물건 위에 성립한, 서로 양립할 수 없는 수개의 물권(예컨대 수개의 소유권이 충돌하는 경우) 상호 간에는 시간적으로 먼저 성립한 물권만이 유효하다. 하나의 물건에 종류가 다른 물권이 동시에 양립 가능하고(예컨대 전세권과 저당권), 하나의 물건 위에 동일한 종류의 물권이 동시에 양립 가능하지만(예컨대 1순위, 2순위 저당권), 이와 같이 양립이 가능한 경우에도 그 물권 상호 간에는 먼저 성립한 권리가 우선한다.

이에 대해서는 몇 가지 예외가 인정된다. 먼저 점유권은 사실상 지배를 하는 것이므로 본권과 사이에 우선적 효력이 없다. 그 외에도 각종 우선특권은 시간적으로 사후에 성립한 경우에도 우선적 효력이 인정된다.

## 3. 채권에 우선하는 효력

### (1) 원 칙

어떤 물건에 관하여 물권과 채권이 대립하는 경우, "그 성립의 시간적 선후에 관계없이" 물권이 채권에 우선한다. 물권의 채권에 대한 우선적 효력은 특히 도산 또는 강제집행시에 발현된다. 즉 소유권자에게 환취권$\binom{채무자회생법 제}{70조, 제407조}$ 또는 제3자 이의의 소$\binom{민사집행법}{제48조}$가 인정되며, 담보권자에게는 별제권 또는 회생담보권$\binom{채무자회생법 제411}{조 이하, 제141조}$이 인정된다.

### (2) 예 외

각종 우선특권: 임금우선특권, 임차인의 소액보증금우선특권, 조세우선특권 등은 집행법상

배당요구가 필요하다.

건물등기를 한 미등기의 토지임차권($^{제622조}_{제1항}$), 가등기된 소유권이전등기청구권($^{부등법}_{제88조}$), 등기된 임차권($^{제621}_{조}$), 대항요건을 갖춘 임차권 등은 시간적으로 채권이 먼저 성립했다면, 나중에 성립한 물권에 우선한다.

---

**사례 6** A가 자기 소유의 X부동산을 먼저 B에게 매도하는 내용의 매매계약을 체결하고, 그 후에 다시 X를 C에게 매도하는 내용의 매매계약을 체결하였다. C는 매매계약에 기한 소유권이전등기청구권을 보전하기 위해 가등기를 하였다. 이 사실을 알게 된 B는 매매대금을 전부 지급한 다음, A로부터 소유권이전등기를 경료받았다. 그 후 C도 가등기에 기한 본등기를 하였다. 이 경우 소유권이전등기청구권의 보전을 위한 가등기를 한 채권자 C와 소유권을 이전받은 물권자 B 중 누구의 소유권이 우선하는가?

**│ 해설 6 │** C의 소유권이 우선한다.

채권자 C의 가등기에 기한 소유권이전의 본등기 전에는 물권자 B가 우선하지만, C가 본등기를 하면 C가 B에 우선한다. C는 본등기 전에는 채권자의 지위만을 갖지만, 가등기에 기한 본등기를 한 경우 가등기의 순위보전의 효력에 기하여 등기의 순위는 가등기시점으로 소급한다. 따라서 B 명의의 소유권이전등기는 등기관에 의하여 직권말소되고, B는 물권자의 지위를 상실하게 된다. 따라서 본등기를 한 가등기권자는 물권자의 지위에 우선한다.

---

## III. 물권적 청구권(物權的 請求權)

### 1. 의    의

물권적 청구권은 물권의 내용실현이 어떤 사정으로 말미암아 방해당하고 있거나 또는 방해당할 염려가 있는 경우에, 물권자가 방해자에 대하여 그 방해의 제거 또는 예방에 필요한 일정한 행위(작위 또는 부작위)를 청구할 수 있는 권리를 말하며, 물상청구권(物上請求權)이라고도 한다. 우리 민법은 점유권($^{제203조 내}_{지 제207조}$)과 소유권($^{제213조.}_{제214조.}$)에 관하여 각각 규정을 두고 있고, 또한 소유권에 기한 물권적 청구권 규정을 다른 물권에 준용하는 방법으로 물권적 청구권을 물권의 일반적 효력으로 인정하고 있다.

물권적 청구권은 목적물에 대한 배타적이고 직접적인 지배권을 보장하기 위해 물권자에게 부여된 가장 근본적이고 포괄적 구제수단이다. 제3자 이의의 소나 환취권도 물권적 청구권과 그 취지를 같이 한다.

## 2. 물권적 청구권의 분류

### (1) 방해의 모습에 따른 분류

#### (가) 반환청구권

타인이 권원 없이 물권의 목적물 전부를 점유한 경우 물권자가 그 점유의 회복을 청구하는 권리이다. 물권에 대한 방해가 타인의 점유보유 형태로 나타난 것이다. 예컨대 A소유의 토지에 B가 무단으로 건물을 신축하여 A가 건물의 철거 및 토지의 반환을 구하는 경우, 토지 반환을 구하는 부분이 반환청구에 해당한다.

#### (나) 방해제거청구권

점유침탈 및 반환거부 이외의 방법으로 물권의 실현이 침해된 경우 그 방해의 제거를 요구하는 권리이다. 목적물 일부를 권원없이 점유한 경우에도 방해제거를 청구해야 한다. 예컨대 A소유의 토지의 일부에 권원 없이 B가 물건을 쌓아두어 토지소유권의 행사를 방해하는 경우 그 물건의 회수를 구하는 권리가 이에 해당한다.

#### (다) 방해예방청구권

물권의 침해가 아직 현실적으로 발생하지 않았으나 발생할 염려가 있는 경우 그 방지에 필요한 일체의 작위/부작위를 청구할 수 있는 권리이다. 예컨대 인접지에서 터파기공사를 하여 이웃집의 붕괴가 우려되는 경우, 이웃집 소유자가 터파기 공사의 중지를 청구하는 것이 이에 해당한다.

### (2) 기초가 되는 물권에 기한 분류

점유권에 기한 물권적 청구권($\binom{\text{제204조, 제205}}{\text{조, 제206조}}$)과 본권에 기한 물권적 청구권($\binom{\text{제213조·}}{\text{제214조}}$)에 관해 민법은 그 권리의 기초가 되는 물권이 점유권인지 본권인지에 따라 달리 규정하고 있다. 그러나 양자의 권리는 그 기초가 되는 권리의 성질상 양립할 수 있다.

본권에 기한 물권적 청구권은 소유권에 관하여 제213조, 제214조에서 규정한 후 개별권리별로 준용하는 방식을 취한다. 반면 점유권에 기한 물권적 청구권은 준용규정이 없다.

## Ⅳ. 물권적 청구권의 확장

민법은 점유권에 기한 물권적 청구권과 소유권에 기한 물권적 청구권을 명문으로 규정하고, 소유권에 기한 물권적 청구권의 규정을 준용하고 있다($\binom{\text{지상권(제290조)·전}}{\text{세권(제319조) 참조}}$). 지역권과 저당권은 점유를 전제로 하지 않기 때문에 방해제거와 방해예방청구권만이 준용되며($\binom{\text{제301조,}}{\text{제370조}}$) 반환청구권에 관한 제213조는 준용되지 않는다. 물권 중 유치권과 질권에 관해서는 물권적 청구권에 관한 준용규정이 아예 없다. 질권에 관해서 준용규정을 두고 있지 않으므로 질권에 기한 물권적 청구권을 인정할 수 있을 것인지, 더 나아가 대항력 있는 임차권에 대해서도 물권적 청구권을 인정할 수 있을 것인지에 대해 견해의 대립이 있다.

### 1. 유치권에 기한 물권적 청구권의 인정 여부

유치권은 법정담보물권으로 그 성립요건 및 존속요건으로 점유를 전제로 한다. 점유를 상실하면 유치권은 소멸하므로($\frac{제328}{조}$) 유치권 자체(본권)에 기한 물권적 청구권은 발생하지 않는다. 그러나 이때에도 유치권자였던 사람은 점유자이므로 점유권에 기한 물권적 청구권을 행사할 수 있다.

### 2. 질권에 기한 물권적 청구권의 인정 여부

질권의 경우 소유권에 기한 물권적 청구권을 준용하도록 하는 준용규정이 없는데 해석상 준용할 수 있는지의 문제가 생긴다. 부정설은 명문의 준용규정을 두지 않은 입법자의 의사를 존중해야 하며 질권자는 점유권에 기한 물권적 청구권으로 보호된다고 본다. 그러나 통설인 긍정설은 질권자의 보호를 위해 해석상 이를 인정한다. 준용규정이 없는 것은 입법상 부주의, 또는 불비, 입법기술상의 착오로 본다. 실질적으로는 사기를 당하여 질권자가 질물을 스스로 인도한 경우처럼 점유의 침탈이 없으면 질권자는 점유물반환청구권을 행사할 수 없을 뿐만 아니라 질권자가 점유자로서 점유보호청구권을 행사할 때에도 특칙에 의해 침탈 후 1년 내에 행사해야 하므로($\frac{제204조}{제3항}$) 질권자 보호에 미흡하다는 점을 논거로 든다. 생각건대 입법론적으로는 준용규정을 신설해야 할 것이다. 그러나 현행법의 해석상 질권에 기한 물권적 청구권은 인정될 수 없다. 긍정설은 법률해석의 범위를 넘어선 것이기 때문이다.

### 3. 대항력 있는 부동산임차권에 기한 물권적 청구권의 인정 여부

통설은 i) 등기된 임차권의 경우 소유권에 기한 물권적 청구권에 관한 규정의 유추적용을 인정하고, ii) 등기는 없으나 대항력을 갖춘 경우(주택임대차보호법상의 대항력)에도 이를 인정한다. 판례는 선박임대차등기가 위법하게 말소된 사안에서 유사한 취지의 판시를 한 바 있다($\frac{대판\ 2002.2.26.}{99다67079}$). 대항력을 갖추지 못한 부동산임차권자는 점유권에 기한 물권적 청구권을 행사하거나, 임대인의 소유권에 기한 물권적 청구권을 채권자대위권($\frac{제404}{조}$)에 근거하여 대위행사할 수 있다.

### 4. 물권적 청구권의 유추적용

물권과 마찬가지로 배타성을 갖는 명예권에 대해 침해행위를 제거하거나 침해행위의 금지를 청구할 수 있다($\frac{대결\ 2005.1.17.}{2003마1477}$). 이와 같은 금지청구권의 근거로 물권적 청구권의 법리가 유추적용될 수 있다(판례는 경우에 따라서는 불법행위의 효과로 금지청구권을 인정하기도 한다).

---

**사례 7** A가 종교지도자 C를 비판하는 글을 작성하고, B가 이를 서적으로 제작하여 출판했다. 명예를 훼손당했다고 생각한 C가 A와 B를 상대로 출판물의 배포 금지를 청구할 때 그 법적 근거는 무엇인가?

(대결 2005.1.17, 2003마1477 참고)

**┃해설 7┃** 인격권으로서의 명예권에 대한 침해시 물권적 청구권의 법리를 유추적용하여 침해행위의 금지를 구할 수 있다.

명예는 생명, 신체와 함께 매우 중대한 보호법익이고 인격권으로서의 명예권은 물권의 경우와 마찬가지로 배타성을 갖는 권리라고 할 것이므로 사람의 품성, 덕행, 명성, 신용 등의 인격적 가치에 관하여 사회로부터 받는 객관적인 평가인 명예를 위법하게 침해당한 자는 손해배상($_조^{제751}$) 또는 명예회복을 위한 처분($_조^{제764}$)을 구할 수 있는 이외에 인격권으로서 명예권에 기초하여 가해자에 대하여 현재 이루어지고 있는 침해행위를 제거하거나 장래에 생길 침해를 예방하기 위하여 침해행위의 금지를 구할 수도 있다. 그러나 언론·출판 등의 표현행위에 의하여 명예의 침해를 초래하는 경우에는 인격권으로서의 개인의 명예보호와 표현의 자유가 충돌하고 그 조정이 필요하므로 어떠한 경우에 인격권의 침해행위로서 이를 규제할 수 있는지에 관하여는 헌법상 신중한 고려가 필요하다. 따라서 표현행위에 대한 사전억제는 표현의 자유를 보장하고 검열을 금지하는 헌법 제21조 제2항의 취지에 비추어 엄격하고 명확한 요건을 갖춘 경우에만 허용된다.

---

## Ⅴ. 법적 성질

물권에서 발생한다는 점에서 물권적 성질이, 본질적으로 청구권이라는 점에서 채권적 성질이 있기 때문에 물권적 청구권의 법적 성질을 어떻게 파악할 것인지에 대하여 순물권설, 순채권설, 절충설 등 다양한 견해가 있다. 절충설에 따라 물권적 청구권은 물권이 침해되거나 침해될 염려가 있는 경우 물권의 효력으로 발생한 청구권으로 보아야 한다.

## Ⅵ. 물권적 청구권의 특질

### 1. 서  설

통설인 절충설에 따르면, "물권적" 청구권은 물권의 내용을 방해하거나 방해할 수 있는 자가 "누구든 상관없이" 행사할 수 있는 "물권적" 권리로서, 물권에 부종하고, 채권적 청구권에 우선한다. 반면 물권적 "청구권"은 물권의 실현에 대한 방해원인을 현재 자기의 사회적 지배범위 안에 둔 특정인에 대한 채권적 권리라는 점에서 채권법의 규정이 원칙적으로 적용 가능하다.

## 2. 청구권적 성질

상대방인 의무자의 이행에 관한 규정은 채권법의 규정이 적용된다. 따라서 이행강제의 방법, 채권의 이행지체에 관한 규정($\substack{제387조\\이하}$)과 채무의 변제에 관한 여러 규정($\substack{제460조\\이하}$)이 유추적용된다. 그러나 소유권이 상실되어 물권적 청구권에 따른 이행의무가 불능되었다면 그 청구권의 침해에 대한 전보배상청구는 부정된다($\substack{대판(전) 2012.5.\\17, 2010다28604}$). 물권적 청구권의 기초인 물권이 소멸되었기 때문이다.

변제비용의 부담주체를 채무자로 한다는 제473조가 물권적 청구권의 행사비용의 부담주체를 정할 때에도 적용되는지에 대해서는 학설의 대립이 있다(후술).

물권적 청구권에는 채권양도규정이 유추적용될 여지가 없다. 즉 물권적 청구권만을 독립하여 양도할 수 없다($\substack{대판(전) 1969.5.27, 68다\\725; 대판 1980.9.9, 80다7}$). 물권적 청구권은 물권에 의존하는 권리이므로 물권적 청구권은 언제나 그 기초가 되는 물권과 운명을 같이하며, 물권의 이전·소멸이 있으면 그에 따라 물권적 청구권도 이전·소멸하기 때문이다.

---

**사례 8** 국가 명의로 소유권보존등기가 되어 있는 X토지에 관하여 甲이 국가로부터 소유권이전등기를 경료받았다. 그런데 乙은 자신이 국가로부터 위 소유권보존등기 이전에 X토지를 사정(査定)받은 원시취득자임을 이유로 국가 및 甲을 상대로 국가 명의의 소유권보존등기와 甲 명의의 소유권이전등기의 각 말소를 구하는 소송을 제기했다. 乙은 X토지에 대해 원시취득자임을 증명하여 1심법원은 국가와 甲 명의의 등기의 말소를 명하였다. 이에 국가는 항소를 하지 아니하여 乙이 승소확정되었다. 그러나 甲이 제기한 항소심에서 甲의 등기부취득시효의 주장이 인정되어 甲 명의의 소유권이전등기는 실체관계에 부합하는 유효한 등기이므로 乙의 甲에 대한 청구는 기각으로 확정되었다. 이 판결 후에 乙은 국가를 상대로 소유권보존등기의 말소등기절차의 이행의무가 불능되었음을 이유로 전보배상을 청구할 수 있는가? (판결의 사안에서는, 원고(乙)의 선대가 사정을 받았고, 등기의 말소를 구하는 선행소송에서 乙의 국가에 대한 청구는 인용, 甲에 대한 청구는 기각하는 판결이 선고되어 확정되었다) (대판(전) 2012.5.17, 2010다28604 참조).

**│해설 8│** 이행불능을 이유로 하는 손해배상을 청구할 수 없다.

소유자가 자신의 소유권에 기하여 실체관계에 부합하지 아니하는 등기의 명의인을 상대로 그 등기말소나 진정명의회복 등을 청구하는 경우에, 그 권리는 물권적 청구권으로서의 방해제거청구권($\substack{제214\\조}$)의 성질을 가진다. 그러므로 소유자 乙이 그 후에 소유권을 상실함으로써 이제 등기말소 등을 청구할 수 없게 되었다면, 이를 위와 같은 청구권의 실현이 객관적으로 불능이 되었다고 파악하여 등기말소 등 의무자인 국가에 대하여 그 권리의 이행불능을 이유로 제390조상의 손해배상청구권을 갖지 못한다.

채무불이행을 이유로 하는 손해배상청구권은 계약 또는 법률에 기하여 이미 성립하여 있는 채권관계에서 본래의 채권이 동일성을 유지하면서 그 내용이 확장되거나 변경된 것으로서 발생한다. 그러나 위와 같은 등기말소청구권 등의 물권적 청구권은 그 권리자인 소유자가 소유권을 상실하면 이제 그 발생의 기반이 아예 없게 되어 더 이상 그 존재 자체가 인정되지 않는다. 이러한 법리는 乙과 국가 사이의 소송에서 국가 명의의 소유권보존등기 말소등기의무가 확정되었다고 하더라도 그 청구권의 법적 성질이 채권적 청구권으로 바뀌지 아니하므로 마찬가지이다(이와는 달리 판결의 소수의견(별개의견)은 청구권의 발생의 근거가 채권인지 아니면 물권인지와 무관하게 그 권리의 내용인 그 작위 또는 부작위라는 급부 및 이에 대한 이행의무가 생기게 된다. 이에 따라 물권적 청구권의 경우에도 채권의 경우와 마찬가지로 그 급부 이행의무에 대한 이행지체 및 이행불능의 문제가 발생될 수 있다 보았다).

### 3. 물권적 성질

물권적 청구권은 물권적인 성질도 갖고 있으며, 물권은 채권에 우선하므로 물권적 청구권은 채권적 청구권과 경합할 때 채권적 청구권보다 우선한다. 따라서 물권적 청구권자와 채권적 청구권자가 동일한 특정물의 인도를 청구하는 경우 물권적 청구권이 채권적 청구권에 우선한다.

## Ⅶ. 물권적 청구권과 소멸시효

### 1. 문 제 점

점유보호청구권은 제척기간의 규정$\binom{제204조\ 제3항,\ 제205조\ 제}{2항,\ 제3항,\ 제206조\ 제2항}$을 두고 있다. 그러나 본권에 기한 물권적 청구권에는 제척기간 또는 소멸시효에 관한 명문의 규정을 두고 있지 않다. 이에 본권과 관계없이 물권적 청구권만 독립하여 소멸시효가 완성될 수 있는지에 관하여 학설이 대립한다. 물권적 청구권의 법적 성질에 관하여 절충설을 취하는 통설의 입장에서는 학설이 대립된다(물권적 청구권의 법적 성질에 관하여, 순물권설에 의하면 소멸시효에 걸리지 않지만, 순채권설에 의하면 소멸시효에 걸린다고 보게 된다). 예컨대 존속기간을 50년으로 하여 X토지에 지상권을 취득한 지상권자는 그 지상권 존속기간 중 20년 이상 X토지의 일부를 불법점유한 제3자를 상대로 방해제거청구권을 행사할 수 있는지에 대해서 학설에 따라 결론이 달라진다. 즉 이 때 지상권이라는 물권이 존재함에도 불구하고 지상권에 기한 물권적 청구권만 소멸시효기간이 완성될 수 있는지가 문제된다.

### 2. 학설과 판례의 입장

적극설은 물권적 청구권이 소멸시효에 걸린다고 보며 그 이유를 소멸시효제도의 취지에 비추어 시효소멸을 인정하지 않는 것은 부당하다는 점에서 찾는다. 그러나 소극설에 따르면 물권적 청구권은 독립하여 소멸시효에 걸리지 않게 된다. 소유권은 소멸시효의 대상이 되지 않으므로$\binom{제162조}{제2항}$, 소유권은 있어도 물건의 반환은 청구할 수 없는 부당한 결과를 방지하여 소유권 보호의 실효성을 인정하기 위해서는 물권적 청구권도 시효의 대상이 될 수 없기 때문이다. 뿐만 아니라 물권의 침해나 방해가 있는 경우 계속적으로 청구권이 발생하여 소멸시효에 걸릴 여지가 없다는 점도 논거가 된다. 절충설에 따르면 소유권에 기한 물권적 청구권은 소유권이 소멸시효에 걸리지 않으므로, 독립해서 소멸시효에 걸리지 않으나, 제한물권은 소멸시효에 걸리므로(제162조 제2항), 제한물권에 기한 물권적 청구권은 독립해서 소멸시효에 걸린다고 설명한다.

판례는 소유권에 기한 물권적 청구권은 소멸시효의 대상이 아니라고 판시하고 있으나(대판 1982.7.27, 80다2968; 대판 1993.12.21, 91다41170 등), 제한물권에 기한 물권적 청구권이 소멸시효에 걸리는지에 대해서는 명시적인 판단을 내린 것은 없다. 생각건대 소유권 이외의 물권이라도 기초가 되는 물권과 독립하여 물권적 청구권이 독립하여 소멸시효에 걸린다고 볼 수 없다고 할 것이다.

---

**사례 9** B는 1980.12.25. A로부터 A 소유인 토지를 매수하고 계약내용에 따라 그 소유권이전등기를 먼저 마쳤다. 그러나 B는 지급하기로 한 매매대금을 지급하지 않았다. A와 B는 1982년에 위 매매계약을 합의해제하였다. A는 2004.4.2.에야 토지소유권에 기하여 B 명의의 소유권이전등기의 말소를 구하는 소송을 제기하였다. B는 A의 소유권이전등기의 말소등기청구권은 시효소멸되었음을 주장한다. B의 주장은 타당한가? (대판 1982.7.27, 80다2968 참고)

**┃해설 9┃** B의 주장은 부당하다. A의 말소등기청구권은 소유권에 기한 방해제거청구권으로 소멸시효가 적용되지 않기 때문이다.

이 사안과 같이 계약에 따른 채무이행으로 이미 등기를 하고 있는 경우에 그 원인행위인 채권계약이 해제되면 계약의 이행으로 변동이 생겼던 물권은 당연히 그 계약이 없었던 원상태로 복귀하고(대판 1977.5.24, 75다1394) 이는 계약을 합의해제하는 경우에도 마찬가지이다. 따라서 합의해제에 따른 매도인 A의 원상회복청구권은 소유권에 기한 물권적 청구권이고, 따라서 이는 소멸시효의 대상이 되지 않는다(위 사안에서 B는 등기부취득시효를 주장하는 경우 1982년에 A와 합의해제하여 A에게 소유권이전등기를 말소할 의무를 부담하게 된 시점에 B의 점유는 자주점유에서 타주점유로 전환된 것으로 보이므로 등기부취득시효주장은 인정되기 어려울 것이다).

---

## VIII. 물권적 청구권의 일반적 성립요건

### 1. 물권적 청구권자

물권적 청구권자는 현재(사실심 변론종결시)를 기준으로 정당한 물권이 침해당하고 있거나 침해당할 염려가 있는 자이어야 한다. 예를 들어 유효한 명의신탁관계에서는 명의수탁자가 대외적으로 소유자이므로 명의수탁자가 물권적 청구권을 행사할 수 있는 물권자이다. 물권과 물권적 청구권은 분리처분이 불가능하기 때문에 물권의 양도인은 물권적 청구권을 행사할 수 있는 물권자가 아니다(대판(전) 1969.5.27, 68다725). 임차인의 경우 물권적 청구권을 행사할 수 있는지에 대해 논란이 있지만, 임대인의 물권적 청구권을 대위행사할 수 있다.

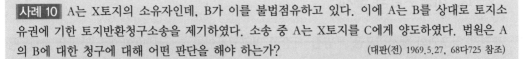

> **사례 10** A는 X토지의 소유자인데, B가 이를 불법점유하고 있다. 이에 A는 B를 상대로 토지소
> 유권에 기한 토지반환청구소송을 제기하였다. 소송 중 A는 X토지를 C에게 양도하였다. 법원은 A
> 의 B에 대한 청구에 대해 어떤 판단을 해야 하는가?                                      (대판(전) 1969.5.27. 68다725 참조)
>
>   **│해설 10│** 법원은 A의 청구를 기각해야 한다.
>   소유권을 양도함에 있어 소유권에 의하여 발생되는 물권적 청구권을 소유권과 분리, 소유권 없
>   는 종전 소유자에게 유보하여 제3자에게 대하여 이를 행사케 한다는 것은 소유권의 절대적 권리
>   인 점에 비추어 허용될 수 없다.

## 2. 물권적 청구권의 상대방

물권적 청구권의 상대방은 현재(사실심 변론종결시)를 기준으로 물권실현의 방해원인을 자기
의 사회적 지배범위 안에 둔 자이어야 한다. 소유권에 기한 방해제거청구권의 요건인 '방해'는
현재에도 계속되고 있는 침해를 의미한다. 법익침해가 과거에 일어나 이미 종결된 경우에는 손
해배상청구의 요건인 '손해'에 해당하므로 이는 방해와 구별되어야 하는 바, 이처럼 소유권에 기
한 방해제거청구권은 방해결과의 제거를 내용으로 하는 것이 되어서는 아니되며(이는 손해배상의
영역에 해당한다) 현재 계속되고 있는 방해의 원인을 제거하는 것을 내용으로 한다($\binom{대판\ 2003.3.28.}{2003다5917}$).

현재의 시점에서 침해 내지 방해행위 또는 방해의 염려가 있는 자가 청구의 상대방이므로
반드시 물권의 침탈자만이 물권적 청구권의 상대방이 되는 것은 아니다. 판례에 따르면 불법점
유인 경우 직접 점유자만을 상대로 해야 한다.

> **사례 11** A는 "B가 A의 토지위에 축사 등을 건축하면서 위 토지에 연접한 비탈면 부분의 토지를
> 수직으로 절토하는 바람에 위 토지가 붕괴될 것으로 예상된다"라고 주장하면서 B를 상대로 제214
> 조에 기하여 비탈면 부분에 옹벽을 설치하는 데 드는 비용 상당의 지급을 구하는 소송을 제기하
> 였다. A의 청구는 타당한가?                                      (대판 2014.11.27. 2014다52612 참조)
>
>   **│해설 11│** A의 청구는 타당하지 않다.
>   향후 소유권에 대한 방해가 예상되는 경우 소유자는 방해 제거나 예방을 위한 구체적인 행위를
>   명하는 집행권원을 받아 상대방이 이를 자발적으로 이행하지 않는 경우 이를 강제집행하고 그
>   집행비용을 상환받으면 되고, 물권적 청구권으로서의 소유물 방해예방청구권에 방해예방조치를
>   위한 비용을 본안소송으로 청구할 수 있는 권리까지 포함되는 것은 아니다.

3. 객관적으로 물권내용의 실현을 방해하거나 방해할 염려가 있어야 한다.

4. 물권적 청구권의 상대방에게 귀책사유는 불필요하다. 다만 그 침해를 정당화할 사유(예컨
   대 제213조 단서의 점유할 정당한 권원)가 없어야 한다.

## Ⅸ. 비용부담의 문제

물권적 청구권의 행사비용을 부담할 사람이 청구권자인지 그 상대방인지를 정해야 한다. 물권적 청구권의 본질을 물권자가 그 물권이 침해되기 전의 상태로 회복시키기 위하여, 상대방(피고)의 적극적인 행위를 청구하는 것으로 볼 것인가(적극적 행위청구권설), 아니면 청구권자가 스스로 회복행위를 할 때 상대방은 수인(受忍)하는 것으로 충분하다고 볼 것인가(인용청구권설)에 따라서 견해가 나누어질 수 있다. 전자의 견해를 취하면 비용은 상대방이 부담하는 것이 되고, 후자의 견해를 취하면 비용은 청구권자가 부담하게 된다. 위의 두 가지 학설 외에도 비용부담에 관하여 여러 학설이 대립되고 있다.

### 1. 물권적 청구권의 본질과 비용부담의 관계

#### (1) 학 설

#### (가) 적극적 행위청구권설

물권적 청구권은 상대방에 대하여 목적물의 반환, 방해제거 또는 방해예방을 청구할 수 있는 권리이므로, 상대방에 대하여 적극적인 행위를 청구할 수 있고, 비용도 상대방의 귀책사유 유무를 묻지 않고 상대방이 부담해야 한다고 설명한다. 그러나 이 견해는 반환청구권과 방해제거청구권이 서로 경합하는 경우(예컨대 장마로 甲 소유지의 축대가 무너져 이웃 乙의 토지에 들어간 경우에 甲은 반환청구권을 가지고, 乙은 방해제거청구권을 갖는다)에는 먼저 물권적 청구권을 행사하는 자(원고)가 상대방에게 비용을 부담시킬 수 있다는 불합리한 결과가 생기는 문제가 있다.

#### (나) 소유자책임설(행위청구권의 수정설)

원칙적으로는 적극적 행위청구권설을 취하여 상대방이 비용을 부담하는 것으로 보지만 물권적 반환청구권의 경우에는 상대방인 현재의 점유자가 자기의 의사로써 스스로 점유를 취득한 것이 아니라면(예컨대 도둑이 훔친 물건을 점유자의 마당에 두고 간 경우) 상대방은 목적물에 대한 자기의 지배를 포기하고, 소유자가 자기의 비용부담으로 스스로 침해물건을 가져가는 것을 인용만 하면 된다는 견해이다. 반환청구의 경우에만 위와 같은 예외를 인정하고, 방해제거청구의 경우에는 원칙적으로 상대방이 비용을 부담하게 되는데, 반환청구와 방해제거청구를 구별하는 이론적 근거가 박약하다는 비판이 있다.

#### (다) 책임설(유책요건부 행위책임설)

방해상태가 상대방의 귀책사유에 의하여 생긴 때에는 상대방의 비용부담으로 적극적인 제거행위를 할 것을 청구할 수 있으나, 상대방의 책임 없는 사유로 생긴 때에는 상대방은 물권자의 방해제거를 인용하고, 비용은 물권자가 전액 부담해야 한다는 견해이다(후자의 경우, 제거행위는 물권자가 하고, 비용부담은 공평의 원칙에 입각하여 물권자와 상대방이 공동으로 부담해야 한다는 견해도 있다). 그러나 본래 물권적 청구권이 물권의 원만한 상태의 회복을 목적으로 하는 제도임을 고려하여 비용부담의 내용을 결정해야 하지, 단지 과실의 유무를 표준으로 내용을 결정하는 것은 부당하다는 비판이 있다.

### (라) 인용청구권설

물권적 청구권은 원칙적으로 물권침해라는 객관적 상태를 물권자 스스로 제거하는 것을 상대방에게 인용시키는 권리이며, 비용부담은 청구권자(원고)가 부담한다는 견해이다. 그러나 반환청구권과 방해제거청구권이 충돌할 경우, 양당사자에게 귀책사유가 없는 때에는 쌍방에게 침해원인이 없고 비용부담의 의무도 없으므로 그중 먼저 물권적 청구권을 행사하려는 자가 사실상 스스로 비용을 부담하게 되어 불합리하다.

### (2) 판 례

판례는 물권적 청구권은 행위청구권임을 밝히고 있지만($\binom{\text{대판 2007.6.15, 2004}}{\text{다37904,37911}}$), 비용부담의 문제에 대해 명확한 입장을 밝히고 있지는 않다. 한편 소유자가 제214조에 기하여 방해배제 비용 또는 방해예방 비용을 본안소송으로 청구할 수는 없다고 한다($\binom{\text{대판 2014.11.27,}}{\text{2014다52612}}$). 제214조에는 소유자가 침해자에 대하여 방해제거 행위 또는 방해예방 행위를 하는 데 지출한 비용을 청구할 수 있는 권리가 포함되어 있지 않다고 보았기 때문이다.

### (3) 검 토

행위청구권설을 기초로 물권적 청구권의 행사비용은 상대방이 부담해야 한다. 이는 민사집행법상 비용부담의 원칙($\binom{\text{민사집행법}}{\text{제53조 제1항}}$)에 비추어 볼 때에도 이와 같은 결론이 타당하다. 인용청구권설의 논거로 설명되는 소유물반환청구권과 방해제거청구권이 경합하는 경우는 거의 생각할 수 없다. 즉 소유물반환청구권의 상대방은 목적물을 권원 없이 점유하는 자인데, 점유에 점유설정의사(사실적 지배를 가지려는 의사)가 필요하기 때문이다. 장마나 태풍으로 甲 소유의 돌담이 乙의 토지에 무너져 내린 사례에서 담장이 무너졌다거나 그러한 사실을 乙이 안 경우에도 乙이 담장의 점유자가 아닐 수 있어 甲이 乙을 상대로 반환청구권을 행사할 수 없고, 이 경우 乙만이 甲을 상대로 방해제거청구권을 행사할 수 있다. 다만 신의칙상 甲의 乙에 대한 수거청구권(甲의 수거행위에 대해 乙이 수인할 것을 청구할 수 있는 권리)이 인정되어야 하는데, 이때에도 비용은 甲이 부담해야 한다.

반면 乙이 소유의 의사로써 甲의 물건에 대하여 점유를 취득한 경우, 이는 불법점유이고 甲의 乙에 대한 반환청구권이 인정될 것이다. 이 때 乙의 방해제거청구권은 권리남용에 해당되어 인정될 수 없다. 만약 乙이 甲의 물건을 보관하려는 의사로 점유를 취득했다면 甲의 반환청구권과 乙의 방해제거청구권이 충돌할 수는 있으나, 이때에는 사무관리가 성립하기 때문에 물권적 청구에 필요한 비용은 사무관리의 법리($\binom{\text{제739조 제}}{\text{1항 참조}}$)에 의하여 甲이 부담하면 될 것이다.

> **사례 12** 장마로 A의 담장이 무너져 이웃 B의 토지에 들어간 경우, A의 반환청구권과 B의 방해제거청구권은 서로 충돌하는가? 그 경우 담장의 제거에 대한 비용은 누가 부담하는가?
>
> **|해설 12|** B의 방해제거청구권만 인정되고, A가 그 비용을 부담해야 한다.
>
> B의 토지 소유권에 기한 방해제거청구권의 행사가 가능하기 위해서는 B의 토지소유사실과 A의 토지소유권에 대한 방해가 필요하다. A의 담장이 무너져 B의 토지에 들어가 토지소유권의 실현을 방해하고 있는 것으로 볼 수 있으므로 B의 방해제거청구권의 요건을 갖추고 있다. 그런데 A의 담장 소유권에 기해 담장반환청구권의 행사가 가능하기 위해서는 A의 담장에 대한 소유사실과 B의 담장에 대한 점유사실이 필요하다. 이 사안에서 담장의 소유권이 A에게 있음은 자명한데, B가 담장을 점유하고 있는지에 대해서는 우선 B의 점유설정의사가 있는 것으로 보이지 않을 뿐만 아니라 B가 A의 담장을 사실상 지배하고 있는지도 의문이다. 따라서 A의 반환청구권의 요건은 갖추고 있는 것으로 보기 어렵다. 따라서 B의 방해제거청구만 인정되는 것으로 보아야 하고, 그 제거비용도 A가 부담해야 한다. 다만, 독일 민법은 자기 물건이 타인의 부동산에 들어갔으나 타인이 그 점유를 취득하지 않은 경우에 수거청구권(Abholingsanspuch)($\frac{제867조,}{제1005조}$)을 인정하는데, 현행 민법은 이러한 규정을 두고 있지 않지만, 신의칙상 이를 인정하는 것이 타당하다. 즉 A가 스스로 담장을 수거하고 그 비용은 부담하는 것이 타당하다.

## X. 물권적 청구권과 다른 청구권과의 관계

### 1. 불법행위로 인한 손해배상청구권($\frac{제750}{조}$)과의 관계

물권에 대한 방해행위로 인하여 물권적 청구권이 발생하는 경우, 동시에 물권자에 대한 불법행위가 성립하면 손해배상청구권도 발생할 수 있다. 이때 물권자는 물권적 청구권을 행사함과 동시에 손해배상을 청구할 수 있다. 두 청구권은 그 요건과 효과에 있어서 차이가 있기 때문이다. 요건에 있어서 물권적 청구권은 물권에 대한 방해 또는 방해 가능성만 있어도 성립하고, 방해자의 귀책사유(고의·과실)를 요하지 않는다. 반면에 불법행위로 인한 손해배상청구권은 침해의 발생가능성만으로는 성립될 수 없고 손해가 현실적으로 발생해야 하며 가해자의 귀책사유도 요구된다. 그 효과도 물권적 청구권은 방해의 제거와 방해의 예방에 필요한 행위를 요구할 수 있으나, 불법행위에 의한 손해배상청구권은 금전배상을 원칙으로 한다($\frac{제763조,}{제394조}$).

### 2. 부당이득반환청구권($\frac{제741}{조}$)과의 관계

타인의 물건을 침탈하여 점유하고 있으면 점유 그 자체를 이득으로 볼 수 있으므로 부당이득반환청구권이 발생하게 된다. 물권적 청구권은 부당이득반환청구권의 특수한 형태인데 과실(수익)의 반환과 관련하여 제201조는 점유자(이득자, 반환의무자)의 반환의무가 있는지를 판단하는 기준이 되며 반환의무가 인정될 때 과실의 반환범위는 제748조에 의해 정해진다. 한편 불법원인급여를 한 경우 부당이득반환청구를 할 수 없는데($\frac{제746}{조}$), 이 때에는 손실자가 부당이득반환청구권이 아닌 소유권에 기한 반환청구권도 행사할 수 없다. 불법원인급여제도의 취지상 불법한 행위에 대해서 국가가 조력할 수 없기 때문이다(대판(전) 1979.11. 13, 79다483). 그 결과 소유권은 상대방에게 귀속한다. 다만 상대방이 임의로 반환하면 소유권을 회복할 수는 있다.

### 3. 계약상의 청구권과의 관계

물건의 점유가 임대차 등 정당한 권원에 기한 때에는 그 점유자와의 관계에서 물권자에게 물권적 청구권이 발생하지 않는다. 그러나 계약이 종료한 때에는 계약에 기한 반환청구권과 물권적 청구권이 병존하게 된다.

---

**사례 13** A는 불륜인 내연관계를 유지하기 위해 내연녀 B에게 자기 소유의 X부동산을 증여하였다. 내연관계가 끝나자 A는 X부동산을 증여한 행위가 반사회적 법률행위임을 이유로 B로부터 X부동산을 돌려받기를 원한다. A의 청구는 타당한가? (대판(전) 1979.11.13, 79다483 참조)

**해설 13** A의 청구는 인정되지 않는다.

불법의 원인에 의한 급여의 경우, 법률상의 원인이 없음을 이유로 하는 부당이득반환을 인정하지 않는다. 법의 이념에 어긋나는 행위를 한 사람의 주장을 시인하고 이를 보호하는 것이 되어, 공평의 이념에 입각한 부당이득제도의 근본취지에 어긋날 뿐만 아니라 법률 전체의 이념에도 어긋나기 때문이다.

결국 제746조는 선량한 풍속, 기타 사회질서에 위반한 사항을 내용으로 하는 법률행위를 무효로 하는 제103조와 표리를 이루어, 사회적 타당성이 없는 행위를 한 사람을 보호할 수 없다는 법의 이념을 실현하려는 것이다. 따라서 제746조는 제103조와 함께 사법의 기저를 이루는 하나의 큰 이상의 표현으로서 이것이 비록 민법 채권편 부당이득의 장에 규정되어 있기는 하나, 이는 일반적으로 사회적 타당성이 없는 행위의 복구가 부당이득의 반환청구라는 형식으로 주장되는 일이 많기 때문이고, 그 근본에 있어서는 단지 부당이득제도만을 제한하는 이론으로 그치는 것이 아니라, 보다 큰 사법의 기본 이념으로 군림하여, 결국 사회적 타당성이 없는 행위를 한 사람은 그 스스로 불법한 행위를 주장하여, 복구를 그 형식 여하에 불구하고 소구할 수 없다는 이상을 표현하고 있는 것이라고 할 것이다.

따라서 급여를 한 사람은 그 원인행위가 법률상 무효라 하여 상대방에게 부당이득을 원인으로 반환청구를 할 수 없음은 물론, 그 원인행위가 무효이기 때문에 급여한 물건의 소유권은 여전히 자기에게 있음을 근거로 소유권에 기한 반환청구도 할 수 없다. 그리하여 그 반사적 효과로서 급여한 물건의 소유권은 급여를 받은 상대방에게 귀속하게 된다.

---

**사례 14** A가 B에 대한 대출채무의 담보를 위해 자기 소유인 X토지에 저당권을 설정하고 저당권설정등기를 하였다. 그 후 A는 B에게 피담보채무를 상환하였으나 저당권설정등기를 말소하지 않았다. 이 상태에서 A는 X토지를 C에게 매도하고 소유권이전등기를 마쳤다. 이 때 저당권설정등기의 말소청구권자는 누구인가? (대판(전) 1994.1.25, 93다16338 참조)

|해설 14| C는 소유권자의 지위에서, A는 계약당사자의 지위에서 모두 저당권말소를 청구할 수 있다.

C는 현재의 소유자로 소유권에 기한 방해제거청구로서 피담보채무의 소멸을 원인으로 그 근저당권설정등기의 말소를 청구할 수 있다. 또한, A는 저당권설정자인 종전의 소유자로 근저당권설정계약의 당사자이므로 저당권소멸에 따른 원상회복으로 저당권자에게 저당권설정등기의 말소를 구할 수 있는 계약상 권리를 행사할 수 있다.

## 제5절 물권의 변동(物權의 變動)

### 제1관 일 반 론

#### I. 개 설

#### 1. 물권변동의 의의

물권변동은 물권의 발생, 변경, 소멸을 의미하는데, 주체의 면에서 보면 물권의 득실변경($^{제186}_{조}$)을 의미한다.

#### 2. 물권변동의 모습과 분류

##### (1) 물권 자체를 기준으로 하는 경우

##### (가) 물권의 발생

물권의 발생에는 원시취득(절대적 발생)과 승계취득(상대적 발생)이 있다. 원시취득은 물권자가 타인의 물권에 기초하지 않고 전에 없었던 물권을 취득하는 것이다. 승계취득은 타인의 물권에 기초하여 취득하는 것으로 타인이 갖고 있던 물권 이상의 것을 취득할 수는 없다. 승계취득은 이전적 승계(타인의 권리가 그대로 새로운 권리자에게 이전되는 승계)와 설정적 승계(최초의 권리자는 그대로 권리를 가지면서 그중 일부가 새로운 권리로 설정되어 이전되는 승계. 예컨대 소유자가 부동산에 저당권을 설정하는 행위)로 나눌 수 있으며, 이전적 승계는 타인이 갖는 권리 및 의무 일체가 하나의 원인에 의하여 이전되는 포괄승계(예 상속, 회사의 합병 등)와 개별적인 권리가 개별적 원인에 의하여 이전되는 특정승계로 나뉜다.

### (나) 물권의 변경

물권의 변경은 동일성을 유지하며 물권의 주체변경(이전적 승계취득을 의미), 내용변경(물건에의 부합·혼화·가공 등, 제한물권의 설정 또는 소멸), 작용변경(저당권 순위의 승진 등)이 발생한 변화를 말한다.

### (다) 물권의 소멸

물권의 소멸에는 절대적 소멸(물건의 멸실에 따른 소유권의 소멸, 물권이 소멸시효가 완성되어 소멸하는 경우, 변제에 의한 저당권소멸 등)과 상대적 소멸(물권의 주체가 변경되는 것으로 이는 이전적 승계취득을 의미함)로 나눌 수 있다.

(2) 물권의 대상에 따라 부동산물권변동$\binom{\text{제186조,}}{\text{제187조}}$과 동산물권변동$\binom{\text{제188조 내}}{\text{지 제190조}}$으로 분류한다.

(3) 물권변동의 원인이 법률행위에 의한 경우$\binom{\text{부동산물권의 물권변동(제186조), 동산물}}{\text{권의 변동(제188조 내지 제190조) 참조}}$와 법률의 규정에 의한 경우$\binom{\text{부동산물권의 취득(제187조), 취득시효(제245조 이하), 소멸시효(제162조), 혼동(제191조), 무주물선}}{\text{점(제252조), 유실물습득(제253조), 매장물발견(제254조), 첨부(제256조), 상속(제1005조) 등 참조}}$로 분류되기도 한다.


## II. 물권변동과 공시의 원칙

### 1. 공시제도 일반

물권은 배타성과 그에 따른 우선적 효력 때문에 제3자에게 예측하지 못한 손해를 야기할 수도 있다. 이를 방지하고 거래의 안전을 위해서는 물건에 대한 권리관계를 제3자가 인식할 수 있도록 공시방법을 마련하여 공시해야 한다(공시의 원칙). 또한 이러한 공시방법을 신뢰한 자를 어느 정도로 보호할지의 문제를 다룬 공신의 원칙도 함께 검토되어야 한다.

### 2. 공시의 원칙

#### (1) 의 의

공시의 원칙이란 물권의 존재 및/또는 변동이 있는 경우 이를 제3자가 인식할 수 있도록 공시방법을 수반해야 한다는 원칙을 의미한다. 물권이 변동된 '상태'가 공시의 대상이며, 변동의 '과정'까지 공시되어야 하는 것은 아니다(중간생략등기의 효력 참조. 아래 제3관 제2항 III. 4. 참조). 공시의 원칙을 관철하는 방법은 결국 공시방법을 갖추지 않은 물권변동의 효력을 어느 정도 부인할 것인지 여부와 관련된다. 이와 관련된 입법례로 형식주의와 의사주의가 있다. 형식주의(성립요건주의, 獨法主義)는 물권적 합의가 있더라도 공시방법을 갖추지 않으면 물권변동의 효력을 인정하지 않는 입법례이다. 즉 공시방법을 갖추지 않으면 물권변동을 전면적으로 부인한다. 이와는 달리 의사주의(대항요건주의, 佛法主義)는 물권적 합의가 있으면 공시방법을 갖추지 않아도 당사자 간에는 물권변동의 효력을 인정하되, 제3자에 대한 관계에서는 물권변동의 효력을 인정하지 않는 입법례이다. 즉 공시방법을 갖추지 않으면 제3자와의 관계에서만 부분적으로 물권변동의 효력을 부인한다.

### (2) 우리 민법의 태도: 형식주의

우리 민법은 제186조(부동산의 경우 등기), 제188조(동산의 경우는 점유(의 이전))에 의해 공시방법을 갖추지 않으면 제3자와의 사이뿐만 아니라 당사자 사이에서도 물권변동이 인정되지 않는다. 형식주의 원칙상 공시방법이 갖추어져야 물권변동의 효력이 발생한다. 이에 따르면 당사자의 물권행위뿐만 아니라 등기나 인도라는 공시방법을 갖추어야 물권변동이 일어난다. 그 외에도 입목법에 의한 입목(立木)의 경우는 등기, 수목집단 또는 미분리과실의 경우는 명인방법이 있으며, 특별법의 적용을 받는 동산(**예** 자동차, 20톤 이상의 선박, 항공기 등)의 경우 등기 또는 등록이라는 공시방법을 갖추어야 한다. 다만 선박등기는 대항요건으로 구성되어 있다($\binom{\text{상법 제743}}{\text{조 참조}}$). 물권변동 외에도 공시의 원칙이 적용되는 민법 규정으로는 채권양도의 통지($\binom{\text{제450조}}{\text{이하}}$) 및 가족법상 행위($\binom{\text{혼인(제812조), 인지(제}}{\text{589조), 입양(제878조)}}$)의 신고가 있다. 다만, 제187조(법률 규정에 의한 부동산의 물권변동)의 경우에는 등기를 요하지 않고, 처분할 경우에만 등기를 요한다(예외, 제245조 제1항(부동산 점유취득시효)에는 등기를 요한다).

## Ⅲ. 공신의 원칙

### 1. 의의 및 기능

공신의 원칙이란 공시방법에 의하여 공시된 내용을 신뢰하고 거래한 경우 그 공시방법이 진정한 권리관계와 일치하지 않더라도 공시된 대로의 권리관계가 존재하는 것으로 하여 공시방법을 신뢰한 자를 보호하는 원칙을 말한다. 공신의 원칙은 물권거래의 안전과 신속보장을 위해 인정된다. 공신의 원칙에 기초하여 권리추정력과 선의취득이 인정된다. 동산의 선의취득($\binom{\text{제249}}{\text{조}}$)이 인정된다는 점에서 공시방법에 공신력이 인정된다. 동산의 경우 점유를 통해 권리의 적법추정이 명문($\binom{\text{제200}}{\text{조}}$)으로 인정되지만 부동산의 경우 공신의 원칙이 인정되지 않는다. 다만 판례는 부동산의 경우에도 등기를 통해 권리의 적법성이 추정된다고 본다($\binom{\text{대판 1983.11.}}{\text{22, 83다카894}}$).

### 2. 현행법상의 공신의 원칙

동산물권의 거래에서는 거래의 안전을 우선하여 공신의 원칙을 인정한다($\binom{\text{제249}}{\text{조}}$). 다만 도품, 유실물의 경우에는 일정한 예외를 두었다($\binom{\text{제250조}}{\text{제251조}}$).

그러나 부동산의 물권변동에는 공신의 원칙을 인정하지 않는다. 진정한 권리자의 보호를 우선하여 거래의 안전의 희생을 감수해야 한다고 판단한 것이다. 그러나 거래의 안전을 보호하기 위해 제107조 제2항, 제108조 제2항, 제109조 제2항, 제110조 제3항, 제548조 제1항 단서, 가등기담보등에 관한 법률 제11조 단서 등을 통하여 제3자가 보호된다. 이를 통하여 부동산의 경우에도 등기에 공신력이 인정되는 것과 같은 효과를 얻을 수 있다.

### 3. 공신의 원칙의 한계

물권거래에서 공신의 원칙을 인정할 경우, 그로 인해 희생되는 진정한 권리자의 권리가 박탈된다는 문제가 발생한다(공신의 원칙의 한계). 따라서 권리관계와 일치하지 않는 공시방법의 발생을 막을 방법의 도입(예컨대 등기원인증서의 공증 등)과 더불어 진정한 권리자를 보호하기 위한 수단(예컨대 권원보험의 도입 등)의 마련이 필요하다.

# 제2관 물권행위

## 제1항 물권변동의 구성요소

| Ⅰ. 물권행위(物權行爲) | Ⅱ. 물권행위(物權行爲)와 공시방법(公示方法)과의 관계 |
|---|---|
| 1. 물권행위의 의의 | 의 관계 |
| 2. 물권행위의 방식 | 1. 형식주의(성립요건주의) |
| 3. 물권변동의 흐름도와 물권행위의 시기 | 2. 물권행위의 구성 |
| 4. 적용법규 | |

### Ⅰ. 물권행위(物權行爲)

#### 1. 물권행위의 의의

물권행위란 직접 물권의 변동을 목적으로 하는 법률행위(法律行爲)를 의미한다는 견해가 통설이다. 그러나 물권행위는 채권행위와 달리 의무이행의 문제를 남기지 않아야 한다는 이유에서 물권변동을 직접 목적으로 하는 당사자 간의 물권적 의사표시외에 공시방법(등기/인도)까지 포함하여 물권행위로 보는 견해도 있다.

처분행위인 물권행위는 의무부담행위인 채권행위와는 달리 이행행위가 필요하지 않게 된다. 현실매매의 경우와 같이 채권행위와 물권행위가 동시에 이루어지는 경우도 경우도 있지만, 일반적인 거래에서는 채권행위가 선행하고, 채권행위의 이행으로 물권행위가 이루어진다. 물권의 포기와 같이 채권행위 없이 물권행위만 행해지는 경우도 있다(뒤에서 자세히 설명하지만 공시방법은 물권행위의 요소가 아니며 물권변동의 효력발생을 위한 추가적인 요건으로 해석되어야 한다).

물권행위도 법률행위인 이상 계약(=물권적 합의), 단독행위, 합동행위로도 가능하다.

### 2. 물권행위의 방식

물권행위는 원칙적으로 그 방식에 제한이 없는 불요식행위이다. 소유권이전등기를 위해서 검인계약서를 요구하고 있지만($\substack{\text{부동산등기 특별} \\ \text{조치법 제3조}}$), 이것으로 물권적 합의 자체가 요식계약이 되는 것은 아니다. 검인계약서는 등기를 위한 추가적인 요소에 불과하기 때문이다.

### 3. 물권변동의 흐름도와 물권행위의 시기

부동산매매계약을 상정할 때 물권변동의 과정을 살펴보면

| ① 부동산 매매계약의 체결 및 계약금의 수수 |
|:---:|

↓ (중도금의 수수)

| ② 잔금의 지급과 부동산소유권이전에 필요한 서류의 교부 |
|:---:|

↓

| ③ 등기의 완료 |
|:---:|

①의 시점에 채권행위로서 의무부담행위(義務負擔行爲)가 이루어진다. ③의 시점에 등기 등의 공시방법이 완료되어 물권변동의 효력이 발생된다. 물권행위의 시점이 ①, ②, ③ 중 어느 시점인지는 물권행위의 독자성을 인정하는지, 물권행위 개념에 공시방법이 포함되는지에 따라 달라진다.

물권행위의 독자성을 부정하는 견해는 원칙적으로 ①의 시점에 물권행위가 있는 것으로 본다. 그러나 물권행위의 독자성을 긍정하는 견해 중 물권행위를 물권적 의사표시와 공시방법의 결합으로 파악하는 견해에 의하면 물권행위는 ③의 시점에 있는 것으로 보게 되지만, 물권적 의사표시만을 물권행위로 파악하는 견해에 의하면 물권행위는 ②의 시점에 이루어진 것으로 보게 된다. 매도인이 부담한 채무의 이행행위는 소유권이 이전되는 ③의 시점에 완료된다고 보아야 할 것이다.

### 4. 적용법규

물권행위도 법률행위이므로 원칙적으로 법률행위에 관한 민법총칙 규정이 적용된다. 당사자의 권리능력, 행위능력, 의사표시, 대리, 무효와 취소, 조건과 기한 등이 적용된다.

특히 등기 또는 인도에 대해 대리규정이 적용되는지 여부와 관련하여 등기의 경우 부동산등기법 제24조 1호에서 대리에 의한 등기신청을 인정하므로 대리규정의 적용이 가능하다. 다만 제124조의 쌍방대리의 제한규정은 적용되지 않는다. 인도와 같은 사실행위에도 대리규정을 적용할 것인지에 대해서도 다툼이 있다.

물권행위에 조건을 붙일 수 있는지와 관련하여 동산물권의 변동에 있어서는 조건의 전면적 허용이 된다(**예** 소유권유보부 매매). 부동산물권의 변동에 있어서는 해제조건과 종기는 부동산등기법상 등기사항으로 등기가 허용된다(부동법 제54조). 정지조건과 시기는 부동산등기법상 등기사항으로 허용되지 않지만, 가등기의 방식으로 동일한 결과를 얻을 수 있다(부동법 제88조 후문).

물권행위는 직접 물권변동을 목적으로 하기 때문에 원칙적으로 채권법상의 규정이 적용되지 않으나 예외적으로 물권적 합의의 경우 계약의 성립에 관한 규정이 적용된다(제527조 이하). 제3자를 위한 계약(제539조)에 관한 규정이 물권계약에도 적용되는지 여부에 대해서는 학설상 다툼이 있다.

---

**사례 15** A는 공장운영에 필요한 고가의 기계설비를 B로부터 매수하기로 하고 이를 인도받았다. 다만, 대금의 지급은 5회로 분할하여 지급하되, 대금을 완납하면 기계설비의 소유권이 이전되는 것으로 정하였다. 그런데 3회차 대금의 지급 후, A의 사업이 도산하게 되자 A의 채권자 C가 기계설비에 대한 유체동산집행을 개시하였다. 매도인인 B는 기계설비에 대한 집행을 저지할 수 있는가?

(대판 1996.6.28, 96다14807 참조)

**해설 15** B는 유보된 소유권에 기하여 유체동산집행을 저지할 수 있다.

동산의 매매계약을 체결하면서, 매도인이 대금을 모두 지급받기 전에 목적물을 매수인에게 인도하지만 대금이 모두 지급될 때까지는 목적물의 소유권은 매도인에게 유보되며 대금이 모두 지급된 때에 그 소유권이 매수인에게 이전된다는 내용의 소위 소유권유보의 특약을 한 경우, 목적물의 소유권을 이전한다는 당사자 사이의 물권적 합의는 매매계약을 체결하고 목적물을 인도한 때이미 성립하지만, 대금이 모두 지급되는 것을 정지조건으로 하므로, 목적물이 매수인에게 인도되었다고 하더라도 특별한 사정이 없는 한 매도인은 대금이 모두 지급될 때까지 매수인뿐만 아니라 제3자에 대하여도 유보된 목적물의 소유권을 주장할 수 있고, 다만 대금이 모두 지급되었을 때에는 그 정지조건이 완성되어 별도의 의사표시 없이 목적물의 소유권이 매수인에게 이전된다.

---

## Ⅱ. 물권행위(物權行爲)와 공시방법(公示方法)과의 관계

### 1. 형식주의(성립요건주의)

우리 민법은 물권적 의사표시와 등기 또는 인도라는 공시방법을 갖춘 경우에만 물권변동의 효력이 발생하는 것으로 보는 형식주의(성립요건주의)를 취한다(앞 Ⅲ. 공신의 원칙 참조).

### 2. 물권행위의 구성

물권행위는 물권적 의사표시만을 의미하는가, 물권적 의사표시 외에 공시방법(등기나 인도)까지 포함되는지에 대해서 논의가 있다. 등기나 인도라는 공시방법이 완성되어야 물권변동이 일어난다는 형식주의를 취하는 우리 민법에서 물권행위와 공시방법의 관계는 어떻게 되는지를 정할 때 차이가 발생한다.

① 물권행위는 물권적 의사표시와 공시방법으로 구성된 것으로 보는 견해가 있다. 이와는 달리 ② 물권행위는 물권적 의사표시만으로 구성된다고 보는 견해가 있다. ②의 견해에서도 물권행위와 공시방법과의 관계에 대해서는 달리 평가한다. 즉 ⅰ) 공시방법은 물권행위의 효력발생요건으로 설명하는 견해와 ⅱ) 공시방법은 물권행위와는 독립된 요소로 설명하는 견해가 있다. ⅱ)의 견해는 공시방법이 '물권변동'의 효력발생요건이지 '물권행위'의 효력발생요건은 아니라는 점에서 ⅰ)의 견해와 차이가 있다.

생각건대 사인의 물권행위는 공권력의 개입이 있어야 비로소 성립한다는 ①의 견해는 동의하기 어렵다. 공시방법은 제3자의 보호를 위하여 추가적으로 법률에서 요구된 독립적 물권변동의 효력발생요건으로 파악해야 할 것이다. 물권행위가 있어도 물권변동을 위해서는 별도로 등기가 필요하지만 물권행위를 처분행위로 이해하는 데에는 문제없다. 등기는 물권행위에 의하여 비로소 발생하는 의무의 이행으로서 요구되는 것이 아니라 법률에 의하여 별도로 요구되는 물권변동의 독립된 요소로 이해되기 때문이다.

물권행위의 구성에 관하여 어떠한 견해를 취하느냐에 따라 물권행위가 있는 시기, 물권적 기대권(물권적 의사표시가 있고 점유이전이 있었으나 등기가 아직 안 된 상태의 법적 지위)의 인정 여부, 물권행위의 무인/유인성, 등기가 실질과 다른 경우의 효과상 차이 등의 결론이 달라질 수 있다.

판례는 물권행위의 개념에 공시방법이 포함됨을 전제로 판단하는 듯하다(대판 1991.3.22, 91다70은 '민법 제249조가 규정하는 선의 무과실의 기준시점은 물권행위가 완성되는 때인 것이므로 물권적 합의가 동산의 인도보다 먼저 행하여지면 인도된 때를, 인도가 물권적 합의보다 먼저 행하여지면 물권적 합의가 이루어진 때를 기준으로 해야 한다'고 판시하였다).

## 제2항 물권행위의 독자성과 무인성

물권행위를 원인행위인 채권행위와 별도의 독립된 법률행위로 볼 수 있는지의 문제와 물권행위는 채권행위와 따로 이루어지는지가 물권행위의 독자성 문제이다. 물권행위의 유인성·무인성은 물권행위의 효력발생을 위해서는 물권행위의 유효요건을 구비한 것만으로 부족하고 원인행위인 채권행위의 유효가 전제되는지에 관한 논의이다.

물권행위의 독자성을 부정하는 학설은 물권행위는 당연히 원인행위의 효력에 영향을 받는다고 본다(독자성부정설-유인성설). 물권행위의 독자성을 인정하는 학설은 다시 나뉘어 원인행위의 효력에 영향을 받는다는 견해(독자성긍정설-유인성설)와 원인행위의 효력에 영향을 받지 않는다는 견해(독자성긍정설-무인성설)가 있다. 판례는 독자성부정설-유인성설로 해석된다. 물권행위의 독자성, 무인성 문제는 채권행위에만 무효, 취소사유가 있고, 물권행위는 하자가 없는 경우에 주로 문제된다. 그러나 이러한 경우는 논의의 실익이 크지 않다. 무효 또는 취소사유가 채권행위에만 인정되는 경우가 드물기 때문이다.

## Ⅰ. 물권행위 독자성(獨自性)

물권행위의 독자성에 관한 논의는 채권행위 외에 물권행위라는 개념을 인정할 것인지에 관한 논의와 물권행위를 인정한다면, 물권행위는 채권행위와 별개로 행해지는시에 관한 논의를 포함한다.

### 1. 물권행위라는 개념을 인정할 것인가?

긍정설은 제186조 "법률행위" 또는 제188조 제1항의 "양도"의 의미를 물권행위로 이해한다. 반면 부정설은 제186조의 "법률행위" 또는 제188조 제1항의 "양도"의 의미를 채권행위로 이해한다. 생각건대 물권의 포기와 같이 선행하는 채권행위 없이 물권행위만 존재하는 경우를 설명하거나 타인물건의 매매와 같이 채권행위와 물권행위가 별도로 이루어지는 경우를 설명하기 위해서는 물권행위의 개념을 인정해야 한다.

### 2. 물권행위의 성립시기

물권행위의 개념을 인정할 때, 물권행위는 어느 시기에 있었다고 할 것인가? 독자성 긍정설은 당사자의 의사가 불명확할 경우, 물권행위는 채권행위와 별개로 이루어지는 것으로 이해한다. 동산물권의 변동에서는 동산의 인도시, 부동산물권의 변동에서는 등기서류의 교부시에 물권행위가 있었던 것으로 본다. 반면 독자성 부정설은 당사자의 의사가 불명확할 경우 물권행위는 채권행위와 함께 행하여지는 것으로 이해한다. 거래당사자들의 의식이 독자적인 물권행위를 인식하지 못하고 있는 점을 고려하면 독자성이 부정되어야 한다고 본다. 그러나 독자성 긍정설과 부정설 모두 물권행위와 채권행위가 동시에 또는 함께 이루어지는 것을 부정하는 것은 아니다.

판례는 물권행위의 독자성을 부정한다(대판 1977.5.24. 75다1394. 이 판결은 계약해제에 따른 원상회복에 대한 물권적 효과설을 주장하면서 그 근거의 하나로 물권행위의 독자성과 무인성이 인정되지 않음을 제시하고 있다). 생각건대 물권행위의 유인성이 확고하게 판례의 견해로 자리잡고 있는 상황에서 독자성을 인정해야 할 실익이 없다. 다만 물권행위의 개념은 인정할 필요가 있지만, 많은 경우에 물권행위는 채권행위와 함께 이루어진다고 보아야 한다.

## Ⅱ. 물권행위의 무인성·유인성(無因性·有因性)

### 1. 의    의

물권행위의 유인성·무인성이란 원인행위인 채권행위만 무효, 취소, 해제 등으로 실효되고 이행행위인 물권행위는 여전히 유효한 경우에도 원인행위가 실효되었다는 이유만으로 물권행위의 효력이 무효가 되는지에 관한 논의이다. 물권행위가 무효가 된다는 견해를 유인론, 여전히 유효하다는 견해를 무인론이라 한다.

물권행위의 독자성을 부정하면 원칙적으로 채권행위와 물권행위가 동시에 행하여지기 때문에 채권행위의 하자는 물권행위에도 하자가 된다. 따라서 물권행위의 유인론을 취하게 된다. 반면 물권행위의 독자성을 긍정하는 견해는 내용적으로 무인론을 취하기도 하지만 유인론을 취하는 견해도 있다.

### 2. 학설 및 판례의 태도

물권행위의 무인론은 거래의 안전을 보호하기 위해 물권행위는 원칙적으로 무인론이지만, 물권행위와 채권행위가 외형상 1개의 행위로 행해진 경우, 채권행위의 하자가 물권행위에도 공통인 경우, 채권행위의 유효를 물권행위의 조건으로 한 경우 등에는 예외적으로 유인론이라고 한다(상대적 무인론). 반면, 물권행위의 유인론은 당사자의 의사에 합치하는 점, 제107조 제2항, 제108조 제2항, 제109조 제2항, 제110조 제3항, 제548조 제1항 단서에 의해 거래안전을 보호할 수 있다는 점을 근거로 한다.

판례는 확고하게 물권행위의 유인론을 전제로 하여 판단하고 있다(대판 1977.5.24, 75다1394; 대판 1982.7.27, 80다2968 등 참조).

### 3. 검    토

학설상 차이점은 i) 이행된 물건의 반환을 구하는 근거가 부당이득반환청구권인지, 아니면 물권적 청구권도 인정되는지와 ii) 이행된 물건이 전매된 경우 제3자의 보호범위에서 차이가 발생한다.

> **사례 16** A는 2월 1일 B에게 X부동산을 1억 원에 매도하기로 하는 매매계약을 체결하면서, 계약 1,000만 원을 지급받고, "4월 1일 잔금 9,000만 원과 상환으로 소유권이전에 필요한 서류를 교부한다"는 약정을 하였다. 이에 따라 A는 B로부터 매매대금을 지급받고, 소유권이전에 필요한 서류를 교부하여 4월 4일 B 명의로 소유권이전등기까지 마쳤다. 그런데 A는 B의 기망행위에 의해 매매계약을 체결한 것이다. 계약체결 직후 B의 기망행위를 알게 되었지만, 법정추인이 아님을 밝히며 소유권이전에 필요한 서류를 교부하였다.
>
> **질문 1)** A가 매매계약을 사기를 이유로 적법하게 취소한 경우, X부동산의 반환을 청구할 수 있는

지 여부와 그 근거를 설명하시오.

질문 2) B가 X부동산을 C에게 매도하고 소유권이전등기까지 마쳤다. 그 후 A가 B와의 매매계약을 사기를 이유로 적법하게 취소하고 C에게 부동산의 반환을 청구할 수 있는가?

**|해설 16|** 위 사례는 부동산매매계약(채권행위)만 의사표시의 하자가 존재하고, 물권행위에는 그 하자가 존재하지 않은 경우에 해당한다.

해설 1) 물권행위의 무인론에 의하면, 매매계약(채권행위)에 하자가 있어 취소되어도 부동산거래에서 물권행위는 소유권이전에 필요한 서류를 교부하는 시점에 하자없이 유효하게 행해졌기 때문에 원인행위인 채권행위의 취소에 영향을 받지 않고, 여전히 유효하다. 따라서 B의 소유권취득은 유효하게 된다. 그러나 매매계약의 취소로 B의 소유권취득은 법률상 원인이 없는 것이 되어 A는 부당이득반환으로 소유권이전청구가 가능하다. 다만, A는 부당이득반환으로 대금반환의무를 부담하는데, 양자는 동시이행의 관계에 있게 된다.

반면, 물권행위의 유인성론에 의하면, 매매계약의 취소로 유효한 물권행위도 소급적으로 실효하게 된다. 따라서 X부동산의 소유권은 B에서 A로 복귀하게 되므로 A는 부당이득반환청구 외에 소유권에 기한 방해제거청구권을 행사해서 B 명의의 소유권이전등기의 말소등기(또는 소유권이전등기)청구 및 점유회복청구를 할 수 있다. 다만, 이는 A의 매매대금반환의무와 동시이행의 관계에 있게 된다.

해설 2) 물권행위의 무인론에 의하면, B는 유효한 소유권자로서 C에게 처분한 것이므로 C는 선의·악의를 불문하고 유효하게 X부동산의 소유권을 취득한다. 이 경우 부당이득반환으로 원물반환이 불가능하므로, A는 B를 상대로 가액반환청구만 가능하다(제747조 제1항).

반면, 물권행위의 유인론에 의하면, B는 무권리자로서 C에게 처분한 것이므로 A의 추인이 있거나 또는 C가 A의 취소로 대항하지 못하는 선의자가 아닌 한 C는 소유권을 취득하지 못한다. 즉 A의 소유권에 기한 물권적 청구에 응해야 한다. 그러나 C가 선의자인 경우에는 예외적으로 보호받을 수 있다.

# 제3관 등 기

## 제1항 등기 일반론

### I. 부동산등기의 의의

실체법상의 부동산등기는 공무원인 등기관이 부동산등기법 소정의 절차에 따라 부동산에 관한 권리관계를 공적 장부인 등기부에 기재하는 것 또는 그러한 기재 자체를 의미한다(제186조). 반면 절차법상의 부동산등기는 전산정보처리조직에 의해 입력·처리된 등기정보자료를 대법원규칙이 정하는 바에 따라 편성한 공적 장부를 의미하는데(부동법 제2조 1호), 이에는 부동산에 관한 권리관계 외에 부동산의 표시에 관한 기재가 포함된다. 부동산등기는 부동산물권의 공시방법 중의 하나로서 물권행위와 함께 부동산물권변동의 구성요소가 된다($_{조}^{제186}$).

## Ⅱ. 등기부와 대장

### 1. 등 기 부

부동산등기법상 등기부는 전산정보처리조직에 의해 입력·처리된 등기정보자료를 대법원규칙이 정하는 바에 따라 편성한 공적 장부($_{2조\ 1호}^{부동법\ 제}$)로 토지등기부와 건물등기부($_{14조\ 제1항}^{부동법\ 제}$) 두 종류가 있다.

#### (1) 물적 편성주의

부동산등기법은 원칙적으로 1필의 토지 또는 1동의 건물을 단위로 1개의 등기기록을 편성하도록 규정하는데($_{15조\ 제1항}^{부동법\ 제}$), 이를 물적 편성주의 또는 1부동산 1등기기록주의라고 한다. 건물의 구분소유에서는 1동의 건물 전부를 1등기기록으로 편성하고, 1동의 건물을 구분한 각 건물별로 각 표제부 및 갑구(甲區), 을구(乙區)를 편성하도록 하는 예외를 두고 있다($_{1항\ 단서,\ 제40조}^{부동법\ 제15조\ 제}$). 결국 1동의 건물 전체를 표제부로 하여 전유부분마다 표제부와 갑구(甲區), 을구(乙區)를 두게 된다($_{제14조}^{부동규칙}$).

#### (2) 등기기록의 구성

부동산등기기록은 부동산표시에 관한 사항을 기록하는 표제부[토지의 경우 ① 표시번호, ② 접수연월일, ③ 소재와 지번, ④ 지목, ⑤ 면적, ⑥ 등기원인($_{제34조}^{부동법}$), 건물의 경우 ① 표시번호, ② 접수연월일, ③ 소재, 지번 및 건물번호, 건물의 종류, 구조와 면적 등 건물의 내역, ④ 등기원인, ⑤ 도면의 번호($_{제40조}^{부동법}$)], 소유권에 관한 사항을 기록하는 갑구(甲區) 및 소유권 이외의 권리에 관한 사항을 기재하는 을구(乙區)로 구성되어 있다.

### 2. 대    장

대장은 부동산에 관한 사실상의 상황을 기재하는 공적 장부[예컨대 공간정보법(구 지적법) 제2조 19호 소정의 "지적공부"(토지대장, 임야대장, 공유지연명부 등)와 건축법 제38조 소정의 "건축물대장"]를 의미한다. 등기부는 물권 공시의 목적을 위한 것이지만 대장은 행정목적(조세 부과 등)을 위한 것이다.

지적공부는 토지의 소재, 지번, 지목, 면적, 소유자의 성명 또는 명칭·주소·주민등록번호 등을 기재하는데($_{제71조\ 제1항}^{공간정보법}$), 시장, 구청장, 군수 등의 행정기관이 이를 관리하며($_{제2조\ 18호}^{공간정보법}$), 소관청이 직권으로 등록한다($_{제64조}^{공간정보법}$). 등기부를 법원이 관리하고, 등기가 원칙적으로 등기신청인의 신청에 의하는 점(신청주의)에서 대장과 차이점이 있다.

### 3. 양자의 관계

부동산의 물적 사항 또는 동일성은 대장의 기재를 기초로 하므로($_{65조\ 1호}^{부동법\ 제}$), 등기신청시에 등기부의 부동산의 표시와 대장상의 부동산의 표시가 일치하지 않을 경우, 등기관은 등기신청을 각하해야 한다($_{29조\ 11호}^{부동법\ 제}$). 결국 부동산의 소유명의인으로서는 등기신청시 대장상의 기재를 먼저 정정해야 한다.

반면 권리의 변동사항은 등기부의 기재를 기초로 하여 대장상의 기재를 변경 등록하도록 한다.

## Ⅲ. 등기의 유형

1. 사실의 등기와 권리의 등기
2. 보존등기와 권리변동등기
3. 기입등기/변경등기 · 경정등기/말소등기/회복 등기/멸실등기
   (1) 기입등기
   (2) 변경등기와 경정등기
   (3) 말소등기
   (4) 멸실등기 및 멸실회복등기
   (5) 말소회복등기
4. 주등기와 부기등기
5. 종국등기(본등기)와 예비등기(가등기)
   (1) 가등기의 의의
   (2) 가등기 절차 및 가등기에 기한 본등기의 효력
   (3) 가등기의 말소
   (4) 가등기상 권리의 이전
   (5) 예고등기의 폐지

### 1. 사실의 등기와 권리의 등기

사실의 등기는 등기기록 중 부동산의 현황 및 등기명의인을 표시하는 등기로 표제부에 하는 등기와 갑구(甲區)와 을구(乙區)란의 등기명의인 표시를 위한 등기가 이에 해당한다. 반면 권리의 등기는 권리에 관한 사항을 표시하는 등기로 등기기록 중 갑구(甲區) 또는 을구(乙區)에 하는 소유권과 그 이외의 권리에 관한 등기와 표제부에 하는 대지권에 관한 등기가 이에 해당한다.

### 2. 보존등기와 권리변동등기

보존등기는 미등기의 부동산에 관하여 최초로 하는 등기로 그 후에 하는 등기의 기초가 되는 등기를 말한다. 최초등기로서 보존등기의 특성상 소유권보존등기를 신청할 수 있는 자는 법으로 엄격하게 제한된다($_{제65조}^{부동법}$).

권리변동의 등기란 위의 보존등기를 기초로 하여 제186조에 따라 행하는 등기를 말한다.

### 3. 기입등기/변경등기 · 경정등기/말소등기/회복등기/멸실등기

부동산등기는 그 등기내용을 기준으로 기입등기, 변경등기, 경정등기, 말소등기, 회복등기, 멸실등기 등으로 구분할 수 있다. 이 중 변경등기, 경정등기, 말소등기, 말소회복등기를 위해서는 등기상 이해관계 있는 제3자가 있다면 그 자의 승낙이 필요하다.

#### (1) 기입등기

기입등기는 새로운 등기원인에 의한 등기를 말한다. 예컨대 소유권보존등기, 이전등기, 저당권설정등기 등이 이에 해당한다.

#### (2) 변경등기와 경정등기

#### (가) 의 의

변경등기는 등기가 행해진 후 등기된 사항에 변경이 생겨 후발적으로 등기와 실체관계가 일부 불일치하는 경우 이를 시정하는 등기(⑩ 전세기간의 연장, 저당권의 피담보채권의 증감 등)를 말한다(부등법 제35조, 제44조). 경정등기는 등기가 원시적 흠(착오 또는 유루)으로 실체관계와 일부 불일치하는 경우 이를 시정하는 등기(저당권의 피담보채권액을 처음부터 과다하게 잘못 등기한 경우)를 말한다(부등법 제32조). 결국 경정등기와 변경등기는 실체관계에 등기가 부합하지 않는 경우 등기의 일부 하자를 치유하기 위한 등기라는 점에 공통점이 있지만, 그 하자가 원시적인지, 후발적인지에 따라 구별된다. 경정등기가 있으면 당초부터 경정된 등기가 효력이 있음이 원칙이다.

등기명의인의 동일성이 인정되지 않는 권리자 경정등기는 허용되지 않는다. 경정 전후의 등기에 동일성 내지 유사성이 있어야 경정등기가 허용되기 때문이다. 그럼에도 불구하고 그러한 경정등기가 마쳐졌다면, i) 경정 후 명의인의 권리관계를 표상하게 되고 ii) 그 등기가 실체관계에도 부합하게 되면 그 등기는 유효하다. 다만 경정등기의 효력은 소급하지 않고 경정 후 명의인의 권리취득을 공시할 뿐이다. 따라서 경정 전의 등기 역시 원인무효의 등기가 아닌 이상 경정 전 당시의 등기명의인의 권리관계를 표상하는 등기로서 유효하고, 경정 전에 실제로 존재하였던 경정 전 등기명의인의 권리관계가 소급적으로 소멸하거나 존재하지 않았던 것으로 되지도 아니한다(대판(전) 2015.5.21, 2012다952).

#### (나) 변경등기 또는 경정등기의 요건

##### 1) 등기상 이해관계 있는 제3자의 승낙 여부

권리에 관한 변경등기와 경정등기시 등기상 이해관계 있는 제3자가 있는 경우에는 제3자의 승낙이 있어야 한다(부등법 제32조 제2항 단서, 제52조 각호 외의 부분 단서). 그러나 단순히 부동산의 표시 또는 등기명의인 표시의 변경등기와 같이 사실에 관한 등기는 '(물건 또는 인격의) 동일성이 유지되는 범위' 내에서 등기부상의 표시를 실체와 합치시키기 위한 등기로 그로 인해 권리변동의 효력이 발생하지 아니하므로, 등기상 이해관계 있는 제3자의 승낙이 필요하지 않다(대판 1992.2.28. 91다34967).

### 2) 변경등기와 경정등기의 신청권자

공동신청주의의 원칙이 적용되므로 권리에 관한 변경등기와 경정등기는 원칙적으로 등기권리자와 등기의무자가 공동으로 신청해야 한다. 그러나 사실의 등기인 부동산의 표시 또는 등기명의인 표시에 관한 경정등기는 그 성질상 등기의무자가 없기 때문에 등기명의인이나 대위권자의 단독신청에 의해야 한다(대판 1992.2.28. 91다34967).

등기명의인 표시변경등기가 등기명의인의 동일성을 해치는 방법으로 이루어져 그 등기가 타인을 표상하는 등기가 된 경우 그 등기는 무효이므로 경정등기에 의해 그 하자를 시정할 수 없고, 원래의 등기명의인은 새로운 등기명의인을 상대로 변경등기의 말소청구를 해야 한다(대판 2000. 5.12, 99다69983).

### 3) 변경등기 또는 경정등기의 요건인 동일성 또는 유사성 요건

판례에 따르면 부동산등기의 지번표시에 다소의 착오 또는 오류가 있어도 실체관계를 표시함에 족할 정도의 "동일 또는 유사성이 있다고 인정되는 경우", 그 등기는 원칙적으로 유효하고, 경정등기를 통해 그 하자를 시정하는 것이 허용된다.

그러나 중대한 착오 또는 오류로 실체관계와의 동일 또는 유사성이 인정되지 않는 경우, 그 등기는 원칙적으로 무효라고 할 것이므로, 경정등기로 그 하자를 시정할 수 없다. 다만 동일부동산에 다른 보존등기가 없거나 등기형식상 예측할 수 없는 손해를 미칠 우려가 있는 이해관계인이 없는 경우에는 동일성 또는 유사성이 없는 하자도 경정등기로 시정할 수 있고, 경정된 등기는 유효하다(대판(전) 1975.4. 22, 74다2188). 동일성 유무를 판단하는 기준은 토지의 경우 지번, 지목, 지적(대판 2001.3.23, 2000다51285), 건물의 경우 소재, 지번, 종류, 구조, 면적 등이 실제건물과 사회통념상 동일성이 인정될 정도로 합치되는지 여부가 된다(대판 1996.6.14, 94다53006).

---

**사례 17** A가 1979.4.3. X건물에 관한 소유권보존등기를 하고, 위 보존등기에 터 잡아 B, C가 각각 소유권이전등기를 마친 것으로 등기부에 기재되어 있다. 위 등기부의 표제부에 지번의 표시가 115-6으로 기재되어 있으나, 실제 X건물은 115-1 지상에 소재하고, 그 대지의 실제 면적도 25.02㎡가 아니라 90.18㎡임이 밝혀졌다. C는 실제 115-1 지상에 있는 X건물의 소유자로 경정등기를 신청하면서 현재 X건물을 불법점유중인 D를 상대로 소유권에 기하여 반환청구권을 행사하고자 한다. 이와 같은 C의 청구는 인용될 수 있는가? (대판 2007.7.26, 2007다19006,19013 참조)

**│해설 17│** C의 경정등기신청은 받아들여지지 않으며 C는 D를 상대로 소유권에 기한 물권적 청구권도 인용될 수 없다.

일반적으로 부동산에 관한 등기의 지번표시에 다소의 착오 또는 오류가 있다 할지라도 적어도 그것이 실질상의 권리관계를 표시함에 족한 정도로 동일 혹은 유사성이 있다고 인정되는 경우에 한하여 그 등기를 유효시하고 그 경정등기도 허용된다. 만일 이 표시상의 착오 또는 오류가 중

대하여 그 실질관계와 동일성 혹은 유사성조차 인정할 수 없는 경우에는 그 등기는 마치 없는 것과 같은 외관을 가지므로 그 등기의 공시의 기능도 발휘할 수 없고, 이런 등기의 경정을 무제한으로 인정한다면 제3자에게 뜻밖의 손해를 가져 올 경우도 있을 것이므로 이와 같은 경우에는 경정등기를 허용할 수 없고(대판(전) 1975.4.22, 74다2188 참조), 그 등기는 무효라고 볼 것이다. 이 사안의 경우 등기부상의 표시 부동산과 실제 115-1 지상에 소재하는 X건물을 사회관념상 동일하거나 유사한 것이라고 볼 수 없으므로, 위 소유권보존등기와 그에 터 잡은 각 소유권이전등기가 실제 115-1 지상 X건물을 표상하는 등기로서의 효력을 갖는다고 할 수 없다. 따라서 C는 X건물에 관한 소유권을 취득할 수 없다.

또 C는 X건물의 소유자가 아니기 때문에 소유권에 기한 물권적 청구권도 행사할 수 없다.

---

**사례 18** X건물은 원래 A가 1999.3.24. ○○시 ○○구 ○○동 394-1 하천부지상에 신축한 것인데, A의 신청 착오로 지번표시를 ○○동 345로 하여 A 앞으로 보존등기했다. 그 후에 B가 2013.11.3. A로부터 X건물을 매수하여 그 앞으로 소유권이전등기를 마친 다음, 2014.2.11 그 대지지번을 ○○동 394-1로 경정등기를 마쳤다. 그런데 C는 2014.1.15. A로부터 X건물을 이중으로 양도받아 이를 점유사용 중에 있다. B가 X건물의 소유권에 기해 C의 퇴거 및 건물인도를 구하는 소를 제기하자, C는 소유권보존등기 및 이전등기는 실제건물을 공시하지 못해 효력이 없어 무효이므로, B는 소유권자가 아니라고 주장하고, 반면 B는 경정등기를 통해 그 하자는 치유되었다고 주장한다. B의 청구는 인용될 수 있나?　　　　　　　　　　　　(대판(전) 1975.4.22, 74다2188 참조)

**|해설 18|** B의 C에 대한 청구는 인용될 것이다.

일반적으로 부동산에 관한 등기의 지번표시에 표시상의 착오 또는 오류가 중대하여 그 실질관계와 동일성 혹은 유사성조차 인정할 수 없는 경우에는 경정등기를 허용할 수 없다. 이 사안에서 X건물에 대해 당초에 소유권보존등기가 된 위 대지의 지번인 ○○동 345와 실지지번인 ○○동 394-1은 표시상 현격한 차이가 있으므로 ○○동 345로 표시된 위 소유권보존 및 이전등기가 X건물을 공시하는 등기라고 볼 수 없으므로 무효이며, 따라서 이에 터 잡아 한 위 경정등기 역시 그 효력이 없다.

그러나 이런 동일성 또는 유사성을 인정할 수 없는 착오 또는 오류가 있는 경우라 할지라도 같은 부동산에 대하여 따로 보존등기가 존재하지 아니하거나 등기의 형식상으로 보아 예측할 수 없는 손해를 미칠 우려가 있는 이해관계인이 없는 경우에는 당해 오류 있는 등기의 경정을 허용하여 그 경정된 등기를 유효하다고 보는 것이 경정등기 전후에 각 그 등기가 유효하다고 믿고 등기한 권리를 보호할 수 있는 실효가 있을 뿐 아니라 일단 경정된 등기는 그 때부터는 공시의 기능도 일반등기와 같이 발휘할 수 있다. 이 사안의 경우 X건물에 따로 보존등기나 등기의 형식상으로 보아 예측할 수 없는 손해를 입을 우려가 있는 제3자로 보이는 이해관계인이 없는 이상 B가 한 경정등기는 유효하다고 보아야 한다. 따라서 B는 적법한 소유자로서 C에게 퇴거 및 인도를 청구할 수 있다.

## (3) 말소등기

말소등기는 등기에 대응하는 실체관계가 원시적 또는 후발적으로 존재하지 않는 경우 기존의 등기 전부를 말소하는 등기(ⓔ 권리자의 사망 또는 법인의 해산, 등기원인이 무효인 경우, 등기원인의 소멸의 경우 등)를 말한다(부동법 제 55조 등). 변경등기 또는 경정등기는 실체관계와 불일치하는 기존의 등기내용을 시정하는 등기임에 반하여, 말소등기는 실체관계에 불일치함을 이유로 등기를 말소한다는 점에서 차이가 있다.

### (가) 말소등기신청과 말소등기청구소송

말소등기의 등기의무자가 말소등기신청에 협력하지 않을 경우, 말소등기청구소송을 제기하게 된다.

소유권에 기한 방해제거청구권에 기하여 밀소등기청구소송을 세기한 경우, 밀소등기청구의 청구원인사실은 i) 원고의 부동산에 관한 소유권의 존재사실(취득원인사실), ii) 피고 명의의 등기사실(원고의 소유권을 방해하는 사실)만으로 충분하지만, iii) 피고 명의로 된 등기의 추정력(대판 1979.6. 26, 79다741) 때문에 피고 명의등기의 원인무효도 말소등기청구소송의 원고가 청구원인으로 주장·증명해야 한다.

말소등기청구권의 청구원인은 해당 '등기원인의 무효'이며, 등기의 원인무효를 이루는 개별사유는 공격·방어방법에 불과하여 별개의 소송물로 보지 않는다. 이는 소유권의 이전등기청구소송에서 개개의 등기원인에 해당하는 등기청구권의 발생원인(ⓔ 매매, 증여 등)을 소송물로 파악하는 입장(대판 1996.5.10, 94다35565 등 참조)과 대비된다.

### (나) 등기상 이해관계 있는 제3자의 승낙

어떤 등기의 말소등기를 신청하기 위해서는 그 등기상 이해관계 있는 제3자의 승낙이 필요하다(부동법 제 57조 참조). 등기상 이해관계 있는 제3자란 말소등기를 함으로써 손해를 입을 우려가 있는 등기상의 권리자로서 손해를 입을 우려가 있다는 것이 등기부 기재에 의하여 형식적으로 인정된 자를 말한다.

그런데 제3자가 임의로 승낙하지 않아 말소등기권리자가 제3자를 상대로 승낙을 청구하는 소송을 제기한 경우, 그 제3자가 승낙의무를 부담하는지는 제3자가 말소등기권리자에 대하여 승낙을 해야 할 실체법상의 의무가 있는지 여부에 의하여 결정된다(대판 2007.4.27, 2005다43753). 예컨대 B가 A를 기망하여 X부동산의 소유권이전등기를 마쳤으나 A가 사기를 이유로 매매계약을 취소했더라도 소유권이전등기의 말소 전에 B가 제3자에게 저당권을 설정해 준 경우 저당권자가 선의이면 이해관계 있는 제3자로서 보호되어야 하므로 승낙의무가 없다(제110조 제3항 참조). 반면 저당권자가 악의이면 위 소유권이전등기의 말소등기에 대하여 승낙의무가 있다고 할 것이다. 이론적으로는 이와 같이 원인무효의 소유권이전등기에 터잡고 있는 근저당권자는 이해관계 있는 제3자이므로 그에 대해 소유권이전등기의 말소등기에 대하여 승낙의 의사표시를 하라는 청구도 가능하나, 방해배제청구권의 행사로 근저당권설정등기의 말소청구를 인정하는 실무례가 확고하게 정착되어 있다$\binom{요건사실론, 사법연수}{원, 2017, 109면 참조}$.

> **사례 19** B는 A로부터 X부동산을 매수하여 매매를 원인으로 한 소유권이전등기를 하였다. 그 후 B는 C에게 매도하여 소유권이전등기를 하였다. 그런데 A, B 사이의 매매가 없음을 주장하며 A는 B와 C를 상대로 이전등기 말소등기를 청구하였다. 이에 대하여 C는 등기부취득시효 완성을 주장하여 법원으로부터 받아들여졌다. 한편 A, B 사이의 매매는 없음이 확인되었고 그 이외에 B 명의의 등기를 정당화할 사유가 없다. 이 때 A의 B에 대한 소유권등기 말소등기청구는 인용될 수 있는가? (대판 2019.7.10. 2015다249352 참조)
>
> **해설 19** A의 청구는 인용될 수 없다.
> A가 B에게 말소등기를 청구하기 위해서는 A가 스스로 청구권원 있음을 주장·증명해야 한다. 만약 그러한 권원이 인정되지 않는다면 소유권이전등기가 말소되어야 할 무효인 등기인 경우에도 A의 청구는 인용되지 못한다.
> 사안의 사실관계에 따르면 최종적으로 소유권이전등기를 마친 C가 등기부취득시효를 원인으로 X의 소유권을 취득하게 되었고 그 반사적 효과로 A는 소유권을 상실하게 된다. 그렇다면 설사 B 명의의 이전등기가 원인무효라고 하더라도 A에게는 B 명의의 소유권이전등기 말소를 구할 권원이 없다고 할 것이다. 따라서 A는 B에게 등기말소청구를 할 수 없다.

### (4) 멸실등기 및 멸실회복등기

멸실등기는 부동산이 멸실된 경우에 하는 등기를 말한다$\binom{부동법 제39조,}{제43조, 제44조}$. 구 부동산등기법상 등기부가 멸실된 경우에 멸실회복등기를 하도록 하였으나, 등기전산화가 완료된 이후에 개정된 부동산등기법에서는 이를 삭제하였다$\binom{아직 폐쇄되지 않은 종이형태의 등기부가 멸실된 극히 예외적}{인 경우에 멸실회복등기에 의해야 한다. 부등규칙 부칙 제3조}$.

### (5) 말소회복등기

#### (가) 의 의

말소회복등기는 기존의 등기가 부적법하게 말소된 경우 이를 부활시키는 등기를 말한다$\binom{부동법}{제59조}$. 여기서 '부적법'이란 실체적 이유$\binom{예컨대 가등기 말소등기의 등기원인이 된 법률행위가 사기에 의}{한 의사표시로서 취소된 경우(대판 2013.3.14. 2012다112350)}$ 또는 절차적 하자에 기인한 것인지를 불문하고 말소등기나 기타의 처분이 무효인 경우를 의미하므로 어떤 이유이건 당사자가 자발적으로 말소등기를 한 경우에는 말소회복등기를 할 수 없다$\binom{대판}{2001.}$ $\substack{2.23, 2000 \\ 다63974}$. 즉 법률상의 원인이 없는데도 당사자의 의사에 기하여 임의, 자발적으로 말소등기를 한 경우, 착오나 오단에 의하여 말소된 경우에도 당사자가 그 의사에 기하여 임의, 자발적으로 말소등기를 한 이상 회복등기는 허용되지 아니한다$\binom{대판 1993.3.9.}{92다39877}$.

#### (나) 말소회복등기청구소송의 피고적격

말소된 등기의 회복등기절차의 이행을 구하는 소송에서 회복등기의무자에게만 피고적격이 인정된다. 따라서 불법말소된 근저당권 설정등기의 회복등기의 상대방은 현재의 등기명의인(소유자)이 아니라 그 등기말소 당시의 소유자이다$\left(\substack{\text{대판 1969.3.18,}\\ \text{68다1617}}\right)$. 또한 가등기가 이루어진 부동산에 관하여 제3취득자 앞으로 소유권이전등기가 마쳐진 후 그 가등기가 부적법하게 말소된 경우 그 가등기의 말소회복등기청구는 회복등기의무자인 제3취득자를 상대로 해야 한다. 말소된 가등기의 회복등기절차에서 회복등기의무자는 가등기가 말소될 당시의 소유자인 제3취득자이기 때문이다$\left(\substack{\text{대판 2009.10.15,}\\ \text{2006다43903}}\right)$.

### (다) 등기상 이해관계 있는 제3자의 승낙

말소회복등기를 할 때 등기상 이해관계가 있는 제3자가 있을 때에는 그 제3자의 승낙이 있어야 한다$\left(\substack{\text{대판 2019.5.16,}\\ \text{2015다253573}}\right)$. 등기상 이해관계 있는 제3자란 등기 기재의 형식상 말소된 등기가 회복됨으로 인하여 손해를 입을 우려가 있는 제3자를 말한다. 회복될 등기와 등기면상 양립할 수 없는 등기는 회복등기에 앞서 말소의 대상이 되므로 그 등기명의인은 이해관계 있는 제3자가 아니어서 그의 승낙은 필요하지 않다$\left(\substack{\text{대결 2002.2.27,}\\ \text{2000마7937}}\right)$. 나아가 제3자가 승낙의무를 부담하는지 여부는 제3자가 말소등기권리자에 대한 관계에서 그 승낙을 해야 할 실체법상의 의무가 있는지 여부로 결정해야 한다$\left(\substack{\text{대판 2007.4.27,}\\ \text{2005다43753}}\right)$.

---

**사례 20** A는 B에게 여러 차례 돈을 빌려주면서 B 소유의 X토지에 관하여 각각 1순위, 2순위, 3순위 저당권을 설정받았다. 그런데 B로부터 돈을 일부 상환받으면서 착오로 3순위가 아니라 1순위 저당권말소에 필요한 서류를 법무사에게 교부하였다. 나중에 이를 발견한 A는 1순위 저당권말소등기의 회복청구를 구하는 소송을 제기하였다. A의 청구는 타당한가? (이 판결은 착오에 의한 지상권설정등기가 말소된 사안에 관한 것이었다)

(대판 1993.3.9, 92다39877 참조)

**해설 20** A의 청구는 부당하다.

부동산등기법 제75조 소정의 말소회복등기란, 어떤 등기의 전부 또는 일부가 부적법하게 말소된 경우에 그 말소된 등기를 회복하여 말소 당시에 소급하여 말소가 없었던 것과 같은 효과를 생기게 하는 등기를 말하는 것이다. 여기서 부적법이란 실체적 이유에 기한 것이건 절차적 하자에 기한 것임을 불문하고 말소등기나 기타의 처분이 무효인 경우를 의미하는 것이기 때문에 어떤 이유이건 당사자가 자발적으로 말소등기를 한 경우에는 말소회복등기를 할 수 없다.

---

**사례 21** B는 자기 소유의 X토지에 관하여 매매예약을 원인으로 A에게 소유권이전등기 가등기를 경료해 주었다. 그 후 B는 X토지에 관하여 C에게 매매를 원인으로 소유권이전등기를 해 주었다. 그 후 A 명의의 가등기가 불법말소가 되었다. A가 불법말소된 가등기의 회복을 청구할 때, 말소된 가등기의 회복등기절차에서 회복등기의무자는 B와 C 중 누구인가?

(대판 2009.10.15, 2006다43903 참조)

**해설 21** 회복등기의무자는 C이다.

말소된 등기의 회복등기절차의 이행을 구하는 소에서는 회복등기의무자에게만 피고적격이 있다.

가등기가 이루어진 부동산에 관하여 제3취득자 C 앞으로 소유권이전등기가 마쳐진 후 그 가등기가 말소된 경우 그와 같이 말소된 가등기의 회복등기절차에서 회복등기의무자는 가등기가 말소될 당시의 소유자인 제3취득자 C이므로, 그 가등기의 회복등기청구는 회복등기의무자인 제3취득자인 C를 상대로 해야 한다.

**사례 22** A는 2022.3.2. 자기 소유인 X토지를 위조된 매매예약 계약서에 기하여 B 명의로 매매예약의 가등기를 했다. 2022.5.1. A의 채권자인 C는 강제경매 개시신청을 하여 강제경매개시결정의 기입등기가 있었다. 2022.6.7. B가 위 부동산을 매수하면서 무효인 가등기를 유용하기로 합의하고 가등기에 따라 본등기를 경료하자, 강제경매개시결정의 기입등기는 법원의 직권으로 말소되었다. 그러자 2022.7.5. C는 위 경매개시결정기입등기의 말소등기가 무효라고 주장하며, B를 상대로 위 경매개시결정기입등기의 말소회복등기에 대한 승낙의 의사표시를 구하고 있다. 이러한 C의 주장과 B에 대한 청구는 타당한가? (대판 2019.5.16. 2015다253573 참조)

**해설 22** 위 말소등기가 무효라는 C의 주장은 타당하며 B에 대한 승낙의 청구는 타당하다.

C는 무효인 위 가등기 유용합의가 있기 전에 강제경매개시결정을 통해 압류하였으므로 등기부상 이해관계를 갖게 되었다. 따라서 B는 C에게 무효인 가등기 유용합의로 대항할 수 없다. 따라서 경매개시결정기입등기는 가등기의 순위보전의 효력에 반하지 아니하여 직권으로 말소될 것이 아님에도 불구하고 원인 없이 말소되었으므로 위 경매개시결정 기입등기의 말소등기는 무효이다.

나아가 그 강제경매개시결정 기입등기가 말소될 당시 그 부동산에 관하여 소유권이전등기를 경료하고 있는 사람은 법원이 그 강제경매개시결정 기입등기의 회복을 촉탁함에 있어서 등기상 이해관계가 있는 제3자에 해당하므로, 강제경매 신청채권자로서는 그 사람을 상대로 하여 법원의 촉탁에 의한 그 강제경매개시결정 기입등기의 회복절차에 대한 승낙청구의 소를 제기할 수는 있다. 사안에서 말소회복될 경매개시결정기입등기와 본등기는 양립 가능하여 B는 경매개시결정기입등기의 말소회복등기에 관하여 등기상 이해관계 있는 제3자로서 승낙의 의사표시를 할 의무가 있다.

**요건사실론** 소유권보존등기말소 청구의 요건사실론

### 1. 청구원인

소유권보존등기말소 청구의 청구원인사실은 ① 원고의 원시취득 사실(토지의 경우 원고 선대가 사정받은 사실과 원고의 상속 사실, 건물의 경우 원고의 신축 사실 등), ② 피고 명의의 소유권보존등기이다. 원고는 이와 별도로 위 등기의 원인무효 사실을 주장·증명할 필요는 없다.[2]

### 2. 항 변

승계취득 등으로 보존등기가 실체관계에 부합한다는 사실은 항변사실이 된다.

---

2) 보존등기 명의인이 원시취득자가 아니라는 점이 증명되면 보존등기의 추정력은 깨어지기 때문이다.

### 4. 주등기와 부기등기

주등기는 표시번호란 또는 순위번호란에 독립된 번호가 부여되는 등기를 말하고, 부기등기란 주등기번호를 사용하면서 주등기의 번호 아래 부기호수를 기재하여 하는 등기를 말한다(부등법 제5조, 제52조). 부기등기는 기존등기의 순위를 보유할 필요가 있을 때(ⓔ 변경등기, 경정등기 등) 하는 등기이므로 주된 등기에 종속된 등기이며, 주등기와 별개의 새로운 등기가 아니다.

---

**기본사례** 甲은 B에 대한 채권 1억 원의 담보를 위해 B의 X부동산에 저당권을 설정했다. C는 X부동산에 2순위 저당권자가 되었다. 그 후 甲은 피담보채권액을 1억 5천만 원으로 변경하고자 한다. 이 때 甲은 어떤 유형의 등기를 해야 하는가? 각각에 따른 법적 효과에는 어떤 차이가 있는가?

│ **해설** │ 부기등기 또는 주등기(변경등기)를 해야 한다.

2순위 저당권자의 승낙을 얻은 경우에는 부기등기(1순위 저당권자의 순위번호에 부기호수를 기재하여)로써의 변경등기를 하게 된다. 그 등기의 순위가 보존되므로 증가된 피담보채권액 5천만 원에 대하여도 C보다 선순위인 1순위로 저당권의 효력이 인정된다.

2순위 저당권자의 승낙을 받지 못했다면 증액변경을 위한 등기는 부기등기가 아니라 주등기(독립된 순위번호)로써의 변경등기를 해야 한다. 이 때에는 1억 5천만 원 모두에 대해서 C보다 후순위로 저당권의 효력이 인정된다.

---

**사례 23** 甲은 乙에게 저당권을 설정해 주었다. 乙이 丁에게 저당권이전의 부기등기(순위번호: 1-1)를 한 경우, 주등기인 저당권등기의 피담보채무가 소멸했을 때, 말소등기청구의 대상은 주등기인가 부기등기인가? 두 등기 모두 말소등기청구의 대상인가? (대판 2000.10.10, 2000다19526 참조)

│**해설 23**│ 주등기만이 말소등기청구의 대상이다.

판례는 저당권변경의 부기등기는 기존의 주등기인 저당권설정등기에 종속되어 주등기와 일체를 이루는 것이므로, 주등기와 별개의 새로운 등기라고 볼 수 없다고 하여 피담보채무가 변제로 소멸한 경우 주등기만이 말소청구의 대상이 된다고 한다. 부기등기는 별도로 말소를 구하지 않더라도 주등기가 말소되는 경우에는 직권으로 말소되어야 할 성질의 것이므로 부기등기에 대한 말소청구는 권리보호의 이익이 없는 부적법한 청구로서 각하되어야 한다.

단 저당권의 이전원인만이 무효로 되거나 취소 또는 해제된 경우, 즉 저당권의 주등기 자체는 유효한 것을 전제로 이와는 별도로 저당권이전의 부기등기에 한하여 무효사유가 있다는 이유로 부기등기만의 효력을 다투는 경우에는 그 부기등기의 말소를 소구할 필요가 있으므로 예외적으로 소의 이익이 있다(대판 2005.6.10, 2002다15412,15429).

### 5. 종국등기(본등기)와 예비등기(가등기)

등기로 직접 물권변동을 발생시키는 등기인 종국등기(본등기)와 물권변동에 대비하기 위한 등기인 예비등기(가등기)로 나눌 수 있다. 이하에서는 가등기에 대해서 살펴본다.

#### (1) 가등기의 의의

가등기에는 보전가등기와 담보가등기가 있는데, (보전)가등기란 종국등기(물권변동)에 필요한 실체법적 또는 절차법적 요건을 구비하지 못한 경우 장차 행해질 본등기의 순위를 보전하기 위한 등기를 말한다(담보가등기란 채권담보를 위한 가등기를 말한다. 이에 대해서는 이하 제11장 비전형담보물권 참조). 가등기가 담보가등기인지를 판단하는 기준은 등기부상 형식적으로 기재된 등기부상 원인(예컨대 매매예약 혹은 대물변제예약)이 아니라 실제상의 채권담보 목적인지 여부에 따라 결정된다($^{\text{대결 1998.10.}}_{\text{7, 98마1333}}$). 부동산등기법상의 가등기는 부동산물권 또는 그 임차권의 변동을 목적으로 하는 청구권의 보전을 위하여만 가능하고 물권적 청구권을 보전하기 위하여 가등기를 할 수는 없다($^{\text{대판 1982.11.}}_{\text{23, 81다카1110}}$). 예컨대 소유권은 매수인에게 이전되었으나 매매계약 당시 계약이 해제되면 매수인은 매도인에게 다시 소유권이전등기를 해 주기로 하는 별도의 약정을 통하여 갖게 된 매도인의 소유권이전등기청구권은 채권적 청구권이므로 가등기에 의해 보전될 수 있다($^{\text{대판 2007.6.28.}}_{\text{2007다25599}}$). 반면 매매계약의 해제를 원인으로 하는 원상회복청구권은 물권적 청구권이므로 이 청구권 보전을 위한 가등기는 불가능하다.

#### (2) 가등기 절차 및 가등기에 기한 본등기의 효력

##### (가) 가등기의 신청

가등기권리자는 가등기의무자의 승낙서 또는 가등기를 명하는 법원의 가등기가처분명령서를 첨부하여 단독으로 가등기신청을 할 수 있다($^{\text{부등법}}_{\text{제89조}}$). 그러나 부동산등기의 공동신청주의에 비추어 가등기권리자와 의무자가 공동신청하는 것이 가능함은 당연하다.

##### (나) 가등기 및 가등기에 기한 본등기의 효력

가등기만으로는 어떠한 실체법상 효력이 인정되지 않아 청구권보전의 효력이 인정되지 않는다. 그러나 가등기에 기하여 본등기가 완료된 경우에는 그 본등기는 통상의 본등기의 효력 외에 가등기에 의한 순위보전의 효력도 갖게 된다. 따라서 등기관은 가등기 이후에 된 등기 및 가등기에 의해 보전되는 권리를 침해하는 등기를 직권 말소해야 하고, 지체없이 말소된 권리의 등기명의자에게 통지해야 한다($^{\text{부등법}}_{\text{제92조}}$). 그러나 담보가등기의 경우 가등기는 담보적 효력만을 가지므로 그 이후에 본등기가 있더라도 담보가등기에 의한 본등기 전에 있었던 제3자 명의의 소유권이전등기는 여전히 유효하다($^{\text{대결 1992.3.18.}}_{\text{91마675 참조}}$).

요컨대 가등기에 기한 본등기가 완료되면 본등기의 순위는 가등기시점을 기준으로 정해지게 된다($^{\text{부등법}}_{\text{제91조}}$). 그러나 이때에도 물권변동의 시점까지 가등기시점으로 이전되는 것이 아니라 본등기의 시점에 물권변동이 일어나게 된다(대판 1992.9.25. 92다 / 21258 등 다수판결).

부동산처분금지가처분등기 전에 이미 가등기가 있었던 경우에는 가등기에 따른 본등기가 가처분등기 후에 이루어졌더라도 가처분등기에 저촉되는 것은 아니며 본등기로 가처분등기를 한 채권자에게 대항할 수 있다. 가등기에는 본등기 순위보전의 효력이 있기 때문이다(대판 2022.3.31. / 2017다9121,9138).

가등기 후 가등기권자가 가등기설정자의 지위를 상속받거나 그의 가등기에 기한 본등기절차 이행 의무를 인수했다면 가등기에 기한 본등기청구권은 혼동으로 소멸한다. 그러나 가등기 후 가등기에 기한 본등기가 아니라 다른 본등기를 했다면 가등기에 기한 본등기청구권은 혼동으로 소멸하지 않음이 원칙이다. 한편 가등기와 별도의 본등기 사이에 제3자 명의의 처분제한의 등기 및 중간처분의 등기가 존재하지 않고, 가등기와 본등기의 등기원인이 실질상 동일하다면 본등기를 하였을 때 가등기에 기한 본등기청구권은 의무이행이 완료되었으므로 가등기권자는 가등기의무자에 대하여 더 이상 가등기에 기한 본등기절차의 이행을 구할 수 없다(대판 2007.2.22. / 2004다59546).

---

**사례 24** A는 X토지에 대하여 2017.7.8.로 B에게 매매예약에 인한 소유권이전등기청구권 보전을 위한 가등기를 경료해 주었다. 2017.12.1. A는 X토지 위에 Y건물을 신축하고 소유권보존등기를 경료하였다. 이후 2018.3.5. 자로 B는 위 가등기에 기한 소유권이전의 본등기를 경료했을 때, A에게 건물 철거와 대지의 인도를 청구할 수 있는가?　　　　(대판 1982.6.22. 81다1298,1299 참조)

**해설 24** 청구할 수 없다.

가등기는 성질상 본등기의 순위보전의 효력만이 있고 후일 본등기가 경료된 때에는 본등기의 순위가 가등기한 때로 소급함으로써 가등기 후 본등기 전에 이루어진 중간처분이 본등기보다 후순위로 되어 실효될 뿐이고 본등기에 의한 물권변동 효력이 가등기한 때로 소급하여 발생하는 것은 아니다. 따라서 X토지에 관한 B의 본등기가 이루어지기 전까지 A의 소유이고, 따라서 X토지 및 Y건물은 모두 A의 소유에 속해 있다가 B의 본등기 경료로 각 소유자를 달리하게 된 것으로서 Y건물을 철거한다는 조건 등의 특별한 사정이 없는 한 A는 B에 대하여 건물 소유를 목적으로 하는 관습상의 법정지상권을 취득하였기 때문이다.

---

### (다) 소유권에 관한 가등기 후 중간처분등기가 있었을 때 가등기의 순위보전 방법

A가 그 소유의 부동산에 대해 B에게 가등기를 설정해 준 다음, C에게 소유권이전등기를 완료했다면, 가등기에 기한 본등기의무자는 전 소유자(=가등기설정자(A))이며, 제3취득자(C)가 아니다(대결 1962.12.24. / 4294민재항675). B가 가등기에 기해 자신의 명의로 본등기를 신청할 경우 등기관이 우선 B명의의 본등기를 완료한 다음, C명의의 소유권이전등기는 가등기 이후에 된 등기로서 가등기에 의하여 보전되는 권리를 침해하는 등기로 직권 말소해야 하며, 그 사실을 지체 없이 말소된 등기의 권리인인 C에게 통지해야 한다(부동법 / 제92조).

이는 가등기에 기한 B명의의 본등기가 완료된 경우, C는 무권리자인 A로부터 권리를 이전받은 것으로 보아 그 권리이전은 무효가 된다는 전제에 서 있기 때문이다. 그러나 가등기에 기한 본등기가 원인무효를 이유로 말소된 경우, C는 권리자인 A로부터 유효하게 권리이전을 받은 것임에도 불구하고 등기관이 중간처분등기(C)를 직권 말소한 것이므로 등기관이 직권으로 말소등기의 회복등기를 해야 하고, 당사자가 회복등기를 소구할 이익은 부정된다(대판 1995.5. 26. 95다6878).

한편 소유권이전등기청구권 보전의 가등기 후 본등기 전에 체납처분에 의한 압류등기가 있는 경우 가등기에 기한 본등기 신청이 있다면 등기관은 체납처분권자(국가 또는 지방자치단체 등)에게 직권말소의 대상임을 통지해야 한다(부동규칙 제147조 제2항). 이 때 체납처분권자가 등기관에게 가등기가 담보가등기라는 사실, 국세나 지방세가 당해세이거나 국세나 지방세의 법정기일이 가등기일보다 앞선다는 점에 관하여 소명자료를 제출하여, 담보가등기인지 여부 및 국세 또는 지방세의 체납으로 인한 압류등기가 가등기에 우선하는지 여부에 관하여 이해관계인 사이에 실질적으로 다툼이 있으면, 등기관은 체납처분에 의한 압류등기를 직권말소할 수 없다(대결(전) 2010.3. 18. 2006마571).

### (3) 가등기의 말소

가등기명의인은 단독으로, 가등기의무자 또는 등기상 이해관계 있는 자는 가등기명의인의 승낙 또는 이에 대항할 수 있는 재판이 있음을 증명하는 정보를 첨부하여 단독으로 가등기 말소를 신청할 수 있다(부등법 제93조, 부등규칙 제150조).

### (4) 가등기상 권리의 이전

가등기에 따른 본등기청구권이 이전되면 그 가등기상 권리의 이전등기도 가능하다(대판(전) 1998.11.19. 98다24105). 이와 같은 이전등기는 가등기의 부기등기의 형태로 이루어지는데 가등기에 기초한다는 점에서 가등기의 가등기라고 할 수 있다.

한편 가등기에 기한 본등기절차의 이행을 금지하는 가처분은 등기사항이 아니므로 허용될 수 없다(대판 2007.2.22. 2004다59546). 비록 가등기상의 권리 자체의 처분을 금지하는 가처분은 부동산등기법 제3조의 "처분의 제한"에 포함되어 등기사항에는 해당되지만, 가등기에 터 잡아 본등기를 하는 것은 가등기에 기하여 순위보전된 권리의 취득(권리의 증대 내지 부가)일 뿐, 가등기상의 권리 자체의 처분(권리의 감소 내지 소멸)이라고는 할 수 없기 때문이다.

---

**사례 25** A가 그 소유의 부동산을 B에게 매도하기로 하는 계약을 체결하고, 그에 따른 소유권이전등기청구권을 보전하기 위해 B 명의로 가등기가 완료되었다. 가등기권자 B가 C에게 소유권이전등기청구권을 양도한 경우, B의 가등기상의 권리를 이전하고 이를 등기할 수 있는지, 그 등기는 어떤 형태의 등기가 되는가?                    (대판(전) 1998.11.19. 98다24105 참조).

**해설 25** 가등기된 권리가 양도되면 이를 이전등기 하는 것도 가능하다. 그 양도에 대한 등기는 B의 가등기에 대한 부기등기의 형태가 되어야 하며 이와 같은 등기는 가등기에 대한 가등기로 보아야 한다.

위 판결에서 "가등기는 원래 순위를 확보하는 목적이 있으나, 순위 보전의 대상이 되는 물권변동의 청구권은 그 성질상 양도될 수 있는 재산권일 뿐만 아니라 가등기로 인하여 그 권리가 공시되어 결과적으로 공시방법까지 마련된 셈이므로, 이를 양도하면 양도인과 양수인의 공동신청으로 그 가등기상의 권리의 이전등기를 가등기에 대한 부기등기의 형식으로 완료할 수 있다"고 판시하였다(이에 의하여 가등기의 이전등기와 가등기의 부기등기를 부정한 종전의 판결례는 폐지되었다).

### (5) 예고등기의 폐지

종래에는 예비등기에 가등기 외에 예고등기가 포함되어 있었다. 예고등기는 등기원인의 무효 또는 취소로 인한 등기의 말소 또는 회복의 소가 제기된 경우, 수소법원의 직권으로 그와 같은 소가 제기되었다는 취지를 기입하는 등기를 의미한다. 소의 제기가 있었음을 제3자에게 경고하여 계쟁 부동산에 관하여 법률행위를 하고자 하는 선의의 제3자로 하여금 소송의 결과 발생할 수도 있는 불측의 손해를 방지하려는 목적에서 인정되었었다. 그러나 그로 인해 등기명의인이 받는 불이익이 크고, 집행방해 목적 제소 등의 폐해가 크다는 이유로 2011년 부동산등기법 개정으로 폐지되었다.

## Ⅳ. 등기한 권리의 순위

동일한 부동산에 관하여 등기한 권리의 순위는 법률에 다른 규정이 없는 때에는 등기의 순서에 의한다($^{부동법 제}_{4조 제1항}$)($^{대결 2018.1.25.}_{2017마1093}$). 등기의 순서는 등기기록 중 같은 구에서 기록된 등기 상호간에는 '순위번호'에 따르고, 다른 구에서 기록된 등기 상호간에는 '접수번호'에 따른다($^{부동법 제}_{4조 제2항}$). 부기된 권리의 순위는 주등기의 순위에 의한다($^{부동법}_{제5조}$).

> **사례 26** A는 2015.2.13. B에게 그 소유의 X부동산에 관하여 존속기간 2015.2.24.부터 2년간, 전세금 2억 원으로 정하여 전세권설정등기를 마치고, 2015.2.16. C에게 피담보채권액 2억 원으로 한 저당권설정등기를 마쳤다. C의 저당권에 기한 경매절차가 개시되었는데, B는 배당요구를 하지 않은 채 경매가 진행되어 D는 매수인으로 2016.8.8. 매각대금을 완납하였는데, 법원사무관이 B 명의의 전세권등기에 대한 말소촉탁을 하지 않았다. 그러자, D는 2015.2.13. 마친 전세권설정등기는 전세권의 존속기간이 시작되는 날인 2015.2.24.부터 효력이 발생하고 그전까지는 무효의 등기이므로, 전세권으로 D에게 대항할 수 없다고 주장한다. D의 주장은 타당한가?
>
> (대결 2018.1.25, 2017마1093 참조)
>
> **해설 26** D의 주장은 타당하지 않다.
> 전세권이 용익물권적인 성격과 담보물권적인 성격을 모두 갖추고 있는 점에 비추어 전세권 존속기간이 시작되기 전에 마친 전세권설정등기도 특별한 사정이 없는 한 유효한 것으로 추정된다($^{대판 2009.1.30.}_{2008다67217 참조}$). 한편 부동산등기법 제4조 제1항은 "같은 부동산에 관하여 등기한 권리의 순위는

법률에 다른 규정이 없으면 등기한 순서에 따른다"라고 정하고 있으므로, 전세권은 등기부상 기록된 전세권설정등기의 존속기간과 상관없이 등기된 순서에 따라 순위가 정해진다.

사안에서 X부동산에 관한 부동산등기부에 전세권설정등기는 근저당권설정등기보다 앞서고, 전세권자는 담보권실행을 위한 경매절차에서 배당요구를 하지 않았다. B 명의의 전세권이 최선순위 전세권이어서 매수인인 D에게 대항할 수 있고, 전세권설정등기는 말소등기촉탁의 대상이 아니다.

## V. 등기의 절차

### 1. 등기사항

등기사항은 실체법상의 등기사항과 절차법상의 등기사항이 있다.

#### (1) 실체법상의 등기사항

실체법상의 등기사항은 등기하지 않으면 실체법상의 효력이 발생하지 않는 등기사항을 의미한다. 이는 제186조의 문제이다. 반면, 절차법상의 등기사항은 부동산등기법상 등기가 허용되는 사항을 의미한다. 이는 등기능력의 문제이다. 대체로 절차법상의 등기사항은 실체법상의 등기사항보다 그 범위가 넓다. 예컨대 신축건물의 소유권취득으로 인한 보존등기의 문제는 등기 없이도 소유권을 취득한다는 점에서 실체법상 등기사항은 아니지만, 절차법상 등기사항에 해당한다.

#### (2) 절차법상의 등기사항

부동산등기법상 등기되어야 할 물건은 부동산 중 사적 권리의 목적이 되는 토지와 건물이고, 등기되어야 할 권리는 점유권, 유치권, 특수지역권($^{제302}_{조}$)을 제외한 소유권, 환매권, 지상권,

지역권, 전세권, 저당권 등의 부동산물권과 권리질권, 채권담보권, 임차권이며($^{부동법}_{제3조}$), 등기되어야 할 권리변동은 위의 등기되어야 할 권리의 보존, 이전, 설정, 변경, 처분의 제한, 소멸에 관한 등기이다($^{부동법}_{제3조}$).

## 2. 등기의 신청

등기절차의 개시는 원칙적으로 당사자의 신청 또는 그에 준하는 관공서의 촉탁에 의하지만($^{부동법\ 제22조}_{제1항\ 본문}$), 예외적으로 등기관의 직권 또는 법원의 명령 등에 의할 수 있다. 이처럼 부동산등기의 신청은 당사자의 권리로 그 행사 여부는 당사자에게 맡겨져 있다. 다만 부동산등기특별조치법에서 부동산의 소유권이전을 내용으로 하는 계약을 체결했으면 일정한 기일 내 소유권이전등기 또는 소유권보존등기신청을 의무로 강제하고 있다($^{제2조,\ 제8}_{조,\ 제11조}$)

### (1) 공동신청주의

등기신청은 등기권리자와 등기의무자가 공동으로 신청해야 한다는 공동신청주의를 취하고 있다($^{부동법\ 제}_{23조\ 제1항}$). '공동으로'란 등기신청을 등기권리자와 등기의무자가 공동명의로 작성하여 제출해야 함을 의미한다. 공동신청주의는 등기를 통해 물권변동을 초래하게 되는 대립되는 이해당사자의 공동신청을 통해 당해 등기의 진정을 확보하기 위함이다. 등기관은 이러한 공동신청주의를 위반한 등기신청을 각하해야 한다.

### (가) 절차법상 등기권리자와 등기의무자

절차법상 등기권리자는 신청된 등기의 실행으로 실체법상 권리를 취득하거나 의무를 면하게 되는 자임이 등기부상 형식적으로 표시되는 자(예컨대 이전등기의 경우 부동산 매수인, 저당권설정등기의 경우 저당권자)를 말한다. 절차법상 등기의무자는 신청된 등기의 실행으로 실체법상 권리를 잃거나 의무를 부담하게 되는 자(이전등기에서 매도인, 저당권설정등기에서 저당권설정자)임이 등기부상 형식적으로 표시되는 자를 말한다. 등기권리자와 의무자의 개념은 실체법상 권리귀속과 관계없이 오로지 등기부의 기재만으로 판단해야 한다. 이는 등기권리자와 의무자를 확인해야 하는 등기관은 실체법상 권리관계를 심사할 권한을 가지고 있지 않고, 형식적 심사권한에 의해서만 등기권리자와 등기의무자를 판단해야 하기 때문이다. 그러나 등기부상 진실한 권리자의 권리를 방해하는 부실등기가 있는 경우에 그 등기명의인이 허무인 또는 실체가 없는 단체인 때에는 권리자는 그러한 등기의무자를 상대로 말소를 구할 수 없으므로 그와 같은 등기행위를 실제로 한 자를 상대로 등기의 말소를 구할 수 있다($^{대판\ 2019.5.30.}_{2015다47105}$).

등기신청과 구별되어야 하는 것으로 등기청구가 있다. 부동산 매매의 경우 매수인은 실체법상 권리로서의 등기청구권을 갖는 자(등기청구권자)가 되며 매도인은 그에 상응하는 의무를 부담하는 자(등기청구권의 상대방)이다.

### (나) 공동신청주의의 예외

공동신청에 의하지 않더라도 등기의 진정을 담보할 수 있는 경우[판결에 의한 등기($^{부동법}_{제23조}$ $^{제}_{3항}$), 가등기의무자의 승낙서 또는 가등기가처분명령의 정본을 첨부하여 신청하는 등기($^{부동법}_{제90조}$)]나 성질상 등기의무자가 없는 경우[미등기부동산의 보존등기와 그 말소등기($^{부동법 제}_{23조 제2항}$), 상속에 의한 등기($^{부동법 제}_{23조 제3항}$)]에는 단독신청이 허용된다.

### (다) 대위신청

등기신청은 등기권리자와 등기의무자 이외의 제3자가 할 수 없음이 원칙이다. 그러나 등기권리자와 등기의무자가 아닌 채권자는 채무자의 등기신청권을 대위신청할 수 있다($^{부동법}_{제28조}$). 이와 같은 등기신청권의 대위행사와 등기청구권의 대위행사는 구분되어야 한다.

### (라) 대리인에 의한 신청

부동산등기법은 등기신청에 있어서 등기권리자와 등기의무자 본인의 대리인에 의한 등기신청을 허용한다($^{부동법 제24}_{조 제1항 1호}$). 실무상 등기의무자로부터 등기신청권한을 위임받은 등기권리자 또는 쌍방으로부터 등기신청권한을 위임받은 법무사나 변호사가 대리인으로 등기를 신청하는 것이 대부분인데, 등기가 이미 발생한 채무의 이행에 불과하기 때문에 대리인의 쌍방대리가 허용된다($^{제124조}_{단서}$).

### (마) 신청 방법

2006년 5월 10일 개정 부동산등기법에 의해 등기신청인 또는 그의 대리인이 등기소에 출석하여 신청하는 방문신청 외에 등기의 전자신청을 허용하였다. 현재는 방문신청과 전자신청을 병용하고 있다($^{부동법}_{제24조}$).

## (2) 등기신청에 필요한 서면

방문신청의 경우 신청정보(신청인 또는 대리인의 기명날인 또는 서명)와 첨부정보[등기의무자의 인감증명(발행일로부터 3개월이내)]를 적은 서면을 등기소에 제출해야 하며($^{부동법 제24}_{조 제1항 1호}$), 전자신청의 경우 전산정보처리조직을 이용하여 신청정보와 첨부정보를 보내야 한다($^{부동법 제24}_{조 제1항 2호}$).

### (가) 신청정보($^{부동규칙}_{제43조}$)

신청정보에 해당하는 사항으로는 ① 부동산의 표시에 관한 사항(토지의 경우 소재와 지번, 지목, 면적, 건물의 경우 소재, 지번 및 건물번호, 건물의 종류, 구조와 면적 등, 구분건물의 경우 1동건물의 표시에 관한 사항으로 소재지번, 건물명칭 및 번호, 구조, 종류, 면적, 전유부분의 건물의 표시에 관한 사항으로 건물번호, 구조, 면적 등), ② 신청인의 성명(또는 명칭), 주소(또는 사무소 소재지) 및 주민등록번호(또는 부동산등기용 등록번호), ③ 신청인이 법인인 경우, 대표자의 성명과 주소, 신청인이 비법인 사단 또는 재단인 경우, 대표자 또는 관리인의 성명, 주소 및 주민등록번호, ④

대리인 신청시 대리인의 성명과 주소, ⑤ 등기원인과 그 연월일, ⑥ 등기의 목적, ⑦ 등기필정보(공동신청 또는 등기의무자의 권리에 관한 등기 신청에 한함), ⑧ 등기소의 표시, ⑨ 신청연월일이다.

### (나) 첨부정보($\substack{부등규칙 \\ 제46조}$)

첨부정보에 해당하는 것으로 ① 등기원인을 증명하는 정보, ② 등기원인에 대하여 제3자의 허가, 동의 또는 승낙이 필요한 경우(예 농지취득자격증명, 토지거래허가 등), 이를 증명하는 정보, ③ 등기상 이해관계 있는 제3자의 승낙이 필요한 경우, 이를 증명하는 정보 또는 이에 대항할 수 있는 재판의 정보, ④ 신청인이 법인인 경우, 대표자의 자격을 증명하는 정보, ⑤ 대리인의 등기신청시 그 권한을 증명하는 정보, ⑥ 등기권리자(새로 등기명의인이 되는 경우에 한정)의 주소(또는 사무소 소재지) 및 주민등록번호(또는 부동산등기용 등록번호)를 증명하는 정보(소유권이전등기를 신청하는 경우: 등기의무자의 주소(또는 사무소 소재지)를 증명하는 정보를 제공해야 함), ⑦ 소유권이전등기를 신청하는 경우, 토지대장, 임야대장, 건축물대장 정보나 그 밖에 부동산의 표시를 증명하는 정보 등이 있다.

### 1) 등기원인을 증명하는 정보

등기원인이란 등기하는 것을 정당하게 하는 실체법상의 원인을 말하는데($\substack{대판 1999.2.26, \\ 98다50999}$), 예컨대 매매계약서, 저당권설정계약서 등이 이에 해당한다. 뿐만 아니라 법률행위에 의하지 않은 물권변동의 등기원인으로는 상속, 공용징수, 취득시효, 건물의 신축 등이 이에 해당한다.

### 2) 등기원인에 대하여 제3자의 허가, 동의 또는 승낙이 필요한 경우 이를 증명하는 정보

예컨대 농지취득자격증명, 토지거래허가 등이 이에 해당한다. 여기에서 승낙은 등기원인에 대한 것이라는 점에서 부동산등기법 제57조의 제3자의 승낙과 다르다. 등기원인을 증명하는 정보가 판결인 경우에는 제3자의 허가 등을 증명하는 정보는 필요하지 않다. 그러나 제3자가 행정기관인 경우에는 등기원인을 증명하는 정보가 판결이라도 제3자의 허가 등을 증명하는 정보는 필요하다.

### 3) 등기의무자의 권리에 관한 등기필정보

등기권리자와 등기의무자가 공동으로 권리에 관한 등기를 신청하는 경우, 승소한 등기의무자가 단독으로 권리에 관한 등기를 신청하는 경우, 등기의무자의 권리에 관한 등기필정보(아라비아숫자와 그 밖의 부호조합으로 이루어진 일련번호와 비밀번호로 구성된다)를 제공해야 한다($\substack{부등법 \\ 제50조}$). 등기의무자가 등기필정보를 가지고 있지 않을 때, 등기의무자 또는 그 법정대리인은 등기소에 출석하여 등기관으로부터 등기의무자 등임을 확인받아야 한다. 그러나 등기신청인의 자격대리인(변호사와 법무사)의 등기의무자로부터 위임받았음을 확인하거나 신청서(대리신청시 위임장 등 권한을 증명하는 서면) 중 등기의무자의 작성부분에 관하여 공증을 받으면 출석하여 등기의무자임을 확인받지 않아도 된다($\substack{부등법 \\ 제51조}$).

### 3. 등기신청에 대한 심사와 등기의 실행

#### (1) 형식적 심사주의

등기신청이 있는 경우, 등기관은 등기절차상의 적법성 여부를 심사해야 하는데, 이는 신청 정보 및 첨부정보와 등기부를 기초로 등기신청이 등기요건(공동신청주의 및 부동 법 제29조 각호의 사유)에 합당하는지 여부를 형식적으로 심사한다(기준시: 등기실행시). 즉 등기관은 등기신청에 대해 부동산등기법상 등기신청에 필요한 서면이 제출되었는지 여부 및 제출된 서면이 형식적으로 진정한 것인지 여부를 심사할 권한은 있지만, 등기신청이 실체법상의 권리관계와 일치하는지 여부를 심사할 실질적인 심사권한은 없으므로, 제출된 서면 자체를 검토하거나 이를 등기부와 대조하는 등의 방법으로 등기신청의 적법 여부를 심사할 뿐이다. 등기관은 실체법상의 권리관계와 일치하는 여부를 심사할 실질적 심사권한이 없기 때문에 그 밖의 필요에 응하여 신청서 및 그 첨부서류와 등기부 이외의 다른 서면의 제출을 받거나 관계인의 진술을 구하여 이를 조사할 수 없다. 예컨대 확정판결에 의한 소유권이전등기신청시 등기관이 부동산실명법 위반 여부를 심사하는 것은 형식적 심사권의 범위 밖의 것이다.

---

**사례 27** A는 그 소유의 X토지에 관하여 B에게 명의신탁을 이유로 소유권이전등기를 경료한 후 B와 혼인을 하였다. 그리고 A는 명의신탁해지를 이유로 B에게 소유권이전등기청구소송을 제기하여 승소확정판결을 받은 다음, 관할 등기소에 소유권이전등기를 신청하였는데, 등기관은 등기신청이 부동산실명법 위반으로 등기할 수 없는 경우에 해당한다는 이유로 이를 각하하였다. 이에 대해 A는 B 명의의 소유권이전등기는 부동산실명법 제8조 제2호에 의해 유효한 명의신탁등기이며, 형식적 심사권만을 가진 등기관은 이미 판결에 의해 신청된 등기에 대해 부동산실명법 제8조 제2호의 특례에 해당하는지 여부를 심사할 수 없다고 주장한다. A의 주장은 타당한가?

(대결 2002.10.28, 2001마1235 참조)

**|해설 27|** A의 주장은 타당하다.

명의신탁등기가 부동산실명법의 규정에 따라 무효로 된 경우에도 그 후 명의신탁자가 수탁자와 혼인을 함으로써 법률상의 배우자가 되고 위 특례의 예외 사유에 해당되지 않으면 그 때부터는 위 특례가 적용되어 그 명의신탁등기가 유효로 된다(대판 2002.10.25, 2002다23840 참조). 따라서 이 사안에서 당초 A의 명의신탁에 따라 한 B 명의의 등기가 부동산실명법에 따라 무효로 되었다고 하더라도 그 후 A와 B가 혼인을 하여 법률상의 배우자가 되었다면 B 명의의 등기는 그 때부터는 유효한 등기로 되었다.

한편, 등기공무원은 등기신청이 있는 경우 당해 등기원인의 실질적 요건을 심사함이 없이 신청서 및 그 첨부서류와 등기부에 의하여 등기요건의 충족 여부를 형식적으로 심사할 권한만을 가지고 있어서 이 사안에서와 같이 A가 그 확정판결에 기하여 소유권이전등기를 신청하고 있는 경우에는 등기관이 부동산실명법 제8조 제2호의 특례에 해당하는지 여부에 관하여 다시 심사를 하여 명의신탁약정 및 그 명의신탁등기의 유·무효를 가리는 것은 등기관의 형식적 심사권의 범위를 넘어서는 것이어서 허용될 수 없다.

### (2) 등기의 실행

등기요건을 구비한 경우, 등기를 실행하고, 구비하지 못한 경우, 등기신청을 각하한다. 동일한 부동산에 관하여 동시에 수개의 등기신청이 있는 경우, 동일 접수번호를 기재하여 동일 순위로 기재해야 한다. 따라서 등기공무원이 법원으로부터 동일한 부동산에 관한 가압류등기 촉탁서와 처분금지가처분등기 촉탁서를 동시에 받았다면, 양 등기에 대하여 동일 접수번호와 순위번호를 기재하여 처리해야 하고, 그 등기의 순위는 동일하므로 동일한 부동산에 관하여 동일 순위로 등기된 가압류와 처분금지가처분 채권자 상호간에 한해서는 처분금지적 효력을 서로 주장할 수 없다$\left(\substack{대결\ 1998.10.\\30,\ 98마475}\right)$.

---

**사례 28** A의 채권자 B는 법원에 A 소유의 X부동산에 대해 가압류신청을 하고, A로부터 X부동산을 매수한 C는 법원에 X부동산에 대해 처분금지가처분을 신청하였다. B와 C의 각 신청에 대해 법원은 각 가압류 및 가처분결정을 한 다음, 이를 등기부에 기입하기 위해 등기소에 촉탁을 하였다. 가압류와 가처분등기의 촉탁서가 동시에 도달되어 동일한 순위번호(2번)와 접수번호(123호)로 X부동산에 가압류 및 가처분등기가 기입되었다. 그 후 A는 매매계약에 따라 C에게 소유권이전등기를 경료하였다. 그런데 B는 A를 상대로 가압류의 피보전권리인 금전지급을 구하는 소송을 제기하여 확정판결을 받은 다음, X부동산에 대해 가압류를 본압류로 하는 강제경매를 신청하였다. 이에 대해 C는 B의 경매신청은 채무자 아닌 C 소유의 재산에 대한 집행으로 부당하다고 주장한다. C의 주장은 타당한가? (대판 1998.10.30, 98마475 참조)

**|해설 28|** C의 주장은 타당하다.

등기신청의 접수순위는 등기공무원이 등기신청서를 받았을 때를 기준으로 하고, 동일한 부동산에 관하여 동시에 수개의 등기신청이 있는 때에는 동일 접수번호를 기재하여 동일 순위로 기재해야 하므로, 등기공무원이 법원으로부터 동일한 부동산에 관한 가압류등기 촉탁서와 처분금지가처분등기 촉탁서를 동시에 받았다면 양 등기에 대하여 동일 접수번호와 순위번호를 기재하여 처리해야 하고 그 등기의 순위는 동일하다. 이와 같이 동일한 부동산에 관하여 동일 순위로 등기된 가압류와 처분금지가처분의 효력은 그 당해 채권자 상호간에 한해서는 처분금지적 효력을 서로 주장할 수 없다. B 명의의 가압류등기를 가지고서는 그 후 위 가처분권자인 C 명의로 경료된 위 소유권이전등기의 효력을 부정할 수는 없으므로, 강제경매신청은 채무자인 A의 소유가 아니라 C 소유의 부동산에 대한 경매신청이어서 부적법하다.

---

### (3) 등기실행 후의 절차

등기신청에 부동산등기법 제29조 각호의 사유가 존재하지 않을 경우, 등기관은 접수번호의 순서$\left(\substack{부동법\ 제\\11조\ 제3항}\right)$에 따라 권리에 관한 등기필정보를 작성하여 등기권리자에게 통지해야 하고 $\left(\substack{부동법\\제50조}\right)$, 지적 또는 건축물대장의 소관청에 통지하며, 과세관청에 과세자료를 송부해야 한다$\left(\substack{부동\\법\\제62조,\\제63조}\right)$.

### 4. 등기관의 처분에 대한 이의절차

등기관의 결정 또는 처분으로 불이익을 받는 자는 관할 지방법원에 이의신청을 할 수 있다($^{부등법}_{제100조}$). 등기관의 결정은 각하결정을, 처분은 결정 이외의 조치 일체를 의미한다. 등기관은 이의가 이유 있다고 인정하면 그에 해당하는 처분을 하고, 그렇지 않다고 인정되면 이의신청일로부터 3일 이내에 의견을 붙여 이의신청서를 관할 지방법원에 보내야 한다($^{부동법\ 제103조}_{제1항,\ 제2항}$). 등기관이 등기신청을 완료하는 적극적 처분을 한 경우 이에 대한 불복과 관련해서는 우선 그 처분이 부동산등기법 제29조 1호(사건이 그 등기소의 관할이 아닌 경우), 2호(사건이 등기할 것이 아닌 경우)에 해당하는 하자가 있는 경우에는 이의신청절차를 통해서만 다툴 수 있고, 민사소송으로는 그 시정을 구할 수 없다($^{대판\ 1996.4.}_{12,\ 95다33214}$). 이 사유들은 등기관의 직권말소대상이기 때문이다($^{부동법}_{제58조}$). 그러나 등기관의 처분이 1호, 2호 외의 사유에 해당하는 하자가 있는 경우에는 이의신청절차가 아니라 소송으로 그 등기의 효력을 다투어야 한다($^{대결\ 1996.3.}_{4,\ 95마1700}$).

# 제2항 물권변동의 요건으로서 등기의 유효요건

## I. 총 설

법률행위에 의한 부동산물권이 변동되기 위해서는 물권행위와 등기가 필요하다. 등기로 물권변동의 효력을 발생하게 하려면, 그 등기가 부동산등기법이 정한 절차에 따라 행해져야 한다. 그 결과 형식적으로 등기가 존재해야 하고(형식적 또는 절차적 유효요건), 다음으로 그 등기가 물권행위의 내용과 합치해야 한다(실질적 또는 실체적 유효요건).

## II. 등기의 형식적 유효요건

1. 등기의 존재
   (1) 등기가 불법말소된 경우 물권변동의 효력
   (2) 등기부(등기기록)가 손상된 경우
2. 부동산등기법상 형식적 또는 절차적 하자의 부존재
   (1) 개 요
   (2) 중복등기: 1부동산 1등기기록주의 원칙에

위배된 등기(이중등기의 문제)
3. 절차적 하자 있는 등기가 실체관계에 부합하는 경우
   (1) 의 의
   (2) 등기절차에 하자가 있지만 실체관계에 부합하는 등기의 예

## 1. 등기의 존재

등기신청 등에 의해 등기가 실행되어 등기부상 기재가 존재해야 한다. 따라서 등기신청이 있었더라도 등기가 실행되지 않으면 등기가 있었다고 할 수 없다. 등기가 존재하지 않는 한 등기의 유효·무효 문제는 생길 수 없다. 일단 후순위등기신청인 앞으로 등기가 마쳐졌다면 선순위등기신청인은 자신의 등기신청서류의 접수번호가 먼저라는 점을 내세워 등기공무원의 처분에 대하여 이의를 할 수 없다(대결 1971.3.24, 71마105). 후순위신청에 기한 등기가 부동산등기법 제29조 2호에서 말하는 "사건이 등기할 것이 아닌 때"에 해당하지 않기 때문이라고 한다.

### (1) 등기가 불법말소된 경우 물권변동의 효력

이미 실행된 등기가 불법말소된 경우 물권변동의 효력은 어떻게 되는가? 판례는 등기는 물권의 효력발생요건이고 효력존속요건이 아니므로 물권에 관한 등기가 원인 없이 말소된 경우에 그 물권의 효력에는 아무런 영향을 미치지 않는다고 한다(대판 1982.9.14, 81다카923).

학설상으로는 판례에 반대하여 등기는 물권변동의 효력발생요건일 뿐만 아니라 존속요건이므로 등기의 불법말소시 물권은 소멸한다는 견해와 등기의 불법말소시 물권이 소멸할 경우 등기의 공신력을 인정하는 것이 되므로 물권은 소멸하지 않는다는 견해로 나뉜다. 판례에 의하면, 등기가 불법으로 말소된 진정한 권리자는 권리를 잃지 않기 때문에 말소회복등기를 하여 종전순위를 유지할 수 있다. 말소회복등기청구소송에서 피고적격은 말소 당시의 소유명의인이고, 소유권 또는 저당권등기의 말소 후의 등기명의(소유권, 저당권)를 취득한 자는 등기상 이해관계 있는 제3자에 해당하므로(대판 2001.8.24, 2000다12785,12792), 불법말소된 등기를 회복하고자 할 때, 진정한 권리자는 신청서에 그 이해관계 있는 제3자의 승낙서 또는 그에게 대항할 수 있는 재판의 등본을 첨부해야 한다(부등법 제59조). 다만 저당권등기가 불법말소된 경우라도 저당부동산의 경매로 인하여 저당권이 소멸했다면 회복등기가 불가능한 경우도 있다(제10장 저당권 부분 참조).

### (2) 등기부(등기기록)가 손상된 경우

등기부의 전부 또는 일부가 손상된 경우에 전산운영책임관은 등기부부본자료에 의하여 그 등기부를 복구해야 한다(부등규칙 제17조 제2항). 그러나 등기부가 복구되지 않았다고 하여 등기부의 불법말소에 관한 판례의 입장에 비추어 등기의 효력에는 영향을 미치지 않는다고 보아야 하고, 등기부가 복구되면 복구된 등기는 이전의 등기와 동일성이 인정된다고 보아야 한다.

## 2. 부동산등기법상 형식적 또는 절차적 하자의 부존재

### (1) 개 요

관할위반의 등기, 등기할 수 없음이 명백한 사항에 관한 등기(부등법 제29조 1호, 2호)는 무효이므로 등기관의 직권말소사항에 해당한다(부등법 제58조). 따라서 당사자는 부동산등기법상 이의신청절차를 통해 그 하자를 다투어야 하며 말소등기청구의 소는 소익이 없어 각하된다. 부동산등기법 제29조 1호, 2호 외의 사유 위반의 등기는 등기관의 직권말소사항이 아니므로, 그 하자에 대해서는 말소등기청구를 통하여 구제받아야 한다.

등기절차에 하자가 있음에도 불구하고 등기가 실행된 경우, 원칙적으로 등기는 무효라고 보아야 한다. 다만 예외적으로 등기가 실체관계에 부합하는 경우 유효하게 될 수 있다.

표제부상 하자로 등기부가 공시하는 부동산과 실제의 부동산이 일치하지 않을 경우, 그 등기는 무효이나 양자에 동일성 또는 유사성이 인정되는 경우에는 그 등기의 유효를 전제로 경정등기가 허용된다.

### (2) 중복등기: 1부동산 1등기기록주의 원칙에 위배된 등기(이중등기의 문제)

#### (가) 의 의

부동산등기법상 1부동산 1등기기록주의에 따라 하나의 부동산에는 하나의 등기기록만 개설해야 한다(물적 편성주의: 부동법 제15조). 그 등기가 부적법하더라도 말소되기 전에는 동일한 내용의 등기를 할 수 없다. 그럼에도 불구하고 하나의 부동산에 대해 복수의 등기기록이 개설된 경우, 그 등기의 효력을 다룬 문제가 중복등기의 문제이다. 중복등기의 발생원인은 다양한데, 예를 들면 건물의 증개축, 토지의 분필 또는 합필시 기존의 등기부를 두고 새로운 등기부를 창설하는 경우, 소유자의 기망 또는 이중매매로 인해 중복등기가 개설되기도 한다.

중복(보존)등기는 동일부동산에 관하여 등기기록이 중복으로 된 것을 전제로 하기 때문에 각각 등기된 중복(보존)등기 상호간의 문제로 이해된다. 등기기록이 이중으로 개설되어 있지만, 어느 하나의 등기기록 표제부에 중대한 하자가 있어 무효인 경우에는 중복등기의 문제가 발생하지 않는다(대판 1978. 6. 27. 77다405). 하나의 등기기록만 유효하기 때문이다. 이미 등기된 부동산에 대하여 중복하여 등기신청이 있으면 부동산등기법 제29조 1호의 '사건이 등기할 것이 아닌 때'에 해당되므로 등기관은 그 등기신청을 각하해야 한다.

#### (나) 중복등기기록의 정리 규정(부동법 제21조)

토지에 관한 중복등기기록이 발견된 경우(건물에 대한 중복등기에는 적용되지 않음), 등기관이 직권으로 또는 당사자의 신청으로 중복등기부를 폐쇄할 수 있다. 구체적인 폐쇄기준은 대법원규칙(부동규칙 제33조 이하)에 위임한다(부동법 제21조 제1항). 실체관계에 부합할 개연성이 큰 등기의 유형을 기준으로 규정하고 있다(부동규칙 제34조 이하). 폐쇄된 등기기록상 소유권의 등기명의인 또는 이해관계인은 등기명의인의 소유권을 증명하여 부활신청할 수 있도록 규정하고 있다(부동법 제21조 제2항). 따라서 이러한 중복등기 정리의 효과는 잠정적인 것으로 실체관계에 영향을 미치지 않는다(부동규칙 제33조 제2항).

요컨대 토지의 중복등기가 발견되면 일차적으로 등기관이 위의 규정에 따라 이를 정리한다. 그러나 이에 이의가 있는 권리자는 소송을 통하여 등기명의를 회복할 수 있다. 중복등기기록의 정리는 실체관계에 영향을 미치지 않기 때문이다.

**사례 29** 실제 X건물은 ○○시 ○○구 703-5 지상에 소재한다. 그런데 A는 2000.5.6. 표제부상 지번 ○○구 701 지상 건물로 소유권보존등기를 경료하였다. 그 후 A는 다시 2004.4.2. 표제부상 지번 ○○구 703-5 지상 건물로 소유권보존등기를 다시 경료하였고 이에 터 잡아 A는 2004.10. 18. B에게 X건물에 관하여 매매를 원인으로 하는 소유권이전등기를 경료하였다. A가 사망하고 C 가 유일한 상속자가 되었다. B는 X건물의 소유자로서 C를 상대로 2000.5.6.자 보존등기의 말소를 구하는 소송을 제기하자, C는 B의 소유권이전등기는 중복등기로서 무효라고 주장한다. C의 주장은 타당한가? (대판 1978.6.27. 77다405 참조)

**해설 29** C의 주장은 부당하다.

건축자재, 구조, 모양, 크기 기타 등을 같이하는 주택이 집단적으로 건축되고 있는 현실에서는 주택이 건립되어 있는 토지의 지번표시는 그 주택의 동일성을 인식하는 데 중요한 표식이 되고 있다. 따라서 지상에 건립된 건물에 대한 등기가 그 표시에 있어서 그 지번을 잘못 표시하였다면 그 등기는 실질관계에 부응하는 유효한 등기라고 할 수 없다. 이 사안에서 2000.5.6.자 보존등기는 그 지번을 701로 잘못 표시하여 무효인 보존등기라고 할 것이므로 후행 보존등기인 2004.4.2.자 보존등기는 이중으로 된 등기라는 이유로 무효라고 할 수 없다.

### (다) 중복등기의 효력

#### 1) 하나의 부동산에 보존등기가 이중으로 완료된 경우 등기의 효력

학설로는 선행의 보존등기만 유효하고 1부동산 1등기기록주의의 원칙상 실체관계를 불문하고 후행의 보존등기는 무효라는 절차법설과 일단 중복보존등기가 이미 이루어졌다면 두 개의 등기는 보존등기의 선후에 의할 것이 아니라 실체관계에 부합하는 보존등기만이 유효하다는 실체법설이 있다.

판례에 따르면 ⅰ) 동일인 명의의 중복 보존등기에 대해 절차법설에 따라 선행의 보존등기만 유효하고, 언제나 후행의 보존등기는 무효이다. 이 때에는 후행등기가 실체관계에 부합하더라도 선행의 보존등기만 유효하다(대판 1983.12. 13. 83다카743). 부동산등기법이 1부동산 1등기기록주의를 채택하고 있기 때문이다. ⅱ) 명의인이 동일인이 아닌 중복 보존등기인 경우, 원칙적으로 선행보존등기가 유효하지만, 선행 등기기록이 원인무효인 경우에는 후행 보존등기가 유효하게 된다(대판(전) 1990.11.27. 87다카2961,87다453). 이와 같은 입장은 원칙적으로 선행 등기기록이 유효하지만, 선행 등기기록이 원인무효일 때에만 후행 등기기록이 유효라고 설명하여 절차법적 절충설로 평가받는다. 즉 판례에 따를 때 부동산등기법은 1부동산 1등기기록주의를 원칙으로 하되 진정한 소유자의 권리주장의 가능성도 열어주고 있다. 1부동산 1등기기록주의의 원칙상 선행 등기기록에 추정력이 인정되지만, 후행 등기명의인은 소유자가 아닌 자가 했던 선행 보존등기가 원인무효인 사실 또는 실체관계에 부합하지 않는 사실을 증명하면 선행 등기기록의 추정력이 번복되어 후행 등기기록이 유효하게 될 수 있기 때문이다. 이 때에 선행등기의 말소등기를 청구하기 위해서는 후행 등기명의인에게 말소를 청구할 수 있는 실체적 권리가 있어야 한다(대판 1992.10.27. 92다16522 참조. 이 판결에서는 선행 등기명의인이 무효인 후행

등기의 명의인을 상대로 말소등기를 청구한 사안에서 소유권이전등기가 원인없이 된 무효인 등기라면 선행 등기명의인에게 실체적 권)
리가 인정되지 않는다는 점을 이유로 후행등기가 말소되어야 할등기라도 선행 등기명의인의 말소등기청구는 인용될 수 없다고 판시함).

선행 보존등기가 원인무효가 아니어서 후행 보존등기가 무효인 경우 후행 보존등기에 기하여 소유권이전등기를 마친 사람이 그 부동산의 점유취득시효를 완성했더라도, 후행 보존등기나 그에 기하여 이루어진 소유권이전등기가 실체관계에 부합한다는 이유로 유효로 될 수 없다($^{대판}_{2011.7.14,}$ $_{2010다107064}$). 나아가 선행 보존등기가 무효라는 주장·증명이 없는 한 선행 보존등기에 기한 소유권을 주장하여 후행 보존등기의 무효를 주장하는 것이 신의칙위반이나 권리남용에 해당되지 않으며($^{대판\ 2008.2.14,}_{2007다63690}$), 선행 보존등기에 기한 소유권을 주장하여 후행 보존등기에 터잡아 이루어진 이전등기의 말소를 구하는 것이 실체적 권리 없는 말소청구에 해당한다고 볼 수 없다($^{대}_{판}$ $_{2011.7.14,}$ $_{2010다107064}$).

또한 중복등기로서 무효인 후행 보존등기나 이에 터잡은 소유권이전등기를 근거로 등기부취득시효가 인정되지 않는다($^{대판(전)\ 1996.10.}_{17,\ 96다12511}$). 제245조 제2항의 등기는 1부동산 1등기기록주의에 위배되지 않은 등기를 말하는 것으로 보아야 하기 때문이다. 또한 외관상 부적법한 등기에 기해서도 부정된다($^{대판\ 1995.6.16,}_{94다4615\ 참조}$). 그러나 중복등기 이외에 다른 사유로 무효인 등기를 마친 자도 등기부취득시효가 가능하다($^{대판\ 1988.4.12,}_{87다카1810\ 참조}$). 또한 무효인 중복보존등기에 기초한 이전등기는 무효이고 이와 같이 무효인 등기를 토대로 설정된 저당권설정등기와 그 경매절차에서 매수인 명의의 소유권이전등기도 무효이다($^{대판\ 1990.12.26,}_{89다카26113}$).

---

**사례 30** 6.25 전쟁으로 등기부가 멸실되자, X토지의 소유자 A는 멸실회복으로 1956.6.8. 소유권보존등기를 경료하였다. 그런데 B가 X토지에 대한 농지분배상환을 완료하자 1961.12.6. 대한민국은 X토지에 관하여 A를 대위하여 A 명의의 소유권보존등기를 경료한 다음, B에게 농지분배상환완료를 원인으로 소유권이전등기를 경료하였다. 한편, A의 사망으로 1956.6.8. C가 유일한 상속자가 되었다. B는 자신의 등기가 실체관계에 부합하는 등기임을 이유로 C의 1956.6.8.자 소유권보존등기의 말소를 구하는 소송을 제기하였다. 이에 C는 위 1956.6.8.자 소유권보존등기가 선행보존등기이므로, 1961.12.6.자 후행 보존등기는 중복등기로서 무효이며, 무효인 보존등기에 기한 B의 소유권이전등기는 무효임을 주장한다. C의 주장은 타당한가? (대판 1983.12.13, 83다카743 참조)

**│해설 30│** C의 주장은 타당하다.
동일한 부동산에 관하여 등기부용지를 달리하여 동일인 명의로 소유권보존등기가 중복되어 있는 경우에는 부동산등기법이 1부동산 1등기기록주의를 채택하고 있으므로 시간적으로 뒤에 경료된 중복등기는 그것이 실체권리관계에 부합하는 여부를 가릴것 없이 무효이다. 이 사안에서 시간적으로 뒤에 경료된 1961.12.6.자의 A 명의의 보존등기는 무효이고 이에 터 잡은 B 명의의 소유권이전등기 또한 무효이다.

---

**사례 31** X토지에 관하여 1957.5.24. A 명의의 소유권보존등기가 경료된 후, 그에 기하여 1976.7.26. B 명의의 소유권이전등기가 경료되었다. 한편, 대한민국은 X토지에 관하여 1961.9.29.

그 명의로 소유권보존등기를 경료한 다음, C 앞으로 소유권이전등기를 경료하였다. 이에 B는 자신이 터 잡은 A 명의의 소유권보존등기가 선행 보존등기이므로, 무효인 후행 보존등기에 기한 C의 소유권이전등기는 무효임으로 이유로 그 등기의 말소를 구하는 소송을 제기하였다. B의 청구는 타당한가?  (대판(전) 1978.12.26. 77다2427의 사실관계 및 대판(전) 1990.11.27. 87다카2961의 결론 참조)

**|해설 31|** B의 청구는 타당하다.

판례는 동일부동산에 관하여 등기명의인을 달리하여 중복하여 보존등기가 이루어지고 또 이것이 그대로 존속하여 소송절차에서 서로 그 등기의 효력을 다투는 경우에 있어서는 법원으로서는 그 실체적 관계에 들어가서 어느 것이 진실한 소유권에 기하여 이루어진 것인가를 확정함으로써 그 유·무효를 결정하는 것이 옳다고 판시하였다가 동일부동산에 관하여 등기명의인을 달리하여 중복된 소유권보존등기가 경료된 경우에는 먼저 이루어진 소유권보존등기가 원인무효가 되지 아니하는 한 뒤에 된 소유권보존등기는 비록 그 부동산의 매수인에 의하여 이루어진 경우에는 1부동산 1등기기록주의를 채택하고 있는 부동산등기법 아래에서는 무효라고 해석함이 상당하다고 판시하고 있다.

2) 등기부가 멸실된 후 동일 부동산에 이중으로 회복등기가 완료된 경우 등기의 효력

하나의 부동산에 등기명의인을 달리하는 중복 소유권보존등기가 완료되고 각 보존등기에 기한 소유권이전등기가 있은 후, 각각의 중복등기부가 멸실되었는데 각 소유권이전등기를 중복하여 멸실회복등기[3]를 한 때에는 소유권보존등기를 기준으로 중복등기 여부를 판단해야 한다(대판(전) 2001.2.15. 99다66915). 그러나 하나의 소유권보존등기(A)를 기초로 순차 소유권이전등기(B-C-D)가 완료되던 중 등기부가 멸실되어 등기명의인을 달리하는 각 소유권이전등기의 멸실회복등기(C, D)를 한 경우, 멸실 전 선차의 소유권이전등기(C)가 잘못회복된 것이므로 멸실 전 후차의 소유권이전등기(D)의 회복등기만이 유효한 것이며, 이는 중복등기의 문제가 아니다(대판(전) 2001.2.15. 99다66915).

한편 동일부동산에 대해 등기명의인을 달리하여 멸실회복에 의한 각 소유권이전등기가 중복으로 등재되고, 각 그 바탕이 된 소유권보존등기가 동일등기인지, 중복등기인지, 중복등기라면 어느 보존등기가 언제 이루어진 것인지 불명인 경우에는 적법하게 경료된 것으로 추정되는 각 회복등기 간에는 회복등기일자의 전후를 기준으로 우열을 가려야 한다고 판시하였다(대판(전) 2001.2.15. 99다66915)(종전 판례는 멸실 후 회복된 등기의 각 회복등기 일자나 각 회복된 전 등기의 접수연월일이나 전 등기의 원인일자의 선후로 각 회복등기의 우열을 가릴 수 없다는 입장(대판 1995.6.30. 94다49274)이었으나, 이를 위 판례와 같이 변경하였다).

---

3) 등기전산화가 완료된 이후에 개정된 부동산등기법에서는 멸실회복등기제도가 없어졌다. 이하의 내용은 아직 폐쇄되지 않은 종이형태의 등기부가 멸실된 극히 예외적인 경우에 이미 이루어졌던 멸실회복등기가 중복된 경우에 적용될 것이다.

**사례 32** A는 1914.4.1. X 토지에 관하여 사정을 받아 1917.6.19. 그 명의로 보존등기를 완료하였다. 그런데 X토지의 대장과 등기부는 6.25사변으로 멸실되었다. 그 후 1954.3.10. B 명의의 소유권이전등기가 회복등기되었다. 그런데 B 명의의 등기에는 그 이전등기의 접수일자·접수번호는 불명으로, 전 등기의 등기원인은 1942.2.5. 매매로 되어 있었다. B는 17년간 X토지를 점유하며 경작했다. 그리고 1971.1.28. C 명의로 소유권이전등기, 1987.9.23. D 명의로 소유권이전등기, 1995.3.3. E 명의로 소유권이전등기가 각각 완료되었다.

그런데 X토지에 관하여 다시 1954.7.1. 별도의 등기용지에 甲 명의의 소유권이전등기가 회복등기되었다. 이 등기에는 앞선 등기의 접수일자·접수번호는 1938.2.28. 접수 제399호로, 이러한 앞선 등기의 등기원인은 1938.2.8. 매매로 하여 회복되었다. 이 소유권이전등기의 회복은 甲이 A로부터 위와 같이 이 사건 토지를 매수하여 소유권이전등기가 경료되었다는 내용의 등기필증이 첨부된 회복등기신청에 의하여 이루어졌다. 甲은 1949.4.5. 사망하였고 乙은 甲의 유일한 상속인이다. 그런데 B와 甲의 각 회복등기의 기초가 된 X부동산의 보존등기가 동일등기인지 중복등기인지 여부를 확인할 수 없다.

이러한 상황에서 乙은 E 명의의 소유권이전등기의 말소를 구하는 소송을 제기하였다. 乙의 청구는 타당한가? (대판 1995.6.30. 94다49274의 사실관계 및 대판(전) 2001.2.15. 99다66915 참조)

**│해설 32│** 乙의 청구는 타당하지 않다.

동일 부동산에 관하여 등기명의인을 달리하여 멸실회복에 의한 각 소유권이전등기가 중복등재되고 각 그 바탕이 된 소유권보존등기가 동일등기인지 중복등기인지, 중복등기라면 각 소유권보존등기가 언제 이루어졌는지가 불명인 경우에는 적법하게 경료된 것으로 추정되는 각 회복등기 상호간에는 각 회복등기일자의 선후를 기준으로 우열을 가려야 한다. B 명의의 회복등기의 추정력을 번복할 사정이 없다면 먼저 완료된 B 명의의 소유권이전등기 회복등기가 우선한다. B 명의의 회복등기가 유효한 것이라면 이를 기초로 한 E 명의의 등기도 유효한 것이 된다.

사안의 사실관계에 따르면 B와 甲의 각 회복등기의 기초가 된 X부동산의 보존등기가 동일등기인지 중복등기인지 여부를 알 수 없다. 또 17년간 B가 점유경작하는 동안 甲이 이의를 제기하지 않았던 점을 고려할 때, 비록 B의 멸실회복등기시 그에 앞선 등기의 접수일자·접수번호 및 원인일자 등이 불명으로 기재되었더라도 특별한 사정이 없는 한 등기공무원이 적법하게 처리한 것으로 추정을 번복할 사정이 없다. 나아가 甲의 회복등기에는 甲이 A로부터 매수하여 등기했음을 나타내는 등기필증이 있었지만, 이것으로 B 명의 등기의 추정력이 깨지는 것은 아니라고 판단했다. 결국 B의 회복등기일자(1954.3.10.)가 甲의 회복등기일자(1954.7.1.)보다 먼저이므로 甲의 등기는 무효가 되고 甲의 상속인 乙의 청구는 인용될 수 없다.

참고로 판례에 따르면 만약 B와 甲의 소유권이전등기를 회복하는 등기에 바탕이 된 소유권보존등기가 동일등기[사안에서는 모두 A의 보존등기를 바탕으로 이전등기를 했었던 경우를 말한다]라면 이는 중복등기의 문제가 아니며, 후차의 소유권이전등기인 甲의 등기만이 유효하다고 보았다. 또 만약 B와 甲의 회복등기의 바탕이 된 보존등기가 명의인을 달리하는 중복보존등기임이 밝혀지면 그 중복보존등기의 선후에 의해 B와 甲의 회복등기의 효력이 결정될 것이다.

## 3. 절차적 하자 있는 등기가 실체관계에 부합하는 경우

### (1) 의 의

절차에 하자가 없는 경우에 등기는 보통 실체관계에 부합하게 된다. 그러나 등기절차에 하자가 있지만, 유효한 원인행위 또는 법률의 규정에 의한 등기청구권과 부합하는 등기가 실행되고, 종전의 진정한 권리자(등기의무자)가 절차상 하자 있는 등기를 이전받은 등기명의인(등기권리자)의 등기청구권을 저지할 만한 실체법상 항변사유(예컨대 동시이행의 항변권 또는 착오등을 이유로 한 취소권 등)가 처음부터 없거나(예컨대 당사자의 합의시) 사후적으로 없어져서(예컨대 이전등기 후 매도인의 계약취소권의 권리행사기간이 지난 경우) 진실한 권리관계와 합치되는 때에 등기가 실체관계에 부합한다고 할 수 있다. 그 등기의 효력은 등기기록에 상응하는 실체관계가 존재하게 된 때로부터 효력이 발생한다고 할 것이다.

### (2) 등기절차에 하자가 있지만 실체관계에 부합하는 등기의 예

이와 같은 등기의 예로 중간생략등기, 미등기부동산의 양수인이 완료한 소유권보존등기, 실체의 등기원인과 다른 원인에 기한 등기, 무효등기의 유용 등을 들 수 있다. 예컨대 미등기건물을 등기할 때 소유권을 원시취득한 자 앞으로 소유권보존등기를 한 후에 이를 양수인 앞으로 이전등기를 함이 원칙이나, 원시취득자와 승계취득자와의 사이의 합치된 의사에 따라 부동산을 승계취득자 앞으로 직접 소유권보존등기를 완료하게 되었다면 소유권보존등기는 실체적 권리관계에 부합되어 적법한 등기로 보는 것이다($\binom{\text{대판 } 1995.12.}{26,\ 94\text{다}44675}$). 매수인이 매도인으로부터 토지를 적법하게 매수했다면 매수인 명의의 소유권이전등기가 위조된 서류에 의하여 완료된 경우라도 그 등기는 실체관계에 부합하는 유효한 등기로 본다($\binom{\text{대판 } 1982.12.}{14,\ 80\text{다}459}$). 그러나 매매의 경우 매매대금이 전부 지급되지 않았다면, 대금완불 전에 미리 소유권이전등기를 하기로 하는 특약이 없으면 매수인 명의의 이전등기가 실체관계에 부합한다고 할 수는 없다($\binom{\text{대판 } 1997.6.}{28,\ 93\text{다}55777}$).

또한 이른바 3자간 등기명의신탁에서 부동산실명법에서 정한 유예기간 경과 후에 명의수탁자가 매도인을 경유하지 않고 자의로 명의신탁자에게 바로 소유권이전등기를 완료해 준 경우 부동산실명법에서 정한 유예기간의 경과로 기존 명의신탁약정과 명의수탁자 명의의 등기는 모두 무효이므로 명의신탁자로부터 바로 명의신탁자로 이전된 소유권이전등기도 무효라고 할 것이다. 그러나 이 법이 매도인과 명의신탁자 사이의 매매계약의 효력을 부정하는 규정이 아니므로 매도인과 명의신탁자 사이의 매매계약은 유효하여 명의신탁자는 매도인에 대하여 매매계약에 기한 소유권이전등기를 청구할 수 있고, 소유권이전등기청구권을 보전하기 위하여 매도인을 대위하여 명의수탁자에게 무효인 그 명의 등기의 말소를 청구할 수 있는 이상 명의수탁자가 명의신탁자 앞으로 바로 완료해 준 소유권이전등기는 실체관계에 부합하는 등기로서 유효하다고 한다($\binom{\text{대판 } 2004.6.25,}{2004\text{다}6764}$).

**사례 33** A는 해외에 거주 중 그 소유의 X부동산을 국내에 거주하는 대리인 B를 통해 C에게 매도하고, 그로부터 매매대금을 전부 지급받았다. X부동산은 C에게 인도되어 C가 배타적으로 사용하고 있다. 그럼에도 A가 X부동산에 대한 소유권이전에 협조하지 않자 C는 서류를 위조하여 소유권이전등기를 신청하여 등기를 경료하였다. C 명의의 소유권이전등기는 유효한가?

(대판 1982.12.14, 80다459 참조)

**|해설 33|** C 명의의 등기는 실체관계에 부합하는 등기로 유효하다.

부동산의 소유권을 이전할 것을 목적으로 하는 계약이 있고, 동 계약당사자 간에 등기청구권을 실현하는 데 있어서 법률상 하등의 지장이 없고 따라서 등기의무자가 그 의무의 이행을 거절할 정당한 하등의 사유가 없는 경우에 양도인이 동 계약에 터 잡고 양수인으로 하여금 사실상 그 목적부동산에 대한 전면적인 지배를 취득케 하여 그로써 양도인에 대한 관계에 있어서는 양수인은 소유권의 개념으로서 통합되어 그의 실질적인 내용을 이룩하고 있는 것으로 되어 있는 사용, 수익, 처분 등의 모든 권능을 취득하였다고 할 수 있는 상태에 이르렀다면 특별한 사정이 없는 한 법적으로도 양도인과 양수인과의 이와 같은 실질적인 관계를 외면할 수 없는 것이라고 할 것이니 위와 같은 상태에서 양 당사자 간의 관계를 상대적으로 다투는 데 있어서는 등기 전이라고 하더라도 소유권은 실질적으로 양수인에게 옮겨져 있는 것으로 해도 무방하다 할 것이며 등기가 위와 같은 양 당사자의 실질적인 관계에 상응하는 것이라면 동 등기가 등기의무자의 신청에 의하지 아니한 하자가 있다고 해서 이를 반드시 무효로 하지 않으면 안 될 이유가 있다고도 할 것이 아니므로 등기가 실체관계에 부합하여 유효하다고 할 때 위와 같은 경우까지를 이에 포함시켜 무방하다(대판 1978.8.<br>22, 76다343).

**사례 34** A는 B로부터 그 소유의 X부동산을 매수하면서 C와 사이의 합의에 따라 그 등기명의를 C 앞으로 소유권이전등기를 경료받았다. X부동산은 C에게 양도되어 C가 목적물을 배타적으로 사용·수익하고 있다. 그런데 부동산실명법이 시행되자, 부동산실명법에서 정한 유예기간 경과 후에 C는 자의로 A에게 바로 소유권이전등기를 경료해 주었다. A는 X부동산에 대한 소유권을 취득하는가?

(대판 2004.6.25, 2004다6764 참조)

**|해설 34|** A는 A 명의의 소유권이전등기는 실체관계에 부합하는 등기이므로 소유권을 유효하게 취득한다.

이른바 3자간 등기명의신탁에 있어서, 명의수탁자가 부동산실명법에서 정한 유예기간 경과 후에 자의로 명의신탁자에게 바로 소유권이전등기를 경료해 준 경우, 부동산실명법에서 정한 유예기간의 경과로 기존 명의신탁약정과 그에 의한 명의수탁자 명의의 등기가 모두 무효로 되고, 명의신탁자는 명의신탁약정의 당사자로서 부동산실명법 제4조 제3항의 제3자에 해당하지 아니하므로 명의신탁자 명의의 소유권이전등기도 무효가 된다. 그러나 부동산실명법은 매도인과 명의신탁자 사이의 매매계약의 효력을 부정하는 규정을 두고 있지 아니하여 유예기간 경과 후로도 매도인과 명의신탁자 사이의 매매계약은 여전히 유효하므로, 명의신탁자는 매도인에 대하여 매매계약에 기한 소유권이전등기를 청구할 수 있고, 그 소유권이전등기청구권을 보전하기 위하여 매도인을 대위하여 명의수탁자에게 무효인 그 명의 등기의 말소를 구할 수도 있으므로, 명의수탁자가 명의신탁자 앞으로 바로 경료해 준 소유권이전등기는 결국 실체관계에 부합하는 등기로서 유효하다.

# Ⅲ. 등기의 실질적 유효요건

## 1. 서 설

등기의 실질적 요건이란 등기는 당사자가 물권행위에 의하여 달성하고자 하는 물권변동과 부합해야 함을 말한다. 따라서 물권행위에 상응하는 등기가 존재하지 않는 경우(존재상의 불합치), 물권행위와 등기가 존재하지만, 그 내용이 일치하지 않는 경우(내용상의 불합치), 물권행위와 등기행위 사이에 시간적 차이가 있어서 다른 사정이 생긴 경우(시간상의 불합치)가 발생할 수 있다. 이러한 경우 각 등기의 효력이 문제된다.

## 2. 존재상의 합치

부동산물권변동을 위해서 법률행위와 함께 등기가 필요한 바, 법률행위가 있었지만, 등기가 실행되지 않은 경우 부동산물권변동이 발생하지 않는 것은 당연하다(앞의 Ⅱ. 1.도 참조). 그러나 이와 관련하여 가령 등기를 갖추지 않은 부동산매수인의 보호가 필요하다는 논의가 있다.

### (1) 부동산의 미등기매수인의 법적 지위

### (가) 학 설

여기서 말하는 '미등기매수인(등기를 갖추지 않은 부동산매수인)'이란 매매계약을 체결하고, 매매대금을 완납하고, 매도인으로부터 소유권이전에 필요한 등기서류를 교부받았을 뿐만 아니라 매매목적물을 인도받은 자를 말한다. 이처럼 이미 부동산을 점유한 매수인을 보호하기 위하여 어떤 법적 지위를 인정할 것인지와 관련하여 학설상 매수인에게 물권적 기대권 또는 매각되어 인도된 물건의 항변권을 인정해야 한다는 견해와 현행법 테두리 내에서 보호가 가능하다는 견해로 나뉜다.

### (나) 현행법상 등기를 갖추지 않은 매수인에게 인정되는 지위 또는 권리

미등기부동산의 매수인에게 점유권이 인정된다. 따라서 매수인의 점유가 침탈당하는 경우 점유보호청구권에 의해 보호를 받을 수 있다. 그러나 매수인에게 소유권을 인정할 수 없기 때문에 매수인에게 소유권에 기한 물권적 청구권($\binom{대판\ 2016.7.29,\ 2016}{다214483,214490}$), 제3자 이의의 소($\binom{민사집행}{법\ 제48조}$), 환취권($\binom{채무자회생법\ 제}{70조,\ 제407조}$)은 부정된다.

판례는 미등기매수인의 법적 지위에 관하여 원칙적으로 사실상의 소유권 개념을 부정한다($\binom{대판\ 2006.10.27,}{2006다49000}$). 예외적으로 제214조에 기한 미등기건물의 철거청구의 상대방과 관련하여 "사실상 처분할 수 있는 지위"를 인정한다. 건물의 철거는 소유권의 종국적 처분에 해당하는 사실행위이기 때문에 원칙적으로 소유자(등기명의자)에게만 철거처분권이 있지만, 건물의 존재로 불법점유를 당하고 있는 토지소유자는 미등기건물의 소유자로부터 양도받아 점유하고 있는 자를 상대로 그 철거를 청구할 수 있다고 판시하고 있다. 이는 미등기건물을 원시취득자로부터 양도받아 점유 중에 있는 자는 비록 소유권이전등기를 하지 못했더라도 그 권리의 범위 내에서 점유 중인 미등기건물을 법률상 또는 사실상 처분할 수 있는 지위에 있기 때문이라고 한다($\binom{대판\ 2003.}{1.24,\ 2002\ 다61521}$).

또한 매매계약에 기한 부동산 매도인의 재산권이전의무($\binom{제568}{조}$)에는 이전등기 외에도 목적물의 인도의무를 포함하고 있으므로, 목적물을 인도받은 매수인 및 그 전득자는 제213조 단서의 "점유할 권리가 있는" 자에 해당한다. 따라서 매수인 및 그 전득자는 매도인의 물권적 청구권에 대항할 수 있다. 뿐만 아니라 매매계약은 제741조의 "법률상 원인"에 해당하므로 매수인 및 전득자는 매도인의 부당이득반환청구에 대항할 수 있다($\binom{대판\ 2001.12.11,}{2001다45355}$). 목적물을 인도받은 매수인은 등기청구권과 과실수취권을 가진다.

---

**사례 35** A는 그 소유의 X토지상에 연립주택 10세대를 신축하기로 하고 B에게 공사를 맡기면서, 공사비로 공사가 완성되면 3세대를 대물(代物)로 지급하기로 약정하였다. 이에 B는 대물로 지급받을 3세대를 C에게 임대하여 받은 임차보증금으로 공사비에 충당하였다. 그 후 연립주택이 완공되고, C는 임차한 세대를 점유·사용하고 있다(전입신고를 하지 않음). 그런데 A와 B 사이에 공사비 정산문제로 분쟁이 생기자 A는 소유권에 기하여 C에게 건물의 명도 및 부당이득반환을 구하는 소송을 제기하였다. C는 A의 청구를 거절할 권원이 있는가?　　　(대판 2001.12.11, 2001다45355 참조)

**해설 35** C는 A의 모든 청구를 거절할 수 있다.

판례는 토지의 매수인이 아직 소유권이전등기를 경료받지 아니하였다 하여도 매매계약의 이행으로 그 토지를 인도받은 때에는 매매계약의 효력으로서 이를 점유·사용할 권리가 생기게 된 것으로 보고, 또 매수인으로부터 위 토지를 다시 매수한 자는 매수인의 위와 같은 점유사용권을 취득한 것으로 본다. 따라서 매도인은 매수인으로부터 다시 위 토지를 매수한 자에 대하여 토지 소유권에 기한 물권적 청구권을 행사하거나 그 점유·사용을 법률상 원인이 없는 이익이라고 하여 부당이득반환청구를 할 수 없다고 한다. 이러한 판례의 법리는 이 사안과 같이 대물변제 약정에 의하여 매매와 같이 부동산의 소유권을 이전받게 되는 자가 이미 당해 부동산을 점유·사용하고 있거나, 그로부터 다시 이를 임차하여 점유·사용하고 있는 경우에도 마찬가지로 적용된다고 한다.

## 3. 내용상의 합치

### (1) 질적 합치

등기가 물권행위와 내용에 있어서 합치하지 않으면 물권변동은 일어나지 않는다. 예컨대 지상권설정의 합의가 있었는데도 전세권설정등기를 행하거나, 甲 토지에 대한 매매계약을 체결하였는데 乙 토지의 소유권이전등기를 행한 경우와 같이 물권행위와 질적으로 다른 등기를 한 경우 그 등기는 원칙적으로 무효이다(대판 1993.10.26, 93다2629, 2636(병합))(후술하는 실제와 다른 등기원인에 의한 등기와 구분할 것). 이 때 당사자가 의도한 물권변동을 인정받기 위해서는, 경정등기가 가능하면 경정등기를 해야 하고, 경정등기가 불가능한 경우에는 무효인 등기를 말소하고, 법률행위에 부합하는 새로운 등기를 다시 해야 한다. 이 경우 실체관계에 부합하는 경정등기 또는 새로운 등기시에 물권변동이 발생한다.

> 사례 36 A가 B로부터 형사고소를 당하자, 그가 C로부터 매수한 X토지의 소유권을 B에게 이전하여 주는 조건으로 형사합의를 시도하였으나 합의가 성립되지 않았다. 그런데 B가 A와의 합의를 전제로 매도인인 C로부터 X토지에 관한 소유권이전등기를 경료받았다. B 명의의 소유권이전등기는 유효한가? (대판 1999.2.26, 98다50999 참조)
>
> |해설 36| B 명의의 등기는 원인무효의 등기이다.
> 소유권이전등기에 있어 등기원인이라고 함은 등기를 하는 것 자체에 관한 합의가 아니라 등기하는 것을 정당하게 하는 실체법상의 원인을 뜻하는 것으로서, 등기를 함으로써 일어나게 될 권리변동의 원인행위나 그의 무효, 취소, 해제 등을 가리킨다. 이 사안에서 B와 C 사이에 성립한 등기이전의 합의는 원래 C가 A와 사이에 체결한 매매계약에 따라 A에게 소유권이전등기를 경료하여 주어야 할 것을, B와 A 사이에 X토지의 소유권을 B에게 넘겨주기로 합의하였음을 전제로 바로 B에게 소유권이전등기를 하여 주기로 합의한 것이어서, 그 자체가 B와 C 사이에 권리변동의 원인이 되는 행위가 되는 것이 아니라, 중간생략등기의 합의에 지나지 아니하므로, 그것이 X토지에 대한 B 명의의 소유권이전등기에 대한 등기원인이라고 할 수는 없다. 따라서 X토지에 대한 B 명의의 소유권이전등기가 등기원인이 있다고 하기 위하여는 B와 A 또는 C와 사이에 권리변동의 원인행위가 있어야 할 것이나 B와 A 사이에 형사합의가 성립되지 않은 이상 B 명의의 소유권이전등기는 원인 없이 이루어진 등기로서 무효이다.

## (2) 양적 합치

권리의 종류에 대해서는 물권행위와 등기가 합치하지만 그 내용에 있어서 완전히 부합하지 않고 일부분만이 부합하거나 또는 일부분만이 부합하지 않은 경우가 있다. 이와 같이 물권행위와 등기의 내용에 양적 차이가 있는 경우 그 등기의 효력은 어떻게 할 것인지에 대해서 두 가지의 경우로 나누어 본다. 우선 등기의 양이 물권행위의 양보다 크면 물권행위의 한도에서 물권변동의 효력이 발생한다(예 물권행위는 1필의 토지의 일부에 대해서만 있었지만 등기는 토지 전부에 대하여 이루어진 경우). 반대로 등기의 양이 물권행위의 양보다 작은 경우에는 일부무효의 법리(제137조)에 의해야 한다는 견해와 등기된 범위에서는 그 등기가 유효하고 나머지에 대해서는 등기신청이 가능하다고 보는 견해가 있다. 생각건대 등기된 범위에서는 물권적 합의는 유효한데 일부무효의 법리에 의하면 원칙적으로 전부무효가 된다는 점에서 차이가 있는데 등기된 범위 내에서는 등기가 유효하다고 보아야 한다.

## 4. 물권변동과정의 합치

### (1) 등기와 물권변동의 과정

등기는 물권의 상태뿐만 아니라 물권변동의 과정 내지 경과와 물권변동의 원인을 진실대로 공시해야 한다. 그러나 등기가 물권변동의 과정 또는 원인과 불일치하는 경우가 있다. 물권변동과정이 전부 공시되지 않고 중간자의 등기를 생략하는 중간생략등기, 등기원인을 진실과 다르게 기재하는 등기, 무효인 등기를 유용(流用)하는 등기가 이에 해당한다. 이러한 등기라도 부동산에 관한 현재의 권리상태를 제대로 공시하고 있다면 등기제도의 목적을 고려해 볼 때 예외적으로 등기의 효력이 인정될 수 있다. 예컨대 매매계약의 무효, 취소, 해제 등으로 매수인 명의의 등기가 말소등기되어야 하는 경우에도 말소등기 대신 진정명의회복을 등기원인으로 하여 소유권이전등기가 허용된다(대판(전) 2001.9.20, 99다37894).

등기가 현재의 진실한 권리상태를 공시하면 그에 이른 과정이나 태양을 그대로 반영하지 못했어도 여전히 유효하다. 따라서 이러한 등기에도 등기의 효력(권리변동적 효력, 대항적 효력, 추정적 효력 등)이 인정된다. 예컨대 등기명의자가 전 소유자로부터 부동산을 취득함에 있어 등기부상 기재된 등기원인에 의하지 아니하고 다른 원인으로 적법하게 취득하였다고 하면서 등기원인 행위의 태양이나 과정을 다소 다르게 주장한다고 하여 이러한 주장만 가지고 그 등기의 추정력이 깨어진다고 할 수는 없다(대판 2005.9.29, 2003다40651).

### (2) 중간생략등기

### (가) 의 의

중간생략등기란 부동산물권이 최초의 양도인(A)으로부터 중간취득자(B)에게, 다시 중간취득자(B)로부터 최후의 양수인(C)에게 전전 이전되어야 할 경우, 중간취득자 명의의 등기를 생략하고 최초의 양도인(A)으로부터 최후의 양수인(C)에게 직접 행해진 등기를 말한다. 이러한 등기는 물권변동의 과정을 제대로 공시하지 못하는 문제가 있는데 주로 탈세 또는 투기수단으로 악용된다. 부동산등기특별조치법은 중간생략등기를 금지하고 그 위반시 형사처벌을 규정하였다(부동산등기특별조치법 제2조, 제8조). 그러나 판례는 동법의 규정을 단속규정으로 해석하여 중간생략등기에 관한 사법상의 합의의 효력을 부인하지 않았다(대판 1993.1.26, 92다39112).

이러한 중간생략등기와 유사한 유형으로 미등기부동산의 양수인에 의한 소유권보존등기, 상속재산을 상속인이 매도하고 피상속인으로부터 양수인에게 하는 소유권이전등기 등이 있다. 이와 같은 유형의 등기도 중간생략등기와 같은 법리가 적용된다(대판 1995.12.26, 94다44675; 대판 1963.5.30, 63다105 등 참조).

중간생략등기와 관련된 쟁점은 크게 ⅰ) 이미 완료된 중간생략등기(C 명의의 등기)의 효력, ⅱ) 중간생략등기 청구권의 인정여부(C가 A를 상대로 직접 소유권이전등기를 청구할 수 있는지의 문제), ⅲ) 중간생략등기가 되었을 때 당사자 간의 채무이행 여부(C 앞으로의 등기에 의해 B에 대한 A의 채무는 이행된 것인지)로 구별된다.

### (나) 중간생략등기의 효력

#### 1) 학 설

대부분의 학설은 이미 완료된 중간생략등기는 현재의 등기가 실체관계와 부합한다면 중간생략등기의 유효성을 인정한다(다만 물권변동의 형식주의를 취하고 있는 이상 중간생략등기는 현재의 권리상태를 공시하는 것이 아니므로 중간생략등기는 무효라는 소수견해도 있다). 그 근거와 요건에 대해서는 다양한 견해가 있다. 먼저 A와 C의 합의와 B의 동의 또는 A, B, C 3자 간의 합의가 있을 때에만 중간생략등기가 유효하다는 조건부 유효설, B의 동의와 상관없이 C는 B로부터 취득한 물권적 기대권에 의하여 중간생략등기는 유효하다고 하는 물권적 기대권설(그 논거로는 A와 B 사이의 물권적 합의로 B는 물권적 기대권을 취득하고, B와 C 사이의 물권행위를 통해 B의 물권적 기대권이 C에게 양도됨을 근거로 한다), A와 B, B와 C 사이에 각각 채권행위와 물권행위가 있으면 A와 C 사이에도 그러한 행위가 있었던 것으로 보는 독일 민법 제185조 제1항 유추적용설(물권행위의 유인론의 입장에서 A와 B의 매매계약에 물권적 합의도 포함되며, 이는 비권리자 B의 부동산 처분에 대한 A의 동의를 포함하는 것으로 보고 이를 근거로 한다)이 있다.

#### 2) 판 례

판례에 따르면 A에서 C로의 중간생략등기는 원칙적으로 유효하다(대판 2005.9.29, 2003다40651). A와 B 사이, B와 C 사이에 적법한 등기원인(예 매매계약 등)이 있다면 B의 동의, 또는 A, B, C 3자 간의 합의가 없어도 이러한 등기는 실체관계에 부합하기 때문이다. 그러나 B가 C에게 대항할 수 있는 사유가 있는 경우(예 동시이행항변권 등)에 B의 동의가 없으면 그 등기는 실체관계에 부합하지 않아서 유효하지 않다.

한편 (구)국토이용관리법상의 토지거래허가구역 내의 토지를 전전매도한 후, 당사자의 합의로 A와 C가 거래가 있었던 것으로 만들고 그에 대한 토지거래허가를 얻어 중간생략등기를 했더라도 이는 적법한 토지거래허가가 없이 완료된 등기로서 무효이다($^{대판\ 1997.11.}_{11,\ 97다33218}$). 이는 중간생략등기의 합의가 있더라도 A와 C 사이에 매매계약이 체결된 것으로 볼 수 없으므로 C 명의의 소유권이전등기는 적법한 토지거래허가가 없이 이행된 등기이기 때문이다.

### (다) 중간등기 생략의 합의에 기한 등기청구권의 인정 여부

#### 1) 학 설

최종매수인(C)은 최초매도인(A)에 대해서 직접 자기에게 이전등기할 것을 청구할 수 있는지에 대해서 학설의 대립이 있지만 대체적으로 이를 긍정한다(물권변동에 성립요건주의를 취하고 있는 우리 민법에 따르면 C가 법률행위의 직접 당사자가 아닌 A에 대하여 B의 등기를 생략하고 직접 자기에게 등기하여 줄 것을 청구하는 것은 허용될 수가 없다는 부정설도 있다). 역시 그 근거와 논거에 대해서는 조건부 긍정설(B의 동의 또는 3자간 합의에 기하여 C의 A에 대한 등기청구권을 긍정한다), 물권적 기대권설(C가 B로부터 취득한 물권적 기대권에 기초하여 직접 A에게 등기청구권을 행사할 수 있다고 본다), 독일 민법 제185조 제1항 유추적용설(A와 B, B와 C 사이의 채권행위와 물권행위에 의해 A와 C 사이에도 그러한 행위가 있었던 것으로 보아 C의 A에 대한 등기청구권을 긍정한다), 제3자를 위한 계약설(합의란 A를 낙약자, B를 요약자, C를 수익자로 하는 제3자를 위한 계약이 성립함과 동시에 C는 수익의 의사표시가 있었던 것으로 보아 C가 등기청구권을 취득하는 것으로 본다), 소유권이전등기청구권 양도설(B와 C 간의 채권양도 합의와 B의 채권양도통지 또는 A의 양도승낙에 기해 B의 A에 대한 소유권이전등기청구권이 양도된 것을 전제로 C가 A에 대해 소유권이전등기청구권을 행사할 수 있다)이 있다.

#### 2) 판 례

판례는 관계당사자 전원의 의사합치가 있는 경우, 중간생략등기청구권을 인정한다($^{대판\ 1994.5.24.}_{93다47738}$). 중간생략등기의 합의란 부동산이 전전매도된 경우 각 매매계약이 유효하게 성립함을 전제로 그 이행의 편의상 최초 매도인으로부터 최종 매수인 앞으로 직접 소유권이전등기를 해준다는 당사자 사이의 합의를 말한다. 중간등기를 생략하여도 당사자 사이에 이의가 없고, 또 그 등기의 효력에 영향을 미치지 않도록 하겠다는 의사의 합치가 있는 것이다. 한편 그러한 합의가 있더라도 아직 중간생략등기가 완료되지 않았다면 중간매수인의 소유권이전등기청구권 또는 첫 매도인의 그 매수인에 대한 소유권이전등기의무는 소멸되지 않는다($^{대판\ 1991.12.}_{13,\ 91다18316}$). 이는 각 매매계약이 유효하게 성립함을 전제로 그 이행의 편의상 최초 매도인으로부터 최종 매수인 앞으로 소유권이전등기를 완료한다는 당사자 사이의 의사표시일 뿐, 최초 매도인과 최종 매수인 사이에 매매계약이 체결되었음을 의미하는 것은 아니기 때문이다. 판례에 따르면 B가 중간등기 생략에 대하여 동의했더라도 A와 B 사이의 계약에 기한 A의 B에 대한 소유권이전등기의무에 영향을 미치지 않는 것으로 해석되기 때문에 B의 등기청구권과 C의 등기청구권은 부진정연대채권으로 구성되어야 한다.

전원의 합치를 위해서는 중간생략등기에 대한 최초 양도인과 중간자의 동의가 있는 외에 최초 양도인과 최종 양수인 사이에서도 그 중간등기생략의 합의가 있어야 한다(대판 1991.4. 23, 91다5761). 이에 따르면 A와 B, B와 C 사이에 각각 중간생략등기의 합의를 했더라도 A와 C 사이에 그와 같은 합의가 없다면 C는 A에게 중간생략등기를 청구하지 못한다.

최종양수인이 중간자로부터 소유권이전등기청구권을 양도받았다고 하더라도 최초 양도인이 그 양도에 동의하지 않고 있다면 최종양수인은 최초 양도인에 대하여 채권양도를 원인으로 하여 소유권이전등기 절차의 이행을 청구할 수 없다(대판 1995.8. 22, 95다15575). 따라서 최초양도인에 대한 통지가 있어서 등기청구권의 양도가 있음을 알았더라도 최종양수인이 최초양도인에게 등기청구권을 행사할 수 없다. 이러한 점에서 통상의 지명채권의 양도와는 달리 그 성질상 양도가 제한된다. 한편 취득시효완성으로 인한 소유권이전등기청구권의 양도에는 매매로 인한 소유권이전등기청구권에 관한 양도제한의 법리가 아예 적용되지 않는다(대판 2018.7.12, 2015다36167). 채권자와 채무자 사이에 계약관계나 신뢰관계가 없으며 채권자는 아무런 반대급부의무도 없기 때문이다.

토지거래허가구역 내 토지에 대해 중간등기 생략 합의에 기해 허가 없이 전매를 한 경우, C는 A에게 직접 토지거래허가절차의 협력을 청구할 수 없을 뿐만 아니라 A와 B, B와 C 간의 각 매매계약은 토지거래를 잠탈할 목적의 계약으로 확정적 무효가 된다(대판 1996.6. 28, 96다3982). 중간생략등기의 합의만으로 최초매도인과 최종매수인 사이에 매매계약이 성립하는 것이 아니며 A·B, A·C 간의 계약도 확정적으로 무효이므로 B의 A에 대한 등기청구권이 부정된다. C는 B의 등기청구권을 대위행사할 수도 없다.

한편 C는 A에 대하여 중간생략등기청구가 아니라 B의 등기청구권을 대위행사할 수 있다. 이때에는 관계당사자 전원의 의사합치가 요구되지 않는다.

매수인란을 백지로 하는 매도증서가 교부된 경우에 중간등기 생략의 합의가 있었다고 볼 것인지에 대하여 이를 긍정한 판결(대판 1982.7. 13, 81다254)과 부정하는 판결이 있다(대판 1991.4. 23, 91다5761)(후자는 중간생략등기를 청구한 사건이고 전자는 최초매도인이 이미 이루어진 중간생략등기의 효력을 다툰 사건이었다).

---

**사례 37** B가 A로부터 1억 원을 대여하였는데, A가 변제기에 이를 변제하지 못하자 20일의 유예기간을 주면서 이 기간 내에도 변제하지 못하면 A 소유의 X부동산을 대물변제하기로 약정하였다. 그런데 그 유예기한 내에도 A가 변제를 하지 못하자 B는 A에게 대물변제를 요구하였다. 이에 A는 소유권이전등기 소요서류 등에 매수인란을 백지로 하여 B에게 교부하였다. B는 자기 명의로 소유권이전등기를 하지 않다가 X부동산을 C에게 매도하면서 A로부터 받았던 이전등기에 필요한 서류를 C에게 교부하였다. C는 이 서류를 기초로 C명의로 소유권이전등기를 하였다. 그런데 A가 중간생략등기 합의의 부존재를 이유로 소유권이전등기의 말소를 구하는 소송을 제기하였다. A의 청구는 타당한가?

(대판 1982.7.13, 81다254 참조)

**|해설 37|** A의 청구는 타당하지 않다.

A는 토지의 소유권이전등기 소요서류 등에 매수인란을 백지로 하여 B에게 교부되었다면 C 명의의 소유권이전등기에 있어 묵시적 그리고 순차적으로 중간생략등기의 합의가 있었다고 봄이 상당하기 때문이다.

**사례 38** A는 B에게 X부동산을 매도하였다. 그런데 부동산 등기를 B에게 이전하기 전에 B는 그 부동산을 C에게 전매하였다. 이에 대해서 A, B, C는 중간생략등기에 대해서 합의하지 않았다. 그 후 B는 D에게 다시 X부동산을 전매하고 중간생략등기의 합의를 해 주었고 A도 이에 동의하였다. D명의로 중간생략등기가 되지 않은 상태에서 X부동산이 D에게 다시 전매된 사실을 알게 된 C는 소송을 통하여 B의 A에 대한 등기청구권을 대위행사하자 A는 A, B, D 사이의 중간생략등기의 합의로 피대위권리인 B의 A에 대한 등기청구권이 소멸되었다고 주장한다. 이와 같은 A의 주장은 타당한가? (대판 1991.12.13, 91다18316 참조)

|**해설 38**| 타당하지 않다.

판례에 따르면 A, B, D 사이의 중간생략등기의 합의를 통해 D가 A에게 등기청구권을 취득하더라도 B의 등기청구권이 소멸하지 않는다. 참고로 B의 A에 대한 등기청구권도 존재하기 때문에 C는 B의 등기청구권을 대위행사할 수 있다.

**사례 39** A가 신축한 아파트를 B에게 분양하는 계약을 체결하고, 계약금을 수령하였다. 그런데 B는 분양계약에 따른 소유권이전등기청구권을 C에게 양도하고, A에게 그 양도사실을 통지하였다. C는 잔금수령을 거절하는 A에게 잔금을 변제공탁하고, A에게 소유권이전등기를 구하는 소송을 제기하였다. C의 청구는 타당한가? (대판 1995.8.22, 95다15575 참조)

|**해설 39**| C의 청구는 타당하지 않다.

부동산이 전전양도된 경우 비록 최종 양수인이 중간자로부터 소유권이전등기 청구권을 양도받았다고 하더라도 최초 양도인이 그 양도에 대하여 동의하지 않고 있다면 최종 양수인은 최초 양도인에 대하여 채권양도를 원인으로 하여 소유권이전등기 절차 이행을 청구할 수 없다. 부동산의 매매로 인한 소유권이전등기청구권은 물권의 이전을 목적으로 하는 매매의 효과로서 매도인이 부담하는 재산권이전의무의 한 내용을 이루는 것이고, 매도인이 물권행위의 성립요건을 갖추도록 의무를 부담하는 경우에 발생하는 채권적 청구권으로 그 이행과정에 신뢰관계가 따르므로, 소유권이전등기청구권을 매수인으로부터 양도받은 양수인은 매도인이 그 양도에 대하여 동의하지 않고 있다면 통지만으로는 매도인 A에게 대항력이 생기지 않으므로 매도인에 대하여 채권양도를 원인으로 하여 소유권이전등기절차의 이행을 청구할 수 없다(대판 2001.10.9, 2000다51216 등도 참조). 나아가 3자간의 합의가 없었으므로 중간생략등기의 청구도 인정될 수 없다.

**사례 40** A는 B 소유의 X토지를 20년간 소유의 의사로, 평온·공연하게 점유하여 점유취득시효를 완성하였다. 그 후 A는 C와 사이에 X토지에 관한 소유권이전등기청구권을 C에게 양도하기로 하고, B에게 그 양도사실을 통지하였다. C가 위 채권양도계약에 기하여 B를 상대로 X토지에 관한 소유권이전등기청구를 하자, B는 소유권이전등기청구권은 자신의 동의나 승낙 없이 양도될 수 없는 권리로 양도통지만으로 대항할 수 없다고 주장한다. B의 주장은 타당한가? (대판 2018.7.12, 2015다36167 참조)

|**해설 40**| B의 주장은 타당하지 않다.

부동산매매계약에서 매매로 인한 소유권이전등기청구권의 양도는 특별한 사정이 없는 이상 양

도가 제한되고 양도에 채무자의 승낙이나 동의를 요한다고 할 것이므로 반드시 채무자의 동의나 승낙을 받아야 대항력이 생긴다. 그러나 취득시효완성으로 인한 소유권이전등기청구권은 채권자와 채무자 사이에 아무런 계약관계나 신뢰관계가 없고, 그에 따라 채권자가 채무자에게 반대급부로 부담하여야 하는 의무도 없다. 따라서 취득시효완성으로 인한 소유권이전등기청구권의 양도의 경우에는 매매로 인한 소유권이전등기청구권에 관한 양도제한의 법리가 적용되지 않는다. 사안의 경우 양도대상인 소유권이전등기청구권은 취득시효완성으로 인한 소유권이전등기청구권이므로, 그 양도의 경우에는 매매로 인한 소유권이전등기청구권에 관한 양도제한의 법리가 적용되지 않는다.

### (라) 당사자들의 채무이행의 문제

판례는 관련당사자들이 중간등기 생략의 합의를 하더라도 이에 의해 A와 B, B와 C 간의 각 매매계약에 대해서는 영향을 미치지 않는다고 본다. 따라서 A와 B, B와 C 간 매매계약과 중간등기생략의 합의를 한 후에 A와 B 간에 매매대금에 관한 증액 합의를 했다면 A는 B에 대한 증액대금청구권에 기해 C의 중간생략등기청구권에 대해 동시이행의 항변을 할 수 있다(대판 2005. 4.29, 2003다66431). 중간등기생략의 합의를 단순히 이행의 편의를 위한 당사자 사이의 합의에 불과하다고 보고 있기 때문이다.

### (3) 실제와 다른 등기원인에 의한 등기

### (가) 일반론

부동산등기법상 등기관은 부동산등기의 심사 및 실행에서 형식적 심사권만을 갖고 있기 때문에 실제와 다른 등기원인에 의한 등기가 많을 수밖에 없다. 예컨대 증여했으나 등기원인을 매매로 한 소유권이전등기, 등기원인(매매)의 무효, 취소, 해제 등으로 물권이 복귀하므로 이전등기의 말소등기를 해야 하나 말소등기 대신 이전등기를 하는 경우가 이에 해당한다. 판례는 제186조가 규정한 등기는 부동산에 관한 현재의 권리관계를 표시하면 족하기 때문에 권리취득의 경위 또는 형식, 방법 등이 현실과 차이가 있더라도 현실의 권리관계에 부합되는 한 그 등기의 효력을 인정하고 있다(대판 1980.7. 22, 80다791).

---

**사례 41** A는 B에게 X부동산을 증여하였다. 그러나 매매를 원인으로 B에게 X토지의 소유권이전등기를 마쳤다. 이 경우 B의 소유권이전등기는 유효한가? (대판 1980.7.22, 80다791 참조)

**|해설 41|** B 명의의 소유권이전등기는 유효하다.

판례는 제186조가 규정한 등기는 부동산에 관한 현실의 권리관계를 표시하면 족하고, 그 권리취득의 경위 또는 형식 방법에 있어서 현실과 차이가 있다 하여도 현실의 권리관계에 부합되는 한 그 등기의 효력에는 아무런 영향이 없다고 한다(대판 1962.8.30, 62다300 참조). 따라서 B가 증여에 인하여 권리를 취득하였음에도 불구하고, 등기원인에 있어 매매로 기재하였다 하여도 그 등기의 효력에는 아무런 하자가 있다고 할 수 없다.

### (나) 진정명의 회복을 원인으로 하는 소유권이전등기

진정명의의 회복은 이전등기를 말소하는 말소등기를 통하여 회복되어야 한다. 그러나 소유권이전등기의 형태를 통해서도 진정명의의 회복도 가능하다. 즉 이미 자기 앞으로 소유권을 표상하는 등기가 되어 있었던 자 또는 법률에 의하여 소유권을 취득한 자는 현재의 등기명의인을 상대로 "진정한 등기명의의 회복"을 원인으로 소유권이전등기절차의 이행을 직접 청구할 수도 있다$\binom{\text{대판(전) 1990.11.}}{\text{27. 89다카12398}}$. 자기명의의 소유권을 표상하는 등기가 되지 않았고, 또 법률에 의하여 소유권을 취득하지도 않은 자는 소유자를 대위하여 등기의 말소를 청구할 수 있을 뿐이다$\binom{\text{대판}}{\text{(전)}}$ $\binom{\text{2001.9.20.}}{\text{99다37894}}$.

말소등기에 갈음하여 허용되는 진정명의회복을 원인으로 한 소유권이전등기청구권은 무효등기의 말소청구권과 마찬가지로 진정한 소유자의 등기명의를 회복하기 위한 목적을 공유하고 있으며 두 청구권 모두 소유권에 기한 방해제거청구권$\binom{\text{제214}}{\text{조}}$으로서 그 법적 근거와 성질이 동일하므로 그 소송물은 실질상 동일한 것으로 보아야 한다$\binom{\text{대판(전) 2001.9.}}{\text{20. 99다37894}}$. 따라서 소유권이전등기말소청구소송의 확정판결의 기판력은 진정명의회복을 원인으로 한 소유권이전등기청구소송에 미치게 된다.

---

**사례 42** A가 B의 기망에 의해 자신의 X부동산을 B에게 매도하고, 소유권이전등기를 완료하였다. 그 후 B가 C에게 X부동산에 저당권을 설정하였다. 그런데 A가 B의 기망에 의하여 매매계약을 체결했음을 이유로 적법하게 그 계약을 취소했다면 A는 어떤 유형의 등기를 통하여 X부동산의 소유권을 회복할 수 있는가? (C는 A의 매도의 의사표시가 기망에 의한 의사표시임을 모르고 있었다)

(대판(전) 2001.9.20. 99다37894 참조)

**│해설 42│** A는 B로부터 소유권이전등기의 형태로 소유권을 회복할 수 있다.

B 명의의 이전등기를 말소등기를 청구하는 방법으로는 소유권을 회복할 수 없는 경우가 있다. A로부터 B에게 이루어진 소유권이전등기는 말소되어야 할 등기이므로 그 등기를 기초로 하여 설정된 C의 저당권설정등기도 말소되어야 한다. 그런데 C가 선의의 제3자로 보호받을 경우$\binom{\text{제110조}}{\text{제3항}}$, C는 등기상 이해관계 있는 제3자이기는 하나, 실체법상 승낙할 의무가 없기 때문에 A는 C를 상대로 한 승낙의 의사표시를 구하는 소송에서 승낙판결을 받을 수 없다. 결국 A의 B에 대한 소유권이전등기에 관한 말소소송은 법원으로부터 승소판결을 받더라도, 부동산등기법에 의해 등기소에 B 명의의 소유권이전등기를 판결에 의해 말소등기를 신청할 때, 등기상 이해관계 있는 C의 승낙판결을 얻기 어렵기 때문에 A의 이전등기의 말소를 구하는 청구는 각하된다.

따라서 A로서는 C 명의의 저당권 부담이 있는 소유권을 회복하는 방법으로 B 명의의 소유권이전등기에 관한 말소등기가 아니라 B C에서 A로의 소유권이전등기를 구하는 방법을 택할 수밖에 없다(사안의 사실관계와는 달리 C가 악의이면 B 명의의 소유권이전등기에 대한 말소판결을 받고, C는 B 명의의 소유권이전등기의 말소에 관하여 등기상 이해관계 있는 제3자이지만 승낙의무가 인정되므로 C의 승낙 또는 승낙판결을 받아 그 소유명의를 회복할 수 있다. 실무적으로는 이 때 A는 C의 저당권말소를 청구한다).

**사례 43** A는 그 소유의 X토지를 B에게 매도하여 B가 이를 미등기 상태로 20년간 소유의 의사로 평온·공연하게 점유·사용하고 있었다. 그런데 A는 그 명의로 소유명의가 남아 있음을 기화로 C에게 X토지를 매도하고, 소유권이전등기를 경료하였다. C는 B를 상대로 X토지의 반환을 구하자, B는 취득시효의 완성을 이유로 C에게 진정명의의 회복을 위한 소유권이전등기를 구하는 소송을 제기하였다. B의 청구는 타당한가? (대판 2003.5.13, 2002다64148 참조)

**│해설 43│** B의 청구는 타당하지 않다.

진정한 등기명의의 회복을 위한 소유권이전등기청구는 자기 명의로 소유권의 등기가 되어 있었거나 법률에 의하여 소유권을 취득한 진정한 소유자가 현재의 등기명의인을 상대로 그 등기의 말소를 구하는 것에 갈음하여 소유권에 기하여 진정한 등기명의의 회복을 구하는 것이므로(대판 1997.3.11, 96다47142 참조), 자기 앞으로 소유권의 등기가 되어 있지 않았고 법률에 의하여 소유권을 취득하지도 않은 사람이 소유권자를 대위하여 현재의 등기명의인을 상대로 그 등기의 말소를 청구할 수 있을 뿐인 경우에는 진정한 등기명의의 회복을 위한 소유권이전등기청구를 할 수 없다. 이 사안에서 점유취득시효를 완성하더라도 그 등기를 하지 않는 이상 소유권을 취득할 수 없으므로 진정명의의 회복을 위한 소유권이전등기청구를 할 수 없다.

**요건사실론** 진정명의회복을 원인으로 하는 소유권이전등기 청구의 요건사실론

**1. 소송물**

진정명의회복을 원인으로 한 소유권이전등기 청구와 무효인 소유권이전등기의 말소 청구는 그 소송물이 실질상 동일하다. 따라서 원고가 소유권이전등기말소 청구 소송에서 패소확정판결을 받았다면 그 기판력은 그 후 제기된 진정명의회복을 원인으로 한 소유권이전등기 청구 소송에도 미치고, 피고는 원고의 청구가 위 확정판결의 기판력에 저촉된다는 주장을 할 수 있다.

**2. 청구원인**

① 원고의 소유, ② 피고 명의의 소유권이전등기, ③ 등기의 원인무효가 청구원인이다.

①과 관련하여, 원고는 이미 자기 앞으로 소유권을 표상하는 등기가 마쳐졌다는 사실 또는 법률의 규정에 의한 소유권 취득 사실을 주장·증명해야 한다.

## 5. 무효등기의 유용

### (1) 개 념

무효등기의 유용이란 기존등기가 실체관계에 부합하지 않아서 무효가 되었음에도 그 후 무효등기를 유용하려는 합의하에 등기에 부합하는 실체관계가 생긴 경우, 기존등기를 새로운 실체관계를 공시하는 등기로 이용하는 것을 말한다. 무효등기의 유용에 관한 합의는 명시적, 묵시적 합의로 가능한데, 묵시적 합의는 무효등기 사실을 알면서 장기간 이의를 제기하지 않고 방치한 것만으로는 부족하고, 등기가 무효임을 알면서도 유효함을 전제로 기대되는 행위를 하

거나 용태를 보이는 등 무효등기를 유용할 의사에서 비롯되어 장기간 방치된 것이라고 볼 수 있는 특별한 사정이 필요하다($\binom{대판\ 2007.1.11.}{2006다50055}$).

### (2) 유 형

무효등기의 유용은 유용등기의 당사자를 기준으로 ⅰ) 기존등기의 당사자가 무효인 기존등기를 유용하는 경우(당사자 유용형)와 ⅱ) 기존등기의 당사자 이외의 자 사이에서 무효인 기존등기를 유용하는 경우(제3자 유용형)로 나눌 수 있다. 전자는 기존등기를 유용하기로 하는 합의만으로 족하지만, 후자는 유용의 합의 외에 제3자 앞으로 등기(기존의 등기부상 권리를 이전하는 부기등기)를 해야 한다는 점에서 차이가 있다. 이러한 무효등기의 유용은 모두 유용의 합의와 기존등기에 부합하는 실체관계를 갖추어야 한다. 무효등기를 유용하여 발생하는 물권변동의 효력은 소급하지 않고 실체관계가 구비된 때부터 발생한다. 그 밖에 유용되는 기존등기가 원시적 무효인 경우와 유효했던 기존등기가 사후적으로 무효가 된 경우로 구분하기도 하지만 양자의 특별한 차이는 없다. 그러나 무효등기 유용의 합의 이전에 등기부상 이해관계가 있는 제3자가 존재하는 경우에는 그 유용의 합의로 이해관계인에게 대항하지 못한다($\binom{대판\ 2002.12.6.}{2001다2846}$).

다만 멸실된 건물의 보존등기를 신축한 동일한 건물의 보존등기로 유용하는 것처럼 표제부 등기의 유용은 부정한다($\binom{대판\ 1976.10.}{26,\ 75다2211}$).

---

**사례 44** B는 1981.7.6. 그 소유의 X부동산에 대해 C에게 1981.7.1.자 매매예약을 원인으로 하는 가등기를 경료하였다. 그 후 B의 채권자 A는 1991.12.18. 그 채권에 기해 X부동산에 대해 가압류를 하고, 그 등기가 기입되었다. B와 C 사이의 매매예약에 따른 매매예약완결권은 그 예약일로부터 10년의 제척기간이 경과함으로써 소멸되어 가등기가 효력을 상실하자, 무자력상태인 B는 D와 사이에 종전 가등기를 유용하기로 하고, 2006.7.19. D에게 종전 가등기이전의 부기등기를 마쳤다. 이에 A는 등기의 유용은 그 등기를 유용하기로 하는 합의가 이루어지기 전에 등기상 이해관계 있는 제3자가 생기지 않은 경우에 한하여 허용되는 것이므로 D는 B와의 가등기의 유용 합의에 따른 가등기이전의 부기등기가 경료되기 전에 X부동산에 관하여 가압류등기를 경료한 A에 대하여는 그 가등기 유용의 합의로써 대항할 수 없다는 이유로, B를 대위하여 D 명의의 가등기의 말소를 구하는 소송을 제기하였다. A의 청구는 타당한가?   (대판 2009.5.28. 2009다4787 참조)

**해설 44** A의 청구는 타당하지 않다.

부동산의 매매예약에 기하여 소유권이전등기청구권의 보전을 위한 가등기가 마쳐진 경우에 그 매매예약완결권이 소멸하였다면 그 가등기 또한 효력을 상실하여 말소되어야 할 것이나, 그 부동산의 소유자가 제3자와 사이에 새로운 매매예약을 체결하고 그에 기한 소유권이전등기청구권의 보전을 위하여 이미 효력이 상실된 가등기를 유용하기로 합의하고 실제로 그 가등기 이전의 부기등기를 마쳤다면, 그 가등기 이전의 부기등기를 마친 제3자로서는 언제든지 부동산의 소유자에 대하여 위 가등기 유용의 합의를 주장하여 가등기의 말소청구에 대항할 수 있고, 다만 그 가등기 이전의 부기등기 전에 등기부상 이해관계를 가지게 된 자에 대하여는 위 가등기 유용의 합의 사실을 들어 그 가등기의 유효를 주장할 수는 없다. 한편, 채권자대위권은 채무자의 제3채무자에 대한 권리를 행사하는 것이므로, 제3채무자는 채무자에 대해 갖는 모든 항변사유로 채권자에게 대항할 수 있으나, 채권자는 채무자 자신이 주장할 수 있는 사유의 범위 내에서 주장할 수 있을 뿐 자기와 제3채무자 사이의 독자적인 사정에 기한 사유를 주장할 수는 없다. 이 사안에서와 같이 채권자 A가 무효인 가등기의 유용 합의에 따라 채무자 B로부터 그 가등기 이전의 부기등기를 마친 D를 상대로 B를 대위하여 가등기의 말소를 구한 경우, 대위채권자 A가 그 부기등기 전에 부동산을 가압류한 사실을 주장하는 것은 채무자가 아닌 채권자 자신이 제3채무자인 D에 대하여 갖는 사유에 관한 것이어서 허용되지 않는다.

## 6. 법률행위 후 등기 전의 사정변경

### (1) 매매계약(물권행위) 후 소유권이전등기 전에 매도인이 사망한 경우

이 경우 법률행위는 유효하지만($\frac{제111조}{제2항}$), 매도인의 사망시 매도인의 매매목적물과 매도인의 채무는 상속인에게 포괄승계된다. 따라서 원칙적으로 피상속인에서 상속인으로의 상속등기($\frac{부동}{법}$ $\frac{제23조}{제3항}$)를 한 다음, 상속인은 상속채무의 이행으로 매수인에게 소유권이전등기를 해야 한다. 그러나 상속인을 등기의무자로 하여 피상속인(매도인)으로부터 직접 매수인에게 소유권이전이 가능하다. 이를 '상속인에 의한 등기'라 한다($\frac{부동법}{제27조}$).

### (2) 매매계약(물권행위) 후 소유권이전등기 전에 매도인의 행위능력이 제한된 경우

이 경우 법률행위는 유효하지만($\frac{제111조}{제2항}$), 등기신청(=공법행위)에 제5조 이하를 유추적용하여 법정대리인에 의한 등기신청이 가능하다.

변호사시험 기출문제

## 01 중간생략등기

문제 1

　　甲은 2010.10.10. 乙과 토지거래허가구역으로 지정되어 있는 X토지에 관하여 매매대금을 1억 원으로 한 부동산매매계약을 체결하고 계약 당일 계약금으로 1,000만 원을 받았으며, 2011.3.15. 잔금 9,000만 원을 지급받았다. 한편, 乙은 위 토지에 대한 매매대금을 모두 지급하였으나, 토지거래허가를 받지 않은 상태에서 2012.4.8. 丙과 위 토지에 관하여 매매대금을 1억 2,000만 원으로 하는 매매계약을 체결하고, 당일 계약금으로 2,000만 원을, 같은 해 6.20. 잔금 1억 원을 각 지급받았다. 甲, 乙, 丙은 위와 같이 X토지에 관하여 순차로 매매계약을 체결하면서, 최초 매도인 甲이 최종 매수인 丙에게 직접 토지거래허가 신청절차를 이행하고, 소유권이전등기를 마쳐주기로 3자 간 합의를 하였다. 甲은 위와 같은 3자 간 합의에 따라 관할관청으로부터 X토지의 매도인을 甲으로, 매수인을 丙으로 하는 토지거래허가를 받은 다음, X토지에 관하여 丙 명의의 소유권이전등기를 마쳐주었다.

[질문] X토지에 대하여 최초 매도인 甲으로부터 최종 매수인 丙 명의로 경료된 소유권이전등기는 유효한가? (15점)　　　　　　　　　　　　2017년 제6회 변호사시험 제1문의1

해설 **X토지에 대하여 최초 매도인 甲으로부터 최종 매수인 丙 명의로 경료된 소유권이전등기는 무효이다.**

### 1) 토지거래허가구역 내의 토지거래

　　토지거래허가구역 내의 토지가 거래허가 없이 소유자인 최초 매도인으로부터 중간 매수인에게, 다시 중간 매수인으로부터 최종 매수인에게 순차로 매도되었다면, 각 매매계약의 당사자는 각각의 매매계약에 관하여 토지거래허가를 받아야 한다. 사안의 경우 甲·乙과 乙·丙 간의 각 매매계약에 대해 각 토지거래허가를 받아야 한다.

### 2) 토지거래허가와 중간생략등기의 합의

　　甲과 丙 간의 중간생략등기의 합의에 의해 토지거래허가를 받아 소유권이전등기를 한 경우 그 등기는 유효한지와 관련하여 중간생략등기의 합의란 부동산이 전전 매도된 경우 각 매매계약이 유효하게 성립함을 전제로 그 이행의 편의상 최초의 매도인으로부터 최종의 매수인 앞으로 소유권이전등기를 경료하기로 한다는 당사자 사이의 합의에 불과할 뿐, 그러한 합의가 있었다고 하여 최초의 매도인과 최종의 매수인 사이에 매매계약이 체결되었다는 것을 의미하는 것은 아니므로 최초의 매도인과 최종 매수인 사이에 매매계약이 체결되었다고 볼 수 없고, 설사 최종 매수인이 자신과 최초 매도인을 매매 당사자로 하는 토지거래허가를 받아 자신 앞으로 소유권이전등기를 경료하였다고 하더라도 이는 적법한 토지거래허가 없이 경료된 등기로서 무효이다(대판 1997.11. 11. 97다33218). 사안의 경우 토지거래허가구역으로 지정되어 있는 X토지에 관하여 최초 매도인 甲이 최종 매수인 丙에게 직접 토지거래허가 신청절차를 이행하고, 소유권이전등기를 마쳐주기로 3자 간 합의를 하고, 이에 기하여 甲이 丙에게 소유권이전등기를 한 경우 중간생략등기의 합의가 매매계약의 체결에 해당하지 않으므로 그 합의에 대해 토지거래허가를 받았더라도 그 등기는 적법한 토지거래허가를 받지 않고 경료된 것으로 무효이다.

문제2

A는 X부동산을 B에게 매도하고 인도하였으며, B는 X부동산을 다시 C에게 매도하고 인도하였다. A, B, C 전원은 X부동산의 소유권이전등기를 A의 명의에서 바로 C의 명의로 하기로 합의하였다. 그 후 A와 B는 둘 사이의 매매대금을 인상하기로 약정하였다.

[질문 1] C가 B의 A에 대한 소유권이전등기청구권을 대위행사하였다. 이 경우에 B의 A에 대한 소유권이전등기청구권은 A, B, C 3인의 합의에 의하여 이미 소멸하였다는 이유로 A가 C의 청구를 거절할 수 있는가? (15점)

[질문 2] C가 A에게 소유권이전등기의 이행을 청구할 당시 B가 A에게 인상된 매매대금을 아직 지급하지 않았다면 A는 이를 이유로 C의 청구를 거절할 수 있는가? (15점)

2013년 제3회 변호사시험 제2문의3

해설1 A는 C의 청구를 거절할 수 없다.

A, B, C 3자가 합의로 A로부터 바로 C에게 명의를 이전하기로 하는 중간생략등기의 합의는 유효하다. 따라서 C는 직접 A에게 X부동산에 관한 소유권이전등기청구권을 갖게 된다. 그러나 중간생략등기의 합의가 있었더라도 이러한 합의의 의미는 중간등기를 생략하여도 당사자 사이에 이의가 없으며 또 그 등기의 효력에 영향을 미치지 않겠다는 의미만 있을 뿐, 중간매수인의 소유권이전등기청구권이 소멸된다거나 첫 매도인의 그 매수인에 대한 소유권이전등기의무가 소멸되는 것은 아니다($\binom{대판\ 1991.12.13.}{91다18316}$). 사안의 경우 X부동산에 관하여 A, B, C 3자간 중간생략등기의 합의가 있었다고 하더라도 X부동산에 관하여 B의 A에 대한 소유권이전등기청구권, C의 B에 대한 소유권이전등기청구권은 소멸하는 것이 아니므로 C는 X부동산에 관하여 B에 대한 소유권이전등기청구권자로서 B의 A에 대한 소유권이전등기청구권을 대위행사할 수 있다. [특정채권을 보전하기 위한 채권자대위권을 행사하기 위해서는 채무자가 무자력일 것을 요건으로 하지 않는다]

해설2 A는 B가 인상된 매매대금을 지급하지 않았음을 이유로 C 명의로의 소유권이전등기의무의 이행을 거절할 수 있다.

중간생략등기의 합의란 부동산이 전전 매도된 경우 각 매매계약이 유효하게 성립함을 전제로 그 이행의 편의상 최초의 매도인으로부터 최종의 매수인 앞으로 소유권이전등기를 경료하기로 한다는 당사자 사이의 합의에 불과할 뿐이므로, 이러한 합의가 있다고 하여 최초의 매도인이 자신이 당사자가 된 매매계약상의 매수인인 중간자에 대하여 갖고 있는 매매대금청구권의 행사가 제한되는 것은 아니다. 따라서 최초 매도인과 중간 매수인, 중간 매수인과 최종 매수인 사이에 순차로 매매계약이 체결되고 이들 간에 중간생략등기의 합의가 있은 후에 최초 매도인과 중간 매수인 간에 매매대금을 인상하는 약정이 체결된 경우, 최초 매도인은 인상된 매매대금이 지급되지 않았음을 이유로 최종 매수인 명의로의 소유권이전등기의무의 이행을 거절할 수 있다($\binom{대판\ 2005.4.29.}{2003다66431}$).

사안의 경우 X부동산에 관하여 A, B, C 3자간 중간생략등기의 합의가 있었다고 하더라도 A와 B 사이에 매매대금을 인상하는 약정이 체결된 경우에 B가 약정된 인상분의 매매대금을 A에게 지급하지 아니 하였다면 A는 이를 이유로 C 명의로의 소유권이전등기의무의 이행을 거절할 수 있다.

## 제3항  등기청구권(登記請求權)

### I. 의    의

등기청구권은 등기신청의 당사자 중 일방이 등기신청에 협조하지 않을 경우 타방당사자가 등기에 협조해 줄 것을 청구할 수 있는 실체법상의 권리를 말한다(이와는 달리 부동산등기신청권은 등기소, 즉 등기관에게 등기를 신청할 수 있는 공법상의 권리를 말한다). 등기신청은 원칙적으로 등기권리자와 등기의무자가 공동으로 해야 하기 때문에(부동법 제23조 제1항) 등기신청 당사자에게 인정되는 권리이다(상속 등 법률의 규정에 의한 물권변동의 경우에는 단독으로 등기신청할 수 있다). 등기청구권은 보통 등기권리자가 등기의무자를 상대로 한 등기협력청구권을 의미하지만 반대로 등기의무자가 등기권리자를 상대로 하는 등기인수청구권까지 포함한다(대판 2001.2.9, 2000다60708).

---

**사례 45** A는 그 소유의 토지 상에 건물을 신축하여 분양하기로 하고, 신축된 건물을 B에게 분양하는 계약을 체결하였다. 건물을 완공하여 A 앞으로 소유권보존등기를 마치고, B에게 소유권이전등기를 하려고 하였으나, 분양대금의 지급과 관련한 분쟁이 발생하여 A는 소유권이전등기 절차를 이행하고 B도 상환으로 대금지급의 판결이 확정되었으나 A도 B도 이행하지 않았다. 결국 등기를 신청하지 않고 있는데, 분양건물의 명의가 A로 되어 있는 탓에 제세공과금이 A에게 부과되자 A는 B가 분양건물의 소유권이전등기를 인수해 갈 것을 구하는 소를 제기하였다. A의 청구는 타당한가?

(대판 2001.2.9, 2000다60708 법리 참조)

**|해설 45|** A의 청구는 타당하다.

부동산등기법은 등기는 등기권리자와 등기의무자가 공동으로 신청해야 함을 원칙으로 하면서도, 판결에 의한 등기는 승소한 등기권리자 또는 등기의무자만으로 신청할 수 있도록 규정하고 있는 바(부동법 제23조 제4항), 위 법에서 승소한 등기권리자 외에 등기의무자도 단독으로 등기를 신청할 수 있게 한 것은, 통상의 채권채무 관계에서는 채권자가 수령을 지체하는 경우 채무자는 공탁 등에 의한 방법으로 채무부담에서 벗어날 수 있으나 등기에 관한 채권채무 관계에 있어서는 이러한 방법을 사용할 수 없으므로, 등기의무자가 자기 명의로 있어서는 안 될 등기가 자기 명의로 있음으로 인하여 사회생활상 또는 법상 불이익을 입을 우려가 있는 경우에는 소의 방법으로 등기권리자를 상대로 등기를 인수받아 갈 것을 구하고 그 판결을 받아 등기를 강제로 실현할 수 있도록 한 것이라고 한다.

## Ⅱ. 등기청구권의 발생원인과 그 법적 성질

1. 법률행위에 의한 물권변동의 경우
  (1) 학설의 태도
  (2) 판례의 태도
2. 실체관계와 등기가 불일치하는 경우
3. 취득시효에 의한 등기청구권
4. 기타의 경우
  (1) 부동산임차권등기청구권
  (2) 부동산환매권등기청구권
5. 등기청구권의 소멸시효 대상적격

### 1. 법률행위에 의한 물권변동의 경우

#### (1) 학설의 태도

부동산 매수인의 매도인에 대한 등기청구권의 발생근거와 그 법적 성질은 물권행위의 독자성 여부에 따라 다르게 판단된다. 물권행위의 독자성 긍정설은 등기청구권은 채권행위에서 발생한 채권적 청구권이라는 견해, 물권적 합의에서 발생하는 채권적 청구권이라는 견해, 물권적 합의에서 발생하는 물권적 청구권이라는 견해, 물권적 기대권의 효력으로 발생하는 물권적 청구권이라는 견해 등으로 나뉜다. 반면 물권행위의 독자성 부정설은 등기청구권을 채권행위에서 발생한 채권적 청구권으로 이해한다.

#### (2) 판례의 태도

판례는 매수인이 갖는 재산권이전청구권의 핵심인 등기청구권은 채권행위로부터 발생하는 채권적 청구권으로 이해하고 있으며, 10년의 소멸시효가 적용된다고 한다(대판(전) 1976.11.6. 76다148). 다만 부동산매수인이 목적물을 인도받아 현재 사용·수익하고 있는 경우, 또는 사용·수익 후 제3자에게 처분하고 점유를 승계해 준 경우에는 부동산 매수인의 등기청구권은 소멸시효에 걸리지 않는다고 본다(대판(전) 1999.3.18. 98다32175). 이와는 달리, 매수인이 아니라 점유취득시효완성자가 제3자에게 매도하고 점유를 이전했다면 시효완성자의 점유상실시부터 10년이 지나면 등기청구권은 소멸한다(대판(전) 1999.3.18. 98다32175).

> **사례 46** A는 그 소유의 X토지를 B에게 매도하기로 하고, 매매대금을 수령한 후 이를 B에게 인도하여 B가 사용·수익하고 있다. 그 후 10년의 기간이 경과되자, A는 B의 소유권이전등기청구권이 시효소멸되었음을 이유로 B를 상대로 X토지의 반환을 구하는 소송을 제기하였다. A의 청구는 타당한가?                                    (대판(전) 1976.11.6. 76다148 참조)
>
> **해설 46** A의 청구는 부당하다.
> 판례는 매수인의 등기청구권은 그 본질이 채권적 청구권이어서 소멸시효 제도의 일반 원칙에 따라 매매목적물을 인도받은 매수인의 등기청구권도 소멸시효에 걸리지만, 부동산의 매수인으로서

> 그 목적물을 인도받아서 이를 사용수익하고 있는 경우에는 시효제도의 존재이유에 비추어 보아 그 매수인을 권리 위에 잠자는 것으로 볼 수도 없고, 또 매도인의 명의로 등기가 남아있는 상태와 매수인이 인도받아 이를 사용수익하고 있는 상태를 비교하면 매도인 명의로 잔존하고 있는 등기를 보호하기보다는 매수인의 사용수익 상태를 더욱 보호할 필요가 있다고 보고 있다. 따라서 부동산을 매수한 자가 그 목적물을 인도받아 사용·수익하고 있는 경우에는 매수인의 등기청구권은 다른 채권과는 달리 소멸시효에 걸리지 않는다고 해석함이 타당하다고 본다.

## 2. 실체관계와 등기가 불일치하는 경우

A가 매매계약서 등을 위조하여 임의로 B 소유 부동산에 관하여 A 명의로 소유권이전등기를 한 경우와 같이 실체관계와 등기가 불일치하는 경우, B의 A에 대한 (말소)등기청구권은 진정한 권리자의 물권적 청구권(방해배제청구권)에 기초한 것이다($\binom{제214}{조}$). 물권행위의 유인성설의 입장에서 원인행위인 매매계약이 실효된 경우, 물권이 복귀하므로 이 경우도 실체관계와 등기가 불일치하는 경우라고 할 수 있다($\binom{대판\ 1991.3.12,}{90다카27570}$).

## 3. 취득시효에 의한 등기청구권

다수설과 판례는 취득시효 완성자의 등기청구권을 제245조 제1항(법률)에 기한 채권적 청구권으로 이해한다. 따라서 취득시효가 완성된 후라도 등기부상의 소유자가 그 부동산을 제3자에게 매도하고 이전등기까지 완료하였다면 그 제3자가 악의라도 시효완성자는 제3자에게 소유권을 주장하지 못한다($\binom{대판\ 1989.4.11,\ 88다}{카5843,88다카5850}$).

## 4. 기타의 경우

### (1) 부동산임차권등기청구권

부동산임차권의 등기청구권($\binom{제621조}{제1항}$)은 부동산임차인의 법적 지위를 강화하기 위한 특칙으로 위 규정(법률)에 기해 발생한 등기청구권이라는 견해와 법률행위에 의해 발생한 등기청구권이라는 견해가 있다. 그러나 모두 이를 채권적 청구권으로 이해하는 것에는 차이가 없다. 이에 대하여 판단한 판결례는 아직 없다.

### (2) 부동산환매권등기청구권($\binom{제592조,\ 부}{등법\ 제43조}$)

부동산을 매도하면서 환매권을 보류하는 내용을 당사자가 합의하고 그 내용을 등기하고자 할 때의 등기청구권은 일반적으로 약정에 의해 발생한 등기청구권으로 채권적 청구권이다.

### 5. 등기청구권의 소멸시효 대상적격

실체관계와 등기가 일치하지 않는 경우의 등기청구권은 물권적 청구권으로 본권과 별도로 소멸시효에 걸리지 않는다. 그 밖의 등기청구권은 채권적 청구권이므로 10년의 소멸시효가 적용된다($\binom{제162조}{제1항}$).

## 제4항 등기의 효력(登記의 效力)

Ⅰ. 본등기의 효력
  1. 권리변동적 효력
  2. 대항적 효력
  3. 순위확정의 효력
  4. 추정적 효력(등기의 추정력)
    (1) 의 의
    (2) 인정 근거
    (3) 추정의 범위
    (4) 추정의 효과
    (5) 추정의 복멸
  5. 공신력의 부정
Ⅱ. 가등기의 효력
  1. 본등기 전의 실체법상 효력
  2. 본등기 후의 효력: 본등기시 순위보전의 효력

## Ⅰ. 본등기의 효력

### 1. 권리변동적 효력

물권행위와 등기를 함으로써 물권변동이 발생한다($\frac{제186}{조}$). 등기는 등기신청, 접수, 등기의 완료의 순으로 진행되지만, 등기의 효력은 등기를 마친 경우 등기가 신청된 때 또는 등기가 완료한 때가 아니라 등기를 접수한 때부터 발생한다($\binom{부동법 제}{6조 제2항}$). 등기접수는 등기신청정보가 전산정보처리조직에 저장된 때를 말한다($\binom{부동법 제}{6조 제1항}$). 전산정보처리조직에 저장되어 접수된 신청정보에 등기관이 전산상 결제를 완료한 때에 등기가 완료된다.

### 2. 대항적 효력

부동산등기법상 물권변동에 관한 사항 이외의 제한물권, 환매권, 부동산임차권 등의 존속기간, 지료, 이자 등에 관한 내용을 등기한 경우, 이와 같은 내용은 당사자 이외의 제3자에 대하여 대항력이 발생하는데, 이를 대항적 효력이라 한다.

### 3. 순위확정의 효력

동일한 부동산에 수개의 권리가 경합하는 경우, 등기의 선후에 따라 권리의 순위를 결정하게 되는데 이를 순위확정의 효력이라 한다. 같은 구(區)의 등기 선후는 순위번호에 따르고, 다른 구(區)의 등기 선후는 접수번호에 따른다. 부기등기의 순위는 주등기의 순위에 따라 결정된다($\binom{\text{부등법 제}}{\text{4조, 제5조}}$).

### 4. 추정적 효력(등기의 추정력)

| | |
|---|---|
| (1) 의 의 | (4) 추정의 효과 |
| (2) 인정 근거 | (가) 추정의 기본적 효력 |
| (3) 추정의 범위 | (나) 추정의 부수적 효과 |
|   (가) 물적 범위 | (5) 추정의 복멸 |
|     1) 권리의 적법 추정(권리의 귀속 추정) | (가) 소유권이전등기의 추정력 복멸 |
|     2) 절차의 적법 추정 | (나) 소유권보존등기의 추정력 복멸 |
|     3) 등기기재사항의 적법 추정 | (다) 각종 특별조치법에 의한 등기의 추정력과 |
|     4) 등기원인의 적법 추정 |     그 복멸 |
|   (나) 인적 범위 | |

### (1) 의 의

등기의 추정력이란 어떤 등기가 있으면 등기내용대로 실체적 권리관계가 존재한다고 추정하는 등기의 효력을 말한다. 등기의 추정력은 등기가 유효인지 무효인지 관계없이 인정된다. 따라서 등기의 진실성을 부인하려는 자가 그에 대한 주장 및 증명책임을 부담하게 된다.

추정은 증명책임 완화를 위한 방법으로 A사실(=전제사실)로부터 증명의 주제인 B사실(또는 권리)을 추인하는 것을 말한다. 추정에는 사실상의 추정과 법률상의 추정이 있다. 사실상의 추정은 경험칙을 적용하여 B를 추인하되, 반증에 의하여 법관으로 하여금 요증사실의 존재에 대한 의문을 품게 함으로써 추정력이 번복될 수 있다. 이에 대하여 법률상의 추정은 추정규정(법규화된 경험칙)을 적용하여 B를 추인하면 법관으로 하여금 반대사실의 존재에 대한 확신을 갖게 하는 본증(반대사실의 증명)에 의하여 추정력이 번복된다. 법률상의 추정은 다시 추정되는 바가 권리인지 사실인지 여부에 따라 법률상의 '권리'추정($\binom{\text{제200}}{\text{조 등}}$)과 법률상의 '사실'추정($\binom{\text{제198}}{\text{조 등}}$)으로 나뉜다.

다수설과 판례는 등기의 추정력을 사실상의 추정이 아니라 법률상의 권리추정으로 이해한다.

### (2) 인정 근거

우리 민법은 점유의 추정력은 인정하나($\binom{\text{제200}}{\text{조}}$), 등기의 추정력을 인정하는 명문규정이 없다. 그러나 학설과 판례는 모두 이를 인정한다($\binom{\text{대판 1983.11.22, 83}}{\text{다카894 등 다수 판결}}$). 그 인정근거에 대해 학설은 등기는 절차상 엄격한 요건을 갖추어 행해지므로 실체관계와 부합할 개연성이 크다는 개연성설과 등기가 부동산물권의 취득요건이므로 물권변동을 부정하는 자가 그 무효사유를 적극적으로 증명하도록 함이 타당하다는 요건설로 나뉜다. 생각건대 점유의 추정력($\frac{제200}{조}$)과의 균형, 등기는 진실한 권리관계와 부합할 높은 개연성 등이 등기의 추정력을 인정하는 근거가 될 것이다.

등기의 추정력이 인정될 수 없는 미등기부동산을 점유하고 있는 경우에 점유의 추정력($\frac{제200}{조}$)이 그 부동산에 적용될 것인지에 대해 판례는 부정하고 있다($\frac{대판\ 1982.4.}{13,\ 81다780}$). 부동산에 대해서는 등기의 추정력만이 인정될 수 있음을 근거로 한다. 학설은 긍정설과 부정설로 나뉜다.

### (3) 추정의 범위

### (가) 물적 범위

#### 1) 권리의 적법 추정(권리의 귀속 추정)

등기의 추정력에 의해 법률상의 권리 추정이 이루어지기 때문에 현재의 권리상태가 적법한 것으로 추정되어 부동산물권의 등기명의인에게 권리가 적법하게 귀속한 것으로 추정한다($\frac{대판}{1992.}$ $\frac{10.27,\ 92}{다30047}$).

#### 2) 절차의 적법 추정

등기가 있으면 그 등기절차 및 그 전제조건의 적법도 추정된다. 예컨대 대리인을 통한 소유권이전등기가 있는 경우, 적법한 대리권의 존재도 추정된다. 따라서 전등기명의인이 아닌 제3자의 처분행위가 개입된 경우 현등기명의인이 그 제3자가 전등기명의인의 대리인이라고 주장하면 전등기명의인이 제3자에게 대리권 없음을 증명해야 한다($\frac{대판\ 1993.10.}{12,\ 93다18914}$). 이와는 달리 통상의 경우 대리권의 존부는 대리행위의 효과를 주장하려는 자(많은 경우에는 상대방)에게 있다.

---

**사례 47** X부동산의 소유자인 미성년자 A는 아버지 B에게 X부동산에 관하여 증여를 원인으로 한 소유권이전등기를 마쳤다. 그런데 A는 B 명의의 소유권이전등기는 그 원인서면인 증여계약서에 특별대리인 표시가 되어 있지 않으므로, 원인무효의 등기임을 이유로 소유권이전등기의 말소를 구하는 소송을 제기하였다. 이에 대해 1심 법원은 B가 특별대리인에 의한 증여계약임을 증명하지 않는 이상 B의 명의의 소유권이전등기는 무효라고 판단하였다. 1심 법원의 판단은 타당한가?

(대판 2002.2.5, 2001다72029 참조)

**해설 47** 1심 법원의 판단은 부당하다.

어느 부동산에 관하여 등기가 경료되어 있는 경우 특별한 사정이 없는 한 그 원인과 절차에 있어서 적법하게 경료된 것으로 추정되므로, 전등기명의인인 A가 미성년자이고 X부동산을 친권자인 B에게 증여하는 행위가 이해상반행위라 하더라도 일단 이전등기가 경료되어 있고 특별한 사정이 없는 한, 그 이전등기에 관하여 특별대리인의 선임 등 필요한 절차를 적법하게 거친 것으로 추정된다. 따라서, A가 특별대리인이 선임되지 않았음을 증명해야 한다.

> **사례 48** A는 C의 B에 대한 채무의 담보로 B에게 채권최고액 1억 5천만 원의 근저당권을 설정
> 해 주었다. A는 B 명의의 근저당권설정등기는 채무자 C가 A의 대리인이 아님에도 불구하고 대리
> 인으로 근저당권설정계약에 기한 것임을 이유로 근저당권설정등기는 원인무효의 등기로 그 말소
> 를 구하는 소송을 제기하였다. 이 경우 C의 대리권 유무에 대해서는 누가 증명해야 하는가?
>
> (대판 1993.10.12, 93다18914 참조)
>
> **해설 48** A가 증명책임을 진다.
> 　전등기명의인의 직접적인 처분행위에 의한 것이 아니라 제3자가 그 처분행위에 개입된 경우 현
> 등기명의인이 그 제3자가 전등기명의인의 대리인이라고 주장하더라도 현등기명의인의 등기가
> 적법하게 이루어진 것으로 추정된다. 따라서 등기가 원인무효임을 이유로 말소를 청구하는 전등
> 기명의인 A로서는 그 반대사실, 즉 C에게 전등기명의인 A를 대리할 권한이 없었다든지, 또는
> C가 A의 등기서류를 위조하였다는 등의 무효사실을 증명해야 한다.

### 3) 등기기재사항의 적법 추정

등기부에 전세금 또는 임차보증금 등이 기재되어 있는 경우 그 적법이 추정된다. 예컨대 환매기간을 제한하는 환매특약이 등기부에 기재되어 있는 경우, 반증이 없는 한 등기부 기재와 같은 환매특약이 진정하게 성립한 것으로 추정된다$\binom{대판\ 1991.10.}{11,\ 91다13700}$. 담보물권의 등기가 존재하는 경우, 담보물권의 존재뿐만 아니라 그 피담보채권의 존재도 추정된다. 그러나 채권최고액만 기재하는 근저당권의 경우 근저당권 성립 당시 피담보채권을 성립시키는 법률행위가 있었는지에 대한 증명책임은 그 존재를 주장하는 자가 부담한다고 한다$\binom{대판\ 2009.12.24,\ 2009다72070;\ 대}{판\ 2011.4.28,\ 2010다107408\ 참조}$.

### 4) 등기원인의 적법 추정

등기의 추정력은 등기원인의 적법에도 미친다. 따라서 등기의 원인인 물권변동이 있었던 것으로 추정된다$\binom{대판\ 1992.10.}{27,\ 92다30047}$. 나아가 등기명의인이 등기원인을 다소 달리 주장했더라도 그와 같은 주장사실만으로는 기존등기의 추정력이 복멸되지 않고 유지된다$\binom{대판\ 1994.9.}{13,\ 94다10160}$. 따라서 이를 다투는 측에서 등기명의자의 소유권이전등기가 전등기명의인의 의사에 반하여 이루어진 것으로서 무효라는 점을 주장·증명을 해야 한다.

### (나) 인적 범위

1) 등기의 추정력은 등기명의인뿐만 아니라 제3자도 원용할 수 있다. 예컨대 A로부터 적법하게 부동산을 임차한 B는 A에게 매도한 매매계약을 취소한 C의 부동산인도청구에 대해 A 명의의 소유권이전등기의 추정력을 원용하여 부동산인도청구를 거절할 수 있다. 또한 등기의 추정력은 등기명의인의 이익을 위해서뿐만 아니라 불이익을 위해서도 인정된다.

2) 소유권이전등기의 추정력은 권리변동의 당사자에게도 인정되는지에 대해서 판례는 이를 긍정한다. 즉 전등기명의인이 현등기명의인을 상대로 소유권이전등기의 말소청구를 한 경우, 현등기명의인이 소유권이전등기의 추정력을 원용할 수 있다. 따라서 소유권이전등기의 추정력

을 전제로 전등기명의인이 등기원인의 부존재 등을 주장 및 증명할 책임이 있다(대판 1994.9.13, 94다10160; 대판 2013.1.10, 2010다75044,75051 등 다수). 그러나 등기명의자 또는 제3자가 전등기명의인의 등기 관련 서류를 위조하여 소유권이전등기를 완료했음이 증명되었으면 특별한 사정이 없는 한 무효원인의 사실이 증명된 것으로 보고, 등기가 실체적 권리관계에 부합한다는 사실의 증명책임은 이를 주장하는 등기명의인에게 있다(대판 2014.3.13, 2009다105215).

학설은 권리변동의 당사자에게는 등기의 추정력이 인정되지 않음을 전제로 현등기명의인이 등기원인의 존재를 주장 및 증명할 책임이 있다는 부정설과 판례와 같이 등기의 추정력을 긍정하는 긍정설이 대립한다.

---

**사례 49** 등기부상 A가 B에게 X토지에 관하여 2005.1.25. 증여를 원인으로 한 소유권이전등기를 마친 것으로 기재되어 있다. 이에 대해 A는 B에게 X토지를 명의신탁한 것임을 주장하지만, 이를 뒷받침할 증거가 없는 경우에도 소유권이전등기에 있어서 등기원인의 추정이 전 소유자인 A에게도 미치는가? (대판 2013.1.10, 2010다75044,75051 참조)

**해설 49** 소유권이전등기의 추정력은 종전 소유자인 A에게도 미친다.
부동산에 관하여 소유권이전등기가 마쳐져 있는 경우, 그 등기명의자는 제3자에 대하여서뿐만 아니라 그 전의 소유자에 대하여도 적법한 등기원인에 의하여 소유권을 취득한 것으로 추정되므로, 이를 다투는 측에서 그 무효사유를 주장·증명해야 한다(대판 2011.11.10, 2010다75648 등 참조). 이 사안에서 A가 B에게 X토지를 명의신탁하였다고 인정할 만한 증거가 없는 이상 A가 B에게 X토지를 증여한 것으로 추정된다.

---

### (4) 추정의 효과

#### (가) 추정의 기본적 효력

등기의 추정력이 인정되면, 등기된 권리가 존재하는 것으로 추정된다(법률상 권리추정). 양립할 수 없는 사실을 주장하는 자는 그 사실에 대한 반대증거(본증)를 제출해야 한다.

#### (나) 추정의 부수적 효과

등기내용을 신뢰한 자에 대해서는 등기내용이 사실과 다르더라도 이를 믿은 것에 대하여 과실이 있다고 할 수 없다(대판 1998.2.24, 96다8888). 예컨대 A가 B를 상대로 소유권이전등기의 말소등기절차 이행청구소송을 제기하여 승소판결이 확정되었으나 아직 말소등기가 되지 않은 상태에서, 중개인 등으로부터 B 소유의 등기에 아무런 하자가 없다는 잘못된 설명을 듣고 C가 B로부터 부동산을 매수하여 이전등기하고 점유하고 있다면 C는 B를 진정한 소유자로 믿은 데 과실이 있다고 할 수 없어 C의 등기부취득시효가 인정될 수 있다(대판 1992.1.21, 91다36918). 그러나 매수인이 매도인에게 부동산 처분권한이 있는지를 확인해야 함이 원칙이고, 이를 알아보았다면 무권리자임을 알 수 있었다면 매도인이 처분권한이 없음을 모른 것에 과실이 인정될 수는 있다(대판 1994.6.28, 94다7829).

**사례 50** X토지를 A가 소유하던 중 그의 사망으로 B가 이를 상속취득하였다. 그런데 C가 권원 없이 X토지에 관하여 그 명의로 소유권보존등기를 경료한 다음, D에게 매매를 원인으로 소유권 이전등기를 마쳤다. E는 위 D로부터 X토지를 매수한 후 매매를 원인으로 하는 소유권이전등기를 마치고 점유를 개시한 이후 10년의 시간이 경과하였다. 그리고 B가 E를 상대로 원인무효의 등기에 기한 소유권이전등기의 말소를 구하는 소송을 제기하자, E는 등기부취득시효의 완성을 주장한다. E는 선의, 무과실로 점유를 개시한 것인가? (대판 1994.6.28, 94다7829 참조)

**|해설 50|** E는 선의, 무과실로 점유를 개시한 것이다.

부동산을 매수하는 사람은 매도인에게 그 부동산을 처분할 권한이 있는지 여부를 알아 보아야 하는 것이 원칙이고, 이를 알아보았다면 무권리자임을 알 수 있었을 때에는 과실이 있다고 보아야 한다. 그러나 매도인이 등기부상의 소유명의자와 동일인인 경우에는 그 등기부나 다른 사정에 의하여 매도인의 소유권을 의심할 수 있는 여지가 엿보인다면 몰라도 그렇지 않은 경우에는 등기부의 기재가 유효한 것으로 믿고 매수한 사람에게 과실이 있다고 말할 수는 없다(대판 1992. 6.23, 91다38266; 대판 1992.2. 14,91다172 각 참조). 이 사안에서 E가 등기부상의 소유명의자인 D로부터 X토지를 매수하였다면, 등기부나 다른 사정에 의하여 D의 소유권을 의심할 만한 특별한 사정이 없는 한 E에게 과실이 없다고 보아야 한다.

## (5) 추정의 복멸

### (가) 소유권이전등기의 추정력 복멸

1) 전소유자가 사망하였음에도 그의 명의로 등기신청을 하여 소유권이전등기가 완료된 경우에는 원인무효의 등기이므로 등기의 추정력은 번복된다. 따라서 망인 명의로 신청되어 완료된 등기가 유효로 인정되려면 그 등기의 유효를 주장하는 자가 ⅰ) 등기원인이 이미 존재하고 있으나 아직 등기신청을 하지 않고 있는 동안에 등기의무자에 대하여 상속이 개시된 경우에 피상속인이 살아 있다면 그가 신청하였을 등기를 상속인이 신청한 경우 또는 ⅱ) 등기신청 후 등기공무원이 이를 접수하기 전에[4] 본인이나 그 대리인이 사망한 경우와 같은 특별한 사정이 있었다는 점을 주장·증명해야 한다(대판 2004.9.3. 2003다3157). 즉 등기신청, 등기접수 또는 등기실행 전에 망인에 의한 등기원인이 유효하게 존재한다는 점을 주장·증명해야 한다.

또한 전 소유명의자가 허무인임이 증명된 경우에도 역시 추정력이 번복된다.

2) 등기절차가 적법하게 진행되지 않은 것으로 볼 만한 의심스러운 사정이 증명된 경우(대판 2003. 2.28, 2002다46256), 등기의 기재 자체에 의해 부실등기임이 명백한 경우 소유권이전등기의 추정력은 복멸된다.

---

4) 해당 판결에서는 '등기신청을 동기공무원이 접수한 후 등기를 완료하기 전에'로 서술되어 있다. 그러나 등기전산화가 된 현행 부동산등기법상 등기가 접수되면 후에 등기를 마친 경우에도 등기접수시부터 등기의 효력이 발생하므로 '접수후 등기완료' 사이의 시간적 간극은 더 이상 의미가 없다(부등법 제6조 참조).

> **사례 51** 등기부상 소유자인 A가 2014.1.10. B에게 X부동산을 매도하면서 같은 날 A는 소유권이전등기에 필요한 제반서류를 B에게 넘겨주었다. 그리고 2014.2.15.자로 B 명의로 소유권이전등기가 되어 있다. 그런데 등기원인은 같은 해 1.10.에 체결된 매매계약을 이유로 하고 있다. 이를 확인한 A의 유일한 상속인인 C는 B 명의의 등기가 있기 전인 2014.1.26. A가 이미 사망했음을 이유로 B 명의의 등기에는 추정력이 인정되지 않는다고 주장한다. B 명의의 소유권이전등기의 추정력은 인정되는가?  (대판 2004.9.3, 2003다3157 참조)
>
> **│해설 51│** B 명의의 소유권이전등기의 추정력이 인정되지 않는다.
>
> 전 소유자가 사망한 이후에 그 명의로 신청되어 경료된 소유권이전등기는, 그 등기원인이 이미 존재하고 있으나 아직 등기신청을 하지 않고 있는 동안에 등기의무자에 대하여 상속이 개시된 경우에 피상속인이 살아 있다면 그가 신청하였을 등기를 상속인이 신청한 경우 또는 등기신청후 등기공무원이 접수하기 전에(위 판결원문에는 구 부동산등기법이 적용될 때였으므로 '등기신청을 등기공무원이 접수한 후 등기를 완료하기 전에'로 표현되었음) 본인이나 그 대리인이 사망한 경우와 같은 특별한 사정이 인정되는 경우를 제외하고는, 원인무효의 등기라고 볼 것이어서 그 등기의 추정력을 인정할 여지가 없다.

### (나) 소유권보존등기의 추정력 복멸

소유권보존등기는 등기명의인의 소유권 보존사실을 추정하는 데 그치고, 그에 이르게 된 권리변동사실을 추정하지는 않는다. 토지사정인이 따로 있다는 사실을 증명하여 등기명의인이 원시취득자가 아님이 증명되었다면, 소유권보존등기의 추정력은 번복된다(대판 2016.12.29, 2014다67782 등 다수). 따라서 등기명의인은 자신이 소유권을 적법하게 취득한 사실을 증명해야 한다(대판 1996.7. 30, 95다30734).

> **사례 52** A는 그 소유의 토지위에 건물을 신축하기로 하면서 편의상 건축허가서상의 건축주 명의를 B 앞으로 하였다. 그런데 B는 자신의 채권자 C에 대한 채무변제에 갈음하여 건물의 건축주 명의를 C 앞으로 변경하였다. 그 후 건물이 완공되어 건축물관리대장이 편제되자 이를 이용하여 C 명의로 소유권보존등기가 경료되었다. 이를 알게 된 A는 C를 상대로 소유권보존등기의 말소를 구하는 소송을 제기하였다. 위 사실관계에 비추어 C 명의의 소유권보존등기의 추정력은 복멸된 것인가?  (대판 1996.7.30, 95다30734 참조)
>
> **│해설 52│** C 명의의 보존등기의 추정력은 복멸되었다.
>
> 신축된 건물의 소유권은 이를 건축한 사람이 원시취득하는 것이므로, 건물 소유권보존등기의 명의자인 C가 이를 신축한 것이 아니라면 C 명의의 보존등기는 권리 추정력이 깨어지고, 등기명의자인 C가 스스로 적법하게 그 소유권을 취득한 사실을 증명해야 한다.

### (다) 각종 특별조치법에 의한 등기의 추정력과 그 복멸

특별조치법[5)]에 의한 소유권보존등기는 부동산등기법상 소유권보존등기와 달리 사정(査定)을

---

5) 이 판결에서는 2008년 폐지된 '임야소유권 이전등기에 관한 특별조치법'를 말한다.

받은 사람이 보존등기명의인이 아님이 증명되더라도 그 등기는 특별조치법 소정의 적법한 절차에 따라 마쳐진 것으로서 실체적 권리관계에 부합하는 등기로 추정된다(대판(전) 1987.10. 13. 86다카2928). 특별조치법에 의한 등기의 추정력을 번복하기 위해서는 등기절차상 필요한 보증서 또는 확인서가 허위 또는 위조된 사실 또는 그 밖의 사유(예컨대 특별조치법 시행 이후의 등기원인일자)로 적법하게 등기된 것이 아니라는 사실을 증명해야 한다(대판 2004.4.9. 2003다27733). 허위의 보증서나 확인서란 권리변동의 원인에 관한 실체적 기재 내용이 진실에 부합하지 않는 보증서나 확인서를 말하는데(대판 2011.2.24. 2010다88477), 등기의 추정력을 번복하기 위한 증명의 정도로 등기의 기초가 된 보증서나 확인서의 실체적 기재 내용이 진실이 아님을 의심할 만큼 증명되어야 하며, 보증서 등의 허위성의 증명 정도가 법관이 확신할 정도가 되어야만 하는 것은 아니다(대판 2004.3.26. 2003다60549). 상대방이 등기의 기초가 된 보증서의 실체적 기재내용이 허위임을 자인하거나 실체적 기재내용이 진실이 아님을 의심할 만큼 증명이 된 때에는 등기의 추정력은 번복된다(대판 1994.10. 21. 93다12176). 그러나 특별조치법에 따라 등기를 마친 자가 보증서나 확인서에 기재된 취득원인이 사실과 다른 취득원인에 따라 권리를 취득하였음을 주장하는 때에도 특별한 사정이 없는 한 위의 사유만으로 특별조치법에 따라 마쳐진 등기의 추정력이 번복되는 것은 아니고(대판 2006.2.23. 2004다29835), 그 밖의 자료에 의하여 새로이 주장된 취득원인 사실에 관하여도 진실이 아님을 의심할 만큼 증명되어야 등기의 추정력이 번복된다.

### 5. 공신력의 부정

동산의 점유에는 공신력이 부여되어 선의취득을 인정하고 있는 반면, 부동산의 등기에는 공신력이 인정되지 않는다. 이는 부동산거래에서 거래의 안전보다 진정한 권리자의 보호를 우선시키려는 입법자의 결단에 따른 것이다.

## II. 가등기의 효력

### 1. 본등기 전의 실체법상 효력

본등기 전 가등기만으로도 처분금지효와 같은 실체법상의 효력이 인정되는지와 관련하여 긍정설과 부정설(통설)이 나뉘지만, 판례는 부정설의 입장에 서 있다. 가등기권자가 본등기를 명하는 확정판결을 받았더라도 가등기상태에서는 무효인 다른 중복등기의 말소청구를 할 수 없다(대판 2001.3.23. 2000다51285). 또한 가등기의 권리추정력도 인정되지 않고(대판 1979.5. 22. 79다239) 가등기의 구체적인 등기원인이 존재하는 것으로 추정할 수도 없다(대판 2018.11.29. 2018다200730). 그러나 가등기가 불법말소된 경우 가등기권자는 가등기의 말소회복청구를 할 수 있다.

**사례 53** A는 그 소유의 X건물에 대해 2013.1.5. 소유권보존등기를 마친 다음, B에게 매도하고 매매계약에 따른 소유권이전등기청구권을 보전하기 위한 가등기를 경료해 주었다. 그 후 A는 2014.11.22. X건물에 관하여 다시 소유권보존등기를 한 다음, C에게 소유권이전등기를 마쳤다. B는 A를 상대로 매매계약에 따른 소유권이전등기청구를 구하는 소송을 제기하여 승소확정판결을 받았다. 아직 가등기에 의한 본등기 전에 B는 C를 상대로 C의 소유권이전등기는 중복등기로서 무효인 A 명의의 소유권보존등기에 기한 것으로서 무효임을 이유로 그 말소를 구하는 소송을 제기하였다. B의 C에 대한 청구는 타당한가? (대판 2001.3.23. 2000다51285 참조)

**해설 53** B의 청구는 타당하지 않다.

가등기는 부동산등기법 제91조 제2항의 규정에 의하여 그 본등기시에 본등기의 순위를 가등기의 순위에 의하도록 하는 순위보전적 효력만이 있을 뿐이고, 가등기만으로는 아무런 실체법상 효력을 갖지 아니하고 그 본등기를 명하는 판결이 확정된 경우라도 본등기를 경료하기까지는 마찬가지다. 따라서 C 명의 등기의 기초가 된 A 명의의 중복된 소유권보존등기가 무효이더라도 가등기권리자는 그 말소를 청구할 권리가 없고 따라서 C의 이전등기의 말소도 구할 수 없다.

---

**사례 54** X토지에 관하여 1992.6.8. A 앞으로 소유권이전등기가 마쳐진 후인 같은 해 7.9. B 앞으로 경정등기가 이루어지고, B의 사망으로 그의 상속인 C 앞으로 소유권이전등기가 마쳐졌다. D는 A의 상속인으로서 X토지의 소유자라는 지위에서 C의 피상속인 B 앞으로 마쳐진 위 소유권이전등기의 경정등기가 무효라고 주장하며 경정등기의 말소와, 위 경정등기에 터 잡아 C 앞으로 마쳐진 소유권이전등기의 말소 등을 청구한다. D는 위 각 등기의 말소를 구하는 권원으로 ① A 명의의 소유권이전등기의 추정력을, ② 위 등기의 추정력이 인정되지 않더라도 위 소유권이전등기는 가등기에 기한 것으로 매수인 A와 매도인 E 사이에 X토지의 소유권이전과 관련한 가등기 원인이 존재한다고 추정되므로, A 명의의 소유권이전등기는 실체관계에 부합하는 등기로 유효하다고 주장한다. 이에 C는 경정등기가 무효라고 하더라도 ① A 명의의 소유권이전등기가 그 명의자인 A의 사망일인 1991.2.11. 이후 1992.6.8. 이루어졌으므로, 등기의 추정력이 인정되지 않으며, ② 가등기에는 그 등기원인에 해당하는 법률관계에 대한 추정력이 인정되지 않는다고 주장한다. C의 위 주장은 타당한가? (대판 2018.11.29. 2018다200730 참조)

**해설 54** C의 주장은 타당하다.

1. A 명의의 소유권이전등기의 추정력

사망자 명의로 신청하여 이루어진 이전등기는 일단 원인무효의 등기라고 볼 것이어서 등기의 추정력을 인정할 여지가 없으므로, 그 등기의 유효를 주장하는 자가 현재의 실체관계와 부합함을 증명할 책임이 있다.

사안의 경우 A 명의의 소유권이전등기가 그 명의자인 A의 사망일인 1991.2.11. 이후 1992.6.8. 행하여진 사실을 인정할 수 있는 이상 A 명의의 소유권이전등기 자체만으로는 등기의 추정력을 인정할 수 없다.

2. 가등기의 추정력과 그에 기한 실체관계에 부합하는 등기

대법원은 가등기의 구체적인 등기원인이 존재하는 것으로 추정할 수 없다고 판단한 바 있다(대

판 1963.4.18, 63다114, 대판 1979.5.22, 79다239, 대판 1992.2.11, 91다36932 등 참조).
사안의 경우에도 가등기의 추정력이 인정되지 않는 이상, A 명의의 가등기도 그 등기원인에 해
당하는 특정의 법률관계가 존재한다고 추정할 수 없고, 결국 위 추정되는 특정의 법률관계를 전
제로 하는 실체관계에 부합하는 소유권이전등기임을 인정할 수 없다.

### 2. 본등기 후의 효력: 본등기시 순위보전의 효력

가등기에 기해 본등기가 완료되면, 본등기의 순위는 가등기의 순위에 의한다(부동법
제91조). 이러한
가등기의 순위보전 효력은 가등기와 본등기 사이에 중간처분의 다른 등기가 완료된 경우, 본등
기로 인해 가등기에 의해 순위가 보전된 권리와 양립할 수 없는 중간처분의 다른 등기는 무효
가 되고, 양립이 가능한 중간처분의 다른 등기(예컨대 저당권등기)는 본등기보다 후순위가 된다
(대판 1982.6.22,
81다1298,1299). 그러나 물권변동의 시기는 가등기시점으로 소급하지 않고 본등기시점임을 주의
해야 한다(대판 1992.9.
25, 92다21258).

# 제4관  부동산 물권변동

## 제1항  법률행위(法律行爲)에 의한 부동산물권의 변동

## Ⅰ. 원    칙

제186조에서 부동산물권의 변동을 위해서는 법률행위(물권행위)와 등기를 필요로 한다는 형
식주의의 원칙을 선언하고 있다. 일반적으로 목적부동산의 인도는 부동산물권변동의 요소가 아
니다. 예컨대 부동산 매매계약에서 매도인은 재산권이전의무(제563
조)로 매수인에게 이전등기와 점
유이전을 해주어야 하지만, 점유이전이 없더라도 물권적 합의와 등기만으로 물권변동이 일어

난다.

다수설은 제186조의 '법률행위'는 물권행위를 의미하는 것으로 이해한다. 또한 각각의 법률행위에 허가, 신고, 증명 등이 요구되는 경우에는 이를 갖추어야 그 법률행위가 유효하다. 제186조는 점유권과 유치권을 제외한 민법상의 부동산 물권(소유권, 지상권, 지역권, 전세권, 저당권)에 적용된다. 권리질권은 부동산물권은 아니지만 저당채권에 대한 질권의 경우 등기능력이 인정된다(부동법 제3조). 제186조가 적용되어야 하는 경우 등기가 있어야 물권변동의 효력이 발생하나, 제187조가 적용되면 등기 없이도 효력이 발생한다는 점에서 주어진 사실관계를 정확히 파악하여 적용되어야 할 법조문을 결정해야 한다.

## II. 제186조의 적용범위

부동산물권의 변동에서 등기를 요하는 제186조의 적용 여부가 문제되는 경우는 다음과 같다.

### 1. 재단법인 설립시 출연부동산의 귀속

제48조를 고려해 볼 때 재단법인성립시 또는 유언효력발생시 이전등기 없이 부동산소유권이 법인에게 귀속되는 것인지, 법인설립등기 후에 출연자가 제3자에게 이중양도하고 제3자가 등기한 경우 소유권은 법인과 제3자 중에서 누구에게 있는지, 상속인이 출연부동산을 제3자에게 처분하고 제3자에게 이전등기까지 완료한 경우 누가 소유권자인지가 주로 문제된다.

#### (1) 학설의 입장

학설은 재단법인의 설립행위에 의한 부동산물권의 이전은 법률행위에 의한 것이므로 제186조가 적용되어야 하고, 재단법인 명의의 소유권이전등기가 완료된 때에 제186조에 따라 소유권이 이전되어야 한다는 이전등기시설과 제48조는 제187조의 "기타 법률의 규정"으로 이해하여 등기 없이 제48조의 원인사실(법인의 성립 또는 유언의 효력발생)이 발생한 때 소유권이 귀속하는 것으로 보는 법인설립시설로 나뉜다.

#### (2) 판례의 입장

판례는 대내관계와 대외관계를 구별하여 제48조를 재단법인 성립시 재산출연자와 법인과의 관계에서 출연재산의 귀속을 정한 규정으로 이해하여 출연자와 법인 사이(대내적 관계)에서는 법인설립시설에 의하나, 제3자에 대한 대항을 위해서는(대외적 관계) 제186조에 의해 등기를 해야 한다고 본다(대판 1993.9. 14, 93다8054). 민법이 물권변동에 대하여 성립요건주의를 취하는 원칙에 반하여 판례가 대항요건주의를 취하는 것은 부당하다는 비판이 있다.

> **사례 55** A는 그 소유의 X부동산을 출연하여 B재단법인을 설립하였다. 그 후 A가 B재단법인에 X부동산을 소유권이전등기를 해주기 전에 사망하자, A의 유일한 상속인 C는 X부동산을 상속받아 이를 D에게 매도하고, D 앞으로 소유권이전등기를 마쳤다. B재단법인은 X부동산은 제48조에 의해 재단법인의 설립시 소유권이전등기 없이 소유권을 취득하였으므로, D 명의의 소유권이전등기는 무효임을 이유로 그 말소를 구하는 소송을 제기하였다. B의 청구는 타당한가?
>
> (대판 1993.9.14, 93다8054 참조)
>
> **│해설 55│** B의 청구는 타당하지 않다.
> 판례는 제48조는 재단법인 성립에 있어서 재산출연자와 법인과의 관계에 있어서의 출연재산의 귀속에 관한 규정이고, 이 규정은 그 기능에 있어서 출연재산의 귀속에 관하여 출연자와 법인과의 관계를 상대적으로 결정함에 있어서의 기준이 되는 것에 불과하여, 출연재산이 부동산인 경우에도 위 양 당사자 간의 관계에 있어서는 위 요건(법인의 성립) 외에 등기를 필요로 하는 것이 아니나, 제3자에 대한 관계에 있어서는 출연행위가 법률행위이므로 출연재산의 법인에의 귀속에는 부동산의 권리에 관해서는 법인성립 외에 등기를 필요로 한다고 한다.

## 2. 원인행위의 실효에 의한 물권의 복귀

부동산 소유자 A가 B와 사이에 매매계약 등의 원인행위에 기해 물권행위와 등기를 완료하여 부동산소유권을 B에게 이전한 다음, 그 원인행위가 무효, 취소, 해제, 해지 등으로 실효된 경우, 부동산소유권이 A에게 복귀하기 위해서는 제186조에 의해 말소등기가 필요한지를 둘러싼 논의가 있다.

### (1) 원인행위의 무효, 취소로 인한 실효

물권행위의 유인성설(판례의 견해)에 따르면 원인행위가 무효 또는 취소로 실효된 경우, 물권행위도 실효되므로 원인행위의 이행으로 이전된 물권은 등기가 없어도 법률상 당연히 종전의 물권자에게 복귀한다. 따라서 원인행위의 실효에 따른 물권의 복귀를 위해서는 제186조의 등기가 요구되지 않는다. 다만 원인행위가 무효인 경우 무효임을 몰랐던 선의의 제3자에게(제107조 제2항, 제108조 제2항), 원인행위가 취소할 수 있는 행위인 경우 취소될 수 있음을 몰랐던 선의의 제3자에게(제109조 제2항, 제110조 제3항) 대항하지 못한다. 판례는 제3자의 범위를 확대하여 취소된 후에 물권을 취득했는데 말소등기가 되기 전까지 취소되었음을 몰랐던 제3자까지 보호한다.

### (2) 원인행위의 해제, 해지에 의한 실효

계약해제의 효과에 관한 학설 중에서 물권적 효과설(판례)에 따르면 채권계약이 해제되었다면 물권행위도 실효되어 별도의 말소등기 없이도 소유권이 종전 소유자에게 복귀된다. 이는 물권행위의 유인설을 기초로 한다. 다만 해제되기 전에 이미 권리를 취득한 제3자를 해치지 못하는데$\left(\substack{\text{제548조 제}\\\text{1항 단서}}\right)$, 판례는 이를 확대하여 해제된 후라도 말소등기가 되기 전까지는 해제된 사실을 모르고 권리를 취득한 제3자도 보호되는 것으로 하여 거래안전의 보호를 강조한다. 이에 반해 원인행위의 실효에도 물권행위는 여전히 유효하다고 보는 물권행위의 무인성설에 따르면 이전된 물권이 당연 복귀되는 것은 아니다. 따라서 원인행위의 실효에 따른 물권의 복귀는 제186조의 적용대상이 된다.

한편 청산관계설은 채권계약이 해제되어도 그 효력이 소급하여 발생하지 아니하므로 물권은 당연복귀가 되지 않는 점에서 물권행위의 무인성설과 동일한 결론에 이른다.

---

**사례 56** A가 그 소유의 기계(동산)를 B에게 양도하기로 하고 이를 인도하였다. 그 후 B는 이를 다시 C에게 양도하였다. 그런데 B가 기계의 양도대금을 지급하지 아니하여 A는 채무불이행을 이유로 기계양도계약을 해제하였다. 이에 따라 A는 기계의 소유권에 기해 C를 상대로 기계의 반환을 구하는 소송을 제기하였다. 이에 대해 C는 위 양도계약의 해제는 A와 B 사이에서 원상회복의무 등 채권적 효과를 발생할 뿐 자신에게는 미치지 않는다고 주장한다. 판례에 의할 때 C가 하는 주장의 논거는 타당한가? (대판 1977.5.24, 75다1394 참조)

**해설 56** C가 하는 주장의 논거는 타당하지 않다.

물권적 효과설을 취하는 판례에 따르면 C의 주장은 타당하지 않다. 다만 제548조 제1항 단서에 의하여 C는 소유권을 보유·유지할 수 있다. 물권적 효과설을 취하면 이행행위로 등기나 인도로 물권변동이 발생했더라도 채권계약이 해제되면 이전된 물권은 당연히 복귀하는 것으로 보기 때문이다. 물권적 효과설에 따르면 제548조 제1항 본문이 적용되는 경우 소유권은 매도인에게 회복된다. 다만 단서규정에 의하여 해제 전에 소유권을 취득한 C의 권리가 보호된다.

결국 AB간의 매매계약의 해제는 C에게 미치지 않는다는 C 주장의 결론은 타당하지만, 그 근거가 타당하지 않다. 판례의 견해(물권적 효과설)에 따를 때 C는 자신의 소유권을 유지할 수 있는 근거는 계약해제의 효과가 계약당사자에게만 미치기 때문이 아니라, 제548조 제1항 단서에 의한 것이기 때문이다.

---

### (3) 건물전세권의 법정갱신

건물전세권은 당사자의 의사와 관계없이 갱신될 수 있다$\left(\substack{\text{제312조}\\\text{제4항}}\right)$. 전세권설정자가 전세권의 존속기간 만료 전 6개월부터 1개월 사이에 갱신거절을 통지하지 않거나 조건을 변경하지 않으면 계약을 갱신하지 않는다는 뜻의 통지를 하지 없으면 그 기간 만료시 전 전세권과 동일한 조건(다만 전세권의 존속기간은 그 정함이 없는 것으로 본다)으로 다시 전세권을 설정한 것으로 본다. 이러한 전세권의 법정갱신은 법률의 규정에 의한 부동산에 관한 물권의 변동으로 보아 등기 없이도 전세권설정자나 그 목적물을 취득한 제3자에 대하여 전세권을 주장할 수 있다$\left(\substack{\text{대판 2010.}\\\text{3.25, 2009}\\\text{다}\\\text{35743}}\right)$.

**사례 57** A는 그 소유의 X건물을 B에게 전세권을 설정해 주고 전세권설정등기를 마친 후 인도하였다. 그런데 전세기간 만료 전 6개월부터 1개월 사이에 갱신거절을 통지하지 않고 전세기간이 도과하였다. 그 후 A는 C에게 X건물의 소유권을 이전하였고, C는 전세기간의 종료를 이유로 B에게 건물의 인도를 구하는 소송을 제기하였는데, B는 전세기간의 법정갱신으로 전세권자임을 주장한다. 이에 대하여 C는 전세기간의 법정갱신에도 등기가 필요하다고 주장한다. C의 주장은 타당한가?　　　　　　　　　　　　　　　　　　　　　　　　　　(대판 1989.7.11, 88다카21029 참조)

**해설 57** C의 주장은 타당하지 않다.

건물의 전세권설정자가 전세권의 존속기간만료 전 6월부터 1월까지 사이에 전세권자에 대하여 갱신거절의 통지 또는 조건을 변경하지 아니하면 갱신하지 아니한다는 뜻의 통지를 하지 아니한 경우에는 그 기간이 만료되는 때에 전 전세권과 동일한 조건(다만 전세권의 존속기간은 그 정함이 없는 것으로 봄)으로 다시 전세권을 설정한 것으로 보고$\binom{제312조}{제4항}$, 이는 법률의 규정에 의한 부동산에 관한 물권의 변동으로 보아야 할 것이므로 전세권의 법정갱신의 경우에는 전세권갱신에 관한 등기를 필요로 하지 아니하고 전세권자는 그 등기없이도 전세권설정자나 그 목적물을 취득한 제3자에 대하여 그 권리를 주장할 수 있다.

## 3. 물권의 포기

부동산에 관한 물권의 포기에 등기가 필요한지에 관하여 학설은 물권의 포기는 단독행위이므로 등기가 필요하다는 등기필요설과 필요없다는 등기불요설로 나뉜다. 판례는 다수설과 마찬가지로 등기필요설을 취한다. 예컨대 조합원의 합유지분 포기의 의사표시가 적법한 경우, 포기된 합유지분은 나머지 잔존 합유지분권자들에게 균분하여 귀속하는데, 이러한 물권변동은 합유지분권의 포기라는 법률행위에 의한 것이므로 등기해야 효력이 발생한다고 판시한다$\binom{대판 1997.9.}{9, 96다16896}$.

동산의 경우 소유권자가 점유를 유지하더라도 소유의 의사를 포기하면 소유권이 포기된다고 할 것이다. 소유의 의사가 없는 점유는 타주점유에 해당되기 때문이다.

**사례 58** A, B, C는 동업계약을 체결하고, 공동으로 X건물을 합유하면서 가게를 운영하던 중 A는 동업계약에서 탈퇴 및 지분을 포기하겠다는 의사를 표시하였다. 이 경우 A의 X건물에 대한 합유지분은 등기 없이 남은 동업자인 B, C에게 귀속하는가?　　　　　(대판 1997.9.9, 96다16896 참조)

**해설 58** B, C는 등기 없이 A의 합유지분을 취득할 수 없다.

합유지분 포기가 적법하다면 그 포기된 합유지분은 나머지 잔존 합유지분권자들에게 균분으로 귀속하게 되지만, 그와 같은 물권변동은 합유지분권의 포기라고 하는 법률행위에 의한 것이므로 등기해야 효력이 있다.

제267조는 "공유자가 그 지분을 포기하거나 상속인 없이 사망한 때에는 그 지분은 다른 공유자에게 각 지분의 비율로 귀속한다."라고 규정하고 있다. 공유지분의 포기는 법률행위로서 상대방 있는 단독행위에 해당하므로, 부동산 공유자의 공유지분 포기의 의사표시가 다른 공유자에게 도

달하더라도 이로써 곧바로 공유지분 포기에 따른 물권변동의 효력이 발생하는 것은 아니고, 다른 공유자는 자신에게 귀속될 공유지분에 관하여 소유권이전등기청구권을 취득하며, 이후 제186조에 의하여 등기를 해야 공유지분 포기에 따른 물권변동의 효력이 발생한다고 하며, 부동산 공유자의 공유지분 포기에 따른 등기는 해당 지분에 관하여 다른 공유자 앞으로 소유권이전등기를 하는 형태가 되어야 한다고 한다(대판 2016.10.27, 2015다52978).

## 4. 지상권이나 전세권의 소멸청구(제287조, 제311조 제1항)

지상권설정자 또는 전세권설정자가 지상권 또는 전세권의 소멸청구를 한 경우(지상권자가 2년 이상 지료를 미지급한 경우, 전세권자가 정해진 용법으로 사용·수익하지 않은 경우 소멸청구가 가능하다), 지상권 또는 전세권의 소멸에 등기가 필요한지에 관하여 다양한 견해가 존재한다. 등기불요설은 소멸청구권이 형성권이므로 등기가 불필요하다고 본다. 반면 등기필요설은 소멸청구권이 형성권이지만 물권적 단독행위이므로 등기가 필요하다고 설명하거나, 소멸청구권은 형성권이 아니라 청구권이므로 등기가 필요하다고 본다. 판결례는 등기불요설을 취한다(대판 1993.6.29, 93다10781).

## 5. 전세권의 소멸통고(제313조, 제314조 제2항)

전세권 존속기간의 약정이 없는 경우 각 당사자는 소멸통고를 할 수 있고 6개월 경과 후 전세권은 소멸한다. 소멸통고로 인한 전세권의 소멸에 등기가 필요한지에 대하여 학설상 등기필요설과 불요설이 대립한다. 등기불요설이 타당하다. 그러나 제313조의 소멸통고는 통고 후 6개월 경과해야 효력이 발생한다고 하는 점에 대해서는 견해가 일치한다.

## 6. 취득시효와 소멸시효

취득시효완성에 의한 권리취득은 법률에 의한 물권취득이므로 제187조가 적용되어야 할 것이나, 제245조 제1항에 따라 점유취득시효가 완성되면 채권적 등기청구권만 발생하므로 권리취득에는 등기가 필요하다. 한편 소멸시효의 경우, 시효완성의 효과에 관한 절대적 소멸설에 따르면 권리의 시효소멸에 등기가 불필요하므로, 제186조가 적용되지 않는다. 반면 상대적 소멸설은 시효완성으로 말소등기청구권이 발생하므로 권리의 시효소멸에는 등기가 필요하다고 보아 제186조가 적용된다고 본다.

# 제2항 법률행위에 의하지 않은 부동산물권변동

## Ⅰ. 서 설

### 1. 의의 및 인정근거

제187조에서는 등기를 요하지 않는 부동산 물권취득에 대해 규정하고 있는데 이는 물권변동에 형식주의를 취하는 공시원칙의 중요한 예외에 해당한다. 의사가 개입되지 않은 경우에 보통 등기없이 물권변동이 일어난다(그러나 점유시효취득의 경우 당사자의 의사가 개입되지 않더라도 등기가 되어야 물권변동이 일어난다). 등기를 요하지 않는 이유는 성질상 등기가 불가능하거나 등기가 없더라도 물권변동의 여부 또는 그 시점이 명료하기 때문이다.

### 2. 제3자의 보호

부동산물권변동에서 등기를 요하지 않을 경우, 등기와 실체관계가 일치하지 않기 때문에 등기를 신뢰하고 거래를 한 제3자에게 불측의 손해가 발생할 우려가 있다. 그래서 등기 없이 취득한 물권을 법률행위에 의하여 처분할 때에는 등기가 필요하다($^{제187조}_{단서}$). 제187조 단서에 따라 부동산물권을 등기 없이 취득한 자가 자기 명의로 등기하지 않고 처분했다면 원칙적으로 그 처분행위는 무효이므로 물권변동이 발생하지 않는다. 다만 채권적 효력은 발생한다($^{대판\ 1994.10.}_{21,\ 93다12176}$). 그러나 판례는 이에 대해 적지 않은 예외를 인정한다. 미등기건물을 처분하고 양수인이 보존등기를 하는 경우, 상속인이 상속재산을 처분하고 등기는 피상속인으로부터 직접양수인에게 이전하는 경우에도 물권변동의 효력이 인정된다.

---

**사례 59** A가 사망 후 그 소유의 X부동산을 유일한 상속인인 B가 자신의 명의로 등기를 하지 않고 C에게 매도하는 계약을 체결하였다. X건물에 대한 B의 처분행위는 유효한가?

(대판 1994.10.21, 93다12176 참조)

**|해설 59|** B의 처분행위의 채권적 효력은 인정된다.

제187조 단서가 등기 없이 취득한 부동산물권은 등기를 하지 않으면 이를 처분하지 못한다고 규정하고 있는 취지는 같은 조 본문에 의하여 부동산물권을 등기 없이 취득하였더라도 그 권리자가 이를 법률행위에 의하여 처분하려면 미리 물권의 취득을 등기하고 그 후에 그 법률행위를 원인으로 하는 등기를 경료해야 한다는 당연한 원칙을 선언한 것에 불과하고, 따라서 부동산물권을 등기 없이 취득한 자가 자기 명의의 등기 없이 이를 처분한 경우 그 처분의 상대방은 부동산물권을 취득하지 못한다는 것일 뿐, 그 처분행위의 채권적 효력까지 부인할 수는 없다.

## Ⅱ. 적용범위

### 1. 상속 기타 포괄승계

포괄승계란 법률 또는 법률행위에 의한 다수의 권리 및 의무 총체가 포괄적으로 이전하는 것을 말한다. 상속, 회사의 합병$\left(\substack{\text{상법 제235조,}\\\text{제522조 이하}}\right)$과 같이 포괄승계에 의한 물권변동에는 등기가 필요하지 않다. 포괄유증$\left(\substack{\text{제1078}\\\text{조}}\right)$의 경우 판례는 특정적 유증과 달리 포괄적 유증을 받은 자는 제187조에 의하여 법률상 당연히 유증받은 부동산의 소유권을 취득한다$\left(\substack{\text{대판 2003.5.27,}\\\text{2000다73445}}\right)$고 하여 등기불요설을 취한다. 이에 대하여 포괄유증은 법률행위이므로 소유권취득을 위해서는 등기가 필요하다는 견해도 있다. 생각건대 제1078조에서 포괄수유자는 상속인과 동일한 권리의무를 갖도록 규정되어 있으므로 상속의 경우와 마찬가지로 권리취득에 등기를 요하지 않는다고 할 것이다.

상속으로 인한 부동산물권의 취득시기는 피상속인의 사망시이다$\left(\substack{\text{제997}\\\text{조}}\right)$.

### 2. 공용징수(수용)

공용징수란 공익사업을 위하여 소유권 기타 재산권을 법률에 의하여 강제로 취득하는 것을 말한다. 그 법적 성질은 원시취득이지만$\left(\substack{\text{대판 2000.7.}\\\text{4, 98다62961}}\right)$, 소유권이전등기의 형식으로 권리를 취득한다.

### 3. 판 결

제187조에서 말하는 판결은 실체법상의 형성판결$\left(\substack{\text{제269조, 제406조,}\\\text{제1013조 제2항}}\right)$을 말한다. 이는 판결에 의해 부동산물권 취득의 효력이 생기는 경우를 의미하므로 이행판결은 이에 해당하지 않는다$\left(\substack{\text{대판}\\\text{1970.}\\\text{6,30, 70}\\\text{다568}}\right)$. 그 이외에 형성적 효력을 발생시키는 화해조서, 인낙조서도 판결에 포함된다.

물권변동의 시기는 판결확정시$\left(\substack{\text{민소법}\\\text{제498조}}\right)$이며, 승소확정판결을 받은 자는 단독으로 등기신청을 할 수 있다$\left(\substack{\text{부등법 제}\\\text{23조 제4항}}\right)$.

### 4. 경 매

제187조 소정의 경매는 국가기관이 하는 경매(공경매)를 말한다. 예컨대 민사집행법상 경매(이에는 일반채권자에 의한 강제경매와 담보권 실행경매가 있다), 국세징수법상 공매 등이 이에 해당한다. 물권변동시기는 매각대금 완납시$\left(\substack{\text{민사집행법 제135조, 제268조,}\\\text{국세징수법 제77조 제1항}}\right)$이며, 법원의 촉탁에 의해 등기한다$\left(\substack{\text{민사집행법 제}\\\text{144조 제1항}}\right)$.

### 5. 기 타

(1) 제187조에서 열거하지 않았지만, 등기없이 물권변동이 일어나는 경우로는 ① 점유권, 유

치권과 같이 권리의 성질상 등기를 할 수 없는 경우, ② 신축건물의 소유권 취득, ③ 첨부, 특히 부동산과 부동산의 부합, ④ 혼동에 의한 물권의 소멸$\left(\substack{제191\\조}\right)$, ⑤ 피담보채무의 소멸로 인한 저당권의 소멸(부종성), ⑥ 존속기간 만료로 인한 용익물권의 소멸, ⑦ 법정지상권$\left(\substack{제305조, 제366\\조, 가등기담보}\right.$ $\left.\substack{법 제\\10조}\right)$, 관습법상 법정지상권, 법정저당권$\left(\substack{제649\\조}\right)$ 등의 취득, ⑧ 대위로 인한 저당권 등의 이전 $\left(\substack{제368조,\\제482조}\right)$ 등이 있다. 이 중 판례상 자주 문제되는 건물의 신축과 관련된 내용을 살펴본다.

### (2) 신축건물의 소유권귀속

(가) 자기 비용과 노력으로 건물을 신축한 자는 신축건물의 소유권을 원시취득한다$\left(\substack{대판 2002.\\4.26, 2000}\right.$ $\left.\substack{다\\16350}\right)$. 건축허가서에 건축주로 기재되었더라도 신축하지 않았다면 건축주는 건물의 소유권을 취득한 것이 아니다. 건축허가서는 허가된 건물에 관한 실체적 권리의 득실변경에 대한 공시방법도 아니며 권리의 추정력도 없기 때문이다. 예컨대 건축업자가 타인의 대지를 매수하여 그 대금을 지급하지 아니한 채 그 위에 자기의 노력과 재료를 들여 건물을 건축하면서 건축허가 명의를 대지소유자로 한 경우, 부동산등기법에 의하여 특별한 사정이 없는 한 건축허가명의인 앞으로 소유권보존등기를 할 수밖에 없지만, 그 목적은 대지대금채무를 담보하기 위한 경우가 일반적이므로, 완성된 건물의 소유권은 일단 이를 건축한 채무자가 원시적으로 취득하고, 채권자 명의로 소유권보존등기를 한 때에 담보 목적의 범위 내에서 채권자에게 소유권이 이전한다 $\left(\substack{대판 2002.4.26,\\2000다16350}\right)$.

(나) 건축주 A가 공사를 중단한 후에 B가 미완성 건물을 인도받아 건물을 완공한 경우, 완성 건물의 원시취득자는 건물의 완성여부를 떠나 사회통념상 독립된 건물로 만든 최초의 사람이 다. 따라서 공사중단시 미완성건물을 사회통념상 독립된 건물로 볼 수 있는 경우에는 건축주 A가 원시취득하지만, 공사중단시 미완성건물이 사회통념상 독립된 건물에 이르지 않은 경우에는 독립된 건물에 이르게 한 건축주 B가 건물을 원시취득한다$\left(\substack{대판 2006.5.12,\\2005다68783}\right)$.

---

**사례 60** A는 그 소유의 토지를 건축업자 B에게 매도하는 계약을 체결하면서 매매대금은 B가 토지상의 건물을 신축하여 분양한 대금으로 지급하기로 하고, 매매대금채권에 대한 담보로 신축건물의 건축허가를 A 명의로 하기로 하였다. 건축업자 B는 건물을 자신의 노력과 비용으로 완성한 다음, A 명의로 소유권보존등기를 경료하였다. A의 신축건물에 대한 법적 지위는 어떻게 되는가?

(대판 2002.4.26, 2000다16350 참조)

**|해설 60|** A는 B가 신축한 건물에 양도담보권을 취득한다.
건축허가서에 건축주로 기재된 자가 건물의 소유권을 취득하는 것은 아니므로$\left(\substack{대판 1997.3.28,\\96다10638 참조}\right)$, 자기 비용과 노력으로 건물을 신축한 자는 그 건축허가가 타인의 명의로 된 여부에 관계없이 그 소유권을 원시취득한다$\left(\substack{대판 1985.7.9,\\84다카2452 참조}\right)$. 이 사안에서 B가 자신의 노력과 비용을 들여 건물을 신축한 이상 그가 소유권을 원시취득한다. 한편, 건축업자가 타인의 대지를 매수하여 그 대금을 지급하지 아니한 채 그 위에 자기의 노력과 재료를 들여 건물을 건축하면서 건축허가 명의를 대지소유자로 한 경우에는, 부동산등기법에 의하여 특별한 사정이 없는 한 건축허가명의인 앞으로 소유권보존등기를 할 수밖에 없는 점에 비추어 볼 때, 그 목적이 대지대금채무를 담보하기 위한 경우가 일반적이므로(대판 1997.4.11, 97다1976 참조), 이 경우 완성된 건물의 소유권은 일단 이를 건축한 채무자가 원시적으로 취득한 후 채권자 명의로 소유권보존등기를 마침으로써 담보 목적의 범위 내에서 위 채권자에게 그 소유권이 이전된다고 보아야 한다(대판 2001.6.26, 99다47501 등 참조). 이 사안에서 A는 B가 신축한 건물에 대해 양도담보권을 취득한다.

## 제5관 동산 물권변동

### 제1항 총 설

동산물권의 변동도 부동산물권의 변동과 마찬가지로 법률행위에 의한 경우와 법률행위에 의하지 않은 경우로 나눌 수 있다. 그러나 물권법에서 규정된 위치가 각각 다르다. 법률행위에 의한 동산물권의 변동은 물권법 총칙에서 규정하고, 법률행위에 의하지 아니한 동산물권의 취득은 소유권 편에서 규정한다. 또한 무권리자로부터 동산물권의 취득을 인정하는 공신력에 관한 규정(제249조 이하의 선의취득)도 소유권 편에서 규정한다(법률행위에 의하지 아니한 동산물권의 취득에 관해서는 소유권 편에서 설명하기로 한다). 이하에서는 법률행위에 의한 동산물권의 변동을 전제로 하여 권리자로부터의 취득과 무권리자로부터의 취득(선의취득)으로 나누어 설명한다.

### 제2항 권리자로부터의 동산물권 취득

동산물권의 변동을 위해서는 법률행위와 함께 공시방법으로서 인도가 필요하다(형식주의). 물권의 양도는 점유의 이전(인도)이 있으면 이루어진다는 제188조 이하의 규정은 법률행위에 의한 동산「소유권」의 양도에 한하여 적용된다. 그 외의 동산물권(점유권, 유치권, 질권)에서 점유는 권리의 발생 및 존속요건이기는 하지만 물권변동을 위해서는 추가적으로 다른 요건도 각각의 개별 규정(제192조, 제320조, 제328조, 제330조, 제332조 등)에 의하여 요구되기 때문이다.

부동산의 종물인 동산, 재단을 구성하는 동산, 등기·등록에 의해 공시되는 동산에 대해서는 공시방법에 관한 규정(제188조 이하)이 적용되지 않는다. 선하증권, 창고증권, 화물상환증에 의해 표상되는 동산은 당해 증권의 인도가 있을 때 인도가 있는 것으로 본다(상법 제133조, 제157조, 제820조). 이는 목적물반환청구권의 양도를 규정한 제190조의 특칙으로 이해되므로 운송계약, 보관계약상 반환청구권을 표창하는 증권의 배서·교부가 있으면 그 물건의 반환청구권을 양도한 것으로 본다.

물권행위의 무인성론과 제3자 보호는 동산물권의 변동에도 적용된다. 그러나 선의취득($\overset{\text{제249}}{\text{조}}$)이 인정되기 때문에 물권행위의 무인성에 기초한 제3자 보호를 논의할 실익이 사실상 거의 없다.


## Ⅰ. 법률행위의 존재

동산물권 변동을 위하여 요구되는 법률행위를 채권행위로 파악하는 견해도 있지만, 다수설은 이를 물권행위(물권적 합의)로 이해한다. 동산매매는 채권행위와 물권행위가 동시에 이루어지는 현실매매가 많지만, 소유권 유보부 매매나 타인 물건의 매매와 같이 채권행위와 물권행위가 별개로 이루어지는 경우도 있는데, 이 때 물권변동을 위한 법률행위는 채권행위가 아니라 물권행위로 이해되어야 한다.

동산물권의 변동을 위한 물권행위는 조건부, 기한부로도 가능하다. 예컨대 소유권유보부 동산매매에서는 매매대금의 전부지급을 조건으로 동산소유권의 이전이 이루어진다.


## Ⅱ. 인도(점유의 이전)

### 1. 동산물권의 공시방법으로서 인도

동산물권의 양도를 위해서는 법률행위와 공시방법으로서 인도가 필요하다.

동산물권(변동)의 공시방법으로서 인도는 점유의 이전, 즉 사실적 지배의 이전을 말한다. 민법은 인도에 대해 현실의 인도($\overset{\text{제188조}}{\text{제1항}}$)를 원칙으로 하되, 간이인도($\overset{\text{제188조}}{\text{제2항}}$), 점유개정($\overset{\text{제189}}{\text{조}}$), 반환청구권의 양도에 의한 인도($\overset{\text{제190}}{\text{조}}$) 역시 인도로 본다. 특히 간이인도, 점유개정, 반환청구권의 양도를 간편한 인도 방법 또는 관념적 인도라고 한다.

물건의 인도가 이루어졌는지는 사회관념상 목적물에 대한 양도인의 사실상 지배인 점유가 동일성을 유지하면서 양수인의 지배로 이전되었다고 평가될 때 인정된다.


### 2. 인도의 유형

#### (1) 현실의 인도($\overset{\text{제188조}}{\text{제1항}}$)

현실의 인도란 물건에 대한 사실상 지배를 실제로 이전함을 말한다. 사회통념상 현실의 인도가 있다고 인정되기 위해서는 두 가지 요소가 필요하다. 사실상 지배의 이전과 점유이전의 합의가 필요하다(점유이전이 사실행위이므로 점유이전의 합의는 자연적 의사일 뿐 법률적 의사를 의미하지 않는다). 현실의 인도를 통하여 양수인이 목적물에 대한 지배를 계속적으로 확고하게 취득하고 양도인의 점유는 완전히 종결된다$\left(\substack{\text{대판 2003.2.11.}\\\text{2000다66454}}\right)$.

이러한 현실인도의 법적 성질은 점유권의 이전이 아니라 점유라는 사실상태의 변경을 가져오는 사실행위로 파악해야 한다. 따라서 현실인도에 행위능력이 요구되지 않는다. 그러나 점유권의 이전 합의(물권적 합의)와 사실적 지배(점유)의 이전을 요하는 점유권의 양도로 파악하는 견해도 있다.

### (2) 간이인도

양수인이 이미 물건을 점유하고 있는 경우 현실의 인도 없이 당사자의 의사표시만으로 동산물권의 양도라는 효력이 발생한다$\left(\substack{\text{제188조}\\\text{제2항}}\right)$. 기존에 양수인이 갖고 있는 점유는 간접점유이거나 공동점유를 묻지 않는다. 양수인은 간이인도 전후에 점유를 계속하게 되는데 간이인도를 통하여 소유권이 이전된 경우 양수인의 점유는 타주점유에서 자주점유로 점유의 태양이 바뀐다.

간이인도에 필요한 당사자의 의사표시란 소유권 이전의 합의(질권의 경우 절권설정의 합의)를 말하는데, 이는 기본적으로 계약에 해당되므로 행위능력, 의사의 흠결 등에 관한 규정과 대리에 관한 규정이 적용된다.

### (3) 점유개정

점유개정이란 당사자의 계약으로 양도인이 직접점유를 하고 양도인의 점유를 매개로 양수인도 간접점유를 계속하는 형태의 인도를 말한다. 점유개정으로 양수인은 목적물을 인도받은 것으로 본다$\left(\substack{\text{제189}\\\text{조}}\right)$. 예컨대 물건을 양도한 매도인이 물건을 매수인으로부터 임차해서 점유하는 경우에 점유개정이 있게 된다. 이러한 점유개정은 간접점유를 설정하는 관계인 점유매개관계가 있어야 한다. 점유매개관계는 계약에 의하여 성립하는데 보통 그 합의는 소유권 이전의 합의와 합체하여 이루어진다. 점유개정에 의한 양도담보가 설정되는 경우 점유매개관계를 설정하는 당사자의 약정도 보통 양도담보설정의 약정과 함께 이루어진 것으로 보아야 한다.

점유개정에는 물건에 대한 사실상의 지배가 이전되지 않고서 인도가 있다는 점에서 간이인도와 같다. 그러나 간이인도는 인도전후에 점유가 양수인에게 계속되는 반면, 점유개정은 양도인에게 점유가 계속된다는 차이가 있다. 또한 간이인도로 양수인의 점유가 타주점유에서 자주점유로 바뀌는 반면, 점유개정의 경우 양도인의 점유가 자주점유에서 타주점유로 바뀐다.

점유개정의 방법으로 동산의 소유권이 이중으로 양도된 경우 양수인들 사이에서는 먼저 현실의 인도를 받은 양수인이 소유권을 취득한다는 것이 판례의 견해로 설명된다$\left(\substack{\text{대판 1975.1.28.}\\\text{74다1564; 대판}}\right.$ $\left.\substack{\text{1989.10.24. 88}\\\text{다카26802 등}}\right)$. 그러나 이 판결은 수인의 양수인 사이에서 현실의 인도를 받은 양수인이 있는 경우에 한하여 소유권자를 정하는 기준을 제시하고 있지만 현실의 인도를 받은 양수인이 없는 상태에서 누구를 소유권자로 볼 것인지에 대해서 명확히 밝히고 있지 않다. 생각건대 이 때에는 점유개정의 방법으로라도 먼저 인도 받은 제1양수인이 소유권을 취득한 것으로 보아야 한다. 점유개정이 있으면 인도한 것으로 보아 동산소유권취득의 요건이 구비되었기 때문이다. 그렇다면 제2양수인은 무권리자로부터 소유권을 양수받은 것이 되므로 소유권을 취득할 수 없다. 다만 선의취득은 가능할 것이다. 즉 점유개정에 의한 선의취득을 부정하는 판결례에 의하면 제2양수인은 현실의 인도를 받았을 때 비로소 선의취득의 다른 요건이 구비되었음을 전제로 소유권을 선의취득할 수 있다고 해석되어야 할 것이다.

동산양도담보권을 이중으로 설정한 경우에는 판례가 위와 같은 법리를 명확히 설시한다 $\binom{대판\ 2005.2.18,\ 2004다37430;\ 대}{판\ 2004.10.28,\ 2003다30463\ 등}$. 점유개정의 방법으로 동산양도담보권이 이중으로 설정된 경우 신탁적 소유권이전설을 취하는 판례에 따를 때, 대외적인 관계에서는 채권자가 이미 소유권을 취득한 것이 되어 나중에 양도담보권을 설정받은 자는 무권리자로부터 양도받은 것이므로 원칙적으로 양도담보권을 취득할 수 없다$\binom{대판\ 2005.2.18,\ 2004다37430;\ 대}{판\ 2004.10.28,\ 2003다30463\ 등}$. 다만 제2의 양도담보권자가 현실의 인도를 받게 되면 선의취득을 통하여 양도담보권을 취득할 수 있다. 예컨대 A가 B에게 채권담보의 목적으로 점유개정의 방법으로 동산을 B에게 양도하고, 그 후 다시 A가 C에게 채권담보를 위해 점유개정의 방법으로 그 동산을 다시 양도한 경우 B만이 적법한 양도담보권자가 된다. 다만 C가 그 동산의 현실의 인도를 받게 되면 다른 요건이 구비되었음을 전제로 C는 양도담보권을 선의취득할 수 있다.

한편 점유개정에 의한 질권설정이 부정되는데$\binom{제332}{조}$ 이는 질권의 유치적 효력을 담보하기 위한 목적이다. 앞서 언급한 바와 같이 판례는 점유개정에 의한 선의취득을 부정한다. 점유개정의 경우 양도인이 계속 점유하고 있다는 점에서 물권변동의 공시방법으로는 매우 부적절하여 이에 대해서는 공신력을 부여할 수 없다는 점에서 타당하다.

---

**사례 61** A는 그 소유의 재단기계(동산)를 B에게 양도하면서 점유개정의 방법으로 양도담보를 설정하였다. 그런데 A는 그 재단기를 또다시 C에게 양도담보를 설정하고, 이를 점유개정의 방법으로 인도했다. 그 후 B는 위 계약에 따른 인도청구권을 보전하기 위해 재단기에 대한 처분금지가처분결정을 받아 집행하였다. 그러자 C가 그 재단기를 A로부터 현실인도를 받았다. C는 B에 대하여 자신이 재단기의 소유자라고 주장할 수 있는가?                    (대판 1989.10.24. 88다카26802 참조)

**┃해설 61┃** C가 A로부터 현실인도를 받았다는 사실만으로는 B에게 소유권을 주장할 수 없다. 동산을 이중으로 양도한 양도인 A가 그 동산을 점유하고 있던 중 양수인 중 한 사람인 B가 처분금지가처분집행을 하고 그 동산의 인도를 명하는 판결을 받은 경우에는 다른 양수인 C가 위 가처분집행 후에 A로부터 그 동산을 현실의 인도를 받아 점유를 승계하였다고 하더라도 "그 동산을 선의취득한 것이 아닌 한" 이와 같은 양수인 C는 가처분권자가 본안소송에서의 승소판결에 따른 집행권원에 터 잡아 강제집행을 하는 경우 이를 수인해야 하는 지위에 있어 가처분권자인 B에게 위 가처분집행 후에 이루어진 현실의 인도를 가지고 대항할 수 없다 할 것이므로 가처분권자와의 사이에서는 그 동산의 소유권을 취득하였다고 주장할 수 없다. 다만 C는 선의취득의 요건을 주장·증명하여 소유권을 주장할 수는 있다.

**사례 62** A는 그 소유의 기계설비(동산)를 B에게 양도담보로 제공하면서 점유개정의 방법으로 인도한 다음, C에게 재차 양도담보로 제공하면서 역시 점유개정의 방법으로 인도하였다. 이 경우 C는 기계설비에 대해 양도담보권을 취득하는가?                    (대판 2004.10.28, 2003다30463 참조)

**|해설 62|** C는 기계설비에 대해 양도담보권을 취득할 수 없다.

금전채무를 담보하기 위하여 채무자가 그 소유의 동산을 채권자에게 양도하되 점유개정에 의하여 채무자가 이를 계속 점유하기로 한 경우 특별한 사정이 없는 한 동산의 소유권은 신탁적으로 이전됨에 불과하여 채권자와 채무자 사이의 대내적 관계에서 채무자는 의연히 소유권을 보유하나 대외적인 관계에 있어서 채무자는 동산의 소유권을 이미 채권자에게 양도한 무권리자가 되는 것이어서 다시 다른 채권자와의 사이에 양도담보 설정계약을 체결하고 점유개정의 방법으로 인도를 하더라도 선의취득이 인정되지 않는 한 나중에 설정계약을 체결한 채권자는 양도담보권을 취득할 수 없는데, 현실의 인도가 아닌 점유개정으로는 선의취득이 인정되지 아니하므로, 결국 뒤의 채권자는 양도담보권을 취득할 수 없다.

### (4) 반환청구권의 양도

반환청구권의 양도란 제3자가 동산을 직접점유하고 양도인이 간접점유하는 경우에 양도인이 제3자(점유매개자)에 대하여 갖는 반환청구권을 양수인에게 양도하는 방법으로 동산소유권을 이전하는 것을 말한다($\frac{제190}{조}$). 목적물반환청구권은 법률행위(임대차, 위임, 임치, 소유권유보부 매매 등)에 의한 경우뿐만 아니라 법률의 규정($\frac{사무관리(제738조), 부}{당이득(제747조 제1항)}$)에 의해서도 발생한다.

통설은 양도인이 제3자에게 갖는 반환청구권이 채권적 청구권만을 의미하는 것으로 본다. 따라서 도난당한 물건 또는 점유이탈물을 매도하는 방법으로 '소유권'에 기한 반환청구권($\frac{제213}{조}$)의 양도에는 인도의 효과가 인정되지 않는다고 본다. 물권적 청구권의 양도가 물권변동의 요건이 될 수는 없다는 점, 물권적 청구권은 물권의 이전에 앞서 물권과 분리하여 물권적 청구권만을 제3자에게 처분할 수 없다는 점을 근거로 한다.

통설과는 달리 사견으로는 물권적 청구권의 양도에도 인도의 효과를 인정해야 할 것으로 본다. 제190조에서는 '제3자에 대한 반환청구권의 양도'로 표현하고 있어 채권적 청구권만으로 제한되어 있지 않다는 점, 물권적 반환청구권의 양도방법으로 물권이 이전될 수 있다는 점에서 물권적 청구권이 물권과 분리하여 처분되는 것은 아니라는 점이 사견의 논거이다. 또한 제190조는 반환청구권을 양도하면 인도한 것으로 보기 때문에 반환청구권의 양도인이 반드시 점유하고 있어야 할 필요도 없다. 그렇다면 유실물, 도품을 아직 반환받지 않은 상태에서 소유권을 이전하는 경우에도 소유권에 기한 반환청구권을 양도하면 양수인에게 그 물건을 인도된 것으로 볼 수 있다는 점에서도 이러한 견해는 유용하다.

도난 또는 분실한 물건과 같이 양도인이 직접점유뿐만 아니라 간접점유도 갖고 있지 않는 상태(아직 물건의 소재를 모르거나 알더라도 아직 반환받지 않은 상태를 생각해 볼 수 있다)에서도 그 동산 소유권을 양도할 수 있도록 해석하는 것이 지배적 견해이다. 다만 그 근거로 다수설은 물권적 합의만으로 소유권이 이전되는 것으로 보아 동산물권변동의 원칙인 인도주의의 예외에 해당되는 것으로 본다. 그러나 사견과 같이 제190조의 반환청구권에는 물권적 반환청구권도 포함된다고 해석하면 소유권에 기한 반환청구권의 양도로 인도의 효과가 인정되므로 이는 인도주의의 예외가 아니라 인도주의가 적용되는 사례라고 할 것이다.

선의취득과 관련하여 목적물 반환청구권이 채권인 경우 그 양도에 지명채권양도의 대항요건을 갖추어야 점유를 취득한다($\substack{대판\ 2000.9.8.\\99다58471}$). 점유매개자에게 반환해야 할 상대방을 확실히 정해주어야 할 필요성이 있기 때문이다. 나아가 양도될 반환청구권이 채권인 경우뿐만 아니라 물권적 청구권인 경우에도 명확한 공시가 필요하다는 점에서 통지나 승낙이 필요하다고 할 것이다. 사견에 따를 때 주의할 것은 통지나 승낙은 채무자 또는 이중의 양수인에 대한 대항요건이 아니라 반환청구권의 양도가 인도로서 효력을 발생하기 위한 추가적인 효력발생요건으로 보아야한다는 점이다. 반환청구권의 양도는 공시방법으로는 불완전하기 때문에 그 보완으로 통지나 승낙이 필요하기 때문이다.

따라서 양도인이 직접점유자에 대하여 반환청구권의 양도를 통지하거나 직접점유자의 승낙으로 양수인이 직접점유자에게 반환청구권을 행사할 수 있다. 그러나 직접점유자인 제3자가 이의를 보류하고 승낙을 했다면 반환청구권을 양도해도 제3자가 양도인에게 갖고 있는 권리(예컨대 동시이행 항변권)로 양수인에게 대항할 수 있다.

---

**심화학습**

### 반환청구권의 양도시 통지나 승낙의 의미

판례는 직접점유자에 대하여 반환청구권을 양수받은 사람이 소유권을 주장하기 위해서는 양도인의 통지나 직접점유자의 승낙이 있어야 한다고 본다. 그런데 통지나 승낙의 의미와 관련하여 ① 통지나 승낙이 있어야 비로소 물권변동이 성립하는 것인지, 아니면 ② 반환청구권 양도의 합의만으로 이미 물권변동은 성립하고, 다만 이를 점유매개자(직접점유자)에게 대항하기 위해서 통지나 승낙을 필요로 하는 것인지를 검토해야 할 것이다.

②로 보는 견해에 따르면 점유매개자(직접점유자) 이외의 자에 대해서는 반환청구권 양도의 합의만으로 양수인이 소유권을 취득하는 효력이 발생하게 된다. 즉 양수인의 소유권을 점유매개자에게 대항하기 위해서 통지나 승낙이 필요하다고 본다. 그 논거로 반환청구권은 채권적 청구권이므로 그 양도에 채권양도에 관한 제450조가 적용되는 것인데 제450조가 대항요건으로 규정하고 있으므로 이 요건도 대항요건으로 봐야 한다고 주장한다.

그러나 이와 같은 해석은 타당하지 못하다. 점유매개자에 대한 통지나 승낙이 없어도 양수인은 제3자에게 소유권을 행사할 수 있어야 하는데 이와 같은 결론은 타당하지 않기 때문이다. 물권은 절대권이기 때문에 물권자는 누구에게나 권리를 주장할 수 있으므로 물권변동이 있으면 이를 외부에서 인식할 수 있도록 공시방법이 요구되는 것이다. 당사자 사이에 목적물의 반환청구권을 양도한 시점에 물권이 양수인에게 이전되었다고 한다면 이를 전혀 인식할 수 없었던 제3자는 여전히 양도인을 소유자로 인식하면서 법률관계를 형성하게 될 위험이 있을 뿐만 아니라, 점유매개자

에게도 동일한 위험이 발생할 염려가 있다. 이를 막기 위해서는 통상의 채권양도와는 달리 목적
물반환청구권의 양도로 물권변동의 효력을 인정하기 위해서는 추가적인 공시를 위한 요건이 필
요하다. 이러한 점에서 불완전하지만 최소한의 공시방법으로 점유매개자에 대한 통지나 승낙이
요구된다고 할 것이다. 채권양도에서 통지나 승낙을 대항요건으로 할 수 있었던 것은 채권은 상
대권이라는 점에서 채무자의 인식만이 중요하기 때문이다. 그러나 절대적 효력이 전제된 물권에
서도 이를 대항요건으로 해석해서는 안 된다. 판례도 목적물반환청구권의 양도로 인한 선의취득
을 인정하기 위해서는 점유매개자에게의 통지나 그의 승낙이 요구된다고 본다$\binom{\text{대판 2000.9.8,}}{\text{99다58471 등}}$. 이 때
의 통지나 승낙도 물권적 반환청구권 양도에 의한 선의취득이라는 물권변동의 추가적 요건이라
고 해석되어야 할 것이다. 이와 같은 점을 고려할 때 점유매개자에 대한 통지나 승낙이 없는 상
태에서는 목적물반환청구권의 적법한 양도가 이루어졌더라도 물권변동의 효력이 인정되지 말아
야 한다는 점에서 통지나 승낙은 ①과 같이 이해되어야 한다.

# 제3항 무권리자로부터의 취득: 선의취득

# Ⅰ. 의　의

선의취득이란 어떤 동산을 점유하는 자를 권리자로 믿고 평온·공연·선의·무과실로 그 동
산을 양수한 경우 비록 양도인이 정당한 권리자가 아니라 할지라도, 양수인이 그 동산에 관한

권리(소유권, 질권)를 취득하도록 하는 제도이다($\frac{\text{제249}}{\text{조}}$).

점유가 공시방법으로서 불완전하기 때문에 공시내용의 신뢰를 보호해야 할 필요성이 크다. 결국 선의취득제도는 이와 같이 동산물권변동의 공시방법의 불완전성에 대하여 동적 안전을 확보할 필요성에서 인정근거를 찾을 수 있다. 요컨대 선의취득제도는 동산거래의 안전을 위해서 점유에 공신력을 인정하여 권리외관을 신뢰한 자에게는 무권리자로부터도 물권을 취득할 수 있도록 한 제도이다.

## Ⅱ. 선의취득의 요건(要件)

### 1. 객체에 관한 요건

#### (1) 동 산

선의취득의 객체는 동산이다. 따라서 부동산에만 인정되는 지상권, 지역권, 전세권은 선의취득의 대상이 될 수 없다. 또한 유치권은 법정담보물권으로 권리취득도 법정되어 있어 선의취득이 인정될 수 없으며, 점유권의 경우도 물건에 대한 사실상의 지배를 전제로 하므로 본권인 물권의 취득과는 무관하다. 결국 선의취득의 객체는 동산에 한한다는 점과 그 권리의 본질 및 법적 성질에서 선의취득이 가능한 권리는 소유권과 질권에 한하게 된다(판례에 따르면 동산의 양도담보권도 선의취득 될 수 있다. 적어도 판례는 신탁적 소유권이전설을 취하기 때문이다).

#### (2) 금 전

금전은 선의취득의 목적물이 될 수 없다. 무권리자로부터 금전을 양수한다는 개념이 존재하지 않고 금전은 원래 가치의 표상(지급수단)에 불과하며 물건(동산)으로서의 성질이 미약하여 점유가 있는 곳에 소유권이 인정되기 때문이다. 금전의 귀속주체를 바로잡는 문제에는 선의취득제도가 아니라 부당이득의 법리가 적용된다(통설). 그러나 금전이 물건으로 거래되는 경우(예 특정기념주화의 매매)에는 선의취득의 대상이 될 수 있다.

#### (3) 등기, 등록에 의해 공시되는 동산

선박, 자동차, 건설기계와 같이 등기 또는 등록을 통하여 공시되어야 하는 동산은 성질상 동산이지만, 법률상으로는 부동산과 같이 다루어지므로, 선의취득의 목적이 될 수 없다($\frac{\text{대판 1966.1.}}{\text{25, 65다2137}}$). 공장저당권이 설정된 설비의 일부가 분리되어 처분된 경우, 또는 부동산의 종물이 주물의 등기에 의해 공시되어도 주물과 분리되어 처분되었다면 선의취득의 대상이 된다. 동산채권담보법에 따라 등기된 동산도 동법 제32조에 의한 선의취득의 대상이 된다. 입목법에 의하여 등기된 입목(立木)은 부동산으로 인정된다($\frac{\text{입목법 제}}{\text{3조 제1항}}$). 그러나 입목이 토지로부터 분리되었다면 그 성질이 동산으로 변경되어 선의취득의 대상이 된다.

### (4) 명인방법에 의해 공시되는 지상물

수목 또는 수목의 집단(입목법에 의해 등기된 수목은 제외), 입도(立稻), 미분리의 과실 등은 토지의 일부에 불과하지만 명인방법에 의해 별도의 독립된 부동산으로 공시될 수 있다. 명인방법으로 공시된 지상물은 부동산으로 파악되기 때문에 동산만을 대상으로 하는 선의취득의 객체가 되지 못한다. 그러나 수목이 벌채되거나 과실이 분리된 경우에는 선의취득의 대상이 된다.

### (5) 증권에 의해 표상되는 동산

화물상환증, 창고증권 또는 선하증권 등에 의하여 공시된 동산은 증권의 배서·교부에 의하여 동산의 선의취득이 가능하다. 또한 증권에 의하지 않더라도 그 동산이 운송 또는 임치의 관계로부터 이탈한 경우에 선의취득이 가능하다. 예컨대 창고업자가 증권을 교부하지 않고 보관 중인 물건을 임의로 매도하는 경우에 선의취득이 가능하다. 물건(동산)에 대한 선의취득과 증권에 대한 선의취득이 경합하는 경우 물건(동산)의 선의취득이 우선한다.

### (6) 증권적 채권과 권리

권리는 동산이 아니므로 제249조가 적용될 여지가 없다. 지시채권, 무기명채권 그 밖의 유가증권은 가치가 화체된 증권이며, 보통의 동산과는 다르지만 이들에 관해서는 따로 민법상 특별규정$\binom{\text{제514조,}}{\text{제524조}}$에 의한 선의취득이 인정된다. 따라서 동산의 선의취득에 관한 규정$\binom{\text{제249}}{\text{조}}$이 유추 적용되지 않는다(지시채권이나 무기명채권의 소지인이 이를 취득한 때에 양도인에게 권리 없음을 알았거나 중과실로 몰랐다면 선의취득이 부정된다).

---

**사례 63** 쌀 100가마의 소유자인 A는 이를 창고에 임치하고 창고업자 B로부터 창고증권을 교부받고 그 증권을 친구인 C에게 잠시 맡겨두었다. 그런데 C는 2016년 6월 1일 그 창고증권을 소유자인 것처럼 하여 D에게 매도하여 선의취득의 요건을 구비하였다. 그 후에 다시 창고업자 B도 같은 해 7월 1일에 자신이 소유자인 것처럼 하여 다시 그 물건을 E에게 매도하여 E도 선의취득의 요건을 구비하였다. D와 E 중 누가 선의취득을 하는가?

**해설 63** E가 쌀 100가마를 선의취득한다.

증권에 의해 표상되는 동산은 증권이 아닌 물건의 선의취득자가 우선한다고 한다. 따라서 사안의 경우 E가 쌀 100가마를 선의취득한다.

## 2. 양도인에 관한 요건(양도인은 점유자이지만 처분권이 없어야 한다)

(1) 양도인은 동산의 점유자이어야 한다. 선의취득은 양도인(전주)의 점유라는 공시방법에 공신력을 부여하는 제도이기 때문이다. 양도인의 점유는 직접점유·간접점유, 자주점유·타주점유를 묻지 않는다.

그러나 점유자로 인정되지 않는 점유보조자가 점유주의 물건을 처분한 경우에도 선의취득이 인정될 수 있다. 양도인의 점유는 객관적으로 보아 권리자로 오신할 만한 사실상의 지배가 있는 것으로 충분하기 때문이다(대판 1991.3.22. 91다70에서 점유보조자가 횡령한 물건은 도품이 아니라고 판시하여 점유보조자가 매도한 경우에도 매도인을 점유자인 것처럼 인정하고 있다).

(2) 양도인에게 처분권한이 없어야 한다. 양도인이 소유권을 갖지 않은 경우(예컨대 임차인, 질권자, 수치인)뿐만 아니라, 양도인에게 소유권이 있더라도 가압류 등으로 처분권이 제한되어 있거나 부담부 소유권을 갖고 있는 경우에도 매수인은 선의취득할 수 있다(대판 1966.11.22. 66다1545·1546).

공유물을 처분하는 공유자 1인도 지분범위를 넘는 범위에서는 무권리자에 해당한다. 나아가 타인의 동산을 자기의 이름으로 처분할 권한이 있는 자(⑩ 위탁매매인, 질권자, 집행관)라도 제3자의 동산을 처분권이 부여된 타인의 동산으로 잘못 알고 처분한 경우에는 선의취득이 인정될 수 있다. 또한 매도대리인이 본인 소유가 아닌 동산을 양도한 경우에 양수인이 본인의 소유물이라고 오신하면 선의취득은 성립한다. 그러나 양도목적물이 본인의 소유라도, 대리인이 무권대리인이라면 상대방이 대리권이 있다고 오신하여도 선의취득의 보호를 받지 못한다(다만 상대방은 표현대리의 법리에 의해 보호될 수 있다).

---

**사례 64** A는 공장을 운영 중인 바, 그 공장 내 기계(동산)를 관리하던 B가 이를 반출하여 C에게 양도하였다. 이를 알게 된 A가 C에게 기계의 반환을 구하자, C는 선의취득을 주장한다. 점유보조자인 B로부터 양수한 C는 선의취득이 가능한가? (대판 1991.3.22. 91다70 참조)

**|해설 64|** 점유보조자인 B로부터 양수한 C는 선의취득이 가능하다.
기계의 점유자는 A이고, 이를 처분한 B는 점유보조자 내지 소지기관이며, 그로부터 양도받은 C가 기계를 인도받을 때를 기준으로 볼 때 선의, 무과실의 양수인이면, 선의취득할 수 있다.

---

## 3. 양수인에 관한 요건

### (1) 양수인은 동산의 점유를 취득해야 한다

점유는 현실의 인도, 간이인도(대판 1981.8.20. 80다2530)에 의하여 취득할 수 있다는 점에 대해서 의문이 없다.

그런데 목적물반환청구권의 양도에 의하여도 선의취득의 요건인 점유취득을 인정할 것인지에 대해서는 논의가 있다. 다수설과 판례는 지명채권 양도의 대항요건(직접점유자에 대한 통지나 승낙)을 갖추었다면 이를 긍정한다(대판 1999.1.26. 97다48906). 목적물반환청구권의 양도만 있고 채권양도의 대항요건이 갖추어지지 않았다면 소유권의 선의취득을 부정함이 타당하다. 목적물반환청구권의 양도는 점유개정과 마찬가지로 점유이전사실에 대한 공시방법으로는 불충분하다는 점에서 원권리자의 보호필요성이 점유개정의 경우보다 적지 않기 때문이다. 결국 점유매개자에 대한 통지나 승낙이 있었을 때 물권변동이 일어난다고 해야 할 것이다. 따라서 반환청구권의 양도만에 의한 선의취득은 원칙적으로 부정되어야 할 것이다.

다만 이 경우에도 매도인에게 목적물반환청구권이 없음에도 불구하고 있다고 오신하여 이를 양수받은 매수인은 점유를 취득하지 못한다. 매도인에게는 반환청구권이 없을 뿐만 아니라 진정한 권리자의 지배범위를 벗어나지 못하였고 소유자가 갖는 소유물반환청구권을 보호해야 할 필요성이 더욱 크기 때문이다(예컨대 A가 자기 소유 동산을 B에게 임치하고, B는 점유개정의 방법으로 C에게 소유권을 양도했다. 그리고 C가 B에 대한 반환청구권을 D에게 양도하고 통지한 경우에도 D는 선의취득을 하지 못한다. C는 점유개정의 방법으로 점유취득했으므로 C는 (선의취득을 통한) 소유자가 될 수 없다. 결국 C는 B에 대한 반환청구권이 아예 없으므로 D는 C로부터 반환청구권을 양수받은 것이 아니므로 점유를 취득하지 못한 것이 되어 D의 선의취득이 부정된다).

점유개정에 의하여 점유를 취득한 경우에 판례는 선의취득을 부정한다(대판 1978.1. 17, 77다1872). 그러나 그 후 점유자가 현실인도를 받았다면 그 때를 기준으로 다른 요건을 갖춘 경우에 선의취득이 인정되어야 할 것이다. 이러한 견해와는 달리 ⅰ) 점유개정을 점유이전의 한 방법으로 인정하는 이상 점유개정의 방법에 의한 점유취득에 대해서도 선의취득을 인정해야 한다는 긍정설, ⅱ) 점유개정은 관념적인 점유이전 중에서 가장 불명확하며, 점유개정에 의한 선의취득을 인정하여 원권리자의 권리를 박탈하는 것은 원권리자에게는 지나치게 가혹하기 때문에 선의취득은 성립할 수 없다는 부정설, ⅲ) 점유개정에 의한 선의취득은 인정되지만 뒤에 현실의 인도를 받은 때 비로소 확정적으로 소유권을 취득한다는 절충설이 있다.

## (2) 양수인은 선의·무과실이어야 한다

여기서 선의란 양도인이 처분권이 없는 무권리자임을 양수인이 알지 못한 것이고, 무과실은 그것을 알지 못한 것에 과실이 없음을 말한다(대판 2010.2.11, 2009다93671). 양수인의 선의·무과실의 판단시점은 물권행위가 완성된 때를 기준으로 한다. 따라서 물권적 합의와 인도가 모두 갖추어진 시점까지 양수인은 선의·무과실이어야 한다(대판 1991.3. 22, 91다70).

증명책임과 관련하여 양수인의 점유취득에 선의는 추정된다. 제197조 제1항에서 점유자는 평온·공연·선의로 점유하는 것으로 추정되기 때문이다. 따라서 선의취득을 부정하는 자가 양수인의 악의를 증명해야 한다. 한편 양수인의 무과실도 추정되는지에 대해서는 논란이 있다. 판례에 따르면 선의취득에 양수인, 즉 선의취득자의 무과실이 추정되지 않아 무과실은 양수인이 증명해야 한다(대판 1999.1.26, 97다48906. 동산질권의 경우 동산질권의 선의취득자에게 자신의 무과실에 대한 증명책임이 있다고 본 판결례로는 대판 1981.12.22, 80다2910). 이와는 달리 다수설은 제200조를 근거(양도인은 처분권이 있는 것으로 추정되는 결과 양수인이 양도인을 권리자로 신뢰한 것에 과실이 없다고 추정될 수 있다고 봄)로, 또는 거래안전의 보호를 위하여 무과실도 추정된다고 본다. 생각건대 원소유자는 양도과정을 알 수 없어 선의취득자의 과실 증명이 곤란하다는 점에서 권리취득과정의 당사자인 선의취득자가 자신의 무과실을 증명하도록 한 판례의 견해가 타당하다.

### (3) 양수인의 점유취득은 평온·공연하게 행하여져야 한다

평온은 폭력의 반대로 거래의 과정에 폭력이 개재되어서는 안 된다는 것이며, 공연은 은비의 반대말로 이해관계인에 대해 은폐하지 않는 것을 의미한다. 그런데 제197조 제1항에 의하면 점유자는 평온·공연하게 점유한 것으로 추정하고 있는데, 동조의 규정은 선의취득의 경우에도 유추되어, 취득자는 평온·공연하게 거래한 것으로 추정된다.

---

**사례 65** A가 B에게 물품(동산)의 소유권을 유보하여 공급하였는데, B는 그 물품을 C에게 보관시켜두었다. 그 후 B는 D에게 그 물품에 대한 반환청구권을 양도하고, 이를 통지하였다. 이 경우, D는 C가 보관 중인 물품을 선의취득할 수 있는가? (대판 1999.1.26, 97다48906 참조)

**해설 65** D는 반환청구권의 양도에 의한 점유취득으로 선의취득을 할 수 있다.

양도인이 소유자로부터 보관을 위탁받은 동산을 제3자에게 보관시킨 경우에 양도인이 그 제3자에 대한 반환청구권을 양수인에게 양도하고 지명채권 양도의 대항요건을 갖추었을 때에는 동산의 선의취득에 필요한 점유의 취득 요건을 충족한다.

---

### 4. 거래행위에 관한 요건

(1) 선의취득은 거래의 안전과 신속을 위한 제도이므로, 소유권의 이전(질권설정 포함)을 목적으로 하는 거래행위를 통하여 물권(소유권 또는 질권)을 취득해야 한다. 따라서 타인의 산림을 자기의 산림으로 오신하여 벌채해서 목재를 취득하는 경우와 같이 사실행위가 있었던 경우에 선의취득은 인정되지 않는다.

거래행위가 무상행위인 경우에는 선의취득을 부인하는 견해도 있지만, 거래행위는 유상행위이든 무상행위이든 불문하는 통설이 타당하다. 거래행위에는 매매·경매$\binom{대판\ 1998.6.}{12,\ 98다6800}$·증여·대물변제 등이 포함된다.

한편 선의취득은 개별적인 거래를 보호하는 제도이기 때문에 특정승계에 한하고, 상속·회사의 합병과 같은 포괄승계의 경우에는 인정될 수 없다. 왜냐하면 이러한 포괄승계의 경우에는 개개의 동산의 점유를 신뢰한다는 것이 인정될 수 없기 때문이다.

(2) 양도인이 무권리자인 점을 제외하고는 거래행위가 유효해야 한다. 따라서 동산물권의 거래행위가 거래당사자의 제한능력, 대리권의 흠결, 착오, 사기·강박 등으로 취소되거나 또는 그 밖의 무효·취소의 원인이 있어서 실효된 때에는 선의취득이 성립될 수 없다. 따라서 양도인은 물권적 청구권으로 물건의 반환을 청구할 수 있다. 양도인에게 다시 양도되기 전이라도 양수인의 채권자가 그 동산을 강제집행할 수 없다$\binom{다만\ 이\ 때\ 경매를\ 통한\ 양수인에게는\ 선의취득이\ 인정될}{수\ 있다.\ 대판\ 1998.3.27,\ 97다32680\ 등\ 참조}$.

　이러한 실효된 거래행위를 한 자로부터 다시 양도받은 전득자에 관하여는 선의취득이 성립
할 수 있다.

---

**사례 66** A가 착오로 B와 동산매도계약을 체결하여 인도하고, 다시 B는 C에게 전매한 후에, A
가 착오를 이유로 B와의 매매계약을 취소하였다.

질문 1) C가 자신의 권리를 보호받을 수 있는 방법은?

질문 2) C가 D에게 전매하여 인도한 후에, B가 착오를 이유로 A와의 매매계약을 취소한 경우,
　　　　D의 권리보호방법은?

질문 3) A가 무능력을 이유로 취소한 경우, C의 선의취득이 인정되는가?

**│해설 66│**

해설 1) A, B간의 매매계약이 취소되면 A에게 물권이 복귀하는 것이 원칙이다. 따라서 C가 권
리를 보호받기 위해서는 선의취득$\binom{제249}{조}$ 또는 제3자보호규정$\binom{제109조}{제2항}$을 주장해야 한다. 선의취득의
요건이 구비된 것 경우에는 C는 목적물의 소유권을 유지할 수 있다.

해설 2) C가 선의인 경우, 제109조 제2항에 의해 선의의 제3자임을 이유로 목적물을 보유하거나
또는 선의취득의 요건구비를 이유로 C가 동산소유권을 취득하고, D는 선악의를 불문하고 이를
승계취득하였음을 주장할 수 있다.

C가 악의고 D가 선의인 경우, 제109조 제2항에 의해 D는 선의의 제3자임을 주장하거나 또 선
의취득을 주장할 수 있을 것이다.

해설 3) B의 점유를 신뢰한 C가 그로부터 이미 점유를 취득한 경우 선의취득을 할 수 있다.

---

**사례 67** A는 공장을 운영하는 B에게 기계(동산)를 공급하면서 공급대금을 전부 지급할 때까지
소유권을 유보하는 약정을 하고, B에게 공급하여 공장부지에 설치하였는데 B가 공급대금을 지급
하지 아니하여 공급계약을 해제하였다. 그런데 기계는 B 소유의 공장부지 및 공장건물과 함께 경
매가 진행되어 C가 경락을 받았다. 이에 A는 C를 상대로 기계의 반환을 구하는 소송을 제기하자,
C는 기계가 A의 소유라고 하더라도 선의취득하였음을 주장한다. C의 주장은 타당한가?

(대판 1998.3.27. 97다32680 참조)

**│해설 67│** C의 주장은 타당하다.

채무자 이외의 자의 소유에 속하는 동산을 경매한 경우에도 경매절차에서 그 동산을 매수하여
매매대금을 납부하고 이를 인도받은 매수인은 특별한 사정이 없는 한 그 소유권을 선의취득
한다.

## Ⅲ. 선의취득의 효과

### 1. 소유권, 질권의 종국적 취득

양수인은 선의취득의 효과로 동산물권(소유권, 질권만을 의미한다)을 취득한다$\binom{\text{제249조,}}{\text{제343조}}$. 반면 진정한 소유자는 소유권을 상실하거나 질권을 부담하게 된다. 선의취득의 요건이 구비된 시점부터 양수인은 종국적으로 소유권을 취득하게 된다. 법률의 규정이 소유권취득을 인정한 것이므로 선의취득자가 임의로 선의취득의 효과를 부정하고 종전 소유자에게 동산을 반환받아 갈 것을 요구할 수 없다$\binom{\text{대판 1998.6.}}{\text{12, 98다6800}}$. 질권의 선의취득시 질물의 소유자는 물상보증인의 지위를 갖는 질권설정자가 된다.

### 2. 제한물권의 소멸여부

제한물권이 설정된 동산 소유권을 선의취득했을 때, 양수인이 제한물권의 존재에 대하여 선의·무과실인 경우에 제한물권의 부담 없는 완전한 소유권을 취득함이 원칙이다. 그러나 양수인이 동산 위에 제한물권이 있음을 알았거나 알 수 있었다면 제한물권을 부담한 채로 소유권을 취득하는 것으로 새겨야 한다. 선의취득제도는 진정한 권리자(이에는 제한물권자도 포함된다)의 희생하에 양수인을 보호하여 거래의 안전을 도모하기 위한 제도임을 고려해 보면, 양수인이 선의취득 당시 이미 제한물권의 존재를 알았거나 알 수 있었다면 양수인이 선의취득한 소유권에 제한물권을 인정하더라도 양수인의 권리취득을 인정한 취지, 즉 거래안전을 부당하게 침해하는 것이 아니기 때문이다. 이 때 양수인이 의도한 것보다 더 많은 권리를 인정할 필요는 없다는 점도 고려되어야 한다.

### 3. 선의취득에 따른 법률관계

#### (1) 진정한 권리자와 양도인과의 관계

양도인은 진정한 권리자에게 거래행위로 취득한 이익을 부당이득으로 반환할 의무를 부담하며, 양도인의 귀책사유가 있는 경우에는 채무불이행 또는 불법행위로 인한 손해배상의무도 부담하게 된다. 경매에 의하여 채무자 이외의 자가 동산을 선의취득한 경우, 배당받은 채권자는 그 금원을 부당이득 반환의 법리에 따라 진정한 권리자에게 반환해야 한다$\binom{\text{대판 1998.3.27.}}{\text{97다32680}}$. 이 때 진정한 권리자는 선의취득의 반사적 효과로 동산의 소유권을 상실하지만 채권자는 경매대금에서 배당받았더라도 채권은 소멸하지 않기 때문에 배당받은 금전은 부당이득이 되기 때문이다.

#### (2) 진정한 권리자와 양수인(선의취득자)의 관계

유상취득한 선의취득자는 진정한 권리자에게 부당이득반환의무를 부담하지 않는다. 제249조의 선의취득은 제741조의 "법률상 원인"에 해당하기 때문이다. 그러나 무상행위로 소유권을 선의취득한 경우에 선의취득자가 부당이득반환의무를 부담하는지에 대한 논의가 있다. 부당이득반환을 인정하는 견해의 논거로는 ⅰ) 선의취득은 그 물권의 귀속을 인정하는 것만을 목표로 하는 것이므로 실질적 이득까지 보유시킬 필요는 없다는 점, ⅱ) 진정한 권리자는 소유권은 상실했지만 상실한 만큼의 이득은 선의취득자가 보전해 주더라도 선의취득자에게 불이익이 없는 상태에서 공평한 이익조정이 이루어진다는 점을 들고 있다.

반면 부정하는 견해의 논거로는 ⅰ) 선의취득제도는 물권의 귀속만이 아니라 거래안전을 위해 실질적 이득까지도 선의취득자에게 귀속시켜야 그 목적을 달성할 수 있다는 점, ⅱ) 특별규정이 없는 한 부당이득반환을 인정할 수 없다는 점, ⅲ) 진정한 권리자의 이익보호는 양도인과의 관계에서 해결해야 한다는 점을 들고 있다.

생각건대 정책직으로는 선의취득사의 이득은 반환되어야 하지만, 현행법의 해석상 선의취득된 물권은 제249조의 규정에 의한 이득으로 법률상 원인없는 이득이 아니기 때문에 부당이득으로 볼 수는 없을 것이다. 이러한 사견에 따르면 무상의 선의취득자는 가액을 부당이득으로 반환할 필요가 없다.

---

**사례 68** A가 소유권유보부 동산을 B에게 매도하였는데, B의 채권자 C의 경매신청으로 진행된 경매절차에서 그 동산이 D에게 경락되고, C는 매각대금에서 배당을 받았다. A는 C에게 소유권에 기한 반환청구를 주장하였으나 C의 선의취득이 인정되어 A의 청구가 기각되었다. 그 후 A가 C에게 부당이득을 청구한 경우에 C는 선의취득을 부인하면서 동산을 반환할 수 있는가?

(대판 1998.3.27, 97다32680 참조)

**|해설 68|** A는 C에게 배당금액을 부당이득으로 반환청구할 수 있다.

채무자 이외의 자의 소유에 속하는 동산을 경매한 경우에도 경매절차에서 그 동산을 경락받아 경매대가를 납부하고 이를 인도받은 매수인은 특별한 사정이 없는 한 소유권을 선의취득한다. 그 동산의 매각대금은 채무자의 것이 아니므로 채권자가 이를 배당 받았다고 하더라도 채권은 소멸하지 않고 계속 존속한다. 따라서, 배당을 받은 채권자는 이로 인하여 법률상 원인 없는 이득을 얻고 소유자는 경매에 의하여 소유권을 상실하는 손해를 입게 되었다고 할 것이므로, 그 동산의 소유자는 배당을 받은 채권자에 대하여 부당이득으로서 배당받은 금원의 반환을 청구할 수 있다.

---

**사례 69** A가 소유권유보부 동산을 B에게 매도하였는데, B의 채권자 C의 경매신청으로 그 동산이 C에게 매각되었고, C는 매각대금에서 배당을 받았다. C의 소유권취득이 선의취득의 요건을 갖춘 경우 C는 A에게 배당금을 부당이득으로 반환하는 대신 동산을 반환할 수 있는가?

(대판 1998.6.12, 98다6800 참조)

**|해설 69|** C는 A에 대한 배당금을 부당이득으로 반환하는 대신 동산을 반환할 수 없다.

제249조의 동산선의취득제도는 동산을 점유하는 자의 권리외관을 중시하여 이를 신뢰한 자의

소유권 취득을 인정하고 진정한 소유자의 추급을 방지함으로써 거래의 안전을 확보하기 위하여 법이 마련한 제도이므로 위 법조 소정의 요건이 구비되어 동산을 선의취득한 자는 권리를 취득하는 반면, 종전 소유자는 소유권을 상실하게 되는 법률효과가 법률의 규정에 의하여 발생되므로, 취득자가 임의로 이와 같은 선의취득 효과를 거부하고 종전 소유자에게 동산을 반환받아 갈 것을 요구할 수 없다.

## IV. 도품 및 유실물에 관한 특칙

### 1. 의   의

선의취득이 인정되더라도 목적물이 도품·유실물(이는 점유이탈물이라는 이름으로 통칭되기도 한다)인 경우에는 몇 가지 예외를 인정하고 있다. 즉 선의취득의 요건을 갖춘 경우에도 선의취득한 동산이 도품이나 유실물인 때에는 피해자 또는 유실자는 도난 또는 유실한 날로부터 2년 내에 그 물건의 반환을 청구할 수 있다. 그러나 도품 또는 유실물이 금전인 때에는 그 반환을 청구하지 못하도록 규정하고 있다($^{제250}_{조}$).

이 제도는 소유자가 금전을 제외한 동산을 도난 또는 유실당한 경우에는 양도인인 점유자가 권리자인 것처럼 보이는 외관을 갖게 되는데 소유자가 전혀 관여하지 않았기 때문에 양수인의 정당한 신뢰보다 원소유자의 소유권이 더욱 보호되어야 한다는 취지에서 마련되었다.

### 2. 적용범위

제250조와 제251조가 적용되는지는 대상물을 기준으로 정해진다. 적용대상이 되는 동산은 도품·유실물이며, 도품·유실물이 금전인 경우에는 그 금전의 반환청구를 할 수 없다. 가치의 표상으로서의 금전은 처음부터 선의취득의 대상이 되지 않으므로 제250조의 본문이든 단서이든 적용될 여지가 없다. 따라서 선의취득을 전제로 하는 제250조 단서의 금전은 물건으로서의 금전을 의미한다는 것이 통설이다. 다만 제250조 단서는 통화로서의 금전도 선의취득의 대상이 됨을 전제로 하므로 가치표상으로서의 금전이라도 특정성이 유지된 경우에는 선의취득의 대상이 될 수 있어 제250조 단서가 적용된다는 견해도 있다.

(1) 도품은 점유자의 의사에 반하여 점유를 빼앗긴 물건을 말하며, 유실물은 점유자의 의사에 기하지 않고 그의 점유를 이탈한 물건으로 도품이 아닌 것을 말한다. 따라서 사기로 편취한 동산은 권리자의 의사에 의하여 점유가 이전되었으므로 도품에 해당하지 않는다. 또한 위탁물을 횡령하거나 점유보조자나 소지기관이 횡령한 물건은 도품에 해당되지 않으므로 제250조를 적용하지 않는다($^{대판\ 1991.3.22.}_{91다70\ 참조}$).

(2) 유실물의 경우 제253조(유실물의 소유권취득)와 유실물법이 정한 절차를 거치면 습득자가 소유권을 취득한다. 그러나 유실물 습득자가 이 절차를 완성하기 전에 목적물을 처분한 경우 양수인은 선의취득할 수도 있음이 원칙이다. 그런데 이에 대한 특례가 제250조·제251조이다. 유실물과 도품의 양수인으로부터 다시 양도되었더라도 그 물건은 여전히 도품·유실물에 해당된다. 따라서 절취자 또는 습득자로부터 양수받은 자로부터 선의취득의 요건을 모두 구비하여 다시 양수받은 자에게도 원소유자는 반환청구가 가능하다.

(3) 도품·유실물에 대한 선의취득이 성립하여 제250조 및 제251조의 특칙을 적용받기 위해서는 선의취득에 관한 제249조의 요건을 갖추어야 한다. 따라서 제251조에서는 도품·유실물 취득자가 매도인이 무권리자라는 사실에 관하여 선의일 것만을 규정하고 있지만, 제249조의 적용에 의하여 무과실의 요건도 갖추어야 한다(대판 1991.3. 22, 91다70).

## 3. 내 용

피해자 또는 유실자는 도난 또는 유실한 날로부터 2년 내에 그 물건의 반환을 청구할 수 있다. 이 경우의 반환청구는 일반적으로 무상으로 할 수 있으나, 경매나 공개시장 또는 동종류의 물건을 판매하는 상인에게서 선의로 매수한 경우(제251조)에는 매수인이 지급한 대가를 변상해야 한다.

### (1) 소유권의 귀속

피해자·유실자가 반환청구할 수 있는 2년 동안 도품·유실물의 소유권은 원소유자에게 속해 있는가, 아니면 선의취득자에게 속하는가? 즉 선의취득자는 2년이 지난 후에 비로소 소유권을 취득할 수 있는지, 아니면 도품 또는 유실물이라도 선의취득의 요건이 구비된 경우 즉시 소유권을 취득하는지가 문제된다. 선의취득요건을 갖추면 양수인이 소유권을 취득하지만, 제250조 소정의 원소유자 등의 반환청구권은 점유의 회복과 함께 선의취득자의 권리를 소멸시키고 도난 또는 유실 당시의 법률관계를 부활시키는 법정의 특별한 권리로서 채권적 청구권으로 이해하는 선의취득자 귀속설이 있다. 그러나 반대로 도품, 유실물의 경우 양수인은 다른 선의취득 요건을 갖추었더라도 2년 동안은 소유권을 취득할 수 없어 이 기간 동안은 원소유자에게 소유권이 있다는 견해가 유력하다. 후자의 견해는 제250조는 점유회복을 구하는 원소유자의 "물권적 반환청구권"의 행사를 2년으로 제한하는 취지의 규정으로 이해하여 도난 또는 유실 후 2년 경과 후에 비로소 양수인이 소유권을 취득한다고 본다.

### (2) 반환청구권자와 그 상대방

반환청구권자인 피해자 또는 유실자는 원소유자인 경우가 대부분이다. 그러나 원소유자 이외에도 점유이탈 당시에 직접점유자였던 임차인 또는 수치인도 이에 포함될 수 있다. 반환청구의 상대방은 제249조의 요건을 구비한 현재의 점유자를 말한다. 절취자 또는 습득자로부터 점유가 이전된 경우 점유를 승계취득한 자도 그 상대방이 된다.

### (3) 반환청구기간

반환청구기간은 도난 또는 유실한 날로부터 2년이다(이 기간은 반환받아야 하는 기간이 아니라 반환청구를 해야 하는 기간이다). 기산점은 제3자가 점유를 취득한 날이 아니라 도난 또는 유실한 날이 된다. 이 기간의 성질에 관해서는 제척기간이라는 견해(이 반환청구권을 물권적 청구권으로 보면 위 기간은 제척기간이 될 것이다)와 시효기간이라는 견해의 대립이 있다. 이 기간을 시효기간이라 보는 견해는 그 반환청구권은 형성권이 아니고 청구권임을 근거로 한다.

### (4) 대가의 변상

도품·유실물의 회복청구는 무상으로 청구할 수 있음이 원칙이나, 예외적으로 취득자가 도품 또는 유실물을 경매나 공개시장에서 또는 동 종류의 물건을 판매하는 상인에게서 선의로 매수한 때에는 피해자 또는 유실자는 선의취득자가 지급한 대가를 변상하지 않으면, 그 물건의 반환을 청구할 수 없다($^{제251}_{조}$). 여기서 경매에는 공경매뿐만 아니라 사경매도 포함된다. 또한 매수 이외에도 교환과 같은 유상취득행위가 있으면 본 조가 적용될 수 있다. 매수인이 선의이어야 할 뿐만 아니라 무과실까지 요구된다. 선의취득의 다른 요건이 구비되어야 본 조가 적용되기 때문이다. 원소유자의 반환청구에 대해 양수인이 대가변상 없음을 항변권으로 주장하거나(항변권) 대가변상 없이 반환 후 대가변상을 청구권으로 주장할 수도 있다($^{대판\ 1972.5.}_{23,\ 72다115}$).

> **사례 70** A는 상인인 B로부터 제품을 매수하여 인도를 받아 점유 중, 위 제품이 의외로 C가 도난당한 물건이라 하여 A가 이를 수사기관에게 임의 제공한바 수사기관은 이를 C에게 돌려주었다. A는 C에게 대가변상을 청구하자, C는 제251조에 의하여 A가 보호받은 권리는 그가 지급한 대가의 변상을 받을 때까지 그 물건의 반환을 거절할 수 있는 항변권을 가지고 있음에 불과하고 이미 반환했으므로 더이상 대가변상을 청구할 수 없다고 주장한다. C의 주장은 타당한가?
>
> (대판 1972.5.23, 72다115 참조)
>
> **|해설 70|** C의 주장은 타당하지 않다.
> 제251조의 규정은 선의취득자에게 그가 지급한 대가의 변상을 받을 때까지는 그 물건의 반환청구를 거부할 수 있는 항변권만을 인정한 것이 아니고 피해자가 그 물건의 반환을 청구하거나 어떠한 원인으로 반환을 받은 경우에는 그 대가변상의 청구권이 있다는 취지이다.

> **사례 71** B가 A의 시계를 절취하고 3년이 지난 후 B의 시계라 믿은 C가 이를 매수하여 인도받은 경우 C의 소유권취득이 인정되는가?

**|해설 71|** C는 시계의 소유권을 선의취득한다.

시계는 도품에 해당되지만 3년이 경과하였으므로 제250조 이하의 규정이 적용되지 않는다.

---

**요건사실론** 선의취득의 요건사실론

원고가 소유권에 기한 동산인도 청구를 함에 대하여 피고가 A로부터 동산을 선의취득하였다는 항변을 하는 경우, 요건사실은 다음과 같다.

**1. 항변사실**

① A(양도인)의 동산점유 사실, ② A와 피고(양수인) 간 거래행위의 존재, ③ 그 거래행위에 기한 피고의 점유취득 사실, ④ A의 무권리에 대하여 선의인 점에 대한 피고의 무과실이다.

**2. 재항변사실**

피고의 악의, 점유가 평온 또는 공연한 것이 아니라는 점, 위 ②의 거래행위의 무효·취소사유는 재항변사실에 해당한다.

---

**변호사시험 기출문제**

## 02 선의취득과 도품 및 유실물에 관한 특칙

**문제**

甲과 乙은 2018.3.1. 甲 소유의 고려청자 1점을 乙이 보관하기로 하는 계약을 체결하였고, 甲은 乙에게 위 고려청자를 인도하였다. 乙은 2018.5.1. 보관 중이던 위 고려청자를 甲의 허락 없이 丙에게 평온·공연하게 매각하여 인도하였는데, 丙은 당시 아무런 과실 없이 乙이 정당한 소유자라고 믿었다. 甲은 2019.5.3. 丙을 상대로 위 고려청자가 도품(盜品) 또는 유실물에 해당한다는 이유로 소유권에 기하여 위 고려청자에 관한 인도 청구의 소를 제기하였다.

[질문] 위 소에서 법원은 어떠한 판결을 하여야 하는가? (소 각하 / 청구 기각 / 청구 인용)

　　(10점)　　　　　　　　　　　　　　　　　　2020년 제9회 변호사시험 제1문의2 문제 2

**해설** 甲의 丙에 대한 청구에 대하여 법원은 청구기각판결을 해야 한다.

丙이 선의취득의 요건을 갖추었는지 여부 및 고려청자가 도품이나 유실물에 해당하는지 여부를 검토해야 한다.

**1. 丙의 선의취득 여부**

선의취득 요건은 다음과 같다: ① 목적물이 동산일 것, ② 양도인이 동산을 점유하는 무권리자일 것, ③ 양수인이 법률행위를 통하여 동산을 양수하고 동산의 점유를 취득할 것, ④ 양수인이 선의·무과실일 것($^{제249}_{조}$)

사안에서 ① 고려청자는 동산이고, ② 고려청자는 甲 소유이므로 고려청자를 점유하고 있는 양도인 乙은 위탁보관자에 불과한 무권리자이며, ③ 丙은 유효한 매매를 통하여 고려청자의 점유를 취득하였고, ④ 다른 설시가 없으므로 선의 · 무과실인 것으로 판단된다. 따라서 丙은 특별한 사정이 없는 한 고려청자를 선의취득한다.

### 2. 고려청자가 도품 또는 유실물에 해당하는지 여부

선의취득한 동산이 도품이나 유실물인 때에는 피해자 또는 유실자는 도난 또는 유실한 날로부터 2년 내에 그 물건의 반환을 청구할 수 있다($^{제250}_{조}$). 고려청자가 도품이나 유실물에 해당할 경우 甲은 丙에 대해 2년 내에 반환을 청구할 수 있다. 사안에서 甲은 2년 내에 반환을 청구하였으므로 甲 청구의 당부를 살피기 위해서는 고려청자가 도품 또는 유실물에 해당하는지가 문제된다.

민법 제250조, 제251조 소정의 도품 · 유실물이란 원권리자로부터 점유를 수탁한 사람이 적극적으로 제3자에게 부정 처분한 경우와 같은 위탁물 횡령의 경우는 포함되지 아니하고 또한 점유보조자 내지 소지기관의 횡령처럼 형사법상 절도죄가 되는 경우도 형사과 민사법의 경우를 동일시 해야 하는 것은 아닐 뿐만 아니라 진정한 권리자와 선의의 거래 상대방 간의 이익형량의 필요성에 있어서 위탁물 횡령의 경우와 다를 바 없으므로 이 역시 민법 제250조의 도품 · 유실물에 해당되지 않는다($^{대판\ 1991.3.}_{22.\ 91다70}$).

사안에서 乙은 위탁물을 횡령하여 丙에게 처분한 것이므로, 고려청자는 도품에 해당하지 않는다.

# 제6관 명인방법에 의한 물권변동

## Ⅰ. 서  설

수목, 입도, 미분리과실 등은 원칙적으로 토지의 정착물 또는 그 정착물의 일부로 독립된 물건이 아니므로 토지소유권의 효력이 지상에 생육하거나 식재된 입목 등에 미치게 된다. 그러나 입목법에 의한 입목, 권원에 의해 부속된 수목($^{제256조}_{단서}$), 당사자가 토지와 별도로 명인방법을 갖춘 입목 또는 토지만을 양도할 때 입목 등에 대해서는 토지와 별개의 부동산으로 소유권이 성립한다. 판례는 입목 등 지상물(입목법상 입목 제외)을 독립된 거래의 객체로 인정하지만, 이를 위해 공시방법으로서의 명인방법을 갖추어야 한다.

## Ⅱ. 의  의

명인방법은 토지의 구성부분인 지상물을 토지와 분리하지 않은 상태에서 지상물의 소유자가 누구인지를 외부의 제3자가 명백하게 인식할 수 있게 하는 관습법상의 공시방법을 말한다. 수목의 집단 또는 미분리과실 등이 명인방법을 갖추면 토지소유권으로부터 독립되어 독자적 거래객체가 된다.

## Ⅲ. 내　용

**1.** 물권행위(물권적 합의)와 함께 명인방법을 갖추면 그 대상인 지상물은 토지에서 분리되어 독립적 거래의 객체가 되어 처분할 수 있다. 이 때 토지저당권의 효력은 분리처분된 지상물에 미치지 않는다.

**2.** 명인방법으로 공시되는 물권변동은 소유권(양도담보권)의 이전 또는 유보에 한정된다.

**3.** 명인방법은 소유권의 귀속을 대외적으로 표시해야 한다. 즉 대상인 지상물이 독립된 물건으로 특정되어야 하며, 현재의 소유자가 누구인지 계속적으로 명시되어야 한다$\left(\begin{smallmatrix}대판 1990.2.13.\\89다카23022\end{smallmatrix}\right)$. 명인방법으로 충분한지 여부는 구체적 사안에 따라 판단할 수밖에 없지만, 위와 같은 명인방법의 특정성과 계속성은 공시방법으로 유효하기 위한 최소요건이다.

**4.** 지상물의 소유자가 이를 이중으로 양도한 경우, 먼저 명인방법을 갖춘 자가 소유권을 취득한다$\left(\begin{smallmatrix}대판 1967.12.18.\\66다2382,2383\end{smallmatrix}\right)$.

**5.** 토지에 부합된 입목 등의 소유권을 유보한 채 토지만을 분리·처분하기 위하여는 입목 등에 관하여 명인방법을 갖추어야 하고, 이를 갖추지 않은 경우 입목 등의 소유권은 토지와 함께 이전되며, 토지 양도인은 양수인에게 입목 등에 대한 채권적 청구권을 행사할 수 있다$\left(\begin{smallmatrix}대판\\2021.8.19. 2020다266375. 민법에는 '부합'에 관한 규정은 있지만(제256조 이하) '분리'에 관하여\\규정은 없는데, 대상판결은 분리 시 공시에 이르는 절차를 설시하였다는 점에서 의미가 있다\end{smallmatrix}\right)$.

---

**사례 72** A는 그 소유의 X토지 상에 있는 수목을 특정하지 않고 지적만으로 표시하여 B에게 매도하고 그 공시를 위하여 그 입목이 B의 소유라는 푯말을 게시하여 명인방법을 실시하였다. 그 후 A는 X토지뿐만 아니라 그 지상 수목을 다시 C에게 전부 매도하고, 토지의 소유권이전등기를 마쳤다. 입목의 소유권은 B와 C 중 누가 취득하는가? (대판 1975.11.25. 73다1323 참조)

**┃해설 72┃** C가 입목의 소유권을 취득한다.

특정하지 않고 매수한 입목에 대하여 그 입목을 특정하지 않은 채 한 명인방법은 물권변동의 효력을 나타내지 못하여 그 수목은 토지의 정착물로 토지의 구성부분이 된다. C가 X토지에 관한 소유권이전등기를 경료함으로써 C가 그 입목의 소유권을 취득할 수 있다.

# 제7관 물권의 소멸

## I. 총 설

물권의 소멸원인에는 모든 물권에 공통된 것과 각각의 물권에 특유한 것이 있을 수 있다. 또한 권리의 소멸도 절대적 소멸과 상대적 소멸이 있을 수 있는데, 이하에서 각종 물권에 공통된 절대적 소멸사유를 검토한다.

## II. 소멸사유

### 1. 목적물의 멸실

목적물이 멸실되면 이를 목적으로 하는 물권도 소멸한다. 그러나 가치변형물에 대한 물상대위와 같이 목적물이 멸실되더라도 물권이 목적물의 물질적 또는 가치적 변형물에 미치기도 한다($^{제342조, 제}_{370조 참조}$).

### 2. 소멸시효의 완성

소유권 이외의 재산권은 20년의 소멸시효가 완성된다($^{제162조}_{제2항}$). 물권 중 지상권, 지역권은 소멸시효의 완성으로 소멸한다. 점유권과 유치권은 점유의 상실로 바로 소멸하고, 담보권은 피담보채권에서 독립하여 소멸시효가 진행되지 않는다($^{제369}_{조}$). 전세권의 존속기간은 최장 10년 이하라는 점에서 20년의 소멸시효가 적용되지 않음이 원칙이다(다만 건물전세권의 경우 법정갱신($^{제312조}_{제4항}$)으로 기존의 전세권이 연장되는 것으로 보는 저자의 견해에 따르면 소멸시효가 적용되어야 한다).

### 3. 물권의 포기

물권의 포기는 물권의 소멸을 목적으로 하는 물권적 단독행위이다. 포기에는 소유권·점유권의 포기와 같은 상대방 없는 단독행위와 제한물권의 포기처럼 상대방 있는 단독행위가 있다. 부동산물권과는 달리 동산물권의 포기에는 점유의 포기도 필요하다. 동산의 경우 점유는 유지하면서 소유의 의사를 포기하면 물권이 포기된다고 할 것이다. 소유의 의사가 없는 점유는 타주점유에 해당되기 때문이다. 공시방법을 갖추어야 하는지에 대해서는 다툼이 있다. 생각건대 외부에서 권리가 변동되었음을 인식할 수 있도록 해야 한다는 점에서 포기의사 외에도 말소등기나 점유의 포기가 요구된다 할 것이다. 판례에 따르면 공유지분의 포기는 법률행위이므로 법률행위에 의한 물권변동은 등기해야 효력을 발생하기 때문에 제186조에 따른 등기가 있어야 공유지분 포기에 따른 물권변동의 효력이 인정된다($^{대판\ 2016.10.27,}_{2015다52978}$). 물권의 포기는 물권자의 자유에 맡겨져 있지만, 물권이 제3자의 권리의 목적인 경우에는 제3자의 동의가 필요하다$\binom{\text{제371조}}{\text{제2항}}$.

## 4. 존속기간의 만료

존속기간이 있는 제한물권에서 존속기간이 만료된 경우, 물권은 말소등기가 없이도 당연히 소멸한다.

## 5. 혼  동

### (1) 의  의

혼동이란 서로 대립하는 두 개의 법률상 지위 또는 자격이 동일인에게 귀속하는 것을 말한다. 이 때 양 지위를 존속시키는 것이 법률적으로 무의미하기 때문에 물권이 소멸하게 된다. 그러나 상호 양립가능한 점유권과 본권에는 혼동의 법리가 적용되지 않는다.

혼동에 의한 물권 소멸의 효과는 절대적이다. 그러나 저당권자가 매매계약에 의해 저당목적물의 소유권을 취득했다면 저당권은 혼동으로 소멸하지만, 매매계약이 원인무효임이 판명된 경우, 저당권은 부활한다$\binom{\text{대판 1971.8.}}{\text{31. 71다1386}}$.

### (2) 소유권과 제한물권의 혼동

동일한 물건에 대한 소유권과 제한물권이 동일인에게 귀속된 경우 제한물권은 혼동으로 소멸한다$\binom{\text{제191조}}{\text{제1항 본문}}$. 그러나 지상권, 전세권이 저당권의 목적이 된 경우$\binom{\text{제371조}}{\text{참조}}$와 같이 제한물권이 제3자의 권리의 목적인 경우 제한물권은 혼동으로 소멸하지 않는다$\binom{\text{제191조}}{\text{제1항 단서}}$. 그 이외에 학설과 판례는 제3자의 이익뿐만 아니라 본인의 이익을 위해서 필요한 경우에도 제한물권은 혼동으로 소멸하지 않는다고 한다$\binom{\text{대판 1998.7.}}{\text{10. 98다18643}}$. 예컨대 선순위저당권자가 그 목적물의 소유권을 취득한 경우, 원칙적으로 혼동으로 저당권이 소멸해야 하지만, 후순위저당권자가 존재하는 경우, 선순위저당권은 혼동으로 소멸하지 않는다. 그러나 선순위저당권자가 그 저당목적물의 소유자인 채무자를 상속한 경우, 후순위저당권자가 존재하더라도 선순위저당권은 소멸한다. 채무의 상속으로 피담보채권과 상속채무가 혼동으로 소멸하게 되고 부종성의 원칙에 의해 저당권이 소멸하는 것으로 소유권과 제한물권의 혼동으로 인한 것이 아니기 때문이다.

### (3) 제한물권과 그 제한물권을 목적으로 하는 다른 권리의 혼동$\binom{\text{제191조}}{\text{제2항}}$

예컨대 지상권을 목적으로 하는 저당권이 설정된 경우, 저당권자의 지위와 지상권자의 지위가 동일인에게 귀속하면, 저당권은 혼동으로 소멸한다.

사례 73 A는 B에게 그 소유의 부동산에 매매예약에 따른 가등기를 한 후, 가등기와 상관없이 매매를 원인으로 한 소유권이전등기를 하였다. 이 경우, B의 A에 대한 매매예약에 따라 가등기에 기한 소유권이전의 본등기청구권은 혼동으로 소멸하는가? (대판 1995.12.26, 95다29888 참조)

|해설 73| 혼동으로 소멸하지 않는다.

채권은 채권과 채무가 동일한 주체에 귀속한 때에 한하여 혼동으로 소멸하는 것이 원칙이므로, 어느 특정의 물건에 관한 채권을 갖는 자가 그 물건의 소유자가 되었다는 사정만으로는 채권과 채무가 동일한 주체에 귀속한 경우에 해당한다고 할 수 없어 그 물건에 관한 채권이 혼동으로 소멸하지 않는다. 따라서 이 사안에서 가등기권리자인 B가 A에 대하여 갖는 가등기에 기한 본등기청구권은 채권으로서, B가 A를 상속하거나 A의 가등기에 기한 본등기 절차 이행의 의무를 인수하지 아니하는 이상, B가 위 가등기에 기한 본등기 절차에 의하지 아니하고, A로부터 별도의 소유권이전등기를 경료받았다고 하여 혼동의 법리에 의하여 B의 가등기에 기한 본등기청구권이 소멸하는 것은 아니다.

# 제2장 점유권

## 제1절 점유권 일반론

### 제1관 점유제도 개설

#### 1. 점유제도

점유제도는 사실적 지배상태 자체의 법적 보호를 위한 것으로 물건을 사실상 지배하는 경우, 본권이 있는지를 불문하고 사실상 지배상태에 일정한 법률효과를 부여하는 제도이다. 점유권은 지배할 수 있는 권리인 본권과 대비된다.

민법상의 점유제도는 로마법의 포셋시오(possessio)와 게르만법의 게베레(Gewere)의 결합으로 형성된 것이다. possessio는 사실적 지배와 법률적 지배의 분리를 전제로 소유로부터 절연된 사실적 지배에 대해 다양한 법적 보호를 도모한다(점유보호청구권, 선의점유자의 과실수취권, 비용상환청구권 등). 반면, Gewere는 사실성 자체를 권리의 표현형태(권리의 옷)로 이해하여 그로 인한 권리의 추정($\frac{제200}{조}$), 자력구제($\frac{제209}{조}$), 선의취득($\frac{제249}{조}$), 물권의 공시($\frac{제188}{조}$) 등을 인정한다.

#### 2. 점유보호의 근거

점유를 보호해야 하는 근거에 대해 소유와 점유는 대체로 일치하므로 사회의 평화와 질서를 유지하기 위해 점유를 보호해야 한다는 평화설과 점유를 그대로 보유함으로 인한 생활관계의 연속에 대한 점유자 개인의 이익을 보호하기 위한 것이라는 연속설이 있지만, 양자 모두가 점유제도의 목적으로 볼 수 있다.

#### 3. 점유와 점유권

(1) 점유권과 점유의 관계에 대해 법률요건으로서의 점유와 그로 인한 법률효과로서의 점유권은 서로 다르다고 보는 견해와 점유가 있으면 점유권이 인정된다고 하여 점유권은 점유 그

자체라는 견해로 나뉜다.

(2) 점유권은 다른 사람들로부터 존중되어야 하는 점에서 물권성이 인정되지만 현재의 상태를 잠정적으로 보호한다. 반면에 본권은 점유할 수 있는 권리로서 점유를 법률상 정당화하는 권원이 필요하다는 점에서 있어야 할 상태를 지향한다는 점이 다르다.

## 제2관  점유의 개념

### 1. 총  설

민법상 점유로 인정되기 위해서 사실적 지배라는 객관적 사실 외에 점유의사라는 의사적 요소가 필요하지 않다(단 점유설정의사는 필요하다). 구민법 제180조는 주관설의 입장에서 점유의사를 요건으로 했지만, 현행 민법은 객관설을 취하고 있다.

### 2. 사실적 지배로서의 점유($^{제192}_{조}$)

#### (1) 개  념

물건에 대한 점유는 사회관념상 어떤 사람이 어떤 물건을 사실적으로 지배하는 객관적 관계를 말한다. 물건을 유형적·물리적으로 소지할 필요는 없고, 거래통념상 그 물건이 어떤 사람의 지배 내에 있는 것으로 인정되어 타인은 함부로 그것을 침해할 수 없는 관계가 인정되면 점유가 인정된다.

#### (2) 사실적 지배를 인정하기 위한 요소

사실상의 지배는 반드시 물건을 물리적, 현실적으로 지배하는 것만을 의미하는 것이 아니고, 물건과 사람과의 시간적, 공간적 관계와 본권관계, 타인지배의 제거가능성 등을 고려하여 사회통념에 따라 합목적적으로 판단하여 인정된다(대판 2022.2.10. 2018다298799; 대판 2016.11.9.2013다42649). 예컨대 임야에 대한 점유이전 또는 점유의 계속은 반드시 물리적이고 현실적인 지배를 요한다고 볼 것은 아니고, 임야에 대한 소유권을 양도하면 그에 대한 지배권도 이전되는 것이 거래계의 통상적인 형태이다$\binom{\text{대판 2014.5.29.}}{\text{2014다202622}}$. 결국 점유에는 사실적 요소 외에 본권관계 등 규범적 또는 비사실적 요소가 포함되어 있다. 상속의 경우에도 상속인이 실제로 사실상 지배를 하는지와 무관하게 상속개시사유가 발생하면 상속인이 점유를 취득하게 된다$\binom{\text{제193}}{\text{조}}$.

### (가) 물건과 사람 사이의 공간적 관계

공간적으로 밀접한 관계에 있을수록 사실적 지배의 인정이 용이하다. 그러나 여행중인 사람의 집에 있는 물건이나 주차장에 세워둔 자동차의 경우처럼 공간적으로는 밀접한 관계가 인정되기 어렵더라도 물리적 지배력이 미칠 가능성이 있다면 사회관념상 사실적 지배가 인정될 수 있다.

### (나) 물건과 사람의 시간적 관계

지배관계가 시간적으로 어느 정도 계속되어야 사실적 지배의 인정이 용이하다. 예컨대 옆사람으로부터 볼펜을 잠시 빌려서 사용하고 돌려준 경우에 볼펜을 점유했었다고 볼 수는 없다.

### (다) 타인의 지배를 제거할 수 있는 가능성

이 요소는 지배의 계속성, 본권 여부 등에 의해 판단된다.

### (라) 본권의 유무

본권의 유무는 점유의 성립에 영향을 주지 않음이 원칙이다. 따라서 도둑에게도 점유가 인정될 수 있다. 그러나 사회관념상 사실적 지배를 인정함에 있어 본권의 유무가 유력한 표준이 되는 경우가 많다. 특별한 사정이 없는 한 대지의 소유자로 이전등기를 마친 자는 보통 등기할 때에 그 대지의 인도를 받아 점유를 얻은 것으로 보아야 한다거나$\binom{\text{대판 2001.1.}}{\text{16, 98다20110}}$ 임야에 대한 소유권을 양도하는 경우 그에 대한 지배권도 넘겨지는 것이 거래상 통상적인 형태라고 하거나$\binom{\text{대}}{\substack{\text{판}\\\text{1997.8.22.}\\\text{97다2665}}}$ 사회통념상 건물은 그 부지를 떠나서는 존재할 수 없는 것이므로 건물의 부지가 된 토지는 그 건물의 소유자가 점유하는 것으로 보는 것$\binom{\text{대판 1993.10.}}{\text{26, 93다2483}}$도 점유의 인정에서 본권의 유무를 고려한 대표적인 예이다.

---

**사례 1** 1963년 11월경부터 A가 B 소유의 Y토지 위에 X건물을 소유·점유하면서 Y토지도 소유의 의사로 점유하기 시작하였다. 그 후 1972년 3월에 X건물에 경매가 개시되어 C에게 소유권이 이전되었다. 그 후 A는 1974년 4월에 C로부터 X건물을 매수하여 소유권을 다시 취득하였다. 1983년 12월 경 A는 Y토지를 20년간 점유한 것으로 볼 수 있는가?  (대판 1993.10.26, 93다2483 참조)

**│ 해설 1 │** A가 Y토지를 20년간 점유한 것으로 볼 수는 없다.

사회통념상 건물은 그 부지를 떠나서는 존재할 수 없는 것이므로 건물의 부지가 된 토지는 그 건물의 소유자가 점유하는 것으로 볼 것이고, 건물의 소유권이 양도된 경우에는 건물의 종전의 소유자가 건물의 소유권을 상실하였음에도 불구하고 그 부지를 계속 점유할 별도의 독립된 권원이 있는 등의 특별한 사정(예컨대 건물의 소유자가 그 부지도 함께 소유하고 있다가 건물의 소유권만을 양도함으로 인하여 그 부지에 대한 직접점유를 상실하였다고 하더라도 그 부지에 관하여 관습상의 법정지상권을 취득하게 되는 건물의 새로운 소유자를 통하여 그 부지를 간접점유하는 것으로 되는 등)이 없는 한, 그 부지에 대한 점유도 함께 상실하는 것으로 보아야 한다.

이 사안에서 A가 비록 Y토지를 소유의 의사로 점유하여 왔다고 하더라도, 어디까지나 X건물을 소유 · 사용함에 따라 Y토지도 함께 점유하는 것에 지나지 않는 것인 바, A가 경매를 통하여 X건물의 소유권을 상실한 동안에는 설령 그가 그 기간 중에도 X건물을 계속 점유 · 사용하고 있었다고 하더라도 Y토지를 점유한 것으로 볼 수는 없다.

다만 A는 점유승계($_{조}^{제199}$)의 법리에 따라 전 점유자인 C의 점유를 아울러 주장하여 20년간의 점유를 주장할 수는 있다고 보아야 할 것이다. 그러나 이때에도 A가 스스로 20년간 점유한 것은 아니고 제199조에 의하여 C의 점유까지 자신의 점유로 볼 수 있을 뿐이다.

---

**사례 2** A는 B 소유의 Y토지 상에 X건물을 신축하기 위해 C에게 공사를 맡겨 X건물을 완성하고 이를 원시취득하였다. 그런데 공사대금을 지급받지 못한 C는 X건물을 점유하면서 유치권을 행사하고 있다. C는 Y토지의 점유자인가? (대판 2009.9.10, 2009다28462 참조)

**| 해설 2 |** C가 아니라 건물의 소유자 A가 Y토지의 점유자이다.

사회통념상 건물은 그 부지를 떠나서는 존재할 수 없으므로 건물의 부지가 된 토지는 건물의 소유자가 점유하는 것이고, 이 경우 건물의 소유자가 현실적으로 건물이나 그 부지를 점거하고 있지 않다 하더라도 건물의 소유를 위하여 그 부지를 점유한다고 보아야 한다. 한편 미등기건물을 양수하여 건물에 관한 사실상의 처분권을 보유하게 됨으로써 건물부지 역시 아울러 점유하고 있다고 볼 수 있는 등의 특별한 사정이 없는 한 건물의 소유명의자가 아닌 자는 실제 건물을 점유하고 있다 하더라도 그 부지를 점유하는 자로 볼 수 없다.

### (3) 점유설정의사

현행 민법상 점유의 성립에 점유의사는 필요하지 않다. 그러나 적어도 점유설정의사, 즉 사실적 지배를 가지려는 자연적 의사는 필요하다고 하는 것이 통설이다. 예컨대 자기 집 마당에 들어온 타인의 개, 극장에서 타인이 몰래 자기 포켓 속에 넣은 편지 등에 대해서는 점유설정의사도 없으므로 그것을 발견하기 전에는 점유가 성립하지 않는다. 점유설정의사는 명시적일 필요는 없고 대개 추정된다. 또한 개개물건 단위로 의식될 필요는 없고, 우편함의 설치와 같이 포괄적으로 표시할 수도 있다. 이 의사는 법률행위에 있어서와 같이 어떤 법률효과의 발생을 원하는 것이 아니라, 사실상 지배를 하고자 하는 자연적 의사이므로 점유의 취득에 행위능력이 요구되지 않고, 제한능력자라 하더라도 사실상의 지배를 하려는 의사가 있는 한 점유를 취득할 수 있다.

# 제3관 점유보조자(占有補助者)

## 1. 의 의

점유보조자는 점유보조관계에 의하여 타인의 지시를 받아 물건을 사실상 지배하는 자를 말하는데($제195조$), 이러한 점유보조자는 점유자로 인정되지 않는 특징이 있다. 점유보조자에게 점유권을 인정하지 않는 이유는 사회관념상 (특히 점유주와의 관계에서) 점유보조자의 점유를 보호할 가치가 없을 뿐만 아니라 그것을 보호하는 경우에는 오히려 점유질서를 파괴할 우려가 있기 때문이다(그러나 점유보조자가 점유주의 물건을 임의로 처분한 경우에도 선의취득이 인정될 수 있다). 따라서 점유주(占有主)만이 점유자로 인정된다. 점유주란 물건을 물리적으로는 지배하지 않으나, 점유보조자를 통하여 점유하는 자를 말한다.

## 2. 요 건

### (1) 사실상의 지배

어떤 자(점유보조자)가 타인(점유주)을 위하여 물건에 대한 사실상의 지배를 하고 있어야 한다. 사실상의 지배는 점유보조자가 단독으로 행사하거나 점유주와 공동으로 행사할 수 있다. 점유보조자가 되기 위한 관계는 객관적으로 결정되는 것이기 때문에 점유보조자에게 점유주를 위하여 사실상 지배한다는 의사도 필요하지 않다.

### (2) 점유보조관계

(가) 점유보조자와 점유주 사이에는 점유보조자가 점유주의 지시에 따라야 할 관계(점유보조관계)가 있어야 한다. 지시에 따라야 할 관계란 채권관계처럼 대등한 관계가 아니라, 사회적 종속관계를 말한다. 점유보조관계가 계속적인 것일 필요도 없다. 점유보조관계가 외부에서 쉽게 인식할 수 없어도 가능하다는 견해가 있다. 그러나 제3자는 사실상 지배를 하고 있는 자를 점유자로 생각하게 될 것이며 이와 같은 생각은 보호되어야 한다는 점에서 외부에서 점유보조관계를 인식할 수 없다면 점유보조자를 점유자로 보는 것이 타당하다. 제195조에는 가사상 또는 영업상의 관계를 예시하고, 그 밖에 타인의 지시를 받는 유사한 관계에서도 점유보조관계가 성립할 수 있다고 규정한다. 종속관계의 기초는 사법상 계약뿐만 아니라, 친족법상 관계, 공법상

의 법률관계일 수도 있다. 이러한 법률관계가 반드시 유효한 것일 필요는 없다.

(나) 자기 소유인 물건에 자신이 점유보조자가 될 수 있다. 점유보조관계는 물건에 관한 권리관계와는 무관하게 객관적 사실을 기초로 인정되기 때문이다. 예컨대 마네킹을 타인에게 빌려준 자가 빌린 사람의 가게에서 보조하는 경우에 물건의 소유자는 간접점유자일 뿐만 아니라 점유보조자이기도 하다.

한편 처는 원칙적으로 남편의 특유재산에 대하여 점유보조자가 될 수 없다. 부부관계는 지시를 전제로 하는 관계가 아니므로$\binom{\text{헌법 제36}}{\text{조 참조}}$ 처는 남편의 점유보조자가 될 수는 없고 단지 점유매개관계에 의한 직접점유자가 될 수 있을 뿐이다.

법인의 대표기관도 법인의 점유보조자가 아니다. 법인실재설에서 이사는 점유기관으로 점유를 취득하는 경우 바로 법인의 점유로 인정할 수 있기 때문이다. 법인의제설에서 이사는 독립된 점유자로 보기 때문에 점유보조자가 아니다. 그러나 대표기관 이외의 법인의 기관(예컨대 감사) 또는 직원이라도 사실상 지배를 당하는 경우에는 점유보조자가 될 수 있다.

### 3. 점유보조자의 법적 지위

#### (1) 점유권의 부인

점유보조자는 비록 물건에 대하여 실력을 행사하고 있더라도 점유자는 아니며 점유주만이 점유자이다$\binom{\text{제195}}{\text{조}}$. 따라서 점유보호청구권을 포함한 점유의 효과는 원칙적으로 점유주에게만 인정되고, 점유보조자에게는 제3자에 대한 관계에서도 점유권에 관한 효력이 인정되지 않는다는 견해가 통설이다. 판례도 점유보조자는 점유자가 아니므로 방해자에게 방해제거청구를 할 수 없다고 한다$\binom{\text{대판 1976.9.}}{\text{28, 76다1588}}$.

> **사례 3** A농지개량조합이 공유수면 매립인가를 얻어 간척사업을 마친 토지 중에 포함된 X토지를 농지로 분배함에 있어 A조합의 총무과장이던 B가 수분배자의 명의를 자기의 동거가족인 미혼의 딸 C 이름으로 농지를 분배받았지만 실제로는 A가 분배받아 X토지를 점유·경작하고, C는 B를 도와주고 있다. D가 X토지를 점거하였을 경우 C는 점유권에 기한 방해제거청구권을 행사할 수 있는가? (대판 1976.9.28, 76다1588 참조)
>
> **│ 해설 3 │** C는 점유권에 기한 방해배제청구권을 행사할 수 없다.
> 그 토지에 대해서 C는 단순히 명의수탁자일 뿐으로 실제로는 A가 분배받아 점유경작하고 있고 이 때 C는 A의 점유보조자일 뿐이기 때문이다.

#### (2) 자력구제권의 인정

점유주의 보호와 충돌하지 않는 영역에서 점유보조자에게 점유의 효력을 인정하여 점유보조자에게 점유권은 인정되지 않으나 점유주를 위하여 자력구제권$\binom{\text{제209}}{\text{조}}$을 행사할 수는 있다. 그러나 이 자력구제권은 점유보조자의 고유한 자력구제권이 아니라 점유주의 자력구제권을 행사하는 것으로 해석되어야 한다.

### (3) 점유의 득실

제195조는 물건에 대한 권리행사만을 전제로 하고 있으나 점유의 취득과 상실에도 적용된다. 따라서 점유보조자가 물건에 대한 사실상의 지배를 취득하거나 상실하면 점유주 또한 그 물건에 대한 점유를 취득하거나 상실한다.

### (4) 점유의 하자

점유취득시 누구를 기준으로 선의·악의를 판단해야 하는지와 관련하여 점유주와 점유보조자 모두를 기준으로 하여 점유주에게 불리하게 판단해야 한다. 그 논거로 점유주를 위하여 점유하는 점유보조자는 대리인과 유사한 위치에 있으므로 대리행위의 하자(제116조)의 법리를 유추적용하는 견해 또는 제756조의 사용자 책임의 법리가 기초되어야 한다는 견해 등이 있다. 점유보조관계는 본질적으로 점유주의 지시가 전제되기 때문에 점유주가 악의일 때에는 점유보조자가 선의라도 점유주는 이를 원용하지 못한다. 점유자의 선의와 악의에 따라 예컨대 점유자와 회복자와의 관계(제201조 내지 제203조)에서 그 효과에서 차이가 있고, 시효취득의 인정여부에서도 차이가 있기 때문에 중요한 의미가 있다.

### 4. 점유보조관계의 소멸

점유보조관계는 점유주와 점유보조자 간의 종속관계가 종료함으로써 소멸하고 이 때 점유보조자의 지위도 상실된다. 점유보조관계는 점유보조자의 의사의 변경(즉 점유보조관계를 끝낸다는 의사를 갖는 것)만으로써 종료하지 않고, 종속적인 점유보조관계의 종료를 외부에서 명백히 인식할 수 있어야 한다. 예컨대 점원이 점유보조관계를 끝낸다는 의사를 갖고 상점 내 물건을 점유하더라도 점유자가 될 수는 없다. 그 자가 점유주로부터 그 물건을 매수하는 경우에는 점유보조관계가 소멸된 것을 외부에서 인식할 수 있어 점유자가 될 수 있다.

# 제4관 간접점유(間接占有)

## 1. 의 의

간접점유란 점유매계관계를 통하여 타인(점유매개자)으로 하여금 점유하게 하는 것을 말한다. 간접점유에는 사회관념상 점유매개자의 점유를 통하여 간접적으로 물건에 대하여 지배력이 보호되어야 한다는 평가가 있으므로 간접점유자는 비록 물건에 대하여 직접 실력을 행사하지 않더라도 점유자로 보호된다($^{제194}_조$).

## 2. 성립요건

### (1) 점유매개자의 점유

점유매개자가 물건을 점유해야 한다. 그 점유는 점유보조자에 의한 점유도 가능하다. 점유매개자는 점유보조자를 통하여 점유할 수 있을 뿐만 아니라 점유매개자가 간접점유자가 될 수도 있다. 즉 점유매개자의 점유는 계층적으로 중첩될 수 있다. 예컨대 A의 건물을 임차한 B가 C에게 전대를 한 경우, C의 점유는 직접점유이지만, A의 간접점유를 매개하는 점유매개자 B의 점유는 간접점유이다. 이와 같이 점유매개자의 점유는 직접점유일 수도 있고 간접점유일 수도 있다.

또한 점유매개자의 점유는 점유매개의사를 가진 타주점유(他主占有)여야 한다($^{대판\ 1996.1.26,}_{95다49097}$).

### (2) 점유매개자와 간접점유자 사이의 점유매개관계

**(가)** 점유매개관계는 간접점유자 A가 점유자 B의 점유를 매개로 간접적으로나마 현재 물건에 대해 지배하는 것으로 인정될 수 있는 관계를 말한다. 점유매개관계에 대해서 제194조는 '지상권, 전세권, 질권, 사용대차, 임대차, 임치'를 예시하고, '기타의 관계'를 두어 포괄적으로 규정하고 있다. '기타의 관계'는 일시적으로 타인으로 하여금 점유할 수 있는 권리·의무를 발생시키는 법률관계로 해석된다. 이러한 기타의 관계는 계약(예컨대 도급계약, 신탁계약, 물건운송계약, 위탁매매계약, 양도담보계약), 법률의 규정(예컨대 유치권, 친권, 후견 등), 공법상의 관계(예컨대 집행관의 점유) 등에 의하여 발생한다($^{대판\ 2010.12.9,}_{2008다71575}$).

### (나) 점유매개관계의 속성

점유매개자의 점유할 권리는 간접점유자의 권리로부터 유래한 것이어서 간접점유자의 권리는 점유매개자의 권리보다 포괄적이어야 한다. 이와 같이 내용적으로 제한이 있을 뿐 간접점유가 점유매개자의 점유보다 먼저 성립해야 하는 것은 아니어서 양 점유 사이에 시간적 선후관계가 요구되지는 않는다. 예컨대 A 소유의 물건을 B에게 매도하고 점유개정을 통하여 A가 계속 점유하는 경우, B의 간접점유가 A의 직접점유보다 먼저 성립하는 것은 아니다. 또한 점유매개관계는 반드시 유효하게 존속할 필요는 없다. 예컨대 점유매개관계인 임대차계약이 종료(예컨대 해지 등)된 경우에도 직접점유자가 점유를 유지하고 있다면, 간접점유자의 반환청구권이 소멸한 것이 아니므로 점유매개관계가 단절된다고 볼 수 없다($^{대판\ 2019.8.14,\ 2019다205329.\ 유치권자가\ 채무}_{자의\ 동의를\ 얻어\ 유치물을\ 제3자에게\ 임대차했으}$

나 차임연체로 임대차를 해지했더라도, 유치권자가 아직 목적물의 반환을 받지 못했다면 임차인 )
(유치권자)에게는 점유매개관계에 의한 간접점유가 인정되므로 유치권은 여전히 인정된다고 판시).

간접점유자는 점유매개자에 대해서 반환청구권을 가져야 한다. 반환청구권이 인정되어야 간접점유자에게 그 물건에 대한 지배력이 인정되기 때문이다. 반환청구권은 채권적 반환청구권이어야 한다는 견해가 통설이다. 이 반환청구권은 조건부 또는 기한부라도 가능하며, 반환청구권에 항변권이 존재하여도 상관이 없다. 반환청구권이 수인에게 있다면 그 수인이 간접점유자이다. 다른 한편, 점유매개관계가 유효하지 못한 경우에 부당이득에 기한 반환청구권도 이에 포함된다.

### 3. 간접점유자의 법적 지위

간접점유자도 점유자이므로 점유에 관한 규정이 적용되어야 한다.

#### (1) 대외적 관계

점유매개자의 점유를 제3자가 침탈 또는 방해할 경우, 간접점유자에게 점유보호청구권이 인정된다($^{제207조}_{제1항}$). 목적물을 점유매개자에게 반환할 것을 청구할 수 있고, 점유매개자가 물건의 반환을 받을 수 없거나 이를 원하지 않을 경우에는 간접점유자에게 반환을 청구할 수 있다($^{제207조}_{제2항}$). 한편, 점유매개자의 점유가 제3자에 의해 침해된 경우, 간접점유자에게도 자력구제권을 인정할 것인지에 대해서는 명문의 규정이 없는 상태에서 견해가 대립된다. 자력구제권은 극히 예외적인 경우에만 인정되어야 한다는 점에서 점유를 외부에서 인식할 수 없는 간접점유자에게 자력구제권이 인정될 수 없다고 할 것이다.

#### (2) 대내적 관계

점유매개자가 간접점유를 침해한 때에는 간접점유자의 점유보호청구권이 부정되어야 한다. 예컨대 점유매개자가 무단으로 제3자에게 양도하여 간접점유가 침해되어도 간접점유자의 양수인에 대한 점유보호청구권이 배제된다. 직접점유자가 임의로 점유를 타에 양도한 경우에는 점유이전이 간접점유자의 의사에 반한다 하더라도 간접점유자의 점유가 침탈된 경우에 해당하지 않는다($^{대판\ 1993.3.9,}_{92다5300}$)($^{제207조\ 제}_{2항\ 참조}$). 간접점유의 기초가 되는 법률관계, 즉 점유매개관계 또는 본권에 의거한 청구권을 행사하여 충분히 보호되기 때문이다. 반면, 점유매개자는 간접점유자에 대하여 점유매개관계에서 발생하는 청구권뿐만 아니라 점유보호청구권이나 자력구제권을 행사할 수 있다. 간접점유자에 대한 관계에서 점유매개자를 두텁게 보호해야 할 필요가 있기 때문이다.

**사례 4** A 재단법인이 소유한 X토지 지상에 국가가 설치한 송전선로가 지나가고 있고, B공사가 송전선로 등 수도권 광역상수도시설에 대한 수도시설관리권을 국가로부터 출자받아 시설을 유지·관리하고 있다. 이 경우 A 재단법인이 주위적으로 B공사에 대하여, 예비적으로는 국가에 대하여 X토지 상공의 점유로 인한 부당이득반환을 구하는 소송을 제기하였다. B공사는 단순히 국가의 점유보조자에 불과하다고 주장한다. B의 주장은 타당한가?　　(대판 2012.9.27, 2011다76747 참조)

┃**해설 4**┃B의 주장은 타당하지 않다.

B공사는 국가로부터 수도권 광역상수도시설에 관한 수도시설관리권을 출자받은 권리자의 지위에 있고, 그 권리의 성질이 물권인 이상 B공사는 수도시설의 일부인 위 송전선로를 직접 지배하면서 유지·관리하고 있는 것이지 시설의 소유권자인 국가가 그 시설을 공사가 이용하는 데 적합한 상태로 제공한 데 따라 이를 점유·사용하는 보조적 지위에 있는 것이 아니므로, 위 송전선로가 통과하는 X토지의 상공 부분(송전선로의 양측 가장 바깥선으로부터 법정이격거리 범위 내의 부분)은 B공사가 직접 점유하고 있는 것이지 단순히 국가의 점유보조자로서 점유하는 것이 아니다 (참고: B공사와 국가는 A재단법인에게 부당이득반환의무를 부담하며 양자는 부진정연대채무관계에 놓인다).

# 제5관 점유의 유형

## Ⅰ. 자주점유와 타주점유

### 1. 개　념

자주점유는 사실상 소유의 의사를 갖고 하는 점유를 말한다. 타주점유는 자주점유 이외의 점유를 말하는데, 타인이 소유권을 가지고 있음을 전제로 한 점유를 말한다(대판 1992. 3. 10, 91다24311). '소유의 의사'는 물건에 대해 소유자처럼 배타적 지배를 사실상 행사하려는 의사를 말할 뿐이고, 소유권을 실제로 갖고 있거나 또는 소유권이 있다고 믿고서 하는 점유를 의미하는 것은 아니다 (대판 1996.10. 11, 96다23719). 소유의 의사는 사실상 소유할 의사만으로도 충분하기 때문에 부동산의 경우 등기를 수반하지 아니한 점유임이 밝혀졌더라도 이 사실만으로 바로 점유권원의 성질상 소유의 의사가 결여된 타주점유라고 할 수 없다(대판(전) 2000.3. 16, 97다37661).

## 2. 자주점유와 타주점유의 구별기준 및 자주점유의 추정

### (1) 구별기준과 구별실익

자주점유와 타주점유의 구별기준은 소유의 의사에 있으며, 판단시점은 원칙적으로 점유취득 시(점유개시시)를 기준으로 권원의 성질에 의하여 객관적으로 결정된다.

(가) 소유의 의사유무는 점유개시 시점을 기준으로 판단해야 한다. 따라서 점유개시 당시 그 권원이 매매라면 소유의 의사를 인정할 수 있고, 나중에 매도자에게 처분권이 없었다는 등의 사유로 매매가 무효임이 밝혀져도 점유의 성질이 타주점유로 변경되지 않는다(대판 1996.5. 28, 95다40328).

(나) 자주점유인지는 점유취득의 원인이 된 권원의 성질 또는 점유와 관계가 있는 모든 사정에 의하여 외형적·객관적으로 결정되는 것이지, 점유자의 내심의 의사에 의하여 결정되지는 않는다(대판 2002.2. 26, 99다72743). 어떤 경우에 자주점유가 인정되는지는 여러 사례유형을 통하여 확인할 수밖에 없다. 국가나 지방자치단체가 취득시효의 완성을 주장하는 토지의 취득절차에 관한 서류를 제출하지 못하고 있다는 사유만으로 자주점유의 추정이 번복되지 않는다(대판 2021.8.12, 2021다230991).

(다) 자주점유와 타주점유를 구별하는 실익은 취득시효(제245조 이하)·무주물선점(제252조)·점유자의 책임(제202조) 등에서 나타난다. 특히 부동산 취득시효에서는 자주점유 여부가 크게 문제된 사건이 많다.

### (2) 자주점유의 추정과 복멸

(가) 물건의 점유자는 소유의 의사로 점유한 것으로 추정된다(제197조 제1항). 따라서 점유자는 취득시효를 주장할 때 스스로 소유의 의사를 증명할 책임이 없고, 취득시효의 성립을 부정하는 자는 그 점유자의 점유가 소유의 의사가 없는 점유임을 주장·증명할 책임이 있다. 토지를 소유자 이외의 자로부터 매수하여 등기없이 점유한 경우에도 매도인에게 처분권 없음을 잘 알면서 매수하는 등의 다른 특별한 사정이 없는 한, 타주점유로 볼 수는 없다(대판(전) 2000.3. 16, 97다37661).

(나) 취득시효의 성립을 부정하는 자는 다음의 사실을 증명하면 자주점유의 추정을 번복할 수 있다.

1) 점유자가 성질상 소유의 의사가 없는 것으로 보이는 권원에 기초한 점유취득사실

예컨대 점유취득의 원인사실이 임대차 또는 임치임을 증명하면 자주점유 추정이 번복된다. 또한 명의수탁자의 부동산 점유는 그 권원의 성질상 타주점유에 해당된다(대판 1996.6. 11, 96다7403). 공유자 1인이 공유부동산 전부를 점유한 경우, 권원의 성질상 다른 공유자의 지분비율의 범위 내에서 타주점유라고 할 것이다(대판 1995.1. 12, 94다19884). 따라서 이와 같은 점유취득사실(구분소유적 공유관계는 제외된다)을 증명하면 자주점유 추정이 번복된다. 다만 구분소유적 공유관계에서 등기부상 공유자들의 각 토지의 특정 부분의 점유는 권원의 성질상 자주점유에 해당한다(대판 2013.3.28, 2012다68750).

2) 점유자가 타인의 소유권을 배제하여 자기의 소유물처럼 배타적 지배 의사를 가지고 점유하는 것으로 볼 수 없는 객관적 사정

즉 점유자가 진정한 소유자라면 통상 취하지 아니할 태도를 나타내거나 소유자라면 당연히 취했을 것으로 보이는 행동을 취하지 아니한 경우 등 외형적·객관적으로 보아 점유자가 타인의 소유권을 배척하고 점유할 의사를 갖고 있지 않았다고 볼 만한 사정을 증명해도 자주점유 추정이 깨진다(대판 2002.2. 26, 99다72743). 토지매수인이 매수토지를 점유하고는 있지만 타인 토지의 매매에 해당되어 곧바로 소유권을 취득하지 못하고 있다는 사정만으로는 경험칙상 소유의사가 없었던 것으로 볼 만한 사정에 해당되지 않아 자주점유의 추정이 깨지지 않는다(대판(전) 2000.3. 16, 97다37661).

3) 악의의 무단점유

악의의 무단점유임을 증명해도 자주점유의 추정이 번복된다(대판(전) 1997.8. 21, 95다28625). 즉 소유권취득의 원인인 법률행위 기타 법률요건이 없고 그와 같은 법률요건이 없다는 사실을 알면서 타인 소유의 부동산을 무단점유한 경우에 판례는 자주점유의 추정을 번복한다. 이러한 악의의 무단점유에 관한 법리는 타인의 토지를 침범하여 건축을 한 경우에 그것이 통상의 착오의 정도를 넘어 침범한 때에는 이를 타주점유로 볼 뿐만 아니라(대판 2001.5.29. 2001다5913), 법률행위에 의한 거래에서도 매매대상 대지의 면적이 등기부상의 면적을 상당히 초과한 때에는 특별한 사정이 없는 한 계약당사자들이 이러한 사실을 알고 있었다고 보아야 하므로 원칙적으로 초과부분에 대한 점유는 타주점유에 해당한다고 한다(대판 2001.11. 27, 2001두6982).

(다) 그러나 점유자가 매매 등과 같은 자주점유의 권원을 주장하였으나 인정되지 않는 것만으로 자주점유의 추정이 번복되지는 않는다(대판 2013.3.28. 2012다68750).

---

**사례 5** A는 1929.12.16. X토지의 소유자로서 소유권보존등기를 마치고, 1990.7.23. 사망하여 B는 그의 유일한 상속인으로 X토지에 관하여 소유권이전등기를 마쳤다. 한편, D는 1965.1.31. X토지를 C로부터 매수하여 채소를 재배·경작하기 시작하였다(점유취득시효의 기산). E는 1985.5.31. D로부터 X토지를 매수하여 점유·사용하고 있다. B가 E를 상대로 토지의 반환을 구하는 소송을 제기하자, E는 점유취득시효의 완성을 주장하고 있다. 이에 B는 E가 법률상 소유권자가 아닌 D로부터 타인의 권리를 매수하여 점유를 취득한 것은 타주점유에 해당한다고 한다. B의 주장은 타당한가?

(대판(전) 2000.3.16, 97다37661 참조)

**│해설 5│** B의 주장은 타당하지 않다.

토지의 매수인이 매매계약에 의하여 목적 토지의 점유를 취득한 경우, 설사 그것이 타인의 토지의 매매에 해당하여 그에 의하여 곧바로 소유권을 취득할 수 없다고 하더라도 그것만으로 매수인이 점유권원의 성질상 소유의 의사가 없는 것으로 보이는 권원에 바탕을 두고 점유를 취득한 사실이 증명되었다고 단정할 수 없을 뿐만 아니라, 매도인에게 처분권한이 없다는 것을 잘 알면서 이를 매수하였다는 등의 다른 특별한 사정이 증명되지 않는 한, 그 사실만으로 바로 그 매수인의 점유가 소유의 의사가 있는 점유라는 추정이 깨어지는 것이라고 할 수 없다. 그리고 제197

조 제1항이 규정하고 있는 점유자에게 추정되는 소유의 의사는 사실상 소유할 의사가 있는 것으로 충분한 것이지 반드시 등기를 수반해야 하는 것은 아니므로 등기를 수반하지 아니한 점유임이 밝혀졌다고 하여 이 사실만 가지고 바로 점유권원의 성질상 소유의 의사가 결여된 타주점유라고 할 수도 없다.

---

**사례 6**　A종중이 선산으로 사용할 목적으로 X토지를 매수한 후, 1930년경 이를 B에게 그 명의를 신탁하였다. 그 후 B가 사망하여 이를 유일한 상속인 C가 이를 상속받았다. A종중은 C를 상대로 명의신탁을 해지하고, X토지의 소유권이전을 구하는 소송을 제기하자, C는 점유취득시효를 주장하고, A는 C의 점유는 타주점유임을 주장한다. A의 주장은 타당한가?

(대판 1996.6.11, 96다7403 참조)

**│해설 6│** A의 주장은 타당하다.

등기명의가 신탁되었다면 특별한 사정이 없는 한 명의수탁자의 부동산에 관한 점유는 그 권원의 성질상 자주점유라고 할 수 없고, 다시 명의수탁자로부터 상속에 의하여 점유를 승계한 자의 점유도 상속 전과 그 성질 내지 태양을 달리하는 것이 아니어서 특별한 사정이 없는 한 그 점유가 자주점유로는 될 수 없고, 그 점유가 자주점유로 되기 위하여는 점유자가 소유자에 대하여 소유의 의사가 있는 것을 표시하거나 새로운 권원에 의하여 다시 소유의 의사로써 점유를 시작해야만 한다.

---

**사례 7**　A, B가 1927.7.19. X토지를 매수하여 공유지분등기를 하면서, A가 X토지를 전부 점유하고 있었다. 1945.2.5. A의 사망으로 유일한 상속인인 C가 X토지의 점유를 승계하여 벌채 및 분묘 관리 등으로 점유하고 있다(점유취득시효기간의 개시). C는 1970년경 B를 상대로 점유취득시효의 완성을 이유로 지분이전등기청구를 한다. 이에 B는 C의 점유는 타주점유임을 주장한다. B의 주장은 타당한가?

(대판 1995.1.12, 94다19884 참조)

**│해설 7│** B의 주장은 타당하다.

상속에 의하여 점유권을 취득한 경우에는 상속인은 새로운 권원에 의하여 자기 고유의 점유를 개시하지 않는 한 피상속인의 점유를 떠나 자기만의 점유를 주장할 수 없고, 또 선대의 점유가 타주점유인 경우 선대로부터 상속에 의하여 점유를 승계한 자의 점유도 상속 전과 그 성질 내지 태양을 달리 하는 것이 아니어서, 특단의 사정이 없는 한, 그 점유가 자주점유로는 될 수 없고, 그 점유가 자주점유로 되기 위하여서는 점유자가 소유자에 대하여 소유의 의사가 있는 것을 표시하거나 새로운 권원에 의하여 다시 소유의 의사로써 점유를 시작해야만 한다. 이 사안에서 C는 A가 사망하자 상속에 의하여 X부동산에 대한 점유를 개시한 바, C가 새로운 권원에 의하여 X부동산에 대한 점유를 개시하였다거나 소유자에 대하여 소유의 의사가 있는 것을 표시하였다고 볼 수 없는 한, C의 X부동산에 대한 점유가 자주점유인가 아니면 타주점유인가는 피상속인인 A의 X부동산에 대한 점유의 성질에 의하여 결정할 수밖에 없다. 그리고 원래 X부동산에 관하여 1927.7.19. A, B의 공유로 소유권이전등기가 경료되었다면, 다른 특별한 사정이 없는 한, 위 부동산은 공유로 추정할 것이고, 공유부동산은 공유자 1인이 전부를 점유하고 있다고 하여도 다른 특별한 사정이 없는 한 권원의 성질상 다른 공유자의 지분비율의 범위 내에서는 타주점유라고 볼 수밖에 없다.

**사례 8** A는 X토지 중 특정부분(전체면적의 1/2)을 B에게 매도하면서 편의상 B에게 1/2의 공유지분등기를 경료하였다. B는 이를 점유사용하고 있던 중 자기 소유의 Y토지와 X토지 중 A의 점유부분을 교환하기로 하고, 교환 후 X토지의 전부를 점유사용하고 있다. B의 X토지에 대한 점유는 자주점유인가? (대판 2013.3.28. 2012다68750 참조)

**│해설 8│** B의 X토지에 대한 점유는 자주점유로 추정된다.

공유부동산의 경우에 공유자 중의 1인이 공유지분권에 기초하여 부동산 전부를 점유하고 있다고 하여도 다른 특별한 사정이 없는 한 권원의 성질상 다른 공유자의 지분비율의 범위 내에서는 타주점유이다. 그렇지만 이와 달리 구분소유적 공유관계에서 어느 특정된 부분만을 소유·점유하고 있는 공유자의 점유는 자주점유에 해당한다. 그러나 매매 등과 같이 종전의 공유지분권과는 별도의 자주점유가 가능한 권원에 의하여 다른 공유자가 소유·점유하는 특정된 부분을 취득하여 점유를 개시하였다고 주장하는 경우에는 타인 소유의 부동산을 매수·점유하였다고 주장하는 경우와 달리 볼 필요가 없으므로, 취득 권원이 인정되지 않는다고 하더라도 그 사유만으로 자주점유의 추정이 번복된다거나 점유권원의 성질상 타주점유라고 할 수 없고, 상대방에게 타주점유에 대하여 증명할 책임이 있다.

**사례 9** A는 1991.8.12. 그 소유의 X토지와 인접한 B 소유의 Y토지 경계에 있는 철조망을 철거하고, Y토지를 침범하여 X토지와 Y토지에 걸쳐 건물을 신축한 다음, Y토지의 일부를 점유·사용하기 시작하였다. 그 후 A는 2011.3.18. X토지와 그 지상 건물을 C에게 매도하여 소유권이전등기를 마쳐주어 C는 현재 Y토지의 일부를 점유·사용하고 있다. B가 Y토지에 대한 경계를 확정하던 중, C 소유의 건물이 Y토지를 침범하고 있음을 알고, 그 철거 및 부당이득의 반환을 구하는 소송을 제기하자, C는 2011.8.12.부터 점유취득시효의 완성을 이유로 자신의 점유·사용은 정당함을 주장한다. C의 주장은 타당한가? (대판(전) 1997.8.21. 95다28625 참조)

**│해설 9│** C의 주장은 타당하지 않다.

점유자가 점유 개시 당시에 소유권 취득의 원인이 될 수 있는 법률행위 기타 법률요건이 없이 그와 같은 법률요건이 없다는 사실을 잘 알면서 타인 소유의 부동산을 무단점유한 것임이 증명된 경우, 특별한 사정이 없는 한 점유자는 타인의 소유권을 배척하고 점유할 의사를 갖고 있지 않다고 보아야 할 것이므로 이로써 소유의 의사가 있는 점유라는 추정은 깨어졌다고 할 것이다. 또한 점유승계시 전 점유자의 점유의 하자도 승계된다(제199조 제2항). C 자신만의 점유는 20년이 되지 않으므로 전 점유자의 점유도 주장해야 한다. 그런데 전 점유자의 점유가 타주점유이므로 C는 소유권취득을 위한 점유취득시효의 완성을 주장할 수 없다. 이 사안에서 A는 자신의 소유인 X토지와 B 소유의 Y토지 사이에 설치되어 있던 철조망을 임의로 제거하고 B 소유의 Y토지를 점유하기 시작하였던 사실이 인정되므로, A는 B 소유의 Y토지에 대한 점유를 개시할 당시에 성질상 소유권 취득의 원인이 될 수 있는 법률행위 기타 법률요건이 없이 그와 같은 법률요건이 없다는 사정을 잘 알면서 B 소유인 위 Y토지의 일부를 점유하였다고 보아야 한다(악의의 무단점유). 따라서 A가 위 Y토지의 일부를 소유의 의사로 점유한 것이라는 추정은 깨어졌다고 보아야하고, 달리 특별한 사정이 없는 한 그의 점유는 타주점유이다.

### 3. 자주점유 또는 타주점유로의 전환

자주점유와 타주점유를 결정짓는 소유의 의사 유무는 점유취득원인의 객관적 성질에 비추어 결정되므로, 점유의 계속 중에 점유취득원인의 변동에 의해서 타주점유가 자주점유로 전환되기도 하고, 자주점유가 타주점유로 바뀔 수 있다.

#### (1) 자주점유로의 전환

타주점유가 자주점유로 전환되기 위해서는 타주점유자가 ⅰ) 새로운 권원에 의하여 소유의의사로 다시 점유하거나 ⅱ) 자기에게 점유시킨 자(간접점유자)에게 소유의 의사가 있음을 표시해야 한다($\binom{대판\ 1996.6.28,}{94다50595,50601}$). 예컨대 수치인이 임치물을 매수한 경우가 이에 해당된다. 소유의 의사를 객관적으로 인식할 수 있도록 하면 족하다. 그런데 상속은 여기서 말하는 새로운 권원이라 할 수 없다. 상속은 피상속인의 점유를 승계하는 것으로 피상속인의 점유가 소유의 의사가 없는 경우에는 상속에 의한 점유도 역시 소유의 의사가 없는 것이 되기 때문이다($\binom{대판\ 2008.7.10,}{2007다12364}$).

**사례 10** A가 사망하자 그 소유의 X토지를 생후 2개월 된 딸인 B가 단독상속하였다. B의 후견인 C의 요청에 따라 A의 사촌인 D가 X토지의 점유·관리를 하던 중, C의 인장을 훔쳐 D의 아들인 E 명의로 매매를 원인으로 하는 소유권이전등기를 경료하였다. D의 X토지에 대한 점유는 자주점유로 전환된 것으로 볼 수 있는가? (대판 1994.2.8, 92다47526 참조)

**|해설 10|** 자주점유로 전환된 것으로 볼 수 없다.

D는 당초부터 B 소유의 X부동산을 관리하기 위하여 점유하기 시작한 것에 불과하여 그 점유는 권원의 성질상 타주점유라고 보아야 한다. 그러므로 D가 아들인 E의 명의로 X부동산에 관한 소유권이전등기를 경료하였다는 것만으로 소유의 의사를 표시하여 자주점유로 전환되었다고 볼 수 없다($\binom{대판\ 1993.4.27,\ 92다}{51723,51730\ 등\ 참조}$).

#### (2) 타주점유로의 전환

자주점유에서 타주점유로의 전환에 관해서도 위에서의 설명이 그대로 적용될 수 있다. 자주점유자가 새로운 권원에 기하여 타인을 위하는 의사로 점유를 개시하거나 타인에 대해 그를 위해 점유한다는 의사를 표시한 경우에는 타주점유로 전환된다. 점유개시 후 점유권원이 없었음을 알게 된 것만으로는 타주점유로 전환되지는 않는다.

판례에 의하면 소유권이전등기까지 완료해 준 매도인이 매매토지의 점유를 계속하는 경우 그 점유는 그 성질상 타주점유로 변경된다(대판 1996.6.28, 94다50595,50601. 이 사건에서 매도인이 토지점유자로서 그 토지 위에 가옥을 지어 그중 1채를 타에 임대하고 텃밭을 일구어 경작하면서 그 부분에 대한 재산세나 종합토지세를 납부하였다는 것만으로는, 새로운 권원에 의하여 다시 이를 점유하게 되었다거나 자신의 점유에 소유의 의사가 있음을 표시하였다고 볼 수 없다고 판시함). 또 부동산매매계약 해제 후 매수인의 점유는 계약해제일로부터 타주점유가 된다(대판 1972.2.22, 71다2306). 진정한 토지소유자가 점유자를 상대로 점유자 명의의 소유권이전등기가 원인무효임을 이유로 점유자 명의의 소유권이전등기 말소등기청구소송을 제기했는데 점유자의 패소가 확정되었다면 확정판결 후부터 점유자의 점유는 타주점유로 전환된다(대판 1996.10.11, 96다19857). 패소판결의 확정으로 점유자는 정당한 소유자에게 말소등기의무를 부담하게 되었기 때문이다(대판 2000.12.8, 2000다14934,14941). 이와는 별도로 패소확정된 선의의 점유자는 소유권이전등기 말소등기청구소송이 제기된 때부터 악의의 점유자로 간주된다(제197조 제2항). 반면, 토지점유자가 소유자를 상대로 소유권이전등기말소절차의 이행을 구하는 소를 제기하였다가 패소판결이 확정된 경우에는 점유자의 자주점유 추정이 번복되어 타주점유로 전환되지는 않는다(대판 1999.9.17, 98다63018). 패소판결의 확정으로 점유자의 소유자에 대한 말소등기청구권이 부정될 뿐, 그로써 점유자가 소유자에 대하여 어떠한 의무를 부담하게 되었다든가 그러한 의무가 확인되었다고 볼 수 없기 때문이다.

---

**사례 11** X토지에 관하여 A로부터 B로 매매를 원인으로 하는 소유권이전등기가 경료되었다. 그런데 A는 B를 상대로 B의 소유권이전등기가 서류위조에 의한 원인무효임을 이유로 소유권이전등기의 말소청구를 제기하였으나, 패소확정이 되었다. 그 후 A는 B를 상대로 X토지에 대해 점유취득시효가 완성되었음을 이유로 소유권이전등기를 구하는 소송을 제기하였다. 이에 대해 B는 A가 전소송에서 패소확정된 이상 A의 점유는 자주점유가 아님을 주장한다. B의 주장은 타당한가?

(대판 1999.9.17, 98다63018 참조)

**┃해설 11┃** B의 주장은 타당하지 않다.

토지의 현점유자가 이전에 소유자를 상대로 그 토지에 관하여 소유권이전등기말소절차의 이행을 구하는 소를 제기하였다가 패소판결이 확정되었더라도 그 소송은 점유자가 소유자를 상대로 소유권이전등기의 말소를 구하는 것이므로 그 패소판결의 확정으로 점유자의 소유자에 대한 말소등기청구권이 부정될 뿐이다. 그로써 점유자가 소유자에 대하여 어떠한 의무를 부담하게 되었다든가 그러한 의무가 확인되었다고 볼 수는 없고, 따라서 점유자가 그 소송에서 패소하고 그 판결이 확정되었다는 사정만으로는 토지 점유자의 자주점유의 추정이 번복되어 타주점유로 전환된다고 할 수 없다.

## II. 하자 있는 점유와 하자 없는 점유

### 1. 의 의

하자 있는 점유는 악의, 과실, 폭력, 은비, 불계속 등의 요건 중 일부라도 갖춘 점유를 말한다. 반면, 하자 없는 점유는 선의, 무과실, 평온, 공연, 계속 등의 요건을 모두 갖춘 점유를 말한다. 평온한 점유란 점유자가 그 점유를 취득 또는 보유하는 데 법률상 용인될 수 없는 폭력 행위를 쓰지 않은 점유를 말하고, 공연한 점유란 은비의 점유가 아닌 점유를 말한다.

## 2. 하자 없는 점유의 추정

점유자는 선의, 평온 및 공연한 점유를 한 것으로 추정된다($^{제197조}_{제1항}$). 불법점유임을 주장하는 자로부터 이의를 받은 사실 또는 점유물의 소유권을 둘러싸고 당사자 사이에 법률상의 분쟁이 있었던 사실만으로 곧 그 점유의 평온·공연성이 상실된다고는 할 수 없다($^{대판 1994.12.}_{9,\ 94다25025}$). 전후 양시에 점유한 사실이 있으면 그 점유는 계속되는 것으로 추정된다($^{제198}_{조}$). 이는 한 사람인 점유자의 점유에만 적용되는 것인지 점유자의 변경이 있는 경우에도 적용되는 것인지에 대해 견해가 나뉜다. 판례는 전후 양시점의 점유자가 다른 경우에도 점유의 승계가 입증되는 한 점유계속은 추정된다고 하여 후자의 입장이다($^{대판 1996.9.}_{20,\ 96다24279}$). 점유가 승계된 경우 이전 점유자의 하자도 승계된다($^{제199조}_{제2항}$).

## Ⅲ. 선의점유와 악의점유

### 1. 의 의

선의점유는 본권(점유할 수 있는 권리)이 있다고 잘못 믿고 하는 점유를 말한다. 즉 선의점유는 본권 있음을 「확신」한 점유를 말한다. 단순히 본권 없음을 모르고 한 점유만으로는 선의점유로 인정되지 않는다. 본권 없음을 몰랐더라도 그 유무에 대해 의심을 품으면서 한 점유는 악의점유로 본다. 이 점에서 일반적인 선의개념보다 좁게 해석된다. 보통 선의란 어떤 사정을 모르는 것을 말하기 때문이다. 점유권원 없음을 몰랐지만, 한편 점유권원이 있는지 없는지 모르고서 하는 점유(본권이 있음을 확신하지 못하는 점유)는 악의점유가 된다는 점에서 악의점유가 넓게 인정된다. 선의점유자는 취득시효, 과실수취권, 점유자의 책임, 선의취득에서 특별히 강하게 보호받기 때문에 보호할 가치가 충분히 인정되어야 할 필요가 있기 때문이다.

악의점유는 본권이 없음을 알았거나 본권 유무에 관하여 의심을 품으면서 하는 점유를 말한다.

### 2. 선의점유의 추정

점유자는 선의로 점유한 것으로 추정된다($^{제197조}_{제1항}$). 권원 없는 점유였음이 밝혀졌다고 바로 그동안의 점유에 대한 선의의 추정이 깨어졌다고 볼 것은 아니다($^{대판 2016.12.29.}_{2016다242273}$). 그러나 선의의 점유자도 본권에 관한 소에서 패소(확정)한 경우에는 소제기시부터 악의의 점유자로 간주한다($^{제197조}_{제2항}$). 소제기시란 소장부본이 상대방에게 도달한 때를 말한다($^{대판 2014.2.13.}_{2013다1891}$).

본권에 관한 소의 범위에는 소유권에 기하여 제기된 일체의 소, 가령 소유권에 기한 점유물의 인도를 구하는 소송, 부당점유자를 상대로 점유로 인한 부당이득반환소송도 포함한다(대판 2002. 11.22, 2001 다6213). 이에 대해서 권리귀속의 소만 포함된다는 견해도 있다.

---

**사례 12** A는 국가로부터 국가소유인 X토지에 관하여 농지상환완료에 따른 소유권이전등기를 마친 후, B에게 X토지를 매도하여 B는 이를 인도받아 사용하던 중, A로부터 소유권이전등기를 마쳤다. 한편, 국가는 A, B를 상대로 X토지는 농지가 아니고, A도 농민이 아님에도 상환완료로 소유권이전등기를 마친 것은 무효이고, 무효인 등기에 기한 B의 소유권이전등기도 무효임을 이유로, 각 소유권이전등기의 말소를 구하는 소송을 제기하여 점유자 B가 패소확정판결을 받았다. B는 언제부터 악의의 점유자가 되는가?                    (대판 1996.10.11, 96다19857 참조)

**해설 12** B는 국가가 소송을 제기한 때부터 악의의 점유자가 된다.
진정 소유자가 자신의 소유권을 주장하며 점유자 명의의 소유권이전등기는 원인무효의 등기라 하여 점유자를 상대로 토지에 관한 점유자 명의의 소유권이전등기의 말소등기청구소송을 제기하여 그 소송사건이 점유자의 패소로 확정되었다면, 그 점유자는 제197조 제2항의 규정에 의하여 그 소송의 제기시부터는 토지에 대한 악의의 점유자로 간주된다.

---

## Ⅳ. 과실(過失) 있는 점유와 과실(過失) 없는 점유

본권이 없음에도 불구하고 본권이 있는 것으로 오신한 경우에 그 오신에 과실이 있으면 과실 있는 점유이고, 과실이 없으면 과실 없는 점유이다. 점유자의 본권에 대한 오신에 과실이 있는지 여부에 따라 취득시효, 선의취득에서 구별의 실익이 있다. 한편, 과실이 있었는지의 여부는 점유개시시를 기준으로 판단한다.

제197조는 과실 없는 점유를 추정하지 않기 때문에 과실 없는 점유를 주장하는 자가 그 증명책임을 부담한다(등기부취득시효에서 무과실 점유개시에 대해서 대판 1992.11.13, 92다30245 참조).

# 제6관 점유권의 취득과 소멸(占有權의 取得과 消滅)

## Ⅰ. 점유권의 취득

---

1. 직접점유의 취득
  (1) 원시취득
  (2) 승계취득
2. 간접점유의 취득

3. 점유권 취득의 효과
  (1) 원시취득의 효과
  (2) 승계취득의 효과

## 1. 직접점유의 취득

### (1) 원시취득

점유의 원시취득은 어떤 물건이 어떤 사람의 지배에 들어간 경우 또는 점유보조자가 점유물을 횡령한 경우에 인정된다. 이러한 점유취득행위의 법적 성질은 사실행위에 해당한다.

### (2) 승계취득

#### (가) 특정승계

직접점유의 특정승계취득에는 현실인도에 의한 점유권의 승계취득($^{제196조}_{제1항}$)과 간이인도에 의한 승계취득($^{제196조}_{제188조}$)이 있다. 여기에는 본인이 직접 점유권을 승계취득하는 경우뿐만 아니라 점유보조자의 현실인도 또는 대리인을 통한 간이인도를 통해 점유주나 본인이 직접점유를 취득하는 것을 포함한다.

현실인도에 의한 점유권의 승계취득의 경우 물건에 대한 사실적 지배를 양도인에서 양수인으로 이전받아 취득하는 것인데, 그 법적 성질에 관해서는 점유권이전에 대한 물권적 합의와 물건에 대한 사실적 지배의 이전을 통해 권리로서의 점유권 이전이 발생한다는 법률행위설과 사실적 지배의 이전이라는 사실행위설이 대립한다. 법률행위설에 의하면 현실인도에 의한 점유권의 승계취득에 대해서도 행위능력이 필요할 뿐만 아니라 의사표시에 관한 규정이 적용된다.

한편 간이인도에 의한 점유권의 승계취득은 양수인이 이미 물건을 점유하고 있는 경우에 양도인의 (간접)점유 및 점유권을 이전하기로 하는 당사자 간의 의사 합치에 의하므로 그 성질은 법률행위라고 할 수 있다. 따라서 행위능력, 의사표시, 대리, 부관에 관한 규정이 적용된다.

#### (나) 포괄승계: 점유권의 상속($^{제193}_{조}$)

##### 1) 의 의

상속에 의해 피상속인의 점유권은 상속인에게 이전된다($^{제193}_{조}$). 점유권의 상속은 피상속인의 점유와 상속인의 점유 사이의 점유중단을 방지하기 위한 법률의 규정에 의한 점유권의 포괄승계로 당사자의 의사표시 또는 점유의 이전이 필요하지 않다. 점유권은 점유권자의 사망으로 인하여 상속인에게 이전(승계)하는 것이고($^{제193}_{조}$) 상속인이 미성년자인 경우에는 그 법정대리인을 통하여 그 점유권을 승계받아 그 점유를 계속할 수 있다($^{대판\ 1989.4.11,}_{88다카8217}$).

##### 2) 요 건

㉮ 상속에 의해 피상속인의 점유권을 승계하는 자는 진정상속인이다. 상속인은 상속개시사실이나 자신이 상속인임을 알 필요 없고, 표현상속인이 점유취득하였더라도 그 후 진정상속인이 상속회복을 한 경우, 상속개시시에 소급하여 진정상속인에게 점유권이 승계된다.

㉯ 상속인에 대한 점유승계의 효과는 사망 당시 피상속인이 가졌던 모든 점유에 미친다.

**3) 효 과**

㉮ 상속으로 인해 상속인은 피상속인의 점유의 성질 및 하자를 그대로 승계한다. 따라서 피상속인의 점유가 타주점유인 경우, 상속인은 피상속인의 타주점유를 승계할 뿐이므로, 상속은 타주점유가 자주점유로 전환하기 위한 새로운 권원이 되지 못한다($^{대판\ 2004.9.24,}_{2004다27273}$). 상속에서 점유의 분리, 병합을 긍정하는 다수설은 피상속인의 점유가 하자가 있어도 상속인이 사실상 지배를 취득하는 때부터 상속인만의 하자 없는 점유를 취득한다고 본다.

㉯ 점유권의 상속에 제199조를 적용할 것인가? 즉 상속과 같은 포괄승계에 점유의 분리, 병합을 인정할 것인가? 판례는 상속에 의하여 점유권을 취득한 경우에는 상속인이 새로운 권원에 의하여 자기 고유의 점유를 시작하지 않는 한 피상속인의 점유를 떠나 자기만의 점유를 주장할 수 없다는 부정설의 입장이나($^{대판\ 2004.9.24,}_{2004다27273}$), 다수설은 점유권의 상속에 제199조를 적용하여 상속의 경우에도 피상속인의 점유와 상속인의 점유의 분리, 병합을 인정하는 긍정설의 입장에 선다.

㉰ 상속인이 수인인 경우 상속분과 관계없이 상속인이 모두 공동점유한 것으로 본다.

---

**사례 13** A는 그 소유의 X토지를 점유하고 있던 중, B에게 매도하고 소유권이전등기를 경료했지만 점유를 이전하지는 않고 있었다. 그런데 A의 사망으로 그의 유일한 상속자인 C가 X토지의 점유를 승계하였다. 그 후, B가 X토지의 소유권에 기해 그 토지의 반환을 구하자, C는 점유취득시효의 완성을 주장한다. C의 주장은 타당한가?　　　　　　(대판 2004.9.24, 2004다27273 참조)

　**해설 13** C의 점유는 타주점유이므로 그 주장은 타당하지 않다.

　부동산을 다른 사람에게 매도하여 그 인도의무를 지고 있는 매도인의 점유는 특별한 사정이 없는 한 타주점유로 변경된다. 또한 상속에 의하여 점유권을 취득한 경우에는 상속인이 새로운 권원에 의하여 자기 고유의 점유를 시작하지 않는 한 피상속인의 점유를 떠나 자기만의 점유를 주장할 수 없고, 선대의 점유가 타주점유인 경우 선대로부터 상속에 의하여 점유를 승계한 자의 점유도 그 성질 내지 태양을 달리하는 것이 아니어서 특단의 사정이 없는 한 그 점유가 자주점유로 될 수 없고, 그 점유가 자주점유가 되기 위하여는 점유자가 소유자에 대하여 소유의 의사가 있는 것을 표시하거나 새로운 권원에 의하여 다시 소유의 의사로써 점유를 시작해야 한다($^{대판\ 1996.9.20,\ 96다25319;\ 대}_{판\ 1997.5.30,\ 97다2344\ 등\ 참조}$). 이 사안에서 A가 X토지를 B에게 매도한 이후에도 X토지를 점유하다가 사망한 후 C가 A의 점유를 상속에 의하여 승계취득하였다면, 매도인 A의 점유는 B 앞으로 소유권이전등기를 경료한 이후에는 타주점유로 전환되었다고 할 것이고, 상속에 의하여 A의 점유를 승계한 C의 점유 역시 타주점유로 보아야 할 것이다.

---

## 2. 간접점유의 취득

간접점유의 원시취득은 점유개정을 통해 직접점유자가 점유매개관계를 설정하는 경우, 점유자 아닌 자가 스스로 직접점유를 취득하고, 동시에 타인에게 간접점유를 취득시키는 방법이 있다.

간접점유의 승계취득은 반환청구권의 양도를 통해 간접점유를 양도하는 방법과 피상속인의 간접점유를 상속받는 방법이 있을 수 있다.

### 3. 점유권 취득의 효과

#### (1) 원시취득의 효과

점유권의 원시취득에 의해 점유권이 새롭게 발생한다.

#### (2) 승계취득의 효과

점유권의 승계취득자는 전 점유자의 점유권을 승계함과 동시에 자신의 새로운 점유권을 취득하게 된다. 따라서 승계취득자는 자기의 점유(권)만 주장하거나 자기 및 전 점유자(모든 전 점유자)의 점유(권)를 주장할 수 있게 된다(제199조 제1항). 다만 상속의 경우에는 앞서 본 바와 같이 다툼이 있다. 이를 점유의 분리 · 병합이라 한다. 점유(권)의 병합시 전 점유자의 하자까지 승계하게 된다(제199조 제2항). 그러나 점유로 인한 법률효과(가령 점유취득시효완성에 따른 등기청구권)를 승계하는 것은 아니다. 따라서 취득시효기간이 완성된 후 점유자로부터 부동산을 양수하여 점유를 취득한 자는 전 점유자의 소유자에 대한 소유권이전등기청구권을 대위행사할 수 있을 뿐, 전 점유자의 취득시효 완성의 효과를 주장하여 직접 자기에게 소유권이전등기를 청구할 수 없다(대판(전) 1995.3.28, 93다47745). 이러한 법리는 전 점유자가 점유를 상실한 경우에도 시효이익의 포기로 볼 수 없는 이상, 이미 취득한 소유권이전등기 청구권은 소멸되지 않음을 전제로 한다. 전 점유자가 수인인 경우 일부 점유자의 점유만 주장할 수 있지만, 어느 한 점유자의 점유기간 중 일부만을 병합할 수는 없다(대판 1980.3. 11, 79다2110).

---

**사례 14** A는 1956.11.8. 그 소유의 X토지를 B에게 매도하고, 이를 인도하였다(점유취득시효기간의 개시). 그리고 B는 1986.2.16. C에게 X토지를 매도하고 이를 인도하였다. 한편, A는 1964.5.7. D에게 X토지를 매도하고 소유권이전등기를 마쳤다. C는 B가 점유를 개시한 이후 20년이 경과된 1976.11.8.자로 취득시효를 완성한 후 X토지의 점유를 자신에게 이전한 이상 취득시효기간 만료 당시의 점유자로부터 점유를 승계하였다고 볼 수 있으므로 자신이 B의 취득시효 완성의 효과를 주장하여 직접 자기에게 소유권이전등기를 청구할 수 있다고 주장한다. C의 주장은 타당한가?

(대판(전) 1995.3.28, 93다47745 참조)

**해설 14** C의 주장은 타당하지 않다.

전 점유자의 점유를 승계한 자는 그 점유 자체와 하자만을 승계하는 것이지 그 점유로 인한 법률효과까지 승계하는 것은 아니므로 부동산을 취득시효기간 만료 당시의 점유자로부터 양수하여 점유를 승계한 현 점유자는 자신의 전 점유자에 대한 소유권이전등기청구권을 보전하기 위하여 전 점유자의 소유자에 대한 소유권이전등기청구권을 대위행사할 수 있을 뿐, 전 점유자의 취득시효 완성의 효과를 주장하여 직접 자기에게 소유권이전등기를 청구할 권원은 없다.

## Ⅱ. 점유권의 소멸

물권 일반의 소멸사유 중 혼동, 소멸시효 등은 그 성질상 점유권의 소멸사유가 될 수 없다.

직접점유는 점유물에 대한 사실적 지배의 상실로 인하여 소멸한다($^{제192조}_{제2항}$). 여기에는 점유자의 의사에 의한 경우(가령 점유의 양도, 포기)와 점유자의 의사에 기하지 않은 경우(가령 점유물의 멸실, 점유이탈 및 점유침탈)가 있다. 점유를 침탈당한 경우라도 제204조에 의해 점유를 회수했다면 처음부터 점유를 상실하지 않은 것으로 본다($^{제192조}_{제2항\ 단서}$).

간접점유는 점유매개자(직접점유자)의 점유 상실 또는 점유매개관계의 단절(가령 점유매개자의 횡령)에 의해 소멸한다. 그러나 점유매개관계의 종료(가령 전세권의 존속기간 만료)는 간접점유의 소멸사유가 아니다.

## 제2절 점유권의 효력

점유권의 효력으로 점유의 추정력($^{제197조,\ 제198}_{조,\ 제200조}$), 점유자와 회복자의 관계($^{제201조\ 내}_{지\ 제203조}$), 점유보호청구권($^{제204조\ 내}_{지\ 제208조}$), 자력구제권($^{제209}_{조}$)이 있다.

## 제1관 추정적 효력

### 1. 총   설

점유의 추정적 효력에는 자주점유의 추정($^{제197}_{조}$), 점유계속의 추정($^{제198}_{조}$), 권리적법의 추정($^{제200}_{조}$)을 들 수 있으나, 자주점유와 점유계속의 추정은 앞서 살펴보았으므로, 이하에서는 권리적법의 추정에 관해서만 살펴본다.

### 2. 권리적법의 추정

#### (1) 의   의

점유자가 점유물에 대하여 행사하는 권리는 적법하게 보유한 것으로 추정된다($^{제200}_{조}$). 추정의 근거는 점유가 진실한 권리관계와 부합할 개연성에서 찾고 있다.

제200조가 적용되기 위한 요건으로 물건에 대한 점유를 필요로 한다. 점유의 유형에 따라

요건이 달라지지 않는다. 따라서 간접점유자도 권리추정을 원용할 수 있다. 예컨대 제3자가 동산의 임차인에 대하여 소유물반환청구를 하면 그 임차인은 간접점유자(임대인)의 점유에서 소유권 추정을 원용할 수 있다.

### (2) 내 용

#### (가) 법률상의 권리추정

제200조의 추정은 반대사실의 증명에 의해 깨질 때까지 정당한 것으로 다루어지는 소극적, 잠정적인 것으로 증명책임이 전환되는 효과를 발생시킨다. 따라서 점유하는 물건에 대하여 소유권을 주장하는 자는 소유자로 추정받는다. 나아가 점유자는 소유권을 주장하지 않아도 점유 자체만으로 소유자로 추정된다. 점유자는 소유의 의사로 점유하는 것으로 추정되기 때문이다($\binom{제197조}{제1항}$).

#### (나) 추정의 범위

추정이 점유자에게 유리한지 불리한지 불문하며, 제3자도 제200조의 권리적법추정을 원용할수 있다. 또한 현재 외에 과거의 점유를 했던 자도 그 기간 동안 본조의 추정을 인정할 것인지에 대해 과거의 점유자는 점유기간 중 적법하게 권리를 보유한 것으로 추정하는 긍정설($\binom{독일\ 민}{법\ 제1006}$ $\binom{조\ 제2}{항\ 참조}$)과 제200조는 현재의 점유에 대해서만 적용된다는 부정설로 나뉜다. 긍정설에 따르면 직전에 점유를 했던 자가 현재 소유권을 추정받는 점유자의 추정을 복멸시키면 직전 점유자는 자신의 소유권이 현재까지 계속되는 것으로 추정을 받게 되어 소유물반환청구권 등에서 소유권의 증명을 한 것으로 보게 된다. 그러나 점유상태에 대한 추정임을 고려해 볼 때 부정설이 타당하다.

본조에 의해 추정되는 것은 점유물에 대하여 행사하는 권리인데, 이에는 물권뿐만 아니라 점유할 수 있는 권원을 포함하는 모든 권리(예컨대 질권, 임차권)를 포함한다.

#### (다) 추정의 한계

1) 제200조는 원칙적으로 동산에 대해 적용된다. 그러나 부동산에 대해서는 등기된 경우 등기의 추정력이 적용되므로 제200조가 적용되지 않는다는 것이 다수설, 판례($\binom{대판\ 1982.4.}{13,\ 81다780}$)이다. 다만 미등기부동산에 대해 제200조를 적용할 것인지에 대해서는 학설상 다툼이 있다. 생각건대 등기에 의해 표상될 수 없는 물권에 대해서도 권리의 추정이 필요하다고 볼 때 그 추정의 기초는 점유가 될 수밖에 없다. 따라서 미등기부동산의 권리추정은 점유에 의한다고 할 것이다.

2) 점유권을 승계취득한 경우, 즉 소유자와 그로부터 점유를 취득한 자 사이에서도 제200조의 추정이 미치는가? 가령 임대인인 소유자와 임차인인 점유자 사이에 임차권의 존부에 대한 다툼이 있는 경우 제200조에 의해 점유자인 임차인의 임차권이 적법한 것으로 추정되는가? 아니면 임차인이 자신의 임차권을 주장·증명해야 하는가? 이에 대해 다수설, 판례에 따르면 점유자는 제200조를 원용할 수 없고, 증명책임 일반원칙에 따라 그의 점유가 불법점유가 아님을

주장하려면 점유가 정당한 권원에 의한 것임을 주장·증명해야 한다$\binom{\text{대판 1964.12.}}{28, \text{ 64다714}}$.

3) 도품, 유실물 등 점유이탈물에도 제200조에 의한 권리추정이 미치는지에 대해 도품에 대해서도 소유의 의사가 추정되는 이상 권리의 적법추정도 인정해야 한다는 긍정설과 권리의 적법추정은 물권취득의 효과가 있는 점유에만 인정되므로 선의취득이 부정되는 도품, 유실물의 경우에는 권리의 적법추정이 인정되지 않는다는 부정설이 대립한다. 이 경우에도 권리의 적법추정이 인정되어야 할 것으로 본다. 예컨대 점유이탈물의 점유자가 이를 임대한 경우에도 임차인(직접점유자)의 임차권이나 유치권은 적법한 것으로 추정되어야 한다.

# 제2관  점유자와 회복자의 관계

# Ⅰ. 서  설

본권 없이 타인의 물건을 점유하는 자(점유자)는 본권자(회복자)가 점유물의 반환을 청구하면, 그의 점유물을 본권자에게 반환해야 한다. 점유물 자체를 반환해야 하는 것 외에도 부수적인 이해관계의 조정이 필요하다. 그 조정은 불법행위로 인한 손해배상 또는 부당이득반환의 법리에 의하는 것이 원칙이다. 그러나 제201조 이하에서 점유자와 회복자와의 이해관계를 조정하는 규정을 별도로 두고 있다. 제201조에서는 점유자의 과실취득 및 반환을, 제202조에서는 점유자의 점유물의 멸실·훼손에 대한 책임을, 그리고 제203조에서는 점유자의 비용상환청구권을 각 규정하고 있다. 이와 같은 규정은 선의점유자의 책임범위를 특별히 축소하고 있다는 특색이 있다.

그 적용과 관련하여 다음과 같은 점이 고려된다.

첫째, 점유자와 회복자의 관계에 대한 규정(제201조 내지 제203조)은 소유물반환청구권이 존재하는 경우에만 적용된다. 즉 회복자는 소유권자이어야 한다.

둘째, 과실수취, 물건의 멸실 또는 훼손, 비용지출 등의 사유가 발생한 시점에 점유자는 점유할 권원이 없어야 한다. 점유할 권리를 갖고 있으면 이해관계의 조정은 점유할 권리를 발생시킨 법률관계에 의하여 규율되어야 하며 제201조 이하는 적용되지 않는다(임차인이 임대차기간 중 유익비를 지출한 경우 임차인은 경매를 통한 매수인에게 제203조 제2항에 의한 유익비상환을 청구할 수 없다고 하여 유익비상환청구에 대하여 제203조 제2항의 적용을 배제하고 계약관계의 법조항 또는 법리에 따라 전소유자인 임대인에 대한 비용상환청구권만 인정했다. 대판 2003.7.25, 2001다64752 참조). 예컨대 임대차에서 임차인이 전대차를 할 수 있는 권리가 있다고 믿고 전대하고 전대료를 받았지만 실제로 전대차를 할 권리가 없었던 경우 제201조 제1항이 적용되면 임차인은 선의점유자로서 전대료를 보유할 수 있다. 그러나 임대차계약에 따르면 전대차는 임대차계약상 채무를 위반한 것이므로 손해배상으로 전대료를 배상해야 할 것이다. 판례와 같이 전대료는 배상됨이 타당하다.

셋째 소유물반환관계가 있더라도 점유자의 반환의무가 계약에 의한 경우(임대차 계약의 종료에 따른 반환의무)에는 제201조 이하의 규정이 적용되지 않는다. 계약법 규정에서 해당 계약관계를 전제로 당사자 사이의 이해관계를 보다 합리적으로 조정했을 것으로 기대할 수 있기 때문이다.


## Ⅱ. 선의점유자의 과실취득권(제201조 제1항)

| | |
|---|---|
| 1. 의  의 | (1) 과실을 수취할 수 있다 |
| 2. 요  건 | (2) 수취권이 인정되는 과실에는 사용이익도 |
| (1) 선의의 점유자 | 포함된다 |
| (2) 오신할 만한 정당한 근거 | 4. 다른 청구권과의 관계 |
| (3) 선의의 판단시기 | (1) 부당이득반환의무의 관계 |
| 3. 효  과 | (2) 불법행위책임과의 관계 |


### 1. 의  의

선의점유자, 즉 자신에게 과실수취권이 있다고 오신한 원물의 점유자는 과실을 취득할 수 있다(제201조 제1항). 이는 선의수익자가 과실을 수취 후 소비하는 경우가 보통이기 때문에 점유할 권원이 있다고 믿고 소비한 과실을 부당이득으로 반환시키는 것이 선의자에게 지나치게 가혹하다는 점에서 선의수익자에 대해서 부당이득반환에 관한 특칙을 둔 것이다.

## 2. 요 건

### (1) 선의의 점유자

선의의 점유자는 모든 점유권원이 아니라, 과실수취권을 갖는 점유권원(⑩ 소유권, 지상권, 전세권, 임차권 등)이 있다고 오신한 자를 말한다. 과실수취권이 없는 권원(질권, 유치권 등)을 있다고 오신하는 자는 여기에 해당되지 않는다. 이러한 점에서 목적물의 훼손시 선의점유자의 책임($\frac{\text{제}202}{\text{조}}$), 시효취득($\frac{\text{제}245}{\text{조}}$), 선의취득($\frac{\text{제}249}{\text{조}}$)에서 말하는 선의의 점유자보다 좁게 이해된다. 선의점유자의 과실취득권을 위한 선의는 단순히 점유권원이 아니라 과실수취권이 있는 점유권원 있음의 오신을 의미하는 것이기 때문이다. 제197조에 의하여 점유자는 선의의 점유가 추정되기 때문에 권원 없는 점유였음이 밝혀졌다고 하여 곧 그동안의 점유에 대한 선의의 추정이 깨졌다고 볼 것은 아니다($\frac{\text{대판 2000.3.10,}}{99\text{다}63350}$). 선의점유자는 과실수취권이 인정되어 과실의 반환의무가 배제되는 특혜가 주어지므로 과실취득과 관련해서는 선의의 요건을 강화하여 과실취득권이 있다고 오신하는 외에 오신할 만한 정당한 근거가 추가적으로 요구된다.

선의점유자라 하더라도, 폭력 또는 은비에 의한 점유자는 과실의 취득에 관하여는 악의의 점유자와 마찬가지로 다루어진다($\frac{\text{제}201\text{조}}{\text{제}3\text{항}}$).

### (2) 오신할 만한 정당한 근거

판례는 선의(오신)를 인정할 만한 근거가 있어야 선의점유자에게 과실수취권을 인정한다. 즉 '선의점유자란 과실취득권 있는 권원(소유권, 지상권, 임차권 등)이 있다고 오신한 점유자를 말하고, 그와 같은 오신을 함에는 오신할 만한 근거가 있어야 한다'고 한다($\frac{\text{대판 1992.12.}}{24, 92\text{다}22114}$). 판례의 표현에 따르면 과실수취권이 인정되는 선의점유자와 과실수취권이 부정되는 선의점유자가 있게 된다.

'오신할 만한 정당한 근거'를 추가적으로 요구하여 보호되는 선의점유자는 오신에 정당한 근거가 있을 때에만 과실수취권이 인정되어 그 범위가 제한된다. 그런데 여기서 오신할 만한 정당한 근거가 무과실과 같은 개념인지에 대해서는 논의가 있다. 오신할 만한 정당한 근거란 과실 없음과 같은 개념으로 보고 과실수취권을 위해서 선의에 대한 무과실이 요구되는 것으로 해석하는 견해가 있다(무과실필요설).

생각건대 과실수취권이 인정되어 보호되는 선의점유자의 범위를 적절히 제한하려는 판례의 견해는 타당하다고 보인다. 그러나 오신에의 정당한 근거는 무과실과는 정확히 일치하지 않을 뿐 아니라, 법률의 규정에서 과실을 요구하지 않으므로 이를 무과실로 보고 무과실을 요구하는 것으로 해석되어서는 안 될 것이다. 오신할 만한 정당한 근거란 선의를 판단할 때 고려되어야 하는 추가적 요소로 보는 것이 합리적이다.

한편 선의와 오신에 정당한 근거 있음의 증명책임은 과실을 수취하려는 점유자가 부담해야 한다. 그런데 점유자의 선의는 추정되므로($\frac{\text{제}197\text{조}}{\text{제}1\text{항}}$), 선의로 오신함에 정당한 근거가 있었는지만 증명하면 된다(다만 적법점유의 추정$\binom{제200}{조}$과 등기의 추정력 등으로 점유취득의 사안에 따라 정당한 근거조차도 추정될 수 있을 것이다).

### (3) 선의의 판단시기

점유자의 선의 여부의 판단과 관련하여 천연과실은 과실에 대한 독립적 소유권이 성립하는 시기인 원물로부터 분리하는 때$\binom{제102조}{제1항}$를 기준으로 한다. 기간을 정하여 사용이익을 취득하는 도중에 선의가 부정되면 취득한 전체 사용이익 중 선의인 기간의 일수의 비율로 이익을 취득한다$\binom{같은 조}{제2항}$. 그리고 선의의 점유자가 본권에 관한 소(예컨대 소유물 반환소송, 등기말소 부당이득 반환 등 소유자가 점유자를 상대로 하는 모든 소를 말한다)에서 패소가 확정된 때에는 그 소가 제기된 때로부터 악의의 점유자로 보게 된다$\binom{제197조}{제2항}$.

## 3. 효    과

### (1) 과실을 수취할 수 있다

앞서 본 것처럼 과실수취권이 있다고 오신한 선의점유만으로는 점유자에게 과실수취권이 없다. 즉 오신할 만한 정당한 근거가 있는 선의점유자만이 과실을 수취할 수 있는 것이다. 그런데 수취의 의미에 대해서 견해의 대립이 있다.

수취란 선의점유자에게 적극적으로 과실을 수취할 권리를 부여한 것으로 보는 견해가 있다. 이에 의하면 수취한 과실이 점유자에게 현존하더라도 점유자는 이를 반환하지 않아도 된다. 이와는 달리 과실은 반환해야 함이 원칙이지만, 소비한 과실에 대해서는 반환의무를 면해주는 것으로 이해는 견해도 있다. 이에 의하면 수취한 과실이라도 현존하는 경우에는 회복자에게 반환해야 한다.

다수설과 판례는 현존이익도 반환하지 않아도 된다고 설명한다$\binom{대판 1967.11.}{28, 67다2272}$.

### (2) 수취권이 인정되는 과실에는 사용이익도 포함된다

과실에는 천연과실 외에 법정과실(예컨대 타인에게 사용하게 하고 받은 차임)도 포함된다. 타인의 사용대가로 취득한 이익인 법정과실과 점유자가 스스로 물건을 사용하여 얻은 이익인 사용이익을 달리 판단해야 할 이유가 없으므로 사용이익도 과실에 준한다$\binom{대판 1996.1.}{26, 95다44290}$. 다만 점유자라도 사용수익하지 못했다면 이득이 부정될 수 있다$\binom{대판 1992.4.14, 91}{다45202, 45219(반소)}$. 통상적으로 수취가능한 범위를 넘어 수취한 과실도 선의점유자가 소유권을 취득한다고 해석된다. 한편 선의점유자가 원물의 점유를 무상취득한 경우에도 과실 또는 사용이익은 반환하지 않아도 된다. 이와는 달리 독일 민법 제988조와 같이 과실취득권을 부정하고 취득한 과실 또는 사용이익을 부당이득으로 반환해야 한다는 견해가 있으나 법문의 해석상 이와 같은 제한은 타당하지 못하다.

## 4. 다른 청구권과의 관계

선의점유자에게 과실수취권이 인정되는 반면 부당이득반환청구$\left(\substack{제748조\\제1항}\right)$에 의하면 선의점유자(반환의무자)가 선의라도 현존이익은 반환해야 한다는 점에서 충돌된다. 또한 계약해제로 인한 원상회복$\left(\substack{제548\\조}\right)$의무자는 선의라도 받은 이익 전부를 반환해야 한다는 점에서 선의점유자의 과실수취권과 충돌된다. 예컨대 건물의 매매계약에 따른 이행이 완료된 후, ⅰ) 계약이 해제되면 원상회복의무와의 경합이 검토되어야 하며, ⅱ) 계약이 해제 이외의 사유로 무효 또는 취소된 경우에는 부당이득반환의무와 경합이 검토되어야 한다(계약이 해제되어 소급적으로 무효가 된 경우에도 제748조의 특칙으로 제548조만이 적용된다고 봄이 판례의 견해이다).

### (1) 부당이득반환의무의 관계

(가) 계약의 무효 또는 취소로 점유자에게 반환의무가 발생한 경우 선의인 점유자(반환의무자)는 부당이득반환규정$\left(\substack{제748조\\제1항}\right)$이 아니라 제201조 제1항에 의하여 과실(果實)의 반환여부가 정해진다. 구체적인 차이는 선의점유자에게 현존이익이 있는 경우 이를 반환해야 하는지에 있다. 판례는 제201조 제1항을 적용하여 그 반환의무를 부정한다$\left(\substack{대판 1981.9.\\22, 81다233}\right)$. 이처럼 선의의 매수인에게 과실취득권을 인정하면, 형평의 원칙상 제587조를 유추적용하여 선의의 매도인(회복자)에게도 매매대금의 운용이익 또는 법정이자의 반환의무가 부정된다$\left(\substack{대판 1993.5.\\14, 92다45025}\right)$.

(나) 이와는 달리 원상회복의무(반환의무)의 발생사유가 계약해제인 경우, 선의의 반환의무자(점유자)는 원상회복의무$\left(\substack{제548\\조}\right)$에 따라 받은 이익 전부를 반환해야 한다$\left(\substack{대판 1998.12.\\23, 98다43175}\right)$. 따라서 과실에 준하는 사용이익도 반환해야 한다$\left(\substack{대판 1991.8.9.\\91다13267 참조}\right)$. 결국 제201조 제1항의 적용이 배제되어 점유자의 과실수취권은 인정되지 않는다. 예컨대 임차인이 불법 매도한 물건을 매수한 사람이 이를 이용해 오다가 매도인이 계약을 해제한 경우에도 매수인은 제548조 제2항에 의하여 매도인에게 사용이익을 반환해야 한다. 계약당사자의 지위에서 인정되는 권리와 의무이기 때문에 매도인은 무권리자라도 사용이익의 반환을 받을 수 있다.

### (2) 불법행위책임과의 관계

점유자가 선의이지만 과실(過失)이 있는 경우 과실(이익)취득에 대하여 불법행위책임이 성립할 수 있는지 문제된다. 먼저 제201조 제1항을 원용하여 불법행위책임을 면할 수는 없다는 견해가 있다. 이와는 달리 점유자에게 적극적 과실수취권을 인정하는 이상 과실수취를 불법행위로 볼 수 없으므로 불법행위책임을 물을 수 없다는 견해도 있다. 이 견해는 또 다른 논거로 여기서의 선의가 인정되기 위해서는 오신할 만한 정당한 근거가 있음이 필요한데 이는 실질적으로 무과실을 의미하므로 불법행위 성립요건인 과실이 인정될 수 없어 선의점유자는 불법행위책임이 없다고 주장한다. 생각건대 오신에 대한 정당한 사유가 항상 무과실과 동일한 내용으로 볼 수 없으므로 불법행위책임이 부정된다고 할 수는 없을 것이다.

**사례 15** A가 B의 기망으로 아파트를 구입하여 사용하던 중 그 매매계약을 취소하여 아파트를 반환해야 하는 경우 A는 임료상당의 사용이익도 반환해야 하는가?

**해설 15** A의 사용이익에 대한 반환의무는 부정된다.

제748조 제1항에 따르면 사용이익을 현존이익으로 볼 수 있다면(대부분의 경우에는 현존이익에 해당된다고 할 수 있을 것이다) 그 사용이익도 반환해야 한다. 그러나 제201조 제1항에 따르면 그 사용이익이 과실에 해당되고, 반환해야 할 점유자가 선의인 경우에는 과실수취권이 인정되므로 그 이익을 반환해야 할 필요가 없다. 통설과 판례는 제201조 제1항은 제748조 제1항의 특칙으로 이해한다. 사안의 경우 A는 매매계약의 유효를 신뢰하고 아파트의 점유를 인도받아 사용한 자로 선의의 점유자라고 할 수 있으므로 A의 사용이익에 대한 반환의무는 부정된다.

**사례 16** X건물에 관하여 B로부터 그 동생인 A 앞으로 소유권이전등기가 되어 있다. B는 C에게 "자신이 X 건물의 실질적 소유자인데 A가 서류를 위조하여 소유권이전등기를 하였다"라고 하면서, A가 사문서위조 등으로 소유권이전을 한 혐의로 공소제기된 사실이 기재된 공소장 등 공소제기 서류를 보여 주었다. 이를 믿은 C가 B로부터 X건물을 임차하여 사용하였다. 그런데 공소제기 결과 A는 무죄판결을 받고, A가 소유자로서 C를 상대로 건물인도 및 부당이득반환을 구하는 소송을 제기하였다. 이에 C는 건물의 반환 외에 선의의 점유자로서 사용이익 상당의 부당이득을 반환할 의무가 없다고 주장한다. C의 주장은 타당한가?　　(대판 1996.1.26, 95다44290 참조)

**해설 16** 타당하다. C는 선의의 점유자이므로 A에게 부당이득을 반환할 의무가 없기 때문이다.

제201조 제1항에 의하면 선의의 점유자는 점유물의 과실을 취득한다고 규정하고 있다. 선의의 점유자란 과실수취권을 포함하는 권원이 있다고 오신한 점유자를 말하고, 다만 그와 같은 오신을 함에는 오신할 만한 정당한 근거가 있어야 한다. 한편 건물을 사용함으로써 얻는 이득은 그 건물의 과실에 준하는 것이므로, 선의의 점유자는 비록 법률상 원인 없이 타인의 건물을 점유·사용하고 이로 말미암아 그에게 손해를 입혔다고 하더라도 그 점유·사용으로 인한 이득을 반환할 의무는 없다. 이 사안에서 C는 A와의 관계에서 무단점유자임에 분명하지만, B가 제시한 공소장 등의 서류에 비추어 C가 B를 소유자로 오신함에 정당한 사유가 있는 것으로 보이므로, C는 선의의 점유자로서 부당이득을 반환할 의무가 없다.

## Ⅲ. 악의점유자의 과실(果實)반환의무 $\binom{\text{제201조}}{\text{제2항}}$

| | |
|---|---|
| 1. 서　　설 | 3. 다른 청구권과의 경합 |
| 2. 과실(사용이익)의 반환 또는 대가의 상환 | 　(1) 불법행위책임과의 경합 |
| 　(1) 과실의 반환 | 　(2) 부당이득반환청구권과의 경합 |
| 　(2) 대가의 상환 | |

## 1. 서    설

타인 소유물을 권원 없이 점유하다가 반환한 경우, 보호가치 없는 악의점유자에게는 과실수취권이 인정되지 않는다($^{제201조}_{제2항}$). 따라서 악의의 점유자는 부당이득인 과실을 반환할 의무가 있다.

## 2. 과실(사용이익)의 반환 또는 대가의 상환

### (1) 과실의 반환

악의의 점유자(과거의 점유자 포함)는 수취한 과실을 반환해야 한다($^{제201조 제}_{2항 전단}$). 이 규정은 수취한 과실을 반환해야 함을 정한 것뿐이며 반환의 범위를 정한 것은 아니다. 악의수익자의 반환범위는 악의자의 부당이득반환의 법리($^{제748조}_{제2항}$)에 의해야 하므로 받은 이익(사용이익), 점유일 이후의 법정이자 및 그 이자에 대한 지연손해금을 반환해야 한다($^{대판\ 2003.11.14,}_{2001다61869}$).

악의점유자가 반환해야 할 이익에 점유자가 자신의 노력 등으로 부당이득한 재산을 이용하여 남긴 운용이익은 배제된다($^{대판\ 1995.5.}_{12.\ 94다25551}$). 부당이득의 상한은 손실의 범위 내이므로 반환의 범위는 통상의 이득에 한하고, 사회통념상 수익자의 행위가 개입되지 아니하였더라도 부당이득된 재산으로부터 손실자가 당연히 취득하였으리라고 생각되는 범위 내의 것이 아닌 한 초과이득은 수익자의 몫이기 때문이다.

제197조 제2항 또는 제201조 제3항에 의해 선의의 수익자가 본권에 관한 소에 패소한 경우 그 소가 제기된 때로부터의 점유, 폭력 또는 은비에 의한 점유는 과실반환에 있어서는 악의점유자와 마찬가지로 취급된다.

### (2) 대가의 상환

악의의 점유자는 수취한 과실(果實)을 소비했거나 과실(過失)로 과실을 훼손한 경우 또는 과실로 과실을 수취하지 못한 경우에 과실의 대가를 보상해야 한다($^{제201조 제}_{2항 후단}$). 과실(過失)이 아닌 고의에 의한 경우에도 대가를 보상해야 한다. 사용이익은 그 자체의 반환이 원천적으로 불가능하므로 대가를 보상해야 한다.

대가보상의 취지는 진정한 권리자로 하여금 적당한 시기에 수취할 수 없게 하였기에 생긴 손해를 배상하려는 것에 있다는 견해와 부당이득의 특칙으로 이해하는 견해가 있다. 생각건대 대상의 보상은 본권자에게 발생한 손해를 보전해 준다는 의미에서 손해배상과 동일한 의미라고 보아야 한다.

## 3. 다른 청구권과의 경합

### (1) 불법행위책임과의 경합

제201조 제2항과 불법행위($\frac{제750}{조}$)와의 관계에 대해 그 경합적용을 긍정하는 견해(다수설)와 부정하는 견해로 나뉜다.

### (2) 부당이득반환청구권과의 경합

악의점유자의 과실반환의무($\frac{제201조}{제2항}$)와 부당이득과의 관계에 대해 판례는 "악의 수익자의 부당이득금 반환범위에 있어서 제201조 제2항이 제748조 제2항의 특칙이라거나 우선적으로 적용되는 관계를 이루는 것은 아니다"라고 판시한다($\frac{대판 2003.11.14.}{2001다61869}$).

과실의 반환과 관련한 판결례의 견해를 정리하면 다음과 같다: 선의의 점유자(반환의무자)는 과실수취권이 있으므로 현존이익도 보유할 수 있다고 한 제201조 제1항은 제748조 제1항의 적용을 배제하는 특칙이라고 할 것이다. 그러나 점유자가 악의여서 과실을 반환해야 할 경우 반환의 범위는 오히려 제748조 제2항에 의하여 정하도록 한다. 결국 반환의 범위는 제748조에 의한 것으로 볼 수 있다. 요컨대 과실의 반환여부는 제201조에 의하고, 반환의 범위는 제748조에 의하여 정하는 것으로 해석할 수 있다.

---

**사례 17** A가 B 소유의 토지 상공에 송전선을 무단으로 설치하였다. 이에 B는 A를 상대로 토지 상공의 무단사용에 따른 임료상당액의 부당이득반환을 구하면서, 점유일 이후 소장부본 송달일까지의 법정이자 및 그 이자에 대한 지연손해금을 구하는 청구를 하였다. 이에 대해 A는 제201조 제2항이 제748조 제2항에 우선하여 적용되므로 악의의 점유자는 수취한 과실만을 반환하면 족하고 여기에 이자를 가산하여 지급할 필요가 없다고 주장한다. A의 주장은 타당한가?

(대판 2003.11.14, 2001다61869 참조)

**해설 17** A의 주장은 부당하다.
타인 소유물을 권원 없이 점유함으로써 얻은 사용이익을 반환하는 경우, 민법은 선의점유자를 보호하기 위하여 제201조 제1항을 두어 선의점유자에게 과실수취권을 인정함에 대하여, 이러한 보호의 필요성이 없는 악의점유자에 관하여는 제201조 제2항을 두어 과실수취권이 인정되지 않는다는 취지를 규정하는 것으로 해석된다. 따라서 악의수익자가 반환해야 할 범위는 제748조 제2항에 따라 정하여지는 결과 그는 받은 이익에 이자를 붙여 반환해야 하며, 위 이자의 이행지체로 인한 지연손해금도 지급해야 한다.

## Ⅳ. 점유물의 멸실 · 훼손에 대한 책임

### 1. 서    설

점유물이 점유자(또는 점유자이었던 자)의 책임 있는 사유로 멸실 또는 훼손된 경우, 그 훼손이 불법행위책임의 성립요건을 모두 구비했다면 점유자는 원칙적으로 불법행위로 인한 손해배상책임을 진다. 그런데 제202조에서는 멸실 또는 훼손한 점유자가 선의의 자주점유자인 경우에는 배상범위를 제한하고 있다. 이러한 점에서 제202조는 불법행위책임을 지는 점유자의 책임범위를 정한 규정이라고 할 것이다. 멸실 또는 훼손에 대해 선의인 자주점유자는 현존이익의 범위 내에서 손해를 배상해야 하지만 그 이외의 점유자(악의점유자 또는 타주점유자 등)는 전 손해를 배상하도록 한다.

책임 있는 사유는 보통 고의 또는 과실을 말하지만 선의의 자주점유자에게는 자기 재산에 대한 주의($^{제695}_{조}$)를 게을리 한 것을 말한다. 선의의 자주점유에는 점유자가 자신을 소유자로 인식하고 점유한다는 점에서 선량한 관리자에게 요구되는 주의의무 위반이라는 추상적 과실이 개념적으로 인정될 수 없기 때문이다.

멸실에는 물리적 멸실 외에 제3자에게 양도하여 반환이 불가능하게 된 경우도 포함된다. 훼손은 그 가치를 감소시키는 행위를 말한다.

### 2. 선의점유자의 책임

#### (1) 선의인 자주점유자의 책임

선의의 자주점유자는 소유의 의사가 있는 선의점유자, 즉 소유권이 있다고 오신하고 오신할 만한 근거를 갖고 점유한 점유자를 말하는데, 그가 부담하는 점유물의 멸실, 훼손에 대한 배상책임은 현존이익($^{제748조\ 제1항의}_{부당이득반환\ 범위}$)의 한도로 제한된다($^{제202조}_{전문\ 후단}$). 이익은 점유자가 물건을 점유하는 동안 취득한 모든 이익 중 현존하는 것(소비하고 남은 과실, 무효인 매매에 기하여 점유한 경우 사용이익과 매매대금 이자의 차액)이라는 견해와 점유물의 멸실, 훼손으로부터 얻은 것이라는 견해가 있다. 이익의 반환여부는 제201조의 법리에 의하여 해결되어야 하므로 제202조는 점유물의 멸실, 훼손으로부터 얻은 것이어야 할 것이다.

#### (2) 타주점유자의 책임

선의의 타주점유자, 즉 소유의 의사가 없는 선의점유자(예컨대 임차권 · 수치권 · 질권 등이 있다고 오신하고서 점유한 자)는 점유물의 멸실, 훼손에 대하여 손해의 전부를 배상해야 한다($^{제202조}_{후문}$). 이 때 점유자는 처음부터 타인의 물건으로 점유하였으므로, 악의점유자와 동일하게 다루어도 불합리하지 않기 때문이다.

### 3. 악의점유자의 책임

악의점유자가 부담하는 점유물의 멸실, 훼손에 대한 배상책임범위는 자주점유, 타주점유를 불문하고 전 손해이다(제202조 후문). 폭력이나 은비에 의한 점유자도 악의점유자와 마찬가지로 전 손해를 배상해야 한다(제201조 제3항 의 유추적용). 스스로 본권이 없는 자임을 알고서 점유한 자에게는 전 손해를 배상시켜도 불합리하지 않기 때문이다. 이는 불법행위에 의한 책임으로 볼 수 있으므로 배상범위의 산정(제393조), 과실상계(제396조)의 규정이 여기에 준용되어야 한다.

### 4. 불법행위책임과의 경합

#### (1) 선의의 자주점유가 아닌 점유자의 책임

본조에서 정한 점유자의 책임은 점유자에게 불법행위책임의 성립요건이 모두 구비된 경우를 전제로 한다. 그런데 악의점유자 또는 타주점유자의 책임은 일반불법행위책임규정을 적용하는 경우와 아무런 차이가 없다.

#### (2) 선의의 자주점유자의 책임

선의의 자주점유자가 과실로(자기재산에 대한 주의의무 위반) 점유물을 멸실 또는 훼손한 경우에 일반불법행위책임에 의하여 책임범위(제763조, 제393조)가 정해지는 것이 아니라, 제202조에 의하여 손해배상책임의 범위가 현존이익으로 제한된다(여기서의 선의는 점유권원 있음을 오신한 것만으로 인정되며 오신에 정당한 사유까지 있어야 하는 것은 아니다. 만일 정당한 사유가 요구되고 정당한 사유를 과실없음과 동일한 것으로 본다면 불법행위책임이 성립하는 경우가 처음부터 존재할 수 없기 때문이다). 결국 제202조는 점유자가 불법행위로 그 점유물에 대한 손해배상에 책임을 부담할 때 추가적으로 적용되는 배상의무의 제한규정일 뿐 점유자의 불법행위책임의 성립을 규율한 것은 아니다(이런 점에서 제202조가 제750조의 특칙이라고 할 수 없다). 따라서 불법행위책임의 소멸시효규정(제766조) 등은 제202조가 적용될 때에도 여전히 유효하다. 그렇지만 제202조를 불법행위로 인한 손해배상책임 범위에 관한 규정(제763조, 제393조) 특칙이라고 할 수 없다. 특칙이란 중복되는 영역에서는 어떤 규정의 적용을 배제하고 특칙만 적용됨을 전제로 하지만 여기서는 그렇지 않기 때문이다. 예컨대 현존이익이 200만 원이고 손해가 100만 원인 경우 200만 원이 아니라 100만 원으로 배상액이 정해져야 함이 타당한데 이와 같은 해석을 위해서는 제202조만을 적용할 때에는 불가능하기 때문이다.

나아가 제202조는 점유물에 발생한 손해에 대해서만 규율한 것으로 보아야 한다. 그 이외의 손해, 즉 점유물의 멸실, 훼손으로 회복자에게 다른 후속손해를 야기한 경우까지 현존이익으로 배상범위가 제한되는 것은 피해자(회복자)에게 지나치게 불합리하다. 특히 점유물에 대한 손해 없이 후속손해만 발생한 경우, 또는 후속손해가 큰 경우에도 점유자는 현존이익의 반환만으로 그 손해가 제한되어서는 안 되기 때문이다. 이와 같은 후속손해는 불법행위로 인한 손해배상책임범위에 관한 규정$\binom{\text{제763조,}}{\text{제393조}}$만이 적용되어 배상범위가 결정되어야 할 것이다.

## V. 점유자의 비용상환청구권

### 1. 서  설

점유자가 점유물에 비용을 지출했을 때, 비용상환과 관련하여 당사자 사이에 그에 관한 의사가 존재하면 먼저 그 의사와 그를 규율하는 관계규정에 의한다(㉔ 전세권, 임대차, 위임, 임치 등). 그러한 법률관계가 존재하지 않으면 지출된 비용은 부당이득의 성격이 있으므로 그 비용의 반환은 부당이득반환의 규정에 의해야 할 것이지만, 특칙을 두어 제203조에 의하여 반환범위가 결정되도록 한다.

부당이득법상 부당이득반환청구와 제203조의 비용상환청구는 반환범위를 정하는 기준을 달리한다. 부당이득법에 의하는 경우 반환범위는 부당이득자(점유자)의 선의·악의에 따라 상환의무의 존부와 범위가 달라진다. 그러나 제203조에서는 점유자(부당이득자)의 선의·악의 또는 소유의사를 불문하고, 필요비와 유익비의 상환을 청구할 수 있도록 한다. 필요비는 선의·악의 불문하고 원칙적으로 전부를 상환받게 된다$\binom{\text{제203조}}{\text{제1항}}$(부당이득법에 의하면 선의자의 경우 전부가 아니라 현존이익의 한도 내에서 반환해야 한다). 유익비는 선의·악의 불문하고 현존이익의 범위 내에서 상환받는다$\binom{\text{제203조}}{\text{제2항}}$(부당이득법에 의하면 악의자의 경우 받은 이익 전부를 상환해야 한다).

### 2. 비용의 의미

비용은 필요비와 유익비, 사치비로 구별된다. 필요비는 물건의 보존과 관리, 통상적 사용을 위하여 지출한 비용을 말한다. 예컨대 보험료, 물건의 보관비용, 기계의 점유자가 기계장치를 계속 사용함에 따라 마모되거나 손상된 부품을 교체 또는 수리에 소요된 비용 등을 말한다. 필요비는 다시 평상적 보존, 관리에 필요한 통상의 필요비와 특별한 사정에 의하여 발생한 보존 및 관리비용을 의미하는 임시(특별) 필요비로 구별할 수 있다(예컨대 태풍으로 인한 대수선비용).

유익비란 물건의 가치를 증대시키는 비용(물건을 개량하기 위해 지출한 비용, 가령 개간비)을 말한다.

필요비, 유익비가 아닌 사치비(물건의 가치를 증가케 하는 데 기여하지 않은 비용)에 대해서는 비용상환청구를 인정하지 않는다.

또한 부동산의 등기비용, 중개수수료 등과 같은 취득비용, 물건의 운용에 들어가는 비용(자동차 휘발유비용)은 물건을 위하여 지출한 비용이 아니므로 필요비도 유익비도 아니다.

### 3. 필요비상환청구권$\binom{제203조}{제1항}$

점유자는 선의·악의 또는 소유의 의사의 유무를 묻지 않고 점유물을 반환할 때에, 회복자에 대하여 필요비의 상환을 청구할 수 있다$\binom{제203조}{제1항}$. 따라서 자기 물건에 대한 지출로 잘못 알고 있었더라도 비용상환청구가 인정된다.

점유자는 지출한 필요비 전액을 청구할 수 있다. 그러나 과실을 취득하거나 점유물을 사용한 경우에는 통상 필요비(보존 또는 수선비용)는 청구할 수 없다$\binom{대판 1996.7.12,}{95다41161,41178}$. 선의의 점유자는 과실을 수취하므로 통상의 필요비는 선의의 점유자가 부담함이 타당하기 때문이다. 다만 점유자가 과실을 수취한 경우에도 임시(특별) 필요비(가령 태풍으로 인한 대수선비용)는 청구할 수 있다$\binom{제203조 제1항}{단서의 반대해석}$. 한편 악의점유자에게는 처음부터 과실수취권이 없으므로 통상의 필요비도 반환청구할 수 있다$\binom{대판 2021.4.29,}{2018다261889}$.

### 4. 유익비상환청구권$\binom{제203조}{제2항}$

점유자는 그의 선의·악의를 묻지 않고 유익비의 상환도 청구할 수 있다. 다만 점유자가 유익비를 지출하여 점유물의 가액의 증가가 현존하는 경우에만 회복자의 선택에 좇아 그 지출금액이나 증가액의 상환을 청구할 수 있다$\binom{제203조}{제2항}$. 현존이익의 판단시기는 비용상환청구권이 발생한 시점을 기준으로 한다. 이익의 현존 여부에 대한 증명책임은 회복자(비용상환청구자)가 부담한다.

점유자의 지출금액상환청구권과 증가액상환청구권은 상대방인 회복자에게 선택권이 인정된 법정의 선택채권이다. 반면 점유자가 실제로 지출한 비용과 현존하는 증가액에 관한 증명책임은 점유자가 부담한다$\binom{대판 2018.6.15,}{2018다206707}$.

유익비상환청구권이 행사되면 회복자의 청구가 있을 때 법원은 상당한 상환기간을 부여할 수 있다. 이 기간 동안에는 이행지체책임이 발생되지 않는다. 유예기간이 주어지면 점유자에게 유치권은 인정되지 않는다.

---

사례 18 A가 소유권에 기하여 X토지의 반환을 청구하는 소송을 제기하자, X토지를 점유한 B는 유익비상환을 주장한다. 이에 A는 2017.12.12.자 준비서면을 통해 B가 주장하는 유익비를 인정할 수 없고, B의 주장이 인정된다고 하더라도 소액에 대해 선택권을 행사할 것이라는 의사표시를 했다. 2018.4.26. 감정결과 B의 유익비 지출로 인해 X토지의 가액증가부분이 36억 원으로 나오고,

그 후 B가 유익비 지출금액이 49억 원이라고 주장하자, A는 2018.6.12.자 준비서면을 통해 둘 중 적은 금액인 36억 원을 선택한다는 의사표시를 하였다. 그런데, B의 X토지의 가액 증가액은 36억 원이나, B가 X토지에 지출한 유익비는 8억 원임이 확인되었다. A는 36억 원을 유익비로 선택한 것으로 보아야 하는가? (대판 2018.6.15. 2018다206707 참조)

**|해설 18|** A는 8억 원을 유익비로 선택한 것으로 보아야 한다.

점유자의 증명을 통해 실제 지출금액 및 현존 증가액이 모두 산정되지 아니한 상태에서 회복자가 '점유자가 주장하는 지출금액과 감정 결과에 나타난 현존 증가액 중 적은 금액인 현존 증가액을 선택한다'는 취지의 의사표시를 하였다고 하더라도, 특별한 사정이 없는 한 이를 곧바로 '실제 증명된 지출금액이 현존 증가액보다 적은 금액인 경우에도 현존 증가액을 선택한다'는 뜻까지 담긴 것으로 해석하여서는 아니 된다. 일반적으로 회복자의 의사는 실제 지출금액과 현존 증가액 중 적은 금액을 선택하겠다는 것으로 보아야 하기 때문이다.

사안의 경우 B의 선택경위를 보면 B의 의사는 지출금액과 증가액 중 적은 금액을 선택하려는 것이지 그 금액의 다과에 관계없이 증가액을 선택한다는 의사표시는 아닌 것으로 봄이 타당하다.

## 5. 비용상환청구권의 발생시기

비용상환청구권의 발생시기와 관련하여 학설은 점유물의 반환청구를 받은 때라는 견해와 점유물을 반환받은 때라는 견해로 나뉜다. 판례는 회복자에 대한 비용상환청구권은 점유자가 회복자로부터 점유물의 반환을 청구받거나 회복자에게 점유물을 반환한 때에 비로소 발생한다고 판시하기도 했으나($^{대판\ 1994.9.}_{9.\ 94다4592}$), 그 후에 점유물의 반환을 청구받은 때에 비로소 상환청구권을 행사할 수 있는 상태가 되고 이행기가 도래한다고 판시했다($^{대판\ 2011.12.}_{13.\ 2009다5162}$).

생각건대 원칙적으로 반환청구를 받은 때 점유자의 비용상환청구권이 발생하지만, 점유자가 상대방의 반환청구에 따라 점유물을 이미 반환한 경우에는 반환한 때에 청구권이 발생한다고 보아야 할 것이다. 반환하기 전이라도 반환청구를 받았을 때 비용상환청구권이 인정되어야 유치권과 동시이행항변권을 주장할 수 있기 때문이다.

한편 부동산의 회복자가 점유의 이전 없이 소유권이전등기의 말소만을 구하는 경우 비용상환청구권으로 동시이행 또는 유치권행사를 항변할 수 없다($^{대판\ 1976.3.}_{23.\ 76다172}$).

**사례 19** 특정 지교회 소속 독립교회인 A(비법인사단)가 교회건물을 축조하여 사용하여 오다가 내부 구성원간에 분쟁이 발생하여 담임목사 B와 일부 구성원들이 소속 교단을 탈퇴하기로 결의하고 새로운 독립교회 C(비법인사단)를 세웠지만 탈퇴결의가 하자가 있어 탈퇴결의가 무효로 되어 결국 그러한 탈퇴가 종전 교회를 집단탈퇴한 것으로 되어 탈퇴자들이 종전 교회 A의 재산에 대한 사용수익권을 상실한 것으로 되었으나, 독립한 C교회가 종전 A교회 건물을 그대로 사용하고 있어 종전 교회인 A교회가 C교회의 담임목사 B 및 그 장로 등 16명을 상대로 교회건물의 출입금지 등을 구하였다. 이에 B 등은 새로운 교회 C를 성립시킨 후 종전 교회 A의 교회건물을 사용하면서 증축 등을 한 것과 관련하여 A교회의 건물에 지출한 필요비 및 유익비의 상환청구권($^{제203}_{조}$)은 원칙적으로 비용을 지출한 때에 이행기가 도래한다고 주장하면서 유치권 항변을 한다. C교회의 주장은 타당한가?

(대판 2011.12.13. 2009다5162 참조)

**┃해설 19┃** 비용상환청구권의 변제기는 C교회의 비용지출시가 아니라 A교회가 교회건물의 반환을 청구한 때이므로 C의 주장은 타당하지 않다.

점유자가 점유물을 보존하거나 개량하기 위하여 지출한 필요비나 유익비에 관하여 제203조 제1항, 제2항은 '점유자가 점유물을 반환할 때'에 상환을 청구할 수 있도록 규정하고 있으므로, 그 상환청구권은 점유자가 회복자로부터 점유물의 반환을 청구받은 때에 비로소 이를 행사할 수 있는 상태가 되고 이행기가 도래한다. 따라서 종전 A교회가 A교회 건물 등에 대한 출입금지 등을 구하는 상대방인 B와 장로 등 16명은 분리된 C교회의 목사, 장로 등 C교회가 그 고유의 목적인 예배 등 일상적인 활동을 하는 데 중심적인 역할을 하는 구성원들이고 특히 B는 C교회의 대표자 지위에 있는바, 이를 감안하면, 이들에 대하여 교회 출입금지 등을 청구하는 것은 그 형식은 B 등 개인에 대한 청구이지만 실질은 C교회에 대하여 교회건물의 반환을 청구하는 것과 다르지 않다. 따라서 A가 B 등에 대하여 교회건물 등에 대한 출입금지 등을 청구한 이상 그로써 C교회가 점유자로서 가지는 필요비 및 유익비 상환청구권도 그 이행기가 도래하였다고 할 것이다.

## 6. 비용상환청구권의 당사자

### (1) 청구권자

보통은 비용을 지출한 현재의 점유자가 청구할 수 있다. 비용지출과 관련하여 가령 유효한 도급계약에 기해 수급인이 도급인으로부터 제3자 소유 물건의 점유를 이전받아 수리비를 지출하여 그 물건의 가치가 증가한 경우, 도급인만이 소유자에 대한 관계에서 제203조에 의한 비용상환청구권을 행사할 수 있는 비용지출자이고, 수급인은 소유자에 대한 관계에서 비용지출자가 아니다($^{대판\ 2002.8.23.}_{99다66564,66571}$). 도급인이 간접점유를 통하여 궁극적으로 자신의 계산으로 비용지출과정을 관리한 것이기 때문이다.

한편 전 점유자가 비용을 지출한 후 현 점유자에게 점유가 승계된 경우, 상환청구권자는 실제로 비용지출한 전 점유자인지 현재의 점유자인지를 둘러싸고 논의가 있다. ⅰ) 현재의 점유자가 전 점유자를 포괄승계하였거나 비용상환청구권을 양수했다면 전 점유자의 비용상환청구권이 현재의 점유자에게 승계된다. ⅱ) 비용상환청구권을 양수하지 않았다면, 보통은 점유승계의 대가에 비용지출의 결과가 반영된다는 점을 이유로 소유물반환청구권의 행사 당시의 점유자가 비용상환을 청구할 수 있다는 견해와 전 점유자의 비용상환청구권까지 취득하게 함은 현재의 점유자에게 부당이득이라고 하여 전 점유자의 상환청구를 인정하는 견해가 대립한다. 구체적인 계약의 해석에 따라 비용상환청구권이 양수되었는지에 따라 달리 판단하면 될 것이다.

> **사례 20** X건물을 A가 1/2 지분, B가 1/2 지분으로 공유하고 있다. B가 공유자인 A의 동의 없이 C에게 X건물의 창호공사를 도급하는 계약을 체결하고 C가 공사를 완료하였으나 C에게 공사대금을 지급하지 않아 C가 X건물을 점유하고 있다. 공사로 인하여 X건물의 가치가 금 1,000,000원 상당 증가하였다. C가 A에게 그 지분에 상응하는 500,000원의 유익비의 상환을 구하는 소송을 제기하였다. C의 청구는 타당한가? (대판 2002.8.23. 99다66564,66571 참조)
>
> **│해설 20│** C는 비용지출자가 아니므로 유익비상환을 청구할 수 없다.
> 유효한 도급계약에 기하여 수급인이 도급인으로부터 제3자 소유 물건의 점유를 이전받아 이를 수리한 결과 그 물건의 가치가 증가한 경우, 도급인이 그 물건을 간접점유하면서 궁극적으로 자신의 계산으로 비용지출과정을 관리한 것이므로, 도급인만이 소유자에 대한 관계에 있어서 제203조에 의한 비용상환청구권을 행사할 수 있는 비용지출자라고 할 것이고, 수급인은 그러한 비용지출자에 해당하지 않는다. 따라서 이 사안에서 B로부터 X건물에 관한 공사를 도급받아 공사를 완료한 수급인 C는 제203조에 의한 비용상환청구권을 행사할 수 있는 비용지출자가 아니므로 X건물의 공유자 중 1인인 A에 대하여 직접 유익비상환을 청구할 수 없다.

### (2) 비용상환의무자

보통의 경우 비용지출 당시의 소유자가 비용상환의무를 부담한다. 비용지출 후 소유권이 양도된 경우 비용상환의무자는 비용지출 당시의 전 소유자인가 아니면 점유회복 당시의 현 소유자인지가 문제된다. 원칙적으로 점유회복 당시의 소유자(회복자)는 점유자에게 비용상환의무를 부담해야 한다(대판 2003.7.25. 2001다64752). 제203조 제2항에 의한 점유자의 회복자에 대한 유익비상환청구권은 점유자가 계약관계 등 적법하게 점유할 권리를 가지지 않아 소유자의 소유물반환청구에 응해야 할 의무가 있는 경우에 성립되는 것이므로 그 비용을 지출할 당시의 소유자가 누구이었는지 관계없이 인정되는 것이기 때문이다. 그러나 점유자가 유익비 지출당시 계약관계 등 적법한 점유의 권원을 가진 경우에는 그 지출비용의 상환은 그 계약관계를 규율하는 법조항이나 법리 등이 적용되어야 하므로 소유권 양도와 상관없이 계약관계 등의 상대방(가령 임대차계약상의 임대인)이 비용상환의무자가 된다(대판 2003.7.25. 2001다64752).

> **사례 21** A는 B에게 X건물을 임대하였고, B는 X건물에 유익비를 지출하였으며, X건물의 가액의 증가가 현존한다. 그런데 X건물이 경매로 C에게 경락되어 C가 소유권을 취득하였다. 이에 B는 C를 상대로 제203조 제2항의 비용상환청구를 한다. B의 청구는 타당한가?
>
> (대판 2003.7.25. 2001다64752 참조)
>
> **│해설 21│** B의 청구는 타당하지 않다.
> 제203조 제2항에 의한 점유자의 회복자에 대한 유익비상환청구권은 점유자가 계약관계 등에 의하여 적법하게 점유할 권리를 가지지 않아 소유자의 소유물반환청구에 응해야 할 의무가 있는 경우에 성립되는 것으로서, 이 경우 점유자는 그 비용을 지출할 당시의 소유자가 누구이었는지

관계없이 점유회복 당시의 소유자 즉 회복자에 대하여 비용상환청구권을 행사할 수 있다. 그러나, 점유자가 유익비를 지출할 당시 계약관계 등에 의하여 적법한 점유의 권원을 가진 경우에 그 지출비용의 상환에 관하여는 그 계약관계를 규율하는 법조항이나 법리 등이 적용되는 것이어서, 점유자는 그 계약관계 등의 상대방에 대하여 해당 법조항이나 법리에 따른 비용상환청구권을 행사할 수 있을 뿐 계약관계 등의 상대방이 아닌 점유회복 당시의 소유자에 대하여 제203조 제2항에 따른 지출비용의 상환을 구할 수는 없다. 이 사안에서 임차인인 B는 임대차계약에 의하여 X건물을 적법하게 점유하고 있으면서 비용을 지출한 것이므로, 임대인인 A에 대하여 제626조 제2항에 의한 임대차계약상의 유익비상환청구를 할 수 있을 뿐, 경매에 의하여 소유권을 취득한 C에 대하여 이와는 별도로 제203조 제2항에 의한 유익비의 상환청구를 할 수는 없다.

### 7. 점유자의 유치권

필요비나 유익비의 상환청구권은 물건에 관하여 생긴 채권이므로 점유자는 비용상환청구권을 피담보채권으로 한 유치권을 취득한다. 그러나 유익비의 경우 회복자가 법원으로부터 상당한 상환기간을 허락받은 경우 상환기간 동안 유치권이 부정된다(제203조 제3항).

# 제3관 점유보호청구권

| | |
|---|---|
| 1. 의 의 | (2) 점유보유청구권(점유물방해제거청구권) |
| 2. 당 사 자 | (3) 점유보전청구권(점유물방해예방청구권) |
| 3. 유 형 | 4. 점유의 소와 본권의 소 |
| (1) 점유회수청구권(점유물반환청구권) | |

### 1. 의 의

점유보호청구권은 본권과 관계없이 점유 자체를 보호하기 위해 인정되는 일종의 물권적 청구권이다. 원칙적으로 점유침해시 그 점유를 보호하기 위해 인정된다. 점유보호청구권은 실체법상의 청구권으로 점유침해가 있기 전 상태로의 복귀를 목표로 한다. 제204조 내지 제206조는 점유보호청구권 외에 점유침해에 기한 손해배상청구권도 편의상 함께 규정하고 있다.

### 2. 당 사 자

(1) 점유보호청구권자는 점유자이어야 하며 점유보조자는 이에 해당하지 않는다. 간접점유자도 포함되며, 이 경우 점유매개자를 보호하기 위하여 제207조의 특칙을 두었다. 점유자의 본권 유무는 불문하여 타주점유자도 점유회수청구권을 행사할 수 있다.

(2) 점유보호청구권의 상대방은 현재(사실심 변론종결시) 점유를 침해한 자이어야 한다. 침해자의 선의·악의는 불문한다. 점유보호청구권의 상대방에는 점유침탈자의 포괄승계인도 포함된다. 침탈자의 특별승계인은 악의인 경우에만 점유보호청구권의 상대방이 된다(제204조제2항). 선의의 특별승계인으로부터 전득한 악의의 특별승계인은 이에 해당하지 않는다. 선의승계인에게 양도됨으로써 보호되어야 할 새로운 점유권계가 성립되었다고 보기 때문이다.

(3) 손해배상청구의 상대방은 점유를 침해하여 손해를 발생시킨 자이어야 하고, 그의 특별승계인은 이에 해당하지 않는다.

## 3. 유 형

### (1) 점유회수청구권(점유물반환청구권)

점유회수청구권은 점유자의 점유가 침탈당한 경우에 그 점유의 반환을 청구할 수 있는 권리이다(제204조).

#### (가) 요 건

1) 점유의 성립

점유자가 점유를 침탈당할 당시 목적물을 점유하고 있어야 한다. 점유자가 목적물을 점유하고 있었는지 여부는 점유의 성립에 관한 일반적 기준에 의해 판단한다.

2) 점유의 침탈

점유자가 목적물에 대한 점유를 침탈당해야 한다. 침탈당한 점유자가 자주점유자, 타주점유자, 직접점유자, 간접점유자인지는 문제되지 않는다. 침탈이란 점유자의 의사에 기하지 않은 상태에서 물건 전체에 대한 사실적 지배의 상실을 말한다. 침탈행위가 점유자에 의하여 직접 행하여질 필요는 없다. 예컨대 점유자에 대한 집행권원 없이 이루어진 위법한 강제집행으로 점유를 빼앗긴 것은 공권력을 빌려 점유를 침탈한 것이다(대판 1987.6.9, 86다카1683).

그러나 점유자가 기망당했지만 스스로의 의사에 의하여 점유를 이전한 경우와 같이 하자 있는 의사에 기하여 스스로 점유를 이전한 경우는 침탈에 해당하지 않는다(대판 1992.2.28, 91다17443).

직접점유자가 임의로 점유를 타에 양도하여 점유가 이전된 경우, 그 점유이전이 간접점유자의 의사에 반하더라도 점유의 '침탈'에 해당하지 않기 때문에 간접점유자는 점유회수청구를 할 수 없다(대판 1993.3.9, 92다5300).

3) 점유침탈자의 고의 또는 과실, 침탈자의 목적물에 대한 본권 여부는 점유침탈의 성립에 영향을 미치지 않는다. 그러나 점유침탈 자체를 정당화할 정당한 권원(법률의 규정이나 점유자의 동의 등)이 있는 경우에는 점유회수청구를 할 수 없다. 또한 침탈자의 적극적 행위가 개입되어야 하는 것도 아니다(예컨대 옆집에 있던 사과가 이웃집 담장 안으로 떨어진 경우 사과에 대한 이웃의 점유가 인정되면 이웃은 점유회수의 상대방이 될 수 있을 것이다). 침탈자의 특별승계인에게는 회수

를 청구하지 못하나, 승계인이 악의인 경우에는 청구권을 행사할 수 있다($^{제204조}_{제1항}$). 악의란 전점유자가 점유침탈자라는 사실을 알았거나 전점유자가 침탈자로부터 악의로 점유이전 받았음을 인식하고 있음을 말한다.

### 4) 점유의 상호침탈

점유가 상호침탈된 경우 누구에게 점유회수청구권을 인정할 것인지가 문제된다. 이는 가령 자전거를 침탈당한 A가 수개월 후 자전거를 훔쳐간 B로부터 자전거를 자력으로 탈환한 경우, B는 A에 대한 점유회수청구를 할 수 있는지에 관한 문제이다. B의 점유회수청구를 인정해도 A가 다시 점유회수청구나 본권에 기한 반환청구를 행사하면 실익이 없을 뿐만 아니라 신의칙에 반하고, 소송경제에 반함을 이유로 B의 점유회수청구를 부정하는 견해(다수설)와 긍정하는 견해가 대립한다. 판례는 긍정설을 전제로 점유회수의 소에서 점유를 침탈당하였다고 주장하는 당시에 원고가 점유하고 있었는지의 여부만을 살핀다는 점($^{대판\ 2012.2.23.}_{2011다61424,61431}$)을 고려해 보면 A의 본권 여부를 불문하고 B의 점유가 A에 의해 침탈된 이상 B의 점유회수청구를 인정하는 것으로 해석된다.

### (나) 내 용

점유회수청구로 침탈된 물건 자체의 반환을 청구하거나 손해배상을 청구할 수 있다($^{제204조}_{제1항}$). 물건을 환가처분하여 물건 자체의 인도가 불가능한 경우(가령 선의의 특정승계인에게 매각되어 물건이 금전화된 경우) 환가금의 반환이 허용되는지 여부와 관련하여 긍정설과 부정설이 대립한다. 생각건대 점유회수청구는 물건에 대한 사실상의 지배를 회복시켜 주기 위한 제도이기 때문에 환가금의 반환을 부정함이 타당하다. 점유침탈 후 점유회수청구로 점유를 회수한 경우, 점유를 상실하지 않은 것으로 취급한다($^{제192조}_{제2항\ 단서}$).

점유침탈로 인한 손해배상청구권은 불법행위에 대한 책임이므로 불법행위의 요건($^{제750}_{조}$)을 구비해야 한다. 이때의 손해는 법령에 의하여 점유자가 수취할 권한이 인정되는 이익의 침해를 말한다. 따라서 점유권원이 있는 점유자는 사용이익 상당의 손해가 발생하지만, 점유권원이 없는 점유자는 선의인 경우에만 과실 및 사용이익 상당의 손해가 있다고 할 것이다. 따라서 점유를 침탈당한 자에게 점유권원이 없을 때에는 선의의 경우에만 수취 못한 과실, 사용이익의 상실을 손해로 배상을 청구할 수 있다. 또한 점유침탈로 인한 손해배상은 침탈자의 악의의 특정 승계인에게도 행사할 수 있다는 점에서 일반 불법행위책임보다 책임 주체가 넓게 인정된다.

### (다) 행사기간

점유회수청구권은 점유침탈행위가 완료한 날로부터 1년 내에 행사해야 한다($^{제204조}_{제3항}$). 판례는 이를 제척기간으로 출소기간이라고 본다. 그 대상이 되는 권리가 청구권임에도 불구하고 제척기간으로 보며, 이 기간 내에 재판상 청구를 해야 하는 출소기간으로 이해한다($^{대판\ 2002.4.26.}_{2001다8097,8103}$). 손해배상청구의 경우 이는 제766조의 특칙이 된다. 따라서 1년이 경과한 후에는 더 이상 점유침탈로 인한 손해배상도 청구할 수 없다고 할 것이다$\left(\begin{smallmatrix}\text{이와는 달리 제766조의 기간 내에는 손해배상청구를 할 수 있다는 견}\\\text{해도 있지만 이는 제204조 제3항의 법문에 명백히 위배되는 해석이다}\end{smallmatrix}\right)$.

---

**사례 22** A가 B 소유의 X건물을 임차하여 사용 중, C의 제안으로 그가 임차하여 운영하는 Y건물의 임차권과 서로 교환하기로 약정하고, X건물을 C에게 인도하였다. 그러나 위 교환계약은 C가 Y건물의 현황에 대하여 거짓말을 하고 A가 이에 속아서 체결하게 된 것이었다. A는 위 교환계약이 C의 사기에 의한 것임을 이유로 취소하였고, C를 상대로 점유물반환을 구하는 소송을 제기하였다. A의 청구는 타당한가?                     (대판 1992.2.28. 91다17443 참조)

**해설 22** A의 청구는 부당하다.

이 사안의 경우 A는 C의 사기의 의사표시에 의하여 X건물을 인도해준 것이고, X건물의 점유를 침탈당한 것이 아니므로 A가 C에 대하여 점유회수의 소를 제기할 수 없다(이 판결의 사실관계는 원고 A의 임차권과 피고 C의 토지를 교환한 사안이었다).

---

### (2) 점유보유청구권(점유물방해제거청구권)

점유보유청구권은 점유자의 점유가 방해받는 경우에 인정되는 권리이다$\left(\begin{smallmatrix}\text{제205}\\\text{조}\end{smallmatrix}\right)$.

#### (가) 요 건

1) 점유자는 점유를 방해받을 당시 목적물을 점유하고 있어야 한다.

2) 점유자의 점유를 방해해야 한다. 방해란 점유침탈 이외의 방법으로 점유상태를 간섭함을 말한다. 예컨대 점유물에 대한 부분적 침탈이 이에 해당된다. 타인의 토지에 담장을 축조한 경우에는 점유를 방해한 것이지만, 타인토지에 건물을 축조한 경우에는 점유의 침탈이 된다고 할 것이다(다만 법률효과면에서 점유의 방해와 침탈을 구별할 실익은 크지 않다). 점유방해의 성립에는 방해자의 고의 또는 과실이 요구되지 않는다. 그러나 점유자가 수인의무를 부담하는 경우와 같이 점유방해 자체가 정당한 경우에는 점유방해가 성립하지 않는다.

#### (나) 내 용

점유보유청구의 내용은 방해의 제거 및 손해의 배상이다$\left(\begin{smallmatrix}\text{제205조}\\\text{제1항}\end{smallmatrix}\right)$. 손해배상은 점유권의 행사가 방해되고 있음으로 인해 발생하는 손해의 배상을 말한다.

#### (다) 행사기간

점유보유청구권은 방해가 종료한 날로부터 1년 내에 행사해야 한다$\left(\begin{smallmatrix}\text{제205조}\\\text{제2항}\end{smallmatrix}\right)$. 위 기간은 제척기간이자 출소기간으로 본다$\left(\begin{smallmatrix}\text{대판 2016.7.29. 2016}\\\text{다214483,214490}\end{smallmatrix}\right)$. 방해가 계속되고 있으면 아직 방해가 종료하지 않았으므로 방해개시로부터 1년 후라도 방해제거를 청구할 수 있어야 하고, 방해가 종료되었으면 더 이상 방해가 없으므로 방해제거청구도 할 수 없다는 점에서 방해제거청구권에는 이 기간이 적용되지 않는다고 할 것이다. 예컨대 타인 토지에 담장을 설치한 경우 방해가 계속되고 있으므로 담장이 축조되고 1년이 지난 후에도 방해제거청구권을 행사할 수 있게 된다. 결국 이

행사기간은 손해배상청구에만 적용되는 것으로 본다. 그러나 공사로 인한 점유방해의 경우 공사착수 후 1년을 경과하거나 공사가 완성된 때에는 방해제거를 구하지 못한다($^{제205조}_{제3항}$).

### (3) 점유보전청구권(점유물방해예방청구권)

점유보전청구권은 점유자의 점유가 방해받을 염려가 있는 경우에 인정되는 권리이다($^{제206}_{조}$).

청구권 행사의 요건은 다음과 같다. 먼저 점유자가 목적물을 점유하고 있어야 한다. 점유자의 점유가 방해받을 염려가 있어야 한다. 이는 구체적인 사정하에 일반경험법칙에 따라 객관적으로 판단되어야 한다($^{대판\ 1987.6.9.}_{86다카2942}$).

점유보전청구권의 내용은 방해의 예방 또는 손해배상의 담보를 청구하는 것이다. 방해의 예방은 방해원인을 제거하여 방해를 방지하는 조치(작위, 부작위 불문)를 말하고, 손해배상의 담보를 청구하는 것은 방해의 염려가 있는 한 상대방의 고의 또는 과실을 불문한다.

공사로 인한 방해의 염려가 있는 경우에는 제206조 제2항이 적용된다.

---

**사례 23** A 소유의 물건을 B가 침탈하여 C에게 빌려준 경우 A는 B 또는 C를 상대로 점유물반환청구를 할 수 있는가?

**해설 23** 판례에 의하면 불법점유에 따른 간접점유자인 B에게 반환청구가 불가능하며, C가 악의가 아니라면 C에게도 점유물반환청구권을 행사할 수 없다.

B에게 점유물반환청구권을 행사할 수 있는지를 살펴보면, 학설상 B가 A의 점유를 침탈한 자이지만, 간접점유자인 경우라도 점유물반환청구권을 행사할 수 있다고 한다. 다만 그 내용이 점유반환청구권인지 반환청구권의 양도청구권인지에 대해서는 논의가 있다. 판례가 소유물반환청구권에 관한 사안에서 불법점유인 경우 간접점유자에 대해서는 반환청구를 할 수 없다고 한 것에 비추어 점유물반환청구권도 인정되기 어려울 것으로 보인다.

C에게 점유물반환청구권을 행사할 수 있는지를 살펴보면, C는 점유에 있어서 B의 특별승계인의 지위에 있으므로 C가 선의인 경우에는 C에게도 점유물반환을 청구할 수 없게 된다. 결국 판례에 의하면 불법점유에 따른 간접점유자인 B에게 반환청구가 불가능하며, C가 악의가 아니라면 C에게도 점유물반환청구권을 행사할 수 없다.

---

### 4. 점유의 소와 본권의 소

본권의 소란 소유권, 지상권, 전세권 기타 실질적인 권리를 기초로 한 소를 말하고, 점유의 소는 점유보호청구권을 행사하는 소를 말한다.

점유의 소와 본권의 소는 청구원인을 달리하므로 서로 영향을 미치지 않는다($^{제208조}_{제1항}$). 그러나 예외적으로 본권이 확정판결에 의해 확인된 경우에 점유의 소에 영향을 미칠 수 있다는 견해도 있다. 점유를 침탈당한 본권자는 본권의 소와 점유의 소를 동시에 제기하거나 양소를 선택적으로 병합할 수 있고, 어느 한 청구가 패소한 후에도 다른 청구를 할 수 있다.

점유의 소는 본권에 관한 이유로 재판하지 못한다($^{제208조}_{제2항}$). 따라서 점유의 소에서 본권자는 본권에 관한 항변을 제출할 수 없다. 점유의 소가 계속 중 반소로 본권의 소를 제기하는 것이 허용되는지에 관해 다툼이 있지만, 긍정설이 다수설이다. 한편 본권자(예컨대 소유권자)로부터 점유를 침탈당한 점유자(예컨대 유치권자)가 점유를 회복하더라도 본권자에게 점유를 이전해야 하는 상황인 경우에도 점유권에 기한 본소와 본권자의 장래이행의 소로 제기한 예비적 반소(또는 별소)는 모두 인용해야 한다($^{대판\ 2021.3.25,}_{2019다208441}$).

# 제4관 자력구제

## 1. 서 설

### (1) 개 념

자력구제란 사인이 자기의 권리를 보호하거나 실현하기 위해 국가의 힘을 빌리지 않고 사적 실력을 행사하는 것을 말한다. 자력구제가 원칙적인 구제수단이라는 견해도 있다. 그러나 원칙적으로 자력구제는 금지되고, 질서교란행위가 계속되어 종전의 상태를 유지할 것이 요구되는데, 국가에 의한 구제가 불가능하거나 극히 곤란한 경우에만 예외적으로 인정되어야 할 것이다. 질서교란행위가 종료되고 새로운 지배상태가 확립되면 자력구제는 인정되지 않는다.

### (2) 자력구제권자

직접점유자는 자력구제권이 있으며 점유에 하자가 있어도 인정된다. 간접점유자에게는 민법이 명문으로 점유보호청구권만을 인정하고 있으며 간접점유를 외부에서 인식하는 것이 어렵다는 점 등을 고려해 보면 간접점유자의 자력구제권은 부정되어야 할 것이다. 그러나 점유보조자는 점유자가 아니므로 자력구제권이 없으나 점유보조자를 통하여 점유주의 사실상의 지배가 행사되고 있다는 점에서 점유보조자의 자력구제를 점유주의 자력구제로 볼 수 있기 때문에 점유보조자는 점유주를 위하여 점유주의 자력구제권을 행사할 수 있다고 할 것이다.

## 2. 유 형

### (1) 자력방위권($^{제209조}_{제1항}$)

자력방위권이란 점유에 대한 부정한 침탈 또는 방해행위에 대해 자력으로 방위하는 권리를 말한다. 점유의 침탈 또는 방해행위가 계속되는 동안에만 인정된다($^{대판\ 1993.3.}_{26,\ 91다14116}$). 점유에 대한 방해행위가 종료되었지만, 그 방해상태가 계속되는 경우에 자력방위권은 부정된다.

### (2) 자력탈환권$\binom{제209조}{제2항}$

자력탈환권이란 점유가 침탈되었을 때 이를 탈환할 수 있는 권리를 말한다. 부동산의 경우 침탈 후 "직시" 행사되어야 한다. 직시란 "객관적으로 가능한 한 신속히" 또는 "사회관념상 가해자를 배제하여 점유를 회복하는 데 필요하다고 인정되는 범위 안에서 되도록 속히"라는 뜻으로 해석된다$\binom{대판\ 1993.3.}{26,\ 91다14116}$. 침탈을 당한 후 상당한 시간이 흘렀다면 점유자가 점유침탈 사실을 몰랐더라도 더 이상 자력탈환권을 행사할 수 없다. 한편 동산의 경우 현장에서 또는 추적하여 행사해야 한다. 사회관념상 점유회복이 필요하고 상당하다고 인정되는 시간의 범위 내에서 인정되기 때문에(현장성 또는 추적가능성) 이와 같은 시간적 범위를 넘어서면 자력탈환권을 행사할 수 없다.

## 3. 효    과

자력구제권의 행사로 타인의 권리가 침해되어도 제209조의 요건을 충족하면, 위법성이 조각된다. 자력구제권의 행사로 점유를 탈환한 경우, 제192조 제2항을 유추적용하여 점유를 상실하지 않은 것으로 본다. 자력구제의 요건을 갖추지 않았음에도 구비되었다고 오신하여 자력구제를 행사하면 손해배상책임이 인정된다.

---

**사례 24** A는 1987.2.27.경 B에게 공사도급계약의 해제를 통고하고, 경비원 한 사람에게 기성부분을 점유 관리하도록 하여 왔다. 한편, C는 1987.7.7.부터 7.11.까지 임의로 매일 중장비 1대와 인부 10여명을 동원하여 기성부분을 철거하기 시작하였다. 이에 대하여 A는 7.12. 08:00부터 서울에서 동원한 인부 34명으로 하여금 위 기성부분을 보호하려 하였으나, 7.13. 08:00 C의 인부들에게 쫓겨났다. C는 7.13. 13:00부터 기성부분의 철거를 계속하는 한편, 법원에 대체집행신청을 하였고, 7.14. 위 법원으로부터 대체집행결정을 받았다. A는 7.14. 07:00부터 7.16. 11:00까지 인부 약 100명을 동원하여 위 기성부분을 지켰지만, 결국 위 C의 인부들에게 쫓겨났다. C는 7.16. 11:00 위 대체집행결정에 터잡아 집행관에게 위임하여 이 사건 기성부분에 대한 철거집행을 하려 하였지만, A가 집행관에게 관계문서를 제시하면서 그 소유권을 주장하는 한편, C의 인부 약 50명과 A의 인부 약 100명이 서로 충돌하는 바람에 위 집행은 불능으로 끝나게 되었다. C는 대체집행이 불능되자 다시 중장비와 인부들을 동원하여 무단철거를 강행하였고, 7.22.경 이 사건 기성부분을 완전히 철거하였다. 위 사안에서 A가 7.12. 7.14. 7.16.에 각 인부를 동원하여 그 탈환을 시도한 것은 자력탈환권의 요건인 '직시'에 해당하는가?                (대판 1993.3.26. 91다14116 참조)

**해설 24** 직시에 해당하지 않는다.

제209조 제1항에 규정된 점유자의 자력방위권은 점유의 침탈 또는 방해의 위험이 있는 때에 인정되는 것인 한편, 제2항에 규정된 점유자의 자력탈환권은 점유가 침탈되었을 때 시간적으로 좁게 제한된 범위 내에서 자력으로 점유를 회복할 수 있다는 것으로서, 위 규정에서 말하는 "직시"란 "객관적으로 가능한 한 신속히" 또는 "사회관념상 가해자를 배제하여 점유를 회복하는 데

필요하다고 인정되는 범위 안에서 되도록 속히"라는 뜻으로 해석할 것이므로, 점유자가 침탈 사실을 알고 모르고와는 관계 없이 침탈을 당한 후 상당한 시간이 흘렀다면 자력탈환권을 행사할 수 없다 할 것이다.

A는 이 사건 기성부분이 완성된 때부터 이를 계속 점유하여 왔으나, 적어도 C가 이를 철거하기 시작한 7.7. 이후에는 그 점유를 C에게 침탈당하였다고 보이고, 그렇다면 A가 7.12, 7.14, 7.16. 에 각 인부를 동원하여 그 탈환을 시도한 것은 자력탈환권의 요건인 "직시"에 해당한다고도 할 수 없다.

## 제3절 준점유(準占有)

### 1. 의　　의

준점유란 재산권을 사실상 행사하는 것을 말하는데($\frac{제210}{조}$) 이를 권리점유라고도 한다.

### 2. 요　　건

(1) 준점유의 객체는 점유를 수반하지 않는 재산권이어야 한다(가령 채권, 저당권, 지식재산권 등). 점유할 권리가 있는 재산권(가령 소유권, 지상권, 전세권 등)에 대하여는 준점유가 성립되지 않는다.

(2) 재산권을 사실상 행사해야 한다. 이는 어떤 재산권이 사실상 어떤 사람에게 귀속하는 것과 같은 외관이 있어야 함을 말하는데 객관적 사정에 따라 판단된다. 예컨대 형성권(가령 취소권, 해제권)을 준점유하려면 법률적 지위의 승계자로 사실상 인정되어야 한다. 채권을 준점유하려면 채권증서 또는 예금증서와 그에 찍힌 인장을 소지해야 한다($\frac{대판\ 1985.12.}{24,\ 85다카880}$).

### 3. 효　　과

준점유의 경우 점유에 관한 규정을 준용한다($\frac{제201}{조}$). 따라서 권리의 적법추정, 과실의 취득권, 비용상환청구권, 점유보호청구권 등이 인정된다.

# 제3장 소유권

## 제1절 소유권 일반론

### 제1관 총 설

#### 1. 소유권의 의의

소유자는 법률의 범위 내에서 그 소유물을 사용, 수익, 처분할 권리가 있다($\binom{제211}{조}$). 물건의 소유자는 다른 특별한 사정이 없는 한 법률의 범위 내에서 그 물건에 관한 모든 이익($\substack{제211조에서 명 \\ 문으로 정하는}$ $\substack{'사용, 수익, 처분'의 이 \\ 익이 대표적인 예이다}$)을 배타적으로 향유할 권리를 갖는다($\substack{대판 2012.1.27., \\ 2011다74949}$). 여기서 사용, 수익이란 물건의 사용가치를 누리는 것(가령 물건의 이용, 과실의 수취 등)을 말한다. 처분이란 물건의 교환가치를 누리는 것을 말하는데, 법률적 처분과 사실적 처분을 포함한다.

---

**사례 1** A가 본인 소유의 X 토지를 일반 공중의 교통을 위한 도로부지로 사용하도록 무상으로 제공한 경우, 이는 대세적으로 X 토지에 대한 사용·수익권능을 대세적으로 포기한 것으로 볼 수 있는가?

(대판 2017.6.19, 2017다211528,211535)

**| 해설 1 |** 사용·수익의 권능을 대세적으로 포기한 것으로 볼 수 없다.

소유자가 소유권의 핵심적 권능에 속하는 사용·수익의 권능을 대세적으로 포기하는 것은 특별한 사정이 없는 한 허용되지 않는다. 이를 허용하면 결국 처분권능만이 남는 새로운 유형의 소유권을 창출하는 것이어서 민법이 정한 물권법정주의에 반하기 때문이다. 따라서 사유지가 일반 공중의 교통을 위한 도로로 사용되고 있는 경우, 토지 소유자가 스스로 토지의 일부를 도로 부지로 무상 제공하더라도 특별한 사정이 없는 한 이는 대세적으로 사용·수익권을 포기한 것이라기보다는 토지 소유자가 도로 부지로 무상 제공받은 사람들에 대한 관계에서 채권적으로 사용·수익권을 포기하거나 일시적으로 소유권을 행사하지 않겠다고 양해한 것이라고 보아야 한다.

## 2. 소유권의 기능

소유권은 헌법상 재산권보장의 원칙($\frac{헌법}{제23조}$)에 따라 민법전에서 구체화되어 보장된다. 소유권 보장은 시장경제질서에 터잡은 우리 헌법하에서 개인이 각자의 능력에 따라 자기인격을 자유롭게 전개하기 위한 물질적 기초로서, 사적 자치의 원칙의 핵심인 법률행위 자유의 원칙과 함께 사법질서의 근본원칙을 구성한다.

## 3. 소유권의 제한 및 한계

(1) 산업혁명의 진행으로 소유권의 보장이 개인의 부자유, 불평등을 초래하게 되자, 토지소유권을 대상으로 소유권 행사에 관한 일정한 제한을 인정해야 한다는 사회사상이 등장했다. 이러한 주장이 수용되어 재산권의 행사는 공공복리에 적합하도록 해야 하고($\frac{헌법\ 제23}{조\ 제2항}$), 공공필요에 의해 재산권을 수용, 사용, 제한할 수 있도록 하여 사적 소유권에 대한 제한을 긍정한다($\frac{헌법\ 제23}{조\ 제3항}$).

(2) 헌법 제23조 제1항 후문은 "소유권의 내용과 한계는 법률로 정한다"고 규정하여 입법에 의한 소유권 제한을 긍정한다. 소유권에 대한 사법상 규제로 가령 민법상 상린관계규정($\frac{제216조-}{제244조}$), 권리남용규정($\frac{제2조}{제2항}$), 집합건물의 소유 및 관리에 관한 법률, 주택임대차보호법 등을 들 수 있고, 공법상 규제로 농지의 소유제한($\frac{농지법}{제7조}$), 토지거래의 제한($\frac{부동산\ 거래신고\ 등}{에\ 관한\ 법률\ 제11조}$), 소유권의 행사 제한($\frac{부동산\ 거래신고\ 등에}{관한\ 법률,\ 건축법\ 등}$) 등을 들 수 있다.

(3) 소유권의 제한은 법률에 근거가 있어야 하며 비례의 원칙을 준수해야 한다. 그 제한이 인정되더라도 사유재산제도를 부정하거나 소유권의 본질적 내용을 침해하는 것은 허용되지 않는다($\frac{헌법\ 제37}{조\ 제2항}$).

## 4. 소유권의 법적 성질

소유권은 관념적 지배권으로 물건을 전면적으로 지배할 수 있는 권리이다(전면성 또는 포괄성). 이러한 포괄성에서 다양한 성질이 인정된다. 소유권은 용익권능과 처분권능을 합한 것이 아니라 이러한 권능들의 근거를 이루는 권리이다(혼일성). 소유권의 일부권능을 제한하는 제한물권이 소멸하면 본래의 전면적 지배로 자동으로 복귀한다(탄력성). 소유권은 존속기간의 정함이 없다. 따라서 소유권은 소멸시효의 대상이 아니다(항구성).

# 제 2 관  토지소유권의 범위

## 1. 토지소유권의 상하범위

토지소유권은 정당한 이익이 있는 범위 내에서 토지의 상하에 미친다($\frac{제212}{조}$). 이는 토지소유권이 지표면뿐만 아니라 일정범위에서는 그 지상의 공간과 지하의 토석에까지 미친다는 것을 말한다. 정당한 이익이 있는지 여부는 구체적인 경우에 사회관념에 따라 판단할 수밖에 없다.

지하수, 미채굴의 광물 등이 토지소유권에 포함되는가? 암석, 토사는 토지의 구성부분으로 토지소유권의 효력이 미친다. 그러나 미채굴의 광물은 광업법상 국가에 채굴취득권이 유보되어 있으므로 토지소유권의 효력이 미치지 않는다. 그 근거로 미채굴의 광물은 국유의 부동산이라는 견해와 원칙적으로 토지의 구성부분으로 토지소유권자의 소유에 속하지만 국가에 배타적 채굴취득허가권이 있어 그 범위 내에서 소유권 행사가 제한된다는 견해가 있다.

지하수는 토지의 구성부분으로 토지소유권의 효력이 미친다. 다만 소유권자 이외의 자의 지하수이용권에 관해서는 특정인의 편익을 위한 인역권(人役權) 유사의 독립된 물권으로 이해하는 견해와 상린관계의 일부로 이해하는 견해가 있다. 온천수는 온천법에 의해 규율을 받지만, 여전히 토지의 구성부분이다. 판례도 온천수는 토지의 구성부분이지 독립한 물권의 객체가 아니며 온천권이라는 관습법상의 물권도 인정하지 않는다(대판 1970.5. 26, 69다1239).

---

**사례 2** A 소유의 토지 상공에 B가 무단으로 송전설을 가설한 경우, A는 토지소유자로서 어떠한 권리를 행사할 수 있는가? (대판 2009.1.15, 2007다58544 참조)

**|해설 2|** 전선철거 및 선하지 인도청구, 부당이득반환, 불법행위로 인한 손해배상청구를 할 수 있다.

토지의 상공에 고압전선이 통과하게 됨으로써 토지소유자가 그 토지 상공의 이용을 제한받게 되는 경우, 특별한 사정이 없는 한 그 토지소유자는 위 전선을 소유하는 자에게 이용이 제한되는 상공 부분에 대한 임료 상당액을 부당이득으로 반환을 구할 수 있다. 또한 소유권에 기한 방해제거청구권의 행사로 송전선의 철거를 청구할 수 있으며 불법행위에 기한 손해배상청구도 가능하다. 더불어 타인 소유 토지를 무단으로 침범한 것이므로 불법행위에 기한 손해배상청구권을 행사할 수 있다.

---

## 2. 토지소유권의 경계와 확정

### (1) 지적공부와 토지등기부상 면적 불일치의 경우

1필지의 특정은 지적도 또는 임야도의 경계를 기준으로 해야 하고, 등기부의 표제부, 임야대장, 토지대장에 등재된 면적을 기준으로 하는 것이 아니다(대판 2005.12. 23, 2004다1691). 따라서 토지의 임야도나 지적도의 경계에 따라 측량한 실제 면적과 등기부의 표제부에 등재된 면적이 차이가 있음에도 어느 토지의 지번과 지적을 등기부의 표제부에 등재된 대로 표시하여 경매가 된 경우, 집행법원이 직권으로 또는 이해관계인의 집행절차상 불복을 받아들여 별도의 재판을 하지 않은 이상 등기부상의 지적을 넘는 '실제' 토지면적도 경매의 목적물인 토지의 일부로 보아야 하므로, 매각허가결정 및 그에 따른 매각대금의 납입에 따라 등기부상의 면적과 함께 매수인에게 귀속되는 것으로 보아야 한다$\binom{\text{대판 2005.12.}}{\text{23, 2004다1691}}$.

### (2) 지적도상 경계와 실제 경계 불일치의 경우

양자의 경계가 달리 설정되어 있는 경우, 판례는 원칙적으로 지적공부상의 경계 및 지적에 의해야 한다고 본다. 어떤 토지가 지적공부상 1필의 토지로 등록되면, 다른 특별한 사정이 없는 한 그 토지의 경계는 그 등록으로 특정되고, 그 토지의 소유권의 범위는 지적공부상의 경계에 의하여 확정된다$\binom{\text{대판 1993.11.}}{\text{9, 93다22845}}$. 따라서 그 토지의 소유권에 관한 등기는 지적공부상의 등록에 의하여 경계, 지적이 확정된 토지만의 소유권을 표상하는 것으로 본다.

토지에 관한 매매는 당사자들이 현실의 경계에 의하여 매매할 의사로서 하는 것이라는 것 등의 특별한 사정이 없는 한 현실의 경계와 관계없이 지적공부상의 경계, 지적 등에 의해 확정되는 토지를 거래의 대상으로 하는 것이라고 해야 한다$\binom{\text{대판 1993.5.11, 92다}}{\text{48918(본소), 48925(반소)}}$. 다만 지적도를 작성함에 있어서 그 기점을 잘못 선택하는 등 기술적인 착오로 말미암아 지적도상의 경계선이 진실한 경계선과 다르게 작성되었기 때문에 경계와 지적이 실제의 것과 일치하지 않게 되었고, 그 토지들이 전전매도되면서도 당사자들이 사실상의 경계대로의 토지를 매매할 의사를 가지고 거래를 한 경우 등과 같은 특별한 사정이 있는 경우에는 그 토지의 경계는 실제의 경계에 의해야 할 것이다$\binom{\text{대판 1997.2.28,}}{\text{96다49339, 49346}}$.

### (3) 바다와 토지의 경계

바다에 대한 토지의 경계선은 만조수위선이다$\binom{\text{공유수면법 제2조 1호 가목,}}{\text{공간정보법 제6조 4호}}$. 따라서 만조수위선과 간조수위선 사이의 간석지는 바다에 해당하므로, 토지소유권이 미치지 않는다. 다만 간석지 또한 경우에 따라서는 개인에게 소유권이 인정될 수는 있다$\binom{\text{공유수면법}}{\text{제8조 4호}}$. 더 나아가 지적공부에 등록된 토지가 물에 침식되어 수면 밑으로 잠긴 토지(포락지) 또한 토지소유권이 미치지 않는다.

### (4) 소송에 의한 경계확정

인접한 토지의 경계가 사실상 불분명하여 다툼이 있는 경우에 재판에 의하여 그 경계를 확정하여 줄 것을 구하는 소송이 토지경계확정의 소이다. 이는 형식적 형성의 소로서 법원은 당사자가 쌍방이 주장하는 경계선에 기속되지 아니하고 스스로 진실하다고 인정하는 바에 따라 경계를 확정해야 하는 것이므로 처분권주의와 불이익변경금지의 원칙이 적용되지 않는다$\binom{\text{대판 1993.11.23,}}{\text{93다41792, 41808}}$.

**사례 3** A 소유의 X토지는 등기부의 표제부 및 토지대장의 지적은 100㎡이지만, 지적도의 경계로 측량한 면적은 150㎡이다. 그런데 X토지가 등기부를 기준으로 경매가 진행되어 B가 X토지를 경락받아 그 소유권을 취득하였다. 이에 따라 A는 등기부상 면적을 초과한 50㎡의 면적은 B가 경락받아 취득한 것이 아니므로 그 부분에 해당하는 토지는 A의 소유임을 주장한다. A의 주장은 타당한가? (대판 2005.12.23, 2004다1691 참조)

> **│해설 3│** A의 주장은 타당하지 않다.
> 물권의 객체인 토지 1필지의 공간적 범위를 특정하는 것은 지적도나 임야도의 경계이지 등기부의 표제부나 임야대장·토지대장에 등재된 면적이 아니므로, 토지등기부의 표제부에 토지의 면적이 실제와 다르게 등재되어 있다 하여도, 이러한 등기는 해당 토지를 표상하는 등기로서 유효하다. 그리고 어느 토지의 지번과 지적을 등기부의 표제부에 등재된 대로 표시하여 경매하였으나 그 토지의 임야도나 지적도의 경계에 따라 측량한 실제 면적이 등기부의 표제부에 등재된 것보다 넓더라도, 집행법원이 직권으로 또는 이해관계인의 집행절차상 불복을 받아들여 별도의 재판을 하지 않은 이상, 등기부상의 지적을 넘는 면적은 경매의 목적물인 토지의 일부로서, 매각허가결정 및 그에 따른 매각대금의 납입에 따라 등기부상의 면적과 함께 매수인에게 귀속된다.

## 제2절 상린관계(相隣關係)

### 1. 의   의

상린관계에 관한 규정이란 인접하는 토지소유자 상호간의 이용을 조절하기 위해 그들 상호간의 법률관계에 대한 규정을 말한다(제216조 내지 제244조). 그러한 상린관계로부터 발생하는 권리를 상린권이라 한다. 상린관계는 한편으로는 부동산소유권의 제한이지만, 다른 한편으로는 인지(隣地)의 사용, 이웃 사람의 협력 등을 요구할 수 있으므로 소유권의 확장을 가져온다.

상린관계에 관한 규정은 소유권에 기한 이용관계를 전제로 하지만, 부동산이용관계인 지상권 및 전세권에도 이 규정이 준용된다(제290조, 제319조). 통설은 상린관계 규정이 인접하는 토지소유자 상호간의 「이용」을 조절하는 것인 이상, 준용규정 없는 토지임대차에도 이를 유추적용한다.

상린관계 규정이 임의규정인지 강행규정인지에 대해서 학설상 견해가 나뉘나, 당사자의 의사에 의하여 이용관계를 정하는 경우에는 그 의사가 존중되어야 한다는 점에서 임의규정으로 보아야 한다. 판례는 제242조(경계선부근의 건축)와 제244조(지하시설등에 대한 제한)가 적용될 사안에서 이 규정내용과 다른 특약을 하면 특약이 우선한다고 함으로써 임의규정으로 본다$\binom{\text{대}}{\text{판}}$ $\binom{1962.11.1.\ 62\text{다}567;\ \text{대}}{\text{판}\ 1982.10.26,\ 80\text{다}1634}$. 한편 판례는 상린관계에 관한 규정의 유추적용에 의한 확대해석을 경계한다. 즉 상린관계 규정은 인접지 소유자에게 소유권에 대한 제한을 수인할 의무를 부담하게 하는 것이므로 그 적용 요건을 함부로 완화하거나 유추하여 적용할 수는 없고, 상린관계 규정에 의한 수인의무의 범위를 넘는 토지이용관계의 조정은 사적 자치의 원칙에 맡겨야 한다고 판시하였다$\binom{\text{대판}\ 2012.12.27,}{2010\text{다}103086}$.

### 2. 인지사용청구권

토지소유자는 경계나 그 근방에서 담 또는 건물을 축조 또는 수선하기 위해 필요한 범위 내에서 이웃토지의 사용을 청구할 수 있다. 그러나 이웃의 주거에 들어가려면 이웃의 승낙이 필요하다$\binom{\text{제}216\text{조}}{\text{제}1\text{항}}$. 이웃이 승낙을 거절할 경우, 주거의 성질상 승낙에 갈음하는 판결$\binom{\text{제}389\text{조}}{\text{제}2\text{항}}$을 구할 수밖에 없다. 이웃사람이 이로 인해 손해를 입은 경우, 사용자는 그 손해를 보상하여야 한다$\binom{\text{제}216\text{조}}{\text{제}2\text{항}}$. 이웃이란 현재 그 주거를 이용하고 있는 소유자, 전세권자, 임차인 등을 말한다.

### 3. 생활방해의 금지

#### (1) 의 의

생활방해란 토지의 이용으로 인하여 생긴 매연, 열기체, 액체, 음향, 진동 기타 이와 유사한 것으로 이웃토지의 사용을 방해하거나 이웃 거주자의 생활에 고통을 주는 것을 말한다. 생활방해로 침해받은 토지소유자 또는 점유자는 물권적 청구권인 방해제거청구권$\binom{\text{제}214}{\text{조}}$을 행사할 수 있다. 그러나 제217조의 규정으로 인하여 수인한도 내에서는 그 방해를 수인해야 한다. 요컨대 생활방해가 수인한도를 넘어야 비로소 물권적 청구권이나 불법행위를 이유로 하여 손해배상을 청구할 수 있다.

#### (2) 요 건

(가) 매연, 열기체, 액체, 음향, 진동 기타 이에 유사한 것에 의한 생활방해가 있어야 한다. '기타 이에 유사한 것'의 의미에 관해서는 불가량적(不可量的)인 것이어야 한다는 견해와 토지이용과 불가피하게 결합된 간섭이라는 견해가 있다. 전자는 생활방해의 원인과 관련하여 존재상태에 중점을 둔 반면에, 후자는 생활방해의 작용상태에 중점을 둔다.

### (나) 생활방해의 의미

생활방해로 이웃토지의 사용을 방해하거나 이웃거주자의 생활에 고통을 주어야 한다. 이웃 토지의 사용방해란 토지의 용도에 따른 사용을 방해하는 것을 말한다. 이에는 토지 자체에 대한 방해뿐만 아니라, 그 지상의 건물, 그 토지에서 기르는 가축에 대한 방해도 포함된다. 방해를 일으키는 토지와 방해를 받는 토지의 경계가 접할 필요는 없다. 또한 '이웃 거주자의 생활에 고통을 주는 것'이란 불가량적 방해물에 의하여 정상적인 평온한 생활을 침해하는 것을 말한다.

### (다) 생활방해의 방법

생활방해를 일으키는 방법과 관련하여 공기 또는 대지를 통해서 자연적으로 전파·방산되는 것이어야 한다. 다만 지표상을 흐르고 있는 액체에 관해서는 그것이 유입되더라도 토지소유자는 물권적 청구권에 의하여 보호되기 때문에 지표를 흐르거나 지중에 스며드는 것은 제217조에 포함되지 않는다는 견해가 있으나, 유입경로를 지표·지중으로 구별할 필요는 없으므로 지표를 흐르는 액체도 제217조에 포함된다고 해석하는 견해도 있다. 또한 광선을 벽으로 막는 것과 같은 소극적인 침해도 생활방해에 해당한다는 견해도 있지만 이와 같은 소극적 침해는 생활방해가 아니라는 견해가 다수설이다. 영안실·위험물보관소 등 일정한 시설이나 행위로 인하여 이웃에게 수치심 또는 공포심을 유발하거나 미감 또는 도덕감정을 해치는 정신적 침해도 제217조의 생활방해에 해당한다는 견해가 있으나, 그와 같은 방해는 인격권에 기한 방해제거청구권의 대상일 뿐이라는 견해도 있다.

### (라) 수인한도의 초과

생활방해가 수인한도를 넘어야 한다. 공동생활에서 어느 정도의 생활방해는 불가피하기 때문에 토지의 통상의 용도에 적당한 이용과정에서 발생한 것은 이웃토지의 거주자가 이를 수인할 의무가 있다($\substack{제217조\\제2항}$). 생활방해가 수인한도 내인 경우에는 위법성이 인정되지 않는다. 수인한도는 가해지의 통상의 용도와 밀접한 관련이 있는데 통상의 용도에 적합한 것인지 여부는 객관적으로 판단해야 한다. 판례는 인접 대지에 건물이 건축됨으로 인하여 입는 환경 등 생활이익의 침해를 이유로 건축공사의 금지를 청구하는 사안에서 수인한도를 넘는지 여부에 대하여 피해의 성질 및 정도, 피해이익의 공공성, 가해행위의 태양, 가해행위의 공공성, 가해자의 방지조치 또는 손해 회피의 가능성, 인·허가 관계 등 공법상 기준에의 적합 여부, 지역성, 토지이용의 선후관계 등 모든 사정을 종합적으로 고려하여 판단해야 한다고 판시하였다($\substack{대판 1999.7.\\27, 98다47528}$). 판례는 항공기가 토지의 상공을 통과하여 비행하는 등으로 토지의 사용·수익에 대한 방해가 있음을 이유로 금지청구를 구한 사안에서 소유자가 헬기 운행으로 인하여 토지 사용에 제한을 받을 수 있다는 점을 알았거나 알 수 있는 상황에서 목적 토지를 매수한 점 및 위 헬기장이 가지는 공공성 등에 비추어 참을 한도를 넘는 방해가 있다고 보기 어렵다고 판단하였다($\substack{대판 2016.11.10,\\2013다71098}$).

> **사례 4** A가 자기 소유의 토지에 있는 주택에 거주하고 있는데, 인접지 상에 B가 건물을 신축하는 공사를 진행 중이다. 공사로 인해 소음, 진동, 일조방해 등의 피해가 A에게 발생하고 있다. 이에 A가 B에게 공사의 중지를 청구한다. 어떠한 조건 하에 A의 청구는 인용되는가?
>
> (대판 1999.7.27, 98다47528 참조)
>
> **|해설 4|** A가 수인할 수 없는 경우에 한하여 청구는 인용된다.
>
> 어느 토지나 건물의 소유자가 종전부터 향유하고 있던 경관이나 조망, 조용하고 쾌적한 종교적 환경 등이 그에게 하나의 생활이익으로서의 가치를 가지고 있다고 객관적으로 인정된다면 법적인 보호의 대상이 될 수 있다. 인접 대지 위에 건물의 건축 등으로 그와 같은 생활이익이 침해되고 그 침해가 사회통념상 일반적으로 수인할 정도를 넘어선다고 인정되는 경우에는 위 토지 등의 소유자는 그 소유권에 기하여 건물의 건축 금지 등 방해의 제거나 예방을 위하여 필요한 청구를 할 수 있다. 피해의 성질 및 정도, 피해이익의 공공성, 가해행위의 태양, 가해행위의 공공성, 가해자의 방지조치 또는 손해 회피의 가능성, 인·허가 관계 등 공법상 기준에의 적합 여부, 지역성, 토지 이용의 선후관계 등 모든 사정을 종합적으로 고려하여 그 침해가 사회통념상 일반적으로 수인할 정도를 넘어섰다고 판단되는 경우에 공사중지를 청구할 수 있다.

### (3) 효 과

수인한도를 넘는 생활방해가 인정되면 토지소유자는 이웃토지의 소유자의 생활방해를 방지하기 위하여 적당한 조치를 취해야 할 의무가 있다($\binom{제217조}{제1항}$). 적당한 조치로 이웃토지의 소유자는 토지소유자를 상대로 방해제거청구권 및 방해예방청구권을 행사할 수 있다($\binom{대판 1999.7.}{27, 98다47528}$).

또한 수인한도를 넘는 생활방해로 인해 손해가 발생한 경우에는 손해배상청구권이 발생한다. 다만 손해배상청구를 위해 가해자의 고의, 과실이 필요한지에 관하여 학설상 불필요설도 있지만 필요설(다수설)이 타당하다. 그러나 환경정책기본법 제44조가 적용되는 경우에 가해자는 환경오염과 관련하여 무과실책임을 부담한다. 특히 동법에서 말하는 환경오염이 제217조에서 열거한 생활방해의 원인을 모두 포함한다는 점에서, 생활방해와 관련하여 가해자의 고의·과실 요부에 관한 논의는 실익이 거의 없다.

### 4. 수도 등의 시설권

타인의 토지를 통과하지 않으면 수도, 소수(疏水)관, 가스관, 전선 등을 시설할 수 없거나 과다한 비용을 요하는 경우 토지소유자는 타인의 토지를 통과하여 이를 시설할 수 있다($\binom{제218}{조}$). 그러나 수도, 전기 등에 대해서는 공익사업을 위한 토지 등의 취득 및 보상에 관한 법률, 수도법, 전기사업법 등의 공법적 제한이 있어 제218조가 적용되는 것은 제한적이다. 통과는 공중, 지표, 지하로 지나가는 것을 말하고, 두 토지가 경계를 접할 필요는 없다. 수도 등의 시설을 할 때에는 손해가 가장 적은 장소와 방법을 선택해야 하고, 손해를 준 경우에는 보상해야 한다($\binom{제218조}{제1항 단서}$).

시설을 한 후 사정변경이 발생하면 통과지 소유자는 시설의 변경을 청구할 수 있고, 그 비용은 토지소유자(=시설자)가 부담한다$\binom{제218조}{제2항}$. 여기의 시설변경청구는 당초에는 적법한 권원에 의하여 시설된 소수관 등을 사후에 발생한 시설통과지 소유자의 사정변경 때문에 시설통과권 자의 비용으로 변경시설하도록 하는 것을 말한다. 제218조 제2항 소정의 사정변경은 객관적으로 시설을 변경하는 것이 타당한지의 여부에 의하여 결정해야 한다$\binom{대판 1982.5.}{25,\ 81다1,2,3}$. 시설을 변경할 때에도 손해가 가장 적은 장소와 방법을 선택해야 한다.

## 5. 주위토지통행권

### (1) 의 의

주위토지통행권이란 어느 토지와 공로(公路, 일반인이 통행하는 도로) 사이에 그 토지의 용도에 필요한 통로가 없어서 주위토지를 통행하거나 통로를 개설하지 않고는 공로에 출입할 수 없거나 또는 공로에 통하려면 과다한 비용을 요하는 경우, 그 토지소유자는 주위의 토지를 통행하거나 필요한 경우에는 통로를 개설할 수 있는 권리를 말한다$\binom{제219조}{제1항 본문}$.

주위의 토지를 통행할 수 있는 권리는 이외에도 통행을 위한 지역권을 설정할 수 있다$\binom{제291조}{참조}$.

### (2) 요 건

#### (가) 어느 토지와 공로 사이에 그 토지의 용도에 필요한 통로가 없어야 한다

공로란 일반인이 통행하고 있는 도로를 말한다. 통로가 없는 경우란 토지와 공로 사이에 통로가 전혀 없는 경우뿐만 아니라, 기존의 통로가 있더라도 그것이 토지의 용도에 필요한 통로로 기능하지 못하는 경우도 포함한다$\binom{대판 2003.8.19.}{2002다53469}$. 가령 하천·해양 등을 이용하지 않고서는 외부로 나갈 수 없거나 험한 낭떠러지가 있어서 그 토지와 공로가 심하게 고저(高低)를 이루는 경우도 포함된다. 한편 공로에 통할 수 있는 자기의 공유토지가 구분소유적 공유관계에 있고 공로에 접하는 공유 부분을 다른 공유자가 배타적으로 사용, 수익하고 있다고 하더라도 주위토지통행권이 허용되지 않는다$\binom{대판 2021.9.30,\ 2021}{다245443,245450}$.

통로의 필요성 유무 및 범위는 토지의 용도를 기준으로 하여 객관적으로 정해야 한다. 토지의 용도에 필요한 통로라는 것은 토지의 이용방법에 따라서 보행에 필요한 통로로서 충분한 경우도 있지만, 경우에 따라서는 우마차, 자동차 또는 대형트럭 등을 사용할 수 있는 통로를 개설할 수도 있다. 가령 토지가 주거지인 경우에는 사람의 출입뿐만 아니라 주택에서의 일상생활에 필요한 물건의 운반에 필요한 출입도 필요하게 된다$\binom{대판 1996.11.29.}{96다33433,33440}$. 다만 현재의 토지의 용법에 따른 이용의 범위에서 인정되는 것이며, 장래의 이용상황을 대비하여 통행권이 인정되지는 않는다$\binom{대판 1996.11.29.}{96다33433,33440}$. 그러나 포위된 토지에 대한 현실적 이용이 수반되어야 통행권이 인정되는 것은 아니다$\binom{대판 1988.2.9.}{87다카1156}$.

### (나) 공로에 출입할 수 없거나 과도한 비용이 요구되어야 한다

주위토지통행권은 공로에 출입할 수 없는 경우뿐만 아니라 이를 위하여 과도한 비용이 요구되는 경우에도 인정된다(대결 2013.2.14, 2012마1417). 즉 공로통행으로 인한 이익에 비추어 사용대가가 과도한 경우와 같이 당해 토지에 기대하기 힘든 부담을 주는 경우가 이에 해당한다.

### (다) 타인의 토지를 통행하거나 통로를 개설할 때 주위토지에 손해가 가장 적은 장소와 방법을 선택해야 한다(제219조 제1항 단서)

주위토지통행권은 공로와의 사이에 그 용도에 필요한 통로가 없는 토지의 이용이라는 공익목적을 위하여 피통행지 소유자의 손해를 전제로 특별히 인정되는 것이므로 통행로의 폭이나 위치 등을 정함에 있어서는 피통행지의 소유자에게 가장 손해가 적게 되는 방법이 고려되어야 한다. 판례는 주거가 사람의 사적인 생활공간이자 평온한 휴식처로서 인간생활에 있어서 가장 중요한 장소로 헌법도 주거의 자유를 보장하고 있다는 점에서 주위토지통행권을 행사함에 있어서 주거의 자유와 평온 및 안전을 침해해서는 안된다고 하여 주거지에 대한 통행권을 제한하고 있다(대판 2009.6.11, 2008다75300,75317,75324).

최소한 통행권자가 그 소유 토지를 이용하는 데 필요한 범위는 허용되어야 하며, 어느 정도를 필요한 범위로 볼 것인지는 구체적인 사안에서 사회통념에 따라 쌍방 토지의 지형적, 위치적 형상 및 이용관계, 부근의 지리상황, 상린지 이용자의 이해득실 기타 제반 사정을 기초로 판단해야 한다(대판 2005.7.14, 2003다18661). 따라서 토지의 이용방법에 따라서는 자동차 등이 통과할 수 있는 통로의 개설도 허용되지만 단지 토지이용의 편의를 위해 다소 필요한 상태라고 여겨지는 정도에 그치는 경우까지 자동차의 통행을 허용할 것은 아니다.

### (라) 주위토지통행권의 확인을 구하는 청구에서 어떤 토지가 제219조의 요건에 해당하는 주위토지인지는 변론종결시를 기준으로 확정된다

통행로가 항상 특정한 장소로 고정되어 있지 않고, 주위토지 소유자가 용법에 따라 토지의 사용방법을 바꾸었을 때에는 주위토지 소유자를 위하여 보다 손해가 적은 다른 장소로 옮겨 통행할 수밖에 없는 경우도 있을 수 있기 때문이다(대판 1992.12.22, 92다30528). 한편 주위토지통행권의 확인을 구하기 위해서는 통행의 장소와 방법을 특정하여 청구취지로써 이를 명시해야 하고, 제219조에 정한 요건을 주장·증명하여야 한다. 그러므로 주위토지통행권을 주장하여 그 확인을 구하는 특정의 통로 부분이 제219조에 정한 요건을 충족하지 못하면 다른 토지 부분에 주위토지통행권이 인정되더라도 원칙적으로 청구를 기각할 수밖에 없다(대판 2017.1.12, 2016다39422). 다만 이와 달리 통행권의 확인을 구하는 특정의 통로 부분 중 일부분이 제219조에 정한 요건을 충족하거나 특정의 통로 부분에 대하여 일정한 시기나 횟수를 제한하여 주위토지통행권을 인정하는 것이 가능하다면, 그와 같이 한정된 범위에서만 통행권의 확인을 구할 의사는 없음이 명백한 경우가 아닌 한 청구를 전부 기각할 것이 아니라, 그렇게 제한된 범위에서 청구를 인용함이 타당하다(대판 2017.1.12, 2016다39422).

**사례 5** A는 공장운영을 위해 B로부터 공장부지로 사용되던 X토지를 매수하였다. 확인결과 X 토지에서 공로로 이르는 기존통로는 있지만, 이는 지게를 지고 겨우 지나갈 정도의 통로에 불과 하다. A는 X토지를 공장부지로 사용하기 위해서는 인접한 Y토지를 차량의 출입이 가능한 정도 의 통행로로 사용할 필요가 있다고 판단하여 Y토지의 소유자 B를 상대로 통행권확인을 구하면서, 그 통행로에 B가 설치한 담 등의 철거를 구하는 소송을 제기하였다. 이에 대해 B는 종전 통로가 있는 이상 주위토지통행권을 인정할 수 없고, 자신이 설치한 담 등의 철거는 자신의 소유권을 침 해해서 부당하다고 주장한다. B의 주장은 타당한가?

(대판 2003.8.19. 2002다53469; 대판 2006.6.2. 2005다70144 참조)

**│해설 5│ B의 주장은 타당하지 않다.**

주위토지통행권은 어느 토지가 타인 소유의 토지에 둘러싸여 공로에 통할 수 없는 경우뿐만 아 니라, 이미 기존의 통로가 있더라도 그것이 당해 토지의 이용에 부적합하여 실제로 통로로서의 충분한 기능을 하지 못하고 있는 경우에도 인정된다. 또한, 비록 X토지에 대하여는 그 토지에서 공로에 이르는 기존의 통로가 있으나 그 통로는 지게를 지고 한 사람이 겨우 다닐 수 있는 길에 불과하여 그 기존의 통로는 공장용지로 사용되고 있는 X토지의 용도에 적당하지 않으므로, 공 장용지의 용도에 비추어 통행로를 차량 등이 통행을 인정할 통행권이 필요하다. 또한, 주위토지 통행권의 본래적 기능발휘를 위해서는 그 통행에 방해가 되는 담장과 같은 축조물도 위 통행권 의 행사에 의하여 철거되어야 한다(대판 1990.11.13. 90다5238, 90다카27761(병합) 참조).

## (3) 효 과

주위토지통행권은 토지의 소유자, 지상권자, 전세권자 등 토지사용권을 가진 자에게 인정된 다. 다만 불법점유자에게는 통행권이 인정되지 않는다(대판 1976.10. 29. 76다1694).

주위토지통행권은 이웃 토지의 권리자에게 통행의 수인을 청구할 수 있는 소극적인 권리 이다.

경우에 따라서는 통행 시기나 횟수, 통행방법 등을 제한하여 인정할 수도 있다(대판 2017.1.12. 2016다39422). 통로를 상시적으로 개방하여 제한 없이 이용할 수 있도록 해야 하거나 피통행지 소유자의 관 리권이 배제되어야만 하는 것은 아니기 때문이다. 또한 통행지소유자는 통행권자의 통행을 수 인할 소극적 의무를 부담할 뿐 통로개설 등 적극적인 작위의무를 부담하지 않기 때문에 통로 개설 및 유지비용은 통행권자가 부담해야 한다. 통행권자는 주위토지를 통행할 권리는 있지만, 통행지소유자의 점유권을 배제하지는 못한다(대판 1980.4. 8. 79다1460). 만약 통행권자가 통행지를 배타적으로 점유하는 경우, 통행지 소유자는 통행지의 인도를 청구할 수 있다(대판 1993.8. 24. 93다25479). 다만 이 경우에 도 통행권은 소멸하지 않는다(대판 1980.4. 8. 79다1460).

통행권자는 통행지소유자의 손해를 보상해야 한다(제219조 제2항). 보상하지 않더라도 채무불이행책 임만 생길 뿐, 통행권이 소멸하는 것은 아니다. 이러한 보상의무는 피포위지소유권의 물적 부 담으로 존재하는 것이므로, 피포위지가 양도되면 이 보상의무도 당연히 이전된다고 이해함이 일반적이다.

주위토지통행권이 발생하였다가 나중에 그 토지에 접하는 공로가 개설되는 등으로 주위토지통행권을 인정할 필요성이 없어지면 통행권은 소멸한다$\binom{대판\ 1998.3.}{10,\ 97다47118}$. 통행지소유자는 주위토지의 현황이나 사용방법이 달라지는 등의 사정변경이 있으면, 통행로의 변경을 청구할 수 있다$\binom{대판\ 2004.5.13,}{2004다10268}$.

---

**사례 6** A토지 위에 B가 무단으로 건물을 신축하여 소유하고 있다. A토지에는 공로에 출입할 통로가 존재하지 않는 경우, B는 공로로 연결되는 C 소유의 Y토지를 통행할 수 있는가?

(대판 1976.10.29, 76다1694 참조)

**│해설 6│** B는 주위토지통행권을 행사할 수 없다.

원래 주위토지통행권은 인접한 토지의 상호 이용의 조절에 기한 권리로서 토지의 소유자 또는 지상권자 전세권자 등 토지사용권을 가진 자에게 인정되는 권리라 할 것인데, B는 X토지의 소유자도 아니고 그 토지에 대한 지상권 또는 전세권자도 아니고 X토지의 불법점유자이므로 B가 X토지상에 그 소유의 건물을 가졌다 하더라도 X토지를 사용할 정당한 권원 없는 B로서는 토지소유권의 상린관계로서 주위토지통행권을 주장할 수 없다.

---

**사례 7** A는 그 소유의 X토지가 공로로 연결되는 통로가 존재하지 아니하여 인접한 B 소유의 Y토지에 대한 통행권을 인정받았다. 그런데 X토지 옆의 하천을 복개하여 공로로 연결되는 통로가 개설되었다. B는 Y토지상의 주위토지통행권이 새로운 연결통로의 개설로 소멸하였다고 주장한다. B의 주장은 타당한가?

(대판 1998.3.10, 97다47118 참조)

**│해설 7│** B의 주장은 타당하다.

일단 주위토지통행권이 발생하였다고 하더라도 나중에 그 토지에 접하는 공로가 개설됨으로써 주위토지통행권을 인정할 필요성이 없어진 때에는 그 통행권은 소멸한다.

---

### (4) 분할 또는 일부양도와 통행권

(가) 동일인 소유 토지의 일부가 분할 또는 양도되어 공로에 통하지 못하는 토지가 생긴 경우, 그 토지소유자는 공로에 출입하기 위하여 다른 분할자의 토지 또는 양수인의 토지를 통행할 수 있고, 제3자의 토지를 통행할 수는 없다$\binom{제220조\ 제1항}{본문,\ 제2항}$. 이러한 경우에는 손해를 보상할 의무가 없다$\binom{제220조}{제1항\ 단서}$. 토지의 일부 양도에는 1필의 토지의 일부가 양도된 경우뿐만 아니라 일단으로 되어 있던 동일인 소유의 수필지의 토지 중의 일부가 양도된 경우도 포함된다$\binom{대판\ 1995.2.10,}{94다45869,45876}$.

(나) 무상통행권을 규정하고 있는 제220조가 직접분할자 또는 일부양도의 당사자 사이에만 적용되는지 아니면 포위지 또는 통행지의 특별승계인에게도 적용되는지에 대해서는 견해의 대립이 있다. 판례는 무상통행권은 공유토지의 직접분할자간 또는 토지의 일부 양도의 당사자 간에만 적용이 있다는 전제하에 포괄승계의 경우에는 승계인이 통행의 인용의무를 부담한다

$\binom{대판\ 1973.8.}{21,\ 73다401}$고 보는 반면에 통행지의 특정승계인에 대하여는 적용이 없다고 본다$\binom{대판\ 2009.8.20.}{2009다38247,38254}$. 따라서 포위된 토지 또는 피통행지의 특정승계인과 사이에는 주위토지통행권에 관한 일반원칙으로 돌아가 그 통행권의 범위를 따로 정해야 한다. 다만 신의칙 또는 정당한 이익의 상실 등을 이유로 예외적으로 특정승계인에 대하여 무상통행권을 인정할 수도 있다$\binom{대판\ 1998.3.}{10,\ 97다47118}$.

> **사례 8** A는 X, Y, Z토지 3필지를 소유하고 있다. A는 공로에 인접한 X토지를 통해 Y, Z토지에 통행하였다. 그러던 중 X토지를 B에게 양도한 후, 그 소유의 Y, Z토지는 공로로 연결되는 통로가 없음을 이유로 인접한 C 소유의 J토지를 통해 통행하기 위해 통행권확인을 구하는 소송을 제기하였다. 이에 C는 A가 양도한 X토지로 통행할 수 있을 뿐 J토지로 통행할 수 없다고 주장한다. C의 주장은 타당한가?　　　　(대판 2005.3.10, 2004다65589,65596 참조)
>
> **│해설 8│** C의 주장은 타당하다.
> 일단의 토지를 형성하고 있던 동일인 소유의 수필의 토지 중 일부가 양도된 경우, 일부 양도 전의 양도인 소유의 종전 토지에 대하여 무상의 주위토지통행권이 인정되는 이상 제3자 소유의 토지에 대하여는 제219조에 따른 주위토지통행권을 주장할 수 없다. 따라서 A는 B에게 양도한 X토지에 대하여만 주위토지통행권이 생기고, 제3자 C 소유의 J토지에 대하여는 제219조에 따른 주위토지통행권을 주장할 수 없다.

## 6. 물에 관한 상린관계

### (1) 자연적 배수

(가) 물이 높은 곳에서 낮은 곳으로 자연히 흐르는 경우 저지(低地)의 소유자는 이를 인용할 의무가 있다$\binom{제221조}{제1항}$. 빗물은 인공에 의하여 지상에 떨어지거나 지상으로 분출되는 물이 아니라는 점에서 '자연히 흘러오는 물'에 포함된다$\binom{대판\ 2008.7.24.}{2007다50663}$. 낮은 곳의 토지 소유자가 자신의 토지에 성토하여 지반의 높이를 높이거나 제방을 쌓아 종전에 높은 곳으로부터 자연히 흘러오는 우수의 흐름을 막았다면, 이는 제221조 제1항의 승수의무를 위반한 것이다$\binom{대판\ 2008.7.24.}{2007다50663}$. 여기서의 승수의무는 소극적으로 고지로부터 자연히 흘러오는 물을 막지 못하는 것이지 적극적으로 그 소통을 유지할 의무를 부담하는 것은 아니다. 한편 자연히 흘러내리는 물이 저지의 소유자에게 필요한 경우 고지의 소유자는 자기의 정당한 사용범위를 넘어 흘러내리는 물을 막지 못한다$\binom{제221조}{제2항}$.

(나) 자연히 흘러내리는 물이 저지에서 막힌 경우 고지의 소유자는 자비로 소통에 필요한 공사를 해야 하지만, 다른 관습이 있으면 그에 의한다$\binom{제222조,}{제224조}$.

### (2) 인공적 배수

(가) 처마물이 이웃토지에 떨어지는 경우 직접 떨어지지 않도록 적당한 시설을 해야 한다

($^{제225}_{조}$). 토지소유자가 저수, 배수, 인수를 위해 설치한 공작물이 파손 또는 폐색(閉塞)으로 인하여 다른 토지에 손해를 가하거나 가할 염려가 있는 경우, 다른 토지의 소유자는 다른 관습이 없다면, 공작물설치자의 비용으로 그 공작물의 보수, 폐색의 소통 또는 예방에 필요한 조치를 청구할 수 있다($^{제223조,}_{제224조}$).

(나) 고지의 소유자는 침수지를 말리기 위해 또는 가정용이나 농, 공업용의 남는 물(餘水)을 소통하기 위해 공로, 공류 또는 하수도에 이르기까지 저지에 물을 통과시킬 수 있다($^{제226}_{조}$). 여수소통권이 적용되기 위하여는 고지소유자가 여수소통을 위하여 저지소유자의 토지를 통과하여 사용할 것이 요구된다($^{대판 2003.4.11,}_{2000다11645}$). 이 경우 저지의 손해가 가장 적은 장소와 방법을 선택해야 하고, 손해가 있으면 보상해야 한다. 또한 토지소유자는 그 소유지의 물을 소통시키기 위해 고지 또는 저지의 소유자가 설치한 공작물을 사용할 수 있다($^{유수공작물사}_{용권, 제227조}$). 이를 사용하는 자는 이익을 받은 비율로 공작물의 설치 및 보존의 비용을 분담해야 한다. 공작물의 시설자는 이웃토지소유자로 한정되지는 않지만 단순히 공작물을 시설한 것만으로는 부족하고 이에 대한 정당한 권리를 갖는 자를 의미한다($^{대판 2003.4.11,}_{2000다11645}$).

### (3) 여수급여청구권

토지소유자는 과다한 비용이나 노력을 요하지 않고는 가용(家用)이나 토지이용에 필요한 물을 얻기 곤란한 경우 이웃토지의 소유자에게 보상하고 여수의 급여를 청구할 수 있다($^{제228}_{조}$).

### (4) 유수에 관한 상린관계

### (가) 수류지 양안이 사적 소유의 대상인 경우

구거(도랑) 기타 수류의 양쪽 언덕(兩岸)의 토지가 동일인 소유인 경우 토지소유자는 수로 및 수류의 폭을 변경할 수 있다. 그러나 하류에서는 자연의 수로와 일치하도록 해야 한다($^{제229조}_{제2항}$). 여기서 수로 및 수류의 폭을 변경할 수 있다는 의미는 수류지 소유자가 수로와 수류의 폭을 변경하여 물을 가용 또는 농·공업용 등에 이용할 권리가 있다는 것을 의미한다($^{대판 2012.4.13,}_{2010다9320}$). 그러나 양안의 토지가 동일인 소유가 아닌 경우 한쪽 언덕의 토지소유자가 그 수로나 수류의 폭을 변경할 수 없다($^{제229조}_{제1항}$). 위 두 경우와 다른 관습이 있으면 그에 의한다($^{제229조}_{제3항}$). 한편 둑을 설치할 필요가 있는 경우, 수류지의 소유자는 둑을 대안(수류의 맞은편 언덕)에 접촉하게 할 수 있다($^{제230조}_{제1항}$). 건너편 언덕(對岸)의 소유자가 수류지의 일부를 소유한 경우 그 둑을 사용할 수 있지만, 이익을 받는 비율로 둑의 설치 및 보존의 비용을 부담해야 한다($^{제230조}_{제2항}$).

### (나) 공유하천용수권

공유하천의 연안에서 농·공업을 경영하는 자는 이에 이용하기 위해 타인의 용수를 방해하지 않는 범위 내에서 필요한 인수(引水)를 할 수 있고($^{제231조}_{제1항}$), 인수를 위해 필요한 공작물을 설치할 수 있다($^{제231조}_{제2항}$). 이 때 인수나 공작물로 인해 하류 연안의 용수권을 방해할 경우 하류 연안의 용수권자는 방해의 제거 및 손해배상을 청구할 수 있다($_조^{제232}$). 공유하천용수권자가 수로 기타 공작물을 양도하면, 그 특별승계인은 전소유자의 용수에 관한 권리의무를 승계한다($_조^{제233}$). 공유하천용수권에 관하여 위와 다른 관습이 있으면 그에 의한다($_조^{제234}$).

### (5) 지하수이용권

상린자는 공용에 속하는 원천(源泉)이나 수도를 각 수요의 정도에 따라 타인의 용수를 방해하지 않는 범위 내에서 각각 물을 사용할 권리가 있다($_조^{제235}$). 필요한 용도나 수익이 있는 원천 또는 수도가 타인의 건축 기타 공사로 인하여 단수나 감수 기타 용도에 장해가 생긴 경우에 용수권자는 손해배상을 청구할 수 있고, 공사로 인해 '음료수 기타 생활상 필요한 용수'에 장해가 발생하면 원상회복을 청구할 수 있다($_조^{제236}$).

### 7. 경계에 관한 상린관계

(1) 서로 인접하는 토지의 소유자는 다른 관습이 없는 한, 공동비용으로 통상의 경계나 담을 설치해야 한다($_조^{제237}$). 인지소유자는 자기의 비용으로 담의 재료를 통상의 것보다 양호한 것으로 하거나 높이를 통상보다 높게 할 수 있고, 방화벽 기타 특수시설을 할 수 있다($_조^{제238}$). 경계에 설치된 경계표, 담, 도랑 등은 상린자의 공유로 추정한다($_조^{제239}$). 다만 어느 한쪽 토지의 소유자의 단독비용으로 설치되었다면 비용지출자의 소유이고, 담이 건물의 일부인 경우, 건물소유자의 소유가 된다($_{단서}^{제239조}$).

(2) 인접지의 수목의 가지가 경계를 넘은 경우에 피해자는 그 소유자에게 가지의 제거를 청구할 수 있고, 상대방이 불응하는 경우 청구자가 제거할 수 있다($_{1항, 제2항}^{제240조 제}$). 또한 인접지의 수목의 뿌리가 경계를 넘은 경우에 피해자는 임의로 제거할 수 있다($_{제3항}^{제240조}$).

### 8. 공작물설치에 관한 상린관계

토지의 소유자는 이웃토지의 지반이 붕괴할 정도로 자기의 토지를 깊이 파서는 안 된다. 다만 충분한 방어공사를 한 때에는 가능하다($_조^{제241}$).

건물을 축조하는 경우 특별한 관습이 있는 경우를 제외하고 경계선으로부터 반 미터(0.5m) 이상의 거리를 두어야 한다($_{제1항}^{제242조}$). '경계로부터 반 미터'란 경계로부터 건물의 가장 돌출된 부분까지의 거리를 말한다. 이를 위반한 경우 건물의 변경이나 철거를 청구할 수 있다. 그러나 건축에 착수한 후 1년 경과하거나 건물이 완성된 후에는 철거청구를 할 수 없고, 손해배상청구만 가능하다($_{제2항}^{제242조}$). '건축의 착수'는 인접지의 소유자가 객관적으로 건축공사가 개시되었음을 인식할 수 있는 상태에 이른 것을 말하고, '건물의 완성'은 사회통념상 독립한 건물로 인정될 수 있는 정도로 건축된 것을 말한다($_{2010다108883}^{대판 2011.7.28,}$). 그런데 건축착수 후 1년 이내이고 또한 건물이 완성되지 않았더라도 법원은 그때까지의 사용경과, 당사자 사이의 이익형량, 건축의 진행상황 등을 구체적으로 고려하여 건물의 변경이나 철거 등을 인용하지 않을 수 있다$\binom{\text{대판 1966.3.}}{\text{15, 65다2329}}$.

경계로부터 2미터 이내의 거리에서 이웃 주택의 내부를 관망할 수 있는 창이나 마루를 설치하는 경우 적당한 차면시설을 해야 한다$\binom{\text{제243}}{\text{조}}$. 우물을 파거나 용수, 하수 또는 오물 등을 저치할 지하시설을 하는 경우 경계로부터 2미터 이상의 거리를 두어야 하고, 저수지, 구거 또는 지하실공사를 하는 경우 경계로부터 그 깊이의 반 이상의 거리를 두어야 한다$\binom{\text{제244조}}{\text{제1항}}$. 이러한 공사를 하는 경우 토사가 붕괴되거나 하수, 오액이 흐르지 않도록 적당한 조치를 해야 한다$\binom{\text{제244조}}{\text{제2항}}$.

## 제3절 소유권의 취득

### 제1관 개 설

소유권 취득은 민법 제2편 제3장 제2절에서 규율하고 있다. 여기에는 소유권의 취득원인 중 법률규정에 의한 취득만을 규정하여 취득시효, 선의취득, 선점, 습득, 발견, 부합, 혼화, 가공에 의한 소유권 취득을 다루고 있다. 앞서 다룬 선의취득을 제외하고 민법전의 규정순서대로 설명하기로 한다.

### 제2관 취득시효

# I. 서 설

취득시효는 물건에 대하여 권리를 가지고 있는 듯한 외관이 일정기간 계속되는 경우 그것이 진실한 권리관계와 일치하는지 여부를 불문하고 외관상의 권리자에게 권리취득의 효과를 인정하는 제도이다.

'법률관계의 안정'을 위해 일정한 기간 동안 계속된 사실상태를 그대로 법률관계로 인정해야 할 필요가 있다는 것과 '증거보전의 곤란구제'를 위해 민사소송제도의 적정과 소송경제의 이념에 비추어 사실상태를 그대로 정당한 권리관계로 인정하는 것이 합리적이라는 것이 취득시효제도의 존재이유에 관한 일반적 설명이다. 한편 시효제도를 진정한 권리자의 권리보호 및 의무를 이행한 자의 이중변제를 막기 위한 제도로 보는 견해도 있다. 이 견해에 따르면 점유취득시효는 진정한 권리자의 증거보전의 곤란을 구제하기 위한 제도이며, 등기부취득시효는 등기에 공신력이 인정되지 않는 상황에서 '거래의 안전'을 보호하기 위하여 동산의 선의취득에 대응하는 제도라고 설명한다.

제245조에서 부동산소유권의 취득시효를 규정하고 있는 바, 제1항에서 점유취득시효(일반취득시효 또는 장기취득시효)를, 제2항에서 등기부취득시효(단기취득시효)를 규정한다. 한편 제246조에서 동산소유권의 취득시효를 규정하고, 제248조는 소유권 이외의 재산권 취득에 부동산, 동산 소유권의 취득시효에 관한 규정을 준용하고 있다.

# II. 시효취득의 대상

## 1. 시효취득될 수 있는 권리

(1) 민법상 취득시효는 소유권의 취득시효에 관한 규정($\binom{제245조 내}{지 제257조}$)과 소유권 이외의 재산권에 관한 취득시효규정($\binom{제248}{조}$)으로 분류한다. 한편 지역권의 취득시효에 관해서는 별도의 규정($\binom{제294}{조}$)을 두어 계속되고 표현된 것에 한해 취득시효의 대상으로 삼고 있다.

(2) 소유권, 지역권 외의 어떤 권리가 취득시효의 대상이 되는가? 지상권($\binom{대판 1989.3.28, 87다카}{2587. 지상권의 등기부취득}$ 시효를 인정한 사안), 질권(예컨대 어떤 사정에 의하여 타인의 동산을 점유하게 된 경우 그 타인에 대한 채권을 담보하기 위하여 점유를 계속하는 경우), 분묘기지권($\binom{대판 1995.2.28, 94다37912; 대}{판(전) 2017.1.19, 2013다17292}$)이 시효취득의 대상이 됨에는 다툼이 없다. 그러나 전세권에 대해서는 긍정설과 부정설이 대립한다.

점유권은 점유취득으로 당연히 인정된다는 점에서, 유치권은 법률의 규정에 의해 성립하는 점에서, 저당권은 성질상 점유를 수반하지 않는다는 점에서 각 시효취득이 불가능하다.

## 2. 시효취득의 대상이 되는 물건

### (1) 국유재산 또는 공유재산

국유재산법 제7조 제2항은 행정재산을 제외한 모든 국유재산은 취득시효의 대상이 된다고 규정한다. 국유재산은 행정재산(공용재산, 공공용재산, 기업용재산, 보존용재산)과 일반재산(그 밖의 재산)으로 분류된다. 국유재산 중 일반재산만 시효취득의 대상이 되고, 행정재산은 사법상 거래의 객체가 되지 못하는 불융통물이므로 명시적이든 묵시적이든 공용폐지처분이 없는 한 시효취득의 대상이 되지 않는다(대판 1995.6.<br>16, 94다42655). 공유재산(公有財産, 지방자치단체가 소유자인 재산)도 국유재산과 마찬가지이다. 행정재산이라도 공용폐지가 되면 일반재산이 되므로 취득시효의 대상이 된다. 국유재산에 대한 취득시효가 완성되기 위해서는 국유재산이 취득시효기간 동안 계속하여 행정재산이 아닌 일반재산인 상태가 유지되어야 한다(대판 2010.11.25.<br>2010다58957). 반면에 취득시효 완성 당시 일반재산이었으나 취득시효완성 이후 공용지정으로 일반재산이 행정재산으로 된 경우 국가를 상대로 소유권이전등기청구를 할 수 없다(대판 1997.11.<br>14, 96다10782). 국유재산이 시효취득의 대상이 되는 일반재산이라는 점에 대한 입증책임은 시효의 이익을 주장하는 측에 있다(대판 1995.6.16.<br>94다42655).

> **사례 9** 국가 소유의 X토지를 A가 소유의 의사로 평온, 공연하게 20년간 점유를 하였다. 그 후 국가가 X토지를 도로로 지정·고시하였다. A가 국가를 상대로 X토지의 소유권이전을 구하는 소송을 제기한 경우, A의 청구는 타당한가? (대판 1997.11.14. 96다10782; 대판 1995.6.16. 94다42655 참조)
>
> **해설 9** 타당하지 않다.
> 행정재산은 공용이 폐지되지 아니하는 한 사법상 거래의 대상이 될 수 없어 취득시효의 대상이 되지 아니한다. 원래 일반재산이던 것이 행정재산으로 된 경우 일반재산일 당시에 취득시효가 완성되었다고 하더라도 행정재산으로 된 이상 이를 원인으로 하는 소유권이전등기를 청구할 수 없다. 그리고 국유재산이 시효취득의 대상이 되는 일반재산이라는 점에 대한 증명책임은 시효의 이익을 주장하는 자에게 있다.

### (2) 자기 소유의 부동산 또는 성명불상자 소유의 부동산

판례는 자기 소유인 부동산의 시효취득을 인정한 경우가 많지만 이를 부정한 판결도 다수 있다. 생각건대 자기 소유 부동산도 시효취득의 목적물이 될 수 있다. 그 논거로는 시효취득은 원시취득이라는 점, 취득시효제도는 누구의 소유이냐를 묻지 않고 법이 정한 기간 동안 점유하고 있는 사실상태를 권리관계로 높이려는 제도라는 점, 제245조를 규정할 때 구민법에서 있던 '타인의 부동산'이란 문구를 배제한 점을 들 수 있다(대판 1982.12.<br>14, 81다517 등). 예컨대 유효한 계약명의신탁을 하고 명의신탁자가 명의신탁 부동산을 소유의 의사로 20년간 평온, 공연하게 점유했다면 실질적 소유자인 명의신탁자는 명의수탁자에 대하여 점유취득시효 완성을 이유로 이전등기청구권을 행사할 수 있다고 한다(대판 2001.7.13.<br>2001다17572). 그러나 계약명의신탁에서 매도인이 명의신탁사실을 모른 경우에는 실명법상 위 부동산은 명의수탁자 소유이다. 따라서 이 판결례가 자기 소유부동산에 대한 점유취득시효를 인정한 것으로 볼 수 없다는 견해도 있다. 자기 소유의 부동산이 다른 사람 명의로 소유권이전등기가 되는 등으로 소유권의 변동이 있었지만 계속하여 점유하고 있는 때에는 소유권이전등기일부터 취득시효의 요건인 점유가 개시될 수 있다(대판 1989.9.26, 88다카26574). 나아가 성명불상자의 부동산에 대해서도 시효취득을 인정하면서 (대판 1992.2.25, 91다9312), 그 논거로 시효취득이 인정되기 위해서는 물건이 반드시 타인 소유물이거나 그 타인이 특정되어 있을 것을 요구하지 않는다는 점을 든다.

그러나 자기 소유 부동산의 시효취득을 부정한 판결례도 있다. 사실상태를 권리관계로 높여 보호할 필요가 없거나 소유권증명의 곤란을 구제할 필요가 없다면 자기 소유 부동산은 시효취득의 목적물이 될 수 없다고 본다(대판 2016.11.25, 2013다206313). 등기명의자는 부동산에 대한 권리를 적법하게 보유하는 것으로 보는 등기의 추정력에 의해 적법하게 소유권을 보유하는 것으로 추정되므로 장기간의 점유라는 사실상태를 권리관계로 높여 보호할 필요가 없기 때문이다. 예컨대 부동산 소유권이전의 원인행위가 사해행위로 취소된 경우, 수익자의 점유는 취득시효를 위한 점유가 될 수 없다. 사해행위로 취소되어도 사해행위 취소의 상대효에 의해 부동산의 소유권은 여전히 수익자에게 있고 등기의 추정력에 의해 소유권증명 곤란을 구제할 필요가 없기 때문이다(대판 2016. 10.27, 2016다224596).

한편 토지 소유자가 토지의 특정부분을 매도하면서 등기부상으로는 일부 지분에 관한 소유권이전등기를 경료해 준 경우(이는 구분소유적 토지공유지분 등기에 해당된다), 매도 대상에서 제외된 나머지 특정 부분을 매도인인 토지소유자가 계속 점유한다고 하더라도 이는 자기 소유의 토지를 점유하는 것이어서 취득시효의 기초가 되는 점유라고 할 수 없다고 하였다(대판 2001.4.13, 99다62036,62043).

생각건대 점유취득제도의 취지를 고려해 볼 때 원칙적으로 자기소유 부동산에 대해서도 점유취득시효가 인정되어야 한다. 다만 점유취득시효제도의 목적달성에 불필요한 경우에는 부정된다고 할 것이다.

---

**사례 10** B가 1977.1.19. A로부터 X토지를 매수한 후 여동생인 C와 사이에 이를 C에게 명의신탁하기로 약정을 하고, 1977.12.8. A와 사이에 매수인 명의를 B로부터 C로 변경하는 경개계약을 체결했다. A는 위와 같은 명의신탁약정이 있었다는 것을 알지 못하였으며, B는 A에게 매매대금을 모두 지급하고 1977.12.8.부터 X토지를 인도받아 점유·사용하여 왔다. 1978.8.11. 위 계약에 따라 X토지에 관하여 1978.8.11. A로부터 C 앞으로의 소유권이전등기가 경료되었다. B는 1977.12.9. 다음날로부터 20년이 경과한 1997.12.9. X토지에 관한 취득시효가 완성되었다고 주장한다. B의 주장은 타당한가? (대판 2001.7.13, 2001다17572 참조)

**│해설 10│** B의 주장은 타당하다.
　　장기간 점유라는 사실상태를 일정한 경우에 권리관계로 높이는 데 필요한 경우라면 자기 소유 토지에 대해서도 시효취득이 가능하다. 시효취득의 목적물은 타인의 부동산임을 요하지 않고 자기 소유의 부동산이라도 시효취득의 목적물이 될 수 있고, 취득시효를 규정한 제245조가 '타인의 물건인 점'을 규정에서 빼놓은 것도 같은 취지에서이다. 따라서 명의신탁자인 B는 자신의 소유인 X토지에 대해 시효취득을 할 수 있다.

**사례 11** A가 1992.2.29. 그 소유의 X부동산을 B에게 매도하는 계약을 체결한 후 1993.11.22. 소유권이전등기를 마쳤다. 그런데 C는 B가 자기명의로 소유권이전등기를 마치기 전인 1993.11.2. A 소유의 X부동산에 가압류등기를 마친 후, 확정판결에 기해 2014.5.28. 강제경매개시결정의 등기가 마쳐졌다. 이에 B는 1993.11.22.부터 2013.11.22.까지 20년간 X부동산을 소유의 의사로 평온, 공연하게 점유하여 그에 대한 점유취득시효가 완성되어 X를 원시취득하였고 그에 따라 C의 가압류는 소멸되어야 하므로 그에 기하여 이루어진 강제집행은 허용될 수 없다고 주장한다. B의 주장은 타당한가? (대판 2016.10.27, 2016다224596 참조)

**| 해설 11 |** B의 주장은 타당하지 않다.

부동산에 대한 취득시효 제도의 존재이유는 부동산을 점유하는 상태가 오랫동안 계속된 경우 권리자로서의 외형을 지닌 사실상태를 존중하여 이를 진실한 권리관계로 높여 보호함으로써 법질서의 안정을 기하고, 장기간 지속된 사실상태는 진실한 권리관계와 일치될 개연성이 높다는 점을 고려하여 권리관계에 관한 분쟁이 생긴 경우 점유자의 증명곤란을 구제하려는 데에 있다. 그런데 부동산에 관하여 적법·유효한 등기를 마치고 소유권을 취득한 사람이 자기 소유의 부동산을 점유하는 경우에는 특별한 사정이 없는 한 사실상태를 권리관계로 높여 보호할 필요가 없고, 부동산의 소유명의자는 부동산에 대한 소유권을 적법하게 보유하는 것으로 추정되어 소유권에 대한 증명의 곤란을 구제할 필요 역시 없으므로, 그러한 점유는 취득시효의 기초가 되는 점유라고 할 수 없다. 다만 그 상태에서 다른 사람 명의로 소유권이전등기가 되는 등으로 소유권의 변동이 있는 때에 비로소 취득시효의 요건인 점유가 개시된다고 볼 수 있을 뿐이다.

### (3) 토지의 일부 또는 공유지분

토지의 일부를 시효취득할 수 있는지에 관하여 학설의 대립이 있다. 먼저 등기부취득시효에서는 등기에 부합하는 점유가 필요하다는 점을 이유로 토지 일부에 대한 등기부취득시효는 부정되고 점유취득시효에 한정하여 인정하는 견해가 있다. 이와는 달리 점유의 양적 범위가 등기부에 부합해야 할 이유가 없다는 점을 들어 등기부취득시효의 경우에도 토지 일부에 대한 시효취득을 인정하는 견해도 있다. 판례는 1필의 토지의 일부에 대해 점유취득시효가 가능하다고 본다. 다만 이 때에도 점유자가 점유해 온 부분이 다른 부분과 구분되어야 하고, 그 부분이 시효취득자의 점유에 속한다는 것을 인식하기에 족한 객관적 징표가 계속하여 존재할 것을 요한다($^{대판\ 1989.4.25,}_{88다카9494}$). 소유권취득에는 분필등기가 필요하다.

공유지분은 점유시효취득의 대상이 되지 않는다($^{대판\ 2017.1.25,}_{2012다72469}$). 1개의 물건 중 특정 부분만을 점유할 수는 있지만, 일부 지분만을 사실상 지배하여 점유한다는 것은 상정하기 어렵기 때문이다. 다만 수인이 공동점유에 의하여 부동산 소유권을 시효취득한 경우 공유지분을 취득할 수는 있다($\frac{대판 2003.11.13,}{2002다57935}$). 나아가 공유자로 등기된 사람들 중 1인이 공유부동산의 특정 부분만을 점유해 왔다면 그 특정부분에 대한 공유지분의 범위 내에서만 제245조 제2항에서 말하는 '부동산의 소유자로 등기한 자'와 '부동산을 점유한 때'라는 등기부취득시효의 요건을 구비한 것이다($\frac{대판}{2015.2.12,}$ $_{2013다215515}$). 특히 건물 공유자는 건물의 부지를 공유명의자 전원이 공동으로 점유하고 있는 것이므로 건물 공유자들이 건물부지의 공동점유에 기해 건물부지에 대한 소유권을 시효취득할 경우, 취득시효 완성을 원인으로 한 토지 소유권이전등기청구권은 당해 건물의 공유지분비율과 같은 비율로 건물 공유자들에게 귀속된다($\frac{대판 2003.11.13,}{2002다57935}$).

이와는 달리 공유지분에 대해 등기부취득시효는 가능하다($\binom{대판 1979.6.26, 79다639; 대판 1975.6.24, 74다}{1877. 부동산 지분권의 시효취득을 주장하는 자가}$ 전체 토지 중 자기의 지분에 해당하는 특정부분을 시효취득한 것으로 주장하는 경우에는 그 특정부분이 시효취득자의 점유에 속한다는 것을 인식하기에 충분한 객관적 증표가 계속 존재하여야 하나, 토지의 1/2지분에 대하여는 자주점유로 나머지 1/2지분에 대하여는 타주점유로 전체 토지를 점유해 왔음을 이유로 전체토지의 1/2 지분권을 시효로 취득하였다고 주장하는 경우에는 객관적 증표가 계속 존재할 필요는 없다)·

### (4) 집합건물의 공용부분

집합건물의 소유 및 관리에 관한 법률(이하 '집합건물법'이라 한다) 제1조, 제2조 제1호 및 제3호는 1동의 건물 중 구조상 구분된 수개의 부분이 독립한 건물로서 사용될 수 있을 때에는 그 각 부분을 집합건물법이 정하는 바에 따라 각각 소유권의 목적으로 할 수 있고, 그 각 부분을 목적으로 하는 소유권을 구분소유권으로, 구분소유권의 목적인 각 건물 부분을 전유부분으로 규정하고 있으므로, 공용부분은 전유부분으로 변경되지 않는 한 구분소유권의 목적이 될 수 없다. 집합건물의 공용부분은 구분소유자 전원의 공유에 속하나($\frac{집합건물법}{제10조 제1항}$), 그 공유는 민법상의 공유와는 달리 건물의 구분소유라는 공동의 목적을 위하여 인정되는 것으로 집합건물법 제13조는 공용부분에 대한 공유자의 지분은 그가 가지는 전유부분의 처분에 따를 뿐 전유부분과 분리하여 처분할 수 없도록 규정하고 있다. 또한 공용부분을 전유부분으로 변경하기 위해서는 구분소유자들의 집회결의와 그 공용부분의 변경으로 특별한 영향을 받게 되는 구분소유자의 승낙을 얻어야 한다($\frac{집합건물}{법 제15조}$). 그런데 공용부분에 대하여 취득시효의 완성을 인정하여 그 부분에 대한 소유권취득을 인정한다면 전유부분과 분리하여 공용부분의 처분을 허용하고 일정 기간의 점유로 인하여 공용부분이 전유부분으로 변경되는 결과가 되어 집합건물법의 취지에 어긋나게 된다($\frac{대판 2013.12.12,}{2011다78200}$). 따라서 집합건물의 공용부분은 취득시효에 의한 소유권 취득의 대상이 될 수 없다고 봄이 타당하다.

---

**사례 12** B는 A 소유의 X토지의 일부를 소유의 의사로 20년간 점유·사용하고 있다. B는 취득시효의 완성을 이유로 A에게 점유부분에 대한 소유권이전등기를 구한다. B의 청구는 타당한가?

(대판 1989.4.25, 88다카9494 참조)

> **|해설 12|** 취득시효를 위해 B가 점유하는 부분이 다른 부분과 구분되는 객관적 징표가 존재
> 하는 경우에만 타당하다
> 1필의 토지의 일부에 대한 시효취득을 인정하기 위하여는 그 부분이 다른 부분과 구분되어 시효
> 취득자의 점유에 속한다는 것을 인식하기에 족한 객관적 징표가 계속하여 존재할 것을 요한다.
> 즉 그 점유에 관한 객관적 징표(**예** 나무의 식재, 분묘의 설치, 수호, 경계표시)가 계속 존재해야 한다.

## Ⅲ. 부동산소유권의 점유취득시효

### 1. 요 건

#### (1) 소유의 의사가 있는 평온 · 공연한 점유

점유취득시효의 요건인 점유는 소유의 의사가 있는 평온, 공연한 점유이어야 한다.

자주점유는 소유자와 동일한 지배를 사실상 행사하려는 의사를 가지고 하는 점유를 말한다(자세한 내용은 제2장 1절 5관 참조). 점유자는 소유의 의사로 평온 · 공연하게 점유한 것으로 추정된다($^{제197조}_{제1항}$). 그러므로 시효취득자가 스스로 자주점유를 증명할 필요는 없고, 타주점유임을 주장하는 상대방이 타주점유임을 증명해야 한다. 이 때 점유에는 직접점유뿐만 아니라 간접점유도 포함된다. 따라서 농지개혁법상 무효인 소작관계에 기하여 소작인을 점유매개자로 하여 농지를 간접점유하고 있는 자에게 시효취득을 위한 점유를 부정할 수 없다고 한다($^{대판\ 1991.10.8,}_{91다25116;\ 대판}$ $^{1993.4.27,}_{93다5000}$). 그 외에 선의 · 무과실은 점유취득시효의 요건이 아니다.

(가) 자주점유인지는 점유개시 당시를 기준으로 객관적으로 점유취득의 원인이 된 점유권원의 성질에 의하여 그 존부를 결정해야 한다($^{대판\ 1994.10.}_{21,\ 93다12176}$). 그런데 제197조 제1항은 점유자는 소유의 의사로 점유한 것으로 추정한다. 따라서 점유자가 자주점유임을 증명할 책임을 부담하지 않고, 점유자의 점유가 소유의 의사 없는 자주점유임을 주장하는 상대방에게 타주점유에 대한 증명책임이 있다($^{대판\ 1994.10.}_{21,\ 93다12176}$). 따라서 점유자가 매매 또는 증여와 같은 자주점유의 권원을 주장하였다가 그 점유권원이 인정되지 않는다는 사유만으로 자주점유의 추정이 번복되지 않는다($^{대판}_{(전)}$ $^{1983.7.12,\ 82다708,}_{709,\ 82다카1792,1793}$).

> **사례 13** A는 B 소유의 X토지상에 수리시설인 양수장, 수로 및 그 부지와 양수장에 이르는 도로
> 등을 개설하여 20년간 점유 · 사용하고 있으므로 취득시효가 완성되었음을 이유로 B를 상대로 소
> 유권이전등기를 구하는 소송을 제기하였다. 그러나 소송과정에서 A는 X토지의 취득경위와 관련
> 하여 이를 매수하였다고 주장하였으나 이러한 사실이 인정되지 않는 경우 X토지에 대한 자주점
> 유 추정은 번복되는가? (대판(전) 1983.7.12, 82다708,709, 82다카1792,1793 참조)

**|해설 13|** 자주점유의 추정은 번복되지 않는다.

취득시효에서 자주점유의 요건인 소유의 의사는 객관적으로 점유취득의 원인이 된 점유권원의 성질에 의하여 그 존부를 결정해야 하는 것이나, 다만 점유권원의 성질이 분명하지 아니한 때에는 제197조 제1항에 의하여 점유자는 소유의 의사로 점유한 것으로 추정되므로 점유자가 스스로 그 점유권원의 성질에 의하여 자주점유임을 증명할 책임이 없고 점유자의 점유가 소유의 의사없는 자주점유임을 주장하는 상대방에게 타주점유에 대한 증명책임이 있다. 그러므로 점유자가 스스로 매매 또는 증여와 같은 자주점유의 권원을 주장하였으나 이것이 인정되지 않는 경우에도 원래 자주점유의 권원에 관한 증명책임이 점유자에게 있지 아니한 이상 그 점유권원이 인정되지 않는다는 사유만으로 자주점유의 추정이 번복된다거나 또는 점유권원의 성질상 타주점유라고 볼 수는 없다.

(나) 건물 소유자는 건물 대지인 토지를 점유한다. 건물 소유자가 현실적으로 건물이나 대지를 점유하지 않더라도 건물 소유를 위해 그 대지를 점유한다고 본다($\binom{대판\ 2017.1.25,}{2012다72469}$). 따라서 다른 특별한 사정이 없는 한 건물의 소유명의자가 아닌 자(예컨대 건물 임차인)는 실제로 그 건물을 점유하고 있다고 하더라도 그 건물의 부지를 점유하는 자가 될 수 없다($\binom{대판\ 2003.11.13,}{2002다57935}$). 다만 건물에 관한 사실상의 처분권을 보유하게 됨으로써 그 양수인이 건물부지 역시 아울러 점유하고 있다고 볼 수 있는 등의 사정이 있는 경우에는 건물 양수인이 점유자가 된다.

(다) 점유가 소유의 의사가 있는 자주점유인지 또는 타주점유인지의 여부는 점유자의 내심의 의사로 결정되는 것이 아니라, 점유 취득의 원인이 된 권원의 성질 또는 점유와 관계가 있는 모든 사정을 외형적·객관적으로 고려하여 결정되어야 한다($\binom{대판(전)\ 1997.8.}{21,\ 95다28625}$). 따라서 ⅰ) 점유자가 성질상 소유의 의사가 없는 것으로 보이는 권원(❸ 지상권, 전세권, 질권 또는 임대차 등)에 바탕을 두고 점유를 취득한 사실이 증명된 경우, ⅱ) 점유자가 타인의 소유권을 배제하여 자기의 소유물처럼 배타적 지배를 행사하는 의사를 가지고 점유하는 것으로 볼 수 없는 객관적 사정, 즉 점유자가 진정한 소유자라면 통상 취하지 아니할 태도를 나타내거나 소유자라면 당연히 취했을 것으로 보이는 행동을 취하지 아니한 경우 등 외형적·객관적으로 보아 점유자가 타인의 소유권을 배척하고 점유할 의사를 갖고 있지 아니하였던 것이라고 볼 만한 사정이 증명된 경우, ⅲ) 점유자가 점유 개시 당시에 소유권 취득의 원인이 될 수 있는 법률행위 기타 법률요건이 없다는 사실을 잘 알면서 타인 소유의 부동산을 무단점유한 것(악의의 무단점유)임이 증명된 경우에는 자주점유의 추정은 깨어진다($\binom{대판(전)\ 1997.8.}{21,\ 95다28625}$).

(라) 토지를 매수·취득하여 점유를 개시함에 있어 매수인이 인접 토지와의 경계선을 정확하게 확인하지 않아 착오로 인접 토지의 일부가 매수·취득한 토지에 속하는 것으로 믿고서 점유하게 된 경우, 인접 토지의 일부에 대한 점유는 소유의 의사에 기한 것으로 본다($\binom{대판\ 1998.11.10,}{98다32878\ 등}$).

건물의 신축시 인접 토지와의 경계선을 정확하게 확인하지 않아 착오로 건물이 인접 토지의 일부를 침범하게 되었다면 그것이 착오에 기인한 것인 이상, 그것만으로 그 인접 토지의 점유를 소유의 의사에 기한 것이 아니라고 단정할 수는 없기 때문이다. 그러나 매매계약에 기해 점유한 부분이 매매대상면적을 상당히 초과하는 경우 악의의 무단점유로 보아 자주점유를 부정한다. 예컨대 침범 면적이 통상 있을 수 있는 시공상의 착오 정도를 넘어 상당한 정도에까지 이르는 경우에는 건물의 건축주는 자신의 건물이 인접 토지를 침범하여 건축된다는 사실을 건축 당시에 알고 있었다고 보는 것이 상당하기 때문이다. 따라서 그 침범으로 인한 인접 토지의 점유는 권원의 성질상 소유의 의사가 있는 점유라고 할 수 없다고 한다(대판 2000.12.8, 2000 다42977,42984,42991).

**사례 14** A는 임야를 그 지상의 묘지와 함께 B를 통하여 점유하면서 여러 차례 부동산소유권이전등기등에관한특별조치법이 시행됨에 따라 등기를 할 기회가 있었음에도 불구하고 소유권이전등기를 마치지 아니하였다. C가 임야에 관하여 1985.5.16. 부동산소유권이전등기등에관한특별조치법에 의하여 C 명의의 소유권보존등기를 마친 후에도 A가 그러한 사실을 알면서도 별다른 이의를 하지 아니한 경우, A의 임야에 대한 자주점유의 추정은 번복되었는가?

(대판 2000.3.24, 99다56765 참조)

**|해설 14|** A의 자주점유의 추정은 번복될 수 있다.

임야의 점유자인 A가 임야에 대하여 타인의 소유권을 배제하고 자기의 소유물처럼 배타적 지배를 행사하는 의사를 가지고 점유한 것으로 볼 수 없는 객관적 사정, 즉 점유자가 진정한 소유자라면 통상 취하지 아니할 태도를 나타내거나 소유자라면 당연히 취했을 것으로 보이는 행동을 취하지 아니한 경우로서 외형적·객관적으로 보아 점유자가 타인의 소유권을 배척하고 점유할 의사를 가지고 있지 아니하였다고 볼 만한 사정들을 충분히 엿볼 수 있으므로 자주점유의 추정이 번복될 수 있다.

**사례 15** A가 B로부터 그 소유의 토지를 매수하였는데, 매매대상 토지의 실제 면적이 공부상 면적을 상당히 초과하는 경우, 그 초과 부분에 대한 A의 점유는 자주점유인가?

(대판 2004.5.14, 2003다61054 참조)

**|해설 15|** A의 점유는 자주점유가 아니다.

통상 부동산을 매수하려는 사람은 매매계약을 체결하기 전에 그 등기부등본이나 지적공부 등에 의하여 소유관계 및 면적 등을 확인한 다음 매매계약을 체결하므로 매매 대상 토지의 면적이 공부상 면적을 상당히 초과하는 경우에는 계약 당사자들이 이러한 사실을 알고 있었다고 보는 것이 상당하며, 그러한 경우에는 매도인이 그 초과 부분에 대한 소유권을 취득하여 이전하여 주기로 약정하는 등의 특별한 사정이 없는 한 그 초과 부분은 단순한 점용권의 매매로 보아야 할 것이므로 그 점유는 권원의 성질상 타주점유에 해당한다.

**사례 16** A는 그 지상 건물과 함께 그 대지인 X토지(지적부상 73㎡)를 매수하여 그에 대한 소유권이전등기를 마치고 점유를 개시하였다. 그런데 매수 당시 그 지상 건물의 외벽이 인접한 Y토지와 현실적 경계의 구실을 하고 있었는데, Y토지의 일부(27㎡)를 침범한 상태였다. 그럼에도 불구하고 A가 위 외벽을 경계로 보아 위 27㎡를 자신의 소유부분으로 믿고 확인하지 않고 위 기존 건물의 부지를 그대로 사용하여 기존 건물을 철거하고 새 건물을 신축했다. 이 때 A의 위 27㎡에 대한 점유는 자주점유인가?　　　　　　　　　　　　　　　　　　　(대판 1999.6.25. 99다5866,5873 참조)

> **|해설 16|** A의 점유는 자주점유이다.
>
> 비록 매매 대상 건물 부지의 면적이 등기부상의 면적을 상당히 초과하여 초과부분의 점유는 타주점유로 보아야 할 것처럼 보이지만, 기존 건물의 외벽을 기준으로 하여 그 부지를 매수하여 인도받은 후 약 2개월 후에 위 기존 건물을 철거하고 그 부지를 그대로 사용하여 이 사건 건물을 신축한 점 등을 고려하면 매매 대상인 기존 건물의 부지의 면적이 등기부상의 면적을 상당히 초과하여 이 사건 토지를 침범했다는 점만으로 악의 점유로 인정될 수 없다.

(마) 지적공부 등의 관리주체인 국가나 지방자치단체가 점유하는 경우에도 제197조 제1항에 의한 자주점유의 추정이 적용된다(대판 2007.12.27. 2007다42112). 특히 국가나 지방자치단체가 취득시효의 완성을 주장하는 토지의 취득절차에 관한 서류를 제출하지 못하더라도 그 점유의 경위와 용도 등을 감안할 때 국가나 지방자치단체가 점유 개시 당시 공공용 재산의 취득절차를 거쳐서 소유권을 적법하게 취득하였을 가능성도 배제할 수 없다고 보이는 경우 토지에 관한 국가나 지방자치단체의 자주점유의 추정은 번복되지 않는다(대판 2011.11.24. 2009다99143). 그러나 지방자치단체나 국가가 자신의 부담이나 기부의 채납 등 지방재정법 또는 국유재산법 등에 정한 공공용 재산의 취득절차를 밟거나 그 소유자들의 사용승낙을 받는 등 토지를 점유할 수 있는 일정한 권원 없이 사유토지를 도로부지에 편입시킨 경우 자주점유의 추정은 깨어진다(대판 2001.3.27. 2000다64472).

> **사례 17** A(지방자치단체)는 B 소유의 X토지를 도로의 부지로 점유·사용하고 있다. B가 X토지의 사용을 금지하자, A는 B를 상대로 점유취득시효의 완성을 이유로 소유권이전등기를 구하는 소송을 제기하였고 B는 A에게 X토지의 권리취득에 관한 서류의 제출을 요구하였으나, A는 이를 제출하지 못하였다. 이에 B는 A가 점유자가 점유 개시 당시에 소유권 취득의 원인이 될 수 있는 법률행위 기타 법률요건이 없다는 사실을 잘 알면서 타인 소유의 부동산을 무단점유한 것임을 주장한다. 이에 A는 6.25 전쟁때 관련자료가 소실된 것이라고 주장한다. B의 주장은 타당한가?
>
> 　　　　　　　　　　　　　　　　　　　　　　　　　　　　(대판 2007.12.27. 2007다42112 참조)
>
> **|해설 17|** B의 주장은 타당하지 않다.
>
> 국가나 지방자치단체가 취득시효의 완성을 주장하는 토지의 취득절차에 관한 서류를 제출하지 못하고 있다고 하더라도, 그 토지에 관한 지적공부 등이 6·25 전란으로 소실되었거나 기타의 사유로 존재하지 아니함으로 인하여 국가나 지방자치단체가 지적공부 등에 소유자로 등재된 자가 따로 있음을 알면서 그 토지를 점유하여 온 것이라고 단정할 수 없고, 그 점유의 경위와 용도 등을 감안할 때 국가나 지방자치단체가 점유 개시 당시 공공용 재산의 취득절차를 거쳐서 소유권을 적법하게 취득하였을 가능성도 배제할 수 없다고 보이는 경우에는, 국가나 지방자치단체

가 소유권 취득의 법률요건이 없이 그러한 사정을 잘 알면서 토지를 무단점유한 것임이 증명되었다고 보기 어려우므로, 위와 같이 토지의 취득절차에 관한 서류를 제출하지 못하고 있다는 사정만으로 그 토지에 관한 국가나 지방자치단체의 자주점유의 추정이 번복된다고 할 수는 없다.

### (2) 시효기간(20년)의 경과

### (가) 시효기간의 기산

1) 점유취득시효는 20년간의 점유를 요한다. 이 때 점유에는 직접점유뿐만 아니라 간접점유도 포함된다(대판 1991.10.8, 91다25116). 시효기산점의 문제는 점유자가 시효기간을 완성하였으나 등기를 마치기 전에 소유자가 제3자 앞으로 등기를 완료한 경우, 점유자가 제3자에게 시효취득을 주장할 수 있는지와 표리관계에 있는 문제이다.

취득시효의 기산점에 관하여 학설은 현재로부터 거슬러 올라가 20년 이상을 점유한 사실을 증명하면 되므로 기산점을 임의로 선택할 수 있다는 역산설, 현실적으로 점유를 개시한 시점(기산점)을 확정하여 그때로부터 20년의 기간을 기산해야 하므로 임의시점을 선택할 수 없다는 고정시설, 고정시설을 원칙으로 하되 취득시효기간 중 등기명의인이 동일인이고 소유자의 변동이 없는 경우에는 역산설도 가능하다는 절충설로 나뉜다.

판례는 절충설을 취한다고 볼 수 있다. 즉 시효기간이 진행되는 동안 등기명의자의 변동이 있으면 점유개시일이 기산점이 되고 당사자가 임의로 기산점을 정하지 못한다(대판 1989.4.25, 88다카3618 등). 시효완성자가 기산점을 임의로 정할 수 있게 하면 제3취득자의 소유권 취득시점을 시효완성 전과 그 후로 선택할 수 있게 된다. 시효완성자는 시효완성 전의 제3취득자에게는 이전등기를 청구할 수 있도록 한 기존 판례(대판 1989.4.11, 88다카5843,88다카5850)에 따르면 제3취득자는 부당하게 소유권을 상실할 수도 있기 때문에 취득시효의 기산점을 임의로 정하지 못하게 하는 것이다.

그러나 취득시효기간 중 등기명의자가 동일한 경우에는 전(前) 점유자의 점유를 포함하여 점유개시 이후의 임의의 시점을 기산점으로 삼을 수 있다(대판 1998.5.12, 97다8496,8502). 결국 이 때에는 현재의 점유자는 자신에게 직접 등기청구권을 행사할 수 있다. 전 점유자가 갖는 등기청구권의 대위청구만 가능하다면 전 점유자가 점유를 상실한 지 10년이 넘어 피대위권리가 시효소멸되어 현재의 점유자가 소유권을 취득할 기회가 상실된다. 임의의 시점을 기산점으로 삼게 되면 이를 피할 수 있게 된다(예컨대 취득시효기간을 완성한 전 점유자로부터 현 점유자가 점유를 이전받은 후 15년이 경과한 상태에서는 전 점유자의 등기청구권을 대위행사할 수 없다. 등기청구권은 10년의 경과로 소멸시효가 완성되었기 때문이다). 그리고 판례는 상속으로 소유자가 달라진 경우도 소유자의 변동이 없는 것으로 본다(대판 1979.10.16, 78다2117).

시효기간 만료 후에 이해관계 있는 제3자가 있는 경우에는 시효이익을 주장하는 자가 시효기산점을 임의로 선택할 수 없다(대판 1982.1.26, 81다826). 그리고 취득시효기간 완성 후에 토지소유자의 변동이 있는 경우에도 그 소유자가 변동된 시점을 기준으로 하여 새로이 취득시효가 완성된 때에는(소위 '2차 취득시효'), 그 소유권변동시를 새로운 취득시효의 기산점으로 삼을 수 있다고 본다$\binom{\text{대판(전) 1994.3.}}{22,\ 93\text{다}46360}$.

2) 취득시효의 기산점에 관한 판례의 태도는 시효완성의 효과와 관련하여 다음의 소위 5가지 원칙으로 정리된다.

㉮ 소위 제1원칙

시효취득자는 시효기간 완성 당시의 유효한 등기명의인을 상대로 시효취득을 주장할 수 있다$\binom{\text{대판 1993.5.}}{25,\ 92\text{다}51280}$.

㉯ 소위 제2원칙

시효기간이 진행 중에 목적부동산이 제3자에게 양도되어 등기가 이전된 경우, 시효기간 완성 당시의 등기명의인인 양수인을 상대로 시효취득을 주장할 수 있다$\binom{\text{대판 2009.9.10,}}{2006\text{다}609}$. 취득시효기간이 진행중에는 등기부상 소유명의자가 변경되어도 그 사유만으로는 점유자의 종래의 사실상태의 계속이 파괴된 것으로 볼 수 없으므로 취득시효를 중단한 사유가 되지 못하기 때문이다.

㉰ 소위 제3원칙

시효기간 만료 후 목적부동산이 제3자에게 양도되어 등기가 이전된 경우, 시효완성자는 원칙적으로 그 양수인에게 시효취득을 주장할 수 없다$\binom{\text{대판 1998.7.}}{10,\ 97\text{다}45402}$. 심지어 양수인이 악의인 경우에도 시효취득을 주장할 수 없다$\binom{\text{대판 1994.4.12,}}{93\text{다}50666,50673}$. 이러한 법리는 '2차 취득시효' 기간이 만료하기 전에 소유자가 변동된 경우에도 마찬가지로 적용된다$\binom{\text{대판(전) 2009.7.16,}}{2007\text{다}15172,15189}$.

㉱ 소위 제4원칙

시효완성자는 취득시효의 기산점과 관련하여 임의시점을 선택할 수는 없으나$\binom{\text{대판 1995.5.23,}}{94\text{다}39987}$, 점유기간을 통틀어 등기명의인이 동일한 경우에는 임의의 시점을 기산점으로 할 수 있다$\binom{\text{대판}}{1998.5.12,\ 97\text{다}8496,8502}$.

㉲ 소위 제5원칙

시효기간 만료 후 목적부동산이 제3자에게 양도되어 등기가 이전된 경우에도 시효완성자가 그 제3자에게 등기이전 이후 다시 취득시효에 필요한 기간 동안 점유를 계속한 경우에는 시효취득을 주장할 수 있다$\binom{\text{대판(전) 1994.3.22, 93다46360; 대판}}{\text{(전) 2009.7.16, 2007다15172,15189}}$.

---

**사례 18** (소위 제2원칙)

A는 B가 본인소유의 X 토지에 대한 점유취득시효를 완성하기 전, C에게 X토지를 매도하고, 소유권이전등기를 마쳤다. 그 후 점유취득시효기간을 완성한 B는 완성당시 소유자인 C를 상대로 소유권이전등기청구권을 행사할 수 있는가?　　　　　　　　　　　　(대판 1997.4.25, 97다6186 참조)

**│해설 18│ 행사할 수 있다.**

취득시효기간의 완성 전에 등기부상의 소유명의가 변경되었다 하더라도 이로써 종래의 점유상태의 계속이 파괴되었다고 할 수 없으므로 이는 취득시효의 중단사유가 될 수 없기 때문이다.

---

**사례 19** (소위 제3원칙)

B가 A로부터 X토지를 매수하여 점유 중 점유취득시효기간이 완성되었다. 그 후 A가 C에게 X토지를 매도하고, 소유권이전등기를 마쳤다.

질문 1) B는 C를 상대로 소유권이전등기청구권을 행사할 수 있는가?

질문 2) 만약 취득시효기간의 완성 전에 A가 C에게 매도하는 계약을 체결하고, 취득시효기간의 완성 후 소유권이전등기를 한 경우라면 B는 C를 상대로 소유권이전등기청구권을 행사할 수 있는가?

질문 3) 만약 취득시효기간의 완성 전에 A가 C에게 매매예약을 체결하고 가등기를 하고, 취득시효기간의 완성 후 소유권이전의 본등기를 한 경우라면 B는 C를 상대로 소유권이전등기청구권을 행사할 수 있는가?

질문 4) 만약 C 명의의 소유권이전등기가 무효인 경우에 B는 자신 앞으로 소유권이전등기를 마칠 수 있는가?

(대판 1991.4.9, 89다카1305; 대판 1998.7.10, 97다45402; 대판 1992.9.25, 92다21258; 대판 1993.9.14, 93다12268 참조)

**│해설 19│**

해설 1) 행사할 수 없다.

취득시효기간이 만료된 토지의 점유자는 그 기간만료 당시의 그 토지소유자에 대하여 시효취득을 원인으로 하는 소유권이전등기청구권을 가짐에 그치는 것이고 취득시효기간만료 후에 새로이 그 토지의 소유권을 취득한 사람에 대하여는 시효취득으로 대항할 수 없다.

해설 2) 행사할 수 없다.

부동산에 대한 점유취득시효가 완성되었다고 하더라도 이를 등기하지 아니하고 있는 사이에 그 부동산에 관하여 제3자에게 소유권이전등기가 마쳐지면 점유자는 그 제3자에게 대항할 수 없다. 이 경우 제3자의 이전등기 원인이 점유자의 취득시효 완성 전의 것이라 하더라도 마찬가지이다.

해설 3) 행사할 수 없다.

가등기는 그 성질상 본등기의 순위보전의 효력만이 있어 후일 본등기가 경료된 때에는 본등기의 순위가 가등기한 때로 소급하는 것뿐이지 본등기에 의한 물권변동의 효력이 가등기한 때로 소급하여 발생하는 것은 아니므로, X토지에 관한 취득시효가 완성된 후 B가 소유권이전등기를 하기 전에 C가 취득시효완성 전에 이미 설정되어 있던 가등기에 기하여 소유권이전의 본등기를 경료하였다면 그 가등기나 본등기를 무효로 볼 수 있는 경우가 아닌 한 B는 시효완성 후 부동산소유권을 취득한 제3자인 C에 대하여 시효취득을 주장할 수 없다.

해설 4) B는 A를 대위하여 C 명의의 등기를 말소 한 후, A에게 이전등기를 청구할 수 있다.

취득시효가 완성된 후 점유자가 그 등기를 하기 전에 제3자가 소유권이전등기를 경료한 경우에는 점유자는 그 제3자에 대하여는 시효취득을 주장할 수 없는 것이 원칙이기는 하지만 이는 어디까지나 그 제3자 명의의 등기가 적법 유효함을 전제로 하는 것으로서 위 제3자 명의의 등기가 원인무효인 경우에는 점유자는 취득시효 완성 당시의 소유자를 대위하여 위 제3자 앞으로 경료된 원인무효인 등기의 말소를 구함과 아울러 위 소유자에게 취득시효 완성을 원인으로 한 소유권이전등기를 구할 수 있다.

### 사례 20 (소위 제4원칙)

B가 A 소유의 X토지를 점유하는 동안 X토지의 소유자가 C로 변동된 경우 B의 점유기간의 산정은 어떻게 하는가? 만일 B가 점유하는 동안(전 점유자의 점유기간을 포함한다) X토지의 소유자의 변동이 없는 경우에는 점유기간을 어떻게 산정하는가?

(대판 1995.5.23, 94다39987; 대판 1990.1.25, 88다카22763 참조)

**해설 20** 취득시효기간의 계산에 있어 점유기간 중에 당해 부동산의 소유권자의 변동이 있는 경우에는 취득시효를 주장하는 자가 임의로 기산점을 선택하거나 소급하여 20년 이상 점유한 사실만 내세워 시효완성을 주장할 수 없고, 이와 같은 경우에는 법원이 당사자의 주장에 구애됨이 없이 소송자료에 의하여 인정되는 바에 따라 진정한 점유의 개시시기를 인정하고, 그에 터잡아 취득시효 주장의 당부를 판단해야 한다.

반면, 점유기간 중에 당해 부동산의 소유권자의 변동이 없는 경우에는 그 기산점을 어디에 두든지 간에 취득시효의 완성을 주장할 수 있는 시점에서 보아 그 기간이 경과한 사실만 확정되면 충분하다고 할 것이므로, 전 점유자의 점유를 승계하여 자신의 점유기간을 통산하여 20년이 경과한 경우에 있어서도 전 점유자가 점유를 개시한 이후의 임의의 시점을 그 기산점으로 삼을 수 있다(대판 1998.5.12, 97다8496,8502).

### 사례 21 (소위 제5원칙)

B가 A 소유의 X토지를 매수하였으나 아직 등기하지 않은 상태에서 20년간 점유하였다. 그 후 A가 C에게 X토지를 매도하여 소유권이전등기를 마쳤다. B는 C 명의로 소유권이전등기가 경료된 날로부터도 20년 간 계속 X토지를 점유하고 있다.

질문 1) B는 C를 상대로 점유취득시효의 완성을 이유로 소유권이전등기청구권을 행사할 수 있는가?

질문 2) 만일 C 명의로 소유권이전등기가 경료된 날로부터 20년이 경과되기 전에 C가 D에게 매도하고, 소유권이전등기를 마친 경우에도 B는 D를 상대로 점유취득시효의 완성을 이유로 소유권이전등기청구권을 행사할 수 있는가?

(대판(전) 1994.3.22, 93다46360; 대판(전) 2009.7.16, 2007다15172,15189 참조)

**해설 21**

해설 1) 행사할 수 있다.

취득시효를 주장하는 자는 점유기간 중에 소유자의 변동이 없는 토지에 관하여는 취득시효의 기산점을 임의로 선택할 수 있고, 취득시효를 주장하는 날로부터 역산하여 20년 이상의 점유사실이 인정되고 그것이 자주점유가 아닌 것으로 밝혀지지 않는 한 취득시효를 인정할 수 있다. 이는 취득시효완성 후 토지소유자에 변동이 있어도 당초의 점유자가 계속 점유하고 있고 소유자가 변동된 시점을 새로운 기산점으로 삼아도 다시 취득시효의 점유기간이 완성되는 경우에도 역시 타당하므로 시효취득을 주장하는 점유자로서는 소유권변동시를 새로운 취득시효의 기산점으로 삼아 취득시효의 완성을 주장할 수 있다.

**해설 2) 행사할 수 있다.**

부동산에 대한 점유취득시효가 완성된 후 취득시효완성을 원인으로 한 소유권이전등기를 하지 않고 있는 사이에 그 부동산에 관하여 제3자 명의의 소유권이전등기가 경료된 경우라 하더라도 당초의 점유자가 계속 점유하고 있고 소유자가 변동된 시점을 기산점으로 삼아도 다시 취득시효의 점유기간이 경과한 경우에는 점유자로서는 제3자 앞으로의 소유권 변동시를 새로운 점유취득시효의 기산점으로 삼아 2차의 취득시효의 완성을 주장할 수 있다. 그리고 취득시효기간이 경과하기 전에 등기부상의 소유명의자가 변경된다고 하더라도 그 사유만으로는 점유자의 종래의 사실상태의 계속을 파괴한 것이라고 볼 수 없어 취득시효를 중단할 사유가 되지 못하므로, 새로운 소유명의자는 취득시효완성 당시 권리의무 변동의 당사자로서 취득시효완성으로 인한 불이익을 받게 된다 할 것이어서 시효완성자는 그 소유명의자에게 시효취득을 주장할 수 있다. 이러한 법리는 새로이 2차의 취득시효가 개시되어 그 취득시효기간이 경과하기 전에 등기부상의 소유명의자가 다시 변경된 경우에도 마찬가지로 적용된다.

## (나) 점유의 승계

점유의 승계가 있는 경우, 자신의 점유만 주장하거나 자신의 점유와 전 점유자의 점유를 합산하여 주장할 수 있다. 그러나 후자의 경우 전 점유자의 하자도 승계된다(제199조). 점유의 하자란 악의점유, 과실점유, 불계속의 점유 등 점유의 효력발생을 방해하는 모든 사정을 말한다. 취득시효의 완성을 위해서는 취득시효의 기초가 되는 점유가 법정기간 이상이어야 하는데, 점유가 순차 승계된 경우, 취득시효의 완성을 주장하는 자는 자기의 점유만을 주장하거나 또는 자기의 점유와 전 점유자의 점유를 아울러 주장할 수 있는 선택권을 가진다. 또한 전 점유자가 수인인 경우 어느 단계의 점유자의 점유까지를 아울러 주장할 것인지에 대한 선택권이 있지만, 점유의 개시시기는 어느 점유자의 점유기간 중의 임의의 시점으로 선택할 수 없다. 이러한 점유병합의 법리는 소유자의 변동이 있는 경우에도 적용된다(대판 1998.4.10, 97다56822).

상속에 의하여 점유권을 취득한 경우에 상속인은 새로운 권원에 의하여 자기 고유의 점유를 개시하지 않는 한 피상속인의 점유를 떠나 자기만의 점유를 주장할 수 없다(대판 1992.9.22, 92다22602,22619(반소)). 상속은 점유변경의 새로운 권원이 되지 못하기 때문이다. 따라서 소유자에게 소유의 의사를 표시하거나 매매 등 자주점유의 권원이 인정되지 않으면 상속인이 현실적 지배를 취득했다는 이유만으로 새로운 권원으로 인정되지 못한다. 즉 상속인이 점유를 개시했더라도 자신의 점유만을 대상으로 자주점유의 추정(제197조 제1항)을 받지 못한다. 다시 말하면 타주점유를 상속받은 상속인이 자기 고유의 점유를 20년 이상 소유의 의사로 유지했더라도 상속인의 점유는 타주점유가 되어 시효취득의 요건을 구비하지 못한 것이 된다.

점유의 계속은 추정된다(제198조). 따라서 시효기간의 시작시점과 종료시점에 점유사실을 증명한다면, 그 기간 동안 자주점유가 계속된 것으로 추정된다. 즉 점유자는 20년 이전의 점유사실과 현재의 점유사실만 증명하면 된다. 취득시효의 완성여부는 사실심변론종결시를 기준으로 판단한다$\left(\begin{smallmatrix}대판 1995.2.\\28, 94다36049\end{smallmatrix}\right)$.

> **사례 22** A가 X토지를 점유하던 중 사망하자, A의 유일한 상속자인 B가 이를 점유하고 있다. 이 경우 B는 취득시효를 주장할 때 자신의 점유기간만을 주장할 수 있는가?
>
> (대판 1992.9.22, 92다22602,22619(반소) 참조)
>
> **|해설 22|** 주장할 수 없다.
>
> 상속에 의하여 점유권을 취득한 경우에는 상속인은 새로운 권원에 의하여 자기 고유의 점유를 개시하지 않는 한 피상속인의 점유를 떠나 자기만의 점유를 주장할 수 없다.

### (3) 등 기

시효완성자는 등기를 해야 소유권을 취득한다. 취득시효에 의한 소유권취득은 법률행위에 의하지 않은 것이므로 등기가 필요 없다. 그러나 그 예외로 제245조 제1항은 소유권의 취득을 명확히 하여 분쟁을 미리 방지하기 위해 등기를 요구한다. 즉 점유취득시효의 완성으로 채권적 등기청구권이 발생한다.

## 2. 효 과

### (1) 점유취득시효 완성자의 등기 전의 법률관계

#### (가) 당사자 사이의 법률관계

##### 1) 점유자의 지위

시효완성자인 점유자는 등기를 하지 않으면 소유권을 취득하지 못한다.

점유취득시효기간이 만료된 후 점유승계가 있었다면 점유를 승계한 현점유자는 전점유자의 소유자에 대한 소유권이전등기청구권을 대위행사할 수 있을 뿐이고, 전점유자의 취득시효 완성의 효과를 주장하여 직접 자기에게 소유권이전등기를 청구할 권원은 없다$\left(\begin{smallmatrix}대판(전) 1995.3.\\28, 93다47745\end{smallmatrix}\right)$. 점유승계자는 그 점유 자체와 하자만을 승계하는 것이지 그 점유로 인한 법률효과까지 승계하는 것은 아니기 때문이다. 반면 취득시효 완성 당시의 등기명의인은 완전한 소유권자로서 자신의 권리를 행사할 수 있다$\left(\begin{smallmatrix}대판 2006.5.12,\\2005다75910\end{smallmatrix}\right)$. 따라서 등기명의자가 부동산을 제3자에게 처분하면 시효완성 당시의 점유자는 원칙적으로 그 부동산의 소유권을 시효취득 할 수 없으며, 등기 전에는 시효완성만으로 소유권의 확인을 구할 수는 없다$\left(\begin{smallmatrix}대판 1991.5.\\28, 91다5716\end{smallmatrix}\right)$.

그러나 시효완성자는 점유자로서의 지위를 가지므로 등기부상 명의인(소유자)을 상대로 한 점유권에 기한 방해제거청구권을 행사할 수 있다$\left(\begin{smallmatrix}대판 2005.3.25, 2004다23899,23905. 이 사안에서 법원은 시효완성자\\가 소유권이전등기를 청구하면서 시효완성 후 등기부상 명의인이 설\\치한 담장의 제거청구(점유방해의\\배제청구)를 할 수 있다고 판시함\end{smallmatrix}\right)$.

사례 23 B는 A로부터 X토지를 20년간 소유의 의사로 평온, 공연하게 점유하여 취득시효기간을 완성하였다. 그런데 A는 C로부터 1억 원을 빌리면서 그 담보로 X토지를 제공하여 C에게 저당권을 설정하였다. A의 채무변제 지연으로 C가 저당권을 실행하려고 하자, B는 A의 채무를 대신변제하고, C 명의의 저당권을 말소하였다. B는 A에게 구상권 또는 부당이득반환을 청구할 수 있는가? (대판 2006.5.12, 2005다75910 참조)

|해설 23| 청구할 수 없다.

특별한 사정이 없는 한 원소유자는 점유자 명의로 소유권이전등기가 마쳐지기까지는 소유자로서 그 토지에 관한 적법한 권리를 행사할 수 있다. 이 경우 시효취득자로서는 원소유자의 적법한 권리행사로 인한 현상의 변경이나 제한물권의 설정 등이 이루어진 그 토지의 사실상 혹은 법률상 현상 그대로의 상태에서 등기에 의하여 그 소유권을 취득하게 된다. 따라서 시효취득자가 원소유자에 의하여 그 토지에 설정된 근저당권의 피담보채무를 변제하는 것은 시효취득자가 용인해야 할 그 토지상의 부담을 제거하여 완전한 소유권을 확보하기 위한 것으로서 그 자신의 이익을 위한 행위라 할 것이므로, 위 변제액 상당에 대하여 원소유자에게 대위변제를 이유로 구상권을 행사하거나 부당이득을 이유로 그 반환청구권을 행사할 수는 없다.

2) 등기청구권

점유취득시효의 완성에 의한 권리의 취득은 원시취득이므로 이론상 보존등기를 해야 하지만, 실무상 시효를 완성한 점유자와 소유자의 공동신청에 의한 이전등기의 형식을 취하고 있다. 실질적으로는 소유자가 등기신청에 불응하게 되는데 이 때 소유자의 등기신청은 판결로 갈음한다(제389조 제2항).

㉮ 등기청구권의 법적 성질

점유취득시효 완성에 기한 등기청구권은 채권적 청구권이므로 소멸시효의 대상이다(대판 1996. 3.8, 95다 34866, 34873). 따라서 등기청구권은 점유자가 점유를 상실한 날로부터 10년간 행사하지 않으면 소멸한다. 다만 점유를 계속하는 경우(계속 사용·수익)에는 위 등기청구권은 소멸시효가 진행되지 않는다(대판 1995.2.10, 94다28468). 취득시효완성으로 인한 등기청구권은 양도가능하고 대항력은 통지만으로도 갖추어진다(대판 2018.7.12, 2015다36167. 이와는 달리 등기청구권의 원인이 매매인 경우에는 등기청구권의 양도에 통지만으로는 대항력이 발생하지 않고 채무자의 동의나 승낙이 필요하다고 판시함).

㉯ 등기청구권의 상대방

취득시효완성을 원인으로 한 소유권이전등기청구는 그로 인하여 소유권을 상실하게 되는 시효완성 당시의 진정한 소유자를 상대로 하여야 한다(대판 1995.5.9, 94다39123). 따라서 원칙적으로 등기청구의 상대방은 취득시효완성 당시의 등기부상 소유명의자이며, 그 후 소유명의가 타인으로 변경된 경우에는 그 타인을 상대로 하여 소유권이전등기를 청구할 수는 없다(대판 1998.7.10, 97다45402). 그러나 시효완성 당시의 소유권보존등기 또는 이전등기가 무효라면 원칙적으로 그 등기명의인은 시효취득을 원인으로 한 소유권이전등기청구의 상대방이 될 수 없다. 이 경우 시효완성자는 진정한 소유자를 대위하여 위 무효등기의 말소를 구하고 다시 위 소유자를 상대로 취득시효완성을 이유로 한 소유권이전등기를 구하여야 한다$\binom{대판\ 2005.5.26,}{2002다43417}$. 그러나 시효완성자가 진정한 소유자를 찾을 수 없어 취득시효완성을 원인으로 하는 소유권이전등기에 의하여 소유권을 취득하는 것이 사실상 불가능하게 된 경우, 시효취득자는 취득시효완성 당시 진정한 소유자는 아니지만 등기명의를 가지고 있는 자에 대하여 직접 취득시효완성을 원인으로 하는 소유권이전등기를 청구할 수 있다$\binom{대판\ 2005.5.26,}{2002다43417}$. 단, 취득시효가 완성된 후 부동산소유자가 파산선고를 받은 경우, 파산관재인을 상대로 취득시효를 원인으로 한 소유권이전등기 절차의 이행을 청구할 수 없다$\binom{대판\ 2008.2.1,}{2006다32187}$.

ⓗ 시효완성자의 등기청구권과 소멸시효

취득시효를 완성한 점유자가 그 후 점유를 상실하더라도 이를 시효이익의 포기로 볼 수 있는 경우가 아닌 한, 단순히 점유상실이라는 사유만으로는 이미 취득한 소유권이전등기청구권은 소멸되지 않는다$\binom{대판(전)\ 1995.3.}{28,\ 93다47745}$. 그러나 시효완성자가 토지를 매도하여 점유를 이전하는 방법으로 점유를 상실했다면 점유를 상실한 때로부터 10년간 등기청구권을 행사하지 아니하면 등기청구권의 소멸시효가 완성된다$\binom{대판\ 1996.3.8,}{95다34866,34873}$. 결국 취득시효기간의 완성으로 취득한 등기청구권은 점유를 상실하더라도 상실시로부터 10년의 소멸시효기간이 완성되기 전까지는 등기청구권이 인정된다. 점유의 상실은 점유자의 의사에 의하지 않은 점유의 배제뿐만 아니라 점유자의 의사에 반하여 점유를 배제당하는 경우(소유자가 제기한 인도소송에서 패소한 뒤 인도집행을 당하여 그 토지 부분에 대한 점유를 상실한 경우)도 포함된다$\binom{대판\ 1997.6.13,}{97다1730\ 참조}$.

> **참고** 취득시효를 완성한 것이 아니라 매매계약을 통하여 점유를 취득한 미등기 매수인이 미등기상태에서 사용·수익하다가 전매하여 점유를 제3자에게 이전하여 점유를 상실하는 경우에는 등기청구권의 소멸시효가 진행되지 않는다$\binom{대판(전)\ 1999.3.}{18,\ 98다32175}$. 다만 이때에도 등기청구권자가 처분행위 이외의 사유(예컨대 점유의 침탈)로 점유를 상실했다면 10년간 등기청구권을 행사하지 않았을 때 매수인의 소멸시효가 완성된다$\binom{대판\ 1992.7.24,}{91다40924}$.

집합건물의 구분소유자들이 대지 전체를 공동점유하여 점유취득시효가 완성된 경우 구분소유자들은 대지사용권에 기하여 전유부분의 면적비율에 따른 대지지분을 보유한다$\binom{대판\ 2017.1.25,}{2012다72469}$. 이 때 대지권 등기나 지분권이전등기를 마치지 않은 건물의 구분소유자들은 특별한 사정이 없는 한, 각 전유부분의 면적 비율에 따라 대지권으로 등기되어야 할 지분에서 부족한 지분에 관하여 등기명의인을 상대로 점유취득시효 완성을 원인으로 한 지분이전등기를 청구할 수 있다$\binom{대판\ 2017.1.25,}{2012다72469}$.

### 3) 등기청구권과 불법행위로 인한 손해배상책임의 발생

시효완성 당시의 소유자는 시효완성자인 점유자에 대해 등기를 이전할 의무를 부담한다$\binom{대판\ 1997.}{3.28,\ 96\\다10638}$.

부동산 소유자가 취득시효의 완성사실을 알았거나 알 수 있었음에도 불구하고 목적부동산을 제3자에게 처분하면 취득시효 완성을 원인으로 한 소유권이전등기의무가 이행불능에 빠지게 되고 시효완성자가 손해를 입었다면 불법행위책임을 져야 한다$\binom{\text{대판 1998.4.}}{10,\ 97\text{다}56495}$. 취득시효완성 후 등기 전에 일반적으로 시효완성자가 시효완성 당시의 소유자에게 취득시효를 주장하거나 이로 인한 소유권이전등기를 청구하는 경우에는 시효취득사실을 알 수 있다고 할 것이다$\binom{\text{대판 1994.4.12.}}{93\text{다}60779\ \text{등}}$. 그러나 부동산 소유자가 그 부동산을 제3자에게 처분하기 위하여 먼저 그 부동산을 점유하고 있는 사람을 상대로 그 인도를 구하는 소송을 제기하여 이를 진행하고 있던 중에 상대방이 취득시효의 항변을 한다거나 반소를 제기하였다는 것만으로는 부동산 소유자가 상대방의 시효취득 사실을 알았다고 할 수 없다$\binom{\text{대판 1995.7.}}{11,\ 94\text{다}4509}$. 시효완성자가 등기를 이전받기 전에 제3자에게 소유권이전등기가 완료되었다가 다시 시효완성 당시의 소유자에게 소유권이 회복된 경우 시효완성자는 그 소유자에 대해 소유권이전을 청구할 수 있다$\binom{\text{대판 1994.2.}}{8,\ 93\text{다}42016}$.

한편 판례는 계약상의 채권채무관계가 성립하지 않으므로 채무불이행책임이 성립하지 않는다고 한다$\binom{\text{대판 1995.7.}}{11,\ 94\text{다}4509}$. 이 판결에 대해서 모든 채무불이행책임이 부정된 것으로 해석하는 견해가 다수이지만 이 판결은 '계약상' 법률관계가 부정된 것뿐이며 법정의 채무불이행책임은 인정될 수 있다고 해석하는 견해가 있다. 시효완성 당시의 등기명의인은 시효완성 사실을 알 수 있었는지의 여부와 관계없이 시효완성자에게 법정의 채무불이행책임도 부담하지 않는다는 것이 판결례의 입장이라고 해석되어야 한다.

> **사례 24** B가 A 소유의 X토지를 소유의 의사로 평온, 공연하게 20년 간 점유하였다. 그 후 A가 B를 상대로 소유권에 기하여 X토지의 반환을 구하는 소송을 제기하자, B는 취득시효의 항변을 제기하고, 반소로 취득시효에 기한 소유권이전등기청구소송을 제기하였으나, 반소는 제1심에서 기각되었다. 그 후 A는 X토지를 C에게 매도하고, 소유권이전등기를 마쳤는데, 제2심에서 반소가 인용되었다. 이에 B는 A가 취득시효가 완료된 사실을 소송과정에서 알면서 이를 처분하였으므로, 불법행위로 인한 손해배상책임을 진다고 주장한다. B의 주장은 타당한가?
>
> (대판 1995.7.11. 94다4509 참조)
>
> **해설 24** B의 주장은 타당하지 않다.
> 취득시효가 완성된 후 그 취득시효를 주장하거나 이로 인한 소유권이전등기청구를 하기 이전에는 그 등기명의인인 부동산 소유자로서는, 특별한 사정이 없는 한, 그 시효취득사실을 알 수 없는 것이므로, 이를 제3자에게 처분하였다고 하더라도 불법행위가 성립하는 것은 아니고, 부동산 소유자가 그 부동산을 처분하기 위하여 먼저 그 부동산을 점유하고 있는 사람을 상대로 그 인도를 구하는 소송을 제기하여 이를 진행하고 있던 중에 상대방이 취득시효의 항변을 한다거나 반소를 제기하였다는 것만으로 부동산 소유자가 상대방의 시효취득 사실을 알았다고 할 수 없고, 더욱이 이 사안에서와 같이, 상대방의 시효취득을 원인으로 한 반소청구가 제1심에서 기각된 경우에는 부동산소유자가 상대방의 시효취득을 알았다고 볼 수 없다.

### 4) 대상청구권

시효완성 후 소유자의 점유자에 대한 등기이전의무가 수용 등으로 이행불능이 된 경우, 시효완성자인 점유자에게 대상청구권이 인정되는지에 관하여 판례는 이를 인정한다$\binom{\text{대판 1994.12.}}{\text{9, 94다25025}}$. 다만 통상의 대상청구권과는 달리, 시효완성자는 시효완성 후 부동산 소유권 취득기간이 만료되었음을 이유로 그 권리를 주장하였거나 그 취득기간 만료를 원인으로 한 등기청구권을 행사하였어야 하고, 그 이행불능 전에 그와 같은 권리의 주장이나 행사에 이르지 않았다면 대상청구권을 행사할 수 없다고 하여 그 행사요건을 제한하고 있다$\binom{\text{대판 1996.12.}}{\text{10, 94다43825}}$. 이와 같이 봄이 공평의 관념에 부합한다는 점을 이유로 설명하고 있다.

### (나) 제3자와의 법률관계

### 1) 시효완성 전에 소유자가 변경된 경우

등기명의인이 시효완성 전에 당해 부동산을 처분하더라도 점유자가 점유를 계속하여 시효취득의 요건이 완성되면 그 완성 당시의 등기명의인(법률상 소유자)에 대해 시효취득을 주장할 수 있다$\binom{\text{대판 1976.3.9.}}{\text{75다2220,2221}}$.

### 2) 점유자의 시효기간 경과 후 소유자가 변경된 경우

취득시효 완성 후 점유자 명의로 등기하기 전에 새로운 이해관계인이 발생한 경우에는 제3자 명의의 등기가 원인무효의 등기가 아닌 한 시효취득을 주장할 수 없다$\binom{\text{대판 1998.4.}}{\text{10, 97다56495}}$. 제3취득자가 소유권취득시 취득시효완성 사실을 알고 있더라도 등기의무인수의 약정이 인정되지 않으면, 시효완성자는 제3취득자에게 시효취득을 주장할 수 없다$\binom{\text{대판 1994.4.12.}}{\text{93다50666,50673}}$. 다만 제3취득자의 소유권 취득 시점으로부터 다시 취득시효기간이 완성되면 점유자가 그에게 시효취득을 주장할 수 있다$\binom{\text{대판 2002.3.15, 2001}}{\text{다77352, 77369}}$.

한편 취득시효완성 사실을 알았거나 알 수 있었던 원소유자가 부동산을 처분한 경우 시효완성자에 대하여 불법행위가 성립할 뿐만 아니라 그와 같은 불법행위에 제3자가 적극가담하였다면 반사회질서의 법률행위, 또는 통정허위표시로서 그 처분은 무효가 될 수 있다$\binom{\text{대판 1995.6.}}{\text{30, 94다52416}}$.

---

**사례 25** A 소유의 X부동산을 B가 20년간 평온, 공연하게 점유하여 점유취득시효를 완성하여 A를 상대로 이전등기청구권을 행사하였는데, 그 후 제3자 C가 A의 배임행위에 적극가담하여 X부동산을 매수하여 소유권이전등기까지 경료하였다.

질문 1) 제103조 위반으로 무효가 되는 A, C사이의 매매계약을 A가 추인했다면 B에게 대항할 수 있는가?

질문 2) B가 A에 대한 소유권이전등기청구권의 보전을 위해 A의 C에 대한 소유권이전등기 말소청구권을 대위행사할 수 있는가?　　　　　(대판 2002.3.15, 2001다77352,77369 참조)

|해설 25|

해설 1) 불가하다

판례에 의하면 '취득시효 완성 후 경료된 무효인 제3자 명의의 등기에 대하여 시효완성 당시의 소유자가 무효행위를 추인하여도 그 제3자 명의의 등기는 그 소유자의 불법행위에 제3자가 적극 가담하여 경료된 것으로서 사회질서에 반하여 무효'이므로 추인이 불가하다.

해설 2) 가능하다.

판례에 의하면, '취득시효가 완성된 후 점유자가 그 등기를 하기 전에 제3자가 소유권이전등기를 경료한 경우에는 점유자는 그 제3자에 대하여는 시효취득을 주장할 수 없는 것이 원칙이기는 하지만 이는 어디까지나 그 제3자 명의의 등기가 적법 유효함을 전제로 하는 것으로서 위 제3자 명의의 등기가 원인무효인 경우에는 점유자는 취득시효 완성 당시의 소유자를 대위하여 위 제3자 앞으로 경료된 원인무효인 등기의 말소를 구함과 아울러 위 소유자에게 취득시효 완성을 원인으로 한 소유권이전등기를 구할 수 있고, 또 위 제3자가 취득시효 완성 당시의 소유자의 상속인인 경우에는 그 상속분에 한하여는 위 제3자에 대하여 직접 취득시효 완성을 원인으로 한 소유권이전등기를 구할 수 있다.'

사례 26 등기명의인 A의 부동산에 대한 B의 취득시효가 완성되었다. 그 후에 이러한 사실을 알게 된 A는 B에게 소유권을 이전하지 않기 위해 자기 친구인 C에게 그 사실을 말하고 명의만을 옮기기로 하면서 매매를 원인으로 C에게 이전등기를 하였다. 이 경우 B는 취득시효를 이유로 소유권을 취득할 수 있는가? (대판 1994.10.11. 94다16090 참조)

|해설 26| B는 A에 대한 소유권이전등기청구권을 보전하기 위해 A의 말소청구권을 대위행사하여 소유권을 취득할 수 있다.

등기명의인과 양수인 사이의 매매가 진정한 양도의사가 없는 가장매매를 이유로 통정허위표시에 의한 무효를 주장할 수 있다(제108조제1항). 그 경우 시효취득자는 채권자대위권 행사하여 등기말소청구를 대위행사하여 등기명의인에게 회복시킨 후에 다시 자기에게 소유권이전등기청구가 가능하다. 사안의 경우 B는 A와 C 간의 매매가 통정허위표시로 무효임을 주장하여 A의 C에 대한 소유권이전등기말소청구권을 대위행사하고 A를 상대로 소유권이전등기를 청구할 수 있다.

## (2) 점유취득시효완성자의 등기 후의 법률관계

### (가) 원시취득

1) 시효완성자인 점유자가 완성 당시의 등기명의인으로부터 등기를 이전받은 경우, 당해 부동산의 소유권을 취득한다. 점유취득시효에 의한 소유권취득의 성격에 대해 원시취득설과 승계취득설이 대립하지만, 판례는 원시취득설을 취한다. 또한 소유권취득의 효력은 점유를 개시한 때에 소급한다(제247조). 따라서 소유권이전등기가 완료됨으로써 시효완성자가 소유권을 취득하면 시효완성 전에 소유자의 소유권에 존재하였던 모든 제한은 소멸하게 된다(대판 2004.9.24. 2004다31463. 소유권이전등기청구권 가등기에 의하여 보전된 매매예약상 매수인의 지위가 시효완성자의 등기로 소멸된다고 본 사안). 다만 시효취득의 기초가 되었던 점유 자체가 타인의 권리를 용

인하면서 점유해 온 경우에는 제한된 소유권을 취득한다. 예컨대 채무자 또는 물상보증인이 저당권 설정의 권한이 없었음에도 불구하고 채권자에게 저당권설정등기를 경료해 준 후에 그 담보부동산을 그 채무자 또는 물상보증인이 시효취득했다면 채무자 또는 물상보증인은 저당권의 존재를 용인하고 점유해온 것이므로 저당권은 소멸하지 않는다. 마찬가지로 양도담보권설정자가 그 부동산을 20년간 소유의 의사로 평온·공연하게 점유했더라도 점유취득시효를 원인으로 담보목적의 소유권이전등기의 말소를 구할 수 없다(대판 2015.2.26. 2014다21649).

2) 이와는 달리 시효완성 후 등기 전에 등기명의인이 부담을 초래하는 처분행위(가령 저당권의 설정)가 있었을 때, 시효완성자의 권리취득을 방해하려는 등의 사정이 없다면, 시효완성자인 점유자는 그 처분행위로 인한 부담이 있는 권리를 취득하게 된다(대판 2006.5.12. 2005다75910). 등기명의인은 여전히 소유자로서 적법하게 처분할 권리가 인정되기 때문이다.

> **사례 27** A는 C에게 금전을 차용하면서 B 소유(명의는 A 명의)의 부동산 X를 담보로 제공하고 C 앞으로 저당권등기를 마쳤다. 그 후 C가 저당권을 실행하려고 하자, A는 저당권설정 후 자신이 X에 대한 취득시효를 완성하여 원시취득하였으므로 C의 저당권은 소급적으로 소멸되었음을 주장한다. A의 주장은 타당한가? (대판 2015.2.26. 2014다21649)
>
> **|해설 27|** 타당하지 않다.
> 부동산점유취득시효는 원시취득에 해당하므로 특별한 사정이 없는 한 원소유자의 소유권에 가하여진 각종 제한에 의하여 영향을 받지 아니하는 완전한 내용의 소유권을 취득하는 것이지만, 진정한 권리자가 아니었던 채무자 또는 물상보증인이 채무담보의 목적으로 채권자에게 부동산에 관하여 저당권설정등기를 경료해 준 후 그 부동산을 시효취득하는 경우에는, 채무자 또는 물상보증인은 피담보채권의 변제의무 내지 책임이 있는 사람으로서 이미 저당권의 존재를 용인하고 점유하여 온 것이므로, 저당목적물의 시효취득으로 저당권자의 권리는 소멸하지 않는다.

(나) 소급효

시효취득으로 인한 소유권취득의 효력은 점유를 개시한 때로 소급한다. 따라서 시효완성자가 점유기간 동안 수취한 과실 등에 대해서도 정당하게 이익을 얻은 것이 되어 원소유자에게 부당이득반환의무를 부담하지 않는다. 또한 시효완성자인 점유자가 등기를 완료하지 않았다고 하더라도 소유권이전등기를 청구할 수 있으므로 역시 부당이득반환의무를 부담하지 않는다(대판 1993.5.25. 92다51280).

> **요건사실론** 시효취득을 원인으로 한 소유권이전등기 청구의 요건사실론
>
> 원고가 부동산 소유자인 피고를 상대로 20년의 시효취득기간 만료를 원인으로 한 소유권이전등기청구를 하는 경우, 요건사실은 다음과 같다.

### 1. 청구원인

청구원인은 20년간의 점유 사실이다. 원고는 20년간 계속하여 점유한 사실을 주장·증명할 수도 있고, 전후 양시의 점유 사실을 주장·증명함으로써 점유의 계속을 추정받을 수도 있다($^{제198}_{조}$).

### 2. 항변 등

#### 가. 점유의 중단

제198조의 추정은 법률상 추정이므로 그 사이 점유가 중단되었다는 사실은 피고의 항변사실이다. 점유자가 취득시효기간의 만료로 일단 소유권이전등기청구권을 취득한 이상 그 후 점유를 상실하였다고 하더라도 이를 시효이익의 포기로 볼 수 있는 경우가 아닌 한 이미 취득한 소유권이전등기청구권은 소멸되지 않으므로, 원고가 취득시효기간 만료 후 점유를 상실하였다는 피고의 주장은 원칙적으로 유효한 항변이 아니다.

#### 나. 타주점유 등

점유자는 소유의 의사로 선의, 평온 및 공연하게 점유한 것으로 추정되므로($^{제197조}_{제1항}$), 타주점유인 사실, 점유가 평온 또는 공연하지 않은 사실은 항변사실이 된다.

타주점유 항변의 경우, 요건사실은 타주점유 자체이고 자주점유인지의 여부를 가리는 기준이 되는 점유의 권원은 간접사실에 지나지 아니하는 것이므로, 법원은 당사자의 주장에 구애됨이 없이 소송자료에 의하여 인정되는 바에 따라 진정한 점유의 권원을 심리하여 취득시효의 완성 여부를 판단할 수 있다($^{대판 1997.2.28,}_{96다53789}$).

타주점유 항변에 대하여 원고는 재항변으로서 자주점유로의 전환을 주장할 수 있는데, 이 경우 원고는 새로운 권원에 의하여 다시 소유의 의사로 점유하거나 자기에게 점유시킨 자에게 소유의 의사가 있음을 표시하였다는 사실을 주장·증명해야 한다($^{대판 1996.10.11,}_{96다19857}$).

#### 다. 시효중단

제247조 제2항에 의하여 소멸시효의 중단에 관한 규정은 취득시효에 준용되므로, 피고는 청구, 압류 또는 가압류, 가처분, 승인에 의해 취득시효가 중단되었다는 항변을 할 수 있다.

#### 라. 시효이익의 포기

원고가 시효완성사실을 알면서 그 이익을 포기하였다는 사실은 항변사실에 해당한다.

#### 마. 취득시효 완성 후 소유명의 변경

피고는 점유취득시효가 완성된 후 원고가 이에 따른 소유권이전등기를 하지 아니하고 있는 사이에 피고가 제3자 앞으로 소유권이전등기를 마침으로써 피고의 원고에 대한 소유권이전등기의무가 이행불능이 되었다는 항변을 할 수 있다.

이에 대하여 원고는 제3자 명의의 소유권이전등기의 원인행위가 사회질서에 반하거나 통정허위표시이기 때문에 위 등기가 원인무효라는 재항변($^{대판 1995.6.30,}_{94다52416}$), 또는 피고에게 소유권이 회복되었다는 재항변($^{대판 1999.2.12,}_{98다40688}$)을 할 수 있다.

#### 바. 시효소멸

피고는 점유취득시효가 완성된 후 원고가 부동산에 대한 점유를 상실한 때로부터 10년이 경과하였음을 주장·증명하여 원고의 소유권이전등기청구권이 시효소멸하였다는 항변을 할 수 있다($^{대판 1995.12.5,}_{95다24241}$).

## Ⅳ. 부동산소유권의 등기부취득시효

### 1. 요 건

#### (1) 점유취득에 선의·무과실이고 평온·공연한 자주점유

(가) 점유자의 점유는 10년간 계속되어야 하며, 평온·공연한 점유이어야 한다. 그리고 자주점유이어야 한다(평온·공연의 의미와 자주점유에 대해서는 점유취득시효 부분을 참조하라).

(나) 점유자의 점유는 선의·무과실임이 요구된다(제245조 제2항).

선의·무과실의 대상은 등기가 아니라 점유의 취득에 관한 것이다(대판 1998.1.20, 96다48527). 또한 선의·무과실의 판단은 점유개시시를 기준으로 판단한다(대판 1993.11. 23, 93다21132). 점유자의 선의는 제197조 제1항에 의해 추정되지만, 점유의 무과실은 추정되지 않는다. 따라서 무과실은 시효취득을 주장하는 자가 이를 증명해야 한다(대판 2005.6.23, 2005다12704).

여기서 무과실이라 함은 점유자가 자기의 소유라고 믿은 데 과실이 없음을 말한다(대판 2005. 6.23, 2005다12704 등 참조). 등기된 부동산의 경우 등기부상 명의인을 소유자로 믿고 부동산을 매수하여 점유하는 경우 등기의 추정력을 감안하면 점유자의 점유개시에 과실이 있다고 보기 어렵다(대판 1994.6. 28, 94다7829).

그러나 등기명의인이 아닌 자를 소유자로 믿은 경우(대판 1986.2. 25, 85다카771), 등기명의인으로부터 매수한 경우라도 등기가 정당하지 않은 것으로 의심할 만한 상당한 이유가 있는 경우(대판 1994.6.28, 94다7829; 대판 2017.12.13, 2016다248424), 매도인에게 부동산을 처분할 권한이 있는지 조사하지 않은 경우(대판 1985.7.9, 84다카1866), 처분권을 위임받았다는 대리인으로부터 매수하는 자가 본인에게 대리권 유무를 확인하지 않은 경우(대판 1990.6. 12, 90다카544) 등에는 그 점유에 과실이 인정될 수 있다.

(다) 헌법재판소는 등기부취득시효가 실제 소유자의 재산권을 침해하여 위헌인지에 대해, "원소유자는 10년 동안 자유롭게 소유권을 행사할 수 있고, 이 사건 등기부취득시효조항은 점유자의 등기 및 선의·무과실까지 요구하여 원소유자를 충분히 보호하고 있다. 또한 시효의 중단, 시효이익의 포기 등 원소유자와 시효취득자의 이익을 조정하는 제도도 마련되어 있다. 부동산 거래 실정과 성립요건주의를 취하고 있는 점을 고려하면, 10년의 시효기간이 부당하게 짧다고 보기도 어렵다"고 하여 합헌으로 보았다(헌재결 2016.2. 25, 2015헌바257).

> **사례 28** X토지는 A 소유인 바, 그의 사망으로 유일한 상속인이 B가 현재 이를 소유하고 있다. 그런데 C가 권원 없이 X토지에 소유권보존등기를 마친 후 D에게, D는 E에게 순차 매도하고, 소유권이전등기를 마쳤다. 그런데 B가 E를 상대로 진정명의의 회복을 위해 소유권이전등기를 구하는 소송을 제기하자, E는 소유권이전등기와 점유기간이 10년 이상 되어 등기부취득시효가 완성되었음을 주장하였고, 이에 대해 E의 점유개시에 과실이 있었는지가 문제되었다. E는 무과실로 점유를 개시한 것인가?
> (대판 1994.6.28, 94다7829 참조)

**|해설 28|** E는 무과실로 점유를 개시한 것이다.

부동산을 매수하는 사람은 매도인에게 그 부동산을 처분할 권한이 있는지 여부를 알아 보아야 하는 것이 원칙이고, 이를 알아보았다면 무권리자임을 알 수 있었을 때에는 과실이 있다고 보아야 할 것이나, 매도인이 등기부상의 소유명의자와 동일인인 경우에는 그 등기부나 다른 사정에 의하여 매도인의 소유권을 의심할 수 있는 여지가 엿보인다면 몰라도 그렇지 않은 경우에는 등기부의 기재가 유효한 것으로 믿고 매수한 사람에게 과실이 있다고 할 수 없다.

**|사례 29|** A의 소유 X토지에 관하여, 1992.1.6. B의 명의로 '1991.12.28. 매매'를 원인으로 한 소유권이전등기가 마쳐졌고, 2003.4.4. C 명의로 '2003.4.1. 매매'를 원인으로 한 소유권이전등기가 완료되었다. C는 A의 아들로 A의 사망 이전부터 현재까지 X토지를 계속 농사를 짓고 있다. D가 A의 딸로서 자신의 상속지분 범위 내에서 B와 C 명의의 소유권이전등기는 원인무효임을 주장·증명하자, C는 소유권이전등기를 마친 2003.4.4.부터 10년이 경과한 2013.4.4. 등기부취득시효가 완성되었으므로, C 명의의 소유권이전등기는 실체관계에 부합하는 등기임을 주장한다. 사실관계의 확인결과 B와 C는 사촌 간으로 B와 C의 주거지는 서로 인접하고 있어, 왕래가 빈번하였고, B가 소유권이전등기를 마친 이후에도, C는 B에게 차임을 지급하지 않았으며, 또한 C 명의의 등기원인이 '매매'로 기재되어 있음에도, C가 B에게 매매대금을 지급하였다고 볼 자료가 없다. 이 때 C의 주장은 타당한가? (대판 2017.12.13, 2016다248424 참조)

**|해설 29|** C의 주장은 타당하지 않다.

등기부취득시효를 위해 요구되는 무과실의 점유요건을 갖추지 못했기 때문이다. 매도인이 등기부상의 소유명의자와 동일인이라면 일반적으로는 등기부의 기재가 유효한 것으로 믿고 매수한 사람에게 과실이 있다고 할 수 없다. 그러나 만일 등기부의 기재 또는 다른 사정에 의하여 매도인의 처분권한에 대하여 의심할 만한 사정이 있거나, 매도인과 매수인의 관계 등에 비추어 매수인이 매도인에게 처분권한이 있는지 여부를 조사하였더라면 별다른 사정이 없는 한 그 처분권한이 없음을 쉽게 알 수 있었을 것으로 보이는 경우에는, 매수인이 매도인 명의로 된 등기를 믿고 매수하였다 하여 그것만으로 과실이 없다고 할 수 없다.

사안의 경우 C가 B 명의로 된 소유권이전등기를 신뢰하고 X토지를 매수하였다 하더라도 그것만으로는 C의 점유가 과실 없는 점유라고 할 수 없다. 그 이유는 B와 C 사이의 친족관계와 거주상황 등에 비추어, 만일 C가 X토지를 B로부터 매수하면서 B에게 처분권한이 있는지 여부를 조사하였더라면, 별다른 사정이 없는 한 B에게 처분권한이 없다는 사실을 쉽게 알 수 있었을 것으로 보이기 때문이다.

## (2) 부동산등기

(가) 등기부취득시효에서는 점유자가 부동산의 소유자로 미리 등기되어 있어야 한다. 여기서의 등기는 본등기여야 하고, 가등기는 제외된다. 상속인의 경우 피상속인 명의로 등기가 되어 있으면 상속등기를 하지 않더라도 '부동산의 소유자로 등기한 자'에 해당한다(대판 1989.12. 26, 89다카6140).

등기부취득시효의 요건이 되는 등기는 유효한 등기뿐만 아니라 무효인 등기라도 무방하지만

$\binom{\text{대판 1988.4.12.}}{\text{87다카1810}}$, 1부동산 1등기기록주의에 반하는 등기는 이에 해당하지 않는다$\binom{\text{대판(전) 1996.10.}}{\text{17. 96다12511}}$. 그러므로 무효인 중복등기, 관할위반의 등기, 점유하는 토지부분을 표상하지 못하는 등기와 같이 외관상 부적법한 등기에 기해서는 등기부취득시효가 성립하지 않는다$\binom{\text{대판 1995.6.}}{\text{16. 94다4615}}$. 요컨대 1부동산 1등기기록주의를 위배한 경우를 제외하면 무효인 등기라도 등기부취득시효가 가능하다고 할 것이다.

등기기재 사항 중 등기원인이 누락되었더라도 그것은 실제의 권리관계를 표시함에 족할 정도로 동일 또는 유사성이 있는 것이므로, 등기부취득시효에서 요구하는 등기에 해당한다$\binom{\text{대판}}{\substack{\text{1998.2.24.}\\\text{96다8888}}}$.

(나) 등기부취득시효에서 등기는 원칙적으로 점유상태에 부합하는 등기여야 한다. 그러나 양자가 일치하지 않는 경우, 예컨대 부동산에 관하여 단독소유의 등기가 되어 있음에도 실제는 부동산의 일부를 점유한 경우에는 점유한 그 특정부분에 대해서 등기부취득시효를 인정할 수 있다$\binom{\text{대판 2015.2.12.}}{\text{2013다215515}}$.

---

**사례 30** X토지에 관하여 A가 그 명의로 그 명의로 사정을 받은 후 1930년에 소유권보존등기를 마쳤다. 그런데 1952년에 B가 권원 없이 그 명의의 소유권보존등기를 마친 후 X토지를 C에게 소유권이전등기를 마치고, C는 D에게 매매를 원인으로 소유권이전등기를 마쳤다. A는 D를 상대로 진정명의의 회복을 위한 소유권이전등기를 구하는 소송을 제기하자, D는 등기부취득시효를 주장한다. 이에 대해 A는 D 명의의 소유권이전등기는 중복등기로서 무효인 B명의의 소유권보존등기에 기한 것으로 등기부취득시효에 해당하지 않음을 주장한다. A의 주장은 타당한가?

(대판(전) 1996.10.17. 96다12511 참조)

**해설 30** A의 주장은 타당하다.

제245조 제2항은 부동산의 소유자로 등기한 자가 10년간 소유의 의사로 평온·공연하게 선의이며 과실 없이 그 부동산을 점유한 때에는 소유권을 취득한다고 규정하고 있는바, 위 법 조항의 '등기'는 부동산등기법 이 규정한 1부동산 1용지주의에 위배되지 아니한 등기를 말하므로, 어느 부동산에 관하여 등기명의인을 달리하여 소유권보존등기가 2중으로 경료된 경우 먼저 이루어진 소유권보존등기가 원인무효가 아니어서 뒤에 된 소유권보존등기가 무효로 되는 때에는 뒤에 된 소유권보존등기나 이에 터잡은 소유권이전등기를 근거로 하여서는 등기부취득시효의 완성을 주장할 수 없다.

---

**사례 31** A, B가 X토지(100㎡) 중 특정 부분(각 50㎡)을 각 구분소유하면서 1/2 지분으로 공유하고 있다. 그런데 C가 B로부터 1/2의 지분을 매수하여 지분이전등기를 하고 B가 구분소유하는 특정 부분(50㎡)을 10년간 점유하고 있다. 이 경우 C가 등기부시효취득을 하게 되는 것은 X토지 전체의 1/2인가?

(대판 2015.2.12. 2013다215515 참조)

> **|해설 31|** 아니다. 토지의 전체가 아닌 특정부분에 대한 공유지분의 범위 내에서 C의 등기부
> 시효취득이 성립된다.
>
> 공유자 중 1인이 1필지 토지 중 특정부분만을 점유하여 왔다면 제245조 제2항이 정한 '부동산의
> 소유자로 등기한 자'와 '그 부동산을 점유한 때'라는 등기부취득시효의 요건 중 특정부분을 제외
> 한 나머지 부분에 관하여는 부동산의 점유라는 요건을 갖추지 못하였고, 그 특정부분 점유자가
> 1필지 토지에 관하여 가지고 있는 공유지분등기가 그 특정부분 자체를 표상하는 등기라고 볼 수
> 는 없으므로, 결국 그 특정부분에 대한 공유지분의 범위 내에서만 등기부취득시효가 완성되었다
> 고 보아야 한다. 공유토지가 구분소유적 공유관계에 있는 토지라고 하여 달리 볼 수 없다.

### (다) 점유와 등기의 계속

등기부취득시효의 경우 점유는 10년간 계속되어야 한다. 여기서 점유자가 소유자로 등기된
기간과 점유기간이 모두 동일하게 10년이어야 하는지가 문제된다. 이는 제199조에 의한 점유의
승계처럼 등기의 승계를 인정할 것인지에 대한 문제이다. 종래 판례는 소유자로 등기된 기간과
점유기간이 때를 같이 하여 10년이어야 한다고 하여 등기의 승계를 부정하였으나$\binom{\text{대판(전) 1985.1.}}{\text{29. 83다카1730}}$,
현재는 등기부취득시효에 관하여 제245조 제2항에 의하여 소유권을 취득하는 자는 10년간 반
드시 그의 명의로 등기되어 있어야 하는 것은 아니고 앞사람의 등기까지 아울러 그 기간 동안
부동산의 소유자로 등기되어 있으면 된다고 하여 등기기간의 승계합산을 인정한다$\binom{\text{대판(전) 1989.}}{\text{12.26, 87다카}}$
$2176$).

## 2. 효　과

등기부취득시효에서는 시효완성에 의하여 바로 소유권을 취득한다$\binom{\text{제245조}}{\text{제2항}}$. 시효취득의 효과
에 대해서는 점유취득시효에 있어서의 설명과 대체로 일치한다. 등기부취득시효 완성 후 등기
가 불법으로 말소되어도 시효취득의 효력에는 영향을 미치지 않는다$\binom{\text{대판 2001.1.16,}}{\text{98다20110}}$. 등기는 물권
의 효력발생요건이고 효력존속요건이 아니기 때문이다.

## V. 동산소유권의 시효취득

동산소유권의 시효취득을 위해서는 10년간 소유의 의사로 평온, 공연하게 점유해야 한다$\binom{\text{제}}{\substack{246 \\ \text{조 제} \\ \text{1항}}}$. 그러나 소유의 의사로 하는 평온, 공연한 점유에 더하여 선의, 무과실로 점유개시를 개
시한 경우에는 5년간 동산을 점유하면 동산의 소유권을 시효취득한다$\binom{\text{제246조}}{\text{제2항}}$.

## VI. 기타재산권의 시효취득

민법은 소유권 이외의 재산권에 대해서도 시효취득을 할 수 있음을 규정하고 있다(제248조). 이 경우 그 대상은 점유를 수반하는 재산적 지배권(예 지상권)이어야 한다. 예컨대 어업권, 지적재산권, 지상권, 분묘기지권, 지역권은 시효취득의 대상이 될 수 있다. 지역권의 경우 계속되고 표현된 것에 한하여 시효취득이 가능하며(제294조 참조), 이 때에도 등기하여 지상권을 시효취득하게 된다. 반면 지배권이 아닌 청구권(채권)이나 형성권은 시효취득의 대상이 될 수 없다. 또한 지배권이라도 점유를 전제로 하지 않는 저당권 등은 시효취득이 대상이 될 수 없다.

재산권의 시효취득에서는 성질상 소유의 의사가 불필요하다.

## VII. 취득시효의 중단, 정지 및 시효이익의 포기

### 1. 취득시효의 중단

#### (1) 소멸시효에 관한 규정의 준용

제247조 제2항에 의해 소멸시효 중단의 규정(제168조 이하)은 취득시효에 준용된다.

#### (2) 개별적인 중단사유

제168조의 시효중단사유 중 청구, 가처분, 승인이 취득시효의 중단사유가 된다. 그러나 제168조 제2호에서 소멸시효의 중단사유로 정한 '압류 또는 가압류'는 취득시효의 중단사유가 되지는 않는다. 압류나 가압류는 금전채권의 강제집행을 위한 수단이거나 그 보전수단에 불과하여 취득시효기간의 완성 전에 부동산에 압류 또는 가압류 조치가 이루어졌더라도 이로써 종래의 점유상태의 계속이 파괴되었다고는 할 수 없기 때문이다(대판 2019.4.3, 2018다296878).

##### (가) 청 구

취득시효 중단을 위한 청구는 소유자로서 권리를 행사함을 의미하는데, 재판상 및 재판외 청구를 포함한다. 재판상 청구에는 시효취득의 대상인 목적물의 인도 내지는 소유권존부 확인이나 소유권에 관한 등기청구소송 외에 소유권침해의 경우 그 소유권을 기초로 하는 방해제거 및 손해배상 혹은 부당이득반환청구소송도 이에 포함된다(대판 1995.10.13, 95다33047).

그러나 시효를 주장하는 자가 원고가 되어 제기한 소에 피고로서 응소행위를 했다는 사실만으로는 바로 시효중단의 효과가 발생하는 것은 아니다. 변론주의 원칙상 시효중단의 효과를 원하는 피고로서는 당해 소송 또는 다른 소송에서의 응소행위로서 시효가 중단되었다고 주장해야 하고, 피고가 변론에서 시효중단의 주장 또는 이러한 취지가 포함되었다고 볼 만한 주장을 하지 않았다면, 피고의 응소행위가 있었다는 사정만으로 당연히 시효중단의 효력이 발생한다고 할 수 없다(대판 1997.2. 28, 96다26190). 결국 권리자가 피고로서 응소하고 그 소송에서 적극적으로 권리를 주장하여 그것이 받아들여진 경우에는 권리자로서의 재판상 청구에 포함된다(대판 1997.12. 12, 97다30288). 그리고 응소행위로 인한 시효중단의 주장은 시효중단사유가 시효진행중에 있었다면 취득시효가 완성된 후라도 사실심 변론종결 전에는 언제든지 할 수 있다(대판 2003.6.13. 2003다17927,17934).

### (나) 가처분

가처분이란 소유권자가 소유권에 기해 점유이전금지 또는 처분금지가처분을 하는 경우를 말한다.

### (다) 승 인

승인이란 점유자가 소유자의 소유권을 승인하는 것을 말한다. 그러나 소송계속 중 분쟁해결의 하나의 방편으로 시효완성자에게 권리자가 매수를 제안하거나 시도하는 경우가 흔히 있는바, 매수교섭만으로 곧 소유권을 확정적으로 인정하였다고 단정할 수 없다(대판 1981.7. 14, 81다64,65).

### (3) 취득시효 중단의 효과

취득시효중단사유가 발생하여 취득시효가 중단된 경우, 취득시효기간은 새롭게 다시 진행한다(제247조 제2항에 의하여 제178조가 준용).

---

**사례 32** B가 A 소유의 X토지를 소유의 의사로 평온, 공연하게 점유하고 있는데, A가 B를 상대로 X토지의 무단점유를 이유로 부당이득의 반환을 구하는 소송을 제기하였다. 이 소송으로 인해 B의 점유시효취득은 중단되는가?　(대판 1995.10.13, 95다33047 참조)

**해설 32** B의 점유시효취득은 중단된다.

소유권의 시효취득에 준용되는 시효중단사유인 제168조, 제170조에 규정된 재판상의 청구란 시효취득의 대상인 목적물의 인도 내지는 소유권존부 확인이나 소유권에 관한 등기청구 소송은 말할 것도 없고, 소유권침해의 경우에 그 소유권을 기초로 하여 하는 방해제거 및 손해배상 혹은 부당이득 반환 청구 소송도 이에 포함된다.

---

**사례 33** A는 1998.10.15. B 소유의 X토지에 대하여 소유의 의사로, 평온, 공연하게 점유를 개시하였다. B로부터 X토지에 저당권을 설정받은 C가 경매를 신청하여 경매개시결정이 이루어져 2017.5.8. 그 결정이 점유자인 A에게 송달되고, X토지는 압류되었다. A가 B에 대해 점유취득시효의 완성을 이유로 X토지에 관한 소유권이전등기를 청구하자, B는 취득시효기간의 완성 전에 한 압류로 인하여 취득시효는 중단되었다고 주장한다. B의 주장은 타당한가?

(대판 2019.4.3, 2018다296878 참조)

> **|해설 33|** B의 주장은 타당하지 않다.
>
> 점유로 인한 부동산소유권의 시효취득에 있어 취득시효의 중단사유는 종래의 점유상태의 계속을 파괴하는 것으로 인정될 수 있는 사유이어야 하는데, 제168조 제2호에서 정하는 '압류 또는 가압류'는 금전채권의 강제집행을 위한 수단이거나 그 보전수단에 불과하여 취득시효기간의 완성 전에 부동산에 압류 또는 가압류 조치가 이루어졌다고 하더라도 이로써 종래의 점유상태의 계속이 파괴되었다고는 할 수 없으므로 이는 취득시효의 중단사유가 될 수 없다.
>
> 사안의 경우 X부동산에 대한 압류는 이로써 종래 A의 점유상태의 계속을 파괴한 것으로 볼 수 없어 취득시효의 중단사유에 해당하지 않는다.

## 2. 취득시효의 정지

민법은 소멸시효의 정지규정($\frac{제184}{조}$)이 취득시효에 준용된다는 규정을 두고 있지 않다. 이를 준용할 것인지에 관하여 시효정지제도의 취지에 비추어 볼 때 취득시효에 이를 배척할 이유가 없으므로 이를 인정해야 한다는 긍정설(다수설)과 입법자의 의사를 존중하여 부정해야 한다는 부정설이 대립한다.

## 3. 취득시효이익의 포기

민법은 소멸시효이익의 포기규정을 취득시효에 준용하는 규정을 두고 있지 않다. 이를 준용할 것인지에 관하여 판례는 긍정설을 취한다($\frac{대판 1998.3.}{10, 97다53304}$). 특히 취득시효 완성으로 권리가 변동될 당사자는 시효취득자와 취득시효 완성 당시의 진정한 소유자이므로 특별한 사정이 없는 한 시효취득자는 취득시효 완성 당시의 진정한 소유자를 상대로 시효이익의 포기를 해야 그 효력이 발생한다($\frac{대판 2011.7.14.}{2011다23200}$). 시효이익 포기의 의사표시가 존재하는지의 판단은 표시된 행위나 의사표시의 내용과 동기 및 경위, 당사자가 의사표시 등에 의하여 달성하려고 하는 목적과 진정한 의도 등을 종합적으로 고찰하여 사회정의와 형평의 이념에 맞도록 논리와 경험의 법칙, 그리고 사회일반의 상식에 따라 객관적이고 합리적으로 이루어져야 한다($\frac{대판 2013.2.28, 2011}{다21556 등 참조}$).

> **사례 34** A는 X토지에 관하여 자기 명의로 사정을 받았고, 이에 현재 그 상속인 B가 소유자인데, 국가 명의로 소유권보존등기가 경료되어 있다. X토지를 소유의 의사로 평온, 공연하게 20년간 점유한 C는 B에 대한 점유취득시효의 완성으로 인한 소유권이전등기청구권을 보전하기 위해 B의 소유권에 기한 방해제거청구권을 대위행사하여 국가 명의의 소유권보존등기의 말소를 구하는 소송을 제기하였다. 이에 국가는 이미 C가 국가와 X토지에 대한 대부계약을 체결하고, 대부료 등을 납부한 점에 비추어 그 시효이익을 포기하였다고 주장한다. 국가의 주장은 타당한가?
>
> (대판 2011.7.14, 2011다23200 참조)
>
> **|해설 34|** 타당하지 않다.
>
> X토지를 사정받은 사람이 따로 있음이 밝혀졌고, 국가가 달리 그 승계취득 사실을 주장·증명

하지 못하는 이상 국가 명의의 소유권보존등기는 원인무효의 등기이다. 그리고 C가 취득시효 완성 당시 X토지의 진정한 소유자가 아닌 국가와 사이에 X토지에 대하여 대부계약을 체결하고 대부료 등을 납부하였다고 하여 시효이익 포기의 효력이 발생하는 것은 아니다.

변호사시험 기출문제

## 03  취득시효

문제1

나대지인 X토지에 관하여 1990.4.1. A 명의로 소유권이전등기가 마쳐졌다. 甲은 1991.2.1. A의 무권대리인인 C로부터 X토지를 매수하고 같은 날 위 토지를 인도받아 현재까지 주차장 등으로 점유·사용하고 있다. 甲은 매수 당시에는 C가 A의 무권대리인이라는 사실을 몰랐으나 2000.2.1. 비로소 C가 무권대리인이었음을 알게 되었고, 위와 같은 사유로 소유권이전등기를 마치지 못하였다(위 매매계약은 표현대리에 해당하지 않았다). 한편, A는 외국에 거주하고 있던 관계로 甲의 점유사실을 모른 채 2012.3.10. 乙에게 X토지 중 1/3 지분을 매도하였다. 그런데 乙은 위와 같이 1/3 지분만을 매수하였음에도 2012.3.20. 관계서류를 위조하여 위 토지 중 2/3 지분에 관하여 소유권이전등기를 마쳤다.

[질문] 2017.1.10. 기준으로 甲이 A와 乙에게 각각 청구할 수 있는 권리는 무엇인지 그 논거와 함께 서술하시오. (20점)

2017년 제6회 변호사시험 제2문의2

해설 취득시효 완성 후 A가 적법하게 乙에게 매도한 지분 1/3에 대해서는 甲이 乙에게 대항할 수 없지만, A 명의로 남겨진 1/3 지분에 관해서는 취득시효완성을 원인으로 하는 지분이전등기청구권을 행사할 수 있고, 乙 명의로 되어 있는 원인무효의 1/3 지분에 대해서는 A에 대한 지분이전청구권을 보전하기 위해 A의 소유권에 기한 말소청구권을 대위하여 乙의 지분말소청구를 하여야 한다.

1) 자주점유의 추정과 번복

점유취득시효의 완성을 위해서는 20년간 소유의 의사로, 평온, 공연하게 점유를 계속하여야 한다. 여기서 소유의 의사 여부는 점유개시 당시를 기준으로 점유의 권원 등에 의해 객관적으로 판단하여야 한다. 사안의 경우 甲은 1991.2.1. A의 무권대리인인 C로부터 X토지를 매수하고 같은 날 위 토지를 인도받아 점유를 개시한 바, 甲은 매수 당시에는 C가 A의 무권대리인이라는 사실을 몰랐으나 2000.2.1. 비로소 C가 무권대리인이었음을 알게 되었다. 이로 인해 甲의 X토지에 대한 점유는 자주점유의 추정이 번복되는지 문제되는 바, 甲이 점유개시 당시인 1991.2.1. C가 A의 무권대리인이라는 사실을 모르고 매매를 원인으로 점유를 개시한 이상 자주점유에 해당한다. 따라서 점유개시 이후 2000.2.1. C가 무권대리인이었음을 알게 된 것만으로 자주점유의 추정이 번복되지 않는다.

### 2) 취득시효완성의 효과

점유취득시효 완성의 효과는 점유취득시효기간 완성 당시의 점유자가 그 당시의 소유자에게 채권적 소유권이전등기청구권을 취득하는 것이다. 따라서 점유개시일로부터 20년이 경과된 2011.2.1. 당시 X토지의 소유자는 A이므로 甲은 그를 상대로 소유권이전등기청구권을 행사할 수 있다. 그러나 A가 2012.3.10. 乙에게 X토지 중 1/3 지분을 매도하였음에도 乙은 2012.3.20. 관계서류를 위조하여 위 토지 중 2/3 지분에 관하여 소유권이전등기를 마쳤다. 따라서 X토지는 등기부상 A와 乙이 각 1/3과 2/3의 지분으로 공유하게 된다.

乙의 2/3 지분 중 1/3 지분은 매매계약에 의한 유효한 등기이므로 甲은 乙에게 채권적 등기청구권으로 대항할 수 없고, A가 甲의 취득시효완성을 알고 매도한 사정이 나타나 있지 아니하므로 불법행위로 인한 손해배상청구도 할 수 없다.

한편, 乙의 2/3 지분 중 서류위조에 의해 이전된 1/3 지분에 해당하는 등기는 원인무효의 등기이므로 서류위조에 의해 이전된 1/3 지분의 정당한 권리자는 A이다. 따라서 취득시효 완성 당시 권리자 A는 시효완성자인 甲에게 X토지에 관해 1/3 지분을 이전할 의무를 부담한다.

A 명의로 남겨진 1/3 지분과 서류위조에 의해 乙에게 이전된 원인무효의 1/3 지분에 대해서는 A에게 취득시효완성을 원인으로 하는 지분이전등기청구권을 행사할 수 있고, 乙 명의로 되어 있는 원인무효의 1/3 지분에 대해서는 A에 대한 지분이전청구권을 보전하기 위해 A의 소유권에 기한 말소청구권을 대위행사할 수 있다.

---

[문제2]

甲은 乙 명의로 소유권이전등기가 되어 있는 X토지를 1993.3.1.경부터 소유의 의사로 평온, 공연하게 점유하여 왔다. 위 X토지에 대한 점유취득시효는 2013.3.1.경 완성되었으나, 甲이 乙에게 취득시효 완성을 원인으로 한 소유권이전등기를 청구하지는 않았다. 한편, 점유취득시효가 완성되었다는 사실을 모르는 乙은 2013.5.1. A은행으로부터 8,000만 원을 대출받으면서 X토지에 채권최고액을 1억 원으로 하는 근저당권을 설정하였다.

[질문 1] 甲이 위 토지상에 설정되어 있는 근저당권을 말소하기 위하여 乙이 대출받은 8,000만 원을 A은행에 변제하였다. 이 경우 甲은 乙에게 8,000만 원 상당의 부당이득반환을 청구할 수 있는지 여부를 판단하시오. (15점)

[질문 2] 甲이 2013.10.1. 乙에게 소유권이전등기청구소송을 제기하여 그 소장부본이 같은 해 10.7. 乙에게 송달되었는데, 그 후 乙이 위 토지를 丙에게 매도하고 소유권이전등기를 경료하였다. 이 경우 甲은 乙에게 불법행위로 인한 손해배상을 청구할 수 있는지 여부를 판단하시오. (20점)
2015년 제4회 변호사시험 제2문의2

[해설1] 甲은 乙에게 부당이득반환청구권을 행사할 수 없다.

### 1) 취득시효 완성 후 등기 전 소유권자의 처분 등

원소유자가 취득시효의 완성 이후 등기 전에 그 토지를 제3자에게 처분하거나 제한물권의 설정, 토지의 현상 변경 등 소유자로서의 권리를 행사했어도 원칙적으로 시효완성자에 대하여 불법행위가 성립하지 않는다. 나아가 이와 같은 처분행위로 토지의 소유권이나 제한물권 등을 취득한 제3자에게 취득시효의 완성 및 그 권리취득의 소급효로 대항할 수도 없다. 시효완성자로서는 원소유자의 적법한 권리행사로 인한 현상의 변경이나 제한물권의 설정 등이 이루어진 그 토지의 사실상 혹은 법률상 현상 그대로의 상태에서 등기에 의하여 그 소유권을 취득하게 된다. 사안의 경우 취득시효의 완성 후 그 사실을 모르는 소유자인 乙의 근저당권설정행위는 적법하므로, 시효완성자인 甲은 근저당권이 설정된 상태로 소유권이전을 받게 된다.

### 2) 취득시효 완성 후 등기 전 설정된 저당권의 말소를 위한 시효완성자의 변제와 구상권

시효완성자인 甲의 변제는 이해관계 있는 제3자 변제($\binom{제469조}{제2항}$)에 해당된다. 변제한 제3자는 부당이득의 반환을 청구할 수 있음이 원칙이나, 판례는 사례와 같이 시효완성자가 원소유자에 의하여 그 토지에 설정된 근저당권의 피담보채무를 변제하는 것은 시효완성자가 용인하여야 할 그 토지상의 부담을 제거하여 완전한 소유권을 확보하기 위한 것으로서 그 자신의 이익을 위한 행위로 보아 위 변제액 상당에 대하여 원소유자에게 대위변제를 이유로 구상권을 행사하거나 부당이득을 이유로 그 반환청구권을 행사할 수는 없다고 한다($\binom{대판\ 2006.5.12.}{2005다75910}$). 사안의 경우 甲의 근저당권의 말소를 위한 변제행위는 시효완성자가 원소유자에 의하여 그 토지에 설정된 근저당권의 피담보채무를 변제하여 시효완성자가 용인하여야 할 그 토지상의 부담을 제거하여 완전한 소유권을 확보하기 위한 것으로서 그 자신의 이익을 위한 행위이므로 변제금의 부당이득반환청구를 할 수 없다.

### [해설2] 甲은 乙에게 손해배상을 청구할 수 있다.

점유취득시효 완성 후 등기 전에 소유자의 처분행위가 불법행위에 해당되는지 여부가 핵심쟁점이다. 원칙적으로 취득시효기간이 완성된 후에도 소유자는 제3자에게 부동산을 매도한 행위로 불법행위책임을 부담하지는 않는다($\binom{대판\ 1989.4.11.}{88다카8217}$). 다만 소유자가 시효완성사실을 알고서 매도한 경우에는 불법행위책임을 진다. 예컨대 시효완성자가 취득시효를 주장했거나, 소유권이전등기를 청구했을 때에는 불법행위가 된다. 사안의 사실관계에 따르면 소유자 乙은 甲이 취득시효를 완성하였다는 사실을 안 후에 丙에게 토지를 매도하였다. 따라서 丙이 乙의 배임행위에 적극가담을 하였다면 甲은 乙을 대위하여 말소등기를 청구할 수 있고, 丙이 乙의 배임행위에 적극가담을 하지 않았다면 甲은 乙에게 불법행위로 인한 손해배상을 청구할 수 있다.

### [문제3]

X토지, Y토지, Z토지는 서로 인접한 토지인데, 甲과 그 형제들인 乙, 丙은 1975.2.1. 甲이 X토지, 乙이 Y토지, 丙이 Z토지에 관하여 각 소유권이전등기를 마치고 이를 소유하고 있다. A는 1985.3.1. 위 토지들에 대한 처분권한이 없음에도 그 권한이 있다고 주장하는 W의 말을 믿고, 그로부터 위 토지들을 매수하여 같은 날부터 점유·사용하기 시작하였다. A는 1995.4.1. 다시 위 토지들을 B에게 매도하였으며, B는 같은 날부터 위 토지들을 점유하였다. 그 후 B는 2005.7.1. C에게 위 토지들을 매도하여 C가 같은 날부터 현재까지 위 토지들을 점유하고 있다. 한편, 甲은 2004.4.1. X토지를 丁에게 매도하고 그 소유권이전등기를 마쳐 주었다. 乙은 2004.5.1. 戊로부터 1,000만 원을 차용하면서 Y토지에 관하여 戊 앞으로 채권최고액 1,500만 원으로 된 근저당권설정등기를 마쳐 주었다. 丙은 2005.5.1. Z토지를 己에게 증여하고 같은 날 己 명의로 소유권이전등기를 마쳐 주었다.

[질문 1] C는 점유취득시효의 완성을 이유로 X토지, Y토지, Z토지에 관한 소유권이전등기를

마치고자 한다. 또한 Y토지에 관한 戊 명의의 근저당권설정등기도 말소하고자 한다. C가 2015.2.15. 소를 제기할 경우, ① X 토지, ② Y 토지, ③ Z 토지에 관하여 1) C의 위 각 청구가 가능한지, 2) 만일 가능하다면 누구를 상대로 어떠한 소를 제기하여야 하는지와 각 근거를 설명하시오. (35점)

[질문 2] 丙이 취득시효완성 사실을 알고 Z토지를 己에게 증여하였다면 C는 丙에 대하여 어떠한 청구를 할 수 있는지와 그 근거를 설명하시오. (5점)

2016년 제5회 변호사시험 제1문의2

〔해설 1〕 **C는 B를 대위하여 X토지와 Z토지에 대하여 각각 丁과 乙을 상대로 소유권이전등기청구 소송을 하여야 한다.**

**[점유취득시효의 요건]**

20년간 소유의 의사로 평온, 공연하게 부동산을 점유하는 자는 등기함으로써 그 소유권을 취득한다($\substack{제245조\\제1항}$). 점유자의 점유는 소유의 의사(자주점유), 평온, 공연한 점유로 추정($\substack{제197조\\제1항}$)된다. 점유자는 20년의 점유기간을 주장·증명해야 한다. 사안에서 점유자는 점유취득시효의 완성을 이유로 소유권이전등기를 청구할 수 있다.

**1. X토지에 대한 소유권이전등기**

(1) 점유의 승계와 점유취득시효의 요건

C가 점유를 개시한 2005.5.1.부터 소제기점인 2015.2.15.까지 점유기간이 20년이 되지 않았으므로 자신의 점유만으로는 시효의 완성을 주장할 수 없다.

전 점유자의 점유를 승계하여 자기의 점유기간과 아울러 주장할 수 있다($\substack{제199조\\제1항}$). 이 때 전 점유자의 점유란 자신의 점유 이전의 모든 점유자의 점유를 말한다. 다만 전 점유자의 점유기간을 합하여 주장하는 경우 원칙적으로 합산되는 전 점유자의 점유기간 중 일부시점을 점유개시시점으로 선택할 수 없다($\substack{대판 1998.\\4.10. 97다\\56822}$).

사안에서 C는 B의 점유개시시점인 1995.4.15.부터 기산하는 경우 20년의 점유기간을 만족하지 못하므로 A의 점유개시시점인 1985.3.1.부터 20년이 도과한 2005.3.2.에 시효가 완성된다.

(2) 점유취득시효기간 완성의 효과

점유승계로 20년의 점유를 완성한 경우 시효기간의 완성 당시의 점유자만이 등기청구권을 갖는다. 따라서 취득시효완성시점인 2005.3.2. 점유자인 B만이 등기청구권을 갖는다. 점유의 승계는 점유로 인한 법률효과까지 승계하는 것이 아니기 때문이다. 또한 B의 등기청구권은 채권적 청구권으로 10년간 행사하지 않으면 소멸시효가 완성된다($\substack{대판 1995.2.10.\\94다28468}$). 사안에서 B가 점유를 상실한 시점인 2005.7.1.을 기준으로 소제기시인 2015.2.15.까지 아직 10년이 지나지 않았으므로 B의 등기청구권은 소멸하지 않았다. C는 X토지의 매수인으로서 자신의 등기청구권을 보전하기 위하여 채무자인 B가 시효완성 당시의 소유자인 丁에 대하여 갖고 있는 등기청구권을 대위행사하여 B 명의로 소유권을 이전한 후에 자기 명의로 소유권이전등기를 청구할 수 있다. 등기청구권의 상대방은 시효완성 당시의 진정한 소유자인 2005.3.1. 당시의 소유자인 丁이 된다.

(3) 사안에의 적용

점유취득시효에서 점유기간은 자신의 점유기간 외에 전 점유자의 점유기간도 함께 주장할 수 있는데,

C는 자신의 점유기간(2005.7.1.~2015.2.15.)과 전 점유자인 B의 점유기간(1995.4.1.~2005.6.30.)을 합산하여도 20년의 점유기간에 미치지 못하므로, A의 점유기간(1985.3.1.~1995.3.31.)을 합산하여야 한다. 이 경우 A의 점유개시일로부터 점유기간을 기산하여야 하는데, 이에 의하면 점유기간은 B의 점유기간 중인 2005.3.2.에 완성된다. 한편 점유취득시효기간의 완성 당시의 소유자는 丁(2004.4.1. 甲으로부터 소유권이전)이다. 따라서 B는 丁을 상대로 취득시효완성을 이유로 소유권이전등기청구권을 행사할 수 있는 바, B로부터 X토지를 매수한 C는 매매계약에 따른 소유권이전등기청구권을 보전하기 위해 B의 소유권이전등기청구권을 대위행사할 수 있다.

### 2. Y토지의 소유권이전등기와 戊의 근저당권 말소

#### (1) 점유의 승계와 취득시효기간의 기산점

1) 전 점유자의 점유를 아울러 주장하는 경우 그 기산점은 원칙적으로 전 점유자의 점유개시시점이어야 한다. 그러나 점유기간 동안 등기명의자가 동일인인 경우 전 점유자의 점유개시 이후의 임의의 시점을 기산점으로 삼을 수 있다(대판 1998.5.12, 97다8496,8502). 따라서 C는 자신의 점유개시시점인 2005.7.1.부터 20년을 소급한 1985.7.1.부터 2015.2.15.에서 20년을 소급한 후 1995.2.15. 사이의 어느 시점을 기산점으로 정하여 시효완성을 이유로 Y토지 소유자인 乙에게 직접 소유권이전등기청구권을 행사할 수 있다.

2) 또한 위 1. (1)에서와 같이 C는 B의 乙에 대한 등기청구권을 대위청구하고 자신에게 이전등기할 것을 청구할 수도 있다.

#### (2) 戊가 취득한 근저당권의 말소

시효완성자는 등기를 통하여 소유권을 원시취득한다(대판 2004.9.24, 2004다31463). 또한 시효완성자의 소유권취득의 효력은 점유를 개시한 때로 소급한다(제247조). 따라서 취득시효기간 중에 발생한 전 소유자의 소유권에 가해진 제한도 소멸한다. 사안에서 戊가 근저당권을 취득한 2004.5.1. 이후에 취득시효기간이 완성됨을 주장하여 그에 따라 C가 Y토지의 소유권등기를 하면 C는 소유권에 기하여 戊의 근저당권등기의 말소를 청구할 수 있다.

#### (3) 사안에의 적용

① Y토지의 소유자는 乙이며, 소유명의 변경이 없다. 따라서 점유자 C는 취득시효기간의 기산일을 임의로 정할 수 있으므로, 소제기일인 2015.2.15.을 기준으로 역산할 경우 1995.2.14.로부터 기산하여 소제기일에 취득시효를 완성한다. 따라서 점유취득시효 완성당시의 점유자인 C는 그 당시 소유자인 B를 상대로 취득시효의 완성을 이유로 소유권이전등기청구를 할 수 있다. ② Y토지에 대해 취득시효완성 전 소유자인 乙이 설정한 戊의 근저당권에 대하여 시효완성자인 C가 소유권등기를 한 후, 그 말소를 청구할 수 있다.

### 3. Z토지의 소유권취득

판례에 따르면 2005.3.2.로 취득시효기간이 경과하였으나 시효완성자인 C가 아직 등기하지 않은 상태에서 그 후인 2005.7.1. 새로이 소유권등기를 마친 己는 적법하게 소유권을 취득한다. 丙은 여전히 Z토지의 적법한 소유자이므로 그로부터 소유권을 양도받은 己의 소유권취득도 적법한 것으로 보아야 하기 때문이다. 이러한 점에서 己 명의의 등기가 당연무효가 되지 않는 한 丙 또는 己가 악의라도 己가 취득한 소유권은 적법하다(己가 소유권을 취득한 시점부터 소유자의 변화 없이 20년의 기간이 도과하면 점유의 승계도 가능하여 시효완성을 주장할 수도 있었을 것이다).

사안에서 취득시효 완성당시(2005.3.2.)의 점유자는 B, 그 당시의 소유자는 丙이다. 그러나 취득시효기간완성 후인 2005.5.1. 己 앞으로 소유권이전등기가 마쳐졌다. 따라서 B는 丙에게는 취득시효의 완성을 이유로 소유권이전등기청구권을 행사할 수 있으나, 2005.5.1. 己에게 소유권이 이전됨으로 인해 丙에 대한 청구는 특별한 사정이 없는 한 이행불능이 되므로 丙에게 소유권이전등기청구를 할 수 없다. 또한 취득시효완성 후 등기 전 소유권이전등기를 이전받은 己에 대해서도 채권적 소유권이전등기청구권으로 대항할 수 없다. 따라서 C는 己를 상대로 취득시효의 완성을 원인으로 한 소유권이전등기를 청구할 수 없다.

---

**해설 2** **B는 丙에게 불법행위로 인한 손해배상을 청구할 수 있다.**

丙이 취득시효완성 사실을 알고 Z토지를 己에게 증여하였다면, B에게 불법행위책임을 진다.

그러나 C에게 소유권이전등기의무의 불능에 따른 채무불이행책임은 부담하지 않는다. 丙과 C는 아무런 계약상의 채권채무관계가 없기 때문이다.

B는 丙에게 대상청구권도 행사할 수 없다.

첫째, 판례에 따르면 대상청구권은 이행불능 전에 시효완성자가 시효취득을 주장했거나 등기청구한 경우에만 인정된다(대판 1996.12.10. 94다43825). 사안에서는 C가 이와 같은 권리주장이나 등기청구를 하지 않았기 때문이다.

둘째, 무상으로 증여한 것이므로 丙이 대상물을 취득한 바가 없기 때문이다.

그 이외에도 己가 丙의 증여(배임행위)에 적극가담을 하였다면 B는 丙을 대위하여 己 명의인 소유권등기의 말소를 청구하여 丙 명의의 등기를 회복한 후 丙에게 이전등기를 청구할 수도 있다. 그런데 사실관계에서는 己의 적극가담행위를 인정할 수 없으므로 이와 같은 청구권도 인정될 수 없다.

---

# 제3관 선점 · 습득 · 발견

## 1. 무주물의 선점

무주의 동산을 소유의 의사로 점유한 자가 소유권을 취득한다(제252조 제1항). 무주물 선점의 법적 성질은 준법률행위 중 사실행위에 속한다.

(1) 무주물선점의 법률효과가 인정되기 위한 요건이 있다. 첫째, 무주물이어야 한다. 무주물이란 현재 소유자가 없는 물건을 말한다. 예컨대 야생의 동물, 고대인의 유물 등을 말한다. 사육하던 동물이 야생상태로 돌아가면 무주물이 되지만(제252조 제3항), 땅속에서 발견된 물건은 과거의 소유자가 존재하고 현재 상속인의 소유가 인정되는 경우에는 무주물이 아닌 매장물이다. 나아가 그 물건이 학술 등의 자료인 경우에는 처음부터 국유에 속하므로(제255조 제1항) 선점의 대상이 되지 않는다.

둘째, 동산이어야 한다. 무주의 부동산은 국유에 속하므로(제252조 제2항), 선점의 대상이 되지 않는다.

셋째, 선점해야 한다. 선점이란 소유의 의사로 점유하는 것을 말한다. 소유의 의사는 자연적 의사로 족하다. 점유의 취득은 점유매개자 또는 점유보조자를 통하여 할 수 있다. 선점은 사실행위이므로 제한행위능력자도 가능하다.

(2) 무주물선점의 요건을 갖추면 점유자는 원칙적으로 무주동산의 소유권을 원시취득한다. 학술 등의 자료는 국유로 한다(제255조 제1항). 이 경우 선점자에게 동조 제2항에 의해 국가에 대한 보

상청구권이 인정된다. 어업권, 수렵권이 없는 자가 어획 또는 포획한 경우에 법률위반에 대한 제재는 받더라도, 선점은 가능하다. 포락되었다가 성토화된 토지, 즉 토지의 침수 후 다시 성토화된 경우 그 소유권 귀속의 문제에 대해 종전 소유자의 관습법상 선점을 인정하는 견해가 있지만, 판례는 종전 소유자는 소유권을 영구적으로 상실하여 다시 성토화 내지 토지화하더라도 소유권을 취득하지 못한다고 본다(대판 1965.3. 30, 64다1951).

## 2. 유실물의 습득

(1) 유실물의 습득이란 유실물에 관하여 법률에 정한 바에 따라 공고한 후 1년 내에 소유자가 권리를 주장하지 않으면 습득자가 그 소유권을 취득하는 것을 말한다(제253조). 그 법적 성질은 무주물선점과 동일하다.

(2) 유실물이란 점유자의 의사에 기하지 않고 점유를 이탈한 물건으로 도품이 아닌 것을 말한다. 습득자가 유실물임을 알아야 하는 것은 아니며, 객관적으로 유실물이기만 하면 된다. 유실물법은 범죄자가 놓고 간 것으로 인정되는 물건 등(유실물법 제11조, 제12조)도 유실물에 준하여 처리한다. 다만 습득물이 학술 등의 중요한 자료라면 국유로 한다(제255조 제1항).

습득이란 유실물에 대한 점유를 취득하는 것을 말한다. 선점과 달리 소유의 의사를 요하지 않는다. 습득 또한 사실행위이므로 제한행위능력자, 점유보조자, 점유매개자에 의한 습득이 가능하다.

법률이 정하는 바에 의하여 공고한 후 1년 내에 그 소유자가 권리를 주장하지 않아야 하는데 여기서의 법률은 유실물법을 말한다.

(3) 위 요건을 갖추면 습득자는 유실물에 대한 소유권을 취득한다. 위 요건을 갖추기 전에 유실자나 소유자 기타 물건의 반환을 청구할 수 있는 자가 그 권리를 주장하면 유실물은 그에게 반환된다. 이 경우 유실물의 소유자 등과 습득자의 관계는 대개는 사무관리에 해당하지만, 유실물법은 습득자의 보상청구권을 별도로 인정한다(유실물법 제4조, 제10조).

## 3. 매장물의 발견

(1) 매장물을 발견한 경우 법률에 정하는 바에 따라 공고한 후 1년 내에 그 소유자가 권리를 주장하지 않으면 발견자가 그 소유권을 취득한다(제254조).

(2) 매장물이란 토지 기타 물건에 묻혀 있어 외부에서 쉽게 발견할 수 없는 상태에 있고, 현재 그 소유자가 누구인지 분명하지 않은 물건을 말한다. 매장의 원인은 불문하며, 동산에 한정되지 않는다. 그러나 매장물이 학술 등의 중요한 자료라면 국유에 속하므로 발견의 대상이 되지 않는다. 발견이란 매장물의 존재를 구체적, 객관적으로 인식함을 말한다. 점유의 취득은 요구되지 않는다.

법률이 정하는 바에 의하여 공고한 후 1년 내에 그 소유자가 권리를 주장하지 않아야 한다. 여기서의 법률은 유실물법을 말한다.

(3) 위의 요건을 갖추면 발견자는 매장물의 소유권을 취득한다. 다만 타인의 토지 기타 물건으로부터 발견한 매장물은 그 토지 기타 물건의 소유자와 발견자가 절반씩 취득한다($^{제254조}_{단서}$).

## 제4관  첨부(添附)

| | |
|---|---|
| 1. 서  설 | (1) 개  념 |
|   (1) 의  의 | (2) 부동산에의 부합 |
|   (2) 제3자의 보호 | (3) 동산 간의 부합 |
|   (3) 첨부의 효과 | 3. 혼  화 |
| 2. 부  합 | 4. 가  공 |

## 1. 서    설

### (1) 의  의

부합, 혼화, 가공을 총칭하여 첨부라 한다. 첨부는 어떤 물건(구물건)에 타인의 물건(부합, 혼화) 또는 노력(가공)이 결합되어 사회관념상 그 분리가 불가능하거나 분리에 과다한 비용이 드는 경우, 그 결합된 하나의 물건(신물건)을 어느 한 사람의 소유에 속하게 하는 제도를 말한다.

어떤 물건(구물건)에 결합된 타인의 물건이나 노력의 복구를 금지하는 첨부의 본질적 효력에 관한 규정과 구물건 위에 존재하던 제3자의 권리에 관한 규정($^{제260}_{조}$)은 강행규정인 반면, 신물건의 소유권 귀속에 관한 규정($^{제256조 \, 내}_{지 \, 제259조}$)과 당사자 사이의 이해관계를 조정하기 위한 규정($^{제261}_{조}$)은 임의규정이다.

### (2) 제3자의 보호

첨부의 결과 소유권이 소멸하는 구물건 위에 존재하던 제3자의 권리는 어떻게 되는가?

구물건의 소유자가 신물건의 소유권을 단독으로 취득하는 경우에는 제3자의 권리는 신물건 위에 존속한다($^{제260조 \, 제}_{2항 \, 전단}$). 구물건의 소유자가 신물건의 공유자가 되는 경우에는 제3자의 권리는 공유지분 위에 존속한다($^{제260조 \, 제}_{2항 \, 후단}$). 구물건의 소유자가 신물건에 대한 권리를 갖지 않는 경우, 제3자의 권리가 담보물권이라면 물상대위($^{제342}_{조}$)의 법리에 따라 보상금 위에 존속하고, 용익물권이라면 부당이득의 법리에 의해 신물건의 소유자에게 보상을 청구할 수 있다($^{제261조, \, 제}_{741조 \, 이하}$).

### (3) 첨부의 효과

제256조 내지 제259조의 규정은 첨부의 결과 새로운 물건의 소유권자를 정하는 기준을 제시하고 있다. 첨부로 인하여 소유권을 상실하는 구물건의 소유자의 보호를 위하여 '첨부'는 제741조의 법률상 원인이 아님을 명백히 하고 부당이득의 반환을 청구할 수 있다($\frac{제261}{조}$). 그런데 제261조는 부당이득의 효과에 관한 규정만 준용하는 것이 아니라 부당이득의 요건에 관한 규정도 준용한다($\frac{대판\ 2018.3.15,}{2017다282391}$). 따라서 수익자의 선의나 악의냐에 따라 반환범위가 달라진다.

전세권자의 상환청구권($\frac{제310}{조}$)이나 임차권자의 상환청구권($\frac{제626}{조}$)이 인정되는 경우 이와 같은 규정이 먼저 적용된다. 계약관계를 전제로 한 규율이 일반법인 부당이득법의 규정보다 우선 적용되어야 하기 때문이다.

---

**사례 35** B는 A 소유의 X토지 위에 A의 승낙 하에 건물을 신축하던 중 독립한 부동산인 건물로서의 요건을 아직 갖추지 못한 단계에서 공사가 중지되었다. 이에 A로부터 X토지를 매수하여 소유권을 취득한 C가 X토지의 지상에 있는 건축 중인 건물에 공사를 재개하여 공사를 완공하여 건물의 소유권을 원시취득하였다. 이에 B는 C가 신축 중인 건물의 가액을 부당이득하였다고 주장하면서 위 가액의 반환을 구하고 있다. 그러자 C는 신축 중인 건물은 토지에 부합되었으므로 C가 X토지의 소유권을 취득하면 신축 중인 건물부분에 대해서도 소유권을 취득하게 되므로 B에게 건물부분의 가액을 지급할 의무가 없다고 주장한다. B의 청구는 타당한가?

(대판 2010.2.25. 2009다83933 참조)

**|해설 35|** B의 청구는 타당하다.

건물 신축의 공사가 진행되다가 독립한 부동산인 건물로서의 요건을 아직 갖추지 못한 단계에서 중지된 것을 제3자가 이어받아 공사를 계속 진행함으로써 별개의 부동산인 건물로 성립되어 그 소유권을 원시취득한 경우에 그로써 애초의 신축 중 건물에 대한 소유권을 상실한 사람은 제261조(첨부로 인한 구상권), 제257조(동산간의 부합), 제259조(가공)를 준용하여 건물의 원시취득자에 대하여 부당이득 관련 규정에 기하여 그 소유권의 상실에 관한 보상을 청구할 수 있다.

사안에서 문제된 신축 중 건물은 독립한 건물의 요건을 갖추지 못하였으므로 동산으로 취급되고, 이에 자신의 건축자재 등(동산)을 추가로 건축하였으므로 동산간의 부합이 된다. 또한 제259조 제1항 단서와 제2항에 의하여 가공의 법리에 의하더라도 C가 소유권을 취득한다. 제261조에 의하여 부합 또는 가공이 되어도 부합된 물건의 소유자, 또는 타인의 동산 소유자에게 부당이득을 반환해야 한다.

---

**사례 36** A는 B에게 철강재를 대금완납시까지 소유권을 유보하여 공급하였다. 한편, B는 공장건물 신축공사를 도급받아 A로부터 공급받은 철강재를 공장건물의 자재로 사용하였고, 공사를 완료하여 C에게 공장건물을 인도하였다. 그러한 사실을 모르는 C는 공장건물을 인도받으면서 공사대금을 전부 B에게 지급하였다. A는 B로부터 철강재 공급대금을 지급받지 못하고, 철강재가 C 소유의 공장건물에 부합되어 그 소유권을 상실하자, C를 상대로 부합에 따른 부당이득반환을 구하

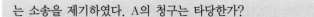

는 소송을 제기하였다. A의 청구는 타당한가?　　　　　　　　　　　(대판 2009.9.24, 2009다15602 참조)

**해설 36** A의 청구는 타당하지 않다.

매매 목적물에 대한 소유권이 유보된 상태에서 매매가 이루어진 경우에는 대금이 모두 지급될 때까지는 매매 목적물에 대한 소유권이 이전되지 않고 점유의 이전만 있어 매수인이 이를 다시 매도하여 인도하더라도 제3자는 유효하게 소유권을 취득하지 못하므로, 제3자는 소유자의 반환 청구를 거부할 수 없고, 부합 등의 사유로 제3자가 소유권을 유효하게 취득하였다면 그 가액을 소유자에게 부당이득으로 반환함이 원칙이다. 다만, 매매 목적물에 대한 소유권이 유보된 경우라 하더라도 이를 다시 매수한 제3자의 선의취득이 인정되는 때에는, 그 선의취득이 이익을 보유할 수 있는 법률상 원인이 되므로 제3자는 그러한 반환의무를 부담하지 않는다. 그리고 매도인에 의하여 소유권이 유보된 자재를 매수인이 제3자와 사이의 도급계약에 의하여 제3자 소유의 건물 건축에 사용하여 부합됨에 따라 매도인이 소유권을 상실하는 경우에, 비록 그 자재가 직접 매수인으로부터 제3자에게 교부된 것은 아니지만 도급계약에 따른 이행에 의하여 제3자에게 제공된 것으로서 거래에 의한 동산 양도와 유사한 실질을 가지므로, 그 부합에 의한 보상청구에 대하여도 위에서 본 선의취득에서의 이익보유에 관한 법리가 유추적용된다. 따라서 매도인에게 소유권이 유보된 자재가 제3자와 매수인과 사이에 이루어진 도급계약의 이행에 의하여 부합된 경우 보상청구를 거부할 법률상 원인이 있다고 할 수 없지만, 제3자가 도급계약에 의하여 제공된 자재의 소유권이 유보된 사실에 관하여 과실 없이 알지 못한 경우라면 선의취득의 경우와 마찬가지로 제3자가 그 자재의 귀속으로 인한 이익을 보유할 수 있는 법률상 원인이 있다고 봄이 상당하므로 매도인으로서는 그에 관한 보상청구를 할 수 없다.

---

**사례 37** A는 2015.6. B에게 X건물의 신축공사를 도급주었는데, C는 2015.6.30. A의 무권대리인 B와 X건물에 C가 제작한 승강기를 제작·설치하기로 하는 계약을 체결하면서, 승강기의 소유권은 승강기 대금을 완불한 시점에 매도인 C로부터 매수인 A에게 이전하기로 정하였다(표현대리는 고려하지 않음). C는 2015.12.9. X건물에 승강기를 설치하고, X건물은 2016.3.경 A 명의로 소유권보존등기가 마쳤다. C는 'A가 C로부터 승강기를 제공받을 법률상 원인이 없음에도 승강기를 제공받았고, 승강기는 X건물에 부합되어 A에게 소유권이 귀속되었으므로, A는 미지급 승강기 대금을 C에게 부당이득으로 반환하여야 한다'고 주장을 한다. C의 주장은 타당한가?

(대판 2018.3.15, 2017다282391 참조)

**해설 37** X건물에 부합된 이 사건 승강기의 소유권이 C에게 유보되어 있다는 사정을 A가 과실 없이 알지 못하였음이 인정되는 경우가 아닌 한 C의 주장은 타당하지 않다.

매도인에게 소유권이 유보된 자재가 제3자와 매수인 사이에 이루어진 도급계약의 이행으로 제3자 소유 건물의 건축에 사용되어 부합된 경우 보상청구를 거부할 법률상 원인이 있다고 할 수 없지만, 제3자가 도급계약에 의하여 제공된 자재의 소유권이 유보된 사실에 관하여 과실 없이 알지 못한 경우라면 선의취득의 경우와 마찬가지로 제3자가 그 자재의 귀속으로 인한 이익을 보유할 수 있는 법률상 원인이 있다고 봄이 상당하므로, 매도인으로서는 그에 관한 보상청구를 할 수 없다.

사안의 경우 C가 제261조에 따라 A에게 승강기 가액 상당의 부당이득반환을 청구하기 위해서는

제261조 자체의 요건뿐만 아니라, 부당이득 법리에 따른 판단에 의하여 부당이득의 요건도 함께 충족되어야 한다. A와 B 사이에 체결된 도급계약으로 인하여 승강기가 X건물에 부합되었다는 사정만으로 A가 승강기의 귀속으로 인한 이익을 보유할 법률상의 원인이 있다고 할 수는 없으나, X건물에 부합된 승강기의 소유권이 C에게 유보되어 있다는 사정을 A가 과실 없이 알지 못하였음이 인정되는 경우에는 A가 승강기의 귀속으로 인한 이익을 보유할 법률상의 원인이 있다고 보아야 한다.

## 2. 부  합

### (1) 개  념

부합이란 소유자를 달리하는 수개의 물건이 결합하여 훼손하지 않으면 그 분리가 사회관념상 불가능하거나 그 분리에 과다한 비용을 요하는 경우 이를 사회통념상 하나의 물건으로 보아 어느 특정인의 소유로 귀속시키는 것을 말한다. 부동산에의 부합($\frac{제256}{조}$)에서는 본문의 부합과 단서의 부속 개념이 구별되어야 한다. 부속(약한 부합)이란 부속물의 독립성이 인정되고 분리가 가능하지만 분리에 과다한 비용이 필요하거나 분리하게 되면 그 경제적 가치를 현저히 감소시킬 정도의 결합을 말한다. 부속의 경우에도 권원없이 부속시킨 경우에는 부합이 된다.

### (2) 부동산에의 부합

#### (가) 의 의

부합의 주된 물건이 부동산이어야 한다. 다만 그 부동산에 부합되는 물건은 동산으로 제한되지 않고 부동산도 포함된다($\frac{대판 1991.4.}{12, 90다11967}$). 건물의 증축 또는 개축한 경우가 이에 해당한다.

부합으로 소유권의 변동이 있기 위해서는 부착, 결합의 정도가 훼손하거나 과다한 비용을 지출하지 않고는 분리할 수 없을 정도에 이르러야 하며 구체적으로는 동산에의 부합정도에 이르러야 한다($\frac{대판 2009.9.24.}{2009다15602}$). 부합의 원인은 인위적이든 자연적이든 불문한다.

#### (나) 효 과

1) 원 칙

부동산의 소유자가 부합한 물건의 소유권을 취득한다($\frac{제256조}{본문}$). 이 경우 부동산 저당권의 효력은 부합물에도 미치게 된다($\frac{제358조}{본문}$). 따라서 저당권의 실행으로 부동산이 경매된 경우에 그 부동산에 부합된 물건은 그것이 부합될 당시에 누구의 소유였는지를 가릴 것 없이 그 부동산을 낙찰받은 사람이 소유권을 취득한다($\frac{대판 2008.5.8, 2007}{다36933,36940}$). 나아가 부합의 시기가 저당권 설정 전후인지도 묻지 않는다.

가공과는 달리 부합물의 가액이 그 부동산(피부합물)의 가액을 초과하는 경우라도 부합물소유자가 부동산의 소유권을 취득하지 못한다($\frac{대판 1981.12.}{8, 80다2821}$). 이 경우 부합물의 소유권을 취득한 부동산의 소유자는 부합물의 소유자에게 보상의무를 진다($^{제261}_조$). 부합물이 도품이나 유실물이라도 부합물의 소유권자는 반환청구를 할 수 없다.

### 2) 예 외

㉮ 타인의 권원에 의한 부속(약한 부합)의 경우, 그 부속물은 부속시킨 자의 소유에 속한다($^{제256조}_{단서}$). 권원은 타인의 부동산에 자신의 물건을 부속시켜 사용할 수 있는 권리로 지상권, 전세권, 임차권 등과 같이 타인의 부동산에 자기의 동산을 부속시켜서 부동산을 이용할 수 있는 권리를 뜻한다($^{대판 1989.7.11,}_{88다카9067}$). 그러나 채무자의 사용·수익권을 배제하지 않은 담보지상권의 경우에는, 토지소유자는 특별한 사정이 없는 한 그 부동산을 사용·수익할 수 있다($^{대판 2018.3.15,}_{2015다69907}$).

강한 부합으로 인정되어 부속된 물건의 독립성이 인정되지 않으면, 그 부합이 타인의 권원에 의한 경우에도 제256조 단서가 적용되지 않고, 본문에 따라 부속물의 소유권은 부동산 소유자에게 귀속된다($^{대판 2008.5.8, 2007}_{다36933,36940}$). 요컨대 제256조 단서에 의해 부합물의 소유권이 부동산 소유자에게 귀속되지 않기 위해서는 부합한 자에게 권원이 있어야 할 뿐만 아니라 부합물의 독립성이 인정되어야 한다. 부합물의 독립성이 인정되지 않으면 권원이 있더라도 제256조의 단서가 적용되지 않는다. 예컨대 건물을 증·개축한 경우, 증·개축부분의 소유권은 부합의 법리에 의해 기존건물의 소유자에게 귀속된다($^{제256조}_{본문}$). 그런데 임차인이 건물소유자의 동의로 증·개축했을 때 그 증·개축 부분이 독립성을 갖고 있다면 증·개축부분의 소유권은 임차인에게 인정된다. 독립성은 구조상·기능상 독립성이 기준이 된다($^{대판 2002.10.25,}_{2000다63110}$).

㉯ 토지 위에 건물을 신축한 경우, 건물과 토지는 별개의 부동산이므로 건물은 토지에 부합되지 않는다. 그러나 독립한 부동산인 건물로서의 요건을 아직 갖추지 못한 미완성의 건축물은 토지에 부합물에 해당한다. 예컨대 미완성의 아파트 건축물은 토지의 정착물에는 해당되지만, 민사집행의 대상이 되는 유체동산은 아니다($^{대결 1995.11.27, 95마820. 사안에서는 15층짜리 아파트에서 9층까지 골조공}_{사가 완성된 상태인데, 이대로는 토지에서 분리하여 독립적 거래의 대상으로}$
$^{가치를 갖지 못함}_{을 이유로 판시했다}$).

㉰ 타인의 토지에 수확기간이 비교적 짧은 농작물(䣉 벼)이 부합한 경우, 성숙한 농작물의 소유자에 관하여 판례는 부합의 법리를 제한한다. 따라서 수확기간이 짧은 농작물(䣉 벼, 양파, 마늘, 고추 등)은 권원이 없더라도 경작자의 소유로 본다($^{대판 1979.8.}_{28, 79다784}$). 판례와는 달리 다수설은 권원 없는 경우에는 제256조 본문이 적용되어야 하므로 토지소유자에게 농작물이 귀속하고 경작자는 보상청구권($^{제261}_조$)만 갖는다는 부합긍정설을 취한다.

㉱ 수목의 경우에는 부합의 법리가 작용된다($^{대판 1989.7.11,}_{88다카9067}$). 토지의 사용대차권에 기하여 그 토지위에 식재된 수목은 식재한 사람에게 소유권이 있고 토지에 부합되지 않는다. 따라서 수목이 식재된 후에 그 토지를 경매에 의하여 매수한 사람이 그 지상 수목에 대한 소유권까지 취득하는 것은 아니다($^{대판 2016.8.30, 2016}_{다24529,24536,24543}$). 그러나 금융기관이 대출금 채권의 담보를 위하여 토지에 저당권과 함께 지료 없는 지상권을 설정하면서 채무자 등의 사용·수익권을 배제하지 않은 경우, 지상권은 저당 부동산의 담보가치를 확보하는 데에 목적이 있으므로, 토지소유자는 특별한 사정이 없는 한 토지를 사용·수익할 수 있고, 그러한 토지소유자로부터 토지를 사용·수익할 수

있는 권리를 취득하였다면 이러한 권리는 제256조 단서가 정한 '권원'에 해당한다$\binom{\text{대판 2018.3.15,}}{\text{2015다69907}}$.

---

**사례 38** A가 B 소유의 X토지를 B로부터 임차한 후 주유소 영업을 위하여 지하에 탱크실을 만들어 유류저장조를 설치하였다. 이 유류저장조는 A와 B 중 누구에게 귀속되는가?

(대판 2012.1.26, 2009다76546; 대판 1995.6.29, 94다6345 참조)

**해설 38** 원칙적으로 A에게 귀속된다.

부합이란 분리 훼손하지 아니하면 분리할 수 없거나 분리에 과다한 비용을 요하는 경우는 물론 분리하게 되면 경제적 가치를 심히 감손케 하는 경우도 포함하고, 부합의 원인은 인공적인 경우도 포함한다. 부동산에 부합한 물건이 타인이 적법한 권원에 의하여 부속한 것인 때에는 제256조 단서에 따라 그 물건의 소유권은 그 타인의 소유에 귀속되는 것이다. 다만 부동산에 부합된 물건이 사실상 분리복구가 불가능하여 거래상 독립한 권리의 객체성을 상실하고 그 부동산과 일체를 이루는 부동산의 구성부분이 되었다면 비록 타인이 권원에 의하여 이를 부합시켰더라도 그 물건의 소유권은 부동산의 소유자에게 귀속된다. 따라서 강한 부합이냐 약한 부합이냐가 그 물건의 소유권을 정하는 데 중요한 기준이 된다.

그런데 대판 2009다76546 판결은 유류저장조의 매설위치와 물리적 구조, 용도 등을 감안할 때 유류저장조가 사실상 분리복구가 불가능하여 거래상 독립한 권리의 객체성을 상실하고 그 부동산과 일체를 이루는 부동산의 구성부분이 되지 않았다고 판단했다. 이때에는 부합한 자인 B의 적법한 권원에 의하여 부합(부속)되었으므로 제256조 단서가 적용되어 유류저장조 소유권은 토지임차인인 A에게 귀속된다.

---

**사례 39** A는 그 소유의 X토지에 관하여 B농업협동조합(이하 'B'라고 한다)과 2010.8.11. 채권최고액 5억 원의 근저당권설정등기를 마치고, 2010.8.18. 지료는 없이 존속기간을 30년으로 하는 지상권설정등기를 마쳤다. C는 2012.10.경 A와 X토지에 관하여 사용대차계약을 체결하고 단풍나무를 식재하였다. 2015.12.8. X토지에 관하여 임의경매 절차에서 D가 2016.7.15. 그 매각대금을 납부하였다. C가 X토지의 소유인인 A와 체결한 사용대차계약에 기하여 X토지 지상에 식재한 이 사건 단풍나무는 X토지에 부합하지 아니한 C의 소유라고 주장한다. C의 주장은 타당한가?

(대판 2018.3.15, 2015다69907 참조)

**해설 39** C의 주장은 타당하다.

금융기관이 대출금 채권의 담보를 위하여 토지에 저당권과 함께 지료 없는 지상권을 설정하면서 채무자 등의 사용·수익권을 배제하지 않은 경우, 지상권은 저당권이 실행될 때까지 제3자가 용익권을 취득하거나 목적 토지의 담보가치를 하락시키는 침해행위를 하는 것을 배제함으로써 저당 부동산의 담보가치를 확보하는 데에 목적이 있으므로, 토지소유자는 특별한 사정이 없는 한 토지를 사용·수익할 수 있다. 따라서 그러한 토지소유자로부터 토지를 사용·수익할 수 있는 권리를 취득하였다면 이러한 권리는 제256조 단서가 정한 '권원'에 해당한다.

사안의 경우 B의 지상권은 B의 근저당권이 실행될 때까지 X토지의 담보가치를 확보하는 데에 그 목적이 있다. 이 경우 지상권자 B는 토지소유자 A에게 X토지를 계속 사용·수익할 수 있는 권리를 부여한 것으로 볼 여지가 있다. 따라서 C가 A와 사이에 체결한 사용대차계약은 제256조 단서가 정하는 '권원'에 해당한다고 봄이 상당하므로, 단풍나무는 X토지에 부합하지 않는다.

### (3) 동산 간의 부합

그 요건으로는 수개의 동산이 훼손하지 않으면 분리할 수 없거나 또는 분리에 과다한 비용이 지출될 정도로 부합해야 한다(제257조 전문). 동산 간 부합에는 제256조 단서의 예외가 허용되지 않으므로 여기서는 약한 부합과 강한 부합을 구별하지 않는다. 또한 수개의 동산은 그 소유자가 달라야 한다.

동산 간의 부합이 성립되었을 때 부합한 동산 사이에 주종을 구별할 수 있으면 주된 동산의 소유자가 합성물의 소유권을 취득하지만(제257조 본문), 주종을 구별할 수 없으면 각 동산의 소유자가 부합 당시의 가액의 비율로 합성물을 공유한다(제257조 후문).

동산간의 부합으로 만들어진 합성물은 부동산의 형태로 나타날 수도 있다. 예컨대 건물 신축의 공사가 진행되다가 독립한 부동산인 건물로서의 요건을 아직 갖추지 못한 단계에서 중지된 것을 제3자가 이어받아 계속 진행한 경우 그 합성물은 별개의 부동산인 건물로 성립할 수 있다. 판례에 따르면 이 때 애초의 신축 중 건물에 대한 소유권을 상실한 사람은 민법 제261조, 제257조(동산간의 부합), 제259조를 준용하여 건물의 원시취득자에 대하여 부당이득 관련 규정에 기하여 그 소유권의 상실에 관한 보상을 청구할 수 있게 된다(대판 2010.2.25, 2009다83933).

## 3. 혼　　화

혼화란 고형물(가령 곡물 등)의 혼합 또는 유동물의 융화처럼 물건이 동종의 다른 물건과 섞여서 원물을 식별할 수 없게 되는 것을 말한다.

혼화는 동산 간 부합의 일종이므로 그에 관한 규정을 준용한다(제258조).

## 4. 가　　공

가공이란 타인의 원재료를 써서 또는 타인의 물건에 변경을 가하여 새로운 물건을 제작하는 것을 말한다.

물건과 노동력이 결합하여 새로운 물건이 생겨야 한다. 따라서 큰 수선만으로 가공에 해당하지 않는다. 타인의 동산에 가공해야 한다.

원칙적으로 제작물의 소유권은 원재료의 소유자에게 귀속한다(재료주의. 제259조 제1항 본문). 그러나 가공으로 인한 가액증가가 원재료의 가액보다 현저히 다액이라면 가공자의 소유로 된다(가공주의. 제259조 제1항 단서). 가공자가 제공한 재료의 가액은 가공으로 인하여 증가된 가액에 가산한다(제259조 제2항).

## 제4절 소유권에 기한 물권적 청구권

## I. 총 설

### 1. 개 념

소유권에 기한 물권적 청구권이란 본권에 기한 물권적 청구권의 전형적인 모습이다. 여기에는 소유물반환청구권(제213조), 방해제거청구권(제214조), 방해예방청구권(제214조)이 인정되고, 이를 다른 물권에 준용하고 있다.

### 2. 다른 청구권과의 관계

#### (1) 계약상의 청구권과의 관계

임차인이 임대인 소유의 건물을 임차하여 사용하다가 임대차기간이 종료된 경우, 임대인은 임대차계약에 기한 반환청구권과 소유권에 기한 반환청구권을 갖게 된다. 이 양자의 관계에 관하여 다수설과 판례는 물권적 청구권과 계약상의 청구권은 그 원인과 제도목적을 달리하므로 양자의 경합을 인정하고 있다. 그러나 학설로는 계약관계가 있는 자 사이의 이해조정은 계약법이 우선 적용되어야 한다고 하여 계약상의 청구권만 인정하는 견해도 있다.

#### (2) 부당이득반환청구권과의 관계

(가) 매매계약에 기하여 목적물을 인도하였는데 그 계약이 무효 또는 취소로 실효된 경우, 매도인은 동산에 대한 점유부당이득반환청구권을 가질 뿐만 아니라, 물권행위의 유인성을 인정하는 판례의 입장에 따르면 매도인은 소유자로서 소유물반환청구권을 갖게 되는데, 다수설과 판례는 양자의 경합을 긍정한다(대판 2003.11.14, 2001다61869).

(나) 타인 소유물의 사용 · 수익으로 발생한 이해관계의 조정을 위해서 부당이득규정(제741조 이하)과 점유자의 과실수취권(제201조)의 규정이 있다. 양자는 상호 충돌될 여지가 있다. 사용 · 수익의 형태로 나타나는 과실의 반환여부는 제201조 제1항에 의하여 판단되어야 하며, 반환이 인정되는 경우 반환범위는 제748조 제2항에 의하여 결정되어야 한다는 것이 판례의 견해이다(대판 2003.11.14, 2001다61869).

## II. 소유물반환청구권

### 1. 의 의

소유물반환청구권이란 자기 소유의 물건을 상대방이 점유할 권리 없이 점유할 때, 소유자가 소유물의 점유자를 상대로 목적물의 반환을 청구할 수 있는 권리를 말한다($\substack{제213\\조}$).

## 2. 요 건

### (1) 청구권자의 소유

소유물반환청구권자는 소유자인데, 그 소유자는 법적 의미의 소유자이면 족하다. 따라서 상속 등과 같이 법률의 규정에 의하여 공시방법을 갖추지 않더라도 소유권 취득한 상속인은 소유자로서 소유물반환청구권을 행사할 수 있다. 그러나 매매대금을 지급하고 인도받았더라도 등기를 갖추지 않은 부동산매수인은 소유자가 아니므로 소유물반환청구권자가 될 수 없다($\substack{대판\\2007.\\6.15, 2007\\다11347}$). 유효한 명의신탁의 경우에는 대외적으로 소유자인 명의수탁자만이 소유물반환청구권을 행사할 수 있다($\substack{대판(전) 1979.9.\\25, 77다1079}$).

소유권은 현재 또는 사실심변론종결시를 기준으로 판단된다($\substack{대판 1980.\\9.9, 80다7}$). 따라서 부동산의 경우 소제기 후라도 사실심변론종결 전에 소유권자로 등기된 자는 반환청구권의 주체가 된다.

---

**사례 40** A는 그 소유의 X토지를 점유 · 사용하면서 그의 배우자 B에게 명의신탁을 원인으로 소유권이전등기를 마쳤다. 그런데 C가 X토지를 무단점유하였다. 이에 A는 C를 상대로 소유권에 기하여 토지반환을 구할 수 있는가? (대판(전) 1979.9.25, 77다1079 참조)

**│해설 40│** A는 C를 상대로 직접 토지의 반환을 구할 수 없다.

원래 재산을 타인에게 신탁한 경우에는 대외적인 관계에 있어서는 수탁자만이 소유권자로서 그 재산에 대한 제3자의 침해에 대하여 그의 제거를 구할 수 있고, 신탁자는 수탁자에 대한 권리를 보존하기 위하여 필요하다면 수탁자를 대위해서 수탁자의 권리를 행사할 수 있다.

---

### (2) 상대방의 점유

소유물반환의무를 부담하는 자는 현재 또는 사실심 변론종결당시의 점유자이다. 점유의 태양, 취득원인이나 귀책사유를 불문한다. 점유보조자는 점유자가 아니므로 소유물반환의무를 부담하지 않는다.

건물소유자가 토지에 대한 점유권원이 없다면 토지소유자는 건물소유자를 상대로 건물의 철거 및 토지의 인도를 청구할 수 있다. 청구의 상대방이 되는 건물소유자에는 건물을 매수하고 점유하는 등 건물에 대하여 법률상 또는 사실상 처분권을 갖고 있는 사실상의 소유자도 포함된다($\substack{대판 2003.1.24, 2002다61521;\\대판 1989.2.14, 87다카3073}$). 건물소유자에게 토지점유권원이 없는 상황에서 건물의 소유자와 점유자가 다른 경우에 토지소유자는 먼저 건물점유자를 상대로는 방해제거청구($\substack{제214\\조}$)의 일환으로 건물퇴거를 청구하고, 건물소유자에 대해서는 토지인도와 건물 철거청구를 할 수 있다($\substack{대판 2010.8.19,\\2010다43801}$). 건물 임차인 또는 건물전세권자의 토지사용권은 임대인 또는 전세권설정자의 토지사용권의 존재를 전제로 한다.

임차인 또는 전세권자의 대항력은 건물에 대한 것이므로 이를 이유로 토지소유권을 제약할 수는 없기 때문이다.

간접점유자도 반환청구의 상대방이 되는지에 대해서 판례는 소유권에 기하여 불법점유자라도 현재 점유하고 있지 않는 이상 그 자를 상대로 반환청구권을 행사할 수 없다고 한다(대판 1999.7.9, 98다9045). 약정에 의하여 인도를 청구하는 경우에는 간접점유자에 대해서도 인도를 구할 수 있다(대판 2013.6.27, 2011다5813).

학설상으로는 간접점유자도 소유물반환의무를 부담하므로 소유자는 선택적 병합으로 한다는 견해, 소유자는 간접점유자에게 직접점유자에 대한 반환청구권의 양도만 청구할 수 있다는 견해가 있다.

---

**사례 41** A는 그 소유인 X건물을 B에게 임차하는 계약을 체결했다. 아직 X건물을 인도하기 전에 B와 임대료 등의 분쟁이 발생하자, A는 X건물을 C에게 다시 임대하는 계약을 체결하고 임차보증금 등을 받고 목적물은 C에게 인도하여 C가 사용하고 있다. A는 B에게 X건물을 인도해야 하는가? (대판 2013.6.27, 2011다5813 참조)

**│해설 41│** A는 B에게 X건물을 인도할 수 없다.

A는 직접점유를 상실했으므로 B는 불법점유를 이유로 A에게 그 인도를 구할 수는 없다. 임대차계약에 따른 의무이행으로 인도를 구하는 경우 A가 직접 점유하고 있지 않아도 인도를 구할 수는 있다. 다만 A와 C 사이의 임대차 계약이 여전히 유효하다면 A의 B에 대한 인도의무는 불능이 된다. A와 C 사이의 임대차계약은 이중매매의 법리를 기초로 배임행위에 적극 가담한 경우가 아니면 유효하기 때문에 이행불능이 된다.

---

**사례 42** B는 A 소유의 X토지를 무단점유한 후, 이를 C에게 임대하여 C가 이를 점유·사용하고 있다. A는 B를 상대로 토지의 반환을 구할 수 있는가? (대판 1999.7.9, 98다9045 참조)

**│해설 42│** A는 B를 상대로 토지의 반환을 구할 수 없다.

불법점유를 이유로 하여 그 인도 또는 인도를 청구하려면 현실적으로 그 목적물을 점유하고 있는 자를 상대로 해야 하고 불법점유자라 하여도 그 물건을 다른 사람에게 인도하여 현실적으로 점유를 하고 있지 않은 이상, 그 자를 상대로 한 인도 또는 인도청구는 부당하다.

---

### (3) '점유할 권리'의 부존재

제213조 단서에 따라 점유자가 그 물건을 점유할 권리를 가진다면, 소유자의 반환청구를 거절할 수 있다. 여기서 '점유할 권리'란 소유자에 대한 관계에서 자신의 점유를 정당화할 수 있는 법적 지위를 말하며, 반드시 엄격한 의미에서의 권리만으로 한정되지 않는다. 예컨대 점유를 내용으로 하는 제한물권(지상권·전세권·유치권·질권), 채권(임대차·임치·도급 등)뿐만 아니

라 그에 기한 동시이행의 항변권에 의해서도 발생할 수 있다. 나아가 유치권자로부터 유치물보관을 위한 위탁받은 자의 지위(대판 2014.12.24, 2011다62618), 법정지상권 있는 건물의 미등기 양수인의 토지소유자에 대한 지위(대판(전) 1985.4.9, 84다카1131,1132), 등기는 없으나 매매계약에 따라 목적물을 인도받은 매수인 및 그 매수인으로부터 다시 등기 없이 인도 받은 매수인의 지위(대판 2001.12.11, 2001다45355), 점유취득시효완성자의 점유자로서의 지위도 이에 해당된다.

위 요건은 소유물반환청구권의 소극적 요건에 해당하므로, 반환청구의 상대방이 증명책임을 진다.

## 3. 효    과

위의 요건을 충족하면 소유자는 점유자에 대하여 그 물건의 반환을 청구할 수 있다. 원칙적으로 점유자는 단순히 소유자의 수거를 인용하는 것만이 아니라, 적극적으로 물건의 점유를 이전해야 하므로 점유자가 반환비용을 부담해야 할 것이다. 반환에 따른 부수적 이해관계의 조정을 위해 계약관계가 존재하는 경우에는 그에 따르고, 그러한 계약관계가 존재하지 않는 경우에는 제201조 이하의 규정에 의한다.


## Ⅲ. 소유물방해제거청구권과 소유물방해예방청구권

### 1. 소유물방해제거청구권

#### (1) 의 의

소유물방해제거청구권이란 점유의 상실이 아닌 방법으로 소유권의 방해가 현존하는 경우, 소유자는 그 방해의 제거를 청구할 수 있는 권리를 말한다(제214조 전단). 방해는 개념적으로 매우 포괄적이어서 그 외연을 확정하기 어렵다.

#### (2) 요 건

##### (가) 청구권자의 소유

청구권자는 현재 또는 사실심변론종결 당시 소유자이어야 한다. 이는 위의 소유물반환청구권에서와 같다.

##### (나) 소유권에 대한 방해상태의 현존

이에는 타인의 토지에 불법건축물을 소유하는 등의 물건의 사용·수익에 대한 사실적인 방해뿐만 아니라 진실한 물권관계와 일치하지 않는 부실등기와 같은 법적 방해도 포함한다. 따라서 실제의 소유관계를 표상하지 않는 등기의 말소청구도 방해제거청구권이라 할 것이다(대판 1993.10.8, 93다28867).

### 1) 방해와 손해의 구별

소유권에 대한 방해는 소유권의 내용이 실현되지 않고 있는 상태를 말한다. 특히 방해는 현재에도 지속되고 있는 침해를 의미하고, 이는 손해와 구별된다고 한다. 손해는 법익침해가 과거에 일어나서 이미 종결된 경우를 말한다($\frac{대판\ 2003.3.28.}{2003다5917}$). 실질적으로는 방해상태에서의 상당한 시간의 경과, 방해 전 상태로 회복하는 것이 가능한지의 여부가 중요한 기준이 될 것이다. 예컨대 오염물질의 매립이 상당기간 경과하여 토양과 오염물질의 분리가 사실상 어려울 정도로 혼재되어 있다면 더 이상 방해가 있는 것으로 보기 어렵다($\frac{대판\ 2019.7.10,}{2016다205540}$).

손해배상에 필요한 고의 또는 과실이 소유권에 대한 방해의 성립에는 필요하지 않다. 또 방해에 자연력 또는 제3자의 행위가 전적으로 개입된 경우에도 방해의 성립을 인정해야 할 것이다. 방해를 정당화할 사유가 있는 경우에는 방해의 성립을 인정하지 않는다.

### 2) 방해되는 물건 및 소유권이 현존해야 한다. 소유물이 멸실된 경우 방해제거청구권이 아니라 손해배상청구의 문제가 될 뿐이다.

### (다) 청구의 상대방

청구의 상대방은 소유권의 실현을 방해하는 사정을 현재 또는 사실심변론종결 당시 자기의 사회적 지배범위 내에 가지고 있는 자이다. 예컨대 등기말소청구에서 상대방은 현재의 등기명의인이지만, 등기명의인이 허무인 또는 실체가 없는 단체라면 등기의무자인 실제 등기행위를 한 사람을 상대방으로 하여 소유권에 기한 방해제거청구로 등기말소청구를 해야 한다($\frac{대결\ 2008.7.11,}{2008마615}$).

타인의 토지에 무단으로 건물을 신축한 경우 토지소유자는 건물신축자를 상대방으로 방해제거청구로서 건물의 철거와 반환청구로서 토지의 반환을 청구할 수 있다. 건물철거는 건물을 멸실시키는 처분행위이므로 그 청구의 상대방은 그 건물을 철거할 수 있는 권능을 가진 자를 상대방으로 해야 하고($\frac{대판\ 1993.1.26,}{92다48963}$), 건물신축자가 신축건물을 임대한 경우, 건물로부터의 퇴거청구의 상대방은 건물신축자가 아니라($\frac{대판\ 1997.7.9,}{98다57457,57464}$) 임차인만을 상대방으로 해야 한다($\frac{대판\ 1967.11,}{28.\ 67다2155}$). 그러나 그 불법건물을 매도하였다면 청구의 상대방은 불법건축자가 아니라 매수한 현재의 소유자라고 할 것이다.

사례 43 B는 A 소유의 토지에 무단으로 건물을 신축하여 점유·사용하고 있다. 이에 대해 A는 토지소유권에 기해 B를 상대로 건물에서의 퇴거를 구한다. A의 청구는 타당한가? 만일 B가 건물을 C에게 임대하여 C가 건물을 점유·사용하고 있는 경우, A가 토지소유권에 기해 C를 상대로 건물에서의 퇴거를 구한다면 A의 청구는 타당한가?

(대판 1999.7.9, 98다57457,57464; 대판 2010.8.19, 2010다43801 참조)

해설 43 A는 건물의 점유자인 C에게 건물에서의 퇴거를 청구할 수 있다.

건물이 B의 소유라면 B가 위 건물의 소유를 통하여 토지를 점유하고 있다고 하더라도 A로서는 그 건물의 철거와 그 대지 부분의 인도를 청구할 수 있을 뿐, 자기 소유의 건물을 점유하고 있는 B에 대하여 그 건물에서 퇴거할 것을 청구할 수는 없다.

그러나 건물이 그 존립을 위한 토지사용권을 갖추지 못하여 토지의 소유자가 건물의 소유자에 대하여 당해 건물의 철거 및 그 대지의 인도를 청구할 수 있는 경우에라도 건물소유자가 아닌 사람이 건물을 점유하고 있다면 토지소유자는 그 건물 점유를 제거하지 아니하는 한 위의 건물 철거 등을 실행할 수 없다. 따라서 그때 토지소유권은 위와 같은 점유에 의하여 그 원만한 실현을 방해당하고 있다고 할 것이므로, 토지소유자는 자신의 소유권에 기한 방해제거로서 건물점유자에 대하여 건물로부터의 퇴출을 청구할 수 있다.

## (3) 효 과

이상의 요건을 갖추면 소유자는 소유권을 방해하는 자에 대하여 방해의 제거, 즉 현재까지 지속되고 있는 방해원인의 제거를 청구할 수 있다($\binom{대판\ 2003.3.28,}{2003다5917}$).

> **사례 44** 甲은 X토지를 소유하고 있다. X는 상습침수지로 황무지로 방치되어 있다. 乙은 연탄재 등의 쓰레기를 토지에 매립하여 X토지를 양질의 농지로 조성할 것을 제의하여 甲이 이를 승낙했다. 몇 개월 후 토지는 매립되었으나 표층의 1.2m는 토사였으나 그 아래는 건설폐기물, 사업장 일반폐기물 등이 불법적으로 매립되었다. 甲의 손해배상청구권은 소멸시효가 완성된 후 청구되어 인정되지 못했다. 이에 甲은 불법 쓰레기 등이 소멸되지 않고 현재 X토지 지하에 현재까지 남아 있어 소유권을 침해하고 있음을 이유로 소유권에 기한 방해제거 청구권으로서 불법쓰레기의 수거 및 원상복구를 청구하였다. 이 청구는 인용되어야 하는가?　　　　(대판 2003.3.28, 2003다5917 참조)
>
> **|해설 44|** 인용될 수 없다.
> 소유권에 기한 방해제거청구권에 있어서 '방해'란 현재에도 지속되고 있는 침해를 의미하고, 법익 침해가 과거에 일어나서 이미 종결된 경우에 해당하는 '손해'의 개념과는 다르다 할 것이어서, 소유권에 기한 방해제거청구권은 방해결과의 제거를 내용으로 하는 것이 되어서는 아니 되며(이는 손해배상의 영역에 해당한다 할 것이다) 현재 계속되고 있는 방해의 원인을 제거하는 것을 내용으로 하기 때문이다. 사안에서 토지에 甲이 매립에 동의하지 않은 쓰레기가 매립되어 있다 하더라도 이는 과거의 위법한 매립공사로 인하여 생긴 결과로서 甲이 입은 손해에 해당할 뿐, 그 쓰레기가 현재 甲의 소유권에 대하여 별도의 침해를 지속하고 있다고 볼 수 없으므로 甲은 소유권에 기한 방해제거청구권을 행사할 수 없다.
> 사안에서 불법폐기물은 이미 토지의 일부가 되었다는 점과 乙이 버렸다는 점에서 방해원인(불법폐기물)을 乙이 자기의 사회적 지배범위 안에 두고 있지 않다는 점을 고려해 볼 때 乙에게 방해제거를 청구할 수 없다고 한 법원 판단의 결론은 타당하다.
> 소유권에 기한 방해제거청구권의 요건인 "방해"는 현재에도 계속되고 있는 침해를 의미하고, 법익침해가 과거에 일어나 이미 종결된 경우에는 손해배상청구의 요건인 "손해"에 해당하므로 양자를 구별해야 하는 바, 이처럼 소유권에 기한 방해제거청구권은 방해결과의 제거를 내용으로 하는 것이 되어서는 아니된다. 사안에서 토지에 甲이 매립에 동의하지 않은 쓰레기가 매립되어 있다 하더라도 이는 과거의 위법한 매립공사로 인하여 생긴 결과로서 甲이 입은 손해에 해당할

뿐, 그 쓰레기가 현재 甲의 소유권에 대하여 별도의 침해를 지속하고 있다고 볼 수 없으므로 甲는 소유권에 기한 방해제거청구권을 행사할 수 없다.

---

**위 사례와 비교할 사례**

1) 甲의 X토지 위에 乙이 불법건축물을 지었다. 불법건축물이 건축되고 10년 후에 이러한 사실을 확인한 甲은 X토지를 사용/수익하지 못하자 X토지의 반환청구와 함께 방해제거청구권을 행사하여 건물의 철거를 주장하였다. 甲의 이 주장은 인용될 수 있는가?

2) 위 사안에서 乙은 불법건축물을 丙에게 매도하였다. 甲은 丙에게 이 건물의 철거를 주장할 수 있는가?

| **해설** | 1) 통상적으로 판례는 이와 같은 경우에 방해제거청구를 통하여 건물철거를 주장할 있다고 한다. 그러나 위 대판 2003.3.28, 2003다5917의 취지에 따르면 손해배상은 청구할 수 있지만 방해제거청구권은 행사할 수 없을 것이다. 위 판결의 법리에 의하면 건물의 신축이 완성된 후에는 방해는 종료되고 손해(침해의 결과)만 남았다고 보아야 할 것이기 때문이다. 결국 방해와 손해를 구별하는 기준(침해의 진행 또는 그 종결)은 명확하지 않다. 사안과 같이 불법건축물이 완성된 경우 침해가 진행되고 있는지 종결되었는지는 보는 시각에 따라 달리 평가될 수 있다.
2) 현재의 점유자인 丙을 상대로 방해제거청구권을 행사하여 건물철거를 주장할 수 있다. 현재 방해상태를 지배하고 있기 때문이다.

## 2. 소유물방해예방청구권

소유물방해예방청구권이란 소유자가 소유권을 방해할 염려가 있는 행위를 하는 자에 대해 그 예방이나 손해배상의 담보를 청구할 수 있는 권리를 말한다($\substack{제214조 \\ 후단}$).

이 청구권을 행사하기 위해서는 청구권자에게 소유권이 있어야 한다. 또한 상대방의 소유권을 방해할 염려가 있어야 한다. 청구의 상대방은 방해를 일으킬 염려가 있는 사정을 자신의 사회적 지배범위 내에 가지고 있는 자를 말한다. 방해의 염려는 방해가 현존하지는 않지만 장래 발생할 개연성이 있는 것을 말하는데, 객관적으로 근거가 있는 상당한 개연성을 가져야 하고, 관념적 가능성만으로는 부족하다($\substack{대판 1995.7.14, \\ 94다50533}$).

위 요건을 갖출 경우 소유자는 방해의 예방청구나 손해배상의 담보청구 중 선택적으로 청구할 수 있다.

---

**요건사실론** 소유권에 기한 부동산 인도(와 철거)청구의 요건사실론

### 1. 소송물

인도 청구의 경우 소송물은 소유권에 기한 부동산인도 청구권으로서 소유물반환청구권($\substack{제213 \\ 조}$)의 성격을 갖고, 철거 청구의 경우 소송물은 대지 소유권에 기한 지상건물철거 청구권으로서 소유물

방해제거청구권($\overset{\text{제214}}{\text{조}}$)의 성격을 갖는다.

### 2. 청구원인

(1) 인도 청구의 경우 ① 원고의 목적물 소유와 ② 피고의 목적물 점유가 청구원인사실이다.

위 ①의 원고의 소유는 소유권이 원고에게 귀속되어 있다는 권리관계가 아니라 소유권 취득의 원인이 되는 구체적인 사실을 의미한다. 원고는 목적물에 관하여 자기 앞으로 소유권이전등기를 마친 사실을 증명함으로써 소유 사실을 추정받을 수 있다.

위 ②의 피고의 점유는 직접 점유사실을 의미한다. 불법점유를 이유로 부동산인도를 청구하려면 현실적으로 그 부동산을 점유하고 있는 자를 상대로 해야 한다. 따라서 제3자에게 부동산을 임대한 간접점유자를 상대로 소유권에 기한 인도 청구를 하는 것은 주장 자체로 이유 없다.[1]

건물 소유자는 현실적으로 건물이나 그 대지를 점거하고 있지 않더라도 그 건물의 소유를 위하여 그 대지를 점유한다.

반면 건물 소유자 이외의 자가 건물을 점유하고 있는 경우, 특별한 사정[2]이 없는 한 위 건물 점유자를 그 대지를 점유하는 자로 볼 수 없으므로 위 건물 점유자를 상대로 대지인도 청구를 할 수 없다(단, 아래 2항에서 보는 바와 같이 건물로부터의 퇴거 청구는 할 수 있다).

(2) 지상건물 철거의 청구원인사실은 ① 원고의 토지(대지) 소유와 ② 피고의 지상건물에 대한 처분권이다.

원칙적으로는 건물 소유자에게 그 철거처분권이 있지만, 그 건물을 매수하여 점유하고 있는 자는 등기부상 아직 소유자로서의 등기명의가 없다고 하더라도 그 권리의 범위 내에서 점유 중인 건물에 대하여 법률상·사실상 처분을 할 수 있는 지위에 있으므로 토지소유자는 위 건물 점유자를 상대로 건물철거를 청구할 수 있다.[3]

### 3. 항변 등

(1) 피고에게 목적물을 점유할 정당한 권한이 있다($\overset{\text{제213조}}{\text{단서}}$)는 것은 항변사유이다.[4] 지상권(특히 법정지상권이 많이 문제된다)·전세권·유치권과 같은 제한물권, 임차권과 같은 채권적 권리, 동시이행항변권이 이에 해당된다.

(2) 매수인인 피고가 아직 소유권이전등기를 경료받지 아니하였다 하여도 매매계약의 이행으로 그 토지를 인도받은 때에는 매매계약의 효력으로서 이를 점유·사용할 권리가 생기게 된다. 피고가 이러한 점유권한의 항변을 함에 대하여 원고는 매매계약이 해제되었다는 재항변을 할 수 있다.

(3) 피고가 대지에 관하여 취득시효완성을 원인으로 하는 소유권이전등기청구권을 취득한 경

---

1) 그러나 불법점유를 이유로 하지 않는 경우에는 간접점유자를 상대로 인도를 청구할 수 있다. 따라서 임대인이 임대차계약 종료로 인한 원상회복으로서 목적물의 반환을 구하는 경우 임차인은 그 목적물을 직접점유하지 않고 있다는 이유로 그 반환을 거부할 수 없다.

2) 예컨대 위 점유자가 미등기건물을 양수하여 건물에 관한 사실상의 처분권을 보유하게 됨으로써 그 대지 역시 아울러 점유하고 있다고 볼 수 있는 등의 사정.

3) 미등기건물에 관하여 대판 1988.5.10, 87다카1737, 등기건물에 관하여 대판 1986.12.23, 86다카1751 참조.

4) 제200조에 규정한 점유자의 권리추정의 규정은 특별한 사정이 없는 한 부동산 물권에 대하여는 적용되지 않기 때문이다.

우, 아직 소유권이전등기를 마치지 않았다고 해서 원고가 대지의 인도와 그 지상건물의 철거를 청구할 수는 없으므로, 피고의 20년간의 대지 점유는 항변사실이 된다. 이에 대하여 원고는 취득시효가 중단되었다거나 피고가 시효이익을 포기하였다는 재항변을 할 수 있다

---

**요건사실론** 소유권에 기한 부동산 퇴거청구의 요건사실론

### 1. 소송물
대지 소유권에 기한 건물퇴거 청구의 소송물은 소유물방해제거청구권($\substack{제214\\조}$)이다.

### 2. 청구원인
① 원고의 토지(대지) 소유와 ② 피고의 제3자 소유 지상건물 점유가 청구원인사실이다.
토지 소유자는 그 지상건물 소유자에 대하여는 그 건물에서 퇴거할 것을 청구할 수 없다.

### 3. 항 변
피고가 건물에 관하여 유치권이나 대항력을 가진 임차권을 취득하였다는 것은 적법한 항변사유가 되지 못 한다.[5]

---

**요건사실론** 소유권에 기한 소유권이전등기말소 청구의 요건사실론

### 1. 소송물
부동산 소유자가 타인 명의로 마쳐진 소유권이전등기가 원임무효임을 주장하여 그 말소를 구하는 경우 소송물은 당해 등기의 말소등기청구권이다.[6]

### 2. 청구원인
청구원인은 ① 원고의 소유, ② 피고 명의의 소유권이전등기, ③ 등기의 원인무효이다.
위 ①의 소유는 소유권이 원고에게 귀속되어 있다는 권리관계가 아니라 소유권 취득의 원인이 되는 구체적인 사실을 의미한다.
위 ②는 원고의 소유권에 대한 방해에 해당한다. 그런데 등기의무자, 즉 등기명의인이거나 그 포괄승계인이 아닌 자를 상대로 한 등기의 말소절차이행을 구하는 소는 당사자적격이 없는 자를 상대로 한 부적법한 소이므로,[7] 위 ②는 소송요건에도 해당하게 된다.
등기에 관한 실체적 또는 절차적 원인무효 사유가 위 ③에 해당한다.

---

5) 유치권에 관하여 대판 1989.2.14, 87다카3073, 임차권에 관하여 대판 2010.8.19, 2010다43801.
6) 소송물 동일성 식별의 표준이 되는 청구원인, 즉 말소등기청구권의 발생원인은 당해 등기원인의 무효이므로, 등기원인의 무효를 뒷받침하는 개개의 사유(예를 들어 매매의 취소나 불성립)는 독립된 공격방어방법에 불과하여 별개의 청구원인을 구성하지 않는다.
7) 대판 2019.5.30, 2015다47105.

### 3. 항변 등

**가. 원고의 소유에 관한 항변**

원고 명의의 소유권이전등기로 인하여 원고 소유로 법률상 추정을 받는 경우, 피고는 위 소유권이전등기가 원인 무효임을 주장·증명함으로써 위 추정을 번복시킬 수 있다.[8]

**나. 피고 명의 등기의 효력에 관한 항변**

피고는 원고가 주장하는 등기원인의 무효 사실과 양립하는 별개의 사유를 들어 등기원인의 유효를 주장할 수 있다. 예를 들어, 원고가 등기원인의 무효 사유로서 피고가 목적 부동산을 무권대리인으로부터 매수하였다고 주장하는 경우 피고는 원고가 매매계약을 추인하였다고 주장할 수 있다.

피고는 자신 명의의 등기가 실체적 권리관계에 부합하여 유효라는 항변을 할 수 있다. 등기원인이 매매인 경우, 피고는 매매계약 체결 사실에 더하여 대금 완불 사실이나 대금 완불 전에 소유권이전등기를 하기로 하는 특약이 있었다는 사실을 주장·증명해야 한다.[9]

---

## 제5절 공동소유(共同所有)

## 제1관 개 설

### 1. 공동소유의 의의와 그 유형

공동소유란 1개의 물건을 2인 이상의 다수인이 공동으로 소유하는 것을 말한다. 종래 의용 민법은 공동소유의 형태로 공유만을 인정하고 있었으나 현행 민법은 공유, 합유, 총유를 모두 인정하고 있다.

공동소유의 유형은 다수인의 인적 결합형태를 반영한다는 점에서 공동소유자 간의 인적 결합형태에 따라 공동소유형태가 정해진다. 다수인의 결합형태로는 사단과 조합이 있다. 사단에는 권리능력이 있는 사단(사단법인)과 권리능력이 없는 사단이 있고, 조합에는 수인이 공동목적을 갖고 결합된 합수적 조합과 공동목적을 위한 결합관계가 없는 지분적 조합이 있다.

---

8) 이는 피고 명의 소유권이전등기가 원고 명의 소유권이전등기로부터 전전하여 경료된 것으로서 그 효력이 선행하는 원고 명의 소유권이전등기의 유효함을 전제로 하는 경우에도 적용된다. 원고의 소유권이 인정되지 않는다면 피고 명의 소유권이전등기가 무효라 하더라도 청구가 인용될 수 없기 때문이다.

9) 대금이 전부 지급되지 아니하였다면 그 대금완불 전에 미리 소유권이전등기를 하기로 하는 특약이 없는 한 그 등기로써 실체관계에 부합한다고 할 수 없기 때문이다.

## 2. 인적 결합형태에 따른 공동소유의 형태 개관

### (1) 공 유

공유란 다수인들 사이에 물건을 공동으로 소유한다는 점 외에 결합관계가 존재하지 않는 지분적 조합의 소유형태를 말한다. 이는 가장 개인주의적인 공동소유형태로 물권에 대한 지배권능은 수인의 공유자에게 지분의 형태로 분속되지만, 각 공유자가 갖는 물건에 대한 지배권능은 상호독립적이므로 각자는 자유롭게 자기의 지분을 처분할 수 있고, 공유물의 분할을 청구할 수 있다.

### (2) 합 유

합유란 합수적 조합의 소유형태를 말한다. 합유에서도 조합의 구성원은 조합재산에 대한 지분을 갖지만, 수인의 조합원들은 공동목적으로 결합되어 있기 때문에 지분의 양도와 합유물의 분할청구는 제한된다.

### (3) 총 유

총유란 다수인이 '권리능력 없는 사단'을 구성하여 물건을 소유하는 형태를 말한다. 권리능력 없는 사단은 그 본질이 사단이므로 조합과 달리 단체성이 전면에 나타난다. 그러나 사단법인과 달리 권리능력이 없기 때문에 물건에 대한 지배권능이 단체의 구성원인 개인과 단체에 분속될 수밖에 없다. 즉 단체는 사원총회를 통하여 물건의 관리·처분에 관한 권능을, 단체의 구성원은 이를 사용·수익할 권능을 가진다.

# 제 2 관 공유(共有)

## 1. 서 설

### (1) 공유의 개념과 법적 성질

공유란 공동목적을 위한 인적 결합관계가 없는 수인이 지분에 의하여 물건을 소유하는 공동소유의 형태이다$\binom{\text{제262조}}{\text{제1항}}$.

법적 성질에 관하여 학설은 1개의 물건에 대해 1개의 소유권이 분량적으로 분할되어 수인에게 속하고 있는 상태로 이해하는 양적 분할설(다수설)과 1개의 물건 위에 수인이 각각 1개의 소유권을 갖지만 각 소유권이 일정한 비율로 제한을 받으며, 그 내용의 총체가 결국 독립한 1개의 소유권의 내용과 같은 상태로 이해하는 다수소유권경합설이 대립한다. 판례는 양적 분할설에 입각한 것으로 평가되는 것$\binom{\text{대판 1991.11.}}{\text{12, 91다27228}}$과 다수소유권경합설에 입각한 것으로 평가되는 것 $\binom{\text{대판 1965.11.}}{\text{9, 65다1445}}$이 있다. 일물일권주의의 원칙상 양적 분할설이 타당하다.

### (2) 공유의 성립

공유는 법률행위에 의하여 성립하는 경우와 법률의 규정에 의하여 당연히 성립되는 경우가 있다.

### (가) 법률행위에 의한 성립

동업체 아닌 수인이 하나의 물건을 양수하거나 자기 물건의 지분권을 양도한 경우와 같이 1개의 물건을 수인이 공동으로 소유한다는 의사의 합치에 의하여 공유는 성립한다. 공유물이 부동산인 경우에는 공유지분등기를 해야 하며$\binom{\text{부등법 제}}{\text{48조 제4항}}$, 등기 · 등록으로 공시되는 물건에는 등기 · 등록을 마쳐야 공유가 성립한다. 공유자가 공유의 등기를 해도, 지분등기를 하지 않으면 지분은 균등한 것으로 추정된다$\binom{\text{제262조}}{\text{제2항}}$.

### (나) 법률의 규정에 의한 성립

민법규정에 의하여 성립하는 공유로는, ① 타인의 물건 속에서의 매장물발견$\binom{\text{제254조}}{\text{단서}}$, ② 주종을 구별할 수 없는 동산의 부합$\binom{\text{제257}}{\text{조}}$ 또는 혼화$\binom{\text{제258}}{\text{조}}$, ③ 건물의 구분소유에서 공용부분$\binom{\text{제215조}}{\text{제1항}}$, ④ 경계에 설치된 경계표, 담, 구거 등$\binom{\text{제239}}{\text{조}}$, ⑤ 귀속불명의 부부재산$\binom{\text{제830조}}{\text{제2항}}$, ⑥ 공동상속재산$\binom{\text{제1006}}{\text{조}}$과 공동포괄수유재산(共同包括受遺財産)$\binom{\text{제1078}}{\text{조}}$ 등이 있다. 공동상속재산에 관해서는 학설상 공유설과 합유설의 대립이 있지만, 판례는 공유설을 취하는 것으로 평가된다$\binom{\text{대판 1996.}}{\text{2.9, 94다}}$ $\binom{61649)}{}\binom{\text{제1006}}{\text{조 참조}}$.

## 2. 공유의 지분

### (1) 지분의 개념

지분의 개념은 공유의 법적 성질에 대한 이해에 따라 달라진다. 양적 분할설에 의하면 지분은 공유물에 대한 소유의 비율을 의미하는데 그 성질이나 효력이 소유권과 동일하고 단지 양적으로 분할되어 있다고 본다. 반면 다수소유권경합설은 지분을 다른 공유자의 소유권에 의해 제한을 받는 소유권으로 이해된다.

### (2) 지분의 비율

(가) 지분의 비율은 공유관계의 발생원인에 의하여 정하여진다. 당사자의 의사에 의한 경우에는, 당사자 간의 계약에 의하여 정하여지고, 법률의 규정에 의한 경우에는, 법률의 규정에 의하여 정하여진다. 그러나 그것이 분명하지 않은 경우에는, 민법은 각 공유자의 지분을 균등한 것으로 추정하고 있다(제262조 제2항). 공유물분할소송에 있어서 등기부상 지분과 실제의 지분이 다른 경우, 지분을 양수하여 등기를 마친 제3자에 대해서는 등기부상의 지분을 기준으로 해야 하지만, 원래의 공유자들 사이에는 실제의 지분이 기준이 된다(대판 2001.3. 9, 98다51169).

(나) 공유지분은 탄력적이다. 즉 공유는 동일물 위에 지분이 서로 제한을 받으면서 존재하는 상태이므로, 서로 제한하는 지분이 소멸하면 다른 지분은 그 범위에서 그가 받고 있던 제한이 풀려 점차로 본래의 단독소유권의 모습에 접근하게 된다. 이를 지분의 탄력성이라 한다. 민법은 이러한 지분의 탄력성을 규정하여, 공유자의 한 사람이 그의 지분을 포기하거나 상속인이 없이 사망한 때에는, 그 지분은 다른 공유자에게 그들의 지분비율로 귀속한다(제267조). 공유물이 부동산인 경우 지분을 포기한 때에는 다른 공유자가 자신에게 귀속될 공유지분에 대하여 이전등기청구권을 가질 뿐이며, 등기해야 공유지분 포기에 따른 물권변동의 효력이 발생한다. 그러나 상속인 없이 사망한 경우에는 별도의 등기가 필요하지 않다. 구분건물의 소유자가 갖는 대지사용권에 대한 지분에는 제267조의 적용이 배제된다(집합건물법 제22조)(대판 2016.10.27, 2015다52978).

---

**사례 45** X토지를 A, B, C가 각 1/3 지분으로 공유하고 있다. A가 자신의 지분을 포기한다는 의사를 B, C에게 표시하였다. A가 포기한 지분은 등기 없이도 다른 공유자에게 지분의 비율로 귀속되는가?
(대판 2016.10.27, 2015다52978 참조)

**해설 45** 귀속되지 않는다.

제267조는 "공유자가 그 지분을 포기하거나 상속인 없이 사망한 때에는 그 지분은 다른 공유자에게 각 지분의 비율로 귀속한다"라고 규정하고 있다. 여기서 공유지분의 포기는 법률행위로서 상대방 있는 단독행위에 해당하므로, 부동산 공유자의 공유지분 포기의 의사표시가 다른 공유자에게 도달하더라도 이로써 곧바로 공유지분 포기에 따른 물권변동의 효력이 발생하는 것은 아니고, 다른 공유자는 자신에게 귀속될 공유지분에 관하여 소유권이전등기청구권을 취득하며, 이후 제186조에 의하여 등기를 해야 공유지분 포기에 따른 물권변동의 효력이 발생한다. 그리고 부동산 공유자의 공유지분 포기에 따른 등기는 해당 지분에 관하여 다른 공유자 앞으로 소유권이전등기를 하는 형태가 되어야 한다. 사안의 경우 공유자인 B, C는 A가 자신의 공유지분을 포기한다는 의사표시를 했더라도 그에 따른 등기를 마치지 않은 이상 곧바로 B, C가 이 사건 지분에 관한 소유권을 취득하였다고 볼 수 없다.

## (3) 지분의 처분

### (가) 처분의 자유

공유자는 지분을 자유로이 처분할 수 있다($^{제263}_{조}$). 즉 다른 공유자의 동의 없이 자기의 지분을 양도하거나, 담보로 제공할 수 있다($^{대판\ 1972.5.}_{23,\ 71다2760}$). 지분양도금지의 특약도 유효하지만 채권적 효력을 가질 뿐이다. 부동산등기법상 공유지분의 처분금지특약은 등기할 수 없으므로 제3자에게 주장하지 못하기 때문이다. 수인이 소유권이전등기청구권을 보존하기 위하여 공동명의로 가등기를 했다면 특별한 사정이 없는 한, 가등기 권리자 중 한 사람은 자신의 지분에 관하여 단독으로 그 가등기에 기한 본등기를 청구할 수 있다($^{대판\ 2002.7.9,\ 2001}_{다43922,43939}$). 공유자가 다른 공유자의 동의 없이 공유물을 처분할 수는 없으나 그 지분은 단독으로 처분할 수 있기 때문이다. 이 때 그 가등기 원인을 매매예약으로 하였다는 이유만으로 가등기 권리자 전원이 동시에 본등기절차의 이행을 청구하여야 하는 것은 아니다. 그러나 집합건물의 구분소유자는 그가 소유하는 전유부분과 분리하여 공용부분에 대한 지분($^{집합건물법}_{제13조\ 제2항}$) 및 대지사용권에 대한 지분을 처분할 수 없다($^{집합건물}_{법\ 제20조}$).

### (나) 처분의 효과

지분의 처분은 소유권의 처분과 동일한 방법에 의한다. 지분양도시 종래 다른 공유자와의 공유관계는 그대로 양수인에게 승계된다. 그러나 부동산의 공유물 분할금지특약은 그 특약이 등기된 경우($^{부동법\ 제}_{67조\ 제1항}$)에만 지분양수인에 대해 효력이 있다고 할 것이다(이와는 달리 등기 여부와 상관없이 지분양수인에게 특약의 효력이 있다는 견해도 있다).

공유관계에 기하여 공유자 상호간에 이미 발생한 개개의 채권·채무(예컨대 관리비채권)는 공유자 각자에게 전속하며 양수인에게는 이전하지 않음이 원칙이다. 다만 집합건물법에서는 예외적으로 공유자인 구분건물 소유자가 공용부분에 관하여 다른 공유자에 대하여 갖는 채권은 그 특별승계인에 대해서도 행사할 수 있도록 하고 있다($^{집합건물}_{법\ 제18조}$).

### (다) 처분의 제한

공유자는 자유롭게 자기의 지분에 담보물권을 설정할 수 있지만, 지분 위에 용익물권을 설정하기 위해서는 공유자 전원의 동의가 필요하다($^{제264}_{조}$). 용익물권 설정의 효과는 공유물 전체에 미쳐서 실질적으로 공유물 전체를 처분하는 결과가 되기 때문이다($^{대판\ 1993.4.}_{13,\ 92다55756}$).

---

**사례 46** A, B, C가 공유물의 지분처분금지의 특약을 했는데 A가 D에게 특약에 위반하여 지분을 양도하여 그 등기를 한 경우 B, C는 A와 D에게 위 특약의 효력을 주장할 수 있는가?

**|해설 46|** B, C는 A에게만 위 특약의 효력을 주장할 수 있다.

지분처분금지특약은 채권적 효력만 있으므로 처분금지특약은 지분을 처분한 A와의 관계에서만 효력이 있다. 이를 지분매수인 D에게 주장할 수 없다. 따라서 탈퇴하는 A에게는 특약 위반으로 인한 손해배상의무만 인정된다. 특약을 위반해서 지분을 D에게 양도했고 특약이 채권적 효력밖에는 없다면 지분권자는 대내외적으로 D이다.

## 3. 공유의 내부관계(공유자간의 법률관계)

### (1) 공유물의 사용 · 수익

공유자는 공유물 전부를 지분의 비율로 사용 · 수익할 수 있다($^{제263조}_{후단}$). 이 뜻은 공유물을 그 비율만큼 배타적으로 사용 · 수익할 수 있다는 것을 의미하지 않는다. 즉 공유자는 공유자라는 이유만으로 공유물 전부뿐만 아니라 지분비율에 상응하는 부분이라도 배타적으로는 사용 · 수익할 수 없다.

공유자 사이에서 공유물의 사용 및 수익 방법의 결정은 공유물의 관리에 해당되므로 지분의 과반수로 정하게 된다($^{제265조}_{본문}$). 이런 의미에서 공유자 중에서 과반수 지분을 갖는 공유자는 자신이 단독으로 공유물의 전부 또는 일부를 배타적으로 사용 · 수익하도록 정할 수 있다. 그러나 이때에도 지분의 범위를 초과하여 사용 · 수익하면 그 사용이익을 부당이득으로 다른 공유자의 지분비율에 따라 다른 공유자에게 반환해야 한다($^{대판\ 2021.12.30,}_{2021다252458}$). 공유물의 사용 · 수익을 통하여 발생한 이익은 공유자의 지분비율로 귀속되어야 하기 때문이다. 즉 과반수 지분을 갖는 공유자는 공유물에 대하여 배타적 사용은 가능하지만 배타적 수익은 불가하다.

주의할 점으로 과반수 지분권자의 허락을 받아 사용 · 수익중인 제3자는 소수 지분권자에 대해서 법률상 원인 없이 이득을 얻은 것으로 볼 수 없다($^{대판\ 2002.5.14,}_{2002다9738}$). 제3자는 과반수 지분권자의 적법한 관리권에 기초하여 적법하게 사용 · 수익한 것이기 때문이다. 이 때 그러한 사용을 허락한 과반수 지분권자가 부당이득을 한 것으로 보아 부당이득반환의무의 주체가 된다.

### (2) 공유물의 관리 및 보존

### (가) 공유물의 관리

1) 공유물의 관리에 관한 사항은 지분의 과반수로 결정한다($^{제265조}_{본문}$)($^{대판\ 1980.9.9,}_{79다1131,1132}$). 공유물의 관리란 공유물의 처분 · 변경에 해당하지 않는 범위내에서 이용 · 개량하여 그 사용가치를 증가시키는 것을 말한다. 이용은 공유물을 경제적 용도에 맞게 활용하는 것이며, 개량은 공유물 가치의 증대시키는 것이다. 예컨대 공유물의 공유자 1인에 의한 단독점유, 공유물의 사용 · 수익의 방법결정(**예** 공유물의 임대차계약 체결 또는 그 계약의 해지 또는 계약갱신 거절의 통지) 등이 이에 해당된다($^{대판\ 2010.9.9,}_{2010다37905}$).

그러나 사용 · 수익의 방법이 공유물의 기존 모습에 본질적인 변화를 일으키는 정도에 이르게 되면 이는 관리행위가 아니라 처분행위 또는 변경행위로 보아야 한다. 예컨대 공유지인 나대지에 새로이 건물을 신축하거나($^{대판\ 2001.11.27,}_{2000다33638,33645}$) 건물신축을 위해 임대해 주는 행위는 처분행위 또는 변경행위에 해당된다.

2) 공유물의 관리에 관한 결정은 공유자의 과반수가 아니라 지분의 과반수에 의한다. 따라서 과반수의 지분을 가진 공유자는 다른 공유자와 관리방법에 대한 사전협의 없이 단독으로 공유물의 관리에 관한 사항을 결정할 수 있다. 예컨대 과반의 지분을 가진 공유자가 공유물의 전부 또는 특정부분을 배타적으로 사용·수익하기로 결정한 것은 공유물의 관리방법으로서 적법하므로 다른 공유자가 공유물에 대한 방해제거청구권을 행사할 수는 없다(대판 2009.6.25, 2009다22235). 이 때 과반수 지분권자에게 불법행위책임은 없지만 지분초과부분에 대한 부당이득의 반환의무가 인정된다. 공유물의 관리는 수익 방법에 대한 것이며 수익의 귀속에 대해서는 소유권에 기하여 지분권자에게 귀속되어야 하기 때문이다.

3) 반면 소수 지분권자 1인이 공유물의 전부 또는 일부를 배타적으로 사용·수익한 경우, 과반수 지분권자는 보존행위로 그의 배타적 사용을 배제하고 반환을 청구할 수 있다(대결 1992.6.13, 92마290). 나아가 다른 공유자는 소수 지분권자라도 자신의 지분침해를 이유로 배타적 사용·수익 중인 소수 지분권자에게 불법행위책임과 부당이득반환을 청구할 수 있다. 그런데 소수 지분권자가 다른 공유자의 동의없이 공유부동산을 타인에게 임대하고 임차보증금을 수령한 경우 이로 인한 차임상당액의 수익 중 자신의 지분비율을 초과하는 부분에 대해서는 부당이득반환의무가 있으나, 임차보증금 자체에 관하여는 부당이득이 없으므로 다른 공유자는 임차인에게 지분비율에 따른 보증금의 반환의무가 없다(대판 1991.9.24, 91다23639). 이와 같은 임대차계약은 다른 공유자의 지분에 관한 한 타인의 물건을 임대한 것과 같은 효력(제569조 참조)이 있으므로 계약당사자인 소수 지분권자가 수령한 임차보증금은 다른 공유자에게 지분별로 귀속되지 않았기 때문에 다른 공유자는 보증금의 반환의무도 없다고 할 것이다.

한편 소수 지분권자는 원고가 되어 공유물을 배타적으로 점유하여 사용·수익하는 다른 소수 지분권자를 피고로 하여 보존행위로서 공유물 전부의 인도를 청구할 수는 없다. 다만 원고는 지분권에 기하여 방해배제청구권을 행사하거나 공동점유를 방해하는 행위의 금지를 청구하여 피고의 위법한 점유상태를 회복할 수 있을 뿐이다(대판(전) 2020.5.21, 2018다287522).

보존행위로서의 전부인도를 부정한 논거로 ⅰ) 이 때 전부의 인도청구는 모든 공유자에게 이익이 되지 않기 때문에 보존행위로 볼 수 없다는 점, ⅱ) 공유물의 전부인도는 피고의 지분비율에 따른 적법한 점유가 침해된다는 점, ⅲ) 전부 인도되면 원고인 소수 지분권자가 공유물을 다시 독점적으로 점유하게 되어 또다른 위법한 상태가 된다는 점, ⅳ) 원고는 지분권에 기하여 방해배제청구권을 행사하여 피고의 위법한 점유상태를 충분히 극복할 수 있음을 제시한다.

4) 과반수로 정한 관리행위의 효력은 공유자 전원에게 효력이 있다. 따라서 과반지분권자가 목적물 전부를 임대한 경우 모든 공유자는 임대인으로서의 권리와 의무가 인정된다.

5) 공유물의 관리에 관한 공유자들의 특약은 특정승계인에 대해서도 승계됨이 원칙이다. 그러나 그 특약이 지분권자로서의 사용·수익권을 사실상 포기하는 등으로 공유지분권의 본질적

인 부분을 침해하는 경우에는 그 특약을 알면서 공유지분권을 취득하였다는 등의 특별한 사정
이 없는 한 승계되지 않는다(대판 2013.3.14, 2011다58701).

---

**사례 47** A, B는 상가건물을 각 1/2지분으로 공유하고 있다. A, B는 C에게 상가를 임대하고, C
는 상가를 인도받고, 사업자등록을 하는 등 대항력을 갖추었다. 그런데 임대기간이 만료되기 1개
월 전에 A는 C에게 갱신거절을 통지하고, C를 상대로 보존행위에 기해 상가건물의 반환을 구하
는 소송을 제기하였다. 이에 대해 C는 공유물인 상가의 임대차계약의 갱신거절은 공유물의 관리
에 관한 사항으로 과반의 지분권자가 아닌 A의 갱신거절은 그 효력이 인정되지 않는다고 주장한
다. C의 주장은 타당한가?                                   (대판 2010.9.9, 2010다37905 참조)

**|해설 47|** C의 주장은 타당하다.
공유자가 공유물을 타인에게 임대하는 행위 및 그 임대차계약을 해지하는 행위는 공유물의 관리
행위에 해당하므로 제265조 본문에 의하여 공유자의 지분의 과반수로써 결정해야 하는바, 상가
건물 임대차보호법이 적용되는 상가건물의 공유자인 임대인이 같은 법 제10조 제4항에 의하여
임차인에게 갱신 거절의 통지를 하는 행위는 실질적으로 임대차계약의 해지와 같이 공유물의 임
대차를 종료시키는 것이므로, 공유물의 관리행위에 해당하고, 따라서 공유자의 지분의 과반수로
써 결정해야 한다.

---

**사례 48** X토지에 A는 지분의 6/10, B, C는 각 2/10씩의 지분을 공유하고 있을 때, A가 관리행
위의 일환으로 위 공유인 X토지위에 자기 소유의 새건물을 신축할 수 있는가?

(대판 2001.11.27, 2000다33638,33645 참조)

**|해설 48|** 불가능하다.
공유자 사이에 공유물을 사용·수익할 구체적인 방법을 정하는 것은 공유물의 관리에 관한 사
항으로서 공유자의 지분의 과반수로써 결정하여야 한다. 다만 그 사용·수익의 내용이 공유물의
기존의 모습에 본질적 변화를 일으켜 '관리' 아닌 '처분'이나 '변경'의 정도에 이르는 것이어서는
안 될 것이고, 예컨대 다수지분권자라 하여 나대지에 새로이 건물을 건축한다든지 하는 것은 '관
리'의 범위를 넘는 것이다. 따라서 사안의 경우 A가 공유지상에 건물을 신축하는 것은 관리행위
로 볼 수 없다.

---

**사례 49** 토지에 A는 지분의 6/10, B, C는 각 2/10씩의 지분을 공유하고 있다.
질문 1) A가 그 토지의 일정부분을 배타적으로 사용·수익하기로 한 경우에 이는 적법한 것인가?
질문 2) A가 자신의 지분비율을 넘어 전체의 토지를 제3자에게 임대한 경우 이는 적법한 것인가?
질문 3) 위 사례에서 A가 X토지의 70%를 배타적으로 직접 사용하기로 하는 경우 이는 적법한가?

**|해설 49|**
해설 1) 적법하다.
위 대판 2001.11.27, 2000다33638,33645에 의하면 이러한 결정은 공유물의 관리에 해당되어 과

반수의 지분에 의해 결정되어야 하므로 이는 적법한 것으로 보아야 한다.

**해설 2)** 적법하다.

A의 임대행위가 다른 공유자에 대해서 불법행위가 성립되지 않으나, A가 수령한 임료 등은 부당이득에 해당되어 지분의 비율로 공유자들에게 반환해야 한다.

**해설 3)** 적법하다.

공유물의 관리방법에 해당되는 사용·수익은 이를 적법한 것으로 보아야 하지만, 적어도 지분의 비율을 넘는 부분에 대해서는 이를 부당이득으로 반환해야 한다.

---

**사례 50** A가 사망하자 상속인인 배우자 B, 자녀인 C, D가 A 소유의 X토지에 관한 상속재산분할 협의를 거쳐 각 1/3의 지분비율로 공유하기로 하였다. B, C, D의 합의하에 B가 건물을 신축하고, X토지를 그 건물의 부지로 사용하기로 하였다. 그런데 B의 채권자에 의한 강제경매로 건물 및 X토지에 대한 B의 지분을 E가 취득하게 되었다. 이에 C, D가 E 소유의 건물의 철거를 구하는 소송을 제기하자, E는 종전 공유자들 간의 공유물의 사용에 관한 합의는 자신에게도 승계되므로 과반지분권자인 C, D는 토지의 사용을 용인해야 한다고 주장한다. E의 주장은 타당한가?

(대판 2005.5.12, 2005다1827 참조)

**해설 50** E의 주장은 원칙적으로 타당하다.

공유자 간의 공유물에 대한 사용수익·관리에 관한 특약은 공유자의 특정승계인에 대하여도 당연히 승계된다. 그러나, 제265조는 "공유물의 관리에 관한 사항은 공유자의 지분의 과반수로써 결정한다."라고 규정하고 있으므로, 위와 같은 특약 후에 공유자에 변경이 있고 특약을 변경할 만한 사정이 있는 경우에는 공유자의 지분의 과반수의 결정으로 기존 특약을 변경할 수 있다. 결국 공유자의 변경이 있고, C, D가 과반지분권자이므로, 특약을 변경할 사정이 있는지 여부에 따라 과반지분권자가 특약을 변경할 수 있다.

---

**사례 51** X토지를 A, B, C가 공유하면서, X토지를 C 소유의 신축건물의 부지로 무상으로 무기한 동안 제공하기로 하는 특약을 했다. 이러한 특약을 모르고 A의 공유지분을 취득한 D가 그 특약을 승계하는가?

(대판 2009.12.10, 2009다54294 참조)

**해설 51** 승계되지 않는다.

공유물의 관리에 관한 사항은 공유자의 지분의 과반수로써 결정하고, 공유자간의 공유물에 대한 사용수익·관리에 관한 특약은 공유자의 특정승계인에 대하여도 당연히 승계된다고 할 것이나, 공유물에 관한 특약이 지분권자로서의 사용·수익권을 사실상 포기하는 등으로 공유지분권의 본질적 부분을 침해한다고 볼 수 있는 경우에는 특정승계인이 그러한 사실을 알고도 공유지분권을 취득하였다는 등의 특별한 사정이 없는 한 특정승계인에게 당연히 승계되는 것으로 볼 수는 없다.

**(나) 공유물의 보존**

1) 공유물의 보존행위는 공유자 각자가 할 수 있다($\binom{제256조}{단서}$). 보존행위란 공유물의 훼손·멸실을 방지하여 현상을 유지하기 위한 사실상·법률상의 행위를 말한다. 보존행위는 통상 다른 공유자에게도 이익이 되고, 또한 긴급을 요하는 경우가 많기 때문에 각 공유자가 단독으로 할 수 있다. 이러한 입법취지를 고려할 때 어느 공유자의 보존권의 행사결과가 다른 공유자의 이해에 충돌할 때에는 단독으로 보존행위를 할 수 없다($\binom{대판 1995.4.}{7, 93다54736}$).

또한 공유자의 보존행위는 공유자 자신의 지분침해를 전제로 침해된 자신의 지분 범위를 초과하는 부분에 관하여 행사되는 것이므로, 공유자가 자신의 소유지분을 침해하는 지분 범위를 초과하는 부분에 대하여는 공유물에 관한 보존행위로서 소유권을 침해한 등기가 무효임을 주장하면서 그 부분(이는 타공유자의 침해된 공유지분을 말한다)만의 등기말소를 구할 수는 없다($\binom{대판 2010.1.14.}{2009다67429}$). 즉 공유자는 자신의 공유지분의 침해가 있음을 전제로 공유물에 관한 보존행위로 무효인 '등기 전부'의 말소를 구할 수는 있으나, 자기지분권의 침해가 없이 타 공유자의 '지분에 대한 등기'의 말소를 구할 수는 없다. 타 공유자의 지분권을 대외적으로 주장하는 것은 공유물의 멸실 또는 훼손을 방지하고 공유물의 현상을 유지하는 사실적 법률적 행위인 공유물의 보존행위가 아니기 때문이다.

각 공유자는 보존행위로서 제소하면 제3자의 취득시효가 완성되는 것을 중단시킬 수 있지만, 시효중단의 효력은 시효를 중단시킨 공유자의 지분에 한해서만 발생하며 다른 공유자에게는 미치지 아니한다($\binom{대판 1979.6.}{26, 79다639}$).

2) 보존행위로 지분권에 기한 공유물 전부의 반환청구 또는 방해제거청구를 할 수 있다. 또한 공유물의 불법점유자에 대한 손해배상청구는 보존행위로 볼 수 없다($\binom{대판 2008.4.24.}{2007다44774}$). 이 경우 공유자 1인은 자신의 지분권침해를 이유로 단독으로 자신의 지분에 대응한 비율의 한도 내에서만 부당이득반환청구 또는 손해배상청구를 할 수 있을 뿐이다.

---

**사례 52** X토지를 A, B, C가 각 1/3 지분으로 공유하고 있다. D가 서류를 위조하여 X토지에 대한 소유권이전등기를 경료한 경우, 1/3 지분권자인 A가 D를 상대로 소유권이전등기 전부의 말소를 구할 수 있는가? (대판 1993.5.11. 92다52870 참조)

**해설 52** 소유권이전등기 전부의 말소를 청구할 수 있다.

부동산의 공유자의 1인은 당해 부동산에 관하여 제3자 명의로 원인무효의 소유권이전등기가 경료되어 있는 경우, 공유물에 관한 보존행위로서 제3자에 대하여 그 등기 전부의 말소를 구할 수 있다.

---

**사례 53** X토지를 A, B가 각 1/2 지분으로 공유하고 있다. C가 증여계약서를 위조하여 X토지에 대한 소유권이전등기를 경료했다. 이에 1/2 지분권자인 A가 C를 상대로 소유권이전등기 전부의

말소를 구하는 소송을 제기하였다. 그런데 B가 법정에 증인으로 출석하여 증여계약서를 C가 위조한 것은 사실이나 실제 C에게 자신의 지분을 증여할 의사가 있음을 증언하였다. 이 경우 A가 보존행위로 C 명의의 소유권이전등기의 전부말소를 구하는 청구는 타당한가?

(대판 1995.4.7, 93다54736 참조)

**해설 53** A의 청구는 자신의 지분범위 내에서만 타당하지만, B의 지분범위 내에서는 보존행위가 아니므로 부당하다.

공유물의 보존행위는 공유물의 멸실·훼손을 방지하고 그 현상을 유지하기 위하여 하는 사실적·법률적 행위로서 이러한 공유물의 보존행위를 각 공유자가 단독으로 할 수 있도록 한 취지는 그 보존행위가 긴급을 요하는 경우가 많고 다른 공유자에게도 이익이 되는 것이 보통이기 때문이므로 어느 공유자가 보존권을 행사하는 때에 그 행사의 결과가 다른 공유자의 이해와 충돌될 때에는 그 행사는 보존행위로 될 수 없다.

**사례 54** X토지를 A, B가 각 1/2 지분으로 공유하고 있다. 그런데 C가 서류를 위조하여 B의 지분을 증여를 원인으로 하여 이전받아 공유자가 되었다. 이에 대해 공유자 A는 보존행위로 B지분의 C 명의로의 지분이전등기의 말소를 구할 수 있는가? (대판 2010.1.14, 2009다67429 참조)

**해설 54** A는 C의 지분등기의 말소를 구할 수 없다.

부동산 공유자의 1인이 다른 공유자의 지분권을 대외적으로 주장하는 것을 공유물의 멸실·훼손을 방지하고 공유물의 현상을 유지하는 사실적·법률적 행위인 공유물의 보존행위에 속한다고 할 수 없으므로, 자신의 소유지분을 침해하는 지분범위를 초과하는 부분에 대하여 공유물에 관한 보존행위로서 무효라고 주장하면서 그 부분 등기의 말소를 구할 수는 없다.

**사례 55** A, B가 각 2/3, 1/3 지분으로 X토지를 공유하고 있는데, A가 B와 협의 없이 토지를 C에게 임대하고, C는 토지를 임차하면서 매월 임대료 300만원을 A에게 지급하고 있다. B는 C를 상대로 토지의 반환 및 부당이득반환을 구한다. B의 청구는 타당한가?

(대판 2002.5.14, 2002다9738 참조)

**해설 55** B의 청구는 부당하다.

과반수 지분의 공유자가 그 공유물의 특정 부분을 배타적으로 사용·수익하기로 정하는 것은 공유물의 관리방법으로서 적법하므로, 과반수 지분의 공유자로부터 사용·수익을 허락받은 점유자에 대하여 소수 지분의 공유자는 그 점유자가 사용·수익하는 건물의 철거나 퇴거 등 점유배제를 구할 수 없다.

또한 과반수 지분의 공유자는 그 공유물의 관리방법으로서 그 공유토지의 특정된 한 부분을 배타적으로 사용·수익할 수 있으나, 그로 말미암아 지분은 있되 그 특정 부분의 사용·수익을 전혀 하지 못하여 손해를 입고 있는 소수 지분권자에 대하여 그 지분에 상응하는 임료상당의 부당이득을 하고 있으므로 이를 반환할 의무가 있다. 그러나 그 과반수 지분의 공유자로부터 다시 그 특정 부분의 사용·수익을 허락받은 제3자의 점유는 다수지분권자의 공유물관리권에 터잡은

> 적법한 점유이므로 그 제3자는 소수 지분권자에 대하여도 그 점유로 인하여 법률상 원인 없이 이득을 얻고 있다고는 볼 수 없다.

### (3) 공유물의 처분과 변경

공유지분은 처분의 자유가 인정되는 것과는 달리, 공유물의 처분과 변경에는 제한이 있다. 즉, 공유자는 다른 공유자의 동의 없이 공유물을 처분하거나 변경하지 못한다(제264조). 동의는 공유자 전원의 동의를 의미하는데, 동의는 사전 또는 사후를 불문한다. 처분에는 사실상의 처분과 법률상의 처분이 포함되는데, 공유물의 매도와 담보권의 설정은 법률상 처분에 해당한다. 용익물권의 설정이 공유물의 처분에 해당하는지에 관하여 부정설과 긍정설이 대립하나, 판례는 긍정설의 입장이다(대판 1993.4. 13, 92다55756). 변경이란 건물의 건축·토지의 개간·동산의 가공 등과 같이 목적물이 멸실되지 않는 범위 내에서 목적물의 성질을 바꾸는 것을 말한다.

공유자 1인에 의한 처분행위는 그 공유자의 지분범위 내에서만 유효하고, 지분범위를 넘는 부분은 무효가 된다. 따라서 공유자가 공유부동산 전부를 이전등기한 경우 자기 지분부분만큼의 이전등기는 실체관계에 부합하므로 유효하다(대판 1994.12.2, 93다1596). 매수인과의 관계에서 이와 같은 처분행위는 다른 공유자의 지분범위 내에서는 타인권리의 매매(제569조 이하)에 해당된다고 할 것이다.

> **사례 56** A, B, C가 공유(각 지분 1/3)하는 부동산 X를 D가 매수하고자 하는데, A, B는 매도를 원하나 C는 이를 원하지 않았다. A와 B가 X를 D에게 처분하여, D가 이전등기를 마친 경우에 C는 이전등기의 말소를 주장할 수 있는가? (대판 1986.8.19, 86다카549 참조)
>
> **|해설 56|** C의 지분범위 내에서의 이전등기의 말소를 주장할 수 있을 뿐이다.
> A, B, C 공유인 부동산에 관하여 A와 B가 C의 승낙없이 임의로 D에게 매도하여, D가 이전등기를 하였더라도 그 등기 가운데 A, B의 지분에 관한 한 그 부분은 실체관계에 부합한다고 할 것이어서 C는 D에게 그 등기전부의 말소를 주장할 수 없고, 자신의 지분인 1/3의 범위 내에서 이전등기의 말소를 주장할 수 있다.

### (4) 공유물에 대한 부담

공유자는 지분비율로 공유물의 관리비용, 기타 의무를 부담한다(제266조 제1항). 이 규정은 공유자들 사이의 내부적 부담관계에만 적용되는 규정이다. 관리비용은 공유물의 유지·개량을 위하여 지출한 비용을 말하고, 기타 의무는 공유물에 대한 세금 등을 말한다. 공유물의 관리비용은 각 지분비율로 분담한다는 제266조 제1항의 규정은 내부적인 부담관계에 관한 규정일 뿐이다. 따라서 공유물 관리를 위하여 과반지분권자가 단독으로 체결한 제3자와의 공사계약에 기하여 제3자가 비용을 지출했더라도 원칙적으로 공사비용의 부담주체는 그 과반지분권자만이다(대판

$\left(\begin{smallmatrix} 2009.11.12, 2009 \\ 다54034,54041 \end{smallmatrix}\right)$. 이때 비용을 지급한 공유자는 다른 공유자에게 지분비율만큼의 공사비의 상환을 청구할 수 있을 뿐이다.

공유자 전체가 관리비용의 부담주체로 정해지는 경우, 지분비율은 내부적 부담부분을 정하는 기준일 뿐이며 대외적으로 공유물에 대한 부담은 원칙적으로 불가분채무이므로, 공유자들은 제3자에 대해서는 각자가 전부를 이행할 의무를 진다$\left(\begin{smallmatrix} 대판 1985.4.9. \\ 83다카1775 \end{smallmatrix}\right)$. 예컨대 공유물에 관하여 공동으로 임대를 하면서 수령한 임차보증금의 반환채무$\left(\begin{smallmatrix} 대판 1998.12. \\ 8, 98다43137 \end{smallmatrix}\right)$, 공유물의 인도채무 등은 불가분채무이다.

공유자가 이러한 의무이행을 1년 이상 지체한 때에는, 다른 공유자는 상당한 가액을 제공하고 그의 지분을 매수할 수 있다$\left(\begin{smallmatrix} 제266조 \\ 제2항 \end{smallmatrix}\right)$. 지분매수청구권은 형성권이지만 매수대상이 되는 지분 전부에 대한 매매대금을 제공하거나 지급한 후에야 매수청구권을 행사할 수 있다$\left(\begin{smallmatrix} 대판 1992.10. \\ 9, 92다25656 \end{smallmatrix}\right)$.

---

**사례 57** 상가건물 중 구분소유한 1실을 A, B, C가 각 1/3지분의 비율로 공유하면서 숙박업으로 운영 중이다. 상가건물의 관리업체와 사이에 체결된 관리계약에 따른 관리비는 공유자들이 어떻게 부담하는가? (대판 2009.11.12, 2009다54034,54041 참조)

**|해설 57|** 연대하여 지급할 의무를 부담한다.

공유자가 공유물의 관리에 관하여 제3자와의 사이에 계약을 체결한 경우에 그 계약에 기하여 제3자가 지출한 관리비용의 상환의무를 누가 어떠한 내용으로 부담하는가는 일차적으로 당해 계약의 해석으로 정하여진다. 공유자들이 공유물의 관리비용을 각 지분의 비율로 부담한다는 내용의 제266조 제1항은 공유자들 사이의 내부적인 부담관계에 관한 규정일 뿐이다. 한편 상법 제57조는 "수인이 그 1인 또는 전원에게 상행위가 되는 행위로 인하여 채무를 부담한 때에는 연대하여 변제할 책임이 있다"고 정하고, 숙박업은 공중접객업으로서 거기에 정하는 상행위에 해당한다$\left(\begin{smallmatrix} 상법 제151조, \\ 제46조 9호 참조 \end{smallmatrix}\right)$. 따라서 공유자들은 상사채무로서 연대하여 관리비 전액을 지급할 의무를 부담한다.

---

### (5) 지분의 대내적 주장

지분은 대내적으로도 소유권과 성질이 같기 때문에 다른 공유자의 지분에 의하여 일정한 비율로 제한을 받는다는 점을 제외한다면 하나의 독립한 소유권과 같다. 그러므로 각 공유자는 단독으로 다른 공유자에 대하여 자기의 지분을 주장할 수 있다.

### (가) 지분확인청구권

공유자가 다른 공유자에 대하여 지분의 확인을 구하는 경우에는 단독으로 자기의 지분을 부인하거나 또는 다투는 자만을 상대방으로 하여 지분확인의 소를 제기할 수 있다$\left(\begin{smallmatrix} 대판 1994.11. \\ 11, 94다35008 \end{smallmatrix}\right)$. 이 소송은 필수적 공동소송이 아니며, 기판력은 소의 당사자 사이에서만 효력이 생긴다.

### (나) 지분권에 기한 등기청구권

공유물이 어떤 공유자의 단독명의로 등기되어 있는 경우, 각 공유자는 다른 공유자에 대하여 지분의 이전등기를 청구할 수 있고, 다른 공유자의 초과지분등기에 의해 자신의 지분이 침해되었다면 초과지분등기의 말소와 자기 지분에 대한 이전등기를 청구할 수 있다$\binom{\text{대판 1991.9.}}{\text{10, 91다2984}}$.

### (다) 지분권에 기한 방해제거청구권

어느 공유자가 지분 비율에 따라 공유물을 사용하는 것이 소수지분권을 갖는 다른 공유자에 의해 방해당하고 있는 경우, 방해받는 공유자는 비록 소수 지분권자라도 방해한 공유자에 대하여 공유물의 반환 또는 방해제거를 청구할 수 있다. 그 근거로 판례는 반환 또는 방해제거가 보존행위이기 때문에 가능하다고 한다$\binom{\text{대판(전) 1994.3.22, 93}}{\text{다9392,93다9408 참조}}$.

## 4. 공유의 외부관계(공유자와 제3자의 법률관계)

### (1) 지분의 대외적 주장

지분은 대외적으로도 소유권의 성질과 같기 때문에 제3자가 공유물을 점유하고 있는 경우 각 공유자는 그 지분의 비율에 따라서 점유의 반환을 청구할 수 있다. 나아가 공유자 1인이 지분에 의해 단독으로 자기에게 공유물 전부의 인도를 청구할 수 있는가? 학설과 판례는 이를 긍정한다$\binom{\text{대판 1993.7.}}{\text{27, 92다50072}}$. 그 근거에 관해서 판례는 이를 보존행위임을 이유로 한다$\binom{\text{대판 1968.9.17,}}{\text{68다1142,68다1143}}$. 이와는 달리 각 공유자는 물권적 청구권을 갖는데, 이는 불가분채권에 해당되므로 불가분채권에 관한 규정$\binom{제409}{조}$을 유추하여 각 단독으로 공유물 전부의 인도를 청구할 수 있다는 견해도 있다.

또한 제3자가 공유물의 이용을 방해하는 경우 각 공유자는 단독으로 공유물 전부에 대한 방해의 제거를 청구할 수 있다$\binom{\text{대판 1996.2.}}{\text{9, 94다61649}}$. 방해제거청구는 공유물의 보존행위이기 때문이다. 그러나 이 경우에도 청구에 따른 시효중단의 효력은 반환 또는 방해제거를 청구한 공유자의 지분에만 미치고$\binom{\text{대판 1979.6.}}{\text{26, 79다639}}$, 취득시효가 진행되어 그 결과 시효취득이 되면 시효중단을 시킨 자와 시효취득자가 공유물을 공유하게 된다.

### (2) 공유관계의 대외적 주장

공유관계, 즉 공유물에 대한 전체로서의 소유관계의 주장은 공유자 이외의 제3자에 대한 대외적 주장을 말한다. 전체로서의 공유관계를 주장함으로써 그 확인을 청구하거나 등기를 청구하거나 시효를 중단하려는 경우, 각 공유자가 단독으로 할 수는 없고 공유자 전원이 해야 한다(필수적 공동소송설).

판례는 공유관계의 주장은 각 공유자에게 확인의 이익이 없는 한, 단독으로 할 수 없으며, 공유물 전체에 대한 소유관계 확인도 이를 다투는 제3자를 상대로 공유자 전원이 해야 한다고 한다$\binom{\text{대판 1994.11.}}{\text{11, 94다35008}}$. 공유자 일부가 제3자를 상대로 공유관계를 주장하는 것은 타공유자의 지분의 확인을 구하는 것이고, 이 경우 타인의 권리관계의 확인을 구하는 소에 해당한다고 보기 때문이다. 다만 공유물의 보존행위에 해당하는 경우에는 공유관계의 대외적 주장 여부를 불문하고 각 공유자가 단독으로 소제기하는 것을 허용한다(대판 1993.5.11. 92다52870. 공유부동산이 제3자 명의로 원인무효의 소유권이전등기가 경료되어 있는 경우, 공유자 1인이 공유물에 관한 보존행위로서 제3자에 대하여 그 등기 전부의 말소를 구할 수 있다고 한 사례).

### 5. 공유물의 분할

#### (1) 공유물분할의 자유

공유물분할은 공유지분을 청산하여 공유관계를 해소하는 것을 말한다. 보통 공유자들은 상호간의 지분의 교환 또는 매매를 통하여 공유물을 단독소유하거나 공유물을 매각하여 그 대금을 지분별로 나누어 갖는 방법으로 공유관계가 해소된다. 공유자는 언제든지 공유물의 분할을 청구하여 공유관계를 해소할 수 있다(제268조 제1항 본문). 공유는 합유·총유와는 달리 공유자 사이에 인적 결합관계가 없고, 어떤 사정으로 목적물을 부득이 공동으로 소유하고 있는 상태이기 때문에 각 공유자는 언제든지 공유물의 분할을 청구할 수 있다. 그러나 공동명의수탁을 받은 경우와 같이 공유물분할을 하는 것이 명의신탁의 목적에 반하고 신탁자가 명의신탁을 한 취지에도 어긋나는 경우에는 공유물분할이 인정되지 않는다. 예컨대 종중의 재산을 보존하고 함부로 처분하지 못하게 하기 위하여 다수의 종중원에게 공동으로 명의신탁한 경우에 공유물분할을 인정하면 그 취지에 반하므로 분할청구를 인정하지 않는다(대판 1993.2.9. 92다37482).

공동상속인은 상속재산의 분할에 관하여 공동상속인 사이에 협의가 성립되지 아니하거나 협의할 수 없는 경우에 가사소송법이 정하는 바에 따라 가정법원에 상속재산분할심판을 청구할 수 있을 뿐이고, 그 상속재산에 속하는 개별 재산에 관하여 제268조의 규정에 의한 공유물분할청구의 소를 제기하는 것은 허용되지 않는다(대판 2015.8.13. 2015다18367).

#### (2) 분할의 금지

##### (가) 약정에 의한 분할금지

공유물분할 자유의 원칙에 대한 예외로 민법은 공유자가 계약으로 5년을 넘지 않는 기간 내에서 분할하지 않을 것을 약정할 수 있고(제268조 제1항 단서), 이 약정은 갱신이 가능하지만, 그 기간은 갱신일로부터 5년을 넘지 못하도록 규정한다(제268조 제2항). 이 약정의 효력은 지분의 양수인에게 승계된다. 그러나 부동산의 경우에는 공유물 분할금지특약을 등기해야 제3자에게 효력이 있다(부동법 제67조).

##### (나) 법률의 규정에 의한 분할금지

건물을 구분소유하는 경우의 공용부분(제215조), 경계선상의 경계표(제239조) 등에 관하여는 각 공유자의 일방적 청구에 의한 분할이 인정되지 않는다(제268조 제3항).

### (3) 공유물의 분할청구

각 공유자의 분할청구가 있으면, 공유자들은 분할방법에 관해 협의를 해야 한다. 분할방법에 관하여 협의가 성립하지 않으면 공유자는 법원에 분할을 청구할 수 있다($^{제269조}_{제1항}$). 이러한 공유물분할청구권의 법적 성질에 관해서 학설상 형성권설(통설)과 물권적 청구권설이 있지만, 판례는 이를 형성권으로 이해한다. 따라서 공유관계가 존속하는 한 분할청구권만 독립하여 시효소멸되지 않는다($^{대판\ 1981.3.24.}_{80다1888,1889}$). 형성권설에 의할 때 분할청구가 있으면 다른 공유자의 동의 없이도 분할되어야 할 법률관계가 발생한다. 공유물분할의 당사자는 언제나 공유자 전원이므로, 공유물분할절차에 공유자 전원이 참여해야 한다. 따라서 공유자 중 일부가 누락된 채 분할절차가 진행된 경우 그 분할은 협의분할 또는 재판상 분할을 불문하고 무효이다($^{대판\ 1968.5.21.\ 68다414,415;}_{대판\ 1968.6.25.\ 68다647}$).

한편 공유지분에 대한 강제집행이 곤란한 경우에도 금전채권자의 공유물분할청구권의 대위행사는 허용되지 않는다(대판(전) 2020.5.21. 2018다879. 공유부동산에 존재하는 공동근저당권으로 인하여 채무자인 공유자의 고유지분에 대한 강제집행이 남을 가능성이 없지만, 공유물분할의 방법으로 부동산 전부를 매각하면 각 공유지분의 경매대가에 비례하여 공동근저당권의 피담보채권을 분담하게 되어 채무자인 공유자에게 배분될 몫이 남을 수 있는 경우에도 특정공유자의 금전채권자는 공유물분할청구권을 대위행사하지 못한다).

### (4) 공유물의 분할방법

### (가) 협의에 의한 분할

공유물의 분할은 우선 공유자의 협의에 의한다($^{제268조\ 제1항,}_{제269조\ 제1항}$). 협의에는 공유자 전원이 참여해야 하지만, 반드시 지분에 따라야 할 필요가 없고, 분할방법에 제한이 없다.

협의분할이든 재판상 분할이든 가능한 분할의 방법은 다음과 같다.

1) **현물분할**: 공유물분할의 원칙적인 방법으로 공유자들이 공유물을 양적으로 분할하는 방법이다. 가령 토지를 현물분할할 경우 공유자는 지분비율에 상응하는 토지를 단독소유하게 되는데, 이를 위해 분필등기를 한다.

2) **대금분할**: 공유물을 매각하여 그 대금(代金)을 분할하는 방법이다.

3) **가액보상**: 공유자 중의 1인이 공유물의 소유권을 취득하고, 다른 공유자는 그로부터 자기의 지분에 상당한 가액을 지급받는 방법이다. 가액보상의 경우 지분매매가 이루어진 것으로 볼 수 있기 때문에 매매에 관한 법리가 적용된다.

이상과 같은 방법을 병합해서 정할 수 있고, 공유물의 일부만 분할할 수도 있다.

### (나) 재판에 의한 분할: 공유물분할의 소

### 1) 소송요건

공유자들 사이에 공유물의 분할방법에 관한 협의가 성립하지 않는 경우, 분할을 원하는 공유자는 나머지 공유자들을 상대로 법원에 분할을 청구할 수 있다($^{제269조}_{제1항}$). 즉 공유물분할의 소를 제기하려면, 공유자 사이에 분할에 관한 협의가 성립되지 않아야 한다. 예컨대 공유자들 사이에 의한 공유물분할에 관한 약정이 있는 경우에 재판상 분할청구의 소는 소의 이익이 없어 각하된다($^{대판\ 1995.1.12.\ 94}_{다30348,94다30355}$).

### 2) 소의 성질

공유물분할의 소는 법원이 공유물을 분할함으로써 공유자의 권리관계(각자에게 단독소유권을 취득하게 하는 것)를 확정하는 것을 내용으로 하므로 형성의 소이다($\frac{\text{대판 1969.12.}}{29,\ 68\text{다}2425}$). 그러나 법원은 공유물분할을 청구하는 자가 구하는 분할방법에 구애받지 아니하고 자유로운 재량에 따라 공유관계나 그 객체인 물건의 제반상황에 따라 공유자의 지분 비율에 따른 합리적인 분할을 하면 되는 것이므로 공유물분할의 소는 형식적 형성의 소이다($\frac{\text{대판 2004.10.14,}}{2004\text{다}30583}$). 따라서 공유물분할의 소는 처분권주의나 불이익변경금지의 원칙이 배제되고, 법원은 당사자가 주장하는 방법과 달리 분할을 명하더라도 '원고의 나머지 청구를 기각한다'는 주문이 필요한 것은 아니다.

### 3) 소송의 당사자

공유물분할의 효과는 그 성질상 공유자 전원에게 획일적으로 결정되어야 하기 때문에 공유물분할의 소는 공유자 전원이 소송의 당사자가 되어야 하는 고유필수적 공동소송이다($\frac{\text{대판 2003.}}{12.12,\ 2003\ \text{다}44615,\ 44622}$). 따라서 공유물분할을 원하는 공유자는 원고로서 나머지 공유자 전부를 피고로 하여 소를 제기해야 한다.

### 4) 분할의 방법

현물분할을 원칙으로 하고, 그것이 불가능하거나 현물분할을 하게 되면 현저하게 그 가격을 손상할 염려가 있는 때에는 법원은 목적물의 경매를 명하고, 그 대금을 분할해야 한다($\frac{\text{대판 2011.}}{3.10,\ 2010\ \text{다}92506}$). 대금분할의 요건으로 '현물로 분할할 수 없다'는 것은 그 의미를 물리적으로 엄격하게 해석할 것은 아니고, 공유물의 성질, 위치나 면적, 이용상황, 분할 후의 사용가치 등에 비추어 보아 현물분할을 하는 것이 곤란하거나 부적당한 경우를 포함한다. '현물로 분할을 하게 되면 현저히 그 가액이 감손될 염려가 있는 경우'라는 요건에는 공유자 중 한 사람이라도 현물분할에 의하여 단독으로 소유하게 될 부분의 가액이 분할 전의 소유지분 가액보다 현저하게 감손될 염려가 있는 경우도 포함한다($\frac{\text{대판 1991.11.12, 91다27228;}}{\text{대판 1993.1.19, 92다30603}}$). 가액보상의 방법은 특별히 예외적인 경우에만 인정된다. 즉 공유관계의 발생원인과 공유지분의 비율 및 분할된 경우의 경제적 가치, 분할방법에 관한 공유자의 희망 등의 사정을 종합적으로 고려하여 당해 공유물을 특정한 자에게 취득시키는 것이 상당하다고 인정되고, 다른 공유자에게는 그 지분의 가격을 취득시키는 것이 공유자 간의 실질적인 공평을 해치지 않는다고 인정되는 특별한 사정이 있는 때에는 공유물을 공유자 중의 1인의 단독소유 또는 수인의 공유로 하되 현물을 소유하게 되는 공유자로 하여금 다른 공유자에 대하여 그 지분의 적정하고도 합리적인 가격을 배상시키는 방법에 의한 분할도 현물분할의 하나로 허용된다($\frac{\text{대판 2004.10.14,}}{2004\text{다}30583}$).

**사례 58** A와 B가 8:1의 지분비율로 토지인 서울 종로구 ○○동 ○○○ 대 559.3m²(이하 "X토지"라고 한다)를 공유하고 있다. 그런데 X토지는 공부상 지목 및 현황이 대지로서 도시계획상의 용도지역은 상업지역이고 위 토지주위에는 상가가 밀접해 있다. 한편 분할 당시 건축법의 규정에 의하면 상업지역에서의 건축물의 대지면적의 최소한도는 150㎡이상으로 되어 있다. A가 B를 상대로 공유지분비율에 따라 X토지의 현물분할을 청구하자 법원은 대금분할을 명하였다. 법원의 판단은 타당한가? (대판 1993.1.19, 92다30603 참조)

**|해설 58|** 법원의 대금분할은 타당하다.

재판에 의한 공유물분할은 현물분할의 방법에 의함이 원칙이나 현물분할이 불가능하거나 그것이 형식상 가능하다고 하더라도 그로 인하여 현저히 가격이 감손될 염려가 있을 때에는 이른바 대금분할의 방법에 의하여야 한다.

X토지의 현물분할가능성을 살펴보면, X토지를 A의 주장과 같이 공유지분비율에 따라 9분의 1 지분에 상당한 62.1㎡를 B의 단독소유로 현물분할을 할 경우에 그 부분은 건축물 대지면적의 최소한도 이하의 면적이 되어 그 지상에 건축이 불가능한 대지가 되므로, 건축이 불가능한 대지부분의 가액은 분할 전의 건축이 가능한 대지의 지분가액보다 현저하게 감손될 것이 명백하여 공정한 분할이라고 보기 어렵다. 또한 B의 단독소유가 될 부분의 면적이 최소한 건축가능한 150㎡가 되도록 분할하면 A의 단독소유가 될 부분의 면적이 409.3㎡에 불과하게 되어 분할전의 소유지분가액보다 지나치게 감소된다. 위와 같은 사정에 비추어 보면 X토지를 경매에 붙여 그 대금 중 경매비용을 공제한 나머지 금액을 A·B의 각 지분비율에 따라 분배함이 상당하다.

---

**사례 59** X임야(38,862㎡)는 A·B의 공유인데, A는 B와 사이에 X임야에 대한 분할의 방법에 관하여 협의가 성립되지 아니하자 법원에 X임야의 분할을 청구하는 소를 제기하였다. 이에 법원은 A의 X임야에 관한 공유물분할청구권이 인정된다고 하면서도, "X임야 중 (나)부분 10,428㎡는 A 소유로, (가)부분 27,734㎡는 B 소유로 하고 나머지 (다)부분 700㎡는 종전 지분의 비율로 A·B 공유로 분할한다"고 판시하였다. 법원의 위 판결은 적법한가? (대판 2010.2.25, 2009다79811 참조)

**|해설 59|** 법원의 판결은 공유물분할에 관한 법리를 오해한 위법이 있다.

공유물분할청구의 소는 형성의 소로서 법원은 공유물분할을 청구하는 원고가 구하는 방법에 구애받지 않고 재량에 따라 합리적 방법으로 분할을 명할 수 있으므로, 여러 사람이 공유하는 물건을 현물분할하는 경우에는 분할청구자의 지분 한도 안에서 현물분할을 하고 분할을 원하지 않는 나머지 공유자는 공유로 남게 하는 방법도 허용되나, 적어도 공유물분할을 청구한 공유자의 지분한도 안에서는 공유물을 현물 또는 경매·분할함으로써 공유관계를 해소하고 단독소유권을 인정하여야 하고, 그 분할청구자 지분의 일부에 대하여만 공유물 분할을 명하고 일부 지분에 대하여는 이를 분할하지 아니한 채 공유관계를 유지하도록 하는 것은 허용될 수 없다.

위 법원의 판결 중 (다)부분 700㎡에 대해 종전 지분의 비율로 A·B 공유로 남겨 둔 것은 공유물분할을 청구한 A의 지분한도 안에서는 공유관계를 해소하고 단독소유권을 인정하여야 한다는 법리에 위반된 것이다.

---

**사례 60** A는 그 소유의 X토지상에 무허가건물(이하 "Y건물"이라 한다)을 신축하여 사용하던 중 사망하자 자녀인 B, C가 X토지와 Y건물을 공동으로 상속취득하였다. 그 후 B는 Y건물에 대한

분할청구를 하자 법원은 Y건물에 대해 경매에 의한 대금분할을 명하였다. 법원의 판단은 적법한 가? (대판 2013.9.13. 2011다69190 참조)

**|해설 60|** 적법하지 않다.

건축허가나 신고 없이 건축된 미등기 건물에 대하여는 경매에 의한 공유물분할이 허용되지 않는다. 민사집행법 제81조 제1항 제2호 단서는 등기되지 아니한 건물에 대한 강제경매신청서에는 그 건물에 관한 건축허가 또는 건축신고를 증명할 서류를 첨부하여야 한다고 규정함으로써 적법하게 건축허가나 건축신고를 마친 건물이 사용승인을 받지 못한 경우에 한하여 부동산 집행을 위한 보존등기를 할 수 있게 하였고, 같은 법 제274조 제1항은 공유물분할을 위한 경매와 같은 형식적 경매는 담보권 실행을 위한 경매의 예에 따라 실시한다고 규정하며, 같은 법 제268조는 부동산을 목적으로 하는 담보권 실행을 위한 경매절차에는 같은 법 제79조 내지 제162조의 규정을 준용한다고 규정하고 있으므로, 건축허가나 신고 없이 건축된 미등기 건물에 대하여는 경매에 의한 공유물분할이 허용되지 않는다.

사안에서 Y건물은 등기되지 않았을 뿐 아니라 건축허가나 신고 없이 지어진 것이므로 법원이 Y건물에 대한 공유물분할을 경매에 의하여야 한다고 판단한 것은 부동산 경매의 대상에 관한 법리를 오해하여 위법한 판단을 한 것이다.

### (5) 공유물분할의 효과

#### (가) 소유권의 변동시기

공유물분할로 인해 공유관계가 종료됨에 따라 각 공유자는 분할된 부분에 대해 소유권을 취득한다. 소유권변동의 효력발생시기는 협의분할은 법률행위에 의한 물권변동이므로 등기시, 재판상 분할을 명하는 판결은 형성판결이므로 판결확정시가 된다. 공유물분할의 소송절차에서 공유자 사이에 공유토지에 관한 현물분할의 협의가 성립하여 조정(이에 갈음하는 결정 포함)이 성립한 경우에는, 그에 따라 소유권이전등기를 마침으로써 비로소 소유권을 취득하게 된다(대판(전) 2013.11.21, 2011두1917 참조). 즉 공유물분할의 효력은 공유관계 성립시로 소급하지 않는다. 그러나 공동상속재산의 분할은 상속개시시로 소급한다(제1015조).

#### (나) 공유자 사이의 담보책임

대금분할 이외의 분할은 공유지분의 교환(현물분할) 또는 매매(가액보상)의 성질을 갖기 때문에(대판 1991.12.24, 91누9787), 각 공유자는 다른 공유자가 분할로 취득한 부분에 관해 지분의 비율로 매도인과 동일한 담보책임을 부담한다(제270조). 담보책임의 효과로 손해배상, 대금감액, 해제가 인정된다.

이러한 담보책임은 협의분할뿐만 아니라 재판상 분할의 경우에도 적용된다. 재판상 분할은 비록 당사자의 협의 없이 이루어지지만 내용적으로는 지분의 교환적 이전이므로 경제적 등가성이 보장되어야 한다는 입법적 고려가 담보책임의 원용으로 표현된 것이다. 다만 재판상 분할에 담보책임이 인정되는 경우에도 재분할을 허용하는 것은 재판의 결과를 뒤집는 것이 되므로 담보책임의 내용으로 해제는 허용되지 않는다고 해석된다.

공동상속재산의 분할에 따른 담보책임에 관하여는 제1016조 내지 제1028조에서 별도로 규율하고 있다.

### (다) 지분상의 담보물권

공유물분할이 지분위에 존재하는 담보물권에 어떤 영향을 미치는가? ⅰ) 담보물권설정자인 공유자가 가액보상에 의하여 공유물 전부를 취득한 경우, 담보물권도 그 지분 위에 그대로 존속한다. ⅱ) 담보물권설정자인 공유자가 현물분할로 공유물의 일부를 단독소유한 경우, 담보물권의 불가분성에 의하여 분할된 각각의 공유물 전체에 효력이 미친다. 즉 다른 합의가 없으면 담보물권은 분할된 각 공유물 위에 그 지분의 비율대로 존속한다(대판 2012.3.29, 2011다74932). ⅲ) 담보물권설정자인 공유자가 공유물을 취득하지 못하고 다른 공유자가 취득한 경우 담보물권은 타인의 소유로 된 목적물의 지분위에 그대로 존속한다(대판 1993.1.19, 92다30603). 그러나 대금분할이나 가격배상에 의하여 공유자가 수령할 대금에 대해 담보물권자가 물상대위권을 행사할 수 있는지 여부와 관련하여 학설상 긍정설과 부정설이 대립한다. 생각건대 물상대위는 담보목적물의 멸실·훼손·공용징수의 경우에 인정되는 것이므로 그 대금이나 가액에 대해 물상대위를 인정할 수 없다.

### (라) 공유물 위의 용익물권

공유물 위에 존재하는 용익물권은 공유물을 분할한 후에도 분할된 각 부분에 존속한다.

---

**사례 61** X토지(100㎡)를 A, B가 각 1/2지분의 비율로 공유하고 있다. A가 자신의 지분을 C에게 담보로 제공하여 저당권이 설정되었다. 그 후 X토지(100㎡)를 Y토지(50㎡), Z토지(50㎡)로 공유물분할(현물분할)하여 각 A, B의 단독소유로 귀속시켰다. 이 경우, C의 저당권은 Y토지 위에만 존재하는가?

(대판 2012.3.29, 2011다74932 참조)

**│해설 61│** Y토지, Z토지 위에 1/2의 지분에 C의 저당권이 존속한다.

부동산의 일부 공유지분에 관하여 저당권이 설정된 후 부동산이 분할된 경우, 그 저당권은 분할된 각 부동산 위에 종전의 지분비율대로 존속하고, 분할된 각 부동산은 저당권의 공동담보가 된다(공동저당권의 성립).

# 제3관 합유(合有)

## 1. 의   의

합유란 법률의 규정 또는 계약에 의하여 수인이 조합체로서 물건을 소유하는 공동소유형태이다$\binom{제271조}{제1항}$. 따라서 합유의 성립을 위해서는 조합체가 필요한데, 조합체란 수인이 동일한 목적으로 결합되었으나 아직 단체의 체제를 완비하지 못한 수인의 결합체를 말한다. 조합체의 소유형태로서 합유는 소유권이 양적으로 조합체의 구성원에게 분속하지만, 그 지분은 공동사업을 위해 구속된다.

## 2. 합유의 성립과 등기

합유관계는 법률의 규정 또는 계약에 의하여 성립한다$\binom{제271조}{제1항}$. 계약으로 합유관계가 성립하는 전형은 조합계약$\binom{제703}{조}$에 의한 경우이고, 법률의 규정에 의한 합의관계의 예시로는 신탁법상의 조합$\binom{신탁법 제}{50조 제1항}$, 광업법상의 조합$\binom{광업법 제}{17조 제5항}$ 등을 들 수 있다. 등기할 권리가 합유(合有)인 때에는 그 뜻을 기록하여야 한다$\binom{부동법 제}{48조 제4항}$. 합유의 경우에는 부동산등기법 제26조와 같은 규정이 없으므로, 합유자 전원 명의의 등기가 필요하며, 합유자 중 1인 명의로 소유권보존등기를 했다면 이는 원인무효의 등기가 된다$\binom{대판 1970.12.}{29, 69다22}$. 조합체가 조합재산으로 취득한 부동산을 합유등기하지 않고 조합원 1인 명의로 소유권이전등기를 했다면 이는 조합체가 조합원에게 명의신탁한 것으로 보아야 한다$\binom{대판 2019.6.13.}{2017다246180}$. 한편 합유등기 대신 조합원들 명의로 공유등기를 한 경우에는 조합체가 각 지분에 관하여 명의신탁한 것으로 본다$\binom{대판 2002.6.14.}{2000다30622}$. 합유재산임에도 불구하고 합유자 1인의 단독소유로 보존등기를 했다면 다른 합유자는 등기명의인인 합유자를 상대로 소유권보존등기 말소청구의 소를 제기하는 등의 방법으로 원인무효의 등기를 말소시킨 다음 새로운 합유의 보존등기를 신청할 수 있다$\binom{대판 2017.8.18.}{2016다6309}$.

조합체가 조합재산으로 취득한 부동산에 관하여 합유등기를 하지 아니하고 조합원들 명의로 각 지분에 관하여 공유등기를 한 경우, 이는 그 조합체가 조합원들에게 각 지분에 관하여 명의신탁한 것으로 보아야 한다$\binom{대판 2002.6.14.}{2000다30622}$.

**사례 62** 2010.5.10. A, B, C가 동업계약을 체결하고, 출연한 재산으로 동업을 위해 D로부터 X 토지를 매수한 후, 같은 해 2010.6.16. 이를 A, B, C 각 1/3 지분의 비율로 공유등기를 하였다. A 명의의 공유지분등기는 유효한가?                      (대판 2002.6.14. 2000다30622 참조)

**|해설 62|** 원칙적으로 무효이다.

동업을 목적으로 한 조합이 조합체로서 또는 조합재산으로서 부동산의 소유권을 취득하였다면, 제271조 제1항의 규정에 의하여 당연히 그 조합체의 합유물이 되고(이는 제187조에 규정된 '법률의 규정에 의한 물권의 취득'과는 아무 관계가 없다. 따라서 조합체가 부동산을 법률행위에 의하여 취득한 경우에는 물론 소유권이전등기를 요한다), 다만 그 조합체가 합유등기를 하지 아니하고 그 대신 조합원들 명의로 각 지분에 관하여 공유등기를 하였다면, 이는 그 조합체가 조합원들에게 각 지분에 관하여 명의신탁한 것으로 보아야 한다.

나아가 A 명의의 X토지지분에 관한 소유권이전등기는 부동산실명법이 시행된 후에 A, B, C로 구성된 동업목적의 조합체와 A 사이의 명의신탁 약정에 의하여 부동산에 관한 물권을 명의수탁자인 A의 명의로 등기한 것으로서, 부동산실명법 제4조 제2항 본문이 적용되어 명의수탁자인 A 명의의 소유권이전등기는 무효이다.

다만 같은 법 제4조 제2항 단서의 규정상 X토지지분에 관한 물권을 취득하기 위한 계약에서 명의수탁자인 A, B, C가 그 일방 당사자가 되고, 그 타방 당사자로서 매도인인 D가 A, B, C로 구성된 동업목적의 조합체와 A 사이에 명의신탁 약정이 있다는 사실을 알지 못한 경우에 한하여 X토지지분에 관한 A 명의의 소유권이전등기가 유효하다.

### 3. 합유의 법률관계

#### (1) 합유지분과 합유물의 사용·수익

합유지분은 합유물 전부에 미친다(제271조 제1항 후문). 따라서 각 합유자는 합유물을 전체로써 사용·수익할 수 있다. 구체적인 사용·수익의 방법 및 범위는 법률의 규정 또는 계약으로 정함이 없으면, 합유자 지분의 과반수로 결정한다(제265조 본문 유추적용).

#### (2) 합유물의 처분·변경

(가) 합유물의 처분 또는 변경을 위해서는 합유자 전원의 동의가 필요하다(제272조). 따라서 합유자가 다른 합유자의 동의 없이 합유물을 제3자에게 매도한 경우 그와 같은 처분행위는 무효이다(대결 1991.5. 15. 91마186).

(나) 조합의 특별사무규정(제706조 제2항)과의 충돌

조합재산의 처분·변경이 동시에 조합의 특별사무에 해당하는 경우 제272조와 내용적으로 충돌할 여지가 있다. 제706조 제2항에서 조합의 특별사무는 조합원 또는 업무집행자의 과반수로써 결정한다고 규정하고 있으므로 특별사무에 속하는 조합재산의 처분·변경은 조합원 또는 업무집행조합원의 과반수로도 결정할 수 있기 때문이다. 즉 조합재산인 합유물의 처분이나 변경이 조합의 업무집행에 해당되는 경우 조합원 전원의 동의가 있어야 하는지, 과반수의 동의만

있어도 가능한지가 문제된다.

학설은 ⅰ) 물건의 처분이 조합의 업무집행에 속하는 경우에는 제706조 제2항을, 업무집행이 아닌 경우에는 제272조를 적용하는 견해, ⅱ) 업무집행조합원이 선임된 경우에는 제706조 제2항을, 업무집행조합원이 선임되지 않은 경우에는 제272조를 적용한다는 견해, ⅲ) 제706조 제2항은 조합업무의 내부적 관계 또는 대리권수여의 관계에 적용하고, 제272조는 제3자와의 대외적 관계를 규율한다는 견해, ⅳ) 조합재산의 처분·변경은 언제나 제272조의 규정에 의하여 조합원 전원의 동의가 필요하다는 견해, ⅴ) 일반적인 합유물인 경우에는 제272조를, 조합재산인 합유물의 경우에는 제706조 제2항을 적용한다는 견해 등이 대립한다.

판례는 제706조 제2항을 우선 적용한다. 즉 2인이 동업하는 조합의 조합원 1인이 다른 조합원의 동의 없이 한 조합채권양도행위는 무효라고 보며(대판 1990.2.27, 88다카11534) "조합재산의 처분·변경에 관한 행위는 다른 특별한 사정이 없는 한 조합의 특별사무에 해당하는 업무집행이며, 업무집행조합원이 수인 있는 경우 조합의 통상사무의 범위에 속하지 아니하는 특별사무에 관한 업무집행은 제706조 제2항에 따라 원칙적으로 업무집행조합원의 과반수로써 결정한다"고 판시한다(대판 2010.4.29, 2007다18911). 요컨대 판례는 합유물이 특히 조합재산인 경우에는 제706조 제2항이 적용된다는 위 ⅴ)의 견해를 취하고 있다.

---

**사례 63** A를 포함한 36명은 상가건물을 신축하여 분양 또는 임대할 목적으로 B조합을 구성하였다. 그 후 B조합은 甲에게 위 건물 1층 106호를 분양하는 계약을 체결하고 잔금 일부를 받지 않았지만 소유권이전등기를 해 주었다. 그러자 업무집행조합원의 의사결정기관인 임원회의의 과반수로 분양대금 중 잔금의 일부인 8천 5백만 원을 乙에게 양도하였다. 그러자 조합원 중 한 사람인 C가 위 분양대금채권의 양도에 전 조합원의 동의 또는 총회의 결의가 없었음을 이유로 무효를 주장하였다. 이와 같은 C의 주장은 인용될 수 있는가?

**해설 63** 인용될 수 없다.

甲에 대한 분양대금채권은 조합의 재산이고 조합재산의 처분·변경 행위는 다른 특별한 사정이 없는 한 조합의 특별사무에 해당하는 업무집행에 해당된다. 업무집행조합원이 수인 있는 경우에 조합의 특별사무에 관한 업무집행은 제706조 제2항에 따라 원칙적으로 업무집행조합원의 과반수로써 결정하는 것이므로 B조합의 업무집행조합원들의 의사결정기관인 임원회의 과반수 결의로 이루어진 乙에 대한 채권양도는 다른 특별한 사정이 없는 한 유효한 업무집행으로 유효하다.

---

**사례 64** 20명의 동업자들이 출자하여 동업을 하면서 동업자 중 업무집행조합원인 A, B, C, D로 임원회의를 구성하였다. 동업재산을 매도하고 취득한 매매대금채권을 E에게 양도하는 것과 관련하여 A를 제외한 나머지 임원들은 찬성하자, A는 조합재산의 처분에는 전원합의가 필요하다고 하며 반대를 한다. A의 주장은 타당한가?                    (대판 2000.10.10, 2000다28506, 28513 참조)

> **│해설 64│** A의 주장은 타당하지 않다.
> 조합재산의 처분·변경에 관한 행위는 다른 특별한 사정이 없는 한 조합의 특별사무에 해당하는 업무집행이며, 업무집행조합원이 수인 있는 경우에는 조합의 통상사무의 범위에 속하지 아니하는 특별사무에 관한 업무집행은 제706조 제2항에 따라 원칙적으로 업무집행조합원의 과반수로써 결정한다.

### (3) 합유물의 보존

합유물에 대한 보존행위는 각 합유자가 단독으로 할 수 있다(제272조). 예컨대 합유물에 관하여 경료된 원인 무효의 소유권이전등기의 말소를 구하는 소송은 합유물에 관한 보존행위로서 합유자 각자가 할 수 있다(대판 1997.9.9. 96다16896). 그러나 합유지분은 그 성질상 공유지분과는 달리 조합체가 존속하고 있는 중에는 잠재적으로만 존재하며, 조합의 해산시에 비로소 구체적인 독립한 권리로 행사될 수 있으므로, 합유자 전원의 공동명의로써만 행사할 수 있다는 견해도 있다.

### (4) 합유지분의 처분

합유에서도 지분의 개념이 인정되나 공유지분과는 달리 각 합유자의 권리와 의무의 총체를 의미한다. 합의지분의 비율도 협의하여 정할 수 있다.

합유지분의 처분에는 합유자 전원의 동의가 필요하다(제273조 제1항). 다수설은 조문에 충실하게 합유자 전원의 동의가 있는 경우에는 지분처분도 가능하다고 본다. 이에 대해 합유지분의 처분을 인정하는 명문규정이 있지만 합유지분의 처분의 결과, 지분이 없으나 조합원 자격이 있는 조합원(지분양도인)과 조합원 자격은 없지만 지분을 가지고 있는 자(지분양수인)가 발생할 수 있다는 점을 이유로 이를 인정할 수 없다는 견해도 있다. 즉 이 견해는 지분은 조합원이라는 자격에 수반하는 것이므로 조합원지위와 합유지분을 함께 양도하지 않는 한 합유지분의 처분은 전원의 동의가 있어도 불가능하다고 본다.

합유지분을 포기한 경우에 포기된 합유지분은 나머지 합유자들에게 균분하여 귀속하는데, 부동산인 경우에는 그와 같은 물권변동은 합유지분권의 포기라고 하는 법률행위에 의한 것이므로 등기해야 효력이 발생한다(대판 1997.9.9. 96다16896). 조합원의 지위는 특별한 사정이 없는 한 상속되지 않으므로 합유지분 또한 상속되지 않는다(대판 1994.2.25. 93다39225).

### (5) 합유물의 분할청구금지

합유자는 합유물의 분할을 청구하지 못한다(제273조 제2항). 따라서 합유재산 전체의 분할은 물론이고, 개개의 합유물을 분할하여 합유관계를 종료시키지도 못한다. 다만 특약으로 이 규정을 배제할 수 있는지와 관련하여 학설은 동 규정이 임의규정이므로 특약으로 분할할 수 있다는 견해와 특약으로도 분할할 수 없다는 견해로 나뉜다.

### 4. 합유의 종료

합유관계는 조합체가 해산되거나 또는 조합체가 해산되지 않더라도 합유물을 타인에게 양도함으로써 종료한다($^{제274조}_{제1항}$). 2인으로 구성된 조합체에서 1인이 해산을 청구하면 조합체는 해산되는 반면에, 1인이 탈퇴한 경우에는 조합체는 해산되지 않고, 합유관계는 1인의 단독소유로 전환된다($^{대판\ 1997.10.}_{14,\ 95다22511}$). 조합체의 해산으로 합유관계가 종료하게 되면, 합유재산을 분할하게 되는데, 이 경우 합유물의 분할방법은 조합체를 성립시킨 계약 또는 합유자 전원의 합의로써 결정한다. 그러한 정함이 없으면 공유물의 분할에 관한 규정을 준용한다($^{제274조}_{제2항}$). 공유자들 사이에 조합관계가 성립하여 각자가 부동산을 조합재산으로 출연했음에도 그 조합체 재산에 관한 소유권등기를 함에 있어서 이를 합유로 하지 아니하고 공유로 한 경우, 조합원들 상호간 및 조합원과 조합체 상호간의 내부관계에서는 조합계약에 따른 효력으로 인하여 그 재산은 조합계약상의 공동사업을 위해 출자된 합유물인 특별재산으로 취급될 것이므로 조합원들로서는 그 지분의 회수방법으로서 조합을 탈퇴하여 조합지분 정산금을 청구하거나 일정한 경우 조합체의 해산청구를 할 수 있는 등의 특별한 사정이 없는 한 그 합유물에 대하여 곧바로 분할청구를 할수는 없다($^{대판\ 2009.12.24,}_{2009다57064}$).

## 제4관 총유(總有)

| | |
|---|---|
| 1. 의 의 | (2) 총유물의 사용 · 수익 |
| 2. 총유관계 | (3) 총유물의 보존행위 |
| (1) 총유물의 관리 · 처분 | (4) 총유물에 대한 사원의 권리 · 의무 |

### 1. 의 의

총유란 비법인사단의 사원이 집합체로서 물건을 소유하는 공동소유형태이다($^{제275조}_{제1항}$). 민법은 총유에 관하여 우선 사단의 정관 기타 규약에 의하여 규율하고, 정관이나 규약에 특별히 정함이 없는 경우에 한하여 민법상의 규정을 적용하도록 하고 있다($^{제276조,}_{제277조}$).

판례에 의하여 총유가 인정된 경우로 종중재산, 교회재산, 주택조합이 완공한 건물 중 일반에게 분양되는 부분, 동 · 리의 재산 등이 있다. 부동산의 총유는 이를 등기해야 하는데, 부동산등기법은 권리능력이 없는 사단의 등기능력에 관한 특칙으로 그 비법인사단(비법인재단도 포함)을 등기권리자 또는 등기의무자로 한다($^{부동법}_{제26조}$).

### 2. 총유관계

총유에서는 소유권의 내용이 관리 · 처분의 권능과 사용 · 수익 등의 권능으로 나누어져, 관리·처분권은 비법인사단에 속하고, 사용·수익권은 비법인사단의 각 구성원에게 귀속된다.

### (1) 총유물의 관리·처분

비법인사단의 정관 또는 규약에서 정하지 않고 있는 경우, 총유물의 관리 및 처분은 사원총회의 결의에 의한다($\binom{제276조}{제1항}$). 총유물의 관리 및 처분이란 총유물 그 자체에 관한 이용·개량행위나 법률적·사실적 처분행위를 의미한다. 예컨대 총유물을 매도하는 매매계약의 체결은 총유물 그 자체의 처분이 따르는 채무부담행위로서 총유물의 처분행위에 해당한다($\binom{대판\ 2009.11.26,}{2009다64383}$). 총유물의 사용권을 타인에게 부여하거나 임대하는 행위는 원칙적으로 관리행위에 해당한다($\binom{대판}{2012.}$ $\binom{10.25,2010}{다56586}$). 반면에 비법인사단이 타인 간의 금전채무를 보증하는 행위는 총유물 그 자체의 관리·처분이 따르지 아니하는 단순한 채무부담행위에 불과하여 이를 총유물의 관리·처분행위라고 볼 수 없다($\binom{대판(전)\ 2007.4.19,}{2004다60072,60089}$). 사원총회의 결의는 "민법 또는 정관에 특별한 규정이 없으면 사원 과반수의 출석과 출석사원의 의결권의 과반수로써 한다"는 제75조 제1항이 유추적용된다($\binom{대판\ 2007.12.27,}{2007다17062}$). 한편 비법인사단의 대표기관이 총유물의 처분에 관한 제75조 제1항을 위반한 경우에, 판례는 제125조의 표현대리에 관한 규정을 준용하지 않는다($\binom{대판\ 2009.2.12,}{2006다23312\ 참조}$).

---

**사례 65** 비법인사단 A의 사원총회의 결의를 얻어 A의 대표인 B가 총유물을 C에게 매도하기로 하는 매매계약을 체결하였다. 이후 A가 부담하는 채무에 대한 소멸시효가 완성되기 전 사원총회의 결의를 거치지 않고 B가 채무를 승인하였다. 이 경우 채무의 소멸시효가 중단되는가?

(대판 2009.11.26, 2009다64383 참조)

**해설 65** 채무의 소멸시효가 중단되었다.

비법인사단의 사원총회가 그 총유물에 관한 처분에 해당하는 매매계약의 체결을 승인하는 결의를 하였다면, 통상 그러한 결의에는 그 매매계약의 체결에 따라 발생하는 채무의 부담과 이행을 승인하는 결의까지 포함되었다고 봄이 상당하므로, 비법인사단의 대표자가 그 채무에 대하여 소멸시효 중단의 효력이 있는 승인을 하거나 그 채무를 이행할 경우에는 특별한 사정이 없는 한 별도로 그에 대한 사원총회의 결의를 거칠 필요는 없다고 보아야 한다.

---

### (2) 총유물의 사용·수익

총유물의 사용·수익은 정관 기타의 규약에 좇아 각 사원이 할 수 있다($\binom{제276조}{제2항}$).

### (3) 총유물의 보존행위

총유물의 보존행위는 공유물 또는 합유물의 보존행위와는 달리 비법인사단의 구성원 각자가 단독으로는 할 수 없다. 총유물의 보존행위는 사원총회의 결의를 거쳐 비법인사단 명의로 하거나 비법인사단의 구성원 전원이 해야 한다. 따라서 총유물의 보존행위로서의 소제기(訴提起)는 사원총회의 결의를 거쳐 비법인사단이 그 명의로 하거나 또는 구성원 전원이 당사자가 되어 필수적 공동소송으로 해야 하며, 구성원 각자는 비록 대표자라거나 사원총회의 결의를 거쳤다 하더라도 총유물의 보존을 위한 소제기를 할 수 없다(대판(전) 2005.9. 15, 2004다44971). 이와 같은 원고적격 요건은 소송요건인 당사자적격에 관한 문제로서 당사자의 주장이 없더라도 직권으로 판단된다. 또한 총유물의 보존행위로서 제기된 소송에서 '적법한 총회 결의' 등의 사실은 소송요건사실로서 법원은 직권으로 이를 심리·판단하여야 하며, '총회의 결의' 등 적법한 절차를 거지치 않고 제기된 소는 부적법하여 각하된다.

## (4) 총유물에 대한 사원의 권리·의무

총유물에 대한 사원의 권리와 의무는 사원이 그 지위를 취득·상실함으로써 당연히 취득·상실된다(제277조)(대판 2000.5.12, 99다71931). 사원의 권리로서 중요한 것은 총유물의 관리·처분에 참여할 수 있는 것과 총유물의 사용·수익이다.

**사례 66** 비법인사단인 A주택조합(조합장 B)이 수급인 C와 사이에 도급계약을 체결하고, 주택신축공사를 진행 중 C의 하수급인인 D가 하도급계약에 따른 하도급대금을 지급받지 못해 공사를 중단하자, 조합장 B는 조합원총회의 결의를 거치지 않고, D와 사이에 하도급대금의 지급을 위하여 A가 보증하는 계약을 체결했다. 이에 D의 A에 대한 보증채무이행을 구하는 소송에서 A는 총유물의 관리 및 처분에 관하여는 정관이나 규약에 정한 바가 있으면 그에 의하되 정관이나 규약에서 정한 바가 없으면 사원총회의 결의에 의하도록 규정하고 있으므로, 이러한 절차를 거치지 아니한 총유물의 관리·처분행위는 무효이고, 이 법리는 제278조에 의하여 소유권 이외의 재산권에 대하여 준용되고 있으므로 타인 간의 금전채무를 보증하는 행위는 총유물의 관리·처분에 해당한다고 주장한다. A의 주장은 타당한가? (대판(전) 2007.4.19, 2004다60072,60089 참조)

**해설 66** A의 주장은 타당하지 않다.
총유물의 관리 및 처분이란 총유물 그 자체에 관한 이용·개량행위나 법률적·사실적 처분행위를 의미하는 것이므로, 타인 간의 금전채무를 보증하는 행위는 총유물 그 자체의 관리·처분이 따르지 아니하는 단순한 채무부담행위에 불과하여 이를 총유물의 관리·처분행위라고 볼 수는 없다. 비법인사단인 A주택조합의 조합장B가 채무보증계약을 체결하면서 조합규약에서 정한 조합 임원회의 결의를 거치지 않았거나 조합원총회 결의를 거치지 않았다라도 그것만으로 바로 그 보증계약이 무효라고 할 수는 없다. 다만, 거래 상대방 D가 그와 같은 대표권 제한 및 그 위반 사실을 알았거나 과실로 인하여 이를 알지 못한 때에는 보증계약은 무효로 된다. 이와 같은 경우에 조합 임원회의의 결의 등을 거치도록 한 조합규약은 조합장 B의 대표권을 제한하는 규정에 해당하기 때문이다. 그 D가 대표권 제한 및 그 위반 사실을 알았거나 알지 못한 데에 과실이 있다는 사정은 그 거래의 무효를 주장하는 A가 이를 주장·입증하여야 한다.

## 제5관 준공동소유

소유권 이외의 재산권이 수인에게 귀속되는 경우에 공동소유의 규정을 준용하도록 하고 있다(제278조). 그러나 법률에 다른 특별한 규정이 있거나 대상인 재산권의 특성상 공동소유의 규정이 준용될 수 없는 경우에는 준용이 배제된다. 준공동소유에는 준공유, 준합유, 준총유 모두가 인정된다.

준공동소유의 대상은 지상권, 지역권, 전세권, 유치권, 질권 저당권 등 민법상 물권과 관습상 물권이다. 예컨대 근저당권의 피담보채무를 일부 대위변제한 경우 근저당권자와 대위변제자는 근저당권을 준공유한다(대판 2004.6.25, 2001다2426). 지역권의 준총유에 관하여는 특별규정이 있다(제302조 참조). 그 밖에 저작권, 특허권, 실용신안권, 디자인권, 상표권도 준공동소유의 대상이 된다. 나아가 주식, 사채 등 상법상의 재산권도 준공동소유의 대상이 된다. 이 때에는 보통 근거규정이 개개의 법률에 규정되어 있다.

채권도 준공동소유의 대상이 될 수 있는가? 준합유 또는 준공유는 불가분채권관계 또는 분할채권관계와 충돌할 여지가 있다. 판례는 공동명의의 예금채권의 법적 성질을 판단하면서 준공동소유의 성립을 인정했다. 수인이 동업자금을 공동명의로 예금하고 은행에 대하여 그 권리를 함께 행사하기로 했다면 이는 채권의 준합유이지만, 동업 이외의 특정 목적을 위하여 각자가 출연한 돈을 은행에 공동명의로 예치하고 공동목적의 달성 전에는 단독으로 예금인출을 하지 못하도록 하는 공동반환의 특약을 했다면 이는 공동반환특약부 분할채권으로 본다(대판 2005.9.9, 2003다7319).

---

**변호사시험 기출문제**

 **공 유**

### 문제 1

A는 B와 X건물을 각 1/2의 지분으로 공유하고 있는데, 2011.7.30. B와 아무런 상의 없이 C에게 X건물 전체를 월 임료 500만 원으로 정하여 임대하여 주었다. B는 2012.1.6. C를 상대로 X건물의 인도 및 2011.7.30.부터 X건물의 인도완료일까지 건물 임대료(월 500만 원) 상당액의 부당이득반환을 구하는 소를 제기하였다. 그러자 C는 X건물에 관한 1/2 지분권자인 A로부터 적법하게 임차한 다음 A에게 임료 전액을 지급하였으므로 B의 청구는 부당하다고 주장하였다.

[질문] 위 사실관계의 내용 및 당사자의 주장사실이 모두 사실로 입증되고, 이 사건과 관련하여 다른 주장이 없다면, B의 청구에 대한 결론[청구전부인용, 청구일부인용(일부인용되는 경우 그 구체적인 금액 또는 내용을 기재할 것), 청구기각]을 그 논거와 함께 서술하시오. (15점)  2012년 제1회 변호사시험 제2문의2

[해설] C는 X건물 전부의 인도와 2012.1.6.부터 X건물을 명도할 때까지 임료상당의 부당이득금 으로 2분의 1지분에 해당하는 매월 250만 원을 지급할 의무가 있다.

#### 1) 보존행위로써 건물 전부의 인도청구

X건물을 A와 B가 각 2분의 1지분으로 공유 중인 바, A가 단독으로 C에게 X건물 전부를 임대한 것은 공유물의 관리행위에 해당한다. 공유자가 관리행위를 하기 위해서는 공유자 과반수의 동의가 있어야 하는 데(제265조 전단), A의 지분은 2분의 1에 불과할 뿐 과반수에 미치지 못하기 때문에 적법한 관리권한에 기하지 않 은 A의 임대차계약은 적어도 B에 대한 관계에서는 무효라고 할 것이다(대판 1962.4.4. 62다1). 따라서 위 임대차계약 이 C가 X건물을 점유할 권원이 될 수 없다. C는 그 밖에 X건물을 점유할 권원이 인정되지 않는다(제213조 단서 참조). 결국 B는 불법점유자인 C를 상대로 X건물 전부에 대한 명도를 구할 수 있다. 이는 공유자의 한 사람이 공 유물의 불법점유자에게 명도나 인도를 청구하는 것은 공유물의 보존행위로 보아야 하기 때문이다.

#### 2) 임차인의 부당이득의 성립여부 및 부당이득의 범위

C가 임대료 전부를 A에게 이미 지급했더라도 B에 대한 관계에서 B의 지분 상당부분의 사용 · 수익은 부당이득이 된다. 보통 임대가 사용 · 수익에 대한 부당이득으로 판단되므로 이를 반환해야 한다. 다만 사실관계에서 다른 주장이 없다고 했으므로 C의 점유는 선의점유로 추정된다(제197조 제1항). 그런데 위 주장사실 이 모두 사실이라고 주어졌으므로 임차인 C는 본권의 소에서 패소할 것이다. 이때에는 그 소가 제기된 때 로부터 악의의 점유자로 본다(제197조 제2항). 따라서 C는 소가 제기된 2012.1.6.부터 X건물을 명도할 때까지 B에 게 임료상당의 부당이득금으로 2분의 1지분에 해당하는 매월 250만 원을 지급할 의무가 있다.

---

[문제2]

> 甲은 乙에게서 P시에 소재하는 1필의 X토지 중 일부를 위치와 면적을 특정하여 매수했으나 필요가 생기면 추후 분할하기로 하고 분할등기를 하지 않은 채 X토지 전체 면적에 대한 甲의 매수 부분의 면적 비율에 상응하는 지분소유권이전등기를 甲 명의로 경료하고 甲과 乙은 각자 소유하게 될 토지의 경계선을 확정하였다. X토지 옆에서 공장을 운영하던 丙은 X토지가 상당 기간 방치되어 있는 것을 보고 甲과 乙의 동의를 받지 아니한 채 甲이 소유하는 토지 부분에는 천막시설을, 乙이 소유하는 토지 부분에는 컨테이너로 만든 임시사무실을 丙의 비용으로 신축, 설치하여 사용하고 있었다. 이를 알게 된 甲은 천막시설과 컨테이너를 철거하여 X토지 전체를 인도하라고 요구하였고, 丙이 이에 불응하자 甲은 甲 자신만이 원고가 되어 丙을 상대로 X토 지 전체의 인도를 구하는 소송을 제기하였다(천막 및 컨테이너의 각 철거를 구하는 청구는 위 소 송의 청구취지에 포함되어 있지 않다). 위 소송에서 丙은 'X토지 전체가 甲과 乙의 공유인데 乙 은 현재 X토지의 인도를 요구하지 않고 있다.'는 취지의 주장을 하고 있다.

[질문] 甲의 丙에 대한 청구가 인용될 수 있는지와 그 근거를 서술하시오. (20점)

2014년 제3회 변호사시험 제1문의1

[해설] 甲의 丙에 대한 청구가 인용된다.

1필지의 토지 중 일부를 특정하여 매수하고 다만 그 소유권이전등기로 필지 전체에 관하여 공유지분이 전등기를 한 경우(구분소유적 공유)에는 그 특정부분 이외의 부분에 관한 등기는 상호명의신탁을 한 것으로 유효한 등기이다($^{\text{부동산실명법}}_{\text{제2조 1호 나목}}$). 그 지분권자는 외부관계에서는 1필지 전체에 관하여 공유관계가 성립되고 공유자로서의 권리만을 주장할 수 있다. 따라서 제3자의 방해행위가 있는 경우에는 자기의 구분소유 부분뿐 아니라 전체토지에 대하여 공유물의 보존행위로서 그 배제를 구할 수 있다($^{\text{대판 1994.2.}}_{\text{8, 93다42986}}$). 사안의 경우 甲은 乙과 상호명의신탁관계에 있는 바, 丙과의 관계(대외적 관계)에서 공유자로서의 지위를 갖기 때문에 보존행위로서 X토지 전체의 반환을 청구할 수 있다.

또한 천막 및 컨테이너의 철거청구의 근거는 방해배제청구($^{\text{제214}}_{\text{조}}$)이나 토지의 인도는 반환청구($^{\text{제213}}_{\text{조}}$)이다. 양자는 별개의 소송물이어서 지상물의 철거청구 없이 토지의 인도만을 청구하는 것도 가능하다. 다만 토지인도의 집행을 위해서는 지상물의 철거가 요구되지만, 집행이 곤란하다는 사정만으로는 토지인도청구가 부적법하다고 볼 수 없다.

---

**[문제 3]**

> 나대지인 X토지에 관하여 1990.4.1. A 명의로 소유권이전등기가 마쳐졌다. X토지에 관하여 2012.2.1. 甲 1/4 지분, 乙 1/2 지분, 丙 1/4 지분의 소유권이전등기가 마쳐졌다. 丙은 2013.4.1. 사망하였는데 丙의 상속인은 없다. 乙은 甲과 상의하지 아니하고 단독으로 2015.9.1. B에게 X토지 전체를 보증금 없이 월 차임 1,200만 원, 기간은 2015.9.1.부터 2018.8.31.까지 3년간으로 정하여 임대하였다. B는 2015.9.1. 乙로부터 X토지를 인도받아 이를 사용 · 수익하고 있고, 乙에게 차임을 모두 지급하였다. X토지에 관한 적정 차임은 2015.9.1.부터 현재까지 월 1,200만 원이다. 甲은 위와 같은 사실관계를 알게 되어 2016.7.1. 법원에 乙과 B를 상대로 '피고 乙, B는 공동하여 원고(甲)에게 ① X토지를 인도하고, ② 2015.9.1.부터 2016.6.30.까지 월 1,200만 원의 비율로 계산한 부당이득금 합계 1억 2,000만 원을 지급하라'는 소를 제기하였다.

> **[질문]** 법원은 어떤 판단을 하여야 하는지 1) 결론(소 각하/청구기각/청구인용/청구일부인용—일부인용의 경우 인용범위를 특정할 것) 및 2) 논거를 기재하시오. (15점)

2017년 제6회 변호사시험 제2문의2

**[해설]** 甲의 乙에 대한 인도청구는 기각되어야 하고, 乙에 대한 부당이득청구는 일부인용되어야 한다. 그러나 甲의 B에 대한 인도청구 및 부당이득반환청구는 모두 기각되어야 한다.

**1) 상속인 없는 공유자의 사망과 지분의 귀속**

제267조에 의하면, 공유자가 그 지분을 포기하거나 상속인 없이 사망한 때에는 그 지분은 다른 공유자에게 각 지분의 비율로 등기 없이 귀속한다($^{\text{제187}}_{\text{조}}$). 따라서 사안의 경우 丙의 사망으로 丙의 1/4 지분은 甲, 乙에게 1:2의 비율로 귀속되어 甲은 1/3, 乙은 2/3의 각 지분으로 X토지를 공유하게 된다.

**2) 공유물의 관리**

乙의 B에 대한 X토지의 임대행위는 공유물의 관리에 관한 사항으로서 공유자의 지분의 과반수로써 결정하여야 할 것이고, 과반수의 지분을 가진 공유자는 다른 공유자와 사이에 미리 공유물의 관리방법에 관한 협의가 없었다 하더라도 공유물의 관리에 관한 사항을 단독으로 결정할 수 있다($^{\text{대판 2001.11.27.}}_{\text{2000다33638,33645}}$). 乙의 임대행위는 위와 같은 관리권에 기한 것으로 적법하다. 따라서 사안의 경우 소수 지분의 공유자인 甲은 과반수 지분의 공유자인 乙로부터 사용 · 수익을 허락받은 점유자인 B에 대하여 그가 사용 · 수익하는 건물의 철거나 퇴거 등 점유배제를 구할 수 없고, 나아가 B의 점유는 법률상 원인이 없는 것이 아니므로 점유자 B에게 부당이득반환을 구할 수도 없다(대판 2002.5.14.). 다만, 소수 지분의 공유자인 甲은 그 지분에 상응하는 이익을 얻지 못하고 있으므로 과반수 지분의 공유자인 乙을 상대로 부당이득반환을 청구할 수 있을 뿐이다. 따라서 甲의 乙에 대한 인도청구는 기각되어야 하고, 甲의 乙에 대한 부당이득청구는 일부인용되어 2015.9.1.부터 2016.6.30.까지 甲의 지분범위 내(월 400만 원) 부당이득반환청구는 인용되어야 한다. 그러나 甲의 B에 대한 인도청구 및 부당이득반환청구는 적법한 관리권한에 기한 적법한 점유이므로 모두 기각되어야 한다.

# 제6절 명의신탁(名義信託)

## 제1관 의 의

### 1. 명의신탁의 개념

명의신탁은 "신탁자와 수탁자간의 대내적 관계에서는 신탁자가 소유권을 보유하고, 신탁목적물을 관리·수익·처분하면서, 등기·등록 등의 공부상의 소유명의만을 수탁자로 하여 두는 제도"를 말한다(대판 1993.11. 9, 92다31699). 즉 명의신탁은 오로지 소유명의만을 수탁자로 하고, 목적물의 실질적인 소유권은 전적으로 신탁자에게 남겨두는 것을 말한다.

### 2. 명의신탁에 관한 판례법리와 부동산실명법

판례는 명의신탁을 민법해석상의 신탁으로 보고, 그 유효성을 인정한다. 원래 신탁에는 신탁법상의 신탁과 추심을 위한 채권양도와 같은 신탁적 양도를 설명하기 위하여 원용되는 민법해석상의 신탁이 있는데, 대법원은 민법해석학상의 신탁이론을 소유명의만을 타인의 이름으로 등기·등록하여 두는 명의신탁에까지 확대적용하고 있다.

명의신탁은 주로 부동산의 소유권을 제3자 명의로 하여 책임재산을 은닉하여 조세포탈, 강제집행의 면탈, 부동산투기 등 탈법수단으로 악용되었다. 이를 막고 실체적 권리관계에 부합하는 등기를 강제하기 위하여 부동산등기특별조치법이 제정(1990년)되었다. 그러나 이 법에 의한 명의신탁금지규정은 효력규정이 아닌 단속규정이라는 판결(대판 1993.8. 13, 92다42651)로 인하여 부동산명의신탁 법리가 사법적으로 유효한 것으로 판단되어 탈법수단으로서의 부동산명의신탁을 막을 수 없었다. 이에 명의신탁에 의한 물권변동의 사법적 효력까지도 부정하는 '부동산실권리자명의등기에 관한 법률'(이하 '부동산실명법'이라 한다)이 1995년에 제정되어 시행되고 있다. 이에 따라 명의신탁에 관하여 종래 판례를 통하여 형성된 이론의 적용범위는 제한받게 되었다.

요컨대 부동산실명법에서 이 법의 적용이 배제되는 경우와 동법에 규정되지 않은 사항(例 유효한 명의신탁의 해지관계, 부동산 외에 공부에 의해 권리관계가 표시되는 선박, 자동차 기타 중기 등에 대한 명의신탁 등)에 대해서만 판례에 의하여 발전되어온 명의신탁법리가 적용된다.

> **사례 67** A종중은 그 소유의 X토지를 종원인 B의 명의로 소유권이전등기를 마쳐두었다. 그런데 B가 C에게 X토지를 매도하고, 소유권이전등기를 하였다. 이 경우, C는 X토지의 소유권을 취득하는가?　　　　　　　　　　　　　　　　　　　　　(대판 1963.9.19, 63다388 참조)
>
> **|해설 67|** C는 X토지의 소유권을 취득한다.
> 대체로 종중이 그 소유의 부동산을 종회원에게 신탁하여 등기부상 그 종회원의 명의로 소유권의 등기를 경유하였을 때에는 이 종중과 그 수탁자인 종회원과의 사이에는 이른바 신탁행위의 법리가 적용된다. 따라서 이 수탁자인 종회원으로부터 그 부동산을 양수한 제3자는 그가 선의이었건 또는 악의이었건 가릴 것 없이 적법하게 신탁자인 종중의 부동산에 관하여 그 소유권을 취득한다. 왜냐하면 신탁행위에서 수탁자는 그 대외적인 관계에서는 완전히 소유권자로서 행세할 수 있기 때문이다.

### 3. 부동산 명의신탁의 유형

(1) 부동산에 대한 명의신탁의 유형으로는 등기명의신탁과 계약명의신탁으로 구별할 수 있다. 전자는 명의수탁자가 부동산 취득의 원인계약에 관여하지 않고, 부동산의 등기명의만 명의수탁자에게 이전하는 형태의 명의신탁을 말한다. 여기에는 명의신탁자가 자기 소유의 부동산을 명의수탁자에게 이전등기를 하는 2자간(또는 양자간) 등기명의신탁과 명의신탁자가 매도인으로부터 부동산을 매수하면서 자기 명의로 등기를 하지 않은 채 바로 명의수탁자 앞으로 이전등기를 하는 3자간 등기명의신탁(중간생략등기형 명의신탁)이 있다. 한편, 후자는 명의신탁자의 위탁에 의해 명의수탁자가 부동산 취득의 원인계약에 관여하여 부동산의 등기명의를 명의수탁자에게 이전하는 형태의 명의신탁을 말한다.

(2) 명의신탁약정이 3자간 등기명의신탁인지 아니면 계약명의신탁인지의 구별은 제3자와 체결하는 계약의 당사자가 누구인가를 확정하는 문제로 귀결되는 바, 계약당사자가 명의신탁자인 경우에는 3자간 등기명의신탁이지만, 명의수탁자가 계약당사자인 경우 계약명의신탁이 됨이 원칙이다. 그러나 명의수탁자가 계약명의자로 되어 있더라도 명의신탁자에게 계약에 따른 법률효과를 직접 귀속시킬 의도로 계약을 체결한 사정이 인정된다면 명의신탁자가 계약당사자라고 할 것이므로, 이 경우의 명의신탁관계는 3자간 등기명의신탁으로 보아야 한다(대판 2010.10.28, 2010다52799). 타인을 통하여 부동산을 매수함에 있어 매수인 명의를 그 타인 명의로 하기로 하였다면 계약의 상대방인 매도인이 그 명의신탁관계를 알고 있었다고 하더라도, 계약명의자인 명의수탁자가 아

니라 명의신탁자에게 계약에 따른 법률효과를 직접 귀속시킬 의도로 계약을 체결하였다는 등의 특별한 사정이 인정되지 아니하는 한, 계약당사자는 명의수탁자라고 할 것이고 그 명의신탁관계는 계약명의신탁에 해당한다고 보아야 함이 원칙이다(대결 2013.10.7, 2013스133). 이때의 명의신탁관계는 그들 사이의 내부적인 관계에 불과하기 때문이다. 요컨대 계약명의신탁은 두 가지 유형이 있다. 즉 ⅰ) 계약체결행위도 명의수탁자가 하는 경우와 ⅱ) 계약체결행위는 명의신탁자가 했지만 계약명의를 명의수탁자로 하기로 상대방과 합의한 경우이다. 이때에는 계약체결의 행위자(명의신탁자)와 명의자(명의수탁자)가 다른 경우에 해당되어 명의신탁자는 타인명의의 법률행위에 해당된다.

이와 같이 부동산을 매수할 때 매수인 및 소유권이전등기 명의를 타인명의로 하기로 한 경우, 그 후 명의신탁약정이 해제되었다는 사정만으로는 매매계약상의 매수인의 지위가 당연히 매수를 의뢰한 사람에게 귀속되지 않는다(대판 1997.5.16, 95다29116 참조). 명의신탁약정이 해지 등의 사유로 종료된 경우 약정당사자 사이에서는 매매계약상의 매수인의 지위가 매수를 의뢰한 사람에게 바로 이전하는 것으로 약정한 것으로 볼 수 있을 때, 위 약정이 해지되고 계약상대방인 매도인이 위와 같은 취지의 약정 사실과 그 해지 사실을 알고 이와 같은 그 매수인의 지위 이전에 동의 내지 승낙을 하였다면 비로소 매수를 의뢰한 사람에게 매수인의 지위가 승계된다고 할 것이다.

**사례 68** B는 매매계약 당사자로서 A로부터 그 소유의 X토지를 매수하면서, 매매계약 명의자를 B, C로 하여 X토지에 관한 등기는 B와 C에게 각 1/2지분의 공유등기를 하도록 A에게 요청하여, X토지에 관하여 B, C 각 1/2지분의 공유등기를 경료하였다. 이 경우 B와 C 사이가 약정한 명의신탁은 계약명의신탁인가? 아니면 3자간 등기명의신탁(중간생략등기형 명의신탁)인가?

(대판 2010.10.28, 2010다52799 참조)

**해설 68** 3자간 등기명의신탁(중간생략등기형 명의신탁)이다.

명의신탁약정이 3자간 등기명의신탁인지 아니면 계약명의신탁인지의 구별은 계약당사자가 누구인가를 확정하는 문제로 귀결되는데, 계약명의자가 명의수탁자로 되어 있다 하더라도 계약당사자를 명의신탁자로 볼 수 있다면 이는 3자간 등기명의신탁이 된다. 따라서 계약명의자인 명의수탁자가 아니라 명의신탁자에게 계약에 따른 법률효과를 직접 귀속시킬 의도로 계약을 체결한 사정이 인정된다면 명의신탁자가 계약당사자라고 할 것이므로, 이 경우의 명의신탁관계는 3자간 등기명의신탁으로 보아야 한다. 이 사안에서 B가 매매계약 당사자로서 계약상대방인 A로부터 토지를 매수하면서 그중 1/2 지분에 관한 등기명의만을 C로 하기로 한 것으로, 그 매매계약에 따른 법률효과를 B에게 직접 귀속시킬 의도였던 사정이 인정되므로 B과 C의 명의신탁약정은 3자간 등기명의신탁에 해당한다.

**사례 69** B, C가 매수대금을 절반씩 부담하여 A로부터 그 소유의 X토지를 매수하되, C의 1/2지분에 관하여 B에게 명의를 신탁하기로 약정하고 B가 단독 명의로 A로부터 X토지를 매수한 다음, B 앞으로 소유권이전등기를 마쳤다. 이 경우, B와 C가 약정한 명의신탁은 계약명의신탁인가? 아니면 3자간 등기명의신탁(중간생략등기형 명의신탁)인가? 만약 A가 B와 C의 명의신탁약정을 알았다면 결과는 달라지는가? (대결 2013.10.7, 2013스133 참조)

**|해설 69|** 계약명의신탁에 해당한다. A가 B와 C의 명의신탁약정을 알았더라도 계약명의신탁임에는 변화가 없다.

명의신탁약정이 이른바 3자간 등기명의신탁인지 아니면 계약명의신탁인지의 구별은 계약당사자가 누구인가를 확정하는 문제로 귀결된다. 그런데 타인을 통하여 부동산을 매수함에 있어 매수인 명의를 그 타인 명의로 하기로 하였다면 이때의 명의신탁관계는 그들 사이의 내부적인 관계에 불과하므로, 설령 계약의 상대방인 매도인이 그 명의신탁관계를 알고 있었다고 하더라도, 계약명의자인 명의수탁자가 아니라 명의신탁자에게 계약에 따른 법률효과를 직접 귀속시킬 의도로 계약을 체결하였다는 등의 특별한 사정이 인정되지 아니하는 한, 그 명의신탁관계는 계약명의신탁에 해당한다고 보아야 함이 원칙이다.

# 제2관  명의신탁의 성립요건

| 1. 명의신탁의 대상 | 2. 명의신탁약정 |
|---|---|
| (1) 명의신탁의 물적 대상 | 3. 명의신탁 약정에 따른 등기 또는 등록 |
| (2) 명의신탁의 대상이 되는 권리 | |

## 1. 명의신탁의 대상

### (1) 명의신탁의 물적 대상

명의신탁은 원칙적으로 공부에 의하여 소유관계가 공시되는 물건에 대해서만 성립한다. 즉 등기나 등록에 의하여 공시되는 재화인 토지·건물, 입목법에 의한 수목의 집단, 선박·자동차·항공기·건설기계 등에는 명의신탁이 성립한다. 판례는 더 나아가 주식, 예금주 명의, 유선방송사업허가명의에 대해서도 명의신탁을 인정한다. 그러나 공부상 소유관계가 공시될 수 없는 동산에 대해서는 명의신탁의 성립을 인정하지 않는다(대판 1994.10. 11, 94다16175).

**사례 70** A는 자신의 돈 1억 원을 출연하여 친구인 B의 명의로 C은행에 예치하였다. 그런데 B가 A의 자금인출 요청에도 거부한다. A는 어떻게 예금을 찾아올 수 있는가?

(대판 2001.1.5, 2000다49091 참조)

**|해설 70|** A와 B 사이에 예금주명의신탁계약이 성립된 것으로 볼 수 있으므로, A와 B 사이의 명의신탁 약정상 B는 A의 요구가 있을 때에는 C에 대한 예금반환채권을 A에게 양도할 의무가

있다고 보아야 할 것이어서 A는 B에 대한 예금주명의신탁을 해지하고, B에 대하여 C은행에 대한 예금채권을 A에게 양도함과 아울러 C은행에 양도통지를 할 것을 요구할 수 있다.

### (2) 명의신탁의 대상이 되는 권리

명의신탁이라고 할 때 명의는 소유명의를 의미하므로, 소유권 또는 지분에 관해서 명의신탁이 인정됨에는 의문이 없다. 소유권 이외의 물권에 대해서도 명의신탁이 성립할 수 있는지에 대해서는 견해의 대립이 있다. 판례는 전세권설정자와 제3자 사이에는 전세권설정계약이 없음에도 불구하고 전세권자와 전세권설정자 및 제3자 사이에 합의가 있으면 제3자 명의로의 전세권설정도 유효하여 전세권의 명의신탁등기가 유효하다고 본다$\binom{대판\ 1998.9.}{4,\ 98다20981}$.

한편 제3자 명의로의 저당권설정$\binom{대판\ 2012.9.13,}{2012다42567}$도 유효하다고 판시한다. 학설에 따라서는 이 판결례가 저당권의 명의신탁을 인정한 것으로 해석하기도 한다. 그러나 위 판결은 저당권등기 명의자에게 채권자의 지위를 인정했다는 점에서 저당권의 명의신탁을 인정한 것으로 볼 수 없다. 왜냐하면 채권자와 채무자 및 제3자 사이에서 합의가 있고, 채권양도 제3자를 위한 계약, 불가분적 채권관계의 형성 등의 방법으로 등기명의자에게 채권이 실질적으로 귀속되었다고 볼 만한 사정이 있거나 등기명의자도 유효하게 채권변제를 받을 수 있고 채무자도 누구에게든 채무를 유효하게 변제할 수 있는 관계가 있을 때에만 인정되기 때문이다. 다른 판결에서도 이와 같이 제3자를 근저당권자로 한 근저당권설정등기를 유효하게 볼 수 있는 경우에 그 근저당권설정등기가 부동산실명법이 금지하고 있는 실권리자 아닌 자 명의의 등기라고 할 수 없다고 판시하고 있다$\binom{대판\ 2008.5.15,}{2007다23807}$.

---

**사례 71** A 주식회사(대표이사 C)는 B에 대해 채권을 갖고 있는데, A, B, C 3자 합의하에 B 소유의 X토지에 대해 C 명의로 저당권설정등기를 마쳤다. A주식회사는 선박 관리대행, 선원 해외송출을 업으로 하는 소규모 회사이다. 이 경우 C 명의의 저당권등기는 유효한가?

(대판 1995.9.26, 94다33583 참조)

**|해설 71|** 유효하다.

채권과 그를 담보하는 저당권은 담보물권의 부수성에 의하여 원칙적으로 그 주체를 달리할 수 없으나, 채권담보를 위하여 저당권을 설정하는 경우 제3자 명의로 저당권등기를 하는 데 대하여 채권자와 채무자 및 제3자 사이에 합의가 있었고, 나아가 제3자에게 그 채권이 실질적으로 귀속되었다고 볼 수 있는 특별한 사정이 있는 경우에는 제3자 명의의 저당권등기도 유효하다. 이 사안에서 A회사가 B와의 합의하에 C 명의로 저당권설정등기를 경료할 때, C에게 채권의 귀속과 그 행사를 위임함으로써 C에게 채권을 이전하고 B가 그 이전을 승낙함으로써 C에게 위 채권이 실질적으로 귀속되었다고 볼 수 있으므로, C 명의로 경료된 저당권설정등기는 유효하다. 다만 C명의의 저당권 등기가 명의신탁등기라고 할 수는 없다$\binom{대판\ 2008.5.15,}{2007다23807\ 참조}$.

## 2. 명의신탁약정

명의신탁이 성립하기 위해서는 명의신탁자와 명의수탁자 사이에 명의신탁자가 명의수탁자에게 재산의 소유명의를 신탁적으로 이전할 것을 내용으로 하는 합의가 있어야 한다($\binom{대판\ 1972.5.}{23,\ 71다2760}$). 따라서 신탁계약을 체결함이 없이 단순히 제3자 명의로 등기·등록되어 있다는 사정만으로는 명의신탁이 성립되지 않는다($\binom{대판\ 1981.12.}{8,\ 81다카367}$). 명의신탁약정은 당사자 사이의 의사의 합치에 의하여 성립되는 계약이므로 명시적 또는 묵시적으로도 성립이 가능하다. 일반적으로 부동산의 소유명의만을 다른 사람에게 신탁한 경우, 등기권리증과 같이 권리관계를 증명하는 서류는 실질적인 소유자인 명의신탁자가 소지하는 것이 상례이므로, 명의신탁자의 권리관계서류 소지사실은 명의신탁약정의 인정에 유력한 자료가 되지만, 반대로 명의수탁자가 권리관계서류를 소지한 경우 반드시 명의신탁이 아니라고 인정해야 하는 것은 아니다($\binom{대판\ 2012.2.23.}{2011다71582,71599}$). 명의신탁의 성립요건으로 명의신탁의 목적물을 신탁자의 자금으로 취득해야 하는 것도 아니다($\binom{대판\ 2008.2.14.}{2007다69148,69155}$).

## 3. 명의신탁 약정에 따른 등기 또는 등록

명의신탁약정에 의하여 수탁자 명의로 등기 또는 등록이 있는 경우가 대부분이다. 그러나 명의신탁관계가 성립하기 위하여 명의수탁자 앞으로 새로운 소유권이전등기가 완료되는 것이 반드시 필요한 것은 아니다. 예컨대 부동산 소유자가 소유하는 부동산의 전부 또는 일부 지분에 관하여 제3자(명의신탁자)를 위하여 '대외적으로만' 보유하는 관계에 관한 약정(명의신탁약정)을 하는 경우에도 부동산실명법에서 정하는 명의신탁관계가 성립할 수 있다($\binom{대판\ 2010.2.11.}{2008다16899}$).

명의신탁의 성립에 공부상 명의신탁자 명의의 등기가 이미 존재했어야 할 필요도 없다. 판례도 공부상 명의신탁자 명의로 등기·등록된 사실이 없더라도 명의신탁은 유효하게 성립한다고 판시한다. 즉 명의신탁은 명의신탁자가 공부상 소유자로 등기·등록되어 있는 경우 그 소유명의를 명의수탁자 명의로 이전하는 방법으로 할 수 있지만(소위 '양자간 등기명의신탁'), 명의신탁자 명의로 등기된 일이 없이 제3자(예컨대 매도인)로부터 명의수탁자 명의로 등기가 이루어지고, 명의신탁자와 명의수탁자 간에 명의신탁계약이 존재하기만 하면, 명의신탁자와 명의수탁자 간에 명의신탁관계(소위 '3자간 등기명의신탁 또는 중간생략등기형 명의신탁')가 성립한다($\binom{대판\ 2012.1.26.}{2011다81152}$). 이에 대하여 판례가 명의신탁자가 자신의 소유로 등기한 적이 없더라도 명의수탁자에 대하여 소유권을 주장할 수 있는 것으로 판시하고 있는데, 물권변동에 관하여 자기 명의로 등기하지 않는 한 당사자 사이에서도 소유권을 취득할 수 없는 물권변동에 관한 형식주의를 취하고 있는 현행법상 의문이라는 비판과 대내관계에서 명의신탁자가 소유권을 보유한다는 판례이론에 비추어 문제가 있다는 지적이 있다.

# 제3관 부동산실명법상 명의신탁

## 1. 부동산실명법의 개요

부동산실명법에 따르면 부동산의 명의신탁약정 및 그 약정에 기한 부동산물권변동은 무효이다(동법 제4조 제1항, 제2항 본문). 뿐만 아니라 기존의 명의신탁은 1995년 7월 1일부터 1년의 유예기간을 부여하고, 유예기간 내에 명의신탁자 명의로 실명전환을 하도록 하되(동법 제11조 제1항 본문), 그 유예기간 내에 실명전환을 하지 아니하면 기존의 명의신탁을 무효화하도록 규정하고 있다(동법 제12조 제1항). 또한 명의신탁약정 내지 명의신탁등기를 한 자에 대해서는 형사처벌, 과징금의 부과 및 이행강제금을 부과할 수 있도록 규정하고 있다(동법 제5조 내지 제7조, 제6조, 제10조, 제12조).

## 2. 부동산실명법의 적용범위

### (1) 부동산실명법의 적용대상

부동산실명법이 금지하는 명의신탁약정은 부동산에 관한 소유권 기타 물권(부동산에 관한 물권)을 보유한 자 또는 사실상 취득하거나 취득하려고 하는 자(실권리자)가 타인과 사이에서 대내적으로는 실권리자가 부동산에 관한 물권을 보유하거나 보유하기로 하고 그에 관한 등기(가등기 포함)는 그 타인의 명의로 하기로 하는 약정(위임, 위탁매매의 형식에 의하거나 추인에 의하는 경우 포함)이라고 규정하고 있는 바(동법 제2조 1호 본문), 이 법은 소위 '등기명의신탁' 이외에 '계약명의신탁'도 규율대상으로 하고, 그 규율대상인 명의신탁의 범위를 소유권등기, 담보목적 가등기, 저당권등기를 비롯한 등기할 수 있는 모든 부동산물권으로 확대하고 있다.

### (2) 적용예외

부동산실명법은 다음과 같은 경우 동법의 적용을 배제한다.

(가) 채무의 변제를 담보하기 위하여 채권자가 부동산에 관한 물권을 이전받거나 가등기하는 경우(양도담보와 가등기담보)(동법 제2조 1호 가목)

(나) 부동산의 위치와 면적을 특정하여 2인 이상이 구분소유하기로 하는 약정을 하고 그 구

분소유자의 공유로 등기하는 경우(상호명의신탁)($^{제2조\ 1}_{호\ 나목}$)

(다) '신탁법' 또는 '자본시장과 금융투자업에 관한 법률'에 따른 신탁재산인 사실을 등기한 경우($^{신탁,\ 제2조}_{1호\ 다목}$)

(라) 종중재산에 대한 명의신탁과 부부간의 명의신탁, 그리고 종교단체와 그 산하 조직간의 명의신탁에서는 조세포탈, 강제집행의 면탈 또는 법령상 제한의 회피를 목적으로 하지 않는 경우, 부동산실명법의 주요규정($^{동법\ 제4조\ 내지\ 제7조,}_{제12조\ 제1항\ 및\ 제2항}$)이 적용되지 않는다($^{동법}_{제8조}$).

여기서 종중이란 공동선조의 분묘수호와 제사 및 종중원 상호간의 친목 등을 목적으로 하는 자연발생적 종족단체를 말하는 고유의 의미의 종중을 말하고, 그 구성원이 공동선조의 자손 중 일부만으로 제한된 종중 유사의 비법인 사단은 포함하지 않는다($^{대판\ 2007.10.25,}_{2006다14165}$).

또한 배우자란 사실혼 관계에 있는 배우자를 포함하지 않으며($^{대판\ 1999.5.}_{14,\ 99두35}$), 부동산실명법 제8조 제2호에 따라 부부간 명의신탁이 일단 유효한 것으로 인정되었다면 그 후 배우자 일방의 사망으로 부부관계가 해소되었다 하더라도 그 명의신탁약정은 사망한 배우자의 다른 상속인과의 관계에서도 여전히 유효하게 존속한다($^{대판\ 2013.1.24,}_{2011다99498}$).

강제집행의 면탈을 목적으로 한 명의신탁에 해당하려면 민사집행법에 따른 강제집행 또는 가압류·가처분의 집행을 받을 우려가 있는 객관적인 상태에서 한쪽 배우자가 상대방 배우자에게 부동산을 명의신탁함으로써 채권자가 집행할 재산을 발견하기 곤란하게 할 목적이 있다고 인정되어야 한다($^{대판\ 2017.12.5,}_{2015다240645}$).

(마) 부동산실명법의 적용이 배제되는 위의 적용예외에서는 관련특별법(가등기담보법 또는 신탁법)이 적용되거나 명의신탁에 관한 종래의 판례이론이 적용된다.

---

**사례 72** A는 2021.1.15. 그 소유의 X토지에 관하여 그 등기명의를 B 앞으로 하는 명의신탁약정을 하고, B명의의 소유권이전등기를 마쳤다. 그런데 A와 B는 2022.1.20. 혼인을 하였다. 이 경우 명의신탁약정 및 그에 따른 소유권이전등기의 효력은 어떻게 되는가? (대결 2002.10.28, 2001마1235 참조)

**|해설 72|** 명의신탁약정 및 등기는 혼인시부터 유효하다.

부동산실명법 제8조 제2호는 배우자 명의로 부동산에 관한 물권을 등기한 경우로서 조세포탈, 강제집행의 면탈 또는 법령상 제한의 회피를 목적으로 하지 아니하는 경우에는 그 명의신탁약정과 그 약정에 기하여 행하여진 물권변동을 무효로 보지 않는다는 특례를 규정하고 있는바, 본래 명의신탁등기가 부동산실명법의 규정에 따라 무효로 된 경우에도 그 후 명의신탁자가 수탁자와 혼인을 함으로써 법률상의 배우자가 되고 위 특례의 예외 사유에 해당되지 않으면 그 때부터는 위 특례가 적용되어 그 명의신탁등기가 유효로 된다.

---

**사례 73** A가 2022.1.15. 그 소유의 X토지를 배우자인 B에게 명의신탁하기로 하고, 소유권이전등기를 마쳤다. 그런데 B가 사망하고, B의 자녀인 C가 이를 상속받아 소유권이전등기를 마쳤다. 이 경우, A와 B 간의 유효한 명의신탁관계는 종료하는가? (대판 2013.1.24, 2011다99498 참조)

**해설 73** A와 B 사이의 유효한 명의신탁은 A와 C 사이에 유효하게 존속한다.

부동산 실권리자명의 등기에 관한 법률(이하 '부동산실명법'이라 한다) 제8조 제2호는 '배우자 명의로 부동산에 관한 물권을 등기한 경우'로서 조세포탈, 강제집행의 면탈 또는 법령상 제한의 회피를 목적으로 하지 아니하는 경우에는 그 명의신탁약정과 그 약정에 기하여 행하여진 물권변동을 무효로 보는 위 법률 제4조 등을 적용하지 아니한다고 규정하고 있다. 명의신탁을 받은 사람이 사망하면 그 명의신탁관계는 재산상속인과의 사이에 그대로 존속한다고 할 것인데, 부동산실명법 제8조 제2호의 문언상 명의신탁약정에 따른 명의신탁등기의 성립 시점에 부부관계가 존재할 것을 요구하고 있을 뿐 부부관계의 존속을 그 효력 요건으로 삼고 있지 아니한 점, 부동산실명법상 제8조 제2호에 따라 일단 유효한 것으로 인정된 부부간 명의신탁에 대하여 그 후 배우자 일방의 사망 등으로 부부관계가 해소되었음을 이유로 이를 다시 무효화하는 별도의 규정이 존재하지 아니하는 점, 부부간 명의신탁이라 하더라도 조세포탈 등 목적이 없는 경우에 한하여 위 조항이 적용되는 것이므로 부부관계가 해소된 이후에 이를 그대로 유효로 인정하더라도 새삼 부동산실명법의 입법 취지가 훼손될 위험성은 크지 아니한 점 등에 비추어 보면, 부동산실명법 제8조 제2호에 따라 부부간 명의신탁이 일단 유효한 것으로 인정되었다면 그 후 배우자 일방의 사망으로 부부관계가 해소되었다 하더라도 그 명의신탁약정은 사망한 배우자의 다른 상속인과의 관계에서도 여전히 유효하게 존속한다고 보아야 한다.

**사례 74** A는 2022.6.28. B에게 X주택에 관하여 소유권이전등기를 이전하기로 합의하였는데, 다만 그 소유권이전등기는 B의 처인 C 앞으로 하기로 하였다. 이에 A는 2022.7.5. B가 지정한 C 앞으로 X주택에 관하여 소유권이전등기를 마쳤다. 그런데 A는 C 명의의 소유권이전등기는 배우자간 명의신탁이나, B가 신용이 불량하여 C 앞으로 마친 것이므로 부동산실명법 제8조의 강제집행의 면탈을 목적으로 한 것으로 무효임을 주장한다. B의 주장은 타당한가?

(대판 2017.12.5, 2015다240645 참조)

**해설 74** B의 주장은 타당하지 않다.

부동산실명법 제8조의 '강제집행의 면탈'을 목적으로 한 명의신탁에 해당하려면 민사집행법에 따른 강제집행 또는 가압류·가처분의 집행을 받을 우려가 있는 객관적인 상태, 즉 채권자가 본안 또는 보전소송을 제기하거나 제기할 태세를 보이고 있는 상태에서 한쪽 배우자가 상대방 배우자에게 부동산을 명의신탁함으로써 채권자가 집행할 재산을 발견하기 곤란하게 할 목적이 있다고 인정되어야 한다.

사안의 경우 C 명의로 소유권이전등기를 한 경위가 '남편인 B의 신용이 불량해서'라고 하였더라도 그러한 사정만으로 B가 C에게 X주택을 명의신탁함으로써 채권자의 집행을 곤란하게 할 목적, 나아가 강제집행을 면탈할 목적이 있었다고 보기는 어렵다.

## 3. 부동산실명법상 명의신탁의 효력

### (1) 명의신탁약정의 무효

(가) 명의신탁자와 명의수탁자 사이의 명의신탁약정은 예외적으로 허용되는 경우가 아닌 한

모두 무효이다(부동산실명법 제4조 1호). 따라서 당사자 상호간에는 명의신탁약정에 따른 권리·의무가 발생하지 않으며, 수탁자가 위 약정에 반하여 목적물을 처분하였다고 하여 채무불이행책임을 지지 않을 뿐만 아니라, 명의신탁약정의 해지를 원인으로 한 원상회복의 문제도 발생하지 않는다. 부동산실명법 제4조 제1항에 의해 무효가 되는 것은 명의신탁약정과 이를 포함한 위임 등 계약이며, 명의신탁약정에 따라 행해진 부동산취득의 원인계약까지 동법에 의해 무효가 되는 것은 아니다(대판 2011.9.8, 2009 다49193,49209).

(나) 명의신탁약정이 무효가 된 경우 명의신탁약정에 기한 급부는 부당이득에 해당한다. 특히 투기, 탈세, 강제집행면탈 등을 목적으로 하는 명의신탁이 부동산실명법에 의해 무효가 된 경우, 그 약정에 기한 급부는 제746조의 불법원인급여에 해당하는지가 문제된다. 이에 대해 학설은 불법원인급여에 해당한다는 견해도 있지만, 판례는 특별한 사정이 없는 한 불법원인급여에 해당하지 않는다고 한다(대판(전) 2019.6.20, 2013다218156).

또한 명의신탁자는 명의수탁자에게 자신이 급부한 이전등기(2자간 등기명의신탁) 또는 명의수탁자가 부동산취득의 원인계약에 기하여 전 소유자(매도인)로부터 급부받은 소유권이전등기(3자간 등기명의신탁)를 부당이득으로 반환할 것을 청구할 수 있는가? 판례는 2자간 등기명의신탁에서는 명의신탁자는 소유자로서 명의수탁자를 상대로 소유권에 기한 방해제거청구의 방법으로 소유권이전등기를 청구할 수 있을 뿐, 침해부당이득을 원인으로 하는 소유권이전등기절차의 이행을 구할 수는 없다고 한다(대판 2014.2.13, 2012다97864). 또한 3자간 등기명의신탁에서도 명의신탁 부동산의 소유권이 매도인에게 복귀[10]한 이상 명의신탁자가 명의수탁자를 상대로 부당이득반환을 원인으로 소유권이전등기를 구할 수 없다(대판 2008.11.27, 2008다55290,55306). 그러나 일부 견해에 따르면 불필요한 우회(명의신탁자는 매도인 명의로 소유권의 회복시킨 후에 매도인을 상대로 소유권이전등기를 청구를 해야 한다. 결국 명의신탁자는 먼저 매도인을 대위하여 명의수탁자에게 말소등기를 청구하고 다시 매도인을 상대로 소유권이전등기를 청구해야 한다)를 피하기 위하여 명의수탁자를 상대로 부당이득반환을 구할 수 있도록 해야 한다고 주장한다.

(다) 부동산을 매수함에 있어 매수대금의 실질적 부담자와 명의인 간에 명의신탁관계가 성립한 경우, 매수대금의 실질적 부담자(명의신탁자)의 요구에 따라 부동산의 소유 명의를 신탁자에게 이전하기로 하는 등의 약정이 있었더라도, 이는 부동산 실권리자명의 등기에 관한 법률에 의하여 무효인 명의신탁약정을 전제로 명의신탁 부동산 자체 또는 그 처분대금의 반환을 구하는 범주에 속하는 것이어서 역시 무효라고 보아야 한다(대판 2006.11.9, 2006다35117). 더 나아가 명의신탁자와 명의수탁자가 위와 같이 무효인 명의신탁약정과 아울러 그 약정을 전제로 하여 이에 기한 명의신탁자의 명의수탁자에 대한 소유권이전등기청구권을 확보하기 위하여 명의신탁 부동산에 명의신탁자 명의의 가등기를 마치고 향후 명의신탁자가 요구하면 본등기를 마쳐 주기로 약정하였더라도, 이러한 약정 또한 부동산실명법에 의하여 무효인 명의신탁약정을 전제로 한 것이

---

10) 3자간 등기명의신탁에서는 명의수탁자 명의로 등기는 무효이므로 명의수탁자에게 소유권이 귀속된 적이 없다. 따라서 판례의 '복귀'라는 표현은 적절치 않다.

어서 무효이고, 위 약정에 의하여 마쳐진 가등기는 원인무효이다$\binom{\text{대판 2009.4.9.}}{\text{2009다2576,2583}}$.

---

**사례 75** A가 B로부터 그 소유의 X토지를 매수하는 내용의 매매계약을 체결하고, 그 등기명의를 C의 명의로 하기로 하는 약정을 C와 체결하였다. 이에 따라 B는 A로부터 매매대금을 지급받고, C 앞으로 소유권이전등기를 마쳤다. 그런데 실명유예기간이 경과하여 부동산실명법에 따라 A와 C 사이의 명의신탁약정 및 그에 따른 B에서 C로의 소유권이전등기는 무효가 되었다. A는 부당이득을 이유로 직접 C에게 소유권이전등기를 구할 수 있는가? (대판 2008.11.27, 2008다55290,55306 참조)

**│해설 75│** A는 명의신탁약정의 무효에 따라 부당이득으로 C로부터 소유권이전등기를 청구할 수 없다.

이른바 3자간 등기명의신탁의 경우 부동산 실권리자명의 등기에 관한 법률에 의하여 그 명의신탁 약정과 그에 의한 등기가 무효로 되더라도 명의신탁자는 매도인에 대하여 매매계약에 기한 소유권이전등기청구권을 보유하고 있어 그 등기 명의를 보유하지 못하는 손해를 입었다고 볼 수 없다. 또한 명의신탁 부동산의 소유권이 매도인에게 있는 마당에 명의신탁자가 무효인 등기의 명의인인 명의수탁자를 상대로 그 이전등기를 구할 수도 없다. 결국 3자간 등기명의신탁에 있어서 명의신탁자는 명의수탁자를 상대로 부당이득반환을 원인으로 한 소유권이전등기를 구할 수 없다.

---

**사례 76** A는 X농지를 소유하고 있던 중 농지법상 X농지의 처분명령을 받을 상황을 우려하여 B에게 위 농지에 관하여 명의신탁약정에 기한 소유권이전등기를 마쳤다. 그 후 B가 사망하여 C가 이를 단독상속한 후 A의 X농지에 대한 소유권을 부인하자, A는 C를 상대로 소유권에 기하여 진정명의회복을 위한 소유권이전등기청구를 하였다. 이에 C는 위 명의신탁약정은 농지법상 처분명령을 회피하기 위한 목적의 명의신탁으로 그에 따른 등기는 불법원인급여에 해당한다고 주장한다. C의 주장은 타당한가? (대판(전) 2019.6.20, 2013다218156 참조)

**│해설 76│** C의 주장은 타당하지 않다.

부동산실명법 규정의 문언, 내용, 체계와 입법 목적 등을 종합하면, 부동산실명법을 위반하여 무효인 명의신탁약정에 따라 명의수탁자 명의로 등기를 하였다는 이유만으로 그것이 당연히 불법원인급여에 해당한다고 단정할 수는 없다. 또한 농지법에 따른 제한을 회피하고자 명의신탁을 한 사안이라고 해서 불법원인급여규정의 적용 여부를 달리 판단할 이유는 없다.

사안의 경우 위 명의신탁약정에 기한 소유권이전등기가 불법원인급여에 해당하지 않는다.

---

## (2) 명의신탁등기에 의한 물권변동의 효력

### (가) 2자간 등기명의신탁의 경우

명의신탁약정에 따라 이루어진 등기에 의한 물권변동은 무효이다$\binom{\text{부동산실명법}}{\text{제4조 제2항}}$. 나아가 부동산실명법을 위반했다는 이유만으로는 명의신탁에 의한 이전등기가 제746조의 불법원인급여에 해당되는 것은 아니다$\binom{\text{대판(전) 2019.6.20.}}{\text{2013다218156}}$. 따라서 명의신탁자는 명의수탁자를 상대로 소유권에 기한 방해제거청구권을 행사함으로써 말소등기 또는 진정명의회복을 위한 소유권이전등기의 형식으로 소유명의를 회복할 수 있다(대판 2002.9.6., 2002다35157). 그러나 명의신탁약정이 무효인 이상 명의신탁약정의 해지를 원인으로 한 소유권이전등기청구는 허용되지 않는다(대판 2007.6.14., 2005다5140).

### (나) 3자간 등기명의신탁(중간생략형 명의신탁)

3자간 등기명의신탁에서 명의신탁약정에 따라 이루어진 등기에 의한 물권변동은 무효이므로(부동산실명법 제4조 제2항) 당해 부동산의 소유권은 매도인에게 있다. 따라서 명의신탁자는 명의수탁자를 상대로 소유권에 기하여 또는 부당이득으로 소유권이전등기를 청구할 수 없다(대판 2009.4.9., 2008다87723). 그러나 명의신탁자와 매도인 간의 소유권 취득의 원인계약은 유효하므로, 명의신탁자는 매도인의 물권적 청구권을 대위하여 명의수탁자 명의의 등기를 말소하여 전 소유자 명의로 등기명의를 회복한 다음, 소유권취득의 원인계약에 기하여 매도인에게 소유권이전등기를 청구할 수 있다(대판 2002.3.15., 2001다61654). 명의수탁자가 명의신탁자에게 직접 소유권이전등기를 한 경우에는 그 등기는 실체관계에 부합하는 유효한 등기가 된다(대판 2004.6.25., 2004다6764).

또한 3자간 등기명의신탁에 의한 등기가 유예기간의 경과로 무효로 된 경우, 목적 부동산을 인도받아 점유하고 있는 명의신탁자의 매도인에 대한 소유권이전등기청구권은 소멸시효가 진행되지 않는다. 판례는 부동산의 매수인이 목적물을 인도받아 계속 점유하는 경우에는 매도인에 대한 소유권이전등기청구권은 소멸시효가 진행되지 않는 법리가 3자간 등기명의신탁에 의한 등기가 유효기간의 경과로 무효로 된 경우에도 마찬가지로 적용된다고 보았다(대판 2013.12.12., 2013다26647).

판례는 과세관청이 공부상 소유자인 명의수탁자에게 재산세를 부과처분하고 수탁자가 이를 납부했더라도 명의신탁자를 상대로 재산세 상당의 금액을 부당이득으로 반환청구할 수는 없다고 본다(대판 2020.9.3, 2018다283773; 대판 2020.11.26, 2019다298222,298239). 명의신탁자는 재산을 사실상 소유자하는 자(지방세법 제107조 제1항 참조)로서 여전히 재산세 납부의무를 부담하므로 이를 면하는 이익을 얻지 못하였고 재산세 부과처분은 취소되지 않는 한 유효한 처분이고 수탁자는 경정청구로 납부한 재산세를 환급 받을 수 있다고 보기 때문이다.

---

**사례 77** A가 B로부터 그 소유의 X토지를 매수하는 내용의 매매계약을 체결하고, 그 등기명의를 C의 명의로 하기로 하는 약정을 C와 체결하였다. 이에 따라 B는 A로부터 매매대금을 지급받고, C 앞으로 소유권이전등기를 마쳤다. 이 경우 부동산실명법에 따라 A와 C 사이의 명의신탁약정 및 그에 따른 B에서 C로의 소유권이전등기는 무효가 되는데, A와 B 사이의 매매계약 또한 무효가 되는가?

(대판 2002.3.15, 2001다61654 참조)

**|해설 77|** 매매계약은 유효하다.

부동산실명법은 매도인과 명의신탁자 사이의 매매계약의 효력을 부정하는 규정을 두고 있지 아니하여 매도인과 명의신탁자 사이의 매매계약은 유효하므로, 명의신탁자는 매도인에 대하여 매매계약에 기한 소유권이전등기를 청구할 수 있다.

## (다) 계약명의신탁

계약명의신탁에서 명의신탁약정에 따라 이루어진 등기에 의한 물권변동은 무효이다(부동산실명법 제4조 제2항 본문). 그러나 매도인이 명의신탁약정이 있다는 사실을 알지 못한 경우에는 그러하지 아니하다(부동산실명법 제4조 제2항 단서). 즉 부동산실명법 제4조 제2항 단서에 의해 명의수탁자의 계약상대방인 매도인이 계약명의신탁약정이 있음을 알았는지 여부에 따라 그 등기의 효력이 달라지는데(대판 2010.10.14, 2007다90432), 명의신탁약정의 존재에 대해 매도인이 알았는지 여부는 계약체결시 매도인의 인식을 기준으로 판단한다(대판 2018.4.10, 2017다257715).

1) 계약상대방인 매도인이 계약명의신탁약정의 존재를 안 경우(악의)에는 부동산물권변동은 무효이므로 매도인과 명의수탁자 간의 소유권 취득의 원인계약은 불능을 목적으로 하는 계약으로 무효가 된다. 또한 명의수탁자 명의의 등기는 무효이므로 부동산소유권은 매도인에게 있다. 이 경우 매도인은 명의수탁자를 상대로 소유권에 기한 등기말소 또는 진정명의회복을 위한 이전등기청구가 가능하고, 명의수탁자는 매도인에게 매매계약의 무효를 이유로 매매대금반환청구가 가능하다. 그러나 명의신탁자는 아무런 법률관계가 형성되어 있지 않은 매도인에게 어떤 청구도 할 수 없지만, 명의수탁자를 상대로 명의신탁약정 무효를 이유로 부당이득반환청구가 가능하다. 다만 부당이득의 대상은 제공된 매수자금이다.

2) 한편 매도인이 명의신탁약정에 대해 선의인 경우, 부동산물권변동 및 소유권 취득의 원인계약도 유효하다.

㉮ 따라서 명의수탁자는 완전한 소유권을 취득하게 된다. 이 경우 명의신탁자는 아무런 법률관계가 형성되어 있지 않은 매도인에게 어떤 청구도 할 수 없지만, 명의수탁자를 상대로 명의신탁약정의 원인무효를 이유로 부당이득반환청구는 가능하다.

㉯ 그런데 판례에 따르면 계약명의신탁약정이 부동산실명법 시행 이전에 있었는지, 법 시행 후에 있었던 것인지에 따라 반환해야 할 부당이득의 내용이 달라진다.

부동산실명법 이후에 명의신탁약정이 있었던 경우에는 명의신탁자로부터 제공받은 매수자금을 부당이득했다고 본다(대판 2008.5.15, 2007다74690. 명의신탁에 따른 등기 후 부동산의 가액이 현저히 증대된 경우에도 수탁자의 부당이득액은 매매대금에 해당되어 증가된 가액 상당의 이득은 수탁자에게 그대로 남게 된다). 명의신탁자는 부동산실명법에 의해 당해 부동산의 소유권을 취득할 수 없었으므로, 명의신탁약정의 무효로 인하여 명의신탁자가 입은 손해는 당해 부동산 자체가 아니라 명의수탁자에게 제공한 매수자금이라고 보기 때문이다. 이 때 명의수탁자가 소유권이전등기를 위하여 지출해야 할 취득세, 등록세 등을 명의신탁자로부터 제공받았다면 특별한 사정이 없는 한 이 비용도 명의신탁자에게 부당이득으로 반환하여야 한다(대판 2010.10.14, 2007다90432).

한편 부동산실명법 시행 이전에 계약명의신탁약정이 있었고 그에 따라 이전등기가 되었다면 수탁자가 취득한 부당이득은 원칙적으로 당해 부동산이라고 한다(대판 2002.12.26, 2000다21123). 명의신탁자는 실명전환을 위한 유예기간 동안 명의신탁약정을 해지하고 부동산의 소유권을 취득할 수 있었을 뿐만 아니라, 법 제3조, 제4조가 명의신탁자에게 소유권이 귀속되는 것을 막는 취지의 규정이 아니라고 보기 때문이다. 이러한 명의신탁자의 명의수탁자에 대한 소유권이전등기청구권의 법적 성질은 법률상 부당이득반환청구권이므로 제162조 제1항에 의해 10년의 시효기간이 적용되고, 무효로 된 명의신탁 약정에 기하여 처음부터 명의신탁자가 그 부동산의 점유 및 사용 등 권리를 행사하고 있다 하더라도 명의신탁자의 이전등기청구권의 소멸시효는 진행된다($\binom{대판\ 2009.}{7.9,\ 2009}$ 다 $_{23313}$). 그런데 소유권자인 명의수탁자가 관련 세금의 부담과 같은 재산적 지출을 명의신탁자에게 적극적으로 요청하는 등 명의신탁자에게 대내적 소유권이 있음을 인정한 데에는 명의신탁자에 대하여 소유권등기를 이전·회복하여 줄 의무를 부담함을 알고 있다는 뜻이 묵시적으로 포함되어 표현되었다고 봄이 타당하므로, 그 시점에서 명의신탁자의 위 부동산에 관한 소유권이전등기청구권의 소멸시효는 중단된다고 할 수 있다($\binom{대판\ 2012.10.25,}{2012다45566}$).

---

**사례 78** A는 B 소유의 X토지의 매수를 C에게 부탁하였고, 이를 승낙한 C는 이러한 사정을 모르는 B와 X토지에 관한 매매계약을 체결하였다. 그 후 C는 A가 제공한 매수자금을 B에게 지급함과 동시에 B로부터 X에 대한 소유권이전등기를 마쳤다.

질문 1) A는 X토지의 소유권을 확보할 수 있는가?

질문 2) 만일 B가 명의신탁약정을 알고 있는 경우에는 질문 1)의 결과가 달라지는가?

질문 3) 만일 명의신탁약정과 등기가 부동산실명법 시행 이전에 이루어졌으나, 아직 실명전환이 되지 않은 상태에서 A의 B에 대한 부당이득반환의 대상은 무엇인가?

질문 4) X토지에 관한 명의신탁과 등기가 부동산실명법 시행 전에 이루어졌다. X토지를 매수한 이후 A가 이를 계속 점유해 왔다. 2018.5.1. A가 B에게 부당이득반환을 청구하자 B는 위 청구권은 소멸시효가 완성되었음을 주장한다. A는 다시 자신이 X부동산을 계속 점유해온 이상 소멸시효가 진행되지 않는다고 주장한다. A의 청구는 인용될 수 있는가?

(질문 3)과 질문 4)는 2016년 제5회 변호사시험 제2문의1 3번째 문제 20점)

(대판 2008.5.15, 2007다74690; 대판 2002.12.26, 2000다21123 참조)

**|해설 78|**

**해설 1) A는 X토지의 소유권을 확보할 수 없다.**

계약명의신탁에서 명의신탁약정은 무효이지만, 매도인이 명의신탁약정이 있다는 사실을 알지 못한 경우에 명의신탁약정에 따른 등기는 유효하다($\binom{부동산실명법\ 제}{4조\ 제2항\ 단서}$). 따라서 매도인이 명의신탁약정에 대해 선의인 경우, 명의수탁자는 완전한 소유권을 취득하게 되고, 소유권취득의 원인계약도 유효하다. 따라서, 명의신탁자는 명의수탁자를 상대로 명의신탁부동산의 반환을 구할 수 없다. 다만, 그 매수자금상당액의 부당이득반환을 청구할 수 있을 뿐이다.

**해설 2) 결과가 달라지지 않는다.**

매도인이 명의신탁약정이 있다는 사실을 안 경우에는 명의신탁약정뿐만 아니라 그로 인한 등기로 무효이므로, 명의수탁자는 신탁부동산의 소유권을 취득할 수 없고, 매도인에게 소유권은 유지된다. 따라서 명의신탁자는 명의수탁자에게 지급한 매수자금 상당액을 부당이득으로 청구할 수 있을 뿐이다.

**해설 3) 부동산 자체이다.**

명의수탁자는 명의신탁 약정에 따라 명의신탁자가 제공한 비용을 매매대금으로 지급하고 당해 부동산에 관한 소유명의를 취득한 것이고, 부동산실명법의 유예기간이 경과하기 전까지는 명의신탁자는 언제라도 명의신탁 약정을 해지하고 당해 부동산에 관한 소유권을 취득할 수 있었던 것이므로, 명의수탁자는 부동산실명법 시행에 따라 당해 부동산에 관한 완전한 소유권을 취득함으로써 당해 부동산 자체를 부당이득하였다고 보아야 한다. 따라서 명의수탁자는 명의신탁자에게 자신이 취득한 당해 부동산을 부당이득으로 반환할 의무가 있다. 다만 법률상 장애로 실명유예기간이 지나도록 실명전환되지 않은 경우, 명의신탁자는 당해 부동산의 소유권을 취득할 수 없었으므로 당해 부동산 자체가 아니라 매수대금 상당액이 부당이득이 된다.

해설 4) A의 B에 대한 부당이득반환청구(소유권이전등기청구)는 시효소멸되어 인용될 수 없다.

명의신탁이 성립한 때부터 부동산실명법 소정의 실명등기 등 유예기간(1996.7.1.까지)이 경과한 때로부터 A의 B에 대한 명의신탁의 무효에 따른 부당이득반환을 원인으로 한 X토지의 소유권이전등기청구권이 발생하며 이 때부터 소멸시효가 진행한다. 나아가 명의신탁자가 신탁부동산을 계속 점유·사용했더라도 이로써 부당이득반환청구권 자체의 실질적 권리행사가 있었다고 볼 수 없다고 본다. 따라서 소유권이전등기청구권의 소멸시효는 중단되지 않는다. 사안에서 A의 소유권이전등기청구권은 1996.7.1.부터 10년의 소멸시효기간이 훨씬 지난 후에 행사된 것으로 소멸시효가 완성되어 인용될 수 없다.

---

사례 79  A소유의 X토지에 대한 강제경매절차가 개시되자, A는 B에게 매수자금을 제공하고, 경매에 참가하도록 하였다. 이에 B는 매수자로서 A로부터 수령한 금액으로 매매대금을 납부하고, X토지의 소유권이전등기를 경료받았다. 이 경우 매도인 A가 명의신탁약정의 당사자로 그 내용을 알고 경매절차가 진행된 것이므로, 부동산실명법 제4조 제2항 단서에 의해 B의 소유권취득은 무효가 되는가?

(대판 2009.9.10, 2006다73102; 대판 2012.11.15, 2012다69197 참조)

해설 79  B의 소유권취득은 유효하다.

부동산경매절차에서 부동산을 매수하려는 사람이 매수대금을 자신이 부담하면서 타인의 명의로 매각허가결정을 받기로 함에 따라 그 타인이 경매절차에 참가하여 매각허가가 이루어진 경우에도 그 경매절차의 매수인은 어디까지나 그 명의인이므로 경매 목적 부동산의 소유권은 매수대금을 실질적으로 부담한 사람이 누구인가와 상관없이 그 명의인이 취득하고, 이 경우 매수대금을 부담한 사람과 이름을 빌려 준 사람 사이에는 명의신탁관계가 성립한다. 이러한 경우 매수대금을 부담한 명의신탁자와 명의를 빌려 준 명의수탁자 사이의 명의신탁약정은 '부동산 실권리자 명의 등기에 관한 법률'(이하 '부동산실명법') 제4조 제1항에 의하여 무효이나, 경매절차에서의 소유자가 위와 같은 명의신탁약정 사실을 알고 있었거나 소유자와 명의신탁자가 동일인이라고 하더라도 그러한 사정만으로 그 명의인의 소유권취득이 부동산실명법 제4조 제2항에 따라 무효가 되지 않는다. 비록 경매가 사법상 매매의 성질을 보유하고 있기는 하나 다른 한편으로는 법원이 소유자의 의사와 관계없이 그 소유물을 처분하는 공법상 처분으로서의 성질을 아울러 가지고 있고, 소유자는 경매절차에서 매수인의 결정 과정에 아무런 관여를 할 수 없는 점, 경매절차의 안정성 등을 고려할 때 경매부동산의 소유자를 위 제4조 제2항 단서의 '상대방 당사자'라고 볼 수는 없기 때문이다.

**사례 80** A는 2021.9.23. B로부터 그 소유의 X주택을 1억 5,000만 원에 매수하기로 하고, 같은 날 B에게 계약금 1,500만 원을 지급하면서 잔금 1억 3,500만 원은 2021.10.13. 지급하기로 약정하였다. 그런데 위 매매계약은 A의 딸인 C는 자신의 이름으로 매매계약을 체결할 경우 생애최초 주택구입에 따른 혜택을 잃어버리게 되는 점을 감안하여 A의 이름으로 체결한 것이었다. B가 2021.10.7. 특별한 이유 없이 계약해제를 통보하자, A는 B에게 계약체결의 경위를 설명하던 중 C를 위하여 A의 이름으로 계약을 체결하게 되었다고 말하였다. B는 2021.10.7. 명의신탁사실을 알았으므로, 위 매매계약은 무효임을 주장한다. B의 주장은 타당한가?  (대판 2018.4.10, 2017다257715 참조)

**해설 80** B의 주장은 타당하지 않다.

명의신탁자와 명의수탁자가 계약명의신탁약정을 맺고 명의수탁자가 당사자가 되어 매도인과 부동산에 관한 매매계약을 체결하는 경우 그 계약과 등기의 효력은 매매계약을 체결할 당시 매도인의 인식을 기준으로 판단해야 하고, 매도인이 계약 체결 이후에 명의신탁약정 사실을 알게 되었다고 하더라도 위 계약과 등기의 효력에는 영향이 없다.

사안의 경우 B는 이 사건 매매계약 체결 시에는 A와 그 딸 C 사이의 명의신탁약정 사실을 알지 못한 채 A와 이 사건 매매계약을 체결하였으므로, A와 B 사이에 체결된 이 사건 매매계약은 부동산실명법 제4조 제2항 단서에 따라 유효하다. B가 이후 위와 같은 명의신탁약정 사실을 알았는지 여부는 이러한 결론에 영향이 없다. 따라서 B는 A에게 X주택에 관하여 이 사건 매매계약을 원인으로 한 소유권이전등기절차를 이행할 의무가 있다.

### (3) 제3자에 대한 효력

명의신탁약정 및 물권변동의 무효는 제3자에게 대항하지 못한다(부동산 제 4조 제3항). 이는 명의신탁의 유형에 따라 달라지지 않는다. 등기명의신탁뿐만 아니라, 계약상대방인 매도인이 계약명의신탁약정의 존재를 알고 있어 명의신탁약정 및 물권변동이 무효로 된 경우에도 제3자에게 대항할 수 없다. 요컨대 명의수탁자가 임의로 신탁부동산을 제3자에게 처분하는 경우 특별한 사정이 없는 한 그 제3자는 유효하게 권리를 취득한다. 그 결과 명의신탁자가 신탁부동산에 대한 소유권을 상실하여 소유권에 기한 말소등기청구권이 인정되지 않는다. 또한 그 후 명의수탁자가 우연히 신탁부동산의 소유권을 다시 취득하였다고 하더라도 명의신탁자의 소유권에 기한 물권적 청구권, 즉 말소등기청구권이나 진정명의회복을 원인으로 한 이전등기청구권도 더 이상 그 존재 자체가 인정되지 않는다. 이와 같은 경우에도 명의신탁자가 신탁부동산의 소유권을 상실한 사실에는 변함이 없기 때문이다(대판 2013.2.28, 2010다89814). 2자간 명의신탁에서도 동일하다(대판 2013.2.28, 2010다89814).

한편, 여기서의 제3자는 선의의 제3자에 한정된다고 제한해석하는 견해도 있지만, 선의·악의를 불문한다(대판 2000.3.28, 99다56529; 대판 2001.6.26, 2001다5371). '제3자'는 명의신탁 약정의 당사자 및 포괄승계인 이외의 자로서 명의수탁자가 물권자임을 기초로 하여 그와 직접 새로운 이해관계를 맺은 자를 말한다 (대판 2005.11.10, 2005다34667,34674). 예컨대 명의수탁자로부터 물권을 설정 받거나 이전받은 자, 명의수탁자에 대한 가등기권리자, 명의수탁자의 압류 및 가압류채권자와 같이 수탁자명의의 등기를 토대로 그 등기상 이해관계를 갖게 된 자 등이 이에 해당한다(대판 2000.3.28, 99다56529). 연속된 명의신탁관계에서 최후의 명의수탁자가 물권자임을 기초로 그와 사이에 직접 새로운 이해관계를 맺은 사람도 특별한 사정이 없는 한 제3자에 해당된다(대판 2021.11.11., 2019다272725). 그러나 명의신탁자와 사이에 부동산에 관한 물권을 취득하기 위한 계약을 맺고 단지 등기명의만을 명의수탁자로부터 경료받은 것 같은 외관을 갖춘 자(대판 2004.8.30., 2002다48771), 명의수탁자의 일반채권자(대판 2007.12.27., 2005다54104)는 제3자에 해당하지 않는다. 그러면 제3자에 해당하지 않는 자로부터 전득한 자는 제3자에 해당하는가? 이를 긍정하는 견해도 있지만, 판례는 명의수탁자와 직접 이해관계를 맺은 자만을 제3자로 보아 전득자는 제3자에 해당하지 않는다고 본다(대판 2005.11.10., 2005다34667,34674).

---

**사례 81** A는 그 소유의 X토지에 관하여 B에게 그 등기명의를 신탁하고 이전등기를 하여 등기명의만을 이전 받은 외관을 갖추었다. 그 후 A는 X를 C에게 매도하였고, A의 지시에 따라 B는 C에게 등기를 이전해 주었다. 이 경우 C는 부동산실명법 제4조 제3항의 제3자인가?

(대판 2009.3.12, 2008다36022; 대판 2004.8.30, 2002다48771 참조)

**해설 81** 제3자에 해당하지 않는다.

명의신탁약정 및 이에 따라 행하여진 등기에 의한 부동산의 물권변동은 무효로 되나(부동산실명법 제4조 제1항 본문, 제2항 본문, 제11조 제1항 본문, 제12조 제1항), 그 무효는 제3자에게 대항하지 못하는바(제4조 제3항), 여기서의 '제3자'란, 수탁자가 물권자임을 기초로 그와의 사이에 새로운 이해관계를 맺는 자를 말하고, 여기에는 소유권이나 저당권 등 물권을 취득한 자뿐만 아니라 압류 또는 가압류채권자도 포함되며, 제3자의 선의·악의를 묻지 않는다. 이 사안에서 C는 신탁자 A가 물권자임을 전제로 등기명의를 이전 받은 자이므로, 제3자에 해당하지 않는다.

---

### (4) 수탁자가 제3자에게 신탁부동산을 유효하게 처분한 경우의 법률관계

(가) 2자간 명의신탁의 경우, 명의신탁약정은 여전히 무효이므로 수탁자는 신탁자에게 명의신탁약정에 기한 채무불이행책임은 없다. 그러나 수탁자의 임의 처분행위가 형사상 횡령죄가 되지 않더라도 민사상 불법행위책임을 부담한다(대판 2021.6.3., 2016다34007). 그 손해배상액은 처분 당시의 부동산 시가액이라고 할 것이다. 나아가 신탁자는 수탁자에게 처분하여 얻은 이득을 부당이득으로 반환을 청구할 수 있다.

(나) 3자간 등기명의신탁에서 명의수탁자가 수탁부동산을 제3자에게 처분함으로써 제3자가 유효하게 소유권을 취득하는 경우, 매도인과 명의신탁자 사이에서는 매매계약에 따른 매도인의 소유권이전의무가 채무자인 매도인의 귀책사유 없이 이행불능이 된다(대판 2003.5.16., 2002다69556). 이행불능은 무효인 명의신탁약정으로 인하여 발생하였으므로 매수인(채권자)에게 귀책사유가 인정된다. 따라서 제538조 제1항에 따라 매도인에게는 이미 지급받은 매매대금의 반환의무가 없다. 반면에 매도인이 명의신탁약정을 알았다면 채무불이행책임은 인정되나 과실상계(제396조)를 사유로 책임이 크게 감경되거나 면제될 수 있을 것이다.

한편, 수탁자는 매도인에게 불법행위로 인한 손해배상책임 및 부당이득반환의무를 부담하지 않는다. 매도인이 매매대금의 반환의무가 없는 경우에는 손해가 없으므로 수탁자에게 불법행위로 인한 손해배상책임을 물을 수 없을 것이다. 판례도 신의칙 내지 동시이행의 항변권($\frac{제536조}{제1항 1문}$)을 근거로 명의수탁자로부터 신탁부동산의 명의를 회복하기 전까지 매도인은 매매대금의 반환채무 이행을 거절할 수 있으므로 수탁자의 처분행위로 손해가 없다고 본다($\frac{대판\ 2002.3.15,\ 2001다61654.}{부동산실명법\ 시행\ 전에\ 명의}$ 신탁자의 부탁으로 매도인이 수탁자 앞으로 이전등기를 했는데, 법 시행 후 신탁자가 실명전환을 하지 않고 수탁자가 제3자에게 매도한 사안임).

반면 수탁자는 신탁자에게 불법행위책임을 진다(신탁자의 손해는 처분 당시의 시가 상당액이라고 할 것임). 그 이외에 수탁자가 취득한 처분대금이나 보상금은 부당이득으로 명의신탁자에게 반환해야 한다($\frac{대판\ 2002.3.15,}{2001다61654}$). 명의신탁된 부동산이 경매를 원인으로 제3취득자 명의로 이전등기가 마쳐진 경우에도 명의수탁자는 명의신탁자에 대해 부당이득의무를 부담한다($\frac{대판\ 2019.7.25,\ 2019}{다203811,203828}$). 한편 수탁자가 매도한 것이 아니라 근저당권을 설정한 경우에도 수탁자는 피담보채무액을 부당이득으로 반환해야 한다($\frac{대판(전)\ 2021.9.9,}{2018다284233}$).

(다) 계약명의신탁에서 매도인이 명의신탁약정을 알고 있는데(악의), 명의수탁자가 신탁부동산을 제3자에게 매도하고 이전등기를 마치게 되면 명의수탁자의 처분은 매도인(원소유자)의 소유권을 침해하는 행위로 불법행위가 된다($\frac{대판\ 2013.9.12,}{2010다95185}$). 수탁자 명의의 소유권이전등기는 무효이므로, 당해 부동산의 소유권은 매도인에게 있고 수탁자의 처분행위로 원소유자의 소유권이 침해되었기 때문이다. 그러나 손해가 없음을 이유로 손해배상책임이 없다고 한다($\frac{대판\ 2013.9.12,}{2010다95185}$). 매도인(원소유자)의 매매대금반환채무와 소유권이전등기청구권은 신의칙 내지 제536조 제1항 본문의 규정에 따라 동시이행관계에 있는데 명의수탁자의 반환의무이행은 불가능하여 매도인은 매매대금반환채무를 이행할 여지가 없다고 보기 때문이다. 다만 수탁자는 신탁자에게 받은 매수자금 상당액은 신탁자에게 부당이득으로 반환해야 한다.

매도인(원소유자)이 선의이면 이미 신탁부동산의 소유권은 수탁자에게 귀속되었으므로($\frac{부동산실}{명법\ 제4}$ 조 제2 항 단서) 수탁자의 처분행위가 신탁자에 대하여 불법행위가 되지 않는다. 이 때에도 수탁자는 신탁자에게 부당이득반환의무가 인정된다(이는 수탁자의 처분행위와는 관계없다).

---

**사례 82** A가 B로부터 그 소유의 X토지를 매수하는 내용의 매매계약을 체결하고, 그 등기명의를 C의 명의로 하는 약정을 C와 사이에 체결하였다. 이에 따라 B는 A로부터 매매대금을 지급받고, C 앞으로 소유권이전등기를 마쳤다. 그런데 C가 X토지를 D에게 매도하고, 소유권이전등기를 마쳤다.
질문 1) C는 B에게 불법행위로 인한 손해배상책임을 부담하는가?
질문 2) A는 C를 상대로 D에게 지급한 매매대금을 부당이득으로 반환을 구할 수 있는가?
(대판 2002.3.15, 2001다61654 참조)

**해설 82**
해설 1) 불법행위책임을 부담하지 않는다.
3자간 등기명의신탁에서 명의신탁약정 및 그로 인한 등기가 무효이므로, 신탁부동산의 소유권은 여전히 매도인에게 있다. 그럼에도 무권리자인 명의수탁자가 신탁부동산을 임의로 제3자에게 매각처분한 경우, 특별한 사정이 없는 한 그 제3자는 유효하게 소유권을 취득한다. 이 경우 명의수탁자가 매도인에게 불법행위책임을 지는지와 관련하여 살펴보면, 우선, 매도인의 소유권을 처분하여 소유권을 상실하게 한 것은 소유권을 침해한 행위로서 위법성이 인정된다. 또한 매도인으로서는 명의수탁자가 신탁부동산을 제3자에게 처분하였다고 하더라도, 명의수탁자로부터 그 소유명의를 회복하기 전까지는 명의신탁자에 대하여 신의칙 내지 제536조 제1항 본문의 규정에 의하여 이와 동시이행의 관계에 있는 매매대금 반환채무의 이행을 거절할 수 있고, 한편 명의신탁자의 소유권이전등기청구도 허용되지 아니하므로, 결국 전 소유자인 매도인으로서는 명의수탁자의 처분행위로 인하여 손해를 입은 바가 없다. 따라서 명의수탁자는 매도인에 대해 불법행위책임이 성립하지 않는다.

### 해설 2) 부당이득반환을 청구할 수 있다.

3자간 등기명의신탁의 경우 명의신탁약정과 그에 의한 등기가 무효로 되고 그 결과 명의신탁된 부동산은 매도인 소유로 남아 있으므로, 매도인은 명의수탁자에게 무효인 그 명의 등기의 말소를 구할 수 있게 되고, 한편 매도인과 명의신탁자 사이의 매매계약은 여전히 유효하므로, 명의신탁자는 매도인에 대하여 매매계약에 기한 소유권이전등기를 청구할 수 있고, 그 소유권이전등기청구권을 보전하기 위하여 매도인을 대위하여 명의수탁자에게 무효인 그 명의 등기의 말소를 구할 수도 있다. 그런데 명의신탁자가 신탁부동산을 제3자에게 처분하여 제3자가 소유권을 취득한 경우, 명의신탁자의 매도인에 대한 소유권이전등기청구권은 이행불능으로 소멸하는 손해가 발생하고, 이로 인해 명의수탁자는 매매대금을 취득하는 이익을 얻게 되는 바, 그 처분대금상당액을 부당이득으로 청구할 수 있다.

## 4. 부동산실명법 시행 이전의 명의신탁약정에 의한 등기의 효력

### (1) 실명등기의무

(가) 부동산실명법에 따라 동법 시행 전 명의신탁약정에 의한 부동산에 관한 물권을 명의수탁자 명의로 등기하거나 하도록 한 명의신탁자가 법 시행일(1995년 7월 1일)로부터 1년 내(부동산실명법 시행 전 또는 유예기간 중에 부동산물권에 관한 쟁송이 법원에 제기된 경우에는 그 쟁송에 관한 확정판결(이와 동일한 효력이 있는 경우 포함)이 있은 날부터 1년 이내)에 실명등기를 해야 한다 (동법 제11조 제1항 본문, 제4항).

(나) 부동산실명법 제11조 제1항에서 말하는 부동산물권에 관한 쟁송은 명의신탁자가 당사자로서 해당 부동산에 관하여 자신이 실권리자임을 주장하여 이를 공적으로 확인받기 위한 쟁송이면 족하다. 따라서 법 시행 전 또는 유예기간 중에 위에서 '부동산물권에 관한 쟁송'이 제기되어 판결이 선고되었으나 그 판결 결과만으로는 실명전환을 할 수 없어 유예기간 경과 후 다시 실명전환을 위한 제2차 소송을 제기한 경우, 제2차 소송이 제1차 소송 확정 후 상당한 기간 내에 이루어진 것으로서 당해 부동산에 관한 쟁송이 계속되고 있다고 평가되는 경우라면, 위와 같은 일련의 소송들은 그 전체가 일체가 되어 '부동산물권에 관한 쟁송'에 해당된다(대판 2000.12.22, 2000다46399).

적어도 '부동산물권에 관한 쟁송'에 해당하기 위해서는 다툼의 대상인 권리관계가 확정되기 전까지는 실명등기를 할 수 없는 쟁송이어야 한다(대판 2011.5.26, 2010다21214).

### (2) 실명등기의무 위반의 효과

부동산실명법에 의하면 실명등기의무를 이행하지 않을 경우 기존의 명의신탁약정 및 등기에 의한 물권변동은 무효가 된다(동법 제12조 제1항). 즉 부동산실명법 시행 전 명의신탁약정 및 등기는 유효하지만, 동법 시행 후 제11조 소정의 유예기간 내 실명등기를 않은 경우, 적용예외에 해당하지 않는 한 기간의 도과로 명의신탁약정 및 등기는 무효가 된다.

부동산실명법 시행 이전에 계약명의신탁약정과 함께 정산약정(추후 수탁자가 신탁부동산의 처분대가를 신탁자에게 지급하기로 하는 약정)을 한 경우 그와 같은 정산약정은 여전히 유효하다(대판 2021.7.21, 2019다266751). 법 시행이 명의신탁자에게 소유권이 귀속되는 것을 막는 취지의 규정은 아니므로 명의수탁자는 명의신탁자에게 자신이 취득한 해당 부동산을 부당이득으로 반환할 의무가 있다. 즉 정산약정이 없는 경우에도 수탁자는 명의신탁자에게 부동산 가액을 부당이득으로 반환해야 할 의무가 있으므로 위 정산약정이 애초부터 신탁부동산의 소유권을 취득할 수 없는 명의신탁자를 위하여 사후에 보완하는 방책에 해당하는 것이 아니다. 또한 이 정산약정이 무효인 명의신탁약정이 유효함을 전제로 명의신탁 부동산 자체 또는 그 처분대금의 반환을 구하는 범주에 든다고 할 수도 없기 때문이다.

# 제4관  명의신탁에 관한 판례법리(부동산실명법 적용 배제)

## 1. 명의신탁에 관한 판례이론의 적용범위

앞서 본 부동산실명법의 시행으로 인해 종래 판례에 의해 확립된 명의신탁이론은 그 적용범위가 제한될 수밖에 없다. 부동산실명법이 적용되지 않는 경우에는 여전히 판례이론이 적용된다. 예컨대 부동산이 아닌 물건(❸ 자동차 등)에 관한 물권의 명의신탁이나 부동산에 관한 물권을 대상으로 하는 명의신탁 중에서는 부동산실명법 제2조 제1호에서 규정한 적용예외인 양도 담보나 가등기 담보($\frac{가}{목}$), 상호명의신탁($\frac{나}{목}$), 신탁등기($\frac{다}{목}$)와 조세포탈 등을 목적으로 하지 않는 종중 또는 배우자 사이의 명의신탁($\frac{제}{8조}$)은 부동산실명법이 적용되지 않고 명의신탁에 관한 종전의 판례법리가 적용된다.

## 2. 판례법에 따른 명의신탁의 대내적 법률관계(신탁자와 수탁자의 관계)

### (1) 명의신탁자의 지위: 소유권 유보

명의신탁약정에 의하여 명의수탁자 명의로 소유권이전등기기 이루어졌다 하더라도 내부적으로는 소유권은 이전되지 않고, 신탁자가 여전히 이를 보유하며 신탁재산을 관리·수익한다($\frac{대판 1996.10.}{25, 95다40939}$). 즉 내부적으로 명의신탁자가 소유자이기 때문에 명의신탁자는 언제나 명의수탁자에 대하여 소유권을 주장할 수 있으나, 명의수탁자는 자신에게 등기명의가 있음을 이유로 명의신탁자에 대하여 소유권을 주장할 수는 없다($\frac{대판 1997.7.25,}{96다47494,47500}$).

내부적으로는 명의신탁자가 소유권을 가지고 있으므로 명의신탁자가 명의신탁한 부동산을 매도한 경우 이는 부동산을 사실상, 법률상으로도 처분할 수 있는 권원에 의하여 매도한 것이므로 제569조 소정의 타인의 권리의 매매에 해당하지 않는다($\frac{대판 1996.8.}{20, 96다18656}$). 주택임대차보호법이 적용되는 임대차에는 주택의 소유자가 아니라도 주택에 관하여 적법하게 임대차계약을 체결할 수 있는 권한을 가진 명의신탁자와 사이에 체결된 임대차계약도 포함된다($\frac{대판 1999.4.}{23, 98다49753}$). 또한 명의신탁자가 제3자와 임대차계약을 체결하더라도 명의수탁자는 임차인에게 소유권에 기한 물권적 청구권을 행사할 수 없다($\frac{대판 1999.4.}{23, 98다49753}$).

한편, 명의신탁에서 명의신탁자는 특별한 사정이 없으면 언제든지 신탁을 해지할 수 있는바, 명의수탁자에 대해 신탁관계의 종료만을 이유로 하여 소유권이전등기를 청구할 수 있을 뿐만 아니라, 신탁해지를 원인으로 하고 (내부적) 소유권에 기해서도 그와 같은 청구를 할 수 있다($\frac{대판(전) 1980.12.}{9, 79다634}$).

---

**사례 83** A가 그 소유의 주택에 관한 등기명의를 B에게 신탁하였다. 그 후 C에게 주택을 임대하였고, C는 주택을 인도받은 후 전입신고를 마쳤다. B는 B가 주택의 소유자로서 C에게 주택의 인도를 구할 수 있는가? (부동산실명법은 적용되지 않음)　　　　　(대판 1999.4.23, 98다49753 참조)

**|해설 83|** 인도를 구할 수 없다.

주택임대차보호법이 적용되는 임대차는 반드시 임차인과 주택의 소유자인 임대인 사이에 임대차계약이 체결된 경우에 한정된다고 할 수는 없고, 주택의 소유자는 아니지만 주택에 관하여 적법하게 임대차계약을 체결할 수 있는 권한(적법한 임대권한)을 가진 명의신탁자 사이에 임대차계약이 체결된 경우도 포함된다. 이 경우 임차인은 등기부상 주택의 소유자인 명의수탁자에 대한

> 관계에서도 적법한 임대차임을 주장할 수 있는 반면 명의수탁자는 임차인에 대하여 그 소유자임
> 을 내세워 인도를 구할 수 없다.

### (2) 명의수탁자의 지위

명의수탁자는 대외적 관계에서 소유자이다. 따라서 등기명의자가 아닌 명의신탁자는 제3자에게 소유권을 주장할 수 없다($\binom{대판 1974.6.}{25, 74다423}$).

그러나 명의수탁자의 소유권은 명의신탁자에 대한 관계에서 제약을 받는다. 즉 명의신탁자가 신탁부동산을 사용·수익하는 경우 명의신탁자는 명의신탁재산을 점유할 권리($\binom{제213조}{단서}$)를 갖기 때문에 명의수탁자의 소유물반환청구에 대항할 수 있다. 뿐만 아니라 명의신탁자로부터 매매 또는 임대차를 통해 제3자가 명의신탁재산을 점유할 권리를 갖는 경우, 제3자는 명의수탁자의 소유물반환청구에 대항할 수 있다. 또한 명의신탁자가 (내부적) 소유자로서 명의신탁재산을 처분할 경우, 명의수탁자는 명의신탁자의 처분에 따라 등기를 이전해야 할 의무를 부담한다.

명의수탁자는 명의신탁약정에 따라 명의신탁재산의 소유명의를 보존하고, 이와 관련된 사무를 처리할 의무를 부담하게 되는데, 이는 위임과 유사한 성질의 것이므로 특약이 없는 한 위임에 관한 규정을 준용해야 한다. 따라서 명의신탁 해지시 신탁부동산의 반환 등 관련 사무를 선량한 관리자의 주의로써 처리해야 한다. 명의수탁자는 명의신탁약정에서 달리 정함이 없으면, 등기비용, 공과금의 부담과 관련하여 명의신탁자에게 그 비용의 선급을 청구할 수 있으며, 이미 지출한 경우에는 지출한 날 이후의 이자를 붙여 명의신탁자로에게 상환을 청구할 수 있다($\binom{제687조,}{제688조}$).

### (3) 명의신탁관계의 승계

명의신탁계약의 당사자 중 어느 일방이 사망한 경우, 명의신탁관계는 소멸하지 않고 상속인과 사이에 존속한다($\binom{대판 1996.5.}{31, 94다35985}$). 상호명의신탁의 경우에는 명의신탁당사자의 특정승계인과 사이에서도 명의신탁당사자의 내부관계의 법리가 적용된다.

## 3. 판례법에 따른 명의신탁의 대외적 법률관계

### (1) 소유권의 귀속

대외적인 관계에서는 명의수탁자에게 완전히 소유권이 이전된다. 따라서 명의수탁자만이 권리자로 취급되며, 명의수탁자의 채권자는 신탁부동산에 대해 강제집행 또는 경매신청을 할 수 있다. 가령 명의수탁자의 채권자가 신탁재산이라는 점에 대해 악의라 하더라도 명의신탁자는 그 채권자에 대해 소유권을 주장할 수 없다($\binom{대판 1974.6.}{25, 74다423}$). 반면, 명의신탁자의 일반채권자는 명의신탁재산에 대해 강제집행을 할 수 없고, 다만 명의신탁자에 대한 자신의 채권을 보전하기 위

하여 명의신탁자의 명의수탁자에 대한 명의신탁 해지권을 대위행사하여 신탁재산을 신탁자 명의로 환원한 다음, 그 재산에 대해 강제집행을 할 수 있다.

### (2) 명의신탁재산에 대한 방해제거청구권자

제3자가 명의신탁재산을 침해한 경우, 명의신탁자와 명의수탁자 중 누가 물권적 청구권을 행사할 수 있는가? 판례는 명의수탁자만이 물권적 청구권을 행사할 수 있고, 명의신탁자는 명의수탁자를 대위하여 물권적 청구권을 행사할 수 있을 뿐, 물권적 청구권을 직접 행사할 수 없다고 본다($^{대판(전)\ 1979.9.}_{25,\ 77다1079}$). 한편, 명의신탁자는 제3자가 신탁재산을 불법점유하는 등으로 소유권을 침해하더라도 명의수탁자를 대위하여 손해배상 또는 부당이득반환을 청구할 수 없다($^{대판}_{1991.}$ $^{10,22,\ 91}_{다17207}$). 요컨대 명의수탁자만이 제3자에게 손해배상 및 부당이득반환을 직접청구할 수 있을 뿐이다.

### (3) 명의신탁재산의 처분

신탁재산에 대한 소유권이 대외적으로는 명의수탁자에게 있으므로, 명의수탁자가 명의신탁자의 승낙 없이 신탁재산을 제3자에게 처분하더라도 그 제3자는 선의·악의를 묻지 않고서 적법하게 소유권을 취득한다($^{대판\ 1991.4.}_{23,\ 91다6221}$). 한편, 명의신탁자는 명의수탁자의 동의 없이 신탁재산을 제3자에게 처분할 수 있지만, 명의신탁자로부터 신탁재산을 매수한 제3자는 명의수탁자에게 직접 소유권이전등기를 청구할 수는 없고, 명의신탁자를 대위하여 신탁계약을 해지한 다음, 명의수탁자에게 소유권이전등기를 청구해야 한다.

### 4. 판례법에 따른 명의신탁관계의 종료

### (1) 일반적 종료사유

명의신탁은 명의신탁자와 명의수탁자 사이의 명의신탁약정에서 정한 사유에 의하여 종료될 수 있다. 약정에서 정함이 없으면 명의신탁관계의 목적에 반하지 않는 범위 내에서 위임규정을 유추적용하여 그 종료여부를 판단할 수 있다.

판례는 명의수탁자가 수탁부동산을 제3자에게 처분하여 제3자가 유효하게 신탁재산에 대한 소유권을 취득한 경우, 명의신탁관계는 소멸한다고 본다($^{대판\ 1997.10.10,\ 96다38896.\ 부동산실명법이\ 적용되는\ 경}_{우에도\ 동일함.\ 대판\ 2021.7.8,\ 2021다209225,209232\ 참조}$). 반면에 공유지분의 명의수탁자가 명의신탁자과 상관없이 임의로 공유물분할을 한 경우($^{대판(전)}_{1999.6.17,}$ $^{98다}_{58443}$), 당사자 일방이 사망한 경우에는($^{대판\ 1996.5.}_{31,\ 94다35985}$) 명의신탁관계가 종료되지 않는다고 본다. 그러나 가장 흔한 명의신탁의 종료사유는 명의신탁의 해지인 바, 이는 이하에서 살펴본다.

---

**사례 84** 종중 A는 B, C와 공유하는 X, Y, Z토지(각 지분 1/3)의 각각의 지분을 종중원인 D에게 명의신탁하였다. 그런데 B, C, D의 공유물분할 협의에 따라 D는 X토지를 단독으로 소유하고, Y,

Z토지에 대한 지분을 각각 B와 C에게 이전하였다. 이 경우, A와 D의 명의신탁은 D가 취득한 토지부분에 그대로 존속하는가? (대판(전) 1999.6.17, 98다58443 참조)

**|해설 84|** 존속한다.

여러 필지의 토지의 각 일부 지분을 명의신탁받은 명의수탁자가 임의로 명의신탁관계가 없는 다른 공유자들과의 공유물분할의 협의에 따라 특정 토지를 단독으로 소유하고 나머지 토지에 대한 지분을 다른 공유자에게 이전한 경우, 명의수탁자가 특정 토지를 단독으로 소유하게 된 것은 형식적으로는 다른 공유자들의 지분의 등기명의를 승계취득한 것과 같은 형태를 취하고 있으나 실질적으로는 명의신탁받은 여러 필지의 토지에 분산되어 있는 지분을 분할로 인하여 취득하는 특정 토지에 집중시켜 그에 대한 소유 형태를 변경한 것에 불과하다고 할 것이므로, 그 공유물분할이 명의신탁자의 의사와 관계없이 이루어진 것이라고 하더라도 명의신탁자와 명의수탁자 사이의 명의신탁관계는 위 특정 토지 전부에 그대로 존속한다고 보아야 한다.

### (2) 명의신탁의 해지

명의신탁자는 특별한 사정이 없는 한 언제든지 명의신탁계약을 해지할 수 있고($\frac{\text{대판 2002.5.10,}}{\text{2000다55171}}$), 명의신탁 해지의 효력은 장래에 향하여 발생한다($\frac{\text{대판 1991.8.}}{\text{27, 90다19848}}$).

유효한 명의신탁계약의 경우 해지하면 신탁재산에 대한 소유권이 당연히 명의신탁자에게 복귀하는가? 학설상 등기명의를 회복해야 소유권이 복귀된다는 채권적 효과설, 명의신탁해지시 당연히 소유권이 복귀된다는 물권적 효과설, 대내관계에서는 소유권이 신탁자에게 당연히 복귀하나, 대외관계에서는 명의수탁자가 등기명의를 명의신탁자에게 이전할 의무를 부담할 뿐이며, 등기가 있기까지는 명의수탁자가 여전히 소유권자라는 내외관계구별설이 존재한다. 판례는 명의신탁을 해지한 경우, 명의신탁자는 명의수탁자에 대해 명의신탁 해지를 원인으로 한 소유권이전등기청구뿐만 아니라 대내관계에서는 명의신탁자는 소유자이므로 물권적 청구권도 행사할 수 있으며($\frac{\text{대판(전) 1980.}}{\text{12.9, 79다634}}$), 2자간 명의신탁의 경우 소유권이전등기 이외에 말소등기청구도 가능하다($\frac{\text{대판 1998.4.}}{\text{24, 97다44416}}$)고 보아 적어도 채권적 효과설은 취하지 않는 것으로 보인다.

명의수탁자로부터 명의신탁재산을 매수한 제3자와 명의신탁을 해지한 명의신탁자 간의 우열은 등기의 선후에 의한다. 예컨대 부동산의 명의수탁자가 명의신탁이 해지된 후 그 명의신탁자 명의로 신탁해지에 따른 등기의 회복이 있기 전에 그 부동산을 제3자에게 매도하여 그에 따른 소유권이전등기가 제3자 명의로 경료된 경우에는 특별한 사정이 없는 한, 위의 제3자는 명의신탁자에 앞서 보호된다. 이 경우 명의수탁자가 명의신탁자에 대하여 부담하고 있는 소유권이전등기의무는 이행불능이 된다($\frac{\text{대판 1982.12.}}{\text{28, 82다카984}}$).

유효한 부동산 명의신탁(종중재산의 명의신탁)을 해지하고 이를 원인으로 한 소유권이전등기청구권을 명의신탁자가 양도한 경우 부동산매매에서의 중간생략등기의 법리가 적용되어 명의수탁자가 양도에 대하여 동의하거나 승낙하지 않으면 양수인은 명의수탁자에게 직접 소유권이전등기청구를 할 수 없다($\frac{\text{대판 2021.6.3, 2018다280316. 종중부동산이 농지인 경우 종중}}{\text{명의로 농지취득이 불가능하므로 종원명의로 명의신탁된 사안}}$).

명의수탁자도 당사자 사이에 특별한 약정이 없는 한 명의신탁계약을 해지할 수 있다.

---

**사례 85** A는 그 소유인 X토지의 소유명의를 B에게 신탁하였다. 그런데 B가 명의신탁사실을 잘 아는 C에게 X토지를 매도하는 계약을 체결하였다. (단, 부동산실명법은 적용되지 않음)

질문 1) B가 C에게 소유권이전등기를 마친 경우, C는 X토지의 소유권을 취득하는가?

질문 2) B가 C에게 소유권이전등기를 하기 전에 A가 명의신탁계약을 해지한 경우, A와 C 중 누가 X토지의 소유권을 취득하는가? (대판 1991.4.23, 91다6221 참조)

**|해설 85|**

해설 1) 취득한다.

부동산의 소유자 명의가 신탁된 경우, 외부적으로는 수탁자만이 소유자로서 유효하게 권리를 행사할 수 있는 것이므로, 수탁자로부터 그 부동산을 취득한 자는, 수탁자에게 매도나 담보의 제공 등을 적극적으로 권유함으로써 수탁자의 배임행위에 적극 가담한 것이 아닌 한, 명의신탁사실을 알았는지의 여부를 불문하고, 부동산의 소유권을 유효하게 취득한다.

해설 2) 먼저 이전등기를 마친 자가 소유권을 취득한다.

명의신탁의 해지시 외부관계에서는 소유권이전등기를 마쳐야 소유권이 복귀하는 것으로 보기 때문에 A와 C 중 먼저 소유권이전등기를 마치는 자가 소유권을 취득한다.

---

## 5. 상호명의신탁: 구분소유적 공유관계의 등기

### (1) 의  의

구분소유적 공유관계란 외부적으로 등기부상 부동산 전체에 대한 공유지분등기를 하지만, 내부적으로 각 공유자가 부동산을 구분하여 특정부분만을 배타적으로 사용·수익하는 관계를 말한다($\binom{\text{대판 1979.6.26, 79다741; 대}}{\text{판 2014.2.27, 2011다42430}}$). 여기에는 등기상 토지 전체에 대한 공유등기와 함께 내부적으로 각 공유자들이 토지를 구분하여 특정부분만을 배타적으로 사용, 수익하는 토지에 대한 구분소유적 공유관계와 1동의 건물 중 위치 및 면적이 특정되고, 구조상 및 이용상 독립성 있는 일부를 2인 이상이 구분소유하기로 하는 약정과 함께 등기는 편의상 각 구분소유의 면적에 해당하는 비율로 공유지분등기를 하는 건물에 대한 구분소유적 공유관계가 있을 수 있다. 특히 후자의 경우 1동 건물 중 각 일부분의 위치 및 면적이 특정되지 않거나 구조상·이용상 독립성이 인정되지 아니한 경우에는 공유자들 사이에 이를 구분소유하기로 하는 취지의 약정이 있다 하더라도 일반적인 공유관계가 성립할 뿐, 공유지분등기의 상호명의신탁관계 내지 건물에 대한 구분소유적 공유관계가 성립하지 않는다($\binom{\text{대판 2014.2.27,}}{\text{2011다42430}}$). 구분소유적 공유관계가 성립하기 위해서는 공유자들 사이에서 구분소유적 공유관계를 설정하기로 하는 명시적·묵시적 의사의 합치와 공유지분등기가 있어야 한다($\binom{\text{대판 2009.3.26,}}{\text{2008다44313}}$). 이러한 상호명의신탁은 부동산실명법에서도 그 유효성을 인정하고 있다($\binom{\text{부동산실명법 제}}{\text{2조 제1호 나목}}$).

사례 86 A가 그 소유의 X토지(100㎡) 중 특정한 일부(50㎡)를 B에게 매도하면서 1/2지분등기를 마친 경우, B의 법적 지위는 어떻게 되는가? (대판 2009.3.26, 2008다44313 참조)

|해설 86| B는 구분소유적 공유자가 된다.

1필지의 토지의 일부에 관한 특정 매매와 그에 대한 등기로서 공유지분이전등기를 마친 사실이 있으면 통상 각 구분소유 부분에 대한 상호명의신탁의 합의가 존재하는 것으로 볼 수 있지만, 그 경우에도 그 토지의 위치와 면적을 특정하여 매수함으로써 이를 구분소유한다고 하는 기본적 사실관계에 관해서는 서로 의사의 합치가 있어야만 한다.

### (2) 법적 성질

구분소유적 공유의 법적 성질과 관련하여 학설상 공유설과 상호명의신탁설로 나뉘나, 판례는 상호명의신탁설에 의한다(대판 1979.6.26, 79다741).

### (3) 법률관계

#### (가) 구분소유적 공유자 사이의 내부관계

각 공유자가 특정부분에 관한 소유권(내부적 구분소유권)을 취득한다. 지분권자는 구분소유 부분에 한하여 소유권을 취득하고 배타적으로 사용·수익할 수 있고 다른 구분소유자의 방해행위에 대해서는 소유권에 기한 방해배제청구권을 행사할 수 있다(대판 2012.4.26, 2010다6611). 따라서 각 공유자는 특정부분에 건물을 신축하여 소유할 수 있고, 다른 공유자에 대해 부당이득반환의무를 부담하지 않을 뿐만 아니라 필요에 따라 법정지상권을 취득한다. 즉, 구분소유적 공유 토지 위에 자신의 구분소유 부분에 건물을 신축한 자가 그의 대지지분만을 다른 구분소유적 공유자에게 양도하거나 다른 구분소유자가 경락받은 경우 관습법상의 법정지상권이 성립한다(대판 1990.6.26, 89다카24094).

나아가 각 공유자가 구분소유의 목적인 특정 구분소유 부분을 자유롭게 처분할 수 있으며 특정부분에 대한 표상으로 지분이전등기를 할 수 있고 양수인은 구분소유적 공유관계에 편입하게 된다(대판 2009.10.15, 2007다83632). 이러한 법리는 경매에서 동일하다. 예컨대 1필의 토지나 1동의 건물 각 특정부분에 대하여 공유자들 사이에 상호명의신탁관계에 있는 이른바 구분소유적 공유관계가 성립된 공유지분에 근저당권이 설정된 후 그 근저당권의 실행에 의하여 위 공유지분을 취득한 매수인은 구분소유적 공유지분을 그대로 취득한다(대결 2001.6.15, 2000마2633).

그러나 등기부상의 공유지분을 등기부의 기재대로 공유물 전체에 대한 진정한 공유지분으로 처분한 경우, 제3자는 부동산 전체에 대한 공유지분을 취득하게 되고, 구분소유적 공유관계는 소멸하게 된다(대판 2008.2.15, 2006다68810).

#### (나) 대외적 법률관계

지분소유권이전등기가 경료되어 있는 이상 특별한 사정이 없는 한 외부관계에서는 각 공유자들은 토지 전체에 관하여 공유관계가 성립하므로 공유자로서의 권리만 인정된다(대판 1993.11.23, 93다22326).

따라서 구분소유 부분의 점유가 침해된 경우에도 지분의 범위 내에서만 부당이득반환청구가 가능하고 구분소유 부분 전부에 대한 부당이득반환청구는 불가하다(예컨대 1필지의 토지 1,000㎡ 중 구분하여 특정된 좌측 600㎡를 A가 구분소유적 공유자로 소유하고 있는 상황에서 그 부분을 제3자가 침해한 경우, A는 600㎡ 전부에 대한 부당이득반환을 청구할 수 없고, 침해된 600㎡의 6/10만을 청구할 수 있을 뿐이며, 4/10 부분의 부당이득반환청구권을 다른 구분소유적 공유자를 대위하여 주장할 수도 없다). 한편 제3자의 방해행위에 대해서는 자기의 구분소유 부분뿐만 아니라 전체 토지에 대하여 공유물의 보존행위로 방해제거청구가 가능하다($\binom{대판\ 1994.2.8.,}{93다42986}$).

특정 구분소유 부분만을 제3자가 시효취득한 경우 그 토지와 무관한 다른 공유자들도 그 토지 부분에 관한 각각의 공유지분에 관하여 취득시효완성을 원인으로 한 소유권이전등기절차를 이행할 의무가 있다($\binom{대판\ 1997.6.13.,}{97다1730}$).

또한 등기부상 공유자들이 공유토지 중 각 특정부분을 구분소유하게 된다고 믿고서 각 점유부분의 면적에 해당하는 만큼의 지분에 관하여 소유권이전등기를 마친 경우, 각 점유가 권원의 성질상 타주점유라고 할 수 없다($\binom{대판\ 2019.7.10.,}{2018다245597}$).

### (다) 구분소유적 공유관계의 해소

이러한 구분소유적 공유관계의 해소를 위해서는 공유물분할청구는 할 수 없고, 상호명의신탁의 해지를 통하여 지분이전등기 절차의 이행을 구할 수 있다($\binom{대판\ 2010.5.27.,}{2006다84171}$). 명의신탁해지에 따른 지분이전등기청구소송은 필수적 공동소송이 아니므로 판결의 모순·저촉으로 인한 복잡한 법률관계가 발생할 수 있다($\binom{대판\ 1996.2.}{23,\ 95다8430}$). 이렇게 구분소유적 공유관계가 해소되면, 공유지분권자 상호간의 지분이전등기의무는 그 이행상 견련관계에 있다고 봄이 공평의 관념 및 신의칙에 부합하고, 또한 각 공유지분권자는 특별한 사정이 없는 한 제한이나 부담이 없는 완전한 지분소유권이전등기의무를 부담한다($\binom{대판\ 2008.6.26.,}{2004다32992}$).

또한 1필지의 토지 중 특정 공유지분을 목적으로 하는 근저당권이 설정된 후 특정부분별로 독립한 필지로 분할되고 나아가 구분소유자 상호 간에 지분이전등기를 하는 등으로 구분소유적 공유관계가 해소되더라도 그 근저당권은 종전의 구분소유적 공유지분의 비율대로 분할된 토지들 전부의 위에 그대로 존속한다($\binom{대판\ 2014.6.26.,}{2012다25944}$).

**사례 87** X토지(300㎡)에 관하여 A, B, C 앞으로 각 1/3 지분의 비율로 공유등기가 되었지만, X토지의 각 특정부분을 A, B, C가 각 100㎡씩 구분하여 점유·사용하고 있다. 이 경우, A가 구분소유적 공유관계를 해소하고자 하는데, 어떤 방법에 의해야 하는가? 또 그 해소시의 법률관계는 어떠한가?
(대판 2010.5.27. 2006다84171; 대판 2008.6.26. 2004다32992 참조)

**해설 87** 명의신탁 해지에 의해야 하고, 공유지분권자 상호 간에 지분이전의무는 동시이행관계에 있게 된다.

상호명의신탁관계 내지 구분소유적 공유관계에서 부동산의 특정 부분을 구분소유하는 자는 그 부분에 대하여 신탁적으로 지분등기를 가지고 있는 자를 상대로 하여 그 특정 부분에 대한 명의 신탁 해지를 원인으로 한 지분이전등기절차의 이행을 구해야 한다. 이 사안에서 A가 구분소유 하는 특정부분에 대해 B, C에게 신탁한 A의 소유권을 회복하기 위해 B, C를 상대로 명의신탁 해지를 원인으로 한 지분이전등기를 청구해야 한다. 다만, 이 경우 B, C는 그들이 구분소유하는 특정부분에 대해 A에게 명의신탁한 A의 지분을 이전받기 전에는 지분이전의무를 거절할 수 있 다. 즉 구분소유적 공유관계가 해소되는 경우 공유지분권자 상호간의 지분이전등기의무는 그 이 행상 견련관계에 있다고 봄이 공평의 관념 및 신의칙에 부합하고, 또한 각 공유지분권자는 특별 한 사정이 없는 한 제한이나 부담이 없는 완전한 지분소유권이전등기의무를 지므로, 그 구분소 유권 공유관계를 표상하는 공유지분에 근저당권설정등기 또는 압류, 가압류등기가 경료되어 있 는 경우에는 그 공유지분권자로서는 그러한 각 등기도 말소하여 완전한 지분소유권이전등기를 해 주어야 한다. 따라서 구분소유적 공유관계가 해소되는 경우 쌍방의 지분소유권이전등기의무 와 아울러 그러한 근저당권설정등기 등의 말소의무 또한 동시이행의 관계에 있다. 그리고 구분 소유적 공유관계에서 어느 일방이 그 명의신탁을 해지하고 지분소유권이전등기를 구함에 대하 여 상대방이 자기에 대한 지분소유권이전등기 절차의 이행이 동시에 이행되어야 한다고 항변하 는 경우, 그 동시이행의 항변에는 특별한 사정이 없는 한 명의신탁 해지의 의사표시가 포함되어 있다고 보아야 한다.

## 6. 공동명의신탁

공동명의신탁이란 수인에게 동일한 부동산을 명의신탁한 경우를 말한다. 이 경우 명의수탁 자 상호간의 소유형태는 단순한 공유관계에 불과하다(대판 1982.11. 23, 81다39). 그러나 공유관계임에도 불구 하고 판례는 명의신탁의 목적에 반하고, 신탁자가 명의신탁을 한 취지에도 어긋난다는 이유로 공동명의수탁자들의 공유물분할청구를 허용하지 않는다(대판 1993.2.9, 92다37482). 다만 부동산의 공동명의수 탁자가 그 부동산에 대하여 공유물분할을 하고 각 그 지분을 서로 이전하여 단독소유로 하는 것은 수탁자들이 대외적인 소유형태를 변경하는 것일 뿐, 명의신탁관계를 소멸시키는 수탁부동 산의 처분행위라고는 볼 수 없으므로 비록 그 공유물분할이 신탁자의 의사에 반하여 이루어진 것이라 하더라도 그것이 신탁자에 대한 반사회적인 배임행위가 된다거나 이를 바탕으로 한 지 분이전등기가 원인 없는 무효의 등기라고는 할 수 없다(대판 1987.2.24, 86 다215,86다카1071).

## 05 명의신탁

**문제 1**

B는 2008.7.28. D와 매매대금 2억 원에 D 소유의 X부동산에 대한 매매계약을 체결하고, 자신의 아들인 C와 합의 아래 C에게 위 매매를 원인으로 한 소유권이전등기를 마쳤다. B의 재산으로는 시가 1억 원 상당의 주택 외에, 현금 2억 원이 있었는데 그 돈은 X부동산의 매수대금으로 사용되었다. B가 D와 사이에 X부동산에 관한 매매계약을 체결할 때 매매계약서상의 매수인 명의를 B와 D의 합의로 B의 아들인 C로 하였다. B는 X부동산을 매수하는 계약을 체결한 후, 이를 계속 점유·사용하였다. 매도인 D는 매매계약서에 당사자로 표시된 C를 한 번도 만난 적이 없고, 매매계약과 관련된 협상과 거래는 모두 B를 상대로 하였다고 증언하였다. C는 당시 대학생(25세)으로서 X부동산을 직접 매수할 만한 자력이 있었다는 자료도 없다.

[질문] B의 채권자 A는 2009.5.10. C를 상대로 하여 B와 C 사이의 명의신탁이 채권자를 해하는 행위라는 이유로 채권자취소소송을 제기하였다. 위 소송에서 C는 자신이 X부동산 매매계약의 당사자이므로 명의신탁이 아니라고 주장하였다. 매매계약의 당사자 확정에 관한 원칙에 대하여 설명하고, 이를 이 사안에 구체적으로 적용한 결과를 서술하시오. (10점)

2015년 제4회 변호사시험 제1문의5

[해설] 계약의 당사자는 B가 되므로 C는 3자간 등기명의신탁(중간생략형 명의신탁)에서의 명의수탁자가 된다.

계약의 당사자가 타인의 이름을 임의로 사용하여 법률행위를 한 경우 행위자 또는 명의인 가운데 누구를 당사자로 할 것인지에 관하여 행위자와 상대방의 의사가 일치한 경우에는 그 일치한 의사대로 행위자의 행위 또는 명의인의 행위로서 확정하여야 할 것이지만 그러한 일치하는 의사를 확정할 수 없을 경우에는 그 계약의 성질, 내용, 목적, 체결 경위 등 그 계약체결 전후의 구체적인 제반 사정을 토대로 상대방이 합리적인 사람이라면 행위자와 명의자 중 누구를 계약 당사자로 이해할 것인가에 의하여 당사자를 결정한 다음 그 당사자 사이의 계약 성립 여부와 효력을 판단하여야 한다(대판 1996.11.26. 96다32003). 사안의 경우 B와 D 사이에 매수인을 누구로 할지에 대한 의사의 일치(자연적 해석)가 없다고 보인다. 따라서 규범적 해석에 따라 합리적 매도인의 시각에서 매수인이 정해져야 한다. 계약체결과 관련된 모든 행위를 B가 했고, D는 C를 만난 적이 없으며, C에게 자력이 없다는 점, X부동산을 B가 계속 사용해 오고 있다는 점에 비추어 보면 계약의 당사자는 B라고 할 것이다. C는 3자간 등기명의신탁(중간생략형 명의신탁)에서의 명의수탁자가 된다.

**문제 2**

乙은 친구인 E와 각각 매매대금을 1억 5,000만 원씩 부담하여 X토지를 甲으로부터 매수하여 각 1/2 지분씩 공유하되, 매매에 따른 소유권이전등기는 乙 명의로 하기로 상호 합의하였고, 그 합의에 따라 乙이 甲과 이 사건 매매계약을 체결하였다. 그리고 甲은 이 사건 매매계약 체결 당시 위 합의 내용을 알지 못하고 있었다. 그 후 乙은 이 사건 매매계약에 따른 잔대금을 지급하면서 E와 한 위 합의와는 달리 이 사건 매매계약에 따른 등기명의를 자신의 동생인 F 앞으로 넘겨줄 것을 甲에게 요구하였고, 그에 따라 2010.9.30. X 토지에 관하여 F의 동의 아래 F 명의의 소유권이전등기가 마쳐졌다. E는 2011.3.20. X 토지에 관한 소유권이전등기가 乙이 아닌 F 명의로 마쳐진 사실을 뒤늦게 알게 되었고, 또한 乙이 최근 사업에 실패하여 다른 재산이 없다는 사실도 알게 되었다.

**[질문 1]** E는 乙과 F에 대하여 어떠한 내용의 청구를 할 수 있는지를 그 논거와 함께 서술하시오. (10점)

**[질문 2]** E는 위 청구권을 보전하기 위하여 누구를 상대로 어떤 내용의 소를 제기할 수 있는지를 그 논거와 함께 서술하시오. (10점)

2012년 제1회 변호사시험 제2문의3

**[해설 1]** E는 乙을 상대로 매매대금으로 지급한 1억 5천만 원(청구한 때로부터 5%의 지연이자금)에 대하여 부당이득반환청구를 할 수 있다.

### 1) 명의신탁과 물권변동

乙이 매수인의 지위에서 한 甲과의 매매계약은 乙의 지분 2분의 1 범위 내에서는 정상적인 매매계약에 해당하지만, E의 지분 2분의 1은 명의신탁에 해당한다. 그런데 乙이 甲과 사이에 매수인의 지위에서 이 사건 매매계약을 진행하였으므로, 이는 계약명의신탁에 해당한다. 계약명의신탁약정에 의한 물권변동은 무효이나 상대방이 선의인 경우에는 유효가 된다(부동산실명법 제4조 제2항 단서). 사안의 경우 X토지의 매매계약은 매도인 甲, 매수인 乙 사이의 부동산매매계약으로 매도인 甲이 이를 알지 못하고 있었기 때문에 乙 단독명의의 소유권등기는 유효하다. 따라서 명의신탁자인 E는 X토지에 대한 소유권을 주장할 수 없다.

### 2) 명의신탁약정 무효와 부당이득

명의신탁약정은 무효이므로 그에 따라 한 급부는 부당이득이 된다. 따라서 명의신탁자 E가 매매대금으로 명의수탁자 乙에게 지급한 1억 5천만 원은 乙의 부당이득이 되어 부당이득반환청구를 할 수 있다.

### 3) 명의신탁자 E와 명의수탁자 F의 관계

E가 F에 대해 직접적으로 청구할 수 있는 권리는 없다. E는 소유자도 아니어서 말소등기청구를 할 수 없으며, 계약관계도 없으므로 손해배상청구가 불가능하다. 사안의 경우 F에 의한 불법행위책임(제3자의 채권침해로 인한 불법행위책임)도 성립되지 않는다.

**[해설 2]** E는 乙에 대한 부당이득반환청구권을 보전하기 위하여 乙의 甲에 대한 소유권이전등기청구권과 甲의 F에 대한 말소등기청구권을 각 채권자대위소송으로 제기할 수 있다.

### 1) 乙과 F의 관계

乙과 E가 계약명의신탁관계에 있고, 매도인 甲이 선의이므로 乙이 매매계약으로 X토지에 대한 소유권이전등기청구권을 취득하게 된다. 그럼에도 불구하고, 乙이 자신의 동생인 F 명의로 소유권이전등기를 하도록 한 것은 소위 3자간 등기명의신탁에 해당한다. 따라서 부동산실명법에 의해 乙과 E 간의 명의신탁약정 및 매도인 甲과 F 간의 물권변동은 각 무효라고 할 것이다.

## 2) 채권자대위권 행사

E는 乙이 무자력이므로 자신의 乙에 대한 부당이득반환채권 1억 5천만 원을 피보전채권으로 하여 채무자 乙의 甲에 대한 소유권이전등기청구권을 대위하고, 甲의 F에 대한 소유권에 기한 말소청구권을 대위행사하여 F에게 소유권이전등기의 말소청구를 구해야 한다.

[참조] 위와 같은 청구권보전절차를 마친 후에는 乙의 甲에 대한 소유권이전등기청구권을 채권가압류함으로써 자신의 부당이득반환채권에 대한 채권보전절차를 밟아, 위 1억 5천만 원에 대한 이행의 소에서 승소한 후 그 집행권원에 근거하여 乙 명의로 소유권이전등기를 경료토록 한 후 그 부동산을 압류하여 경매로 배당을 받는 방법을 취해야 한다.

# 제4장 지상권

## I. 총 설

### 1. 의의 및 법적 성질

### (1) 개 념

지상권이란 타인의 토지에 건물 기타 공작물 또는 수목을 소유하기 위해 그 토지를 사용할 수 있는 물권이다($\frac{제279}{조}$). 이때에도 건물 등의 '소유'가 아니라 타인 토지의 '사용'을 본질적 내용으로 한다. 지상권은 토지의 사용가치를 지배하는 용익물권이라는 점에서 지역권, 전세권과 동일하지만, 공작물 또는 수목의 소유를 목적으로 하는 권리라는 점에서 지역권, 전세권과 다르다.

### (2) 법적 성질

### (가) 물 권

지상권은 물권으로 양도성과 상속성을 가진다. 따라서 지상권자는 소유자의 동의 없이 지상권을 양도할 수 있고, 토지소유자의 변경은 지상권에 영향을 미치지 않는다.

> **사례 1** A는 B 소유의 임야에 소재하는 입목의 벌채권을 확보하기 위해 그 벌채기간에 B로부터 지상권을 설정받았다. 그런데 벌채기간이 끝나고, 벌채권이 소멸하자, B는 A의 지상권은 벌채권에 종된 권리로 벌채권이 소멸한 이상 지상권도 소멸한다고 주장한다. B의 주장은 타당한가?
>
> (대판 1991.11.8, 90다15716 참조)
>
> **｜해설 1｜** B의 주장은 타당하지 않다.
> 비록 벌채권의 확보를 위하여 지상권을 설정하였다 하더라도 지상권에는 부종성이 인정되지 아니하므로 벌채권이 소멸하였다 하더라도 지상권마저 소멸하는 것은 아니고, 지상권은 독립된 물권으로서 다른 권리에 부종함이 없이 그 자체로서 양도될 수 있으며, 그 양도성은 제282조, 제289조에 의하여 절대적으로 보장되고 있으므로 소유자의 의사에 반하여도 자유롭게 타인에게 양도할 수 있다.

### (나) 타물권

지상권은 타인의 토지에 대한 물권이다. 따라서 지상권과 토지소유권이 동일인에게 귀속되면 혼동으로 소멸한다($_{제1항}^{제191조}$). 지상권의 객체인 토지는 1필지의 토지를 원칙으로 한다. 1필인 토지의 일부에도 지상권을 설정할 수 있으나 그러한 내용을 등기해야 한다($_{69조 6호}^{부등법 제}$). 지상권은 그 명칭에도 불구하고 토지의 일정한 상하의 공간에 그 효력이 미친다. 또한 지상 또는 지하의 공간을 구분하여 지상권의 목적으로 할 수 있다($_{제289의2조}^{구분지상권:}$).

### (다) 용익물권

지상권은 타인의 토지를 독점적·배타적으로 사용할 수 있는 물권이다. 지상권은 토지를 점유할 수 있는 권리이므로($_{단서}^{제213조}$), 상린관계규정이 준용된다($_{조}^{제290}$).

그러나 실무상 건물이 없는 토지에 저당권을 설정하면서 저당권설정자의 토지이용을 제한하여 담보가치를 유지할 목적으로 지상권을 설정하는 관행이 있는 바, 이러한 지상권을 이른바 '담보지상권'이라 한다. 지상물의 소유목적이 아니라 토지의 담보가치 유지를 위하여 지상권을 인정하는 것은 물권법정주의에 위배된 것이라는 강력한 비판이 있다. 이에 대해 판례는 그 유효성을 인정한다. 제3자가 지상권자에 대항할 권원이 없는 이상 저당권자이자 지상권자는 저당부동산의 담보가치 확보를 목적으로 지상권에 기한 물권적 청구권(방해제거청구권)을 행사할 수 있다($_{2003마1753}^{대결 2004.3.29.}$). 이러한 담보지상권은 저당권이 피담보채권의 소멸시효완성 등으로 소멸하면 그 목적을 상실했음을 이유로 또는 피담보채권의 소멸에 따른 부종성에 의하여 소멸한다($_{4.14, 2011}^{대판 2011.}$ $_{다6342}$). 또한 금융기관이 채권담보를 위하여 토지에 저당권과 함께 지료 없는 지상권을 설정하면서 채무자 등의 사용·수익권을 배제하지 않은 경우, 위 지상권은 근저당목적물의 담보가치를 확보하는 데 목적이 있으므로 제3자가 담보지상권의 대상인 토지를 불법점유하더라도 담보지상권의 침해를 이유로 임료상당의 손해배상청구를 할 수 없다($_{2006다586}^{대판 2008.1.17.}$). 지료 없는 담보지상권자에게 임료 상당의 이익이 발생할 여지가 없기 때문이다.

---

**사례 2** A는 그 소유의 X토지에 건물을 신축하던 중, B로부터 건축자금을 대출받으면서, B에게 그 담보로 X 토지에 저당권 및 그 저당권의 담보가치를 유지하기 위한 목적의 지상권을 설정해 주었다. 그러던 중, 공사가 중단되어 A는 건축 중인 건물 및 건축허가명의를 C에게 양도하고, 건축주명의를 C로 변경하였다. 이를 확인한 B는 A에게 건축허가 명의의 환원을 독촉했지만, 응하지 않고, C가 X토지 위에 공사를 진행하자, C를 상대로 지상권에 기한 방해제거청구로 공사중지를 청구하였다.

질문 1) C는 담보목적으로 설정한 지상권에 기해 공사중지를 구할 수 없다고 주장한다. C의 주장은 타당한가?

질문 2) B가 X토지를 불법점유한 C를 상대로 담보지상권의 침해를 이유로 부당이득이나 손해배상을 청구할 수 있는가? (대결 2004.3.29. 2003마1753; 대판 2008.1.17. 2006다586 참조)

---

**| 해설 2 |**

**해설 1) C의 주장은 타당하지 않다.**

토지에 관하여 저당권을 취득함과 아울러 그 저당권의 담보가치를 확보하기 위하여 지상권을 취득하는 경우, 특별한 사정이 없는 한 당해 지상권은 저당권이 실행될 때까지 제3자가 용익권을 취득하거나 목적 토지의 담보가치를 하락시키는 침해행위를 하는 것을 배제함으로써 저당 부동산의 담보가치를 확보하는 데에 그 목적이 있으므로, 그와 같은 경우 제3자가 비록 토지소유자로부터 신축중인 지상 건물에 관한 건축주 명의를 변경받았다 하더라도, 그 지상권자에게 대항할 수 있는 권원이 없는 한 지상권자로서는 제3자에 대하여 목적 토지 위에 건물을 축조하는 것을 중지하도록 구할 수 있다(위 대결 2004.3.29, 2003마1753에는 B가 근저당권 및 지상권 취득 당시 이 사건 토지에 A가 건물을 신축하는 것을 알고서 이로 인한 제한을 용인하였다고 하더라도, 제3자인 C가 A로부터 건축주 명의를 변경받아 건물을 축조하는 데에 대하여도 용인한 것으로 볼 수는 없는 사실관계가 기재되어 있음. 결정 이유 2 참조).

**해설 2) 부당이득이나 손해배상을 청구할 수 없다.**

불법점유라는 사실이 발생하지 않았더라도 부동산의 소유자 또는 용익권자에게 임료 상당 이익이나 기타 소득이 발생할 여지가 없는 특별한 사정이 있는 때에는 손해배상이나 부당이득반환을 청구할 수 없다. 금융기관이 대출금 채무의 담보를 위하여 채무자 또는 물상보증인 소유의 토지에 저당권을 취득함과 아울러 그 토지에 지료를 지급하지 아니하는 지상권을 취득하면서 채무자 등으로 하여금 그 토지를 계속하여 점유, 사용토록 하는 경우, 특별한 사정이 없는 한 당해 지상권은 저당권이 실행될 때까지 제3자가 용익권을 취득하거나 목적 토지의 담보가치를 하락시키는 침해행위를 하는 것을 제거함으로써 저당 부동산의 담보가치를 확보하는 데에 그 목적이 있고, 그 경우 지상권의 목적 토지를 점유, 사용함으로써 임료 상당의 이익이나 기타 소득을 얻을 수 있었다고 보기 어려우므로, 그 목적 토지의 소유자 또는 제3자가 저당권 및 지상권의 목적 토지를 점유, 사용한다는 사정만으로는 금융기관에게 어떠한 손해가 발생하였다고 볼 수 없다.

---

**사례 3**  A가 그 소유의 X토지를 B에게 매도하면서 즉시 소유권이전등기를 하기 곤란한 사정 때문에 B에게 소유권이전등기청구권의 보전을 위한 가등기를 하고, 또 그 토지상에 타인이 건물 등을 축조하여 점유, 사용하는 것을 방지하기 위하여 수목 소유를 목적으로 존속기간 15년의 지상권을 B에게 설정하였다. 그 후 A는 X토지를 C에게 매도하고, 소유권이전등기를 마쳤다. 이에 C는 매매계약에 따른 B의 소유권이전등기청구권이 10년의 시간경과로 시효소멸한 이상 이를 담보하기 위한 지상권도 소멸하였음을 이유로 가등기 및 지상권등기의 말소를 구한다. C의 청구는 타당한가?                                              (대판 1991.3.12, 90다카27570 참조)

**| 해설 3 |** C의 청구는 타당하다.

지상권설정의 목적이 X토지상에 타인이 건물 등을 축조하여 점유, 사용하는 것을 방지하기 위함이라면, 이는 수목의 소유를 목적으로 하는 것이라기보다는 위 가등기에 기한 본등기가 이루어질 경우 그 부동산의 실질적인 이용가치를 유지, 확보할 목적으로 전 소유자에 의한 이용을 제한하기 위한 것이라고 봄이 상당하고, 따라서 가등기에 기한 본등기청구권이 시효의 완성으로 소멸되었다면 그 가등기와 함께 경료된 위 지상권 또한 그 목적을 상실하여 소멸되었다고 봄이 상당하다.

### (라) 건물 기타 공작물이나 수목을 소유하기 위한 권리

지상권은 건물 기타 공작물이나 수목을 소유하기 위한 권리이다. 공작물이란 인공적으로 설치된 모든 설비를, 수목이란 식림의 대상이 되는 식물을 말한다. 수확기간이 비교적 짧은 경작물(예컨대 벼)의 소유를 위한 지상권이 인정되는지에 대해서는 농지법상 농지임대차 금지에 따라 제외되어야 한다는 견해(다수설)와 현행법상 이를 제한할 규정이 없는 한 경작의 대상인 식물도 포함해야 한다는 견해가 대립한다.

나아가 현재 공작물이나 수목이 없더라도 지상권은 유효하게 성립할 수 있고, 이미 존재하던 공작물이나 수목이 멸실되더라도 존속기간 내에서 지상권은 존속한다$\binom{대판 1996.3.}{22, 95다49318}$.

### (마) 지료의 지급

토지사용의 대가인 지료의 지급은 지상권의 성립요건이 아니다. 당사자 사이에 지료약정이 없는 경우 무상의 지상권이 성립한다$\binom{대판 1999.9.}{3, 99다24874}$. 다만 법정지상권에서는 당사자 사이에 지료약정이 없어도 당연히 지료가 발생하는 것으로 본다.

---

**사례 4** A가 B와 사이에 그 소유의 토지에 지상권설정계약을 체결하고, 지상권설정등기를 마쳤다. 그런데 당사자 사이에 지료에 대한 약정을 하지 않은 경우, A는 B에게 지료지급을 구할 수 있는가?

(대판 1999.9.3. 99다24874 참조)

**│해설 4│ 지료지급을 청구할 수 없다.**
지상권에 있어서 지료의 지급은 지상권의 요소가 아니어서 지료에 관한 유상 약정이 없는 이상 지료의 지급을 구할 수 없다. 그리고 무상의 지상권에서는 지료증액청구권도 발생할 수 없다.

---

## 2. 임차권과의 비교

지상권은 물권으로 대세적 효력이 인정된다. 그러나 임차권은 채권이므로 대항력이 인정되지 않지만, 등기를 하거나$\binom{제621조}{제2항}$ 또는 주거용 건물이나 상가건물인 경우 일정한 요건을 갖추면 대항력이 인정된다.

지상권은 최장기간이 법정되어 있지 않고, 사용목적에 따른 최단기간만 법정되어 있다$\binom{제280조}{제281조}$. 또한 존속기간의 정함이 없는 경우 사용목적에 따른 최단기간을 법정하고 있다. 임차권에서는 존속기간의 정함이 없는 경우에는 당사자가 언제든지 해지통고를 할 수 있다$\binom{제635}{조}$.

지상권은 임의로 지상권만 또는 지상권과 건물을 함께 양도, 임대, 담보제공을 할 수 있다$\binom{제282조}{제371조}$. 반면 임차권은 임대인의 동의 없이 양도 또는 전대를 할 수 없다$\binom{제629}{조}$. 그러나 투하자본회수방법으로 지상물매수청구권이 인정된다$\binom{제285조, 제283조; 제654조,}{제615조, 제643조}$.

지상권에서 지료는 지상권의 요소가 아니다. 그러나 지료지급의 약정이 있는데 2년 이상 지료연체시 지상권설정자는 지상권소멸을 청구할 수 있다$\binom{제287}{조}$. 반면 임차권에서 차임은 임대차의 요소이다. 2기의 차임액을 연체한 경우 임대인은 해지통고를 할 수 있다$\binom{\text{제640조.}}{\text{제641조}}$. 지상권에서는 지료가 토지에 관한 조세 기타 부담의 증감이나 지가의 변동으로 인하여 상당하지 아니하게 된 때에는 당사자는 그 증감을 청구할 수 있으며$\binom{\text{제286}}{\text{조}}$, 임차권의 경우에도 임대물에 대한 경제사정의 변동으로 약정 차임이 상당하지 아니하게 된 때에는 당사자는 장래의 차임의 증액 또는 감액을 청구할 수 있다$\binom{\text{제628}}{\text{조}}$.

지상권에서 설정자는 지상권자의 토지사용에 대해 소극적 인용의무만 인정되지만, 임차권에서는 임대인은 토지를 사용, 수익에 적합한 상태에 두어야 할 의무가 인정된다$\binom{\text{제623}}{\text{조}}$.

## II. 지상권의 취득

### 1. 법률행위에 의한 취득

#### (1) 지상권설정계약

지상권은 지상권설정계약과 지상권설정등기에 의해 취득되는 것이 원칙이다$\binom{\text{대판 1972.10.}}{\text{25. 72다1389}}$. 지상권설정등기를 신청하는 경우에는 신청서에 지상권설정의 목적과 범위(필요적 기재사항)를 기재해야 하고, 등기원인에 존속기간·지료·지료지급시기 또는 지상권 행사를 위한 토지사용의 제한$\binom{\text{제289조의2}}{\text{제1항 후단}}$의 약정이 있는 때에는 이를 기재해야 하는데$\binom{\text{임의적 기재사항.}}{\text{부등법 제69조}}$, 이러한 임의적 기재사항에 관한 등기는 제3자에 대한 대항요건이 된다.

#### (2) 유언 및 지상권 양수

그 밖에도 법률행위에 의한 취득원인으로 유언과 지상권의 양수를 들 수 있다. 이들은 법률행위이므로 물권변동의 일반원칙에 따라 어느 경우나 등기를 해야 지상권을 취득하게 된다.

### 2. 법률행위에 의하지 않은 취득

#### (1) 상속, 판결, 취득시효 등

지상권은 다른 부동산물권의 경우와 같이 상속, 판결, 경매, 공용징수, 취득시효, 기타 법률의 규정에 의하여 취득될 수 있다$\binom{\text{제187}}{\text{조}}$. 이 경우에는 등기를 필요로 하지 않지만, 점유취득시효로 지상권을 취득하는 경우에는 등기를 해야 한다$\binom{\text{제245조 제1}}{\text{항, 제248조}}$.

#### (2) 법정지상권

#### (가) 의 의

법정지상권이란 동일인에게 속하던 토지와 그 지상물(건물 또는 등기된 수목)이 나중에 소유자를 달리하게 된 경우, 지상물 소유자를 위하여 법에 의하여 인정되는 지상권을 말한다. 이는 법률에 의한 물권취득에 해당하므로 등기가 필요하지 않다(제187조/본문).

우리 법제에서 토지와 건물은 별개의 물건(부동산)이지만, 건물소유권과 대지이용권은 상호 불가분의 관계에 있다. 건물과 대지가 동일인 소유가 아닌 경우 건물소유권과 대지이용권의 잠재적 관계를 현실화할 필요가 있다. 즉 건물소유자는 대지이용권이 필요하다. 그런데 당사자에게 대지이용권을 취득할 기회가 없어 건물소유자가 대지이용권을 갖지 못한 경우 건물철거의 결과가 초래되는 것을 방지하기 위한 제도가 법정지상권이다.

#### (나) 법정지상권의 유형

민법, 민사특별법 및 관습법에서 인정하는 법정지상권은 다음과 같다.

#### 1) 민법상 법정지상권

토지와 건물이 동일인에게 속한 상태에서 ⅰ) 건물에만 전세권을 설정하였는데 토지소유자가 매매 등의 사유로 변경된 경우(제305조/제1항), ⅱ) 어느 한쪽 또는 양쪽에 저당권이 설정되었는데, 저당권의 실행으로 토지와 건물의 소유자가 달라진 경우(제366조/제1항), 건물소유자를 위해 토지에 대한 지상권이 설정된 것으로 본다.

#### 2) 특별법상 법정지상권

토지와 입목 또는 건물이 동일인에게 속한 상태에서 ⅰ) 입목의 경매 기타 사유로 인하여 토지와 그 지상의 등기된 입목이 각 다른 소유자에게 속한 경우(입목법 제/6조 제1항), ⅱ) 어느 한쪽에 가등기담보권이 설정되었는데, 그 실행으로 토지와 건물의 소유자가 다르게 된 경우(가등기담보/법 제10조)에는 각각의 특별법에 따라서 입목 또는 건물소유자를 위해 토지에 대한 지상권이 설정된 것으로 본다.

#### 3) 관습법상 법정지상권

성문법 외에 관습법에 의해서도 지상권 또는 지상권 유사의 권리를 인정하는 것이 판례의 태도이다. 즉 관습법상의 지상권에는 관습법상의 법정지상권과 분묘기지권을 인정하고 있다(자세한 내용은 아래 Ⅵ. 2, 3 참조).

## Ⅲ. 지상권의 존속기간

당사자들은 지상권의 존속기간을 임의로 정할 수 있음이 원칙이다. 민법은 지상권의 최단기간에 대해서 법정하고 있지만, 최장기간에 대해서는 정함이 없다. 존속기간과 갱신에 관한 규정은 지상권자에게 불리하게 변경할 수 없는 편면적 강행규정이다(제289/조).

## 1. 설정계약으로 존속기간을 정한 경우

### (1) 최단기간

(가) 지상권의 존속기간을 약정한 경우, 그 기간은 지상물의 종류 및 재료에 따라 다음의 연한보다 단축하지 못한다(제280조 제1항).

1) 석조, 석회조, 연와조 또는 이와 유사한 견고한 건물 또는 수목의 소유를 목적으로 한 경우에는 30년

이 경우 견고한 건물인지의 여부는 그 건물이 갖고 있는 물리적·화학적 외력 또는 화재에 대한 저항력 및 건물해체의 난이도 등을 종합하여 판단해야 한다(대판 2003.10.10, 2003다33165; 대판 1988.4.12, 87다카2404). 그러나 최단 존속기간에 관한 규정은 지상권자가 그 소유의 건물 등을 건축하거나 수목을 식재하여 토지를 이용할 목적으로 지상권을 설정한 경우에만 그 적용이 있기 때문에 지상권설정자 소유인 기존 건물의 '소유'가 아닌 '사용'을 목적으로 건물임차인에게 지상권이 설정된 경우에는 지상권의 최단 존속기간에 관한 제280조 제1항 제1호는 적용되지 않아 30년보다 짧게 정한 지상권의 존속기간은 유효하다(대판 1996.3.22, 95다49318).

2) 그 밖의 건물의 소유를 목적으로 하는 경우에는 15년

3) 건물 외의 공작물의 소유를 목적으로 하는 경우에는 5년

(나) 설정계약으로 다음의 연한보다 짧게 약정한 경우, 그 존속기간은 최단기간이 만료할 때까지 연장된다(제280조 제2항).

---

**사례 5** A는 자신의 토지에 연와조 건물을 소유하고 있던 중, 그 토지와 건물을 B가 15년간 무상으로 사용할 수 있도록 건물에는 사용대차를, 토지에는 지상권을 설정해 주었다. 그 후 B는 지상권의 존속기간과 관련하여 약정한 15년이 아니라, 제280조 제1항 제1호가 적용되어 지상권은 30년으로 연장되었다고 주장한다. 이러한 B의 주장은 타당한가?     (대판 1996.3.22, 95다49318 참조)

**│해설 5│** 타당하지 않다.

제280조 제1항 제1호가 석조·석회조·연와조 또는 이와 비슷한 견고한 건물이나 수목의 '소유를 목적으로 하는' 지상권의 경우 그 존속기간은 30년보다 단축할 수 없다고 규정하고 있음에 비추어 볼 때, 위 법조 소정의 최단 존속기간에 관한 규정은 지상권자가 그 소유의 건물 등을 건축하거나 수목을 식재하여 토지를 이용할 목적으로 지상권을 설정한 경우에만 그 적용이 있다. 즉 지상권설정자인 A 소유 건물의 사용을 위한 지상권에는 법정최단 존속기간이 적용되지 않는다.

---

### (2) 최장기간

민법은 지상권의 존속기간에 대한 최장기간에 대해 아무런 규정을 두고 있지 않다. 지상권의 존속기간을 영구무한으로 정할 수 있는가? 이에 대해 학설상 소유권의 전면적 지배성에 반

함을 이유로 한 부정설과 지하철운행 등과 같이 현실적 필요가 있음을 이유로 한 긍정설이 대립하는데, 판례는 긍정설의 입장을 취한다($^{대판\ 2001.5.}_{29,\ 99다66410}$). 그 논거로 최장존속기간을 정하지 않고 있어 제한이 없다는 점, 실제적 필요성이 있다는 점, 지상권 제한이 없는 토지 소유권 회복방법이 있다는 점, 구분지상권의 경우 이에 대하여 대지의 소유권을 전면적으로 제한하지 않는다는 점을 든다.

## 2. 설정계약으로 존속기간을 정하지 않은 경우

(1) 설정계약으로 존속기간을 정하지 않은 경우, 지상물의 종류 및 재료에 따라 제280조의 최단기간을 존속기간으로 한다($^{제281조}_{제1항}$).

(2) 지상권설정 당시 공작물에 대해 그 종류 및 재료를 정하지 않은 경우에는 존속기간은 15년이다($^{제281조}_{제2항}$). 제281조 제2항은 당사자가 지상권설정의 합의를 할 당시 건물의 종류와 구조가 정해지지 않았을 뿐만 아니라 당사자간 존속기간의 합의도 없을 때 비로소 적용된다. 제281조의 표제어 및 제1항을 고려해 볼 때 제2항은 존속기간을 정하지 않은 경우를 전제로 한다고 해석되기 때문이다. 예컨대 지상권설정 당시에 아직 건물이 종류가 정해지지 않았더라도 당사자가 지상권의 존속기간을 10년으로 합의했다면 추후에 신축한 건물이 석조인 경우에도 지상권의 존속기간은 당사자의 합의에 따라 10년이 된다(이와는 달리 약정을 한 경우에도 15년의 존속기간은 보장된다고 해석하는 견해도 있다). 무허가 또는 미등기 건물이라도 건물의 종류와 구조가 확정되어 있는 경우에는 적용되지 않으며, 이 경우에는 제281조 제1항에 의하여 존속기간을 정해야 한다($^{대판\ 1988.4.12,}_{87다카2404}$).

---

**사례 6** A는 그 소유의 X토지에 관하여 B에게 지상권을 설정하였다.

질문 1) 지상권 설정계약시 지상건물이 없었을 뿐만 아니라 목적물의 종류와 구조를 정하지 않았고, 또 존속기간의 약정이 없었던 경우 나중에 B가 석조건물을 신축한 경우, 지상권의 존속기간은 어떻게 되는가?

질문 2) 지상권 설정계약시 B 소유의 미등기 또는 무허가의 석조건물이 이미 존재한 경우, 존속기간의 합의가 없었다면 지상권은 존속기간은 어떻게 되는가?

(대판 1988.4.12, 87다카2404 참조)

**| 해설 6 |**

해설 1) 제281조 제2항이 적용되어 지상권의 존속기간은 15년이 된다.

제281조 제2항의 적용요건은 [당사자간 존속기간의 합의가 없음 + 합의당시 건물의 종류와 구조 미확정]이라고 할 것이다. 사안의 경우 위의 요건이 갖추어진 경우에는 지상권 설정 후 석조건물이 신축된 경우에도 30년의 최단존속기간이 보장되는 것은 아니다.

해설 2) 석조건물이라면 제281조 제1항이 적용되어 지상권의 존속기간은 30년이 된다.

제281조 제2항은 당사자가 지상권설정의 합의를 함에 있어서 다만 그 존속기간을 정하지 아니

하고 지상권을 설정할 토지상에 소유한 공작물의 종류와 구조가 객관적으로 확정되지 않을 경우에 한하여 적용이 있는 것이므로 비록 무허가 또는 미등기건물이라 하더라도 그 건물의 종류와 구조가 확정되어 있는 경우에는 적용되는 것이 아니고 이러한 경우에는 제281조 제1항에 의하여 존속기간을 정하여야 한다(대판 1988.4.12. 87다카2404).

## 3. 계약의 갱신과 존속기간

### (1) 계약의 갱신

지상권의 존속기간이 만료된 경우 계약자유의 원칙상 당사자가 종전의 계약을 갱신할 수 있다. 즉 당사자는 지상권의 존속기간에 관한 제284조의 제한 외에 자유롭게 갱신계약의 내용을 결정할 수 있다.

### (2) 지상권자의 갱신청구권

#### (가) 의 의

당사자가 갱신계약을 체결하지 않는 경우에도 민법은 지상권의 소멸 당시 토지상에 지상물이 현존하는 경우, 가능한 지상권의 존속을 통해 공작물의 소유를 보장할 필요가 있기 때문에 지상권자의 갱신청구권을 보장한다(제283조 제1항). 이는 강행규정이다(제289조). 한편, 지상권설정자 소유인 건물을 지상권자가 사용하기 위하여 설정된 지상권인 경우에는 갱신청구권이 부정되어야 할 것이다.

#### (나) 갱신청구권의 요건

1) 당사자 간에 유효한 지상권이 존재해야 한다.

2) 지상권의 존속기간 만료로 지상권이 소멸되어야 한다(대판 1993.6.29. 93다10781). 제283조 제1항은 "지상권이 소멸한 경우"라고 규정하고 있지만, 해석상 존속기간의 만료에 의한 경우로 제한되어야 한다. 그 외의 사유로 인한 지상권의 소멸시에는 성질상 갱신이라는 문제가 발생하지 않기 때문이다. 제3자가 지상권을 시효취득한 경우 그 지상권이 기간만료로 소멸하고 지상물이 현존하면 갱신청구권을 가지게 된다.

3) 지상권의 존속기간 만료 당시 지상물이 현존해야 한다. 지상물의 현존은 갱신청구권의 행사시까지 유지되어야 한다.

#### (다) 갱신청구권의 행사 및 효과

1) 갱신청구권의 법적 성질은 청구권이므로 당사자들의 갱신계약의 체결로 비로소 계약갱신의 효과가 발생한다. 갱신청구권은 존속기간이 만료된 지상권자가 갱신청구 당시의 토지소유자를 상대로 행사해야 한다.

2) 지상권의 존속기간 만료시 갱신청구권이 발생하는데, 지상권자는 지체없이 이를 행사해야 한다($^{대판\ 1995.4.11.}_{94다39925}$). 지체없이 행사하지 않으면 갱신청구권은 불행사로 소멸하고, 동시에 매수청구권도 소멸한다. 다만 지상권자는 지상권의 존속기간의 만료시점과 갱신청구권의 행사시점까지 사이에 계속 토지를 사용할 수 있다고 본다.

3) 지상권설정자가 갱신을 거절하면, 지상권자는 지상물매수청구권을 행사할 수 있다($^{제283조}_{제2항}$).

4) 갱신청구에 응하여 갱신계약이 체결된 경우, 지상권의 존속기간은 존속기간에 관한 제284조의 제한에 의해 제280조 제1항의 최단기간을 보장받지만, 존속기간의 정함이 없으면 제281조에 의한다. 존속기간 이외의 내용은 종전계약과 동일한 것으로 추정된다.

> **사례 7** A는 X토지에 관하여 B에게 존속기간 15년의 지상권설정계약을 체결한 후 위 지상권존속기간이 만료되었다. 그런데 B는 존속기간 만료 후 4년이 경과한 후 갱신청구했다면 지상권은 소멸하는가?
>
> **해설 7** 지상권은 소멸한다.
>
> 지상권은 소멸하는 것으로 보아야 한다. 제283조의 구성상, 건물전세에 관한 법정갱신($^{제312조}_{제4항}$) 내지 임대차의 묵시의 갱신($^{제639}_{조}$) 규정이 없기 때문이다.

## Ⅳ. 지상권의 효력

### 1. 지상권자의 토지사용권

#### (1) 토지사용권의 내용

지상권자는 설정계약에서 정한 목적($^{부등법\ 제}_{69조\ 1호}$)을 위하여 필요한 범위 내에서 토지를 사용할 권리가 있다. 즉 지상권자의 토지사용권은 지상권의 목적에 의해 제한을 받는다. 반면 지상권설정자는 지상권자의 토지사용을 방해하지 않을 소극적 용인의무를 부담하지만, 토지를 사용에 적합한 상태에 두어야 할 적극적 의무는 없다.

상린관계에 관한 규정은 지상권자와 다른 지상권자 사이 또는 지상권자와 인지소유자 사이에 준용된다($^{제290}_{조}$).

#### (2) 지상권자의 물권적 청구권

지상권자는 지상권의 내용을 실현하는 것이 방해된 때에는 물권적 청구권이 생긴다($^{제290}_{조}$). 또한 지상권자가 토지를 점유한 경우 점유보호청구권($^{제205}_{조}$)도 인정된다.

지상권은 토지를 사용하는 물권이므로 토지를 점유할 권리($^{제213조}_{단서}$)를 포함한다. 지상권은 제256조 단서의 권원에 해당하므로 지상권자가 부속시킨 건물 기타 공작물 또는 수목은 부합되지 아니하고, 매수청구권의 대상이 된다.

## 2. 지상권의 처분(투하자본의 회수)

지상권자가 투하한 자본을 회수하는 방법으로는 지상권의 존속기간 중 지상물과 지상권을 처분하거나 지상권의 존속기간 만료 후 지상물의 수거 또는 지상물매수청구권을 행사하는 방법이 있다.

지상권은 물권이므로 양도성을 갖는다. 제282조는 지상권을 양도하거나 또는 지상권의 존속기간 내에 그 토지를 임대할 수 있음을 규정하고 있다. 이는 편면적 강행규정으로 이를 위반하는 계약으로 지상권자에게 불리한 약정은 효력이 없다($^{제289}_{조}$). 따라서 지상권설정자의 동의 없이 지상권을 양도하고 양수인은 양도인과 함께 부기등기를 할 수 있다.

지상권자는 지상권을 유보하고 지상물 소유권만을 양도할 수도 있고, 반대로 지상물 소유권을 유보하고 지상권만을 양도할 수 있으므로 지상권자와 지상물의 소유권자가 반드시 일치해야 하는 것은 아니다($^{대판\ 2006.6.15,}_{2006다6126,6133}$). 법정지상권의 경우에도 건물의 소유자가 건물과 법정지상권 중 하나만을 처분하는 것도 가능하다($^{대판\ 2001.12.27,}_{2000다1976}$).

지상권 위에 저당권을 설정할 수도 있다($^{제371조}_{제1항}$). 그런데 지상권의 담보제공금지특약의 효력은 어떻게 되는가? 제280조 내지 제287조의 규정에 반하여 지상권자에게 불리한 특약은 효력이 없다는 제289조의 취지를 제371조에도 관철할 것인가? 이에 대해 학설상 무효설(다수설)과 유효설이 대립한다. 지상권의 담보제공금지특약은 제289조에서 정한 범위에 속하지는 않으나 지상권의 양도나 임대를 금지하는 특약을 무효로 하는 취지($^{제282조,}_{제289조}$)를 고려하면 지상권자의 투하자본회수를 확보하기 위하여 이러한 특약은 무효로 보아야 할 것이다.

> **사례 8** A 소유의 X토지에 B가 Y건물을 소유하기 위해 지상권을 설정받았다. 그 후 B는 Y건물을 C에게 양도하여 이전등기를 마쳤다. 이 때 B가 가지고 있던 지상권은 지상권이전등기를 하기 전에도 C에게 이전하는가?
>
> **| 해설 8 |** 지상권이 이전되기 위해서는 지상권이전등기가 필요하다.
> 제282조는 지상권자에게 지상권을 양도하거나 토지를 임대하는 것을 허용하고 있다. 주물과 종물이론에 따라 지상물이 양도되면 지상권 또한 양도한 것으로 볼 수 있고, 따라서 물권변동의 일반원칙에 따라 지상권이전등기를 마쳐야 C는 지상권을 취득한다. 다만, C는 B로부터 지상권을 양수받을 권리를 갖고 있으므로 이는 제213조 단서 소정의 점유할 권리라고 할 수 있다.

## 3. 지료지급의무

약정지상권에서 지료는 지상권의 요소가 아니므로 지료약정이 있어야만 지상권자는 지료지급의무를 부담한다. 다만 등기를 해야만 지료약정을 가지고 제3자에게 대항할 수 있다($^{부등법}_{제69조}$).

그러나 법정지상권에서는 지료약정이 없어도 지상권자는 당연히 지료지급의무를 부담한다($\binom{대판 1997.12.}{26, 96다34665}$).

법정지상권의 경우 지료의 결정은 원칙적으로 당사자의 합의에 의하고, 당사자 간의 합의가 이루어지지 않는 경우에는 당사자의 청구에 의하여 법원이 이를 정한다($\binom{제305조 제1항 단}{서, 제366조 단서}$). 지료급부의 이행을 청구하는 소송의 판결이유에서 정해진 지료의 결정은 소송의 당사자 사이에서는 지료결정으로서의 효력도 인정된다($\binom{대판 2003.12.26,}{2002다61934}$). 그러나 형식적 형성소송인 지료결정판결로 지료가 결정되면 제3자(예컨대 토지의 양수인)에게도 효력이 미친다($\binom{대판 2001.3.13,}{99다17142}$). 지료지급방법으로는 정기급이든 일시급이든 무방하다. 정기급 형태의 지료지급은 등기가 가능하다($\binom{부등법 제}{69조 4호}$).

### (1) 지상권 또는 토지소유권의 이전과 지료

#### (가) 지상권이 이전된 경우

##### 1) 정기급의 지료약정이 등기된 경우

지상권의 이전이 있으면, 장래의 지료지급의무도 당연히 이에 수반하여 이전한다. 지상권의 이전으로 과거의 (연체)지료지급의무도 이전하는가? 이에 대해 연체지료채무는 과거 용익의 대가로 인적 부담에 불과하고, 등기와 무관하므로 이전되지 않는다는 부정설과 지료를 등기한 이상 연체된 지료지급채무도 이전되고 따라서 지상권설정자는 새로운 지상권자에게 그 지료의 지급을 청구할 수 있다는 긍정설이 대립한다.

##### 2) 정기급의 지료약정이 등기되지 않은 경우

지상권의 이전이 있더라도 토지소유자는 새로운 지상권자에게 지료채권으로 대항할 수 없다. 장래의 지료지급채무뿐만 아니라 이전 지상권자의 지료체납과 그 효과에 대해서도 마찬가지로 보아야 한다.

#### (나) 토지소유권이 이전된 경우

토지소유권이 이전된 경우 장래의 지료채권도 새로운 토지소유자에게 이전하는가? 지료에 관하여 등기되어 있지 않다면 지료채권이 이전되지 않는다($\binom{대판 1999.9.3,}{99다24874}$). 그러나 지료에 관한 약정이 등기되었더라도 연체된 지료채권까지 새로운 토지소유자에게 이전되지 않는다고 할 것이다. 과거의 토지사용에 대한 대가는 당시의 당사자 사이의 법률관계이므로 특별한 사유가 없으면 이전하지 않기 때문이다.

### (2) 지료증감청구권

지상권의 존속기간이 상당한 장기이기 때문에 사정변경의 원칙을 감안하여 제286조에서 지료증감청구권을 인정한다.

지료증감청구권은 형성권으로 이해하므로 당사자 일방이 증감청구를 하면 곧 지료증감이 발생하고, 지상권자는 그 증감된 지료를 지급할 의무를 부담하게 된다. 상대방이 증액청구를 다투면 법원이 지료를 결정하며 이는 증감청구시로 소급하여 효력이 발생한다. 법원의 지료결정시까지 종전 지료를 지급하더라도 지료의 체납이 되지 않는다.

지료증감청구권은 편면적 강행규정이므로 불증액특약은 유효하지만, 불감액특약은 무효이다.

### (3) 지료체납의 효과(지상권설정자의 지상권소멸청구)

(가) 지상권자가 2년 이상의 지료를 체납할 경우 지상권설정자는 지상권의 소멸을 청구할 수 있다($\frac{제287}{조}$). 지상권설정자의 지상권소멸청구권은 형성권이므로 지상권말소등기 없이도 지상권이 소멸한다($\frac{대판\ 1993.6.29.}{93다10781}$). '2년 이상'은 체납된 지료액이 통산해서 2년분 이상이 되는 것을 말하므로 계속해서 2년분의 지료를 체납할 필요는 없다. '지급하지 아니한 때'는 지상권자에게 책임 있는 사유에 의한 것이어야 한다. 지상권설정계약의 당사자가 변경되지 않았으면 지료등기 없어도 2년간 지료체납시 지상권소멸청구가 가능하다. 지료의 등기는 제3자에 대한 공시가 목적이므로 당사자 사이에서는 등기 없이도 2년 이상의 지료체납으로 소멸청구가 가능하다고 해야 할 것이다. 또 지료가 2년 이상 연체되었으나 지상권자로부터 연체된 지료의 일부를 이의 없이 수령하여 연체된 지료가 2년 미만이 되었다면 더 이상 지상권의 소멸청구를 할 수 없다($\frac{대판}{2014.8.28.}$ $_{2012다102384}$). 한편 법정지상권에서와 같이 구체적인 지료액이 정해지지 않아 2년 이상 지료를 미지급하더라도 소멸청구권이 인정되지는 않는다($\frac{대판\ 2001.3.13.}{99다17142}$). 이때에는 지료지급을 지체했다고 볼 수 없기 때문이다.

지상권자의 지료 지급 연체가 토지소유권의 양도 전후에 걸쳐 이루어진 경우 토지양수인에 대한 연체기간이 2년이 되지 않는다면 양수인은 지상권소멸청구를 할 수 없다($\frac{대판\ 2001.3.13.}{99다17142}$)

(나) 또한 지상권의 이전이 있으면, 새로운 지상권자를 상대로 과거 지료체납을 이유로 지상권소멸청구를 할 수 있는가?

"지료액 또는 그 지급시기 등 지료에 관한 약정은 이를 등기하여야만 제3자에게 대항할 수 있는 것이므로, 지료의 등기를 하지 아니한 이상 토지소유자는 구 지상권자의 지료연체 사실을 들어 지상권을 이전받은 자에게 대항하지 못한다"는 판례($\frac{대판\ 1996.4.26.}{95다52864}$)의 반대해석상 지료에 관한 약정을 등기했다면 소멸청구가 인정될 수 있다는 긍정설과 지료등기에도 불구하고 양수인에게 체납을 주장하는 것은 무리라고 보는 부정설이 대립한다.

---

**사례 9** A는 그 소유의 X토지에 관하여 월 100만 원의 지료를 받기로 하고, B에게 30년간의 지상권을 설정하였다. 그런데 B가 C에게 지상권을 이전하고, 그 이전등기를 마쳤다.

질문 1) A와 B 사이에 지료약정을 등기한 경우, C는 A에게 지료지급의무를 부담하는가? 또한, B가 1년, C가 1년의 지료지급을 연체한 경우, A는 지상권소멸청구를 할 수 있는가?

질문 2) A와 B 사이의 지료약정을 등기하지 않은 경우, C는 A에게 지료지급의무를 부담하는가?

(대판 1994.12.2. 93다52297 참조)

> **│해설 9│**
>
> **해설 1)** C는 A에게 지료지급의무를 부담한다.
>
> 지료액 또는 그 지급시기 등 지료에 관한 약정은 이를 등기해야만 지상권을 양수한 제3자에게 대항할 수 있다. 따라서 지료의 등기를 한 경우, C는 A에게 지료지급의무를 부담한다. 다만 구 지상권자 B의 지료연체사실도 포함하여 C에게 지상권소멸청구를 할 수 있는지와 관련하여 판례 $\binom{\text{대판 1996.4.26.}}{95\text{다}52864}$의 반대해석상 이를 긍정하는 학설이 있지만, 반대하는 학설도 있다.
>
> **해설 2)** 지료약정이 등기되지 않는 이상 신 지상권자인 C는 지료지급의무를 부담하지 않는다.

> **사례 10** A가 그 소유의 X토지를 월 100만원의 지료를 받기로 하고, B에게 30년 간의 지상권설정하였다. 그런데 A가 X토지를 C에게 양도하고 소유권이전등기를 마쳤다.
>
> **질문 1)** 지료약정을 등기하지 않은 경우, 신 소유자인 C는 지상권자 B에게 소유권이전등기 후 발생하는 지료지급을 구할 수 있는가? (대판 1999.9.3, 99다24874 참조)
>
> **질문 2)** 지료지급약정이 등기되었는데, B가 A에게 1년간, C에게 1년간 지료지급을 연체할 경우, C는 B에게 지상권소멸청구를 할 수 있는가? (대판 2001.3.13, 99다17142 참조)
>
> **│해설 10│**
>
> **해설 1)** C는 지료의 지급을 구할 수 없다.
>
> 지상권에 있어서 유상인 지료에 관하여 지료액 또는 그 지급시기 등의 약정은 이를 등기해야만 그 뒤에 토지소유권을 양수한 사람 등 제3자에게 대항할 수 있으므로, C는 지료약정이 등기되어야만 지료의 지급을 구할 수 있다(판례). 그러나 학설상 등기유무를 불문하고 지급을 구할 수 있다는 견해도 있다.
>
> **해설 2)** C는 지상권소멸청구를 할 수 없다.
>
> 제287조가 토지소유자에게 지상권소멸청구권을 부여하고 있는 이유는 지상권자가 2년 이상의 지료를 연체하는 때에는 토지소유자로 하여금 지상권의 소멸을 청구할 수 있도록 함으로써 토지소유자의 이익을 보호하려는 취지에서 나온 것이라고 할 것이므로, 지상권자가 그 권리의 목적이 된 토지의 특정한 소유자에 대하여 2년분 이상의 지료를 지불하지 아니한 경우에 한하여 그 특정의 소유자로 하여금 선택에 따라 지상권의 소멸을 청구할 수 있도록 한 것이라고 해석함이 상당하다. 지상권자의 지료 지급 연체가 토지소유권의 양도 전후에 걸쳐 이루어진 경우 토지양수인에 대한 연체기간이 2년이 되지 않는다면 양수인은 지상권소멸청구를 할 수 없다.

## V. 지상권의 소멸

### 1. 지상권의 소멸사유

지상권에도 물권 일반의 소멸원인이 적용되므로 토지의 멸실, 존속기간의 만료, 혼동, 소멸시효, 지상권에 우선하는 저당권의 실행, 토지수용 등으로 소멸한다. 그 이외에 지상권의 포기, 지상권자의 소멸청구, 약정한 소멸사유의 발생으로도 지상권이 소멸한다.

지료를 지급하지 않는 무상의 지상권을 설정한 경우에 지상권자는 언제든지 자유롭게 지상권을 포기할 수 있다. 포기는 단독적 물권행위이므로 포기에 의한 지상권의 소멸은 포기의 의사표시와 등기를 한 때에 그 효력이 발생한다. 그러나 정기적으로 지료를 지급하는 지상권을 설정한 경우 그 포기로 인해 토지소유자에게 손해가 발생할 경우에는 그 손해를 배상해야 하고($^{제153조}_{제2항}$), 지상권이 저당권의 목적인 경우 저당권자의 동의 없이 포기하지 못한다($^{제371조}_{제2항}$).

지상권설정자가 소멸청구의 의사표시를 하면 지상권이 소멸한다. 따라서 지상권설정자의 소멸청구 후 지상권자가 지상권을 양도하더라도 그 양수인은 지상권을 취득할 수 없다. 이 소멸청구권의 행사에 의해 지상권소멸의 효력은 장래를 향해서만 생긴다.

당사자는 지상권의 소멸사유를 약정할 수 있다. 다만 존속기간, 지료체납에 의한 소멸청구 등에 관해서는 지상권자에게 불리한 약정을 하더라도 효력이 없는 경우가 있다($^{제289}_{조}$).

**사례 11** A는 그 소유의 토지 위에 건물을 신축하여 소유하던 중 그 건물을 B에게 양도하였다. B는 관습상 법정지상권을 취득한 후 A가 지료지급을 구하였으나 협의가 성립되지 않은 채 2년간 지료를 지급하지 않고 있다. 이에 A는 지상권소멸청구를 하였다. A의 청구는 타당한가?

(대판 1996.4.26, 95다52864 참조)

**|해설 11|** A의 청구는 타당하지 않다.

B는 법정지상권자로서 이를 취득한 이후의 지료를 A에게 지급할 의무를 부담한다. 그러나 제366조 단서의 규정에 의하여 법정지상권의 경우 그 지료는 당사자의 협의나 법원에 의하여 결정하도록 되어 있는데, A와 B 사이에 지료에 관한 협의가 성립하거나 법원에 의하여 지료가 결정된 적이 없어 법정지상권에 관한 지료가 결정된 바 없다면 법정지상권자가 지료를 지급하지 아니하였다고 하더라도 지료 지급을 지체한 것으로는 볼 수 없으므로 법정지상권자가 2년 이상의 지료를 지급하지 아니하였음을 이유로 하는 토지소유자의 지상권 소멸청구는 이유가 없다.

## 2. 지상권 소멸의 효과

지상권이 소멸하면, 지상권자는 토지를 원상회복(수거)하여 이를 반환할 의무가 발생한다. 다만 지상권자와 설정자에게 지상물매수청구권을 인정한다.

### (1) 지상권자의 지상물수거권(또는 수거의무)과 지상권설정자의 지상물매수청구권

지상권이 소멸하면, 지상권자는 건물 기타 공작물이나 수목을 수거하여 토지를 원상회복해야 한다($^{제285조}_{제1항}$). 이는 지상권자의 의무이자 권리이다. 즉 수거가 가능한 경우 지상권의 소멸 후 지체 없이 수거해야 하고, 수거를 위해 필요한 기간 동안 토지를 사용할 수 있다. 그러나 수거가 불가능한 경우에는 원상회복을 할 수 없고, 이로 인해 토지의 가치가 증가된 경우 유익비상환청구를 허용한다.

지상권설정자가 지상물매수청구를 하면, 지상권자는 정당한 이유 없이 거절하지 못한다(제285조 제2항). 소멸사유를 불문하고 인정된다. 지상권자가 제283조 제1항에 의하여 갱신청구를 한 경우에도 지상권설정자는 갱신을 거절하고 지상물의 매수를 청구할 수 있다. 그러나 지상권자가 지상물을 제3자에게 양도하기로 이미 약정한 경우, 또는 지상권자가 경제적 용법에 따라 다른 장소로 옮기려 하는 것 등 정당한 사유가 있으면 지상권자가 지상물 매수를 거절할 수 있다.

매수청구권의 법적 성질에 대해서는 학설상 청구권설도 있으나 형성권설이 다수설이다. 다만, 그 의사표시만으로는 부족하고, '상당한 가액의 제공'이 있어야 한다.

지상권자의 수거권과 지상권설정자의 지상물매수청구권에 관한 규정은 편면적 강행규정이다.

### (2) 지상권자의 지상물매수청구권

지상권의 존속기간 만료로 지상권이 소멸할 경우, 그 지상물이 현존하는 때에 지상권자의 갱신청구권 행사(제283조 제1항)에 대해 지상권설정자가 갱신을 거절하면 지상권자는 토지소유자를 상대로 지상물매수청구권을 행사할 수 있다(제283조 제2항). 이러한 청구권도 형성권이다.

지상권자의 지상물매수청구권은 지상권의 존속기간 만료로 인한 소멸에만 인정된다(대판 1993. 6.29, 93다10781).

지상권설정자가 계약의 갱신을 거절한 때에는 지상권자는 상당한 가격으로 전항의 공작물이나 수목의 매수를 청구할 수 있다. 그러나 토지로부터 쉽게 분리 철거할 수 있는 지상물은 대상이 아니다(대판 1997.2. 14, 96다46668). 건물이 지상권의 목적토지와 제3자 소유의 토지 위에 걸쳐 있는 경우 지상권의 목적토지 위에 서 있는 건물부분 중 구분소유 객체가 될 수 있는 부분에 한하여 매수청구가 허용된다(대판 1996.3. 21, 93다42634). 여기서 상당한 가격은 매수청구권 행사에 의한 매매계약 성립시의 시가를 말한다.

### (3) 비용상환청구권

지상권설정자는 지상물의 사용, 수익에 필요한 상태를 유지할 의무가 없기 때문에 지상권자의 필요비상환청구권은 인정되지 않는다.

지상권자의 유익비상환청구권은 명문규정이 존재하지 않기 때문에 임차인의 상환청구권(제626조) 또는 전세권자의 상환청구권(제310조)을 유추적용한다.

## VI. 특수지상권[1]

### 1. 구분지상권

#### (1) 의 의

구분지상권이란 건물 기타 공작물을 소유하기 위하여 타인 소유 토지의 지하 또는 지상의 공간을 그 상하의 범위를 정하여 사용하는 지상권을 말한다(제289의2 제1항 전단). 이는 공중권 또는 지중권이라고 부를 수 있는 것을 1984년 민법개정시 도입한 제도이다.

일반지상권과의 차이점은 다음과 같다. 일반지상권이 토지의 상하에 걸친 전층을 객체로 하는 것이라면, 구분지상권은 토지의 어떤 층에만 효력이 미친다. 따라서 그 층에 한해 토지소유자의 토지이용이 배제된다.

일반지상권은 건물 기타 공작물 외에 수목의 소유를 위해서 설정할 수 있지만, 구분지상권은 건물 기타 공작물의 소유를 위해서만 설정된다.

구분지상권의 경우, 토지소유자와 지상권자의 합의와 등기 외에 기존 용익권자의 승낙이 성립요건으로 추가된다.

#### (2) 구분지상권의 설정

(가) 구분지상권은 구분지상권의 설정에 관한 합의와 등기에 의해 설정된다.

구분지상권의 객체는 목적 토지의 어떤 층에 한정되기 때문에 층의 한계, 즉 토지의 상하의 범위를 등기해야 한다(부등규칙 제126조 제2항). '토지의 상하의 범위'는 보통 평행하는 두 개의 수평면으로 구분하게 된다. 예컨대 지표의 위 ○○m부터 위 ○○m 사이의 공간이라는 형식으로 그 범위를 표시할 수 있다.

구분지상권을 설정하려고 하는 토지에 배타성이 있는 용익권, 즉 용익물권(구분지상권 포함), 대항력 있는 임차권이 존재하는 경우 그 권리자 및 그 권리를 목적으로 하는 권리를 가진 자(지상권, 전세권을 목적으로 하는 저당권자 등) 전원의 승낙이 필요하다(제289의2조 제2항). 기존의 구분지상권과 중복되는 부분이 있는 경우에는 기존 구분지상권자의 승낙을 얻어야 한다. 대항력이 없는 임차권자의 경우 승낙이 필요한 용익권자가 아니라는 견해(다수설)와 용익권자에 포함된다는 견해가 대립한다. 그 구분지상권의 설정등기를 등기소에 신청할 때 위 전원의 승낙서를 첨부해야 하고, 일부라도 승낙을 받지 못할 경우 그 등기신청은 각하되어야 하는데(부등법 제29조 5호), 그럼에도 구분지상권등기가 실행된 경우 그 등기는 무효라고 해야 한다.

(나) 그 이외에 구분지상권도 시효취득이 가능하다(대판 2007.4.26. 2006다32422에서는 구분지상권도 시효취득이 가능함을 전제로 하고 있음). 예컨대

---

1) 이하에서는 구분지상권, 분묘기지권, 관습상의 법정지상권을 설명하기로 한다. 이외에 민법상 인정되는 법정지상권이 있는데, 건물의 전세권과 법정지상권(제305조)은 제10장 제1관 Ⅵ. 2.를, 저당물의 경매로 인한 법정지상권(제366조)은 제6장 Ⅳ. 1.을 참조.

타인 토지의 지상 일정 구간을 장기간 사용하며 그 범위가 명확하다면 시효취득이 대상이 될 수 있다고 할 것이다.

---

**사례 12** A 소유의 X토지에 대해 B가 이미 지표의 하 5m부터 하 15m 사이의 공간에 대해 지상권을 갖고 있다. 그런데 다시 C는 위 X토지의 지상에 송전선의 통과를 위해 지표의 상 15m부터 상 30m 사이의 공간에 대한 지상권을 취득하고자 한다. 이 경우 C는 지상권을 취득하기 위해서 B의 승낙을 받아야 하는가?

**해설 12** B의 승낙은 필요 없다.

B와 C의 구분지상권의 배타적 효력이 상호 저촉하지 않기 때문이다. 승낙을 요구한 취지가 선순위 지상권자의 권리에 대한 제한이 될 수 있는 경우 선순위자 보호의 필요성이 있기 때문인데, 이러한 경우에는 승낙을 요구한 입법취지를 고려할 때 승낙을 요하는 제3자에 포함되지 않는다고 보아야 하기 때문이다.

---

### (3) 구분지상권의 효력

지상권에 관한 규정은 제279조를 제외하고 구분지상권에 준용한다($\binom{제290조}{제2항}$). 따라서 지상권의 설명에 관한 사항은 구분지상권에도 원칙적으로 타당하다.

구분지상권자는 토지의 특정 공간만을 사용할 수 있고, 토지소유자는 토지의 나머지 부분을 사용할 수 있다. 그런데 설정계약에서 구분지상권의 행사를 위해 토지소유자의 사용권을 제한하는 특약을 할 수 있다($\binom{제289조의2}{제1항\ 후단}$). 이러한 특약은 등기를 하면 구분지상권자 또는 그 양수인은 토지소유자 또는 제3자에게 대항할 수 있다($\binom{부등법\ 제}{69조\ 5호}$). 또한 구분지상권이 당해 토지에 대한 용익권을 갖는 제3자의 승낙을 얻어 설정된 경우 그 제3자는 구분지상권의 정당한 행사를 방해해서는 안 된다($\binom{제289조의2}{제2항\ 후단}$).

구분지상권에 의해 토지에 부속된 공작물은 제256조 단서의 적용으로 토지에 부합하지 않는다. 따라서 그 소유권은 구분지상권자가 갖는다.

---

### 2. 분묘기지권

### (1) 의 의

분묘기지권이란 타인의 토지 위에 분묘를 수호하고 봉제사하는 목적을 달성하는데 필요한 범위 내에서 분묘의 기지에 해당하는 타인의 토지를 사용할 것을 내용으로 하는 관습에 의해 인정되는 지상권 유사의 물권을 말한다($\binom{대판\ 2011.11.10.\ 2011다63017,63024;}{대판\ 1955.9.29.\ 4288민상210}$). 이는 우리 전통사회에서 분묘에 대해 갖는 전통적 윤리관에 기하여 판례가 일찍부터 관습법상 특수한 지상권으로 인정해 왔다. 그러나 '장사 등에 관한 법률'(약칭; 장사법)의 시행으로 인해 2001.1.13. 이후 무단설치한 분묘에 대해 분묘기지권의 시효취득이 제한을 받게 되었다($\binom{제27조,\ 부칙\ \langle법률\ 제6158}{호,\ 2000.1.12.\rangle\ 제2조}$).

장사법 시행(2001.1.13.) 이전에 설치된 분묘에는 20년의 평온·공연한 점유취득 시효기간이 경과함으로써 관습상 법정지상권이 인정된다(대판(전) 2017.1.19. 2013다17292. 소수의견으로 법시행 당시 아직 20년의 시효기간이 경과하지 아니한 분묘에는 아직 분묘기지권이 성립하지 않았으므로 분묘기지권의 시효취득을 주장할 수 없다고 한다).

---

**사례 13** B가 1990년경 어머니의 분묘를 A 소유의 임야에 설치한 이래 20년 이상 분묘를 수호·관리하면서 위 분묘와 그 분묘의 기지를 각 점유하여 취득시효기간이 완성되었다. 이에 A는 2001.1.13.부터 시행된 장사법의 시행으로 분묘기지권 또는 그 시효취득에 관한 관습법이 소멸되었다거나 그 내용이 변경되었다는 주장을 한다. A의 주장은 타당한가?

(대판(전) 2017.1.19. 2013다17292 참조)

**|해설 13|** A의 주장은 타당하지 않다.

2000.1.12. 법률 제6158호로 매장 및 묘지 등에 관한 법률을 전부 개정하여 2001.1.13.부터 시행된 장사법[이하 '장사법(법률 제6158호)'이라 한다] 부칙 제2조, 2007.5.25. 법률 제8489호로 전부 개정되고 2008.5.26.부터 시행된 장사법 부칙 제2조 제2항, 2015.12.29. 법률 제13660호로 개정되고 같은 날 시행된 장사법 부칙 제2조에 의하면, 분묘의 설치기간을 제한하고 토지 소유자의 승낙 없이 설치된 분묘에 대하여 토지 소유자가 이를 개장하는 경우에 분묘의 연고자는 토지 소유자에 대항할 수 없다는 내용의 규정들은 장사법(법률 제6158호) 시행 후 설치된 분묘에 관하여만 적용한다고 명시하고 있어서, 장사법(법률 제6158호)의 시행 전에 설치된 분묘에 대한 분묘기지권의 존립 근거가 위 법률의 시행으로 상실되었다고 볼 수 없다. 또한 분묘기지권을 둘러싼 전체적인 법질서 체계에 중대한 변화가 생겨 분묘기지권의 시효취득에 관한 종래의 관습법이 헌법을 최상위 규범으로 하는 전체 법질서에 부합하지 아니하거나 정당성과 합리성을 인정할 수 없게 되었다고 보기도 어렵다. 마지막으로 화장률 증가 등과 같이 전통적인 장사방법이나 장묘문화에 대한 사회 구성원들의 의식에 일부 변화가 생겼더라도 여전히 우리 사회에 분묘기지권의 기초가 된 매장문화가 자리 잡고 있고 사설묘지의 설치가 허용되고 있으며, 분묘기지권에 관한 관습에 대하여 사회 구성원들의 법적 구속력에 대한 확신이 소멸하였다거나 그러한 관행이 본질적으로 변경되었다고 인정할 수 없다.

---

### (2) 취 득

다음의 경우에 분묘기지권은 당연히 성립한다. 즉 i) 토지소유자의 승낙을 받고 그의 소유지에 분묘를 설치한 때(대판 2000.9.26. 99다14006. 당사자의 약정은 분묘기지의 승계인에게도 효력이 있다. 대판 2021.9.6. 2017다271834,271841), ii) 자기 소유의 토지에 분묘를 설치하였다가 철거특약 없이 토지소유권을 이전한 때(대판 2021.5.27. 2020다295892), iii) 타인 소유의 토지에 소유자의 승낙 없이 분묘를 설치한 후 20년간 평온·공연하게 그 분묘의 기지를 점유하여 분묘기지권을 시효취득한 때(대판 2011.11.10. 2011다63017,63024)에 분묘기지권을 취득하게 된다.

위의 분묘는 분묘의 내부에 시신이 안장되어 있는 것을 의미한다. 따라서 장래의 묘소로서 설치하였을 뿐 현재 그 내부에 시신이 안장되어 있지 않는 것은 분묘가 아니며, 그 소유를 위한 분묘기지권의 성립은 인정되지 않는다(대판 1976.10.26. 76다1359).

분묘기지권을 지상권 유사의 물권으로 이해하는 판례에서 분묘기지권의 공시방법으로 등기를 필요로 하는지에 대해 현행 민법이 제정되기 전의 판례는 분묘기지권은 등기 없이도 이를 제3자에게 대할 수 있는 것이 우리의 관습이라고 판시하였는데($\binom{대판\ 1957.10.31.,}{4290민상539}$), 현행 민법 하에서도 등기는 분묘기지권의 성립요건으로 요구하고 있지 않은 것으로 보인다. 다만 판례는 분묘가 평장(平葬)된 것으로 외부에서 인식할 수 없는 경우 또는 암장(暗葬)하고 있는 경우에는 객관적으로 인식할 수 없는 상태라고 하여 분묘기지권의 성립을 부인하였다($\binom{대판\ 1996.6.14.,}{96다14036}$). 이는 분묘의 봉분모양을 공시방법으로 이해하고 있는 것으로 보인다.

### (3) 분묘기지권의 내용

분묘기지권은 분묘의 소유를 목적으로 분묘의 기지에 해당하는 타인의 토지를 사용하는 지상권에 유사한 물권이다. 따라서 분묘기지에 대한 사용은 분묘의 소유라는 목적 범위 내에서만 가능하다. 이때의 분묘는 이미 설치되어 있는 분묘를 의미하기 때문에 묘지에 새로 분묘를 설치하든가 다른 목적으로 분묘기지를 사용할 수 없다($\binom{대판\ 1958.6.12.,}{4290민상771}$).

분묘기지권은 분묘의 기지 자체뿐만 아니라 분묘의 설치목적인 분묘의 수호 및 제사에 필요한 범위 내에서 분묘 기지 주위의 공지를 포함한 지역에까지 미친다($\binom{대판\ 2011.11.10.,}{2011다63017}$). 따라서 이와 같은 분묘기지권이 미치는 범위 내의 토지에 대해서는 토지소유자라고 하더라도 이를 침범하여 공작물을 설치할 수 없다($\binom{대판\ 1959.10.8.,}{4291민상770}$).

분묘기지권은 당사자 간의 약정이 없으면, 권리자(분묘수호와 봉제사를 수행하는 관습상 종손에게 전속하지만, 종중이 봉제사를 해왔다면 종중)가 분묘를 수호하고 봉제사를 하며 그 분묘가 존속하는 기간 동안 영속적으로 존속한다($\binom{대판\ 1982.1.}{26,\ 81다1220}$).

분묘기지의 사용대가인 지료는 지급되어야 하는가? 시효로 분묘기지권을 취득한 사람은 토지소유자가 분묘기지에 관한 지료를 청구한 날부터의 지료를 지급할 의무가 있다($\binom{대판(전)\ 2021.4.29.,}{2017다228007.\ 별}$개의견으로 토지소유자의 지료청구가 없더라도 법정지$\atop$상권 성립시부터 지료지급의무가 있다는 의견이 있음). 자기 소유토지에 분묘설치 후 분묘이장의 특약 없이 토지소유권을 이전하여 분묘기지권이 성립한 때에는 분묘기지권의 성립시점부터 토지소유자에 대한 지료지급의무가 발생한다($\binom{대판\ 2021.5.27.,}{2020다295892}$). 법정지상권에서와 마찬가지로 타인의 토지를 사용하는 것이므로 원칙적으로 지료는 지급되어야 할 것이다.

사례 14 A는 B와 'A는 B 소유의 X토지 중 700㎡ 부분을 분묘기지로 사용하고, B는 위 부분에 대한 관리의무를 이행한다'는 내용의 계약을 체결한 후, X토지 중 900㎡ 부분(위 700㎡ 부분과 위 계약에 포함되지 않은 200㎡를 합한 것)을 인도받아 수기의 분묘를 설치하고 20년이 넘도록 평온·공연하게 점유함으로써 위 200㎡의 토지(이하 Y토지라고 한다)에 관하여 분묘기지권을 시효취득하였다. 한편 B는 위 계약에서 위 700㎡ 부분에 대하여만 B의 관리의무를 정하고 있음에도 위 계약의 체결 당시부터 현재까지 Y토지에 대하여도 위 계약에 기한 관리의무가 있는 것으로 잘못 알고 Y토지를 포함한 위 900㎡ 부분 전체를 관리하여 왔다. B가 A를 상대로 Y토지에 관한 관리비 상당의 부당이득반환을 청구함에 대하여, A는 자신이 Y토지를 시효취득한 이상 위 부당이득반환 의무를 부담하지 않는다고 주장한다. A의 주장은 타당한가?　　(대판 2011.11.10. 2011다63017.63024 참조)

**|해설 14|** A의 주장은 타당하지 않다.

A와 B 사이에 분묘기지사용계약이 유효하게 존속하지만, B가 A에게 그 계약에 따른 관리채무의 내용을 초과하여 초과 토지에 대하여도 급부를 행하였다고 할 것이므로, 이는 A가 법률상 원인 없이 B의 급부로 인하여 초과 토지에 관한 관리비 상당의 이익을 얻고 이로 인하여 B에게 동액 상당의 손해를 가한 것이어서, A가 얻은 이익은 부당이득으로서 B에게 반환해야 할 것이고, 이러한 결과는 A가 초과 토지에 관하여 분묘기지권을 시효취득하였다고 하더라도 달라지지 아니한다(위 판결에서는 사례의 사실 외에도 원고(B)가 위 계약 이전부터 현재까지 피고(A)와 달리 영구관리비를 납부하지 아니한 채 분묘기지사용계약을 체결하였던 사람들로부터 매년 분묘기지면적을 기준으로 평당 단가로 계산한 관리비를 징수하여 온 사실, 원고가 징수하는 관리비는 분묘나 공용도로 등의 관리에 소요되는 분묘기지의 점유·사용에 수반되는 필요적 비용인 사실 등을 "원고가 피고에게 이 사건 계약에 따른 관리채무의 내용을 초과하여 이 사건 초과 토지에 대하여도 급부를 행하였다"는 판단의 근거를 제시한다).

## 3. 관습상 법정지상권

| | |
|---|---|
| (1) 의 의<br>(2) 성립요건<br>　(가) 토지와 건물이 동일인의 소유에 속하고 있<br>　　어야 한다<br>　　1) 건물의 존재<br>　　2) 토지와 건물이 동일인 소유 | (나) 토지와 건물의 소유권이 매매 기타의 원인<br>　　으로 각각 소유권을 달리 하게 되어야 한다<br>(다) 토지와 건물의 소유권이 다른 사람에게 귀<br>　　속될 때 당사자 사이에 건물을 철거한다는<br>　　특약이 없어야 한다<br>(3) 내 용 |

### (1) 의 의

관습상 법정지상권이란 토지와 그 지상의 건물이 동일인에게 속하였다가 매매 기타의 원인으로 각각 그 소유자가 달라진 경우, 그 건물을 철거한다는 특약이 없는 한 건물소유자에게 당연히 인정되는 지상권을 말한다. 건물 아닌 수목의 소유를 위해서는 관습상의 법정지상권이 인정되지 않는다(대판 1969.8.26, 69다291 참조).

토지와 건물을 별개의 독립된 부동산으로 하는 우리 법제의 특수성에서 생기는 결함을 바로잡기 위해 법률에 의해 인정되는 법정지상권 이외에도 일정한 경우 건물의 존속보장이라는 사회경제적 고려에 따라 잠재적인 대지이용권의 현재화 요청에 의해 판례에 의해 인정되었다. 그러나 학설은 대체로 관습상 법정지상권을 폭넓게 인정하는 판례의 태도에 대해 비판적이다.

### (2) 성립요건

#### (가) 토지와 건물이 동일인의 소유에 속하고 있어야 한다

토지매매에서 매도인이 대금 전부를 받기 전에 매수인에게 건물신축을 승낙하여 건물을 신축했으나 위 토지매매계약이 적법하게 해제된 경우 토지매수인은 그 토지를 신축건물의 부지로 점유할 권원을 상실하게 되며, 당초에 건물과 그 대지가 동일인의 소유가 아니므로 관습상 법정지상권도 인정되지 않는다. 이 때 매도인의 건물신축 승낙에 지상권설정의 합의가 있었다고 보기도 어렵다$\binom{\text{대판 1988.6.28,}}{\text{87다카2895}}$. 그러나 반드시 토지와 (증축된) 건물이 원시적으로 동일인에게 속할 필요는 없다. 따라서 관습상 법정지상권이 성립된 후 건물의 유지 사용을 위하여 필요한 범위 내에서 지상건물이 증축되었더라도 법정지상권자에게 점유·사용할 권한이 있는 토지위에 있는 경우에는 이를 철거할 의무가 없다$\binom{\text{대판 1995.7.28, 95}}{\text{다9075,9082(반소)}}$.

### 1) 건물의 존재

㉮ 토지와 건물의 소유권이 분리될 당시에 지상에 건물이 존재해야 한다.

판례에 따르면 관습상 법정지상권의 취득 후 건물이 철거되고 새 건물이 건축된 경우에는 구건물을 기준으로 그 유지 또는 사용을 위하여 일반적으로 필요한 범위 내에서 관습상 법정지상권이 인정된다고 한다$\binom{\text{대판 1997.1.21,}}{\text{96다40080}}$. 이와 같은 법리는 제366조의 법정지상권에도 적용된다고 한다. 사견으로는 기존 건물이 철거된 경우에는 관습상의 법정지상권도 소멸한다고 해석하는 것이 타당하다. 관습상의 법정지상권은 토지소유자의 희생하에 건물소유자를 보호하는 것임을 고려해 볼 때, 기존 건물이 철거됨을 방지하기 위한 불가피한 제도로 이해되어야 하기 때문이다. 토지소유자의 의사가 반영되지 않은 상태에서 그의 소유권이 제한되는 법정지상권이 과도하게 넓게 인정되어서는 안 된다. 이러한 점을 고려할 때, 관습상의 법정지상권으로 보호되는 건물이 소멸했다면 (법정)지상권도 소멸한 것으로 보아야 할 것이다.

위 판례의 법리에 따르더라도 적어도 기존 건물이 소멸되고 아직 새건물이 완성되지 않은 상태에서 지상권의 존부가 다투어진 경우 기존의 관습법상의 법정지상권은 부정되어야 한다. 같은 취지에서 법정지상권이 있던 토지 위의 건물이 철거되어 나대지가 된 상태에서 토지소유자가 자기 소유의 건물을 신축한 경우에는 법정지상권자의 권리를 침해한 것으로 볼 수는 없을 것이다. 위 판결의 결론도 구건물의 철거후 새 건물의 신축이 이미 완료된 경우를 전제로 하여 기존의 법정지상권이 인정된 것이다.

㉯ 건물은 사회통념상 건물로서의 요건을 갖추고 있는 한 미등기 건물 또는 무허가 건물의 원시취득자를 위해서도 관습상 법정지상권이 인정된다$\binom{\text{대판 1991.8.}}{\text{13, 91다16631}}$.

㉰ 건물이 없는 대지상에 담보가등기가 경료된 후 대지소유자가 그 지상에 건물을 신축한 후 본등기가 경료되어 대지와 건물의 소유자가 달라진 경우, 관습상 법정지상권이 인정되지 않는다$\binom{\text{대판 1994.11.}}{\text{22, 94다5458}}$. 가등기가 있더라도 건물의 신축시에는 토지와 건물의 소유자는 동일인이므로 그 요건이 구비되었으나 정책적 고려에서 관습상 법정지상권을 부정한다. 이때에도 관습상 법정지상권을 인정하면 대지에 채권담보를 위하여 가등기를 경료한 사람의 이익을 크게 해치게 되기 때문이다.

나대지상에 환매특약의 등기가 마쳐진 상태에서 매수인인 대지소유자가 그 지상에 건물을 신축한 후 매도인이 토지에 대한 환매권을 행사하여 토지와 건물의 소유자가 달라진 경우, 관습상의 법정지상권이 인정되지 않는다(환매권이 행사되면 대지소유자는 건물 신축 당시부터 환매권자에게 환매특약 등기 당시의 권리관계 그대로의 토지소유권을 이전하여 줄 잠재적 의무를 부담한다고 볼 수 있으므로, 통상의 대지소유자로서는 그 건물이 장차 철거되어야 하는 운명에 처하게 될 것임을 예상하면서도 그 건물을 건축하였다고 볼 수 있기 때문이다(대판 2010.11.25, 2010두16431)).

㉑ 대지와 미등기 건물의 일괄매매로 매수인이 대지에 대해서만 이전등기를 하여 형식상 대지와 건물의 소유명의자가 달라져도 매도인에게 관습상 법정지상권을 인정할 이유가 없다(대판(전) 2002.6.20, 2002다9660). 관습상의 법정지상권은 동일인의 소유이던 토지와 그 지상건물이 매매 기타 원인으로 인하여 각각 소유자를 달리하게 되었으나 그 건물을 철거한다는 등의 특약이 없으면 건물소유자로 하여금 토지를 계속 사용하게 하려는 것이 당사자의 의사라고 보아 인정되는 것이므로 토지의 점유·사용에 관하여 당사자 사이에 약정이 있는 것으로 볼 수 있거나 토지 소유자가 건물의 처분권까지 함께 취득한 경우에는 관습상의 법정지상권을 인정할 까닭이 없다. 또한 미등기 건물을 대지와 함께 양수한 자가 대지에 관하여서만 소유권이전등기를 경료한 상태에서 대지에 설정된 저당권의 실행을 위한 경매로 소유자가 달라진 경우에도 양수인에게 제366조의 법정지상권뿐만 아니라 관습상 법정지상권은 인정되지 않는다(대판 1987.12.8, 87다카869). 미등기 건물의 양수인은 미등기 건물을 처분할 수 있는 권리는 있지만, 법률상 소유권자가 아니므로 대지와 건물이 동일인의 소유에 속한 것이 아니기 때문이다.

---

**사례 15** A가 그 소유의 X토지를 채권자인 B에게 담보로 제공하기로 하고, 그의 명의로 가등기를 마쳤다. 그 후, A는 X토지 상에 Y건물을 신축하였다. 그런데 A가 채무를 이행하지 않자, B는 X토지에 관하여 자신의 명의로 가등기에 기한 소유권이전의 본등기를 경료하였다. 이 경우 A는 Y건물을 위해 X토지에 법정지상권을 취득하는가? (대판 1994.11.22, 94다5458 참조)

**|해설 15|** A는 법정지상권을 취득할 수 없다.

원래 채권을 담보하기 위하여 나대지상에 가등기가 경료되었고, 그 뒤 대지소유자가 그 지상에 건물을 신축하였는데, 그 후 그 가등기에 기한 본등기가 경료되어 대지와 건물의 소유자가 달라진 경우에 관습상 법정지상권을 인정하면 애초에 대지에 채권담보를 위하여 가등기를 경료한 사람의 이익을 크게 해하게 되기 때문에 특별한 사정이 없는 한 위 건물을 위한 관습상 법정지상권이 성립한다고 할 수 없다.

---

2) 토지와 건물이 동일인 소유

토지와 건물이 동일인 소유를 판단하는 시점은 소유권이 변동될 때를 기준으로 판단한다. 따라서 보통은 토지와 건물 중 하나가 매매 등 기타 원인으로 처분될 때를 기준으로 한다(대판 1995. 7.28, 95다9075, 9082(반소)).

그러나 강제경매의 목적이 된 토지 또는 그 지상 건물의 소유권이 강제경매로 인하여 그 절차상 매수인에게 이전된 경우는 그 매수인이 소유권을 취득하는 매각대금의 완납시가 아니라 압류의 효력이 발생하는 때(경매의 목적이 된 부동산에 대하여 가압류가 있고 그것이 강제경매개시결정으로 본압류로 이행되어 경매절차가 진행된 경우에는 가압류의 효력이 발생하는 때)를 기준으로 한다$\binom{\text{대판(전) 2012.10.}}{18,\ 2010\text{다}52140}$. 부동산강제경매절차에서 매수인은 보통 압류의 효력발생시를 기준으로 경매에 참여여부 등을 정할 것이므로 이와 같은 매수인의 의사결정이 보호되어야 하기 때문이다.

뿐만 아니라 강제경매의 목적이 된 토지 또는 그 지상 건물에 관하여 강제경매를 위한 압류나 그 압류에 선행한 가압류가 있기 이전에 저당권이 설정되어 있다가 그 후 강제경매로 인해 그 저당권이 소멸하는 경우에는 그 저당권 설정 당시를 기준으로 토지와 그 지상 건물이 동일인에게 속하였는지에 따라 관습상 법정지상권의 성립 여부를 판단해야 한다. 그 저당권 설정 이후의 특정 시점을 기준으로 토지와 그 지상 건물이 동일인의 소유에 속하였는지에 따라 관습상 법정지상권의 성립 여부를 판단하게 되면, 저당권자로서는 저당권 설정 당시를 기준으로 그 토지나 지상 건물의 담보가치를 평가하였음에도 저당권 설정 이후에 토지나 그 지상 건물의 소유자가 변경되었다는 외부의 우연한 사정으로 인하여 자신이 당초에 파악하고 있던 것보다 부당하게 높아지거나 떨어진 가치를 가진 담보를 취득하게 되는 예상하지 못한 이익을 얻거나 손해를 입게 되기 때문이다$\binom{\text{대판 2013.4.11,}}{2009\text{다}62059}$.

㉮ 토지와 건물의 소유권이 동일인에게 귀속되게 한 소유권 변동과 그 후의 각기 다른 사람에게로의 소유권 변동은 법적으로 보호받을 수 있는 권리변동이어야 한다. 따라서 동일인에 대한 소유권 귀속이 원인무효로 이루어 졌다가 그 원인무효를 이유로 등기가 말소되어 건물과 토지의 소유자가 달라진 경우, 관습상 법정지상권은 인정되지 않는다$\binom{\text{대판 1999.3.}}{26,\ 98\text{다}64189}$.

㉯ 토지공유자의 한 사람이 다른 공유자의 지분 과반수의 동의를 얻어 건물을 건축한 후 공유물분할을 위한 경매로 토지와 건물의 소유자가 달라진 경우이거나 또는 토지공유자 중의 1인이 공유토지 위에 건물을 소유하고 있다가 자신의 토지지분만을 매도한 경우, 관습상 법정지상권은 인정되지 않는다. 이 때 토지 자체에 관하여 관습상 법정지상권이 성립되면 이는 토지공유자의 1인으로 하여금 자신의 지분을 제외한 다른 공유자의 지분에 대하여서까지 지상권설정의 처분행위를 허용하는 셈이 되어 부당하기 때문이다$\binom{\text{대판 1993.4.}}{13,\ 92\text{다}55756}$.

㉰ 그러나 1필지의 대지를 구분소유적으로 공유하고 공유자 중 1인이 자기 몫의 대지 위에 건물을 신축하여 점유하던 중 위 대지의 공유지분을 다른 공유자가 경매절차에서 매수하여 취득한 경우, 건물의 소유자인 공유자에게 관습상 법정지상권이 인정된다. 대지의 소유관계는 처음부터 구분소유적 공유관계에 있고, 건물과 대지는 다른 공유자와의 내부관계에 있어서는 건물을 신축한 공유자의 단독소유로 볼 수 있기 때문이다$\binom{\text{대판 1990.6.26,}}{89\text{다}24094}$.

그리고 이러한 법리는 제366조의 법정지상권의 경우에도 마찬가지로 적용되고, 나아가 토지와 건물 모두가 각각 공유에 속한 경우에 토지에 관한 공유자 일부의 지분만을 목적으로 하는 근저당권이 설정되었다가 경매로 인하여 그 지분을 제3자가 취득하게 된 경우에도 법정지상권이 성립하지 않는다$\binom{\text{대판 2014.9.4,}}{2011\text{다}73038}$.

㉱ 이와는 달리 건물공유의 경우, 즉 대지의 단독소유자가 그 지상건물을 타인과 함께 공유하면서 건물철거의 조건 없이 그 단독소유의 대지만을 타에 매도한 경우에는 건물공유자들은 각기 건물을 위하여 대지 전부에 대하여 관습상 법정지상권을 취득한다$\binom{\text{대판 1977.7.}}{26,\ 76\text{다}388}$.

㉮ 명의신탁약정이 유효한 경우 명의신탁된 토지상에 수탁자가 건물을 신축한 후 명의신탁이 해지되어 토지소유권이 신탁자에게 환원되었다면, 관습상 법정지상권은 인정되지 않는다. 명의수탁자는 명의신탁자였다가 소유권을 회복한 자와의 대내적 관계에 있어서 그 토지가 자기 소유에 속하는 것이었다고 주장할 수는 없기 때문이다(대판 1986.5. 27, 86다카62). 명의신탁자가 그 소유 토지에 명의수탁자명의의 건물을 신축한 후 위 토지가 매도된 경우에도 명의신탁자는 제3자에게 그 건물이 자기 소유임을 주장할 수 없으므로 관습법상 법정지상권을 주장하지 못한다(대판 2004.2.13, 2003다29043).

㉯ 대지를 양도담보로 제공한 양도담보설정자가 양도담보권자의 승낙 하에 대지 위에 건물을 지었을 경우, 양도담보권자로부터 대지를 취득한 제3자에게 관습법상 법정지상권을 취득하지 못한다. 양도담보의 경우 양도담보권자가 양도담보설정자로부터 담보목적물에 대한 소유권을 취득하고(신탁적 소유권이전설), 다만 담보의 목적에 의하여 채권적으로 제한을 받는 데 불과하므로, 양도담보설정자로서는 양도담보기간 중 담보목적물인 대지의 소유권이 자기에게 있다고 주장할 수 없기 때문이다(대판 1966.5. 17, 66다504).

**사례 16** 甲의 나대지 X를 구입한 乙은 위 토지에 Y건물을 신축하고 보존등기를 했다. 그 후 丙은 乙로부터 X토지와 Y건물을 매수하여 등기하였다. 그런데 X토지에 대한 甲·乙의 매매와 乙·丙의 매매가 원인무효로 확정판결을 받아 각각의 등기가 말소되었다. 그 후 갑으로부터 X토지를 구입하고 소유권등기를 마친 A가 건물소유자인 丙에게 건물의 철거를 청구하자, 丙은 관습상의 법정지상권을 주장한다. 丙의 항변은 인용될 수 있는가? (대판 1993.3.26, 98다64189)

**│해설 16│** 丙의 관습상의 법정지상권 주장은 인용될 수 없다.

사안에서 토지매매는 무효이므로 X토지는 처음부터 甲의 소유였고, 건물은 乙이 신축하였으므로 토지와 건물은 처음부터 동일인의 소유에 속한 적이 없으므로 관습상 법정지상권이 인정될 수 없다.

또한 토지와 건물이 丙 명의로 등기되었다가 토지의 丙 명의 등기가 원인무효로 확정되어 토지의 소유권이 甲에게 인정되더라도 원인무효가 확정된 시점에 丙에게 관습상의 법정지상권이 인정될 수 없다. 토지와 건물의 소유권의 동일인에의 귀속과 그 후의 각기 다른 사람에의 귀속은 법의 보호를 받을 수 있는 권리변동이 아니기 때문이다.

**참고** 사례와 달리 토지와 건물의 적법한 소유자인 A가 토지와 건물을 B에게 매도했는데 토지의 매매만이 무효로 확정되었다면 건물의 소유권이전 시점에 관습상의 법정지상권이 인정된다. 반대로 건물의 매매만 무효가 된 경우에도 논의의 여지는 있으나 매도인은 건물에 대해서 관습상의 법정지상권을 갖는다고 할 것이다.

**사례 17** X토지를 A, B, C가 각 1/3의 비율로 공유하고 있던 중 A는 X토지 지상에 공유자 B의 동의를 받아 공유자들의 과반수 이상의 승낙을 얻어 Y건물을 완공하여 소유하고 있다. 그러던 중, D가 C의 공유지분을 매수한 후 공유물분할청구를 하여 개시된 경매절차에서 X토지를 매수하여 그 소유권을 취득하였다. A는 X토지에 대해 법정지상권을 취득하는가?

(대판 1993.4.13, 92다55756 참조)

|해설 17| A는 법정지상권을 취득할 수 없다.

이 경우 X토지 자체에 관하여 관습상의 법정지상권이 성립되는 것으로 보게 되면 이는 토지공유자의 1인으로 하여금 자신의 지분을 제외한 다른 공유자의 지분에 대하여서까지 지상권설정의 처분행위를 허용하는 셈이 되어 부당하다.

---

|사례 18| X토지와 Y토지는 본래 일필의 토지로서 A, B의 공유였으며, 그 지상에 A 소유인 X건물이 서 있다. 그런데 A, B는 공유토지를 (현물)분할하여 X토지는 A의, Y토지는 B의 각 단독소유로 등기절차를 마쳤다. 그 결과 A 소유인 X건물이 Y토지상에 일부 위치하게 되었다. 이 경우 A는 Y토지에 법정지상권을 취득하는가?

(대판 1974.2.12, 73다353 참조)

|해설 18| A는 법정지상권을 취득한다.

공유대지 위에 공유자 1인 또는 수인 소유의 건물이 있을 때 공유자들이 그 공유대지를 분할하여 각기 단독소유로 귀속케 한 결과 그 대지와 그 지상건물의 소유자를 달리하게 될 경우에는 다른 특별한 사정이 없다면 건물소유자는 그 건물부지 상에 그 건물을 위하여 관습상의 지상권을 취득한다.

---

|사례 19| A와 B가 X토지(100㎡)를 공동으로 매수하여 각 1/2지분의 비율로 공유등기를 한 후, 그 지상에 건립되어 있던 건물을 헐고 X토지를 같은 면적으로 특정하여 사실상 분할한 다음 각자가 자기의 돈으로 자기 몫의 대지 위에 자기 소유의 건물을 새로 건축하기로 하였고, 그에 따라 A가 Y건물을 건축하였다. 그런데 X토지의 A지분(1/2)만을 B가 경매절차에서 매수하여 취득하였다. 이 경우, A는 X토지에 대해 법정지상권을 취득하는가?

(대판 1990.6.26, 89다카24094 참조)

|해설 19| A는 법정지상권을 취득한다.

A와 B가 X토지를 공동으로 매수하여 같은 면적으로 사실상 분할한 다음 각자 자기의 돈으로 자기 몫의 대지 위에 건물을 신축하여 점유하여 왔다면 비록 위 분할 협의 당시 위 대지가 등기부 상으로는 A·B 사이의 공유로 되어 있다 하더라도 그 대지의 소유관계는 처음부터 구분소유적 공유관계에 있고, 따라서 Y건물과 X대지는 B와의 내부관계에 있어서 A의 단독소유로 되었다 할 것이므로 A는 그 후 X토지의 A지분만을 경매절차에서 매수하여 취득한 B에 대하여 그 소유의 Y건물을 위한 관습상의 법정지상권을 취득한다.

---

|사례 20| A종중이 그 소유의 X토지의 소유명의를 종원인 B에게 명의신탁하였다. 그런데 B가 X토지 지상에 Y건물을 신축하여 소유하고 있다. 그 후 A가 명의신탁의 해지를 원인으로 B로부터 X토지의 소유권이전등기를 이전받았다. 이 경우, B는 Y건물을 위해 X토지에 대한 법정지상권을 취득하는가?

(대판 1986.5.27, 86다카62 참조)

|해설 20| B는 법정지상권을 취득할 수 없다.

이 사안에서 B가 Y건물소유를 위한 관습상의 지상권을 취득하였다고 할 수 있으려면 X토지에 대한 소유권이전등기가 B로부터 A 앞으로 경료되기 전에 토지와 그 지상건물이 동일인인 B의 소유에 속해 있었다고 볼 수 있어야만 할 것인데, X토지에 대한 B 앞으로의 소유권이전등기가 A의 명의신탁에 의한 것이었다면, 명의수탁자인 B는 명의신탁였다가 소유권을 회복한 A와의 대내적 관계에 있어서 X토지가 자기소유에 속하는 것이었다고 주장할 수는 없다.

|사례 21| A는 그 소유의 X토지를 채권자 B에게 양도담보로 제공하기로 하고, 소유권이전등기를 마쳤다. 그 후, A는 X토지 지상에 Y건물을 신축하여 소유하고 있다. 그런데 B는 X토지를 C에게 매도하고, 소유권이전등기를 경료하였다. 이 경우 A는 Y건물을 위해 X토지에 법정지상권을 취득하는가? (대판 1966.5.17, 66다504 참조)

|해설 21| A는 법정지상권을 취득할 수 없다.

양도담보의 경우에는 담보권자가 채무자로부터 담보목적물에 대한 소유권을 취득하되 다만 담보의 목적에 의하여 채권적으로 제한을 받는데 불과하므로, 채무자로서는 그 담보목적물인 대지의 소유권이 자기에게 있다고 주장할 수 없다. 더욱이 제3자인 C에게 대한 관계에서는 A는 위의 X토지가 그 양도담보기간 중 자기의 소유이었다고 주장할 수 없다.

|사례 22| B는 A 소유의 X토지 상에 Y건물을 신축하여 소유권보존등기를 마쳤다. 그런데 B의 채권자가 Y건물을 가압류한 후, 확정판결에 기해 강제경매를 신청하여 경매개시결정과 함께 경매절차가 진행 중에 A는 그 소유의 X토지를, B는 Y건물을 각 C에게 매도하고 각 소유권이전등기를 마쳤다. 그 후 D가 Y건물을 경락받아 소유권을 취득하였다. 이 경우 D는 Y건물을 위해 법정지상권을 취득하는가? (대판(전) 2012.10.18, 2010다52140 참조)

|해설 22| D는 법정지상권을 취득할 수 없다.

강제경매의 목적이 된 토지 또는 그 지상 건물의 소유권이 강제경매로 인하여 그 절차상의 매수인에게 이전된 경우에 건물의 소유를 위한 관습상 법정지상권이 성립하는가 하는 문제에 있어서는 그 매수인이 소유권을 취득하는 매각대금의 완납시가 아니라 그 압류의 효력이 발생하는 때를 기준으로 하여 토지와 그 지상 건물이 동일인에 속하였는지 여부가 판단되어야 한다. 사안에서 Y건물을 가압류한 때를 기준으로 하여 토지와 그 지상 건물이 동일인에게 속하였는지 여부가 판단되어야 하므로, 가압류 당시 X토지는 A, Y건물은 B 소유이므로 동일인에게 속하지 아니하므로 D는 법정지상권을 취득할 수 없다.

|사례 23| A가 그 소유의 X토지 위에 Y건물을 신축하였으나 보존등기를 하지 않아 미등기인 상태이다. 그 후 X토지만 B에게 매매로 소유권이전등기를 마친 경우, A는 관습법상 법정지상권 취득하는가? (대판 1991.8.13, 91다16631 참조)

> **|해설 23|** A는 법정지상권을 취득한다.
>
> 대판(전) 2002.6.20, 2002다9660에서는 A가 X토지와 Y건물을 일괄매도한 경우 X토지의 소유권을 취득한 B가 Y건물의 사실상 처분권까지 함께 취득했으므로 A에게 법정지상권을 인정할 이유가 없다고 하였으나, X토지만 매도한 경우에는 A는 관습상 법정지상권을 취득한다.

**(나) 토지와 건물의 소유권이 매매 기타의 원인으로 각각 소유권을 달리 하게 되어야 한다**

1) 토지와 건물의 소유권이 달라지게 된 원인으로 판례가 들고 있는 것은 매매$\binom{대판\ 1997.1.}{21,\ 96다40080}$, 증여$\binom{대결\ 1963.}{5.9,\ 63아11}$, 대물변제$\binom{대판\ 1992.4.10,}{91다45356,\ 45363}$, 공유물분할(현물분할)$\binom{대판\ 1967.11.}{14,\ 67다1105}$, 강제경매$\binom{대판\ 1970.9.}{29,\ 70다1454}$, 공매$\binom{대판\ 1967.11.}{28,\ 67다1831}$ 등이다.

그러나 저당권 실행을 위한 경매로 소유권이 달라진 경우(증여, 대물변제, 공유물분할 등)에는 제366조가 적용되며 관습상의 법정지상권이 인정되는 것은 아니다. 환지에 의한 경우에도 관습상 법정지상권을 인정하지 않는다$\binom{대판\ 2001.5.8.}{2001다4101}$.

그러나 매매 등 당사자의 의사에 의해 토지와 건물의 소유권이 분리된 경우에 관습상 법정지상권을 인정하는 판례에 대해 비판적 견해가 우세하다. 생각건대 건물소유자와 토지소유자가 스스로 이해관계를 조정할 수 있는 경우(의사표시에 의하여 소유권이 달라지는 매매, 증여, 대물변제, 공유물분할 등)에는 판례와는 달리 법정지상권을 부정하는 것이 타당하다. 등기없이 인정되는 지상권이 관습법이라는 불확정한 기준에 의하여 확대되면 토지의 양수인에게 불측의 피해를 줄 수 있기 때문이다.

2) 이와 같은 원인이 있다는 것만으로 관습상 법정지상권이 성립하는 것은 아니며, 그것을 원인으로 소유권을 취득한 때, 보통의 경우에는 소유권이전등기를 하였을 때 관습상 법정지상권이 발생한다$\binom{대판\ 1966.4.}{26,\ 65다2530}$.

**(다) 토지와 건물의 소유권이 다른 사람에게 귀속될 때 당사자 사이에 건물을 철거한다는 특약이 없어야 한다**

건물 철거의 합의에 관습상의 법정지상권의 발생을 배제하는 효력을 인정할 수 있기 위하여서는 건물을 철거함으로써 토지의 계속 사용을 그만두고자 하는 당사자의 의사가 그 합의에 의하여 인정될 수 있어야 한다. 예컨대 토지와 건물의 소유자가 토지만을 타인에게 증여한 후 구 건물을 철거하되 그 지상에 자신의 이름으로 건물을 다시 신축하기로 합의한 경우, 그 건물 철거의 합의는 건물 소유자가 토지의 계속 사용을 그만두고자 하는 내용의 합의로 볼 수 없어 관습상의 법정지상권의 발생을 배제하는 효력이 인정되지 않는다$\binom{대판\ 1999.12.}{10,\ 98다58467}$.

반면에 대지상의 건물만을 매수하면서 대지에 대하여 임대차계약을 체결한 경우에는 관습상 법정지상권을 포기한 것으로 보아야 하고$\binom{대판\ 1991.5.}{14,\ 91다1912}$, 건물이 장차 철거될 것임을 예상하면서 건축한 경우에도 관습상의 법정지상권은 인정되지 않는다$\binom{대판\ 1994.12.22,\ 94다41072,\ 94다41089.\ 토지의\ 소유자가}{건물을\ 신축할\ 당시\ 이미\ 토지를\ 타에\ 매도하여\ 소유권을\ 이}$ 전하여 줄 의무를 부담하고 있었다면 토지의 매수인이 그 건축행위를 승낙하지 않는 이상 그 건물은 장차 철거되어야 하는 운명에 처하게 될 것이고 토지소유자가 이를 예상하면서도 건물을 건축하였다면 그 건물을 위한 관습상의 법정지상권은 생기지 않는다는 판결임$\Big)$. 건물을 철거하기로 하는 합의가 있었다는 등의 특별한 사정의 존재에 관한 주장 및 증명은 그러한 사정의 존재를 주장하는 쪽에 있다$\binom{\text{대판 1988.9.}}{\text{27, 87다카279}}$.

---

**사례 24** A는 그 소유의 X토지상에 Y건물을 소유 중인 바, Y건물을 철거 후 자신의 이름으로 Z건물을 신축하기 위해 설계를 의뢰한 상태에서 자신의 아들인 B에게 X토지를 증여하고, 소유권이전등기를 마쳤다. 이때 A와 B는 Y건물을 철거하고 Z를 신축하기로 합의하였다. 그리고 Z건물의 신축을 위해 건축허가를 신청하여 건축허가까지 받았으나, Y건물에 대한 가압류로 인해 철거가 불가능해진 상태에서 경매가 진행되어 C가 Y건물을 매수하여 소유하게 되었다. 이 경우 Y건물을 위한 법정지상권이 존재하는가? (대판 1999.12.10. 98다58467 참조)

**해설 24** Y건물을 위한 법정지상권이 존재한다.

토지와 건물이 동일한 소유자에게 속하였다가 건물 또는 토지가 매매 기타 원인으로 인하여 양자의 소유자가 다르게 되더라도, 당사자 사이에 그 건물을 철거하기로 하는 합의가 있었던 경우에는 건물 소유자는 토지 소유자에 대하여 그 건물을 위한 관습상의 법정지상권을 취득할 수 없다. 이와 같이 건물 철거의 합의가 관습상의 법정지상권 발생의 소극적 요건이 되는 이유는 그러한 합의가 없을 때라야 토지와 건물의 소유자가 달라진 후에도 건물 소유자로 하여금 그 건물의 소유를 위하여 토지를 계속 사용케 하려는 묵시적 합의가 있는 것으로 볼 수 있다는 데 있다. 한편 관습상의 법정지상권은 타인의 토지 위에 건물을 소유하는 것을 본질적 내용으로 하는 권리가 아니라, 건물의 소유를 위하여 타인의 토지를 사용하는 것을 본질적 내용으로 하는 권리여서, 위에서 말하는 '묵시적 합의'라는 당사자의 추정 의사는 건물의 소유를 위하여 '토지를 계속 사용한다'는 데 중점이 있는 의사라 할 것이므로, 건물 철거의 합의에 위와 같은 묵시적 합의를 깨뜨리는 효력, 즉 관습상의 법정지상권의 발생을 배제하는 효력을 인정할 수 있기 위하여서는, 단지 형식적으로 건물을 철거한다는 내용만이 아니라 건물을 철거함으로써 토지의 계속 사용을 그만두고자 하는 당사자의 의사가 그 합의에 의하여 인정될 수 있어야 할 것이다. 그런데 이 사안에서 A는 Y건물을 철거함으로써 X토지의 계속 사용을 그만두고자 했던 것이 아니라, Y건물을 철거하기는 하되 그 지상에 자신의 이름으로 Z건물을 다시 신축하기로 하였다. 따라서 A와 B 사이에 Y건물을 철거하기로 하는 합의가 있었다 하더라도, 그러한 합의는 어디까지나 A가 X토지를 계속 사용하는 것을 전제로 하는 합의에 지나지 아니할 뿐 X토지의 계속 사용을 그만두고자 하는 내용의 합의로는 볼 수 없으므로 거기에 관습상의 법정지상권의 발생을 배제하는 효력을 인정할 수 없다. 결국 A가 법정지상권을 취득하고, 그 후 C가 경매절차에서 Y건물의 소유권을 취득함으로써 A의 B에 대한 지상권설정등기청구권을 대위행사할 수 있다.

---

### (3) 내 용

이상의 요건을 충족하면 건물소유자는 건물을 위하여 그 대지에 대한 법정지상권을 취득한다. 이러한 관습상 법정지상권은 관습법에 의해 성립한다는 점만 제외하면 보통의 지상권과 다르지 않다. 따라서 관습상 법정지상권의 내용은 특별한 사정이 없는 한 민법상 지상권에 관한 내용을 준용한다$\binom{\text{대판 1968.8.}}{\text{30, 68다1029}}$.

(가) 관습상 법정지상권의 존속기간은 그 기간을 정하지 않은 것으로 보아 최단존속기간(건

물의 형태에 따라 30년, 15년, 5년)으로 정해진다$\binom{\text{제281조}}{\text{제1항}}\binom{\text{대판 1988.4.12,}}{\text{87다카2404}}$.

(나) 관습상 법정지상권에서 토지사용의 범위는 구건물을 기준으로 건물의 유지 및 사용에 일반적으로 필요한 범위에 미친다.

(다) 관습에 의한 법정지상권이 성립된 경우 그 지료에 관하여는 당사자의 청구에 의하여 법원이 이를 정한다고 규정한 제366조를 준용해야 할 것이고, 이 때 토지소유자는 법원에서 상당한 지료를 결정할 것을 전제로 하여 바로 그 급부를 청구할 수 있다$\binom{\text{대판 1996.2.}}{\text{13, 95누11023}}$. 지상권자가 2년분 이상의 지료를 지급하지 않았다면 관습상의 법정지상권도 민법 제287조에 따른 지상권소멸청구의 의사표시에 의하여 소멸한다$\binom{\text{대판 1993.6.29,}}{\text{93다10781}}$. 그러나 당사자 사이에 지료에 관한 협의가 없었거나 법원이 지료를 결정하지 않았다면 법정지상권이 성립한 후 2년이 지났다는 이유만으로 지상권소멸청구를 할 수 없다$\binom{\text{대판 2001.3.13,}}{\text{99다17142}}$. 이때에는 지료지급을 지체한 것으로 볼 수 없기 때문이다.

(라) 관습상 법정지상권이 붙은 건물을 양수한 자가 건물의 종전 소유자를 대위하여 지상권 갱신청구권을 행사할 수 있다$\binom{\text{대판 1995.4.}}{\text{11, 94다39925}}$.

(마) 법정지상권을 취득한 건물의 소유자는 법정지상권을 취득할 당시의 토지소유자 및 전득자에 대하여도 등기 없이 관습법상 법정지상권을 주장할 수 있다$\binom{\text{대판 1965.9.23,}}{\text{65다1222}}$.

1) 법정지상권을 취득한 건물소유자가 지상권등기 없이 건물을 양도한 경우

㉮ 법정지상권을 취득한 건물소유자가 지상권등기를 하지 않고 건물을 제3자에게 양도한 경우, 양수인이 법정지상권을 취득하는가? 이를 긍정하는 견해도 있으나 판례와 다수설은 법정지상권을 등기하지 않는 한 건물의 양수인은 법정지상권을 취득하지 못하고 당초의 법정지상권자(매도인)에게 유보되어 있다고 본다$\binom{\text{대판 1995.4.}}{\text{11, 94다39925}}$. 다만 건물소유권의 양도합의에는 특별한 사정이 없는 한 건물과 함께 지상권을 양도하기로 하는 채권적 계약이 존재하는 것으로 보아 건물양수인은 양도인을 대위하여 양도인의 토지소유자에 대한 법정지상권 설정등기절차의 이행을 청구할 수 있을 뿐이다$\binom{\text{대판 1981.9.}}{\text{8, 80다2873}}$.

㉯ 토지소유자가 법정지상권등기를 마치지 않은 건물양수인을 상대로 건물철거 또는 토지인도를 청구할 수 있는가? 법정지상권을 취득한 건물양수인이 건물양도인의 토지소유자에 대한 법정지상권설정청구권을 대위행사할 수 있고 건물양도인을 상대로 지상권이전등기청구가 가능한 이상 지상권설정등기의무자인 토지소유자는 신의칙상 건물양수인에게 건물철거청구를 할 수 없다$\binom{\text{대판 1988.9.}}{\text{27, 87다카279}}$. 그러나 건물양수인은 대지를 점유·사용함으로 인한 부당이득은 토지소유자에게 반환해야 한다$\binom{\text{대판 1997.12.}}{\text{26, 96다34665}}$.

2) 법정지상권이 있는 건물이 저당권 실행으로 경매된 경우

법정지상권이 성립된 건물의 소유권이 저당권 실행으로 인한 경매로 이전된 경우 법정지상권이 등기 없이 이전되는가? 저당권의 효력은 저당부동산에 부합된 물건과 종물에 미친다는 제358조 본문을 유추적용하여 건물에 대한 저당권의 효력은 그 건물에 종된 권리인 건물의 소

유를 목적으로 하는 지상권에도 미치게 되는 것이므로 건물에 대한 저당권이 실행되어 매수인이 그 건물의 소유권을 취득하였다면 특별한 사정(예컨대 경락 후 건물을 철거한다는 등의 매각조건에서 경매되었다는 등)이 없는 한 매수인은 건물 소유를 위한 지상권도 제187조의 규정에 따라 등기 없이 당연히 취득한다(대판 1992.7. 14, 92다527).

경매를 통한 매수인이 건물을 제3자에게 양도한 때에는 특별한 사정이 없는 한, 종물은 주물의 처분에 따른다는 제100조 제2항을 유추적용하여 건물과 함께 지상권도 양도하기로 한 것으로 본다(대판 1996.4. 26, 95다52864). 단 법정지상권은 건물의 소유권에 부속되는 권리가 아니므로 지상권이 설정된 건물의 소유권과 법정지상권을 분리하여 처분할 수도 있다(대판 2001.12.27, 2000다1976. 아파트 소유권이전등기청구권을 갖는 수분양자들로 구성된 입주자대표회의가 대지권 확보를 위하여 법정지상권을 취득한 경우 아파트 소유권과 법정지상권이 분리되어 양도되었지만 유효한 것으로 본 사안).

**사례 25** A는 X토지와 그 지상의 Y건물을 소유하고 있던 중 Y건물을 B에게 매도하는 계약을 체결하고, 소유권이전등기를 마쳤다. 그 후 C는 Y건물에 설정된 저당권의 실행으로 인한 경매절차에서 Y건물을 매수하여 소유권을 취득하였다. 그 후 C는 Y건물을 D에게 양도하고, 소유권이전등기를 마쳤다. A는 D를 상대로 X토지의 소유권자로서 Y건물의 철거 및 X토지의 반환을 구하는 소송을 제기하였다. A의 청구는 인용될 수 있는가?

(대판 1996.4.26, 95다52864; 대판(전) 1985.4.9, 84다카1131,1132 참조)

**┃해설 25┃** 타당하지 않다. A가 지당권을 취득할 지위에 있는 D에게 건물철거를 구하는 것은 신의칙에 반하기 때문이다.

(ⅰ) 저당권의 효력은 저당부동산에 부합된 물건과 종물에 미친다는 제358조 본문을 유추하여 보면 건물에 대한 저당권의 효력은 그 건물에 종된 권리인 건물의 소유를 목적으로 하는 지상권에도 미치게 되는 것이므로 건물에 대한 저당권이 실행되어 경매절차에서의 매수인이 그 건물의 소유권을 취득하였다면 매각후 건물을 철거한다는 등의 매각조건에서 경매되었다는 등 특별한 사정이 없는 한 경매절차에서의 매수인은 건물 소유를 위한 지상권도 제187조의 규정에 따라 등기 없이 당연히 취득하게 된다. 이 사안에서, A가 Y건물을 B에게 양도함으로써, 건물철거의 특약이 없는 한 B는 관습상 법정지상권을 취득한다.

(ⅱ) B가 Y건물에 설정한 저당권이 실행되어 그 경매절차에서 매수한 C는 관습상 법정지상권도 등기 없이 당연히 취득한다. 저당권의 효력은 저당부동산에 부합된 물건과 종물에 미친다는 제538조 본문을 유추되어야 하기 때문이다.

(ⅲ) 관습상 법정지상권자인 C가 Y건물을 제3자 D에게 양도한 경우에는 특별한 사정이 없는 한 제100조 제2항이 유추적용되어 건물 소유권과 함께 종된 권리인 지상권도 양도하기로 한 것으로 봄이 상당하다. 그러나 D는 아직 지상권을 취득하지는 못했다. D는 매매라는 법률행위에 의하여 건물 소유권을 취득한 것이므로 지상권의 이전등기가 있어야 지상권자가 될 수 있기 때문이다.

(ⅳ) 다만 D는 채권자 대위의 법리에 따라 C 및 A에게 지상권설정등기 및 이전등기 절차를 구할 수 있는 지위에 있는 D를 상대로 건물의 철거를 구하는 것은 신의칙에 반하게 된다.

(ⅴ) A가 건물철거는 청구할 수 없지만 D는 토지소유자 A에 대하여 X토지의 사용·수익에 따른 부당이득은 반환할 의무가 있다.

> **요건사실론** 관습법상 법정지상권의 요건사실론
>
> 원고가 대지 소유권에 기하여 그 지상건물의 철거를 청구함에 대하여 피고가 항변으로서 정당한 점유권원인 관습법상의 법정지상권을 주장하는 경우의 요건사실은 다음과 같다.
>
> **1. 항변사실**
>
> 피고는 ① 토지와 건물이 동일인의 소유에 속하였던 사실, ② 매매 기타 적법한 원인으로 소유자가 달라진 사실을 주장·증명해야 한다.
>
> **2. 재항변**
>
> 원고는 건물철거의 합의가 존재하는 사실, 토지의 점유·사용에 관한 별도의 합의가 존재하는 사실을 주장하며 재항변할 수 있다.

**변호사시험 기출문제**

## 06 관습상 법정지상권

**문제 1**

> X토지를 소유하고 있던 A에게는 세 자녀(B, C, D)가 있다. A는 X토지를 장남인 B에게 준다는 말을 자주 하였으나 2016.3.10. 유언 없이 사망하였다. 평소 B의 도움을 많이 받았던 C는 A의 뜻을 존중하여 2016.5.7. 상속포기신고를 하였고, 2016.6.20. 수리되었다. 그리고 A의 사망 사실을 즉시 알았으나 해외유학 중이던 D는 2016.8.경 귀국하여 2016.8.25. 상속포기신고를 하였고, 2016.9.30. 수리되었다. 한편 B는 2016.4. 초순경 X토지 위에 Y건물을 짓기 시작하여 같은 해 8.31. 준공검사를 받았다. 공사가 거의 끝날 무렵인 2016.8.5. B는 乙과 Y건물에 대한 매매계약을 체결하였고, 2016.9.5. 보존등기를 하지 않은 상태에서 乙에게 Y건물을 인도하였다. 그 후 B는 사업자금을 마련할 목적으로 2016.9.21. 甲에게 X토지를 매도하고 소유권이전등기를 경료해 주었다. 그런데 X토지 위에 미등기 상태인 Y건물이 있는 것을 알게 된 甲은 Y건물이 자신의 동의 없이 건축되었다고 주장하면서 乙을 상대로 Y건물의 철거를 청구하는 소를 제기하였다. 甲의 청구에 대하여, 乙은 X토지의 전 소유자인 B가 신축한 건물을 정당하게 매수하였다고 항변하였고, 甲은 Y건물을 신축할 당시 X토지가 B, C, D의 공유였다고 반박하였다.
>
> [질문] 甲의 Y건물에 대한 철거청구는 인용될 수 있는가? (35점)
>
> 2018년 제7회 변호사시험 제2문의2

**해설** 甲의 철거청구는 신의칙 위반으로 허용되지 않는다.

**1) 상속포기기간을 도과한 상속포기와 무효행위의 전환**

상속인은 상속개시있음을 안 날로부터 3월 내에 포기를 할 수 있는데($^{제1019조}_{제1항}$), 상속재산을 공동상속인 1

인에게 상속시킬 방편으로 나머지 상속인들이 한 상속포기 신고가 제1019조 제1항 소정의 기간을 경과한 후에 신고된 것이어서 상속포기로서의 효력이 없다고 하더라도, 공동상속인들 사이에서는 1인이 고유의 상속분을 초과하여 상속재산 전부를 취득하고 나머지 상속인들은 이를 전혀 취득하지 않기로 하는 내용의 상속재산에 관한 협의분할이 이루어진 것으로 보아야 한다(대판 1996.3.26. 95다 45545,45552,45569). 사안의 경우 A가 2016.3.10. 사망 후 C와 D는 상속포기기간 후 상속포기의 수리 및 신고가 이루어져 그 효력을 인정하기 어렵지만, 이는 B가 X토지를 단독으로 취득하는 것으로 상속재산분할협의가 된 것으로 볼 수 있으므로, B는 X토지를 단독으로 소유하게 된다.

### 2) 법정지상권 성립 전 건물양도합의의 효력

건물 소유자가 건물의 소유를 위한 법정지상권을 취득하기에 앞서 건물을 양도한 경우에도 특별한 사정이 없는 한 건물과 함께 장차 취득하게 될 법정지상권도 함께 양도하기로 한 것으로 볼 수 있다. 따라서 건물 양수인은 채권자대위의 법리에 따라 양도인 및 그로부터 그 토지를 매수한 대지 소유자에 대하여 차례로 지상권설정등기 및 그 이전등기절차의 이행을 구할 수 있고, 법정지상권을 취득할 지위에 있는 건물 양수인에 대하여 대지 소유자가 건물의 철거를 구하는 것은 지상권의 부담을 용인하고 지상권설정등기절차를 이행할 의무가 있는 자가 그 권리자를 상대로 한 것이어서 신의성실의 원칙상 허용될 수 없다(대판 1996. 3.26. 95다 45545,45552, 45569).

사안의 경우 B가 X토지 지상에 Y건물을 신축한 후 乙에게 미등기상태로 Y건물을 양도한 후 X토지를 甲에게 소유권 이전하였는데, X토지의 甲에 대한 양도로 관습상 법정지상권을 취득하게 된 B가 그 이전에 乙에게 Y건물을 양도한 경우에도 장래 취득하게 될 법정지상권도 함께 양도한 것으로 볼 수 있어 법정지상권의 부담을 갖게 된 甲의 철거청구는 신의칙 위반으로 허용되지 않는다.

---

문제 2

乙은 2010.9.30. 甲으로부터 X토지의 소유권을 취득한 다음 2011.3.20. A와 사이에, A의 비용으로 X토지 지상에 2층 건물을 신축하되, 그 소유관계는 각 1/2 지분씩 공유하기로 서로 합의하고, 그에 따라 乙과 A가 공동건축주로서 신축을 시작하였다. 그 후 乙은 위 신축건물의 규모와 종류를 외관상 짐작할 수 있을 정도로 공사가 진행된 무렵인 2011.4.8. 자신의 동생 B가 C에 대하여 부담하고 있는 매매대금 3억 원(변제기는 2011.7.20.임)의 지급채무를 담보하기 위하여 C 명의로 X토지에 관한 소유권이전등기를 경료해 주기로 상호 합의하였다. 乙은 B가 C에 대한 채무를 변제하지 못하자, 2011.7.25. 위 합의에 따라 X 토지에 관하여 C 명의의 소유권이전등기를 경료해 주었고, 그 당시 위 신축건물은 완공되지는 않았으나 2층 건물 공사 대부분이 마무리되고 내장공사만 남아 있었다.

[질문] C는 2011.9.20. 乙과 A를 상대로 위 신축건물의 철거 및 X토지의 인도를 구하는 소를 제기하였다. 이 경우 乙과 A가 제기할 수 있는 실체법상 타당한 항변은 무엇인지를 그 논거와 함께 서술하시오(다만 X 토지에 관한 C의 소유권 취득은 정당한 것으로 전제함) (15점)

2012년 제1회 변호사시험 제2문의2

---

해설 乙과 A는 지상건물의 공유자로서 C 소유의 X토지에 대해 관습상 법정지상권을 취득하므로 C의 청구는 기각된다.

## 1) 지상건물이 소유권의 객체가 되는지 여부

판례에 따르면 건물은 기둥, 주벽, 지붕의 구조를 갖추면 독립된 건물로 인정되어 소유권의 객체가 된다. 사안에서 乙이 X토지를 C에게 소유권이전등기를 경료한 2011.7.25. 당시 지상건물은 2층 건물공사가 대부분 마무리되고 내장공사만 남은 상태였으므로 지상건물은 독립된 건물이라 할 수 있다.

## 2) 신축건물의 소유권의 주체

공동건축주인 乙과 A가 각 1/2씩 공유하기로 약정한 이상 그 약정에 의해 위 지상건물을 원시취득하므로 乙과 A는 지상건물을 각 1/2씩 공유하게 된다.

원칙적으로 신축건물의 소유권은 원칙적으로 자기의 노력과 재료를 들여 이를 건축한 사람이 원시적으로 취득하는 것이나, 건물신축도급계약에서 수급인이 자기의 노력과 재료를 들여 건물을 완성하더라도 도급인과 수급인 사이에 도급인 명의로 건축허가를 받아 소유권보존등기를 하기로 하는 등 완성된 건물의 소유권을 도급인에게 귀속시키기로 합의한 경우에는 그 건물의 소유권은 도급인에게 원시적으로 귀속되고, 이때 신축건물이 집합건물로서 여러 사람이 공동으로 건축주가 되어 도급계약을 체결한 것이라면, 그 집합건물의 각 전유부분 소유권이 누구에게 원시적으로 귀속되느냐는 공동 건축주들 사이의 약정에 따라야 한다(대판 2010.1.28, 2009다66990).

사안에서 A가 신축건물의 비용을 부담하였지만, 공동건축주인 乙과 A가 각 1/2씩 공유하기로 한 약정에 의해 위 지상건물을 원시취득하므로 乙과 A는 지상건물을 각 1/2씩 공유하게 된다.

## 3) 관습상 법정지상권의 인정여부

X토지의 소유권이 C에게 이전될 당시인 2011.7.25. X토지(乙 소유)와 지상건물(乙과 A의 공유)의 소유자가 동일인이라고 할 수 있는지 여부가 관습상 법정지상권의 성립과 관련하여 문제된다. 판례는 대지소유자가 그 지상건물을 타인과 함께 공유하면서 그 단독소유의 대지만을 건물철거의 조건 없이 타에 매도한 경우에는 건물공유자들은 각기 건물을 위하여 대지 전부에 대하여 관습에 의한 법정지상권을 취득한다(대판 1977.7.26, 76다388)고 한다. 따라서 사안의 경우 건물공유자 乙과 A는 C소유의 X토지에 대해 관습상 법정지상권을 취득하게 된다.

---

문제3

> 甲은 자신의 소유인 X토지 지상에 Y건물을 신축하였으나 아직 자신의 명의로 등기를 마치지 않은 채 사용하고 있었다. 甲은 2010.9.21. X토지와 신축한 Y건물을 乙에게 매도하고 인도까지 하였으나, Y건물은 아직 소유권보존등기를 하지 못하여 X토지에 대해서만 소유권이전등기를 마쳐주었다. 乙은 2012.9.21. 丙 은행으로부터 1억 원을 차용하면서 X토지에 대하여 근저당권자 丙 은행, 채권최고액 1억 2,000만 원의 근저당권을 설정하였고, 이후 乙은 2012.9.24. 자신의 명의로 Y 건물에 대한 소유권보존등기를 마쳤다. 그 후 乙이 피담보채무를 변제하지 않자 丙 은행의 적법한 경매신청에 의하여 X토지에 대하여 개시된 경매절차에서 丁이 2014.7.26. 매각대금을 완납하고 그 소유권을 취득하였다.
>
> [질문] 丁은 乙을 상대로 Y건물의 철거 및 X토지의 인도를 구하는 소를 제기하였다. 이 청구는 인용될 수 있는가? (20점)
>
> 2017년 제6회 변호사시험 제1문의3

해설 丁의 乙에 대한 청구는 모두 인용된다.

### 1) 제366조의 법정지상권의 성부

제366조의 법정지상권은 저당권 설정 당시에 동일인의 소유에 속하는 토지와 건물이 저당권의 실행에 의한 경매로 인하여 각기 다른 사람의 소유에 속하게 된 경우에 건물의 소유를 위하여 인정되는 것이다. 사안의 경우 X토지에 대하여 丙에게 저당권을 설정할 당시에 이미 X토지와 Y건물이 각각 다른 사람의 소유에 속하고 있었으므로 제366조의 법정지상권이 성립될 여지가 없다.

### 2) 관습상 법정지상권의 성부

관습상의 법정지상권은 동일인의 소유이던 토지와 그 지상건물이 매매 기타 원인으로 인하여 각각 소유자를 달리하게 되었으나 그 건물을 철거한다는 등의 특약이 없으면 건물 소유자로 하여금 토지를 계속 사용하게 하려는 것이 당사자의 의사라고 보아 인정되는 것이므로 토지의 점유·사용에 관하여 당사자 사이에 약정이 있는 것으로 볼 수 있거나 토지 소유자가 건물의 처분권까지 함께 취득한 경우에는 관습상의 법정지상권을 인정할 까닭이 없다(대판(전) 2002.6. 20, 2002다9660). 사안의 경우와 같이 미등기건물을 그 대지와 함께 매도하였다면 비록 매수인에게 그 대지에 관하여만 소유권이전등기가 경료되고 건물에 관하여는 등기가 경료되지 아니하여 형식적으로 대지와 건물이 그 소유 명의자를 달리하게 되었다 하더라도 매도인 甲에게 관습상의 법정지상권을 인정할 이유가 없다.

# 제5장 지역권

## I. 총 설

### 1. 지역권의 의의

#### (1) 개 념

지역권이란 일정한 목적을 위하여 타인의 토지를 자기 토지의 편익에 이용하는 용익물권이다($\text{제291조}$). 지역권이 성립하기 위해서는 편익을 받는 토지인 요역지(要役地)와 편익을 제공하는 토지인 승역지(承役地)가 있어야 한다.

#### (2) 다른 제도와의 비교

지역권의 목적은 토지임대차에 의해도 달성할 수 있다. 예컨대 甲은 통행에 필요한 범위에서 乙의 토지를 임차하는 방법으로도 달성할 수 있다. 반면 지역권을 설정하면 그 권리는 물권으로서 요역지 위에 존재하는 甲의 권리와 결합된 것으로 다루어지며, 그로 인해 요역지인 甲의 토지는 그만큼 가치가 증가한다. 다만 승역지인 乙의 토지가 받는 부담은 지역권의 목적을 달성하는 최소한에 그치므로 甲은 임차인과 같이 乙의 토지를 독점적으로 이용하지 못한다. 따라서 乙이 그 소유인 승역지를 이용하는 것은 甲의 지역권을 침해하지 않는 범위에서 허용될 수 있다.

민법은 인접하는 토지의 이용을 조정하기 위하여 상린관계의 규정을 두고 있는바, 지역권의 기능도 이와 같다. 다만 상린관계는 법률상 당연히 발생하는 최소한의 이용의 조절로서 소유권 자체의 기능이 미치는 범위라고 하는데 반해 지역권은 당사자의 계약에 의해 성립하고, 상린관계의 규정에 따른 이용의 조절을 확대하는 것으로 일종의 물권이라는 성질을 갖는다.

### 2. 법적 성질

#### (1) 물 권

지역권은 물권으로서 양도성과 상속성을 갖는다.

### (2) 타인의 토지를 자기 토지의 편익에 이용하는 권리

요역지는 승역지로부터 편익을 받아야 한다. 반면 요역지가 아니라 요역지에 거주하는 사람을 위해서는 지역권을 설정할 수 없다(인역권의 문제).

요역지의 편익에 이용한다는 의미는 요역지의 사용가치를 더 크게 하는 것을 말한다. 토지의 편익의 종류에는 제한이 없다. 예를 들면 통행을 위한 것(통행지역권), 인수(引水)를 위한 것(인수지역권), 전선로(電線路) 부설을 위한 것(전선로 부설을 위한 지역권), 조망 또는 일조를 위한 것(조망, 일조지역권), 송유관건설을 위한 것(송유관 건설을 위한 지역권) 등을 내용으로 할 수 있다. 판례에서는 주로 통행(通行)지역권이 문제된다. 승역지가 요역지에 편익을 제공하는 한도에서 승역지 소유자는 지역권자의 적극적 행위를 용인하고 승역지에 대해 일정한 이용을 하지 않을 의무를 부담한다.

두 토지가 서로 인접하고 있는 토지일 필요는 없다. 또한 지역권자는 요역지와 승역지의 소유자들 사이에 한하지 않으며, 지상권자나 전세권자도 용익권의 범위 내에서 자기가 이용하는 토지를 위하여 또는 그 토지 위에 지역권을 설정할 수 있다. 다만 임차인이 지역권설정자가 될 수 있는지와 관련하여 학설상 제한 없이 인정하는 긍정설(다수설)과 적어도 대항력이 있는 임차인이어야 한다는 부정설이 대립한다.

요역지는 1필지의 토지여야 하지만, 승역지는 1필지의 토지의 일부라도 상관없다($^{제293조 \, 제2항}_{단서, \, 부등법 \, 제}$ $^{70조}_{5호}$).

민법은 지역권의 지료에 관한 규정을 두고 있지 않다. 따라서 유상, 무상이 모두 가능하다. 다만 지료를 등기할 방법은 없다. 지료는 임의적 등기사항도 아니기 때문이다($^{부등법 \, 제}_{70조 \, 참조}$).

### (3) 비배타적 권리

지역권은 요역지의 편익을 위해 승역지를 이용하여 요역지의 사용가치를 증가시키는 것이므로, 승역지 소유권의 용익권능을 전면적으로 배제하지 않는다. 즉 지역권에 의한 토지사용은 제한적이므로 승역지이용자의 용익권능이 전면적으로 정지되지 않는다.

### (4) 요역지 위의 권리에 종된 권리

지역권은 요역지 소유권의 내용이 아니라 별개의 권리이지만, 요역지 소유권으로부터 독립된 권리가 아니라 그에 종된 권리이다. 따라서 요역지로부터 분리하여 양도하거나 다른 권리의 목적으로 하지 못한다($^{제292조}_{제2항}$).

지역권은 요역지 소유권에 수반성을 갖는다. 따라서 요역지의 소유권이 이전되거나 또는 다른 권리의 목적이 되는 때에는 지역권도 이와 법률적 운명을 같이 한다($^{제292조}_{제1항 \, 본문}$). 이와 같은 수반성은 설정행위로써 배제할 수 있고($^{동항}_{단서}$). 특약을 등기하면 제3자에게 대항할 수 있다($^{부등법}_{제70조}$ $^{4}_{호}$).

### (5) 불가분성

토지공유자의 1인은 그의 지분에 관하여 그 토지를 위한 지역권 또는 그 토지가 부담하는 지역권을 소멸하게 하지 못한다($\frac{제293조}{제1항}$). 또한 토지를 분할하거나 일부 양도하는 경우에 지역권은 요역지의 각 부분을 위하여 또는 승역지의 각 부분 위에 존속한다($\frac{제293조}{제2항\ 단서}$).

공유자의 1인이 지역권을 취득한 경우 다른 공유자도 이를 취득한다($\frac{제295조}{제1항}$). 따라서 점유에 의한 지역권의 취득시효의 중단은 지역권을 행사하는 모든 공유자에 대하여 하지 않으면 그 효력이 없다($\frac{제295조}{제2항}$).

요역지가 여러 사람의 공유로 되어 있는 경우 그중 1인에 의한 소멸시효의 중단 또는 정지가 있는 때에는 이 중단 또는 정지의 사유는 다른 공유자를 위하여서도 효력이 있으며, 소멸시효는 모든 공유자를 위하여 완성하지 않는다($\frac{제296}{조}$).

## 3. 지역권의 유형

승역지 이용자의 의무내용에 따라 통행지역권이나 인수지역권과 같이 지역권자가 일정한 행위를 할 수 있고, 승역지 이용자가 이를 허용해야 할 의무를 부담하는 작위의 지역권과 관망지역권과 같이 승역지 이용자가 일정한 이용을 하지 않을 의무를 부담하는 부작위의 지역권으로 나뉜다.

또한 지역권의 실현이 끊임없이 계속되는 것인지에 따라 일정한 시설을 설치하는 지역권과 같이 지역권의 실현이 끊임없이 계속하는 계속지역권과 권리의 내용을 실현할 때 그때그때 권리자의 행위를 필요로 하는 불계속지역권으로 나뉜다. 이 구별의 실익은 지역권의 시효취득에 관하여 생긴다($\frac{제294}{조}$).

그 외에도 지역권의 실현이 외부로부터 인식되는 외형적 사실을 수반하는지에 따라 통행지역권과 같이 외부로부터 인식되는 외형적 사실을 수반하는 표현지역권과 부작위의 지역권이나 지표에 나타나지 않는 도관에 의한 인수지역권과 같이 그러한 외형적 사실을 수반하지 않는 불표현지역권으로 나뉜다. 이 구별의 실익도 지역권의 시효취득에 관하여 생긴다($\frac{제294}{조}$).

## Ⅱ. 지역권의 취득

### 1. 지역권의 취득원인

지역권은 지역권설정계약과 등기($\frac{부등법}{제70조}$)에 의해 취득되는 것이 보통이지만, 취득시효, 상속, 양도 등에 의해서도 취득될 수 있다. 다만 지역권의 양도는 요역지의 소유권 또는 사용권의 이전에 수반해서만 가능하다($\frac{제292조}{제1항}$).

## 2. 지역권 설정계약과 등기에 의한 취득

(1) 요역지 및 승역지의 소유자뿐만 아니라, 지상권자나 전세권자(등기한 임차권자) 등도 지역권을 설정하거나 설정받을 수 있다. (통행)지역권은 인접한 토지의 상호이용의 조절에 기초한 권리이므로 토지사용권을 가진 사람에게 인정될 수 있기 때문이다(대판 1976.10.29, 76다1694).

(2) 지역권 설정계약은 묵시적 합의로도 가능하다. 원래 소유자가 통행지역권을 설정할 법률상 의무를 부담하는 것이 객관적으로 보아도 합리성이 있다고 생각되는 특별한 사정이 있어야 묵시적 통행지역권설정이 인정된다. 예컨대 분양택지들을 매각하면서 토지 중 일부를 분양택지들을 위한 도로로 제공한 것이 아니라 토지의 매수인으로서 매수토지의 일정부분에 대하여 다른 택지소유자들의 통행을 묵인한 것에 불과하다면 묵시적인 지역권설정계약이 성립되었다고 볼 여지가 없다(대판 1991.4.23, 90다15167).

(3) 승역지의 을구(乙區) 사항란에 등기되어야 한다(부등법 제15조 제2항 및 제70조). 더 나아가 지역권은 요역지에 부수하는 권리이므로 다른 제한물권과는 달리 요역지의 을구 사항란에도 지역권의 표시를 해야 한다(부등법 제15조 제2항 및 제71조). 지역권의 설정목적 또한 등기대상이다(부등법 제70조 1호 및 제71조 제1항 4호).

> **사례 1** A가 B와 사이에 A 소유의 X토지와 B 소유의 Y토지를 교환하기로 하는 교환계약을 체결하면서 'A가 Y토지에 공장을 설치하고 경영함에 있어 공로로 통행하기 위하여 B가 그 소유의 Z토지 중 일부에 폭 8미터의 도로를 개설하여 A로 하여금 영구적으로 사용하게 한다'는 내용의 약정을 하고 그 대가로 금 1,500,000원을 B에게 지급하였다. 위 약정은 지역권 설정에 관한 합의에 해당하는가?
>
> (대판 1980.1.29. 79다1704 참조)
>
> | 해설 1 |
> A와 B 사이의 도로개설에 관한 약정은 지역권 설정에 관한 합의라고 봄이 상당하다.

## 3. 지역권의 시효취득

(1) 제248조에 의한 지역권의 시효취득은 계속되고 표현된 것에 한하여 인정된다(제294조). 또한 민법은 부동산의 시효취득(제245조)을 지역권의 취득시효에 준용하고 있다(제294조). 따라서 통행지역권의 경우, 요역지의 소유자가 승역지에 통로를 새로 설치하여 일상적으로 사용하고 있다는 객관적 상태가 제245조 소정의 기간 동안 계속되어야 한다. 지역권의 취득시효가 완성되어도 등기해야 그 지역권을 취득하게 된다.

(2) 지역권은 제248조에 의해서도 시효취득이 가능하다고 보면서 제294조는 불필요한 중복규정으로 보는 견해가 있다. 생각건대 제294조에 의하여 지역권은 제248조의 적용이 배제된다고 할 것이다. 지역권의 시효취득에 대해서는 제294조가 특별규정에 해당되므로 제248조의 적용이 배제되어야 하기 때문이다.

요역지 소유자가 승역지에 통로를 개설하지 않았다면 이를 일정기간 이상 사용한 경우에도 제248조에 의한 지역권의 시효취득을 인정하지 않는다($\binom{대판 1991.4.23.,}{90다15167}$).

(3) 종전의 승역지 사용이 무상으로 이루어졌다는 등 특별한 사정이 없는 한 통행지역권을 취득시효한 경우에도 주위토지통행권의 경우와 마찬가지로($\binom{제219조}{제2항}$) 요역지 이용자는 승역지에 대한 도로설치 및 사용에 의하여 승역지 이용자가 입은 손해를 보상해야 한다($\binom{대판 2015.3.20.,}{2012다17479}$).

(4) 공유자의 1인이 지역권의 시효취득의 요건을 갖추면 다른 공유자도 이를 취득한다($\binom{제295조}{제1항}$).

(5) 지상권자나 전세권자 또한 각각의 권한 내에서 그들이 이용하는 토지를 위하여 또는 그 토지위에 지역권을 시효취득할 수 있다($\binom{대판 1976.10.29.,}{76다1694 \text{ 참조}}$). (통행)지역권은 인접한 토지의 상호이용의 조절에 기초한 권리이므로 토지사용권을 가진 사람에게 인정될 수 있기 때문이다.

> **사례 2** A가 그 소유의 X토지의 편의를 위해 인근 B 소유의 Y토지 상에 통로를 개설하여 20년 간 사용해 왔다. 그런데 그 후 B가 Y토지를 C에게 매도하고 소유권이전등기를 마쳤다. A는 C에게 통행지역권을 주장할 수 있는가? (대판 1990.10.30, 90다카20395 참조)
>
> **│해설 2│ 통행지역권을 주장할 수 없다.**
> 제294조에 의하여 지역권은 계속되고 표현된 것에 한하여 제245조의 규정을 준용하게 되어 있으므로 지역권을 시효취득한 자는 등기함으로써 그 지역권을 취득하는 것이다. 따라서 A가 지역권등기를 하기 전에 승역지의 소유권을 취득한 C에게 주장할 수 없다.

## Ⅲ. 지역권의 효력

### 1. 지역권자의 권리

(1) 지역권자는 지역권의 내용에 따라 승역지를 자기 토지의 편익을 위해 이용할 수 있다. 지역권의 내용은 그 성립원인이 무엇인지에 따라 달라진다. 즉 약정에 의해 지역권이 설정된 경우에는 그 약정에 따라 내용이 결정되고, 지상권을 시효취득한 경우에는 취득시효의 기초가 되는 점유에 의하여 그 내용이 결정된다.

(2) 지역권의 기능은 여러 토지 사이의 이용을 조절하는 데 있으므로 지역권의 내용은 그 지역권의 목적달성에 필요하고, 승역지 이용자에게 부담이 가장 적은 범위에 한해야 한다. 민법은 이러한 취지를 다음과 같은 규정을 두고 있다.

(가) 용수지역권에서 용수지역권의 수량이 요역지 및 승역지의 수요에 부족한 경우 그 수요 정도에 의하여 먼저 가용(家用)에 공급하고, 다른 용도에 공급해야 한다($\binom{제297조}{본문}$). 다만 설정행위로 달리 정할 수 있지만($\binom{제297조}{단서}$), 특약으로 제3자에게 대항하려면 등기를 해야 한다($\binom{부등법 제}{70조 4호}$).

(나) 승역지 이용자는 지역권의 행사를 방해하지 않는 범위 내에서 지역권자가 지역권의 행사를 위하여 승역지에 설치한 공작물을 사용할 수 있다($\binom{제300조}{제1항}$). 다만 수익 정도의 비율로 공작

물의 설치·보전의 비용을 분담해야 한다$\binom{제300조}{제2항}$.

(3) 두 개 이상의 지역권이 다른 지역권의 실현을 방해하는 경우 먼저 성립한 지역권이 나중에 성립한 것보다 우선한다. 따라서 용수지역권에 관하여 승역지에 수개의 용수지역권이 설정된 때에는 후순위의 지역권자는 선순위의 지역권자의 용수를 방해하지 못한다$\binom{제297조}{제2항}$.

(4) 지역권자도 지역권에 기한 물권적 청구권을 행사할 수 있으나 승역지에 대한 점유를 수반하지 않으므로 반환청구권이 아닌 방해제거청구권 및 방해예방청구권만 인정된다$\binom{제301조,}{제214조}$.

### 2. 승역지 소유자의 의무

(1) 승역지 소유자는 기본적으로 지역권자의 행위를 허용하고 일정한 이용을 하지 않을 부작위의무를 부담한다. 지역권자가 승역지 소유자가 설치한 설비를 이용할 권리가 있는 경우 승역지 소유자는 이를 함부로 변경해서는 안 될 의무가 있다.

(2) 계약에서 승역지 소유자가 자기의 비용으로 지역권의 행사를 위한 공작물의 설치 또는 수선의 의무를 부담한 때에는 승역지 소유자의 특별승계인도 그 의무를 부담한다$\binom{제298}{조}$. 그러나 특정승계인에게 대항하기 위해서는 등기해야 한다$\binom{부동산법 제}{70조 4호}$. 승역지의 소유자는 지역권에 필요한 부분의 토지소유권을 위기(委棄)하여 그 부담을 면할 수 있다$\binom{제299}{조}$. 이 경우의 위기는 토지소유권을 지역권자에게 이전한다는 일방적 의사표시이며, 물권변동에 등기를 요하는지에 대해서 학설상 긍정설(다수설)과 부정설이 대립한다.

### 3. 존속기간

(1) 민법은 지역권의 존속기간에 대해 규정하지 않지만, 당사자가 약정으로 존속기간을 정할 수는 있다. 그러나 부동산등기법상 지역권의 존속기간은 등기사항이 아니므로$\binom{부동산법}{제70조}$, 이를 등기할 수는 없다(존속기간을 약정한 지역권이 양도된 경우에도 그 양수인은 무기한의 지역권을 주장할 수 있게 되어 부동산등기법을 개정하여 지역권의 존속기간을 등기사항으로 정하는 것이 필요하다).

(2) 지역권의 존속기간을 영구무한으로 정할 수 있다$\binom{대판 1980.1.29.,}{79다1704 참조}$. 소유권을 제한하는 정도가 낮다는 점을 이유로 하고 있다.

### Ⅳ. 지역권의 소멸

### 1. 일반적 소멸사유

지역권은 요역지 또는 승역지의 멸실, 지역권자의 포기, 혼동, 존속기간의 만료, 약정소멸사유의 발생, 승역지의 수용 등으로 소멸한다.

## 2. 지역권 특유의 소멸사유

### (1) 승역지의 시효취득에 의한 소멸

승역지가 제3자에 의해 시효취득되면 승역지 위의 지역권은 소멸하는 것이 원칙이지만, 승역지의 점유자가 지역권의 존재를 인용하면서 점유를 계속한 경우 또는 취득시효가 진행하고 있는 동안 지역권자가 그 권리를 행사한 경우에는 승역지가 시효취득되어도 지역권은 소멸되지 않는다.

### (2) 지역권의 시효소멸

지역권은 20년간 행사하지 않으면 소멸시효가 완성된다($\frac{제162조}{제2항}$). 시효기간의 기산점은 불계속지역권에서 권리를 최후로 행사한 때, 계속지역권에서는 그 행사를 방해하는 사실이 생긴 때이다. 요역지가 공유에 속하는 경우 소멸시효는 모든 공유자에 대하여 소멸시효가 완성되어야 그 효력이 생긴다($\frac{제296}{조}$). 지역권자가 지역권의 내용의 일부만 행사한 경우 불행사부분에 한하여 지역권이 소멸시효에 걸린다.

# V. 특수지역권

## 1. 의    의

특수지역권이란 어느 지역의 주민이 집합체의 관계로 각자가 타인의 토지에서 초목, 야생물 및 토사의 채취, 방목 기타 수익을 하는 권리를 말한다($\frac{제302}{조}$). 이 권리는 농업경제가 주류인 근대화 이전의 사회에서 토지소유권을 지역공동체 구성원이 준총유하던 생활관계가 입법화된 것으로 그 실질은 인역권에 해당된다.

특수지역권은 타인의 토지 위에 존재하는 토지수익권으로 제한물권에 속한다. 특수지역권에 의하여 목적토지 소유자의 소유권 행사가 저지되는 것이 아니라 단지 편익을 제공할 의무를 부담할 뿐이므로 지역권과 비슷하다. 특수지역권에서 집합체로서 어느 지역의 주민이 편익을 받는 점에서 인역권의 일종이다. 특수지역권은 한 개인에게 귀속되는 것이 아니라 어느 지역의 주민 전체에게 귀속된다. 즉 토지수익권의 준총유로서의 성질의 갖는다.

## 2. 효    력

특수지역권에 대하여 관습($\frac{제302}{조}$), 총유에 관한 규정($제278$), 지역권에 관한 규정($\frac{제302}{조}$)이 적용된다.

지역주민 각자는 대상토지를 다른 주민과 공동으로 수익할 수 있다. 수익의 구체적 내용은 관습에 의해 정해진다. 지역주민의 일부가 관습상 또는 계약상 정해진 수익권능의 행사범위를 넘어 수익하거나 그러한 수익으로 인하여 다른 주민의 권리행사를 방해한 경우, 주민 전체 또는 주민 각자가 방해행위의 중지 및 손해배상을 청구할 수 있다.

주민단체는 관습 또는 계약에 의해 특수지역권을 취득한다. 주민 지위 득실에 따라 주민 각자의 수익권이 취득 또는 상실되며, 양도와 상속은 불가능하다. 토지 또는 사용·수익의 목적물이 멸실된 경우 특수지역권은 소멸한다.

---

**사례 3** 甲지방자치단체는 1986년 각각 소유자가 다른 인접토지 X, Y, Z에 대하여 하나의 도로를 개설하여 사용하였다. 2008년 甲은 토지 Y, Z의 소유자를 상대로 20년의 시효취득기간이 경과하여 토지 Y, Z를 시효취득하였음을 이유로 소유권이전등기청구소송을 제기하여 승소판결을 받았고 자기 앞으로 등기를 경료하였다. 한편 토지 X는 Y, Z를 통행하기 위한 승역지인데, 甲이 토지 X를 계속 점유·사용하여 이에 대한 통행지역권을 시효취득하였다는 이유로 토지 X의 소유자인 乙에 대하여 지역권설정등기절차를 이행할 것을 요구하였다. 甲의 이러한 주장은 타당한가?

(대판 1991.10.22, 90다16283 참조)

**│해설 3│** 甲의 주장은 타당하다.

甲은 시효취득에 의하여 지역권을 취득하였기 때문이다. 제249조에 의한 시효취득과 관련하여 甲은 타인의 토지를 가지고 토지의 편익에 이용할 의사를 가지고 있었으며 20년 이상 평연·공연하게 토지를 점유하였다. 甲의 점유가 계속되고 표현된 것이었는지가 문제된다. 판례는 '계속되고 표현된 것에 한하여'라는 의미를 좁게 해석하고 있는 것으로 판단된다. 즉 제294조는 지역권은 계속되고 표현된 것에 한하여 제245조의 규정을 준용한다고 규정하고 있으므로, 요역지의 소유자가 승역지에 통로를 개설하여 그 통로를 사용하는 상태가 제245조에 규정된 기간 계속된 경우에 한하여 통행지역권의 시효취득을 인정한다(대판 1966.9.6, 65다2205,2306; 대판 1970.7.21, 70다772,773; 대판 1979.4.10, 78다2482 등).

사안의 경우에는 도로가 계속하여 개설되어 있어서 '계속되고 표현된 점유'가 인정될 수 있으나 문제는 甲이 점유를 시작할 당시 요역지(Y, Z)의 소유자가 아니었다는 점이다. 그러나 이미 甲은 시효취득에 의해 Y, Z의 소유권을 취득하였고, 소급효에 의해 점유 당시부터 소유자였던 자의 지위를 누리게 된다(제247조 제1항). 따라서 사안의 경우 甲의 점유는 '계속되고 표현된 것'이라 할 수 있다.

# 제6장 전세권

## I. 의 의

### 1. 개 념

전세권이란 전세금을 지급하고 타인의 부동산을 점유하여 그 부동산의 용도에 좇아 사용·수익하며, 전세권이 소멸하면 그 부동산의 전부에 대하여 후순위권리자 기타 채권자보다 전세금의 우선변제를 받을 수 있는 특수한 용익물권이다($\frac{제303조}{제1항}$). 전세권은 부동산 용익에 관하여 건물의 임대차와 이자부 소비대차가 결합되던 관습을 민법상 물권으로 입법화되었다.

전세권은 용익물권이지만 담보물권으로서의 성질도 가지고 있다. 전세권설정자는 목적부동산을 전세권자에게 제공하면서 전세금을 받는데, 이는 전세권설정자에게는 부동산을 담보로 하여 융자를 받는 것과 같고, 전세권자에게는 전세금반환청구권에 대해 우선변제권이 인정되므로 담보물권의 성질도 가지게 된다. 1984년 민법 개정시 전세권자의 우선변제권을 명문화하고, 건물전세권에 최단존속기간의 설정 및 법정갱신을 인정하였고, 전세금의 증감청구에 관한 규정을 마련하였다. 보통 차임채무와 이자채무는 상계된다.

### 2. 채권적 전세와 물권적 전세

전세금을 지급하고 타인의 부동산을 사용·수익하는 전세권에는 채권적 전세권과 물권적 전세권이 있다. 채권적 전세권은 전세권등기를 하지 않은 경우로 실질은 부동산임차권에 불과하다. 다만 주택임대차보호법과 상가건물임대차보호법은 주택의 채권적 전세권과 상가건물의 채권적 전세권을 주택임차권 및 상가건물임차권으로 특별히 보호한다($\frac{주택임대차보호법\ 제12조,\ 상}{가건물임대차보호법\ 제17조}$). 물권적 전세권은 등기된 전세권을 말한다. 채권적 전세에서는 원칙적으로 목적물의 경매를 통하여 우선변제를 받을 수 없다는 점에서 물권적 전세권과 차이가 있다($\frac{제318조}{참조}$).

## Ⅱ. 전세권의 법적 성질

### 1. 타 물 권

전세권은 타인의 부동산을 목적으로 하는 제한물권이다. 따라서 전세권자가 전세목적물의 소유권을 취득하면 혼동에 의해 원칙적으로 전세권이 소멸한다. 그러나 혼동의 예외로 전세권을 목적으로 한 저당권이 설정되어 있거나($^{제371}_{조}$), 전세권보다 후순위인 저당권이 있는 경우에는 전세권이 소멸하지 않는다는 점에서 타인의 부동산만을 목적으로 하는 것은 아니다.

### 2. 용익물권성

전세권은 목적부동산의 사용·수익을 본체로 하기 때문에 그 부동산을 점유할 수 있는 권리를 포함한다. 그러므로 전세권자가 목적부동산을 사용하는 경우에 상린관계의 규정이 준용되고($^{제319}_{조}$), 전세권이 침해되는 경우에는 물권적 청구권이 인정된다($^{제319}_{조}$).

전세권은 물권으로서 당연히 양도성과 상속성을 가진다. 따라서 부동산소유자의 변경은 전세권의 운명에 영향을 주지 않으며, 전세권의 양도나 전세목적물의 전전세 또는 임대의 경우에도 부동산소유자의 동의를 필요로 하지 않는다. 다만 양도금지의 특약이 가능하다($^{제306조}_{단서}$).

토지전세권과 지상권과의 관계: 건물 기타의 공작물이나 수목의 소유를 위하여 지상권을 설정하지 않고 토지에 전세권을 설정할 수 있는가? 이에 대해 긍정설(다수설)과 부정설이 대립한다. 긍정설은 존속기간이 10년 내인 토지전세권으로 건물, 공작물 등의 소유라는 목적을 이룰 수 있다면, 당사자의 의사에 따른 이러한 토지전세권을 제한할 이유가 없다고 한다. 반면 부정설은 지상권에는 최단기간(30년, 15년, 5년)만이 규정되어 있고($^{제280}_{조}$), 최장기간에 관한 규정이 없는 데 반해, 토지전세권에는 최장기간(10년)만이 규정되어 있고($^{제312}_{조}$), 최단기간에 관한 규정이 없다는 점을 근거로 지상권에서는 지상물을 투자한 지상권자의 이익을 보호하기 위해 장기간의 사용기간이 인정되지만, 토지전세권의 경우에는 지상물의 사용기간을 단기로 하는 것이 입법의 취지임에도 불구하고 지상물의 소유를 위해서 토지전세권을 설정하는 것은 지상권의 최단기간을 규정한 취지에 반한다고 한다.

### 3. 담보물권성

전세권은 목적부동산의 사용·수익을 그 내용으로 하기 때문에 용익물권이라는 점에 다툼이 없다. 그러나 1984년 민법개정에서 전세권자에게 우선변제권을 인정함으로써($^{제303조}_{제1항}$) 전세권은 담보물권으로서의 성질도 함께 갖게 되었다.

#### (1) 전세권의 법적 성질에 대한 학설과 판례

1984년 민법개정 이후 전세권의 법적 성질에 대해서 판례는 전세권의 용익물권성을 강조한 것$\binom{\text{대판 1999.9.}}{\text{17, 98다31301}}$과 용익물권성과 담보물권성을 동등하게 인정한 것$\binom{\text{대판 2005.3.25.}}{\text{2003다35659}}$으로 나누어져 있다. 학설상으로는 ⅰ) 전세권은 부동산질권으로서 순수한 담보물권으로 보는 견해, ⅱ) 민법이 전세권자에게 우선변제권을 인정하는 이상 전세권은 용익물권인 동시에 담보물권이라고 하여 두 권능을 동등하게 파악하는 견해, ⅲ) 전세권은 기본적으로 용익물권이지만, 부수적·종적으로 담보물권의 성질을 갖는다는 견해가 있다. 생각건대 전세권은 그 본질에서는 용익물권이지만, 용익적 권능의 소멸 후에는 전세금반환채권을 피담보채권으로 하는 담보물권으로 전환하는 특수용익물권이라고 보아야 할 것이다.

---

**사례 1** A는 그 소유의 건물에 관하여 B에게 전세권설정등기를 해 주었다. 그 후 전세기간이 종료되어 전세권이 소멸하자 B는 C에게 전세금반환채권을 양도하고 전세권이전의 부기등기를 마쳤다. 그 무렵 B의 채권자 D는 B의 전세금반환채권에 대해 압류 및 전부명령을 신청하여 압류 및 전부명령이 A에게 송달 후 확정되었다. 이 경우 전세금반환채권자는 누구인가?

(대판 2005.3.25. 2003다35659 참조)

**| 해설 1 |** D가 전세금반환채권을 취득한다.

전세권설정등기를 마친 민법상의 전세권은 그 성질상 용익물권적 성격과 담보물권적 성격을 겸비한 것으로서, 전세권의 존속기간이 만료되어 전세권의 용익물권적 권능이 소멸하면 전세권설정등기의 말소 없이도 당연히 소멸하고 단지 전세금반환채권을 담보하는 담보물권적 권능의 범위 내에서 전세금의 반환시까지 그 전세권설정등기의 효력이 존속하고 있다. 이와 같이 존속기간의 경과로서 본래의 용익물권적 권능이 소멸하고 담보물권적 권능만 남은 전세권에 대해서도 그 피담보채권인 전세금반환채권과 함께 제3자에게 이를 양도할 수 있다. 그러나 제450조 제2항 소정의 확정일자 있는 증서에 의한 채권양도절차를 거치지 않는 한 위 전세금반환채권의 압류·전부 채권자 등 제3자에게 위 전세보증금반환채권의 양도사실로써 대항할 수 없는데, 전세기간 만료 이후 전세권양도계약 및 전세권이전의 부기등기가 이루어진 것만으로는 전세금반환채권의 양도에 관하여 확정일자 있는 통지나 승낙이 있었다고 볼 수 없다.

---

### (2) 담보물권으로서의 성질

(가) 전세권은 담보물권으로서의 성질도 있으므로 담보물권의 성질인 부종성, 수반성, 불가분성, 물상대위성을 갖는다$\binom{\text{대판 1995.2.10.}}{\text{94다18508}}$.

'담보물권으로서의 전세권'은 전세금반환채권에 종속되어 있다(부종성). 따라서 전세금반환채권이 존재하지 않으면, 전세권은 성립할 수 없고, 전세금반환채권이 소멸하면 전세권도 소멸한다. 다만 전세권은 다른 담보권과 마찬가지로 전세권자와 전세권설정자 및 제3자 사이에 합의가 있으면 전세권자의 명의를 제3자로 하는 것도 가능하므로, 임대차계약에 바탕을 두고 이에 기한 임차보증금반환채권을 담보할 목적으로 임대인, 임차인 및 제3자 사이의 합의에 따라 제3자 명의로 경료된 전세권설정등기는 유효하다$\binom{\text{대판 2005.5.26.}}{\text{2003다12311}}$.

채권의 담보목적으로 설정된 전세권이라도 전세권자가 장차 목적물의 사용·수익이 완전히 배제하는 것이 아니면 그 전세권의 효력을 부정할 수는 없다($\frac{대판\ 1995.2.10,}{94다18508}$). 그러나 장차 전세권자가 목적물을 사용·수익하는 것이 완전히 배제되어 있는 예외적인 경우에는 전세권의 효력이 부인된다($\frac{대판\ 1995.2.}{10,\ 94다18508}$).

---

**사례 2** A는 그 소유의 건물을 B에게 임대보증금 1억 2천만 원, 임대기간 2년 등으로 정하여 임대하였다. B는 임차보증금채권을 C에게 양도하였고, A는 이를 승낙하였다. 그런데 C가 임차보증금에 대한 담보를 위해 A에게 전세권설정을 요구하자, A는 임대차기간이 1년 남은 상황에서 위 건물에 전세보증금 1억 원, 전세기간 4년, 전세권자 B, C로 정하여 전세권설정계약 및 전세권설정등기를 마쳤다. 이 전세권은 유효하게 성립된 것인가?　　　　　(대판 2005.5.26, 2003다12311 참조)

**┃ 해설 2 ┃** B, C 명의의 유효한 전세권이 성립하였다.

전세권은 다른 담보권과 마찬가지로 전세권자와 전세권설정자 및 제3자 사이에 합의가 있으면 그 전세권자의 명의를 제3자로 하는 것도 가능하므로, 임대차계약에 바탕을 두고 이에 기한 임차보증금반환채권을 담보할 목적으로 임대인, 임차인 및 제3자 사이의 합의에 따라 제3자 명의로 경료된 전세권설정등기는 유효하다. 이 사안에서 종전의 임대차는 채권적 전세에 불과하였으나, 전세권설정계약과 이에 따른 등기를 통하여 물권으로서의 전세권이 되었고, 종전 임대차는 보증금이 1억 2천만 원이고, 그 존속기간이 남았는데도, 전세권설정계약에서는 전세보증금을 1억 2천만 원에서 1억 원으로 감액하고, 전세권존속기간을 새로 정하였으며, 전세권자도 이미 A에 대한 전세금반환채권을 양수받아 A로부터 그 승낙을 얻은 C를 포함하였으므로, 전세권설정계약 및 그에 따른 등기에 의하여, 종전 임대차는 존속기간 전에 합의해지되고, B와 C를 공동전세권자로 한 전세권설정계약이 새로 체결된 것이라고 보아야 한다.

---

### (나) 전세금반환채권의 양도성(수반성)

#### 1) 전세권 존속중 전세권의 양도

전세권의 용익물권적 권능이 소멸하기 전에 전세권을 양도하면 (아직 발생하지 않은) 전세금반환채권도 함께 이전된다.

전세권의 용익물권적 권능이 소멸하기 전에 전세권과 분리하여 전세금반환채권만 양도할 수 있는가? 원칙적으로 전세권이 존속하는 동안에는 전세금반환청구권을 전세권과 분리해서 확정적으로 양도할 수 없다($\frac{대판\ 2002.8.23,}{2001다69122}$). 다만 전세권 존속 중이라도 예외적으로 장래에 전세권이 소멸할 경우에 전세금반환채권이 발생하는 것을 조건으로 하는 장래의 조건부 채권을 양도할 수 있다($\frac{대판\ 2002.8.23,}{2001다69122}$). 학설상으로는 전세권은 담보물권으로서의 성질을 가지므로 전세기간 만료 전에 전세금반환채권만을 양도하는 것은 불가능하다는 부정설과 전세권의 소멸 전이라도 전세권과 분리하여 장래의 채권인 정지조건부의 전세금반환채권만을 양도할 수 있고, 용익물권인 전세권의 소멸로 전세금반환채권이 성립될 때 전세금반환채권의 양수인이 채권을 취득할 수 있다는 제한적 긍정설이 대립한다.

2) 전세권의 용익물권적 권능의 소멸 후 전세금반환채권의 양도

전세권의 용익물권적 권능이 소멸한 후에도 담보물권적 권능이 남아 있는 전세권과 함께 전세금반환채권의 양도는 가능하다. 이때에는 담보부 전세금반환채권이 양도되는 것이다. 즉 전세권의 존속기간이 경과되어 전세권의 용익물권적 권능이 소멸한 때에는 전세권설정등기의 말소 없이도 당연히 소멸하지만, 담보물권적 권능의 범위 내에서는 전세금반환시까지 그 전세권설정등기의 효력이 있다. 담보물권적 권능만 남은 전세권도 그 피담보채권인 전세금반환채권과 함께 제3자에게 이를 양도할 수 있다($\binom{\text{대판 2005.3.25.}}{\text{2003다35659}}$). 이를 위해서는 전세권이전의 부기등기가 있어야 한다. 이 때 전세금반환채권은 전세권에 의하여 우선변제가 보장된다. 주의할 점은 건물전세의 경우 존속기간이 만료했더라도 용익물권적 전세권이 당연히 소멸하지는 않는다는 것이다. 건물전세의 경우 법정갱신이 인정되기 때문이다($\binom{\text{제312조}}{\text{제4항}}$).

반면 용익권적 전세권의 소멸 후 담보권적 전세권은 제외하고 전세금반환채권만의 양도도 가능하다. 당사자간의 약정에 의해 피담보채권의 처분이 있음에도 불구하고 담보물권의 처분이 따르지 않는 특별한 사정이 있는 경우에는 채권양수인은 담보물권이 없는 무담보의 채권을 양도한 것이 된다($\binom{\text{대판 1999.2.5.}}{\text{97다33997}}$). 이 때 피담보채권이 담보권과 분리 양도되었으므로 부종성의 원칙상 담보권적 전세권은 바로 소멸한다.

(다) 전세권은 전세금반환채권의 전액에 관하여 전세금이 전부 변제될 때까지 목적물 전부 위에 효력을 미친다(불가분성). 전세반환채권이 일부만이 남아 있는 경우에도 목적물 전부에 담보권적 전세권의 효력이 미친다.

(라) 전세권은 본래의 전세목적물뿐만 아니라, 그 가치대표물 위에도 효력을 미친다(물상대위성). 따라서 전세권자는 전세목적물의 멸실·훼손·공용징수로 전세권설정자가 받을 금전 기타의 물건에 대해서도 우선변제권을 행사할 수 있다. 이 경우에는 그 금전 기타의 물건이 지급 또는 인도되기 전에 압류해야 한다($\binom{\text{제342조}}{\text{참조}}$).

---

**사례 3** A는 그 소유의 X건물에 관하여 B와 전세기간 4년, 전세보증금 1억 원으로 정하여 전세계약을 체결한 후, B 앞으로 전세권설정등기를 마쳤다. 전세기간은 더이상 연장하지 않기로 합의하였다.

질문 1) B는 전세기간 중 전세권과 분리해서 전세금반환채권을 C에게 양도할 수 있는가?

질문 2) B는 전세기간 종료 후 전세금반환채권을 C에게 양도할 수 있는가?

(대판 2002.8.23. 2001다69122; 대판 1997.11.25. 97다29790 참조)

**| 해설 3 |**

해설 1) 원칙적으로는 양도할 수 없지만, 장래에 그 전세권이 소멸하는 경우에 전세금반환채권이 발생하는 것을 조건으로 하는 조건부 채권을 양도할 수는 있다.

전세권은 전세금을 지급하고 타인의 부동산을 그 용도에 따라 사용·수익하는 권리로서 전세금의 지급이 없으면 전세권은 성립하지 아니하는 등으로 전세금은 전세권과 분리될 수 없는 요소일 뿐 아니라, 전세권에 있어서는 그 설정행위에서 금지하지 아니하는 한 전세권자는 전세권 자체를 처분하여 전세금으로 지출한 자본을 회수할 수 있도록 되어 있으므로 전세권이 존속하는 동안은 전세권을 존속시키기로 하면서 전세금반환채권만을 전세권과 분리하여 확정적으로 양도하는 것은 허용되지 않는다. 다만 전세권 존속 중에는 장래에 그 전세권이 소멸하는 경우에 전세금 반환채권이 발생하는 것을 조건으로 그 장래의 조건부 채권을 양도할 수 있을 뿐이다.

**해설 2) 양도할 수 있다.**

담보물권적 권능이 있는 전세권과 함께 양도되거나 전세금반환채권만의 양도도 가능하다. 전세권이 담보물권적 성격도 갖는 이상 부종성과 수반성이 있는 것이므로 전세권을 그 담보하는 전세금반환채권과 분리하여 양도하는 것은 허용되지 않는다. 한편 담보물권의 수반성이란 피담보채권의 처분이 있으면 언제나 담보물권도 함께 처분된다는 것이 아니라, 채권 담보라고 하는 담보물권 제도의 존재 목적에 비추어 볼 때 특별한 사정이 없는 한 피담보채권의 처분에는 담보물권의 처분도 포함된다고 보는 것이 합리적이라는 것일 뿐이므로, 전세권이 존속기간의 만료로 소멸한 경우이거나 전세계약의 합의해지 또는 당사자 간의 특약에 의하여 전세금반환채권의 처분에도 불구하고, 전세권의 처분이 따르지 않는 경우 등의 특별한 사정이 있는 때에는 채권양수인은 담보물권이 없는 무담보의 채권을 양수한 것이 된다.

---

**사례 4** A회사는 B를 전세권자로 하여 X식당에 전세권을 설정하였다. 그런데 이 전세권은 A로부터 또다른 식당인 Y식당을 임차하여 운영하던 B에게 임차보증금반환채권을 담보할 목적으로 설정한 것이다. 그런데 B는 X식당을 운영하거나 점유하지 않았다. 그 후 B는 A회사의 직원 C에게 X식당의 전세권을 이전했으나, C는 A와 X식당의 형식적 임대차계약서를 작성한 채 사용·수익에 관여하지 않았고 A가 직접 식당을 운영했다. 한편 D는 A, C와 X식당의 전세권을 이전하는 계약을 체결하고 전세권 이전을 받고 나서 전세권자로서 X식당의 사용·수익권을 주장한다. 이러한 D의 주장은 타당한가? (대판 2021.12.30, 2018다40235,40242 참조)

**│해설 4│** D의 주장은 타당하지 않다.

B가 취득한 전세권은 무효이다. 당사자의 합의에서 이미 사용·수익권을 배제하고 있기 때문이다. B가 취득한 전세권이 이미 무효이므로 그로부터 전세권을 이전받은 C와 D는 유효하게 전세권을 취득한 것으로 볼 수 없다. 따라서 D는 전세권의 내용으로 사용·수익권을 주장할 수 없다.

---

## Ⅲ. 전세권의 성립과 존속기간

### 1. 전세권의 성립

#### (1) 전세권설정계약과 전세권등기

전세권은 전세권설정자와 전세권자 사이의 전세권설정계약과 전세권설정등기(부등법 제72조)에 의하여 성립한다$\binom{제186}{조}$. 전세권설정계약은 전세권자가 전세금을 지급하고 전세권을 취득하기로 하는 내용이어야 한다.

목적부동산의 인도는 전세권의 성립요건이 아니다$\binom{대결\ 2018.1.25.}{2017마1093}$. 따라서 전세권자가 전세목적물을 인도받지 않았더라도 전세권의 성립에 영향을 미치지 않는다. 당사자가 주로 채권담보의 목적으로 전세권을 설정하고 그 설정과 동시에 전세목적물을 인도하지 않은 경우라도 장차 전세권자가 목적물을 사용·수익하는 것을 완전히 배제하는 것이 아니라면, 그 전세권의 효력을 부인할 수는 없다$\binom{대판\ 2009.1.30.\ 2008다67217.\ 반면\ 전세권이\ 무효}{라는\ 판결로는\ 대판\ 2021.12.30.\ 2018다40235,40242}$.

전세권의 객체는 부동산이므로 건물이나 토지를 전세권의 목적으로 할 수 있다$\binom{제303조}{제1항}$. 건물 또는 토지의 일부에 대해서도 전세권의 설정이 가능하다. 다만 이 때에는 전세권설정등기시 그 일부에 대한 도면을 첨부해야 한다$\binom{부동법\ 제72}{조\ 제1항\ 6호}$. 민법은 농경지의 경우 전세권의 목적으로 할 수 없도록 규정한다$\binom{제303조}{제2항}$. 농경지의 경우는 농지법에서 제한된 범위 내에서 농지의 임대차를 허용하고 있으므로$\binom{농지법\ 제23조}{내지\ 제27조}$ 전세권이 아니라 임대차에 의해야 한다.

### (2) 전세금의 지급

전세금의 지급은 전세권 성립의 요소이다. 그러나 전세금의 지급이 반드시 현실적으로 수수되어야만 하는 것은 아니고 기존의 채권으로 전세금의 지급에 갈음할 수 있다$\binom{대판\ 1995.2.}{10,\ 94다18508}$. 예컨대 임대차계약에 따른 임대차보증금반환채권을 담보할 목적으로 한 임차인 명의의 전세권설정등기도 유효하다. 다만 보증금에서 연체차임 등을 공제하고 남은 돈을 전세금으로 하는 것을 당사자의 합치된 의사로 보아야 하므로 이미 지급한 임차보증금을 전세금으로 하는 약정은 그 차액범위에서는 전세권설정계약이 통정허위표시로 무효가 된다$\binom{대판\ 2021.12.30.}{2018다268538}$.

전세권자의 설정자에 대한 전세금지급의무는 설정자의 전세권자에 대한 전세권설정등기의무 및 목적부동산의 인도의무와 동시이행관계에 있다.

전세권설정계약의 당사자가 전세금을 지급하지 않기로 하는 특약을 체결한 경우, 전세권설정계약은 무효가 되지만, 무효인 법률행위의 전환$\binom{제138}{조}$에 의해 지상권 또는 사용대차의 성립을 인정할 수 있다.

---

**사례 5** A가 그 소유의 토지에 건물신축 공사를 B에게 맡겼다. B는 A에 대한 공사대금채권을 담보하기 위해 전세권 설정계약을 체결하고 신축건물에 전세권등기를 마쳤으나, 이를 인도받지는 않고 있다. 이에 대하여 A는 전세목적물을 인도받지 않고 담보목적으로 전세권이 설정되었다는 점, 전세금의 지급이 없었다는 점을 이유로 B의 전세권은 효력이 없다고 주장한다. B의 전세권은 유효한가?                                        (대판 1995.2.10, 94다18508 참조)

│**해설 5**│ B의 전세권은 유효하게 성립한다.

전세권이 용익물권적 성격과 담보물권적 성격을 겸비하고 있다는 점 및 목적물의 인도는 전세권의 성립요건이 아닌 점 등에 비추어 볼 때, 당사자가 주로 채권담보의 목적으로 전세권을 설정하였고, 그 설정과 동시에 목적물을 인도하지 아니한 경우라 하더라도, 장차 전세권자가 목적물을 사용·수익하는 것을 완전히 배제하는 것이 아니라면, 그 전세권의 효력을 부인할 수는 없다. 또한 전세금의 지급은 전세권 성립의 요소가 되는 것이지만 그렇다고 하여 전세금의 지급이 반드시 현실적으로 수수되어야만 하는 것은 아니고 기존의 채권으로 전세금의 지급에 갈음할 수도 있다.

## 2. 전세권의 존속기간

### (1) 존속기간의 정함이 있는 경우

당사자는 설정계약에서 전세권의 존속기간을 정할 수 있다. 다만 이를 등기해야 제3자에게 대항할 수 있다(부등법 제72 조 제1항 3호).

설정계약에서 정한 존속기간은 최장기간이 10년을 초과할 수 없고, 10년을 초과하는 존속기간을 정하더라도 10년으로 단축된다(제312조 제1항). 또한 존속기간 만료시 설정계약의 갱신이 가능하나, 갱신된 설정계약의 존속기간은 갱신한 날로부터 10년을 초과할 수 없다(동조 제3항). 갱신합의는 등기해야 효력이 있다. 따라서 토지전세권의 경우 존속기간이 만료되면 말소등기가 없더라도 전세권은 원칙적으로 소멸한다(건물전세의 경우에는 아래와 같이 존속기간의 만료로 법정갱신된다. 제312조 제4항 참조).

1981년 제정된 주택임대차보호법에서 주택임대차의 최단존속기간을 법정함에 따라 1984년 민법개정시 제312조 제2항을 마련하여 건물전세권의 최단존속기간을 1년으로 법정하였다.

### (2) 존속기간의 정함이 없는 경우

설정계약에서 존속기간의 정함이 없는 경우(부등법 제72조 제1항 참조), 제313조에 의해 각 당사자는 언제든지 상대방에게 전세권의 소멸을 통고할 수 있고, 상대방이 이 통고를 받은 날로부터 6월이 경과하면 전세권은 소멸한다. 건물전세권에 대해서도 설정계약에서 존속기간의 정함이 없는 경우 위와 같은 법리가 적용된다는 견해도 있지만 건물전세권자의 보호를 위하여 최단 존속기간으로서 제312조 제2항에 의하여 1년의 전세권이 보장된다고 해야 할 것이다.

당사자 일방이 소멸통고를 한 경우, 6월의 경과로 전세권말소등기 없이 전세권이 소멸하는가? 이에 대해 학설상 소멸통고가 채권적 청구권 또는 물권적 단독행위이므로 말소등기를 해야 소멸한다는 견해도 있지만, 소멸통고는 형성권이라는 점에서 법률의 규정에 의한 물권변동에 해당하므로 말소등기 없이 소멸한다고 해야 할 것이다.

### (3) 건물전세권의 법정갱신

지상권에서와 같은 갱신청구권(제283조 제1항)은 인정되지 않지만 전세권의 존속기간이 만료하면 당사자는 약정에 의해 최장존속기간 내에서 갱신할 수 있다(제312조 제3항).

그런데 건물전세권의 경우는 위의 약정갱신 외에도 제312조 제4항에 의한 법정갱신이 인정된다. 즉 별도의 통지가 없으면 존속기간 만료로 계약은 소멸한다는 원칙에서 벗어나 경제적 약자인 건물전세권자의 보호를 위해 별도의 통지가 없으면 전세권이 갱신된 것으로 본다. 다만 이때 전세권설정자도 보호하기 위해 갱신된 전세권의 존속기간은 정하지 않은 것으로 한다. 이는 주택임대차보호법 제6조의 법정갱신에 대응하여 건물전세권자의 지위를 강화하기 위해 민법에 규정된 것이다. 이와 같은 법정갱신은 토지의 전세권자에게는 인정되지 않는다.

건물의 전세권설정자가 전세권의 존속기간 만료일부터 소급하여 6월부터 1월 사이에 전세권자에 대해 갱신거절의 통지 또는 조건을 변경하지 않으면 갱신하지 않겠다는 통지를 하지 않으면 법정갱신의 요건을 갖추게 된다.

법정갱신이 된 경우 전세권자는 별도의 등기가 없어도 전세권설정자나 그 목적물을 취득한 제3자에 대하여 그 권리를 주장할 수 있다(대판 2010.3.25., 2009다35743). 전세권의 법정갱신은 법률의 규정에 의한 부동산에 관한 물권의 변동이기 때문이다. 따라서 법정갱신된 후 아직 변경등기가 되기 전에 전세권이 설정된 건물의 소유권을 취득한 자가 등기부상 전세권의 존속기간이 만료되어 소멸한 것으로 믿었더라도 건물전세권자는 건물의 소유권취득자에게 전세권을 주장할 수 있다. 다만 그 전세권의 처분을 위해서는 존속기간에 관한 변경등기를 해야 한다(제187조 단서).

건물의 전세권이 법정갱신된 경우에는 종전의 전세권과 동일한 조건으로 다시 전세권을 설정한 것으로 본다. 이는 새로운 전세권이 설정되는 것이 아니라 기존의 전세권이 동일성을 유지하며 연장된 것으로 보아야 한다. 이에 의하면 건물전세권 저당권의 경우 전세권 존속기간이 지나 법정갱신되면 저당권의 목적물인 건물전세권이 소멸하지 않았으므로 물상대위를 행사할 수 없다(이와는 달리 새로운 전세권을 설정한 것으로 보면 저당권의 목적물인 건물전세권이 소멸하였으므로 전세금반환채권에 대하여 물상대위의 법리가 적용되게 된다). 나아가 법정갱신된 건물전세권을 20년간 행사하지 않는 경우가 발생하며 소멸시효의 대상이 된다.

### (4) 전세권의 존속기간 만료와 전세권의 소멸

법정갱신되지 않는 경우 전세권의 존속기간이 만료되면 당연히 전세권설정등기의 말소등기 절차를 거치지 않고도 전세권은 소멸하는가? 이에 대해 전세권소멸설(제187조에 의한 법률에 의한 물권변동의 한 예로서 전세권의 존속기간이 만료되면 당연히 전세권설정등기의 말소등기절차를 거치지 않고도 전세권은 소멸한다는 견해), 용익물권적 권능소멸설(전세권의 존속기간이 만료되면 전세권의 용익물권적 권능만이 소멸할 뿐 담보물권적 권능은 그대로 유지되며, 잔존 등기도 그 한도에서 여전히 유효하고, 전세금이 전세권자에게 반환되어야 비로소 전세권이 전부 소멸하게 된다는 견해)이 있다.

판례의 다수는 용익물권적 권능소멸설에 입각한 것(대판 2005.3.25., 2003다35659)으로 평가될 수 있다. 판례 중 일부는 전세권이 소멸한다고 표현하고 있다. 즉 전세권을 목적물로 하는 저당권은 그 전세권이 존속기간이 만료되어 소멸하면 전세권저당권도 소멸한다고 표현한다(대판 1999.9.17, 98다31301). 그러나 이러한 표현에서도 소멸하는 전세권은 내용적으로 용익물권적 전세권만을 의미하는 것으로 보아야 한다.

## Ⅳ. 전세권의 효력

### 1. 전세권자의 사용 · 수익관계

#### (1) 전세권자의 사용 · 수익권

(가) 전세권자는 목적부동산을 점유하여 그 부동산의 용도에 좇아 사용 · 수익할 권리가 있다($\frac{제303조}{제1항}$). 사용 · 수익은 천연과실 또는 법정과실을 취득할 수 있음을 의미한다. 전세권자의 목적부동산에 대한 사용 · 수익권은 전세권의 핵심이기 때문에 목적물을 점유할 권리($\frac{제213조}{단서}$), 물권적 청구권($\frac{제319조, 제213}{조, 제214조}$)이 인정되고, 이웃토지와의 이용조절을 위한 상린관계의 규정이 준용되며($\frac{제319조, 제216}{조 내지 244조}$), 전세권자의 부속은 제256조 단서의 권원이 있는 자의 부속에 해당되어 부속물매수청구권을 행사할 수 있다($\frac{제316조}{제2항 참조}$).

(나) 전세권자의 사용 · 수익권은 용도에 좇은 것이어야 한다. '용도에 좇아'란 경제적 효능에 따른다는 뜻이며, 설정계약에서 이에 관한 약정을 하지 않는 경우에는 목적부동산의 성질에 따라서 결정된다($\frac{제311조}{제1항 참조}$). 그러나 어떠한 경우에도 전세권자는 목적물을 변경할 수 없고 그 현상을 유지해야 한다($\frac{제309}{조}$).

전세권자가 설정계약 또는 부동산의 성질에 의하여 정해진 용도에 따라서 사용 · 수익하지 않는 경우 전세권설정자는 전세권의 소멸을 청구할 수 있고($\frac{제311조}{제1항}$), 자신의 선택에 따라서 원상회복 또는 손해배상을 청구할 수 있다($\frac{제311조}{제2항}$). 소멸청구의 법적 성질에 관해 형성권설과 청구권설이 대립하는 바, 전자는 전세권말소등기 없이 소멸청구의 의사표시로 전세권이 소멸하는 것으로 이해하지만, 후자는 말소등기가 있어야 비로소 전세권이 소멸한다고 한다.

#### (2) 건물전세권과 그 토지의 이용관계

건물전세권의 경우 기반이 되는 토지의 이용권이 보장되어야 한다는 점에서 토지이용권에 대한 합의가 없더라도 건물전세권자의 토지이용을 가능하게 하는 규정이 있다(제304조,제305조.).

### (가) 건물전세권의 지상권·토지임차권에 대한 효력

제304조 제1항에서 "타인의 토지에 있는 건물에 전세권을 설정한 때에는 전세권의 효력은 그 건물의 소유를 목적으로 한 지상권 또는 임차권에 미친다"고 규정한다. 위 규정의 취지상 건물전세권의 효력이 미치는 지상권, 임차권 외에 토지전세권에 대해서도 그 효력이 당연히 미친다.

1) "미친다"는 의미에 대해 판례는 제304조가 전세권을 설정하는 건물소유자가 건물의 존립에 필요한 지상권 또는 임차권과 같은 토지사용권을 가지고 있는 경우에 관한 것으로, 그 경우에 건물전세권자로 하여금 토지소유자에 대하여 건물소유자인 전세권설정자의 토지사용권을 원용할 수 있도록 함으로써 토지소유자 기타 토지에 권리를 갖고 있는 사람에 대한 관계에서 건물전세권자를 보다 안전한 지위에 놓으려는 취지의 규정으로 이해한다(대판 2010.8.19, 2010다43801). 학설상으로는 법률의 규정에 의해 등기 없이도 건물전세권자가 지상권 또는 임차권에 대해서 전세권을 취득한다고 보는 전세권취득설, 전세권의 목적물이 권리(지상권 또는 임차권)일 수 없으므로 지상권자 또는 임차인과 같이 토지를 사용·수익할 수 있다는 토지이용설이 주장된다.

2) 대지이용권과의 불가분성 때문에 건물전세권자의 동의 없이 건물전세권 설정자가 지상권 등을 소멸시키는 처분행위를 한 경우 그 행위는 건물전세권자를 해치는 범위 내에서는 효력이 없다(제304조,제2항). 제304조 제2항에서 제한하려는 행위는 포기, 기간단축약정 등 지상권 등을 소멸하게 하거나 제한하여 건물전세권자의 지위에 불이익을 미치는 전세권설정자의 임의적인 행위를 말한다. 그런데 지상권을 갖는 건물소유자가 그 건물에 전세권을 설정하였으나 그가 2년 이상의 지료를 지급하지 아니하였음을 이유로 지상권설정자, 즉 토지소유자의 소멸청구로 지상권이 소멸하는 것(제287조참조)은 위 제304조 제2항의 "지상권 또는 임차권을 소멸하게 하는 행위"에 해당하지 아니한다(대판 2010.8.19, 2010다43801.). 따라서 이 때에는 지상권설정자(토지소유자)는 건물전세권자에게 지상권 등의 소멸을 주장할 수 있다.

---

**사례 6** A는 그 소유의 토지 상에 건물을 소유하면서 B에게 건물전세권을 설정하였다. 그런데 경매절차에서 C가 위 토지를 매수하여 그 소유권을 취득하였고, 그 결과 A는 위 건물 소유를 위한 법정지상권을 취득하였다. 그 후 C는 A를 상대로 지료청구소송을 제기하여 지료의 지급을 명하는 판결이 확정되었지만, A는 판결로 확정된 지료를 24개월 이상 연체하였다. 이에 C는 지료연체로 인한 지상권소멸청구를 하고 이로 인하여 A의 법정지상권이 소멸하였다고 주장하면서, 위 건물을 점유하고 있던 B를 상대로 위 건물에서의 퇴거를 구하는 소송을 제기하였다. 이에 B는 지상권소멸청구가 전세권자 또는 임차인의 동의 없이 행하여진 경우, 제304조 제2항에 의하여 그 효과가 제한된다고 주장한다. B의 주장은 타당한가? (대판 2010.8.19, 2010다43801 참조)

| 해설 6 | B의 주장은 부당하다.

제304조는 타인의 토지에 있는 건물에 전세권이 설정된 경우에 전세권의 효력은 그 전세권의 목적이 된 건물의 소유를 목적으로 한 지상권 또는 임차권에도 미치고$\binom{제1}{항}$ 그 경우에 전세권설정자는 전세권자의 동의 없이 위 지상권 또는 임차권을 소멸하게 하는 행위를 하지 못한다고$\binom{제2}{항}$ 정한다. 그런데 지상권을 갖는 건물소유자가 그 건물에 전세권을 설정하였으나 그가 2년 이상의 지료를 지급하지 아니하였음을 이유로 지상권설정자, 즉 토지소유자의 청구로 지상권이 소멸하는 것$\binom{제287조}{참조}$은 전세권설정자가 전세권자의 동의 없이는 할 수 없는 위 제304조 제2항에서 정한 "지상권 또는 임차권을 소멸하게 하는 행위"에 해당하지 아니한다. 따라서 건물에 대하여 전세권 또는 대항력 있는 임차권을 설정하여 준 지상권자가 그 지료를 지급하지 아니함을 이유로 토지소유자가 한 지상권소멸청구가 그에 대한 전세권자 또는 임차인의 동의가 없이 행하여졌다고 해도 제304조 제2항에 의하여 그 효과가 제한된다고 할 수 없다.

### (나) 법정지상권

1) 동일소유자에 속하는 건물과 대지 중 건물에만 전세권을 설정한 후 대지소유자이자 건물의 전세권설정자가 대지소유권을 처분하여 대지와 건물의 소유권자가 달라진 경우 전세권설정자의 법정지상권이 성립한다$\binom{제305조}{제1항}$.

대지소유권의 변동없이 경매로 건물소유권이 제3자에게 이전되어 대지와 건물의 소유자가 다르게 된 경우에 제305조의 법정지상권이 인정되는가? 이 경우에는 대지소유자는 전세권설정계약의 당사자로서 전세권자에게 대지를 이용케 할 의무를 부담하므로 전세권자에게 따로 법정지상권을 인정할 필요가 없다는 점, 관습상 법정지상권 또는 제366조의 법정지상권에 의하여 보호되므로 제305조를 확대하여 유추적용해야 할 필요가 없다고 할 것이다. 이외에도 제305조를 확대해석해서 제305조의 법정지상권이 성립한다는 견해, 원칙적으로 제366조의 법정지상권 또는 관습상 법정지상권이 인정되지만, 건물소유자가 이를 포기하는 경우에는 제305조의 법정지상권이 인정된다는 견해 등이 있다.

2) 제305조 제1항의 법정지상권을 취득하는 자는 전세권자가 아니라 건물소유자(건물전세권설정자)이다. 지상권은 건물 등의 소유를 목적으로 인정되는 물권이기 때문이다. 이러한 법정지상권의 성립은 법률의 규정에 의한 것이므로 등기를 요하지 않으며$\binom{제187}{조}$, 지료는 당사자 간의 합의 또는 법원의 결정에 의한다.

3) 제305조 제2항은 "전항의 경우"에 대지소유자는 타인에게 대지를 임대하거나 대지를 목적으로 하는 지상권 또는 전세권을 설정하지 못한다고 규정하는데, '전항의 경우'를 '법정지상권이 성립한 때'로 보는 견해도 있지만 이는 '대지와 건물이 동일인에게 속한 상태에서 건물에 전세권을 설정한 때'로 보는 것이 타당하다. 대지소유자는 대지를 임대하거나 지상권 또는 전세권을 설정할 수 있지만, 전세권자의 보호를 위하여 본 조항에 의하여 법정지상권이 성립하기 전이라도 대지소유자의 권리가 제한된다고 보아야 하기 때문이다.

**사례 7** A는 그 소유의 토지 위에 건물을 소유하면서 B에게 건물전세권을 설정하였다. 그런데 그 후 C가 위 토지의 소유권을 경매로 취득하였다. 그리고 A는 위 건물을 D에게 양도하고 소유권이전을 마쳤다. 그 후 C는 D에게 토지를 임대하였다. 위 임대기간이 종료한 후 C가 B를 상대로 'A가 법정지상권을 취득하였고, 그로부터 위 건물을 양수하여 법정지상권을 이전받을 지위에 있는 D가 위 토지를 임차함으로써 위 지위를 소멸시켰으므로 위 건물의 점유자인 B는 건물에서 퇴거해야 한다'는 취지의 소송을 제기하자, B는 제304조에 비추어 법정지상권을 취득할 지위를 소멸시키는 행위로 자신에게 대항할 수 없다고 주장한다. B의 주장은 타당한가?

(대판 2007.8.24, 2006다14684 참조)

**┃해설 7┃ B의 주장은 타당하다.**

토지와 건물을 함께 소유하던 토지·건물의 소유자가 건물에 대하여 전세권을 설정하여 주었는데 그 후 토지가 타인에게 경락되어 제305조 제1항에 의한 법정지상권을 취득한 상태에서 다시 건물을 타인에게 양도한 경우, 그 건물을 양수하여 소유권을 취득한 자는 특별한 사정이 없는 한 법정지상권을 취득할 지위를 가지게 되고, 다른 한편으로는 전세권 관계도 이전받게 되는바, 건물 양수인이 대지 소유자와 사이에 건물의 소유를 목적으로 하는 토지 임대차계약을 체결한 경우에는 법정지상권을 취득할 지위를 포기한 것으로 봄이 상당하다. 이처럼 건물 양수인이 토지 소유자와의 관계에서 전세권자의 동의 없이 법정지상권을 취득할 지위를 소멸시켰다고 하더라도, 제304조 등에 비추어 그 건물 양수인은 물론 토지소유자도 그 사유를 들어 전세권자에게 대항할 수 없다. 따라서 B의 주장은 타당하다.

참고로 건물양수인이 법정지상권을 취득할 지위를 소멸하게 하는 행위를 한 것은 전세권자의 동의 여부와 상관없이 대지소유자와 사이에서는 그대로 유효하므로, C는 D를 상대로 건물철거 및 토지인도를 구할 수 있다. C가 D에게 승소해도 B에 대한 퇴거청구가 기각되면 건물철거와 인도의 강제집행이 불가능하다.

## (3) 전세권과 다른 권리와의 관계

### (가) 저당권과의 관계

전세권과 저당권의 우선순위는 원칙적으로 설정등기의 선후에 의한다. 즉 전세권이 경매에 의해 소멸하는 최선순위의 저당권보다 선순위라면 전세권은 경매로 인한 매각에 의해 영향을 받지 않고, 매수인이 전세권의 부담을 인수해야 한다(민사집행법 제91조 제2항, 제3항). 경매개시가 되면 최선순위의 저당권을 포함한 모든 저당권이 소멸하기 때문에 이와 전세권의 순위가 비교된다. 다만 전세권자가 배당요구를 하면 전세권은 매각으로 소멸한다(대판 2010.6.24, 2009다40790).

반면 전세권이 최선순위의 저당권보다 후순위라면 전세권은 매각으로 소멸한다. 강제집행에서 부동산 매수인은 담보권 및 용익권의 제한이 없는 권리를 취득하는 소멸주의(소제주의)가 적용되기 때문이다. 그 순위를 비교할 저당권은 경매를 신청한 저당권이 아니라 최선순위의 저당권과의 선후를 비교하게 된다.

### (나) 지상권 또는 등기된 임차권과의 관계

전세권과 지상권 또는 등기된 임차권의 우선순위는 등기선후에 의한다.

---

**사례 8** A는 그 소유의 건물을 B에게 임차보증금 1억 원, 임대차기간 2년으로 정하여 임대하는 임대차계약을 체결하고, 당일 A와 B는 추가로 위 건물에 대해 전세보증금 1억 원, 전세기간 2년으로 정하여 전세권설정계약을 체결한 다음, B는 건물을 인도받고, 전입신고와 전세권설정등기를 마쳤다. 전세기간이 남은 상태에서 위 건물에 대해 경매가 개시되자, B는 배당요구기일 전에 임차인으로서 임대차계약서를 첨부하여 배당요구서를 제출하였고, 경매절차에서 C가 위 건물의 소유권을 취득하였다. 이 경우 B의 전세권은 소멸하는가?   (대판 2010.6.24, 2009다40790 참조)

**| 해설 8 |** B의 전세권은 존속한다.

민사집행법 제91조 제3항은 "전세권은 저당권·압류채권·가압류채권에 대항할 수 없는 경우에는 매각으로 소멸된다"라고 규정하고, 같은 조 제4항은 "제3항의 경우 외의 전세권은 매수인이 인수한다. 다만 전세권자가 배당요구를 하면 매각으로 소멸된다"라고 규정하고 있고, 이는 저당권 등에 대항할 수 없는 전세권과 달리 최선순위의 전세권은 오로지 전세권자의 배당요구에 의하여만 소멸되고, 전세권자가 배당요구를 하지 않는 한 매수인에게 인수되며, 반대로 배당요구를 하면 존속기간에 상관없이 소멸한다는 취지라고 할 것인 점, 주택임차인이 그 지위를 강화하고자 별도로 전세권설정등기를 마치더라도 주택임대차보호법상 임차인으로서 우선변제를 받을 수 있는 권리와 전세권자로서 우선변제를 받을 수 있는 권리는 근거규정 및 성립요건을 달리하는 별개의 권리라고 할 것인 점 등에 비추어 보면, 주택임대차보호법상 임차인으로서의 지위와 전세권자로서의 지위를 함께 가지고 있는 자가 그 중 임차인으로서의 지위에 기하여 경매법원에 배당요구를 하였다면 배당요구를 하지 아니한 전세권에 관하여는 배당요구가 있는 것으로 볼 수 없다. 임차인이자 전세권자인 B는 배당요구서에 임차인으로서의 지위에 기하여 배당요구를 하였기에, 전세권에 관하여는 배당요구가 있다고 볼 수 없어 전세권은 존속한다.

---

### (4) 전세권자의 현상유지·수선의무

전세권자는 목적물의 현상을 유지하고 통상의 관리에 속한 수선을 해야 한다($^{제309}_{조}$). 현상유지란 전세권의 존속 중 목적물의 사용·수익에 필요한 상태의 유지를 의미하며, 통상의 관리에 속한 수선이란 목적물의 통상의 유지에 필요한 한도 내에서 하는 수선을 말한다. 임대인은 목적부동산을 사용·수익에 적합한 상태에 둘 적극적 의무를 부담하는 것과는 달리 전세권설정자는 소극적인 용인의무만을 부담한다.

전세권자가 현상유지의무를 위반하는 경우에 전세권설정자는 그의 의무위반을 이유로 전세권의 소멸을 청구하고 원상회복 또는 손해배상을 청구할 수 있다($^{제311}_{조}$).

전세권자는 통상의 수선의무를 부담하기 때문에 목적부동산에 대하여 필요비를 지출하였다 하더라도 필요비상환청구권을 행사할 수 없다. 전세권자가 수선의무를 위반하여 파손 또는 멸실 등의 사태가 발생한 경우에는 전세권소멸청구와 손해배상청구가 가능하다.

## 2. 전세권의 처분

### (1) 전세권의 처분

투하자본의 회수를 위해 전세권자는 전세권을 처분할 수 있다. 즉 전세권을 양도하거나 담보로 제공할 수 있고, 그 존속기간 내에 그 목적물을 타인에게 전전세 또는 임대를 할 수 있다($^{제306조}_{본문}$). 다만 설정행위로 전세권의 처분을 제한할 수 있지만($^{제306조}_{단서}$), 그 특약을 등기하지 않으면 제3자에게 대항하지 못한다($^{부동산법\ 제72조}_{제1항\ 5호}$).

### (2) 전세권의 양도

전세권자는 설정행위에서 금지하지 않는 한 전세권설정자의 동의 없이 전세권을 자유로이 양도할 수 있다($^{제306}_{조}$). 전세권설정자에 대한 통지나 전세권설정자의 승낙이 없더라도 전세권을 양도할 수 있다. 즉 전세권설정자의 개입 없이 전세권이 양도될 수 있다. 전세권이 양도됨에 따라 전세권설정자에 대한 전세권자의 전세금반환채권도 통지나 승낙이 없이 전세권의 양수인에게 이전된다($^{제307}_{조}$). 다만 전세권의 양도를 위해서는 물권변동의 일반원칙에 의하여 양도합의와 부기등기를 해야 한다($^{제186}_{조}$).

양도의 결과 전세권의 양수인은 전세권설정자에 대해 전세권의 양도인인 원래의 전세권자와 동일한 권리·의무를 가진다($^{제307}_{조}$). 전세권양도의 대금에 관해서는 아무런 제한이 없으므로 원래의 전세금액보다 고액이라도 무방하지만, 전세권의 양수인이 전세권 소멸시에 전세권설정자에 대해 반환을 청구할 수 있는 전세금은 양도인이 전세권설정시에 전세권설정자에게 지급한 등기된 금액에 한한다.

전세권의 양도 전에 이미 확정적으로 발생한 양도인인 전세권자의 전세권설정자에 대한 손해배상의무도 당연히 이전되는가? 이에 대해 학설상 전세금의 양도대가에 비추어 이를 인수하였다고 인정되면 손해배상의무도 승계된다는 긍정설과 양수인이 전세권설정자에 대해 전세권의 양도인인 원래의 전세권자와 동일한 권리·의무를 갖는다고 하더라도 양도인이 인적으로 부담하는 의무까지 당연히 양수인에게 이전되는 것은 아니라는 부정설이 대립한다.

### (3) 전세권의 담보제공(전세권저당권)

전세권설정행위에서 금지하고 있지 않는 한 전세권자는 전세권설정자의 동의 없이 전세권을 타인에게 담보로 제공할 수 있다($^{제306}_{조}$). 전세권의 담보제공은 전세권을 목적으로 하는 저당권($^{제371}_{조}$) 또는 양도담보의 설정을 의미한다. 전세권을 목적으로 한 저당권이 실행되면 경매에서의 매수인은 전세권을 취득하게 된다.

### (가) 전세권저당권의 설정

전세권을 목적으로 한 저당권이 설정된 경우, 저당권의 목적물은 전세금반환채권이 아니라 물권인 전세권 자체이므로 전세권의 존속기간 만료시 전세권은 당연히 소멸하고, 저당권의 목적물인 전세권이 소멸하면 전세권저당권도 당연히 소멸한다(대판 1999.9.17, 98다31301). 결국 판례에 따를 때 저당권의 목적인 전세권은 용익물권적 전세권을 말한다.

#### (나) 전세권저당권의 실행방법

##### 1) 전세권의 존속기간 만료 전

전세권저당권을 실행하기 위해서는 저당권의 목적물인 전세권 자체에 대해 경매청구권을 행사해야 한다. 저당권의 목적이 된 전세권은 부동산과 동일시되기 때문에 전세권을 목적으로 하는 저당권은 담보권실행을 위한 부동산경매절차에 의하여 우선변제권을 갖는다(민사집행법 제264조). 이때 경매의 목적물은 부동산 그 자체가 아니라 전세권이므로 매수인은 부동산에 대한 소유권을 취득하는 것이 아니라 전세권을 취득하게 된다. 경매절차에서 전세권을 매수한 자는 남은 전세기간 동안 전세권자로서 전세목적물을 사용·수익한 후, 기간이 만료되면 전세금반환을 청구하게 된다.

##### 2) 전세권의 존속기간 만료 후

판례에 따르면 전세권의 존속기간이 만료하여 용익물권적 전세권이 소멸하면 전세권저당권은 소멸한다. 저당권의 목적이 되는 전세권은 용익물권적 전세권만이고, 전세금반환채권이나 담보물권은 저당권의 대상이 될 수 없다고 보기 때문이다. 따라서 존속기간이 만료되어 전세권의 용익물권적 권능은 소멸하고, 전세금반환을 위한 담보물권적 권능은 남아 있더라도 전세권에 설정된 저당권은 소멸하는 것으로 해석된다(대판 2008.3.13, 2006다29372,29389). 즉 전세권의 존속기간이 만료된 후에도 전세권은 담보물권적 권능을 유지한 채 존속하더라도 더 이상 전세권 자체에 대하여 저당권을 실행할 수 없다.

따라서 전세권의 존속기간이 만료한 후에는 전세권저당권에 의하여 담보되는 채권의 만족은 담보권 실행을 위한 경매절차에 의할 수 없다.

전세권이 기간만료로 소멸되었더라도 전세권설정자는 전세금반환채권에 대한 제3자의 압류 등이 없는 한 전세권자에 대하여만 전세금반환의무를 부담할 뿐, 전세권저당권자에게 직접 전세금반환의무를 부담하지 않는다. 다만 전세권저당권자는 물상대위권을 행사할 수 있다. 즉 전세금반환채권은 저당목적물인 전세권에 갈음하는 것으로 이에 대하여 제370조, 제342조, 민사집행법 제273조에 의하여 전세금반환채권에 대하여 추심명령 또는 전부명령을 받거나, 제3자가 전세금반환채권에 대하여 실시한 강제집행절차에서 배당요구를 하는 등의 방법으로 물상대위권을 행사할 수 있는 것이다(대판 1999.9.17, 98다31301).

전세권저당권자가 위와 같은 방법으로 전세금반환채권에 대하여 물상대위권을 행사했다면, 종전 저당권의 효력은 물상대위의 목적이 된 전세금반환채권에 존속하여 저당권자가 전세금반환채권으로부터 다른 일반채권자보다 우선변제를 받을 권리가 있다(대판 2008.3.13, 2006다29372,29389; 대판 2008.12.24, 2008다65396). 따라서 설령 전세금반환채권이 압류된 때에 전세권설정자가 전세권자에 대하여 반대채권을 가지고 있고 반대채권과 전세금반환채권이 상계적상에 있다고 하더라도 그러한 사정만으로 전세권설정자가 전세권저당권자에게 상계로써 대항할 수는 없다. 그러나 전세금반환채권은 전세권이 성립하였을 때부터 이미 발생이 예정되어 있다고 볼 수 있으므로, 전세권저당권이 설정된 때에 이미 전세권설정자가 전세권자에 대하여 반대채권을 가지고 있고 반대채권의 변제기가 장래 발생할 전세금반환채권의 변제기와 동시에 또는 그보다 먼저 도래하는 경우와 같이 전세권설정자에게 합리적 기대 이익을 인정할 수 있는 경우에는 특별한 사정이 없는 한 전세권설정자는 반대채권을 자동채권으로 하여 전세금반환채권과 상계함으로써 물상대위권을 행사한 전세권저당권자에게 대항할 수 있다(대판 2014.10.27., 2013다91672).

---

**사례 9** A는 그 소유의 건물에 대해 B에게 전세보증금 1억 원, 전세기간 2년의 전세권설정계약에 따라 전세권설정등기를 마쳤다. B는 건물에 대한 전세권을 채권자 C에 대한 담보로 제공하기로 하고, 전세권에 관하여 C 앞으로 저당권을 설정하였다. 전세기간이 종료되자, 전세권저당권자 C는 B의 A에 대한 전세금반환채권에 대해 물상대위권의 행사로 압류·추심명령을 받았다. A는 압류명령의 송달일 전에 B에 대해 취득한 것으로서 전세금반환채권보다 변제기가 앞서는 채권을 자동채권으로 하는 상계로 C에게 대항할 수 있는가?

(대판 2008.3.13, 2006다29372,29389; 대판 2014.10.27, 2013다91672 참조)

**|해설 9|** 위 자동채권이 전세권저당권 설정 전에 발생한 것이라면 대항할 수 있다.

전세권을 목적으로 한 저당권이 설정된 경우, 전세권의 존속기간이 만료되면 전세권의 용익물권적 권능이 소멸하기 때문에 더 이상 전세권 자체에 대하여 저당권을 실행할 수 없게 되고, 저당권자는 저당권의 목적물인 전세권에 갈음하여 존속하는 것으로 볼 수 있는 전세금반환채권에 대하여 압류 및 추심명령 또는 전부명령을 받거나 제3자가 전세금반환채권에 대하여 실시한 강제집행절차에서 배당요구를 하는 등의 방법으로 물상대위권을 행사하여 전세금의 지급을 구해야 한다. 전세권저당권자가 위와 같은 방법으로 전세금반환채권에 대하여 물상대위권을 행사한 경우, 종전 저당권의 효력은 물상대위의 목적이 된 전세금반환채권에 존속하여 저당권자가 전세금반환채권으로부터 다른 일반채권자보다 우선변제를 받을 권리가 있으므로, 설령 전세금반환채권이 압류된 때에 전세권설정자가 전세권자에 대하여 반대채권을 가지고 있고 반대채권과 전세금반환채권이 상계적상에 있다고 하더라도 그러한 사정만으로 전세권설정자가 전세권저당권자에게 상계로써 대항할 수는 없다. 그러나 전세금반환채권은 전세권이 성립하였을 때부터 이미 발생이 예정되어 있다고 볼 수 있으므로, 전세권저당권이 설정된 때에 이미 전세권설정자가 전세권자에 대하여 반대채권을 가지고 있고 반대채권의 변제기가 장래 발생할 전세금반환채권의 변제기와 동시에 또는 그보다 먼저 도래하는 경우와 같이 전세권설정자에게 합리적 기대 이익을 인정할 수 있는 경우에는 특별한 사정이 없는 한 전세권설정자는 반대채권을 자동채권으로 하여 전세금반환채권과 상계함으로써 전세권저당권자에게 대항할 수 있다.

### (4) 임 대

전세권자는 전세권설정자의 동의가 없더라도 전세목적물을 임대할 수 있다(제306조 본문). 그러나 전세권설정행위에서 이를 금지하지 아니하고 임대기간은 전세권의 존속기간 내이어야 한다는 제한이 있다. 다만 전세목적물을 임대한 경우에는 전세권자의 책임이 가중된다. 즉 전세권자는 전세목적물을 임대하지 않았다면 면할 수 있었을 불가항력으로 인한 손해에 대해서도 전세권설정자에게 그 배상책임을 진다(제308조).

### (5) 전전세

#### (가) 의 의

전전세(轉傳貰)란 전세권자가 전세권을 그대로 둔 채 전세권을 기초로 전세부동산에 전세권을 다시 설정하는 것을 말한다. 전세권자는 특약으로 금지되어 있지 않는 한 전세권의 존속기간 내에서 전전세를 할 수 있다(제306조). 전전세권의 목적물을 전세권으로 이해하는 견해와 제306조에서 전세권자는 전세목적물을 타인에게 전전세할 수 있다고 규정하고 있으므로 전세부동산으로 이해하는 견해가 대립한다. 후자에 의할 경우 전전세권은 원전세권을 기초로 설정된 전세권이지만, 원전세권을 목적으로 하는 전세권이 아니라 원전세부동산을 목적으로 다시 설정된 전세권이다.

#### (나) 성립요건

##### 1) 물권적 합의와 등기

전전세권도 하나의 전세권이므로, 그 설정에는 물권변동의 일반원칙에 따라 물권적 합의와 등기가 필요하다(제186조, 부등법 제72조). 전전세권설정계약의 당사자는 원전세권자(즉 전전세권설정자)와 전전세권자이다. 전세권은 배타적 권리이므로 전세권자는 전세권설정자의 동의 없이 전전세권을 설정할 수 있다. 다만 원전세권설정행위에서 전전세권의 설정을 금지한 경우에는 전전세권을 설정하지 못한다(제306조단서). 전세목적물의 일부에 대해 전전세권을 설정할 수도 있다(부등법 제72조 제1항 6호).

##### 2) 전전세권의 존속기간

전전세권의 존속기간은 원전세권의 존속기간 내여야 한다(제306조본문). 전전세권은 원전세권의 존재를 기초로 그 위에 성립되는 것이기 때문이다. 전전세권의 존속기간은 등기해야 물권적 효력이 인정되며(부등법 제72조 제1항 3호), 이를 등기를 하지 않으면 존속기간을 정하지 않은 전전세로 다루어지게 된다. 전전세권의 당사자가 원전세권의 존속기간을 넘는 기간을 약정한 경우에는 원전세권의 존속기간으로 단축되는 것으로 해석된다.

등기를 하지 않으면 존속기간을 정하지 않은 전전세의 당사자 사이에서 존속기간의 약정이 있으나 이를 등기하지 않은 경우에는 존속기간을 정하지 않은 것으로 본다.

##### 3) 전전세금의 지급

판례에 의하면 전세금의 지급은 전세권의 요소이므로, 전전세권에 있어서도 전세금의 지급이 있어야 한다. 이 경우 전전세금액은 원전세금액의 범위로 한정되는가? 이에 관해 전전세금은 원전세금액과 상관없이 정할 수 있다는 견해와 전전세금은 원전세금의 금액을 한도로 한다는 견해(다수설)가 대립된다. 전자는 제306조가 전전세금액에 관해서는 규정하고 있지 않음을 근거로 들고 있다. 반면 후자는 전전세권은 원전세권을 기초로 하며, 전전세금이 원전세금을 초과하는 경우, 전전세권자는 원전세금의 한도까지는 우선변제를 받을 수 있으나, 원전세금을 초과하는 부분은 우선변제를 받을 수 없는 바, 이는 우선변제권이 인정되는 전세권의 성질에 반한다는 점을 근거로 든다.

### (다) 효 과

1) 전전세권이 설정되더라도 원전세권은 소멸하지 않는다. 전전세권자가 목적부동산을 사용·수익하는 동안, 원전세권자는 전전세권을 방해하는 사용·수익을 할 수 없으며, 전전세권을 해치는 원전세권의 처분도 할 수 없다.

2) 전전세권자는 목적부동산을 점유하여 사용·수익할 수 있는 권리를 비롯하여 전전세권자로서의 권리·의무를 갖는다. 그러나 원전세권설정자에 대해서는 아무런 권리·의무도 가지지 못한다. 이는 임차인의 전대는 임대인의 동의를 얻은 것이기 때문에 전차인이 직접 임대인에 대하여 의무를 부담하는 것과 다르다(제630조 제1항).

3) 전전세권은 원전세권의 존재를 기초로 하여 성립된 것이므로, 원전세권이 소멸하면 전전세권도 소멸한다. 전전세권이 소멸한 경우 전전세권자는 목적부동산의 인도 및 전전세권설정등기의 말소등기에 필요한 서류의 교부와 상환으로 전전세금을 반환할 것을 원전세권자에게 청구할 수 있다(제317조). 원전세권자가 전전세금의 반환을 지체한 경우 전전세권자는 전전세권의 목적부동산을 경매해서 전전세금의 우선변제를 받을 수 있다(제318조, 제303조 제1항). 다만 이때에도 전전세권자가 전전세금의 우선변제를 받기 위해서는 원전세권이 소멸하여 원전세금반환청구권이 발생해야 하고, 또한 원전세권설정자가 원전세권자에 대하여 원전세권의 전세금의 반환을 지체하고 있어야 한다.

4) 전세권자는 전전세권을 설정하지 않았다면, 면할 수 있었던 불가항력으로 인한 손해에 대해서도 그 책임을 부담한다(제308조). 그러나 전전세권을 설정하더라도 목적부동산의 점유자가 변경될 뿐이지 그 부동산이 장소적으로 이전되는 것은 아니기 때문에 전전세로 인하여 점유자가 변경되지 않았다면 면할 수 있었던 불가항력으로 인한 손해란 생각하기 어렵다. 따라서 여기에서 제308조의 의미에 대해 전전세권을 설정한 후 손해가 발생한 경우 원전세권자(전전세권설정자)가 그 손해가 전전세를 하지 않았더라도 일어났을 불가항력으로 인한 손해임을 증명하지 못하는 이상 손해발생의 사실만으로써 전세권설정자에게 손해배상의 책임을 부담해야 한다는 뜻으로 이해되어야 한다(통설).

## 07 전세권의 법정갱신과 전세권저당권의 실행

[문제]

    A는 2010.3.10. B에게 A 소유의 X건물에 대하여 전세금 1억 원, 존속기간 2010.3.10.부터 2012.3.9.까지로 하여 전세권을 설정하여 주었고, B는 2010.3.10. A로부터 X건물을 인도받아 점유·사용하고 있다. 그런데 B는 사업상 자금이 필요하여 2010.5.20. C로부터 6천만 원을 차용하면서, C 명의로 채권액 6천만 원의 전세권저당권을 설정하여 주었고, 2012.3.9. 위 전세권의 존속기간이 만료되었다.

    [질문] 이 경우 C는 전세권저당권자로서 어떠한 방법을 통해 자신의 채권만족을 얻을 수 있는가? (25점)         2015년 제4회 변호사시험 제1문의2

사실관계를 기초로 하면 전세권 소멸 전의 전세권저당권실행방법에 의해야 할 것이지만, 전세권의 존속기간이 만료되어 용익물권적 전세권이 소멸된 경우를 전제로 물상대위의 법리가 적용되는 경우도 생각해 볼 수 있다. (특히 후자의 경우는 '참고로 소멸된 것으로 본다면 다음과 같이 구성할 수 있을 것이다'라고 표현하고 작은 글씨로 기술해 주는 것도 하나의 방법임)

* C의 전세권저당권의 존속기간(변제기)이 언급되어 있지 않음.

[해설] **C는 물상대위권을 행사하여 전세권자인 B가 전세권설정자인 A에게 갖는 전세금반환청구권에 대하여 전세금이 지급되기 전에 압류 후 추심명령 또는 전부명령을 받아 A에게 추심금 또는 전부금을 청구하여 피담보채권 6천만 원을 우선변제받을 수 있다.**

### 1) 건물전세권 법정갱신의 효력

    건물전세권의 경우에는 전세권설정자가 전세권의 존속기간만료 전 6월부터 1월까지 사이에 전세권자에 대하여 갱신거절의 통지 또는 조건을 변경하지 아니하면 갱신하지 아니한다는 뜻의 통지를 하지 아니한 경우에는 그 기간이 만료되는 때에 전 전세권과 동일한 조건(다만 전세권의 존속기간은 그 정함이 없는 것으로 봄)으로 다시 전세권을 설정한 것으로 본다(제312조 제4항). 사안의 경우 전세기간 만료 전 6월부터 1월까지 사이에 A가 B에게 갱신거절의 통지 또는 조건을 변경하지 아니하면 갱신하지 아니한다는 뜻의 통지를 한 사정이 보이지 아니하므로, 그 기간이 만료되는 때에 전 전세권과 동일한 조건(다만 전세권의 존속기간은 그 정함이 없는 것으로 봄)으로 다시 전세권을 설정한 것으로 본다.

### 2) 법정갱신된 전세권저당권의 효력

    전세권이 법정갱신된 경우 종전 전세권에 설정된 저당권은 소멸하는가?

    법정갱신으로 종전의 전세권은 소멸하고 전 전세권과 동일한 조건의 전세권이 새롭게 설정된 것으로 본다면(다수설) 종전 전세권은 소멸한다. 종전 전세권이 소멸하면 부종성의 원칙상 그 전세권에 설정된 저당권도 소멸한다. 따라서 전세권 자체에 대하여 저당권을 실행할 수는 없고 전세금반환채권에 대하여 물상대위의 방법으로 저당권의 만족을 구할 수 있다.

* 이와는 달리 사안과 같이 건물의 전세권인 경우 별도의 사정없이 존속기간이 경과되어 법정갱신되었고, 저자와 같이 법정갱신의 효과를 기존 전세권이 연장된 것으로 보게 되면 물상대위의 요건이 갖추어지지 않았으므로 저당권의 실행방법으로 채권을 만족받아야 한다.

### 3) 전세권저당권의 물상대위의 요건으로서의 채권의 압류

법정갱신이 되었더라도 법정갱신 전에 전세권에 이해관계를 갖고 있는 제3자(예컨대 전세권저당권자)가 있으면 종전 전세권자나 그 전세권의 설정자는 제3자에게 법정갱신으로 대항할 수 없다. 법정갱신으로 전세권저당권자가 불이익한 지위에 있어서는 안 되기 때문이다(만약 그렇지 않다고 보면 전세금반환채권은 전세권의 연장으로 이미 행사된 것으로 보아야 하므로 채권에 대한 압류가 불가능하게 되어 물상대위를 행사할 수 없게 되기 때문이다.)

따라서 법정갱신의 효력이 전세권저당권자에게는 효력이 발생하지 않게 되어 종전 전세권에 의한 전세금반환채권은 아직 만족되지 않은 상태이므로 전세권저당권자는 이를 압류하고 추심명령 또는 전부명령을 받은 후 전세권설정자인 A에게 이를 청구할 수 있다(사안의 사실관계에서는 명확히 언급되어 있지 않지만, 만약 다른 채권자가 이미 전세금반환채권을 압류했다면 C는 중첩적인 압류명령을 신청하여 추심명령 또는 전부명령을 받아 A에게 지급을 청구할 수도 있고 다른 채권자의 집행절차에 배당요구를 통하여 우선변제를 받을 수도 있다($\frac{대판\ 1999.9.17.}{98다31301}$ 참조)).

## V. 전세권의 소멸

### 1. 전세권의 소멸사유

### (1) 물권일반의 소멸사유

전세권은 보통 물권 일반의 소멸원인(존속기간의 만료, 혼동, 소멸시효의 완성, 전세권에 우선하는 저당권의 실행에 의한 경매 등)에 의하여 소멸한다. 다만 물권 일반의 소멸원인 중 소멸시효의 완성이 전세권의 소멸원인이 될 수 없다. 전세권의 존속기간은 최장 10년인데($\frac{제312}{조}$), 소유권 이외의 재산권의 소멸시효기간은 20년이므로($\frac{제162조}{제2항}$) 소멸시효가 완성될 수 없기 때문이다. 그러나 건물전세의 경우 법정갱신($\frac{제312조}{제4항}$)이 되면 20년간 권리불행사 상태가 유지될 수 있다는 점에서 소멸시효는 전세권의 소멸사유가 될 수 있다는 견해도 있다. 그러나 법정갱신으로 새로운 전세권이 설정되는 것이므로 20년의 소멸시효기간이 적용되는 전세권은 없다고 할 것이다. 전세권의 존속기간 만료로 말소등기 없이도 전세권이 소멸하는지에 대해서는 앞서 본 대로 다툼이 있다. 전세권의 포기와 관련하여 존속기간이 있는 경우, 존속기간은 용익권의 보장기간 이외에 전세권설정자의 자금융통 기간의 보장도 의미하므로 전세권설정자의 보호를 위해 전세권자나 전세권설정자의 일방적 포기는 불가능하다는 견해와 전세금의 금융적 이익을 얻고 있는 전세권설정자의 이익을 전세권자가 배상한다면 전세권의 포기가 가능하다는 견해가 대립한다. 후자의 견해가 타당하다.

### (2) 전세권 특유의 소멸사유

전세권 특유의 소멸사유로 전세권설정자의 소멸청구$\left(\substack{제311\\조}\right)$(앞 Ⅳ. 1. (1) (나) 참조), 전세권의 소멸통고$\left(\substack{제313\\조}\right)$(앞 Ⅲ. 2. (2) 참조), 경매에서의 배당요구(앞 Ⅳ. 1. (3) (가) 참조) 등이 있는 바, 이하에서는 전세목적물이 멸실된 경우를 살펴본다.

### (3) 목적부동산의 멸실$\left(\substack{제314조,\\제315조}\right)$

#### (가) 전부멸실의 경우

전세권의 목적부동산이 전부멸실된 경우, 전세권자에게 귀책사유가 있는지 여부를 불문하고 전세권은 소멸한다. 목적물이 전부멸실되어 전세권이 소멸하더라도 전세금반환채권은 존속한다. 이 경우 전세권자에게 귀책사유가 있으면 별도로 손해배상책임을 부담한다$\left(\substack{제315조\\제1항}\right)$. 따라서 전세권설정자는 전세금으로 손해배상채무에 충당할 수 있고, 잉여금이 있으면 이를 반환하지만, 부족분이 있으면 다시 손해배상을 청구할 수 있다$\left(\substack{제315조\\제2항}\right)$. 그러나 전세권자에게 귀책사유가 없으면 손해배상책임은 없고, 다만 전전세 또는 임대시에는 제308조에 의해 책임이 가중될 수 있다.

#### (나) 일부멸실의 경우

전세권의 목적부동산이 일부멸실된 경우, 멸실된 부분에 관하여 전세권이 소멸한다. 이 경우 잔존부분에 대한 전세권의 존속 여부, 전세권 존속시 일부 전세금의 감액과 반환의 문제가 발생한다.

##### 1) 잔존부분만으로 전세권의 목적달성이 가능한 경우

전세권의 목적부동산이 일부 멸실되었지만, 잔존부분만으로도 전세권의 목적달성이 가능한 경우에는 ⅰ) 일부멸실이 불가항력에 의한 경우 잔존부분만으로 전세권은 존속하고$\left(\substack{제314조\\제1항}\right)$, 전세금감액청구를 할 수 있고 전세금은 잔존부분만큼 감액된다. 그러나 ⅱ) 일부멸실에 대해 전세권자의 귀책사유가 있을 때, 전세권자는 신의칙상 전세금의 감액을 청구할 수 없고, 전세권설정자는 전세권을 존속시키면서 손해배상만 청구하거나 전세권의 소멸청구$\left(\substack{제311조\\제1항}\right)$와 함께 손해배상청구$\left(\substack{제315조\\제2항}\right)$를 할 수 있다. 손해배상에 관하여는 전세권이 소멸된 후 전세금에서 공제하는 방식으로 우선 충당할 수 있다. 따라서 불가항력의 경우처럼 멸실 부분에 비례하여 전세금이 감액되지는 않는다.

2) 잔존부분만으로 전세권의 목적달성이 불가능한 경우

전세권의 목적부동산이 일부멸실로 잔존부분만으로는 전세권의 목적달성이 불가능한 경우, ⅰ) 일부멸실이 불가항력에 의한 경우 전세권자는 전세권 전부의 소멸통고를 할 수 있고, 전세권자에게 손해배상책임이 없으므로 전세금 전액의 반환을 청구할 수 있다$\binom{\text{제314조}}{\text{제2항}}$. 이때의 소멸통고는 제313조의 소멸통고가 아니라 제311조 제1항의 소멸청구로 해석된다. 귀책사유가 없는 전세권자는 전세권설정자에게 6개월의 유예기간을 주지 않아도 전세권을 소멸시킬 수 있도록 함이 타당하기 때문이다. 그러나 ⅱ) 일부멸실에 대해 전세권자의 귀책사유가 있을 때, 전세권설정자는 전세권 전부의 소멸을 청구할 수 있다$\binom{\text{제311조}}{\text{제1항}}$. 다만 귀책사유 있는 전세권자가 전세권 전부의 소멸청구를 할 수 있는지와 관련하여 신의칙상 전부멸실에 비견할 만한 경우가 아니면 원칙적으로 전세권자가 전세권 전부의 소멸청구를 할 수 없다는 부정설과 명문의 규정이 없으나 전세권자는 제311조의 전세권 전부의 소멸청구를 할 수 있다는 긍정설(통설)이 대립한다. 생각건대 목적달성이 불가능하다면 귀책사유의 유무와 관계없이 소멸청구할 수 있다는 긍정설이 타당하다. 어느 학설에 의하더라도 전세권자는 손해배상책임이 인정된다$\binom{\text{제315조}}{\text{제1항}}$.

## 2. 전세권 소멸의 효과

### (1) 전세목적물의 반환 및 등기말소와 전세금의 반환

전세권(특히 용익물권적 권능)이 소멸하면, 전세권자는 전세권설정자에게 전세목적물의 반환 및 전세권설정등기의 말소등기에 필요한 서류의 교부를 해야 하고, 전세권설정자는 전세권자에게 전세금의 반환을 해야 한다. 이러한 의무는 동시이행의 관계에 있다$\binom{\text{제317}}{\text{조}}$. 따라서 전세권자가 이미 목적물을 인도하였더라도 전세권설정등기의 말소등기에 필요한 서류를 교부하거나 이행의 제공을 하지 아니하는 이상, 전세권설정자는 전세금의 반환을 거부할 수 있고, 이 경우 다른 특별한 사정이 없는 한 목적물을 반환받은 전세권설정자가 전세금에 대한 이자 상당액의 이득을 법률상 원인 없이 얻었다고 볼 수 없다$\binom{\text{대판 2002.2.5,}}{\text{2001다62091}}$.

### (2) 전세금반환채권과 우선변제권

#### (가) 전세금의 의의

1) 전세금이란 전세권을 설정하면서 전세권자가 전세권설정자에게 교부하고, 전세권이 소멸하면 전세권자가 전세권설정자로부터 반환받는 금전을 말한다$\binom{\text{제303조 제1}}{\text{항, 제317조}}$. 전세금은 부동산의 사용대가인 차임 등의 특수한 형태로 지급되는 것으로, 전세권설정자로서는 부동산을 담보로 금전을 융통받는 신용수수의 의미를 갖는다.

2) 당사자는 전세금액을 자유롭게 정할 수 있지만, 등기한 범위 내에서만 제3자에게 대항할 수 있다$\binom{\text{부등법 제72}}{\text{조 제1항 1호}}$.

### (나) 전세금의 성질

1) 전세금은 보증금의 성질을 갖는다. 따라서 전세금의 지급은 정지조건부 반환채무를 수반하는 금전소유권의 이전으로, 전세권의 소멸시에 전세금에 의해 담보되는 채무와 정산한 차액을 반환할 의무가 발생한다.

2) 통설은 전세금에 의해 담보되는 채무의 범위에 관해 민법이 명시적으로 규정한 목적물의 멸실로 인한 전세권자의 손해배상의무($^{제315조}_{제2항}$)뿐만 아니라 멸실 외의 전세권관계에서 발생한 다른 채무(전세권관계에서는 차임 또는 지료 등의 지급을 전제하지 않기 때문에 이는 포함되지 않는다)도 포함하는 것으로 이해한다. 그러나 판례에 따르면 전세금은 그 성격에 비추어 제315조 소정의 전세권설정자의 전세권자에 대한 손해배상채권 외에 다른 채권까지 담보한다고 볼 수 없다($^{대판\ 2008.}_{3.13,\ 2006}$ $^{다29372,}_{29389}$).

3) 임차보증금은 임대차계약 존속 중에도 피담보채무에 충당이 가능하나, 전세금은 전세권 소멸 후에만 충당이 가능하다($^{제315조}_{제2항}$)는 점에서 차이가 있다.

### (다) 전세금증감청구권

1) 제312조의2는 전세금이 목적부동산에 관한 조세, 공과금 기타 부담의 증감이나 경제사정의 변동으로 인하여 상당하지 아니하게 된 때에는 당사자가 장래에 대하여 그 증감을 청구할 수 있도록 하지만, 그 증액의 경우에는 대통령령이 정하는 기준에 따른 비율을 초과하지 못하도록 하였다.

2) 전세금증감청구권의 법적 성질에 대해 학설상 청구권설과 형성권설이 있지만 형성권설이 타당하다.

3) 전세금 증액의 제한에 관하여 '제312조의2 단서 시행에 관한 규정'에 의해 증액청구비율은 약정 전세금의 20분의 1을 초과할 수 없고($^{동령}_{제2조}$), 전세권설정 계약일 또는 전세금증액일로부터 1년 내에는 할 수 없다($^{동령}_{제3조}$)고 규정한다.

### (라) 전세금반환채권의 당사자

#### 1) 전세금반환채권자

전세권이 소멸하기 전에 전세권자가 전세권을 양도하여 양수인이 전세권자로 등기되면 양수인은 전세권자인 양도인의 법적 지위를 인수하기 때문에($^{제307}_{조}$) 전세금반환채권의 양도통지나 승낙없이도 양수인은 전세권의 소멸시 발생하는 전세금반환채권자가 된다.

그러나 존속기간이 경과하여 용익물권적 전세권이 소멸한 후 전세금반환채권을 양도한 경우에는 원칙적으로 채권양도의 통지나 승낙이 있어야 전세권설정자에게 대항할 수 있다고 할 것이다(전세권 소멸 전에 양도한 경우에는 채무자의 개입 없이 전세권을 양도할 수 있다고 보아 전세금반환채권의 당사자도 통지나 승낙 없이 변경된다는 점에서 양도시점에 따라 차이가 있음). 존속기간이 경과한 후에는 전세금반환채무자인 전세권설정자는 전세금채권의 주체가 변경된 사실을 알지 못하므로 전세권자에게 변제한 경우에도 유효한 변제로 인정받아야 하기 때문이다. 판례도 제3자인 전세금반환채권의 압류채권자에게 채권양도 사실로 대항하기 위해서는 전세권설정자에 대한 확정일자 있는 통지나 승낙이 필요하다고 한다$\binom{대판\ 2005.3.25.}{2003다35659}$. 전세권이 소멸한 후에 전세권으로 담보된 전세금반환채권을 양도한 경우, 존속기간 만료된 전세권에 부기등기도 해야 한다$\binom{부등법\ 제52조\ 5호,}{부등법\ 제72조\ 참조}$.

### 2) 전세금반환채무자

전세권이 소멸하기 전에 전세권 목적부동산의 소유권이 이전된 경우 신소유자$\binom{양수인,}{제3취득자}$는 전세권이 소멸했을 때 전세권설정자의 지위에서 전세금반환의무를 부담하고, 구 소유자(양도인)는 전세권설정자의 지위를 상실하여 전세금반환의무를 면하게 된다$\binom{대판\ 2000.6.9.}{99다15122}$. 명문의 규정은 없지만 전세권은 전세권자와 목적물의 소유권을 취득한 신 소유자 사이에서 계속 동일한 내용으로 존속하여, 목적물의 신 소유자는 구 소유자와 전세권자 사이에 성립한 전세권의 내용에 따른 권리의무의 직접적인 당사자가 된다고 보기 때문이다. 따라서 신 소유자가 전세권 관계로부터 생기는 상환청구, 소멸청구, 갱신청구, 전세금증감청구, 원상회복, 매수청구 등의 법률관계의 당사자가 된다.

그러나 전세권 소멸 후 전세권설정자가 목적부동산을 양도한 경우, 전세권의 용익물권적 권능의 소멸 당시 전세권설정자(양도인)가 그 당시의 전세권자에게 전세금반환의무를 부담하게 된다. 그 후 전세권설정자가 목적부동산을 양도함으로써 양수인은 담보물권적 권능의 전세권이라는 물적 부담을 인수하게 된다. 이때 전세권자의 경매신청으로 양수인이 목적부동산의 소유권을 상실하면 양도인에게 담보책임을 물을 수 있다.

---

**사례 10** A는 그 소유의 건물에 관하여 B와 전세보증금 1억원, 전세기간 2년으로 정하여 전세권설정계약을 체결하고, B 앞으로 전세권설정등기를 마쳤다. 전세기간이 1년이 경과한 시점에 A가 위 건물의 소유권을 C에게 이전한 전세기간 만료 후 전세권자 B는 A와 C 중 누구로부터 전세보증금을 반환받을 수 있는가? (대판 2006.5.11, 2006다6072 참조)

**해설 10** C로부터 전세보증금을 반환을 수 있다.

전세권이 성립한 후 전세목적물의 소유권이 이전된 경우 민법이 전세권 관계로부터 생기는 상환청구, 소멸청구, 갱신청구, 전세금증감청구, 원상회복, 매수청구 등의 법률관계의 당사자로 규정하고 있는 전세권설정자 또는 소유자는 모두 목적물의 소유권을 취득한 신 소유자로 새길 수밖에 없다고 할 것이므로, 전세권은 전세권자와 목적물의 소유권을 취득한 신 소유자 사이에서 계속 동일한 내용으로 존속하게 된다고 보아야 하고, 따라서 목적물의 신 소유자는 구 소유자와 전세권자 사이에 성립한 전세권의 내용에 따른 권리의무의 직접적인 당사자가 되어 전세권이 소멸하는 때에 전세권자에 대하여 전세권설정자의 지위에서 전세금 반환의무를 부담하게 된다.

### (마) 전세권자의 경매청구권

1) 부동산소유자가 전세금의 반환을 지체할 경우 전세권자는 전세목적물의 경매를 청구할 수 있다($^{제318}_{조}$). 이를 위해서는 용익물권적 전세권이 소멸되어야 한다(존속기간의 만료, 전세권의 소멸청구, 소멸통고 등). 전세금반환채무는 전세권의 소멸시에 발생하는데, 그 이행지체는 채무가 발생한 후에야 인정될 수 있기 때문이다. '전세금의 반환을 지체할 경우'란 전세권자가 목적부동산의 반환 및 전세권등기의 말소에 필요한 서류를 제공하여 부동산소유자를 이행지체에 빠뜨린 경우를 의미한다. 전세금반환의무와 목적물반환 및 말소등기 사이에는 동시이행의 관계가 있으므로 전세권 존속기간이 경과하여 전세권이 소멸했다는 사유만으로는 경매를 청구할 수 없다($^{대결\ 1977.4.}_{13,\ 77마90}$). 여기서 '경매'란 담보권실행을 위한 경매($^{민사집행법}_{제264조\ 이하}$)를 말한다.

2) 목적부동산의 일부에 전세권을 설정한 경우, 전세권자의 경매청구의 대상은 목적부동산의 일부인지, 아니면 전부인지가 문제된다. 건물의 일부에 대해 전세권이 설정된 경우 전세권자는 전세권설정자가 전세금의 반환을 지체한 때에는 건물 전부를 통하여 전세금의 우선변제를 받을 권리가 있다. 즉 건물 전부에 대하여 후순위 권리자보다 우선변제를 받을 수 있다($^{제303}_{조\ 제}$ $^{1항,\ 제318}_{조\ 참조}$). 예컨대 저당권자 등 다른 채권자의 신청에 따른 경매절차에서는 그 부동산 전부로부터 우선변제를 받을 수 있다. 그러나 전세권의 목적물이 아닌 나머지 건물부분에 대해서도 경매신청권을 인정하면 전세권설정자에게 과도한 불이익이 발생하기 때문에 전세권의 목적이 된 부분을 초과하여 건물 전부의 경매를 청구할 수 없다($^{대판\ 1992.3.}_{10,\ 91마256}$). 심지어 전세권의 목적이 된 부분이 구조상 또는 이용상 독립성이 없어 독립된 소유권의 객체로 분할할 수 없으며 그 부분만의 경매신청이 불가능하더라도 건물 전부의 경매를 청구하지 못한다($^{대결\ 2001.7.2,}_{2001마212}$).

이와는 견해를 달리하는 학설이 있다. 우선 전세권의 목적인 부동산의 일부에 대한 분할등기 후 그 부분에 대해 경매청구를 해야 하며 분할이 불가능한 경우에는 담보물권의 불가분성에 의하여 건물 전부에 대하여 경매신청을 할 수 있다고 보는 견해가 있다. 또다른 견해로 경매청구권은 우선변제를 받기 위한 전제이며, 우선변제권은 전세권의 목적인 부동산 전부에 미친다는 점을 고려하여 원칙적으로 부동산 전부의 경매를 신청할 수 있다는 견해($^{다만\ 과잉경매를\ 이유}_{로\ 경매개시결정에\ 대}$ $^{한\ 이의가\ 가능하다.\ 민사집}_{행법\ 제86조,\ 제124조\ 참조}$)도 있다.

3) 동일인에게 속하는 대지와 건물 중 건물에만 전세권이 설정된 경우 전세권자는 건물에만 경매를 청구할 수 있고, 건물의 매수인은 법정지상권을 취득한다.

---

**사례 11** A는 그 소유의 건물 중 일부에 대해 B와 전세보증금 1억원, 전세기간 2년으로 정하여 전세권설정계약을 체결하고, 전세목적물에 해당하는 부분의 도면을 첨부하여 B 앞으로 전세권설정등기를 마쳤다. 전세기간 만료 후 A가 전세금의 지급을 지체하자, B는 위 건물 전부에 대해 경매를 신청하였다. B의 경매신청권은 인정되는가? (대결 2001.7.2, 2001마212 참조)

**해설 11** 경매신청권은 인정되지 않는다.

건물의 일부에 대하여 전세권이 설정되어 있는 경우 그 전세권자는 제303조 제1항의 규정에 의하여 그 건물 전부에 대하여 후순위권리자 기타 채권자보다 전세금의 우선변제를 받을 권리가 있고, 제318조의 규정에 의하여 전세권설정자가 전세금의 반환을 지체한 때에는 전세권의 목적물의 경매를 청구할 수 있는 것이나, 전세권의 목적물이 아닌 나머지 건물부분에 대하여는 우선변제권은 별론으로 하고 경매신청권은 없으므로, 위와 같은 경우 전세권자는 전세권의 목적이 된 부분을 초과하여 건물 전부의 경매를 청구할 수 없다고 할 것이고, 그 전세권의 목적이 된 부분이 구조상 또는 이용상 독립성이 없어 독립한 소유권의 객체로 분할할 수 없고 따라서 그 부분만의 경매신청이 불가능하다고 하여 달리 볼 것은 아니다.

### (바) 전세권자의 우선변제권

전세권자는 목적물 전부에 대하여 후순위권리자 기타 채권자보다 전세금의 우선변제를 받을 권리를 갖는다($\substack{제303조\\제1항 후단}$).

주택에 대하여 주택임대차보호법상의 주민등록과 전입신고를 하고 이와 별도로 전세권등기를 하였다면 주택임대차보호법상의 권리와 민법상 전세권을 모두 취득하여 이중으로 보호받을 수 있다($\substack{대판\ 2010.6.24.,\\2009다40790}$).

국세와 관련하여 저당권의 경우와 마찬가지로 국세가 우선한다.

### (3) 부속물수거권과 매수청구권

존속기간의 만료뿐만 아니라 그 밖의 사유로 전세권이 소멸하면 전세권자는 전세목적물을 원상으로 회복하여 반환해야 한다. 원상회복의 내용으로 전세권자는 목적물에 부속시킨 물건을 수거해야 하는데, 이는 전세권자의 의무이자 권리이다($\substack{제316조\\제1항}$).

부속물이란 전세목적물과 분리는 가능하지만 분리에 과다한 비용을 요하는 정도로 결합된 물건을 말한다. 부속물은 독립된 물건이어야 한다($\substack{건물임차인의\ 부속물매수청구권과\ 관련하여\ 부속물은\ 건물의\ 구\\성부분이\ 되지\ 않은\ 것임을\ 밝힌\ 것으로\ 대판\ 1993.2.26,\ 92다\\41627\\참조}$). 분리가 불가능하여 부속물이 전세물의 구성부분이 되면 부합의 법리에 따라 전세권설정자가 소유권자가 되며 전세권자는 유익비상환청구만이 가능하게 된다($\substack{제310\\조}$).

전세권설정자가 부속물매수청구권을 행사하면 전세권자의 수거권은 소멸한다. 또한 전세권자에게도 매수청구권이 인정된다($\substack{제316조\\제2항}$). 즉 부속물이 전세권설정자의 동의를 얻어 부속된 경우 또는 전세권설정자로부터 매수한 경우에는 전세권자가 설정자에게 그 부속물건의 매수를 청구할 수 있다. 이는 형성권으로 매수청구를 하면 청구 당시의 시가를 가액으로 하는 부속물의 매매가 성립한다.

### (4) 유익비상환청구권

전세권자가 지출한 유익비는 전세권 소멸 당시에 가액의 증가가 현존하는 경우에 전세권자는 부동산소유자의 선택에 따라 그 지출액이나 증가액의 상환을 청구할 수 있다($\substack{제310조\\제1항}$). 그러나 전세권자에게 목적물의 현상유지와 수선의무가 있으므로($\substack{제309\\조}$) 필요비의 상환청구는 인정되지 않는다. 유익비란 목적물의 객관적 가치를 증가시킨 비용을 말한다. 전세권자는 이와 같은 유익비 상환청구권에 의하여 전세목적물에 유치권을 행사할 수 있다. 그러나 법원이 부동산소유자의 청구에 의해 유익비의 지급에 상당한 상환기간을 허여하면$\binom{\text{제310조}}{\text{제2항}}$ 유치권은 성립하지 않고 소유자는 목적물 인도를 청구하여 받을 수 있다.

# 제7장 담보물권총설

## I. 서  설

### 1. 담보제도의 의의

#### (1) 채권의 일반적 효력

(가) 채권이란 채권자가 채무자에게 일정한 행위(급부)를 요구할 수 있는 권리를 말한다. 채무자가 임의로 급부를 이행하면 채권자는 급부를 받아 이를 적법하게 보유할 수 있다. 그러나 채무자가 급부를 이행하지 않으면 채권자는 국가기관의 힘을 빌어 채무의 내용을 강제적으로 실현하게 된다. 즉 채권자는 강제이행을 청구하거나 그것이 불가능하거나 이를 원하지 않을 경우에는 손해배상을 청구할 수 있다. 우리 민법은 손해배상은 금전배상을 원칙으로 하고 있기 때문에 결국 모든 채권은 궁극적으로 금전채권으로 변함으로써 최후에는 손해배상을 통해 그 목적이 달성된다.

(나) 금전채권도 채권 일반과 마찬가지로 채무자가 임의로 금전을 지급하면 그 채권은 소멸하지만, 채무자가 임의로 변제하지 않으면 국가기관(법원)의 힘을 빌릴 수밖에 없다. 즉 채권자는 원고가 되어 채무자를 피고로 법원에 소를 제기하여 법원으로부터 금전의 지급을 명하는 판결을 받을 수 있다. 이러한 권리 또는 권능을 소권 또는 소구력이라 한다. 이러한 판결에 기하여 채무자의 재산을 압류하여 경매(강제경매)를 하고, 그 매각대금으로부터 채권액에 상당하는 금전을 지급받게 된다. 이를 강제집행청구권 또는 공취력(攻取力)이라 한다. 이 때 강제집행의 대상이 되는 재산은 채무자의 전재산이며, 이를 책임재산 또는 일반재산이라고 한다. 결국 채권의 실현은 채무자의 책임재산에 의할 수밖에 없다. 그런데 어느 채무자에 대한 채권자들 상호간에는 그 발생원인, 발생시기, 금액의 다소를 불문하고 평등하게 취급되며, 어느 채권만 우선변제를 받을 수 없다. 이를 채권자평등의 원칙이라고 한다.

#### (2) 채권담보의 필요성과 개념

금전채권자의 입장에서 채권의 가치는 종국적으로 채무자의 책임재산의 총액에 달려 있는데, 이 책임재산은 계속해서 변동할 뿐만 아니라 채무자가 사후에 다른 채권자와의 거래를 통해 금전채권을 발생시키더라도 채권자는 채권자평등의 원칙에 의해 우선변제를 받기 어렵기 때문에 채권의 일반적 효력만으로 안심할 수 없게 된다. 채권의 일반적 효력을 넘어 채권의 실현을 확보할 수 있는 방법을 찾게 되는데, 이를 채권담보라고 한다.

### 2. 인적 담보와 물적 담보

#### (1) 인적 담보

인적 담보란 금전채권을 실현하는 최후의 보루인 책임재산에 채무자의 책임재산뿐만 아니라 제3자의 책임재산을 더하는 방법으로 책임재산의 총액을 증가시키는 방법의 담보를 말한다. 채권법에서 다루는 보증채무와 연대채무가 대표적인 인적 담보이다.

인적 담보는 물적 담보에 비해 그 절차가 간단하다는 장점이 있지만, 담보를 제공하는 사람의 책임재산의 변화에 따라 담보가치가 좌우된다는 점에서 인적 요소에 의존하는 경향이 강하고 여전히 채권자평등의 원칙이 적용되기 때문에 담보로서의 효력도 불확실하다.

#### (2) 물적 담보

물적 담보란 책임재산 중 특정재산을 가지고 채권의 담보에 충당하는 것으로 채무자의 채무불이행이 있으면 채권자는 그 특정재산의 교환가치로부터 채권자평등의 원칙을 깨뜨려서 다른 채권자보다 우선변제를 받는 제도를 말한다. 물권법에서 다루는 담보물권이 대표적인 물적 담보이다.

물적 담보제도는 물건 또는 권리가 갖는 객관적 가치에 의해 담보된다는 점에서 담보제공자의 인적 요소에 좌우되지 않으며, 채권자평등의 원칙을 깨뜨려서 담보권자가 우선변제를 받는다는 점에서 채권자의 지위를 확보하게 한다. 그러나 그 절차가 복잡하고 번잡하여 간편하지 않다는 단점이 있다.

## Ⅱ. 물적 담보제도

물적 담보제도는 여러 가지 기준으로 나눌 수 있지만, 그 법적 구성을 기준으로 분류하면 제한물권의 법리에 의한 것과 소유권 이전의 법리에 의한 것으로 나뉜다.

전자는 권리 자체를 채무자에게 남겨두고, 그 권리 위에 담보를 목적으로 구성된 제한물권을 설정하는 방법에 의하는 물적 담보이다. 여기에는 유치권, 법정질권, 법정저당권, 특별법상의 우선특권 등 당사자의 약정이 없어도 법률의 규정에 의하여 일정한 채권을 당연히 담보하는 법정담보물권과 질권, 저당권, 전세권 등 당사자의 약정으로 성립하는 약정담보물권이 있다.

후자는 담보를 위하여 목적인 권리 자체를 이전하는 방법에 의하는 물적 담보이다. 여기에는 환매, 재매매의 예약, 양도담보, 대물변제의 예약, 소유권유보부 매매 등이 있다. 이는 모두 약정담보물권이다.

## Ⅲ. 담보물권의 성질

### 1. 담보물권의 본질

물권으로서 담보물권은 물건의 교환가치를 직접 지배하며, 배타성과 우선적 효력을 가진다. 담보물권은 타물권이다. 따라서 자기의 소유물 위에 담보물권을 갖는 것은 혼동의 예외로서 인정될 뿐이다.

담보물권은 가치권으로서 목적물의 교환가치를 취득하는 것을 목적으로 하는 권리이다. 다만 유치권은 직접 물건의 교환가치를 취득하는 것이 아니므로 가치권성이 약하지만, 저당권과 권리질권은 가치권으로서의 성질을 갖추고 있다.

### 2. 담보물권의 공통된 성질

#### (1) 부종성

부종성이란 피담보채권이 존재해야만 담보물권이 존재할 수 있다는 성질을 말한다. 이는 담보물권이 채권담보의 목적을 위해서 존재하는 것이라는 점에서 나오는 논리적 결과이다. 따라서 피담보채권이 있어야 담보물권도 성립하고(성립상의 부종성), 피담보채권의 범위 내에서만 인정되며(내용상의 부종성), 피담보채권이 소멸하면 당연히 담보물권도 소멸한다(소멸상의 부종성). 유치권 기타 법정담보권은 특정채권이 존재하는 경우 법률상 당연히 그 채권을 담보하려는 것이므로 부종성이 엄격하게 적용된다. 반면 질권과 저당권은 신용의 수수를 매개로 하여 그 적용이 다소 완화되어 장래의 채권에 대해서도 저당권을 설정하는 것을 인정한다. 나아가 장래의 다수의 불특정채권을 담보하는 근저당권의 경우 일시적으로 채권이 소멸하더라도 그 유효성을 인정한다($\genfrac{}{}{0pt}{}{제357}{조}$).

#### (2) 수반성

수반성이란 피담보채권이 상속, 양도 등의 사유로 이전되면 담보물권도 이전되는 성질을 말한다. 그러나 담보권의 수반성이란 피담보채권의 처분이 있으면 언제나 담보권도 함께 처분된다는 것이 아니라 채권담보라는 담보권 제도의 존재 목적에 비추어 볼 때 특별한 사정이 없는한 피담보채권의 처분에는 담보권의 처분도 당연히 포함된다고 보는 것이 합리적이라는 것일 뿐이므로, 피담보채권의 처분이 있음에도 불구하고, 담보권의 처분이 따르지 않는 특별한 사정이 있는 경우에는 채권양수인은 담보권이 없는 무담보의 채권을 양수한 것이 되고 채권의 처분에 따르지 않은 담보권은 부종성에 의하여 소멸한다$\binom{\text{대판 2004.4.28,}}{\text{2003다61542}}$.

### (3) 물상대위성

물상대위성이란 담보물권은 목적물의 교환가치를 목적으로 하는 권리이므로 그 목적물의 교환가치가 구체화된 경우 그 교환가치를 대표하는 것에 미치는 성질을 말한다$\binom{\text{제342조,}}{\text{제370조}}$. 그러나 같은 담보물권이라고 해도 유치권에는 물상대위성이 인정되지 않는다. 유치권은 목적물을 계속 점유하여 채무자의 변제를 간접적으로 강제하는 것을 목적으로 할 뿐, 교환가치의 취득을 목적으로 하지 않기 때문이다. 즉 물상대위성은 우선변제적 효력이 있는 담보물권에만 인정된다. 따라서 양도담보의 경우에도 물상대위성을 인정한다$\binom{\text{대판 2009.11.26,}}{\text{2006다37106}}$.

### (4) 불가분성

담보물권자는 피담보채권의 전부를 변제받을 때까지 목적물 전부에 대한 권리행사를 할 수 있는 성질을 말한다. 즉 피담보채권의 일부가 소멸하더라도 변제받지 못한 금액이 남아 있는 한 담보물의 전부에 담보물권의 효력이 미친다는 것이다. 민법은 유치권에서 불가분성을 규정하고$\binom{\text{제321}}{\text{조}}$, 이를 다른 담보물권에 준용하고 있다$\binom{\text{제343조,}}{\text{제370조}}$.

## Ⅳ. 담보물권의 효력

제한물권인 담보물권의 효력은 그 종류에 따라 다르지만, 우선변제적 효력과 유치적 효력이 있다.

우선변제적 효력이란 담보물의 환가해서 다른 채권자보다 우선하여 변제받을 수 있는 효력을 말한다. 질권과 저당권, 전세권에 인정되며, 유치권에는 인정되지 않지만, 유치적 효력에 의해 사실상 인정된다.

유치적 효력이란 담보물을 유치하여 채무자에게 심리적 압박을 줌으로써 채무의 변제를 간접적으로 강제하는 효력을 말한다. 유치권에는 이 유치적 효력만 인정되고, 우선변제적 효력은 인정되지 않는다. 그러나 질권은 유치적 효력과 함께 우선변제적 효력이 인정된다.

# 제8장 유치권

## I. 유치권의 의의

### 1. 개 념

민법상 유치권이란 타인의 물건 또는 유가증권을 점유한 자가 그 물건이나 유가증권에 관하여 생긴 채권을 갖는 경우 그 채권의 변제를 받을 때까지 그 물건이나 유가증권을 유치할 수 있는 담보물권이다($^{제320조}_{제1항}$). 그러나 유치권은 직접적으로 목적물의 교환가치로부터 우선변제를 받을 것을 내용으로 하는 권리가 아니라, 피담보채권의 변제를 받을 때까지 목적물의 인도를 거절하여 간접적으로 변제를 강제함으로써 사실상 우선변제를 받을 수 있는 권리라는 점에서 다른 담보물권과 다르다. 또한 유치권은 일정한 요건이 존재하면, 당사자의 의사와는 관계없이 법률상 당연히 성립하는 법정담보물권이다.

### 2. 인정근거

유치권은 공평의 견지에서 그 목적물 점유자의 채권을 특히 보호하여 '채권자 평등의 원칙'을 깨뜨리는 데 그 취지가 있다.

### 3. 유사제도와의 비교

#### (1) 동시이행의 항변권과의 비교

#### (가) 공통점

유치권과 동시이행의 항변권은 그 제도적 취지를 공평의 원칙에서 구하고 있는 점, 성립요건에서 유치권은 채권과 목적물 사이에 견련관계를, 동시이행의 항변권은 이행상의 견련성을 요하는 점, 채권이 변제기에 있을 것을 요구하는 점($^{다만 동시이행의 항변권은 변제기 전이라도 불}_{안의 항변권을 행사할 수 있음. 제536조 제2항}$) 및 상대방의 이행청구에 대해 권리를 행사하면 상환이행판결을 하게 되는 점에서 공통점이 있다.

#### (나) 차이점

동시이행의 항변권은 당사자 일방이 선이행을 강요당하는 불공평을 막기 위한 제도인 데 비해 유치권은 담보물권으로서 채권담보의 기능을 한다. 전자는 채권이라는 점, 후자는 물권이라는 점에서 차이가 나타난다. 예컨대 수리업자 B가 시계 수리비를 청구할 수 있는 경우에 만약 시계 소유자는 A이고 채권계약(수리계약)의 당사자는 C라면 B는 A에게는 동시이행항변권을 주장할 수 없지만 유치권을 주장하여 대항할 수 있다. 또한 존속기간에서 유치권은 변제받을 때까지, 동시이행항변권은 상대방의 변제제공이 있을 때까지 존속한다. 다만 조문구조상 과실수취권($^{제323조}_{제1항}$), 타담보 공여에 의한 소멸($^{제327}_{조}$), 승낙 등을 전제로 하는 유치물 사용권($^{제324}_{조}$), 경매권($^{제322}_{조}$) 등은 유치권에만 인정된다.

### (2) 상사유치권과의 비교

상사유치권이란 상법 제58조에서 규정하는 상인간의 상행위로 인한 채권이 변제기에 있는 때에 다른 약정이 없으면 채권자는 채권의 변제를 받을 때까지 그 채무자에 대한 상행위로 인하여 자기가 점유하는 채무자 소유의 물건 또는 유가증권을 유치할 수 있는 권리를 말한다.

상사유치권은 효력의 면에서 민법상의 유치권과 동일하지만, 그 성립요건의 면에서 다른 점이 있다. 즉 민법상의 유치권이 성립하기 위해서 피담보채권과 목적물 사이에 견련관계가 필요하지만, 상사유치권에서는 목적물과 피담보채권과의 견련관계를 요구하지 않는다. 다만 채권의 성립과 목적물의 점유취득이 상인간의 상행위로 인할 것과 물건이 채무자 소유일 것을 요한다($^{대판\ 2013.3.28.}_{2012다94285}$). 따라서 상사유치권은 피담보채권의 보호라는 측면에서 보면 목적물과 피담보채권 사이의 이른바 견련관계를 요구하는 민사유치권보다 그 인정범위가 현저하게 광범위하다.

부동산에 대한 상사유치권의 성립 당시에 이미 제3자의 저당권이 설정되어 있다면, 상사유치권자는 선행저당권자 또는 그 승계인에게 대항할 수 없지만($^{대판\ 2013.2.28.}_{2010다57350}$), 민사유치권자는 대항할 수 있다($^{대판\ 2009.1.15.}_{2008다70763}$).

## 4. 유치권의 법적 성질

### (1) 물 권

민법은 타인의 물건 또는 유가증권을 점유하고 있는 자가 목적물의 인도를 거절할 수 있는 것을 본체적 효력으로 하는 유치권을 단순한 인도거절권으로 구성하지 않고, 독립된 물권으로 구성하고 있다. 그러나 유치권은 점유를 그 성립 및 존속요건으로 하므로, 유치권자가 유치물의 점유를 잃으면 유치권은 소멸한다($^{제328}_{조}$). 유치권에는 물상대위 등 추급효가 인정되지 않는다.

### (2) 담보물권

유치권은 법률에서 정한 요건을 갖추게 되면 법률상 당연히 성립하는 권리라는 점에서 약정담보물권인 질권·저당권과 다르다.

유치권은 채권의 변제를 받을 때까지 목적물을 유치하는 유치적 효력이 인정된다. 그러나 우선변제적 효력이 인정되지 않는다. 다만 유치물로부터 생기는 과실에 대해서는 우선변제권이 인정된다($\frac{제323}{조}$).

1) 부종성: 목적물과 채권 사이의 견련관계를 요건으로 하는 유치권은 담보물권 중에서도 부종성이 가장 강하다. 따라서 채권이 발생하지 않거나 또는 소멸하는 때에는 유치권도 성립하지 않거나 소멸한다.

2) 수반성: 유치권에도 수반성이 인정된다. 다만 유치권은 목적물의 점유를 상실할 경우 소멸하므로 피담보채권과 함께 유치물의 점유도 아울러 이전해야 한다.

3) 불가분성: 유치권자는 채권 전부를 변제받을 때까지 유치물 전부를 유치할 수 있다($\frac{제321}{조}$). 즉 유치물은 피담보채권의 전부를 담보하며, 유치권의 불가분성은 그 목적물이 분할가능하거나 수개의 물건인 경우에도 적용된다($\frac{대판\ 2007.9.7,}{2005다16942}$). 다만 다른 담보제공에 의한 유치권의 소멸청구 ($\frac{제327}{조}$)에 의해 불가분성이 완화된다.

4) 물상대위성: 유치권에는 물상대위성이 인정되지 않는다. 유치권은 목적물을 유치할 수 있을 것을 본체적 효력으로 하고 있을 뿐, 목적물의 교환가치에 대한 우선변제적 효력을 인정하지 않기 때문이다. 다만 채무자 회생 및 파산에 관한 법률은 유치권에 관해 별제권을 인정한다 ($\frac{채무자회생}{법\ 제411조}$).

---

**사례 1** A는 그 소유의 토지 위에 다세대주택(10세대)을 건축하는 공사를 B에게 도급하였고, B는 C에게 위 공사 중 10세대의 창호, 방화문, 현관 및 계단부분의 공사 전체를 공사대금 1억 원에 하도급하였다. 그런데 하도급받은 공사를 마쳤음에도 B가 공사대금을 지급하지 않자, C는 다세대주택 가운데 1세대를 점유하면서 유치권을 행사하고 있다. A가 C를 상대로 위 1세대의 인도를 구하는 소송을 제기하자, C는 공사대금 1억 원을 지급받기 전에는 인도할 수 없다고 주장한다. 이에 A는 C의 유치권이 인정되더라도 C는 전체 공사대금 중 1세대분에 해당하는 1,000만 원을 지급받으면 위 1세대를 인도해야 한다고 주장한다. A의 주장은 타당한가?

(대판 2007.9.7, 2005다16942 참조)

**| 해설 1 |** A의 주장은 타당하지 않다.

제321조는 "유치권자는 채권 전부의 변제를 받을 때까지 유치물 전부에 대하여 그 권리를 행사할 수 있다."고 규정하고 있으므로, 유치물은 그 각 부분으로써 피담보채권의 전부를 담보한다. 이와 같은 유치권의 불가분성은 그 목적물이 분할 가능하거나 수개의 물건인 경우에도 적용된다. 이 사안에서 하도급공사대금이 각 다세대주택의 구분건물에 관한 공사부분별로 개별적으로 정해졌거나 처음부터 각 구분건물이 각각 별개의 공사대금채권을 담보하였던 것으로 볼 수 없는 이상, C가 B에 대하여 갖는 공사목적물(다세대주택 10세대) 전체에 관한 공사대금채권은 C와 B 사이의 하도급계약이라는 하나의 법률관계에 의하여 생긴 것으로서 그 공사대금채권 전부와 공사 목적물 전체 사이에는 견련관계가 있다. 따라서 C가 다세대주택 1세대만을 점유하고 있다고 하더라도, 유치물은 그 각 부분으로써 피담보채권의 전부를 담보한다고 하는 유치권의 불가분성에 의하여 다세대주택 1세대는 하도급공사로 인한 공사대금채권 전액인 1억 원 전부를 담보하는 것으로 보아야 한다.

## Ⅱ. 유치권의 성립요건

1. 적법하게 타인의 물건 또는 유가증권을 점유할 것($^{제320}_{조}$)
   (1) 물건 또는 유가증권
   (2) 타인의 소유
   (3) 점 유
   (4) 적법한 점유
2. 피담보채권의 변제기가 도래할 것
   (1) 채권의 존재

   (2) 변제기의 도래
3. 유치권의 성립을 배제하는 특약이 없을 것
4. 채권과 목적물 사이의 견련관계
   (1) 의 의
   (2) 학 설
   (3) 판 례
   (4) 피담보채권과 목적물의 점유와 견련관계

### 1. 적법하게 타인의 물건 또는 유가증권을 점유할 것($^{제320}_{조}$)

#### (1) 물건 또는 유가증권

(가) 유치권의 목적물은 물건 및 유가증권이다($^{제320}_{조}$). 물건은 동산, 부동산을 불문한다. 유치권은 점유에 의해 공시되는 바, 부동산에 대한 유치권에는 등기를 요하지 아니하며, 유가증권에 대한 유치권에는 배서를 요하지 않는다. 또한 유치권 양도의 경우 피담보채권양도와 목적물의 점유이전이 있으면, 부수성에 의하여 유치권도 당연히 이전되기 때문에, 부동산유치권도 등기없이 이전된다($^{제187조 단}_{서 적용배제}$).

(나) 용이한 분할이 가능하다고 추정된다면 물건의 일부에 대해서도 유치권이 성립한다($^{대판}_{1968.}$ $^{3.5, 67}_{다2786}$). 또한 여러 개의 물건에 관하여 발생한 채권의 담보를 위해 그중 하나의 물건을 유치한 경우, 전체 채권의 담보를 위해 유치권이 성립한다($^{대판 2007.9.7,}_{2005다16942}$).

(다) 건물과 토지를 별개의 부동산으로 보기 때문에 건물에 대한 유치권과 토지에 대한 유치권은 별개로 판단해야 한다. 건물신축공사를 도급받은 수급인이 사회통념상 독립한 건물이 되지 못한 채 토지에 부합된 정착물을 토지에 설치한 상태에서 공사대금을 받지 못하고 공사가 중단된 사안에서 그 정착물에 대해서도, 토지에 대해서도 유치권을 행사할 수 없다($^{대결 2008.5.30,}_{2007마98}$). 정착물은 독립된 물건이 아니라 토지의 부합물에 불과하여 정착물에 대하여 유치권을 행사할 수 없고, 공사금 채권이 토지에 관하여 생긴 것으로 볼 수 없기 때문에 토지에 대해서도 유치권을 행사할 수 없기 때문이다.

> **사례 2** A는 B의 허락 하에 B 소유의 1필지의 임야의 일부를 개간하였다. 그런데 B가 A에게 그 개간부분의 인도를 구하자, A는 개간하는 데 소요된 유익비상환청구권에 기해 유치권을 주장한다. 이에 B는 토지 1필지의 일부에 유치권이 성립할 수 없다고 주장한다. B의 주장은 타당한가?
> (대판 1968.3.5, 67다2786 참조)

> **| 해설 2 |** B의 주장은 타당하지 않다.
>
> 원래 토지는 법률상 각 필지별로 독립한 물권의 대상이 되는 것이라 할지라도 그 각 필지의 성질과 거래의 통념상 경제적인 수요에 따라 분합이 가능한 것이므로, 위 1필지의 임야 중 일부를 개간하였고, 그 개간부분과 다른 부분과의 분할이 가능함이 용이하게 추지되는 바, 1필 토지의 일부에 유치권이 성립할 수 있다. (참조판결은 일필지 중 일부가 개간된 경우, 유치권의 객체는 개간부분에 한하는 것임에도 불구하고 유치권을 이유로 일필지의 인도 청구 전부를 기각한 원심을 파기함)

> **사례 3** A는 그 소유의 토지 상에 건물을 신축하는 공사를 B에게 도급하였다. B가 기초공사를 진행하면서 사회통념상 독립된 건물이라고 볼 수 없는, 토지의 부합물에 불과한 구조물(정착물)을 토지에 설치한 상태에서 위 토지에 대한 경매절차가 진행됨으로 인하여 공사가 중단되었다. B는 A에 대한 공사대금 채권에 기하여 위 구조물이나 토지에 대한 유치권을 행사할 수 있는가?
>
> (대결 2008.5.30. 2007마98 참조)
>
> **| 해설 3 |** 행사할 수 없다.
>
> 건물의 신축공사를 한 수급인이 그 건물을 점유하고 있고 또 그 건물에 관하여 생긴 공사금 채권이 있다면, 수급인은 그 채권을 변제받을 때까지 건물을 유치할 권리가 있지만, 건물의 신축공사를 도급받은 수급인이 사회통념상 독립한 건물이라고 볼 수 없는 정착물을 토지에 설치한 상태에서 공사가 중단된 경우에 위 정착물은 토지의 부합물에 불과하여 이러한 정착물에 대하여 유치권을 행사할 수 없다. 또한 공사중단시까지 발생한 공사금 채권은 토지에 관하여 생긴 것이 아니므로 위 공사금 채권에 기하여 토지에 대하여 유치권을 행사할 수도 없다. 따라서 B가 설치한 구조물은 독립된 건물이 아니고, 건물신축 공사대금채권은 토지에 대하여 발생한 것도 아니므로 유치권을 행사할 수 없다.

### 심화학습

**건물의 건축 중 공사가 중단된 후 새로운 건축주에 의해 건물이 완공된 경우, 완성된 건물의 소유권자**

건물의 신축을 예정하여 그 공사가 진행되던 중에 건물이 미완성된 상태(다만, 토지의 부합물로 볼 수 없는 정도의 독립성을 갖춘 상태)에서 공사가 중단되고, 그 후 건축주 또는 시공자가 변경되어 새 건축주 또는 시공자가 공사를 진행하여 공사가 완공된 경우에 그 건물의 원시취득자를 누구로 볼 것인지를 정해야 한다.

종전 건축주의 사정으로 건축공사가 중단되고 그 후에 새 건축주가 미완성건물을 양수하여 공사를 계속하는 경우에 통상적으로는 위 양도양수 과정에서 종전 건축주가 미완성건물에 대한 자신의 권리를 모두 포기하거나 이를 새 건축주에게 양도하기로 하는 명시적 또는 묵시적 합의가 성립한 것으로 인정되는 경우가 많고, 그러한 경우에는 새 건축주가 완성된 건물의 소유자가 된다. 그러나 위와 같은 합의가 없는 경우, 판례는 공사를 완성한 새 건축주가 건물 전체의 소유권을 원시취득하는 것으로 본다(대판 2006.11.9. 2004다67691). 즉 건물의 신축공사가 진행되던 중에 공사가 중단되었고 중단될 당시까지의 구조물을 토지의 부합물로 볼 수 없는 상태에 이르렀다고 하더라도, 제3자가 이러한 상태의 미완성 건물을 종전 건축주로부터 양수하여 나머지 공사를 계속 진행하여 건축허가의 내용과 사회통념상 동일하다고 인정되는 정도로 건물을 축조한 경우에는, 그 구조와 형태가 원래의 설계 및 건축허가의 내용과 동일하다고 인정되는 건물 전체를 하나의 소유권의 객체로 보아 그 제3자가 그 건물 전체의 소유권을 원시취득하게 된다.

판례의 입장은, ① 당사자 사이에 다른 약정이 없다면 자기의 비용과 노력으로 건물을 신축한 자는 그 건축허가 명의와 상관없이 그 소유권을 원시취득하는 것이고,[1] ② 건축주의 사정으로 건축공사가 중단되었던 미완성의 건물을 제3자가 인도받아 나머지 공사를 마치고 완공한 경우에는 다시 ㉮ 공사가 중단된 시점에서 미완성건물이 이미 사회통념상 독립한 건물이라고 볼 수 있는 형태와 구조를 갖추고 있었다면 원래의 건축주가 그 건물의 소유권을 원시취득하고,[2] ㉯ 미완성건물이 그러한 형태와 구조를 갖춘 경우가 아니라면,[3] 이를 인도받아 자기의 비용과 노력으로 완공한 자가 그 건물의 원시취득자가 되는 것이며,[4] ③ 최소한의 기둥과 지붕 그리고 주벽이 이루어지면 독립한 부동산으로서의 건물의 요건을 갖춘 것이라고 판단한다.[5]

## (2) 타인의 소유

유치권자가 점유하는 물건 또는 유가증권은 타인의 소유이어야 한다($\binom{제320조}{제1항}$). 목적물이 채무자의 소유인지 아니면 제3자의 소유인지를 불문한다. 이 점에서 채무자 소유의 물건만을 객체로 하는 상사유치권과 구별된다. 그러나 유치권자 자신 소유의 물건은 유치권의 목적물이 될 수 없다($\binom{대판\ 1993.3.26,}{91다14116}$). 유치권을 주장하는 채권자 소유였다가 나중에 소유자가 제3자로 변경된 경우에도 유치권은 인정된다. 예컨대 가등기가 되어 있는 부동산의 소유권을 취득한 후 비용지출을 하였으나 가등기에 의한 본등기로 소유권을 상실했을 때, 위 '부동산을 타인소유의 물건'으로 보아 유치권을 인정한다($\binom{대판\ 1976.10.26,}{76다2079}$).

> **사례 4** A는 그 소유의 토지에 관하여 B에게 소유권이전가등기를 한 후 C에게 토지를 매도하고 소유권이전등기를 마쳤다. C는 위 토지를 점유하면서 유익비를 지출하였는데, B가 가등기에 기해 소유권이전본등기를 마쳤고, 이로 인해 C 명의의 소유권이전등기는 직권으로 말소되었다. 그리고 B가 C를 상대로 위 토지의 반환을 구하자, C는 유익비의 지출에 따른 비용상환청구권에 기해 유치권을 주장하고, B는 자기의 소유토지에 비용을 지출한 경우 유치권이 성립하지 않음을 주장한다. B의 주장은 타당한가?
>
> (대판 1976.10.26, 76다2079 참조)

---

1) 대판 1990.2.13, 89다카11401; 대판 1992.8.18, 91다25505 등.
2) 따라서, 특별한 사정이 없는 한, 종전 건축주 명의로 소유권보존등기를 경료한 후 건물을 완성한 건축주 명의로 소유권이전등기를 하여야 할 것이다.
3) 독립한 건물로 되기 전의 건축중인 건물에 대하여는, 이를 단순한 토지의 정착물로서 토지의 일부를 구성한다고 보는 견해와 유체동산으로 보는 견해가 있으나, 판례는 일응 '독립하여 거래의 객체가 될 수 없는 단순한 토지의 정착물'로 보는 것 같다(대결 1995.11.27, 95마820).
4) 대판 2002.4.26, 2000다16350; 대판 2006.5.12, 2005다68783.
5) 대판 2002.4.26, 2000다16350.

| **해설 4** | B의 주장은 타당하지 않다.

C가 위 토지에 유익비를 지출한 것이 C 명의로 소유권이전등기가 경유된 이후이고 이것이 B 앞으로 가등기에 의한 소유권이전본등기가 경유되기 이전이었다 할지라도 C가 비용을 투입할 당시에는 이미 위 토지에 대하여 가등기가 경유되어 있었던 터이므로 이러한 상황하에서 위 토지에 대하여 비용을 투입하였다가 그 가등기에 의한 소유권이전본등기가 경유됨으로써 가등기 이후의 저촉되는 등기라 하여 직권으로 말소를 당한 소유권이전등기의 명의자인 C와 본등기 명의자인 B와의 법률관계는 결과적으로는 타인의 물건에 대하여 C가 그 점유기간내에 비용을 투입한 것이 된다고 보는 것이 상당하다.

## (3) 점 유

유치권자는 타인의 물건이나 유가증권을 점유하고 있어야 한다. 유치권자의 점유는 계속되어야 하며, 점유를 상실하면 유치권도 소멸한다($\genfrac{}{}{0pt}{}{\text{제328}}{\text{조}}$). 다만 점유가 침탈된 경우에는 점유보호청구권($\genfrac{}{}{0pt}{}{\text{제204}}{\text{조}}$)에 기해 침탈된 점유를 회복하면 그 점유는 소멸되지 않는 것으로 간주되므로($\genfrac{}{}{0pt}{}{\text{제192}}{\text{조 제2}}$<br>$\genfrac{}{}{0pt}{}{\text{항}}{\text{단서}}$) 유치권은 되살아 난다($\genfrac{}{}{0pt}{}{\text{대판 2012.2.9.}}{\text{2011다72189}}$). 점유침탈이 없었어도 유치권자가 점유를 상실했다가 다른 사유로 점유를 다시 하게 되었다면 그 채권을 위한 유치권을 다시 취득한다($\genfrac{}{}{0pt}{}{\text{대판 2005.1.13.}}{\text{2004다50853,50860}}$). 유치권자의 점유는 간접점유도 포함되지만($\genfrac{}{}{0pt}{}{\text{대판 2013.10.24.}}{\text{2011다44788}}$), 채무자를 직접점유자로 하는 간접점유에서는 간접점유자에게 유치권을 인정하지 않는다($\genfrac{}{}{0pt}{}{\text{대판 2008.4.11.}}{\text{2007다27236}}$). 유치권은 목적물을 유치함으로써 채무자의 변제를 간접적으로 강제하는 것을 본체적 효력으로 하는 권리이기 때문이다.

**사례 5** B가 A로부터 X건물의 신축공사를 수급하여 C에게 그 중 토목공사 등을 대금 11억 원에 하도급을 주었다. C는 2016.6.경 하수급공사를 완료하였으나 B로부터 9억 원 상당의 하수급공사대금을 받지 못하고 있다. A는 X건물의 완공 후 이를 인도받아 2016.7.14. 소유권보존등기를 마치고 숙박 영업을 시작하였으나 B에게 공사대금을 지급하지 못하였고, B 역시 C를 비롯한 하수급업체들에게 공사대금을 지급하지 못하자 C를 비롯한 B의 하수급업체들을 대표하여 D가 2016.11.17. A로부터 X건물의 매매와 영업에 관한 권한 일체를 위임받아 X건물에서 영업을 하며, 외부인의 출입을 통제하며 X건물을 점유하고 있다. 그런데 A의 채권자 E가 강제경매를 신청하여 2017.6.5. 경매개시결정 및 등기가 기입된 후 경매가 진행되자, E는 C의 유치권이 존재하지 않음을 주장한다. E의 주장은 타당한가? (대판 2013.10.24, 2011다44788 참조)

| **해설 5** | E의 주장은 타당하지 않다.

제320조에서 규정한 유치권의 성립요건이자 존속요건인 점유는 물건이 사회 통념상 그 사람의 사실적 지배에 속한다고 보이는 객관적 관계에 있는 것을 말하고, 이때 사실적 지배는 반드시 물건을 물리적·현실적으로 지배하는 것에 국한하는 것이 아니라 물건과 사람과의 시간적·공간적 관계와 본권 관계, 타인 지배의 배제 가능성 등을 고려하여 사회관념에 따라 합목적적으로 판단하여야 한다. 나아가 위 규정의 점유에는 직접점유뿐만 아니라 간접점유도 포함된다.

사안의 경우 C가 경매개시결정의 기입등기 이전인 2016.11.17. 대표자인 D를 통하여 소유자 A

로부터 X건물의 점유·사용·처분 등에 관한 일체의 권리를 위임받은 후 D를 통하여 X건물을 간접점유하고 있는 것으로 보아야 한다. 그 이외에 채권의 변제기도 도래했고, 공사대금채권을 발생시킨 자재 및 노무의 제공은 X건물에 반영되어 있는 이상 채권과 목적물의 견련관계도 인정된다. 따라서 유치권의 성립요건을 충족하였다고 보아야 한다.

**사례 6** B가 A로부터 X건물의 신축공사를 대금 11억 원에 수급받은 후 공사를 완료하고 X건물을 A에게 인도를 완료하였으나 금 9억 원을 받지 못하고 있다. A의 채권자에 의해 X건물에 대한 경매개시결정 및 등기 후 경매절차가 진행되자 B는 A를 통해 X건물을 간접점유하고 있음을 이유로 유치권신고를 하였다. 경매절차에서 C가 X건물을 매수하여 그 소유권을 취득한 다음 소유권에 기하여 B를 상대로 X건물의 인도를 구하자, 법원은 B의 유치권이 존재하므로 9억 원의 공사대금지급과 상환으로 X건물의 인도를 명하였다. 법원의 판단은 타당한가?

(대판 2008.4.11, 2007다27236 참조)

**│해설 6│** 법원의 판단은 타당하지 않다.

유치권의 성립요건이자 존속요건인 유치권자의 점유는 직접점유이든 간접점유이든 관계가 없으나, 다만 유치권은 목적물을 유치함으로써 채무자의 변제를 간접적으로 강제하는 것을 본체적 효력으로 하는 권리인 점 등에 비추어, 그 직접점유자가 채무자인 경우에는 유치권의 요건으로서의 점유에 해당하지 않는다. 그런데 사안의 경우 법원은 채무자 A를 직접점유자로 하여 채권자 B가 간접점유를 하였더라도 유치권을 취득하는 데 장애가 되지 않는다는 전제 하에 B가 X건물에 관한 공사대금채권자로서 경매개시결정의 기입등기가 경료되기 전부터 채무자인 A의 직접점유를 통하여 X건물을 간접점유함으로써 유치권을 취득하였으므로, 그 유치권에 기하여 경매절차의 매수인인 C의 X건물 인도청구에 대항할 수 있다고 판단한 것은 유치권의 요건인 점유에 관한 법리를 오해한 위법이 있다.

**사례 7** A재건축정비사업조합(이하 'A조합'이라 한다)은 2020.7.경 B주식회사와 아파트 신축공사를 실시하되 공사대금채권은 일반분양분에 대한 분양대금으로 충당하기로 하는 공사계약을 체결하였다. B는 2021.3. 무렵 아파트 신축공사를 완료하였다. B는 2022.7.11. 그가 점유하던 일반분양분 104호를 A조합의 승낙하에 C에게 임대하여 C가 2022.7.17.경부터 104호를 점유하고 있는데, B는 C를 상대로 차임의 연체를 이유로 해당 임대차계약을 적법하게 해지하였다.

한편, 위 104호의 경매절차가 개시되어 이를 매수한 D는 소유권에 기하여 C를 상대로 위 104호의 반환을 청구했다. 이에 C는 B가 유치권을 갖고 있고, 이에 기해 A조합의 승낙하에 임차한 것이므로 점유할 권원이 있다고 주장한다. 반면 D는 B의 104호에 대한 유치권을 근거로 가지는 점유매개관계는 B가 C에 대한 104호의 임대차계약을 해지함으로써 단절되었다고 보아야 하므로, C는 더이상 B의 유치권에 기초하여 104호를 점유할 권리가 없다고 주장한다. D의 주장은 타당한가?

(대판 2019.8.14, 2019다205329 참조)

**│해설 7│** D의 주장은 타당하지 않다.

유치권의 성립요건인 유치권자의 점유는 직접점유이든 간접점유이든 관계없다. 간접점유를 인정하기 위해서는 간접점유자와 직접점유를 하는 자 사이에 일정한 법률관계, 즉 점유매개관계가 필요한데, 간접점유에서 점유매개관계를 이루는 임대차계약 등이 해지 등의 사유로 종료되더라도 직접점유자가 목적물을 반환하기 전까지는 간접점유자의 직접점유자에 대한 반환청구권이 소멸하지 않는다. 따라서 점유매개관계를 이루는 임대차계약 등이 종료된 이후에도 직접점유자가 목적물을 점유한 채 이를 반환하지 않고 있는 경우에는, 간접점유자의 반환청구권이 소멸한 것이 아니므로 간접점유의 점유매개관계가 단절된다고 할 수 없다.

사안의 경우 C가 104호를 B에게 반환하지 않는 이상 임대차계약의 종료만으로 간접점유의 점유매개관계가 종료된 후에도 B의 유치권은 간접점유에 기하여 인정된다.

---

**사례 8** A가 그 소유의 토지 상의 건물신축공사를 B에게 도급하였는데, 건물을 완공 후 공사대금을 지급받지 못한 B는 건물을 점유하면서 유치권을 행사하고 있다. 그런데 C가 경매절차에서 건물 중 상가부분의 소유권을 취득한 다음, B의 점유를 침탈하여 상가부분을 점유한 후, D에게 상가부분을 임대하였다. 이에 B는 C를 상대로 유치권확인의 소를 제기하면서 자신이 상가부분에 대한 점유를 회수할 수 있는 이상 점유를 상실하였다고 할 수 없으므로, 자신은 상가부분에 대한 유치권자임을 주장한다. B의 주장은 타당한가? (대판 2012.2.9, 2011다72189 참조)

**│해설 8│** B의 주장은 타당하지 않다.

C의 점유침탈로 B가 상가에 대한 점유를 상실한 이상 B의 유치권은 소멸하고, B가 점유회수의 소를 제기하여 승소판결을 받아 점유를 회복하면 점유를 상실하지 않았던 것으로 되어 유치권이 되살아나지만, 위와 같은 방법으로 점유를 회복하기 전에는 유치권이 되살아나는 것이 아니다.

## (4) 적법한 점유

(가) 유치권자의 점유가 불법행위에 의하여 개시되었다면 적법한 점유로 볼 수 없다($\binom{제320조}{제2항}$). 따라서 불법행위로 점유를 취득한 경우에는 사후에 적법한 권원을 취득하였다고 하더라도 유치권은 인정되지 않는다. 불법행위에 의하여 개시된 점유란 점유의 침탈이나 사기·강박에 의한 경우뿐만 아니라, 채무자에게 대항할 수 있는 점유의 권원이 없음을 알거나 과실로 알지 못하고 시작한 점유도 포함된다. 건물점유자가 건물의 원시취득자에게 그 건물에 관한 유치권이 있다고 하더라도 그 건물의 존재와 점유가 토지소유자에게 불법행위가 되고 있다면 그 유치권으로 토지소유자에게 대항할 수 없다($\binom{대판\ 1989.2.14,}{87다카3073}$).

(나) 적법하게 점유를 개시했지만 그 후 계약의 해제나 취소 등에 의해 점유권원이 소멸한 경우, 소멸이후 지출한 비용에 대해서 유치권이 성립하는지가 문제된다. 점유권원의 소멸사실을 알았거나 중과실로 알지 못한 경우에만 유치권의 성립이 부정된다고 할 것이다(이와 다른 견해로 점유권원의 소멸사실을 알 수 있었을 때에도 유치권을 부정하여 그 성립가능성을 좁게 보는 견해와 이를 알았을 때에만 유치권을 부정하여 성립가능성을 넓게 보는 견해가 있다). 예컨대 점유물에 대한 필요비와 유익비 상환청구권을 기초로 한 유치권 주장을 배척하려면 적어도 점유가 불법행위

로 인하여 개시되었거나 점유자가 필요비와 유익비를 지출할 당시 점유권원이 없었고 권원없음을 알았거나 중대한 과실로 알지 못하였다고 인정할 만한 사유를 증명해야 한다(대판 2011.12.13, 2009다5162). 다만 유치권이나 동시이행의 항변권을 행사하여 점유를 하던 중 비용을 지출한 경우(예컨대 계약의 해제 후에 유익비를 지출한 경우)에는 그 점유가 적법하므로 유치권의 성립이 인정된다.

(다) 점유자가 점유물에 대하여 행사하는 권리는 적법하게 보유하는 것으로 추정된다(제200조). 따라서 점유가 불법점유라는 점에 대한 증명책임은 유치권행사의 상대방인 채무자가 이를 증명해야 한다(대판 1966.6.7, 66다600,601).

---

**사례 9** A가 X임야를 점유하고 노력과 비용을 들여 개간을 하였다. 그런데 B가 소유자로서 X의 반환을 구하자, A는 유익비상환청구권에 기한 유치권을 주장한다. 이에 B는 A가 X에 대한 점유를 적법하게 개시한 점을 증명할 증거가 없는 이상 유치권은 성립하지 않는다고 주장한다. B의 주장은 타당한가? (대판 1966.6.7, 66다600,601 참조)

**|해설 9|** B의 주장은 타당하지 않다.

어떠한 물건을 점유하는 자는 소유의 의사로, 선의, 평온 및 공연하게 점유한 것으로 추정될 뿐 아니라(제197조 제1항), 점유자가 점유물에 대하여 행사하는 권리는 적법하게 보유한 것으로 추정되는바(제200조)이므로, A의 임야에 대한 점유가 적법하게 점유하는 것이라는 증거가 없다는 이유로, A의 유치권의 성립을 부정하는 것은 점유권의 추정규정을 간과한 위법이 있다. 따라서 A의 임야에 대한 유익비 상환청구권을 기초로 하는 유치권의 주장을 배척하려면, 적어도 A의 임야에 대한 점유가 불법행위로 인하여 개시되었거나, 유익비 지출당시에 이를 점유할 근원이 없음을 알았거나, 이를 알지 못함이 중대한 과실에 기인하였다고 인정할 만한 사유를 B가 주장·증명해야 한다.

---

**사례 10** A는 2013년 B로부터 B 소유의 건물을 임차기간은 5년으로 정하여 임차하고, 2014년 1,000만 원의 비용을 들여 건물을 수리하였다(1차 수리). 건물의 소유권은 2015년 C에게 이전되었고, 이전과 동시에 임대차계약은 해지되었다. 그 후 A는 2016년 2,000만 원의 비용을 들여 건물을 수리하였다(2차 수리). C가 2017년 A를 상대로 건물의 인도를 구하는 소를 제기하자, A는 자신에게 1, 2차 수리비 합계 3,000만 원에 관한 유치권이 있다고 주장하였다. 이에 C는 건물의 소유권이 자신에게 이전된 때부터 A의 점유는 불법점유가 되므로 A에게는 2차 수리비 2,000만 원에 관한 유치권은 없다고 주장하였다. C의 주장은 타당한가? (1, 2차 수리비는 모두 유익비에 해당하고, 그 상당의 건물의 가액 증가가 현존한다) (대판 1972.1.31, 71다2414 참조)

**|해설 10|** C의 주장은 타당하지 않다.

A에게는 B에 대한 1차 수리비(유익비)의 상환청구권을 피담보채권으로 하는 유치권이 있으므로 위 건물의 소유자가 C로 변경된 후에 A가 계속하여 위 건물을 점유하는 것은 유치권자가 유치물에 대한 보존행위로서 점유하는 것으로서 적법하다. 그리고 위 건물의 소유자 변경 후 A가 위 건물에 관한 2차 수리비(유익비)를 지급하였고 위 건물 가액의 증가가 현존하므로 그 유익비의 상환청구권도 위 건물에 관하여 생긴 채권이라고 할 수 있다. 따라서 이를 피담보채권으로 하는

유치권도 성립한다.

(위 대판 71다2414 판결의 사실관계에서는 소유권 변경으로 임대차 계약이 종료되었다는 내용은 없다. 다만 C가 경매절차에서 위 건물의 소유권을 취득했다는 내용이 나오는데, 임대차 목적물의 소유권이 경매절차에서 변경되면 당연히 임대차계약이 종료된다는 것을 전제로 한 판결인지 의문이다. 만일 소유권 변경 이후에도 임대차계약이 존속한다면 소유권 변경 당시 유익비상환청구권의 변제기가 도래하지 않아 유치권이 성립할 수 없다. 위 판결의 사실관계를 보면 C가 경매절차에서 위 건물의 소유권을 취득했다는 점만이 언급되어 있다. 판결에서도 임대차계약이 종료된 사실에 대한 표시가 있었어야 할 것으로 생각된다)

## 2. 피담보채권의 변제기가 도래할 것

### (1) 채권의 존재

점유자는 채권을 갖고 있어야 한다. 채권의 발생원인이 무엇인지 묻지 않으므로 계약으로 발생한 경우뿐만 아니라 사무관리, 부당이득, 불법행위에 의한 채권이라도 피담보채권이 될 수 있다. 채무불이행으로 인한 손해배상청구권은 원채권의 연장이라 할 것이므로 물건과 원채권 사이에 견련관계가 있는 때에 한하여 손해배상청구권과 물건과의 사이에도 견련관계가 인정된다(대판 1976.9.28, 76다582).

### (2) 변제기의 도래

(가) 점유자의 채권은 변제기가 도래해야 한다(제320조 제1항). 이와 같은 피담보채권의 변제기 도래는 다른 담보물권에서는 담보물권의 '실행을 위한 요건'이지만, 유치권에서는 '성립요건'이다. 따라서 채권의 변제기가 도래하지 않는 동안에는 유치권이 발생하지 않는다. 만일 변제기 도래 전에 유치권의 성립을 인정하면, 변제기 전의 채무의 이행을 간접적으로 강제하는 것이 되기 때문이다. 예컨대 전세권에서 지상물매수청구권이나 부속물매수청구권 또는 비용상환청구권 등은 전세권의 존속기간이 만료되어 전세권이 소멸한 때에 발생하고 변제기에 이르는 것이므로, 아직 그 전세권의 존속기간이 만료되지 아니하였다면 위 각 채권에 기한 전세권자의 유치권은 성립되지 아니한다.

또한 건물신축도급계약에서 수급인이 공사를 완성하였다고 하더라도, 신축된 건물에 하자가 있고 그 하자 및 손해에 상응하는 금액이 공사잔대금액 이상이어서, 도급인이 수급인에 대한 하자보수청구권 내지 하자보수에 갈음한 손해배상채권 등에 기하여 수급인의 공사잔대금 채권 전부에 대하여 동시이행의 항변을 한 때에는 공사잔대금 채권의 변제기가 도래하지 아니한 경우와 마찬가지로 수급인은 도급인에 대하여 하자보수의무나 하자보수에 갈음한 손해배상의무 등에 관한 이행의 제공을 하지 아니한 이상 공사잔대금 채권에 기한 유치권을 행사할 수 없다(대판 2014.1.16, 2013다30653).

(나) 민법은 법원이 유익비상환청구권과 관련하여 상당한 상환기간을 허여할 수 있도록 하는

데$\left(\substack{\text{제203조 제3항, 제310조 제}\\\text{2항, 제626조 제2항 후단}}\right)$, 이 경우 허여기간 동안은 유익비에 관한 유치권은 소멸한다. 또한 채권자체에 빠진 채권자도 유치권을 행사할 수 있는지와 관련하여 긍정설과 부정설이 대립한다.

---

**사례 11** A는 채권자 B에게 그 소유의 토지에 관하여 저당권을 설정한 후, C에게 위 토지에 대해 전세보증금 1억 원, 전세기간 2년으로 정한 전세권을 설정하였다. C는 위 토지에 대해 공사를 진행하여 지상물을 설치하였다. 그런데 전세기간이 1년이 남은 상태에서 B의 저당권실행으로 위 토지에 대해 경매가 개시되자, C는 지상물매수청구권($\substack{\text{제643}\\\text{조}}$)의 행사에 따른 매수대금채무를 피담보채무로 하는 유치권을 주장한다. C의 주장은 타당한가? (대판 2007.9.21, 2005다41740 참조)

**|해설 11|** C의 주장은 타당하지 않다.

토지임차인의 건물 기타 공작물의 매수청구권에 관한 제643조의 규정은 성질상 토지의 전세권에도 유추 적용될 수 있다. 그러나 C가 주장하는 지상물매수청구권은 C의 전세권의 존속기간이 만료되는 때에 발생하거나 변제기에 있는 경우에 성립하는 것인데, 경매의 개시만으로는 아직 그 전세권이 소멸하지 아니하였으므로 채권의 변제기가 도래한 것으로 볼 수 없어 지상물매수청구권에 기한 C의 유치권은 성립되지 아니한다.

---

## 3. 유치권의 성립을 배제하는 특약이 없을 것

유치권이 법정담보물권이기는 하나, 당사자 간에 유치권의 발생을 배제하는 특약이 사전에 있는 경우, 그와 같은 특약은 유효하다($\substack{\text{대판 2018.1.24,}\\\text{2016다234043}}$). 나아가 유치권을 사후에 포기할 수 있다$\left(\substack{\text{대결 2011.5.13,}\\\text{2010마1544}}\right)$.

---

**사례 12** A가 그 소유 건물의 리모델링공사를 B에게 맡겨 공사를 진행 중 공사비 조달을 위해 C에게 건물을 담보로 제공하여 근저당권을 설정하기로 함에 따라 B는 C에게 기존공사비채권(제1채권)에 기한 유치권의 절대적·확정적 포기서를 제출하였다. 그 후, A가 건물을 D에게 매도하고, 소유권을 이전을 마쳤다. D가 B를 상대로 건물의 반환을 구하자, B는 유치권을 주장하면서 인도를 거절하고 있다. B의 주장은 타당한가? (대결 2011.5.13, 2010마1544 참조)

**|해설 12|** B의 주장은 타당하지 않다.

유치권은 법정담보물권이기는 하나 채권자의 이익보호를 위한 채권담보의 수단에 불과하므로 이를 포기하는 특약은 유효하고, 유치권을 사전에 포기한 경우 다른 법정요건이 모두 충족되더라도 유치권이 발생하지 않는 것과 마찬가지로 유치권을 사후에 포기한 경우 곧바로 유치권은 소멸한다고 보아야 하며, 채권자가 유치권의 소멸 후에 그 목적물을 계속하여 점유한다고 하여 여기에 적법한 유치의 의사나 효력이 있다고 인정할 수 없고 다른 법률상 권원이 없는 한 무단점유에 지나지 않는다.

사례 13 A 회사는 X건물을 신축·분양하는 사업을 시행하면서 2018.7.30. B건설회사, C부동산신탁(대리사무 수탁자), D농협(대출기관)과 사업약정 및 대리사무계약(이하 '사업약정'이라 한다)을 하였다. 사업약정에서는 'B는 공사대금의 미지급을 이유로 신축건물에 대하여 유치권을 행사할 수 없다'고 정했다. B는 그 무렵 D에 시공권 및 유치권 포기각서를 작성하여 제출하였는데, 그 내용은 '부도, 파산, 회생절차개시 신청, 기타 이와 동일시할 수 있는 사유 발생 및 기타 정상적으로 본 사업을 수행할 수 없을 경우, 본 공사와 관련한 유치권 및 시공권 주장 등 일체의 권리를 포기하겠다'는 것이다.

한편 B는 회생절차개시 결정과 파산선고를 순차로 받았고, E는 X건물을 공매절차에서 매수한 후, X건물을 유치하고 있는 B를 상대로 유치권포기를 이유로 인도를 구한다. 이에 B는 D에 대해서는 유치권을 포기하였으나, E에게는 유치권을 포기하지 않았다고 주장한다. B의 주장은 타당한가?

(대판 2018.1.24. 2016다234043 참조)

**해설 13** B의 주장은 타당하지 않다.

제한물권은 이해관계인의 이익을 부당하게 침해하지 않는 한 자유롭게 포기할 수 있는 것이 원칙이다. 유치권은 채권자의 이익을 보호하기 위한 법정담보물권으로서, 당사자는 미리 유치권의 발생을 막는 특약을 할 수 있고 이러한 특약은 유효하다. 유치권 배제 특약이 있는 경우 다른 법정요건이 모두 충족되더라도 유치권은 발생하지 않는데, 특약에 따른 효력은 특약의 상대방뿐 아니라 그 밖의 사람도 주장할 수 있다. 한편 조건은 법률행위의 효력 발생 또는 소멸을 장래의 불확실한 사실의 발생 여부에 의존케 하는 법률행위의 부관으로서, 법률행위에서 효과의사와 일체적인 내용을 이루는 의사표시 그 자체라고 볼 수 있다. 유치권 배제 특약에도 조건을 붙일 수 있는데, 조건을 붙이고자 하는 의사가 있는지는 의사표시에 관한 법리에 따라 판단하여야 한다. 사안에서 B건설회사는 사업약정의 당사자로서 조건부 유치권배제특약을 했는데 그 조건이 성취되었으므로, B의 유치권은 발생하지 않은 것으로 보아야 한다.

## 4. 채권과 목적물 사이의 견련관계

### (1) 의 의

점유자의 채권은 유치권의 목적물에 관하여 생긴 것이어야 한다(제320조 제1항). 이를 피담보채권과 목적물 사이의 '견련관계'라고 한다. 유치권이 점유에 의해 공시되지만, 피담보채권에 대해서는 공시방법이 존재하지 않기 때문에 채권과 목적물 사이의 견련관계는 유치권의 성립을 통제하는 중요한 기능을 수행한다.

유치권의 성립요건으로 요구하는 "관하여 생긴"이란 문언이 구체적으로 무엇을 의미하는지에 관하여 학설 및 판례는 견해가 나뉜다.

### (2) 학 설

#### (가) 이원설(광의설)

1) 견련성의 기준을 유형화하여 이원적으로 설명하는 견해로서 다수설이다. 이에 의하면 ⅰ)

채권이 목적물 자체로부터 발생한 경우와 ⅱ) 채권이 목적물의 반환청구권과 동일한 법률관계 또는 동일한 사실관계로부터 발생하는 경우 가운데 어느 하나에 해당하는 경우에는 채권과 목적물 사이에 견련성을 인정한다. ⅰ)의 예로 목적물에 지출한 비용상환청구권, 목적물로부터 받은 손해의 배상청구권 등, ⅱ)의 예로 물건의 매매계약이 취소된 경우에 부당이득에 의한 매매대금의 상환청구권과 목적물의 반환의무와 같이 동일한 법률관계에서 생기는 반환청구권 또는 우연히 서로 물건을 바꾸어 간 경우와 같이 동일한 사실관계로부터 생긴 상호간의 반환청구권이 있다.

2) ⅰ)의 경우 채권은 목적물을 원인으로 해서 발생해야 하므로, 채권이 목적물 자체를 목적으로 하는 경우에는 목적물과의 견련관계가 인정되지 않는다. 예를 들면, 임차인이 임차물을 사용 · 수익할 수 있는 임차권은 임차물을 목적으로 하여 성립하는 것이며, 임차물에 관하여 생긴 채권은 아니다. 또한 임차보증금반환청구권 또는 권리금반환청구권은 임차인의 임대인에 대한 채권이지, 임차목적물 자체로부터 발생한 채권으로 볼 수 없으므로, 임차인은 이들 청구권의 보전을 위하여 유치권을 행사할 수는 없다(대판 1976.5.11, 75다1305; 대판 1994.10.14, 93다62119. 이와는 달리 임대차계약의 종료시 임대차보증금(또는 권리금) 반환청구권과 목적물반환청구권은 임대차종료라는 동일한 법률관계에서 생기는 것임에도 불구하고 판례가 유치권을 인정하지 않는다고 설명하는 견해도 있다).

### (나) 일원설(협의설)

이는 견련성의 기준을 일원론적으로 설명하는 견해로 소수설이다. 여기에는 채권과 물건의 관계를 목적론적으로 고찰하여 채무자가 스스로 그 채무 이행을 하지 않고 물건의 반환을 구하는 것이 사회관념상 부당하다고 생각되는 경우에 채권과 물건 간에 견련성이 있다고 하는 견해(사회적 관념설), 채권의 성립과 물건의 존재 간에 상당인과관계가 있는 경우에 견련성이 있다고 하는 견해(상당인과관계설) 등이 존재한다.

### (3) 판 례

판례는 기본적으로 다수설과 같이 이원설을 취하고 있는 것으로 이해된다(대판 2007.9.7, 2005다16942 등). 그러나 학설상 이원설보다는 견련성을 좁게 본다. 실무상 견련성이 문제되는 사례유형은 다음과 같은 것이 있다.

### (가) 비용상환청구권

점유자, 임차인 등이 목적물에 관하여 필요비, 유익비를 지출한 경우 그러한 비용상환청구권은 목적물 자체로부터 발생한 권리로서 견련관계가 인정된다(대판 2009.9.24, 2009다40684).

### (나) 임대차 관련 채권

1) 임대차보증금반환채권은 임차인의 채무에 대한 담보목적으로 지급된 것이므로 임대목적물에 관하여 생긴 채권이 아니라고 본다(대판 1976.5.11, 75다1305). 권리금반환청구권도 임대목적물에 관하여 생긴 채권이 아니라는 이유에서 견련성을 부정한다(대판 1994.10.14, 93다62119).

2) 지상물매수청구권 및 부속물매수청구권과 임차목적물 사이의 견련성과 관련하여 판례$\binom{대판\ 1977.12.13.}{77다115}$는 "임차인의 부속물매수청구권은 그가 건물 기타 공작물을 임대차한 경우에 생기는 것$\binom{제646}{조}$이고, 보증금반환청구권은 본조에서 말하는 그 건물에 관하여 생긴 채권이 아니기 때문에, 토지임차인은 임차지상에 해 놓은 시설물에 대한 매수청구권과 보증금반환청구권으로서 임대인에게 임차물인 토지에 대한 유치권을 주장할 수 없다"고 한다. 학설로는 건물소유 목적 토지임차인이 건물매수청구권을 행사하여 임대인과의 사이에 매매계약이 성립된 것으로 보는 경우 건물매매대금채권과 부지 사이에 견련성을 인정해야 한다는 견해, 부속물 자체에 대한 유치권에 기하여 건물전체에 대한 인도를 거절할 수 있다고 해석하는 것이 논리적이라는 견해가 있다.

3) 임대인이 건물시설을 제대로 하지 않아서 임차인이 임차건물을 목적대로 사용하지 못하여 발생한 손해의 배상청구권도 견련성이 부정된다$\binom{대판\ 1976.5.}{11,\ 75다1305}$. 또한 하급심 재판례이기는 하지만 임차인의 임대인에 대한 위약금채권과 임차목적물 사이의 견련관계가 부정되었다$\binom{대구고판\ 1984.3.7.}{83나874\ (본소),\ 83나875(반소)}$.

### (다) 도급관련 채권

1) 수급인의 공사금대금채권뿐만 아니라 그 지연손해금청구권도 도급인의 건물인도청구권과 동일한 법률관계인 건물신축도급계약으로부터 생긴 것으로 인정된다$\binom{대판\ 1995.9.15,}{95다16202,16219}$. 채무불이행에 의한 손해배상청구권은 원채권의 연장으로 보아야 하므로 물건과 원채권과 사이에 견련관계가 있는 경우에는 그 손해배상채권과 그 물건과의 사이에도 견련관계가 인정된다.

2) 판례에 따르면 건물신축공사에 필요한 건축자재를 공급한 자의 자재대금채권과 신축건물 사이의 견련관계는 부정된다$\binom{대판\ 2012.1.26,}{2011다96208}$. 건축자재대금채권은 매매계약에 따른 매매대금채권(단순히 건축자재의 납품으로 발생한 채권)에 불과하고, 건축자재가 수급인 등에 의해 위 건물의 신축공사에 사용됨으로써 결과적으로 위 건물에 부합되었다고 하여도 건축자재의 공급으로 인한 매매대금채권이 위 건물 자체에 관하여 생긴 채권이라고 할 수 없기 때문이다. 따라서 자재대금채권자는 건축물에 대해서 유치권을 행사할 수 없다.

### (라) 그 밖의 채권

### 1) 계약명의신탁에서 명의신탁자의 명의수탁자에 대한 부당이득반환청구권

명의신탁자와 명의수탁자가 이른바 계약명의신탁약정을 맺고 명의수탁자가 당사자가 되어 명의신탁약정이 있다는 사실을 알지 못하는 소유자와 사이에 부동산에 관한 매매계약을 체결한 뒤 명의수탁자 명의로 소유권이전등기를 마친 경우 명의신탁자가 명의수탁자에 대하여 갖는 부당이득반환청구권(명의신탁자가 명의수탁자에게 제공한 부동산 매수자금 상당액)에 기하여 해당 부동산에 관하여 유치권을 행사할 수 있는가? 판례$\binom{대판\ 2009.3.26,}{2008다34828}$는 명의신탁자의 이와 같은 부당이득반환청구권은 부동산 자체로부터 발생한 채권이 아닐 뿐만 아니라, 소유권 등에 기한 부동산의 반환청구권과 동일한 법률관계나 사실관계로부터 발생한 채권이라고 보기도 어려우므로, 목적물과 채권 사이의 견련관계를 인정할 수 없다고 판시하였다.

### 2) 매도인의 매수인에 대한 매매대금채권

부동산 매도인이 매매대금을 다 지급받지 아니한 상태에서 매수인에게 소유권이전등기를 완료하여 목적물의 소유권을 매수인에게 이전한 경우에, 매도인이 아직 목적물을 인도하지 않았다면 매도인에게 동시이행의 항변권 외에 매매대금채권을 피담보채권으로 하는 유치권을 인정할 것인가? 판례는 이를 부정한다($\binom{대결\ 2012.1.12.}{2011마2380}$). 만일 이를 인정한다면 매도인은 등기에 의하여 매수인에게 소유권을 이전하였음에도 매수인 또는 그의 처분에 기하여 소유권을 취득한 제3자에 대하여 소유권에 속하는 대세적인 점유의 권능을 여전히 보유하게 되는 결과가 되어 부당하고, 매도인으로서는 자신이 원래 갖는 동시이행의 항변권을 행사하지 아니하고 자신의 소유권이전의무를 선이행함으로써 매수인에게 소유권을 넘겨 준 것이므로 그에 필연적으로 부수하는 위험은 스스로 감수해야 하므로 매도인이 매매대금채권을 피담보채권으로 매수인이나 그에게서 부동산 소유권을 취득한 제3자를 상대로 유치권을 주장할 수 없다고 하였다.

---

**사례 14** A는 B와 사이에 X부동산에 관한 명의신탁약정을 체결하고, B는 그 사실을 모르는 C로부터 X부동산을 매수하여 B 명의로 소유권이전등기를 마쳤으며, A는 B와 통모하여 X부동산의 임차인인 것처럼 가장한 채 이를 점유·사용해 왔다. 계약명의신탁에서 명의수탁자 B가 X부동산에 관한 소유권을 취득한 후에도 A와 B 사이에는 A가 X부동산을 무상으로 점유·사용하기로 하는 묵시의 약정이 있었다. A는 B와 협의 하에 X부동산에 도시가스공사 등을 하여 공사비용을 지출하고 이로 인하여 X부동산의 가액이 증가하여 현존하고 있다. 그 후 X부동산에 관한 경매절차가 개시됨으로써 사용대차계약 관계를 계속하기 어렵게 되자 A는 공사비용의 지출로 B에 대하여 유익비상환청구권이 있고 그 변제기가 도래하였음을 전제로 경매법원에 대하여 X부동산에 관한 유치권신고를 하였다. B 또한 위 유익비상환청구권의 변제기가 이미 도래하였다는 전제하에, 이를 B가 A에게 지급하였어야 하나 재정상태가 악화되어 그 지급의무를 이행하지 못하고 있다는 취지의 확인서를 A에게 작성해 주었다. X부동산을 경매절차에서 매수한 D가 A를 상대로 유치권부존재확인의 소를 제기하자, A는 B에 대한 X부동산에 대한 유익비상환청구권에 기해 유치권을 주장한다. A의 주장은 타당한가? (대판 2009.3.26, 2008다34828 참조)

**│해설 14│** A는 유익비상환청구권에 기해서는 유치권의 성립을 주장할 수 있다.

A는 이러한 약정에 따라 X부동산을 점유·사용하는 중에 지출한 유익비에 관하여 사용대차계약의 당사자인 B에게 상환청구권을 행사할 수 있고, 그러한 유익비상환청구권의 변제기는 그에 관한 당사자의 약정 또는 위 사용대차계약 관계를 규율하는 법조항이나 법리에 의하여 정해진다. 위의 사실관계에 비추어 보면, 늦어도 A가 유치권신고를 할 무렵에는 위 사용대차관계의 당사자인 A와 B의 묵시적인 합의에 의하여 그 사용대차관계가 종료되고, 또한 묵시적 합의로 위 유익비상환청구권의 변제기도 이미 도래한 것으로 보아야 한다. 따라서 A는 B에 대해 갖는 X부동산에 대한 유익비상환청구에 기하여 유치권을 행사할 수 있다.

### (4) 피담보채권과 목적물의 점유와 견련관계

견련성과 관련하여 채권과 목적물과의 견련관계 이외에 채권과 목적물의 점유 사이에도 견련관계가 있어야 하는가? 이에 관해 통설과 판례($\frac{\text{대판 1965.3.30,}}{64\text{다}1977}$)는 채권과 목적물의 점유 사이의 견련관계를 요구하지 않는다. 즉 목적물을 점유하기 전에 그 목적물에 관하여 채권이 발생하고, 그 후 어떤 사정으로 목적물의 점유를 취득한 경우에도 유치권은 성립한다. 예컨대 목적물에 관하여 채권이 발생하였으나 채권자가 목적물에 관한 점유를 취득하기 전에 그에 관하여 저당권 등 담보물권이 설정되고 이후에 채권자가 목적물에 관한 점유를 취득한 경우 채권자는 다른 사정이 없는 한 그와 같이 취득한 유치권을 저당권자 등에게 주장할 수 있다($\frac{\text{대판 2014.12.11,}}{2014\text{다}53462.}$ 이 사건에서는 甲 주식회사 등이 乙과 호텔신축 공사계약을 체결하고 공사를 완료하였으나 乙이 공사대금을 완제하지 못하고 있는 상황에서 丙 주식회사가 乙에게 금전을 대여하면서 위 호텔에 관하여 근저당권설정등기를 마쳤고, 그 후 甲 회사 등이 乙로부터 호텔을 인도받아 점유하고 있던 중 丙 회사가 신청한 임의경매절차에서 유치권 행사를 주장한 사안에서, 甲 회사 등이 丙 회사의 신청에 의하여 임의경매절차가 곧 개시되리라는 점을 인식하면서 乙로부터 호텔을 인도받았다는 사정만으로 甲 회사 등의 유치권 행사가 신의칙 위반에 해당하지 않는다고 판시함).

---

**사례 15** A는 도급인으로서 B가 X건물을 신축해 줄 것을 내용으로 하는 계약을 B와 체결했다. 그 후 B는 C로부터 건축자재를 매수하기로 하는 매매계약을 체결하고 공급받은 건축자재로 X건물을 완공하였다. 이에 C는 A에 대하여 'C가 공급한 건축자재가 B에 의해 X건물의 신축공사에 사용됨으로써 X건물에 부합된 이상 건축자재대금채권은 X건물 자체에 관하여 생긴 채권이므로 유치권이 성립한다'고 주장한다. C의 주장은 타당한가?                (대판 2012.1.26, 2011다96208 참조)

> **해설 15** C의 주장은 타당하지 않다.
>
> C의 건축자재대금채권은 B와 체결한 매매계약에 따른 매매대금채권에 불과한 것이고, C가 공급한 건축자재가 B에 의해 건물의 신축공사에 사용됨으로써 결과적으로 건물에 부합되었다고 하여도 건축자재의 공급으로 인한 매매대금채권이 건물 자체에 관하여 생긴 채권이라고 할 수는 없다.

---

**사례 16** B는 A와의 계약명의신탁약정(A가 신탁자, B가 수탁자)에 따라 위 약정 사실을 모르는 C로부터 C 소유인 X 토지를 매수한 후 소유권이전등기를 B 명의로 마쳤고, X토지는 현재 A가 점유, 사용하고 있다(이 경우 부동산 실권리자명의 등기에 관한 법률에 의해 명의신탁약정은 무효이나, 위 법 제4조 제2항 단서에 따라 B가 X 토지의 소유권을 취득하고, A는 B에게 제공한 매수자금 상당액의 부당이득반환청구권을 B에 대하여 갖는다). B가 A를 상대로 소유권에 기해 X토지의 반환을 구하자, A는 위 부당이득반환청구권에 기한 유치권을 주장한다. A의 주장은 타당한가?

(대판 2009.3.26, 2008다34828 참조)

> **해설 16** A의 주장은 타당하지 않다.
>
> 명의신탁자와 명의수탁자가 이른바 계약명의신탁약정을 맺고 명의수탁자가 당사자가 되어 명의신탁약정이 있다는 사실을 알지 못하는 소유자와 부동산에 관한 매매계약을 체결한 뒤 수탁자 명의로 소유권이전등기를 마친 경우, 명의신탁자의 부당이득반환청구권은 부동산 자체로부터 발생한 채권이 아닐 뿐만 아니라 소유권 등에 기한 부동산의 반환청구권과 동일한 법률관계나 사

> 실관계로부터 발생한 채권이라고 보기도 어려우므로, 결국 제320조 제1항에서 정한 유치권 성립 요건으로서의 목적물과 채권 사이의 견련관계를 인정할 수 없다. 사안에서 명의신탁자인 A는 명의수탁자 B에 대하여 행사하는 매수대금에 기한 부당이득반환청구권은 X부동산 자체로부터 발행한 채권이 아니며, X부동산에 대한 소유권에 기하여 행사하는 반환청구권으로부터 발생한 채권이 아니므로, 위 주장은 타당하지 않다.

## Ⅲ. 유치권의 효력

---

1. 유치권자의 권리
  (1) 목적물을 유치할 권리
    (가) 유치의 의미
    (나) 유치권의 대세적 효력
    (다) 유치권자의 대항력 제한
    (라) 유치권행사의 효과
  (2) 경매청구권과 우선변제권
    (가) 현금화방법

    (나) 우선변제권
  (3) 과실수취권
  (4) 유치물사용권
  (5) 비용상환청구권
2. 유치권자의 의무
  (1) 의무의 내용
  (2) 의무위반의 효과

---

### 1. 유치권자의 권리

#### (1) 목적물을 유치할 권리

#### (가) 유치의 의미

1) 유치권자는 그의 채권의 변제를 받을 때까지 목적물을 유치할 수 있다. '유치'란 목적물의 점유를 계속하면서 인도를 거절하는 것을 의미한다. 이처럼 유치권은 목적물의 인도를 거절하여 채무자의 변제를 간접적으로 강제하는 유치적 효력을 본체로 한다.

부동산임차인이 비용상환청구권에 기초하여 유치권을 행사하면서 종전의 점유상태로 부동산을 계속 사용할 수 있다(대판 2009.9.24, 2009다40684). 이는 제324조 제2항 단서에서 정한 '보존에 필요한 사용'으로 볼 수 있기 때문이다. 다만 이 때에도 그 동안의 사용이익은 부당이득으로서 임대인에게 반환해야 한다(대판 1962.8.30, 62다294). 유치권에는 보존에 필요한 행위(종전 점유상태로의 계속 사용)를 할 수 있을 뿐이며 그로 인하여 발생한 이득의 보유권능까지 인정된 것은 아니기 때문이다.

2) 임차건물에 대해 유치권이 성립하면, 건물에 대한 유치권의 실효성을 위하여 또는 그 반사적 효과로 임차건물의 유지사용에 필요한 범위 내에서 그 부지인 대지의 인도를 거절할 수 있다(대판 1980.10.14, 79다1170). 그러나 건물점유자가 건물의 원시취득자에게 그 건물에 관한 유치권이 있다고 하더라도 그 건물의 존재와 점유가 토지소유자에게 불법행위가 되고 있다면 그 유치권으로 토지소유자에게 대항할 수 없다(대판 1989.2.14, 87다카3073).

### (나) 유치권의 대세적 효력

1) 유치권은 물권이므로 유치권자는 채무자뿐만 아니라 모든 사람에 대하여 유치적 효력을 주장할 수 있다. 즉 유치권의 목적물이 채무자를 제외한 경매절차에서의 매수인을 비롯한 제3자의 소유로 변동된 경우 채무의 변제는 채무자에게만 청구할 수 있지만, 유치권은 그 제3자에 대해서도 행사할 수 있다. 특히 민사집행법은 담보권의 실행을 위한 경매 또는 강제경매에서 "매수인은 유치권자에게 그 유치권으로 담보하는 채권을 변제할 책임이 있다"고 하여 매수인이 유치권을 인수할 것을 규정한다(민사집행법 제91조 제5항).

경매절차에서의 매수인이 유치권의 인적 채무까지도 승계하는지와 관련하여 판례는 그 담보권의 부담을 승계한다는 것에 그친다는 물적 책임설을 취하여 매수인이 이를 변제할 책임은 없다고 한다(대판 1996.8.23. 95다8713). 학설로는 그 인적 채무까지 인수한다는 인적 책임설도 주장된다. 물적 책임설을 취하더라도 유치권자는 그 채권의 변제를 받지 않는 이상 모든 사람에 대해서 유치물의 인도를 거절할 수 있으므로 경매절차에서의 매수인으로부터 사실상 우선변제를 받게 된다.

---

**심 화 학 습**

**물적 책임설과 인적 책임설의 비교**

물적 책임설과 인적 책임설은 다음의 3가지 점에서 다르다. 첫째, 인적 책임설에 의하면 유치권자는 경락인에 대하여 자신의 피담보채권의 변제를 청구할 수 있지만, 물적 책임설에 의하면 불가능하다. 둘째, 경락인이 변제한 경우 채무자에 대하여 구상권을 취득할 것인지에 대해서 인적 책임설에 의하면 자신의 채무를 변제한 것이므로 구상권을 취득할 수 없으나, 물적 책임설에 의하면 경락인이 제3자로서 변제한 것이므로 구상권을 취득한다. 셋째, 최저경매가격을 결정함에 있어서 유치권의 피담보채권액을 공제해야 하는지에 관하여(유치권신고를 한 경우를 전제로 한다), 인적 책임설에 따르면 경락인이 부담하여야 할 피담보채권액을 평가액으로부터 공제한 잔액을 최저경매가격으로 정할 것이다. 반면에 물적 책임설에 따르면 피담보채권액의 전부 또는 일부를 채무자의 자력, 지급의사 등을 참작하여 평가액으로부터 공제한 잔액을 최저경매가격으로 정하여야 할 것이다. 다만 최저경매가격을 결정함에 있어서 채무자의 자력 등을 참작하는 것은 사실상 곤란하므로 실무에 있어서는 물적 책임설의 입장에 따르더라도 피담보채권액을 전액 공제하여 그 최저경매가격을 정할 수밖에 없다.

---

2) 일반채권자에 의해 유치권의 목적물인 동산 또는 유가증권이 강제경매에 부쳐지는 경우, 동산 또는 유가증권의 유치권자는 집행관에게 목적물의 인도를 거절할 수 있고(민사집행법 제191조), 그럼에도 불구하고 집행관이 경매를 하는 때에는 집행방법에 관한 이의의 소(민사집행법 제16조) 또는 제3자이의의 소(민사집행법 제48조)를 제기할 수 있다. 그러므로 유치권의 목적인 동산 또는 유가증권에 대한 강제경매는 유치권자가 집행관에게 목적물을 임의로 인도한 때에만 가능하고, 유치물이 집행관에게 인도되었다 하더라도 유치권의 효력에는 영향이 없으며, 유치권자는 그 유치물에 대하여 간

접점유를 한다. 반대로 집행관이 목적물을 유치권자에게 그대로 보관시킨 때($^{민사집행법\ 제189}_{조\ 제1항\ 단서}$)에는 유치권자는 직접점유를, 집행관은 간접점유를 한다.

### (다) 유치권자의 대항력 제한

경매개시결정등기 이후에 유치권을 취득한 자는 경매매수인에게 유치권을 행사할 수 없다. 반대로 경매개시결정등기(압류의 효력 발생) 이전에 취득한 유치권은 매수인에게 주장할 수 있다. 이는 경매절차의 안정성을 확보하기 위한 해석이다.

#### 1) 가압류, 압류와 유치권과의 관계

㉮ 목적물에 대해 경매개시결정의 기입등기(경매등기)가 경료되어 압류의 효력이 발생한 후에 그 목적물을 인도 받아 유치권을 취득한 경우

이러한 경우 채권자이자 점유자는 그 부동산에 관한 경매절차의 매수인에게 유치권으로 대항할 수 없다($^{대결\ 2017.2.8.\ 2015마2025;}_{대판\ 2005.8.19.\ 2005다22688}$ 6)).

유치권을 주장하는 자의 존재로 인해 경매절차의 매수인이 예기치 않은 불이익을 받을 수 있는 우려가 있어 유치권의 효력을 제한한 해석의 결과이다.

채무자가 당해 부동산의 점유를 이전함으로써 제3자가 취득한 유치권으로 압류채권자에게 대항할 수 없도록 해석하는 논거로 다음의 두 가지를 든다. 첫째, 경매절차의 공정성과 신뢰를 현저히 훼손하지 않기 위해서이다(경매절차에서의 매수인이 매수가격 결정의 기초로 삼은 현황조사보고서나 매각물건명세서 등에서 드러나지 않는 유치권의 부담을 그대로 인수하게 되기 때문이다). 둘째, 책임재산을 신속하고 적정하게 환가하여 채권자의 만족을 얻게 하려는 민사집행제도의 운영에 심각한 지장을 주지 않기 위해서이다(유치권신고 등을 통해 매수신청인이 위와 같은 유치권의 존재를 알게 되면 매수가격의 즉각적인 하락이 초래되기 때문이다). 따라서 이와 같은 점유이전은 예외적으로 처분행위로 보고 압류의 처분금지효($^{민사집행법\ 제92조}_{제1항,\ 제83조\ 제4항}$)에 저촉된 것으로 보아야 한다.

㉯ 경매개시결정에 따른 기입등기(경매등기) 전에 점유는 취득했으나 경매등기후에 피담보채권이 성립한 경우

유치권의 취득시점이 경매개시결정에 따른 기입등기(이와 같은 경매등기로 압류의 효력이 발생된다)의 후7)라면 경매절차상의 매수인에게 유치권으로 대항할 수 없다. 그와 같은 점유이전을 통한 유치권을 취득하게 한 경우 그와 같은 점유의 이전은 처분행위에 해당되어 압류의 처분금지효에 위반되기 때문이다($^{대판\ 2009.1.15.}_{2008다70763}$). 점유는 먼저 이전받았더라도 압류의 효력이 발생한

---

6) 채무자 소유의 건물 등 부동산에 강제경매개시결정의 기입등기가 경료되어 압류의 효력이 발생한 이후에 채무자가 위 부동산에 관한 공사대금 채권자에게 그 점유를 이전함으로써 그로 하여금 유치권을 취득하게 한 경우, 그와 같은 점유의 이전은 목적물의 교환가치를 감소시킬 우려가 있는 처분행위에 해당하여 민사집행법 제92조 제1항, 제83조 제4항에 따른 압류의 처분금지효에 저촉되므로 점유자로서는 위 유치권을 내세워 그 부동산에 관한 경매절차의 매수인에게 대항할 수 없다고 판시하였다.

7) 경매등기가 없더라도 채무자에게 경매개시결정이 송달된 후에 유치권이 성립한 경우에도 경매절차상의 매수인에게 유치권으로 대항할 수 없다고 할 것이다(민사집행법 제83조 제4항 참조). 채무자에 대한 경매개시결정의 송달로도 압류의 효력이 발생하기 때문이다.

후에 채권을 취득하여 그 때 비로소 유치권이 성립한 경우에도 유치권으로 대항할 수 없다(대판 2013. 6.27, 2011다50165). 또한 경매등기가 경료되기 전에 채권이 성립했으나 경매등기 후에야 채권자에게 그 점유를 이전하여 유치권이 성립하는 경우에도 유치권을 매수인에게 대항할 수 없다(대판 2009.1.15, 2008다70763). 요컨대 저당물이자 유치물의 임의경매로 인한 경매개시 결정등기의 기입등기시점이 유치권의 취득시점보다 앞서면 유치권으로 경매절차상의 매수인에게 대항할 수 없다. 이 때 유치권자가 경매개시결정의 경매등기가 있음을 과실 없이 모르고 유치권을 취득했더라도 유치권으로 경매절차상의 매수인에게 대항할 수 없다(대판 2006.8.25, 2006다22050). 유치권의 취득시기가 근저당권의 설정 후 또는 경매절차의 개시후인 경우에도 아직 압류의 효력이 발생(경매등기)하기 전이면 유치권으로 대항할 수 있다(대결 2011.5.13, 2010마1544)(한편 유치권의 담보물권적 특성을 고려하여 저당권과 유치권은 그 우열관계가 성립시기의 선후에 의하여 일률적으로 결정될 수 없음을 인정하면서도, 저당권자의 신뢰이익을 존중해야 한다는 점에서, 이미 저당권이 설정된 부동산임을 알면서도 기존 공사대금채권을 회수할 목적으로 당해 부동산의 점유를 취득했거나, 저당권이 설정된 부동산의 점유를 취득한 뒤, 이미 목적물에 관하여 저당권이 설정되어 있는 사실을 알면서도 당해 부동산에 필요비나 유익비를 지출한 경우에는 제320조 제2항을 유추적용하여 유치권으로 매수인에게 대항할 수 없다는 견해도 있다).

즉 경매개시결정의 기입등기가 된 후에 유치권이 성립한 경우에도 대항할 수 없다(대판 2011. 10.13, 2011다55214[8]).

㉲ 부동산에 가압류등기가 경료된 상태에서 점유이전으로 유치권이 성립한 경우

부동산에 가압류등기만 경료되어 있을 뿐 현실적인 매각절차가 이루어지지 않고 있는 상황에서 유치권을 취득한 자는 그 유치권으로 경매절차의 매수인에게 대항할 수 있다(대판 2011.11.24, 2009다19246). 부동산에 가압류등기가 있으면 채무자가 그 부동산의 처분행위를 했을 때 이로써 가압류채권자에게 대항할 수 없는데 여기서 처분행위란 그 부동산의 양도나 용익물권 또는 담보물권의 설정행위를 말한다. 특별한 사정이 없는 한 점유의 이전과 같은 사실행위는 이에 해당하지 않기 때문에 점유이전은 처분금지효를 위반한 것이 아니므로 취득한 유치권으로 경매매수인에게 대항할 수 있다.

㉳ 체납처분에 의한 압류와 유치권의 관계

체납처분에 의한 압류된 부동산이라도 경매절차가 개시되어 경매개시결정등기가 되기 전에 부동산에 관하여 민사유치권을 취득한 유치권자는 경매절차의 매수인에게 유치권을 행사할 수 있다(대판(전) 2014.3.20, 2009다60336). 그 논거로 "부동산에 관한 민사집행절차에서는 경매개시결정과 함께 압류를 명하므로 압류가 행하여짐과 동시에 매각절차인 경매절차가 개시되는 반면 국세징수법에 의한 체납처분절차에서는 그와 달리 체납처분에 의한 압류와 동시에 매각절차인 공매절차가 개시되는 것이 아닐 뿐만 아니라, 체납처분압류가 반드시 공매절차로 이어지는 것도 아니다.

---

8) 채무자 소유의 건물에 관하여 증·개축 등 공사를 도급받은 수급인이 경매개시결정의 기입등기가 마쳐지기 전에 채무자로부터 그 건물의 점유를 이전받았다 하더라도 경매개시결정의 기입등기가 마쳐져 압류의 효력이 발생한 후에, 공사를 완공하여 공사대금채권을 취득함으로써 유치권이 성립한 사안이다.

또한 체납처분절차와 민사집행절차는 서로 별개의 절차로서 공매절차와 경매절차가 별도로 진행되는 것이므로, 부동산에 관하여 체납처분압류가 되어 있다고 하여 경매절차에서 이를 그 부동산에 관하여 경매개시결정에 따른 압류가 행하여진 경우와 마찬가지로 볼 수는 없다"는 점을 제시한다.

요컨대 가압류·압류·체납처분에는 모두 '처분금지효'가 인정되지만, 판례는 그 이후에 유치권이 성립된 경우, 경매개시결정의 기입등기의 시점(압류의 효력 발생시점)을 기준으로 대항력의 범위를 달리 본다. 즉 경매개시결정의 기입등기가 된 후에 성립된 유치권으로는 경매절차의 매수인에게 대항할 수 없다고 한다.

### 2) 저당권 등 담보물권과 유치권과의 관계

유치권에는 우선변제적 효력이 없기 때문에 저당권과 직접적인 경합이나 우열의 문제는 생기지 않는다. 그러나 민사집행법 제91조 제5항에 의하여 유치권자는 사실상 우선변제를 받기 때문에 저당권과 유치권의 성립시기의 선후에 관계없이 결과적으로 유치권이 저당권에 우선하게 된다. 그러나 저당권 실행을 위한 경매등기를 통하여 압류의 효과가 발생하므로 이러한 경매등기 이전에 유치권이 성립했어야 한다(대판 2014.4.10, 2010다84931). 따라서 경매절차에서의 매수인은 유치권으로 신고된 피담보채권을 사실상 인수하게 되어(민사집행법 제91조 제5항), 유치권자에게 변제해야 하기 때문에 부동산 가격에 비하여 매수가격을 낮추어 매수신고 할 수밖에 없다. 이로 인하여 유치권자보다 먼저 저당권을 설정한 담보물권자가 사실상 변제를 받지 못하는 경우가 발생하게 된다. 또한 유치권자는 경매절차상의 매수인에게도 대항할 수 있으므로 경매로 인한 매매가 성립하지 못할 가능성도 높아진다. 이처럼 선순위 담보권자보다 후순위 담보권자인 유치권자가 실질적으로 최우선변제를 받게 되는데 이는 소멸주의를 취하지 않고 인수주의를 취한 결과에서 오는 불합리한 결과라고 볼 수 있다.

---

**사례 17** A는 그 소유의 건물에 대해 B에게 저당권을 설정한 후 C에게 건물의 리모델링을 위한 공사를 맡겼다. C가 건물을 인도받아 공사를 진행하던 중, B가 경매를 신청하여 경매개시결정등기가 마쳐졌고, 경매절차에서 D는 건물을 매수하여 그 소유권을 취득하였다.

질문 1) 압류등기 후 C가 공사를 완료함으로써 공사대금채권을 취득하고 이에 기한 유치권을 주장하자, D는 C가 자신에게 유치권으로 대항할 수 없다고 주장한다. D의 주장은 타당한가?

질문 2) C가 압류등기 전 공사를 완료함으로써 공사대금채권을 취득하고 이에 기한 유치권을 주장하자, D는 C가 자신에게 유치권으로 대항할 수 없다고 주장한다. D의 주장은 타당한가?

질문 3) A의 일반채권자인 E가 건물에 관하여 가압류등기를 한 상태에서 C가 공사를 완료함으로써 공사대금채권을 취득하였고, 그 후 경매개시결정등기가 있은 경우, C는 유치권으로 D에게 대항할 수 있는가?

질문 4) E가 건물에 관하여 체납처분에 의한 압류등기를 한 상태에서 C가 공사를 완료함으로써 공사대금채권을 취득하였고, 그 후 경매개시결정등기가 있은 경우, C는 유치권으로 D에게 대항할 수 있는가? (대판 2009.1.15, 2008다70763; 대판 2005.8.19, 2005다22688; 대판 2011.11.24, 2009다19246; 대판(전) 2014.3.20, 2009다60336 참조)

| **해설 17** |

**해설 1) D의 주장은 타당하다.**

C는 D에게 유치권으로 대항할 수 없기 때문이다. 채무자 소유의 건물 등 부동산에 경매개시결정의 기입등기가 경료된 이후에 공사대금채권이 발생하였으므로 유치권은 경매절차결정 이후에 성립한 것으로 보아야 한다. 경매개시결정 이후에 성립한 유치권으로는 경매절차상의 매수인에게 대항할 수 없다. 부동산에 관하여 이미 경매절차가 개시되어 진행되고 있는 상태에서 비로소 그 부동산에 유치권을 취득한 경우에도 아무런 제한 없이 유치권자에게 경매절차의 매수인에 대한 유치권의 행사를 허용하면 경매절차에 대한 신뢰와 절차적 안정성이 크게 위협받게 됨으로써 경매 목적 부동산을 신속하고 적정하게 환가하기가 매우 어렵게 되고 경매절차의 이해관계인에게 예상하지 못한 손해를 줄 수도 있으므로, 그러한 경우에까지 압류채권자를 비롯한 다른 이해관계인들의 희생하에 유치권자만을 우선 보호하는 것은 집행절차의 법적 안정성이라는 측면에서 받아들일 수 없다(이 때 C의 점유는 불법점유에 해당되므로 D에게 불법행위로 인한 손해배상책임이 인정된다).

**해설 2) D의 주장은 타당하지 않다.**

C는 유치권을 경매절차의 매수인에게 대항할 수 있기 때문이다. 경매로 인한 압류의 효력이 발생하기 전에 유치권을 취득한 자는 경매절차의 매수인에게 대항할 수 있고, 유치권 취득시기가 근저당권 설정 이후인 경우에도 대항할 수 있다. 경매절차상 매수인은 이미 유치권의 존재를 알 수 있었기 때문에 특별히 보호할 필요가 없기 때문이다. 또한 유치권 취득 전에 설정된 근저당권에 기하여 경매절차가 개시되었더라도 압류의 효력이 발생하기 전에 유치권을 취득했다면 역시 대항할 수 있다.

**해설 3) C는 유치권으로 대항할 수 있다.**

부동산에 가압류등기가 경료되어 있을 뿐 현실적인 (경매에서의) 매각절차가 이루어지지 않고 있는 상황하에서는 채무자의 점유이전으로 인하여 제3자가 유치권을 취득하게 된다고 하더라도 이를 (가압류채권자에게 대항할 수 없는 사유인) 처분행위로 볼 수는 없다. 따라서 부동산에 가압류등기가 경료된 상태에서 점유이전으로 인하여 유치권이 성립하고 그 후 경매개시결정이 마쳐진 경우에는 유치권자는 경매절차의 매수인에게 대항할 수 있다.

**해설 4) C는 유치권으로 대항할 수 있다.**

체납처분압류가 되어 있는 부동산이라고 하더라도 그러한 사정만으로 경매절차가 개시되어 경매개시결정등기가 되기 전에 부동산에 관하여 민사유치권을 취득한 유치권자가 경매절차의 매수인에게 유치권을 행사할 수 없다고 볼 것은 아니다.

### 3) 저당권 등의 담보물권과 상사유치권과의 관계

판례(대판 2013.2.28, 2010다57350)는 부동산에 대한 상사유치권의 성립 당시에 이미 제3자의 저당권(선행저당권)이 설정되어 있다면, 상사유치권자는 채무자 및 상사유치권 성립 후 그 채무자로부터 부동산을 양수하거나 제한물권을 설정 받는 자에 대해서는 대항할 수 있지만, 선행저당권자 또는 선행저당권에 기한 임의경매절차에서 부동산을 취득한 매수인에 대한 관계에서는 그 상사유치권으로 대항할 수 없다고 한다.[9]

### 4) 신의칙에 의한 유치권행사의 제한

신의칙에 의하여 유치권의 행사가 제한될 수 있다. 개별 사안의 구체적인 사정을 종합적으로 고려하여 유치권의 행사가 신의성실의 원칙에 반하는 경우에는 유치권이 허용되지 않는다. 예컨대 저당권 성립 후에 유치권을 취득해도 유치권자가 경매의 매수인에게 대항할 수 있는 점을 악용하여 유치권을 고의적으로 작출하는 경우 유치권의 행사가 권리남용이 될 수 있다. 채무자가 이미 채무초과의 상태에 빠졌거나 그러한 상태가 임박하여 자기 채권을 만족받을 가능성이 현저히 낮아진 채권자가 채무자와의 사이에 유치권의 성립요건을 충족하는 내용의 거래를 일으키고 그에 기하여 목적물을 점유하게 됨으로써 유치권을 갖게 되는 경우, 이미 채무자 소유의 목적물에 저당권 기타 담보물권이 설정되어 있어서 유치권의 성립에 의하여 저당권자 등이 그 채권 만족상의 불이익을 입을 것을 잘 알면서도 자기 채권의 우선적 만족을 위하여 이와 같은 유치권을 취득했다면 이러한 유치권을 저당권자 등에게 주장하는 것은 신의칙에 반하는 권리행사 또는 권리남용에 해당된다(대판 2011.12.22. 2011다84298).

### (라) 유치권행사의 효과

유치물의 소유자가 제기한 반환청구의 소에 대해 점유자가 피담보채권에 기한 유치권을 행사하는 경우 어떠한 판결을 해야 하는가? 학설상 상환이행판결설(다수설)과 청구기각판결설로 나뉜다. 판례는 채권의 변제와 상환으로 물건의 인도를 명해야 한다고 하여 상환이행판결설에 의하여 판단한다(대판 1969.11.25. 69다1592).

## (2) 경매청구권과 우선변제권

### (가) 현금화방법

유치권자는 채권의 변제를 받기 위하여 유치물을 경매할 수 있다(제322조 제1항). 그러나 일정한 경우 유치물로써 직접 변제에 충당하는 간이변제충당도 인정된다(제322조 제2항).

---

9) 그 논거는 다음과 같다. 상사유치권의 대상이 되는 목적물은 '채무자 소유의 물건'에 한정(상법 제58조, 제320조 제1항 참조)된다. 그 취지는, 상사유치권의 경우에는 목적물과 피담보채권 사이의 견련관계가 완화됨으로써 피담보채권이 유치권자와 채무자 사이에 발생하는 모든 상사채권으로 무한정 확장될 수 있고, 그로 인하여 이미 제3자가 목적물에 관하여 확보한 권리를 침해할 우려가 있어 상사유치권의 성립범위 또는 상사유치권으로 대항할 수 있는 범위를 제한한 것으로 볼 수 있다. 즉 상사유치권이 채무자 소유의 물건에 대해서만 성립한다는 것은, 상사유치권은 그 성립 당시 채무자가 목적물에 대하여 보유하고 있는 담보가치만을 대상으로 하는 제한물권이라는 의미를 담고, 따라서 유치권 성립 당시에 이미 그 목적물에 대하여 제3자가 권리자인 제한물권이 설정되어 있다면, 상사유치권은 그와 같이 제한된 채무자의 소유권에 기초하여 성립할 뿐이고, 기존의 제한물권이 확보하고 있는 담보가치를 사후적으로 침탈하지는 못한다.

### 1) 유치권에 의한 경매

㉮ 유치권자는 채권의 변제를 받기 위하여 민사집행법이 정하는 절차에 따라 유치물의 경매를 청구할 수 있다$\binom{제322조}{제1항}$. 유치권에 의한 경매도 강제경매나 담보권 실행을 위한 경매와 마찬가지로 원칙적으로 목적부동산 위의 부담을 소멸시키는 것을 법정매각조건으로 하여 실시되고(소멸주의), 우선채권자뿐만 아니라 일반채권자의 배당요구도 허용되며, 유치권자는 일반채권자와 동일한 순위로 배당을 받을 수 있을 뿐이다$\binom{대결\ 2011.6.15.}{2010마1059}$.

그런데 부동산에 관한 강제경매 또는 담보권 실행을 위한 경매절차에서의 매수인은 유치권자에게 그 유치권으로 담보하는 채권을 변제할 책임이 있고$\binom{민사집행법\ 제91조}{제5항,\ 제268조}$, 유치권에 의한 경매절차는 목적물에 대하여 강제경매 또는 담보권 실행을 위한 경매절차가 개시된 경우에는 정지되도록 되어 있으므로$\binom{민사집행법\ 제}{274조\ 제2항}$, 유치권에 의한 경매절차의 개시 후 강제경매 또는 담보권실행을 위한 경매절차의 개시로 인해 유치권에 의한 경매절차가 정지된 상태에서 그 목적물에 대한 강제경매 또는 담보권 실행을 위한 경매절차가 진행되어 매각이 이루어졌다면, 유치권은 소멸하지 않는다$\binom{대판\ 2011.8.18.}{2011다35593}$. 다만, 강제경매나 담보권실행을 위한 경매(임의경매)가 취소되면 유치권에 기한 경매절차는 다시 진행된다$\binom{민사집행법\ 제}{274조\ 제3항}$.

㉯ 간이변제충당의 경우 미리 채무자에게 통지하도록 규정하고 있는데$\binom{제322조}{제2항}$, 경매의 경우에는 이와 같은 규정이 없다. 경매의 경우에도 채무자에게 채무를 변제하거나 또는 다른 담보를 제공함으로써$\binom{제327}{조}$, 유치권을 소멸시킬 수 있는 기회를 주는 것이 타당하기 때문에 마찬가지로 이해함이 일반적이다.

### 2) 간이변제충당

경매는 복잡한 절차와 적지 않은 비용이 소요되므로 항상 경매에 의한 현금화를 강제하는 것은 소액의 채권자인 유치권자에게 부적절할 수 있기 때문에 유치권자는 일정한 요건 아래 유치물로 직접 채권의 변제에 충당할 수 있다$\binom{제322조}{제2항}$. 이를 간이변제충당이라 한다.

㉮ 간이변제충당의 요건

① 정당한 이유가 있어야 한다. 정당한 이유가 있는지 여부는 법원이 판단할 사항이나, 예컨대 목적물의 가치가 적은 것이어서 다액의 비용을 들여 경매에 부치는 것이 불합리하거나 또는 경매에 부친다면 정당한 가격으로 매각되기 어려운 사정이 있는 경우가 이에 해당될 수 있다. 그러나 유치물의 처분에 관하여 이해관계를 달리하는 다수의 권리자가 존재하거나 유치물의 공정한 가격을 쉽게 알 수 없는 등의 경우는 정당한 이유가 있다고 할 수 없다$\binom{대결\ 2000.10.30.}{2000마4002}$.

② 유치권자는 법원에 신청하여 그 허가의 결정을 얻어야 한다$\binom{비송사건절차법}{제56조\ 참조}$.

③ 목적물의 가치는 감정인의 평가에 의해야 한다. 법원은 감정인으로 하여금 유치물을 평가하도록 해야 한다.

④ 간이변제충당을 법원에 청구하기 전에 미리 채무자(소유자와 다르면 소유자)에게 그 뜻을 통지해야 한다$\binom{제322조\ 제}{2항\ 후문}$.

이는 채무자가 변제를 하거나 또는 다른 담보를 제공하여 유치권의 소멸을 청구할 수 있는 기회를 주기 위한 조치이다. 만약 유치권자가 이 통지를 하지 않고서 신청한 경우에는, 법원은 그 신청을 각하할 수 있다. 그러나 법원이 통지 없음을 간과하고 허가하였다 하더라도, 그 허가의 결정은 유효하며, 채무자는 그 허가결정에 대하여 불복할 수 없다(비송사건절차법 제59조). 그렇지만 유치권자는 통지의 해태로 채무자가 입은 손해를 배상해야 한다.

㉣ 법원이 간이변제충당을 허가하는 결정을 하면, 유치권자는 유치물의 소유권을 취득한다. 이는 법률의 규정에 의한 물권변동에 해당하므로 등기를 요하지 않는다(제187조). 유치권자는 유치물의 소유권 취득과 동시에 평가액의 한도에서 변제를 받은 것이 되고, 채권은 소멸한다. 이 때 평가액이 채권을 초과하는 경우에는 초과액을 채무자에게 상환해야 하고, 평가액이 채권액에 미달하는 경우에는 채무자가 그 부족액을 채권자에게 변제해야 한다.

### (나) 우선변제권

유치권자에게 경매청구권이 인정된다고 하여 경매로 인한 우선변제권이 있는 것은 아니며, 유치권자는 일반채권자와 동일한 순위로 배당을 받을 수 있을 뿐이다(대결 2011.6.15. 2010마1059). 다만 유치권자가 파산절차에서 별제권을 행사하거나(채무자회생법 제411조) 유치물로부터 생기는 과실을 수취하여 다른 채권자보다 먼저 채권의 변제에 충당하는 경우(제323조 제1항 본문), 간이변제충당 및 상계의 경우에는 사실상 우선변제권이 인정된다.

### (3) 과실수취권

### (가) 의 의

유치권자는 유치물의 과실을 수취하여 다른 채권자보다 먼저 자기채권의 변제에 충당할 수 있다(제323조 제1항). 유치권자에게 과실수취권을 인정하는 이유는 유치권자는 선량한 관리자의 주의로써 유치물을 점유해야 하므로(제324조 제1항), 그에 대한 대가로 과실수취권을 인정하는 것이 공평하고, 수취한 과실을 채권의 변제에 충당하여도 채무자의 이익을 해치지 않기 때문이다.

### (나) 요 건

과실에는 천연과실뿐만 아니라 법정과실도 포함하며, 유치권자가 목적물을 스스로 사용하는 경우에 부당이득으로 반환해야 할 사용이익도 과실에 준하여 변제에 우선적으로 충당할 수 있다.

다만 변제에 충당하기 위해 금전 이외의 과실은 민사소송법의 규정에 따라 경매를 해서 충당해야 한다(제323조 제1항 단서). 그러나 유치물 자체에 대한 간이변제충당을 인정하고 있는 점에 비추어 볼 때, 경매만을 인정하는 것은 불합리하므로, 당사자의 합의에 의한 평가 또는 유치권자의 판단에 따른 상당한 대가로 매각할 수도 있다고 이해하는 것이 일반적이다.

### (다) 효 과

수취한 과실이 경매된 경우, 그 매수대금으로부터 우선변제를 받을 수 있다. 이 경우에 수취한 과실은 먼저 이자에 충당하고, 잔액이 있으면 원본에 충당한다($^{제323조}_{제2항}$).

### (4) 유치물사용권

유치권자는 원칙적으로 유치물을 사용할 권리가 없다. 그러나 채무자의 승낙이 있는 경우 및 보존에 필요한 범위 내에서 유치물을 사용할 수 있다($^{제324조}_{제2항}$).

유치권자는 채무자의 승낙이 있는 경우 유치물을 사용·수익할 수 있다($^{제324조 제2항}_{의 반대해석}$).

유치권자는 유치물의 보존에 필요한 범위 안에서는 채무자의 승낙 없더라도 목적물을 사용을 할 수 있다($^{제324조 제}_{2항 단서}$). 이렇게 하더라도 채무자의 이익을 해치지 않기 때문이다. 유치권자가 유치물인 토지와 건물을 종전대로 사용 또는 거주하는 것이 보존에 필요한 사용인가? 판례는 유치권자가 유치물인 주택에 거주하며 사용하는 것은 특별한 사정이 없는 한 유치물인 주택의 보존에 도움이 되는 행위로서 유치물의 보존에 필요한 사용에 해당한다고 한다($^{대판 2013.4.11.}_{2011다107009}$). 그러나 유치권자가 보존에 필요한 사용을 통하여 얻은 이익은 부당이득으로 반환해야 한다($^{대판}_{2009.}$ $^{9.24, 2009}_{다40684}$). 이 규정은 보존에 필요한 사용만을 허용하고 있을 뿐이며 그에 따른 이익의 보유까지 인정한 것은 아니기 때문이다. 따라서 유치권자가 직접 사용한 경우에는 차임 상당액을, 제3자에게 전세주고 전세금을 받은 경우에는 전세금의 법정이자 상당액을 반환해야 한다. 그러나 이는 과실에 준하여 변제에 충당할 수 있음은 앞에서 설명한 바와 같다.

---

**사례 18** A는 주택을 신축하기 위해 B에게 주택신축공사를 맡겼고, B는 주택을 완성하였다. 그런데 A가 공사대금 채무를 상환하지 못하던 중 신축된 주택에 대해 경매가 개시되어 C가 주택의 소유권을 취득하였다. B는 공사대금을 받기 위해 위 주택을 점유·사용하는 방법으로 유치하고 있다. C는 B가 보존의 범위를 넘어 유치물을 사용하고 있음을 이유로 유치권소멸청구를 한다. C의 청구는 타당한가?

(대판 2009.9.24, 2009다40684 참조)

**|해설 18|** C의 청구는 타당하지 않다.

제324조에 의하면, 유치권자는 선량한 관리자의 주의로 유치물을 점유해야 하고, 소유자의 승낙 없이 유치물을 보존에 필요한 범위를 넘어 사용하거나 대여 또는 담보제공을 할 수 없으며, 소유자는 유치권자가 위 의무를 위반한 때에는 유치권의 소멸을 청구할 수 있다고 할 것인바, 공사대금채권에 기하여 유치권을 행사하는 자가 스스로 유치물인 주택에 거주하며 사용하는 것은 특별한 사정이 없는 한 유치물인 주택의 보존에 도움이 되는 행위로서 유치물의 보존에 필요한 사용에 해당한다. 다만 유치권자가 유치물의 보존에 필요한 사용을 한 경우에도 특별한 사정이 없는 한 차임에 상당한 이득을 소유자에게 반환할 의무가 있다. 따라서 사안에서 B의 위 주택 점유사용은 주택 보존에 도움이 되는 행위로서 유치물 보존에 필요한 사항이므로 C의 유치권소멸청구는 타당하지 않다.

### (5) 비용상환청구권

유치권자가 유치물에 관하여 필요비를 지출한 경우 유치물의 소유자에게 그 상환을 청구할 수 있다(제325조 제1항). 유치권자가 유치물에 관하여 유익비를 지출한 때에는 그 가액의 증가가 현존하는 경우에 한하여 소유자의 선택에 좇아 그 지출한 금액이나 또는 증가액의 상환을 청구할 수 있다(제325조 제2항 본문). 그러나 소유자의 선택에 의하여 법원은 상당한 상환기간을 허여할 수 있다(제325조 제2항 단서). 상환기간이 허여되면, 유치권자는 유익비에 관하여 유치권을 행사할 수 없다.

유치권자는 필요비, 상환기간이 허여되지 않은 유익비의 상환채권을 담보하기 위해 유치물 위에 다시 유치권을 취득할 수 있다(대판 1972.1.31, 71다2414).

### 2. 유치권자의 의무

### (1) 의무의 내용

유치권자는 선량한 관리자의 주의로써 유치물을 점유해야 한다(제324조 제1항).

유치권자는 채무자의 승낙 없이 유치물의 사용, 대여 또는 담보제공을 하지 못한다(제324조 제2항 본문). 민법은 채무자의 승낙이라고 규정하고 있으나, 채무자와 목적물의 소유자가 동일인이 아닌 때에는 승낙을 할 수 있는 자는 소유자뿐이다.

### (2) 의무위반의 효과

채무자의 승낙없이 보존에 필요한 범위를 넘어 유치물을 사용, 대여 또는 담보제공한 경우, 또는 선관주의의무를 위반하여 점유한 경우에는 채무자는 유치권의 소멸을 청구할 수 있다(제324조 제3항). 이 청구권은 형성권이며, 유치권자에 대한 채무자의 일방적 의사표시에 의하여 유치권은 소멸한다.

**변호사시험 기출문제**

## 08 유치권

**문제 1**

주식회사 甲은행은 丙에게 대출을 해 주면서 丙 소유의 X건물에 대하여 2015.7.1. 제1순위 근저당권설정등기를 마쳤다. 丙은 자신 소유의 X건물 대수선 공사를 하기 위하여 공사업자 乙과 2016.2.1. X건물의 공사에 관하여 공사대금 2억 원, 공사완공예정일 2017.3.20. 공사대금은 완공 시에 일시금으로 지급하기로 하는 도급계약을 체결하였고, 乙은 계약당일 위 X건물에 대한 점유를 이전받았다. 근저당권자인 甲은행은 丙이 대출금에 대한 이자를 연체하자 위 근저당권실행을 위한 경매를 신청하여 2017.5.1. 경매개시결정 기입등기가 마쳐졌다. 乙은

2017.3.20. 위 공사를 완공하였고, 2017.5.20. 위 경매절차에서 공사대금채권의 유치권을 신고하였다. 경매절차에서 丁은 X건물에 대한 매각허가결정을 받아 2017.10.2. 매각대금을 완납하고, 소유권이전등기를 마친 후 乙에게 X건물에 대한 인도청구를 하였다.

[질문 1] 乙은 유치권으로 丁에게 대항할 수 있는가? (20점)

[질문 2] 만약 수원세무서에서 2017.3.1. X건물에 대해 체납처분압류등기를 한 경우 乙은 유치권으로 丁에게 대항할 수 있는가? (10점)

[질문 3] 만약 乙의 유치권이 상사유치권이었다고 한다면 乙은 丁에게 대항할 수 있는가? (10점)

2018년 제7회 변호사시험 제1문의3

**해설 1** 乙은 유치권으로 丁에게 대항할 수 없다.

채무자 소유의 부동산에 경매개시결정의 기입등기가 마쳐져 압류의 효력이 발생한 후에 유치권을 취득한 경우에는 그로써 부동산에 관한 경매절차의 매수인에게 대항할 수 없는데, 채무자 소유의 건물에 관하여 증·개축 등 공사를 도급받은 수급인이 경매개시결정의 기입등기가 마쳐지기 전에 채무자에게서 건물의 점유를 이전받았다 하더라도 경매개시결정의 기입등기가 마쳐져 압류의 효력이 발생한 후에 공사를 완공하여 공사대금채권을 취득함으로써 그때 비로소 유치권이 성립한 경우에는, 수급인은 유치권을 내세워 경매절차의 매수인에게 대항할 수 없다(대판 2011.10.13., 2011다55214). 사안의 경우 乙은 2017.5.1. 경매개시결정 기입등기 (압류등기)가 마쳐진 후인 2017.3.20. 공사를 완공하여 유치권을 취득하였으므로 매수인 丁에게 유치권으로 대항할 수 없다.

**해설 2** 乙은 유치권으로 丁에게 대항할 수 있다.

국세징수법에 의한 체납처분절차에서는 경매와 달리 체납처분에 의한 압류(이하 '체납처분압류'라고 한다)와 동시에 매각절차인 공매절차가 개시되는 것이 아닐 뿐만 아니라, 체납처분압류가 반드시 공매절차로 이어지는 것도 아니다. 또한 체납처분절차와 민사집행절차는 서로 별개의 절차로서 공매절차와 경매절차가 별도로 진행되는 것이므로, 부동산에 관하여 체납처분압류가 되어 있다고 하여 경매절차에서 이를 그 부동산에 관하여 경매개시결정에 따른 압류가 행하여진 경우와 마찬가지로 볼 수는 없다. 따라서 체납처분압류가 되어 있는 부동산이라고 하더라도 그러한 사정만으로 경매절차가 개시되어 경매개시결정등기가 되기 전에 부동산에 관하여 민사유치권을 취득한 유치권자가 경매절차의 매수인에게 유치권을 행사할 수 없다고 볼 것은 아니다(대판(전) 2014.3.20., 2009다60336 다수의견). 사안의 경우 乙의 유치권 성립 전 체납처분에 의한 압류가 있더라도 유치권의 효력은 체납처분압류에 의해 제한을 받지 않는다.

**해설 3** 乙은 유치권으로 丁에게 대항할 수 없다.

상사유치권은 민사유치권과 달리 피담보채권이 '목적물에 관하여' 생긴 것일 필요는 없지만 유치권의 대상이 되는 물건은 '채무자 소유'일 것으로 제한되어 있다(상법 제58조, 민법 제320조 제1항 참조). 상사유치권이 채무자 소유의 물건에 대해서만 성립한다는 것은, 상사유치권은 성립 당시 채무자가 목적물에 대하여 보유하고 있는 담보가치만을 대상으로 하는 제한물권이라는 의미를 담고 있다. 따라서 유치권 성립 당시에 이미 목적물에 대하여 제3자가 권리자인 제한물권이 설정되어 있다면, 상사유치권은 그와 같이 제한된 채무자의 소유권에 기초하여 성립할 뿐이고, 기존의 제한물권이 확보하고 있는 담보가치를 사후적으로 침탈하지는 못한다

$\binom{\text{대판 2013.2.28,}}{\text{2010다57350}}$. 사안의 경우 丙 소유의 X건물에 대하여 2015.7.1. 제1순위 근저당권이 설정되어 있는 이상 乙은 그 이후에 성립한 상사유치권으로 매수인인 丁에게 대항할 수 없다.

---

문제 2

甲과 甲의 동생인 A는 2010.9.경 甲이 제공한 매수자금으로 A를 매수인, B를 매도인으로 하여 B 소유의 X 부동산에 대한 매매계약을 체결하고 A 명의로 소유권이전등기를 경료하기로 하는 명의신탁약정을 체결하였다. A와 명의신탁약정을 알지 못하는 B는 2010.10.12. X 부동산에 관한 매매계약을 체결하고 A 명의로 소유권이전등기를 마쳤다. 甲은 A가 X부동산을 매수한 이래 현재까지 X부동산을 무상으로 사무실로 사용하고 있으며, 2010.12.경 X부동산을 개량하기 위하여 5,000만 원 상당의 유익비를 지출하였다. 한편, A는 2011.6.3. C로부터 금 2억 원을 변제기 2012.6.3.로 정하여 차용하면서 甲이 모르게 X부동산에 C 명의로 근저당권(채권최고액 2억 5,000만 원)을 설정해 주었다. A가 변제기에 C에게 채무를 변제하지 못하자 C는 근저당권을 실행하였고, 乙은 경매절차에서 2012.7.14. 매각대금을 완납하고 2012.8.1. 그 소유권이전등기를 경료하였다. 그 후 乙은 X부동산의 소유자로서 甲을 상대로 '피고는 원고에게 X부동산을 인도하고, 부당이득반환 또는 불법점유로 인한 손해배상으로 2010.10.12.부터 X 부동산의 인도완료일까지 월 200만 원의 비율에 의한 금원을 지급하라'는 내용의 소를 제기하였고, 이 소장부본은 2012.8.14. 甲에게 도달하였다. 乙의 청구에 대해서 甲은 다음과 같은 주장을 하였다.

① X부동산의 실제 소유자는 甲 자신이므로 A가 甲의 동의 없이 C에게 설정해 준 근저당권은 실체법상 무효이고, 무효인 근저당권의 실행을 통한 경매절차에서 매각대금을 완납한 乙은 X 부동산의 소유자가 아니다.

② 설령 乙이 X부동산의 소유자라도, 甲은 A에 대하여 X부동산의 매수자금 상당의 부당이득반환청구권이 있고, X부동산을 개량하기 위하여 유익비 5,000만 원을 지출하였으므로 제611조 제2항에 따라 유익비상환청구권을 가지기 때문에 A로부터 매수자금과 유익비를 반환받을 때까지 X부동산을 인도할 수 없다.

③ 또한 甲은 乙의 금원지급청구와 관련하여, 甲 자신이 X부동산의 소유자로서 X부동산을 적법하게 점유하여 사용·수익하고 있으므로 부당이득반환청구 또는 불법점유를 원인으로 한 손해배상청구에 응할 수 없다.

④ 설령 乙이 X부동산의 소유자라도, 甲은 유치권자로서 X부동산을 사무실로 사용하고 있으며 이는 유치물의 보존에 필요한 사용이므로 부당이득반환 또는 불법점유를 원인으로 한 손해배상청구에 응할 수 없다.

乙은 甲의 항변에 대해서, 甲과 A 사이의 명의신탁약정은 무효이고, X부동산의 매수자금 상당의 부당이득반환청구권에 기하여 유치권이 성립하지 않으며, 유익비는 A에게 반환을 청구할 수 있을 뿐이므로 유익비상환청구권에 기하여도 유치권이 성립하지 않는다고 주장한다.

법원의 심리 결과, 甲의 유익비 지출로 인하여 X 부동산의 가치가 5,000만 원 정도 증대되어 현존하고 있는 사실과 2010.10.12.부터 현재까지 X부동산의 임료가 월 100만 원임이 인정되었다.

[질문] 甲에 대한 乙의 청구에 대한 결론[각하, 청구전부인용, 청구일부인용(일부인용되는 경우 그 구체적인 금액 또는 내용을 기재할 것), 청구기각]을 그 논거와 함께 서술하시오. (40점)

2013년 제2회 변호사시험 제2문의1

**해설** 乙의 甲에 대한 X부동산의 인도청구에 대해서는 甲이 X부동산에 관하여 지출한 유익비의 반환과 상환으로 甲의 인도의무가 인정되어야 하고(일부인용), 부당이득반환 또는 불법점유로 인한 손해배상청구에 대해서는 2012.7.14.부터 X부동산의 인도완료일까지 월 100만 원의 비율에 의한 甲의 부당이득금반환의무가 인정(일부인용)되어야 한다.

### 1. X부동산인도청구

#### 1) 乙의 소유권취득

부동산실명법상 명의신탁약정은 무효이지만(같은 법 제4조 제1항) 부동산에 관한 물권을 취득하기 위한 계약에서 명의수탁자가 그 일방당사자가 되고 그 타방당사자는 명의신탁약정이 있다는 사실을 알지 못한 경우에는 수탁자 명의의 물권변동은 유효하다(같은 법 제4조 제2항 단서). 사안의 경우 X부동산에 관하여 甲과 A 사이에 甲을 명의신탁자, A를 명의수탁자로 하는 계약명의신탁약정을 하였는바, 비록 甲과 A 사이의 명의신탁약정이 무효라고 하더라도 X부동산의 매도인인 B가 선의이므로 명의수탁자인 A가 X부동산의 소유권을 취득한다. 따라서 명의수탁자인 A가 X부동산의 완전한 소유자이다. 따라서 A가 설정한 근저당권은 적법한 것이며 그 실행으로 진행된 경매절차에서 乙이 2012.7.14. 매각대금을 완납하였으므로 乙은 2012.7.14. X부동산에 대한 소유권을 취득한다.

#### 2) 甲의 점유할 권리(유치권)의 존부

甲은 명의신탁자로서 A로부터 묵시적 사용대차 약정에 따라 X부동산을 무상으로 사용하면서 2010.12.경 X부동산을 개량하기 위하여 5,000만원 상당의 유익비를 지출하였고, 물건의 점유자가 물건에 필요비 또는 유익비를 지출한 경우에 그 비용상환청구권과 목적물 사이에는 견련관계가 인정되므로 甲은 자신이 X부동산에 관하여 지출한 유익비 5,000만원의 변제를 받을 때까지 X부동산을 유치할 권리가 있다. 따라서, 乙의 X부동산 인도청구에 대하여 甲이 유치권을 행사하여 위 부동산의 인도를 거절한 경우 상환급부판결을 하여야 한다(대판 2011.12.13, 2009다5162).

그러나 甲은 A에 대한 X부동산 매수자금 상당의 부당이득금반환채권에 기한 유치권 주장은 받아들여지지 않는다. 명의신탁자의 이러한 부당이득금반환채권은 부동산 자체로부터 발생한 채권이 아닐 뿐만 아니라 소유권 등에 기한 부동산의 반환청구권과 동일한 법률관계나 사실관계로부터 발생한 채권이라고 보기도 어려워 제320조 제1항에서 정한 유치권 성립요건으로서의 목적물과 채권 사이의 견련관계를 인정할 수 없기 때문이다(대판 2009.3.26, 2008다34828).

### 2. 유치권자의 손해배상청구 또는 부당이득반환청구

#### 1) 불법점유로 인한 손해배상의무

사안의 경우 X부동산에 관하여 유익비를 지출하여 X부동산에 대한 유치권자가 된 甲은 자신이 지출한 유익비를 변제받을 때까지 X부동산의 인도를 거절한 채 점유를 계속할 수 있는 권리를 갖고 있으므로 소유자인 乙에 대해 불법점유에 기한 손해배상채무를 부담하지 아니한다. 따라서 乙의 甲에 대한 불법점유를 원인으로 한 손해배상청구는 인정되지 아니한다.

#### 2) 유치물의 사용 · 수익에 따른 부당이득반환의무

유치권은 목적물을 사용할 수 있는 권리가 아니므로 유치물을 사용함으로써 얻게 되는 이익에 대해서는 이를 부당이득으로 반환하여야 한다. 사안의 경우 X부동산에 관한 소유권이 A에게 있는 동안 X부동산에 관한 甲의 사용은 묵시적 사용대차약정에 따른 적법한 사용이었으므로 甲에게 X부동산을 사용수익할 권한이 인정되지만, X부동산에 관한 소유권이 乙에게 귀속하는 2012.7.14.부터는 甲에게 X부동산에 관하여 유치권자로서 점유할 권리는 있지만 사용수익할 권리가 있는 것은 아니므로 그 때부터 X부동산의 사용으로 인한 이득인 월임료 당액인 월 100만 원의 비율에 의한 부당이득금을 소유자인 乙에게 반환하여야 한다.

## IV. 유치권의 소멸

### 1. 일반적 소멸사유

#### (1) 물권에 공통된 소멸사유

유치권은 물권이기 때문에 목적물의 멸실, 공용징수, 혼동, 포기 등 물권의 일반적 소멸사유에 의하여 소멸한다. 그러나 유치권은 목적물의 점유가 그 존속요건이기 때문에 유치권자가 목적물을 점유하고 있는 동안은 소멸시효가 진행될 여지가 없고, 유치물의 점유를 상실하면 유치권은 곧 소멸하므로($\frac{제328}{조}$), 유치권이 소멸시효에 걸린다는 것은 있을 수 없다.

한편 유치권은 법정담보물권이지만 채권자보호를 위한 채권담보의 수단에 불과하므로 이를 포기하는 특약은 유효하다. 유치권을 사전에 포기한 경우 다른 법정요건이 모두 충족되더라도 유치권이 발생하지 않으며, 사후에 포기한 경우 곧바로 유치권은 소멸한다. 유치권 포기로 인한 유치권의 소멸은 유치권 포기의 의사표시의 상대방뿐 아니라 그 이외의 사람도 주장할 수 있다($\frac{대판\ 2016.5.12.}{2014다52087}$).

#### (2) 담보물권에 공통된 소멸사유

유치권은 담보물권이므로 피담보채권의 소멸 등 담보물권에 공통되는 소멸사유로 소멸한다. 예컨대 채무자가 유치권자에게 갖는 채권을 자동채권으로 하여 수동채권인 피담보채권을 상계를 통해 소멸시키면 유치권은 소멸한다. 그러나 유치권이 있는 부동산을 경매에서 매수한 자가 유치권자에게 갖는 채권을 자동채권으로 하는 상계는 효력이 인정되지 않는다. 민사집행법 제91조 제5항은 매수인은 유치권자에게 그 유치권으로 담보하는 채권을 변제할 책임이 있다고 규정하고 있는데, 여기에서 '변제할 책임이 있다'는 의미는 부동산상의 부담을 승계한다는 취지로서 인적 채무까지 인수하는 것이 아니라는 점에서 매수인은 유치권자에게 채무를 부담하는 것이 아니기 때문이다($\frac{대판\ 1996.8.23.}{95다8713}$). 수동채권이 될 수 있는 채권은 상대방이 상계자에 대하여 갖는 채권이어야 하고, 상대방이 제3자에 대하여 가지는 채권과는 상계할 수 없으므로 매수인은 유치권자에게 상계를 주장하여 피담보채권을 소멸시킬 수 없다($\frac{대판\ 2011.4.28.}{2010다101394}$). 주의해야 할 것은 채권자가 유치권을 행사하고 있더라도, 그로 인하여 피담보채권의 소멸시효의 진행이 방해되지는 않는다$\binom{\text{제326}}{\text{조}}$.

## 2. 유치권 특유의 소멸사유

### (1) 제324조 제3항의 소멸청구

유치권자가 그의 의무(선관의무, 유치물의 사용 등을 하지 않을 의무)를 위반한 경우에, 채무자는 유치권의 소멸을 청구할 수 있다$\binom{\text{제324조,}}{\text{제3항}}$. 채무자와 유치물의 소유권자가 다른 경우에는 소유권자도 소멸을 청구할 수 있다.

### (2) 제327조의 소멸청구

채무자는 상당한 담보를 제공하여 유치권의 소멸을 청구할 수 있다$\binom{\text{제327}}{\text{조}}$. 제327조는 채무자라고만 규정하고 있으나, 소유자도 할 수 있다$\binom{\text{대판 2001.12.11,}}{\text{2001다59866}}$. 다른 담보의 종류에는 제한이 없으며, 물적 담보뿐만 아니라 인적 담보의 제공도 무방하다. 다만 상당한 담보인지 여부는 그 담보의 가치가 채권의 담보로서 상당한지, 유치물에 의하였던 담보력을 저하시키지 않는지 등을 종합적으로 고려한다. 예컨대 유치물 가액이 피담보채권액보다 많으면 피담보채권액에 해당하는 담보를 제공하면 되고, 유치물 가액이 피담보채권액보다 적으면 유치물 가액에 해당하는 담보를 제공하면 된다. 또한 다른 담보의 제공에는 유치권자의 승낙이 필요하지만 이러한 담보제공이 있은 후에는 유치권 소멸청구의 의사표시만으로 유치권은 소멸한다$\binom{\text{대판 2001.12.11,}}{\text{2001다59866}}$.

### (3) 점유의 상실

유치권은 점유의 상실로 인하여 소멸한다$\binom{\text{제328}}{\text{조}}$. 왜냐하면 유치권은 목적물에 대한 점유를 본체로 하는 권리이기 때문이다. 유치물의 점유가 침탈된 경우 점유물반환청구권을 행사하여 점유를 회복하면 점유는 상실되지 않은 것으로 보기 때문에$\binom{\text{제192조}}{\text{제2항 단서}}$, 유치권도 소멸하지 않았던 것으로 된다(따라서 잠시 점유상실중에 유치물에서 분리된 과실은 유치권자가 취득할 수 있다).

---

**사례 19** A는 B에 대한 1억 원 상당의 공사대금 채권을 피담보채권으로 하여 B 소유의 시가 2억원 상당의 건물에 관한 유치권을 가지고 있다. B가 A 앞으로 위 공사대금 채권을 피담보채권으로 하는 1순위 저당권등기를 마친다면 B는 유치권소멸청구의 의사표시를 할 수 있는가?

(대판 2001.12.11, 2001다59866 참조)

**│해설 19│** 할 수 있다.

제327조에 의하여 제공하는 담보가 상당한가의 여부는 그 담보의 가치가 채권의 담보로서 상당한가, 태양에 있어 유치물에 의하였던 담보력을 저하시키지는 아니한가 하는 점을 종합하여 판단해야 할 것인바, 유치물의 가격이 채권액에 비하여 과다한 경우에는 채권액 상당의 가치가 있는 담보를 제공하면 족하다. 사안에서 B가 담보로 제공한 B소유 건물의 시가는 2억원으로, 공사대금채권 1억원을 초과하므로, 유치권소멸청구를 위한 유용한 담보제공으로서 효력이 있다.

**요건사실론** 유치권의 요건사실론

원고가 소유권에 기한 목적물인도 청구를 함에 대하여 피고가 유치권 항변을 하는 경우, 요건사실은 다음과 같다.

### 1. 항 변

유치권 주장의 요건사실(권리저지사실로서 항변사실)은 ① 타인의 물건 또는 유가증권에 대한 점유 사실, ② 그 물건이나 유가증권에 관하여 생긴 채권의 발생 및 변제기의 도래 사실, ③ 유치권 행사의 주장사실이다.

위 ①은 목적물인도의 청구원인사실에 포섭되어 있으므로 피고가 따로 주장·증명할 필요가 없으나, 만일 유치권확인 청구 소송이라면 원고가 청구원인사실(권리발생사실)로 주장·증명해야 한다.

위 ③은 유치권 항변이 항변권자의 행사를 요건으로 하는 이른바 '권리항변'이기 때문에 필요하다. 법원은 유치권자의 권리행사 항변이 있을 때에만 이를 심판할 수 있다.

### 2. 재항변

**가. 불법 점유**

피고의 점유가 불법행위로 인하여 개시되었다는 사실은 재항변사실이다. 피고가 목적물에 대한 필요비와 유익비 상환청구권을 기초로 하는 유치권 주장을 하는 경우, 원고는 피고가 필요비와 유익비를 지출할 당시 점유권원이 없음을 알았거나 중대한 과실로 알지 못하였다고 인정할 만한 사유를 주장·증명하여 재항변할 수 있다.

**나. 유치권 포기 특약**

유치권 성립 이전 또는 이후에 유치권 포기의 특약이 있었다는 사실은 재항변사실이다.

**다. 경매개시결정의 기입등기**

원고가 경매절차에서 목적 부동산을 매수하여 그 소유권을 취득한 경우, 피고의 유치권 발생 전에 부동산에 관한 경매개시결정 기입등기가 마쳐졌다면 피고는 유치권으로 원고에게 대항할 수 없으므로, 원고는 이러한 사유를 재항변으로 주장할 수 있다.

**라. 피담보채권의 소멸**

유치권의 피담보채권이 변제 등으로 소멸하면 유치권도 소멸하므로, 피담보채권의 소멸사유는 재항변사실이 된다.

# 제9장 질 권

## I. 개 설

### 1. 의 의

#### (1) 개 념

질권이란 채권자가 채무의 변제를 받을 때까지 그 채권의 담보로 채무자 또는 제3자(물상보증인)로부터 인도받은 동산을 점유하거나 물건 또는 재산권에 관한 증서를 보유하는 방법으로 이를 유치함으로써 채무의 변제를 간접적으로 강제하다가 변제가 없을 때 질물의 환가대금으로부터 우선변제받을 수 있는 담보물권을 의미한다($\binom{\text{제329조,}}{\text{제345조}}$). 예컨대, 甲이 乙로부터 돈을 빌리면서 그 담보로 노트북을 담보로 제공하기로 하고 이를 乙에게 인도하면, 乙은 빌려준 돈을 받을 때까지 노트북을 점유하여 그 반환을 거절하는 방법으로 그 채무의 변제를 강제하다가 甲이 이행지체에 빠지게 되면 노트북의 매각대금으로부터 다른 채권자에 우선하여 변제를 받을 수 있다. 이처럼 질권은 유치적 효력과 우선변제적 효력을 모두 갖고 있다.

#### (2) 다른 담보물권과의 비교

##### (가) 유치권과의 비교

질권과 유치권은 유치적 효력을 갖는다는 점에서 공통점이 있지만, 질권이 약정담보물권인 반면 유치권은 법정담보권이라는 점, 유치권은 환가대금으로부터 우선변제권이 인정되지 않는 점에서 질권과 차이가 있다.

##### (나) 저당권과의 비교

질권과 저당권은 원칙적으로 약정담보물권이며, 우선변제권을 갖는다는 점에서 공통점이 있지만, 저당권은 인도를 요건으로 하는 질권과 달리 등기를 요건으로 하고, 유치적 효력이 인정되지 않으며, 피담보채권의 범위가 좁고($\binom{\text{제360조 및}}{\text{제334조}}$), 원칙적으로 1개의 물건에 1개의 질권성립을 예정하는 것과 달리 1개의 물건에 다수의 저당권설정을 예정하고 있으며, 유질이 금지되는 질권과 달리 유저당이 허용된다는 점에서 질권과 차이가 있다.

### (3) 질권의 종류

질권은 그 적용법규에 따라 민법이 적용되는 민사질과 상행위에 의하여 발생한 채권을 담보하기 위해 설정되는 질권인 상사질로 나눌 수 있다. 후자에는 유질계약의 금지에 관한 제339조가 적용되지 않는다(상법 제59조).

질권은 그 목적물에 따라 동산을 목적으로 하는 동산질권(제329조 내지 제344조), 부동산을 목적으로 하는 부동산질권(의용민법 제356조 이하)과 채권 기타의 재산권을 목적으로 하는 권리질권(제345조 내지 제355조)으로 나눌 수 있다. 그러나 현행 민법은 부동산질권을 인정하지 않는다.

질권은 그 내용에 따라 질권자에게 질물의 점유만을 인정하는 점유질과 질물의 점유 외에 사용·수익을 인정하는 수익질로 나눌 수 있다. 현행 민법에서 수익질은 인정되지 않으며, 점유질만 인정한다.

질권은 그 성립원인에 따라 당사자의 설정행위에 의해 성립하는 약정질권과 법률의 규정에 의하여 성립하는 법정질권으로 나눌 수 있는데, 약정질권이 원칙이다.

### (4) 질권의 사회적 기능

#### (가) 서민 금융수단으로서의 동산질권

질권은 그 유치적 효력으로 인해 질권설정자의 영업 기타 활동에 필요한 동산은 담보로 적합하지 않다. 따라서 동산질권은 그 목적물이 질권설정자의 영업 기타 활동에 필요하지 않은 동산이 될 수밖에 없어서 주로 서민금융인 단기소비신용의 담보수단으로 활용되어 왔다.

#### (나) 질권의 중점이 동산질권에서 권리질권으로 이동

민법에서 인정하는 권리질권의 목적물은 재산권이다. 이 중 중요한 것은 채권과 주식 등이다. 여기에서는 재산권의 교환가치만이 문제되고, 그 사용가치는 중요하지 않기 때문에 실질적으로 유치적 효력은 거의 무의미하게 된다. 따라서 권리질권은 저당권과 더불어 담보제도의 근간으로 기능하게 되었다.

## 2. 질권의 법적 성질

### (1) 물 권

질권은 물권으로서 목적물의 교환가치를 직접 배타적으로 지배한다.

질권은 타물권으로서 자기의 물건 또는 권리 위에 질권이 성립하는 것은 혼동의 예외로서만 인정된다.

질권은 원칙적으로 당사자 간의 합의에 의해 성립하는 약정담보물권이다.

민법은 질권의 성립요건으로 점유의 이전을 필요로 하여(제330조) 점유개정에 의한 질권의 성립을 부정한다(제332조). 질권에서의 점유는 채권의 변제를 촉구하기 위한 수단에 불과하고(유치적 효력), 그 목적물을 사용·수익할 권능은 없다($\frac{제329조}{제355조}$).

## (2) 담보물권

동산질권은 피담보채권의 변제가 있을 때까지 목적물을 유치하여 채무자에게 심리적 압박을 주어서 간접적으로 그 변제를 강제하는 작용을 한다(유치적 효력). 반면 권리질권에서는 유치적 효력이 사실상 문제되지 않는다.

채무자의 채무불이행이 있으면, 질권자는 질물의 환가대금으로부터 우선변제를 받을 수 있다(우선변제적 효력). 즉 동산질권자는 질물을 경매하여 그 대금으로부터 우선변제를 받을 수 있고, 채권질권자는 질권의 목적인 채권을 추심하여 변제에 충당할 수 있다($\frac{제353}{조}$).

담보물권으로서 질권은 부종성(근질에서 소멸의 부종성 예외 인정), 수반성, 불가분성($\frac{제343조}{제321조}$), 물상대위성($\frac{제342조}{제355조}$)이 인정된다.

## Ⅱ. 동산질권

### 1. 동산질권의 성립

| | |
|---|---|
| (1) 동산질권설정계약 | (다) 점유개정에 의한 질권설정의 금지 |
| 　(가) 당사자 | (3) 동산질권을 설정할 수 있는 채권: 피담보채권 |
| 　(나) 질권설정계약의 성질 | (4) 법정질권 |
| (2) 목적동산의 인도 | 　(가) 의 의 |
| 　(가) 동산질권의 목적물 | 　(나) 요 건 |
| 　(나) 질권설정계약의 요물성($\frac{제330}{조}$) | 　(다) 효 과 |

동산질권은 원칙적으로 동산질권설정계약과 목적동산의 인도에 의해 성립한다. 그 외에 예외적으로 법률의 규정에 의해 성립하는 법정질권도 있다.

### (1) 동산질권설정계약

### (가) 당사자

질권설정계약의 당사자는 질권을 취득하려는 질권자와 목적동산에 질권을 설정하는 질권설정자이다.

### 1) 질권자

질권자는 원칙적으로 피담보채권의 채권자에 한한다. 제3자의 채권을 담보하기 위하여 질권만을 취득하는 것은 담보물권의 부종성에 반하므로 원칙적으로 인정되지 않는다.

### 2) 질권설정자

질권의 설정자는 피담보채무의 채무자인 경우가 보통이지만, 채무자 아닌 제3자도 가능하다$\left(\substack{제329\\조}\right)$. 이처럼 타인의 채무를 위해 자기 재산위에 질권을 설정하는 자가 물상보증인이다.

### 3) 물상보증인

물상보증인은 채무를 부담하지 않고 담보로 제공한 물건의 한도에서 책임을 부담한다. 따라서 채권자는 채무를 부담하지 않는 물상보증인에게 이행의 소를 제기할 수 없고, 물상보증인의 일반재산에 대해 강제집행을 할 수 없다. 그러나 물상보증인이 담보로 제공한 재산은 담보권자의 채권만족에 충당되어야 하는 물적 부담(책임)을 부담한다. 따라서 그는 이러한 책임을 면하기 위해 그 채무의 변제에 관하여 이해관계가 있고, 또 변제할 정당한 이익이 있다$\left(\substack{제469조,\\제481조}\right)$.

물상보증인이 그 채무를 변제하거나 질권의 실행으로 인하여 질물의 소유권을 잃은 때에는 보증채무에 관한 규정$\left(\substack{제441조\\이하}\right)$에 의하여 채무자에 대한 구상권이 인정된다$\left(\substack{제341\\조}\right)$. 구상범위는 특별한 사정이 없는 한 담보권의 실행으로 부동산의 소유권을 잃게 된 때, 즉 매수인이 매각대금을 다 낸 때의 부동산 시가를 기준으로 하여야 하고, 매각대금을 기준으로 할 것이 아니다$\left(\substack{대판\\2018.\\4.10,\ 2017\\다283028}\right)$. 그러나 수탁보증인의 사전구상권에 관한 제442조는 물상보증인에 대해 적용되지 않는다$\left(\substack{대판\ 2009.7.23,\\2009다19802,19819}\right)$. 그 논거로 물상보증인의 구상권 발생요건은 보증인의 경우와 달리 질물의 소유권 상실을 요구하고 있는 점, 물상보증인은 담보물로서 물적 유한책임만을 질 뿐 채권자에 대해 채무를 부담하지 않는 점, 물상보증인의 구상권의 범위는 담보권의 실행으로 담보물의 소유권을 상실하게 된 시점에 확정되는 점을 들고 있다.

또한 물상보증은 채무자 아닌 사람이 채무자를 위해서 담보물권을 설정하는 행위이고, 채무자를 대신해서 채무를 이행하는 사무의 처리를 위탁받은 것이 아니므로 물상보증인이 변제 등으로 채무자를 면책시키는 것은 위임사무의 처리가 아니라 사무관리와 유사하다. 따라서 물상보증인의 채무자에 대한 구상권은 물상보증위탁계약의 법적 성질과 관계없이 민법에 의해 인정된 별개의 독립된 권리이므로 사후구상권의 소멸시효는 민법상 일반채권에 관한 규정이 적용된다$\left(\substack{대판\ 2001.4.24,\\2001다6237}\right)$. 물상보증인이 채무자의 부탁을 받아 물상보증인이 되었는지 여부에 따라 구상의 범위가 달라지는 점은 보증의 경우와 같다$\left(\substack{제441조,\ 제\\444조\ 참조}\right)$.

---

**사례 1** 상인 A의 상인 C에 대한 3억 원의 물품대금채무에 대해 B가 연대보증을 하고, A의 부탁에 의해 D는 자기소유의 부동산에 대해 연대채무자 A, B, 근저당권자 C, 채권채고액 8,500만원으로 하는 근저당권을 설정하였다. 그 후 C의 경매신청으로 부동산은 7,000만원에 경락되어 C가 배당금으로 전액 교부받았다. 이에 D는 연대보증인 B에게 구상금의 지급을 구한다. 그 범위는 어떻게 되는가?

(대판 1990.11.13, 90다카26065 참조)

**│ 해설 1 │** B는 D에게 이익을 받은 한도 내인 7,000만원을 구상할 의무가 있다.

상법 제57조 제2항은 "보증인이 있는 경우에 그 보증이 상행위이거나 주채무가 상행위로 인한 것인 때에는 주채무자와 보증인은 연대하여 변제할 책임이 있다"고 규정하고 있다. 사안에서 상인 A의 물품대금채무를 주채무로 한 B의 연대보증채무는 A의 채무와 연대채무의 관계에 있게 된다. 또한 물상보증인 D는 A의 부탁으로 A의 C에 대한 채무를 담보할 목적으로 부동산에 관하여 근저당권을 설정하였다가 그 실행으로 인하여 위 부동산의 소유권을 상실하게 되었으므로 연대보증인 B에 대한 구상권이 있다. 다만 연대채무자 중의 1인인 B의 부탁 없이 물상보증인이 되어 자기의 출재로 주채무를 소멸하게 한 것일 뿐이므로 B는 그 당시에 이익을 받은 한도 내인 7,000만원을 D에게 이를 구상하여 줄 의무가 있다.

---

**사례 2** A의 부탁을 받고 상인 C는 A의 B에 대한 채무를 담보하기 위해 B에게 C 소유의 부동산에 대해 저당권을 설정하였다. A가 채무를 이행하지 못하고 있어 B는 C 소유의 부동산에 대한 저당권을 실행하려고 한다.

질문 1) C는 A에게 사전구상권을 행사할 수 있는가?

질문 2) 저당권이 실행되어 C가 부동산의 소유권을 잃게 된 경우, 그 구상권에 적용되는 소멸시효는 민사시효인가?  (대판 2009.7.23, 2009다19802,19819; 대판 2001.4.24, 2001다6237 참조)

**| 해설 2 |**

**해설 1) 물상보증인인 C는 사전구상권을 행사할 수 없다.**

제370조에 의하여 동법 제341조가 저당권에 준용되는데, 동법 제341조는 타인의 채무를 담보하기 위한 저당권설정자가 그 채무를 변제하거나 저당권의 실행으로 인하여 저당물의 소유권을 잃은 때에 채무자에 대하여 구상권을 취득한다고 규정하여 물상보증인의 구상권 발생요건을 보증인의 경우와 달리 규정하고 있는 점, 물상보증은 채무자 아닌 사람이 채무자를 위하여 담보물권을 설정하는 행위이고 채무자를 대신해서 채무를 이행하는 사무의 처리를 위탁받는 것이 아니므로 물상보증인은 담보물로서 물적 유한책임만을 부담할 뿐 채권자에 대하여 채무를 부담하는 것이 아닌 점, 물상보증인이 채무자에게 구상할 구상권의 범위는 특별한 사정이 없는 한 채무를 변제하거나 담보권의 실행으로 담보물의 소유권을 상실하게 된 시점에 확정된다는 점 등을 종합하면, 원칙적으로 수탁보증인의 사전구상권에 관한 제442조는 물상보증인에게 적용되지 아니하고 물상보증인은 사전구상권을 행사할 수 없다.

**해설 2) 민법상 일반채권에 관한 소멸시효규정이 적용된다.**

물상보증은 채무자 아닌 사람이 채무자를 위하여 담보물권을 설정하는 행위이고 채무자를 대신해서 채무를 이행하는 사무의 처리를 위탁받는 것이 아니므로, 물상보증인이 변제 등에 의하여 채무자를 면책시키는 것은 위임사무의 처리가 아니고 법적 의미에서는 의무 없이 채무자를 위하여 사무를 관리한 것에 유사하다. 따라서 물상보증인의 채무자에 대한 구상권은 그들 사이의 물상보증위탁계약의 법적 성질과 관계없이 민법에 의하여 인정된 별개의 독립한 권리이고, 그 소멸시효에 있어서는 민법상 일반채권에 관한 규정이 적용된다.

---

**사례 3** A는 B의 C에 대한 채무의 담보로 그 소유의 X토지에 C 앞으로 근저당권설정등기를 마쳤다. C는 2015.1.27. 근저당권에 기하여 X토지에 대한 임의경매를 신청하였다. X토지에 대한 감정평가액은 23억 5천만 원이고, 1회 경매기일의 최저매각가격은 23억 원이었으나 2차례 유찰되어

X토지는 12억 원에 매각되었고, 매수인은 2015.11.10. 위 매각대금을 납입하였다. A는 위 경매절차에서 소유자잉여금으로 5천만 원을 배당받았다. A는 B를 상대로 1회 경매기일의 최저매각가격을 기준으로 구상청구를 한다. 그러나 B는 A가 X토지의 소유권을 잃게 된 때의 부동산 시가가 매각대금과 같다고 보아 매각대금(12억 원)을 기준으로 구상금액을 산정하여야 한다고 주장한다. B의 주장은 타당한가? (대판 2018.4.10, 2017다283028 참조)

**┃해설 3┃ B의 주장은 타당하지 않다.**
물상보증인이 담보권의 실행으로 타인의 채무를 담보하기 위하여 제공한 부동산의 소유권을 잃은 경우 물상보증인이 채무자에게 구상할 수 있는 범위는 특별한 사정이 없는 한 담보권의 실행으로 부동산의 소유권을 잃게 된 때, 즉 매수인이 매각대금을 다 낸 때의 부동산 시가를 기준으로 하여야 하고, 매각대금을 기준으로 할 것이 아니다.
사안의 경우 A는 채무자 B에 대하여 매수인이 X토지에 관한 매각대금을 다 낸 때의 시가 범위 내에서 A가 청구하는 1회 경매기일의 최저매각가격 23억 원을 기준으로 A의 소유자잉여금 5천만 원을 뺀 금액을 구상할 수 있다.

4) 질권의 설정은 처분행위이므로 질권설정자에게 목적 동산에 대한 처분권한이 있어야 한다. 따라서 파산 등에 의한 처분의 제한을 받는 특별한 사유가 없는 한 원칙적으로 소유자가 질권설정계약을 체결하여야 하지만, 소유자가 아니더라도 대리권과 소유자로부터 질권설정의 처분을 수권받은 경우에는 질권설정계약을 체결할 수 있다. 한편 질권설정자에게 처분권한이 없더라도(**예** 동산의 임차인에 의한 질권설정) 질권자가 이에 대해 선의·무과실이면 질권을 선의 취득할 수 있다($_{조}^{제343}$). 이 경우 목적물의 소유자는 물상보증인과 같은 입장에 서게 되므로 제341조가 적용된다. 동산질권을 선의취득하기 위하여는 무권리자로부터 질권을 설정받아야 하며 질권자가 평온, 공연하게 선의이며 과실없이 질권의 목적 동산의 점유를 취득해야 하고, 그 취득자의 선의, 무과실은 동산질권자가 증명해야 한다(대판 1981.12.22, 80다2910. 점유자의 선의는 추정되어($_{조}^{제197}$ 제1항) 소유권의 선의취득시 선의취득자가 선의가 추정되어 선의여부의 증명책임은 상대방이 부담하는데, 이 판결에서는 질권의 선의취득자 스스로가 선의임을 증명해야 한다고 하여 점유자의 선의추정을 부정하는 듯한 판결을 하고있는 점에 주의할 것).

### (나) 질권설정계약의 성질

질권설정계약은 물권행위에 관한 이론에 비추어 보면, 질권설정을 약정하는 채권계약과 질권설정 그 자체를 목적으로 하는 물권적 합의는 하나의 행위로 하는 것이 일반적이지만, 별도로 하는 것이 불가능하지는 않다. 또한 질권설정계약이 요물계약인지 여부와 관련하여 학설상 다툼이 있는 바, 이는 아래에서 살펴본다.

### (2) 목적동산의 인도

### (가) 동산질권의 목적물

양도할 수 없는 동산은 동산질권의 목적으로 할 수 없다($_{조}^{제331}$). 양도성이 있어야 환가를 통해 우선변제권을 실현할 수 있기 때문이다.

그러나 양도성이 없는 물건을 질권의 목적으로 한 경우, 그 효과는 양도금지의 취지에 따라 달라진다. 양도금지의 취지가 물건의 양도성을 박탈하는 것에 있는 경우(예 금제품)에는 무효이지만, 양도금지의 취지가 특정인에 대해 처분능력을 잃게 하는 것에 있는 경우(예 양도금지특약, 압류 등)에는 유효하다.

### (나) 질권설정계약의 요물성(제330조)

1) 동산에 관한 물권의 양도는 그 동산을 인도하여야 효력이 생긴다(제188조 제1항). 이 규정이 동산질권의 설정에도 적용되는 이상 동산질권의 설정을 위해서는 당사자 사이의 질권설정에 대한 물권적 합의와 동산의 인도가 필요하다. 그런데 민법은 제188조 제1항과는 별도로 제330조에서 "질권의 설정은 질권자에게 목적물을 인도함으로써 그 효력이 생긴다"고 규정한다. 그 취지와 관련하여 학설상 질권설정계약이 요물계약인지 여부를 두고 질권설정계약은 물권계약인 동시에 요물계약이라는 견해, 형식주의를 취한 현행법에서 의사주의를 취한 의용민법 제344조를 그대로 옮겨 놓은 입법상의 과오로 불필요한 규정이라는 견해, 질권설정계약은 요물계약이 아니고, 제330조의 인도는 질권성립의 제2요건이라는 견해 등이 있다. 생각건대 질권의 성립에 목적동산의 인도가 필요하지만, 질권설정계약을 요물계약으로 볼 것은 아니고, 제330조의 인도는 질권성립의 추가적 요건으로 보면 족하다.

2) 목적동산의 인도가 없는 질권설정계약의 효력을 인정할 것인가? 질권설정계약은 유효하나, 목적물의 인도가 없는 이상 질권이 성립하지 않는 것으로 보아야 한다.

### (다) 점유개정에 의한 질권설정의 금지

1) 질권설정에 필요한 인도에는 현실의 인도(제188조 제1항), 간이인도(제188조 제2항)로 가능하다. 제332조에 의해 점유개정(제189조)에 의한 질권설정은 금지된다. 제332조의 취지는 공시의 원칙을 관철하고, 유치적 효력을 확보하는데 있다. 학설상 유치적 효력의 확보를 중시하는 견해(다수설)와 공시의 원칙관철을 중시하는 견해가 대립한다. 제332조는 그 성질상 강행규정이므로 이에 반하는 합의는 무효이다.

통설은 반환청구권의 양도에 의한 인도(제190조)로도 질권설정이 가능하다고 본다. 그러나 사견에 따르면 반환청구권의 양도만으로는 질권설정이 불가능하다고 해야 할 것이다. 반환청구권의 양도에 채권양도의 대항요건을 구비한 경우에만 그 효력을 인정하더라도 외부에서 점유의 이전을 인식할 수 없어 공시적 기능이 불완전하다는 점에서는 점유개정의 경우와 동일하기 때문이다.

2) 질권설정 후 질권자가 자의로 질물을 질권설정자에게 반환한 경우, 다수설은 질권이 소멸한다고 본다. 다수설은 질권설정자가 질물을 점유하지 못하도록 한 제332조는 점유개정에 의한 질권의 성립을 금지하는 것 이외에 질권자가 질권성립 후 질권설정자에게 반환하는 것도 금지하는 것으로 이해한다. 결국 질물의 반환은 유치적 효력의 포기를 의미하는 것이므로 질권이 소멸한다고 설명한다. 그러나 이 때에도 질권은 원칙적으로 소멸하지 않지만 제3자에게 질

권을 주장할 수 없다는 견해도 있다. 이 견해는 점유상실로 유치권은 소멸한다는 제328조를 질권에 준용하지 않는 점, 점유상실이 있어도 질권 효력의 핵심인 우선변제적 효력이 인정되어야 한다는 점을 들고 있다.

3) 제332조의 취지에 비추어 질권설정자를 점유보조자 또는 점유기관으로 하는 점유가 허용되는가? 이에 대해 학설상 긍정설과 부정설이 대립한다.

### (3) 동산질권을 설정할 수 있는 채권: 피담보채권

(가) 동산질권을 설정할 수 있는 피담보채권의 종류에는 제한이 없다. 따라서 그 발생원인이 불법행위이든 또는 그 밖의 법률상 원인이든 상관이 없다. 또한 채권의 목적(급부)에도 제한이 없다. 금전채권이 일반적이지만, 금전으로 가액을 평가할 수 없는 채권($\frac{제373}{조}$)도 무방하다. 이러한 채권에 대해서도 유치적 효력에 의해 그 이행을 심리적으로 강제할 수 있고, 그 불이행시 금전에 의한 손해배상채권으로 전환되므로 질물에서 우선변제를 받을 수 있기 때문이다.

(나) 조건부, 기한부 채권과 같은 장래의 채권은 피담보채권으로서의 적격성을 갖추고 있는가? 즉 부종성과의 관계에서 문제가 없는가? 민법은 저당권에 대해서는 근저당을 인정하고 있지만($\frac{제357}{조}$), 질권에 대해서는 규정을 두고 있지 않다. 학설은 이에 대해 부종성의 완화에 의해 해결하는 견해가 일반적이다. 즉 질권의 실행시에 피담보채권이 존재하면 족하고, 질권설정계약시에 피담보채권이 현존할 필요는 없다고 한다. 이것이 부종성의 최소한도의 요청이라고 본다. 따라서 피담보채권이 조건부, 기한부 채권 등과 같은 장래의 채권인 경우 그 채권은 조건부, 기한부로 또는 장래에 성립하겠지만, 질권은 질권설정계약시 무조건, 무기한부로 현재의 시점에 성립하게 된다. 이러한 질권은 피담보채권이 성립하지 않아서 우선변제권의 행사가 허용되지 않지만, 인도에 의한 우선순위의 보존을 비롯한 담보권으로서의 법적 지위는 인정된다.

(다) 일정한 계속적 거래관계에서 장래 발생하는 다수의 불특정채권을 담보로 하는 근질권도 유효하다($\frac{대판\ 2009.10.15,}{2009다43621\ 참조}$). 질권에는 근저당권과 같은 규정을 두고 있지는 않지만, 다수설은 우선변제권을 행사할 때까지의 어느 시점에 피담보채권액이 확정될 수 있으면 족하다고 보아 부종성을 완화하여 그 유효성을 인정한다. 근저당과 달리 근질은 채권최고액이 확정되어 있을 필요는 없다. 권리질권에도 근질에 관한 법리는 동일하게 적용된다.

---

**사례 4** A은행은 B에게 마이너스대출약정을 하면서, 그 대출채무에 대한 담보로, C가 A은행에 가지고 있는 예금채권에 대해 근질권을 설정하였다. 그런데 C의 채권자 D가 예금채권에 대해 압류·추심명령을 신청하고, 그 명령이 제3채무자인 A은행에게 송달되었다. 그 송달당시 B의 A은행에 대한 대출채무는 0원이었다. 그리고 D는 A은행을 상대로 추심금소송을 제기하였다. 이 경우 A의 근질권의 피담보채권액은 언제 확정이 되는가?                    (대판 2009.10.15, 2009다43621 참조)

**| 해설 4 |** 근질권자가 아닌 제3자의 압류로 강제집행절차가 개시된 경우, 근질권의 피담보채권은 근질권자 A가 압류·추심명령을 송달받음으로써 질물에 대한 강제집행이 개시된 사실을 알게 된 때에 확정된다.

근질권의 목적이 된 금전채권에 대하여 근질권자가 아닌 제3자의 압류로 강제집행절차가 개시된 경우, 제3채무자가 그 절차의 전부명령이나 추심명령에 따라 전부금 또는 추심금을 제3자에게 지급하거나 채권자의 경합 등을 사유로 위 금전채권의 채권액을 법원에 공탁하게 되면 그 변제의 효과로서 위 금전채권은 소멸하고 그 결과 바로 또는 그 후의 절차진행에 따라 종국적으로 근질권도 소멸하게 되므로, 근질권자는 위 강제집행절차에 참가하거나 아니면 근질권을 실행하는 방법으로 그 권리를 행사할 것이 요구된다. 이런 까닭에 위 강제집행절차가 개시된 때로부터 전부금 또는 추심금의 지급이나 공탁으로 근질권이 소멸하게 되기까지의 어느 시점에서인가는 근질권의 피담보채권도 확정된다고 하지 않을 수 없다. 그런데 금전채권에 대하여 설정된 근질권은 근저당권처럼 등기에 의하여 공시되는 것이 아니기 때문에, 통상 그러한 채권을 압류한 제3자는 그 압류 당시 존재하는 근질권의 피담보채권으로 인하여 예측하지 못한 손해를 입을 수밖에 없고, 나아가 근질권자가 제3자의 압류 사실을 알지 못한 채 채무자와 거래를 계속하여 채권을 추가로 발생시키더라도 근질권자의 선의를 보호하기 위하여 그러한 채권도 근질권의 피담보채권에 포함시킬 필요가 있으므로 그 결과 제3자가 입게 되는 손해 또한 불가피한 것이나, 근질권자가 제3자의 압류 사실을 알고서도 채무자와 거래를 계속하여 추가로 발생시킨 채권까지 근질권의 피담보채권에 포함시킨다고 하면 그로 인하여 근질권자가 얻을 수 있는 실익은 별 다른 것이 없는 반면 제3자가 입게 되는 손해는 위 추가된 채권액만큼 확대되고 이는 사실상 채무자의 이익으로 귀속될 개연성이 높아 부당할 뿐 아니라, 경우에 따라서는 근질권자와 채무자가 그러한 점을 남용하여 제3자 등 다른 채권자의 채권 회수를 의도적으로 침해할 수 있는 여지도 제공하게 된다. 따라서 이러한 여러 사정을 적정·공평이란 관점에 비추어 보면, 근질권이 설정된 금전채권에 대하여 제3자의 압류로 강제집행절차가 개시된 경우 근질권의 피담보채권은 근질권자가 위와 같은 강제집행이 개시된 사실을 알게 된 때에 확정된다(근저당권의 경우 경매대금을 완납한 때에 근저당권의 피담보채권이 확정된다고 보아 피담보채권의 확정시점을 달리 판단하고 있음에 유의. 대판 1999.9.21, 99다26085 참조).

### (4) 법정질권

### (가) 의 의

법정질권이란 법률의 규정에 의해 성립하는 질권을 말한다. 민법은 약정질권을 원칙으로 하지만, 특별한 보호가 필요한 채권에 대해 우선변제적 효력을 부여하기 위해 토지임대인의 법정질권(제648조)과 건물 기타 공작물의 임대인의 법정질권(제650조)과 같은 법정질권을 예외적으로 인정하고 있다.

### (나) 요 건

피담보채권은 임대인의 "임대차에 관한" 채권이다. 예컨대 차임, 위약금, 손해배상채권 등을 의미한다.

목적물은 임대목적물에 부속하거나 그 사용의 편익에 공용(供用)하는 "임차인 소유"의 동산 과 그 과실이다.

임차인의 채무불이행이 있을 때 임대인인 채권자가 목적물을 압류해야 한다(민사집행법 제189조 제1항). 그 런데 임대인이 목적물을 압류하기 위해서는 집행권원이 필요한데, 집행권원을 확보하는 사이에 압류할 물건이 남아 있지 않는 경우가 많아 그 실효성이 적다. 임차인이 타인 소유의 물건을 임차지나 건물에 부속시킨 경우 이를 임차인 소유로 알고 압류하면, 법정질권을 선의취득할 수 있는가? 학설상 선의취득에 관한 규정이 준용되는 점을 근거로 한 긍정설과 제650조가 그 목 적물을 임차인 소유임을 규정한 점, 압류는 점유의 승계취득이 아닌 점을 근거로 한 부정설(다 수설)이 대립한다.

**(다) 효 과**

법정질권은 약정질권과 동일한 효력이 있다.

## 2. 동산질권의 효력

(1) 동산질권의 효력이 미치는 범위
　(가) 효력이 미치는 목적물의 범위
　(나) 피담보채권의 범위
(2) 동산질권의 유치적 효력
(3) 우선변제적 효력
　(가) 질권자의 순위
　(나) 우선변제권 행사의 요건
　(다) 우선변제권 행사의 방법
　(라) 유질계약 금지
(4) 동산질권자의 전질권
　(가) 의의와 종류
　　1) 개 념
　　2) 종 류
　(나) 책임전질

　　1) 의의 및 법적 성질
　　2) 요 건
　　3) 효 과
　(다) 승낙전질
　　1) 의의 및 법적 성질
　　2) 요 건
　　3) 효 과
(5) 동산질권의 침해에 대한 구제
　(가) 물권적 청구권의 인정여부
　(나) 질물의 멸실 또는 훼손의 효과
(6) 동산질권자의 의무
　(가) 보관의무
　(나) 질물반환의무

### (1) 동산질권의 효력이 미치는 범위

### (가) 효력이 미치는 목적물의 범위

#### 1) 종물과 과실

민법은 질권의 효력이 미치는 목적물의 범위에 대해 규정을 두고 있지 않지만, 해석상 질권 설정계약에 의해 질권의 목적으로 삼고, 인도된 물건 전부에 질권의 효력이 미친다고 본다(저당권에 관한 제358조 참조). 따라서 ( i ) 질권의 효력은 원칙적으로 종물에 미친다(제100조 제2항). 다만 종물은 질권자가 점유하고 있어야 한다. 또한 ( ii ) 질물의 과실(천연과실, 법정과실)에 대해서도 유치권자의 과실수취권을 질권에 준용하고 있으므로$\binom{제343조,}{제323조.}$ 그 과실을 다른 채권자보다 먼저 자기 채권의 변제에 충당할 수 있다.

  2) 물상대위물$\binom{제342}{조}$

  질권은 질물의 멸실, 훼손 또는 공용징수로 인하여 질권설정자가 받을 금전 기타 물건에 대하여도 이를 행사할 수 있다$\binom{제342}{조}$. 민법은 이러한 물상대위를 동산질권$\binom{제342}{조}$에서 규정하고, 권리질권$\binom{제342}{조}$과 저당권$\binom{제370}{조}$에 준용한다. 이 경우에 그 지급 또는 인도 전에 압류되어야만 물상대위를 행사할 수 있다$\binom{제3자가 압류한 경우에도 가능하}{다. 대판 1996.7.12, 96다21058}$. 이를 인정하는 이유는 담보물권은 교환가치를 목적으로 하는 권리이므로, 목적물이 멸실·훼손되더라도 그 존재가치를 대표하는 것이 존재하는 경우에 다시 담보물권은 그 대표물 위에 존속하게 할 필요가 있기 때문이다. 물상대위의 방법에 대해서는 민사집행법 제273조에서 규정한다(물상대위는 주로 저당권에서 문제되는 경우가 많으므로 상세한 사항은 저당권의 물상대위를 참조할 것).

### (나) 피담보채권의 범위

  1) 질권은 피담보채권의 원본, 이자, 위약금, 질권실행의 비용, 질물보존의 비용 및 채무불이행 또는 질물의 하자로 인한 손해배상의 채권을 담보한다$\binom{제334}{조}$. 참고로 저당권은 피담보채권의 원본, 이자, 위약금, 채무불이행으로 인한 손해배상(지연배상은 1년분에 한함) 및 저당권의 실행비용을 담보한다$\binom{제360}{조}$는 점에서 저당권보다 질권의 피담보채권의 범위가 넓다. 질권의 경우 질물이 질권자에게 인도될 뿐만 아니라 동일목적물에 질권이 경합하는 경우가 많지 않아서 저당권보다 제3자를 해할 염려가 적다는 점을 감안한 것이다.

  질권실행의 비용은 질권실행에 필요한 모든 비용(채권의 추심비용 등을 말한다. 경매비용은 집행법원이 매각대금에서 공제하므로 이에 해당하지 않는다)을 말하고, 질물보존의 비용은 질물을 유치하는 질권자가 유치중인 질물에 관하여 지출한 비용 중 보존을 위하여 지출한 비용을 말한다. 질물의 하자로 인한 손해배상은 예컨대, 질물인 가축의 전염병으로 인해 질권자의 다른 가축이 전염되어 입은 손해의 배상을 말한다. 그러나 제334조는 임의규정이므로 당사자의 특약으로 변경할 수 있다$\binom{제334조}{단서}$.

  2) 질권은 불가분성에 의해 피담보채권의 전부에 관하여 목적물 전부 위에 그 효력이 미친다$\binom{제343조,}{제321조}$.

### (2) 동산질권의 유치적 효력

  (가) 동산질권자는 피담보채권을 전부 변제받을 때까지 원칙적으로 누구에 대해서도 질물을 유치할 수 있다$\binom{제335조}{본문}$. 질권자는 질물의 양수인의 인도청구를 거절할 수 있고, 일반채권자의 강제집행의 경우 그 물건을 집행관에게 인도하여야 집행이 개시되는데 이를 거절할 수 있다$\binom{민사집행법}{제191조}$.

  다만 유치권과 달리 동산질권의 유치적 효력은 질권자보다 우선권 있는 채권자(예컨대 선순위

질권자, 조세채권자 등)에게 대항할 수 없다($\substack{제335조 \\ 단서}$). 따라서 선순위질권자나 우선권자의 경매신청에 대해 질권자는 질물의 인도를 거절할 수 없고, 경매절차에 참여하여 순위에 따른 배당을 받을 수 있을 뿐이다. 이처럼 유치권과 달리 동산질권의 유치적 효력을 제한하는 이유에 대해서 학설상 질권의 중심적 효력을 우선변제적 효력으로 파악하는 견해에 따르면 질권에는 유치적 효력뿐만 아니라 우선변제적 효력도 인정되므로 유치권과는 달리 유치권에 의하여 선순위 권리자보다 질권자를 먼저 보호해야 할 필요가 없기 때문이라고 한다.

(나) 질권자는 질권의 목적물을 점유하게 되는 바, 질권은 질권자의 목적동산의 점유를 정당케 하는 권원($\substack{제213조 \\ 단서}$)이 된다. 한편 민법은 질권의 유치적 효력과 관련하여 유치권 규정을 준용하고 있어($\substack{제343 \\ 조}$), 질권자는 과실수취권($\substack{제323 \\ 조}$), 질물의 보존에 필요한 사용권($\substack{제324 \\ 조}$), 비용상환청구권($\substack{제325 \\ 조}$)이 인정된다.

### (3) 우선변제적 효력

#### (가) 질권자의 순위

1) 동산질권자는 질물의 매각대금으로부터 다른 채권자에 우선하여 변제받을 권리가 있다($\substack{제329 \\ 조}$). 그러나 우선권 있는 채권자(예컨대 선순위질권자, 우선특권자 등)에 비해서는 후순위가 된다. 한편, 동일한 동산에 수개의 질권이 설정된 경우에 그 순위는 설정의 선후에 의한다($\substack{제333 \\ 조}$). 질권의 성립을 위해서는 질물을 인도해야 하므로 동일한 동산에 수개의 질권이 성립하는 것은 드물지만, 가능하다. 예컨대 동산소유자 A가 그 동산을 담보로 채권자 B에게 현실인도를 하여 질권을 설정한 다음, A가 자신의 또다른 채권자 C에게 B에 대한 동산반환청구권의 양도로 질권을 설정할 수 있다. 다만, 동산소유자 A가 동산을 창고업자에게 보관시킨 후, 채권자 B에게 반환청구권의 양도로 질권을 설정한 후, 채권자 C에게도 반환청구권의 양도를 질권을 설정했다면, 그 효력에 대해는 견해가 나뉜다. 이 경우 복수의 질권이 설정되고, 먼저 설정된 B의 질권이 C의 질권에 우선한다는 견해와 이 경우에는 하나의 질권만 성립하고 반환청구권이 이중양도된 것으로 보고 제3자에 대한 대항요건의 구비여부에 따라 질권자가 정해진다는 견해가 대립한다. 전자의 견해가 타당하다.

2) 질권설정자가 파산한 경우 질권자는 별제권자가 되고($\substack{채무자회생 \\ 법 제411조}$), 질권설정자에 대한 회생절차가 개시된 경우 질권자는 회생담보권자가 된다($\substack{채무자회생 \\ 법 제141조}$).

#### (나) 우선변제권 행사의 요건

동산질권자가 우선변제권을 행사하기 위해서는 채무자의 채무가 이행지체에 빠져야 한다. 또한 피담보채권이 금전을 목적으로 하는 채권이 아닌 경우에는 채무불이행으로 인하여 금전채권화될 것을 요한다.

(다) 우선변제권 행사의 방법

1) 경 매

㉮ 동산질권자는 민사집행법에 따른 절차(민사집행법 제271조, 제272조)에 따라 채권의 변제를 받기 위해 질물을 경매할 수 있고(제338조 제1항), 질물의 매각대금으로부터 순위에 따른 우선변제를 받을 수 있다. 질물에 대한 경매는 질권자가 집행관에게 목적물을 제출하거나 목적물의 점유자가 압류를 승낙한 때에 개시된다(민사집행법 제271조). 경매절차의 구체적인 내용은 민사집행법 제189조 이하에서 규정하고 있다.

㉯ 질물의 매각대금에서 피담보채권액을 충당한 후 잔액이 있으면, 질권설정자에게 반환하고, 매각대금으로 피담보채권을 변제하기에 부족한 경우, 일반채권자의 지위에서 확정된 종국판결 기타의 집행권원을 얻어서 채무자의 일반재산에 강제집행을 할 수 있다(제340조 제1항).

㉰ 질권자가 질권을 먼저 실행하지 않고 일반채권자의 지위에서 집행권원에 기해 채무자의 일반재산에 대해 강제집행할 수 있는가? 질권자가 채권자의 지위에서 강제집행을 할 수 있음에는 다툼이 없다.

강제집행에 대한 이의신청과 관련하여 다수설은 제340조 제1항에서 "질물에 의하여 변제받지 못한 부분의 채권"에 한하여 채무자의 다른 재산으로부터 변제를 받을 수 있다고 규정되어 있음을 근거로 다른 채권자는 질권자의 강제집행에 관한 이의(먼저 질물을 경매하여 우선변제를 받을 것)를 제기할 수 있다고 본다. 일반채권자 외에 채무자는 이와 같은 이의신청을 할 수 없다. 제340조 제1항은 일반채권자의 보호만을 목적으로 할 뿐이며, 채무자를 보호하는 규정이 아니기 때문이다(이설 있음).

㉱ 질물보다 먼저 채무자의 다른 물건의 매각대금이 먼저 배당될 때, 질권자는 채권 전액으로 배당참가를 할 수 있지만(제340조 제2항 본문), 다른 채권자는 질권자에게 배당금의 공탁을 청구할 수 있다(제340조 제2항 단서). 따라서 질권자는 질권 실행 후 변제받지 못하는 부분만 공탁금에서 수령할 수 있게 된다.

2) 간이변제충당

질권자의 우선변제권 행사는 원칙적으로 경매에 의해야 하나, 경매는 그 절차가 복잡하고 비용이 많이 필요한 점을 고려할 때 가격이 비교적 낮은 동산도 항상 경매에 의해 환가를 하도록 하는 것은 타당하지 않다. 민법은 일정한 경우 간단하고 쉬운 환가방법을 인정하고 있다. 즉 동산질권자는 정당한 이유가 있는 경우, 감정인의 평가에 의해 질물을 직접 변제에 충당할 것을 법원에 청구할 수 있다(제338조 제2항 제1문). 정당한 이유란 질물의 가격이 낮아 경매비용을 들이면서까지 경매를 하는 것이 적당하지 않거나 질물의 공정가격이 존재하는 경우 등을 말한다. 이러한 간이변제충당을 법원에 청구하려면 질권자는 이 사실을 채무자 및 질권설정자에게 미리 통지해야 하고(제338조 제2항 제2문), 법원은 그 허가여부를 결정하기 전에 채무자 또는 질권설정자에 대한 심문절차를 거쳐야 한다(비송사건절차법 제53조 제2항, 제56조 제1항, 대결 1998.10.14, 98ㄱ58). 이는 담보채권의 변제를 유도하여 질권실행에 의한 변제를 막을 기회를 주기 위함이다. 법원의 허가가 있으면, 질물의 평가액과 피담보채권액과의 차액이 있는 경우 그 차액을 설정자에게 반환하고, 질물의 소유권을 취득할 수 있다(제187조).

### 3) 다른 환가절차에서의 우선변제

질권자가 스스로 경매를 신청하지 않고 다른 채권자가 경매 기타의 환가절차를 밟는 경우에도 질권자는 그 매각대금으로부터 우선변제를 받을 수 있다(민사집행법 제272조, 제217조). 질권설정자가 파산한 때에는 별제권을 갖는다(채무자 회생 및 파산에 관한 법률 제411조).

### (라) 유질계약 금지

#### 1) 의 의

유질계약이란 질권자가 변제기 전의 계약으로 변제에 갈음하여 질물의 소유권을 취득하거나 법률이 정한 방법(경매, 간이변제충당)이 아닌 다른 방법으로 질물을 처분하는 것을 내용으로 하는 질권 실행에 관한 약정을 말한다. 민법은 궁박상태에 있는 채무자가 소액의 채무 때문에 고가의 질물을 잃을 우려가 있다는 점에서 이를 금지하고 있다(제339조).

#### 2) 유질계약의 금지

제339조는 "변제기 전"의 유질계약을 금지하고 있다. 이는 질물로부터 피담보채권과 동일한 가치를 취득하는 것 이상을 취득하는 폭리행위를 방지하여 채무자(질권설정자)를 보호하기 위함이다. 그러나 유질계약의 일률적 금지에 대해서는 학설상 비판적 견해가 우세하다. 이는 채무자의 이익을 위한 유질계약도 가능한 점, 동산양도담보를 유효한 것으로 취급하는 것과 균형이 맞지 않는 점, 폭리 여부는 제104조에 의해 해결가능한 점을 근거로 든다.

#### 3) 적용범위

제339조는 변제기 전 유질계약만 금지하고, 변제기 후 유질계약은 대물변제로서 그 유효성을 인정한다. 유질계약의 유효여부와 관련해서 피담보채권액과 질물의 가격 차이는 고려하지 않는다. 다만 상행위에 의하여 생긴 채권을 담보하기 위하여 설정된 상사질에서는 유질계약을 허용한다(상법 제59조).

#### 4) 효 과

제339조를 위반한 유질계약은 무효이다. 따라서 제3자가 무효인 유질계약에 따라 질물을 취득한 질권자로부터 질물을 양도 받은 경우, 소유권의 선의취득이 가능하다. 이렇게 유질계약이 무효인 경우, 질권설정계약의 효력은 어떻게 되는가? 질권설정계약의 종된 계약인 유질계약이 무효라고 하여 주된 계약인 질권설정계약이 무효가 되는 것은 아니므로 질권설정계약은 유효하다.

## (4) 동산질권자의 전질권

### (가) 의의와 종류

#### 1) 개 념

전질권이란 질권자가 자신 또는 제3자의 채무를 담보하기 위해 질물 위에 제2의 질권을 설정하는 것을 말한다. 이는 질권자가 목적물이 질물임을 전제로 다시 입질하는 것이며, 질권자가 자신의 물건인 양 입질하는 것은 전질이 아니라 질권의 선의취득이 문제된다. 전질의 설정은 질권자가 투하자본을 회수하는 방법의 하나이다.

#### 2) 종 류

제336조는 질권자는 자신의 책임으로 (질권설정자의 승락 없이) 질권을 설정할 수 있음을 규정하고 있는 반면 제343조가 준용하는 제324조 제2항은 질권자는 질물소유자의 승낙을 얻어 질물을 담보로 제공할 수 있음을 규정하고 있다. 이러한 제336조와 제324조 제2항의 관계를 어떻게 이해할 것인가? 이에 대해 통설은 양 규정을 별개의 전질권에 대한 근거규정으로 이해하여 제336조는 책임전질, 제324조 제2항은 승낙전질에 대한 근거규정으로 본다. 이에 반해 민법상 책임전질만 인정하는 견해는 제324조 제2항의 질권설정자의 승낙은 책임전질의 대항요건을 규정한 것으로 본다.

### (나) 책임전질

#### 1) 의의 및 법적 성질

##### ㉮ 개 념

책임전질이란 질권자가 질권설정자의 승낙 없이 자신의 책임으로 하는 전질을 말한다(제336조).

##### ㉯ 법적 성질

책임전질의 법적 성질에 대해 학설상 질권자가 자신의 채무를 담보하기 위해 질물 위에 다시 질권을 설정하는 것이라는 질물재입질설과 질권과 함께 피담보채권을 입질하는 것으로 채권질의 한 형태라고 이해하는 채권·질권공동입질설(다수설)이 대립한다. 전자는 담보물권의 부종성을 완화하여 이를 독립된 가치권으로 파악하려는 주장을 기초로 하지만, 후자는 질권의 부종성을 고려하여 채권과 질권을 함께 입질하는 것을 중요한 이유로 삼는다. 따라서 제337조는 채권의 입질을 전제로 대항요건을 요구하는 것으로 본다. 이하에서는 채권·질권공동입질설을 전제로 살펴본다.

#### 2) 요 건

전질권의 성립을 위해서는 ⅰ) 원질권자와 전질권자 간의 전질권 설정계약과 질물의 인도가 있어야 한다. ⅱ) 전질은 피담보채권의 입질을 전제로 하므로 권리질권의 설정요건을 구비해야 한다. 따라서 원질권자가 채무자에 전질사실을 통지하거나 채무자가 이를 승낙하지 않으면 전질로써 채무자, 보증인, 질권설정자 및 그 승계인에게 전질권으로 대항할 수 없다(제337조). ⅲ) 전질권은 "원질권의 권리의 범위 내"여야 한다($^{제336조}_{전문}$). 따라서 전질권의 피담보채권액 및 변제기는 원질권의 피담보채권액 및 변제기 내여야 한다. 만일 초과전질을 설정한 경우 그 효력은 어떻게 되는가? 전질권은 원질권의 변제기 및 피담보채권 범위 내에서 유효할 뿐이다.

### 3) 효 과

#### ㉮ 유치적 효력

전질권자는 자신의 채권을 변제받을 때까지 질물을 유치할 수 있다. 다만 전질권자의 원질권설정자에 대한 대항 여부는 대항요건의 구비 여부에 좌우된다.

#### ㉯ 우선변제적 효력

원질권과 전질권의 피담보채권 모두 변제기가 도래한 경우에는 전질권자가 원질권을 직접 실행할 수 있다. 또한 전질권자는 원질권자에 우선하여 자신의 채권에 대하여 우선변제를 받을 수 있다. 즉, 전질권자는 채권질권자와 같은 지위에서 원질권자의 채권을 자기 채권의 한도에서 채무자에게 직접 청구하고 그 변제를 수령하거나 질물에 대한 경매 또는 간이변제충당을 할 수 있다. 따라서 질물의 매각대금에서 전질권자의 채권에 충당한 후 잔액이 있으면, 원질권자의 채권에 충당하게 된다.

그러나 원질권의 피담보채권의 변제기 도래 후에 전질권의 피담보채권의 변제기가 도래하도록 약정한 경우 이는 초과전질로 원질권의 범위 내, 즉 원질권의 피담보채권의 변제기에 전질권의 피담보채권의 변제기가 도래한 것으로 보아야 한다. 이 경우 전질권자가 전질권을 원질권보다 먼저 실행하여 그 피담보채권의 만족을 얻을 수 있고, 원질권자도 전질권보다 먼저 원질권을 실행할 수 있다. 원질권을 실행하여 먼저 전질권자의 피담보채권에 우선충당하게 되므로 전질권자의 이익에 해가 되지 않기 때문이다.

#### ㉰ 원질권자(전질권설정자)의 책임 가중

전질권설정자는 전질을 하지 않았으면 면할 수 있었을 불가항력으로 인한 손해에 대해 원질권설정자에게 책임을 진다($^{제336조}_{후문}$). 질권자에게 설정자의 승낙 없이 전질을 할 수 있는 권리를 부여하면서 그에 상응하는 무거운 책임을 부과한 것이다.

#### ㉱ 전질권을 소멸시키는 원질권자의 처분행위 제한

원질권자는 전질을 함으로써 자기의 질권 및 피담보채권에 구속되므로 그의 질권을 포기하거나 또는 채무자의 채무를 면제하는 등의 원질권을 소멸케 하는 처분행위는 제한된다($^{제352}_{조}$). 그러나 전질권을 침해하지 않는 범위 내의 처분행위는 상관없다.

#### ㉲ 대항요건을 갖춘 경우 채무자의 변제행위 제한

전질의 사실을 채무자에게 통지한 경우, 통지를 받은 채무자는 전질권자의 동의 없이 원질권을 소멸케 하는 변제행위를 하더라도 전질권자에게 대항할 수 없다($^{제337조}_{제2항}$).

**사례 5** A는 2017.4.15. B로부터 500백만 원을 빌리면서 6개월 후인 2017.10.15.에 이자 없이 원금만 갚기로 하고 담보로서 자기 소유의 보석반지 1개에 대해 질권을 설정하여 주었다. 그런데 돈이 필요해진 B는 2017.5.10. C로부터 600만 원을 빌리면서 2017.9.30. 이자 없이 원금만 갚기로 하고 그 담보로 A의 승낙을 받지 않고 그 보석반지에 전질권을 설정해 주고 B은 그 사실을 A에게 통지하였다. B의 전질권의 설정은 유효한가?

**│해설 5│** C의 전질권은 원질권의 피담보채권인 500만원 범위 내에서 유효하다.
책임전질의 법적 성질에 관하여 질권자가 자기의 책임 하에 질물 위에 다시 새로운 질권을 설정하는 것이라는 질물재입질설이 있으나, 질권과 피담보채권 모두 전질의 목적으로 한다는 채권·질권공동입질설(다수설)이 있다. 다수설에 의하면 책임전질이 성립하기 위해서 ⅰ) 원질권자와 전질권자의 물권적 합의와 질물의 인도가 있을 것, ⅱ) 전질권은 원질권의 범위 내에 있을 것(피담보채권 및 존속기간), ⅲ) 전질은 피담보채권의 입질을 포함하므로 권리질권 설정의 요건(질권자의 통지 또는 채무자의 승낙)을 갖추어야 한다. 이에 의하면 전질권은 원질권의 피담보채권인 500만원의 범위에서만 가능하므로 B가 C에게 600만원을 담보하기 위한 전질권을 설정할 수 없다.

**(다) 승낙전질**

**1) 의의 및 법적 성질**

승낙전질이란 질권자가 질물소유자(원질권설정자)의 승낙을 받아 그 질물 위에 자신의 질권보다도 우선적 효력이 있는 새로운 질권을 설정하는 것을 말한다(제343조, 제324조 제2항). 질물소유자의 승낙은 질권설정의 권능(처분권한)의 수여를 의미하므로 승낙전질은 질물의 재입질이라고 해야 한다.

**2) 요 건**

㉮ 승낙전질의 성립을 위해서는 질권자와 전질권자 간의 전질권설정계약과 질물의 인도가 필요하다.

㉯ 질물소유자의 승낙이 필요하다. 승낙을 얻지 않은 경우 원질권설정자는 소멸청구를 할 수 있다(제343조, 제324조 제3항).

㉰ 책임전질과 달리 승낙전질은 원질권과는 무관하므로 전질권의 피담보채권액 및 존속기간의 제한을 받지 않는다. 따라서 초과전질도 유효하다. 또한 제337조의 통지를 할 필요도 없다.

**3) 효 과**

승낙전질에도 책임전질과 마찬가지로 유치적 효력과 우선변제적 효력이 인정되나, 승낙전질은 원질권과는 무관하므로 책임전질의 효과 중 ⅰ) 원질권자(전질권설정자)의 책임 가중, ⅱ) 전질권을 소멸시키는 원질권자의 처분행위 제한, ⅲ) 대항요건을 갖춘 경우 채무자의 변제행위 제한, ⅳ) 원질권의 소멸에 따른 전질권의 소멸 등은 승낙전질에는 인정되지 않는다. 다만 원질권자에 대한 원질권설정자의 변제에 전질권자가 동의한 경우, 제337조 제2항을 유추적용하여 그 변제로서 전질권자에게 대항할 수 있는지와 관련하여 긍정설(다수설)과 부정설이 대립한다.

> **사례 6** A는 2017.4.15. B로부터 500백만 원을 빌리면서 6개월 후인 2017.10.15.에 이자 없이 원금만 갚기로 하고 담보로서 자기 소유의 골동품 도자기에 대해 질권을 설정하여 주었다. 그런데 돈이 필요해진 B는 2017.5.10. C로부터 400만 원을 빌리면서 2017.9.30. 이자 없이 원금만 갚기로 하고 그 담보로 A의 승낙을 받고 그 도자기에 전질권을 설정해 주었다. 그런데 C의 이웃집에서 발생한 화재로 인하여 질물인 도자기가 멸실되었다. B는 도자기의 멸실에 대해 과실이 없을 때 B는 A에게 도자기 멸실에 따른 손해에 대하여 배상할 책임을 부담하는가?
>
> **│해설 6│** 승낙전질에서 원질권자 B에게 질물인 도자기 멸실에 대한 과실이 없는 한 손해배상책임을 부담하지 않는다.
>
> 책임전질의 경우 전질의 설정에 의해 원질권자(전질권설정자)의 책임이 가중된다. 즉 전질권설정자는 전질을 하지 않았더라면 면할 수 있었을 불가항력으로 인한 손해에 대해서도 책임을 진다(제336조). 그러나 승낙전질의 경우 원질권과 무관하므로 책임전질의 효과 중 원질권자의 책임가중에 관한 제336조는 적용되지 않는다. 전질권설정자 B는 A의 승낙 하에 전질권을 설정하였으므로 승낙전질을 설정한 것이고, 따라서 질물인 도자기 멸실에 대해 과실이 인정되지 않는 이상 불가항력으로 인한 손해에 대해서는 그 책임을 부담하지 않는다.

### (5) 동산질권의 침해에 대한 구제

### (가) 물권적 청구권의 인정여부

질권에 대해서는 제213조, 제214조를 준용하는 규정이 존재하지 않는다. 그럼에도 불구하고 질권자에게 점유자의 지위에서 인정되는 점유보호청구권 외에 물권적 청구권을 인정할 것인가? 이에 대해 학설상 긍정설(다수설)과 부정설이 대립하는 바, 긍정설은 질권이 물권인 점, 제3자의 사기에 의해 질물을 인도한 경우와 같이 임의로 점유를 이전한 경우에는 점유회수청구권(제204조 참조)이 인정되지 않기 때문에 본권에 의한 청구권을 인정할 필요가 있는 점, 점유보호청구권은 행사기간이 제소기간이고 또한 1년으로 제한되어 질권자의 보호에 충분치 못한다는 점 등을 근거로 한다. 부정설은 행사기간의 제한이 있어도 점유회수청구권만으로 충분히 보호되는 점, 질권설정자의 반환청구권을 질권자가 대위행사할 수 있다는 점, 명시적 준용규정을 두지 않음으로써 물권적 청구권을 준용하지 않으려는 입법자의 태도가 존중되어야 한다는 점 등을 근거로 한다. 현행법의 해석상 질권자의 지위에서 물권적 청구권이 인정되지 않고 점유자로서의 물권적 청구권만 인정된다고 할 것이다.

### (나) 질물의 멸실 또는 훼손의 효과

1) 채무자인 질권설정자가 질물을 멸실하거나 훼손한 경우 기한이익이 상실되므로(제388조 제1호) 피담보채권의 즉시이행청구 및 질권의 실행이 가능하다. 또한 손해배상청구도 가능한데, 손해배상의 범위는 피담보채권액을 한도로 하고, 손해배상청구의 시기는 침해행위시에 청구할 수 있고, 피담보채권의 변제기까지 기다릴 필요는 없다.

2) 제3자가 질물을 훼손한 경우에는 질권자는 손해배상을 청구할 수 있다.

### (6) 동산질권자의 의무

#### (가) 보관의무

동산질권자는 질물을 보관할 의무를 부담하며, 이에 관해서는 유치권의 규정이 준용된다($\frac{제343}{조}$). 따라서 질권자는 선량한 관리자의 주의를 가지고 질물을 점유해야 하며($\frac{제324조}{제1항}$), 설정자의 승낙없이 질물을 사용·임대하거나 담보에 제공하지 못한다($\frac{제324조}{제2항}$). 질권자가 이러한 의무를 위반하면 질권설정자는 질권의 소멸을 청구할 수 있다($\frac{제324조}{제3항}$).

#### (나) 질물반환의무

질권이 소멸하면, 질권자는 질물을 질권설정자에게 반환해야 한다. 질물반환의무는 질권설정계약에 따른 의무이므로 질권설정자와 질물의 소유자가 다른 경우 질권설정자에게 반환하여야 한다. 질물의 반환은 피담보채권의 변제와 동시이행관계에 있는 것이 아니라 채권의 완전한 변제가 있어야 질물의 반환청구권이 발생한다. 따라서 피담보채권이 존속하는 중 질권설정자가 질물의 반환을 청구하는 경우, 유치권에서와 같이 상환급부판결이 아니라 원고패소의 판결을 해야 한다는 견해가 통설이다. 그러나 피담보채무의 액수에 다툼이 있기 때문에 장차 변제기에 채무자가 채무를 변제하더라도 질권자가 질물의 반환에 협력할 것으로 기대되지 않는 경우에는 미리 청구할 필요가 있어 장래이행판결로써 피담보채무의 변제를 조건으로 질물의 반환을 명할 수 있다(대판 1992.7.10, 92다15376,92다15383. 이는 담보가등기의 말소를 청구한 사안에서 장차 채무자가 채무를 변제하더라도 채권자가 그 가등기의 말소에 협력할 것으로 기대되지 않는 경우에는 피담보채무의 변제를 조건으로 가등기를 말소할 것을 미리 청구할 필요가 있다고 판시한 것임).

## 3. 동산질권의 소멸

### (1) 소멸사유

동산질권은 물권 일반에 공통된 소멸원인과 담보물권에 공통된 소멸원인에 의해 소멸한다. 또한 질권은 질권 특유의 소멸원인인 질권자의 질물반환과 의무위반을 이유로 하는 질권설정자의 소멸청구($\frac{제343조, 제}{324조 제3항}$)로 소멸한다.

질권은 피담보채권으로부터 독립해서 소멸시효에 걸리는 일은 없다. 그러나 질권자가 질물을 유치하더라도 피담보채권의 소멸시효가 진행하는 것을 방해할 수 없다. 질물의 유치가 채권의 행사로 볼 수 없기 때문이다.

### (2) 소멸의 효과

동산질권의 소멸로 질권자는 질물을 설정자에게 반환할 의무가 생긴다.

### 4. 증권에 의해 표상되는 동산의 입질과 화환

#### (1) 증권에 의해 표상되는 동산질

#### (가) 의 의

상거래에서 임치하고 있는 상품 또는 운송중인 상품에 대한 매각이나 입질을 용이하게 하기 위해 이들 상품을 표창하는 증권에 의한 양도와 입질의 방법을 고안하였다. 이러한 증권으로 화물상환증권, 선하증권, 창고증권 등이 있다. 그중 화물상환증권과 선하증권을 통틀어 운송증권이라 한다. 화물상환증권은 육상물건운송계약에서 운송물의 인도청구권을 표상하는 유가증권이고, 선하증권은 해상물건운송계약에서 운송물의 인도청구권을 표상하는 유가증권이다. 창고업자에 대한 임치물반환청구권을 표상하는 유가증권이 창고증권이다. 이러한 증권은 처분증권성($^{\text{상법 제132}}_{\text{조, 제157조}}$)을 갖는데, 이들 증권의 교부는 그것이 표창하는 동산자체의 인도와 동일한 효력이 인정되므로 이들 증권의 배서·교부에 의한 입질은 권리질이 아니라 동산질이다.

#### (나) 입질의 방법과 그 효과

이러한 증권에 의한 상품의 입질은 그 증권을 질권자에게 배서, 교부함으로써 그 효력이 생긴다($^{\text{상법 제133}}_{\text{조, 제157조}}$). 질권설정자는 상품의 점유를 상실하게 되므로 목적물을 처분할 수 없고, 질권자는 증권의 처분에 의해 우선변제를 받는다. 다만 증권의 처분에 대해 유질계약금지에 관한 제339조가 적용된다.

#### (2) 화 환

화환이란 격지자간의 송부매매에서 매도인이 금융 또는 대금추심을 위임하기 위해 매수인 또는 매수인이 지정하는 은행을 지급인으로 하는 환어음을 발행하고 그 환어음에 담보로 매매의 목적물을 표상하는 운송증권을 첨부한 것을 말한다.

매도인이 위의 운송증권을 담보로 은행으로부터 대금의 융통(어음할인)을 받으면, 그 증권에 의해 표상되는 목적물 위에 은행을 위한 질권이 성립한다. 이는 권리질이 아니라 동산질이다.

## Ⅲ. 권리질권

### 1. 총 설

#### (1) 권리질권의 의의와 법적 성질

#### (가) 개 념

권리질권이란 동산 외의 재산권을 목적으로 하는 질권을 말한다($^{\text{제345조}}_{\text{본문}}$). 질권은 본래 유체동산을 중심으로 발달한 것이지만, 재산권도 담보로서의 가치를 가지는 것으로 인식됨에 따라 동산질권과 별도로 권리질권이 인정되게 되었다. 권리질권에서는 그 목적물이 유체동산이 아닌 무형의 재산권을 대상으로 하기 때문에 권리질권의 유치적 효력은 거의 무의미해졌지만, 이러한 재산권에는 유체동산보다 더 큰 가치가 있음이 거래계에서 주목받게 됨에 따라 권리질권은 우선변제적 효력에 의해 재산권의 교환가치를 지배하여 담보된 채무의 불이행시 그로부터 만족을 얻는 것을 본질적 목적으로 하게 된다.

### (나) 법적 성질

권리질권이 순수한 질권이라고 할 수 있는지와 관련하여 과거 모든 질권은 유체물만을 그 목적으로 할 수 있을 뿐이고, 권리로써 채권의 담보로 하는 것은 권리의 양도에 지나지 않는다는 견해(권리양도설)가 있었으나, 현재 이를 지지하는 학자는 없고, 권리질권은 권리 자체를 목적으로 하는 질권이라는 견해(권리목적설)가 일반적이다.

### (2) 권리질권의 목적

(가) 권리질권의 목적은 양도성 있는 재산권이다. 따라서 금전적 가치로 평가할 수 있는 권리여야 하므로 인격권, 친족권 등은 권리질권의 목적이 될 수 없다. 또한 양도할 수 없는 것은 환가하여 그것으로부터 우선변제를 받을 수 없기 때문에 권리질권의 목적이 될 수 없다.

(나) 부동산의 사용·수익을 목적으로 하는 권리($\substack{제345조\\단서}$), 즉 지상권, 전세권, 부동산임차권 등과 이에 준하는 권리인 광업권, 어업권, 공장재단 등은 권리질권의 목적이 될 수 없다. 이는 민법이 부동산질권을 인정하지 않는 것과 그 취지를 같이 하는 것이다. 또한 지역권은 요역지와 분리하여 양도하거나 다른 권리의 목적으로 하지 못하므로($\substack{제292조\\제2항}$) 권리질권의 목적이 될 수 없다.

(다) 결국 권리질권의 목적이 되는 중요한 재산권은 채권, 주주권, 지식재산권이다. 채권은 민법, 주주권은 상법, 지식재산권은 각 관련 법률에서 별도로 규율된다.

### (3) 권리질권의 설정방법

권리질권의 설정은 법률에 다른 규정이 없으면 그 권리의 양도에 의한 방법에 의해야 한다($\substack{제346\\조}$). 민법이 이와 같이 규정한 이유는 권리질권의 목적이 되는 권리는 그 권리의 존재를 공시하는 방법이 다른 점과 권리의 양도와 입질에서 차이가 없는 점을 고려한 것이다. 저당권부채권($\substack{제348\\조}$), 지명채권($\substack{제349\\조}$), 지시채권($\substack{제350\\조}$), 무기명채권($\substack{제351\\조}$)의 경우 질권 설정방법에 관한 특칙을 두고 있다.

## 2. 채권질권

### (1) 의 의

채권질권이란 권리질권 중 채권을 목적으로 하는 질권을 말한다.

### (2) 채권질권의 설정

### (가) 채권질권의 목적

채권질권에도 제331조가 준용되므로 원칙적으로 양도성 있는 채권을 채권질권의 목적으로 해야 한다($\binom{제355조,}{제331조}$). 그런데 채권은 원칙적으로 양도성을 가지므로($\binom{제449조}{제1항}$) 채권질권의 목적이 될 수 있다. 그러나 법률의 규정 또는 성질상 양도성이 없는 채권은 질권의 목적이 되지 못한다($\binom{제449조 제}{1항 단서}$). 예컨대, 특정인의 초상을 그리게 하는 채권이나 부작위채권과 같이 성질상 양도성이 없는 채권, 위자료청구권($\binom{제806조}{제3항}$)과 같이 법률상 양도성이 없는 채권은 질권의 목적이 될 수 없다. 그러나 임차권과 같이 채무자인 임대인의 승낙이 있으면 양도할 수 있는 것은 그 승낙을 얻어 질권의 목적으로 할 수 있다.

또한 당사자 사이의 특약으로 양도가 금지되어 있는 채권도 이를 질권의 목적으로 할 수 없다($\binom{제449조 제}{2항 본문}$). 그러나 이 특약은 선의의 제3자에게 대항할 수 없으므로($\binom{제449조 제}{2항 단서}$) 질권자가 선의이면 질권은 유효하게 성립한다.

한편 채권은 질권자 자신에 대한 것이라도 무방하다. 예컨대, 은행이 대출채권의 담보로 은행 자신에 대한 예금채권을 질권의 목적으로 하는 경우이다.

나아가 채권질권의 피담보채권은 동산질권의 피담보채권과 같다.

### (나) 채권질권의 설정방법

1) 권리질권의 설정방법은 법률에 다른 규정이 없으면 그 권리의 양도에 관한 방법에 의해야 한다($\binom{제346}{조}$). 따라서 채권질권의 설정은 채권양도의 방법에 의한다. 또한 채권질권도 공시방법이 필요한데, 그 대상이 채권인 점 때문에 다음에서 보는 바와 같이 특별한 공시방법을 마련하고 있다.

2) 채권증서의 교부

채권증서가 있는 경우에는 그 증서를 질권자에게 교부해야 질권설정의 효력이 생긴다($\binom{제347}{조}$).

그러나 채권증서가 없는 경우에는 질권설정의 합의만으로 질권이 설정이 된다. 이 규정이 적용되는 채권증서는 지명채권의 경우만이며, 무기명채권과 지시채권에 대해서는 증서의 교부를 요하는 특칙($\binom{제350조,}{제351조}$)이 있다.

이 규정은 동산질권에서 동산의 인도에 의해 질권의 설정을 공시하는 것에 대응하여 채권증서가 있을 때에는 이를 질권자에게 교부함으로써 지명채권에 대한 질권의 설정을 외부에 공시하려는 데 그 취지가 있다. 그러나 학설은 채권증서는 권리의 행사나 처분에 증서의 소지가 요구되지 않으므로 증서의 교부로 유치적 효력을 인정할 수 없는 점 등을 들어 이에 대해 대체로 비판적이다. 그래서 통설은 지명채권의 입질에서 채권증서의 교부에는 점유개정이 가능하고(권리질권에는 동산질권에서 점유개정을 금지한 제332조를 준용하지 않는다고 한다), 증서를 반환하더라도 권리질권은 소멸하지 않는 것으로 본다. 여기서 채권증서란 채권의 존재를 증명하는 서면으로 채권자에게 제공된 문서(예컨대 예금통장, 보험증권, 차용증서 등)를 말한다. 채권증서는 특정한 이름이나 형식을 따를 필요는 없으나, 변제 등으로 채권이 소멸하는 경우에는 제475조에 따라 채무자가 채권자에게 그 반환을 청구할 수 있는 것이어야 한다. 따라서 임대차계약서와 같이 계약당사자 쌍방의 권리의무관계의 내용을 정한 서면은 그 계약에 의한 권리의 존속을 표상하기 위한 것이라고 할 수 없으므로 채권증서에 해당하지 않는다($\binom{대판\ 2013.8.22.,}{2013다32574}$).

---

**사례 7** A는 B에게 그 소유의 건물을 임차보증금 1억 원, 임대기간 2년으로 정하여 임대하였다. 그런데 B가 A에 대한 임차보증금반환채권을 B의 채권자 C에게 담보로 제공하여 질권을 설정하였다. 위 질권의 피담보채무(B의 C에 대한 채무)의 변제가 지체되자, C는 A에 대해 임차보증금의 반환을 구하였다. 이에 A는 임대차계약 시 A와 B가 작성한 임대차계약서는 제347조에서 말하는 채권증서에 해당하는데도, C는 B로 하여금 A에게 질권설정계약 사실을 통지하게 하였을 뿐 위 임대차계약서를 교부받지 못하였으므로 결국 질권을 유효하게 취득하지 못하였다고 주장한다. A의 주장은 타당한가?                                        (대판 2013.8.22, 2013다32574 참조)

**| 해설 7 |** A의 주장은 타당하지 않다.
제347조는 채권을 질권의 목적으로 하는 경우에 채권증서가 있는 때에는 질권의 설정은 그 증서를 질권자에게 교부함으로써 효력이 생긴다고 규정하고 있다. 여기에서 말하는 '채권증서'는 채권의 존재를 증명하기 위하여 채권자에게 제공된 문서로서 장차 변제 등으로 채권이 소멸하는 경우에는 제475조에 따라 채무자가 채권자에게 그 반환을 청구할 수 있는 것이어야 한다. 이에 비추어 임대차계약서와 같이 계약 당사자 쌍방의 권리의무관계의 내용을 정한 서면은 그 계약에 의한 권리의 존속을 표상하기 위한 것이라고 할 수는 없으므로 위 채권증서에 해당하지 않는다.

---

### (다) 각종의 채권에 관한 공시방법

#### 1) 지명채권

지명채권에 대한 입질에서 공시방법은 대항요건이다. 따라서 지명채권에 대한 질권의 설정으로 제3채무자 기타 제3자에게 대항하기 위해서는 제3채무자에게 질권의 설정을 통지하거나 제3채무자가 이를 승낙해야 하고, 제3채무자 이외의 제3자에게 대항하기 위해서는 통지나 승낙이 확정일자 있는 증서에 의해야 한다($^{제349조 제1}_{항, 제450조}$). 예컨대 질권설정자의 일반채권자에게 압류·전부명령이 있는 경우 그 명령의 송달 전에 질권자가 확정일자 있는 대항요건을 갖추면 전부채권자에게 대항할 수 있다. 따라서 제3채무자는 전부채권자에게 변제했음을 이유로 질권자에게 대항할 수 없다($^{대판 2022.3.31.}_{2018다21326}$). 통지나 승낙의 효력에 관한 제451조도 준용한다($^{제349조}_{제2항}$). 채권에 대한 질권설정에서 채무자가 이의를 보류하지 않은 승낙을 한 경우, 채무자는 질권설정자에게 대항할 수 있는 사유로서 질권자에게 대항할 수 없고, 이 경우 대항할 수 없는 사유는 협의의 항변권에 한하지 아니하고, 넓게 채권의 성립, 존속, 행사를 저지하거나 배척하는 사유를 포함한다($^{대판 2002.3.29.}_{2000다13887}$).

### 2) 지시채권

지시채권의 입질을 위해서는 증서에 배서하여 질권자에게 교부해야 효력이 생긴다($^{제350조,}_{제508조}$).

### 3) 무기명채권

무기명채권의 입질을 위해서는 증서를 질권자에게 교부함으로써 효력이 생긴다($^{제351조,}_{제523조}$).

### 4) 저당권부 채권

저당권부 채권의 입질을 위해서는 피담보채권의 입질 외에 저당권에 대한 권리질권의 (부기)등기를 해야 질의 효력이 저당권에 미친다($^{제348조, 부}_{등법 제76조}$). 그런데 저당권부 채권에서 질권자가 채권에 대해서만 질권설정을 하고 저당권의 부기등기를 하지 않은 경우 그 채권만을 입질한 것으로 볼 수 있는가? 이에 대해 채권자는 저당권 없는 채권에만 질권을 취득한다는 견해(다수설)와 제361조에 의해 저당권은 그 담보한 채권과 분리하여 다른 채권의 담보로 하지 못하므로 부기등기가 없으면 채권에도 질권을 취득하지 못한다는 견해가 대립한다. 판례는 부기등기가 없으면 저당권 없는 채권에 질권을 취득하는 것으로 본다($^{대판 2020.4.29, 2016다}_{235411의 전제사실임}$). 채권에 질권을 설정한 후에 그 채권담보를 위하여 저당권이 설정된 경우(소위 '사후저당권') 사후저당권도 원칙적으로 질권의 목적이 된다. 다만 질권의 효력이 사후저당권에 미치기 위해서는 제348조를 유추적용하여 질권의 부기등기를 해야 한다. 그러나 당사자가 피담보채권만을 질권의 목적으로 하려는 의사가 인정되고, 질권설정자는 질권자에게 제공하려는 의사 없이 저당권을 설정받는 등의 특별한 사정이 인정되면 질권은 인정된다고 보되, 그 질권의 효력이 사후저당권에는 미치지 않는다($^{대판 2020.4.29.}_{2016다235411}$).

> **사례 8** A는 B은행에 대한 예금채권에 대하여 C에게 질권을 설정하고, B가 이를 승낙하였다. 그 후, 질권자 C는 B은행에 모사전송의 방법으로 질권해제통지서를 발송하고, 그 직후 B은행은 질권설정자인 A에게 예금을 변제하였다. 그런데 A와 C 사이에 질권설정계약에 대한 합의해지가 되지 않은 상태였다. 이 경우 B은행은 A에 대한 변제를 C에게 주장할 수 있는가?
>
> (대판 2014.4.10, 2013다76192 참조)

| 해설 8 | B은행은 A에 대한 변제를 C에게 주장할 수 있다.

제3채무자가 질권설정 사실을 승낙한 후 질권설정계약이 합의해지된 경우 질권설정자가 해지를 이유로 제3채무자에게 원래의 채권으로 대항하려면 질권자가 제3채무자에게 해지 사실을 통지해야 하고, 만일 질권자가 제3채무자에게 질권설정계약의 해지사실을 통지하였다면, 설사 아직 해지가 되지 아니하였다고 하더라도 선의인 제3채무자는 질권설정자에게 대항할 수 있는 사유로 질권자에게 대항할 수 있다. 따라서 질권자 C가 제3채무자인 B은행에게 질권해제를 통지하였다면, 선의인 제3채무자인 B은행은 질권설정자인 A에 대항할 수 있는 사유로 질권자 C에게 대항할 수 있다.

### (3) 채권질권의 효력

#### (가) 효력의 범위

##### 1) 피담보채권의 범위

동산질권과 동일하다$\binom{\text{제355조,}}{\text{제334조}}$. 불가분성이 있는 것도 동일하다$\binom{\text{제355조, 제343}}{\text{조, 제321조}}$.

##### 2) 효력이 미치는 목적의 범위

채권질권의 효력은 우선 그 입질된 채권에 미친다. 피담보채권액이 입질채권액보다 적더라도 입질채권 전부에 미친다. 이는 담보물권의 불가분성에 비추어 당연하다.

채권질권의 효력은 입질된 채권의 원본채권 외에 질권설정 후 변제기가 도래한 이자채권에 미친다. 따라서 이자채권에 대해서는 제100조 제2항에 의해 질권자가 원본채권과 동일한 조건으로 직접 추심하여 우선변제에 충당할 수 있다$\binom{\text{제353조 제1항, 제2항,}}{\text{제343조, 제323조}}$. 만약 이자에 관하여 특별한 증서가 있다면, 그 증서가 채권질권자에게 교부되어야만 이와 같은 효과를 인정할 수 있다. 나아가 채권질권의 효력은 입질채권의 이행지체로 인한 지연손해배상청구권 등과 같은 부대채권에도 미친다$\binom{\text{대판 2005.2.25,}}{\text{2003다40668}}$. 또한 입질된 채권에 인적, 물적 담보가 있는 경우에는 종된 권리인 인적, 물적 담보에도 미친다. 다만 입질채권이 저당권부 채권인 경우에는 제348조에 의거 부기등기가 필요하다.

##### 3) 물상대위의 적용

채권질권은 질물인 채권의 멸실, 훼손 또는 공용징수로 인하여 질권설정자가 받을 금전 기타 물건에 대하여도 이를 행사할 수 있다$\binom{\text{제355조,}}{\text{제342조}}$. 이 경우에는 그 지급 또는 인도 전에 압류해야 한다. 예컨대 특정물인도청구권을 입질하였는데 그 특정물이 멸실된 경우 그로 인한 손해배상청구권, 유가증권의 멸실로 인한 보험금청구권에 채권질권이 존속한다.

#### (나) 유치적 효력

##### 1) 채권증서의 유치$\binom{\text{제355조,}}{\text{제335조}}$

채권질권자는 교부받은 채권증서를 점유하고, 피담보채권 전부를 변제받을 때까지 이를 유치할 수 있다($^{제355조,}_{제335조}$). 그러나 이를 설정자에게 반환하여도 질권이 당연히 소멸하지 않는다(다수설). 따라서 질권의 목적인 채권 자체에 대한 유치적 효력은 매우 미미하다. 채권은 물건과 같은 사용가치를 갖는 정도가 매우 적어서 이를 질물로 잡더라도 설정자를 심리적으로 압박하는 작용이 거의 없기 때문이다.

### 2) 목적채권의 추심 등의 금지

질권설정자는 질권자의 동의가 없는 한 질권의 목적인 채권을 소멸하게 하거나 질권자의 이익을 해치는 변경을 할 수 없다($^{제352}_{조}$). 이는 채권질권자의 추심권 기타 환가권을 보호하기 위함이다. 따라서 질권설정자는 채권을 추심하거나 변제의 수령, 면제, 상계($^{상계합의에 대해서는 대판 2018.}_{12.27.\ 2016다265689\ 참조}$), 경개, 그리고 이행청구의 소를 제기할 수 없다. 그러나 입질채권이 시효소멸할 우려가 있는 경우, 질권설정자는 채권존재확인의 소를 제기할 수 있다. 질권의 목적인 채권의 양도행위는 제352조 소정의 질권자의 이익을 해치는 변경에 해당하지 않으므로 질권자의 동의는 필요하지 않다($^{대판\ 2005.12.22,}_{2003다55059}$). 질권설정자나 제3채무자가 질권자의 동의 없이 추심, 면제 등 채권의 소멸 또는 이익을 해치는 변경(변제기 연장, 이율의 감경 등)을 한 경우 질권자에 대한 관계에서만 무효이고, 질권자가 아닌 제3자에 대한 관계에서는 유효하다($^{대판\ 1997.11.11,}_{97다35375}$). 질권자가 질권의 목적인 채권의 교환가치에 대하여 가지는 배타적 지배권능을 보호하기 위한 규정이다.

한편 질권설정자가 아닌 입질된 채권의 채무자인 제3채무자도 제349조의 대항요건이 갖추어진 후에는 제352조의 행위(처분, 변경 등)를 할 수 없다.

---

**사례 9** A는 그 소유의 건물을 B에게 임차보증금 1억 원, 임대기간 2년으로 각 정하여 임대를 하였다. B는 C에게 A에 대한 임차보증금채권을 목적으로 하는 질권을 설정하고, 이 사실을 A에게 통지하였다. 그 후, B는 A에 대한 임차보증금채권을 D에게 양도하려고 하는데, 질권자 C의 동의가 필요한가?                                                    (대판 2005.12.22, 2003다55059 참조)

**│해설 9│** C의 동의는 필요하지 않다.

질권의 목적인 채권의 양도행위는 제352조 소정의 질권자의 이익을 해하는 변경에 해당되지 않으므로 질권자의 동의를 요하지 아니한다. 질권의 목적인 채권을 타인에게 양도하면 채권질권자와 채권양수인 간의 우열이 문제된다. 양자는 상호간에 동일한 채권에 대해 서로 양립할 수 없는 지위를 갖는 자에 해당되므로 확정일자 있는 증서에 의한 통지나 승낙을 먼저 갖춘 자에게 우선권이 인정된다. 만약 입질채권의 양수인이 확정일자 있는 증서에 의한 통지나 승낙의 요건을 질권자보다 먼저 갖추면 질권자는 채권양수인에게 대항불가하므로 입질채권에 관한 담보권자로서 권리를 주장할 수 없다.

---

**사례 10** B는 2018.3.6. A로부터 X주택을 임대차보증금 1억 5천만 원에 임대기간 계약일로부터 2년으로 정하여 임차하고, 그 무렵 전입신고를 마쳤다. B는 2018.3.13. C로부터 1억 원을 대출받으면서 C에게 위 임대차보증금반환채권 중 1억 원에 대하여 질권을 설정하고, A는 2018.4.6. C

에 대하여 위 질권설정을 승낙하였다. A는 2018.6.30. B에게 X주택을 2억 원에 매도하면서, 임대차계약을 합의해지하고 B로부터 매매대금 중 임대차보증금 1억 5천만원을 제외한 잔액을 지급받기로 하고, 위 매매계약에 따라 잔액을 지급한 다음 2018.7.2. B에게 X주택에 관한 소유권이전등기를 마쳐주었다.

C는 A를 상대로 임대차계약을 합의해지하여 종료하였으므로, 질권에 기하여 1억 원의 지급을 직접 청구했다. 이에 A는 B가 X주택에 관한 소유권을 취득함으로써 A로부터 임차보증금반환채무를 포함한 임대인의 지위를 승계하였으므로, 그 책임이 없고, 그렇지 않더라도 X주택의 매매대금채권으로 임차보증금반환채권을 상계하기로 합의하여 임차보증금반환채무는 소멸하였음을 주장한다. A의 주장은 타당한가? (대판 2018.12.27, 2016다265689 참조)

**┃해설 10┃** A의 주장은 타당하지 않다.

**1. 임차보증금반환채무의 승계 여부**

임차주택의 양수인에게 대항할 수 있는 임차권자라도 스스로 임대차관계의 승계를 원하지 않을 때에는 임대차기간의 만료 전에 임대인과 합의에 의하여 임대차계약을 해지하고 임대인으로부터 임대차보증금을 반환받을 수 있으며, 이러한 경우 임차주택의 양수인은 임대인의 지위를 승계하지 않는다.

사안의 경우 대항력을 갖춘 임차인인 B는 임대인인 A로부터 X주택을 매수하면서 그와 동시에 임대차계약을 해지하고 매매대금채권과 보증금반환채권을 상계하기로 합의하였다고 할 것이므로 B가 임대인의 지위를 승계하는 것으로 볼 수 없다.

**2. 임차보증금반환채무의 소멸 여부**

타인에 대한 채무의 담보로 제3채무자에 대한 채권에 대하여 권리질권을 설정한 경우 질권설정자는 질권자의 동의 없이 질권의 목적된 권리를 소멸하게 하거나 질권자의 이익을 해하는 변경을 할 수 없다(제352조).

사안의 경우 A는 질권설정의 제3채무자로서 질권설정을 승낙하였으므로 A가 질권자인 C의 동의 없이 질권설정자인 B와 상계합의를 함으로써 질권의 목적인 X주택에 관한 임대차보증금반환채무를 소멸하게 하였더라도 이로써 C에게 대항할 수 없고, C는 여전히 A에 대하여 직접 임대차보증금의 반환을 청구할 수 있다.

## (다) 우선변제적 효력

채권질권자가 채권질권을 실행하는 방법에는 이자채권의 추심에 의해 우선변제받는 방법이 있음은 이미 설명한 바와 같다. 그러나 채권질권자가 우선변제를 받는 중심적인 수단은 어디까지나 목적인 채권 자체를 실행하는 방법이며, 입질채권의 실행방법에 관해서는 제353조와 제354조에서 규정하고 있다.

### 1) 채권의 직접청구(제353조)

㉠ 질권자는 질권의 목적이 된 채권을 직접 청구할 수 있다(제353조 제1항). '직접 청구'는 제3채무자에 대한 집행권원이나 질권설정자의 추심위임 등이 없이 질권자 자신의 이름으로 추심할 수 있음을 의미한다. 질권자는 질권설정자의 대리인과 같은 지위에서 입질채권을 추심할 수 있다

고 할 것이다.

㉴ 입질채권의 목적물이 금전인 경우, 질권자는 자기채권의 한도에서 직접 청구하고, 이를 변제에 충당할 수 있다($\begin{smallmatrix}제353조\\제2항\end{smallmatrix}$). 채권질권자는 피담보채권의 범위에 속하는 자기의 채권액에 대한 부분에 한하여 질권의 목적이 된 채권과 그에 대한 지연손해금채권을 직접 추심하여 자기채권에 충당할 수 있다($\begin{smallmatrix}대판 2005.2.25,\\2003다40668\end{smallmatrix}$).

금전채권의 질권자가 자기채권의 범위 내에서 직접청구권을 행사하는 경우 질권자는 질권설정자의 대리인과 같은 지위에서 입질채권을 추심하여 자기채권의 변제에 충당하고 그 한도에서 질권설정자에 의한 변제가 있었던 것으로 보므로, 위 범위 내에서는 제3채무자의 질권자에 대한 금전지급으로써 제3채무자의 질권설정자에 대한 급부가 이루어질 뿐만 아니라 질권설정자의 질권자에 대한 급부도 이루어진다고 보아야 한다. 이러한 경우 입질된 채권의 발생원인인 계약관계에 무효 등의 흠이 있어 입질채권이 부존재한다고 하더라도 제3채무자는 특별한 사정이 없는 한 상대방 계약당사자인 질권설정자에 대하여 부당이득반환을 구할 수 있을 뿐이고 질권자를 상대로 직접 부당이득반환을 구할 수 없다.[1] 반면에 질권자가 제3채무자로부터 자기채권을 초과하여 금전을 지급받은 경우 그 초과 지급 부분에 관하여는 제3채무자는 특별한 사정이 없는 한 질권자를 상대로 초과 지급 부분에 관하여 부당이득반환을 구할 수 있지만,[2] 질권자가 초과 지급 부분을 질권설정자에게 반환한 경우 제3채무자는 질권자를 상대로 초과 지급 부분에 관하여 부당이득반환을 구할 수 없다[3]($\begin{smallmatrix}대판 2015.5.29,\\2012다92258\end{smallmatrix}$).

입질채권과 질권자의 채권이 모두 변제기가 도래한 경우 질권자가 자신의 이름으로 채권을 추심할 수 있지만, 입질채권의 변제기가 질권자의 채권의 변제기보다 선도래한 경우, 질권자는 제3채무자에 대해 변제금액의 공탁을 청구할 수 있다($\begin{smallmatrix}제353조\\제3항 전단\end{smallmatrix}$). 이 경우 질권은 그 후 그 공탁금(청구권)에 존속한다($\begin{smallmatrix}제353조\\제3항 후단\end{smallmatrix}$).

㉵ 입질채권의 목적이 금전 이외의 물건(동산)인 경우, 질권자는 변제받은 물건에 대해 질권을 행사할 수 있다($\begin{smallmatrix}제353조\\제4항\end{smallmatrix}$). 따라서 종래의 채권질권은 동산질권으로 존속하고, 그 실행방법에 의해 우선변제를 받게 된다. 그 물건이 부동산인 경우에는 어떻게 되는가? 민법이 부동산질권을 인정하지 않는 이상 부동산의 소유권이전을 목적으로 하는 채권은 채권질권의 목적이 될 수 없다(통설).

㉶ 입질채권의 목적이 금전 또는 물건의 인도가 아닌 경우(하는 채무의 경우) 제353조가 적용되는가? 이에 대해 학설상 긍정설(통설)과 부정설이 대립한다.

---

1) 이와 달리 제3채무자가 질권자를 상대로 직접 부당이득반환청구를 할 수 있다고 보면 자기 책임하에 체결된 계약에 따른 위험을 제3자인 질권자에게 전가하는 것이 되어 계약법의 원리에 반하는 결과를 초래할 뿐만 아니라 질권자가 질권설정자에 대하여 가지는 항변권 등을 침해하게 되어 부당하기 때문이다.

2) 초과 지급 부분에 관하여는 제3채무자의 질권설정자에 대한 급부와 질권설정자의 질권자에 대한 급부가 있다고 볼 수 없기 때문이다.

3) 부당이득반환청구의 상대방이 되는 수익자는 실질적으로 그 이익이 귀속된 주체이어야 하는데, 질권자가 초과 지급 부분을 질권설정자에게 그대로 반환한 경우에는 초과 지급 부분에 관하여 질권설정자가 실질적 이익을 받은 것이지 질권자로서는 실질적 이익이 없기 때문이다.

**사례 11** B는 보험업자 A와 사이에 B 소유의 공장에 관하여 화재보험계약을 체결하였는데, 보험계약에는 B가 피해자료를 허위제출한 경우를 보험금의 부지급사유로 정한 약관이 포함되어 있다. 그런데 B는 보험계약에 따라 A로부터 받을 보험금의 청구권에 대하여 B의 대출채권자 C에게 채권최고액 15억 원으로 정하여 질권을 설정하고, A는 이를 승낙하였다. 그 후 B의 공장에 화재가 발생하였는데, B는 A에게 피해자료를 17억 원으로 제출하고, A는 15억 원은 C에게, 2억 원은 B에게 지급하였다. 이에 C는 위 15억 원 중 10억은 B에 대한 대출채권의 변제에 충당하고 5억 원은 B에게 반환하였다. 그런데 B가 제출한 17억 원의 피해자료가 허위자료임이 밝혀졌다. 이에 따라 A는 C에게 지급한 15억 원을 부당이득으로 반환을 구한다. A의 청구는 타당한가?

(대판 2015.5.29, 2012다92258 참조)

**│해설 11│** A의 청구는 부당하다.

A가 C에게 지급한 15억 원 중 피담보채권의 범위 내인 10억 원 부분에 관하여는 위 지급으로써 A의 B에 대한 보험금 지급과 B의 C에 대한 대출금채무의 변제가 함께 이루어진 것이 되는데, 보험계약의 약관에 의하여 B가 A에 대한 보험금청구권을 상실하여 A의 보험금 지급의무가 없다고 하더라도, A는 특별한 사정이 없는 한 C에 대하여는 위 10억 원에 관하여 부당이득반환을 구할 수 없다.

그리고 위 15억 원 중 피담보채권의 범위를 초과한 5억 원 부분에 관하여는 보험금 지급과 대출금채무의 변제가 이루어진 것으로 볼 수 없으나, C가 위 돈을 그대로 피고 회사에게 반환한 이상 C에게 실질적 이익이 있다고 할 수 없으므로, A는 C에 대하여 위 5억 원에 관하여도 부당이득반환을 구할 수 없다고 할 것이다.

### 2) 민사집행법에 의한 집행(제354조)

채권질권자는 채권의 직접청구 외에 민사집행법이 정하는 방법에 의해 질권을 실행할 수 있다. 즉 채권의 추심, 전부 및 현금화의 방법에 의한다(민사집행법 제273조, 제223조 이하). 그러나 어느 것에 의한 것이든 질권의 실행방법으로서의 집행이므로 집행권원은 필요하지 않고, 질권의 존재를 증명하는 서류의 제출만으로 집행은 개시된다(민사집행법 제273조 제1항). 민사집행법에 의한 집행방법은 민법에 따라 채권의 직접 청구를 할 수 없는 경우에 특히 그 실익이 있다.

### 3) 유 질

채권질권에도 제339조의 유질금지규정은 준용된다(제355조).

### (라) 채권질권자의 의무

교부받은 채권증서를 선량한 관리자의 주의로 보관하고, 피담보채권이 소멸하는 때에 이를 설정자에게 반환해야 한다. 또한 채권의 실행으로 직접청구를 할 경우에도 선량한 관리자의 주의를 가지고 해야 한다.

### (마) 전질과 채권질권침해에 대한 구제

동산질권에서와 마찬가지로 채권질권자도 전질할 수 있다. 또한 점유가 침해된 경우 채권질권자는 점유보호청구권을 행사할 수 있으나 소유권에 기한 물권적 청구권을 준용할 수 없는 이유도 동산질권에서와 같다.

### 3. 그 밖의 권리질권

#### (1) 주식 위의 질권

주식 위의 질권설정에 대해서는 민법이 아니라 상법에서 상세하게 규정하고 있다$\binom{\text{상법 제}}{338조 내}$지 제$\binom{}{340조}$.

#### (2) 지식재산권 위의 질권

특허권과 그의 전용실시권 또는 통상실시권$\binom{\text{특허법 제121조}}{(\text{제365조 본문})}$, 실용신안권$\binom{\text{실용신안법}}{\text{제28조}}$, 디자인권과 그의 전용실시권 또는 통상실시권$\binom{\text{디자인보호}}{\text{법 제56조}}$, 상표권과 그의 전용사용권 또는 통상사용권$\binom{\text{상표법}}{\text{제62조}}$, 저작권 중 저작재산권$\binom{\text{복제권, 공연권, 방송권, 전시권, 배포권, 2}}{\text{차적 저작물 등의 배포권. 저작권법 제44조}}$ 등의 이른바 지식재산권에도 질권설정이 가능하다. 동산·채권 등의 담보에 관한 법률에서도 지식재산담보권에 관한 특례규정을 두고 있다.

지식재산권의 입질은 질권설정계약과 등록이 필요하다. 등록은 질권설정의 효력발생요건이지만$\binom{\text{특허법 제87조, 제101조, 실용신안법 제28}}{\text{조, 디자인보호법 제90조, 상표법 제56조}}$, 저작권에서는 대항요건이다$\binom{\text{저작권법}}{\text{제54조}}$. 따라서 저작권 등의 입질은 당사자 사이의 질권설정계약만으로 그 효력이 생긴다.

지식재산권을 목적으로 하는 질권에도 유치권에 관한 제323조와 제324조가 준용되므로$\binom{\text{제355}}{\text{조, 제}}$ $\binom{343}{조}$ 질권자는 질권설정자의 승낙이 없는 한 지식재산권을 행사하여 그 수익으로 피담보채권의 우선변제에 충당할 수 없다. 다만 질권설정자가 받게 될 수익 등을 지급 또는 인도 전에 압류하여 질권을 행사할 수 있다$\binom{\text{특허법 제121조, 실용신안법 제42조,}}{\text{디자인보호법 제56조, 상표법 제62조}}$.

질권의 실행방법은 민사집행법에 의한 현금화방법이 있을 뿐이다$\binom{\text{제354조, 민사집}}{\text{행법 제273조}}$.

# 제10장 저당권

## 제1관 저당권

### I. 서 설

#### 1. 의 의

저당권이란 채권자가 채권의 담보를 위하여 채무자 또는 제3자(물상보증인)가 제공한 부동산 기타 목적물의 점유를 이전받지 않은 채 그 목적물을 관념상으로만 지배하다가 채무자의 변제가 없으면 그 목적물로부터 우선변제를 받을 수 있는 담보물권을 말한다($\frac{제356}{조}$).

저당권은 비점유담보로서 소유권과 점유를 채권자에게 이전하지 않음으로써 저당권설정자가 저당물을 사용·수익하면서 저당물을 담보로 제공할 수 있기 때문에 채권자인 저당권자로서는 저당물의 소유권이나 점유를 이전받아 보관하는 비용을 부담할 필요가 없고, 피담보채무의 변제가 없으면 경매를 신청하여 그 매각대금으로부터 우선변제를 받을 수 있다는 점에서 전형적인 가치권에 해당한다.

저당권은 질권과 더불어, 원칙적으로 당사자 간의 계약에 의하여 성립하는 약정담보물권이며, 예외적으로 법률상 당연히 성립하는 법정저당권도 있다($\frac{제649}{조}$). 저당권은 우선변제를 받는 담보물권이라는 점에서 질권과 공통의 성질을 갖지만, 저당권설정자가 저당물을 계속 점유하기 때문에 유치적 효력을 갖지 않고, 우선변제적 효력만 인정된다는 차이가 있다.

#### 2. 근대적 저당권의 특질

##### (1) 공시의 원칙

공시의 원칙이란 저당권의 존재는 등기·등록에 의해 공시되어야 한다는 원칙을 말한다. 점유를 수반하지 않는 저당권에 등기 없이 대세적 효력을 인정하면 거래의 안전을 해칠 수 있기 때문이다. 우리 민법에서도 이 원칙을 채택하고 있지만, 등기·등록에 의해 공시되지 않는 예외로 토지임대인의 건물에 대한 법정저당권($\frac{제649}{조}$)과 각종 우선특권이 있다.

### (2) 특정의 원칙

특정의 원칙이란 저당권은 1개 또는 수개의 현존하는 특정의 목적물 위에만 성립할 수 있다는 원칙을 말한다. 이는 저당권의 효력이 미치는 범위에 관한 객관성의 확보와 채무자의 전재산 위에 인정되는 일반저당권을 배제하기 위하여 인정된 원칙이다. 우리 민법도 특정의 원칙을 인정하지만, 법정저당권($\frac{제649}{조}$)과 각종 우선특권에서는 그렇지 아니하다.

### (3) 순위확정의 원칙

순위확정의 원칙이란 동일한 목적물 위에 설정된 수개의 저당권은 각각 확정된 순위를 보유하여 서로 침범하지 않는다는 원칙을 말하는데, 그 내용으로 저당권의 순위는 등기의 선후에 의해 결정되며, 한 번 순위가 확정되면 선순위의 저당권이 소멸되더라도 후순위의 저당권자의 순위는 선순위로 올라가지 않는다는 원칙이다. 우리 민법은 이 원칙을 배제하고 순위상승(승진)의 원칙을 채택하고 있다.

### (4) 독립의 원칙

독립의 원칙이란 특정채권의 담보라는 저당권의 목적을 넘어 저당권에 목적물의 교환가치만을 파악하는 독립적 지위를 인정하여 저당권 자체가 금융거래의 객체가 될 수 있도록 하는 원칙을 말한다. 이는 ① 저당권에 특정의 피담보채권이 존재하지 않아도 그 존재가 인정된다는 추상화의 원칙(부종성의 배제), ② 저당목적물의 이용권으로부터의 독립, ③ 후순위 저당권의 실행으로 인하여 선순위 저당권이 변제받을 것을 강요당하지 않는 투자자 지위의 보전, ④ 저당권설정자의 일반재산에 대한 집행제한을 내용으로 한다.

우리 민법은 위 ①, ③의 요소는 인정하지 않지만(부종성과 민사집행법상 소멸주의(소제주의)가 원칙임을 참조), ②의 요소는 전부, ④의 요소는 제한적으로 인정한다($\frac{제370조,\ 제340}{조\ 제1항\ 참조}$).

### (5) 유동성의 확보

유동성 확보의 원칙이란 특정의 담보가치를 우선적으로 파악하여 저당권을 금융시장에 유통시켜야 한다는 원칙을 말하는데, 이를 위해서는 공신의 원칙과 저당권의 증권화가 필요하다. 우리 민법은 저당권에 대해 공신의 원칙과 증권화도 인정하지 않고 있다.

## 3. 저당권의 법적 성질

### (1) 물 권

저당권은 목적물의 교환가치를 직접적, 배타적으로 지배하여 목적물로부터 다른 채권자에 앞서서 우선변제를 받는 것을 본체로 하는 권리이다. 우선변제를 받는 방법은 원칙적으로 경매에 의한 것이지만, 질권에 있어서 유질계약의 금지와는 달리 유저당계약이 일반적으로 허용된다.

### (2) 약정담보물권

저당권은 원칙적으로 당사자의 합의와 등기에 의하여 성립되는 약정담보물권이다. 일정한 경우에 법률의 규정에 의하여 발생하는 법정저당권이 인정되기는 하지만($_조^{제649}$), 이는 예외적인 것이다.

### (3) 담보물권으로서의 성질

#### (가) 타물권

저당권은 타인소유의 부동산에 성립하는 담보물권이므로 타물권이다. 즉 우리 민법에서는 근대적 저당권의 특질의 하나인 소유자저당권은 인정되지 않는다. 그러나 혼동의 예외로서 자기가 소유하는 부동산 위에 저당권이 인정되는 경우가 있다($_조^{제191}$).

#### (나) 부종성

저당권은 피담보채권의 성립과 소멸에 따른다. 즉 우리 민법상 저당권은 특정채권을 담보할 목적으로 존재하는 보전저당권의 형태로 인정된다. 따라서 ① 피담보채권이 무효이거나 취소되면 저당권도 무효이거나 소급적으로 효력을 상실한다. ② 피담보채권이 변제 기타의 사유로 소멸하면, 말소등기와 관계없이 저당권도 소멸한다($_조^{제369}$)($_{2002다27910}^{대판 2002.9.24,}$). 예외적으로 근저당이 인정된다($_조^{제357}$). 그러나 저당권부 채권에 질권을 설정하는 경우에도 질권설정 당사자가 저당권을 뺀 피담보채권만을 질권의 목적으로 하는 것이 부종성에 반하는 것은 아니다($_{2016다235411}^{대판 2020.4.29,}$).

#### (다) 수반성

저당권은 피담보채권과 분리하여 이를 처분하지 못한다($_조^{제361}$). 또한 피담보채권이 상속·양도 등으로 그 동일성을 유지하면서 승계되는 때에는 저당권도 이에 따라 승계된다고 보는 것이 합리적 해석이다. 특별한 사정이 있으면 채권양수인은 무담보의 채권을 양수한 것이 되고 담보권은 소멸하게 된다($_{2017다17207}^{대판 2017.9.21,}$). 그러나 물상보증인이 설정한 저당권은 그의 동의가 없으면 수반하지 않는다(통설). 저당권의 이전에 공시방법(부기등기)이 필요하다. 그러나 당사자의 특약에 의하여 저당권의 수반을 배제할 수 있으며, 이 경우 저당권은 소멸한다.

#### (라) 불가분성

피담보채권이 전부 만족될 때까지 저당목적물 전부에 대하여 저당권의 효력이 미치는 불가분성이 인정된다($_{제321조}^{제370조,}$). 그러나 공동저당에서는 차순위저당권자를 위하여 중대한 예외가 인정된다($_조^{제368}$).

#### (마) 물상대위성

저당물의 멸실·훼손 등으로 저당권설정자가 받을 수 있는 금전 기타 물건에 대해서도 저당권을 행사할 수 있는 물상대위성이 인정된다($_{제342조}^{제370조,}$). 자세히는 「저당권의 효력이 미치는 목적물의 범위」에서 살피기로 한다.

---

**사례 1** A는 그 소유의 X부동산에 대해 채권자 B 명의로 저당권을 설정하였다. 그 후 A와 B는 상호합의하에 B가 저당권설정등기의 말소에 필요한 서류를 교부하면, A는 5천만 원의 지급과 더불어 기존 채무 중 남은 채무는 A 소유인 X의 소유권을 이전하기로 하고, 종전 채무는 소멸시키기로 합의하고, 각자 자신의 의무를 이행하였다. 그런데 A가 교부받은 서류로 저당권설정등기의 말소를 하기 전에 B의 채권자 C가 B의 저당권부채권에 가압류등기를 하고, 이에 기해 압류 및 전부명령을 받았다. C의 가압류 및 압류·전부명령은 유효한가?　(대판 2002.9.24, 2002다27910 참조)

| **해설 1** | C의 가압류 및 압류·전부명령은 무효이다.

피담보채권이 소멸하면 저당권은 그 부종성에 의하여 당연히 소멸하게 되므로, 그 말소등기가 경료되기 전에 그 저당권부채권을 가압류하고 압류 및 전부명령을 받아 저당권 이전의 부기등기를 경료한 자라 할지라도, 그 가압류 이전에 그 저당권의 피담보채권이 소멸된 이상, 그 저당권을 취득할 수 없고, 실체관계에 부합하지 않는 그 저당권 설정등기를 말소할 의무를 부담한다.

---

**사례 2** A는 2019.4.27.부터 2년간 B로부터 임차보증금 18억 원으로 하고 X건물을 임차하였다. A는 D와 2019.10.29. C가 D에게 부담하는 채무 30억 원을 담보하기 위해 B에 대한 임차보증금 반환채권에 관하여 담보한도액을 36억 원으로 하는 근질권설정계약을 체결했다. A는 2022.3.21. B에 대한 보증금반환채권을 담보하기 위하여 B 소유인 X건물과 대지에 채권최고액 24억 5천만 원으로 하는 근저당권을 설정받았다(D는 이 근저당권에 대하여 질권설정의 부기등기를 하지 않은 상태이다). B는 부인인 E와 협의이혼 후 2022.5.6. 재산분할을 원인으로 X건물의 소유권을 이전했다. 그 후 A는 E와 합의하여 2022.6.4. 해지를 원인으로 근저당권설정등기를 말소했다.

이에 저당권의 부종성의 원칙에 따라 D는 저당권등기에 질권의 부기등기를 하지 않고서도 근저당권이 이전되므로 근저당권의 말소는 자신의 근질권을 침해했음을 이유로 질권에 기한 방해배제청구로 E를 상대로 근저당권말소회복등기를 구하는 소를 제기했다. 이러한 D의 청구는 타당한가?　(대판 2020.4.29, 2016다235411 참조)

| **해설 2** | 타당하지 않다.

담보 없는 채권에 질권을 설정한 후에 그 채권을 담보하기 위해 저당권이 설정된 경우 원칙적으로는 저당권도 질권의 목적이 된다고 보는 것이 합리적이지만, 질권자와 질권설정자가 피담보채권만을 질권의 목적으로 하였고 그 후 질권설정자가 질권자에게 제공하려는 의사 없이 저당권을 설정받는 등 특별한 사정이 있는 경우에는 저당권은 질권의 목적이 되지 않는다. 이때 저당권은 저당권자인 질권설정자를 위해 존재하며, 질권자의 채권이 변제되거나 질권설정계약이 해지되는 등의 사유로 질권이 소멸한 경우 저당권자는 자신의 채권을 변제받기 위해서 저당권을 실행할 수 있다.

저당권부 채권을 질권의 목적으로 한 때에는 그 저당권설정등기에 질권의 부기등기를 하여야 그 효력이 저당권에 미친다(제348조). 그런데 '무담보채권에 질권을 설정한 다음, 그 채권을 담보하기 위해서 저당권을 설정한 경우'에도 '저당권부 채권에 질권을 설정한 경우'와 달리 볼 이유가 없다(제348조의 유추적용). 또한 당사자 사이의 약정 등 특별한 사정이 있는 때에는 저당권이 질권의 목적이 되지 않을 수 있으므로, 질권의 효력이 저당권에 미치기 위해서는 질권의 부기등기를 하도록 함으로써 이를 공시할 필요가 있다.

사안에서 A와 B의 임대차계약시 저당권설정의 내용이 없었다는 점, B가 위 저당권은 D의 질권의 담보를 위해 설정한 것이 아니라는 진술 등을 고려하면 임차보증금반환채권만을 질권의 목적으로 하고 질권설정자가 질권자에게 제공하려는 의사 없이 이 사건 근저당권을 설정받는 등 저당권이 질권의 목적이 되지 않는 특별한 사정이 있는 경우에 해당한다고 볼 여지가 있다.


## Ⅱ. 저당권의 성립

### 1. 저당권설정계약

#### (1) 계약의 성질

저당권은 원칙적으로 약정담보물권이므로, 제186조에 의하여 당사자 사이의 저당권설정을 목적으로 하는 물권적 합의와 등기에 의하여 성립하는데, 저당권설정을 위한 물권적 합의를 저당권설정계약이라 한다(설정계약 없이도 저당권이 성립하는 경우가 있다. 제649조의 법정저당권 참조). 저당권설정계약은 피담보채권의 발생을 위한 계약의 종된 계약이며, 불요식계약이다. 그러나 조건이나 기한의 부가가 가능하다(부동법 제75조 제1항).

#### (2) 계약의 당사자

저당권설정계약의 당사자는 저당권을 취득하고자 하는 자(저당권자)와 목적물인 부동산 기타의 것에 저당권을 설정하는 자(저당권설정자)이다.

#### (가) 저당권자

부종성의 원칙에 따라 저당권자는 원칙적으로 피담보채권의 채권자여야 한다. 즉 저당권자와 채권자는 동일인이어야 함이 원칙이다(대판 1986.1.21., 84다카681). 그러나 예외적으로 아래의 요건이 갖추어지면 원래의 채권자가 아니라 하더라도, 실질적인 채권의 귀속주체인 제3자를 저당권자로 하는 등기도 유효하다고 본다(대판(전) 2001.3.15, 99다48948; 대판 2007.1.11, 2006다50055; 대판 2020.7.9, 2019다212594). 즉 예외가 인정되기 위해서는 ⅰ) 채권자 아닌 제3자의 명의로 저당권등기를 하는 데 대하여 채권자와 채무자 및 제3자 사이에 합의가 있고, ⅱ) 채권양도, 제3자를 위한 계약, 불가분적 채권관계의 형성 등 방법으로 제3자에게 그 채권이 실질적으로 귀속되었다고 볼 수 있는 특별한 사정이 있거나, 거래경위에 비추어 제3자의 저당권등기가 한낱 명목에 그치는 것이 아니라 그 제3자도 채무자로부터 유효하게 채권을 변제받을 수 있고 채무자도 채권자나 저당권 명의자인 제3자 중 누구에게든 채무를 유효하게 변제할 수 있는 관계, 즉 묵시적으로 채권자와 제3자가 불가분적 채권자의 관계에 있어야 한다(근저당권자도 불가분적 채권관계를 인정한 것은 근저당권자가 채권자의 지위를 갖고 있음을 전제로 한 대다수의 판결과는 달리, 근저당권자가 채권자가 아님을 전제로 하여 근저당권의 무효를 판단한 판결도 있다. 대판 2020.8.20, 2020다227356. 근저당권등기는 유효로 보면서 근저당권명의자는 채권자가 아니라는 법리는 부종성의 원칙상 문제가 있다).

---

**사례 3** A 주식회사(대표이사 C)는 B에 대해 채권을 갖고 있는데, A, B, C 3자 합의하에 B 소유의 X토지에 대해 C 명의로 저당권설정등기를 마쳤다. A는 C에게 위 채권의 귀속과 그 행사를 위임함으로써 C에게 채권을 이전하고 B가 그 이전을 승낙하였다. 이 경우 C 명의의 저당권등기는 명의신탁등기인가?
(대판 1995.9.26, 94다33583 참조)

**│해설 3│** 명의신탁등기에 해당한다.

채권과 그를 담보하는 저당권은 담보물권의 부수성에 의하여 원칙적으로 그 주체를 달리할 수 없으나, 채권담보를 위하여 저당권을 설정하는 경우 제3자 명의로 저당권등기를 하는 데 대하여 채권자와 채무자 및 제3자 사이에 합의가 있었고, 나아가 제3자에게 그 채권이 실질적으로 귀속되었다고 볼 수 있는 특별한 사정이 있는 경우에는 제3자 명의의 저당권등기도 유효하다. 이 사안에서 A회사가 B와의 합의하에 C 명의로 저당권설정등기를 경료할 때, C에게 채권의 귀속과 그 행사를 위임함으로써 C에게 채권을 이전하고 B가 그 이전을 승낙함으로써 C에게 위 채권이 실질적으로 귀속되었다고 볼 수 있으므로, C 명의로 경료된 저당권설정등기는 유효하다.

---

**(나) 저당권설정자**

1) 저당권설정자는 피담보채권의 채무자인 경우가 일반적이지만, 채무자가 아닌 제3자일 수도 있다(제356조). 이처럼 제3자가 타인의 채무를 위하여 자기 소유의 부동산 위에 저당권을 설정한 경우 그 제3자를 물상보증인이라 한다. 만일에 물상보증인이 채무를 변제하거나 또는 저당권의 실행으로 저당물의 소유권을 잃게 되는 때에는 그는 채무자에 대하여 구상권을 취득함과 동시에 법정대위(제481조)에 의하여 당연히 채권자를 대위한다(대판 1997.5.30, 97다1556). 또한 물상보증인의 구상권에 관하여는 보증채무에 있어서 보증인의 구상권에 관한 규정이 준용된다(제370조, 제341조). 다만 물상보증인은 변제한 후에만 구상권이 발생하므로 사전구상권은 인정되지 않는다(대판 2009.7.23, 2009다19802,19819). 물상보증인의 구상채권의 소멸시효에 관하여는 민법상 일반채권에 관한 소멸시효규정이 적용된다(대판 2001.4.24, 2001다6237).

2) 저당권의 설정은 처분행위이므로 저당권설정자는 저당목적물을 처분할 수 있는 권리 🔴

소유권) 또는 권능(⑩ 관리권, 대리권)을 갖고 있어야 한다. 그러므로 자기 소유가 아닌 물건에 저당권을 설정할 수 없다. 예컨대, 등기부상 소유명의자로부터 선의로 저당권을 설정받아 등기를 마쳤다고 하더라도 등기에는 공신력이 없으므로 그 명의자가 진정한 소유자가 아닌 경우에는 저당권을 취득할 수 없다. 반면, 저당권설정자가 저당물의 소유자라도 법률상 처분권능이 제한된 자, 예컨대 파산선고를 받은 자, 압류 또는 가압류를 당하고 있는 자, 처분금지의 가처분을 받은 자 등인 경우 저당권의 효력은 제한될 수 있다.

   3) 피담보채권과는 무관한 제3자를 채무자로 하는 저당권설정등기는 저당권의 부종성에 비추어 무효라고 할 것이나($\binom{대판 1981.9.8,}{80다1468}$), 당사자 간에 의사의 합치가 있는 경우에 한해 제한적으로 그 유효성을 인정한다(이 때 제3자는 채무자로서 저당권을 설정했다는 점에서 물상보증인과는 구별된다). 예컨대 채무자(명의신탁자)가 명의신탁된 부동산에 저당권을 설정하면서 자신이 아닌 명의수탁자를 저당권의 채무자로 하여 등기했더라도 근저당권에 의하여 담보되는 피담보채무의 채무자는 실제 채무자인 명의신탁자라고 한다($\binom{대결 1999.7.22,}{99마2870}$).

---

**사례 4**  A가 그 소유의 X토지를 B에게 매도하면서, 명의신탁자인 B의 요청에 의해 B의 배우자인 명의수탁자 C 명의로 소유권이전등기를 마쳤다. 그런데 B가 D로부터 1억 원을 빌리면서 X토지에 관하여 채무자를 C로 하는 저당권설정등기를 하였다. 그런데 D는 채무자를 B로 하여 저당권에 기한 경매신청을 하였고, 법원은 경매개시결정을 하였다. 법원의 결정은 적법한가?

(대결 1999.7.22, 99마2870 참조)

**┃해설 4┃** 법원의 결정은 적법하다.
자기 소유 부동산을 타인에게 명의신탁한 명의신탁자 B가 제3자인 D와의 거래관계에서 발생하는 차용금 채무를 담보하기 위하여 위 부동산에 제3자인 D 명의로 저당권을 설정함에 있어서 당사자 간의 편의에 따라 명의수탁자인 C를 채무자로 등재한 경우에도 위 부동산의 저당권이 담보하는 채무는 명의신탁자 B가 D에 대하여 부담하는 채무로 보아야 한다. 따라서 저당권설정등기상 채무자인 C가 아니라 실제 채무자인 B를 채무자로 한 경매개시결정은 적법하다.

---

**사례 5**  A는 그 소유의 X토지를 C에게 매도하면서, 'C는 매매대금 5억 원 중 계약금 1억 원은 계약당일, 잔금 4억 원은 X토지의 소유권이전등기를 넘겨받아 금융기관에 저당권설정 후 대출받아 지급하되, 잔금지급의 담보로 액면 4억 원의 당좌수표를 교부하고 X토지에 채권자 명의를 A의 배우자 B로 하는 채권최고액 4억 원의 근저당권을 먼저 설정한다'는 약정을 하였다. 그 후 A는 B와의 금전거래가 없음에도 'A가 B로부터 4억 원을 차용한다'는 내용의 차용증서를 작성한 후, X토지에 채무자 A, 근저당권자 B로 하는 근저당권설정등기를 마쳤다. 이 경우 B 명의의 근저당권은 유효한가?

(대판(전) 2001.3.15, 99다48948 참조)

**┃해설 5┃** B 명의의 근저당권은 유효하다.
근저당권은 채권담보를 위한 것이므로 원칙적으로 채권자와 근저당권자는 동일인이 되어야 한다. 다만 제3자를 근저당권 명의인으로 하는 근저당권을 설정하는 경우 그 점에 대하여 채권자와 채무자 및 제3자 사이에 합의가 있고, 채권양도, 제3자를 위한 계약, 불가분적 채권관계의 형성 등 방법으로 채권이 그 제3자에게 실질적으로 귀속되었다고 볼 수 있는 특별한 사정이 있는 경우에는 제3자 명의의 근저당권설정등기도 유효하다. 그리고 부동산을 매수한 자가 소유권이전등기를 마치지 아니한 상태에서 매도인인 소유자의 승낙 아래 매수 부동산을 타에 담보로 제공하면서 당사자 사이의 합의로 편의상 매수인 대신 등기부상 소유자인 매도인을 채무자로 하여 마친 근저당권설정등기는 실제 채무자인 매수인의 근저당권자에 대한 채무를 담보하는 것으로서 유효하다. 그리고 이러한 견해를 취하는 이상, 그 양자의 형태가 결합된 근저당권이라 하여도, 그 자체만으로는 부종성의 관점에서 근저당권이 무효라고 보아야 할 어떤 질적인 차이를 가져오는 것은 아니다.

A는 B로부터 매매잔대금과 같은 금액인 4억 원을 차용하는 내용의 차용금증서를 작성·교부하는 방법으로 B에게 매매잔대금 채권을 귀속시키고 채무자인 C가 이를 승낙함으로써 그 매매잔대금 채권이 B에게 이전되었으므로 B명의의 근저당권이 담보하는 채무는 C의 B에 대한 4억 원의 매매잔대금 채무라고 보아야 할 것이다. 따라서 C가 B에게 매매잔대금을 지급하지 아니한 이상, B 명의의 제1순위 근저당권설정등기는 그 피담보채무가 엄연히 존재하고 있어 그 원인이 없거나 부종성에 반하는 무효의 등기라고 볼 수 없다.

## 2. 저당권설정등기

### (1) 등기사항

저당권의 성립에는 저당권설정계약 외에 저당권설정등기를 해야 한다(제186조). 그러므로 등기가 없으면 저당권은 성립하지 않는다. 등기해야 할 필수적 기재사항은 등기원인(저당권설정계약을 의미하는데, 예컨대 2018년 ○월 ○일 설정계약의 형태로 기재된다)과 채권액, 채무자의 성명 또는 명칭과 주소 또는 사무소 소재지이다. 나아가 변제기, 이자 및 그 발생시기 또는 지급시기, 원본 또는 이자의 지급장소, 저당권의 효력이 미치는 범위에 관한 특약을 한 경우(제358조 단서)에는 그 약정, 채권이 조건부인 때에는 그 조건의 내용은 등기할 수 있으며, 이와 같은 사항도 등기되면 제3자에 대한 대항력을 가지게 된다(임의적 기재사항)(부동법 제75조 제1항). 저당권설정등기에 관한 비용은 다른 약정이 없으면, 원칙적으로 채무자가 부담하는 것이 거래관행이다(대판 1962.2.15, 4294민상291. 그러나 양도담보의 경우에는 등기비용 등을 채권자가 부담하는 것이 원칙이다. 대판 1981.7.28, 81다257).

### (2) 저당권등기와 관련한 문제

#### (가) 저당권설정등기의 불법말소 또는 유탈

저당권설정등기가 유효하게 경료되었으나 그 저당권등기가 불법으로 말소된 경우 저당권은 소멸하는지, 아니면 저당권은 소멸되지 않으므로 말소된 등기의 회복등기를 인정할 수 있는가? 이 경우 저당권은 소멸되지 않아 저당권자는 말소회복등기를 할 수 있다고 할 것이다. 불법말소된 상태에서도 말소된 등기명의인은 여전히 적법한 권리자로 추정된다. 또한 그 (근)저당 권설정등기가 불법행위로 말소되었더라도 등기명의인이 곧바로 근저당권 상실의 손해를 입는 것은 아니다. 나아가 불법말소 후 등기상 이해관계 있는 제3자가 있더라도 그 제3자의 승낙을 받아서 말소회복등기가 가능하다. 등기는 물권변동의 효력발생요건일 뿐 효력존속요건이 아니 므로 등기의 불법말소가 물권의 효력에 영향을 미치지 않아서 말소된 저당권자는 저당권을 상 실하지 않는 것으로 보기 때문이다($\substack{\text{대판 2010.2.11.} \\ \text{2009다68408}}$).

다만 저당권설정등기의 회복등기가 있기 전에 저당부동산이 경매절차(강제경매절차 또는 담보 권 실행 등을 위한 경매절차인지를 불문한다)에서 매각되면 매각부동산에 존재하였던 저당권은 당 연히 소멸하기 때문에($\substack{\text{민사집행법 제91조} \\ \text{제2항, 제268조}}$) 저당권자는 더 이상 말소회복등기를 청구할 수 없다($\substack{\text{대} \\ \text{판} \\ \text{1998.1.23.} \\ \text{97다43406}}$). 이 때에도 저당권자는 배당되기 전이라면 배당이의를 한 다음 배당이의의 소를 제기 할 수 있고, 배당된 후라면 경매절차에서 실제로 배당받은 자를 상대로 부당이득반환청구가 가 능하다($\substack{\text{대판 2002.10.22.} \\ \text{2000다59678}}$). 다만 다른 채권자들이 채권액 전부를 배당받은 후 남은 경매대금을 저당 목적물의 소유자가 받았다면 채무자를 상대로 그 부분만큼 부당이득의 반환청구가 가능할 것 이다.

---

**사례 6** A는 그 소유의 X토지에 B 명의로 채권액 6,000만원의 1순위 저당권을, C 명의로 채권 액 4,000만원의 2순위 저당권을 각 설정하였다. 그 후 C 명의의 2순위 저당권이 불법말소된 후, A는 D 명의로 채권액 9,000만원의 2순위 저당권을 설정하였는데, B가 경매를 신청하여 X토지의 매각대금으로 B, D에게 배당하는 배당표가 작성되었다. 이 배당표에 따르면 C는 피담보채권액을 만족받지 못하게 된다. 저당권자 C의 구제방법은 무엇인가?          (대판 2002.10.22, 2000다59678 참조)

**│해설 6│** C는 배당기일에 출석하여 배당이의를 하고, 배당이의소송을 제기하거나 배당실시 후에는 실제배당을 받은 자를 상대로 부당이득반환을 구할 수 있다.

그 회복등기가 마쳐지기 전이라도 말소된 등기의 등기명의인은 적법한 권리자로 추정되므로, 저 당권설정등기가 위법하게 말소되어 아직 회복등기를 경료하지 못한 연유로 그 부동산에 대한 경 매절차의 배당기일에서 피담보채권액에 해당하는 금액을 배당받지 못한 근저당권자는 배당기일 에 출석하여 이의를 하고 배당이의의 소를 제기하여 구제를 받을 수 있고, 가사 배당기일에 출 석하지 않음으로써 배당표가 확정되었다고 하더라도, 확정된 배당표에 의하여 배당을 실시하는 것은 실체법상의 권리를 확정하는 것이 아니기 때문에 위 경매절차에서 실제로 배당받은 자에 대하여 부당이득반환 청구로서 그 배당금의 한도 내에서 그 근저당권설정등기가 말소되지 않았 다면 배당받았을 금액의 지급을 구할 수 있다.

---

(나) 무효등기의 유용

저당권설정등기 후 변제 등으로 인한 피담보채권의 소멸로 무효가 된 저당권설정등기가 아 직 말소되지 않은 경우, 당사자들의 합의가 있고 또 새로 채권관계가 성립했다면 무효인 저당 권설정등기를 다른 저당권(채권자가 다른 경우, 저당권이전의 부기등기가 필요함)을 위한 등기로 이용할 수 있다. 동일인 사이에 다시 저당권을 설정해야 하는 경우뿐만 아니라 채권자를 달리하는 경우에도 무효등기를 유용할 수 있다. 다만 무효등기 유용의 합의 또는 저당권이전의 부기등기(저당권자를 달리하는 경우에는 부기등기가 필요하다)를 마치기 전에 등기부상 이해관계 있는 제3자가 없을 때에만 이를 인정한다(대판 1998.3.24. 97다56242). 따라서 저당권 소멸 후 무효등기 유용의 합의 전에 다른 저당권 또는 전세권이 설정된 경우 무효인 등기를 유용하지 못한다. 그러나 이는 저당권의 부종성에 반한다는 점을 들어 판례에 반대하는 견해도 있다.

**사례 7** A는 그 소유의 X토지에 대해 채권자 B 명의로 저당권설정등기를 마쳤다. 그 후 A는 B에게 그 채무를 변제한 다음 C로부터 돈을 빌리면서 종전 B 명의의 저당권설정등기를 유용하기로 C와 합의하고, 등기유용에 대하여 B의 동의를 받았다. 그런데 B가 그 명의의 저당권등기를 C에게 이전하는 부기등기에 협조를 하지 않자, A는 B 명의의 저당권등기를 말소한 후 C에게 저당권설정등기를 하기로 하고, B를 상대로 채무변제를 이유로 B 명의의 저당권등기의 말소를 구한다. A의 청구는 타당한가? (대판 1998.3.24. 97다56242 참조)

**| 해설 7 |** A의 청구는 타당하지 않다.

채무자인 부동산 소유자와 새로운 제3의 채권자와 사이에 저당권등기의 유용의 합의를 하였으나 아직 종전의 채권자 겸 근저당권자의 협력을 받지 못하여 저당권 이전의 부기등기를 경료하지 못한 경우에는 부동산 소유자와 종전의 채권자 사이에서는 저당권설정등기는 여전히 등기원인이 소멸한 무효의 등기라고 할 것이므로 부동산 소유자는 종전의 채권자에 대하여 그 저당권설정등기의 말소를 구할 수 있지만, 부동산 소유자와 종전의 채권자 그리고 새로운 제3의 채권자 등 3자가 합의하여 저당권설정등기를 유용하기로 합의한 경우라면 종전의 채권자는 부동산 소유자의 저당권설정등기말소청구에 대하여 위 3자 사이의 등기 유용의 합의 사실을 들어 대항할 수 있다. 사안의 경우 A, B, C 사이에 유용의 합의가 존재하는 이상 B는 위 합의에 기해 A의 B에 대한 저당권설정등기의 말소청구에 대항할 수 있다.

**사례 8** 채무자 A와 채권자 B 사이에 C의 명의로 저당권설정등기를 경료하기로 합의하고, A 소유의 X토지에 대하여 C 명의의 저당권설정등기가 2001.6.11. 경료되었다(B의 A에 대한 채권이 C에게 실질적으로 귀속되었다고 볼 수 있는 특별한 사정은 없다). 그 후 D 명의의 소유권이전청구권 가등기가 2003.12.27. 경료된 후 위 저당권을 B 앞으로 이전하는 부기등기가 2004.3.23. 경료되었다. 위 저당권설정등기는 유효한가? (대판 2007.1.11. 2006다50055 참조)

**| 해설 8 |** B 명의의 저당권등기는 유효하지 않다.

B의 A에 대한 채권이 C에게 실질적으로 귀속되었다고 볼 수 있는 특별한 사정이 없으므로, 근저당권설정계약상의 채권자인 B가 아닌 C 명의로 경료된 근저당권설정등기는 그 피담보채무가 존재하지 아니하여 그 원인이 없거나 부종성에 반하는 무효의 등기이다. 등기가 실체적 권리관계에 부합한다고 하는 것은 그 등기절차에 어떤 하자가 있다 하더라도 진실한 권리관계와 합치되는 것을 의미하는바, 채권자가 채무자와 사이에 저당권설정계약을 체결하였으나 그 계약에 기

한 저당권설정등기가 채권자가 아닌 제3자의 명의로 경료되고 그 후 다시 채권자가 위 저당권설정등기에 대한 부기등기의 방법으로 위 저당권을 이전받았다면 특별한 사정이 없는 한 그 때부터 위 저당권설정등기는 실체관계에 부합하는 유효한 등기로 볼 수 있다. 그런데 사안의 경우 X토지에 대하여 C 명의의 저당권설정등기가 2001.6.11. 경료되고, 그 후 D 명의의 소유권이전청구권 가등기가 2003.12.27. 경료되었으며, B 명의의 저당권이전의 부기등기는 2004.3.23. 경료되었다. 이에 따르면, B는 위 부기등기가 경료된 2004.3.23.에 비로소 저당권을 취득한 것인데, X토지의 등기부상으로는 B가 C 명의의 저당권설정등기에 대한 저당권이전의 부기등기를 경료받음으로써 부기등기의 순위가 주등기의 순위에 의하도록 되어 있는 부동산등기법 제5조에 따라 B 명의의 저당권설정등기가 경료된 2001.6.11. 저당권을 취득한 것이 되어 위 가등기보다 그 순위가 앞서게 되므로, 결국 위 저당권설정등기는 실체관계에 부합하는 유효한 등기라고 볼 수 없다.

## 3. 그 외의 저당권의 성립

민법상 저당권의 성립에는 앞서 본 약정저당권 외에 ① 제666조에 의한 부동산공사수급인의 저당권설정청구권의 행사와 등기에 의해 성립하는 저당권과 ② 제649조에 의해 부동산임대인이 임대토지 위에 임차인이 건축하여 소유하고 있는 건물을 압류함으로써 법률상 당연히 성립하는 법정저당권이 있다.

### (1) 부동산공사수급인의 저당권설정청구권

부동산공사의 수급인은 그 보수에 관한 채권을 담보하기 위하여 그 부동산을 목적으로 한 저당권의 설정을 도급인에게 청구할 수 있다($^{제666}_{조}$). 이는 의용민법의 선취특권제도과 유사하다. 제666조에 의해 성립하는 저당권의 법적 성질에 관하여 학설상 약정저당권설과 법정저당권설로 나뉜다. 전자에 의할 경우 법률의 규정에 의하여 수급인에게 저당권설정청구권이 발생하나, 도급인과의 저당권설정의 합의(도급인은 승낙할 의무가 있다) 및 등기가 있어야 저당권이 성립된다. 그러므로 제666조에 의한 저당권도 설정합의와 등기를 요하는 약정저당권이지만, 도급인이 합의를 하지 않을 때에는 수급인은 도급인의 저당권설정의 승낙에 갈음하는 판결에 의해서 등기를 할 수밖에 없다. 위 청구권은 수급인이 도급인에게 갖는 채권적 청구권에 불과하므로 도급인이 그 목적물을 제3자에게 양도하면 수급인은 제3자에게 위 청구권을 행사할 수 없을 뿐만 아니라 청구권 자체가 소멸된다. 이 경우 수급인이 양수인에게 청구권으로 양수인에게 대항하려면, 가등기로 그 청구권을 보전하여야 한다($^{부동기법}_{제88조}$). 이러한 제666조의 저당권설정청구권의 행사에 의한 저당권설정에 대해서는 그 실효성에 의문을 제기하는 견해가 많다. 즉 신축건물에 저당권을 설정하기 위해서는 먼저 도급인 명의의 소유권보존등기가 필요한 점, 건축공사의 수급인이 청구권을 행사하여 건물에 저당권이 설정되더라도 토지에는 저당권이 설정되지 않아서 토지가 도급인 소유가 아닌 경우 경매가 되기 어려운 점 등을 이유로 든다.

도급받은 공사의 공사대금채권은 3년의 단기소멸시효가 적용되고($^{제163조}_{3호}$) 공사에 부수되는 채권도 마찬가지인데, 제666조에 따른 저당권설정청구권은 공사대금채권을 담보하기 위하여 저당권설정등기절차의 이행을 구하는 채권적 청구권으로서 공사에 부수되는 채권에 해당하므로 소멸시효기간 역시 3년이다($^{대판\ 2016.10.27.,}_{2014다211978}$).

### (2) 토지임대인의 법정저당권

토지임대인의 법정저당권은 토지임대인이 변제기를 경과한 후 최후 2년의 차임채권에 기하여 그 지상에 있는 임차인 소유의 건물을 압류한 경우에 성립한다($^{제649}_{조}$). 법정저당권의 성립시기는 압류결정의 기입등기가 경료된 때와 압류결정이 임차인에게 송달된 때 중 앞선 시기이다($^{민사집행법}_{제83조\ 제4항}$). 법정저당권의 효력은 약정저당권의 효력과 동일하다. 그러나 토지임대인의 법정저당권은 타인의 토지를 임차하여 그 지상에 건물을 소유하는 것은 현실거래에서는 흔하지 않고, 압류를 위해서는 집행권원이 필요한데 이를 위해 상당한 시간이 소요되는 점 등을 이유로 사실상 그 실효성이 거의 없다고 할 것이다.

## Ⅲ. 저당권의 객체와 피담보채권

### 1. 저당권의 객체

#### (1) 민법상 저당권의 객체

민법상 저당권의 객체에는 부동산($^{제356}_{조}$)과 부동산물권인 지상권과 전세권($^{제371조}_{제1항}$)이 있다(자세히는 제6장 Ⅳ. 2. (3) 참조). 저당권의 경우 부동산의 일부, 즉 1필의 토지 또는 1동의 건물의 일부에는 원칙적으로 저당권을 설정할 수 없다. 그러나 공유지분에는 저당권을 설정할 수 있다. 공유물이 분할된 뒤에는 특단의 합의가 없는 이상 근저당권은 종전의 지분비율대로 공유물 전부 위에 그대로 존속한다($^{대판\ 1993.1.19.,}_{92다30603}$).

#### (2) 특별법상 저당권의 객체

민법상 저당권의 객체 외에 특별법상 저당권의 객체에는 등기된 선박($^{상법\ 제871조,\ 선}_{박등기법\ 제3조}$), 입목등기된 입목($^{입목법}_{제3조}$), 광업권($^{광업법}_{제11조}$), 어업권($^{수산업법}_{제16조}$), 댐사용권($^{댐건설\ 및\ 주변지역지원등에}_{관한\ 법률\ 제29조,\ 제30조}$), 공장재단, 광업재단($^{공장\ 및\ 광업재단\ 저}_{당법\ 제10조,\ 제52조}$), 자동차, 항공기, 건설기계, 소형선박($^{자동차\ 등\ 특}_{정동산\ 저당법}$) 등이 있다.

### 2. 저당권의 피담보채권

#### (1) 피담보채권의 종류

저당권의 피담보채권은 금전채권인 경우가 일반적이지만, 금전채권이 아닌 경우에도 그 불이행으로 손해배상채권인 금전채권으로 전환되므로, 피담보채권이 처음부터 금전채권일 필요는 없다. 저당권을 실행할 시기에 금전채권으로 되어 있으면 충분하다(제373조, 제394조). 그러나 피담보채권액은 등기사항(부동법 제75조, 제77조는 등기시 채권의 평가액을 기록하도록 규정하고 있다)이므로, 채권의 실제가액이 등기된 평가액을 초과할 경우, 등기된 평가액 범위 내에서, 채권의 실제가액이 등기된 평가액에 미달할 경우, 실제가액의 범위에서 우선변제권이 인정된다(일정한 금액을 목적으로 하지 않은 채권을 금전으로 평가하여 그 평가액을 등기한 경우에는 채권자는 제3자에 대하여 그 등기된 평가액의 한도에서만 저당권의 효력을 주장할 수 있다. 대결 1980.9.18, 80마75).

### (2) 피담보채권의 모습

수개의 채권 또는 한 개인 채권의 일부만을 저당권의 피담보채권으로 할 수 있고, 채무자가 다른 수개의 채권을 위해 물상보증인이 1개의 저당권을 설정할 수 있으며, 채권자가 다른 수개의 채권을 저당권의 피담보채권으로 할 경우, 수인의 채권자가 저당권을 준공유한다. 이 경우 준공유자들은 채권액의 비율에 따라 우선변제를 받지만, 공유지분을 약정하여 등기한 경우에는 다를 수 있다(대판 2008.3.13, 2006다31887).

---

**사례 9** A는 그 소유의 X토지에 관하여 근저당권을 B가 7/10, C가 2/10, D가 1/10으로 각자 공유지분을 특정하여 준공유하는 취지의 근저당권설정등기(채권최고액은 25억 원)를 마쳤다. 그 후 B의 피담보채권액은 4억 원, C의 피담보채권액은 10억 원, D의 피담보채권액은 6억 원으로 확정되었고, 위 근저당권의 실행에 의하여 진행된 임의경매절차에서 X토지가 10억 원에 매각되었다. B, C, D는 각 얼마를 배당받는가? (대판 2008.3.13, 2006다31887 참조)

**│해설 9│** B는 4억 원, C는 4억 원, D는 2억 원을 배당받는다.

여러 채권자가 같은 기회에 어느 부동산에 관하여 하나의 근저당권을 설정받아 이를 준공유하는 경우 그 근저당권은 준공유자들의 피담보채권액을 모두 합쳐서 채권최고액까지 담보하게 되고, 피담보채권이 확정되기 전에는 근저당권에 대한 준공유비율을 정할 수 없으나 피담보채권액이 확정되면 각자 그 확정된 채권액의 비율에 따라 근저당권을 준공유하는 것이 되므로, 준공유자는 각기 그 채권액의 비율에 따라 변제 받는 것이 원칙이다. 그러나 준공유자 전원의 합의로 피담보채권의 확정 전에 위와 다른 비율을 정하거나 준공유자 중 일부가 먼저 변제받기로 약정하는 것을 금할 이유가 없으므로 그와 같은 약정이 있으면 그 약정에 따라야 하며, 이와 같은 별도의 약정을 등기하게 되면 제3자에 대하여도 효력이 있다. 따라서 근저당권의 준공유자들이 각자의 공유지분을 미리 특정하여 근저당권설정등기를 마쳤다면 그들은 처음부터 그 지분의 비율로 근저당권을 준공유하는 것이 되고, 이러한 경우 다른 특별한 사정이 없는 한 준공유자들 사이에는 각기 그 지분비율에 따라 변제받기로 하는 약정이 있었다고 봄이 상당하므로, 그 근저당권의 실행으로 인한 경매절차에서 배당을 하는 경매법원으로서는 배당시점에서의 준공유자 각자의 채권액의 비율에 따라 안분하여 배당할 것이 아니라 각자의 지분비율에 따라 안분하여 배당해야 하며, 어느 준공유자의 실제 채권액이 위 지분비율에 따른 배당액보다 적어 잔여액이 발생하게 되면 이를 다른 준공유자들에게 그 지분비율에 따라 다시 안분하는 방법으로 배당해야 한다.

이 사례에서 매각대금을 준공유지분에 따라 안분한 금액은 B의 경우 7억 원(10억 원×7/10), C의 경우 2억 원(10억 원×2/10), D의 경우 1억 원(10억 원×1/10)이다. B는 위 7억 원 중 자신의 피담보채권액인 4억 원을 배당받는다. B의 안분액 중 잔여액 3억 원(7억 원-4억 원)은 C와 D에게 그 지분비율(2:1)에 따라 다시 안분된다. 따라서 C는 4억 원(본래의 안분금액 2억 원+다시 안분된 금액 2억 원), D는 2억 원(본래의 안분금액 1억 원+다시 안분된 금액 1억 원)을 배당받는다.

만일 준공유비율을 특정하지 않았다면 각자의 피담보채권액의 비율(4:10:6)에 따라 B는 2억 원, C는 5억 원, D는 3억 원을 배당받는다.

### (3) 장래의 채권

장래의 채권을 피담보채권으로 하는 저당권을 설정할 수 있는가? 이는 저당권성립시 피담보채권이 존재하지 않는다는 점에서 부종성의 원칙에 반할 소지가 있다. 그러나 장래의 채권을 담보하기 위한 저당권에는 장래의 '특정'채권을 위하여 설정된 저당권과 증감변동하는 장래의 '불특정'채권을 담보하기 위하여 최고액만을 정하고 채권액의 확정은 장래에 유보하면서 설정하는 저당권이 있다. 후자에 관해서는 근저당에 관한 규정($\frac{제357}{조}$)이 있으므로 그 유효성에 의문의 여지가 없다. 전자에 관해서는 명문의 규정은 없지만, 저당권실행 당시 채권과 저당권이 모두 존재하면 부종성은 충족되는 것으로 보아 그 유효성을 인정하는 것이 다수설과 판례이다. 장래의 특정채권을 위한 저당권은 저당권설정계약과 등기에 의하여 그 효력이 발생한다($\frac{대판\ 1993.}{5.25,\ 93다}$ $^{6362}$). 저당권의 실행은 그 성질상 채권의 발생시까지는 허용되지 않는다는 점을 제외하고는 일반적인 저당권과 동일한 효력이 발생한다.

### (4) 피담보채권의 변경

피담보채권 자체 또는 그 액은 합의에 의해 변경이 가능하다. 그러나 등기부상 이해관계 있는 자가 있는 경우, 그의 승낙을 받아서 변경을 위한 부기등기를 해야 한다($\frac{부동법\ 제}{52조\ 5호}$).

## Ⅳ. 저당권의 효력

## 1. 저당권의 효력이 미치는 범위

### (1) 피담보채권의 범위

#### (가) 제360조

제360조는 저당권에 의하여 담보되는 채권은 원본, 이자, 위약금, 채무불이행으로 인한 손해배상 및 저당권의 실행비용 등임을 규정하면서(제360조 본문) 손해배상채권(지연배상)은 원본의 이행기를 경과한 1년분에 한한다(같은 조 단서). 특히 이자, 위약금은 당사자 사이에 지급약정이 있어야 하는데 이 규정으로 인하여 지연배상에 저당권이 미치는 범위는 이행기 경과 후 1년분으로 제한된다. 판례(대판 1992.5. 12, 90다8855)에 따르면 제360조가 지연배상에 대하여는 원본의 이행기일을 경과한 후의 1년분에 한하여 저당권을 행사할 수 있다고 규정하고 있는 것은 저당권자의 제3자(후순위저당권자, 일반채권자 등)에 대한 관계에서의 제한이며, 채무자에 대한 관계에서는 적용되지 않는다. 즉 지연배상이 1년분에 한정된다는 것은 채무자에 대한 관계에서 피담보채권 자체가 제한되는 것이 아니라 저당권의 실행절차에서 저당권자의 우선변제권이 그 범위로 제한됨을 의미한다. 따라서 후순위권리자나 일반채권자의 배당요구가 없으면 채권자는 제369조 단서의 제한범위를 초과하는 지연손해금에 대해서도 매각대금에서 변제받을 수 있다. 또한 채무자는 1년분 초과의 지연배상을 변제하지 않으면 저당권의 말소를 청구할 수 없다(대판 2010.5.13, 2010다3681. 이는 근저당권에 대한 판결이나 단순저당에도 동일한 법리가 적용된다고 할 것이다).

반면, 물상보증인, 제3취득자, 후순위권리자, 일반채권자 등 제3자에 대한 관계에서 이는 피담보채권의 범위의 객관적 제한으로서 의미를 갖는다. 이는 이행기일이 지나 저당권을 실행할 수 있음에도 불구하고 시일의 경과에 따라 늘어나는 지연배상금을 무제한으로 인정하면 후순위저당권자를 비롯한 다른 채권자 및 제3자가 예기치 못한 손해를 입을 우려가 있기 때문이다.

그러나 근저당권의 경우에는 제360조 단서가 적용되지 않는다고 해야 할 것이다. 즉 당사자가 피담보채권의 범위를 정하지 않은 경우에도 채권최고액을 한도로 우선변제권이 인정되므로 1년분을 초과하는 지연손해금이 채권최고액의 범위 내에 있다면 그에 대해서도 우선변제권이 인정된다.

---

**사례 10** A는 B에게 금 1억 원을 변제기 1년으로 정하여 대여하면서 B 소유의 X토지에 저당권을 설정받았다. 그런데 B가 변제기를 도과한 후 2년의 시간이 경과하였음에도 그 채무를 이행하지 않자, A는 X토지에 경매를 신청하여 그 매각대금에서 대여원금 1억 원과 변제기 이후 2년 6개월분의 지연배상금을 배당받고자 하는데, B는 지연배상금은 변제기를 경과한 1년분에 한해 배당받을 수 있으며, 나머지 1년 6개월분 지연배상금은 별도의 집행권원이 필요하다고 주장한다. X토지에 다른 후순위저당권자 기타 채권자가 없을 때 B의 주장은 타당한가?

(대판 1992.5.12, 90다8855 참조)

**┃해설 10┃** B의 주장은 타당하지 않다.
저당권의 피담보채무의 범위에 관하여 제360조가 지연배상에 대하여는 원본의 이행기일을 경과한 후의 1년분에 한하여 저당권을 행사할 수 있다고 규정하고 있는 것은 저당권자의 제3자에 대한 관계에서의 제한이며 채무자나 저당권설정자가 저당권자에 대하여 대항할 수 있는 것이 아니다. 사안의 경우 X토지의 경매에서 달리 후순위 저당권자 등이 존재하지 않는 이상 B는 A에게 제360조의 제한된 지연배상이 아니라 전부를 변제하여야 한다.

---

**(나) 피담보채권의 범위**

**1) 원 본**

원본채권의 전액이 피담보채권으로 되는 것이 보통이지만, 원본의 일부만을 피담보채권으로 할 수도 있다. 담보되는 원본의 액, 변제기, 지급장소는 등기사항이다($\frac{부동법}{제75조}$). 피담보채권이 금전채권이 아닌 경우에는 미리 그 가액을 금전으로 평가해서 그 평가액을 등기해야 한다($\frac{부동법}{제77조}$).

**2) 이 자**

이자의 약정이 있는 경우 이율, 발생기, 지급시기, 지급장소는 등기사항이다($\frac{부동법 \, 제}{75조 \, 제1항}$). 이자에 대해서는 지연배상과는 달리 별도의 제한이 없으므로 이자채권은 무제한으로 담보된다. 다만 이자제한법의 범위로 제한된다($\frac{대판 \, 1959.9.24,}{4291민상750}$).

**3) 채무불이행으로 인한 손해배상**

손해배상의 형태 중에서 지연배상은 원본의 이행기일을 경과한 후 1년분만 피담보채권의 범위에 해당한다($\frac{제360조}{단서}$). 이는 저당권자가 저당권의 실행을 지체하는 경우, 후순위권리자 등 다른 채권자들을 보호하기 위한 것이다. 따라서 채무자나 저당권설정자와의 관계에서 피담보채권의 범위가 이 규정에 의해 제한되는 것은 아니다. 지연배상은 원본채무의 불이행으로 법률상 당연히 발생하므로 그 등기는 필요하지 않다.

**4) 위약금**

위약금의 등기에 관하여 명문의 규정이 없으나, 위약금에 대한 약정내용이 등기된 경우에 한하여 저당권에 의하여 담보된다고 해석하는 것이 통설이다.

### 5) 저당권의 실행비용

부동산감정비용 등 저당권의 실행비용은 등기할 방법이 없기 때문에 등기가 없더라도 저당권의 피담보채권 범위에 포함된다. 매수인이 매각대금을 경매법원에 완납하면, 집행법원이 매각대금에서 경매비용을 공제하고, 그 잔액으로 저당권자에게 배당하는 방법을 취한다.

### (다) 불가분성($\binom{제370조,}{제321조}$)

저당권에도 불가분성의 원칙이 적용되므로 피담보채권이 전부 변제될 때까지 저당권자는 저당목적물의 전부에 관하여 저당권을 행사할 수 있다. 따라서 피담보채권이 일부라도 남아 있는 이상 저당권설정자는 저당권등기의 말소를 구할 수 없다($\binom{대판\ 1970.3.24,}{70다207}$). 그러나 공동저당에서는 불가분성이 제한되어 공동저당의 실행에 있어서 동시배당을 할 때에는 각 부동산의 경매대가에 비례하여 피담보채권을 분담한다($\binom{제368조}{제1항}$).

---

**사례 11** A는 그 소유의 토지상에 상가신축을 위해 B에게 공사를 맡겨서 상가를 완공하고, 소유권보존등기를 마쳤다. 그런데 분양이 저조하여 공사비를 지급하지 못해 공사비채권의 담보로 상가전체에 B 명의의 저당권설정등기를 마쳐주면서 분양계약자들이 분양대금을 납부하면 분양계약자들이 분양받은 부분에 대해 저당권을 말소하기로 하는 약정을 하였다. 그 후 B는 공사대금채권 및 그 저당권을 C에게 적법하게 양도하였다. 그런데 A가 D에게 상가의 일부를 분양하여 분양대금을 완납받고 그 일부에 대한 저당권을 말소해달라고 C에게 요청하였다. 이에 C는 A와 B 사이의 약정을 인수한 바가 없으므로 피담보채권을 전부 변제받기 전에는 저당권설정등기를 말소할 의무가 없다고 주장한다. C의 주장은 타당한가?          (대판 2001.3.23, 2000다49015 참조)

**┃해설 11┃** C의 주장은 타당하다.
저당권의 피담보채무는 A의 B에 대한 공사대금채무 전부이므로, A와 B가 약정을 통하여 분양계약자가 분양대금을 완납하는 경우 그 분양계약자가 분양받은 부분에 관한 저당권을 말소하여 주기로 약정하였다고 하더라도 B가 A에 대하여 그 약정에 따라 분양계약자의 분양부분에 관한 저당권을 말소하여 줄 채권적 의무가 발생할 뿐이지 물권인 B의 저당권 자체가 등기에 의하여 공시된 바와 달리 위 약정에 의하여 제한되는 것은 아니고, 그 저당권을 인수한 C가 당연히 위 약정에 따른 B의 채무를 인수하는 것도 아니다. 따라서 C는 A가 피담보채권을 전부 변제하지 않는 한 분양계약이 체결되고 그 대금이 완납된 상가의 일부에 저당권을 말소할 이유가 없다.

---

### (2) 목적물의 범위

저당권은 저당목적물을 환가하여(목적물의 범위) 그 교환가치부터 우선변제를 받는(피담보채권의 범위) 권리이기 때문에 저당권의 효력이 미치는 목적물의 범위는 저당목적물을 환가할 수 있는 범위, 즉 저당목적물의 환가절차에서 매수인이 저당목적물을 취득하는 범위와 일치하게 되는데, 이는 원칙적으로 목적물의 소유권이 미치는 범위와 동일하다. 따라서 부합물이나 종물에도 저당권의 효력이 당연히 미친다. 다만 당사자의 의사에 의하여 그 범위를 다소 확장하거나 축소할 수 있다.

**(가) 부합물**

1) 저당권의 효력은 목적부동산에 부합된 물건에도 미친다(제358조 본문). 따라서 경매절차에서 부합물이 경매목적물로 평가되지 않았더라도 경매에서의 매수인은 그 부합된 부분의 소유권도 취득한다(대판 2002.10.25, 2000다63110). 부합의 의미는 제256조에서의 의미와 동일하다. 부합물의 예로 건물의 증축부분(대판 2002.10.25, 2000다63110), 건물의 엘리베이터, 냉·난방시설, 주유소부지 지하에 설치된 유류저장탱크(대결 2000.10.28, 2000마5527) 등을 들 수 있다. 통설과 판례(대판 1972.10.10, 72다1437; 대판 1974.2.12, 73다298)에 따르면 부합의 시기가 저당권설정의 전후인지를 구별하지 않고 저당권의 효력이 미친다. 저당권 설정 후에 저당부동산에 부합된 물건에 대해서도 부합의 법리에 따라 저당부동산의 소유자(저당권설정자)에게 소유권이 인정되는데(제256조 본문), 그 논거는 저당권의 효력을 인정하는 근거로도 동일하게 적용될 수 있다.

2) 법률에 특별한 규정이 있는 경우(예컨대 제256조 단서) 또는 설정행위에서 다른 약정을 한 경우(제358조 단서) 그 약정을 등기하면, 저당권의 효력이 부합물에 미치지 않는다. 따라서 타인의 권원에 의하여 부속된 부속물에 대해서는 저당권의 효력이 미치지 않는다.

3) 부합물이 저당권설정자의 저당목적물에 대한 정당한 사용에 의해 분리된 경우 분리된 물건은 저당권의 효력이 미치지 않는 것에 대해서는 이론이 없다. 그러나 부합물(종물의 경우도 같다)이 정당한 이용권의 행사에 기하지 않고 부동산으로부터 분리된 경우 제3자가 분리된 부합물을 선의취득을 하기 전까지는 그 부합물에 대해 저당권의 효력이 미치는가? 학설상 분리된 부합물에 대해서도 저당권의 효력이 미친다는데 이론이 없지만, 그 구체적인 근거에 대해서는 저당부동산과 결합하여 공시작용이 미치는 한도에서 저당권의 효력이 미친다는 공시원칙설(다수설), 분리된 부합물 등은 목적부동산의 가치의 일부를 대표하므로 물상대위의 규정을 준용하여 목적물을 압류하면 저당권의 효력이 미친다는 물상대위설, 분리된 물건이 저당목적물과 사회관념상 하나의 물건으로 인정할 수 있는지에 따라 저당권의 효력이 미친다는 사회관념상 일체성설 등이 있다.

---

**사례 12** B는 A로부터 3층건물 중 3층부분을 임차한 후, B는 기존 3층(하층) 위에 1개층(상층)을 신축하였는데, 신축부분을 복층화하여 상층부분은 별도의 출입구가 존재하지 않고, 기존 하층부분으로 내려가는 계단을 통해서만 외부로 출입이 가능하며, 별도의 주방시설도 없이 방과 거실로만 이루어져 있는 구조이다. 그 후 A가 3층건물 전부에 설정한 저당권의 실행으로 인한 경매절차에서 C가 3층건물을 매수하여 소유권이전등기를 마쳤다. 이에 대해 B는 3층 중 상층부분은 종전 하층과 구분되는 것으로 자신의 권원에 의해 부속된 것이어서 자신의 소유에 속하므로 C가 이 부분의 소유자가 될 수 없다고 주장한다. B의 주장은 타당한가? (대판 2002.10.25, 2000다63110 참조)

**┃해설 12┃** B의 주장은 타당하지 않다.

건물이 증축된 경우에 증축 부분이 기존건물에 부합된 것으로 볼 것인가 아닌가 하는 점은 증축

부분이 기존건물에 부착된 물리적 구조뿐만 아니라, 그 용도와 기능의 면에서 기존건물과 독립한 경제적 효용을 가지고 거래상 별개의 소유권 객체가 될 수 있는지의 여부 및 증축하여 이를 소유하는 자의 의사 등을 종합하여 판단해야 한다. 건물의 증축 부분이 기존건물에 부합하여 기존건물과 분리하여서는 별개인 독립물로서의 효용을 갖지 못하는 이상 기존건물에 대한 근저당권은 제358조에 의하여 부합된 증축 부분에도 효력이 미치는 것이므로 기존건물에 대한 경매절차에서 경매목적물로 평가되지 아니하였다고 할지라도 매수인은 부합된 증축 부분의 소유권을 취득한다. 이 사안에서 건물 3층 중 상층의 축조경위, 구조 및 사용관계 등에 비추어 보면, 3층 부분의 상층은 축조 당시 3층건물인 하층의 구성부분에 불과하여 3층의 하층과 분리하여서는 경제상 독립물로서의 효용을 갖지 못하여 독립하여 소유권의 객체가 될 수 없는 것으로서 저당권의 목적물에 포함된다. 따라서 위 경매에 의하여 3층 부분 하층과 일체로 C에게 소유권이 귀속된다.

또한 부속이 아닌 부합을 전제로 하므로 제256조 단서가 적용되지 않아 권원이 있는 경우에도 부합된 경우에는 부합물은 저당권의 목적물 범위에 포함된다.

### (나) 종 물

1) 저당권의 효력은 저당부동산의 종물에도 미친다($\substack{제358조\\단서}$). 여기서 종물은 제100조에서의 종물을 의미한다. 종물의 예로 건물에 설치된 보일러, 주유소 주유기 등을 들 수 있다. 그러나 축사 출입차량의 소독을 위해 축사부지와 별개의 토지에 설치된 시설은 축사 자체의 효용에 제공된 종물이 아니므로 종물에 해당하지 않는다($\substack{대판 2007.12.13.\\2007도7247}$). 종물이 된 시기를 불문하고, 저당권설정 후의 종물에도 저당권의 효력이 미친다. 또한 종물이 원물로부터 분리된 경우 저당권의 효력문제도 부합물의 경우와 동일하다.

2) 종물이 아닌 물건에는 저당권의 효력이 미치지 않으므로 부동산의 경매매수인이 당연히 그 물건의 소유권을 취득하지는 못하지만, 그 매수인이 선의취득의 요건(경매목적물이었고 선의이며 과실없이 물건의 점유취득)을 구비하면 소유권취득이 가능하다($\substack{대판 2008.5.8.\\2007다36933,36940}$).

3) 종된 권리에 대해서는 제358조 본문의 유추에 의해 종물에 준하여 저당권의 효력이 미친다. 예컨대 건물저당권의 효력이 토지임차권 또는 지상권에 미친다. 따라서 저당권실행의 경매절차에서 건물의 소유권을 취득한 매수인은 특별한 사정이 없는 한 건물소유를 위한 지상권도 등기없이 당연히 취득한다. 또 매수인이 그 건물을 제3자에게 양도하면 제100조 제2항을 유추적용하여 건물과 함께 종된 권리인 지상권도 양도하기로 한 것으로 봄이 상당하다($\substack{대판 1996.4.26.\\95다52864}$). 마찬가지로 구분소유권의 목적인 집합건물의 전유부분에 관한 저당권의 효력은 대지사용권 및 공용부분에 대한 지분권에 관하여도 미친다($\substack{대판 2008.3.13.\\2005다15048}$).

사례 13 A는 그 소유의 백화점건물을 신축할 때, 지하실에 전화교환설비를 설치하였는데, 위 설비는 볼트와 전선 등으로 건물에 고정되어 있을 뿐이어서 과다한 비용을 들이지 않고도 분리할 수 있고, 분리하더라도 독립한 동산으로서 가치를 지니며, 그 자리에 다른 것으로 대체할 수 있다. 그 후 건물에 B 명의의 저당권이 설정된 다음, A의 채권자 C가 전화교환설비에 대한 가압류를 집행하였고, 그 후 저당권의 실행으로 인한 경매절차에서 D가 건물을 매수하여 그 소유권을 취득하였다. C가 전화교환설비에 대한 유체동산집행을 하려고 하자, D는 자신이 저당권의 실행으로 전화교환설비의 소유권을 취득하였으므로 C의 집행은 허용되어서는 안 된다고 주장한다. D의 주장은 타당한가?                                          (대판 1993.8.13, 92다43142 참조)

**| 해설 13 |** D의 주장은 타당하다.
전화교환설비는 독립한 물건이기는 하나, 그 용도, 설치된 위치와 그 위치에 해당하는 건물의 용도, 건물의 형태, 목적, 용도에 대한 관계를 종합하여 볼 때, 건물에 연결되거나 부착하는 방법으로 설치되어 건물이 백화점의 효용과 기능을 다하기에 필요불가결한 시설들로서, 건물의 상용에 제공된 종물이라 할 것이고, 한편 부동산의 종물은 주물의 처분에 따르고, 저당권은 그 목적 부동산의 종물에 대하여도 그 효력이 미치기 때문에, 저당권의 실행으로 개시된 경매절차에서 부동산을 경락받은 자와 그 승계인은 종물의 소유권을 취득하고, 그 저당권이 설정된 이후에 종물에 대하여 강제집행을 한 자는 위와 같은 매수인과 그 승계인에게 강제집행의 효력을 주장할 수 없다.

**사례 14** A는 그 소유의 X건물에 B로부터 임차한 발전설비를 설치하였다(발전설비가 건물에 부합되지는 않았다). 그런데 X건물에 설정된 저당권의 실행으로 인한 경매절차에서 C가 건물을 매수하였다. C는 발전설비의 소유권을 취득할 수 있는가?                   (대판 2008.5.8, 2007다36933,36940 참조)

**| 해설 14 |** C는 발전설비의 소유권을 취득할 수 없다.
저당권의 효력은 법률에 특별한 규정이 있거나 설정행위에 다른 약정이 있는 경우를 제외하고는 저당부동산에 부합된 물건과 종물에도 미치지만($^{제358}_{조}$), 종물은 물건의 소유자가 그 물건의 상용에 공하기 위하여 자기 소유인 다른 물건을 이에 부속하게 한 것을 말하므로($^{제100조}_{제1항}$) 주물과 다른 사람의 소유에 속하는 물건은 종물이 될 수 없다. 사안의 경우 주물인 건물은 A의 소유이므로 발전설비 등이 종물이 되기 위해서는 A의 소유이어야 하는데, B의 소유이므로 종물이 될 수 없다. 따라서 건물에 대해 설정된 저당권의 효력이 발전설비 등에 미치지 않으므로 경락인인 C는 발전설비 등의 소유권을 취득할 수 없다.

(다) 과 실

1) 천연과실

원칙적으로 천연과실에 대해 저당권의 효력이 미치지 않는다. 이는 저당권이 저당물의 교환가치만을 대상으로 할 뿐 저당물의 사용가치는 저당권설정자에게 맡겨져 있기 때문이다.

그러나 예외적으로 저당부동산에 대한 압류 후에는 저당부동산으로부터 수취한 또는 수취할 수 있는 과실에 대해 저당권의 효력이 미친다($^{제359조}_{본문}$). 이는 저당권설정자의 저당부동산에 대한 이용권을 무제한적으로 인정하면 고의로 경매절차를 지연시켜 과실을 부당하게 계속 취득하는 폐단을 방지하기 위함이다. 여기서 '압류'란 저당권자가 경매를 신청한 경우, 법원은 경매개시결정과 동시에 그 부동산의 압류를 명하는데, 이러한 민사집행법 제83조에 의한 압류를 말한다. 다만 저당부동산의 소유권, 지상권, 전세권을 취득한 제3자가 있는 경우에는 그 제3자에게 압류한 사실을 통지한 후에 이로써 대항할 수 있다(제359조<br>단서).

### 2) 법정과실

제359조의 과실에 법정과실(예컨대 저당부동산을 임대한 경우 그 차임)도 포함되는가? 이에 관해 소수설은 저당권자는 물상대위의 규정에 의하여, 법정과실에 대하여 우선변제권을 행사할 수 있기 때문에 법정과실은 포함되지 않는다고 본다. 그러나 다수설과 판례는 저당부동산의 압류 후에는 법정과실에 대해서도 저당권의 효력을 인정한다(대판 2016.7.27,<br>2015다230020). 다만 저당권의 효력이 법정과실(예 차임채권)에 미친다고 하더라도 현행법상 저당부동산에 대한 경매절차에서 이를 추심하거나 저당부동산과 함께 매각할 수 있는 제도를 마련하고 있지 아니하므로 저당권의 효력이 미치는 차임채권 등에 대한 저당권의 실행이 저당부동산에 대한 경매절차에 의하여 이루어질 수는 없고, 저당권의 실행은 저당권의 효력이 존속하는 동안에 채권에 대한 담보권의 실행에 관하여 규정하고 있는 민사집행법 제273조 채권집행의 방법으로 저당부동산에 대한 경매절차와 별개로 이루어질 수 있을 뿐이다(대판 2016.7.27,<br>2015다230020).

### (라) 저당토지 위의 건물

토지에 대한 저당권은 건물에 미치지 않는다. 이는 토지와 건물은 별개의 부동산이기 때문이다. 따라서 토지에 대한 경매절차에서 경매법원이 그 지상 건물을 토지의 부합물 내지 종물로 잘못 판단하여 저당 토지와 함께 경매를 진행하고 경락허가를 하였다고 하여 그 건물의 소유권에 변동이 초래될 수 없다(대판 1997.9.26,<br>97다10314). 그러나 토지를 목적으로 하여 저당권을 설정한 후 설정자가 저당토지 위에 건물을 축조한 경우에는 저당권자는 저당토지와 함께 그 건물에 대해서도 경매를 청구할 수 있다(제365조<br>본문). 이를 일괄경매청구권이라 한다. 이 규정은 저당권설정자와 저당권자의 이해관계를 조정하기 위한 것이다. 일괄매각되더라도 저당권자는 건물의 경매대가로부터는 우선변제를 받지 못한다(제365조<br>단서).

### (3) 물상대위

### (가) 의 의

물상대위는 저당권의 목적물이 멸실, 훼손 또는 공용징수되어 저당권이 소멸하거나 저당물의 가치가 감소되어 그 목적물에 갈음하는 금전 기타 물건, 즉 교환가치의 대표물이 저당물소유자에게 귀속하는 경우, 저당권을 그 가치대표물에 행사하는 것을 말한다(제342조,<br>제370조). 따라서 저당권은 본래의 목적물뿐만 아니라, 그 가치대표물에도 효력이 미친다. 물상대위권의 행사에는 피대위채권의 변제기 도래를 요하지 않는다.

**(나) 물상대위의 성립요건**

**1) 저당목적물의 멸실, 훼손 또는 공용징수로 인하여 저당권설정자가 받을 금전 기타 물건이 있어야 한다**

저당권설정자가 받을 물상대위의 가치대표물은 저당물의 멸실, 훼손 또는 공용징수로 인하여 받을 금전 기타 물건(예컨대 보험금(대판 2004.12.24, 2004다52798), 손해배상금, 토지수용보상금, 전세금(대판 2008.12.24, 2008다65396), 변제자대위(대판 2001.6.1, 2001다21854) 등)이지만, 물상대위의 객체는 보험금·보상금 등의 금전, 기타의 물건 그 자체가 아니라, 이들에 대한 저당물소유자의 청구권(이하 '피대위채권'이라 한다)이다. 멸실, 훼손 또는 공용징수는 저당권의 소멸 또는 가치감소의 사유를 예시한 것에 불과하다. 공용징수의 경우에 그 보상금에 대해 물상대위가 인정된다. 저당권이 소멸하여 저당물에 저당권을 주장할 수 없기 때문이다. 그러나 사법상 매매로 볼 수 있는 「공익사업을 위한 토지 등의 취득 및 보상에 관한 법률」상 협의매수에 따른 보상금에 대해서는 저당권자가 물상대위권을 행사할 수 없다(대판 1981.5.26, 80다2109). 저당물에 대하여 저당권이 여전히 존속하기 때문이다. 이와 같이 저당권자가 저당권으로 저당물에 추급할 수 있다면 물상대위가 인정되지 않는다. 임대차의 차임이나 매매에서의 매매대금에 대해서 물상대위가 인정되지 않는 것도 동일한 이유이다. 또한 (물리적, 법률적) 멸실이나 훼손의 원인은 불문하지만, 적어도 저당권자의 과실에 기하지 않아야 한다.

**2) 피대위채권의 지급 또는 인도 전의 압류**

물상대위권을 행사하고자 하는 저당권자는 대표물의 지급 또는 인도가 있기 전에 피대위채권을 압류해야 한다(제342조 단서, 제370조). 압류는 물상대위의 목적인 것을 특정하기 위한 것이고 담보권을 행사하는 것이 아니므로 변제기의 도래는 그 요건이 아니다.

물상대위에서 압류를 요하는 취지와 관련하여 다수설과 판례(대판 2002.10.11, 2002다33137)는 소위 '특정성유지설'(가치권설)에 입각하고 있는 바, 이에 따르면 저당권설정자에게 이미 지급된 재산에 물상대위의 효력을 미치면 저당권설정자의 일반재산에 대해 우선권을 인정하게 되어 부당하므로, 물상대위의 목적인 채권의 특정성을 유지하여 그 효력을 보전함과 동시에 제3자에게 불측의 손해를 입히지 않으려는 데 있다고 한다. 따라서 압류는 반드시 저당권자가 스스로 하지 않아도 무방하며, 저당권자 이외의 자에 의한 압류에 의해 대표물이 특정된 이상 배당요구만으로 물상대위가 인정된다(대판 2010.10.28, 2010다46756).

---

**사례 15** A는 그 소유의 건물에 대해 B에게 전세금 1억 원, 전세기간 2년으로 정하여 전세권설정계약과 전세권설정등기를 마쳤다. 그런데 B는 C에게 전세권을 담보로 제공하여 저당권을 설정하였다. 그 후 전세기간이 종료한 경우, C의 전세권저당권은 어떻게 되는가?

(대판 1999.9.17, 98다31301 참조)

**해설 15** 전세기간의 종료로 전세권은 소멸하므로, C는 전세권에 갈음하여 존속하는 전세금반환채권에 대해 물상대위권을 행사해야 한다.

전세권에 대하여 저당권이 설정된 경우 그 저당권의 목적물은 물권인 전세권 자체이지 전세금반환채권은 그 목적물이 아니고, 전세권의 존속기간이 만료되면 전세권은 소멸하므로 더 이상 전세권 자체에 대하여 저당권을 실행할 수 없게 되고, 이러한 경우에는 제370조, 제342조 및 민소법 제733조에 의하여 저당권의 목적물인 전세권에 갈음하여 존속하는 것으로 볼 수 있는 전세금반환채권에 대하여 압류 및 추심명령 또는 전부명령을 받거나 제3자가 전세금반환채권에 대하여 실시한 강제집행절차에서 배당요구를 하는 등의 방법으로 자신의 권리를 행사하여 비로소 전세권설정자에 대해 전세금의 지급을 구할 수 있게 된다.

**사례 16** A는 그 소유의 건물에 B에게 저당권을 설정하고, C와 사이에 건물에 대한 화재보험계약을 체결하였다. 그런데 화재로 건물이 전소된 경우, 저당권자 B는 C에 대한 보험금청구권에 대해 물상대위를 할 수 있는가? (대판 2004.12.24, 2004다52798 참조)

**│해설 16│** B는 보험금청구권에 대해 물상대위를 할 수 있다.
저당목적물이 소실되어 저당권설정자가 보험회사에 대하여 화재보험계약에 따른 보험금청구권을 취득한 경우 그 보험금청구권은 저당목적물이 갖는 가치의 변형물이라 할 것이므로 저당권자는 제370조, 제342조에 의하여 저당권설정자의 보험회사에 대한 보험금청구권에 대하여 물상대위권을 행사할 수 있다.

### (다) 물상대위권의 행사방법

1) 물상대위권의 행사는 물상대위권자가 민사집행법 제273조에 의하여 담보권의 존재를 증명하는 서류를 집행법원에 제출하여 (물상대위로서) 직접 (피대위)채권의 압류 및 전부명령 또는 (피대위)채권의 압류 및 추심명령을 신청할 수 있다. 그러나 물상대위권자 이외의 자가 (피대위)채권에 대해 압류 및 추심명령을 신청한 경우에는 민사집행법 제247조에 의하여 배당요구를 하는 방법으로 해야 한다. 그 배당요구시한은 민사집행법 제247조 제1항에서 규정하고 있는 배당요구의 종기까지 해야 한다($\frac{대판 2003.3.28,}{2002다13539}$). 따라서 배당요구종기 이후에는 저당권자는 물상대위권자로서 우선변제를 받을 수 없다. 즉, 저당권자가 위와 같은 방법으로 물상대위권을 행사하지 않는 이상 수용대상토지에 저당권등기가 된 것만으로 그 보상금에서 우선변제를 받을 수 없다($\frac{대판 1998.9.22,}{98다12812}$).

2) 저당권자의 압류 또는 배당요구 전에 저당권설정자(제3취득자 포함)에게 금전 또는 물건이 지급되면 물상대위권은 소멸하지만 저당권자는 저당권설정자(제3취득자 포함)에게 부당이득반환청구를 할 수 있다($\frac{대판 2009.5.14,}{2008다17656}$). 대위물의 지급 또는 인도의무를 부담하는 제3자가 물상대위권자의 존재를 알고 있어도 저당권설정자에 대한 변제는 유효하여, 결국 저당권자는 물상대위권이 소멸하는 손해를 입는 반면 저당물의 소유자는 저당목적물의 교환가치에서 공제되어야 할 피담보채권액이 공제되지 않는 이득을 얻은 것으로 봄이 타당하다고 보았기 때문이다.[1] 그러

---

1) 판례는 그 논거를 좀 더 자세히 보면 다음과 같다: 저당물의 소유자가 인도청구권 등에 의하여 금전 등을 수령한 경우 '저당권자는 저당권의 채권최고액 범위 내에서 저당목적물의 교환가치를 지배하고 있다가 저당권을 상실하는 손해

나 물상대위권자가 물상대위권을 행사하지 않아서(예컨대 저당목적물의 변형물인 수용보상금채권의 배당절차에서 배당요구를 하지 않은 경우) 우선변제권을 상실하여 저당권설정자가 아닌 다른 채권자(예컨대 위 수용보상금채권의 배당절차에서 배당을 받은 채권자)가 이득을 얻었더라도 그 채권자에 대해서 부당이득반환을 청구할 수 없다(대판 2002.10.11, 2002다33137).

---

**사례 17** A는 그 소유의 X토지에 관하여 채권자 B의 명의로 저당권설정등기를 마쳤다. 그런데 X토지가 수용됨에 따라 그 수용보상금을 피공탁자 A로 하여 공탁하였다. 그런데 A의 공탁금출급청구권에 대해 A의 채권자 B, C가 강제집행에 의하여 각 가압류를 하고, A의 채권자 D가 공탁금출급청구권에 대해 압류 및 전부명령을 받았다. 이에 채무자인 대한민국은 집행법원에 사유신고서를 작성하여 제출하였다. 그 후 B의 신청에 따라 A의 공탁금출급청구권에 대해 물상대위에 의한 채권압류 및 전부명령이 송달 및 확정되었다.

질문 1) 저당권자 B는 물상대위를 할 수 있는가?

질문 2) 저당권자 B가 물상대위를 할 수 없을 때 이득을 얻은 다른 채권자나 저당권설정자에게 부당이득반환을 구할 수 있는가?

(대판 1994.11.22, 94다25728; 대판 2002.10.11, 2002다33137; 대판 2009.5.14, 2008다17656 참조)

**|해설 17|**

**해설 1) B는 물상대위를 할 수 없다.**

저당목적물의 변형물인 금전 기타 물건에 대하여 일반 채권자가 물상대위권을 행사하려는 저당채권자보다 단순히 먼저 압류나 가압류의 집행을 함에 지나지 않은 경우에는 저당권자는 그 전은 물론 그 후에도 목적채권에 대하여 물상대위권을 행사하여 일반 채권자보다 우선변제를 받을 수가 있고, 그 실행절차는 민사집행법 제273조에서 채권 및 다른 재산권에 대한 강제집행절차에 준하여 처리하도록 규정하고 있으므로, 결국 채권의 압류 및 전부명령을 신청해야 할 것이나 이는 어디까지나 담보권의 실행절차이므로, 그 요건으로서 담보권의 존재를 증명하는 서류를 집행법원에 제출하여 개시된 경우이어야 한다. 또 민사집행법 제273조, 제247조 제1항의 각 규정의 취지에 비추어 보면 이와 같은 방법의 물상대위권의 권리실행은 늦어도 민사집행법 제247조 제1항에서 규정하고 있는 배당요구의 종기까지 해야만 물상대위권자의 우선변제권이 확보되는 것이고, 그 이후에는 그런 권리가 없다고 봄이 상당하다.

이 사안에서 B가 비록 그 저당목적물인 X토지가 수용되어 제370조, 제342조에 의하여 그 수용으로 인한 A의 공탁금출급청구권에 대하여 물상대위를 할 수 있다고 하더라도 위 공탁금출급청구권에 대하여 B 스스로 위 물상대위권의 행사가 아닌 강제집행에 의하여 가압류를 하고, 그 후 다른 가압류채권자 등이 있어 제3채무자인 대한민국이 민사집행법 제248조 제2항에 의하여 그 채무액을 공탁하고, 그 사유를 집행법원에 신고한 이상 B로서는 그 배당요구의 종기, 즉 대한민

---

를 입게 되는 반면에, 저당목적물의 소유자는 저당권의 채권최고액 범위 내에서 저당권자에게 저당목적물의 교환가치를 양보하여야 할 지위에 있다가 마치 그러한 저당권의 부담이 없었던 것과 같은 상태에서의 대가를 취득하게 되는 것이므로, 그 수령한 금액 가운데 저당권의 채권최고액을 한도로 하는 피담보채권액의 범위 내에서는 이득을 얻게 된다. 저당목적물 소유자가 얻은 위와 같은 이익은 저당권자의 손실로 인한 것으로서 인과관계가 있을 뿐 아니라, 위와 같은 이익을 소유권자에게 종국적으로 귀속시키는 것은 저당권자에 대한 관계에서 공평의 관념에 위배되어 법률상 원인이 없다고 봄이 상당'하다고 본다.

국이 사유신고를 한 시점까지 집행법원에 저당권의 존재를 증명하는 서류를 제출하고 저당권에 기한 배당요구 또는 이에 준하는 저당권행사의 신청을 하였어야 위 배당절차에서 우선변제를 받을 수 있다.

**해설 2)** B는 다른 채권자나 저당권설정자에게 부당이득반환을 구할 수 없다.

저당권자가 물상대위권의 행사에 나아가지 아니하여 우선변제권을 상실한 이상 다른 채권자가 그 보상금 또는 이에 관한 변제공탁금으로부터 이득을 얻었다고 하더라도 저당권자는 이를 부당이득으로서 반환청구할 수 없다.

### (라) 물상대위권의 추급력

물상대위권은 저당권과 동일성이 인정되므로 저당권자에게 대위물에 대하여 우선변제권이 인정된다. 또한 저당권의 공시는 대위물에 대한 공시로서도 작용하기 때문에 피대위채권이 특정성을 유지하는 한 가치대표물의 소재에 추급하여 권리행사가 가능하다. 따라서 피대위채권의 양도나 이에 대한 전부명령에 의해 물상대위권은 방해받지 않기 때문에 저당권자는 피대위채권의 양수인이나 피대위채권의 전부채권자에게 물상대위권의 행사가 가능하다(대판 2000.6.23. 98다31899).

**사례 18** A가 그 소유의 건물에 B 명의의 저당권을 설정하였는데, 그 건물이 수용당하자, 압류 전에 A는 그 수용보상금채권을 C에게 양도하였다. 이 경우, B는 C의 수용보상금채권에 대해 물상대위를 할 수 있는가? (대판 2000.6.23, 98다31899 참조)

**해설 18** B는 C가 보상금을 지급받기 전이라면 C에 대해 물상대위를 할 수 있다.

물상대위권자의 압류 전에 양도 또는 전부명령 등에 의하여 보상금 채권이 타인에게 이전된 경우라도 보상금이 직접 지급되거나 보상금지급청구권에 관한 강제집행절차에 있어서 배당요구의 종기에 이르기 전에는 여전히 그 청구권에 대한 추급이 가능하다.

## 09 전세권저당권과 물상대위

**문제**

〈기초적 사실관계〉

甲은 2015.12.10. 그 소유인 X점포를 乙과 전세금 2억 원, 기간 2016.1.10.부터 2018.1. 9.까지로 정하여 전세권설정계약을 체결했다. 2016.1.10. 전세금을 받고 乙에게 X점포를 인도하고 전세권설정등기를 마쳐주었다. 乙은 2017.2.10. 丙으로부터 2억 원을 차용하고 丙에게 위 전세권에 저당권을 설정하여 주었다. (이자나 지연손해금은 발생하지 않는 것으로 함)

〈추가적 사실관계〉

乙은 전세기간 만료일인 2018.1.9. 甲에게 X점포를 인도하면서 전세금 반환을 요구하였고 甲은 그날 乙에게 전세금 일부 반환 명목으로 8,000만 원을 지급하였다. 乙의 일반 채권자 丁은 같은 해 1.15. 법원으로부터 위 전세금반환채권 2억 원에 대해 압류·추심명령을 받았고 그 명령이 같은 해 1.20. 甲에게 송달되었다. 丙도 같은 해 1.22. 전세권저당권에 기해 법원으로부터 전세금반환채권 2억 원에 대해 압류·전부명령을 받고 그 명령이 같은 해 1.25. 甲에게 송달되고 그 무렵 확정되었다.

이러한 사실이 알려지자 ① 丙은 전세권저당권자로서 전세금반환채권에 대해 우선변제권이 있으므로 甲이 乙에게 일부 전세금을 변제한 행위는 丙에게 대항할 수 없고 따라서 丙은 전세금 2억 원 전체에 대해 권리가 있다고 주장하였고, ② 丁은 압류·추심명령이 丙의 압류·전부명령보다 甲에게 먼저 송달되었으므로 丙의 전부명령은 효력을 상실하였고 따라서 丙과 丁은 동등한 권리가 있다고 주장한다.

[질문 1] 丙과 丁의 위 주장을 검토하고 丙과 丁이 각각 전세금반환채권에 관해 얼마의 범위에서 권리를 주장할 수 있는지 설명하시오. (20점)

〈추가적 사실관계〉

甲은 乙에게 4차례에 걸쳐 금전을 대여하여 아래와 같은 채권이 발생하였다.

| | 대여일 | 금 액 | 변제기 |
|---|---|---|---|
| 제1대여금채권 | 2015.12.15. | 1,000만 원 | 2017.10.14. |
| 제2대여금채권 | 2015.12.20. | 1,500만 원 | 2018.1.19. |
| 제3대여금채권 | 2016.12.15. | 2,000만 원 | 2017.12.14. |
| 제4대여금채권 | 2016.12.20. | 2,500만 원 | 2018.2.19. |

전세기간이 만료되고 丙은 2018.2.28. 전세권저당권에 기하여 법원으로부터 전세금반환채권 2억 원에 대해 압류·추심명령을 받고 그 명령이 같은 해 3.10. 甲에게 송달되었다. 甲은 그때까지 乙로부터 위 대여금을 전혀 변제받지 못하였다. 丙이 甲에게 추심금의 지급을 구하자, 甲은 위 4건의 대여금채권 합계 7,000만 원을 자동채권으로, 전세금반환채권 2억 원을

수동채권으로 하여 상계한다는 의사를 표시하였다.

[질문 2] 甲이 상계로 丙에게 대항할 수 있는 대여금채권의 범위를 검토하시오. (15점)

2019년 제8회 변호사시험 제2문의2

해설1 │ 丙과 丁의 주장은 부당하고, 丙은 1억 2천만 원의 범위 내에서 전세금반환채권을 주장할 수 있고, 丁은 전세금반환채권에 대한 권리를 주장할 수 없다.

### 1. 丙의 甲에 대한 물상대위에 기한 전부금청구

저당권이 설정된 전세권의 존속기간이 만료된 경우에 저당권자는 민법 제370조, 제342조 및 민사집행법 제273조에 의하여 저당권의 목적물인 전세권에 갈음하여 존속하는 것으로 볼 수 있는 전세금반환채권에 대하여 압류 및 추심명령 또는 전부명령을 받는 등의 방법으로 권리를 행사하여 전세권설정자에 대해 전세금의 지급을 구할 수 있다($^{대판\ 1999.9.17.}_{98다31301\ 등\ 참조}$).

사안의 경우 乙이 甲으로부터 그 소유의 X점포에 관하여 전세권설정계약과 전세권설정등기를 마친 후 丙으로부터 2억 원을 차용하고 위 전세권에 저당권을 설정하여 주었는데, 丙이 전세기간 만료 후인 2018. 1.22. 전세권저당권에 기해 법원으로부터 전세금반환채권 2억 원에 대해 압류·전부명령을 받고, 그 명령이 같은 해 1.25. 甲에게 송달되고 그 무렵 확정된 사실이 인정된다. 따라서 甲은 물상대위권자인 丙에게 2억 원을 지급할 의무가 있다.

### 2. 2018.1.9.자 변제항변

乙이 전세기간 만료일에 甲에게 X점포를 인도하면서 전세금 반환을 요구하여 甲은 丙의 물상대위권 행사 전인 2018.1.9. 乙에게 전세금 일부 반환 명목으로 8,000만 원을 지급하였으므로, 물상대위자인 丙에게 그 변제의 효력을 주장할 수 있는지 여부가 문제된다.

전세권이 기간만료로 소멸되었다고 하더라도 전세권설정자는 전세금반환채권에 대한 제3자의 압류 등이 없는 한 전세권자에 대하여만 전세금반환의무를 부담할 뿐, 전세권저당권자에게 전세금반환의무를 부담하지 않는다($^{대판\ 1999.9.17.}_{98다31301}$).

따라서 丙의 물상대위권에 기한 전세금반환채권에 관한 압류, 전부명령의 송달 전에 한 甲의 乙에 대한 전세금 일부 반환은 변제로서 유효하므로 丙의 주장은 부당하다.

### 3. 압류경합에 의한 전부명령 무효 항변

丁은 자신의 압류·추심명령이 丙의 압류·전부명령보다 甲에게 먼저 송달되었으므로 丙의 전부명령은 효력을 상실하였고 따라서 丙과 丁은 동등한 권리가 있다고 주장한다.

저당목적물의 변형물인 금전 기타 물건에 대하여 일반 채권자가 물상대위권을 행사하려는 저당채권자보다 단순히 먼저 압류나 가압류의 집행을 함에 지나지 않은 경우에는 저당권자는 그 전은 물론 그 후에도 목적채권에 대하여 물상대위권을 행사하여 일반 채권자보다 우선변제를 받을 수가 있으며($^{대판\ 1994.11.22.}_{94다25728}$ 참조), 위와 같이 전세권부 근저당권자가 우선권 있는 채권에 기하여 전부명령을 받은 경우에는 형식상 압류가 경합되었다 하더라도 그 전부명령은 유효하다($^{대판\ 2008.12.24.}_{2008다65396}$). 따라서 丁의 주장은 부당하다.

해설2 │ 甲은 전세권저당권이 설정된 2017.2.10. 이전에 발생한 제1 내지 4 대여금 중 전세금반환채권의 변제기인 2018.1.9.보다 동시에 또는 먼저 도래하는 제1, 3 대여금 합계 3,000만 원의 채권으로 전세금반환채권에 대해 상계를 할 수 있다.

### 1. 물상대위권에 기한 추심청구

丙이 전세기간 만료 후인 2018.2.28. 전세권저당권에 기해 법원으로부터 전세금반환채권 2억 원에 대해 압류 · 추심명령을 받고, 그 명령이 같은 해 3.10. 甲에게 송달된 사실을 인정할 수 있으므로, 丙은 물상대위권에 기하여 甲으로부터 2억 원을 추심할 수 있다.

### 2. 甲의 상계항변

(1) 전세권저당권자가 전세금반환채권에 대하여 물상대위권을 행사한 경우, 종전 저당권의 효력은 물상대위의 목적이 된 전세금반환채권에 존속하여 저당권자가 전세금반환채권으로부터 다른 일반채권자보다 우선변제를 받을 권리가 있으므로, 설령 전세금반환채권이 압류된 때에 전세권설정자가 전세권자에 대하여 반대채권을 가지고 있고 반대채권과 전세금반환채권이 상계적상에 있다고 하더라도 그러한 사정만으로 전세권설정자가 전세권저당권자에게 상계로써 대항할 수는 없다.

(2) 그러나 전세금반환채권은 전세권이 성립하였을 때부터 이미 발생이 예정되어 있다고 볼 수 있으므로, ① 전세권저당권이 설정된 때에 이미 전세권설정자가 전세권자에 대하여 반대채권을 가지고 있고 ② 반대채권의 변제기가 장래 발생할 전세금반환채권의 변제기와 동시에 또는 그보다 먼저 도래하는 경우와 같이 전세권설정자에게 합리적 기대 이익을 인정할 수 있는 경우에는 특별한 사정이 없는 한 전세권설정자는 반대채권을 자동채권으로 하여 전세금반환채권과 상계함으로써 전세권저당권자에게 대항할 수 있다(대판 2014.10.27, 2013다91672).

(3) 사안의 경우 전세권저당권이 설정된 2017.2.10. 이전에 발생한 제1 내지 4 대여금 중 전세금반환채권의 변제기인 2018.1.9.보다 동시에 또는 먼저 도래하는 제1, 3 대여금 합계 3,000만 원의 채권으로 상계를 할 수 있다.

---

# 2. 우선변제적 효력

## (1) 의 의

채무자가 변제기에 이를 변제하지 않을 경우, 저당권자는 저당목적물을 현금화하여 그 대금으로부터 다른 채권자에 우선하여 피담보채권을 변제받을 수 있는 바(제356조), 이를 우선변제적 효력이라 한다.

## (2) 우선변제권의 실현

저당권자의 우선변제권의 실현은 ⅰ) 저당권자 자신의 담보권실행경매신청에 의해 저당권을 실행함으로써 경매절차에서 우선변제를 받거나 ⅱ) 일반채권자, 전세권자, 후순위 저당권자의 강제집행 또는 담보권실행경매신청에 의해 경매절차에서 소멸주의(소제주의)가 원칙이므로 그 순위에 따라 우선변제를 받는 방법에 의한다. 후자의 경우 저당권자는 저당부동산에 대한 일반채권자, 전세권자, 후순위 저당권자의 집행신청을 막을 수 없는 것이 원칙이나, 예외적으로 일반채권자의 강제집행 또는 후순위 저당권자의 담보권 실행은 그 집행채권이 일부라도 변제를 받을 수 있는 경우가 아니면 경매절차를 취소해야 한다(잉여주의에 의한 제한: 민사집행법 제91조 제1항, 제268조). 즉, 일반채권자 또는 후순위저당권자가 신청한 경매에서는 최저매각가격에서 그들의 채권에 우선하는 부동산의 모든 부담(선순위담보권 및 우선특권 등)과 절차비용을 변제하면 남을 것이 없다고 인정된 때에는 법원은 일정한 사유가 없는 한 그 경매절차를 취소하여야 한다(민사집행법 제102조, 제268조). 따라서 일반채권자 등은 원칙적으로 선순위저당권자 등의 채무를 변제하고 나머지가 있는 경우에만 경매를 할 수 있게 된다.

### (3) 일반채권자로서의 집행

저당권자는 일반채권자의 지위를 가지므로 일반채권자로서 일반재산에 대한 집행 또는 배당참가가 가능하다. 이 경우 집행권원이 필요하다. 저당권자가 저당권을 실행하지 않은 채 일반재산에 대해서 강제집행하는 경우, 배당시 다른 채권자는 배당금액의 공탁을 청구할 수 있다(제370조, 제340조). 저당권자는 저당권 실행 후 변제받지 못한 부분만을 공탁금에서 수령할 수 있게 된다.

## 3. 저당권의 순위

저당권이 다른 저당권, 전세권, 유치권 또는 일반채권과 경합하는 경우에 우선변제의 순위가 문제된다.

### (1) 일반채권에 대한 관계

저당권자는 일반채권자에 대해서는 언제나 우선한다.

다만 주택임대차보호법 및 상가건물임대차보호법에 의하여 보증금 중 일정액에 관하여 최우선변제권이 인정되는 임차인은 경매개시결정등기 전 대항요건을 갖춘 경우 저당권자에 우선한다(주택임대차보호법 제8조, 제12조, 상가건물임대차보호법 제14조, 제17조).

주택 또는 상가임대차계약이나 전세계약에 관하여 대항요건(인도와 주민등록(전입신고 포함) 또는 사업자등록)과 임대차계약서상 확정일자를 갖추면, 양 요건을 기준으로 보증금 또는 전세금 전액에 대해서 저당권(설정등기일)과 비교하여 그 우선순위를 결정하게 된다(주택임대차보호법 제3조의2 제2항, 상가건물임대차보호법 제5조).

위 임차권자는 배당요구채권자이므로 배당요구종기까지 배당요구를 하지 않으면 배당을 받을 수 없다.

### (2) 전세권에 대한 관계

전세권은 전세금반환청구권에 대하여 우선변제권이 인정되므로(제303조 제1항) 저당권과의 우선순위는 등기의 선후에 의한다.

### (3) 유치권에 대한 관계

유치권은 우선변제력이 없으므로 이론상으로는 저당권과의 경합 내지 우열의 문제는 생기지 않는다. 그러나 경매절차에서의 매수인은 유치권자에게 변제하지 않으면, 경매목적물을 인도받을 수 없으므로 유치권에는 사실상 우선변제적 효력이 인정된다. 그러나 저당권 실행경매에서 경매등기를 통하여 압류의 효과가 발생한 후에 유치권이 성립되었다면 유치권으로 경매절차의 매수인에게 대항할 수 없다(대판(전) 2014.3.20, 2009다60336). 경매절차에 대한 신뢰와 집행절차의 안정성을 확보되어야 하기 때문이다.

### (4) 저당권 상호간의 순위

동일한 부동산 위에 수개의 저당권이 경합하는 때에는 그 우선변제의 순위는 각 저당권설정등기의 선후에 의한다(제370조; 제333조). 따라서 후순위저당권자는 선순위저당권자가 우선변제권을 행사하여 변제를 받고 남은 잔액에 관해서만 우선변제권을 행사할 수 있다. 선순위저당권이 변제 기타의 사유로 인하여 소멸하면 후순위저당권은 순위승진의 원칙에 의해 그 순위가 올라간다.

### (5) 조세우선특권과의 관계

저당권과 조세채권의 순위는 저당권설정등기일과 조세채권의 법정기일의 선후에 의하여 결정된다. 조세채권의 법정기일은 신고납부방식의 조세에서는 신고일이고, 부과과세방식의 조세에서는 그 조세부과통지서의 발송일이다(국세기본법 제35조 제1항 3호 가목 내지 바목).

저당부동산 소유자가 체납한 국세 또는 지방세는 그 법정기일 전에 설정된 저당권에 우선하여 징수하지 못한다. 다만 저당목적물에 대하여 부과된 조세, 즉 '당해세'와 그 당해세의 가산금채권은 먼저 설정된 저당권보다 우선한다(국세기본법 제35조 제1항 3호). '당해세'란 담보물권을 취득하는 사람이 장래 그 재산에 대하여 부과될 것을 상당한 정도로 예측할 수 있는 것으로서 오로지 당해 재산을 소유하고 있는 것 자체에 담세력을 인정하여 부과되는 국세를 말한다(대판(전) 1999.3.18, 96다23184). 단, 저당권에 우선하는 당해세에 해당하는지의 여부는 저당권설정 당시의 저당권자와 그 설정자의 납세의무를 기준으로 한다(대판 1997.5.9, 96다55204).

**사례 19** A가 그 소유의 건물에 B 명의로 채권최고액 4억 원의 근저당권등기를 설정한 후, 건물을 C에게 매도하고, 소유권이전등기를 마쳤다. 그런데 A, B, C 사이에 A의 채무자 지위를 C가 인수하고, A는 계약관계에서 탈퇴하기로 합의하고, 그에 따라 채무자를 A에서 C로 변경하는 근저당권의 변경등기를 하였다. 그 후 B가 경매를 신청하였는데, 법원은 C에 대한 조세 중 당해세 300만원과 C에 대한 조세 중 법정기일이 B의 근저당권설정등기일보다 빠른 조세 6,000만원을 B의 근저당권보다 선순위로 배당하였다. 법원의 배당은 타당한가?　(대판 2005.3.10, 2004다51153 참조)

**해설 19** 법원의 배당은 타당하지 않다.
국세기본법 제35조 제1항 제3호의 규정 또는 지방세법 제31조 제2항 제3호의 규정에 의하여 국세나 지방세에 대하여 우선적으로 보호되는 저당권부채권은 당해 저당권설정 당시의 저당권자와 설정자와의 관계를 기본으로 하여 그 설정자의 납세의무를 기준으로 한 취지라고 해석되고,

이러한 국세나 지방세 등의 우선징수로부터 배제되는 저당권부채권은 설정자가 저당부동산을 제3자에게 양도하고 그 양수인에게 국세나 지방세의 체납이 있었다고 하더라도 특별규정이 없는 현행법 하에서는 그 보호의 적격이 상실되는 것은 아니라고 할 것이므로, 저당부동산이 저당권 설정자로부터 제3자에게 양도되고 위 설정자에게 저당권에 우선하여 징수당할 아무런 조세의 체납이 없었다면 양수인인 제3자에 대하여 부과한 국세 또는 지방세를 법정기일이 앞선다거나 당해세라 하여 우선 징수할 수 없다.

### (6) 임금우선특권과의 관계

근로기준법 등에서 근로자의 생활안정을 위한 사회정책적 고려로서 근로자의 임금채권은 다른 채권에 비해 우선변제를 인정하고 있다. 즉 임금, 재해보상금, 그 밖에 근로관계로 인한 채권은 사용자의 총재산에 대하여 조세·공과금 및 다른 채권에 우선한다. 그러나 이들 채권도 질권이나 저당권에 의하여 담보되는 채권에 우선할 수 없다$\left(\genfrac{}{}{0pt}{}{근로기준법\ 제38조\ 제1항,\ 근로}{자퇴직급여보장법\ 제11조\ 제1항}\right)$.

근로계약관계의 종료시로부터 최종 3월분의 임금, 최종 3년간의 퇴직금 및 재해보상금은 최우선변제권이 인정된다$\left(\genfrac{}{}{0pt}{}{대판\ 2008.6.26,}{2006다1930}\right)$. 즉 사용자의 총재산에 대해 저당권 등으로 담보되는 채권 및 기타의 채권에 우선한다$\left(\genfrac{}{}{0pt}{}{근로기준법\ 제38조\ 제2항,\ 근로}{자퇴직급여보장법\ 제11조\ 제2항}\right)$. 최종 3개월분의 임금은 ⅰ) 배당요구 이전에 이미 근로관계가 종료된 근로자의 경우 근로관계 종료일부터 소급하여 3개월 사이에 지급사유가 발생한 임금 중 미지급분, ⅱ) 배당요구 당시에도 근로관계가 종료되지 않은 근로자의 경우 배당요구 시점부터 소급하여 3개월 사이에 지급사유가 발생한 임금 중 미지급분을 말하고, 최종 3년간의 퇴직금도 위와 동일한데, 배당요구 종기일 이전에 퇴직금 지급사유가 발생해야 한다$\left(\genfrac{}{}{0pt}{}{대판\ 2015.8.19,}{2015다204762}\right)$. 다만 임금 등에 대한 지연손해금채권은 최우선변제권이 인정되지 않으며 $\left(\genfrac{}{}{0pt}{}{대결\ 2000.1.}{28,\ 99마5143}\right)$, 저당권이 설정된 부동산을 사용자가 특정승계한 후 저당권이 실행된 경우에도 최우선변제권이 인정되지 않는다$\left(\genfrac{}{}{0pt}{}{대결\ 2000.1.28,}{99마5143}\right)$.

임금우선특권은 배당요구채권으로서 경매절차에서 배당요구의 종기까지 배당요구를 한 경우에 한하여 배당을 받을 수 있다$\left(\genfrac{}{}{0pt}{}{대판\ 2008.12.24,}{2008다65242}\right)$.

---

**사례 20** 개인병원을 운영하던 A는 그 소유의 병원으로 사용하던 건물과 토지에 대해 B에게 채권최고액 7억 원의 근저당권설정등기를 마쳤다. 그 후, A는 C의료법인을 설립한 후, 종전에 고용된 직원들을 그대로 승계하고, 토지와 건물을 C의료법인에 증여하고, 소유권이전등기를 마쳤다. 그런데 B의 경매신청에 의한 경매절차에서, C의료법인의 근로자들이 최종 3개월분의 임금 1억 원과 퇴직금 5,000만 원의 채권에 기해 배당요구를 하였다. 이에 법원은 매각대금 5억 원 전액을 B에게 배당하였다. 법원의 이러한 배당은 타당한가? (대판 2004.5.27, 2002다65905 참조)

**│해설 20│ 법원의 배당은 타당하지 않다.**
근로기준법 제37조 제2항의 취지는 근로자가 최종 3월분의 임금과 최종 3년간의 퇴직금, 재해보상금에 관한 채권을 질권, 저당권에 의하여 담보된 채권, 조세공과금 및 다른 채권과 동시에 사용자의 동일재산으로부터 경합하여 변제받는 경우에, 그 각 채권의 성립의 선후나 질권 또는 저당권의 설정 여부에 관계없이 그 임금, 퇴직금 등을 우선적으로 변제받을 수 있는 권리가 있음을 밝힌 것이며 사용자가 재산을 특정승계 취득하기 전에 설정된 담보권에 대하여까지 그 임금채권의 우선변제권을 인정한 것은 아니다. 그런데 사안의 경우 A가 개인병원 형태로 운영되던 사업을 의료법인 형태로 전환하면서 저당권의 목적물인 부동산 등 물적 시설을 C의료법인에 출자하고 그에 따라 근로자들의 근로관계도 법인에 단절 없이 승계된 경우와 같이 사업의 인적 조직·물적 시설이 그의 동일성을 유지하면서 일체로서 이전되어 형식적으로 경영주체의 변경이 있을 뿐 개인병원과 의료법인 사이에 실질적인 동일성이 인정되는 경우에는 담보된 재산만이 특정승계된 경우와는 달라서, 고용이 승계된 근로자는 물론 법인 전환 후에 신규로 채용된 근로자들도 사용자가 재산을 취득하기 전에 설정된 담보권에 대하여 임금 등의 우선변제권을 가진다.

### (7) 가압류채권과의 관계

저당권이 설정된 이후에 일반채권자의 가압류가 이루어진 경우, 저당권은 가압류채권자에 우선한다.

한편 일반채권자의 가압류가 이루어진 후에 저당권이 설정된 경우에도 가압류채권자가 저당권자에 우선하는 것은 아니다. 가압류의 처분금지효력에 따라 저당권자는 저당권설정(처분행위)을 가압류채권자에게는 주장할 수 없고, 일반채권자의 지위만 인정되므로, 경매절차의 배당관계에서 양자는 안분비례에 따라 평등배당을 받게 된다($\binom{대판\ 2008.2.28.}{2007다77446}$). 그러나 다른 채권자와의 관계에서는 여전히 우선변제권이 인정된다.

---

**사례 21** A 소유의 건물(매각대금 1,000만 원)에 대해 B의 **가압류등기**(2억 원), C의 **저당권등기**(3억 원), D의 강제경매신청에 의한 압류등기(5억 원)가 각각 순서대로 경료된 경우, 각 채권자의 배당금액은 어떻게 되는가? (대결 1994.11.29. 94마417 참조)

**해설 21** A : B : C = 200만원 : 800만원 : 0원으로 배당된다.
부동산에 대하여 가압류등기가 먼저 되고 나서 저당권설정등기가 마쳐진 경우에 그 저당권등기는 가압류에 의한 처분금지의 효력때문에 그 집행보전의 목적을 달성하는 데 필요한 범위 안에서 가압류채권자에 대한 관계에서만 상대적으로 무효인 바, 이 경우 가압류채권자와 저당권자 및 위 저당권설정등기 후 강제경매신청을 한 압류채권자 사이의 배당관계에 있어서, 저당권자는 선순위 가압류채권자에 대하여는 우선변제권을 주장할 수 없으므로 1차로 채권액에 따른 안분비례에 의하여 평등배당을 받은 다음, 후순위 경매신청압류채권자에 대하여는 우선변제권이 인정되므로 경매신청압류채권자가 받을 배당액으로부터 자기의 채권액을 만족시킬 때까지 이를 흡수하여 배당받을 수 있다. 이 사안의 경우, A : B : C = 200만원 : 300만원 : 500만원으로 안분배당 후, B가 C의 배당액을 흡수하여 결국 A : B : C = 200만원 : 800만원 : 0원으로 배당된다.

## (8) 파산채권에 대한 관계

저당권은 파산절차에서 별제권, 회생절차에서 회생담보권으로 취급된다(채무자회생법 제141조, 제421조 참조).

## (9) 배당순위

### (가) 공통사항

ⅰ) 집행비용, ⅱ) 제3취득자의 필요비, 유익비채권, ⅲ) 소액임차보증금채권, 3개월분 임금 등 채권(동순위로 채권액에 비례하여 배당)

### (나) 조세법정기일이 저당권설정등기일보다 앞서는 경우

ⅰ) 조세채권(당해세 포함), ⅱ) 저당권, 대항요건과 확정일자를 갖춘 임차보증금채권(선후에 따른 우열), ⅲ) 임금 기타 근로관계 채권, ⅳ) 공과금, ⅴ) 일반채권

### (다) 저당권설정등기일이 조세법정기일보다 앞서는 경우

ⅰ) 당해세 및 그 가산금, ⅱ) 저당권, 대항요건과 확정일자를 갖춘 임차보증금채권(선후에 따른 우열), ⅲ) 임금 기타 근로채권, ⅳ) 조세채권, ⅴ) 공과금, ⅵ) 일반채권

# V. 저당권의 실행

```
1. 서  설                           (3) 매각의 효과
  (1) 의 의                      3. 유저당계약에 의한 저당권의 실행(저당권의 사
  (2) 강제경매와의 비교                   적 실행)
2. 민사집행법상 담보권실행경매에 의한 저당권       (1) 유저당계약
  실행(저당권의 공적 실행)              (2) 대물변제 예약형 유저당계약
  (1) 경매신청의 요건                   (3) 임의환가형 유저당계약
  (2) 경매의 절차
```

## 1. 서  설

### (1) 의 의

저당권의 실행이란 채무자가 채무를 이행하지 않는 경우, 저당권자 자신이 저당목적물을 매각하여 현금화한 다음 그 매각대금으로부터 피담보채권을 우선변제받는 것을 말한다. 저당권을 실행하는 방법은 민사집행법이 정하는 담보권실행을 위한 경매절차에 의하는 것(공적 실행)이 원칙이나, 예외로 경매절차에 의하지 아니하고 유저당계약에 의한 실행(사적 실행)도 가능하다.

### (2) 강제경매와의 비교

경매에는 일반채권자가 집행권원에 기하여 신청하는 강제경매와 집행권원을 요하지 않는 임의경매가 있다. 임의경매에는 별도의 집행권원을 요하지 않는다. 임의경매에는 담보물권의 실행을 위한 이른바 실질적 경매와 민법, 상법 그 밖의 법률의 규정에 따라 물건을 현금화하기 위한 이른바 형식적 경매가 있다. 임의경매는 담보권 실행 등을 위한 경매이다. 유치권에 기한 경매도 민사집행법 제274조에 의해 형식적 경매와 동일하게 취급되고 있다. 민사집행법에서는 임의경매를 '담보권실행 등을 위한 경매'라 한다(<sup>민사집행법 제264</sup><sub>조 내지 제275조</sub>).

담보권실행 경매와 강제경매의 가장 큰 차이점은 경매개시요건으로 강제경매에는 채권에 기한 확정판결 등의 집행권원(종전에는 이를 '채무명의'라고 하였음)을 필요로 하나(<sup>민사집행법</sup><sub>제80조 3호</sub>), 임의경매에는 담보권의 환가력에 기하여 경매신청권이 인정되므로 집행권원을 필요하지 않고, 경매신청시 담보권의 존재를 증명하는 서류를 제출하면 된다는 점이다. 또다른 차이점은 강제경매는 집행권원에 기한 것이므로 경매절차가 종료된 경우, 그 경매가 실체법상의 청구권이 부존재 또는 무효·소멸된 상태에서 이루어진 것이라도 매수인은 목적물의 소유권을 취득하지만(강제경매의 공신력), 임의경매는 담보권에 있는 환가권을 국가기관이 대행하는 것에 불과하여 담보권에 하자가 있으면, 경매의 효력에 영향을 미치게 된다는 점이다.

양자의 공통점은 양자 모두 채권의 만족을 얻기 위해 국가가 관장하는 절차에 의하는 것에이므로, 민사집행법은 부동산에 대한 담보권실행절차에서 강제집행에 관한 규정을 준용한다(<sup>민사집행법</sup><sub>제268조</sub>).

## 2. 민사집행법상 담보권실행경매에 의한 저당권실행(저당권의 공적 실행)

| | |
|---|---|
| (1) 경매신청의 요건 | (라) 매각허가결정 |
|    (가) 피담보채권과 저당권의 존재 | (마) 매각대금의 배당 |
|    (나) 피담보채권의 이행기도래 | (바) 재매각 |
| (2) 경매의 절차 | (3) 매각의 효과 |
|    (가) 경매의 신청 |    (가) 매수인의 권리취득 |
|    (나) 경매개시결정, 압류와 경매등기 |    (나) 매각목적물 위의 다른 권리의 소멸여부 |
|    (다) 매 각 |    (다) 경매의 하자 |

### (1) 경매신청의 요건

### (가) 피담보채권과 저당권의 존재

저당권자는 그 채권의 변제를 받기 위하여 저당물의 경매를 청구할 수 있다(<sup>제363조</sup><sub>제1항</sub>). 따라서 경매절차의 개시를 위해서 유효한 피담보채권과 저당권이 존재해야 한다. 경매신청시 이를 증명하는 서류(예 저당권설정등기기록) 및 담보권을 승계한 경우에는 그 승계를 증명하는 서류를 첨부하여 소명해야 한다$\binom{민사집행법}{제264조}$.

### (나) 피담보채권의 이행기도래

피담보채권의 이행기가 도래해야 한다. 따라서 저당권자가 피담보채권의 이행기 도래 전에 경매신청한 경우, 그 신청은 위법하여 각하해야 한다$\binom{대결\ 1968.4.10.}{68다301}$. 이행기 도래 전임에도 불구하고 경매개시결정이 있는 때에는 채무자는 이의신청을 할 수 있다$\binom{민사집행법}{제86조}$. 다만 매각허가결정 확정시까지 이행기가 도래하면, 그 하자는 치유된다고 본다.

## (2) 경매의 절차

부동산의 담보권 실행절차에 관하여 민사집행법 제268조에서 금전채권에 기한 강제집행절차를 규정한 같은 법 제79조부터 제162조까지의 규정을 준용하고 있다.

### (가) 경매의 신청

저당권의 실행은 저당권자가 목적부동산 소재지의 지방법원(전속관할)에 경매를 신청함으로써 시작된다$\binom{제268조.}{제79조}$. 경매신청은 일정한 사항을 기재한 서면을 법원에 제출함으로써 이루어진다$\binom{민사집행}{법\ 제80조}$. 경매신청은 이를 취하할 수 있고 취하하면 압류의 효력이 소멸된다$\binom{민사집행법}{제93조\ 제1항}$. 그러나 매수의 신고가 있은 후에 경매신청을 취하하고자 할 때에는 최고가매수신고인과 차순위매수신고인의 동의가 있어야 한다$\binom{민사집행법\ 제93조}{제2항,\ 제114조}$.

### (나) 경매개시결정, 압류와 경매등기

법원은 경매신청이 적법하다고 인정할 때에는 경매개시결정을 함과 동시에 그 저당부동산의 압류를 명해야 한다$\binom{경매개시결정과\ 압류명령,}{민사집행법\ 제83조\ 제1항}$. 경매개시결정을 하면 법원은 채무자에게 그 결정을 송달하고, 관할등기소에 경매개시결정의 등기(경매등기)를 촉탁해야 한다$\binom{민사집행법}{제94조\ 제1항}$.

압류의 효력은 경매개시결정이 채무자에게 송달된 때 또는 법원의 촉탁에 의하여 경매등기가 이루어진 때에 생긴다$\binom{민사집행법\ 제83}{조\ 제4항,\ 제94조}$. 이 시점 이후 부동산의 과실에 대해 저당권의 효력이 미친다$\binom{제359}{조}$. 한편, 경매절차의 이해관계인은 매각대금의 완납이 있을 때까지 법원에 경매개시결정에 대한 이의신청을 할 수 있으며$\binom{민사집행}{법\ 제86조}$, 이의사유로는 절차상의 위법사유뿐만 아니라 담보권의 부존재 또는 소멸을 주장할 수 있다$\binom{민사집행법}{제265조}$. 경매절차의 이해관계인은 민사집행법 제90조에서 정하고 있다.

법원은 경매개시결정을 한 후에는 지체없이 집행관에게 경매부동산의 현황, 점유관계, 차임 또는 보증금액, 기타 현황에 관하여 조사할 것을 명해야 한다$\binom{현황조사명령,\ 민}{사집행법\ 제85조}$.

경매개시결정을 한 법원은 최저매각가격을 정하기 위해 감정인에게 부동산을 평가하게 하고 (감정평가명령), 그 평가액을 참작하여 최저매각가격을 정해야 한다$\binom{민사집행}{법\ 제97조}$. 법원이 수개의 부동산에 대해서 경매개시결정을 한 때에는 부동산의 위치, 형태, 이용관계 등을 고려하여 이를 동일인에게 일괄매수시킴이 상당하다고 인정한 때에는 일괄매각할 것을 정할 수 있다$\binom{민사집행}{법\ 제98조}$.

### (다) 매 각

민사집행법은 압류된 부동산의 환가 또는 현금화를 매각이라고 하는데, 이를 위해 법원은 감정평가금액을 기초로 최저매각가격을 결정한 다음($^{민사집행법}_{제97조\ 제1항}$), 최저매각가격에서 경매신청한 저당권자의 채권에 우선하는 부동산의 모든 부담과 절차비용을 공제한 결과, 경매신청자가 변제받을 것이 없을 때에는 경매신청한 저당권자에게 무잉여를 통지해야 한다. 경매를 신청한 저당권자는 통지일로부터 1주일 내, 선순위 부담과 비용을 변제하고 남을 가격을 정해 그 가격에 매수신청을 하고, 보증을 제공해야 하며, 그렇지 않으면 경매절차는 취소된다($^{잉여주의,\ 민사집행}_{법\ 제268조,\ 제102조}$). 법원은 경매개시결정에 따른 압류의 효력이 생긴 때부터 1주 이내에 제1회 매각기일 이전 날로 배당요구종기를 정한 다음 이를 공고해야 하고($^{민사집행법}_{제84조}$), 매각기일 및 매각결정기일(매각기일로부터 1주일 내)도 지정하여 이를 공고하고, 매각기일 및 매각결정기일을 이해관계인에게 통지해야 한다($^{민사집행}_{법\ 제104조}$). 법원은 매각물건명세서를 작성하고, 그 사본을 법원에 비치하여 일반인이 열람할 수 있도록 해야 한다($^{민사집행법}_{제105조}$). 매각기일과 매각결정기일을 공고하면, 집행관은 매각기일에 집행기록을 열람하게 하고, 특별한 매각조건이 있는 때에는 이를 고지하고 매수가격신고를 최고해야 한다($^{민사집행법}_{제112조}$). 이 때 매수신청인은 보증금으로 최저매각가격의 10분의 1에 해당하는 현금이나 법원이 인정한 유가증권을 집행관에게 보관해야 매수허가를 받을 수 있다($^{민사집행법}_{제113조}$).

최고가매수신고인 이외의 매수신고인은 그 신고액이 최고가매수신고액에서 그 보증금을 공제한 금액을 넘을 때에는 매각기일을 마칠 때까지 집행관에게 최고가매수신고인이 대금지급기한까지 의무를 이행하지 아니하는 경우에 자기의 매수신고에 대하여 매각을 허가하여 달라는 취지의 신고를 할 수 있다($^{민사집행법}_{제114조}$). 이러한 매수신고를 차순위매수신고라 한다.

매각절차가 끝나게 되면, 집행관이 최고가매수신고인의 성명과 그 가격을 호창(呼唱)하고, 차순위매수신고를 최고한 후, 적법한 차순위매수신고가 있으면 차순위매수신고인을 정하여 그 성명과 가격을 호창하고 매각기일의 종결을 고지하는 방법으로 매각을 종결한다($^{민사집행법}_{제115조}$). 즉 매각기일에서 최고가매수신청인과 차순위매수신고인이 결정된다. 매각기일에 허가할 매수가격의 신고가 없는 경우에는, 법원은 최저매각가격을 상당히 저감하고 새로운 매각기일을 정해야 한다($^{민사집행법}_{제119조}$).

### (라) 매각허가결정

매각기일에서 최고가매수신고인이 정하여지면, 법원은 매각결정기일을 열어 이행관계인의 진술을 청취한 다음, 매각허가결정을 한다($^{민사집행법\ 제}_{128조\ 제1항}$). 즉 매각결정기일에서 매각허가결정에 의해 매수인이 결정된다. 매각허가결정이 확정되면 법원은 대금지급기일을 정하고, 매수인은 법원이 정하는 기일에 매각대금을 완납해야 한다($^{민사집행법\ 제142}_{조\ 제1항,\ 제2항}$). 이와 같이 매수인이 매각대금을 완납한 때에 매각목적물의 소유권을 취득하며($^{민사집행법}_{제135조}$), 법원사무관 등은 매각허가결정의 등본을 첨부하여 소유권이전의 등기를 촉탁해야 한다($^{민사집행법\ 제}_{144조\ 제1항}$). 차순위매수신고인이 있는 경우에 매수인이 대금지급기일에 그 대금을 지급하지 아니할 때에는 차순위매수신고인에 대해 매각허가를 결정해야 한다($^{민사집행법\ 제}_{137조\ 제1항}$).

### (마) 매각대금의 배당

매수인이 매각대금을 납부하면, 법원은 배당기일을 정해 이해관계인, 배당을 요구한 채권자를 소환하여($^{민사집행법}_{제146조}$) 배당표를 확정한 다음, 배당을 실시하는데, 매각대금에서 우선 매각(집행)비용을 공제하고, 제3취득자가 저당부동산에 관하여 지출한 필요비 또는 유익비의 상환에 충당한 다음($^{제367}_{조}$), 남은 잔액으로 등기부상의 우선순위에 따라서 저당권자, 기타의 담보권자와 전세권자 등에게 배당을 한다. 배당요구와 관련하여 경매개시 전의 저당권자에게는 배당요구가 없어도 배당해야 하지만($^{민사집행법}_{제148조\ 4호}$), 집행력 있는 정본을 가진 채권자, 경매개시결정이 등기된 뒤에 가압류를 한 채권자, 민법·상법, 그 밖의 법률에 의하여 우선변제청구권이 있는 채권자는 배당요구를 해야만 배당을 받을 수 있다($^{민사집행법}_{제88조\ 제1항}$).

또한 배당받을 권리 있는 채권자($^{민사집행법}_{제88조\ 참조}$)가 자신이 배당받을 몫을 받지 못하고 그로 인해 권리 없는 다른 채권자가 그 몫을 배당받았다면 배당받을 수 있었던 채권자가 배당금을 수령한 다른 채권자를 상대로 부당이득반환청구를 할 수 있다. 이러한 청구는 배당이의를 하지 않았던 경우뿐만 아니라 배당표가 확정된 이후에도 할 수 있다.

### (바) 재매각

매수인이 대금지급기일에 그의 의무를 완전히 이행하지 아니하고, 차순위매수신고인이 없는 때에는 법원은 직권으로 부동산의 재매각을 명해야 한다($^{민사집행법\ 제}_{138조\ 제1항}$).

**사례 22** A는 그 소유의 건물에 대해 B에게 1순위 저당권을, C에게 2순위 저당권을 각 설정하였다. 그 후 C가 저당권에 기한 경매신청을 하여 경매개시결정과 함께 압류등기가 기입되고 경매가 진행되는 동안 B가 배당요구를 하지 않아도 배당을 받을 수 있는가? (대판 1996.5.28, 95다34415 참조)

**해설 22** 배당요구가 없어도 배당을 받을 수 있다.

부동산을 목적으로 하는 담보권의 실행을 위한 경매절차에서 그 개시 전의 저당권자는 민사집행법 제268조에 의해 준용되는 같은 법 제88조에 의한 배당요구를 하지 않았더라도 당연히 배당요구를 한 것과 동일하게 취급되므로, 그러한 근저당권자가 배당요구를 하지 아니하였다 하여도 배당에서 제외하여서는 아니된다.

**사례 23** A 소유의 X부동산에 B은행 앞으로 채권최고액 2억 원으로 하는 근저당권이 설정되었다. B의 신청에 따라 X의 경매가 개시되었고, C와 D는 A에 대한 집행력 있는 정본을 가진 채권자로서 배당요구를 하였다. 배당기일에 1순위부터 5순위까지는 채권액 전부(배당비율 100%)가 배당되었다(경매신청채권자인 B은행은 2순위로 1억 5천만원을 배당받았다). 일반채권자인 C와 D는 6순위로 자신들의 채권금액 중 일정금액이 배당되었다. D는 배당기일에 출석하여 B의 배당금에 관하여 이의하고 같은 날 B은행을 상대로 배당이의의 소를 제기하였다. D는 그 배당이의소송에서 B가 갖는 근저당권의 피담보채권이 시효로 소멸했다고 주장했다. B은행은 곧바로 청구를 인낙하였고, 이에 법원은 기일 외에서 B의 배당금을 모두 D에게 배당하는 것으로 배당표를 경정하는 내용의 화해권고결정을 하였으며, 위 화해권고결정이 확정되자, D는 경정된 배당표에 따라 배당금 전액을 수령하였다. 그러자 배당기일에 출석하였으나 이의하지 않았던 C는 위 화해권고결정의 확정 후 D를 상대로 B의 배당금에 대한 6순위 채권자인 C, D의 채권액 비율에 따른 안분액 중 C의 몫인 1억 원에 대하여 부당이득반환을 구하는 소를 제기하였다. 이에 D는 채권자가 적법한 소환을 받아 배당기일에 출석하여 자기의 의견을 진술할 기회를 부여받고도 이러한 기회를 이용하지 않은 채 배당절차가 종료된 이상, 배당절차에서 배당받은 다른 채권자를 상대로 부당이득반환 청구의 소를 제기하여 새삼스럽게 자신의 실체법적 권리를 주장하는 것을 허용해서는 안 된다고 주장한다. D의 이러한 주장은 타당한가?　　　　　　　　　(대판(전) 2019.7.18, 2014다206983 참조)

**┃해설 23┃** D의 주장은 타당하지 않다.

D의 주장은 위 판결의 반대의견의 내용이다. 대법원의 다수의견은 배당받을 권리 있는 채권자가 자신이 배당받을 몫을 받지 못하고 그로 인해 권리 없는 다른 채권자가 그 몫을 배당받은 경우에는 배당이의 여부 또는 배당표의 확정 여부와 관계없이 배당받을 수 있었던 채권자가 배당금을 수령한 다른 채권자를 상대로 부당이득반환청구를 할 수 있다는 입장을 취해 왔다. 이러한 법리의 주된 근거는 배당절차에 참가한 채권자가 배당이의 등을 하지 않아 배당절차가 종료되었더라도 그의 몫을 배당받은 다른 채권자에게 그 이득을 보유할 정당한 권원이 없는 이상 잘못된 배당의 결과를 바로잡을 수 있도록 하는 것이 실체법 질서에 부합한다는 데에 있다. 나아가 위와 같은 부당이득반환청구를 허용해야 할 현실적 필요성(배당이의의 소의 한계나 채권자취소소송의 가액반환에 따른 문제점 보완), 현행 민사집행법에 따른 배당절차의 제도상 또는 실무상 한계로 인한 문제, 민사집행법 제155조의 내용과 취지, 입법 연혁 등에 비추어 보더라도, 종래 대법원 판례는 법리적으로나 실무적으로 타당하므로 유지되어야 한다고 한다.

사안의 경우 C의 D에 대한 부당이득반환청구는 인용되어야 한다.

## (3) 매각의 효과

### (가) 매수인의 권리취득

매각의 효과로서 매수인은 매각의 목적이었던 권리를 취득한다. 그 매각목적물의 권리취득 시기는 매각대금을 완납한 때이다(민사집행법 제135조). 이 때의 물권변동은 제187조에 의하여 등기 없이 그 효력이 생기며, 법원은 매각대금완납 후에 매각허가결정의 등본을 첨부하여 매수인에게로의 등기를 촉탁한다(민사집행법 제144조 제1항 1호). 법원은 대금을 납부한 후 6개월 내에 매수인의 신청이 있는 때에는 채무자, 소유자 또는 압류의 효력이 발생한 후에 점유를 시작한 부동산점유자에 대하여 부동산을 매수인에게 인도할 것을 명할 수 있다(민사집행법 제136조 제1항 본문).

(나) 매각목적물 위의 다른 권리의 소멸여부

1) 저당권

소멸주의(소제주의)에 의해 순위 여부를 불문하고 항상 소멸한다(민사집행법 제91조 제2항).

2) 용익권

원칙적으로 소멸하는 최선순위 저당권과의 순위에 따라 우열이 결정된다. 따라서 그보다 후순위인 용익권은 소멸하지만, 선순위인 용익권은 존속하고 매수인이 이를 인수한다. 다만 전세권은 선순위라 하더라도 전세권자의 배당요구시에는 예외적으로 소멸한다(민사집행법 제268조, 제91조 제5항). 선순위 근저당권이 있었으나 매각대금을 지급하기 전에 선순위 근저당권이 다른 사유로 소멸한 경우에는 용익권의 존재로 담보가치의 손상을 받을 선순위 근저당권이 없으므로 후순위임차권의 대항력은 소멸하지 않는다(대판 2003.4.25, 2002다70075, 주택임대차보호법상 대항요건을 갖춘 임차권의 보호).

3) 유치권

유치권은 그 유치적 효력에 의해 매수인은 유치권자에게 그 유치권으로 담보되는 채권을 변제할 책임이 있기 때문에(민사집행법 제91조 제5항) 인수된다.

4) 가등기, (가)압류, 가처분

일반채권의 청구권 보전의 가등기 또는 가처분등기는 최선순위의 저당권과의 우열에 따른다. 따라서 최선순위의 저당권보다 후순위의 보전가등기 또는 가처분은 소멸하지만, 최선순위의 저당권보다 선순위의 보전가등기 또는 가처분은 매수인에게 인수된다. 반면 담보가등기 또는 압류등기, 가압류등기는 항상 소멸한다(민사집행법 제144조 제1항 3호, 가등기담보법 제16조 제2항). 저당권의 압류효력 발생 전의 가압류는 배당을 받게 되므로 존속시킬 필요가 없고, 압류 후의 가압류는 매수인에게 대항할 수 없어 말소되기 때문이다.

---

**사례 24** A가 그 소유의 건물에 대해 B에게 1순위 저당권, C에게 매매계약에 기한 소유권이전등기청구권의 보전을 위한 가등기, D에게 2순위 저당권을 각 순서대로 설정하였다. 그런데 B의 저당권실행을 위한 경매신청으로 절차가 개시되어 E가 위 건물을 매수하여 매각대금을 완납한 경우, C의 가등기는 어떻게 되는가? (대판 2007.12.13, 2007다57459 참조)

**|해설 24|** C의 가등기는 말소된다.

제1, 2순위의 근저당권설정등기 사이에 소유권이전등기청구권 보전의 가등기가 경료된 부동산에 대하여 위 제1순위 근저당권의 실행을 위한 경매절차에서 매각허가결정이 확정되고 매각대금이 완납된 경우, 위 가등기는 소멸하고, 위 등기는 민사집행법 제144조 제1항 제2호에 규정된 매수인이 인수하지 아니한 부동산의 부담에 관한 기입에 해당하여 말소촉탁의 대상이 되며, 이와 같은 매각허가결정의 확정으로 인한 물권변동의 효력은 그에 관한 등기에 관계없이 이루어지는 것이다. 따라서 사안의 경우 C명의의 가등기는 소멸하는 B 명의의 최선순위 저당권보다 후순위이므로 매각대금이 완납된 경우 소멸한다.

D가 경매신청을 하는 경우에도 C의 가등기는 말소된다.

(다) 경매의 하자

1) 절차상의 하자

매각허가결정이 확정되면, 이의신청 또는 항고 등의 대상이 될 수 있었던 경매절차상의 하자는 치유된다.

2) 실체상의 하자

담보권실행경매에서는 경매개시결정 이전에 담보권의 부존재, 무효 또는 피담보채권의 불발생, 소멸 등과 같은 실체법상의 하자가 있음에도 집행법원이 경매개시결정을 할 경우, 이는 경매개시결정에 대한 이의사유에 해당할 뿐만 아니라 민사집행법 제266조 소정의 서류를 매각허가결정시까지 제출하면 경매절차의 정지 및 취소사유에도 해당하고, 또한 매각불허가사유에도 해당한다. 그럼에도 이를 간과하고 매각허가결정을 하고, 매수인이 매각대금을 완납하고, 소유권이전등기를 경료받더라도 이는 소멸한 저당권을 바탕으로 하여 이루어진 무효의 절차와 결정으로서 매수인은 매각부동산의 소유권을 취득하지 못한다(대판 1978.10. 10, 78다910). 그러나 실체상 존재하는 저당권에 기하여 경매개시결정이 있었다면 그 후에 저당권이 소멸하였거나 변제 등에 의하여 피담보채권이 소멸하였음에도 이를 간과하고 매각절차가 진행된 결과 매각허가결정이 확정되고, 매각대금이 완납되었다면, 매수인은 적법하게 매각부동산의 소유권을 취득한다(민사집행법 제 267조, 대결 1992.11.11, 92마719 참조). 즉 담보권실행경매에서는 경매개시결정시를 기준으로 그 전에 저당권이 소멸한 경우에는 경매에 공신적 효과가 인정되지 않지만, 그 후에 저당권이 소멸한 때에는 경매에 공신적 효과가 인정된다.

---

**사례 25** A가 그 소유의 X건물에 대한 소유권보존등기를 마친 후, B 명의의 저당권설정등기를 경료하였는데, A의 채권자 C가 X건물에 대해 강제경매를 신청하였고, 경매절차에서 D가 X건물을 매수하여 소유권이전등기를 마쳤다. 그런데 X건물의 원시취득자는 A가 아닌 다른 사람이어서 A 명의의 소유권보존등기가 원인무효임이 밝혀졌다.

질문 1) D는 X건물의 소유권을 취득하는가?

질문 2) D는 경매과정에서 배당을 받은 B에게 부당이득반환을 구할 수 있는가?

질문 3) D는 A를 상대로 담보책임을 추급할 수 있는가?

(대판 2004.6.24, 2003다59259; 대판 1993.5.25, 92다15574 참조)

**해설 25**

해설 1) 매수인이 강제경매절차를 통하여 부동산을 경락받아 대금을 완납하고 그 앞으로 소유권이전등기까지 마쳤더라도, 그 후 강제경매절차의 기초가 된 채무자 명의의 소유권보존등기가 원인무효의 등기인 경우 경매 부동산에 대한 소유권을 취득하지 못하게 된다. 따라서 사안의 경우 X건물에 대한 A 명의의 소유권보존등기는 원인무효인 이상 이를 기초로 한 강제경매절차와 그에 따른 매수인 D 명의의 소유권이전등기도 무효이므로 D는 X건물의 소유권을 취득할 수 없다.

해설 2) 사안의 경우 X건물에 대한 강제경매절차는 그 개시 당시부터 채무자 소유가 아닌 타인 소유의 부동산을 대상으로 한 것이어서 무효이므로, 강제경매절차에서 배당받은 B는 법률상 원인 없이 이득을 얻었다고 할 것이고, 따라서 B는 매각대금을 납부한 D에게 배당금 중 그가 배당받은 금액에 대하여 일반 부당이득의 법리에 따라 반환을 할 의무가 있다.

**해설 3)** 제578조 제1항, 제2항은 매매의 일종인 경매에 있어서 그 목적물의 하자로 인하여 매수인이 경락의 목적인 재산권을 완전히 취득할 수 없을 때에 매매의 경우에 준하여 매도인의 위치에 있는 경매의 채무자나 채권자에게 담보책임을 부담시켜 매수인을 보호하기 위한 규정으로서 그 담보책임은 매매의 경우와 마찬가지로 경매절차는 유효하게 이루어졌으나 경매의 목적이 된 권리의 전부 또는 일부가 타인에게 속하는 등의 하자로 매수인이 완전한 소유권을 취득할 수 없거나 이를 잃게 되는 경우에 인정되는 것이고 경매절차 자체가 무효인 경우에는 경매의 채무자나 채권자의 담보책임은 인정될 여지가 없다. 사안의 경우 강제경매의 기초가 된 A명의의 소유권보존등기가 원인무효인 이상 경매절차 자체도 무효이므로 제578조에 담보책임을 경매의 채무자 A에게 물을 수 없다.

## 3. 유저당계약에 의한 저당권의 실행(저당권의 사적 실행)

### (1) 유저당계약

#### (가) 의 의

유저당계약(流抵當契約)이란 저당권설정계약에서 또는 피담보채권의 변제기 전에 특약으로 저당채무의 불이행이 있는 경우 변제에 갈음하여 저당목적물의 소유권을 저당권자가 취득하거나 또는 경매에 의하지 않는 방법으로 저당목적물을 처분 내지 환가하기로 하는 약정을 말한다. 이러한 유저당계약은 저당권의 공적 실행인 법원을 통한 경매절차를 회피할 목적으로 행하여지는 저당권의 사적 실행에 관한 계약이다.

#### (나) 유저당계약의 허용 여부

우리 민법은 질권과 달리 유저당계약을 금지하는 규정이 없고, 유질계약을 금지하는 제339조를 준용하고 있지도 않다. 따라서 해석상 유저당계약을 금지할 필요가 없다는 것이 통설이다.

#### (다) 유저당계약의 내용

유저당계약의 내용은 두 가지로 나누어 볼 수 있다. 하나는 저당채무의 불이행시 저당부동산의 소유권을 저당권자에게 귀속시키는 대물변제의 예약이고(대물변제예약형), 다른 하나는 저당부동산의 환가를 법원에 의한 경매가 아닌 임의매각의 방법으로 하는 것이다(임의환가형). 후자는 저당목적물을 임의환가한 후 정산하면 되므로 큰 문제가 없다. 그러나 전자는 대물변제의 예약에 관해 제607조 및 제608조의 규정이 적용되고, 또한 대물변제의 예약을 가등기한 경우에는 가등기담보법이 적용된다. 따라서 대물변제 예약과 임의환가형으로 나누어, 그 법적 처리에 관하여 살펴본다.

### (2) 대물변제 예약형 유저당계약

저당목적물에 관하여 당사자 간에 대물변제의 예약을 하고, 대물변제의 예약에 기해 가등기까지 한 경우에는 가등기담보법에 의해 저당권자는 다른 담보물권인 가등기담보권도 취득한다. 이와 같은 가등기담보권은 독립한 담보권이므로 유저당계약이라고 볼 수는 없다. 따라서 가등기를 갖추지 않은 대물변제의 예약만을 유저당계약이라고 보아야 한다.

판례는 피담보채권의 변제기 도래 전에 저당권설정 당사자 사이에서 체결한 대물변제의 예약 중 가등기를 갖추지 않은 유저당계약에 의하여 저당권자가 저당물의 소유권도 취득한 경우, 저당물의 가액이 차용액 및 이에 붙인 이자의 합산액을 초과하면, 그 대물변제예약은 제608조에 의하여 무효이지만, 청산을 예정한 약한 의미의 양도담보계약으로서는 유효하다고 한다(대판 1999. 2.9, 98다51220). 학설도 판례의 입장을 지지하여 그 유효성은 인정하나 그 이론구성에 있어서는 무효행위전환설, 일부무효설 등이 있다.

피담보채권의 변제기 도래 후에 당사자의 특약에 의하여 저당목적물의 소유권을 저당권자로 하여금 취득하게 하는 것은 대물변제로서 유효하고, 이 때에는 채무자의 궁박을 이용한 폭리행위의 문제는 원칙적으로 생기지 않는다.

### (3) 임의환가형 유저당계약

임의환가형 약정의 유효성을 인정하는 것이 일반적인데, 저당권자가 저당부동산에 관하여 자신 명의의 소유권이전등기를 한 후 또는 소유권이전등기를 하지 않고 바로 제3자에게 매각하여 그 처분대금에서 피담보채권액을 제외한 나머지를 저당권설정자에게 반환하여 청산하게 된다. 피담보채권이 확정적으로 소멸하는 시기에 대해서는 채권액 상당을 지급받은 때라는 견해도 있지만, 제3자 명의로 소유권이전등기를 한 때라는 견해가 일반적이다. 저당채무자는 환가처분 전까지 채무를 변제하여 피담보채권을 소멸시킬 수 있다.

---

**사례 26** A는 B로부터 돈 1억 원을 빌리면서 A 소유의 X건물(2억 원)에 B 명의의 저당권을 설정하고 만일 변제기까지 돈을 갚지 못할 경우 X건물을 넘겨주겠다는 약정을 하고, B에게 건물의 소유권이전에 필요한 서류를 교부하였다. 그런데 A가 그 변제기에 돈을 갚지 못하자, B는 위 서류를 이용해 A로부터 X건물의 소유권이전등기를 마쳤다. 이 경우 B 명의의 소유권이전등기의 유효한가?

(대판 1968.6.28, 68다762,763 참조)

**해설 26** B 명의의 소유권이전등기는 양도담보로서의 범위에서 유효하다.

사안의 경우 B는 1억 원에 대한 담보로 A로부터 저당권을 설정받음과 동시에 A의 채무불이행시 그 소유의 2억 원 상당의 X건물의 소유권을 이전받기로 하는 대물변제 예약형 유저당계약을 체결하였다. 그리고 변제기 도래 후 대물변제예약에 기해 원리금채권을 초과하는 X건물에 관하여 B 명의로 소유권이전등기를 마쳤다. 이 경우 제608조에 의해 B 명의의 소유권이전등기는 대물반환의 예약에 의한 것이라도 그 대물반환예약의 효력은 없다. 그러나 양도담보의 효력만은 인정되어야 할 것이므로 양도담보로서의 범위에서는 B명의의 소유권 이전등기의 효력이 인정된다.

## VI. 저당권과 용익관계

### 1. 저당부동산의 용익관계 일반

저당권자는 저당물의 교환가치를 지배할 뿐 저당물의 사용가치에 대한 지배는 저당권설정자에게 맡겨져 있으므로, 저당권의 실행에 따라 저당물의 소유권이 변경되기 전에는 저당권설정자의 사용·수익권능에 제한이 없다. 저당권의 실행으로 저당물의 소유권이 이전되는 경우 대항력 없는 종래의 용익관계는 소멸하게 되지만, 대항력 있는 제3자의 용익권은 용익권과 최선순위 저당권의 설정 선후에 의해 그 운명이 좌우된다. 그러므로 저당권설정 후에 저당목적물 위에 설정된 용익권은 사실상 불안한 상태에 놓이게 된다. 따라서 민법은 저당권과 이용권의 조절을 위해 다음과 같이 몇 가지 사항을 규정하고 있다.

먼저 민법은 토지와 건물을 각각 독립한 별개의 부동산으로 취급하고 있기 때문에 토지·건물에 설정된 저당권이 실행되면, 동일한 소유자에게 속하였던 토지와 건물이 각각 다른 사람의 소유가 될 수 있어 건물소유자에게 토지(대지)이용권을 확보해 주기 위해 법정지상권제도($\frac{제366}{조}$)를 두고 있다. 법정지상권이 인정되지 않는 경우를 대비해 저당권자에게 토지와 건물을 일괄해서 경매를 청구할 수 있게 하는 일괄경매청구권을 규정하고 있다($\frac{제365}{조}$). 또한, 저당권설정 후 저당부동산을 양수한 자 또는 저당부동산 위에 용익권을 취득한 자(제3취득자)는 저당권이 실행되면, 그의 권리를 잃게 될 불안전한 상태에 놓이므로 민법은 저당권설정 후에 저당부동산의 소유권 또는 용익권을 취득한 제3취득자를 보호하기 위하여 제3취득자가 변제하고 저당권의 소멸을 청구할 수 있다($\frac{제364조,}{제367조}$).

### 2. 법정지상권($\frac{제366}{조}$); 저당목적물의 경매로 인한 법정지상권

(1) 의 의
  (가) 개 념
  (나) 인정근거 및 법적 성질
(2) 성립요건
  (가) 토지저당권의 경우 저당권설정 당시 토지 위에 건물이 존재할 것
  (나) 저당권설정 당시에 토지와 건물이 동일소유자에게 속할 것
  (다) 토지와 건물의 한쪽 또는 양쪽에 저당권이 설정될 것
  (라) 저당권 실행 경매로 인하여 토지와 건물의 소유자가 달라질 것
(3) 성립시기와 등기
  (가) 성립시기
  (나) 등 기
(4) 법정지상권의 내용
  (가) 범 위
  (나) 지 료
  (다) 존속기간
(5) 법정지상권의 소멸

### (1) 의 의

### (가) 개 념

저당목적물의 경매로 인한 법정지상권은 동일인에게 속하는 토지와 그 지상의 건물 중 어느 하나 또는 양자에 설정된 저당권의 실행으로 인하여 토지와 그 지상 건물이 그 소유자를 달리하게 된 경우, 그 건물의 소유자가 건물을 소유하도록 하기 위해 법률상 인정되는 지상권을 말한다.

법률에 의한 법정지상권은 본조 외에 제305조 제1항, 가등기담보법 제10조, 입목법 제6조에도 규정되어 있다.

### (나) 인정근거 및 법적 성질

### 1) 인정근거

제336조의 법정지상권을 인정하는 근거로 토지와 건물을 독립된 부동산으로 취급하는 우리 법제에서 저당목적물의 경매로 인하여 토지와 그 지상 건물이 각 다른 사람의 소유에 속하게 된 경우에 건물이 철거되는 것과 같은 사회경제적 손실을 방지하려는 공익상 이유를 드는 것이 일반적이지만($\frac{대판\ 1999.11.23,}{99다52602}$), 당사자의 합리적 의사를 사후적으로 실현함으로써 건물의 존속을 보장함과 동시에 저당권설정 당시 지상건물의 존재에 따른 토지의 담보가치 하락을 전제로 한 저당권설정자와 저당권자의 이해관계를 조정하기 위한 것임을 드는 견해도 있다.

### 2) 법적 성질

제366조는 가치권과 이용권의 조절을 위한 공익상의 이유로 지상권의 설정을 강제하는 강행규정이므로 저당권설정 당사자 간의 특약으로 저당목적물인 토지에 대하여 법정지상권을 배제하는 특약은 무효라는 것이 다수설 및 판례($\frac{대판\ 1988.10.25,}{87다카1564}$)이지만, 법정지상의 포기를 불허할 정도의 공익성이 없으므로, 선량한 풍속 기타 사회질서에 반하지 않는 한 법정지상권의 포기가 인정된다는 견해도 있다.

---

**사례 27** A는 X토지와 그 지상의 Y건물을 소유하고 있던 중 그의 채권자 B에게 담보로 X토지에 대한 근저당권을 설정하면서 향후 Y건물을 위한 법정지상권을 행사하지 않기로 약정하였다. 그 후 B의 X토지에 관한 임의경매신청으로 B가 X토지를 경매절차에서 매수하여 소유권을 취득하였다. 이 경우 A는 법정지상권을 취득하는가? (대판 1988.10.25, 87다카1564 참조)

**|해설 27|** A는 법정지상권을 취득한다.

제366조는 가치권과 이용권의 조절을 위한 공익상의 이유로 지상권의 설정을 강제하는 것이므로 저당권설정 당사자 간의 특약으로 저당목적물인 토지에 대하여 법정지상권을 배제하는 약정을 하더라도 그 특약은 효력이 없다. 따라서 사안의 경우 법정지상권 포기 약정에도 불구하고 그 약정이 제366조에 반하여 효력이 없으므로 Y건물의 소유자인 A는 X토지에 대해 법정지상권을 취득한다.

(2) 성립요건

(가) 토지저당권의 경우 저당권설정 당시 토지 위에 건물이 존재할 것

토지에 저당권을 설정한 경우 제366조의 법정지상권은 최선순위 저당권 설정 당시부터 저당권의 목적되는 토지 위에 건물이 존재할 경우에 한하여 인정된다. 구민법 제388조에서 이를 명시하였으나 제366조의 해석에서도 마찬가지이다. 왜냐하면, 나대지에 대한 저당권자는 그 상태에서의 교환가치를 전제한 것인데, 그 후의 건물신축에 의해 법정지상권이 인정된다면, 그로 인해 토지의 담보가치가 크게 감소하여 저당권자에게 예상치 못한 피해를 줄 수 있기 때문이다. 최선순위 저당권을 기준으로 건물의 존재를 검토해야 하는 점에도 유의해야 한다. 후순위저당권자의 저당권 실행이 되면 선순위저당권도 소멸하기 때문에 선순위저당권자가 나대지를 기초로 산정한 담보가치가 유지되어야 하므로 최선순위를 기준으로 한다. 따라서 건물이 없는 토지에 1번 저당권을 설정한 후에 건물을 신축하고, 그 토지에 2번 저당권을 설정한 경우, 2번 저당권의 실행으로 토지와 건물의 소유자가 달라졌다고 하더라도 법정지상권은 성립하지 않는다.

이 요건과 관련하여 법정지상권의 성립여부가 문제되는 경우를 정리하면 다음과 같다.

1) 토지에 저당권을 설정될 당시 그 지상에 건물이 존재하지 않았지만, 그 후에 건물을 지은 경우 그 건물을 위한 법정지상권은 인정되지 않는다($\binom{대판\ 1987.12.8.}{87다카869}$).

2) 저당권자의 동의가 있는 건물의 신축

토지에 관하여 저당권이 설정될 당시 그 지상에 토지소유자에 의한 건물의 건축이 아직 개시되지 않았지만, 저당권자가 토지소유자에 의한 건물의 건축에 동의한 경우에도 법정지상권이 부정된다($\binom{대판\ 2003.9.5.}{2003다26051}$). 건물신축에 대한 동의여부는 제3자가 알 수 없는 주관적 사정일 뿐만 아니라 공시할 수도 없어 저당권실행으로 토지를 매수한 제3자가 이를 알 수 없으므로 그와 같은 사정을 들어 법정지상권의 성립을 인정하지 않는다. 이 때에도 법정지상권을 인정하게 되면 경매를 통하여 토지소유권을 취득하려는 제3자에게 예측할 수 없는 불이익을 줄 염려가 있어 제3자의 법적 안정성을 해치게 된다는 점에서 판결례의 견해는 타당하다.

3) 건축중인 건물

토지에 저당권이 설정될 당시 그 지상에 토지소유자에 의해 건물이 건축 중이었던 경우, ⅰ) 건축중인 건물이 사회관념상 독립된 건물로 볼 수 있는 정도에 이르지 않았더라도 건물의 규모·종류가 외형상 예상할 수 있는 정도까지 건축이 진전되어 있었고, ⅱ) 그 후 경매절차에서 매수인이 매매대금을 완납할 때까지 최소한의 기둥과 지붕 그리고 주벽이 이루어지는 등 독립된 부동산으로서 건물의 요건을 갖추면, 제366조의 법정지상권이 인정된다($\binom{대판\ 2011.1.13.}{2010다67159}$).

4) 미등기 건물

저당권설정 당시 건물이 실제로 존재하고 있으면 족하고, 미등기건물이라도 법정지상권은 인정된다($\binom{대판\ 2004.6.11.}{2004다13533}$).

### 5) 건물의 증축, 개축, 재축 또는 신축

건물이 이미 있는 토지에 저당권을 설정한 후, 건물이 낡아서 증·개축한 경우 또는 건물이 멸실되어 재축되거나 구건물을 철거하고 신축된 경우, 신·구건물간의 동일성이 유지되지 않더라도 법정지상권이 성립된다(대판 1991.4.26, 90다19985). 왜냐하면 저당권설정 당시 건물의 존재가 담보가치 산정의 기초로 작용하였기 때문에 새 건물을 위한 지상권을 인정하여도 저당권자에게 불이익을 주지 않기 때문이다. 이와 같은 이유로 판례는 건물의 신축시 인정되는 법정지상권의 존속기간과 범위는 구건물을 기준으로 정해야 한다고 한다(그러나 이와는 달리 원칙적으로 원래의 건물과 증·개축 또는 신축·재축된 건물 사이에 동일성이 인정될 때에만 법정지상권이 성립한다는 견해도 있다).

반대로 동일인의 소유에 속하는 토지 및 그 지상건물에 관하여 공동저당권이 설정된 후 그 지상건물이 철거되고 새로 건물이 신축된 경우, 그 신축건물의 소유자가 토지의 소유자와 동일하고, 토지의 저당권자에게 신축건물에 관하여 토지의 저당권과 동일한 순위의 공동저당권을 설정해 주는 등 특별한 사정이 없는 한, 신축건물을 위한 법정지상권은 인정되지 않는다(대판(전) 2003.12.18, 98다43601). 이 때에도 토지에 법정지상권이 인정되면 저당권자에게 불측의 손해를 입히게 될 것이기 때문이다.

다만 토지와 건물에 대한 공동저당의 경우에서도 저당건물이 인접한 다른 건물과 합동(合棟)되어 신건물이 생긴 후 경매로 토지와 신건물이 다른 소유자에게 속하게 된 경우에는 신건물을 위한 법정지상권이 인정될 수 있다. 이 경우 법정지상권의 내용(존속기간, 범위 등)은 종전 건물을 기준으로 한다(대판 2010.1.14, 2009다66150).

---

**사례 28** A는 그 소유의 X토지에 B 명의의 저당권을 설정한 후, B의 동의 하에 X토지의 지상에 Y건물을 신축하였다. 그런데 B의 저당권신청으로 인해 X토지를 C가 경매절차에서 매수하여 소유권을 취득하였다. 이 경우 A는 Y건물을 위해 X토지에 법정지상권을 취득하는가?

(대판 2003.9.5, 2003다26051 참조)

**해설 28** A는 X토지에 법정지상권을 취득하지 못한다.

제366조의 법정지상권은 저당권 설정 당시부터 저당권의 목적되는 토지 위에 건물이 존재할 경우에 한하여 인정된다. 사안의 경우 X토지에 관하여 저당권이 설정될 당시 그 지상에 토지소유자 A에 의한 건물의 건축이 개시되기 이전이었다면, 건물이 없는 토지에 관하여 저당권이 설정될 당시 근저당권자 B가 토지소유자에 의한 건물의 건축에 동의하였다고 하더라도 그러한 사정은 주관적 사항이고 공시할 수도 없는 것이어서 토지를 경매절차에서 매수한 C로서는 알 수 없는 것이므로 그와 같은 사정을 들어 법정지상권의 성립을 인정한다면 토지 소유권을 취득하려는 제3자의 법적 안정성을 해하는 등 법률관계가 매우 불명확하게 되므로 법정지상권이 성립되지 않는다.

사례 29 A는 그 소유의 X토지 상에 3층 주택의 신축을 위해 1층 바닥의 기초공사(콘크리트 타설공사)까지 마친 상태에서 공사비조달을 위해 X토지에 B 명의의 저당권을 설정하였다. 그 후 B는 X토지에 경매를 신청하여 경매절차가 개시된 바, C가 매각대금을 완납하고, 이를 경매절차에서 매수하여 소유권을 취득할 당시 건물은 벽체 및 지붕공사가 완료된 상태였다. 이 경우 A는 건물을 위해 X토지에 법정지상권을 취득하는가?  (대판 2004.6.11, 2004다13533; 대판 1992.6.12, 92다7221 참조)

|해설 29| A는 법정지상권을 취득한다.

제366조의 법정지상권은 저당권 설정 당시 동일인의 소유에 속하던 토지와 건물이 경매로 인하여 양자의 소유자가 다르게 된 때에 건물의 소유자를 위하여 발생하는 것으로서, 토지에 관하여 저당권이 설정될 당시 토지 소유자에 의하여 그 지상에 건물을 건축중이었던 경우, 그것이 사회관념상 독립된 건물로 볼 수 있는 정도에 이르지 않았다 하더라도 건물의 규모·종류가 외형상 예상할 수 있는 정도까지 건축이 진전되어 있었고, 그 후 경매절차에서 매수인이 매각대금을 다 낸 때까지 최소한의 기둥과 지붕 그리고 주벽이 이루어지는 등 독립된 부동산으로서 건물의 요건을 갖추면 법정지상권이 성립하며, 그 건물이 미등기라 하더라도 법정지상권의 성립에는 아무런 지장이 없다. 사안의 경우 저당권설정 당시 3층 주택신축 중 1층 바닥의 기초공사가 완료된 경우, 사회관념상 독립된 건물로 볼 수는 없지만, 적어도 건물의 규모와 종류가 외형상 예상가능할 정도로 건축이 진전되었을 뿐만 아니라, C가 매각대금을 완납할 당시 벽체 및 지붕공사를 완료하여 독립된 부동산으로서의 건물에 이른 이상 A는 위 건물을 위한 법정지상권을 취득한다.

사례 30 A가 그 소유의 X토지와 그 지상 Y건물을 소유하고 있던 중, X토지와 Y건물에 관하여 모두 B 명의로 저당권을 설정하였다. 그 후 A는 Y건물을 철거하고, Z건물로 재건축하기 위해 공사를 시작하여 Z건물을 완공하였는데, B는 저당권에 기해 X토지와 Y건물에 대해 경매신청을 하였으나, Y건물은 그 멸실로 인해 경매절차가 취소되고, X토지에 대해 경매가 진행된 결과 C가 X토지를 매수하여 소유권을 취득하였다. 이 경우 A는 Z건물을 위해 법정지상권을 취득하는가?

(대판(전) 2003.12.18, 98다43601 참조)

|해설 30| A는 법정지상권을 취득할 수 없다.

그 신축건물을 위한 법정지상권은 성립하지 않는다. 왜냐하면, 동일인의 소유에 속하는 토지 및 그 지상건물에 관하여 공동저당권이 설정된 경우에는, 처음부터 지상건물로 인하여 토지의 이용이 제한 받는 것을 용인하고 토지에 대하여만 저당권을 설정하여 법정지상권의 가치만큼 감소된 토지의 교환가치를 담보로 취득한 경우와는 달리, 공동저당권자는 토지 및 건물 각각의 교환가치 전부를 담보로 취득한 것으로서, 저당권의 목적이 된 건물이 그대로 존속하는 이상은 건물을 위한 법정지상권이 성립해도 그로 인하여 토지의 교환가치에서 제외된 법정지상권의 가액상당 가치는 법정지상권이 성립하는 건물의 교환가치에서 되찾을 수 있어 궁극적으로 토지에 관하여 아무런 제한이 없는 나대지로서의 교환가치 전체를 실현시킬 수 있다고 기대하지만, 건물이 철거된 후 신축된 건물에 토지와 동순위의 공동저당권이 설정되지 아니 하였는데도 그 신축건물을 위한 법정지상권이 성립한다고 해석하게 되면, 공동저당권자가 법정지상권이 성립하는 신축건물의 교환가치를 취득할 수 없게 되는 결과 법정지상권의 가액상당가치를 되찾을 길이 막혀 위와 같이 당초 나대지로서의 토지의 교환가치 전체를 기대하여 담보를 취득한 공동저당권자에게 불측의 손해를 입히기 때문이다.

**(나) 저당권설정 당시에 토지와 건물이 동일소유자에게 속할 것**

경매등기시가 아니라 저당권을 설정할 당시를 기준으로 토지와 건물이 동일한 소유자에게 속해야 한다. 저당권설정 당시 토지와 건물이 각각 다른 자의 소유에 속하고 있었던 때에는 건물소유자를 위하여 법정지상권은 인정되지 않는다($\binom{대판\ 1988.9.27.}{88다카4017}$). 이 경우 그 건물에 관하여 이미 토지소유자와 건물소유자는 합의에 의하여 건물을 위한 용익권을 설정할 수 있었음에도 이를 설정하지 않은 것이므로 건물 소유자나 건물의 경매매수인을 법정지상권으로 보호해 줄 필요가 없기 때문이다.

위 요건과 관련하여 법정지상권의 성립여부가 문제되는 경우는 다음과 같다.

**1) 저당권설정 후 토지와 건물이 동일인 소유로 바뀐 경우**

저당권설정 당시 토지와 건물의 소유자가 달랐으나 경매 당시에는 동일인 소유에 속한 경우, 법정지상권은 성립하는지와 관련하여 토지와 건물소유자 간에 용익권이 성립했더라도 소유권이전에 따라 혼동으로 소멸하였을 것이므로 법정지상권이 성립한다는 견해도 있지만, 통설은 법정지상권 성립을 부정한다. 생각건대 저당권설정 당시 소유자가 달랐다면 건물소유자는 건물을 위한 용익권을 설정했어야 하므로 법정지상권을 인정할 필요가 없다.

**2) 유효한 부동산명의신탁의 경우**

저당권설정 당시 토지와 그 지상건물 중 하나에 대한 소유명의가 타인에게 신탁된 경우, 부동산실명법상 예외적으로 명의신탁의 유효성이 인정될 때, 명의신탁자는 제3자에게 명의신탁한 그 토지 또는 지상건물이 자기의 소유임을 주장할 수 없으므로 동일인 소유라는 요건이 결여되어 법정지상권은 성립되지 않는다($\binom{대판\ 1993.6.25.}{92다20330}$). 한편 저당권 설정 당시 대지소유자가 건물을 명의신탁한 경우, 부동산실명법상 명의신탁약정 및 그에 따른 명의수탁자 명의의 등기가 무효인 때에는 토지와 건물이 동일한 소유에 속하게 되지만($\binom{위\ 법\ 제4}{조\ 제2항}$), 이 무효를 제3자에게 대항하지 못하므로($\binom{위\ 법\ 제4}{조\ 제3항}$) 경매철차의 매수인에 대해 법정지상권의 성립을 주장할 수 없다고 할 것이다.

---

**사례 31** A종중은 B종원에게 X토지에 관한 소유명의를 신탁한 후, X토지 상에 건물을 신축하였다. 그리고, A는 X토지에 C 명의의 저당권을 설정하였다. 그 후 저당권의 실행으로 X토지의 소유권을 D가 경매절차에서 매수하여 소유권을 취득한 경우, A는 법정지상권을 취득하는가?

(대판 2004.2.13, 2003다29043; 대판 1993.6.25, 92다20330 참조)

**|해설 31|** A는 법정지상권을 취득하지 않는다.

위 명의신탁은 부동산실명법상 유효한 바, 명의신탁자 A는 제3자에게 X토지가 자기의 소유임을 주장할 수 없으므로 저당권설정 당시 X토지와 그 지상건물이 동일인의 소유임을 전제로 한 법정지상권을 취득할 수는 없다.

3) 토지에 저당권설정 후 그 실행 전에 건물소유자가 달라진 경우

토지에 저당권을 설정할 당시 토지의 지상에 건물이 존재하고 있었고 그 양자가 동일 소유자에게 속하였다가 그 후 저당권의 실행으로 토지가 매각되기 전에 건물이 제3자에게 양도된 경우, 건물을 양수한 제3자는 토지의 경락자에 대하여 제366조의 법정지상권을 취득하는지와 관련하여 다수설과 판례(대판 1999.11.23, 99다52602)는 법정지상권의 성립을 인정한다. 그 근거에 관해 판례는 저당권자로서는 저당권설정 당시에 법정지상권의 부담을 예상했을 것이고 또 저당권설정자는 저당권설정 당시의 담보가치가 저당권이 실행될 때에도 최소한 그대로 유지되어 있으면 될 것이므로 위와 같은 경우 법정지상권을 인정하더라도 저당권자 또는 저당권설정자에게는 불측의 손해가 생기지 않는 반면 법정지상권을 인정하지 않는다면 건물을 양수한 제3자는 건물을 철거해야 하는 손해를 입게 되는 점을 든다. 학설은 건물의 처분에 의해 건물과 토지의 소유권이 분리되는 때 약정토지이용권 또는 관습상 법정지상권이 성립하지만, 선순위 저당권의 실행에 의해 후순위 토지이용권은 소멸하므로, 제366조의 법정지상권이 적용될 필요가 있음을 근거로 든다.

4) 미등기 건물이 있는 대지에 저당권이 설정된 경우

먼저 미등기 건물을 대지와 함께 매수하였으나 대지에 관하여만 소유권이전등기를 하고 대지에 저당권을 설정한 후 저당권이 실행된 경우, 저당권의 설정 당시에 이미 대지와 건물이 각각 다른 사람의 소유에 속하고 있었으므로 양수인에게 제366의 법정지상권이 성립하지 않는다(대판(전) 2002.6.20, 2002다9660).

그러나 토지와 미등기 건물이 동일인 소유였으나 대지에만 저당권이 설정되고 그 후 저당권 실행절차에서 대지가 매각되기 전에 미등기인 지상건물이 제3자에게 양도된 경우에는 법률상의 소유자인 양도인에게 법정지상권이 인정된다. 다만 건물양수인에게 신의칙상 건물의 철거를 구할 수는 없다고 보았다(대판 1991.5.28, 91다6658). 건물양도시 특별한 사정이 없는 한 건물과 함께 장차 취득하게 될 법정지상권도 함께 양도하기로 했다고 보지 못할 바가 아니므로 건물양수인은 채권자대위의 법리에 따라 양도인 및 대지의 소유자에 대하여 차례로 지상권설정등기 및 그 이전등기절차의 이행을 구할 수 있고, 따라서 법정지상권을 취득할 지위에 있는 건물양수인에 대하여 대지소유자가 건물의 철거를 구하는 것은 지상권의 부담을 용인하고 지상권설정등기절차를 이행할 의무가 있는 자가 그 권리자를 상대로 한 것이어서 신의칙상 인정되지 않기 때문이다.

동일인 소유의 토지와 미등기 지상건물을 함께 매수했으나 토지와 건물 모두에 관해 소유권이전등기를 경료하지 못한 사이에 토지에 저당권이 설정되고, 그 저당권이 실행되어 토지와 건물의 소유자가 달라진 경우, 저당권설정 당시 대지와 건물은 모두 양도인의 소유에 속하므로 양도인은 제366조의 법정지상권을 취득한다.

**사례 32** A는 X토지와 그 지상에 Y건물(미등기건물)을 소유하던 중, 이를 B에게 일괄매도하였으나, X토지에 대해서만 소유권이전등기를 마쳤고, Y건물에 대해서는 소유권이전등기를 마치지 못하였다. B는 X토지에 E명의의 저당권설정등기를 마친 후 C에게 X토지와 Y건물을 일괄매도하였으나 C는 X토지에 대해서만 소유권이전등기를 경료받았다. 그런데 X토지에 대해 저당권실행경매가 진행되어 D가 X토지를 경매절차에서 매수하여 소유권을 취득하였다. 이 경우 B에게 제366조의 법정지상권이 성립하는가? (대판(전) 2002.6.20, 2002다9660 참조)

|해설 32| B에게 제366조의 법정지상권이 성립하지 않는다.
사안의 경우 저당권의 설정 당시에 이미 X토지와 Y건물이 각각 A, B의 소유에 속하고 있었으므로 법정지상권이 성립될 여지가 없다.

### 5) 토지 공유의 경우

공유토지의 공유자 1인이 그 지상에 건물을 소유하면서 그의 토지공유지분에 대하여 저당권을 설정한 후 그 저당권의 실행으로 그 토지공유지분이 제3자에게 이전된 경우, 학설과 판례($\binom{대판 2011.1.13,}{2010다67159}$)는 건물 소유를 위한 법정지상권이 성립될 수 없다고 본다. 법정지상권의 성립을 인정하게 되면 이는 토지공유자의 1인으로 하여금 다른 공유자의 지분에 대하여서까지 지상권 설정의 처분행위를 허용하는 셈이 되어 부당하기 때문이다.

반면에 건물공유자의 1인이 그 건물의 부지인 토지를 단독으로 소유하면서 그 토지에 관하여만 저당권을 설정하였다가 위 저당권에 의한 경매로 인하여 토지의 소유자가 달라진 경우, 건물공유자들은 토지 전부에 관하여 건물의 존속을 위한 법정지상권을 취득한다($\binom{대판 2011.1.13,}{2010다67159}$).

나아가 구분소유적 공유관계에 있는 토지의 공유자들이 그 토지 위에 각자 독자적으로 별개의 건물을 소유하면서 그 토지 전체에 대하여 저당권을 설정하였다가 그 저당권의 실행으로 토지와 건물의 소유자가 달라진 경우에도 법정지상권이 성립한다($\binom{대판 2004.6.11,}{2004다13533}$). 공유자 중 1인이 소유하고 있는 건물과 그 대지는 다른 공유자와의 내부관계에 있어서는 그 공유자의 단독소유로 되었다 할 것이기 때문이다.

**사례 33** A는 X토지를 소유하던 중, 그 지상에 B와 공동으로 Y건물을 신축한 다음 A, B 각 1/2지분의 공유등기를 마쳤다. 그 후, A가 X토지에 C 명의의 저당권을 설정한 후, 그 저당권의 실행으로 인해 D가 X토지를 매수하여 소유권을 취득하였다. 이 경우 A, B는 법정지상권을 취득하는가? (대판 2011.1.13, 2010다67159 참조)

|해설 33| A, B는 법정지상권을 취득한다.
판례는 건물공유자의 1인이 그 건물의 부지인 토지를 단독으로 소유하면서 그 토지에 관하여만 저당권을 설정하였다가 위 저당권에 의한 경매로 인하여 토지의 소유자가 달라진 경우에도, 위 토지 소유자는 자기뿐만 아니라 다른 건물공유자들을 위하여도 위 토지의 이용을 인정하고 있었다고 할 것인 점, 저당권자로서도 저당권 설정 당시 법정지상권의 부담을 예상할 수 있었으므로

불측의 손해를 입는 것이 아닌 점, 건물의 철거로 인한 사회경제적 손실을 방지할 공익상의 필요성도 인정되는 점 등에 비추어 위 건물공유자들은 제366조에 의하여 토지 전부에 관하여 건물의 존속을 위한 법정지상권을 취득한다고 판시 한다. 따라서 사안의 경우 A, B는 X토지에 관해 법정지상권을 취득한다.

**사례 34** A, B는 X토지의 특정부분을 각 구분하여 점유·사용하면서 등기부상 각 1/2 지분의 공유등기를 하는 구분소유적 공유관계에 있다. A는 자신이 점유·사용하던 X토지의 특정부분에 Y건물을 신축하여 소유하던 중, Y건물과 X토지에 C명의 저당권설정등기를 마친 후, 그 저당권의 실행철차에서 D가 Y건물의 소유권을 취득하였다. 이 경우, D는 X토지에 대해 법정지상권을 취득하는가?
(대판 2004.6.11, 2004다13533 참조)

**해설 34** 법정지상권을 취득한다.

공유로 등기된 토지의 소유관계가 구분소유적 공유관계에 있는 경우에는 공유자 중 1인이 소유하고 있는 건물과 그 대지는 다른 공유자와의 내부관계에 있어서는 그 공유자의 단독소유로 되었다 할 것이므로 사안의 경우 건물 소유자 D는 그 건물의 소유를 위한 법정지상권을 취득하게 된다.

### 6) 저당권 설정 전에 소유권이전등기청구권 보존을 위한 가등기가 있는 경우

저당권 설정 당시 토지와 건물이 동일인에게 속하였으나 그 중 어느 하나에 소유권이전등기청구권의 보전을 위한 가등기가 경료되어 있었고, 그 후 가등기에 기한 소유권이전의 본등기가 경료된 후 저당권이 실행된 경우 다수설에 따르면 제366조의 법정지상권이 인정된다. 저당권설정 이후에 소유권이 이전된 점, 저당권설정 당시 저당권자에게 용익권의 설정을 기대할 수 없었던 점을 고려하면 법정지상권이 인정되어야 한다.

### (다) 토지와 건물의 한쪽 또는 양쪽에 저당권이 설정될 것

토지와 건물의 어느 한쪽이나 양쪽에 저당권이 설정되어야 한다. 토지와 건물의 어느 쪽에도 저당권이 설정되지 않았으나, 어떠한 원인으로 인하여 토지와 건물의 소유자가 다르게 된 때에는 관습법상의 법정지상권은 성립할 수 있어도, 제366조의 법정지상권은 성립하지 않는다.

### (라) 저당권 실행 경매로 인하여 토지와 건물의 소유자가 달라질 것

여기서 말하는 '경매'에는 저당권이 설정된 목적물에 대한 일반채권자의 강제경매도 포함한다는 견해와 제366조의 법정지상권은 토지나 건물의 저당권자의 신청에 의하여 경매(저당권 실행 경매)가 이루어지는 경우에 성립한다는 견해가 대립한다. 판례는 여기서의 경매에 강제경매 또는 공매는 포함되지 않는다는 전제 하에 판단을 하고 있다(대판 2013.4.11, 2009다62059). 강제경매나 공매(국세체납처분절차상 압류한 재산을 강제로 환가처분하는 절차)의 경우 관습상 법정지상권이 인정되기 때문이다.

그러나 예외적으로 저당권의 설정 당시에는 토지와 건물의 소유자가 동일했는데 매매등 "경매" 이외의 원인으로 토지와 건물의 소유자가 달라진 후 경매된 경우에도 제366조의 법정지상권이 인정되기도 한다. 즉 토지에 저당권을 설정할 당시 그 지상에 건물이 존재하였고 그 양자가 동일인의 소유였다가 그 후 저당권의 실행으로 토지가 매각되기 전에 건물이 제3자에게 양도된 경우, 건물을 양수한 제3자는 제366조의 법정지상권을 취득한다(대판 1999.11.23, 99다52602). 그 근거에 관해 판례는 저당권자로서는 저당권설정 당시에 법정지상권의 부담을 예상하였을 것이고 또 저당권설정자는 저당권설정 당시의 담보가치가 저당권이 실행될 때에도 최소한 그대로 유지되어 있으면 될 것이므로 위와 같은 경우 법정지상권을 인정하더라도 저당권자 또는 저당권설정자에게는 불측의 손해가 생기지 않는 반면 법정지상권을 인정하지 않는다면 건물을 양수한 제3자는 건물을 철거해야 하는 손해를 입게 되는 점을 든다. 학설은 건물의 처분에 의해 건물과 토지의 소유권이 분리되는 때 약정토지이용권 또는 관습상 법정지상권이 성립하지만, 선순위 저당권의 실행에 의해 후순위 토지이용권은 소멸하므로, 제366조의 법정지상권이 적용될 필요가 있음을 든다.

그 이외에도 저당권 실행 전에 소유자가 변경되었으므로 관습법상의 법정지상권을 인정하더라도 그러한 지상권도 선순위 저당권의 실행에 의하여 매각되면 소멸하므로 제366조의 법정지상권을 인정할 필요가 있다.

> **사례 35** A는 X토지와 그 지상 Y건물을 소유하고 있던 중, X토지에 B 명의의 저당권을 설정하였다. 그 후 B는 X토지에 관하여 저당권에 기한 임의경매를 신청하여 경매절차가 진행 중에 A는 D에게 Y건물을 양도하고, 소유권이전등기를 마쳤다. 그런데 X토지에 대한 경매절차가 진행되어 C가 X토지를 매수하여 그 소유권을 취득하였다. 이 경우 Y건물의 소유자인 D는 X토지에 대해 제366조의 법정지상권을 취득하는가? 그 근거는 무엇인가? (대판 1999.11.23, 99다52602 참조)
>
> **┃해설 35┃** D는 X토지에 대해 제366조의 법정지상권을 취득한다.
> 토지에 저당권을 설정할 당시 토지의 지상에 건물이 존재하고 있었고 그 양자가 동일 소유자에게 속하였다가 그 후 저당권의 실행으로 토지가 경매되기 전에 건물이 제3자에게 양도된 경우, 법정지상권을 인정한다. 사안의 경우 건물을 양수한 D는 제366조 소정의 법정지상권을 취득한다.

### (3) 성립시기와 등기

### (가) 성립시기

법정지상권의 성립시기는 토지나 건물의 경매로 인하여 그 소유권이 매수인에게 귀속한 때이다. 즉 매수인이 매수대금을 완납한 때에 법정지상권은 성립한다.

### (나) 등 기

법정지상권의 성립은 법률의 규정에 의한 물권의 취득이므로, 그 성립에 등기를 요하지 않는다. 그러나 법정지상권자가 그 지상권을 제3자에게 처분하려면 먼저 등기를 해야 한다(제187조 단서). 등기 없이 처분한 때에도 법정지상권이 있는 건물을 양수한 자는 특별한 사정이 없는 한 법정지상권도 양수하기로 한 채권계약이 있었던 것으로 보아 건물의 양수인이 채권자대위의 법리에 의해서 법정지상권 설정등기청구권 및 이전청구권을 행사하여 법정지상권등기를 할 수 있다(대판 1981.9.8, 80다2873). 그 이외에 법정지상권등기 없이도 토지소유자 및 그 전득자에게 법정지상권으로 대항할 수 있는 경우가 있다. 건물소유를 위하여 법정지상권을 취득한 자로부터 경매에 의하여 그 건물의 소유권을 이전받은 경우에는 특별한 사정이 없는 한 법정지상권도 건물의 이전과 함께 당연히 이전된다고 보기 때문이다(대판 1976.5.11, 75다2338; 대판 1979.8.28, 79다1087).

### (4) 법정지상권의 내용

제366조의 요건을 갖추면 토지소유자는 건물소유자에 대하여 당연히 지상권을 설정한 것으로 본다(제366조 본문). 법정지상권은 법률의 규정에 의해 성립하는 것을 제외하면 그 본질에서 일반지상권과 다름이 없기 때문에 그 성질에 반하지 않는 한 일반지상권의 법리를 적용한다.

### (가) 범 위

법정지상권의 범위는 반드시 그 건물의 부지에 한정되지 않고, 건물이용에 필요한 한도에서 건물의 부지외의 토지에도 미친다(대판 1977.7. 26, 77다921). 이를 반드시 1필의 토지라고 단정할 수는 없다. 필요한 범위는 건물의 구조와 크기, 건물의 사용목적과 주위환경 등을 고려하여 객관적으로 결정한다. 특히 건물의 개축 또는 증축, 건물의 멸실, 철거 후 신축의 경우 법정지상권은 성립하나, 법정지상권의 범위는 구건물을 기준으로 하여 그 유지 또는 사용을 위하여 일반적으로 필요한 범위 내의 대지 부분에 한정된다(대판 1997.1.21, 96다40080).

### (나) 지 료

일반지상권에서 지료는 그 요소가 아니지만(제279조), 법정지상권에서는 토지소유자의 의사에 의하지 않고 법률에 의해 지상권의 성립이 강제되는 점에서 민법은 법정지상권자가 지료를 지급하는 것으로 규정하였다. 지료는 당사자의 협의에 의하여 결정하나 협의가 성립하지 않는 때에는, 당사자의 청구에 의하여 법원이 결정한다(제366조 단서). 법원이 결정한 지료는 법정지상권 성립시에 소급해서 효력이 생긴다. 또한 법원이 지료를 결정함에 있어서는 토지소유자에게 불이익을 주는 부당한 금액이어서는 안 된다(대판 1966.9.6, 66다2587).

### (다) 존속기간

법정지상권의 존속기간에 관해서도 당사자의 협의에 의하여 정할 수 있다. 그러나 협의가 성립되지 않으면, 존속기간을 약정하지 않은 지상권으로 볼 수 있기 때문에 제281조의 규정에 의하여 존속기간은 건물유형에 따라 30년, 15년, 5년으로 결정된다(제280조, 대판 1992. 6.9, 92다4857).

### (5) 법정지상권의 소멸

지상권의 소멸사유와 그 소멸에 따른 효과는 법정지상권에도 준용된다. 따라서 법정지상권은 2년 이상의 지료체납시 토지소유자의 소멸청구($^{제287}_{조}$), 지상권자의 포기 및 당사자 사이의 계약에 의해 소멸한다.

---

**요건사실론**    제366조에 의한 법정지상권의 요건사실론

원고가 대지 소유권에 기하여 그 지상건물의 철거를 청구함에 대하여 피고가 정당한 점유권원인 제366조에 의한 법정지상권을 주장하는 경우의 요건사실은 다음과 같다.

**1. 항변사실**

피고는 항변사실로서 ① 저당권설정 당시 토지 위에 건물이 존재한 사실, ② 저당권설정 당시 토지와 건물의 소유자가 동일한 사실, ③ 저당권의 실행으로 토지와 건물의 소유자가 달라진 사실을 주장·증명하여야 한다(단, 토지에 저당권을 설정할 당시 토지의 지상에 건물이 존재하고 있었고 토지와 건물이 동일 소유자에게 속하였다가 그 후 저당권의 실행으로 토지가 매각되기 전에 건물이 제3자에게 양도된 경우에도 건물을 양수한 제3자는 제366조 소정의 법정지상권을 취득한다[2]).

**2. 재항변**

저당권설정 당사자 간의 특약으로 저당목적물인 토지에 대하여 법정지상권을 배제하는 약정을 하더라도 그 특약은 효력이 없으므로[3] 원고가 이러한 특약사실을 들어 재항변하는 것은 유효하지 않다.

---

**변호사시험 기출문제**

## 10    저당권의 실행과 법정지상권

**문제**

甲은 乙에게서 P시에 소재하는 1필의 X토지 중 일부를 위치와 면적을 특정하여 매수했으나 필요가 생기면 추후 분할하기로 하고 분할등기를 하지 않은 채 X토지 전체 면적에 대한 甲의 매수 부분의 면적 비율에 상응하는 지분소유권이전등기를 甲 명의로 경료하고 甲과 乙은 각자 소유하게 될 토지의 경계선을 확정하였다. 甲과 乙은 각자 소유하는 토지 부분 위에 독자적으로 건축허가를 받아 각자의 건물을 각자의 비용으로 신축하기로 하였다. 각 건물의 1층 바닥의 기초공사를 마치고 건물의 벽과 지붕을 건축하던 중 자금이 부족하게 되자 甲과 乙은 공동으로 丁에게서 건축 자금 1억 원을 빌리면서 X토지 전체에 저당권을 설정해 주었다. 이후 건물은

---

2) 대판 1999.11.23, 99다52602.
3) 대판 1988.10.25, 87다카1564.

완성되었으나 준공검사를 받지 못하여 소유권보존등기를 하지 못하고 있던 차에 자금 사정이 더욱 나빠진 甲과 乙은 원리금을 연체하게 되어 결국 저당권이 실행되었고 경매를 통하여 戊에게 X토지 전체에 대한 소유권이전등기가 경료되었다. 戊는 甲과 乙에게 법률상 근거 없이 X토지를 점유하고 있다는 이유로 각 건물의 철거 및 X토지 전체의 인도를 청구하고 있다. 甲과 乙은 위 소송 과정에서 자신들이 승소하기 위하여 법률상 필요하고 유효적절한 항변을 모두 하였다.

[질문] 戊의 甲, 乙에 대한 청구가 각 인용될 수 있는지와 그 근거를 서술하시오. (20점)

2014년 제3회 변호사시험 제1문의1

**해설** 戊의 건물철거청구 및 X토지 전체의 인도청구에 대하여 甲과 乙이 법정지상권을 주장하면 戊의 청구는 기각된다.

### 1) 건축증인 건물과 법정지상권

戊는 토지소유자로 건물의 철거 및 토지의 인도를 청구할 수 있다($^{제213조,}_{제214조}$). 이에 대하여 甲과 乙은 제366조의 법정지상권을 주장할 수 있다. 즉 저당권의 설정 당시 건물이 존재하고, 토지와 건물이 동일인 소유에 속하였으나 저당권 실행으로 토지와 건물의 소유자가 달라지면 건물소유자를 위한 법정지상권이 인정된다. 저당권이 설정될 당시 건축 중이던 건물이라도 사회관념상 독립된 건물로 볼 수 있는 정도에 이르지 않았더라도 건물 규모와 종류가 외형상 예상할 수 있는 정도까지 진전되었고 토지 매수인이 매매대금 완납시까지 최소한의 기둥과 지붕, 주벽이 이루어진 경우에는 독립된 부동산으로서 건물의 요건이 갖추어진 경우 법정지상권이 성립한다($^{대판\ 2004.6.11.}_{2004다13533}$). 사안의 경우 X토지에 저당권을 설정할 당시 그 지상 각 건물의 1층 바닥의 기초공사를 마치고 건물의 벽과 지붕을 건축하던 중으로 그 규모와 종류를 외형상 예상이 가능하고, 경매실행 전에 이미 준공검사를 마치지 않았으나 건물은 완성된 상태이므로 법정지상권의 성립이 가능하다.

### 2) 구분소유적 공유와 법정지상권

공유로 등기된 토지가 구분소유적 공유관계에 있는 경우에 공유자 중 1인이 소유하고 있는 건물과 그 대지는 다른 공유자와의 내부관계에 있어서는 그 공유자의 단독소유로 되었다 할 것이므로 건물을 소유하고 있는 공유자가 그 건물 또는 토지지분에 대하여 저당권을 설정하였다가 그 후 저당권의 실행으로 소유자가 달라지면 건물 소유자는 그 건물의 소유를 위한 법정지상권을 취득하게 된다. 이는 구분소유적 공유관계에 있는 토지의 공유자들이 그 토지 위에 각자 독자적으로 별개의 건물을 소유하면서 그 토지 전체에 대하여 저당권을 설정하였다가 그 저당권의 실행으로 토지와 건물의 소유자가 달라지게 된 경우에도 마찬가지이다($^{대판\ 2004.6.11.}_{2004다13533}$). 사안의 경우 甲과 乙은 구분소유적 공유관계에 있는 바, 내부적으로 X토지의 각각 특정한 부분에 대한 소유권에 기해 각 건물을 소유하면서 X토지에 대해 丁에게 저당권을 설정한 경우, 그 저당권설정 당시 甲과 乙은 토지와 건물을 동일인으로서 소유하고 있는 것으로 보아야 하므로, X토지를 저당권의 실행경매로 인해 취득한 戊에 대해 甲과 乙은 제366조의 법정지상권을 취득하게 된다.

## 3. 저당토지 위의 건물에 대한 저당권자의 일괄경매청구권

### (1) 의 의

(가) 일괄경매청구권이란 토지를 목적으로 하는 저당권을 설정한 후 설정자가 그 토지에 건물을 축조한 경우, 저당권자가 토지와 함께 그 건물에 대해서도 경매를 청구할 수 있는 권리를 말한다$\left(\begin{smallmatrix}제365조, 민사집\\행법 제98조 이하\end{smallmatrix}\right)$.

(나) 저당권설정자가 자기 토지 위에 건물을 신축할 수 있지만, 토지저당권 실행 경매시 건물의 소유를 위해 법정지상권이 인정되지 않으므로 지상건물은 철거될 위험에 처한다. 또한 지상건물은 철거되어야 하지만 이러한 신축건물의 존재로 인해 경매절차에 참가할 매수인을 구하기 힘든 어려움이 생긴다. 따라서 건물의 철거를 피하면서, 토지저당권의 실행을 용이하게 하여 토지의 담보가치를 유지하여 저당권자를 보호함에 일괄경매청구제도의 의의가 있다$\left(\begin{smallmatrix}대판\\2003.4.\\11, 2003\\다3850\end{smallmatrix}\right)$.

(다) 저당권자의 일괄경매청구권은 저당권자의 권리이지 의무가 아니므로 토지저당권자의 건물에 대한 일괄경매신청 여부는 저당권자의 선택사항이다$\left(\begin{smallmatrix}대판 1977.4.\\26, 77다77\end{smallmatrix}\right)$. 토지만 경매된 경우 토지매수인의 소유권은 제366조의 법정지상권뿐만 아니라 관습상 법정지상권의 제한을 받지 않는다$\left(\begin{smallmatrix}대결 1995.12.11.\\95마1262\end{smallmatrix}\right)$.

### (2) 요 건

#### (가) 저당권설정 당시 지상에 건물이 없을 것

토지에 대한 저당권이 설정된 후 건물이 축조된 경우에 저당권자에게 일괄경매청구권이 발생한다. 저당권설정 당시에 건물이 존재하는 경우에는 법정지상권의 인정여부가 문제된다. 따라서 건물이 아직 완성되지 않았더라도 저당권설정 당시 건물의 종류, 규모가 예측되고 당시의 사회경제적 관점에서 그 가치의 유지를 도모할 정도로 건축이 진전된 때에는 일괄경매청구권이 인정되지 않는다$\left(\begin{smallmatrix}대판 1987.4.28.\\86다카2856\end{smallmatrix}\right)$. 이 때에는 예상치 못한 건물의 축조로 저당권 실행이 곤란해지거나 담보가치가 하락된 것으로 볼 수 없기 때문이다.

#### (나) 저당권설정자가 축조하고 소유하는 건물일 것

저당권설정 후 토지의 소유권을 취득한 자가 그 지상에 건물을 축조한 경우에도 일괄경매청구권이 인정된다는 견해도 있지만, 통설과 판례는 저당권설정 후 저당권설정자 이외의 제3자가 건물을 축조한 경우에는 원칙적으로 일괄경매청구권이 인정하지 않는다. 이 경우에도 저당권자에게 제3자 소유의 건물에 대한 일괄경매청구권을 인정함은 환가권이 지나치게 확대되기 때문이다.

또한 건물이 일괄경매청구 당시 토지저당권설정자의 소유일 것을 요하기 때문에 저당권설정자가 건물을 축조한 다음, 제3자에게 양도하면 일괄경매청구권은 인정되지 않는다(대결 1994.1.24,<br>93마1736). 그러나 저당권설정 후에 토지소유자로부터 용익권을 설정받은 자가 건물을 건축한 다음 토지소유자가 그 건물을 매수한 경우(대판 2003.4.11,<br>2003다3850), 토지소유자가 공동저당목적물인 건물을 철거하고 스스로 새로운 건물을 축조한 경우(대판 2012.3.15,<br>2011다54587)에는 일괄경매청구권이 인정된다.

> **사례 36** A는 그 소유의 X토지에 B 명의의 저당권을 설정하였다. 그 후 A는 C에게 X토지를 임대한 바, C는 X토지상에 Y건물을 신축하였다. 임대차기간이 종료되자 C는 Y건물을 A에게 매도하고, 소유권이전등기를 마쳤다. 이 경우, B는 X토지 외에 Y건물도 일괄하여 경매신청을 할 수 있는가?
>
> (대판 2003.4.11, 2003다3850 참조)
>
> **|해설 36|** B는 일괄경매신청을 할 수 있다.
>
> 저당지상의 건물에 대한 일괄경매청구권은 저당권설정자가 건물을 축조한 경우뿐만 아니라 저당권설정자로부터 저당토지에 대한 용익권을 설정받은 자가 그 토지에 건물을 축조한 경우라도 그 후 저당권설정자가 그 건물의 소유권을 취득한 경우에는 저당권자는 토지와 함께 그 건물에 대하여 경매를 청구할 수 있다. 사안의 경우 토지저당권설정자 A로부터 X토지를 임차한 C가 그 지상에 Y건물을 축조하였지만, 일괄경매청구 전에 Y건물의 소유권을 저당권설정자 A에게 이전한 것에 해당하므로, 토지저당권자 B는 X토지와 함께 그 지상 Y건물도 일괄하여 경매신청을 할 수 있다.

### (3) 일괄경매절차

토지만을 경매하여 그 대금에서 피담보채권을 충분히 변제받을 수 있더라도 일괄경매에 민사집행법 제124조의 과잉경매 제한은 적용되지 않는다(대결 1967.12.22,<br>67마1162). 토지의 저당권자가 토지에 대하여 경매를 신청한 후에도 토지에 관한 경매기일 공고시까지는 건물에 대하여 일괄경매의 추가신청을 할 수 있고, 이 경우에 집행법원은 두 개의 경매사건을 병합하여 일괄경매절차를 진행해야 한다(대결 2001.6.13,<br>2001마1632).

### (4) 일괄경매의 효력

일괄경매의 결과 토지와 그 지상건물은 동일인에게 매각된다.

토지저당권의 우선변제적 효력은 건물의 매각대금에 미치지 않고, 토지의 매각대금에 한정된다(제365조<br>단서). 그러므로 일괄경매시에 토지와 건물을 각기 별도로 평가하여 매각대금을 정해야 하는데, 토지와 건물을 일괄매각시 그 일괄매각대금에서 토지에 안분할 매각대금을 결정해야 한다. 그런데 일괄경매는 법정지상권이 성립하지 않는 경우에 허용되므로 법정지상권 등의 이용 제한이 없는 상태에서의 토지로 평가하여 산정해야 하고, 집행법원이 부동산별 매각대금의 안분을 잘못하여 적법한 배당요구를 한 권리자가 정당한 배당액을 수령하지 못하게 되었다면 그러한 사유도 배당이의 청구사유가 될 수 있다($\binom{대판\ 2012.3.15.}{2011다54587}$).

## 11 저당권자의 일괄경매청구권

[문제]

　甲은 자기 소유인 X토지에 대하여 A은행 앞으로 근저당권을 설정한 후, 乙에게 지상권을 설정해 주었다. 乙은 2015.10.경 X토지 위에 Y다세대주택을 신축하여 분양하기로 하고, 자금을 차용하여 Y다세대주택을 준공하고 소유권보존등기를 마쳤으나, 분양사업의 부진으로 甲에게 X토지에 대한 지료를 지급하지 못하였다. 이에 甲은 2년 이상의 지료미납을 이유로 지상권 소멸을 청구하였고, 甲은 乙로부터 Y다세대주택을 매수한 후 소유권이전등기를 마쳤다. 한편, 甲이 A은행에 대한 대출금 채무를 연체하자 A은행은 X토지에 대한 근저당권에 기하여 X토지와 함께 Y다세대주택에 대한 일괄경매를 신청하였고, 戊가 이를 모두 경락받았다. 그러자 甲은 乙이 Y다세대주택을 건축하였고 그 주택을 자신이 매수한 것이므로 Y다세대주택은 일괄경매의 대상이 될 수 없다고 주장하면서 戊를 상대로 Y다세대주택에 대한 소유권이전등기의 말소를 청구하는 소를 제기하였다.

[질문] 甲의 戊에 대한 소유권이전등기의 말소등기 청구는 인용될 수 있는가? (15점)

2018년 제7회 변호사시험 제2문의1

[해설] 甲의 戊에 대한 소유권이전등기의 말소청구는 기각되어야 한다.

　저당지상의 건물에 대한 일괄경매청구권은 저당권설정자가 건물을 축조한 경우뿐만 아니라 저당권설정자로부터 저당토지에 대한 용익권을 설정받은 자가 그 토지에 건물을 축조한 경우라도 그 후 저당권설정자가 그 건물의 소유권을 취득한 경우에는 저당권자는 토지와 함께 그 건물에 대하여 경매를 청구할 수 있다($\binom{대판\ 2003.4.11.}{2003다3850}$). 사안의 경우 乙은 甲으로부터 X토지에 지상권을 설정받아 그 지상에 Y건물을 신축하고, 소유권보존등기를 마쳤으나, 甲은 乙의 지료연체에 따라 지상권소멸청구를 하고, 乙로부터 Y건물을 매수하여 소유권이전등기를 마쳤다. 그 후 X토지에 대한 근저당권자인 A의 일괄경매신청에 의해 戊가 경매절차에서 X토지와 Y건물을 매수하고, 소유권이전등기를 마친 것이다. 따라서 乙이 X토지에 대한 용익권(지상권)을 설정받아 Y건물을 축조 후 저당권설정자인 甲이 Y건물의 소유권을 취득한 경우에도 일괄경매신청이 가능하다. 그러므로 甲의 戊에 대한 소유권이전등기의 말소청구는 기각되어야 한다.

## 4. 저당부동산 제3취득자의 지위

### (1) 의 의

#### (가) 제3취득자의 범위

저당권을 설정한 후에도 저당권설정자는 여전히 저당부동산의 사용·수익권과 처분권이 있기 때문에 저당부동산 위에 지상권, 전세권을 설정할 수 있고, 제3자에 양도할 수도 있는데, 이와 같이 저당부동산에 소유권, 지상권 또는 전세권을 취득한 제3자를 저당부동산의 제3취득자라 한다($\frac{제364}{조}$). 제3취득자는 장래 저당권의 실행으로 그 소유권이나 사용·수익권을 상실할 수 있는 부담을 갖지만, 저당채무를 부담하지 않는다. 저당채무를 부담하기 위해서는 채무인수나 계약인수의 절차를 거쳐야 한다.

#### (나) 제3취득자의 보호

저당권이 실행되기 전에는 제3취득자가 저당부동산의 소유권을 취득하거나 사용·수익하는데 제한이 없을 뿐만 아니라 채무자가 변제기에 채무를 변제하면 저당권은 소멸하고, 제3취득자의 지위는 유지된다. 그러나 만일에 채무자가 변제하지 않아서 저당권이 실행되어 경락되면, 제3취득자는 자신이 취득한 소유권, 지상권, 전세권을 상실할 수 있는 불안정한 상태에 놓이게 된다.

제3취득자의 불안한 지위를 해소하기 위하여 민법은 다음과 같은 특별한 방법을 두고 있다. 첫째로 저당권이 실행될 때 제3취득자가 경매인이 될 수 있고($\frac{제363조}{제2항}$), 둘째로 제3취득자가 피담보채권을 변제하고 저당권의 소멸을 청구할 수 있도록 하고 있으며($\frac{제364}{조}$), 셋째로 제3취득자가 저당목적물의 보존 및 개량을 위하여 지출한 필요비 및 유익비의 우선상환을 받을 수 있도록 한다($\frac{제367}{조}$).

그 외에 일반적인 보호책으로 제3취득자는 저당목적물에 관하여 이해관계 있는 제3자로서 대위변제할 수 있고($\frac{제469}{조}$), 저당권의 실행으로 인하여 제3취득자가 권리를 상실할 경우 제3취득자는 양도인에 대해 채무불이행책임과 하자담보책임($\frac{제576}{조}$)을 통해 보호를 받을 수 있으며, 필요시 피담보채무의 시효소멸을 원용할 수 있다($\frac{대판\ 1995.7.11,}{95다12446}$). 근저당권이 설정된 경우 근저당권설정자는 근저당권에 의하여 담보되는 채권이 전부 소멸하고 채무자가 채권자로부터 새로이 금원을 차용하는 등 거래를 계속할 의사가 없다면 그 존속기간 또는 결산기가 경과하기 전이라 하더라도 계약을 해제할 수 있고, 존속기간이나 결산기의 정함이 없는 때에는 언제든지 해지할 수 있는데 그 목적물의 제3취득자는 피담보채무의 확정에 관한 근저당권설정자의 계약 해지 또는 해제에 관한 권한을 원용할 수 있다($\frac{\text{대판 2006.4.28,}}{\text{2005다74108}}$).

### (다) 저당부동산거래의 실제

거래의 실제에서는 저당부동산을 양도할 때 양수인이 저당권으로 담보되는 피담보채무를 인수하고, 이를 대금에서 공제하기로 약정함이 일반적인데 이와 같은 약정은 원칙적으로 이행인수(예외적인 경우에는 채무인수)로 보아야 한다. 매도인은 피담보채무를 모두 이행했지만 매수인(제3취득자)이 인수한 부분을 이행하지 않아 저당권이 실행되어 매수인이 소유권을 상실한 경우에 매수인(제3취득자)는 양도인에게 채무불이행책임 및 담보책임을 물을 수 없다($\frac{\text{대판 2002.5.10,}}{\text{2000다18578; 대판}}$ $\frac{\text{2002.9.4,}}{\text{2002다11151}}$). 이때에는 특별한 사정이 없는 한 담보책임을 면해주거나 포기한 것으로 봄이 타당하기 때문이다.

그러나 저당부동산의 제3취득자가 피담보채무를 인수한 것(채무인수)으로 해석되는 경우, 그때부터 제3취득자는 매도인의 채권자에 대한 관계에서 채무자의 지위로 변경되므로 제3취득자의 저당권소멸청구권에 관한 제364조는 적용되지 않는다($\frac{\text{대판 2002.5.24,}}{\text{2002다7176}}$).

---

**사례 37** A는 X토지에 대해 B 명의의 저당권을 설정하였다. A는 C에게 X토지를 2억 원에 매도하면서, 계약금 5,000만원은 당일, 잔금 1억 5천만 원은 B에 대한 저당채무 1억 원 중 5천만 원을 C가 인수하고, 나머지 1억 원은 현금으로 지급하기로 약정하였다. 잔금기일에 A는 C로부터 1억 원을 지급받고, X토지의 소유권을 C에게 이전하였다. 그런데 B에 대한 저당채무 1억 원 중 A가 이행하기로 한 5천만 원은 이행이 되었으나, C가 인수하기로 한 5천만 원은 이행되지 아니하여 저당권실행경매절차에서 X토지는 D가 소유권을 취득하였다. 이 경우 C는 A에게 담보책임을 물을 수 있는가?

(대판 2002.9.4, 2002다11151 참조)

**|해설 37|** C는 A에게 담보책임을 물을 수 없다.

매수인이 매매목적물에 관한 근저당권의 피담보채무를 인수하는 것으로 매매대금의 지급에 갈음하기로 약정한 경우에는 특별한 사정이 없는 한, 매수인으로서는 매도인에 대하여 제576조 제1항의 담보책임을 면제하여 주었거나 이를 포기한 것으로 봄이 상당하므로, 매수인이 매매목적물에 관한 근저당권의 피담보채무 중 일부만을 인수한 경우 매도인으로서는 자신이 부담하는 피담보채무를 모두 이행한 이상 매수인이 인수한 부분을 이행하지 않음으로써 근저당권이 실행되어 매수인이 취득한 소유권을 잃게 되더라도 제576조 소정의 담보책임을 부담하게 되는 것은 아니다. 따라서 사안의 경우 자신이 부담하는 피담보채무를 모두 이행한 A에게 C는 담보책임을 물을 수 없다.

### (2) 경매절차에서 매수인이 될 수 있는 자격

강제경매 또는 담보권실행경매에서 채무자는 매수인이 될 수 없지만($^{민사집행규칙}_{제59조, 제202조}$), 물상보증인 또는 저당부동산의 제3취득자가 매수인이 될 수 있음에는 이론이 없다. 제363조 제2항은 저당부동산의 소유권을 취득한 자도 경매절차상 매수인이 될 수 있다고 규정하고 있지만, 이에 한하지 않고 저당물에 지상권, 전세권을 취득한 자도 매수인이 될 수 있다. 따라서 본조는 제3취득자도 매수인이 될 수 있다는 주의적 규정에 불과하다.

### (3) 제3취득자의 변제

#### (가) 이해관계 있는 제3자로서의 변제(대위변제)

채무의 변제는 제3자도 할 수 있으나($^{제469조}_{제1항}$), 이해관계 없는 제3자는 채무자의 의사에 반하여 변제할 수 없다($^{제469조}_{제2항}$). 그러나 제3취득자는 이해관계 있는 제3자이므로 채무자의 의사에 반해서도 변제할 수 있다.

#### (나) 제3취득자로서의 변제

1) 제3취득자는 이해관계 있는 제3자로서 채무자의 의사에 반하여 대위변제할 수 있고($^{제469}_{조}$) 또한 제364조에서는 제3취득자가 자신이 취득한 권리를 보호하기 위해 그 부동산으로 담보된 채권을 변제하고 저당권의 소멸을 청구할 수 있다고 규정하고 있다. 제364조의 제3취득자에는 경매개시 전의 제3취득자뿐만 아니라 경매개시 이후의 제3취득자도 포함된다($^{대결\ 1974.10.26.}_{74마440}$). 제3취득자는 매각허가결정이 있기 전까지 변제하여 저당권을 소멸시킬 수 있다.

다만 후순위저당권자는 제469조의 이해관계 있는 제3자에는 해당하지만, 제3취득자에 포함되지 않는다($^{대판\ 2006.1.26.}_{2005다17341}$). 제364조에서 제3취득자에 저당권을 취득한 자를 명시하지 않고 있으며, 후순위저당권자는 목적물의 담보가치를 파악하고 담보권을 취득한 자로 선순위저당권자와의 관계에서는 피담보채권의 범위를 제한한 제360조에 의하여 간접적으로 보호를 받으며, 제364조는 저당권과 용익권을 취득한 자와의 조화를 위하여 제정된 규정으로 보아야 하기 때문이다.

2) 제3취득자가 동시에 이해관계 있는 제3자인 경우에 제364조에 의하면 저당권의 말소를 위하여 제3취득자가 변제해야 할 채무의 범위가 축소될 수 있다. 이해관계 있는 제3자로서 변제하는 경우 채무자의 모든 채무를 변제해야 채무를 면하게 되므로 채무소멸과 그에 따른 저당권의 소멸을 위해서는 원본 이외에도 원본의 이행기일을 1년 도과한 후의 지연이자를 포함한 전부를 변제해야 하지만, 제3취득자로서의 변제는 저당권의 소멸을 목적으로 하는 것이므로 그 부동산으로 담보된 채권, 즉 제360조가 정하는 범위의 금액(지연이자는 원본의 이행기일을 경과한 후 1년분, 근저당권의 경우 채권최고액을 한도)만을 변제하면 되기 때문이다. 이와 같이 저당권의 말소를 위하여 부담해야 할 변제의 범위에 차이가 있게 된다.

3) 제3취득자는 피담보채권의 변제기 전에도 변제하고, 저당권을 소멸시킬 수 있는가? 판례는 저당권의 경우에 제3취득자의 변제($^{제364}_{조}$)는 원칙적으로 채권의 변제기가 도래한 후에만 가

능하다고 본다$\binom{\text{대판 1979.8.21.}}{\text{79다783}}$. 근저당권에서 제3취득자는 피담보채무가 확정된 이후에 채권최고액의 범위 내에서 그 확정된 피담보채무를 변제하고 근저당권의 소멸을 청구할 수 있는데$\binom{\text{대판}}{\text{2002.}}_{\substack{5.24, 2002\\ \text{다7176}}}$, 제3취득자가 근저당권의 피담보채무를 변제하기 위해서는 그 피담보채무의 확정이 필요하다. 근저당권설정계약에서 근저당권의 존속기간을 정하거나 근저당권으로 담보되는 기본적인 거래계약에서 결산기를 정한 경우에는 근저당권에 의하여 담보되는 피담보채무는 원칙적으로 존속기간이나 결산기가 도래한 때에 확정된다. 다만 예외적으로 근저당권에 의하여 담보되는 채권이 전부 소멸하고 채무자가 채권자로부터 새로이 금원을 차용하는 등 거래를 계속할 의사가 없다면, 존속기간 또는 결산기의 경과 전이라도 근저당권설정자는 계약을 해제하고 근저당권설정등기의 말소를 구할 수 있고, 존속기간이나 결산기의 정함이 없는 때에는 근저당권설정자가 근저당권자를 상대로 언제든지 해지의 의사표시를 함으로써 피담보채무를 확정시킬 수 있다. 이와 같은 계약의 해제 또는 해지에 관한 권한은 근저당부동산의 소유권을 취득한 제3자도 원용할 수 있다$\binom{\text{대판 2006.4.28,}}{\text{2005다74108}}$.

학설로 제3취득자의 변제는 채권자의 의사에 반해서도 할 수 있다는 점에서, 변제기 전에도 변제가 가능하지만, 제468조에 의한 손해가 있으면 이를 변제하여야 한다는 견해(긍정설)가 있다. 그러나 제364조의 법문상 그렇게 해석할 명백한 근거가 없고, 저당권자에게 변제기 전에 변제의 수령을 강요하는 것은 그에게 불이익이 될 수 있다는 점에서 제3취득자는 변제기 도래 후에만 변제할 수 있다는 견해(다수설)가 타당하다.

---

**사례 38** A가 X토지에 대해 B 명의로 채권최고액 1억 원의 1순위 근저당권을 설정한 후, C 명의의 2순위 근저당권을 설정하였다. A의 B에 대한 피담보채무가 1억 1천만 원으로 확정되자, C는 근저당권의 채권최고액인 1억 원 및 경매비용만을 변제제공하였으나 거절하자, 변제공탁한 후 B 명의의 1순위 근저당권의 소멸을 청구하였다. C의 청구는 인용될 수 있는가?

(대판 2006.1.26, 2005다17341 참조)

**해설 38** C의 청구는 인용될 수 없다.

근저당부동산의 제3취득자는 피담보채무가 확정된 이후에 채권최고액의 범위 내에서 그 확정된 피담보채무를 변제하고 근저당권의 소멸을 청구할 수 있다. 그러나 근저당부동산에 대하여 후순위근저당권을 취득한 자는 제364조에서 정한 권리를 행사할 수 있는 제3취득자에 해당하지 아니한다. 따라서 사안의 경우 제3취득자가 아닌 후순위 근저당권자 C는 제364조에 의해 채권최고액 1억 원까지만 변제하고 B 명의의 선순위 근저당권의 말소를 구할 수 없고, 제469조에 의해 이해관계 있는 제3자의 변제로서 확정된 피담보채무액 1억 1천만 원을 변제공탁해야만 선순위 근저당권등기의 말소를 구할 수 있다.

---

(다) 제3취득자 변제의 효과

1) 제3취득자의 변제로 저당권이 당연히 소멸하는가? 아니면 제3취득자가 저당권의 소멸을 청구해야 하는가? 이는 제364조가 "저당권의 소멸을 청구할 수 있다"고 규정한 것과도 관련된

다. 이에 대해 제3취득자의 변제에 의해 피담보채권이 소멸하면, 저당권은 부종성에 의해 당연히 소멸한다는 견해(다수설)와 제364조의 취지는 제3취득자가 채무액 전부가 아니라 제360조에서 정한 범위의 채무액만 변제했을 때 특별히 제3취득자는 저당권의 소멸을 청구할 수 있다는 점에 있기 때문에 당연히 소멸하는 것은 아니고 제3취득자의 소멸청구시 또는 소멸청구 후 저당권말소등기가 경료된 때에 저당권은 소멸한다는 견해가 대립한다. 생각건대 피담보채무의 전부가 변제되면 제364조의 규정과 관계없이 부종성에 의해 소멸청구가 없이도 당연히 소멸하지만 제3취득자가 제360조에서 정한 범위의 채무만 변제하고 저당권의 소멸을 청구하는 경우에는 그 변제만으로 당연히 저당권이 소멸한다고는 볼 수 없다고 할 것이다.

2) 제3취득자가 변제할 경우 또는 저당권의 실행으로 소유권을 상실한 경우에 제3취득자는 물상보증인과 유사한 지위에 있으므로 물상보증인의 채무자에 대한 구상권의 규정을 유추적용하여 채무자에 대하여 구상권을 가지게 된다$\binom{대판\ 1997.7.25,}{97다8403}$. 다만 물상보증인이 저당부동산을 제3취득자에게 매도하면서 제3취득자가 피담보채무의 이행을 인수하였으나 피담보채무를 이행하지 않음으로써 담보권이 실행되었다면, 채무자에 대한 구상권은 물상보증인이 행사하게 된다. 이행인수는 매매계약 당사자 사이의 내부적 계약에 불과하여 물상보증인의 채권자에 대한 책임은 소멸하지 않기 때문이다.

3) 또한 제3취득자는 변제에 정당한 이익을 가지는 자이므로, 변제를 하면 제3취득자는 채권자를 대위하게 된다$\binom{제481}{조}$. 다수설에 따르면 이 때 제3취득자가 소유자인 경우에는 변제로서 저당권은 부종성에 따라 말소등기 없이 소멸하므로 그 대위의 대상이 존재하지 않는다(제3취득자가 변제를 하더라도 말소등기를 마쳐야 저당권이 소멸한다는 견해에 의하면 저당권은 혼동으로 소멸하게 된다). 반면 제3취득자가 지상권 또는 전세권을 취득한 자인 경우에는 변제로서 저당권은 당연히 제3취득자에게 이전한다.

### (4) 제3취득자의 비용상환청구권

#### (가) 의의 및 취지

저당물의 제3취득자가 그 부동산의 보존·개량을 위하여 필요비 또는 유익비를 지출한 경우, 제3취득자는 저당목적물에 유치권을 갖게 되지만, 저당물이 경매되면 매각대금 중 그로 인한 부분은 일종의 공익비용과 같이 보아 제203조 제1항 및 제2항의 규정에 따라 저당물의 매각대금에서 우선변제를 받을 수 있다$\binom{제367}{조}\binom{대판\ 2004.10.15,}{2004다36604}$.

#### (나) 제3취득자의 범위

본조가 적용되는 제3취득자에는 저당물에 대해 타물권을 취득한 지상권자, 전세권자 이외에도 저당물의 소유권을 취득한 자도 포함되는지에 대하여 통설과 판례는 이를 포함한다고 본다$\binom{대판\ 2001.10.15,}{2004다36604}$. 저당물의 소유권을 취득한 자도 경매로 인해 소유권을 상실하는 점에서 자기 물건에 비용을 지출한 것으로만 볼 수 없고, 그 지출된 비용은 저당물의 보존·개량을 위한 것으로 그 경매대가에 영향을 미치므로 저당물의 소유권을 취득한 자도 지상권, 전세권을 취득한 자와 마찬가지로 비용상환청구권이 인정되어야 한다고 본다. 이와는 달리 저당물의 소유권을 취득한 자는 자기의 소유물에 비용을 지출한 자이므로 비용상환청구권을 갖지 못한다는 견해도 있다.

변호사시험 기출문제

## 12 저당부동산 제3취득자의 지위

문제

　甲은 2015.2.1. A은행으로부터 3억 원을 변제기 2017.1.31.로 정하여 차용하였는데, 같은 날 甲과 A은행은 '甲이 A은행에 대해 현재 및 장래에 부담하는 대출 및 보증에 기해 발생하는 채무'를 담보한다는 내용의 근저당권설정계약서를 작성하고, 甲 소유의 X토지(시가 5억 원) 및 Y건물(시가 3억 원)에 대해 각 A은행 명의로 채권최고액을 4억 5,000만 원으로 하는 1번 근저당권설정등기를 마쳐 주었다. 이후 甲은 2016.4.1. B은행으로부터 2억 원을 변제기 2017.3.31.로 정하여 차용하면서, 甲 소유의 X토지에 대해 채권최고액을 2억 5,000만 원으로 하는 2번 근저당권설정등기를 마쳐 주었다. 또한 甲은 2016.5.1. A은행으로부터 1억 원을 변제기 2017.4.30.로 정하여 추가로 차용하였다. 이후 甲이 A은행에 대한 위 각 차용금채무를 변제하지 않자 A은행은 2018.3.2. X토지에 대해서 근저당권에 기한 경매를 신청하였다. 한편 2018.4.1. 甲의 배우자인 丁은 A은행으로부터 5,000만 원을 변제기 2019.3.31.로 정하여 차용하였고, 당시 甲은 丁의 A은행에 대한 차용금채무를 연대보증하였다.

　甲은 2017.4.15. 戊에게 X토지를 매도하였고, 같은 날 戊 명의로 소유권이전등기를 마쳐 주었다.

[질문] A은행이 X토지에 대한 경매를 신청하자 戊는 X토지의 소유권을 계속 보유할 법적 수단을 강구하기 위하여 변호사인 당신에게 자문을 구하였다. 당신은 戊를 위하여 어떤 법적 수단을 강구할 것을 조언하겠는가? (15점)　2020년 제9회 변호사시험 제2문의1 문제 2

해설 戊에게 소유권을 유지시키기 위해서는 제364조에 따라 담보된 채권만을 변제하고 근저당권을 소멸시킨 후 임의경매정지신청을 하도록 하는 방법과 경매절차에 참가하여 다시 경락받는 방법 중에서 취사선택하도록 조언해야 한다.

[핵심내용] 戊가 토지의 소유권을 계속 보유하기 위하여 1) 저당목적물의 제3취득자 또는 이해관계 있는 제3자로서 경매절차를 정지시킬 수 있는 방법과 2) 경매절차에 참가하여 매수하는 방법이 가능한지 검토해야 한다.

### 1. 경매절차를 정지시키는 방법

가. 저당목적물의 제3취득자로서의 변제($^{제364}_{조}$)

저당부동산에 대하여 소유권, 지상권 또는 전세권을 취득한 제3자는 저당권자에게 그 부동산으로 담보된 채권을 변제하고 저당권의 소멸을 청구할 수 있다($^{제364}_{조}$).

사안에서 戊는 근저당권으로 담보된 채권만을 변제하고 근저당권을 소멸시킬 수 있다. 후술하는 제469조와 다른 점은 '피담보채무'만을 변제하면 된다는 것이다.

나. 이해관계 있는 제3자로서의 변제($^{제469}_{조}$)

채무의 변제는 제3자도 할 수 있다. 그러나 채무의 성질 또는 당사자의 의사표시로 제3자의 변제를 허용하지 아니하는 때에는 그러하지 아니하다. 이해관계 없는 제3자는 채무자의 의사에 반하여 변제하지 못한다($^{제469}_{조}$).

戊는 이해관계 있는 제3자의 지위에서 채무자의 의사에 상관없이 채무자가 부담하는 채무전액을 변제하고 근저당권을 소멸시킬 수 있다. 그런데 제469조의 변제보다는 제364조의 변제가 戊에게 유리하다.

다. 임의경매정지신청

제364조 또는 제469조에 의해 근저당권의 피담보채무를 변제한 뒤에는 민사집행법 제266조 제1항 4호에 따른 '피담보채권을 변제받았거나 그 변제를 미루도록 승낙한다는 취지를 적은 서류'를 제출함으로써 임의경매를 정지시켜야 한다.

### 2. 경매절차에 참가하여 매수하는 방법

저당물의 소유권을 취득한 제3자도 경매인이 될 수 있다($^{제363조}_{2항}$).

사안에서 戊는 제363조 제2항에 따라 X토지를 다시 경락받아 소유권을 취득할 수도 있다.

### 3. 결 론

戊는 제364조에 따라 담보된 채권만을 변제하고 근저당권을 소멸시킨 후 임의경매정지신청을 하여 소유권을 계속 보유할 수도 있고,[4] 경매절차에 참가하여 다시 경락받음으로써 소유권을 계속 보유할 수도 있도록 자문할 것이다.

---

## Ⅶ. 저당권의 침해에 대한 구제

<table>
<tr><td>

1. 저당권 침해의 특수성
 (1) 저당권 침해의 개념
 (2) 저당권 침해의 특수성
2. 각종의 구제방법
 (1) 물권적 청구권
  (가) 침해행위의 제거, 예방의 청구
  (나) 유해등기의 말소청구

</td><td>

  (다) 저당목적물의 일부의 강제집행에 대한
    제3자 이의의 소
 (2) 손해배상청구권
 (3) 담보물보충청구권
  (가) 의의 및 요건
  (나) 효 과
 (4) 즉시변제청구권(채무자의 기한이익 상실)

</td></tr>
</table>

---

4) 경매절차를 정지시키는 방법은 제364조와 제469조 두 가지의 변제가 있는데, 제364조의 변제가 유리하므로, 본문에서는 제364조, 제469조를 모두 언급한 후 결론에서는 제364조만 기재해도 될 것이다. 본 문제는 변호사로서 조언을 하는 것이므로 같은 방법 내에서는 최선의 선택을 조언하는 결론으로 가는 것도 가능하다. 하지만 시험의 답안에서 제469조 자체를 누락하는 것은 바람직하지 않다. 제469조를 모르고 있다는 인상을 줄 수 있고, 제469조도 본문 내에서는 배점이 있을 것으로 생각된다.

## 1. 저당권 침해의 특수성

### (1) 저당권 침해의 개념

저당권의 침해란 저당권자가 저당목적물의 교환가치로부터 우선변제를 받는 것을 위태롭게 하는 것을 말한다. 예컨대 저당목적물의 멸실(물리적, 법률적 멸실 및 저당물의 반환이 현실적으로 곤란한 경우), 훼손, 부당한 방치, 부합물·종물의 분리 등이 있다.

이러한 저당권의 침해에 대해서는 침해의 배제를 청구하는 물권적 청구권을 행사할 수 있고 ($^{제370조,}_{제214조}$), 불법행위가 성립하는 경우에는 손해배상을 청구할 수 있다($^{제750}_{조}$).

### (2) 저당권 침해의 특수성

(가) 저당권설정자 및 그로부터 점유권원을 설정받은 제3자는 통상의 용법에 따라 부동산을 사용·수익하는 한 저당권을 침해한다고 볼 수 없다. 저당권 침해의 특수성은 저당권의 특성에서 유래한다. 저당권은 경매절차에서 실현되는 저당부동산의 교환가치로부터 다른 채권자에 우선하여 피담보채권의 변제를 받는 것을 내용으로 하는 물권으로, 부동산의 점유를 저당권자에게 이전하지 않고 설정된다. 저당권자는 원칙적으로, 저당부동산의 소유자가 행하는 저당부동산의 사용 또는 수익에 관하여 간섭할 수 없기 때문이다.

(나) 예외적으로 저당부동산에 대한 점유가 저당권의 침해로 인정될 수도 있다. 즉 그 점유로 인하여 저당권자의 교환가치의 실현 또는 우선변제청구권의 행사와 같은 저당권의 실현을 방해하는 특별한 사정이 있는 경우에는 저당권의 침해로 인정될 수 있다. 예컨대 저당부동산의 본래의 용법에 따른 사용·수익의 범위를 초과하여 그 교환가치를 감소시키거나, 점유자에게 저당권의 실현을 방해하기 위하여 점유를 개시하는 등 그 점유로 인하여 정상적인 점유가 있는 경우의 경락가격과 비교하여 그 가격이 하락하거나 경매절차가 진행되지 않는 경우($^{대판 2005.}_{4.29, 2005}$ $^{다}_{3243}$) 또는 점유권원을 설정받은 제3자의 점유가 저당권의 실현을 방해하기 위한 것이고, 그 점유에 의해서 저당권자의 교환가치의 실현 또는 우선변제청구권의 행사와 같은 저당권의 실현을 방해하는 특별한 사정이 있는 경우($^{대판 2007.10.25,}_{2007다47896}$)에는 저당권의 침해로 인정될 수 있다.

(다) 그러나 저당권침해로 인한 손해배상청구에서는 저당목적물의 침해로 교환가치의 감소가 있더라도 나머지 가치가 피담보채권액을 상회하면, 손해의 발생이 인정되지 않으므로 손해배상청구권은 인정되지 않는다.

## 2. 각종의 구제방법

### (1) 물권적 청구권

#### (가) 침해행위의 제거, 예방의 청구

1) 저당권자는 저당권에 기하여 침해의 제거 또는 예방을 청구할 수 있다($^{제370조,}_{제214조}$). 이와 같은

물권적 청구권은 저당목적물을 물리적으로 멸실, 훼손하는 것은 물론, 그 밖의 행위로 저당권자의 우선 변제청구권의 행사가 방해되는 결과가 발생하면 방해행위가 인정되어 저당권에 기한 방해제거청구권을 행사할 수 있다. 예컨대 저당토지에 건물을 신축하는 행위도 저당권의 침해행위가 될 수 있다($\binom{대판\ 2006.1.27,}{2003다58454}$). 이 경우 비록 잔존한 목적물의 교환가치가 피담보채권을 만족시킬 수 있더라도 방해제거를 청구할 수 있다(이와 같이 저당권에 기한 방해제거청구가 가능해 짐에 따라 판례가 인정한 담보지상권을 인정해야 할 실익이 적다고 할 것이다).

저당권자는 피담보채권 전부를 변제받을 때까지 목적물 전부에 대해서 저당권의 효력을 유지할 수 있는데 이는 저당권의 불가분성에 의한 것이다. 예컨대 저당토지의 수목을 부당하게 벌채하여 교환가치의 감소를 초래한 때에는 잔존 수목으로 피담보채권이 전부 변제되더라도 물권적 청구권을 행사할 수 있다. 부당하게 반출된 부합물(예컨대 반출된 공당저당권의 목적동산 등)이 제3자에게 선의취득되지 않았다면 원래의 설치장소로의 원상회복은 방해제거청구권의 일환으로 청구할 수 있다($\binom{대판\ 1996.3.22,}{95다55184}$).

2) 저당권은 점유를 수반하지 않기 때문에 반환청구권은 인정되지 않는다. 따라서 저당물로부터 부당하게 분리된 부합물, 종물 등에 대하여 저당권자는 반환청구권을 갖지 못한다.

---

**사례 39** A는 그 소유의 인천시 소재 공장에 관하여 B에게 공장저당권을 설정하였다. 그런데 A가 공장 내에 소재하는 기계설비(동산)를 B의 동의 없이 임대차계약에 따라 C에게 임대하여 C의 안산시 소재 공장으로 반출하였다. 이에 B는 C를 상대로 위 기계설비를 인천시 소재 공장으로 원상회복할 것을 구하는 소송을 제기하였다. B의 청구는 타당한가?　　(대판 1996.3.22. 95다55184 참조)

**해설 39** B의 청구는 타당하다.

저당권자는 물권에 기하여 그 침해가 있는 때에는 그 제거나 예방을 청구할 수 있다고 할 것인바($\binom{제370조,}{제214조}$), 공장저당권의 목적 동산이 저당권자의 동의를 얻지 아니하고 설치된 공장으로부터 반출된 경우에는 저당권자는 점유권이 없기 때문에 설정자로부터 일탈한 저당목적물을 저당권자 자신에게 반환할 것을 청구할 수는 없지만, 저당목적물이 제3자에게 선의취득되지 아니하는 한 원래의 설치 장소에 원상회복할 것을 청구하는 것은 저당권의 성질에 반하지 아니함은 물론 저당권자가 가지는 방해배제권의 당연한 행사에 해당한다. 따라서 사안의 경우 B가 반출된 기계설비의 원래 설치장소로의 원상회복청구는 인용될 것이다.

---

**사례 40** A가 그 소유의 X토지에 B 명의로 저당권설정등기를 마치고, X토지 상에 건물신축공사에 착수한 후 지하층 공사 중 부도를 냈다. 그 후 C가 A로부터 건축사업시행권을 양수받아 공사를 속행하였다. 그런데 B의 저당권에 기한 경매신청에 의해 경매절차가 개시되었음에도 C는 공사를 강행하였다. 이에 B는 저당권침해를 이유로 C를 상대로 공사중지를 구한다. B의 청구는 타당한가?　　(대판 2006.1.27. 2003다58454 참조)

> **해설 40** B의 청구는 타당하다.
>
> 저당권자는 저당권 설정 이후 환가에 이르기까지 저당물의 교환가치에 대한 지배권능을 보유하고 있으므로 저당목적물의 소유자 또는 제3자가 저당목적물을 물리적으로 멸실·훼손하는 경우는 물론 그 밖의 행위로 저당부동산의 교환가치가 하락할 우려가 있는 등 저당권자의 우선변제청구권의 행사가 방해되는 결과가 발생한다면 저당권자는 저당권에 기한 방해배제청구권을 행사하여 방해행위의 제거를 청구할 수 있다. 사안의 경우 X토지의 소유자 A가 나대지 상태에서 B에게 저당권을 설정한 다음 X토지상에 건물을 신축하기 시작하였으나 피담보채무를 변제하지 못함으로써 저당권이 실행에 이르렀거나 실행이 예상되는 상황인데도 제3자인 C가 신축공사를 계속한다면 신축건물을 위한 법정지상권이 성립하지 않는다고 할지라도 경매절차에 의한 매수인으로서는 신축건물의 소유자로 하여금 이를 철거하게 하고 대지를 인도받기까지 별도의 비용과 시간을 들여야 하므로, 이는 경매절차에서 매수희망자를 감소시키거나 매각가격을 저감시켜 결국 저당권자가 지배하는 교환가치의 실현을 방해하거나 방해할 염려가 있는 사정에 해당한다. 따라서 B의 C에 대한 공사중지청구는 타당하다(이와는 달리 사용 수익권능은 여전히 설정자에게 있는데 건물의 신축은 용익권의 행사라는 점, 저당권자는 건물에 대한 일괄경매청구를 통하여 불이익을 극복할 수 있다는 점을 이유로 건축공사의 중지를 청구할 수 없다고 보는 견해도 있다. 특히 저당권 설정 당시 저당권자가 건물의 신축을 예상한 경우에는 더욱 청구할 수 없다고 한다).

### (나) 유해등기의 말소청구

예컨대 피담보채권이 변제되어 선순위저당권이 소멸하였음에도 저당권등기가 말소되지 않고 있는 경우 그 등기는 후순위저당권의 행사에 장애가 되기 때문에 후순위저당권자는 방해제거로 소멸한 선순위저당권등기의 말소를 청구할 수 있다.

### (다) 저당목적물의 일부의 강제집행에 대한 제3자 이의의 소

저당부동산에 다른 채권자가 강제집행을 하여도 저당권자는 그 절차에서 자신의 우선변제권을 실현하면 되므로 이를 저당권의 침해로 볼 수 없다. 그러나 저당권자에게 우선하는 권리를 갖지 않는 채권자가 저당권의 효력이 부수적으로 미치는 객체인 부합물, 종물, 과실 등에 대해서만 강제집행을 한 경우, 저당권자는 저당목적물의 일체성이 침해됨을 이유로 제3자 이의의 소를 제기할 수 있다(민사집행법 제48조). 위 부합물 등은 저당부동산과 일체가 되어 그의 경제적 가치를 높이는 것인데, 이에 대해 다른 채권자가 강제집행을 하는 것은 저당물의 담보가치를 해치는 것이기 때문이다.

### (2) 손해배상청구권

(가) 저당권자는 저당권 자체의 침해를 이유로 침해자에 대해 불법행위에 기한 손해배상을 청구할 수 있다(제750조). 다만, 위의 물권적 청구권의 행사와 다른 점은 가해자에게 귀책사유가 있어야 하고, 저당권자가 그 불법행위로 인해 피담보채권의 완제를 받지 못한 손해가 발생할 것을 요건으로 한다는 것이다.

그러나 저당권침해로 저당목적물의 교환가치가 감소하더라도 침해 후 잔존가치가 피담보채권액을 상회하면, 손해의 발생이 인정되지 않으므로 손해배상청구권은 인정되지 않는다(대판 2009. 5. 28, 2006다42818).

(나) 채무자에 의한 저당권등기의 불법말소시 채무자는 기한이익을 상실하므로(제388조 제1호) 저당권자는 회복등기를 한 후 저당권을 즉시 실행할 수 있어 별도의 손해를 인정하기 어렵고, 제3자나 물상보증인에 의한 저당권등기의 불법말소시 원칙적으로 저당권은 소멸하지 않기 때문에 저당권등기의 회복등기가 가능하므로, 등기를 회복하는 데 드는 비용 상당의 손해, 근저당권을 실행할 수 없게 되어 채권회수가 지연됨으로 인한 손해 외에 말소된 근저당권설정등기의 등기명의인이 곧바로 근저당권 상실의 손해를 입게 된다고 할 수는 없다(대판 2010. 2. 11, 2009다68408).

그러나 불법말소된 저당권등기가 회복되기 전에 경매가 되어 매수인이 매각대금을 완납한 경우, 민사집행법상 소멸주의에 의해 저당권등기의 회복등기는 불가능하다(대판 1998. 1. 23, 97다43406). 저당권자는 불법말소에 관여한 자에게 손해배상을 청구할 수 있다. 이 경우 우선배당을 받은 후순위 권리자에 대한 저당권자의 부당이득반환청구권은 손해배상청구권의 행사에 영향이 없지만, 부당이득을 반환받았다면 그 가액만큼 손해배상액이 감축된다.

(다) 통설과 판례는 손해배상청구권의 성립시기와 관련하여 저당권의 실행을 기다릴 필요 없이 저당권의 침해로 저당권자에게 손해가 발생한 때에 손해배상을 청구할 수 있다고 하고, 손해액의 산정시기도 저당권 침해로 손해가 발생한 당시를 기준으로 하며, 피담보채권의 변제기가 도래하여 그 담보권을 실행할 때 비로소 손해가 발생하는 것은 아니라고 한다(대판 1998. 11. 10, 98다34126).

(라) 손해는 저당권이 소멸하지 않고 실행되었더라면 만족을 얻을 수 있었음에도 불구하고 저당권의 소멸로 변제받지 못하는 금액이다. 예컨대 근저당권의 소멸로 인한 손해는 근저당 목적물인 부동산의 가액 범위 내에서 채권최고액을 한도로 하는 피담보채권액이다(대판 1997. 11. 25, 97다35771). 이때 소멸된 근저당권에 우선하는 선순위 담보권이 존재하는 경우, 근저당목적물인 부동산의 시가에서 소멸된 근저당권에 우선하는 선순위 담보권 등의 피담보채권액을 공제한 잔액, 즉 잔존담보가치 상당액이 채권최고액 또는 피담보채권액보다 적은 경우에는 그 잔존담보가치 상당액을 손해로 보아야 한다(대판 2010. 7. 29, 2008다18284, 18291).

또한 근저당권의 공동담보물 중 일부를 권한 없이 멸실·훼손하거나 담보가치를 감소시키는 행위로 인하여 근저당권자가 나머지 저당목적물만으로 채권의 완전한 만족을 얻을 수 없게 되었다면 근저당권자는 불법행위에 기한 손해배상청구권을 취득한다. 이때 이와 같은 불법행위 후 근저당권이 확정된 경우 근저당권자가 입게 되는 손해는 채권최고액 범위 내에서 나머지 저당목적물의 가액에 의하여 만족을 얻지 못하는 채권액과 멸실·훼손되거나 또는 담보가치가 감소된 저당목적물 부분(소멸된 저당목적물 부분)의 가액 중 적은 금액이다. 여기서 나머지 저당목적물의 가액에 의하여 만족을 얻지 못하는 채권액은 위 근저당권의 실행 또는 제3자의 신청으로 개시된 경매절차에서 근저당권자가 배당받을 금액이 확정되었거나 확정될 수 있는 때에는 그 금액을 기준으로 하여 산정하며, 그렇지 아니한 경우에는 손해배상청구소송의 사실심 변론종결시를 기준으로 산정하여야 하고, 소멸된 저당목적물 부분의 가액 역시 같은 시점을 기준으로 산정하여야 한다(대판 2009.5.28. 2006다42818).

---

**사례 41** A는 그 소유의 X토지에 B 명의로 채권액 5,000만 원의 저당권을 설정하였다. 그런데 그 후 A는 저당권설정당시 지목이 '전(田)'이던 X토지의 형상을 변경하여 그 위에 노폭 8m의 아스팔트 포장도로를 개설하고 X토지와 인접토지와의 경계 부분에 높이 2m~6m, 길이 89.5m의 콘크리트 옹벽을 설치한 후 이를 일반공중이 사용하는 도로로 제공하기 위한 공사를 C에게 맡겼다. 그로 인해 X토지의 시가는 2012.3.16. 현재를 기준으로 도로와 옹벽이 설치되지 않았을 경우 6,500만원 정도였을 텐데 A, C가 위와 같이 도로를 개설하고 옹벽을 설치함으로써 그 시가가 절반에도 미치지 못하는 3,000만 원 정도로 하락하였다. 이에 B는 A, C를 상대로 저당권침해로 인한 공동불법행위로서 손해배상청구를 한다. B의 청구는 타당한가?　　(대판 2008.1.17. 2006다586 참조)

**해설 41** B의 청구는 타당하다.

저당부동산에 대한 소유자 또는 제3자의 점유가 저당부동산의 본래의 용법에 따른 사용·수익의 범위를 초과하여 그 교환가치를 감소시키거나, 점유자에게 저당권의 실현을 방해하기 위하여 점유를 개시하였다는 점이 인정되는 등, 그 점유로 인하여 정상적인 점유가 있는 경우의 경락가격과 비교하여 그 가격이 하락하거나 경매절차가 진행되지 않는 등 저당권의 실현이 곤란하게 될 사정이 있는 경우에는 저당권의 침해가 인정될 수 있다.

사안의 경우 지목이 '전(田)'인 토지에 도로를 개설하여 일반 공중에게 제공하는 A, C의 행위는 사회통념에 비추어 토지의 본래의 용법에 따른 정상적인 사용·수익행위라고 볼 수는 없으므로, A, C의 위와 같은 행위는 X토지의 훼손으로 그 교환가치를 감소시켜 B의 저당권을 침해하는 위법한 행위로서 B에 대한 관계에서 공동불법행위를 구성한다.

---

**사례 42** A는 B로부터 돈을 빌리면서 그 소유의 X부동산에 B 명의의 채권최고액 1억 2천만 원(피담보채권액 1억 원)의 2순위 근저당권설정등기를 마쳤다. 2순위 근저당권 설정 당시 채권최고액 1억 2천만 원(피담보채권액 1억 원)의 1순위 근저당권자가 존재했다. 그 후, A는 B의 도장을 임의로 조각하여 위임장을 위조한 후 법무사 사무실로 찾아가 B명의의 근저당권설정등기를 말소하였다. 그리고 A는 C에게 2순위 근저당권을 설정하였는데, C의 경매신청으로 D가 매각대금을 완납한 후 X부동산의 소유권(시가 1억 8천만 원)을 취득하였다. 이에 B는 A를 상대로 근저당권 침해를 이유로 손해배상을 구하는데, 그 손해배상의 범위는 어떻게 되는가?

(대판 1997.11.25. 97다35771; 대판 2010.7.29. 2008다18284,18291 참조)

**해설 42** B의 손해액은 8천만 원이다.

부동산에 관하여 근저당권설정등기가 경료되었다가 그 등기가 위조된 관계 서류에 기하여 아무런 원인 없이 말소되었다는 사정만으로는 곧바로 근저당권이 소멸하는 것은 아니지만, 근저당권설정등기가 원인 없이 말소된 이후에 그 근저당 목적물인 부동산에 관하여 다른 저당권자 등 권리자의 신청에 따라 경매절차가 진행되어 매각허가결정이 확정되고 매수인이 매각대금을 완납하였다면, 원인 없이 말소된 근저당권은 소멸한다. 이처럼 타인의 불법행위로 인하여 근저당권이 소멸되는 경우 근저당권의 소멸로 인한 근저당권자가 입게 되는 손해는 저당 목적물인 부동산의 가액 범위 내에서 채권최고액을 한도로 하는 피담보채권액이다. 다만 근저당 목적물인 부동산의 시가에서 위 소멸된 근저당권에 우선하는 선순위담보권 등의 피담보채권액을 공제한 잔액, 즉 잔존 담보가치 상당액이 채권최고액 또는 피담보채권액보다 적은 경우에는 그 잔존 담보가치 상당액을 손해로 보아야 한다. 사안의 경우 근저당목적물의 시가 1억 8천만 원에서 선위근저당권자의 피담보채권액 1억 원을 공제한 잔존담보가치 상당액이 8천만 원으로 근저당권자 B의 채권최고액 1억 2천만 원 또는 피담보채권액 1억 원보다 적기 때문에 잔존담보가치 상당액 8천만 원을 손해로 보아야 한다.

### (3) 담보물보충청구권

#### (가) 의의 및 요건

1) 저당권설정자(채무자 아님)의 책임 있는 사유로 저당물의 가액이 현저히 감소한 경우, 저당권자는 저당권설정자에 대해 원상회복 또는 상당한 담보의 제공을 청구할 수 있다($^{제362}_{조}$). 이는 저당권의 침해에 대해 법률이 특별히 마련한 구제수단이다.

2) 그 요건과 관련하여 채무자가 아니라 "저당권설정자"의 책임 있는 사유에 의할 것이 필요하고, 저당물 가액의 현저한 감소에는 저당부동산 가액의 현저한 감손으로 인해 피담보채권을 완제할 수 없는 경우만을 말하는지, 아니면 저당부동산 가액의 현저한 감손으로 피담보채권을 충분히 변제받지 못할 염려가 있으면 족하므로 나머지만으로 피담보채무를 완제할 수 있는 경우도 포함되는지와 관련하여 견해가 나뉘어지나 후자의 견해(통설)가 타당하다.

#### (나) 효 과

1) 위 요건이 갖추어지면, 저당권자가 저당권설정자에게 원상회복이나 상당한 대담보 제공을 청구할 수 있다. 원래 저당권에 대한 침해가 종료되면 방해제거청구권의 행사가 불가능하고, 손해배상청구만 가능하다. 그런데 손해배상은 금전배상이 원칙이고, 원상회복은 다른 의사표시나 법률의 규정이 있을 때만 가능하며, 그 원상회복이 가능하다고 해도 다른 담보의 제공을 청구할 수 없는데, 위 규정은 위 요건을 갖추면, 원래의 저당물의 원상회복 또는 상당한 대담보(代擔保)의 제공을 청구할 수 있게 한 것에 그 의의가 있다.

2) 저당권자가 담보물보충청구권을 행사한 경우, 그에 따라 만족을 얻지 못해야 손해배상청구권이나 즉시변제청구권을 행사할 수 있다(통설).

### (4) 즉시변제청구권(채무자의 기한이익 상실)

(가) 채무자가 담보를 손상·감소 또는 멸실하게 되면, 그는 기한이익을 상실하게 된다($^{제388조}_{1호}$). 여기의 담보에 저당권이 포함된다. 따라서 채무자가 저당권을 침해하면, 기한이익을

상실하여 즉시변제청구가 가능하다. 한편, 담보의 손상 등에 채무자의 귀책사유를 요한다는 견해가 통설이나, 채무자의 귀책사유를 요하지 않고 채무자의 행위에 기인하는 것이면 족하다는 견해도 있다.

(나) 즉시변제청구와 손해배상청구는 동시에 행사가 가능하나, 즉시변제청구권과 담보물보충청구는 동시행사가 불가능하고, 선택적으로만 가능하다.

## Ⅷ. 저당권의 처분

### 1. 저당권 처분의 의의

저당권은 채무자가 변제기에 채무를 이행하지 않으면 저당권을 실행하여 우선변제를 받는 것을 목적으로 하므로, 저당권을 피담보채권과 분리하여 독립적으로 처분할 수 없고, 채권과 함께 처분하여야 한다($^{제361}_{조}$). 그러나 제361조는 저당권과 피담보채권이 분리양도될 수 없음을 정한 것이지 피담보채권이 저당권과 별도로 양도되지 못함을 규정한 것은 아니다. 따라서 원칙적으로 피담보채권의 양도에는 저당권을 수반하는 것으로 해석되지만, 예외적으로 채권만의 양도를 합의하는 것도 가능하고, 이 경우 저당권은 그 목적을 상실하여 소멸한다.

### 2. 저당권부 채권의 양도

(1) 저당권부 채권의 양도는 저당권에 의해 담보된 채권과 저당권을 함께 양도하는 것이다. 따라서 채권의 양도와 저당권의 양도에 관한 각각의 요건을 따르도록 하는 것이 판례의 입장이다($^{대판\ 2003.10.10,}_{2001다77888}$).

(가) 채권은 채권양도계약 자체에 의해 양수인에게 이전하며, 다만 이를 채무자 등에게 대항하려면 대항요건을 갖추어야 한다($^{제450}_{조}$). 즉, 양수인이 채무자에게 대항하기 위해서는 양도인이 채무자에게 통지하거나 채무자가 승낙하여야 하고($^{제450조}_{제1항}$), 채무자 이외의 제3자에게 대항하기 위해서는 위 통지나 승낙은 확정일자가 있는 증서로 하여야 한다($^{제450조}_{제2항}$). 특히 채무자의 승낙과 관련하여 채무자가 이의를 유보하지 않고 승낙을 한 경우(단순승낙)에는 양도인에게 대항할 수 있는 사유로 양수인에게 대항하지 못한다($^{제451조}_{제1항}$). 그러므로 그 채권이 불발생·무효 또는 소멸하였음에도 채무자가 단순승낙을 한 경우, 양수인은 유효하게 채권을 취득하게 된다. 이와 관련하여 저당권부 채권이 변제 등으로 소멸하였음에도 저당권등기가 말소되지 않고 있는 상태에서 저당권부 채권의 양도 및 채무자의 단순승낙이 있고, 저당권이전의 부기등기가 된 경

우, 채권과 함께 저당권도 부활하는지가 논의된다. 피담보채권의 변제 등으로 소멸한 경우 저당권도 소멸하고, 또 등기에 공신력이 인정되지 않으므로, 채무자가 단순승낙을 한 경우 제451조 제1항에 의해 양수인은 저당권을 수반하지 않는 채권만 취득할 뿐이라는 견해가 통설이나, 채무자에 대한 관계에서는 저당권도 부활하지만, 물상보증인 등 제3자와의 관계에서는 저당권은 부활하지 않는다는 견해도 있다.

(나) 저당권의 양도에는 그에 관한 물권적 합의와 저당권자를 변경하는 부기등기를 요한다($^{제186}_{조}$). 저당권 양도의 물권적 합의는 저당권의 양도인과 양수인 사이에 있으면 족하고, 그 외에 채무자나 물상보증인까지 합의가 있어야 하는 것은 아니다($^{대판\ 2005.6.10,}_{2002다15412,15429}$).

(2) 저당권 양도의 부기등기가 없으면 저당권이 이전되지 않는다. 그러나 채권과 저당권의 양도를 개별적으로 판단할 경우 그 효과가 시간적 간격을 두고 발생할 수 있으므로 피담보채권 없는 저당권만의 이전이나 저당권 없는 피담보채권의 이전이 발생할 수 있다. 이에 대해 판례는 피담보채권이 먼저 이전되어 일시적으로 피담보채권과 저당권의 귀속이 달라지더라도 근저당권이 무효가 되지 않는다고 한다($^{대판\ 2003.10.10,}_{2001다77888}$).

(가) 채권양도계약 및 대항요건을 갖추었으나 저당권이전의 부기등기를 마치지 않은 경우, 종전의 채권자는 저당권 명의를 갖고 있지만, 피담보채권을 양도하여 채권자가 아닌 이상 배당을 받을 수 없고, 피담보채권의 양수인은 저당권자가 아니므로 저당권자로서 우선배당을 받을 수 없다($^{대판\ 2003.10.10,}_{2001다77888}$).

(나) 반면 채권양도계약을 체결하고, 저당권이전의 부기등기를 마쳤으나 채권양도의 대항요건을 갖추지 못한 경우, 채권의 양도는 채권양도계약만으로 그 효력이 발생하므로 양수인은 채권자가 된다. 다만, 제450조의 대항요건을 갖추지 못한 경우 채무자 등에 대해 양수인이 대항할 수 없을 뿐이다. 따라서 대항요건만을 갖추지 못한 채권양수인은 저당권자로서 담보권을 행사할 수 있으므로 경매를 신청할 수 있고, 이에 대해 이해관계인인 채무자는 경매개시결정에 대한 이의나 즉시항고를 할 수 있지만, 이러한 절차에 의해 양수인에 의해 개시된 경매절차가 실효되지 않는 이상 양수인은 배당절차에서 우선배당을 받을 수 있다($^{대판\ 2012.4.12,}_{2011다109357}$).

(3) 피담보채권의 일부가 양도 또는 이전되는 경우, 저당권의 변경에 관한 등기의 신청에는 양도되는 채권액을 기재하여야 한다($^{부등법}_{제79조}$).

> **사례 43** A는 B로부터 금 1억원을 빌리면서 그 소유의 X부동산에 1순위 저당권을 설정하였다. 그 후 B는 C와 사이에 A에 대한 대여금채권과 저당권을 C에게 양도하기로 하는 계약을 체결하고, B는 A의 주소지로 채권양도통지를 내용증명우편으로 발송하였으나 '수취인부재' 등의 사유로 반송되었다. 한편 C는 부기등기에 의해 B로부터 저당권이전등기를 마친 후 X부동산에 대해 경매신청을 하고, 그 경매절차에서 피담보채권을 우선변제받았다. C의 경매신청과 우선배당은 타당한가?
> (대판 2005.6.23, 2004다29279 참조)

**|해설 43|** 채무자 A의 이의신청 등이 없는 이상 C의 경매신청과 우선배당은 적법하다.

채권양도에서 채권의 양도는 양도인과 양수인 간의 의사표시만으로 이루어지고, 대항요건을 갖추지 아니한 양수인은 채무자 또는 제3자에게 채권을 주장할 수 없을 뿐인 점, 민사집행법과 민사집행규칙에 의하면, 실체법상 요건인 피담보채권의 존재 등에 관해서는 신청서에 기재하도록 하는 데 그치고, 담보권실행을 위한 경매절차의 개시요건으로서 피담보채권의 존재를 증명하도록 요구하고 있는 것은 아닌 점에 비추어 보면, 피담보채권을 저당권과 함께 양수한 자는 저당권이전의 부기등기를 마치고 저당권실행의 요건을 갖추고 있는 한 채권양도의 대항요건을 갖추고 있지 아니하더라도 경매신청을 할 수 있으며, 채무자는 경매절차의 이해관계인으로서 채권양도의 대항요건을 갖추지 못하였다는 사유를 들어 경매개시결정에 대한 이의나 즉시항고절차에서 다툴 수 있고, 이 경우는 신청채권자가 대항요건을 갖추었다는 사실을 증명하여야 할 것이나, 이러한 절차를 통하여 채권 및 근저당권의 양수인의 신청에 의하여 개시된 경매절차가 실효되지 아니한 이상 그 경매절차는 적법한 것이고, 또한 그 경매신청인은 양수채권의 변제를 받을 수도 있다. 따라서 사안의 경우 채무자 A가 채권양도의 대항요건을 갖추지 못하였다는 사유를 들어 경매개시결정에 대한 이의나 즉시항고절차에서 다투지 않는 이상 C의 경매신청은 적법하고, 그 양수채권의 우선배당도 적법하다.

### 3. 저당권부 채권의 입질

(1) 저당권은 피담보채권과 분리하여 타인에게 담보로 제공하지 못하며, 피담보채권과 일체로서만 입질할 수 있다($\frac{제361}{조}$). 따라서 채권질권의 설정에 관한 요건($\frac{제346조\ 내지}{제351조}$)과 저당권에 대한 질권설정의 요건($\frac{특히\ 제}{348조}$)을 갖추어야 한다.

(2) 저당권부 채권에 대한 질권의 효력은 질권의 설명에서 본 바와 같다.

## IX. 저당권의 소멸

### 1. 저당권의 소멸사유

(1) 저당권은 물권 일반에 공통된 소멸원인(⑩ 목적물의 멸실, 혼동 등) 및 담보물권에 공통된 소멸원인(⑩ 피담보채권의 소멸 등)에 의하여 소멸한다.

(2) 저당권은 피담보채권과 독립하여 소멸시효에 걸리지 않지만, 피담보채권이 시효의 완성으로 소멸하면 부종성에 따라 저당권도 소멸한다($\frac{제369}{조}$). 또한 저당목적물이 강제경매 또는 임의경매로 매각되면 저당권은 소멸한다($\frac{민사집행법\ 제91조}{제2항,\ 제268조}$).

### 2. 저당권 소멸의 효과

저당권이 소멸하면 저당권등기는 효력을 상실한다. 따라서 저당권자는 그 등기를 말소할 의무를 부담한다. 다만, 피담보채권의 변제와 저당권등기말소는 동시이행관계에 있지 않으며, 변제가 이루어진 이후에 비로소 등기말소를 청구할 수 있다(대판 1991.4.12., 90다9872).

## 제 2 관 특수저당권

특수저당권으로서는 민법에는 공동저당(제368조), 근저당(제357조)이 있고, 특별법에는 입목저당, 재단저당, 동산저당과 광업권의 저당, 어업권의 저당, 댐사용권의 저당 등이 있다. 이러한 특수저당권 중에서 특별법상의 저당권에 관해서는 민법의 저당권에 관한 규정이 준용된다(제372조).

## Ⅰ. 공동저당

## 1. 총    설

### (1) 공동저당의 의의와 성질

공동저당이란 동일한 채권의 담보로서 수개의 부동산 위에 설정된 저당권을 말한다(제368조). 이는 복수의 부동산에 1개의 저당권을 설정하는 것이 아니라 각 부동산마다 1개의 저당권을 설정하고 이를 각 저당권 전부가 동일한 채권을 담보하는 것을 말한다. 예컨대 甲이 乙에게 3,000만원의 채권을 가지고서, 그것을 담보하기 위하여 乙 소유인 토지 X(시가 3,000만원), 토지 Y(시가 2,000만원), X지상의 건물 Z(시가 1,000만원) 위에 각각 저당권을 설정한 경우이다. 동일한 채권의 담보로 공유부동산의 지분들에 각각 저당권이 설정된 경우(대판 2011.10.13., 2010다99132)나 저당권이 설정된 부동산이 지분으로 분할된 경우(대판 2012.3.29., 2011다74932)에도 마찬가지다. 다만 공동저당은 복수의 부동산에 복수의 저당권이 설정되지만, 피담보채권을 공통으로 하는 점에서 일정한 제약을 받기 때문에 어느 부동산으로부터 채권의 변제를 다 받은 때에는 다른 부동산에 대한 공동저당권은 소멸한다.

### (2) 공동저당의 기능

공동저당은 채무자에게는 여러 개의 저당물이 갖는 담보가치를 집적하여 고액의 피담보채무의 담보로 할 수 있고, 채권자에게는 여러 개의 저당목적물 중 어느 것으로부터도 자유롭게 우선변제를 받을 수 있을 뿐만 아니라(담보권 실행의 용이) 담보물의 멸실, 경제사정의 변동 등에 의한 담보가치 하락의 위험을 분산할 수 있다는 점(위험의 분산)에서 유익한 면이 있다. 또한 우리 법제에서 별개의 부동산으로 취급되는 토지와 건물에 공동저당을 설정함으로써 각각의 가치를 제대로 평가받을 수 있고, 나아가 매각을 용이하게도 한다.

## 2. 공동저당의 성립

### (1) 공동저당권설정계약

공동저당권설정계약이란 동일한 채권의 담보로 수개의 부동산 위에 수개의 저당권을 설정하기로 하는 합의를 말한다. 여기서 "동일한 채권"은 하나의 채권을 의미하는 것은 아니다.

공동저당은 각 저당권이 "동시"에 성립할 필요가 없다. 따라서 추가담보로서 때를 달리하여 저당권이 설정된 경우에도 공동저당은 성립한다($\binom{\text{부등법 제}}{78\text{조 참조}}$). 각 부동산 위에 성립하는 저당권은 그 순위가 같을 필요가 없고, 부동산의 소유자가 달라도 무방하다. 따라서 채무자 이외의 제3자가 수개의 저당목적물 중의 전부나 일부를 소유하더라도 상관이 없다.

한편 토지나 건물 외에 저당권의 목적이 될 수 있는 선박·자동차·항공기·입목 등과 공장재단이나 광업재단 등도 동종의 목적물을 동일한 채권의 담보로 하는 한 공동저당의 목적으로 할 수 있다. 그러나 동산인 선박과 부동산을 동일한 채권의 담보로 하는 것과 같이 서로 종류를 달리하는 목적물 사이에서는 후순위저당권자의 대위를 규정한 제368조는 적용 내지 유추적용되지 않는다($\binom{\text{대판 2002.7.12,}}{2001\text{다53264}}$).

### (2) 등 기

(가) 공동저당에 관한 특별한 공시방법은 없다. 따라서 각 저당물 위에 저당권별로 일반원칙에 따른 등기를 하면 족하다. 예컨대 저당권설정자와 저당권자 사이에 동일한 채권을 중첩적으로 담보하기 위하여 수 개의 저당권을 설정하기로 합의하고, 이에 따라 수 개의 저당권설정등기를 마친 때에는 그 수 개의 저당권 사이에는 각 동일한 채권액 범위 내에서 공동저당관계가 성립한다($\binom{\text{대판 2010.12.23,}}{2008\text{다57746}}$).

(나) 부동산등기법은 등기관이 동일한 채권에 여러 개의 부동산에 관한 권리를 목적으로 하는 저당권설정등기를 할 때, 각 부동산의 등기기록에 그 부동산에 관한 권리가 다른 부동산에 관한 권리와 함께 저당권의 목적으로 제공된 뜻을 기록하도록 하고, 부동산이 5개 이상일 때,

공동담보목록을 작성해야 하며, 공동담보목록은 등기기록의 일부로 본다($^{부등법}_{제78조}$). 이 경우 부동산등기법 제78조의 공동저당관계의 등기는 공동저당권의 목적물이 수 개의 부동산에 관한 권리인 경우에 한하여 적용되는 등기절차에 관한 규정일 뿐만 아니라, 수 개의 저당권이 피담보채권의 동일성에 의하여 서로 결속되어 있다는 취지를 공시함으로써 권리관계를 명확히 하기 위한 것에 불과하므로, 이와 같은 공동저당관계의 등기를 공동저당권의 성립요건이나 대항요건이라고 할 수 없다($^{대판\ 2010.12.23.}_{2008다57746}$).

> **사례 44** A는 집합건물인 X건물 중 101호를 소유하고, X건물 중 B 소유의 102호에 대해 물권인 전세권을 갖고 있다. A가 C로부터 2억 원을 빌리면서 101호와 102호의 전세권에 대해 C 앞으로 각 저당권등기를 마쳤다. 다만 부동산등기법 제78조에 따른 공동저당관계의 등기를 하지 않았다. 이 경우 C의 101호에 대한 저당권과 102호 전세권에 대한 저당권은 공동저당권인가?
>
> (대판 2010.12.23. 2008다57746 참조)

> **해설 44** C의 101호에 대한 저당권과 102호 전세권에 대한 저당권은 공동저당관계의 등기를 하지 않아도 공동저당권으로서 유효하게 성립한다.
>
> 부등법 제78조는 등기관이 동일한 채권에 관하여 여러 개의 부동산에 관한 권리를 목적으로 하는 저당권설정의 등기를 할 때에는 각 부동산의 등기기록에 그 부동산에 관한 권리가 다른 부동산에 관한 권리와 함께 저당권의 목적으로 제공된 뜻을 기록하도록 규정하고 있지만, 이는 공동저당권의 목적물이 수 개의 부동산에 관한 권리인 경우에 한하여 적용되는 등기절차에 관한 규정일 뿐만 아니라, 수 개의 저당권이 피담보채권의 동일성에 의하여 서로 결속되어 있다는 취지를 공시함으로써 권리관계를 명확히 하기 위한 것에 불과하므로, 이와 같은 공동저당관계의 등기를 공동저당권의 성립요건이나 대항요건이라고 할 수 없다. 따라서 저당권설정자와 저당권자 사이에서 동일한 기본계약에 기하여 발생한 채권을 중첩적으로 담보하기 위하여 수 개의 저당권을 설정하기로 합의하고 이에 따라 수 개의 저당권설정등기를 마친 때에는 부등법 제78조에 따라 공동저당관계의 등기를 마쳤는지 여부와 관계없이 그 수 개의 저당권 사이에는 공동저당관계가 성립한다.

> **사례 45** A, B는 X토지를 각 1/2지분으로 공유하고 있는 바, A는 그 지분에 C 명의로 저당권을 설정하였다. 그 후 X토지는 공유물분할로 2개의 필지로 분할되었다. C는 분할된 2필지에 공동저당권을 취득하는가?
>
> (대판 2012.3.29. 2011다74932 참조)

> **해설 45** C는 분할된 2필지에 공동저당권을 취득한다.
>
> 부동산의 일부 공유지분에 관하여 저당권이 설정된 후 부동산이 분할된 경우, 그 저당권은 분할된 각 부동산 위에 종전의 지분비율대로 존속하고, 분할된 각 부동산은 저당권의 공동담보가 된다.

## 3. 공동저당의 효력

### (1) 공동저당권의 실행

### (가) 공동저당권자의 실행선택권

공동저당권의 실행절차는 원칙적으로 보통의 저당권과 동일하다. 그러나 공동저당권자에게 각 저당권에 대한 실행선택권이 인정된다는 점에서 보통의 저당권과 다르다. 즉 복수의 저당권 중 전부 또는 일부만 실행할 수 있고, 일부만 실행하는 경우에도 그 매각대금에서 피담보채권 전액을 변제받을 수 있다(대판 1983.3.22, 81다43; 대판 1997.12.23, 97다39780). 다만 공동저당권자의 실행선택권 행사가 사회생활상 용인될 수 없을 만큼 부당하다고 평가될 수 있는 경우, 후순위저당권자의 대위에 관한 정당한 기대를 침해한 한도에서 권리남용이 될 수 있다(대판 2006.12.7, 2005다77558).

---

**사례 46** A회사가 파산하자, 근로복지공단은 A의 근로자들에게 체불임금을 대신 지급한 뒤 A 소유 X, Y부동산에 대하여 별개로 진행 중인 경매절차에서 근로자들의 임금채권 우선변제권을 대위하여 배당요구함에 있어, B의 저당권이 설정된 X부동산에 대한 경매절차에서는 적법한 기일 내에 배당요구를 하였으나 Y부동산에 대한 경매절차에서는 그 진행상황 확인 소홀로 배당요구 종기를 준수하지 못하여 배당에서 배제되었다. 이로 인해 Y부동산에 대한 임금우선채권의 대위행사가 어려워졌다.
B는 근로자가 임금채권 우선변제권을 사용자의 일부 재산에 대하여만 선택적으로 행사하는 것이 권리남용으로 평가될 수 있는 경우, 후순위저당권자의 대위에 관한 기대를 침해한 한도에서 임금채권 우선변제권이 배제되거나 제한되어야 한다고 주장한다. B의 주장은 타당한가?

(대판 2006.12.7, 2005다77558 참조)

**│해설 46│** B의 주장은 타당하다. 그러나 사안의 경우 근로복지공단이 후순위저당권자인 B의 임금채권 우선변제권대위에 관한 정당한 기대를 침해하였다고 보기는 어렵다.
근로자가 사용자의 다른 재산에 대한 권리자 등과 공모하여 오로지 후순위저당권자의 대위에 관한 정당한 기대를 해하려는 의도 아래 후순위저당권의 목적물이 아닌 사용자의 다른 재산에 대하여 손쉽게 행사할 수 있었던 임금채권 우선변제권 행사를 포기해 버린 경우처럼, 근로자가 임금채권 우선변제권을 사용자의 일부 재산에 대하여만 선택적으로 행사하는 것이 사회생활상 도저히 용인될 수 없을 만큼 부당하여 권리남용으로 평가될 수 있는 정도에 이른 경우에는 그로 인하여 후순위저당권자의 대위에 관한 정당한 기대가 침해된 한도에서 임금채권 우선변제권이 배제되거나 제한될 수 있을 것이다.

사안의 경우 근로복지공단은 파산자 A주식회사의 근로자들에게 체불임금을 대신 지급한 뒤 위 A회사 소유 부동산들에 대하여 별개로 진행 중인 여러 경매절차에서 근로자들의 임금채권 우선 변제권을 대위하여 배당요구함에 있어, B의 저당권이 설정된 X부동산에 대한 경매절차에서는 적 법한 기일 내에 배당요구를 하였으나 Y부동산에 대한 경매절차에서는 그 진행상황 확인 소홀로 배당요구 종기를 준수하지 못하여 배당에서 배제된 사실이 인정될 뿐, 달리 근로복지공단이 근 로자들의 임금채권 우선변제권을 대위 행사함에 있어 이를 남용하여 후순위저당권자인 B의 임금 채권 우선변제권 대위에 관한 정당한 기대를 침해하였다고 평가할 만한 사정은 보이지 않는다.

### (나) 후순위권리자의 보호

1) 공동저당권의 실행절차에서 실행선택권을 공동저당권자에게 그대로 맡겨두면, 공동저당 권자는 어느 부동산의 경매대가에서 배당을 받든 우선변제권이 충족되면 족하지만, 각 부동산 의 소유자, 후순위저당권자 기타의 채권자로서는 어느 부동산의 경매대가에서 공동저당권자에 게 배당되는지에 따라 현저한 불이익을 받을 수 있게 되므로, 중대한 이해관계를 가진다.

아래와 같은 예를 들어 설명해 본다.

[예] A는 B에 대한 5천만 원의 채무에 대한 담보로 그 소유의 X부동산(경매대가 6천만 원), Y 부동산(경매대가 4천만 원)에 각 1순위의 저당권을 설정하고, C에 대한 4천만 원의 채무의 담보 로 X부동산에 2순위 저당권, D에 대한 5천만 원의 채무에 대한 담보로 Y부동산에 2순위 저당 권을 각 설정한 경우를 생각해 보자.

먼저 변제자대위가 없는 경우에는 다음과 같은 결론에 이를 것이다: B가 X부동산에 대한 저당권을 먼저 실행하면, B는 피담보채권액 5천만 원을 전액 변제받고, C는 그 경매대가 중 나머지 1천만 원을 배당받는다. 그리고 나서 D가 Y부동산에 대한 저당권을 실행하면, D는 경 매대가 4천만 원 전부를 배당받는다. 즉 B는 5천만 원, C는 1천만 원, D는 4천 만원을 배당받 는다.

반면, B가 Y부동산에 대한 저당권을 먼저 실행하면, B가 Y부동산의 경매대가 4천만 원 전 부를 배당받지만, D는 전혀 배당을 받지 못하게 된다. 그 후 B가 X부동산에 대한 저당권을 실 행하면, 그 경매대가 6천만 원 중 1천만 원을 우선배당받아 결국 피담보채권 전부를 변제받고, C가 4천만 원을 배당받으며, 나머지 1천만 원은 D를 포함한 일반채권자가 배당받는다. 즉 B는 5천만 원, C는 4천만 원, D는 일반채권자로서 1천만 원 중 채권액에 따라 안분한 금액을 배당 받게 된다.

2) 위의 사례와 같이 후순위저당권자의 지위가 공동저당권자가 목적부동산 중 어느 것에 대 하여 먼저 자신의 저당권을 실행하는지에 따라 영향을 받게 되는 것은 공평의 원칙에 반할 뿐 만 아니라 공동저당의 목적물이 다른 채권자를 위한 담보로 제공되는 범위를 줄이게 되어 담 보가치의 활용을 저해하게 된다. 이에 제368조를 두어 공동저당권자의 실행선택권을 보장하면 서도 그 목적물 전부에 대해 동시에 저당권을 실행하였을 때의 배당액을 기준으로 하여 후순

위저당권자 기타 이해관계인의 이해관계를 조정한다.

(다) 공동저당에 관한 제368조는 공동근저당권의 경우에도 적용되고, 공동저당권자 스스로 경매를 실행하는 경우는 물론 타인이 실행한 경매에서 공동근저당권자가 우선배당을 받는 경우에도 적용된다(대판 2006.10.27, 2005다14502).

공동근저당권의 목적부동산이 일부씩 순차로 경매가 실행되어 공동근저당권자가 선행 경매절차에서 배당받은 원본 및 이자·지연손해금의 합산액이 채권최고액을 넘는 경우, 그 공동근저당권자는 우선변제받은 금액에 관하여는 공동담보의 나머지 목적부동산에 대한 경매 등의 환가절차에서 다시 공동근저당권자로서 우선변제권을 행사할 수 없다(대판(전) 2017.12.21, 2013다16992. 이 판결로 나머지 목적부동산에 관한 경매 등의 환가절차에서도 다시 우선변제권을 행사할 수 있다는 기존의 대판 2009.12.10, 2008다72318은 파기되었다).

**사례 47** C는 2009.3.9. A에 대한 30억 원 대출채권의 담보로 채무자 A 소유의 P, Q부동산들과 물상보증인 B 소유의 X부동산에 채권최고액 39억 원의 공동근저당권을 설정받았는데, 그중 A 소유의 P, Q부동산들에 대한 경매신청을 하여(이하 '선행경매'라고 한다) 선행경매절차에서 A 소유의 P, Q부동산들 중 P부동산이 먼저 매각되어 C는 2014.11.17. 24억 원을 배당받아 이를 대출채권에 충당하는 한편, Q부동산에 대한 경매신청을 취하했는데, A는 Q부동산을 임의매각하여 2015.4. 21. A와 C는 매각대금 8억 원으로 대출채권 중 남은 원금 전부와 연체이자 일부인 8억 원의 변제에 충당하여, 대출채권은 그 연체이자만 16억 원이 남게 되었다. 한편, D는 B 소유 X부동산의 후순위 근저당권자로서, B 소유 X부동산에 대하여 임의경매신청을 하였고, C도 X부동산에 대하여 임의경매신청을 하여 위 경매절차에 병합되었다(이하 '이 사건 경매'라고 한다). 이 사건 경매절차에서 2016.10.26. B 소유 X부동산의 경매대가 3억 원 전부가 C에게 배당되고, D에게는 배당되지 않는 것으로 배당표가 작성되었다. 위 배당표에 대해 D는 공동저당권자 C가 공동담보의 목적부동산 중 일부에 대한 환가대금 등으로부터 다른 권리자에 우선하여 피담보채권의 일부를 배당받은 경우, 우선변제받은 금액에 관하여는 공동담보의 나머지 목적부동산에 대한 경매 등의 환가절차에서 다시 공동근저당권자로서 우선변제권을 행사할 수 없다고 주장한다. D의 주장은 타당한가? (대판(전) 2017.12.21, 2013다16992; 대판 2018.7.11, 2017다292756 참조)

**해설 47** D의 주장은 타당하다.

공동근저당권자가 스스로 근저당권을 실행하거나 타인에 의하여 개시된 경매 등의 환가절차를 통하여 공동담보의 목적부동산 중 일부에 대한 환가대금 등으로부터 다른 권리자에 우선하여 피담보채권의 일부를 배당받은 경우, 그와 같이 우선변제받은 금액에 관하여는 공동담보의 나머지 목적부동산에 대한 경매 등의 환가절차에서 다시 공동근저당권자로서 우선변제권을 행사할 수 없다. 이러한 법리는 채무자 소유의 부동산과 물상보증인 소유의 부동산에 공동근저당권이 설정된 후 공동담보의 목적부동산 중 채무자 소유 부동산을 임의환가하여 청산하는 경우, 즉 공동담보 목적부동산 중 채무자 소유 부동산을 제3자에게 매각하여 그 대가로 피담보채권의 일부를 변제하는 경우에도 적용된다.

사안의 경우 C는 채무자 소유 P, Q부동산들과 물상보증인 소유 X부동산에 채권최고액 39억 원의 공동근저당권을 설정하였다가, 공동담보 목적물 중 채무자 소유 P부동산에 대하여 진행된 선행경매절차에서 24억 원을 배당받고, 나머지 채무자 소유 Q부동산의 임의환가를 통해 대출채권 중 8억 원을 변제받았다. 결국 C는 근저당권의 공동담보물 중 채무자 소유 P, Q부동산들의 처분 대가로부터 배당금 24억 원과 임의환가 변제금 8억 원을 지급받아 근저당권의 피담보채권에 충당한 것이다. 따라서 C는 근저당권의 나머지 담보목적물인 X부동산에 대하여는, 당초의 채권최고액 39억 원에서 위 금액을 공제한 나머지 7억 원에 대하여만 우선변제권을 행사할 수 있다.

### (2) 동시배당의 경우: 부담의 안분$\binom{제368조}{제1항}$

(가) 공동저당의 목적인 부동산 전부의 경매대가를 동시에 배당하는 경우(이를 '동시배당'이라 하는데 이는 동시경매신청을 의미하지 않는다), 각 부동산의 경매대가에 비례하여 피담보채권의 부담이 나누어지며$\binom{제366조}{제1항}$, 각 부동산에 관하여 그 비례안분액을 초과하는 부분은 후순위 저당권자와 일반채권자의 변제에 충당되고, 남은 금액은 소유자에게 배당된다.

위의 [예]에서 X, Y부동산의 경매대가를 동시에 배당할 경우, B의 A에 대한 5천만 원의 채권은 X, Y부동산의 경매대가에 비례하여 X, Y부동산의 경매대가에서 각 3천만 원, 2천만 원으로 나누어 배당을 받게 된다. 그리고 X부동산의 나머지 경매대가 3천만 원은 C에게, Y부동산의 나머지 경매대가 2천만 원은 D에게 각 배당된다.

(나) 제368조 제1항에서 말하는 '각 부동산의 경매대가'는 매각대금에서 당해 부동산이 부담할 경매비용과 선순위부담을 공제한 금액이다$\binom{대판\ 2003.9.5,}{2001다66291}$. 따라서 공동저당권자보다 선순위자가 있을 경우, 각 부동산별로 매각대금에서 그의 피담보채권액 및 부동산이 부담할 경매비용을 공제하여 경매대가를 정하고$\binom{선순위자가\ 공동저당권자인\ 경우,\ 각\ 부동산의\ 가격비율에}{따라\ 안분한\ 금액을\ 공제해야\ 한다.\ 대판\ 1971.6.22,\ 71다513}$, 이를 기준으로 각 공동저당의 책임분담을 정해야 한다. 그 부동산 가액이 공동저당권자에 있어서 어느만큼의 가치가 있는지가 기준이기 때문이다.

(다) 동시배당에서 부담안분의 원칙은 저당부동산에 관하여 후순위저당권자가 있든 없든 이를 불문하고 적용된다$\binom{대판\ 1998.4.24,}{97다51650}$. 이 규정은 부동산 소유자나 일반채권자의 보호도 그 목적으로 하고 있기 때문이다. 공동저당물이 추가되기 전에 기존 저당물에 관하여 후순위 저당권자가 있었던 경우에도 마찬가지다$\binom{대판\ 2014.4.10,}{2013다36040}$.

(라) 다만 제3자가 물상보증인으로서 저당권을 설정한 경우에는 부담안분의 원칙은 적용되지 않으며, 채무자 소유의 부동산 경매대가로부터 공동저당권자를 우선 만족시켜야 한다$\binom{대판.\ 2016.}{}$ 3.10, 2014다231965; 대판 2010. 4.15, 2008다41475 $\big)$.

### (3) 이시배당의 경우$\binom{제368조}{제2항}$

(가) 후순위저당권자의 대위권

1) 공동저당의 목적인 부동산 중 일부의 경매대가를 먼저 배당하는 경우(이를 '이시배당'이라 한다), 공동저당권자는 그 대가에서 그 채권 전부의 변제를 받을 수 있지만, 그 경매된 부동산

의 후순위 저당권자는, 동시에 배당하였다면 선순위 저당권자가 다른 부동산의 경매대가에서 변제를 받을 수 있는 금액의 한도에서 선순위 공동저당권자를 대위하여 저당권을 행사할 수 있다(제368조 제2항). 이시배당의 경우에 후순위저당권자의 대위를 인정하는 것은 공동저당권자가 어떤 저당권을 행사하는지라는 우연한 사정으로 후순위저당권자의 지위가 부당하게 불리하게 되지 않도록 하기 위함이다.

앞에서 설명한 [예]에서 먼저 X부동산이 경매되어 배당된다면, B는 그 매각대금에서 5천만 원의 채권 전부를 배당받고, C는 나머지 1천만 원을 배당받는다(C는 동시배당시 배당액 3천만 원보다 2천만 원의 불이익을 본다. 이를 '배당불이익액'이라 한다). 이때 B의 Y부동산에 대한 저당권은 소멸하지 않고, X부동산의 후순위저당권자 C가 동시배당되었다면 B가 Y부동산으로부터 우선변제를 받을 수 있었던 2천만 원(비례안분액 또는 책임분담액)을 한도로 Y부동산에 대한 B의 저당권을 대위취득하여 이를 행사할 수 있게 된다. 따라서 그 후 Y부동산이 경매되어 배당할 때, 그 매각대금에서 C는 대위취득한 B의 1순위저당권에 기해 2천만 원을 배당받고, D는 나머지 2천만 원을 배당받게 된다. 결국 B, C, D의 배당액은 동시배당의 경우와 결과가 같아진다. 그러나 공동저당부동산의 일부에 후순위저당권자가 없는 경우 등에서는 동시배당과 그 결과가 달라질 수 있다.

2) 이시배당이란 공동저당목적물의 일부만 경매가 진행된 경우뿐만 아니라 전부에 대해 동시 또는 이시에 경매가 진행되었는지를 불문하고, 일부에 관해서만 배당이 실시된 경우를 말한다.

3) '후순위저당권자'란 공동저당권자의 바로 다음 순위의 저당권자뿐만 아니라 그 이하의 저당권자를 모두 포함한다. 동일한 채권의 담보를 위하여 부동산과 선박에 선순위 저당권이 설정된 후 선박에만 후순위 저당권이 설정된 경우 선박의 후순위저당권자는 부동산에 대한 선순위 저당권자의 저당권을 대위할 수 없다(대판 2002.7.12, 2001다53264). 왜냐하면 선박은 동산인데, 이를 부동산으로 본다는 규정을 두고 있지 않아 수개의 부동산에 저당권을 설정한 것으로 볼 수 없기 때문이다.

4) '대위'란 저당권의 이전이 일어나지 않고 공동저당권자의 권리를 부분적으로 대위행사하는 것이라는 견해도 있지만, 선순위 공동저당권자의 미실행 저당권이 이미 경매된 부동산의 후순위 저당권자에게 법률상 이전하는 것, 즉 피담보채권이 소멸하였음에도 불구하고 저당권은 존속하여 이전하는 것(부종성의 예외)이라는 견해가 통설, 판례이다(대판 2002.12.10, 2002다48399; 대판 2009.11.12, 2009다53017,53024).

선순위 공동저당권자가 피담보채권을 변제받기 전에 공동저당의 목적부동산 중 일부에 관한 저당권을 포기한 경우는 어떠한가? 공동저당권자의 포기는 자유롭고, 저당권은 그 범위 내에서 소멸한다. 그러나 이로 인해 후순위저당권자의 이익을 해치기 때문에 이의 보호를 위해 선순위 공동저당권자가 그 부동산의 책임분담액을 초과하는 경매대가를 배당받았다면, 후순위저당권자가 있는 부동산에 관한 경매절차에서 저당권을 포기하지 아니하였더라면 후순위저당권자가 대위할 수 있었던 한도에서는 후순위저당권자에 우선하여 배당을 받을 수 없다(대판 2009.12.10, 2009다41250).

앞의 [예]에서 B가 Y부동산에 대한 1순위 저당권을 포기한 경우, B는 X부동산으로부터 자신의 피담보채권 전액을 우선변제받을 수 있는 것처럼 보이지만, 이와 같이 된다면 C의 대위에 따른 이익을 해친다. 그러므로 B의 Y부동산에 대한 1순위 저당권은 소멸하지만, X부동산의 경매에서 B는 C가 후순위저당권자의 대위로 Y부동산의 경매에서 우선변제를 받을 수 있었던 2천만 원에 관하여 C보다 우선배당을 받을 수 없다. 따라서 X부동산의 6천만 원의 매각대금 중 B는 4천만 원, C는 2천만 원의 배당을 받게 된다. 만일 B가 우선변제를 받았으면, C는 부당이득으로 반환청구를 할 수 있다(제741조).

### (나) 대위의 요건

1) 공동저당물 중 먼저 경매되어 배당이 완료된 부동산의 후순위 저당권자가 선순위 공동저당권자의 저당권을 대위하기 위해서는 ⅰ) 공동저당물 중 일부의 경매대가가 먼저 배당되었을 것, ⅱ) 공동저당권자가 일부의 경매대가로부터 그 부동산의 책임분담액(비례안분액)을 초과하는 배당을 받았을 것, ⅲ) 그로 인하여 후순위 저당권자가 동시배당에 비하여 불이익을 받았을 것을 요한다.

2) 공동저당권자가 피담보채권을 전부 변제받아야 후순위 저당권자가 대위할 수 있는가? 선순위 공동저당권자가 일부 변제받은 경우, 후순위 저당권자는 공동저당권자의 채권이 완제되기 전에 대위저당권을 행사할 수 없다는 견해(다수설)와 그 일부를 변제받은 경우도 후순위저당권자의 대위행사가 인정된다는 견해로 나뉜다. 후자는 공동저당권자가 일부 변제를 받은 경우 공동저당권자가 나머지 공동저당물에 대해 저당권을 실행하는 것이 원칙이지만, 후순위저당권자도 공동저당권자의 저당권을 실행할 수 있다고 한다(전자는 공동저당권자의 채권완제 전까지는 후순위저당권자가 저당권을 실행할 수 없다고 본다). 다만 그 경매절차에서 공동저당권자는 후순위저당권자에 우선하여 배당받을 수 있다.

다수설에 따르면 대위권의 발생시기는 공동저당권자가 채권의 완제를 받은 때이다. 즉 공동저당권자가 어느 부동산의 경매대가만으로 채권 전액의 변제를 받는 경우에는 그 변제시에 대위권이 발생하지만, 채권의 일부만을 변제받은 경우에는 공동저당권자는 그 잔액에 관하여 다른 부동산 위에 여전히 저당권을 가지게 되므로, 후순위저당권자는 선순위의 공동저당권자가 장차 다른 부동산의 대가로부터 채권의 전액을 변제받아 그 공동저당권이 소멸하는 경우에 비로소 그 저당권을 대위하게 된다.

공동저당의 목적인 여러 부동산이 동시에 경매된 경우에 있어서의 후순위저당권자의 대위권의 발생시기는 배당기일의 종료시(민사집행법 제146조 이하)이며, 배당이의소송의 확정 등으로 그 배당표가 확정되는 시점이 기준이 아니다(대판 2006.5.26, 2003다18401).

3) 공동저당의 목적인 수개의 부동산이 모두 채무자의 소유자여야 하는가? 이에 대해서는 견해가 대립한다(자세한 내용은 후술함).

### (다) 대위의 효과

1) 대위의 효과로서 공동저당권자의 미실행 저당권은 실행된 저당목적물의 후순위저당권자

에게 이전된다. 이전되는 저당권은 후순위저당권의 피담보채권을 담보하고 그 순위에는 변화가 없다. 후순위저당권자는 경매신청 및 경매절차에서의 우선변제권이 인정된다. 대위로 인한 저당권의 이전은 법률에 의한 것으로 대위등기는 불필요하다(제186조). 따라서 후순위저당권자는 저당권설정자나 채무자에 대해서는 대위등기 없이 대위목적인 저당권에 관한 등기의 말소 여부를 불문하고 대항할 수 있다.

후순위저당권자가 공동저당목적물에 관하여 대위 이후에 대위등기 없이, 소유권이나 저당권 등 새로 이해관계를 취득한 사람(제3취득자)에게 대항할 수 있는지에 관하여 판례는 대항할 수 없다고 한다(대판 2015.3.20, 2012다99341). 법률상 당연히 이전되는 저당권과 관련하여 그 후에 해당 부동산에 대하여 권리를 취득한 제3취득자를 보호할 필요성5)은 후순위저당권자의 대위의 경우에도 존재한다고 판단한다. 그런데 후순위저당권자의 대위에 의하여 선순위저당권자의 저당권이 이전된 후에 아직 저당권이 말소되지 않은 경우라면 저당권의 이전과 관련하여 제3취득자를 보호할 필요성은 적지만(대위등기 없이 제3취득자에게 대항할 수 있음),6) 먼저 경매된 부동산의 후순위저당권자가 다른 부동산에 공동저당의 대위등기를 하지 아니하고 있는 사이에 선순위저당권자 등에 의해 그 부동산에 관한 저당권등기가 말소된 후 이해관계를 취득한 제3취득자에 대하여는 대위등기 없이 후순위저당권자가 대위를 주장할 수 없다고 판시하였다.

2) 대위는 저당권의 이전이고, 저당권의 이전은 부기등기에 의하므로 대위등기도 부기등기에 의한다(대판 1994.5.10, 93다25417). 등기시 매각부동산, 매각대금, 선순위 저당권자가 변제받은 금액을 등기해야 한다(부동법 제80조 제1항).

대위의 효과로서 저당권은 후순위저당권자에게 이전된다. 이전되는 저당권은 후순위저당권의 피담보채권을 담보하고 그 순위에는 변화가 없다. 후순위저당권자는 경매신청 및 경매절차에서의 우선변제권이 인정된다.

> **사례 48** X토지 및 Y건물의 소유자인 A는 그의 채권자 B에게는 5억 원의 채권을 담보하기 위하여 X토지와 Y건물에 각 1번 공동저당권을 설정하였고, 채권자 C에게는 6억 원의 채권을 담보하기 위하여 X토지에 2번 저당권을 설정하였는데, X토지에 경매가 먼저 진행되어 B는 5억 원을 배당받고, C는 1억 원을 각 배당받았다(X토지의 경매대가는 6억 원, Y토지의 경매대가는 4억 원이다). 그런데 B는 채권의 전부변제를 받은 다음, A의 요청에 따라 X토지와 Y건물에 설정된 저당권을 전부 말소하였고, A는 Y토지를 D에게 양도하고 소유권이전등기를 마쳤다. 이 경우 C는 B의 저당권을 대위행사할 수 있는가?
>
> (대판 2015.3.20, 2012다99341 참조)

---

5) 수인의 물상보증인 중 일부가 채무를 변제한 뒤 다른 물상보증인 소유 부동산에 설정된 저당권설정등기에 관하여 대위의 부기등기를 하지 않는 동안에 제3자가 위 부동산을 취득하였다면, 대위변제한 물상보증인들은 위 제3자에 대하여 채권자를 대위할 수 없다(제482조 제2항 1호, 5호).

6) 저당권이 말소되지 아니하고 부동산등기부에 존속하는 경우라면, 비록 공동저당의 대위등기를 하지 아니하더라도 제3취득자로서는 그 저당권이 유효하게 존재함을 알거나 적어도 그 저당권이 공동저당권으로서 공시되어 있는 상태에서 이를 알면서 해당 부동산을 취득할 것이기 때문이다.

|해설 48| C는 B의 저당권을 대위행사할 수 없다.

동시배당시 X토지의 경매대가는 6억 원, Y토지의 경매대가는 4억 원이므로 B는 5억 원의 공동 저당권자이므로 3:2의 비율로 B는 X토지에서 3억 원, Y건물에서 2억 원을 배당받고, C는 X토 지에서 3억 원을 배당받게 된다. 그런데 이시배당시 B는 X토지에서 5억 원, C는 1억 원을 배당 받게 되는 바, C가 입게 되는 배당불이익액인 2억 원 범위 내에서 Y건물에서 B가 배당받을 2억 원을 한도로 B의 저당권을 대위행사할 수 있다. 그런데 먼저 경매된 부동산의 후순위저당권자가 다른 부동산에 공동저당의 대위등기를 하지 아니하고 있는 사이에 선순위저당권자 등에 의해 그 부동산에 관한 저당권등기가 말소되고, 그 상태에서 그 부동산에 관하여 소유권이나 저당권 등 새로 이해관계를 취득한 제3취득자가 존재하는 경우 후순위저당권자는 제3취득자에 대해 제368 조 제2항에 따른 대위를 주장할 수 없다. 따라서 사안의 경우 C는 B의 저당권을 대위행사할 수 없다.

### (라) 대위의 범위

후순위저당권자의 대위범위는 각 부동산의 책임분담액(선순위 공동저당권자가 다른 부동산의 경 매대가에서 배당받을 수 있는 금액)을 한도로 후순위 저당권자의 배당상 불이익을 초과할 수 없다.

### (마) 물상보증인 또는 제3취득자와의 관계

#### 1) 문제의 소재

이상의 경우는 공동저당목적물이 모두 채무자 소유인 경우를 전제로 한 것이다. 그런데 공 동저당의 목적물 중 일부가 물상보증인의 소유인 경우, 그 부동산이 먼저 경매되면 물상보증인 은 채무자에 대해 구상권을 취득한다($^{제341}_{조}$). 또한 변제자대위의 규정($^{제481조,}_{제482조.}$)에 의하여 채권자를 대위하여 다른 공동저당부동산 위의 공동저당권을 취득하게 된다.

한편 공동저당목적물 중 물상보증인 소유의 저당물이 먼저 경매되어 공동저당권자가 각 저 당물에 설정된 분담액을 넘는 채권만족을 받았을 때에도 매각된 저당물에 설정된 후순위저당 권자는 제368조 제2항 후단에 의하여 선순위저당권을 대위행사할 수 있다. 다만 선순위저당권 의 우선변제권의 한도 내에서만 대위권을 행사할 수 있다. 그런데 이 양자는 대위의 범위에서 차이가 있다.

이는 공동저당에 있어서 후순위저당권자 대위와 물상보증인의 변제자대위의 충돌 문제이다. 즉 물상보증인의 구상권과 변제자대위권을 후순위저당권자가 물상대위하는 방법($^{제341조,\ 제481조,}_{제482조,\ 제370조,}$ $^{제342}_{조}$)과 선순위저당권을 후순위저당권자가 대위하는 방법($^{제368}_{조}$) 중에서 어떤 방법을 선택할지가 문제된다.

#### 2) 학설 및 판례

학설상 변제자대위 규정($^{제481조,}_{제482조.}$) 우선 적용설(물상보증인 우선설), 후순위저당권자대위 규정 ($^{제368조}_{제2항}$) 우선 적용설(후순위저당권자 우선설), 선순위등기 우선설이 대립한다.

㉮ 변제자대위 규정($^{제481조,}_{제482조.}$) 우선설(물상보증인 우선설)은 공동저당물 중 일부가 물상보증인 소

유일 때에는 제368조 제2항 후단이 적용되지 않는다고 한다. 이시배당의 경우, 후순위저당권자의 대위권($^{제368}_{조}$)은 채무자 소유의 수개의 부동산 간에서만 인정된다는 것을 전제로 한다. 채무자 소유의 부동산이 공동담보되어 있기 때문에 물상보증인의 구상권은 확실한 효과를 거둘 수 있다는 기대가 보호되어야 한다는 점, 제481조의 규정도 이러한 신뢰를 보호하려는 취지였다는 점을 들어 물상보증인의 보호를 우선해야 한다고 한다.

따라서 물상보증인 소유 부동산이 먼저 경매된 경우, 물상보증인은 채무자 소유 부동산의 경매대가로부터 그 부동산의 후순위 저당권자에 우선하여 변제를 받고, 물상보증인 소유 부동산의 후순위 저당권자는 물상대위에 의하여 물상보증인에 대해 우선변제를 주장할 수 있다.

㉱ 후순위저당권자대위 규정($^{제368조}_{제2항}$) 우선설(후순위저당권자 우선설)은 제368조 제2항 후문에 의한 후순위저당권자의 대위가 피담보채권의 안분액 한도에서 우선하고, 변제자대위는 그 잔액에 대해서만 인정된다는 견해이다. 제368조 제2항의 후순위저당권자의 대위가 소유자를 달리하는 부동산 사이에 적용되지 않는다면, 공동저당의 목적물의 일부가 타인에게 속한다는 우연한 사정으로 후순위저당권자가 갑자기 불리한 지위에 떨어지게 되어 타당하지 못하다고 한다. 또한 물상보증인은 공동저당의 목적물을 제공한 이상, 그 부동산의 가격에 비례한 피담보채권의 안분액만큼은 부담할 각오가 되어 있는 것으로 보아야 할 것이므로, 그 한도에 있어서는 후순위저당권자가 우선한다고 본다. 물상보증인 소유 부동산이 먼저 경매된 경우, 물상보증인 소유 부동산의 후순위저당권자는 제368조 제2항에 의해 채무자 소유 부동산의 경매대가로부터 배당불이익액(동시배당의 경우와의 차액)을 우선변제 받고, 물상보증인은 변제자대위를 통해 잔액에 대해 채무자 소유 부동산의 후순위저당권자에 우선하지만 그에 의해 변제받지 못하는 범위에서 채무자에게 무담보채권인 구상권을 가진다(물상보증인 소유 부동산의 후순위저당권자의 물상대위가 인정되면 후순위저당권자대위 규정 우선설이 변제자대위 규정 우선설보다도 후순위 저당권자에게 더 불리한 결과가 발생할 수 있다).

㉲ 선순위등기 우선설은 원칙적으로 변제자대위가 우선하지만, 예외적으로 후순위저당권이 설정될 때까지는 공동저당부동산이 모두 채무자의 소유였으나 그 후 일부의 소유권이 제3자에게 이전된 경우에는 후순위저당권자의 대위를 우선시켜야 한다는 견해이다. 항상 변제자대위를 우선시키면, 후순위저당권자로서는 그 설정 후의 우연한 사정에 의해 대위권을 박탈당하는 결과가 되어 부당함을 이유로 한다.

㉳ 판례는 물상보증인 우선설(변제자대위규정 우선적용설)에 입각하고 있다($^{대판\ 1994.5.10,\ 93다}_{25417;\ 대결\ 1995.6.13,}$ $^{95마500;\ 대결\ 2009.}_{5.28,\ 2008마109}$). 물상보증인은 채무자가 제공한 목적물 위의 공동저당권을 대위할 수 있으나, 채무자 소유의 부동산 위의 후순위저당권자는 물상보증인이 제공한 저당물 위의 공동저당권을 대위할 수 없다고 한다($^{대판\ 2016.3.10,\ 2014다231965;}_{대판\ 2010.4.15,\ 2008다41475}$). 판례는 그 논거로 채무자 소유의 부동산의 후순위저당권자는 선순위 저당권의 설정상태의 부동산을 담보가치로 잡았다는 점, 채무자 소유 부동산이 먼저 경매되었다는 우연한 사정으로 물상보증과 아무 관계가 없는 채무자 소유 부동산의 후순위 저당권자의 채권이 물상보증인의 재산으로 담보되는 것은 불합리하다는 점을 들고

있다.

한편 동일한 물상보증인 소유의 여러 부동산에 공동저당이 설정되었고 그중 한 부동산에 후순위저당권이 설정된 다음에 그 부동산이 채무자에게 양도되었고 그 후 물상보증인 소유로 남아 있는 부동산(제3자에게 이전된 후에도 동일하다)이 경매되었다면, 물상보증인의 변제자대위는 후순위저당권자의 지위에 영향을 주지 않는 범위에서 성립한다(대판 2021.12.16, 2021다247258 참조). 즉 이러한 경우에는 물상보증인 우선설(변제자대위규정 우선적용설)이 적용되지 않는 것으로 판단했다. 이때에도 물상보증인 우선설을 유지하면 후순위저당권자는 저당부동산이 채무자에게 이전되었다는 우연한 사정으로 대위를 할 수 있는 지위를 박탈당하는 반면, 물상보증인 또는 그로부터 부동산을 양수한 제3취득자는 뜻하지 않은 이득을 얻게 되기 때문이다.

위의 두 학설은 대위의 범위에서 차이가 난다. 즉 후순위저당권자 대위규정 우선설에 따르면 매각된 부동산에의 후순위 저당권자가 갖는 변제자대위권은 제368조 제2항 후문이 규정한 '선순위저당권자가 전항의 규정에 의하여 다른 부동산의 경매대가에서 변제를 받을 수 있는 금액의 한도'로 제한된다. 그러나 변제자대위 규정 우선적용설에 따르면 변자자대위 규정(제481조, 제482조) 및 물상대위의 규정이 먼저 적용되어 자기의 권리에 의하여 구상할 수 있는 범위'에서 채권 및 그 담보에 관한 권리를 전면적으로 행사할 수 있게 된다는 점에서 차이가 있다.

### 3) 판례에 따른 사례의 해결

A는 B에 대한 5천만 원의 채무에 대한 담보로 X부동산(경매대가 6천만 원), Y부동산(경매대가 4천만 원)에 각 1순위의 저당권을 설정하고, C에 대한 4천만 원의 채무의 담보로 X부동산에 2순위 저당권, D에 대한 5천만 원의 채무에 대한 담보로 Y부동산에 2순위 저당권을 각각 설정했다. 그런데 X부동산은 물상보증인 E의 소유, Y부동산은 채무자 A의 소유인 경우를 생각해 보자.

㉮ 공동저당의 목적인 X, Y부동산에 대해 동시배당이 될 경우, 물상보증인은 종국적으로 자신의 지출을 채무자에게 구상하여 그의 부담으로 돌릴 수 있으므로 제368조 제1항에 의한 부담을 받지 않고, 공동저당권자는 그 채권액 전부에 관하여 먼저 채무자 소유의 부동산으로부터 우선변제를 받는다(대판 2010.4.15, 2008다41475. 이 판결에서는 물상보증인이 변제자대위에 의하여 채무자 소유 부동산에 대하여 담보권을 행사할 수 있는 지위에 있는 점 등을 고려할 때 제368조 제1항은 적용되지 않는다고 판시하였고, 같은 조 제2항의 대위에 관하여는 언급하지 않았다). 그런데 채무자 소유의 공동저당목적물에 대한 후순위저당권자는 채무자의 종국적인 책임을 예상할 수 있었다는 점에서 제368조 제2항의 대위를 주장할 수 없다. 이는 물상보증인이 채무자를 위한 연대보증인의 지위를 겸하고 있는 경우에도 마찬가지다(대판 2016.3.10, 2014다231965). 따라서 Y부동산의 매각대금 4천만 원은 전액 공동저당권자 B에게 배당되고, 후순위저당권자 D는 전혀 배당받지 못하고, X부동산의 매각대금 6천만 원 중 1천만 원은 B에게, 4천만 원은 C에게, 1천만 원은 E의 일반채권자 또는 소유자 E에게 각각 배당되고, Y부동산에 대한 후순위저당권자 D는 대위를 하지 못하므로 전혀 배당을 받지 못하게 된다. D는 일반채권자의 지위에서 배당받을 수는 있다.

㉯ 이시배당을 하는 경우에 관하여 본다. 먼저 채무자 A 소유의 Y부동산이 먼저 경매되어

배당되는 경우에는 위 ㉮와 같다. 즉, 채무자 소유의 Y부동산에 대한 후순위저당권자 D는 민법 제368조 제2항 2문에 의해 물상보증인 E 소유의 X부동산에 대한 1순위 공동저당권자 B의 공동저당권을 대위행사할 수 없다. 이러한 법리는 채무자 소유의 부동산에 후순위저당권이 설정된 후 물상보증인 소유의 부동산이 추가로 공동저당의 목적으로 된 경우에도 마찬가지다(대판 2014. 1. 23. 2013다207996).

다음으로 물상보증인 E 소유의 X부동산이 먼저 경매되어 배당되는 경우에는 B는 X부동산의 매각대금 6천만 원 중 5천만 원을 배당받는다. 그리고 물상보증인 E는 채무자 A에 대한 구상권의 범위에서 변제자대위에 의해 B의 피담보채권 및 Y부동산에 대한 저당권을 대위한다(제481조, 제482조 제1항). 그런데 C는 E 소유의 X부동산에 2순위 저당권을 갖고 있으므로 E의 후순위저당권자로서 E의 변제자대위권을 물상대위할 수 있다(제370조, 제342조). 따라서 C는 E가 변제자대위하는 Y부동산에 대한 저당권에 의해 그 한도에서 E보다 우선변제를 받을 수 있다.

이러한 법리는 수인의 물상보증인이 제공한 부동산 중 일부에 대하여 경매가 실행된 경우에도 마찬가지로 적용되어야 하므로(이 경우 물상보증인들 사이의 변제자대위의 관계는 제482조 제2항 4호, 3호에 의하여 규율될 것이다), 자기 소유의 부동산이 먼저 경매되어 1번 저당권자에게 대위변제를 한 물상보증인은 다른 물상보증인의 부동산에 대한 1번 저당권을 대위취득하고, 그 물상보증인 소유 부동산의 후순위 저당권자는 1번 저당권에 대하여 물상대위를 할 수 있으므로 물상보증인이 대위취득한 선순위 저당권설정등기에 대하여는 말소등기가 경료될 것이 아니라 물상보증인 앞으로 대위에 의한 저당권이전의 부기등기가 경료되어야 하고, 아직 경매되지 아니한 공동저당물의 소유자로서는 1번 저당권자에 대한 피담보채무가 소멸하였다는 사정만으로 말소등기를 청구할 수 없다(대판 2001. 6. 1. 2001다21854).

---

**사례 49** A는 그 소유의 X토지 및 Y건물에 대하여 A의 채권자 B, C, D를 위하여 다음과 같은 저당권을 설정해 주었다. B에게는 5억 원의 채권을 담보하기 위하여 X 토지와 Y 건물에 각 1번 공동저당권을 설정하였고, C에게는 6억 원의 채권을 담보하기 위하여 X 토지에 2번 저당권을, D에게는 4억 원의 채권을 담보하기 위하여 Y 건물에 2번 저당권을 각각 설정하여 주었다(X토지의 경매대가는 6억 원, Y토지의 경매대가는 4억 원이다).

질문 1) X토지 및 Y건물이 동시에 배당되는 경우, B, C, D의 각 배당액은 얼마인가?

질문 2) B가 X토지에서 먼저 배당을 받는 경우, B, C, D의 각 배당액은 얼마인가?

질문 3) 만약 X토지가 물상보증인 E의 소유인 경우, X토지로부터 먼저 배당되고 그 후 Y토지 경매대금이 배당되는 경우, B, C, D의 각 배당액은 얼마인가?

질문 4) 만약 X토지와 Y건물이 각 물상보증인 E와 F의 소유인 경우, B가 X토지에 대하여 먼저 배당을 받은 후에 다시 Y건물이 경매로 매각되면, B, C, D는 각각 어느 부동산에서 얼마의 금액을 배당받게 되는가?

**해설 49**

해설 1) 제368조 제1항에 의해 동일한 채권의 담보로 수개의 부동산에 저당권을 설정한 경우에 그 부동산의 경매대가를 동시에 배당하는 때에는 각 부동산의 경매대가에 비례하여 그 채권의 분담을 정한다. X토지의 경매대가는 6억 원, Y토지의 경매대가는 4억 원이므로 B는 3:2의 비율로 X토지에서 3억 원, Y건물에서 2억 원을 배당받고, C는 X토지에서 3억 원, D는 Y건물에서 2억 원을 각 배당받는다.

**해설 2)** 제368조 제2항에 의해 공동저당부동산 중 일부의 경매대가를 먼저 배당하는 경우에는 그 대가에서 그 채권 전부의 변제를 받을 수 있다. 이 경우에 그 경매한 부동산의 차순위저당권자는 선순위저당권자가 전항의 규정에 의하여 다른 부동산의 경매대가에서 변제를 받을 수 있는 금액의 한도에서 선순위자를 대위하여 저당권을 행사할 수 있다. 이 사안에서 X토지 및 Y건물이 모두 채무자의 소유이므로 B가 X토지의 경매대가를 먼저 배당받는 경우 X토지에서 B는 5억 원, C는 1억 원을 각 배당받고, 그 후 Y건물의 경매대가에서 C는 B를 대위하여 2억 원, D는 2억 원을 배당받는다.

**해설 3)** X토지가 물상보증인 E의 소유인 경우, B가 X토지에 대하여 먼저 배당받는다면 B는 X토지의 경매대가에서 5억 원을 배당받고, C는 1억 원을 배당받으며, 그 후 C는 Y건물에서 4억 원을 배당받는다. 물상보증인 우선설을 취하는 판결례에 따르면 D는 X 및 Y의 경매대가에서 우선변제를 받을 수 없다.

**해설 4)** X토지와 Y건물이 각 물상보증인 E와 F의 소유인 경우에 X토지가 먼저 경매되면, B는 그 경매대가에서 5억 원을, C는 1억 원을 각 배당받는다. 그 후 C는 Y건물에 대하여 E가 대위하는 금액에서 2억 원을 배당받는다. Y건물의 후순위 저당권자 D는 Y건물의 매각대금에서 2억 원의 배당을 받을 수 있다(제482조 제2항 4호).

## 4. 공동저당 법리의 유추적용

판례는 앞서 본 제368조의 공동저당의 법리를 임금채권 등에 대한 우선특권, 주택임대차보호법 소정의 소액보증금반환청구권 및 조세우선특권 등에 대해 유추적용하고 있다.

### (1) 제368조 제1항을 유추적용 또는 준용한 사례

ⅰ) 주택임대차보호법 제8조에 규정된 소액보증금반환청구권은 임차목적 주택에 대하여 저당권에 의하여 담보된 채권, 조세 등에 우선하여 변제받을 수 있는 이른바 법정담보물권으로서, 주택임차인이 대지와 건물 모두로부터 배당을 받는 경우에는 마치 그 대지와 건물 전부에 대한 공동저당권자와 유사한 지위에 서게 되므로 대지와 건물이 동시에 매각되어 주택임차인에게 그 경매대가를 동시에 배당하는 때에는 제368조 제1항을 유추적용하여 대지와 건물의 경매대가에 비례하여 그 채권의 분담을 정해야 하고(대판 2003.9.5. 2001다66291), ⅱ) 제368조 제1항은 저당목적물이 수 개의 부동산인 경우만이 아니라 공장저당법에 의한 저당권의 목적물인 토지와 건물 및 거기에 설치된 기계·기구의 경매대가를 동시에 배당하는 경우에도 적용 및 준용된다(대판 1998. 4.24. 97다51650).

### (2) 제368조 제2항을 유추적용한 사례

ⅰ) 임금채권 우선특권은 사용자의 총재산에 대하여 저당권 등에 의하여 담보된 채권, 조세 등에 우선하여 변제받을 수 있는 이른바 법정담보물권으로서, 사용자 소유의 수 개의 부동산 중 일부가 먼저 경매되어 그 경매대가에서 임금채권자가 우선특권에 따라 우선변제 받은 결과 그 경매한 부동산의 저당권자가 제368조 제1항에 의하여 위 수 개의 부동산으로부터 임금채권 이 동시배당되는 경우보다 불이익을 받은 경우에는, 같은 조 제2항 후문을 유추적용하여 위와 같이 불이익을 받은 저당권자로서는 임금채권자가 위 수 개의 부동산으로부터 동시에 배당받 았다면 다른 부동산의 경매대가에서 변제를 받을 수 있었던 금액의 한도 안에서 선순위자인 임금채권자를 대위하여 다른 부동산의 경매절차에서 우선하여 배당받을 수 있고($\binom{대판\ 2002.12.10,}{2002다48399}$), ⅱ) 납세의무자 소유의 수 개의 부동산 중 일부가 먼저 경매되어 그 경매대가에서 과세관청이 조세 우선특권에 의하여 조세를 우선변제받은 결과 그 경매한 부동산의 저당권자가 제368조 제1항에 의하여 위 수 개의 부동산으로부터 조세채권이 동시 배당되는 경우보다 불이익을 받 은 경우에는 같은 조 제2항 후문을 유추적용하여, 위 저당권자로서는 과세관청이 위 수 개의 부동산으로부터 동시에 배당받았다면 다른 부동산의 경매대가에서 변제를 받을 수 있었던 금 액의 한도 내에서 선순위자인 조세채권자를 대위하여 다른 부동산의 경매절차에서 우선하여 배당받을 수 있다($\binom{대판\ 2001.11.27,}{99다22311}$).

### (3) 제368조의 유추적용이 부인된 사례

동일한 채권의 담보로 부동산과 선박에 저당권이 설정된 경우, 제368조 제2항 후문은 적용 또는 유추적용되지 않는다($\binom{대판\ 2002.7.12,}{2001다53264}$). 선박은 원래 동산에 속하는 것일 뿐더러, 상법 제871조 제1항, 제3항은 등기된 선박은 저당권의 목적으로 할 수 있고, 선박의 저당권에 대하여는 민법 의 저당권에 관한 규정을 준용한다고 규정하고 있으나, 선박을 부동산으로 본다는 규정을 따로 두고 있지 아니하므로 동일한 채권의 담보로 부동산과 선박에 저당권을 설정한 경우 이는 제 368조 제1항에 정하여진 '동일한 채권의 담보로 수개의 부동산에 관하여 저당권을 설정한 경 우'에 해당하지 않기 때문이다.

## Ⅱ. 근 저 당

### 1. 의의와 특징

#### (1) 개　념

근저당이란 계속적 거래관계로부터 발생하는 다수의 불특정채권을 장래의 일정시기(결산기)에 일정한 한도(채권최고액)까지 담보하는 저당권, 즉 담보할 채무의 최고액만을 정하고 채무의 확정을 장래에 보류하여 설정하는 저당권을 말한다(제357조).

#### (2) 특　징

근저당은 장래의 증감, 변동하는 불특정의 채권을 담보한다는 점에서 현재 또는 장래의 특정채권을 담보하는 보통의 저당권과 차이가 있다. 또한 보통의 저당권은 담보하는 특정한 피담보채권에 부종하여 그 특정채권이 소멸하면 저당권도 당연히 소멸한다. 그러나 근저당권은 특정채권을 담보하는 것이 아니라, 장래의 다수의 불특정채권을 결산기에 일정한 한도액까지 담보하기 때문에 계속적 거래관계로부터 발생하는 불특정채권에 대한 부종성이 배제되어 결산기에 이르기까지 증감변동하는 채권의 잔고가 전혀 남지 않더라도 근저당은 소멸하지 않는 점이 특징이다(대판 1999.5.14, 97다15777·15784).

### 2. 근저당권의 성립

근저당권은 부동산물권변동의 일반원칙에 따라 물권적 합의와 등기에 의해 성립한다(제186조). 다만, 근저당권설정의 당사자는 근저당권의 설정을 내용으로 하는 합의를 하고, 그 등기를 신청함에는 신청서에 특히 등기원인이 근저당권설정계약이라는 뜻과 채권의 최고액 및 채무자를 기재하여야 한다(부등법 제 75조 제2항).

## (1) 기본계약 및 근저당권설정계약

(가) 근저당권설정계약의 당사자는 근저당권자(채권자)와 근저당권설정자이다. 근저당권설정자는 채무자 또는 채무자 아닌 자가 될 수도 있다. 여러 채권자가 같은 기회에 어느 부동산에 관하여 하나의 근저당권을 설정받은 경우, 여러 채권자는 근저당권을 준공유하게 된다. 이 근저당권은 준공유자들의 피담보채권액을 모두 합쳐서 채권최고액까지 담보하게 되고, 피담보채권이 확정되기 전에는 근저당권에 대한 준공유비율을 정할 수 없으나 피담보채권액이 확정되면 각자 그 확정된 채권액의 비율에 따라 근저당권을 준공유하므로, 준공유자는 각기 그 채권액의 비율에 따라 변제받는 것이 원칙이다. 그러나 준공유자 전원의 합의로 피담보채권의 확정 전에 위와 다른 비율을 정하거나 준공유자 중 일부가 먼저 변제받기로 약정하였으면 그 약정에 따라야 하며, 이와 같은 별도의 약정을 등기하게 되면 제3자에 대하여도 효력이 있다(대판 2008.3.13, 2006다31887).

(나) 근저당권설정계약에서 담보할 채권의 채권최고액과 피담보채권의 범위를 결정할 수 있는 기준을 정해야 한다(대판 2004.5.28, 2003다70041).

1) 피담보채권의 범위를 결정할 수 있는 기준은 많은 경우 피담보채권이 발생하는 기초가 되는 계속적 거래관계(이와 같은 계속적 거래관계를 '기본계약'이라 한다)를 지정하는 방법에 의한다. 그러나 반드시 계약관계일 필요는 없고, 계속적으로 발생하는 채권의 특정한 종류(예컨대, 어음상 채권 등) 또는 계속적으로 채권을 발생시키는 원인(예컨대, 조세 등)을 지정하는 방법으로 할 수 있다. 근저당권설정계약에서 근저당권의 존속기간(또는 기본계약의 결산기)을 정할 수 있는데, 이는 등기될 수 있다(부등법 제75조 제2항 제4호). 그러나 이를 정하지 않더라도 상관은 없다.

2) 그런데 피담보채권의 범위를 정하는 기준을 제한적으로 정하지 않고, 피담보채권을 "각종의 원인으로 인하여 발생하는 모든 채권" 또는 "현재 부담하고 있거나 장래 부담하게 될 일체의 채권" 등으로 정하여 근저당권이 설정되는 경우가 있는데, 이를 포괄근저당이라고 한다. 이에 대해서는 후술한다.

(다) 근저당권도 그 피담보채권의 확정이 유보되어 있지만, 채권의 담보를 위하여 존재하는 것이므로 근저당권설정이 유효하기 위해 근저당권설정계약과는 별도로 근저당권의 피담보채권을 성립시키는 법률행위(기본계약)가 있어야 한다(대판 2004.5.28, 2003다70041). 근저당권의 성립 당시 근저당권의 피담보채권을 성립시키는 법률행위가 있었는지 여부에 대한 증명책임은 그 존재를 주장하는 측에 있다(대판 2009.12.24, 2009다72070).

---

**사례 50** A는 B에 대해 아무런 채무를 부담하고 있지 않음에도 그 소유의 X부동산에 대해 B와 통모하여 허위의 의사로 채권최고액 1억 원의 근저당권설정계약을 체결하고 이에 따라 B 명의의 근저당권을 경료하였다. 그런데 B는 C에게 근저당권설정계약서를 제시하면서 금원을 빌려줄 것

을 요청하여, C가 B에게 3,000만 원을 대여해 준 다음, 근저당권설정등기의 피담보채권 중 3,000만 원 부분에 대하여 근저당권부 채권가압류결정을 받아 그 기입등기가 경료되었다. 이에 대해 A는 B의 근저당권은 피담보채권이 존재하지 아니하여 무효이므로 C의 가압류도 무효임을 주장한다. A의 주장은 타당한가? (대판 2004.5.28, 2003다70041 참조)

**|해설 50|** A의 주장은 타당하다.

A와 B 사이의 근저당권설정계약은 통정허위표시로서 무효이다(제108조). 그러나 이러한 가장행위를 기초로 C가 근저당권부 채권에 대해 가압류를 한 이상 C는 허위표시에 기초하여 새로운 법률관계를 가진 선의의 제3자에 해당하므로 통정허위표시에 의한 무효인 근저당권의 말소에 대해 승낙할 의무는 없다. 그러나 근저당권의 성립에는 근저당권설정행위와는 별도로 근저당권의 피담보채권을 성립시키는 법률행위가 있어야 한다. 사안의 경우 A와 B는 근저당권설정계약만 체결하였을 뿐, 피담보채권을 성립시키는 의사표시가 있었다고 볼 만한 자료가 없으므로 위 근저당권은 피담보채권이 존재하지 아니하여 무효라고 볼 수 있다. 따라서 C의 가압류도 무효이다.

## (2) 등 기

(가) 근저당권의 성립을 위해서는 등기부상 근저당권등기가 경료되어야 한다(부동법 제75조 제2항). 그렇지 않으면 보통의 저당권으로서 효력을 가질 뿐이다. 부동산등기법에서는 기본계약을 근저당권의 등기원인으로 기재하도록 하지 않고, 근저당권설정계약을 등기원인으로 표시하도록 하고 있다(부동법 제75조 제2항).

(나) 부동산등기법에서는 근저당권등기는 채권최고액, 채무자의 성명, 주소, 제358조 단서의 약정(부합물과 종물에 저당권이 미치지 않는다는 설정행위가 있었던 경우 그 약정) 및 존속기간을 추가적으로 기재하도록 한다(부동법 제75조 제2항). 채권최고액은 근저당권등기의 필요적 등기사항으로 채권의 원본, 이자와 위약금, 손해배상금 등을 포함한 한도액을 의미한다(제357조 제2항). 여기의 손해배상금은 제360조 단서의 제한을 받지 않는다(대판 1957.1.10, 4289민상401). 근저당권의 존속기간은 임의적 등기사항이지만, 이를 등기한 때에는 그 기간이 경과한 후에 발생한 채권은 피담보채권에 포함되지 않는다. 그러나 존속기간을 등기하지 않은 경우에는 근저당권설정계약의 임의해지에 의해 근저당권이 확정되고, 그 때부터 보통의 저당권으로 전환된다.

## 3. 근저당권의 효력

### (1) 피담보채권의 범위

근저당권의 피담보채권은 근저당권설정계약에서 정해지고 등기된 채권최고액을 한도로 결산기에 실제로 존재하는 채권액 전부다. 이러한 근저당권의 피담보채권은 계속적으로 증감변동하는 점에 특징이 있다. 실무에서 근저당권설정계약서에 채권자가 채무자에 대하여 "현재 및 장래에 갖게 되는 일체의 채권"을 근저당권의 피담보채권으로 약정하는 경우가 일반적인데, 당사자 사이에 계속적 거래관계로부터 발생하는 장래의 채권을 담보하는 외에 이미 발생한 현재의 채권도 근저당권에 의해 담보되는 것으로 볼 것인가? 이는 기본적으로 당사자의 의사 내지 근저당권설정계약의 해석문제이다. 다른 약정이 없는 한 근저당권설정 이전에 발생한 채권도 담보한다(대판 1970.4.28, 70다103). 다만 현재 부담하고 있는 채무와 근저당권설정에 의해 부담하게 될 채무의 합계액이 등기된 근저당권의 채권최고액을 초과하는 경우에는 비록 근저당권설정계약서에 "채무자가 채권자에 대해서 현재 및 장래에 부담하는 일체의 채무를 담보한다"고 부동문자로 인쇄되어 있더라도 그러한 보통거래약관을 예문(例文)에 불과하다고 판시하여 구속력을 배제하는 경우도 있다(대판 1990.7.10, 89다카12152).

한편 근저당권을 설정한 후에 근저당설정자와 근저당권자의 합의로 채무의 범위 또는 채무자를 추가하거나 교체하는 등으로 피담보채무를 변경할 수 있으며, 이러한 합의는 등기사항이 아니므로 변경등기 없이 당사자의 합의만으로 변경의 효력이 생긴다. 한편 이때 후순위권리자 등 이해관계인의 승낙을 받을 필요가 없다(대판 2021.12.16, 2021다255648).

### (가) 채권최고액과 제360조

1) 근저당권의 피담보채권의 범위는 근저당권설정계약에 의해 결정될 것이지만, 달리 정함이 없을 경우 저당권의 피담보채권의 범위에 관한 제360조를 근저당권에 적용할 것인가? 즉 제357조 제2항에서는 채무의 이자는 채권의 최고액 중에 산입한 것으로 본다고 규정하고 있기 때문에 근저당권의 채권최고액에 원본과 이자의 총액만 포함되는지, 아니면 제360조에 규정하고 있는 원본, 이자 이외에 위약금, 채무불이행으로 인한 손해배상, 저당권의 실행비용, 그리고 손해배상액 가운데 원본의 이행기일을 경과한 후의 1년분의 지연배상도 포함되는지에 관해 학설의 대립이 있다. 이는 제360조 단서의 적용여부에 대한 차이에 기초한다. 이에 대하여 제360조 단서가 근저당권에도 적용된다는 견해가 있다. 이 견해에 따르면 예컨대 채권최고액은 5억 원인데, 원본, 이자 이외에 위약금, 저당권의 실행비용 및 채무불이행으로 인한 손해배상 중에서 이행기 경과 후 1년분의 지연배상액이 총 4억 8천만 원이고, 1년분을 초과하는 지연배상액이 5천만 원인 경우에 근저당권에 의하여 담보되는 채권액은 4억 8천만 원이 된다.

그러나 제360조 본문은 근저당권에 적용되나, 동조 단서는 적용되지 않는다고 할 것이다. 근저당에서는 채권최고액이 등기되어 있으므로 1년분을 초과하는 지연이자가 채권최고액에 포함되어도 후순위저당권자를 비롯한 다른 채권자의 이익을 해할 염려가 없다. 이러한 자는 적어도 채권최고액의 범위 내에서는 근저당권자에 의하여 우선변제될 수 있음을 알 것이기 때문이다. 그렇다면 위의 예에서 근저당권의 피담보채권액은 5억 원이 된다.

다만 저당권의 실행비용이 채권최고액에 포함되지 않아 실행비용을 공제한 나머지 매각대금에서 근저당권자의 채권최고액을 한도로 우선변제된다(대결 1971.1.26.<br>71마1151).

2) 채권최고액은 근저당권자가 저당물로부터 우선변제를 받을 수 있는 한도액을 의미할 뿐, 채무자로부터 변제받을 수 있는 한도액을 의미하는 것이 아니다. 따라서 채권최고액의 정함이 있는 근저당권에서 피담보채권의 총액이 채권최고액을 초과하는 경우, 적어도 채무자가 근저당권설정자인 경우 위 채권 전액의 변제가 있을 때까지 근저당권의 말소를 청구할 수 없으므로 근저당권의 효력은 채권최고액과는 관계없이 잔존채무에 미친다(대판 2001.10.12.<br>2000다59081). 반면 물상보증인이 근저당권설정자인 경우 또는 제3취득자가 있는 경우, 물상보증인 등은 최고액만 근저당권자에게 지급하고 근저당권의 말소를 청구할 수 있다고 한다(대판 2007.4.26.<br>2005다38300). 다만 물상보증인이 연대보증도 겸한 경우에는 채무 전액을 변제해야 한다(대판 1972.5.23.<br>72다485).

---

**사례 51** A가 그 소유의 X부동산에 B 명의로 채권최고액 2억 원의 근저당권을 설정하였다. 그 후 B가 경매를 신청하였는데, 당시 B의 채권은 2억 5,000만 원이었다. X부동산의 매각대금이 3억 원이라고 할 때, B는 채권최고액을 초과하는 5,000만 원을 배당받을 수 있는가?

(대판 2001.10.12. 2000다59081; 대판 2009.2.26. 2008다4001 참조)

**│해설 51│** B는 채권최고액을 초과하는 5,000만 원을 배당받을 수 있다.

민사집행법상 경매절차에 있어 근저당권설정자와 채무자가 동일한 경우에 근저당권의 채권최고액은 민사집행법 제148조에 따라 배당받을 채권자나 저당목적 부동산의 제3취득자에 대한 우선변제권의 한도로서의 의미를 갖는 것에 불과하다. 따라서 민사집행법 제148조에 따라 배당받을 채권자나 제3취득자가 없는 한 근저당권자의 채권액이 근저당권의 채권최고액을 초과하는 경우에 그 초과금액은 근저당권설정자에게 반환할 것은 아니고 근저당권자의 채권최고액을 초과하는 채무의 변제에 충당해야 한다.

---

**사례 52** A는 그 소유의 X부동산에 B의 C에 대한 채무의 담보로 C 명의의 채권최고액 1,000만 원의 근저당권설정등기를 마쳤다. 그 후 C의 경매신청으로 경매절차가 진행 중 A는 채권최고액 1,000만 원과 그때까지의 경매비용 5만 원을 변제공탁하고, C를 상대로 근저당권의 말소를 구한다. 이에 C는 A의 공탁금액으로는 이자가 전부 만족받지 못하므로 근저당권을 말소할 수 없다고 주장하고 있다. 이때 A의 청구는 타당한가? (대판 1974.12.10. 74다998 참조)

**│해설 52│** A의 청구는 인용될 수 있다.

이는 물상보증인이 근저당권에 의하여 담보하는 채권액의 한도에 관한 문제이다. 근저당권에 의하여 담보되는 채권액의 범위는 청산기에 이르러 확정되는 채권 중 근저당권설정계약에 정하여진 채권최고액을 한도로 하는 것이고 이 최고액을 초과하는 부분의 채권까지 담보하는 것은 아니다.

## 13  저당권의 소멸

[ 문제 ]

　　甲은 2014.2.2. 乙로부터 1억 원을 변제기 2015.2.2., 이자 연 20%로 차용하기로 하는 소비대차계약을 체결하였고, 같은 날 丙은 자신 소유의 X토지에 대하여 乙에게 甲의 위 채무를 담보하기 위하여 근저당권자 乙, 채권최고액 1억 2,000만 원으로 하는 근저당권을 설정하여 주었다. 그런데 변제기가 지나도록 甲이 위 채무를 변제하지 않자, 乙은 위 근저당권을 실행하겠다는 뜻을 甲과 丙에게 통지하고 2016.2.2. X토지에 대하여 근저당권에 기한 경매를 신청하였다. 이에 丙이 甲의 채무를 대신 변제하겠다고 하였으나, 乙은 대여금 1억 원과 이에 대한 이자 및 지연손해금도 추가로 지급할 것을 요구하였다.

[질문] 丙은 乙에게 위 채권최고액인 1억 2,000만 원을 변제하였다. 丙은 乙을 피고로 위 근저당권설정등기의 말소를 청구할 수 있는가? (10점)

2017년 제6회 변호사시험 제1문의4

[해설]  **丙은 채권최고액만을 변제하고, 乙을 상대로 위 근저당권설정등기의 말소를 청구할 수 있다.**

　　판례에 따르면, "근저당권의 물상보증인은 민법 357조에서 말하는 채권의 최고액만을 변제하면 근저당권설정등기의 말소청구를 할 수 있고 채권최고액을 초과하는 부분의 채권액까지 변제할 의무가 있는 것이 아니다"($^{대판\ 1974.12.10.}_{74다998}$)라고 한다. 사안의 경우 丙은 甲의 채무를 담보하기 위해 그 소유의 X토지를 담보로 제공한 물상보증인이므로, 피담보채권액이 근저당권의 채권최고액을 초과하더라도 채권최고액만을 변제하고 근저당권의 말소를 청구할 수 있다.

### (나) 근저당권의 확정

#### 1) 확정의 개념

　　피담보채권의 확정 또는 근저당권의 확정이란 근저당권을 실행해서 피담보채권의 우선변제를 받기 위해서 결산기의 도래 등 일정한 사유가 발생하면 증감·변동하는 피담보채권의 원본을 확정하는 것을 말한다. 이로써 피담보채권의 미확정상태가 종료되고, 확정 후에 발생하는 채무는 더 이상 근저당권에 의해 담보되지 않으며, 근저당권은 보통의 저당권으로 전환된다. 따라서 어느 시기에 피담보채무가 확정되는지는 후순위담보권자, 물상보증인 등에게 직접적으로 영향을 미친다.

#### 2) 확정사유와 확정시기

　　법이 근저당권의 피담보채권의 확정사유와 시기를 규정하지 않고 있기 때문에 이는 학설과 판례에 의해 해결할 수밖에 없다. 학설과 판례에 의한 피담보채권의 확정사유는 다음과 같다.

㉑ 계속적 거래관계의 종료

근저당권의 존속기간 만료, 기본계약상의 결산기의 도래, 당사자의 합의 또는 기본계약의 해지 등에 의해 계속적 거래관계가 종료되어 더 이상 피담보채무로 예정된 원본이 발생할 가능성이 없어진 경우에는 피담보채권이 확정되고 그 때까지 잔존하는 채무가 근저당권에 의해 담보되는 채무로 확정된다. 즉 근저당권설정계약에서 근저당권의 존속기간을 정하거나 근저당권으로 담보되는 기본적인 거래계약에서 결산기를 정한 경우, 원칙적으로 존속기간이나 결산기가 도래한 때에 피담보채무는 확정되지만, 예외적으로 그 존속기간 또는 결산기가 경과하기 전에도 근저당권에 의하여 담보되는 채권이 전부 소멸하고, 채무자가 채권자로부터 새로이 금원을 차용하는 등 거래를 계속할 의사가 없는 경우에는 근저당권설정자는 계약을 해지하고 근저당권설정등기의 말소를 구할 수 있다$\binom{\text{대판 1966.3.22.}}{\text{66다68}}$.

반면 존속기간이나 결산기의 정함이 없는 때에는 근저당권의 피담보채무의 확정방법에 관한 다른 약정이 있으면 그에 따르되, 이러한 약정이 없는 경우라면 근저당권설정자가 근저당권자를 상대로 언제든지 해지의 의사표시를 함으로써 피담보채무를 확정시킬 수 있다$\binom{\text{대판 2002.2.26.}}{\text{2000다48265}}$. 이러한 계약의 해제 또는 해지에 관한 권한은 근저당부동산의 소유권을 취득한 제3취득자도 이를 원용할 수 있다고 하면서 그가 피담보채무를 변제하면서 근저당권의 말소를 청구한 때에는 계약을 해지하고 피담보채무를 확정하고자 하는 의사표시가 포함된 것으로 본다$\binom{\text{대판 2002.5.24.}}{\text{2002다7176}}$.

**사례 53** A는 B에게 존속기한의 정함이 없는 대리점계약에 의해 철강제품을 공급하고 있는데, B의 A에 대한 물품대금채무의 담보로 C는 그 소유의 X부동산에 대해 A 명의로 근저당권을 설정하였다. 그러던 중 개인사업자 B는 D주식회사를 설립하였고, A는 D와 사이에 판매대리점계약을 체결하면서 B와의 대리점계약을 종료하였는데, 당시 B의 A에 대한 채무는 존재하지 않았다. C는 A를 상대로 근저당권설정등기의 말소를 청구할 수 있는가? (대판 1996.10.29. 95다2494 참조)

**해설 53** 청구할 수 있다.

사안의 경우는 계속적 거래계약에 기한 채무를 담보하기 위하여 존속기간의 약정이 없는 근저당권을 설정한 경우에 해당한다. 그 거래관계가 종료됨으로써 피담보채무로 예정된 원본채무가 더 이상 발생할 가능성이 없게 된 때에는 그 때까지 잔존하는 채무가 근저당권에 의하여 담보되는 채무로 확정된다. 이 때에 근저당권을 설정한 채무자나 물상보증인은 근저당권자에 대한 의사표시로써 피담보채무의 확정을 구할 수 있고 그 확정 당시에 그것이 존재하지 아니하게 되었다면 근저당권의 말소를 구할 수 있다. 따라서 사안의 경우 피상속인의 채무가 존재하지 않고 원본채무의 발생가능성이 없어진 이상 D의 근저당권말소청구시 피담보채무는 확정되므로, 그 등기의 말소를 구할 수 있다.

**사례 54** A농협은 2015.12.23. B에게 3억 5천만 원을 대출하면서, 각각 B, C와 사이에 B 소유의 X토지와 C 소유의 Y토지에 관하여, 근저당권자를 A농협으로, 채무자를 B로, 채권최고액을 각각

4억 9천만 원으로 정하고 B가 A농협에 대하여 현재 및 장래에 부담하게 될 여신거래, 신용카드 거래 등 모든 채무를 포괄하여 담보하되 3년이 경과하면 근저당권설정자가 서면통지에 의하여 결산기를 지정할 수 있는 근저당설정계약을 체결했다. A농협은 같은 날 X토지 및 Y토지에 관하여 위 각 부동산을 공동담보로 하여 근저당권설정등기를 마쳤다.

Y토지에 관하여 A농협보다 후순위 근저당권자인 D가 2016.8.18. 경매신청하여 진행된 경매절차에서, A농협은 2017.3.26. 근저당권에 기하여 B에 대한 대출원리금 3억 7천만 원을 전액 우선배당받았다. 한편, A농협은 근저당권을 담보로 2017.10.31. B에게 추가로 8천만 원을 대출하였다.

X토지에 관하여 A농협보다 후순위 근저당권자인 E는 Y토지에 관한 경매절차에서 매각대금이 납부됨으로써 X토지에 관한 A의 근저당권의 피담보채권까지 전부 확정되었고, 그 확정된 피담보채권이 Y토지에 대한 경매절차에서 전부 변제되었으므로 A의 근저당권이 전부 소멸하였다고 보아, E는 X토지에 관한 A의 근저당권설정등기의 말소를 청구한다. E의 이러한 청구는 타당한가?

(대판 2017.9.21, 2015다50637 참조)

**┃해설 54┃** E의 청구는 타당하지 않다.

공동근저당권자가 목적부동산 중 일부 부동산에 대하여 제3자가 신청한 경매절차에 소극적으로 참가하여 우선배당을 받은 경우에, '해당 부동산'에 관한 근저당권의 피담보채권은 그 근저당권이 소멸하는 시기, 즉 매수인이 매각대금을 지급한 때에 확정된다(대판 1999.9.21, 99다26085 참조). 그러나 '나머지 목적부동산'에 관한 근저당권의 피담보채권은 다른 확정사유(예컨대 기본거래가 종료하거나 채무자나 물상보증인에 대하여 파산이 선고되는 등)가 발생하지 않는 한 확정되지 않는다. 공동근저당권자가 제3자가 신청한 경매절차에 소극적으로 참가하여 우선배당을 받았다는 사정만으로는 당연히 채권자와 채무자 사이의 기본거래가 종료된다고 볼 수 없고, 기본거래가 계속되는 동안에는 공동근저당권자가 나머지 목적 부동산에 관한 근저당권의 담보가치를 최대한 활용할 수 있도록 피담보채권의 증감·교체를 허용할 필요가 있으며, 위와 같이 우선배당을 받은 금액은 나머지 목적 부동산에 대한 경매절차에서 다시 공동근저당권자로서 우선변제권을 행사할 수 없어(대판 2006.10.27, 2005다14502; 대판 2012.1.12, 2011다68012 참조) 이후에 피담보채권액이 증가하더라도 나머지 목적부동산에 관한 공동근저당권자의 우선변제권 범위는 위 우선배당액을 공제한 채권최고액으로 제한되므로 후순위 근저당권자나 기타 채권자들이 예측하지 못한 손해를 입게 된다고 볼 수 없기 때문이다.

사안에서 A농협이 Y토지에 관하여 후순위 근저당권자 D가 신청한 경매절차에 소극적으로 참가하여 당시 존재하던 근저당권의 피담보채권액을 전액 우선배당받았더라도, 그것만으로는 A농협과 B, C 사이의 근저당권에 관한 기본거래가 종료된다고 할 수 없으므로 X토지에 관한 근저당권의 피담보채권이 확정되지 않는다. 그리고 A농협이 경매절차에서 우선배당받은 금액이 근저당권의 채권최고액(4억 9천만 원)에 미치지 아니하므로 근저당권은 채권최고액만 위 우선배당액을 공제한 금액으로 감액되어 존속하며, 그 후 A농협이 2017.10.31. B에게 추가로 8천만 원을 대출함으로써 근저당권설정계약에 따라 그 대출금채권이 피담보채권으로 추가되었다고 봄이 타당하다. 따라서 E의 A에 대한 근저당권의 말소청구는 이유없다.

　　㉯ 근저당권자의 경매신청

　별도의 해지의 의사표시가 없더라도 근저당권자가 피담보채무의 불이행을 이유로 경매신청을 하면 피담보채무가 확정된다. 근저당권자의 경매신청은 채무불이행을 이유로 거래를 종결시키려는 의사의 표현으로 볼 수 있기 때문이다. 이 경우 피담보채무의 확정시기는 경매신청시이다(대판 2002.11.26,). 한편 이때의 경매에는 근저당권자의 근저당권에 기한 것 외에 다른 담보권에 기하거나 일반채권자로 한 경우도 포함한다. 뿐만 아니라 근저당권자가 물상대위권을 행사한 경우, 압류신청시에 피담보채무는 확정된다. 이와 같은 경매신청 등에 의해 피담보채무가 확정되기 위해서는 경매 또는 압류신청이 받아들여져 그 절차가 개시될 것을 요하므로 요건의 불비로 경매신청 또는 압류신청이 각하되거나 절차의 개시 전에 취하된 경우에는 근저당권의 피담보채권은 확정되지 않는다. 그러나 경매개시결정이 있은 후에는 경매신청을 취하하더라도 번복되지 않는다(대판 2002.11.26,). 근저당권자가 물상보증인 소유의 토지와 채무자 소유의 토지에 공동근저당권을 설정하였는데, 후자에 대해 경매를 신청한 경우 판례는 전자에 대해서도 근저당권은 확정된 것으로 본다(대판 1996.3.8,).

ⓓ 근저당권자 아닌 자의 저당부동산에 대한 경매신청

예컨대, 채무자 A 소유의 부동산에 B의 1순위 근저당권, C의 2순위 근저당권이 각 설정되어 있는데, C가 경매신청을 한 경우 B의 근저당권은 언제 확정되는 것으로 볼 것인가? 매각부동산 위의 모든 저당권은 매각으로 소멸하므로 B의 근저당권도 어느 시점에는 확정되어야 할 것이나 민법에는 별도의 규정을 두고 있지 않다. 통설은 경매개시결정이 있는 때에 확정된다는 견해이나 판례는 피담보채권의 추가가 B의 근저당권의 채권최고액의 범위 내에 있다면 C에게 불측의 손해를 가하는 것이 아니고, B로서도 원하지 않는 시기에 경매가 강제되어 근저당권을 상실할 처지에 있어 그가 파악한 담보가치의 최대한 활용을 할 수 있게 함이 타당하다는 이유로 B의 피담보채권은 매수인이 매각대금을 완납했을 때에 확정된다고 한다(대판 1999.9.21,).

> **사례 55** A는 그 소유의 X부동산에 B 명의의 1순위 근저당권, C 명의의 2순위 저당권을 각 설정하였다. 그런데 C가 경매를 신청한 경우, B의 근저당권은 언제 확정되는가?
>
> (대판 1999.9.21, 99다26085 참조)
>
> **해설 55** B의 근저당권의 피담보채권은 매수인의 매각대금완납시에 확정된다.

ⓔ 채무자 또는 물상보증인의 파산선고 등

채무자나 물상보증인에 대한 파산선고 또는 회생절차개시결정이 있는 경우, 피담보채권은 파산선고시 또는 회생절차개시결정시를 기준으로 확정된다고 한다(대판 2001.6.1,). 그와 같은 도산절차에서는 채무를 포괄적으로 정리할 필요가 있기 때문이다. 물상보증인이 설정한 근저당권의 채무자가 합병으로 소멸하는 경우, 합병 후의 존속회사 또는 신설회사는 합병의 효과로서 채무자의 기본계약상 지위를 승계하지만, 물상보증인이 존속회사 또는 신설회사를 위하여 근저당권설정계약을 존속시키는 데 동의한 경우에 한하여 합병 후에도 기본계약에 기한 근저당거래를 계속할 수 있고, 합병 후 상당한 기간이 지나도록 그러한 동의가 없는 때에는 합병 당시를 기준으로 근저당권의 피담보채무가 확정된다$\left(\substack{\text{대판 } 2010.1.28.,\\2008다12057}\right)$.

ⓜ 자산유동화에 관한 법률 제7조의2 소정의 피담보채권의 확정사유

저당권유동화를 위해서 근저당권자가 채무자에 대하여 근저당권부 채권을 양도하겠다는 의사를 통지한 때에도 근저당권은 확정된다$\left(\substack{\text{자산유동화에 관한 법률 제7조}\\\text{의2, 한국주택금융공사법 제27조}}\right)$.

### 3) 확정의 효과

피담보채권이 확정되면, 그 후에 발생하는 채권은 그 근저당권에 의해서 담보되지 못하며 $\left(\substack{\text{대판 } 1989.11.28.,\\89다카15601}\right)$, 확정시부터 근저당권은 보통의 저당권으로 전환된다$\left(\substack{\text{대판 } 2002.11.26.,\\2001다73022}\right)$. 그러나 보통의 저당권에 관한 제360조 단서의 제한을 받지 않고, 피담보채권의 확정 이전에 발생한 원본채권에 대한 확정 이후의 이자 또는 지연손해금 채권은 채권최고액의 범위 내에서 여전히 담보대상으로 된다$\left(\substack{\text{대판 } 2007.4.26.,\\2005다38300}\right)$.

또한 확정된 근저당권은 보통의 저당권과 같이 그 개별 피담보채권과 함께 양도, 이전되고, 피담보채권이 변제 등으로 소멸하면, 그에 부종하여 소멸한다.

### (2) 근저당권의 실행

근저당권자는 피담보채권이 확정되고 확정된 피담보채권의 변제기가 도래하면, 근저당권을 실행해서 최고액까지 피담보채권의 확정액을 우선변제받을 수 있다. 실행의 절차는 보통저당권의 실행절차에 의한다.

## 4. 근저당권의 양도

### (1) 피담보채권의 이전

근저당권의 확정 전에는 피담보채권의 증감·변동은 문제되지 않기 때문에 근저당권에 의하여 담보되는 채권 일부가 양도 또는 대위변제가 되면, 그 채권은 근저당권의 피담보채권에서 제외된다. 즉 근저당권은 그 확정 전에 개별적인 피담보채권의 양도 또는 대위변제가 있어도 그것에 수반하지 않는다$\left(\substack{\text{대판 } 1996.6.14.,\\95다53812}\right)$. 그러나 근저당권(피담보채권)이 확정된 후에는 피담보채권 일부의 양도 또는 대위변제가 있으면 저당권의 일부이전의 부기등기가 없어도 저당권의 일부가 이전된다$\left(\substack{\text{대판 } 2002.7.26.,\\2001다53929}\right)$.

---

**사례 56** A가 그 소유의 X부동산에 대해 B은행과 사이에 거래기간 3년, 피담보채무는 여신거래로 발생하는 현재 및 장래의 일체의 채무로 정하여 이를 담보하기 위해 채권최고액 3억 원의 근저당권설정등기를 B 앞으로 마쳤다. 거래기간이 2년이 남은 시점에 A가 B로부터 1억 원을 빌릴 당시 연대보증을 한 C가 1억 원을 B에게 대위변제한 경우, C는 B의 저당권의 일부를 이전받는가?

(대판 2000.12.26, 2000다54451 참조)

|해설 56| C는 B의 저당권의 일부를 이전받을 수 없다.

근저당권은 계속적인 거래관계로부터 발생·소멸하는 불특정다수의 채권 중 그 결산기에 잔존하는 채권을 일정한 한도액의 범위 내에서 담보하는 것으로서 그 거래가 종료하기까지 그 피담보채권은 계속적으로 증감·변동하는 것이므로, 근저당 거래관계가 계속되는 관계로 근저당권의 피담보채권이 확정되지 아니하는 동안에는 그 채권의 일부가 대위변제되었다 하더라도 그 근저당권이 대위변제자에게 이전될 수 없다.

### (2) 기본계약상의 지위 이전

근저당권의 기초가 되는 당사자 간의 계속적 거래관계에서 채권자의 지위가 이전되면, 이에 수반하여 근저당권도 이전되고, 채무자의 지위가 이전되면 근저당권의 채무자도 변경된다. 그러므로 근저당권은 증감·변동하는 개개의 채권에는 부종하지 않지만, 기초가 되는 계속적 거래계약에는 부종한다.

또한 당사자의 의사에 의한 기본계약상의 지위 이전에 따른 근저당권의 변경에는 등기를 요한다(제186조, 근저당권이전의 부기등기에 대해서는 등기예규 제1471호 제3조, 채무자변경의 부기등기에 대해서는 위 등기예규 제4조). 그러나 근저당권설정계약의 당사자나 채무자의 사망 등으로 인한 포괄승계로 인한 경우에는 등기를 요하지 않는다(제187조).

### 5. 근저당권의 소멸

근저당권은 피담보채권이 확정되기 전에는 비록 채권이 모두 변제되었더라도 소멸하지 않는다(대판 1965.4.20, 64다1698). 그러나 피담보채권액이 확정될 시점에 채권액이 전혀 없는 경우 또는 확정된 피담보채권액을 변제하면 근저당권은 소멸한다. 이 때 물상보증인 및 제3취득자도 피담보채권을 변제하고 근저당권을 소멸시킬 수 있다(제364조).

### 6. 공동근저당

### (1) 의 의

공동근저당이란 동일한 채권을 담보하기 위하여 여러 부동산 위에 설정된 근저당을 말한다. 공동근저당권에 관해서도 공동저당에서의 배당과 차순위자의 대위에 관한 규정(제368조)이 적용된다. 즉 공동근저당권자가 스스로 근저당권을 실행한 경우뿐만 아니라, 타인에 의하여 개시된 경매 등의 환가절차에서 환가대금 등으로부터 다른 권리자에 우선하여 피담보채권의 일부에 대하여 배당받은 경우에도 제368조 제1항 및 제2항이 적용된다(대판(전) 2017.2.21, 2013다16992; 대판 2014.4.10, 2013다36040 등).

### (2) 공동근저당의 성립

공동근저당권의 성립을 위해서는 공동저당권과 마찬가지로 피담보채권이 동일해야 한다. 그 동일성의 판단은 피담보채권의 발생원인이 되는 기본계약과 결산기가 동일한지에 따라 판단될 수 있다.

채권최고액이 다르더라도 공동근저당권이 성립할 수 있다. 예컨대 동일한 피담보채권에 대하여 채권최고액을 각각 1,000만 원과 2,000만 원으로 달리하여 근저당권을 설정할 수 있으며 각 최고액이 동일한 범위인 1,000만 원에 대하여 공동근저당관계가 성립한다.

공동저당관계의 등기가 공동근저당권의 성립요건이 아니다. 즉 당사자가 각 부동산에 대하여 개별 근저당권을 설정하고, 등기에 목적물인 각 부동산이 동일한 기본계약으로부터 발생하는 채권을 담보하는 것임을 공시하지 않은 경우에도 제368조가 적용된다(대판 2010.12.23, 2008다57746). 근저당권설정자와 근저당권자 사이에서 동일한 기본계약에 기하여 발생한 채권을 중첩적으로 담보하기 위하여 수개의 근저당권을 설정하기로 합의하고 이에 따라 수개의 근저당권설정등기를 마치면 공동근저당이 성립한다. 부동산등기법 제78조에서 정한 공동(근)저당관계의 등기를 마쳤는지 여부는 공동(근)저당의 성립에 영향을 주지 않는다. 부동산등기법 제78조는 공동저당권의 목적물이 수개의 부동산에 관한 권리인 경우에 한하여 적용되는 등기절차에 관한 규정일 뿐만 아니라, 수개의 저당권이 피담보채권의 동일성에 의하여 서로 결속되어 있다는 취지를 공시함으로써 권리관계를 명확히 하기 위한 것일 뿐이라고 해석되기 때문이다. 요컨대 공동저당관계의 등기를 마치지 않아도 공동저당의 성립을 인정하는 것과 마찬가지로 공동근저당관계의 등기도 공동근저당권의 성립요건이나 대항요건이 아니다.

### (3) 누적적 근저당

#### (가) 의 의

당사자 사이에 하나의 기본계약에서 발생하는 동일한 채권을 담보하기 위하여 수개의 부동산에 근저당권이 설정하면서 각각의 근저당권 채권최고액을 합한 금액을 우선변제받기 위하여 공동근저당권의 형식이 아니라 개별 근저당권의 형식을 취하는 저당권을 누적적 근저당권이라고 한다(대판 2020.4.9, 2014다51756,51763). 예컨대 5억 원의 채권담보를 위하여 X와 Y부동산에 각각 채권최고액을 2억 5천만 원으로 하는 근저당권을 설정한 경우, 공동근저당으로 해석되면 최대 2억 5천만 원까지만 우선변제를 받을 수 있지만, 누적적 근저당권으로 해석되면 최대 5억 원까지 우선변제를 받게 된다. 공동근저당과는 달리 누적적 근저당에서는 담보의 범위가 중첩되지 않기 때문이다. 누적적 근저당은 개별 근저당의 형태로 등기된다. 등기비용 등의 문제로 공동저당 대신 추가 발생이 예상되는 채권액을 최고액으로 하는 다른 근저당권을 설정하는 경우가 많으며 이는 실무적으로도 자주 나타나는 근저당권의 형태이다.

공동근저당도 공동저당관계의 등기 없이도 가능하므로 누적적 근저당과의 구별은 당사자의 의사해석을 통하여 이루어지게 된다.

#### (나) 누적적 근저당권의 실행과 배당

각 부동산 경매대가로부터 채권최고액을 반복해서 배당받는 것이 가능한 누적적 근저당에는 배당에 관한 공동근저당의 법리($\frac{제368}{조}$)가 적용되지 않는다. 따라서 여러 개의 근저당권 중 어느 것이라도 먼저 실행하여 그 채권최고액의 범위에서 피담보채권의 전부나 일부를 우선변제 받은 다음에도 피담보채권이 소멸할 때까지 나머지 근저당권을 실행하여 그 근저당권의 채권최고액 범위에서 반복하여 우선 변제를 받을 수 있다.

예컨대 X부동산(8백만 원 상당) 위에 채권최고액 6백만 원의 근저당권을 설정한 후, 다시 채권최고액을 3백만 원 증가시키고자 할 때 X부동산의 채권최고액을 증액하지 않고서 Y부동산(4백만 원 상당)을 추가담보로 제공하여 9백만 원의 채권액을 담보할 수 있도록 하기 위한 목적으로 누적적 근저당권이 활용된다. 물론 이 경우 X부동산 위의 근저당권의 최고액을 9백만 원으로 변경등기를 하고, Y부동산 위의 근저당권의 최고액도 9백만 원으로 하여 X, Y부동산에 관하여 각각 추가적 공동담보의 등기($\frac{부등법 제78}{조 제4항}$)를 할 수 있다. 이러한 방법을 취하면 공동근저당으로도 9백만 원의 채권 전부가 담보된다. 이때 제368조가 적용되어 X부동산은 6백만 원, Y부동산은 3백만 원을 부담하게 된다. 그런데 이 방법은 등록세의 부담이 크고 또한 X부동산 위에 후순위저당권자가 있는 경우에는 채권최고액 증액의 변경등기를 위해서는 후순위저당권자의 승낙이 필요하기 때문에 거래현실에서 실현되기 어렵다는 문제가 있었다.

그래서 X부동산 위의 근저당권을 그대로 채권최고액 6백만 원의 근저당권으로 유지하면서, 다른 저당권자가 없는 Y부동산 위에 최고액 3백만 원의 근저당권을 설정하여 등기를 하는 방법으로 채권 최고액 9백만 원이 담보될 수 있도록 하는 근저당이 바로 누적적 근저당이다. 이러한 경우에는 제368조가 적용되지 않고 X부동산으로부터는 6백만 원, Y부동산으로부터는 3백만 원의 한도 내에서 각각 우선변제를 받을 수 있게 된다(반면 누적적 근저당을 부정하면 공동저당의 법리가 적용되어야 하는데, 이 때에는 담보범위가 중복되는 범위, 즉 각각의 채권최고액 중 적은 금액에 상당한 부분만큼 공동저당으로 되어 제368조가 적용된다. 이에 따르면 X, Y부동산 위의 두 개의 채권최고액 중 액수가 합치하는 부분(공통하는 피담보채권액 3백만 원)에 관하여는 공동저당으로 취급되고, 이것을 초과하는 금액에 관하여는 당해 부동산만의 근저당권으로 취급되므로, 위의 예에서는 공통의 3백만 원에 관하여는 제368조 제1항에 의하여 X부동산이 2백만 원, Y부동산이 1백만 원을 부담하고 나머지 3백만 원은 X부동산만이 부담하게 되어 결국 X부동산은 5백만 원, Y부동산은 1백만 원을 부담하게 된다. 이 경우 채권자가 의도한 추가담보의 이익은 전혀 없는 반면에 부동산소유자와 후순위저당권자는 생각지도 않은 이익을 받게 된다).

### (다) 물상보증인의 변제자대위

채무자 소유의 부동산과 물상보증인 소유의 부동산에 누적적 근저당권을 설정받은 후 물상보증인 소유의 부동산이 먼저 경매되어 매각대금에서 채권자가 변제를 받았다면, 물상보증인은 종래 채권자가 보유하던 채무자 소유 부동산에 관한 근저당권에 대하여 변제자대위를 할 수 있다($\frac{대판\ 2020.4.9,}{2014다51756,51763}$). 물상보증인은 채무없이 책임만을 부담한 자이기 때문이다. 공동근저당의 경우에도 채무자 소유인 저당목적물의 후순위근저당권자보다 물상보증인의 변제자대위를 우선하는 것이 판례의 태도임을 고려해 볼 때에도 이와 같은 판단이 타당하다.

---

**사례 57** 丙은 2019.5.3. 丁으로부터 3억 원을 차용한 후 자신 소유의 X토지에 대하여 2019.5.6. 채권최고액을 2억 원으로 하여 근저당권을 丁에게 설정해 주었다. 한편 丁은 위 3억 원을 확실하게 변제받을 목적으로 추가로 2019.5.9. 甲 소유의 Y토지에 대하여 채권최고액을 2억 원으로 하는 근저당권을 설정받았다. 丙은 2019.7.7. 乙에 대한 자재대금채무(2억 원)를 담보하기 위하여 X토지에 대하여 채권최고액 2억 원으로 하는 근저당권을 乙에게 설정해 주었다.

이후 丁은 2020.5.3. Y토지에 대한 협의취득보상금에 대하여 물상대위권을 행사하여 2억 원을 수령하였다. 한편 X토지에 대한 담보권 실행을 위한 경매절차가 진행되어 2020.10.5. 丁은 1억 원, 乙은 2억 원, 甲은 2억 원을 채권액으로 신고하였다. 법원은 2020.11.25. 매각대금에서 집행비용을 제외한 금액인 2억 원 중에서 丁에게 1억 원을, 乙에게 1억 원을 배당하고, 甲에게 전혀 배당하지 않았다. 이에 甲은 2021.6.5. 乙에 대한 배당액에 대해 이의하고 2021.6.9. 배당이의의 소를 제기하였다. 甲의 소에 대한 법원의 결론은? (대판 2020.4.9, 2014다51756,51763 참조)

**해설 57** 법원은 甲의 청구를 일부 인용하여야 한다.
(丁의 배당액 1억 원, 甲의 배당액 1억 원, 乙의 배당액 0원)

근저당권이 공동근저당인지 누적적 근저당에 해당하는지가 문제되며, 후자인 경우에 배당순위 및 배당범위가 문제된다. 공동근저당권은 여러 개의 부동산에 관하여 공통 채권최고액 범위에서 모든 부동산을 공동담보로 파악하나, 누적적 근저당권은 여러 개의 부동산에 관하여 개별적 채권최고액의 범위에서 각각의 부동산을 개별담보로 파악한다. 당사자 사이에 하나의 기본계약에서 발생하는 동일한 채권을 담보하기 위하여 여러 개의 부동산에 근저당권을 설정하면서 각각의 근저당권 채권최고액을 합한 금액을 우선변제받기 위하여 공동근저당권의 형식이 아닌 개별 근저당권의 형식을 취한 경우, 근저당권은 피담보채권을 누적적으로 담보한다. 피담보채무액(3억 원)이 채권최고액 2억 원을 초과하기 때문이다.

사안에서 丁은 丙에 대한 대여금채권을 담보하기 위하여 丙과 甲으로부터 개별적으로 근저당권을 설정받았으므로 양자는 누적적 근저당권에 해당한다. 한편 물상보증인 소유의 부동산에 대한 물상대위로 인하여 채권이 소멸된 경우, 물상보증인이 가지는 구상권 확보를 위하여 변제자대위가 인정된다. 물상보증인은 변제자대위에 의하여 채권자가 보유하던 채무자 소유 부동산에 관한 근저당권을 대위취득하여 행사할 수 있다. 채무자 소유 부동산의 후순위근저당권자는 물상보증인과의 관계에서 우선하지 못한다. 요컨대 丁이 물상대위권을 행사하여 2억 원을 수령하였으므로 甲은 2억 원의 한도에서 X토지에 대한 丁의 근저당권을 대위행사할 수 있다. 甲의 대위권 행사 범위는 잔존 채권최고액을 한도로 하므로 1억 원이다(2억 원-1억 원). 결국 법원은 丁에게 1억 원, 甲에게 1억 원, 乙에게 0원을 배당하여야 한다.

---

### (4) 공동근저당권에서 피담보채권의 확정

공동근저당에서는 일부의 근저당권에 관하여만 피담보채권의 확정사유가 있는 경우에 다른 근저당권의 피담보채권도 확정되는지가 문제된다. 이는 공동근저당권자가 근저당권을 실행한 경우와 제3자가 신청한 경매절차에 소극적으로 참가하여 우선변제를 받는 경우에 따라 다른 근저당권의 피담보채권 확정여부가 달리 판단된다.

먼저 공동근저당권자 스스로 일부의 근저당권을 실행한 경우에는 아직 실행되지 않은 공동근저당권에서도 피담보채권이 확정된다. 이때에는 공동근저당권자가 채무자와 더이상 거래하지 않겠다는 의사를 표시한 것이라고 볼 수 있기 때문이다. 따라서 그 이후에 발생되는 채권은 나머지 저당부동산에 의해서도 담보되지 않는다. 물상보증인에 대한 근저당권의 피담보채권의 발생원인인 어음거래약정이 그 결산기가 정하여져 있지 않고 물상보증인의 토지에 대하여 아직 경매신청이 되지 않았더라도, 먼저 주채무자의 토지에 대하여 피담보채무의 불이행을 이유로 근저당권이 실행된 이상, 채권자와 물상보증인 사이의 근저당권설정계약의 원인관계인 어음거래약정에 기한 거래는 그로써 종료되고 그 경매신청시에 그 피담보채권이 확정된다(대판 1996.3.8, 95다36596).[7] 그리고 각 근저당권의 피담보채권의 범위가 다른 경우에는 공통되는 범위 내에서만 이러한 효과가 발생한다.

다음으로 제3자가 공동근저당의 목적물 중 일부에 대하여 경매를 신청하여 공동근저당권자가 소극적으로 배당을 받는 경우 또는 물상보증인이 파산한 경우에 배당받았다는 이유만으로 나머지 부동산의 근저당권의 피담보채권은 확정되지는 않는다(대판 2017.9.21, 2015다50637). 그 논거로 소극적으로 참가하여 우선배당을 받은 사정만으로는 당연히 채권자와 채무자 사이의 기본거래가 종료된다고 볼 수 없다는 점, 기본거래가 계속되는 동안에는 공동근저당권자가 나머지 목적부동산에 관한 근저당권의 담보가치를 최대한 활용할 수 있도록 피담보채권의 증감·교체를 허용할 필요가 있다는 점, 위와 같이 우선배당을 받은 금액은 나머지 목적부동산에 대한 경매절차에서 다시 공동근저당권자로서 우선변제권을 행사할 수 없어 이후에 피담보채권액이 증가하더라도 나머지 목적부동산에 관한 공동근저당권자의 우선변제권 범위는 우선배당액을 공제한 채권최고액으로 제한되므로 후순위 근저당권자나 기타 채권자들이 예측하지 못한 손해를 입게 된다고 볼 수 없다는 점이 제시된다.[8]

### (5) 배당과 공동근저당권의 우선변제권의 범위

동시배당이 이루어지질 때에는 채권최고액의 범위 내에서 피담보채권을 부동산별로 나누어 환가대금에 비례한 액수로 배당받는다(제368조 제1항).

이시배당이 이루어져 공동저당권자가 목적물의 일부로부터 먼저 우선변제를 받은 경우, 나머지 부동산에 대하여 행사할 수 있는 우선변제권의 범위를 정해야 한다.

예컨대 甲이 乙에 대한 채권담보를 위하여 각각 10억 원을 채권최고액으로 하여 A부동산과

---

7) 이는 소위 '동시 확정설'이라고 설명된다.
8) 학설로는 나머지 부동산의 근저당권의 피담보채권이 확정되는지와 관련하여 1) 확정되지 않는다는 견해와 2) 확정된다는 견해, 3) 확정되는지에 대한 언급 없이 일부 담보목적 부동산의 매각대금으로부터 근저당권자가 배당받은 금액은 나머지 부동산 위의 공동근저당권의 채권최고액에서 당연히 공제된다고 하는 견해 등이 대립한다. 1)의 견해는 공동근저당권자에 대한 배당을 근저당권자에 대한 임의변제와 성격이 동일하다고 보는 반면, 2), 3)의 견해는 공동근저당권자에 대한 배당을 임의변제로 볼 수 없다고 본다.

B부동산에 공동근저당권을 설정받은 경우를 생각해 보자. 이때 채권액이 14억 원으로 확정되었고, A부동산의 매각대금으로부터 먼저 배당되어 甲은 6억 원의 채권만 만족되었다. 그 후 B부동산의 매각대금이 15억 원이 되었을 때 나머지 채권액인 8억 원 모두를 우선변제받을 수 있는지가 문제된다. 어떤 공동담보목적물로부터 일부변제를 받았다면 나머지 공동담보물에 대한 채권최고액은 변제받은 만큼 감액되어야 하는지에 대하여 판례는 채권채고액의 감액을 긍정한다(대판(전) 2017.12.21., 2013다16992).9) 이 경우 채권자는 10억 원의 채권최고액 중에서 우선변제받은 6억 원을 공제한 4억 원의 한도 내에서 B부동산의 매각대금으로부터 우선변제를 받을 수 있다.

따라서 공동근저당권자가 스스로 근저당권을 실행하거나 타인에 의하여 개시된 경매 등의 환가절차를 통하여 공동담보의 목적동산 일부에 대한 환가대금 등으로부터 다른 권리자에 우선하여 피담보채권의 일부를 배당받은 경우, 그와 같이 우선변제 받은 금액에 관하여는 공동담보의 나머지 목적동산에 대한 경매 등의 환가절차에서 다시 공동근저당권자로서 우선변제권을 행사할 수 없다.

이러한 법리는 채무자 소유 부동산과 물상보증인 소유 부동산에 공동근저당권이 설정된 후 공동담보의 목적부동산 중 채무자 소유 부동산을 임의환가하여 청산하는 경우, 즉 공동담보의 목적부동산 중 채무자 소유 부동산을 제3자에게 매각하여 그 대가로 피담보채권의 일부를 변제하는 경우에도 적용되어, 공동근저당권자는 그와 같이 변제받은 금액에 관하여는 더이상 물상보증인 소유 부동산에 대한 경매 등의 환가절차에서 우선변제권을 행사할 수 없다. 만일 위와 달리 공동근저당권자가 임의환가 방식을 통해 채무자 소유 부동산의 대가로부터 피담보채권의 일부를 변제받았음에도, 이후 공동근저당권의 다른 목적부동산인 물상보증인 소유 부동산에 대한 경매 등의 환가절차에서 우선변제권을 행사할 수 있다고 해석하면, 채무자 소유 부동산의 담보력을 기대하고 자기의 부동산을 담보로 제공한 물상보증인의 기대이익을 박탈하게 되는 것일 뿐만 아니라, 공동근저당권자가 담보 목적물로부터 변제받는 방법으로 임의환가 방식을 선택하였다는 이유만으로 물상보증인의 책임 범위가 달라지게 되어 형평에 어긋나기 때문이다(대판 2018.7.11., 2017다292756). 다만 공동근저당 목적물 등의 매매대금으로 피담보채권의 일부를 임의변제받은 경우, 그 변제된 금원은 우선변제권이 있는 피담보채권에 우선 충당하여야 하는 것이 아

---

9) 학설상 감액긍정설과 감액부정설이 대립된다. 감액부정설은 공동근저당의 목적물 중 일부가 공동근저당권자가 아닌 제3자의 신청에 의하여 경매된 경우 거래관계가 계속되는 이상 근저당관계를 유지시킬 필요가 있고, 채권자의 신청에 의한 경매절차가 아니므로 채무자로부터 임의의 변제를 받은 것과 마찬가지라고 보아도 무방하기 때문에, 공동근저당권에 관하여 이시배당이 행하여져 공동근저당권자가 어떤 부동산으로부터 일부의 변제를 받았다고 하더라도 나머지 공동담보물에 대한 채권최고액은 감액되지 않는다고 본다. 반면 감액긍정설은 다시 1) 제368조 제2항 후문은 "선순위 저당권자가 전항의 규정에 의하여 다른 부동산의 경매대가에서 변제를 받을 수 있는 금액의 한도에서"라고 규정하고 있는데, 일부만이 확정된다면 다른 부동산의 경매대가에서 변제를 받을 수 있는 금액이라는 것이 확정될 수 없다는 점을 근거로, 나머지 목적물에 대한 피담보채권도 확정되고, 채권최고액의 감액도 인정된다는 견해와 2) 공동근저당권에 관하여 이시배당이 이루어져 공동근저당권자가 어떤 부동산으로부터 일부의 변제를 받은 경우 나머지 담보물에 대하여는 채권최고액 내에서 이미 배당받은 금액을 공제한 나머지만을 배당받을 수 있다고 보면서도, 나머지 목적물에 대하여는 피담보채권이 당연히 확정되는 것은 아니라고 하여 선행의 경매절차와 후행의 경매절차의 각 목적물에 대하여는 피담보채권이 개별적으로 확정된다고 보는 견해로 나뉜다. 판례는 감액긍정설 중에서 2)의 견해와 같은 입장으로 보인다.

니고 변제충당의 일반 법리에 따라 공동근저당권자의 채무자에 대한 채권 전부의 변제에 충당하여야 한다(대판 2010.5.13. 2010다3681). 그러므로 변제충당 후 나머지 채권에 대해서는 원래의 채권최고액의 한도에서 우선변제권을 갖는다.

---

**사례 58** A회사가 2022.1.31. B은행과 결산기의 정함이 없이 거래한도액을 5억 원으로 하는 어음거래 약정하면서 담보를 설정했다. 즉 C는 A의 B은행에 대한 위 어음거래 약정에 기한 채무를 연대보증함과 동시에 그 소유의 X토지를 담보로 제공하여 B은행 앞으로 채권최고액을 7억 원으로 한 1순위 근저당권설정등기를 하고, A는 그 소유의 Y토지를 담보로 제공하여 1순위 근저당권설정등기를 각각 경료하였다. 그런데 A와 B은행은 A가 할인한 어음의 만기가 도래하면 A가 발행한 신규 어음을 다시 할인하여 기존 어음을 결제하는 방식으로 그 할인어음의 만기를 연장해왔다. A의 할인어음의 만기가 도래하였으나 결제가 되지 않자, B은행은 Y토지에 대해 경매신청을 했다. 그 당시 미결제어음액은 3억원에 이르렀으나, Y토지의 매각대금으로부터 전액배당을 받았다. A는 B은행의 Y토지의 경매신청으로 X토지에 대한 공동근저당권도 함께 확정되었고, Y토지의 매각대금으로 확정된 피담보채무 전액을 배당받았으므로, X토지에 설정된 B은행의 근저당권도 말소하여야 한다고 주장한다. A의 이러한 주장은 타당한가? (대판 1996.3.8. 95다36596 참조)

**해설 58** A회사의 주장은 타당하다.

근저당권의 피담보채권의 발생 원인이 되는 어음거래 약정은 그 결산기가 정하여져 있지 아니하고, X토지에 대하여 아직 경매신청도 되지 않았으나 B은행이 X토지와 공동담보로 제공된 A회사 소유의 Y토지에 대하여 피담보채무의 불이행을 이유로 경매신청을 한 이상 근저당권 설정계약의 원인관계인 어음거래 약정에 기한 거래는 그로써 종료되고, 그 경매신청시에 그 피담보채권이 확정되었다고 보아야 한다(대판 1988.10.11. 87다카545; 대판 1989.11.28. 89다카15601 참조). 따라서 C는 Y토지의 경매신청시에 확정된 어음금 3억 원의 채무 전부에 대하여 연대보증 책임이 있다 할 것이므로, 주채무자인 A회사 소유의 Y토지의 1순위 근저당권자인 B에게 매각대금으로 위 3억 원이 배당되었다면 Y토지의 1순위 근저당권과 공동담보로 제공된 X토지 위에 설정된 근저당권의 피담보채무는 이로써 모두 소멸되었다고 보아야 한다.

---

**사례 59** 丙은 2009.3.9. 甲에게 30억 원을 대출하고, 담보로 채무자 甲 소유의 P, Q부동산과 물상보증인 乙 소유의 X부동산에 채권최고액 39억 원의 공동근저당권을 설정받았다. 丙은 甲 소유의 P, Q부동산들에 대하여 임의경매개시신청을 하였다(이하 '선행경매'라고 한다). 선행경매절차에서 甲 소유의 P, Q부동산 중 P부동산이 매각되어 丙은 2014.11.17. 24억 원을 배당받아 이를 대출채권에 충당하였다. 한편, 丙은 甲 소유 부동산 중 Q부동산에 대한 경매신청을 취하하였는데, 甲은 Q부동산을 매각하여 2015.4.21. 丙에게 8억 원을 변제하였다. 당시 甲과 丙은 대출채권 중 남은 원금 전부와 연체이자 일부인 8억 원의 변제에 충당하여, 대출채권은 그 연체이자만 16억 원이 남게 되었다. 丙은 위와 같이 변제를 받고, Q부동산에 대한 1번 근저당권을 포기하고 그 등기를 말소하였다.

한편, 丁은 乙 소유 X부동산의 후순위 근저당권자로서, 乙 소유 X부동산에 대하여 임의경매신청을 하였고, 丙도 1번 근저당권에 기하여 X부동산에 대하여 임의경매신청을 하여 위 경매절차에 병합되었다(이하 '이 사건 경매'라고 한다). 이 사건 경매절차에서 2016.10.26. 乙 소유 X부동산의 경매대가 3억 원 전부가 丙에게 배당되고, 丁에게는 배당되지 않는 것으로 배당표가 작성되었다. 위 배당표에 대해 丁은 ① 공동저당권자 丙이 공동담보의 목적 부동산 중 일부에 대한 환가대금 등으로부터 다른 권리자에 우선하여 피담보채권의 일부를 배당받은 경우, 우선변제받은 금액에 관하여는 공동담보의 나머지 목적부동산에 대한 경매 등의 환가절차에서 다시 공동근저당권자로서 우선변제권을 행사할 수 없고, ② 채무자 소유 부동산과 물상보증인 소유 부동산에 공동근저당권을 설정한 丙이 공동담보 중 채무자 소유 부동산에 대한 담보 일부를 포기한 경우, 丁은 그로 인하여 상환받을 수 없는 한도에서 책임을 면한다고 주장한다. 丁의 주장은 타당한가?

(대판(전) 2017.12.21. 2013다16992; 대판 2018.7.11. 2017다292756 참조)

**|해설 59|** 丁의 주장은 타당하다.

### 1. 공동근저당권의 우선변제권

공동근저당권자가 스스로 근저당권을 실행하거나 타인에 의하여 개시된 경매 등의 환가절차를 통하여 공동담보의 목적부동산 중 일부에 대한 환가대금 등으로부터 다른 권리자에 우선하여 피담보채권의 일부를 배당받은 경우, 그와 같이 우선변제받은 금액에 관하여는 공동담보의 나머지 목적부동산에 대한 경매 등의 환가절차에서 다시 공동근저당권자로서 우선변제권을 행사할 수 없다(대판(전) 2017.12.21. 2013다16992 참조). 이러한 법리는 채무자 소유의 부동산과 물상보증인 소유의 부동산에 공동근저당권이 설정된 후 공동담보의 목적부동산 중 채무자 소유 부동산을 임의환가하여 청산하는 경우, 즉 공동담보 목적부동산 중 채무자 소유 부동산을 제3자에게 매각하여 그 대가로 피담보채권의 일부를 변제하는 경우에도 적용된다.

사안의 경우 丙은 채무자 소유 P, Q부동산들과 물상보증인 소유 X부동산에 채권최고액 39억 원의 공동근저당권을 설정하였다가, 공동담보 목적물 중 채무자 소유 P부동산에 대하여 진행된 선행경매절차에서 24억 원을 배당받고, 나머지 채무자 소유 Q부동산의 임의환가를 통해 대출채권 중 8억원을 변제받았다. 선행경매절차에서의 배당금은 선순위근저당권자로서 배당받은 것이어서, 근저당권의 피담보채권인 대출채권에 전부 충당되어야 한다. 결국 丙은 근저당권의 공동담보물 중 채무자 소유 P, Q부동산들의 처분대가로부터 배당금 24억 원과 임의환가 변제금 8억 원을 지급받아 근저당권의 피담보채권에 충당한 것이다. 따라서 丙은 근저당권의 나머지 담보 목적물인 X부동산에 대하여는, 당초의 채권최고액 39억 원에서 위 금액을 공제한 나머지 7억 원에 대하여만 우선변제권을 행사할 수 있다.

### 2. 물상보증인의 면책주장

공동저당에 제공된 채무자 소유 부동산과 물상보증인 소유 부동산 가운데 물상보증인 소유 부동산이 먼저 경매되어, 그 매각대금에서 선순위 공동저당권자가 변제를 받은 때에는, 물상보증인은 채무자에 대하여 구상권을 취득함과 동시에 변제자대위에 의하여 채무자 소유 부동산에 대한 선순위 공동저당권을 대위취득한다. 또한 그 물상보증인 소유 부동산에 대한 후순위 저당권자는 물상보증인이 대위취득한 채무자 소유 부동산에 대한 선순위 공동저당권에 대하여 물상대위를 할 수 있다. 또한 물상보증인의 변제자대위에 대한 기대권은 민법 제485조에 의하여 보호되어, 채권자가 고의나 과실로 담보를 상실하게 하거나 감소하게 한 때에는, 특별한 사정이 없는 한 물상보증인은 그 상실 또는 감소로 인하여 상환을 받을 수 없는 한도에서 면책 주장을 할 수 있다. 채권자가 물적 담보인 담보물권을 포기하거나 순위를 불리하게 변경하는 것은 담보의 상실 또는 감소행위에 해당한다.

사안의 경우 丙이 甲 소유 Q부동산에 대하여 임의환가를 통해 변제받음에 있어, 근저당권을 포기함으로써, 위 잔존 채권최고액 7억원에 대한 우선변제권을 행사하지 않은 것은, 선순위근저당권을 대위할 기대권을 갖는 물상보증인 乙 및 그 목적물의 후순위근저당권자인 丁과의 관계에서는, 선순위근저당권인 1번 근저당권의 잔존 채권최고액 전액에 대한 변제를 받지 않고 그 선순위근저당권을 포기한 것으로서, 담보의 순위를 불리하게 변경하여 담보를 상실 내지 감소시킨 행위에 해당한다. 또한 丙의 담보 상실 내지 감소에 대한 고의도 인정된다.

따라서 丙은 고의로 잔존 채권최고액인 7억원 상당의 담보를 상실 내지 감소시켰다고 할 것이고, 그와 같은 담보 상실 내지 감소가 없었다면, 물상보증인 乙은 그 소유 X부동산의 경매대가 3억 원을 한도로 그 담보를 취득하여 상환받을 수 있었을 것인데, 丙의 담보 상실 내지 감소로 이를 상환받지 못하게 된 것이므로, 위 경매대가 상당액의 면책을 주장할 수 있다.

그러므로 丙은 불상보증인 乙 소유 X부동산에 대하여 진행된 이 사건 경매절차에서, 물상보증인 乙이 면책을 주장할 수 있는 한도인 위 경매대가 전액에 대하여, 물상보증인 소유 부동산의 후순위근저당권자인 丁에 우선하여 배당받을 수 없다.

변호사시험 기출문제

##  공동근저당의 이시배당

**문제**

甲은 2015.2.1. A은행으로부터 3억 원을 변제기 2017.1.31.로 정하여 차용하였는데, 같은 날 甲과 A은행은 '甲이 A은행에 대해 현재 및 장래에 부담하는 대출 및 보증에 기해 발생하는 채무'를 담보한다는 내용의 근저당권설정계약서를 작성하고, 甲 소유의 X토지(시가 5억 원) 및 Y건물(시가 3억 원)에 대해 각 A은행 명의로 채권최고액을 4억 5,000만 원으로 하는 1번 근저당권설정등기를 마쳐 주었다. 이후 甲은 2016.4.1. B은행으로부터 2억 원을 변제기 2017.3.31.로 정하여 차용하면서, 甲 소유의 X토지에 대해 채권최고액을 2억 5,000만 원으로 하는 2번 근저당권설정등기를 마쳐 주었다. 또한 甲은 2016.5.1. A은행으로부터 1억 원을 변제기 2017.4.30.로 정하여 추가로 차용하였다. 이후 甲이 A은행에 대한 위 각 차용금채무를 변제하지 않자 A은행은 2018.3.2. X토지에 대해서 근저당권에 기한 경매를 신청하였다. 한편 2018.4.1. 甲의 배우자인 丁은 A은행으로부터 5,000만 원을 변제기 2019.3.31.로 정하여 차용하였고, 당시 甲은 丁의 A은행에 대한 차용금채무를 연대보증하였다.

[질문] 위 경매절차에서 2019.8.1. X토지가 시가 상당액인 5억 원에 매각되고, 2019.9.1. 배당이 이루어진다면, A은행이 X토지의 매각대금으로부터 배당받을 수 있는 금액은 얼마인가? (배당받을 금액을 산정하는데 있어 차용원금 외에 이자 및 지연손해금 등은 고려하지 않음) (20점)

2020년 제9회 변호사시험 제2문의1 문제 1

[해설] A 은행은 4억 원을 배당받을 수 있다.

중요 쟁점으로는 근저당권의 피담보채무의 확정시기 및 피담보채무의 범위, 공동저당목적물의 이시배당 시 배당순서에 관하여 공동저당의 법리(제368조)가 공동근저당에도 적용되는지 여부이다.

### 1. 근저당권의 피담보채무의 확정시기 및 피담보채무의 범위

근저당권자가 경매를 신청한 경우에는 원칙적으로 경매신청시에 피담보채무가 확정되고, 후순위저당권자가 경매를 신청한 경우에는 매수인(경락인)이 매수대금을 완납한 시기에 피담보채무가 확정된다.

사안에서 근저당권자인 A은행은 2018.3.2. X토지에 대한 경매를 신청하였으므로, 경매신청시인 2018.3.2. 당시 발생한 채무만 피담보채무에 포함된다. 따라서 2015.2.1. 발생한 대출채무 3억 원과 2016. 5.1. 추가로 발생한 대출채무 1억 원은 피담보채무에 포함되지만, 2018.4.1. 발생한 연대보증채무 5,000만 원은 포함되지 않는다. 결국 총 4억 원의 피담보채무만이 담보된다.

### 2. 공동저당목적물의 이시배당시 배당방법

동일한 채권의 담보로 수 개의 부동산에 저당권을 설정한 경우에 그 부동산의 경매대가를 동시에 배당하는 때에는 각 부동산의 경매대가에 비례하여 그 채권의 분담을 정한다(제368조 1항).

저당부동산 중 일부의 경매대가를 먼저 배당하는 경우(이시배당의 경우)에는 그 대가에서 그 채권 전부의 변제를 받을 수 있다. 이 경우에 그 경매한 부동산의 차순위저당권자는 선순위저당권자가 동시배당되었을 경우 다른 부동산의 경매대가에서 변제를 받을 수 있는 금액의 한도에서 선순위자를 대위하여 저당권을 행사할 수 있다(제368조 2항).

### 3. 제368조가 공동근저당에서도 적용되는지 여부

공동근저당권자가 스스로 근저당권을 실행하거나 타인에 의하여 개시된 경매 등의 환가절차를 통하여 공동담보의 목적부동산 중 일부에 대한 환가대금 등으로부터 다른 권리자에 우선하여 피담보채권의 일부를 배당받은 경우, 그와 같이 우선변제받은 금액에 관하여는 공동담보의 나머지 목적부동산에 대한 경매 등의 환가절차에서 다시 공동근저당권자로서 우선변제권을 행사할 수 없다. 이러한 법리는 채무자 소유 부동산과 물상보증인 소유 부동산에 공동근저당권이 설정된 후 공동담보의 목적 부동산 중 채무자 소유 부동산을 임의환가하여 청산하는 경우, 즉 공동담보의 목적부동산 중 채무자 소유 부동산을 제3자에게 매각하여 그 대가로 피담보채권의 일부를 변제하는 경우에도 적용되어, 공동근저당권자는 그와 같이 변제받은 금액에 관하여는 더이상 물상보증인 소유 부동산에 대한 경매 등의 환가절차에서 우선변제권을 행사할 수 없다(대판 2018.7.11. 2017다292756).

이러한 판례의 태도에 비추어 볼 때, 제368조의 법리는 공동근저당에서도 적용됨. 사안에서 X토지의 매각대금은 5억 원이고, 1순위 근저당권자 A은행의 피담보채권은 총 4억 원(채권최고액 4억 5,000만 원)이므로 A은행은 총 4억 원을 먼저 배당받을 수 있다.

### 4. 결론

A은행은 4억 원을 배당받을 수 있음.

**[참조 판결] 대판 2018.7.11, 2017다292756**

[1] 공동근저당권자가 스스로 근저당권을 실행하거나 타인에 의하여 개시된 경매 등의 환가절차를 통하여 공동담보의 목적부동산 중 일부에 대한 환가대금 등으로부터 다른 권리자에 우선하여 피담보채권의 일부를 배당받은 경우, 그와 같이 우선변제받은 금액에 관하여는 공동담보의 나머지 목적부동산에 대한 경매 등의 환가절차에서 다시 공동근저당권자로서 우선변제권을 행사할 수 없다.

이러한 법리는 채무자 소유 부동산과 물상보증인 소유 부동산에 공동근저당권이 설정된 후 공동담보의 목적부동산 중 채무자 소유 부동산을 임의환가하여 청산하는 경우, 즉 공동담보의 목적부동산 중 채무자 소유 부동산을 제3자에게 매각하여 그 대가로 피담보채권의 일부를 변제하는 경우에도 적용되어, 공동근저당권자는 그와 같이 변제받은 금액에 관하여는 더이상 물상보증인 소유 부동산에 대한 경매 등의 환가절차에서 우선변제권을 행사할 수 없다.

만일 위와 달리 공동근저당권자가 임의환가 방식을 통해 채무자 소유 부동산의 대가로부터 피담보채권의 일부를 변제받았음에도, 이후 공동근저당권의 다른 목적부동산인 물상보증인 소유 부동산에 대한 경매 등의 환가절차에서 우선변제권을 행사할 수 있다고 보게 되면, 채무자 소유 부동산의 담보력을 기대하고 자기의 부동산을 담보로 제공한 물상보증인의 기대이익을 박탈하게 되는 것일 뿐만 아니라, 공동근저당권자가 담보 목적물로부터 변제받는 방법으로 임의환가 방식을 선택하였다는 이유만으로 물상보증인의 책임 범위가 달라지게되어 형평에 어긋나기 때문이다.

[2] 공동저당에 제공된 채무자 소유 부동산과 물상보증인 소유 부동산 가운데 물상보증인 소유 부동산이 먼저 경매되어, 매각대금에서 선순위 공동저당권자가 변제를 받은 때에는, 물상보증인은 채무자에 대하여 구상권을 취득함과 동시에 변제자대위에 의하여 채무자 소유 부동산에 대한 선순위 공동저당권을 대위취득한다. 또한 물상보증인 소유 부동산에 대한 후순위 저당권자는 물상보증인이 대위취득한 채무자 소유 부동산에 대한 선순위 공동저당권에 대하여 물상대위를 할 수 있다. 이러한 법리는 공동근저당권의 경우에도 마찬가지로 적용된다.

[3] 물상보증인의 변제자대위에 대한 기대권은 민법 제485조에 의하여 보호되어, 채권자가 고의나 과실로 담보를 상실하게 하거나 감소하게 한 때에는, 특별한 사정이 없는 한 물상보증인은 그 상실 또는 감소로 인하여 상환을 받을 수 없는 한도에서 면책 주장을 할 수 있다. 채권자가 물적 담보인 담보물권을 포기하거나 순위를 불리하게 변경하는 것은 담보의 상실 또는 감소행위에 해당한다.

따라서 채무자 소유 부동산과 물상보증인 소유 부동산에 공동근저당권을 설정한 채권자가 공동담보 중 채무자 소유 부동산에 대한 담보 일부를 포기하거나 순위를 불리하게 변경하여 담보를 상실하게 하거나 감소하게 한 경우, 물상보증인은 그로 인하여 상환받을 수 없는 한도에서 책임을 면한다. 그리고 이 경우 공동근저당권자는 나머지 공동담보 목적물인 물상보증인 소유 부동산에 관한 경매절차에서, 물상보증인이 위와 같이 담보 상실 내지 감소로 인한 면책을 주장할 수 있는 한도에서는, 물상보증인 소유 부동산의 후순위 근저당권자에 우선하여 배당받을 수 없다.

[4] 공동근저당의 목적 부동산 중 일부에 대한 경매절차에서, 공동근저당권자가 선순위근저당권자로서의 자신의 채권 전액을 청구하였다면, 민법 제370조, 제333조, 제368조 제1항 전문의 규정에 따라 선순위근저당권자가 경매대가로부터 우선하여 변제받고, 후순위근저당권자는 잔액으로부터 변제를 받는 것이며, 이는 선순위근저당권자와 후순위근저당권자가 동일인이라고 하여 달라지는 것은 아니다.

## 7. 포괄근저당

### (1) 의 의

포괄근저당이란 기본계약을 특정하지 아니하고 채권자에 대하여 채무자가 부담하는 일체의 채무를 담보하기 위한 근저당권을 말한다. 보통의 근저당권이 피담보채권 발생의 기초가 되는 특정한 계속적 거래관계로부터 발생하는 불특정다수의 채권을 근저당권의 확정시 일정한 한도액까지 담보하는 것에 반해, 특정한 계속적인 거래관계가 아니라 불특정한 거래 전부에서 생기는 일체의 채권을 일정한 한도까지 담보하는 것에 특징이 있다.

### (2) 포괄근저당의 유효성

국내 금융기관에서 사용하고 있는 근저당권설정계약서는 약관의 형태로 특정근저당(근저당권설정계약 당시 이미 체결되어 있는 특정의 거래계약과 관계하여 발생하는 채무를 담보하는 것), 한정근저당(이미 거래계약을 체결하였는지 여부와 상관없이 일정한 종류의 거래계약을 한정적으로 열거하고, 그 거래계약에서 발생하는 채무를 담보하는 것), 포괄근저당(일정한 종류의 거래계약을 열거하고 그 밖의 여신거래로 인해 발생하는 모든 채무를 담보하는 것)으로 나누어 고객이 선택하도록 하고 있다.

이러한 포괄근저당권의 유효성에 관해서는 은행과의 거래에서 발생하는 모든 채권 및 이러한 채권의 불이행으로 인한 손해배상채권은 피담보채권에 포함되지만, 거래와 관련이 없는 불법행위로 인한 손해배상채권이나 부당이득반환청구권은 피담보채권에 포함되지 않는다는 제한적 유효설과 피담보채권의 발생원인을 불문하고 장래의 일정한 시기에 최고액의 범위 내에서 특정될 수 있는 것인 이상 포괄근저당권의 피담보채권이 될 수 있다는 전면적 유효설이 대립한다.

판례는 금융기관과의 신용거래에서 사용되고 있는 포괄근저당권의 유효성을 인정하고 있다 (대판 1982.7.27, 81다카1117).

---

**요건사실론** 근저당권설정등기말소 청구의 요건사실론

원고가 피담보채무가 소멸되었다고 주장하면서 그 소유 부동산에 관하여 피고 앞으로 마쳐진 근저당권설정등기말소 청구를 하는 경우, 그 소송물과 요건사실은 다음과 같다.

1. 소송물
가. 원고가 근저당권설정계약에 기하여 말소 청구를 하는 경우, 소송물은 채권적 말소등기청구권이다. 목적 부동산의 종전 소유자도 설정계약의 당사자로서 위 말소 청구를 할 수 있다.
나. 원고가 소유권에 기한 방해제거청구로서 말소 청구를 하는 경우, 소송물은 물권적 말소등기청구권이다.

### 2. 청구원인

#### 가. 근저당권설정계약에 기한 청구의 경우

청구원인은 ① 원·피고의 근저당권설정계약 체결, ② 근저당권설정등기, ③ 피담보채무의 소멸이다. 피담보채무의 소멸원인에는 변제, 상계, 공탁, 면제 등이 있다.[10]

원고는 피담보채무가 불특정채무인 경우에는 그 소멸의 전제로서 그 확정사유[11]를 주장·증명해야 한다. 위 확정사유에는 결산기의 합의 및 그 도래 사실, 원고가 설정계약을 해지하는 의사표시를 한 사실, 피고가 경매를 신청한 사실 등이 해당된다.

피담보채무가 당초부터 특정채무인 경우에도 그 확정이라는 절차가 필요한지에 관하여 논란이 있는데, 실무적으로는 확정을 요구하지 않는다.

#### 나. 소유권에 기한 청구의 경우

위 ①이 '원고의 부동산 소유'로 대체되는 것 이외에는 위 가항과 동일하다.

### 3. 항 변

피담보채무 소멸의 효력을 다투는 피고의 주장이 청구원인사실과 양립가능하다면, 이는 항변이 된다. 예컨대, 원고가 피담보채무의 시효소멸을 주장함에 대하여 피고는 소멸시효의 중단사유로 항변할 수 있다.

## Ⅲ. 특별법에 의한 저당권

저당권에 의한 민법의 규정은 특별법에 의해 설정되는 저당권에도 준용된다($^{제372}_{조}$).

### 1. 입목저당

입목저당이란 토지에 부착된 수목의 집단으로서 그 소유자에 의해 입목법에 따라 등기된 입목을 목적으로 하는 저당권을 말한다($^{입목법 제2조 제}_{1항, 제3조 제2항}$). 이는 임업을 경영하는 사람들의 자금수요에 대응하기 위한 것이다. 입목저당의 설정, 효력, 실행, 소멸 등은 보통의 저당권과 원칙적으로 다르지 않지만, 입목법에서는 특별한 규정을 두고 있다.

입목저당권은 저당권자와 저당권설정자의 합의와 저당권설정등기를 경료함으로써 성립한다($^{동법 제3}_{조 제2항}$). 입목에 관한 저당권설정등기를 위해서는 입목에 관한 등기가 필요한데, 입목에 관한 소유권보존등기를 하려면, 먼저 입목등록원부에 대한 등록이 필요하다($^{동법 제9조}_{내지 제11조}$).

입목저당권이 설정되면 입목소유자는 당사자 사이에 약정된 방법에 따라 입목을 조성, 육림해야 하고($^{입목법 제}_{5조 제1항}$), 입목을 목적으로 하는 저당권의 효력은 입목을 벌채한 때 그 토지로부터

---

10) 피담보채무가 후발적으로 소멸한 경우뿐만 아니라 피담보채무의 발생원인인 법률행위가 성립하지 않았거나 무효이거나 취소된 경우와 같이 원시적으로 발생하지 않은 경우에도 근저당권설정등기의 말소를 청구할 수 있다.

11) 정확히 말하자면 피담보채무 원금의 확정사유이다.

분리된 수목에도 미친다(동법 제4조). 저당권자는 채권의 기한이 도래하기 전이라도 그 분리된 수목을 경매할 수 있으나 그 매각대금을 공탁하여야 하며(동법 제4조 제2항), 수목의 소유자는 상당한 담보를 공탁하고 위 경매의 면제를 신청할 수 있다(동법 제4조 제3항). 지상권자 또는 토지임차인의 소유인 입목이 저당권의 목적이 된 경우에는 지상권자 등은 저당권자의 승낙 없이 지상권 등을 포기하거나 계약을 해지할 수 없다(동법 제7조).

토지와 그 지상의 입목이 동일소유자에게 속하다가 어느 한쪽이 저당권의 목적이 되어 경매됨으로서 토지와 입목의 소유자가 다르게 된 경우 토지소유자는 입목소유자에게 지상권을 설정한 것으로 간주된다(동법 제6조).

## 2. 재단저당

재단저당이란 기업활동을 위해 결합되어 있는 토지, 건물, 기계, 기구 등의 물적 설비와 그 기업에 관한 면허, 지식재산권 등을 묶어 하나의 재단을 구성하여 그 위에 설정하는 저당권을 말한다. 이와 같은 재단저당에 관한 특별법으로 공장 및 광업재단저당법이 있다. 이는 종전의 공장저당법과 광업재단저당법을 통합한 것이다.

공장 및 광업재단 저당법은 공장에 속하는 일정한 기업용 재산으로 구성되는 재단에 저당권을 설정하는 공장재단저당(동법 제10조 이하)과 공장에 속하는 토지, 건물에 대한 저당권의 효력이 그 토지, 건물의 부합물, 종물뿐만 아니라 이에 설치된 기계, 기구 기타 공장의 공용물에까지 미치는 협의의 공장저당(동법 제3조, 제4조)에 대해 규정한다. 전자는 공장을 이루는 토지, 건물, 기계 등으로 공장재단을 조성하여 공장재단등기부에 소유권보존등기를 함으로써 그 재단이 설정되고, 저당권의 목적이 된다(동법 제10조 내지 제13조). 반면, 후자는 공장의 토지 또는 건물만이 저당권의 목적이 되고, 동법이 적용되는 공장에 해당하여 공장저당권을 설정하려면 일반등기부에 등기신청시 그 토지 또는 건물에 설치된 기계·기구목록을 제출하여야만 하고(동법 제6조 제1항), 그 목록은 등기부의 일부로 보며, 그 기재는 등기로 본다(동법 제36조, 제6조 제2항). 즉, 그 기재가 된 때에만 그 기계·기구에도 공장저당권의 효력이 미친다(대판 1989.2.9, 87다카1514·1515)는 점에서 민법상의 저당권과 차이가 있다. 그러나 공장저당권의 목적이 되는 것으로 목록에 기재되어 있는 동산이라고 하더라도 그것이 저당권설정자가 아닌 제3자의 소유인 경우에는 저당권의 효력이 미칠 수 없다(대결 1992.8.29, 92마576).

## 3. 광업재단저당

공장 및 광업재단저당법에 의하면, 광업재단저당이란 광업권자가 광업권 및 그 소유에 속하는 토지와 공작물, 지상권 기타 토지사용권, 임대인의 동의가 있는 경우 물건의 임차권, 기계, 기구, 차량, 선박, 기타 부속물의 전부 또는 일부로 광업재단을 구성하여 그 위에 설정하는 저당권을 말한다(동법 제52조 이하).

## 4. 동산저당

동산저당이란 등기나 등록이라는 공시방법을 갖춘 동산에 관하여 설정하는 저당권을 말한다. 종전에 건설기계저당법, 소형선박저당법, 자동차저당법, 항공기저당법에서 각자 규율하던 것을 통합하여 「자동차 등 특정동산 저당법」을 제정하였다. 현행법상 동산저당의 대상이 되는 것으로는 자동차, 항공기, 건설기계, 선박등기법이 적용되지 않는 소형선박<sup>(자동차 등 특정동산저당법 제3조)</sup>, 선박<sup>(상법 제787조, 선박등기법 제3조)</sup> 등이 있다.

# 제11장 비전형담보물권

제1절 비전형담보물권

## I. 개 설

### 1. 의 의

비전형담보란 민법에서 규정한 담보물권이 아니면서 거래계에서 담보적 기능을 수행하는 제도를 말한다. 즉 원래 담보수단으로 예정하지 않은 민법상의 제도들(⑩ 환매, 재매매의 예약, 대물변제의 예약, 가등기 등)을 담보수단으로 전용하는 것으로 이러한 비전형담보는 전형담보의 문제점을 보완하면서 채권담보의 기능을 수행하고 있다. 가령 동산에 대한 양도담보의 경우 담보설정자가 점유를 유지하면서도 소유권이전의 방식으로 담보를 제공할 수 있도록 하여 전형담보의 설정이나 실행상의 복잡함을 극복하는 수단으로 거래계에서 사용되어 왔다. 다만 이러한 비전형담보는 담보권자가 폭리를 취하는 수단으로 악용되기도 하였다.

### 2. 비전형담보의 유형

#### (1) 자금획득의 방법에 따른 분류

비전형담보는 담보제공자가 자금을 획득하는 방법에 따라 매매의 형식을 이용하는 매도담보와 소비대차의 형식을 이용하는 양도담보 또는 가등기담보로 분류할 수 있다. 매도담보에서는 담보물의 소유권을 다시 회복하는 방법으로 환매나 재매매의 예약이 활용된다.

#### (2) 담보물의 소유권이전시기에 따른 분류

소비대차의 형식으로 자금을 획득하는 비전형담보는 담보물의 소유권이 채권자에게 이전되는 시기에 따라 담보권의 설정행위로 담보물의 소유권이 채권자에게 이전되는 양도담보와 채무자의 채무불이행이 있어야 담보물의 소유권이 채권자에게 이전될 수 있는 가등기담보로 나뉜다. 후자의 경우에는 담보설정계약에서 발생하는 장래의 소유권이전등기청구권을 보전하기 위해 가등기를 하는데, 이를 담보가등기라 한다.

### (3) 담보목적물의 정산 여부에 따른 분류

비전형담보는 담보물의 가액과 피담보채무의 원리금의 차액을 정산하는지 여부에 따라 유담보형과 정산형으로 나눌 수 있다. 그러나 판례는 유담보약정을 하더라도 이는 정산이 필요한 이른바 약한 의미의 양도담보로 파악하여 정산하도록 한다(대판 1980.7.22, 80다998 등).

## II. 비전형담보에 관한 법적 규제

### 1. 배  경

비전형담보에서 채권자가 대물변제의 예약을 통해 채무불이행시 담보물의 시가와 피담보채권액 간의 차액을 정산하지 않고 담보물의 소유권을 취득하는 방법으로 폭리를 취할 수 있게 되자 이를 규제할 필요성이 생겼다. 다양한 규제 방안이 논의된 결과 1984년 가등기담보 등에 관한 법률(이하 "가등기담보법"이라 한다)이 제정, 시행되었다.

### 2. 법적 규제의 방법

#### (1) 제607조와 제608조

목적물가치와 채권액 간의 현저한 불균형이 있는 경우에 의용민법에서는 제104조의 폭리행위로서 무효라고 하여 이를 해결해 왔지만, 불균형에 대한 대응으로 부족하다는 비판이 있었다. 이에 따라 현행민법은 제607조와 제608조를 규정하여 소비대차계약상 차용물의 반환에 갈음하여 대물반환(변제)의 예약을 한 경우 그 목적물의 예약 당시의 가액은 차용원리금의 합산액을 넘을 수 없으며(제607조), 이를 위반한 것으로서 차주에게 불리한 것은 효력이 없는 것으로 규정하였다(제608조).

제607조 및 제608조와 관련하여 초기 판례는 제607조를 위반한 대물변제의 약정은 무효이고, 이에 기한 소유권이전등기도 무효라고 판시했었지만(대판 1962.10.11, 62다290), 그 후 입장을 변경하여 제607조, 제608조에 의해 대물변제의 약정이 무효라고 하더라도 그에 기한 소유권이전등기는 "채무자의 채무원리금을 담보하는 범위 안에서" 효력이 있으며, 이 경우 당사자 사이에서 청산 절차를 예정한 이른바 약한 의미의 양도담보로서 유효하다고 판시한다(대판 1966.4.6, 66다2181; 대판 1980.7.22, 80다998; 대판 1982.7.13, 81다254 등). 약한 의미란 정산을 해야 한다는 뜻이며 정산의 방법에 대해 규율하고 있지 않으므로 귀속정산과 처분정산이 모두 가능하다. 그러나 이러한 점에서 가등기담보법에서는 귀속정산만이 유효한 것으로 정하고 있다.

한편 거래계에서는 대물변제의 예약에 따른 장래의 소유권이전등기를 용이하고 확정적으로 하기 위해 확정판결에 준하는 효력을 가진 제소전 화해를 이용하였다. 판례는 제소전 화해조서에 대한 무제한적 기판력을 인정하여$\binom{\text{대판 1990.12.11.}}{\text{90다카24953}}$, 제소전 화해의 하자는 재심사유$\binom{\text{민소법}}{\text{제451조}}$에 해당하는 경우에 한해 준재심의 소$\binom{\text{민소법}}{\text{제461조}}$에 의해서만 구제될 수 있다고 한다$\binom{\text{대판 1991.4.12.}}{\text{90다9872}}$. 결국 대주의 제소전 화해에 기하여 이루어진 담보목적물에 관한 소유권이전등기의 효력을 차주가 다투는 것이 사실상 어렵게 되었다.

---

**사례 1** 가등기담보법 시행 전, A는 그 소유인 X부동산의 점유는 본인이 계속하기로 하고 B에 대한 대여금채무의 담보로 B 앞으로 가등기를 마쳤다. 그 후 A가 채무를 이행하지 아니하여 B는 가등기에 기한 소유권이전의 본등기를 하였다. 다만 청산통지, 청산기간의 도과, 청산금의 지급 등의 청산절차를 거치지는 않았다. B는 본등기 이후 제세공과금을 납부하는 등 대외적으로 소유권을 행사하여 왔는데 A는 정산절차의 이행을 촉구하거나 피담보채무의 변제를 조건으로 가등기 및 본등기의 말소를 요구하지 않다가 B가 본등기를 마친 후 10여년이 지나고 나서야 비로소 이를 변제하겠다고 하면서 B의 가등기와 본등기의 말소를 청구하고 있다. A의 청구는 타당한가?

(대판 2005.7.15, 2003다46963 참조)

**| 해설 1 |** A의 청구는 타당하다.

가등기담보법이 시행되기 전에 채권자가 채권담보의 목적으로 부동산에 가등기를 경료하였다가 그 후 변제기까지 변제를 받지 못하게 되어 위 가등기에 기한 소유권이전의 본등기를 경료한 경우에는 당사자들 사이에 채무자가 변제기에 피담보채무를 변제하지 아니하면 채권채무관계는 소멸하고 부동산의 소유권이 확정적으로 채권자에게 귀속된다는 명시의 특약이 없는 한, 그 본등기도 채권담보의 목적으로 경료된 것으로서 정산절차를 예정하고 있는 이른바 '약한 의미의 양도담보'가 된 것으로 보아야 한다. 약한 의미의 양도담보가 이루어진 경우 부동산이 귀속정산의 방법으로 담보권이 실행되어 그 소유권이 채권자에게 확정적으로 이전되었다고 인정하려면 채권자가 가등기에 기하여 본등기를 경료하였다는 사실만으로는 부족하고 담보 부동산을 적정한 가격으로 평가한 후 그 대금으로써 피담보채권의 원리금에 충당하고 나머지 금원을 반환하거나 평가 금액이 피담보채권액에 미달하는 경우에는 채무자에게 그와 같은 내용의 통지를 하는 등 정산절차를 마친 사실이 인정되어야 한다. 그런데 사안은 이러한 사정이 존재하지 않는다. 약한 의미의 양도담보에서는 채무의 변제기가 도과된 이후라 할지라도 채권자가 그 담보권을 실행하여 정산을 하기 전에는 채무자는 언제든지 채무를 변제하고 그 채무담보 목적의 가등기 및 가등기에 기한 본등기의 말소를 구할 수 있다.

한편 이 판결에서는 추가로 묵시적 대물변제 또는 귀속정산이 있었는지, B의 청구가 실효의 원칙에 비추어 허용될 수 없거나, 소멸시효 또는 가등기담보법 제11조의 제척기간이 완성된 것이 아닌지 등이 쟁점이 되었다. 그러나 B가 본등기 이후 10여 년 동안이나 제세공과금을 납부하는 등 대외적으로 소유권을 행사해 오는 동안 A가 정산절차의 이행을 촉구하거나 나아가 피담보채무의 변제를 조건으로 가등기 및 본등기의 말소를 요구하지 않았다고 하여, 이를 두고 묵시적 대물변제 또는 귀속정산이 이루어졌다고 할 수는 없고, 또한 A가 가등기와 본등기의 말소청구권을 행사하는 것이 현저히 부당할 정도로 장기간에 걸쳐 그 권리를 행사하지 아니하였다거나 B에게 이미 A가 그 권리를 행사하지 아니할 것으로 믿을 만한 정당한 사유가 생겼다고 보기는 어렵다고 하였다. 그리고 이때 A의 말소등기청구권은 소멸시효에 걸리지 않으며 가등기담보법 시행 이전에 성립된 담보계약에는 가등기담보법이 적용되지 않으므로 같은 법 제11조의 제척기간 규정도 적용되지 않는 것으로 보았다.

### (2) 가등기담보 등에 관한 법률(가등기담보법)의 제정

이와 같은 상황에서 비전형담보에 대한 입법적 규제를 위해 1984년 가등기담보 등에 관한 법률이 제정되었다.

## Ⅲ. 가등기담보 등에 관한 법률

### 1. 입법목적

### (1) 사적 실행에 대한 공적 실행의 우위

가등기담보법의 적용대상이 되는 가등기담보권자는 소유권이전에 의한 사적 실행과 경매를 통한 공적 실행 중에서 선택을 할 수 있다. 그러나 가등기담보권자가 사적 실행을 선택하였더라도 청산금의 지급 또는 청산기간 경과(청산금이 없는 경우) 전에 이해관계자의 경매신청(공적 실행신청)이 있는 경우 가등기담보권자가 본등기를 청구할 수 없다. 이때에는 사적 실행을 중지시키고, 법원의 경매에 의한 공적 실행을 하도록 강제한다($\substack{법 제\\14조}$).

### (2) 채무자의 보호

채무자가 피담보채무를 변제하고 담보목적물을 회수할 수 있도록 청산금을 변제받을 때까지 가등기 또는 소유권이전등기의 말소청구권을 인정하고($\substack{법 제\\11조}$), 채무자의 청산금청구권을 보장하기 위해 청산기간 등의 청산절차를 규정하였다($\substack{법 제3조\\이하}$).

### (3) 후순위권리자의 보호

담보가등기도 가등기의 효력에 따라 가등기에 기한 본등기가 이루어지면, 가등기와 본등기 사이에 경료된 등기로서 가등기권자의 권리와 양립할 수 없는 것은 직권말소된다. 이렇게 권리가 소멸하게 되는 후순위권리자는 채권자에게 지급되는 청산금에 대해 권리행사가 가능하도록 하고($\substack{법 제5조\\제1항}$), 필요한 경우 후순위권리자는 자신의 피담보채권의 변제기 도래 전에도 청산기간 내에 담보목적물에 대한 경매신청을 할 수 있도록 하여 가등기담보권자의 사적 실행을 저지할 권한을 부여하였다($\substack{법 제12조\\제2항}$).

## 2. 적용범위

(1) 가등기담보법은 제607조, 제608조를 구체화한 특별법으로 제정된 것이므로 제607조, 제608조가 적용되는 경우에 적용된다.

(가) 가등기담보법은 차용물의 반환에 갈음하여 다른 재산권을 이전할 것을 예약한 경우(대물변제예약)에 적용된다($^{가등기담보법}_{제1조 참조}$). 따라서 소비대차나 준소비대차에 기한 차용금반환채무 이외에 다른 채무를 담보로 하기 위해 경료된 가등기나 양도담보에는 적용되지 않는다. 가령 매매대금채권($^{대판 2002.12.24,}_{2002다50484}$), 공사대금채권($^{대판 1992.4.10,}_{91다45356,45363}$), 낙찰자로서의 권리를 포기하는 대가로 지급하기로 약정한 금원($^{대판 1998.6.23,}_{97다1495}$) 등을 피담보채권으로 하는 담보에는 가등기담보법이 적용되지 않는다. 금전소비대차계약상의 채권과 그 외의 채권을 동시에 담보할 목적으로 가등기 또는 소유권이전등기가 경료되었으나, 그 후 그 외의 채권이 변제 기타의 사유로 소멸하고 금전소비대차나 준소비대차에 기한 차용금반환채무만 남게 된 경우에는 가등기담보법이 적용된다($^{대판 2004.}_{4.27, 2003}$ $^{다}_{29968}$).

(나) 가등기담보법은 재산권 이전의 예약에 의한 가등기담보에서 그 재산의 예약 당시의 가액이 차용액 및 이에 붙인 이자의 합산액을 초과하는 경우에 적용된다($^{대판 2007.6.15,}_{2006다5611}$). 다만 재산권 이전의 예약 당시 그 부동산에 대하여 선순위 근저당권이 설정되어 있는 경우에는 부동산 가액에서 그 피담보채무액을 공제한 나머지 가액이 차용액 및 이에 붙인 이자의 합산액을 초과하는 경우에만 그 적용이 있다($^{대판 2006.8.24,}_{2005다61140}$).

---

**사례 2** A가 2022.4.5. 그 소유의 X부동산에 대해 B에게 저당권을 설정하였는데, B의 신청에 의한 경매절차에서 C가 매수인으로 결정되었다. C가 매각대금을 지급하기 전에 A는 C와 사이에 C가 매수를 포기하는 대가로 1,000만 원을 지급하기로 하고, 이를 담보하기 위해 X부동산에 C 명의의 가등기를 설정하였다. 이 경우 C의 담보가등기에 가등기담보법이 적용되는가?

(대판 1998.6.23, 97다1495 참조)

**| 해설 2 |** C의 담보가등기에 가등기담보법이 적용되지 않는다.
C 앞으로 경료된 가등기는 C가 X부동산에 대한 매수인으로서의 권리를 포기하는 대가로 A가 지급하기로 약정한 금원을 담보하기 위하여 경료된 것일 뿐 차용물의 반환에 관하여 다른 재산권을 이전할 것을 예약하여 경료된 것은 아니므로 가등기담보법이 적용되지 않는다.

---

**사례 3** A는 2022.4.5. 그 소유의 X부동산(가액 4억 5,000만 원)에 B에게 피담보채권액 3억 5,000만 원으로 정한 저당권을 설정한 후 C로부터 2억 원을 빌리면서, X부동산에 담보목적의 가등기를 경료하였다. 그런데 A가 위 2억 원을 변제하지 아니하자, C는 가등기에 기한 소유권이전의 본등기를 마쳤다. 이에 A는 C 명의의 소유권이전등기는 청산절차를 거치지 않아서 가등기담보법 위반으로 무효라고 주장한다. A의 주장은 타당한가? (대판 2006.8.24, 2005다61140 참조)

> **│해설 3│** A의 주장은 타당하지 않다.
>
> 가등기담보법은 재산권 이전의 예약에 의한 가등기담보에 있어서 그 재산의 예약 당시의 가액이 차용액 및 이에 붙인 이자의 합산액을 초과하는 경우에 그 적용이 있는 것이지만, 재산권 이전의 예약 당시 그 재산에 대하여 선순위 근저당권이 설정되어 있는 경우에는 그 재산의 가액에서 그 피담보채무액을 공제한 나머지 가액이 차용액 및 이에 붙인 이자의 합산액을 초과하는 경우에만 그 적용이 있다. 이 사안에서 약정 당시 X부동산에 B의 선순위 저당권이 설정되어 있었고, A 부담의 피담보채무액이 3억 5,000만 원이었다면, X부동산의 가액 4억 5,000원에서 위 피담보채무액을 공제한 나머지 가액은 1억 원으로 A와 C가 가등기의 피담보채무액으로 정한 2억 원을 초과하지 않으므로, 이 때에는 가등기담보법이 적용된다고 할 수 없고, 따라서 C가 가등기담보법 소정의 청산절차를 거치지 않았다는 이유만으로 본등기가 무효의 등기라고 할 수는 없다.

(2) 가등기담보법은 등기 또는 등록에 의해 공시되는 물건 또는 재산권을 대상으로 하는 비전형담보에 적용된다($^{법 제}_{18조}$). 또한 가등기담보뿐만 아니라 소유권이전등기에 의한 양도담보에도 적용된다($^{법 제}_{1조}$). 채권자가 채무자와 담보계약을 체결하였지만, 담보목적물에 관하여 가등기나 소유권이전등기를 마치지 아니한 경우에는 담보권을 취득하였다고 할 수 없으므로 가등기담보법이 원칙적으로 적용될 수 없다($^{대판 2013.9.27.}_{2011다106778}$). 따라서 이러한 상태에서 채권자로 하여금 귀속정산 절차에 의하지 않고 담보목적부동산을 타에 처분하여 채권을 회수할 수 있도록 약정했더라도, 그러한 약정이 가등기담보법의 규제를 잠탈하기 위한 탈법행위에 해당한다는 등의 특별한 사정이 없는 한 가등기담보법을 위반한 것으로 보아 무효라고 할 수는 없다.

## 3. 문 제 점

가등기담보법은 채무자 및 후순위권리자의 보호에 지나치게 편중되어 거래실무에서는 이 법의 적용을 회피하려고 다양한 시도를 하고 있다.

# Ⅰ. 개    설

## 1. 의    의

(1) 가등기담보란 소비대차에 기한 채권(주로 금전채권)을 담보할 목적으로 채권자와 채무자 또는 제3자 사이에 채무자 또는 제3자 소유 부동산을 목적물로 하여 대물변제의 예약 또는 매매의 예약을 하고, 채무불이행시에 채권자는 예약완결권을 행사함으로써 발생하는 장래의 소유권이전등기청구권 등을 보전하기 위해 가등기 또는 가등록을 하는 담보형태를 말한다. 따라서 매매대금채권을 담보하기 위한 가등기에는 본 법이 적용되지 않는다(대판 2016.10.27, 2015다63138,63145).

(2) 가등기담보법은 소비대차계약에 기한 소유권이전등기에 의한 양도담보에도 적용된다. 이 법은 이미 담보목적으로 소유권이전등기가 경료된 경우에도 적용되는 것으로 정하였다. 다만 가등기담보에서 가등기가 경료된 후 그에 기한 본등기인 소유권이전등기가 경료되기까지 사이의 후순위권리자에 관한 사항과 같이 가등기담보에만 적용되는 것은 양도담보에는 적용되지 않는다.

(3) 채권자에게 담보목적물에 대한 소유권이전등기청구권을 발생시키는 원인이 대물변제예약인지 매매예약인지, 아니면 매매계약인지에 따라 가등기의 원인이 다를 수는 있지만, 가등기담보로 인정된다는 점에서 차이는 없다.

(4) 담보목적인 재산의 가액이 차용액 및 그 이자 합산액을 초과하는 경우에만 가등기담보법이 적용된다($\binom{동법}{제1조}$). 재산의 가액은 선순위 저당권의 피담보채권액(근저당인 경우에는 채권최고액)을 공제하여 평가해야 한다($\binom{대판\ 1991.2.26,}{90다카24526}$).

(5) 이하에서는 가등기담보법이 적용되는 가등기담보를 중심으로 살펴본 다음, 가등기담보법이 적용되지 않는 가등기담보에 대해서는 별도로 살펴본다.

## 2. 법적 성질

### (1) 담보물권설(저당권 유사의 특수저당권설)

다수설인 담보물권설은 가등기담보권을 저당권 유사의 특수저당권으로 이해한다. 가등기담보법이 피담보채권을 전제로 하고($\binom{가등기담보법}{제2조\ 제3호}$), 채무불이행시 경매청구권을 인정하고 있으며($\binom{법\ 제}{12조}$), 가등기의 순위에 따른 우선변제권이 인정되고($\binom{법\ 제}{13조}$), 파산절차시 별제권이 인정되는($\binom{법\ 제17}{조\ 제\ 1항}$) 등 담보물권의 특유한 권리를 인정하고 있기 때문이다. 이 경우 가등기담보권은 담보물권의 성질인 부종성, 수반성, 불가분성, 물상대위성을 갖는다.

### (2) 신탁적 소유권이전설

신탁적 소유권이전설은 가등기담보를 소유권이전예약형의 담보방법으로 본다. 이 견해에 따르면 담보물의 소유권 이전은 정지조건의 성취 또는 예약완결권의 행사를 통하여 이루어진다. 그 논거로 소유권이전 예약형 담보도 원칙적으로 소유권 이전형 담보방법과 다른 점이 없고, 가등기에 기한 본등기가 경료되면 가등기의 순위보전적 효력에 의해 가등기시로 소급하여 목적물의 소유권이 신탁적으로 이전됨을 든다.

가등기담보법상 담보권자가 소유자가 아님을 전제로 규정되어 있고($\binom{법\ 제}{11조}$), 청산절차가 완료되어야 소유권이 이전된다는 점($\binom{법\ 제4조}{제2항}$), 담보권자는 경매를 청구할 수 있는 점($\binom{법\ 제12조}{제1항}$), 우선변제권 행사가 가능하다는 점($\binom{법\ 제13}{조\ 등}$) 등을 고려하면 담보물권설을 취할 수밖에 없다.

## Ⅱ. 가등기담보권의 설정 및 이전

### 1. 가등기담보권의 설정

#### (1) 가등기담보계약($\binom{가등기담보법\ 제}{1조,\ 제2조\ 1호}$)

#### (가) 계약당사자

계약의 당사자는 피담보채권의 채권자와 채무자 또는 제3자(물상보증인)이다. 저당권에서와 마찬가지로 채권자 아닌 제3자 명의의 가등기담보도 일정한 요건 하에서는 가능하다($\binom{대판\ 2002.12.24,}{2002다50484}$).

**사례 4** A는 B에 대해 10억 원을 대여하고, A의 아들인 C도 B에게 2억 원을 대여한 바, A는 C에게 10억 원 채권 전부의 회수 등을 위임하면서 그 채권 중 7억 원을 C에게 양도하고, 그 사실을 B에게 통지하였다. 그 후 A, B, C 사이의 합의에 따라 B 소유의 X부동산에 A, C의 채권 모두를 담보하기 위해 C 명의의 가등기를 경료하였다. 이에 B는 적어도 A의 3억 원의 채권을 담보하는 범위 내에서 C의 담보가등기는 부종성의 원칙에 반한다고 주장한다. B의 주장은 타당한가?

(대판 2002.12.24, 2002다50484 참조)

**│해설 4│** B의 주장은 타당하지 않다.

채권담보를 목적으로 가등기를 하는 경우에는 원칙적으로 채권자와 가등기명의자가 동일인이 되어야 하지만, 채권자 아닌 제3자의 명의로 가등기를 하는 데 대하여 채권자와 채무자 및 제3자 사이에 합의가 있었고, 나아가 제3자에게 그 채권이 실질적으로 귀속되었다고 볼 수 있는 특별한 사정이 있거나, 거래경위에 비추어 제3자의 가등기가 한낱 명목에 그치는 것이 아니라 그 제3자도 채무자로부터 유효하게 채권을 변제받을 수 있고 채무자도 채권자나 가등기명의자인 제3자 중 누구에게든 채무를 유효하게 변제할 수 있는 관계 즉 채권자와 제3자가 불가분적 채권자의 관계에 있다고 볼 수 있는 경우에는, 그 제3자 명의의 가등기도 유효하고, 이와 같이 제3자 명의의 가등기를 유효하게 볼 수 있는 경우에는 제3자 명의의 가등기를 부동산실명법이 금지하고 있는 실권리자 아닌 자 명의의 등기라고 할 수는 없다.

사안에서 가등기의 피담보채권에는 C의 아버지 A의 B에 대한 금 10억 원의 대여금채권과 C의 B에 대한 합계금 2억 원의 대여금 채권이 혼재되어 있는 점, A가 자신의 B에 대한 위 채권의 만족을 얻기 위한 사무 일체를 C에게 포괄적으로 위임하여 C가 A의 수임인 겸 B에 대한 대여금채권자로서 B와의 합의에 따라 C 명의로 가등기를 하게 된 점, A는 자신의 B에 대한 위 채권 중 7억 원의 채권을 C에게 양도하고 B에게 그 통지를 한 점 등을 종합하면, C 명의의 가등기가 전혀 실질과 분리된 한낱 명목에 불과하다고 할 수는 없고, A, B, C 간에는 일괄적인 계산에 따라 C에 대한 금원의 지급만으로 B의 A에 대한 채무가 유효하게 변제될 수 있는 사정이었다고 할 것이므로, A의 채권을 담보하는 부분에 있어서도 C는 묵시적으로 그와 불가분적 채권자의 관계에 있다고 볼 것이어서, C 명의의 이 사건 가등기를 무효라고 할 수는 없다.

## (나) 가등기담보계약의 요건

### 1) 피담보채권의 존재

가등기담보계약에는 피담보채권에 관한 사항이 계약의 내용으로 포함되어야 한다. 피담보채권의 범위에 대해 판례는 소비대차계약 또는 준소비대차계약에 의하여 성립한 채권을 담보할 목적으로 체결되어야 한다는 제한설을 취한다(법 제1조; 대판 1990. 6.26, 88다카20392). 학설상으로는 소비대차계약에 기한 채권 외에 매매대금채권, 불법행위채권, 부당이득반환청구권 등 다른 채권도 피담보채권이 될 수 있다는 무제한설이 다수설이다. 그러나 가등기가 차용금반환채무와 그 외의 원인으로 발생한 채무를 동시에 담보할 목적으로 경료되었으나, 그 후 차용금반환채무만이 남게 된 경우에는 가등기담보법이 적용될 수 있다(대판 2004.4.27, 2003다29968).

> **사례 5** A는 그 소유의 X부동산을 B에게 매도하면서 계약금 및 중도금 4억 원을 수령한 후 B
> 에게 소유권이전등기청구권을 보전하기 위한 가등기를 설정하였다. 그런데 매매계약이 해제됨에
> 따라 A, B는 해제에 따른 A의 매매대금반환채무를 담보하기 위해 종전 가등기를 유용하기로 합
> 의하였다. 이 경우 담보가등기에 가등기담보법이 적용되는가?　　　(대판 1996.11.29, 96다31895 참조)
>
> **│ 해설 5 │** 가등기담보법이 적용되지 않는다.
>
> 가등기담보법은 차용물의 반환에 관하여 다른 재산권을 이전할 것을 예약한 경우에 적용되는 것
> 인바, 이 사안에서 가등기를 매매계약 해제에 따른 대금반환채무를 담보하는 담보가등기로 유용
> 하기로 당사자 사이에 합의하였다고 하더라도 이는 차용물의 반환에 관하여 대물변제예약으로
> 마친 것으로 볼 수는 없어서 위 법률이 적용되지 않는다.

### 2) 담보목적의 재산권이전약정(담보계약)의 존재

가등기담보계약은 그 목적이 채권담보에 있어야 한다(동법 제1조, 제2조 1호). 담보계약은 대물변제예약뿐
만 아니라 매매계약 또는 매매예약의 형태로도 성립할 수 있다. 즉, 피담보채무의 불이행시 그
채무의 변제에 갈음하여 담보목적물인 일정한 재산권을 채권자에게 이전하기로 하는 내용의
대물변제의 예약 또는 피담보채무액 상당을 매매대금으로 하여 채무자 또는 제3자 소유의 담
보목적물을 채권자가 매수하기로 하는 매매의 예약(또는 계약)을 체결하는 내용이 포함되어야
한다.

### 3) 담보목적물의 존재

담보목적물은 부동산에 관한 소유권 외에 지상권, 임차권 등 가등기 또는 가등록이 가능한
재산권도 가능하다(법 제1조, 제18조). 대물변제의 예약 또는 매매의 예약 당시에 그 담보목적물의 가액
이 채무자의 차용액 및 이자의 합산액을 초과해야 가등기담보법이 적용된다(법 제1조).

담보목적물의 가액은 선순위저당권의 피담보채권액(근저당인 경우에는 채권최고액)을 공제하여
평가해야 한다(대판 1991.2.26, 90다카24526). 담보목적물의 가액은 원칙적으로 통상적인 시장에서 충분한 기간
거래된 후 그 내용에 정통한 거래당사자 간에 성립한다고 인정되는 적정가격을 말하는데, 그와
같은 적정가격을 확인하기 어려울 때에는 객관적이고 합리적인 방법으로 평가한 가액으로 본
다(대판 2007.6.15, 2006다5611).

### (2) 가등기 또는 가등록(가등기담보법 제1조, 제2조 3호)

가등기담보권의 설정을 위해서는 가등기담보계약 외에 담보물에 대한 가등기 또는 가등록을
해야 한다. 가등기담보계약이 있어도 가등기가 없으면 가등기담보법의 적용이 배제된다(대판 2013.9.27, 2011다106778). 가등기담보법은 이러한 가등기를 담보가등기라고 하여 보전가등기와 구별한다. 담보
가등기인지, 순위보전의 가등기인지 여부는 등기부상 매매예약 또는 대물변제의 예약으로 기재
되었는지 여부, 즉 형식에 의하여 결정되는 것이 아니라 거래의 실질과 당사자의 의사해석에

따라 결정되어야 한다(대판 1992.2.11, 91다36932).

가등기 또는 가등록은 가등기담보권의 설정에서 공시방법으로서의 역할을 한다. 그러나 등기부상의 기재만으로는 담보가등기와 보전가등기의 구별이 어려울 뿐만 아니라 담보가등기라고 하더라도 저당권등기와 달리 피담보채권액, 이자, 변제기 등이 공시되지 않아 제3자에게 불측의 손해발생이 가능하여 입법론상 비판을 받고 있다.

순위보전의 가등기는 본등기가 경료되기 전에는 실체법적 효력이 인정되지 않지만, 담보가등기는 가등기담보법에 따라 담보물권으로서 실체법상의 효력이 인정된다.

### 2. 가등기담보권의 이전

#### (1) 양도성의 인정

일반재산권과 같이 가등기담보권도 그 양도성을 인정함이 통설이다. 다만 담보물권의 수반성(제361조)에 따라 피담보채권과 함께 이전되어야 하고 분리양도를 할 수 없다.

#### (2) 양도의 방법

담보물권의 일종인 가등기담보권을 이전하기 위해서는 양도인과 양수인 간의 물권적 합의와 등기가 있어야 하는데, 등기는 가등기에 권리이전의 부기등기를 말한다.

가등기담보권 이전을 위한 계약에는 가등기담보권의 이전에 관한 물권적 합의뿐만 아니라 피담보채권의 양도에 관한 합의를 포함하는 것이 일반적이다. 피담보채권의 양도에는 채권양도의 규정이 적용된다(제449조 이하).

## Ⅲ. 가등기담보권의 효력

| | |
|---|---|
| 1. 일반적 효력<br>　(1) 효력이 미치는 범위<br>　(2) 대내적 효력<br>　(3) 대외적 효력<br>2. 가등기담보권의 실행 | 　(1) 가등기담보권의 사적 실행과 공적 실행<br>　(2) 권리취득에 의한 사적 실행<br>　(3) 경매에 의한 공적 실행<br>3. 경매에서 가등기담보권자의 배당참가 |

### 1. 일반적 효력

#### (1) 효력이 미치는 범위

#### (가) 피담보채권의 범위(가등기담보법 제3조 제2항)

1) 가등기담보권의 효력이 미치는 피담보채권의 범위에 관하여 원칙적으로 당사자 간의 약

정에 따르지만$\binom{대판\ 1981.6.9.}{80다2320}$, 당사자 간에 정함이 없는 경우에 저당권에 관한 제360조를 적용해야 한다는 견해가 일반적이다. 즉 가등기담보권은 원본, 이자, 위약금, 채무불이행으로 인한 손해배상(지연배상의 경우, 원본의 이행기일을 경과한 후의 1년분) 및 저당권의 실행비용을 담보한다.

다만 제360조의 적용을 반대하여 경우에 따라 달리 해석해야 한다는 견해도 있다. 제360조를 유추적용하더라도 이는 제3취득자 등 제3자가 그 제한으로 담보가등기권자에게 대항할 수 있다는 의미일 뿐, 채무자나 가등기담보설정자는 담보가등기권리자에 대하여 제360조의 피담보채권의 제한을 주장할 수는 없다$\binom{대판\ 1992.5.12,}{90다8855\ 등}$. 가등기의 원인증서인 매매계약서에 표기된 매매대금액은 가등기절차상의 편의상 기재하는 것에 불과하여 피담보채권이 그 한도로 제한되는 것이 아니며 당사자가 약정한 내용에 따라 담보되는 채권의 범위가 결정된다$\binom{대판\ 1996.12.23.}{96다39387,39394}$.

2) 피담보채권의 추가와 관련하여 채권자와 채무자가 가등기담보권설정계약을 체결하면서 가등기 이후에 발생할 채권도 후순위권리자에 대하여 우선변제권을 갖는 가등기담보권의 피담보채권에 포함시키기로 약정할 수 있다$\binom{대판\ 1993.4.13,}{92다12070}$. 가등기담보권을 설정한 후에 채권자와 채무자의 약정으로 새로 발생한 채권을 기존 가등기담보권의 피담보채권에 추가할 수도 있다$\binom{대판}{1989.}$ $\binom{4.11,\ 87}{다카992}$. 가등기담보의 피담보채권액은 공시대상이 아니기 때문이다.

가등기 이후에 발생될 채무도 피담보채무에 포함시키기로 약정했다면 이러한 근담보형 가등기담보도 유효하므로 가등기 후에 성립한 금전대차금액도 담보채권액에 포함된다$\binom{대판\ 1981.6.}{9,\ 80다2320}$ 그러나 가등기담보권 설정 후에 후순위권리자나 제3취득자 등 이해관계 있는 제3자가 생긴 상태에서 새로운 약정으로 기존 가등기담보권에 피담보채권을 추가하거나 피담보채권의 내용을 변경, 확장하는 경우에는 이해관계 있는 제3자의 이익을 침해하게 되므로, 피담보채권으로 추가, 확장한 부분은 이해관계 있는 제3자에 대한 관계에서는 우선변제권 있는 피담보채권에 포함되지 않는다$\binom{대판\ 2011.7.14,}{2011다28090}$. 또한 가등기담보채권자가 담보권을 실행하기 이전에 그 계약상의 권리를 보전하기 위하여 가등기담보채무자의 제3자에 대한 선순위 가등기담보채무를 대위변제하여 구상권이 발생하였다면 특별한 사정이 없는 한, 이 구상권도 가등기담보계약에 의하여 담보된다$\binom{대판\ 2002.6.11,}{99다41657}$.

---

**사례 6** A는 그 소유의 X부동산에 대해 B에게 차용금 1억 5,000만 원을 피담보채권으로 하는 가등기를 설정해 주었는데, 당시 위 차용금에 대한 이자는 지급하지 않기로 했다. 그 후 A의 채권자 C가 위 X토지에 가압류신청을 하여 가압류등기가 경료되었다. 그 후 A와 B는 위 차용금에 대한 연 10%의 이자 약정 및 위 이자를 위 가등기의 피담보채권에 포함시키기로 하는 약정을 하였다. 이 경우 C와의 관계에 있어 이자채권이 담보가등기의 피담보채권이 될 수 있는가?

(대판 2011.7.14, 2011다28090 참조)

**┃해설 6┃** 추가된 이자채권은 C와의 관계에 있어 담보가등기의 피담보채권이 될 수 없다.

채권자와 채무자가 가등기담보권설정계약을 체결하면서 가등기 이후에 발생할 채권도 후순위권리자에 대하여 우선변제권을 가지는 가등기담보권의 피담보채권에 포함시키기로 약정할 수 있고, 가등기담보권을 설정한 후에 채권자와 채무자의 약정으로 새로 발생한 채권을 기존 가등기담보권의 피담보채권에 추가할 수도 있으나, 가등기담보권 설정 후에 후순위권리자나 제3취득자 등 이해관계 있는 제3자가 생긴 상태에서 새로운 약정으로 기존 가등기담보권에 피담보채권을 추가하거나 피담보채권의 내용을 변경, 확장하는 경우에는 이해관계 있는 제3자의 이익을 침해하게 되므로, 이러한 경우에는 피담보채권으로 추가, 확장한 부분은 이해관계 있는 제3자에 대한 관계에서는 우선변제권 있는 피담보채권에 포함되지 않는다. 사안에서 C의 가압류 이후 A와 B가 맺은 이자 약정 등은 제3자인 C의 이익을 침해하게 되므로, 제3자인 C에 대한 관계에서는 우선변제권 있는 피담보채권에 포함되지 않는다.

**사례 7** A는 그 소유의 X토지에 대해 B에 대한 1억 원의 차용금채권에 대한 담보로 B 명의의 가등기를 설정하였고, 그 후 C에 대한 차용금채권 1억 원에 대한 담보로 C 명의의 가등기를 설정하였다. B가 가등기담보를 실행할 기세를 보이자, C는 자신의 담보권을 보전하기 위해 B의 채권을 대위변제하였다. 이 경우 C는 자신의 대위변제로 인한 A에 대한 구상금채권을 가등기담보의 피담보채권으로 할 수 있는가?                          (대판 2002.6.11. 99다41657 참조)

┃**해설 7**┃ A에 대한 구상금채권을 가등기담보의 피담보채권으로 할 수 있다.

가등기담보 채권자가 가등기담보권을 실행하기 이전에 그의 계약상의 권리를 보전하기 위하여 가등기담보 채무자의 제3자에 대한 선순위 가등기담보채무를 대위변제하여 구상권이 발생하였다면 특별한 사정이 없는 한 이 구상권도 가등기담보계약에 의하여 담보된다고 보는 것이 상당하다.

**사례 8** A는 2022.3.4. B로부터 계속적 금전대차약정을 체결하면서 2억 원을 빌리고, 이를 담보하기 위해 X부동산에 담보가등기를 설정했다. 그런데 위 약정에는 향후 1년간 위의 계속적 금전대차관계에서 추가로 발생할 채권도 10억 원의 범위 내에서는 피담보채권의 범위에 포함시키는 합의가 들어 있었다.

그 후 같은 해 4.6. C는 A에 대한 채권액 3억 원을 담보하기 위하여 X부동산에 저당권을 취득하였다. 그리고 A는 같은 해 5.3. 위 약정에 기하여 B로부터 추가로 5억 원을 빌렸다. 한편 같은 해 2.15. D는 담보 없이 A에게 4억 원을 대여해 준 상태이다. A가 변제자력이 없게 되자 X부동산은 경매로 8억 원으로 매각되었다. B, C, D의 배당금액은 어떻게 정해지는지 검토하시오. (이자 및 지연이자 등은 없는 것으로 한다)

┃**해설 8**┃ B는 7억 원, C는 1억원을 배당받고, D는 배당금액이 없다.

근가등기담보권도 유효하다. B는 근가등기담보권자로 저당권자 C보다 선순위에 있다. 다만 B가 갖는 우선변제적 효력은 후순위권리자등 이해관계 있는 제3자가 발생한 후에 추가된 채권에도 미치는지가 문제된다. 근저당권의 경우와 같이 채권최고액의 범위 내에서는 나중에 추가된 채권액에 대해서도 우선변제권이 인정될 수 있다.

사안에서 B의 가등기담보권의 성립시 실재로 존재하는 피담보채권은 2억 원이지만 장래 발생할 채권도 10억 원을 한도로 담보범위에 포함하기로 했다면 그 후 C가 후순위로 저당권(피담보채권액 3억 원)을 취득하고, 그 후 B의 담보채권액이 5억 원이 증가했더라도 B는 7억 원 전액에 대해서 우선변제권이 인정된다. 그 후 C는 나머지 매각대금(8억 원－7억 원) 1억 원에 대해서 우선변제권이 인정된다. 이미 근가등기담보권에 의한 채권최고액의 범위 내에서 발생한 채권이면 후순위자의 권리취득 전후와 무관하게 우선하여 보호되어야 하기 때문이다.
(다만 근저당권과는 달리 근가등기담보의 경우 채권최고액이 공시되지 않으므로 후순위권리자의 보호필요성이 크기는 하지만, 이는 가등기담보의 채권(최고)액이 공시대상으로 보지 않은 현행 법제의 해석상 제기되는 문제라고 할 것이다)

### (나) 목적물의 범위

가등기담보권의 효력이 미치는 목적물의 범위는 설정계약에서 정해진다. 그러나 설정계약에서 정함이 없으면 저당권에 관한 제358조 및 제359조가 유추적용되어 부합물, 종물, 과실에도 가등기담보권이 미친다. 또한 저당권과 같이 물상대위성도 인정된다($\binom{제370조,}{제342조}$).

### (2) 대내적 효력

(가) 일반적으로 담보목적으로 가등기를 경료한 경우 담보물에 대한 사용·수익권은 가등기설정자인 소유자에게 있다. 그러나 가등기담보약정은 채무자가 본래의 채무를 이행하지 못할 경우 채권자에게 담보목적물의 소유권을 이전하기로 하는 예약으로서 유상계약인 재산권이전약정에 해당한다. 따라서 이에는 그 성질에 반하지 않는 한 매매에 관한 민법 규정이 준용되므로($\binom{제567}{조}$), 담보목적물에 대한 과실수취권 등을 포함한 사용·수익권은 청산절차의 종료와 함께 채권자에게 귀속된다. 다만 조세, 공과금은 설정자가 부담한다.

(나) 담보권설정자는 제3자에 대한 용익권 설정도 가능하다. 대항력 있는 임차권이 설정된 경우, 그 임차권이 담보가등기 후에 설정된 것이라도 목적물의 인도와 보증금의 반환의무는 청산금의 범위 내에서 동시이행관계에 있다($\binom{법 제5조}{제5항}$).

(다) 담보권설정자가 담보목적물의 가치를 감소시킨 경우, 담보권자는 방해의 제거 또는 예방을 청구할 수 있다. 또한 침해로 인해 피담보채권의 완전한 만족을 얻을 수 없게 되는 손해가 발생하면 손해배상을 청구할 수 있다. 그 이외에 담보권설정자에게 책임 있는 사유로 담보목적물의 가액이 현저히 감소된 경우 기한이익을 상실한다($\binom{제388조}{1호}$).

### (3) 대외적 효력

(가) 담보권자는 담보권실행 전에 투하자본을 회수하기 위해 제3자에게 담보권을 양도할 수 있다.

(나) 제3자가 담보목적물의 가치를 감소시킨 경우 담보권자는 방해의 제거 또는 예방을 청구할 수 있고, 침해로 인해 피담보채권의 완전한 만족을 얻을 수 없게 되는 손해가 발생하면

손해배상을 청구할 수 있다.

(다) 담보목적물에 대하여 가등기담보권의 실행 과정상 청산금의 지급 전(청산금이 없으면 청산기간의 경과 전)에 다른 채권자의 경매신청으로 경매개시결정이 있으면, 담보권자는 사적 실행을 할 수 없고$\left(\substack{법 제 \\ 14조}\right)$, 경매에 의한 공적 실행절차에서 우선변제권만을 갖는다$\left(\substack{법 제 \\ 13조}\right)$.

(라) 가등기담보권은 국세기본법, 국세징수법, 지방세법, 채무자 회생 및 파산에 관한 법률의 적용에서 저당권으로 간주된다$\left(\substack{법 제17조 \\ 제3항}\right)$.

## 2. 가등기담보권의 실행

### (1) 가등기담보권의 사적 실행과 공적 실행

#### (가) 가등기담보권의 실행방법

가등기담보법에서 예정한 가등기담보권의 실행방법으로는 권리취득에 의한 사적 실행과 경매에 의한 공적 실행이 있다. 전자는 가등기담보권자가 담보목적물의 소유권을 직접 취득하는 방법으로 피담보채권의 만족을 얻는 귀속청산을 말하고, 후자는 가등기담보권자가 담보목적물의 경매를 법원에 청구하여 담보목적물을 매각하는 방법으로 취득한 대금에서 피담보채권의 만족을 얻는 것을 말한다$\left(\substack{법 제12조 \\ 제1항 전문}\right)$. 따라서 위 두 가지 방식이 아닌, 이른바 담보권의 사적실행의 방법으로서 처분정산형의 담보권실행은 허용되지 않는다$\left(\substack{대판 2002.12.10. \\ 2002다42001}\right)$. 결국 사적 실행의 경우 소유권을 담보권자가 취득하는 귀속청산의 실행방법만이 가능하다.

#### (나) 실행방법 간의 관계: 사적 실행에 대한 공적 실행의 우위

가등기담보권자는 위의 두 가지 실행방법 중 하나를 선택할 수 있다. 그러나 가등기담보권자가 사적 실행을 선택한 경우에도 담보가등기가 설정된 부동산에 대해 사적 실행의 청산금을 지급하기 전에 제3자가 경매신청을 하고, 그에 따른 경매개시결정이 있는 경우에 가등기담보권자는 본등기를 청구할 수 없다$\left(\substack{법 제 \\ 14조}\right)$. 이와 같은 경우에 가등기담보권자는 사적 실행을 진행하여 담보목적물의 소유권을 취득할 수 없고, 공적 실행에서 가등기담보권자는 자신의 채권을 우선변제를 받는 것에 그치게 된다$\left(\substack{대결 2010.11.9. \\ 2010마1322}\right)$.

### (2) 권리취득에 의한 사적 실행

#### (가) 사적 실행의 개요

권리취득에 의한 사적 실행절차를 간략히 살펴보면, 다음과 같다. 채무자가 채무불이행에 빠지면, ⅰ) 가등기담보권자가 가등기담보권 실행통지를 하고$\left(\substack{법 제3조. \\ 제6조}\right)$, ⅱ) 2개월의 청산기간이 경과한 후$\left(\substack{법 제3조 \\ 제1항}\right)$, 담보목적물의 평가액에서 피담보채권액을 공제한 나머지 금액을 청산금으로 지급해야 하며$\left(\substack{법 제4조 \\ 제1항}\right)$, ⅲ) 청산금과 상환으로 소유권이전등기청구권을 취득하여 본등기를 경료함으로써 소유권을 취득하게 된다$\left(\substack{법 제4조 제 \\ 2항, 제3항}\right)$.

**(나) 담보권 실행의 통지**

**1) 통지의 시기 및 방법**

채무불이행으로 인한 담보권실행의 통지는 피담보채권의 변제기 이후에는 언제라도 가능하며($^{법 제3조}_{제1항}$), 통지의 방법에 제한이 없으므로 구두로 한 통지도 유효하다.

**2) 통지의 내용**

㉮ 가등기담보권자는 청산금의 평가액을 채무자등에게 통지해야 한다($^{법 제3조}_{제1항}$). 청산금은 통지 당시의 담보목적부동산의 가액에서 민법 제360조에 규정된 채권액을 뺀 금액을 의미하므로 통지에는 담보물의 가액과 채권액을 밝혀야 한다. 평가결과 청산금이 없다고 인정되는 경우에도 그 뜻을 통지(담보권 실행통지)해야 한다($^{법 제3조 제1항 후문. 참고로 가등기담보법이 적용되기 위해서는 대물변제의 예}_{약 또는 매매의 예약 당시를 기준으로 객관적 평가액이 채무액(차용액) 및 이자}$ 의 합산액을 초과해야 한다. 법 제1조 참조).

㉯ 목적부동산의 평가방법에 달리 제한이 없기 때문에 채권자의 주관적 평가액을 통지하면 족하고, 그것이 객관적 가액에 미치지 못하더라도 실행통지로서의 효력이나 청산기간의 진행을 방해하지 않는다($^{대판 1996.7.30,}_{96다6974,6981}$). 나아가 실행통지를 하고 나면 채권자는 자신이 통지한 청산금의 수액에 관하여 다툴 수 없다($^{법 제}_{9조}$). 결국 가등기담보권자가 실제의 청산금보다 과대통지를 한 경우, 채무자 등에게 과대통지된 청산금액을 지급해야 한다. 반면 가등기담보권자가 실제의 청산금보다 과소통지를 한 경우에도 채무자 등에게 실제의 청산금(정당하게 평가된 청산금)을 지급해야 한다. 이 경우 채무자 등은 채권자가 통지한 청산금액을 다투고 정당하게 평가된 청산금을 지급받을 때까지 목적부동산의 소유권이전등기 및 인도채무의 이행을 거절하거나 피담보채무 전액을 채권자에게 지급하고 채권담보의 목적으로 마쳐진 가등기의 말소를 구할 수 있을 뿐 아니라($^{대판 1992.9.1,}_{92다10043,10050}$), 채권자에게 정당하게 평가된 청산금을 청구할 수도 있다($^{대판 2008.4.11,}_{2005다36618}$).

㉰ 피담보채권액에는 목적부동산에 관한 선순위담보 등에 의해 담보되는 채권액도 포함된다($^{법 제4조}_{제1항 후문}$). 2개 이상의 부동산을 담보목적물로 한 경우 그 부동산들을 일괄실행을 하려면 실행통지 당시 각 부동산의 소유권이전에 의해 소멸시키려고 하는 채권과 그 비용을 명시해야 한다($^{법 제3}_{조 제2항}$). 그러나 청산금이 없다고 인정되면 각 부동산별로 소멸되는 채권과 비용을 구분하여 명시하지 않았다는 이유만으로 실행통지의 효력이 부정되지는 않는다($^{대판 2016.4.12,}_{2014다61630}$).

**3) 통지의 상대방**

실행통지의 상대방은 "채무자 등" 즉, 채무자와 목적부동산의 물상보증인, 가등기담보 후에 소유권을 취득한 제3자이다($^{법 제3조 제1}_{항, 제2조 2호}$). 통지의 상대방이 수인인 경우 모두에게 실행통지를 해야 하고, 일부라도 누락되면 통지의 효력이 발생하지 않는다($^{대판 2002.4.23,}_{2001다81856}$).

---

**사례 9** A는 그 소유의 X부동산에 대해 대출채무에 대한 담보로 B 명의로 가등기를 설정하였다. A가 대출채무를 이행하지 아니하자 B는 X부동산에 대한 청산금의 평가액을 3억 원으로 통지하였다. 그러나 실제 청산금액이 4억 원인 경우에도 청산금의 통지는 적법한가?

(대판 1996.7.30, 96다6974,6981 참조)

> **│해설 9│ 청산금의 평가액 통지는 적법하다.**
> 채권자가 가등기담보권을 실행하여 그 담보목적 부동산의 소유권을 취득하기 위하여 채무자 등
> 에게 하는 담보권 실행의 통지에는 채권자가 주관적으로 평가한 통지 당시의 목적부동산의 가액
> 과 피담보채권액을 명시함으로써 청산금의 평가액을 채무자 등에게 통지하면 족한 것으로서, 채
> 권자가 이와 같이 나름대로 평가한 청산금의 액수가 객관적인 청산금의 평가액에 미치지 못한다
> 고 하더라도 담보권 실행의 통지로서의 효력이나 청산기간의 진행에는 아무런 영향이 없고, 다
> 만 채무자 등은 정당하게 평가된 청산금을 지급받을 때까지 목적부동산의 소유권이전등기 및 인
> 도채무의 이행을 거절하면서 피담보채무 전액을 채권자에게 지급하고 채권담보의 목적으로 마
> 쳐진 가등기의 말소를 구할 수 있을 뿐이라고 해석함이 상당하다.

### (다) 청 산

#### 1) 청산기간의 경과

실행통지가 채무자 등 모두에게 도달 후 2개월의 청산기간이 경과할 때까지 채무자의 변제
가 없을 때 가등기담보권자는 청산에 들어가게 된다($\binom{법\ 제3조}{제1항}$). 청산기간은 실행통지의 상대방이
수인인 경우에는 모두에게 도달한 날로부터 기산한다. 청산기간을 둔 이유는 채무자 등에게 피
담보채무의 변제로 가등기담보권을 소멸시켜 소유권의 유지를 가능하게 하고, 관계자들 사이의
이해관계를 조정하기 위함이다. 따라서 청산기간에 관한 가등기담보법 제3조 제1항에 반하는
특약으로 채무자 등에게 불리한 것은 효력이 없다($\binom{법\ 제4조}{제4항}$).

#### 2) 청산금의 지급

㉮ 가등기담보권자는 청산기간이 경과한 후 청산금을 채무자 등에게 지급해야 한다($\binom{법\ 제4조}{제1항}$).

㉯ 청산금은 실행통지 당시의 목적부동산 가액에서 그 시점의 피담보채권액을 공제한 차액
이다. 이 때 피담보채권액은 선순위담보 등에 의해 담보된 채권액을 포함한다($\binom{법\ 제4조}{제1항}$). 실행통
지시의 목적부동산의 평가액은 주관적 평가액으로도 족하지만, 청산금의 지급에서 목적부동산
의 가액은 객관적 평가에 의해 산정해야 한다. 다만 실행통지시 채권자에 의한 주관적 평가액
이 객관적 평가액보다 큰 경우에는 주관적 평가액을 기준으로 청산금을 지급해야 한다($\binom{법\ 제}{9조}$).
한편 채권자가 통지한 주관적 평가액이 객관적 평가액보다 적더라도 채무자가 그 평가액에 동
의했다면 채권자가 지급해야 할 청산금은 채권자가 통지한 금액으로 확정된다($\binom{대판\ 2008.4.11,\ 2005다}{36618.\ 다만\ 그러한\ 채무}$
$\binom{자의\ 동의로\ 채무자의\ 다른\ 채권자를\ 해하}{면\ 사해행위로\ 취소될\ 수도\ 있을\ 것이다}$).

㉰ 청산금의 청구권자는 채무자 또는 목적부동산의 물상보증인, 제3취득자와 후순위권리자
이며, 담보가등기 후에 성립한 대항력 있는 임차권자도 청산금범위 내에서 보증금반환청구가
가능하다.

㉱ 청산금채무의 발생시기는 청산기간의 만료시이며($\binom{법\ 제}{7조}$), 청산금의 지급과 가등기에 기한
본등기 및 목적물인도의무는 동시이행관계에 있다($\binom{법\ 제4조}{제3항}$).

㉲ 청산금의 지급방법은 원칙적으로 일반적인 채무변제에서와 같다. 다만 청산금채권이 압

류 또는 가압류된 경우, 채권자는 청산기간이 경과한 후 청산금을 채무이행지 관할의 지방법원 또는 지원에 공탁하여 그 범위 내에서 채무를 면할 수 있고, 이를 공탁한 경우 채무자등과 압류 또는 가압류채권자에게 지체 없이 공탁의 통지를 해야 한다(법 제8조 제1항, 제4항).

㉫ 청산금의 지급에 관하여 위에 반하는 특약으로 채무자 등에게 불리한 것은 그 효력이 없다(법 제4조 제4항).

### (라) 본등기에 의한 소유권의 취득

#### 1) 소유권의 취득

㉮ 2월의 청산기간이 경과하면 가등기담보권자는 채무자 등을 상대로 하여 목적부동산에 관하여 그 가등기에 기한 소유권이전의 본등기청구권을 행사할 수 있고(법 제4조 제2항 후단), 이에 대해 채무자 등은 청산금지급청구권에 기하여 동시이행의 항변권을 행사할 수 있다(법 제4조 제3항). 가등기담보권자는 청산금의 지급과 상환으로 소유권이전의 본등기를 경료함으로써 담보목적물의 소유권을 취득한다(제186조). 이처럼 가등기담보법은 담보권의 사적 실행에서 채권자가 청산금의 지급 이전에 본등기와 담보목적물의 인도를 받을 수 있다거나 청산기간이나 동시이행관계를 인정하지 아니하는 '처분정산'형의 담보권실행은 허용하지 않는다(대판 2002.4.23, 2001다81856).

㉯ 가등기담보권자가 청산절차를 거치지 않은 채 제소전 화해조서에 기해 경료된 소유권이전의 본등기의 효력은 청산절차를 거치지 않았다는 점에서 가등기담보법을 위반한 것으로 원칙적으로 무효라고 할 것이다. 청산금을 지급하지 않기로 한 당사자의 특약이 있더라도 이는 채무자에게 불리한 특약이어서 무효라고 하면 그 본등기는 여전히 무효일 뿐이고 이른바 약한 의미의 양도담보로서 담보의 목적 내에서는 유효하다고 할 것이 아니다(대판 2002.12.10, 2002다42001). 다만 사후적으로 청산절차를 거치게 되면(청산금의 지급 또는 지급할 청산금이 없는 경우에는 통지받은 후 2개월의 청산기간의 도과) 실체관계에 부합하는 등기로서 유효한 등기가 될 수 있다(대판 2017.5.17, 2017다202296).

---

**사례 10** A는 2022.2.14. 그 소유의 X부동산에 B에 대한 3억 원의 대여금채무의 담보로 B 명의의 가등기를 설정하였다. 그 후 A와 B는 X부동산의 자산관리공사의 감정가액(4억 5천만 원)에서 대여금 3억 원을 공제한 1억 5천만 원 중 1억 원을 B가 지급하면 A가 소유권이전등기를 하며, 나머지 5천만 원의 정산금은 이후에 지급하는 조건으로 정산합의를 하였다. 이에 따라 A는 정산금 1억 원을 지급받고, B 앞으로 소유권이전등기를 마친 후 나머지 5천만 원도 지급을 받았다. B 명의의 소유권이전등기는 유효한가? (대판 2002.12.10, 2002다42001 참조)

**해설 10** B 명의의 소유권이전등기는 유효하다.

이 사안에서 정산합의는 가등기담보권의 사적 실행에 있어서 채권자가 청산금의 지급 이전에 본등기와 담보목적물의 인도를 받을 수 있게 하고, 청산기간이나 동시이행의 항변권을 인정하지 아니하는 내용으로 가등기담보법 제4조 제2항 및 제3항에 위반하는 특약으로서 채무자 등에게 불리한 것이므로 같은 법 제4조 제4항에 의하여 무효이다. 따라서 정산합의에 기하여 행하여진 본등기도 일단은 원인무효의 등기이다. 다만 A와 B 사이의 정산합의가 가등기담보법 제4조 제4

항에 의하여 무효라고 하더라도, B가 A에게 청산금의 평가액을 1억 5,000만원으로 하여 가등기담보권을 실행할 의사를 표시한 이상 적어도 이는 담보권실행의 통지로서의 효력은 있으므로, 그 통지일로부터 2개월의 청산기간이 경과하고, 1억 5천만 원이 모두 지급되었으며, 위 1억 5천만 원이 정당한 청산금이라고 볼 수 있으니, A가 위 청산금을 모두 지급받은 때에 가등기에 기한 본등기는 실체적 법률관계에 부합하는 유효한 등기가 된다.

**사례 11** A는 B로부터 5억 원을 빌리면서 그 소유의 X토지(시가 8억 원 상당)에 대하여 B에게 담보목적으로 가등기를 설정해 주었다. 대여금의 변제기에 A가 대여금을 변제하지 않자, B는 청산절차를 거치지 않고 가등기에 기한 본등기를 마쳤다.

질문 1) A는 위 X를 C에게 임대하였는데, B는 본등기를 마친 후 A가 C로 하여금 B에게 차임을 지급하도록 하여 B는 C로부터 차임을 지급받았다. 본등기를 마친 B가 C로부터 받은 차임은 위 대여금채무(피담보채무)의 변제에 충당되는가? (대판 2019.6.13, 2018다300661 참조)

질문 2) A가 본등기의 효력을 다투자 B는 A를 상대로 본등기청구소송을 제기하여 법원의 화해권고결정을 받아 그 결정이 확정되었다. B는 위 화해권고결정을 근거하여 위 본등기가 실체관계에 부합한다고 주장할 수 있는가? (대판 2017.8.18, 2016다30296 참조)

**│해설 11│**

질문 1) B가 C로부터 받은 차임은 대여금채무(피담보채무)의 변제에 충당된다.

담보가등기에 기하여 마쳐진 본등기가 무효인 경우, 담보목적 부동산에 대한 소유권은 담보가등기 설정자인 채무자 등에게 있고 소유권의 권능 중 하나인 사용수익권도 당연히 담보가등기 설정자가 보유한다. 따라서 채무자가 자신이 소유하는 담보목적 부동산에 관하여 채권자와 임대차계약을 체결하고 채권자에게 차임을 지급하거나 채무자가 자신과 임대차계약을 체결하고 있는 임차인으로 하여금 채권자에게 차임을 지급하도록 하여 채권자가 차임을 수령하였다면, 채권자와 채무자 사이에 위 차임을 피담보채무의 변제와는 무관한 별개의 것으로 취급하기로 약정하였거나 달리 차임이 피담보채무의 변제에 충당되었다고 보기 어려운 특별한 사정이 없는 한 위 차임은 피담보채무의 변제에 충당된 것으로 보아야 한다.

사안의 경우 B가 X토지에 관하여 가등기에 기하여 본등기를 마쳤더라도 가등기담보법 제3조, 제4조에 정한 절차를 거치지 아니한 이상 그 소유권 내지 사용수익권은 채무자인 A에게 있으므로, 본등기를 마친 이후에 B가 A측 내지 다른 임차인들로부터 지급받은 차임은 그 명목에 상관없이 원칙적으로 피담보채무의 변제에 충당되었다고 보아야 하고, 이와 달리 피담보채무의 변제에 충당되지 않았다고 보기 위해서는, 차임을 피담보채무의 변제와 무관하게 별개로 취급하기로 약정하였거나 차임이 피담보채무의 변제에 충당되었다고 보기 어려운 특별한 사정이 있어야 한다.

질문 2) B는 화해권고결정만으로 본등기가 실체관계에 부합한다고 할 수 없다.

가등기담보법의 규정을 위반하여 무효인 본등기가 마쳐진 후 가등기에 기한 본등기를 이행한다는 내용의 화해권고결정이 확정되었다고 하더라도, 그러한 화해권고결정의 내용이 가등기담보법 제3조, 제4조가 정한 청산절차를 갈음하는 것으로 채무자 등에게 불리하지 않다고 볼 만한 특별한 사정이 없는 한, 위와 같이 확정된 화해권고결정이 있다는 사정만으로는 무효인 본등기가 실체관계에 부합하는 유효한 등기라고 주장할 수 없다. 나아가 그러한 화해권고결정에 기하여 다시 본등기를 마친다고 하더라도 그 본등기는 가등기담보법의 위 각 규정을 위반하여 이루어진 것이어서 여전히 무효라고 할 것이다. 사안에서도 B는 위 화해권고결정이 청산절차를 갈음하는 것으로 채무자 등에게 불리하지 않다고 볼 만한 특별한 사정이 없는 한 무효인 본등기가 실체관계에 부합하는 유효한 등기라고 주장할 수 없다.

### 2) 법정지상권

동일소유자에게 속하던 토지와 그 지상건물 중 어느 하나에 대하여 가등기담보권의 사적 실행에 의하여 본등기가 됨으로써 토지와 건물의 소유자가 다르게 된 경우, 건물의 소유자에게 건물의 소유를 목적으로 토지 위에 지상권이 설정된 것으로 본다. 존속기간 및 지료는 당사자의 청구에 의하여 법원이 정한다($\frac{법 제}{10조}$).

### (마) 채무자 등의 말소청구권

#### 1) 의 의

채무자 등은 청산금채권을 변제받을 때까지 또는 청산금이 없는 경우에는 채권자가 본등기를 할 때까지 채무액(반환시까지의 이자와 지연손해금을 포함한다)을 채권자에게 지급하고, 채권담보의 목적으로 경료된 가등기 또는 소유권이전등기의 말소를 청구할 수 있다($\frac{법 제11}{조 본문}$).

즉, 채무자의 변제의무와 가등기말소절차의 이행은 동시이행의 관계에 있지 않고, 채무자의 변제의무가 가등기말소의무보다 선행한다($\frac{한편 담보권자의 청산금의 지급채무와 담보권설정자의 소유권이전}{등기 및 인도채무는 동시이행의 관계에 있다. 법 제4조 제3항 참조}$).

#### 2) 채무자 등의 말소청구권의 소멸

㉮ 채권자로부터 청산금을 지급받은 경우

㉯ 채무의 변제기로부터 10년이 경과한 경우($\frac{법 제11조}{단서 전단}$)

위 10년의 기간은 제척기간이다. 채무자 등이 위 제척기간이 경과하기 전에 피담보채무를 변제하지 아니한 채 또는 그 변제를 조건으로 담보목적으로 마친 소유권이전등기의 말소를 청구하더라도 이를 제척기간 준수에 필요한 권리의 행사에 해당한다고 볼 수 없다($\frac{대판 2014.8.20.}{2012다47074}$).

㉰ 선의의 제3자가 소유권을 취득한 경우($\frac{법 제11조}{단서 후단}$)

거래의 안전을 도모하기 위해 채권자 명의의 본등기에 선의의 제3자에 대한 공신력을 인정한 것이다. 채무자가 본등기 말소를 청구할 수 없게 된 반사적 효과로 무효인 채권자 명의의 본등기는 등기를 마친 시점으로 소급하여 확정적으로 유효하게 되고, 이러한 본등기에 터잡아 이루어진 등기 역시 소급하여 유효하게 된다. 이때에도 채권자의 채무자 등에 대한 청산금 지급채무는 소멸하지 않는다($\frac{대판 2021.10.28.}{2016다248325}$). 제3자가 악의임을 주장하는 자가 악의에 대한 증명책임을 진다. 위법한 처분행위를 한 채권자는 채무자가 입은 손해를 배상해야 한다. 채무자가 입은 손해는 다른 특별한 사정이 없는 한 채무자가 더이상 소유권이전등기의 말소를 청구할 수 없게 된 때의 담보부동산의 가액에서 그때까지의 채무액을 공제한 금액이다($\frac{대판 2010.8.26.}{2010다27458}$). 이때 채무자가 약정이자 지급을 연체하였다든지 채무자가 채무액을 채권자에게 지급하고 채권담보의 목적으로 마친 소유권이전등기의 말소를 청구할 수 있었다는 사정이나 채권자가 담보부동산을 처분하여 얻은 이익의 크고 작음 등과 같은 사정은 위법한 담보부동산 처분으로 인한 손해배상책임을 제한할 수 있는 사유가 될 수 없다.[1]

선의의 제3자가 저당권 또는 전세권과 같은 제한물권을 취득한 때에도 보호된다. 소유권취득의 경우와 마찬가지로 처분을 신뢰한 상대방은 보호되어야 하기 때문이다(다만 담보권설정자(채무자)의 보호가 약해진다는 점에서 소유권취득의 경우에만 선의 제3자가 보호된다는 견해도 있다).

### (바) 후순위권리자의 보호

가등기담보법은 담보목적물의 후순위권리자 등 이해관계인이 있는 경우 그들의 이익을 보호하기 위해 몇 가지 특칙을 두고 있다. 후순위권리자란 담보가등기 후에 등기된 저당권자, 전세권자 및 가등기담보권자를 말한다($^{법 제2}_{조 5호}$).

#### 1) 후순위권리자 등에 대한 통지

가등기담보법 제3조 제1항에 의한 실행통지가 채무자 등에게 도달하면, 담보권자는 지체없이 후순위권리자에게 그 통지의 사실, 내용 및 도달일을 통지해야 한다($^{법 제6조}_{제1항}$). 또한 대항력 있는 임차인을 포함하여 담보가등기 후 등기한 제3자(예컨대 대항력 있는 임차권자, 지상권자, 보전가등기권자 등)에게도 그 통지의 사실과 채권액을 통지해야 한다($^{법 제6조}_{제2항}$). 이러한 통지의 목적은 이들에게 대위변제에 의해 자신의 권리를 보전하거나 가등기담보법에 의해 인정되는 청산금에 대한 권리행사($^{법 제}_{5조}$) 또는 경매청구권의 행사($^{법 제12조}_{제2항}$) 등의 조치를 취할 기회를 부여하기 위함이다.

#### 2) 청산금에 대한 권리행사

가등기담보권자로부터 위의 통지를 받은 후순위권리자는 청산금의 지급이 있을 때까지 그 순위에 따라 채무자 등이 지급받을 청산금에 대하여 그 권리를 행사할 수 있다($^{동법}_{5조}$). 후순위권리자의 권리행사(압류 또는 가압류)가 있으면, 가등기담보권자는 청산금을 공탁할 수 있다($^{동법}_{8조}$). 또한 담보가등기 후에 대항력을 취득한 임차권자는 청산금의 범위 내에서 목적물의 인도와 동시이행으로 임차보증금에 상당하는 청산금의 지급을 청구할 수 있다($^{동법 제5}_{조 제5항}$).

#### 3) 청산금에 대한 처분 제한

청산기간 경과 전에 채무자가 청산금에 관한 권리를 양도 기타 처분하는 경우 후순위권리자에게 대항할 수 없다($^{법 제7조}_{제1항}$). 청산기간 경과 전이나 후순위권리자에 대한 통지 전에 채권자가 청산금을 지급한 경우에도 같다($^{법 제7조}_{제2항}$). 청산금에 관한 권리의 처분 또는 지급을 금지하는 목

---

1) 가등기담보법이 사적 실행방법으로서 '처분정산'형의 담보권실행을 허용하지 않고 이에 위반한 담보권실행의 효력을 부정하는 것은 기본적으로 경제적 약자인 채무자의 보호를 위한 것인데 채권자가 담보목적부동산을 처분함으로 인하여 손해배상책임을 지게 된 것이며, 채권자로서는 담보목적부동산 처분에 이르기까지 약정 이자 및 지연손해금을 담보목적부동산의 가액에서 공제받음으로써 여전히 약정 이익을 누리기 때문이다.

적은 후순위권리자의 권리행사에 실효성을 확보하기 위함이다. 이러한 채권자의 변제금지 효력은 후순위권리자에게만 적용되는 상대적 효력만 있다(대판 2002.12.10, 2002다42001). 따라서 후순위권리자는 청산금채권이 아직 소멸하지 않은 것으로 보고 채권자에게 직접 권리를 행사할 수 있고, 후순위권리자가 채권자에게 청산금지급을 청구하게 되면 채권자로서는 청산금의 이중지급의 책임을 면할 수 없다는 취지일 뿐, 후순위권리자가 존재한다는 사유만으로 채무자에게 담보권의 실행을 거부할 권원을 부여하는 것은 아니다(대판 1996.7.12, 96다17776).

### 4) 후순위권리자의 공적 실행의 신청

채권자의 청산금 평가액에 대해 이의가 있는 후순위권리자는 청산기간 내에 자신의 채권의 변제기 도래 전이라도 경매를 신청하여 가등기담보권자의 사적 실행을 저지할 수 있다(법 제12조 제2항).

> **사례 12** A는 2022.2.13. 그 소유의 X부동산을 대출채무에 대한 담보로 B에게 가등기를 설정하고, 곧이어 C에게도 가등기를 설정하였다. 그런데 A가 B에게 대출채무를 변제하지 않자, B는 X부동산에 대한 청산금 평가를 통지하고, 2개월의 청산기간을 도과한 후 그 청산금을 지급하고 A로부터 소유권이전등기를 마쳤다. 그런데 A는 B가 청산금지급 전 후순위권리자인 C에게 그 사실을 통지하지 않았으므로, B 명의의 소유권이전등기는 무효라고 주장한다. A의 주장은 타당한가?
>
> (대판 2002.12.10, 2002다42001 참조)
>
> **┃해설 12┃** A의 주장은 타당하지 않다.
>
> 가등기담보권자인 채권자가 청산기간이 경과하기 전 또는 가등기담보법 제6조 제1항에 의하여 채무자에게 청산통지를 하였다는 사실 등을 후순위권리자에게 통지하지 아니하고, 채무자에게 청산금을 지급한 경우에는 이로써 후순위권리자에게 대항할 수 없는 것이나, 이러한 채권자의 변제 제한의 효력은 후순위권리자에게만 적용되는 상대적인 것이므로, 후순위권리자는 청산금채권이 아직 소멸하지 않은 것으로 보고 채권자에게 직접 권리를 행사할 수 있고 후순위권리자가 채권자에게 청산금을 지급하여 줄 것을 청구하게 되면 채권자로서는 청산금의 이중 지급의 책임을 면할 수 없다는 취지일 뿐이지, 후순위권리자가 존재한다는 사유만으로 채무자에게 담보권의 실행을 거부할 권원을 부여하는 것은 아니라고 할 것이다. 따라서 B 명의의 소유권이전등기는 유효하고, 담보권실행의 통지를 받지 못한 후순위권리자 C가 존재한다고 하여 이와 달리 볼 것은 아니다.

## (3) 경매에 의한 공적 실행

담보권자는 앞서 본 사적 실행방법 외에 목적부동산의 경매를 법원에 신청하여 목적부동산의 매각대금에서 피담보채권의 만족을 얻는 방법으로 실행을 할 수 있다(법 제12조 제1항 전문). 이 경우 경매에서 가등기담보권은 저당권으로 보기 때문에(법 제12조 제1항 후문) 담보권자는 민사집행법 제264조 이하의 담보권실행경매절차에 따라 담보권을 실행한다.

### 3. 경매에서 가등기담보권자의 배당참가

(1) 가등기담보물에 대하여 제3자가 신청한 경매가 진행되는 경우, 가등기담보권자는 그 배당에 참가하여 우선변제를 받을 수 있다. 이 때 가등기담보권은 그 순위에 관하여 저당권으로 본다($\binom{법\ 제13조,}{제15조}$).

(2) 가등기담보법은 소유권이전에 관한 가등기가 되어 있는 부동산에 대한 경매의 개시결정이 있는 경우, 경매법원은 가등기권리자에게 그 가등기가 담보가등기라면 그 내용 및 채권(이자 기타의 부수채권을 포함한다)의 존부, 원인 및 수액을, 담보가등기가 아니라면 그 내용을 신고할 것을 상당한 기간을 정하여 최고하도록 규정하고 있다($\binom{법\ 제16}{조\ 제1항}$). 또한 압류등기 전에 경료된 담보가등기가 매각에 의하여 소멸하는 경우, 담보권자가 법원이 정한 기간 내에 피담보채권을 신고한 경우에 한하여 매각대금의 배당 또는 변제금의 교부를 받을 수 있다고 규정한다($\binom{법\ 제16}{조\ 제2항}$). 법원이 정한 기간 내에 담보권자가 채권신고를 하지 않은 경우 배당받을 수 없다($\binom{대판\ 2008.9.11,}{2007다25278}$). 이는 등기부상의 기재만으로는 가등기가 담보가등기인지 보전가등기인지 구별하기 어렵기 때문이다($\binom{그러나\ 학설상으로는\ 배당요구종기까지\ 채권신}{고를\ 하면\ 배당을\ 받을\ 수\ 있다는\ 견해도\ 있다}$).

(3) 담보가등기가 경료된 부동산이 경매 등에 의해 매각된 경우, 가등기담보권은 그 부동산의 매각에 의해 소멸한다($\binom{법\ 제}{15조}$).

## IV. 가등기담보권의 소멸

### 1. 일반적인 소멸원인

가등기담보권은 물권 일반에 공통된 소멸원인 및 담보물권에 공통된 소멸원인에 의해 소멸함은 물론 경매, 제3취득자의 변제 등에 의해 소멸한다.

### 2. 가등기담보권 특유의 소멸사유

가등기담보권은 그 담보권의 실행이 종료되거나 다른 경매절차에서 우선변제권을 행사함으로써 소멸한다. 그 밖에 가등기담보법 제11조에 의한 채무자등의 말소청구권의 행사에 의해, 또한 동조 단서의 사유, 즉 채무의 변제기가 지난 때부터 10년이 지나거나 선의의 제3자가 소유권을 취득한 경우에도 가등기담보권은 소멸한다. 경매절차에서 매수인이 매각대금을 지급하여 소유권을 취득하였다면 가등기담보권은 소멸하므로($\binom{법\ 제}{15조}$), 경매 후에 가등기에 기하여 이루어진 본등기는 무효등기가 되며, 그 본등기가 종전 소유자와의 대물변제의 합의에 의하여 이루어진 것이라고 하여도, 이는 소유권을 매수인이 취득한 후에 무효인 가등기를 유용하는 것에 해당하여 무효가 된다($\binom{대판\ 1994.4.12,}{93다52853}$).

## V. 가등기담보법이 적용되지 않는 가등기담보

### 1. 의    의

가등기담보법은 피담보채무가 소비대차 또는 준소비대차에 기한 차용금반환채무이어야 하고($_{1조}^{법제}$), 담보계약 당시의 담보목적물의 가액이 피담보채무의 원리금을 넘어야 하고, 담보계약에 기하여 담보의 목적으로 가등기를 마친 경우($_{1조}^{법제}$)에 적용된다. 따라서 가등기담보의 적용요건을 갖추지 못한 가등기담보는 종래의 판례법리에 의해야 한다. 이를 가등기담보법이 적용되지 않는 가등기담보라고 한다.

종래의 판례는 가담법이 적용되지 않는 가등기담보의 유효성을 인정하고 있다($_{91다35175}^{대판 1992.1.21.}$).

### 2. 성    립

가등기담보법이 적용되는 가등기담보와 마찬가지로 가등기담보권자와 설정자 사이의 담보계약과 가등기에 의해 성립한다. 가등기담보가 설정되려면 그 목적이 가등기가 가능한 것이어야 한다. 따라서 선박 등과 같은 동산에 대해서도 가등기담보를 설정할 수 있고, 지상권이나 전세권, 임차권과 같은 부동산에 관한 권리도 가등기를 할 수 있는 이상 가등기담보의 목적이 될 수 있다.

### 3. 가등기담보권의 실행

(1) 가등기담보권자는 피담보채무의 불이행이 있으면 가등기담보의 실행으로 가등기에 기하여 본등기를 청구할 수 있고, 가등기에 기한 본등기는 본등기가 피담보채무에 갈음하여 한 것이라는 유담보 약정에 기한 것이 아닌 한, 청산절차를 예정한, 약한 의미의 양도담보로서의 효력만 갖는다($_{93다7334}^{대판 1993.6.22.}$). 따라서 채무자 또는 설정자는 본등기가 행해진 후에도 채권자가 청산절차를 마치기 전에는 피담보채무를 변제하고 채권자에 대하여 가등기 및 본등기의 말소를 청구할 수 있다($_{91다35175}^{대판 1992.1.21.}$). 다만 유담보 약정이 있는 경우 가등기에 기한 본등기청구는 그 자체로 담보권의 종국적 실행으로서의 의미를 갖는다.

(2) 가등기와 본등기 사이에 중간처분등기가 있는 경우, 가등기에 기한 본등기로 인해서 그 중간처분등기는 본등기와 동시에 직권말소되고, 중간처분등기에 의한 이해관계자는 물상대위 등에 의한 경우를 제외하면, 본등기를 마친 가등기담보권자에게 그 권리를 주장할 수 없다.

한편, 가등기담보법의 적용을 받지 않는 가등기담보는 다른 법률에서 정함이 없는 한 가등기담보법에서 인정하는 가등기담보권자의 경매청구권, 경매절차에서의 우선변제권이 인정되지 않으므로, 경매절차에서 소멸하지 않는다.

### 4. 가등기담보의 소멸

가등기담보는 피담보채무의 변제로 소멸한다.

## 제3절 양도담보

## Ⅰ. 개 설

### 1. 의 의

(1) 양도담보란 채권을 담보하기 위하여 채무자 또는 제3자(물상보증인)가 먼저 목적물의 소유권을 채권자에게 이전한 다음, 채무자의 채무이행시에는 목적물의 소유권을 원소유자에게 반환하고, 채무불이행시에는 그 목적물의 소유권을 확정적으로 채권자가 취득하거나 그 목적물로부터 우선변제를 받는 소유권이전형의 비전형담보를 말한다. 이와 같은 양도담보에는 가등기담보법이 적용되는 양도담보와 가등기담보법이 아니라 기존의 양도담보법리가 적용되는 양도담보가 있다. 그런데 후술하는 바와 같이 가등기담보법이 적용되는 양도담보는 가등기담보와 달리 그 적용범위가 제한적이므로, 이하에서는 가등기담보법이 적용되지 않는 양도담보를 중심으로 살펴보고, 가등기담보가 적용되는 양도담보는 Ⅳ.에서 별도로 살펴본다.

(2) 가등기담보법이 적용되지 않는 양도담보에는 이 법이 제정되기 전에 판례가 취한 양도담보의 법리가 적용된다. 판례는 양도담보에 신탁적 소유권 이전설을 취하고 있다. 그러나 가등기담보법이 적용되는 양도담보는 담보물권으로 보는 것이 타당하다. 가등기담보법은 가등기와

소유권이전등기가 가능함을 전제로 하므로 담보물이 동산 등의 경우에는 가등기담보법의 적용
이 배제된다. 또한 소비대차계약 또는 준소비대차계약에 기한 채권 이외의 채권(⑩ 매매대금 또
는 도급계약상의 보수채권)을 담보하기 위한 양도담보의 경우에도 그 담보물이 동산, 부동산 등
인지를 불문하고, 가등기담보법이 적용되지 않는다. 또한 부동산 양도담보라도 양도 당시 부동
산의 가액이 차용액 및 이자의 합산액을 초과하지 않는 경우에도 가등기담보법이 아니라 양도
담보법리가 적용된다.

## 2. 유   형

가등기담보법이 적용되지 않는 양도담보는 담보제공자가 자금을 조달하는 방법에 따라 매매
의 형식을 이용하는 매도담보와 소비대차의 형식을 이용하는 좁은 의미의 양도담보로 분류할
수 있고, 후자는 다시 채권자의 청산의무의 유무에 따라 청산의무를 부담하지 않는 강한 의미
(유담보형)의 양도담보와 청산의무를 부담하는 약한 의미의 양도담보로 분류할 수 있다. 강한
의미의 양도담보인지, 아니면 약한 의미의 양도담보인지를 일차적으로 담보계약 당사자의 의사
해석에 달려있다. 대법원은 특별한 사정이 없는 한 약한 의미의 양도담보계약이 체결되었다고
본다($\binom{대판\ 1998.4.10,}{97다4005}$).

## 3. 기   능

양도담보의 긍정적 기능으로는 동산저당의 가능성확보, 형성중인 재산권(콘도사용권, 골프회
원권, 아파트 입주권 등)의 담보가능, 우선변제절차의 간이화(경매에 의하지 않은 재산의 처분가능)
등이 있지만, 부정적 기능으로는 채권자의 폭리수단으로 악용되고, 채권자가 담보물의 소유권
을 이전받기 위하여 채무자의 이행행위를 방해할 가능성이 있다.

# Ⅱ. 양도담보의 법적 구성

## 1. 서   설

양도담보의 법적 구성과 관련해서는 양도담보가 채권담보를 목적으로 소유권이전의 형식을
취하고 있기 때문에 그 목적에 중점을 둔다면 담보물권설을 취하게 되고, 형식에 중점을 둔다
면 신탁적 소유권이전설을 취하게 된다. 그런데 양도담보의 법적 구성에 관한 논의가 가등기담
보법의 제정을 계기로 바뀌었다.

## 2. 양도담보의 법적 구성에 관한 학설과 판례

### (1) 가등기담보법 제정 이전의 학설

가등기담보법 제정 이전의 다수설인 신탁적 소유권이전설은 양도담보를 채권담보의 목적을 갖는 신탁적 소유권이전으로 파악하였다. 이에 따라 담보권자는 목적물의 (대외적) 소유권을 취득하고, 그 소유권을 담보의 목적범위 내에서만 행사해야 할 채권적 의무를 부담하지만, 목적물을 제3자에게 처분하면 제3자는 선·악의를 불문하고 완전한 소유권을 취득하는 반면 양도담보권자와 담보제공자 사이의 내부적 관계에서는 소유권이 담보제공자에게 있는 것으로 보았다.

반면 소수설로 양도담보권자가 피담보채무의 변제를 해제조건으로 목적물에 대한 소유권을 취득한다는 해제조건부 소유권이전설과 채권자가 소유권을 취득하는 것이 아니라 양도담보권이라는 사적 실행이 보장된 저당권을 취득한다는 담보물권설이 주장되었다.

### (2) 가등기담보법 제정 이후의 학설

가등가담보법 제정 이후에는 적어도 동법에 기한 담보가등기권의 법적 성질을 특수한 담보권으로 파악하는 견해가 통설이다. 반면 소수설로 신탁적 소유권이전설이 여전히 주장되고 있다.

### (3) 판 례

판례는 가등기담보법이 적용되지 않는 양도담보에 대해서만큼은 소유권이전이라는 형식을 중시하는 신탁적 소유권이전설을 원칙적인 입장으로 채택하고 있지만<sup>(대판 1995.7.25, 94다46428; 대판 2005.2.18, 2004다37430)</sup>, 필요한 범위 내에서 채권의 담보라는 실질을 중시하여 담보권적 성질을 인정하기도 한다<sup>(대판 2009. 11.26, 2006 다37106)</sup>.

---

**사례 13** A는 B에 대하여 Y도자기를 구입하고 아직 대금을 지급하지 않고 있는 상태에서 그 채무를 담보하기 위하여 그 소유의 X부동산에 대해 B 앞으로 가등기를 마쳤다. 그 후 A가 채무를 이행하지 아니하자 B는 아무런 청산절차를 거치지 않은 채 가등기에 기한 소유권이전의 본등기를 마쳤다. 그런데 담보부동산의 시가 상당액이 피담보채권의 원리금 등을 충당하고도 상당부분 차액이 존재한다. (대판 2005.7.15, 2003다46963 참조)

질문 1) 이 경우에 A는 B에게 채무를 변제하고 B 앞으로 마쳐진 이전등기의 말소를 청구할 수 있는가?

질문 2) B가 위 사실을 모두 알고 있는 C에게 X를 매도하고 C가 이전등기를 마친 경우라면, A는 B에게 피담보채권을 변제하고 C 앞으로 마쳐진 이전등기의 말소를 청구할 수 있는가?

**│해설 13│**

해설 1) 이전등기의 말소를 청구할 수 있다.

채권자가 채권담보의 목적으로 부동산에 가등기를 경료하였다가 그 후 변제기까지 변제를 받지 못하게 되어 위 가등기에 기한 소유권이전의 본등기를 경료한 경우에는 당사자들 사이에 채무자가 변제기에 피담보채무를 변제하지 아니하면 채권채무관계는 소멸하고 부동산의 소유권이 확정적으로 채권자에게 귀속된다는 명시의 특약이 없는 한, 그 본등기도 채권담보의 목적으로 경료된 것으로서 정산절차를 예정하고 있는 이른바 '약한 의미의 양도담보'가 된 것으로 보아야 한다. 가담법이 적용되지 않는 약한 의미의 양도담보의 경우에도 채무의 변제기가 도과된 이후라 할지라도 채권자 B가 그 담보권을 실행하여 정산을 하기 전에는 채무자 A는 언제든지 채무(반환시까지의 이자와 지연손해금을 포함한다)를 변제하고 그 채무담보목적의 등기의 말소를 구할 수 있다.

**해설 2) 말소를 청구할 수 없다.**

B가 가등기에 기한 본등기를 마친 경우, 이는 가담법이 적용되지 않는 양도담보가 된다. 특별한 사정이 없는 한, B가 정산절차를 거치기 전이라면 A는 피담보채권을 변제하고 B 앞으로 마쳐진 등기의 말소를 구할 수 있으나, 사안의 경우처럼 C에게 등기를 이전한 경우에는 말소를 주장할 수 없다. 왜냐하면 가담법이 적용되지 않는 경우에 양도담보권자인 B에게 신탁적으로 소유권이 이전되어(신탁적 소유권 이전설) 대외적으로 B는 처분권한이 있는자에 해당하므로, C 앞으로 마쳐진 등기는 C의 선의·악의를 불문하고 유효하다. 따라서 A는 C에게 등기의 말소를 주장할 수 없다.

## Ⅲ. 양도담보권의 설정과 이전

### 1. 양도담보설정계약

(1) 양도담보는 채권자와 채무자 또는 제3자(물상보증인) 사이의 설정계약에 의해 성립한다. 양도담보설정계약은 피담보채권을 발생시키는 계약의 종된 계약으로 양도담보의 설정, 채무불이행시 채권만족방법 등에 관한 사항을 포함한다.

(2) 집합동산에 대해서도 양도담보를 설정할 수 있다. 양도담보의 목적물은 보통 동산이나 부동산이지만, 양도할 수 있는 재산권이면 제한이 없다. 일정한 창고 내의 상품과 같이 증감변동하는 상품들도 특정할 수 있다면, 유동집합물로서 양도담보의 목적이 될 수 있다.

(가) 특히 유동집합동산에 양도담보를 설정하는 경우(유동집합동산양도담보), 담보목적물을 특정하는 것이 중요하다. 양도담보설정계약에서 양도담보의 효력이 미치는 범위를 명시하여 제3자에게 불측의 손해를 입지 않도록 해야 하고 또 권리관계를 미리 명확히 하여 집행절차가 부당히 지연되지 않을 수 있기 때문이다. 특정을 위해서는 담보목적물은 담보설정자의 다른 물건과 구별될 수 있도록 그 종류, 소재하는 장소 또는 수량의 지정 등의 방법에 의하여 외부적·객관적으로 특정되어 있어야 한다(대판 1990.12.26, 88다카20224).

목적물의 특정 여부 및 목적물의 범위는 목적물의 종류, 장소, 수량 등에 관한 계약의 전체적 내용, 계약 당사자의 의사, 목적물 자체가 갖는 유기적 결합의 정도, 목적물의 성질, 담보물

관리와 이용방법 등 여러 가지 사정을 종합하여 구체적으로 판단해야 한다($^{대판\ 2003.3.14,}_{2002다72385}$). 예컨대 'A돈사 안에 있는 돼지 600마리 중 2/3'라는 표시는 특정된 것으로 볼 수 없다.

(나) 돈사에서 대량으로 사육되는 돼지를 집합물에 대한 양도담보의 목적물로 삼은 경우에는 그 돼지들은 번식, 사망, 판매, 구입 등의 요인에 의해 증감 변동하리라는 점이 당연히 예상되는 것이고, 이에 따라 양도담보설정자로서는 통상적으로 허용되는 범위 내에서 양도담보 목적물인 돼지를 처분할 수도 있고, 또 그 처분수익금으로 새로운 돼지를 구입할 수도 있다. 이 때 새로 반입되는 돼지에 대하여 별도의 양도담보계약을 맺거나 점유개정의 표시를 하지 않더라도 자동적으로 양도담보권의 효력이 미친다.

결국 양도담보권의 효력은 농장 내에 있던 돼지들 및 통상적인 양돈방식에 따라 그 돼지들을 사육·관리하면서 돼지를 출하하여 얻은 수익으로 새로 구입하거나 그 돼지와 교환한 돼지 또는 그 돼지로부터 출산시켜 얻은 새끼돼지에 한하여 미친다($^{대판\ 2004.11.12,}_{2004다22858}$). 반면 양도담보 설정자가 별도 자금으로 구입하여 반입한 돼지에는 양도담보권이 미치지 않는다.

그러나 집합동산이지만 '유동'집합동산이 아닌 것으로 해석되는 경우에는 증가한 새끼돼지에는 양도담보의 효력이 미치지 않는다. 계약서에 열거된 돼지의 종류와 수량에 한정된 집합동산의 양도담보가 설정되었다면 이는 더이상 유동적인 집합동산이 아니다. 따라서 양도담보목적물로서 원물인 돼지가 출산한 새끼돼지는 천연과실에 해당하고, 그 천연과실의 수취권은 원물인 돼지의 사용수익권을 갖는 양도담보설정자에게 귀속되는 것이므로, 특별한 약정이 없는 한 천연과실인 새끼돼지에 대하여는 양도담보의 효력이 미치지 않는다($^{대판\ 1996.9.10,}_{96다25463}$). 천연과실의 귀속에 대해서는 저당권 규정($^{제359}_{조}$)이 유추적용되어야 하므로 목적물이 아직 압류되지 않은 경우에는 담보권의 효력이 미치지 않는다.

(3) 양도담보의 피담보채권은 금전채권에 한하지 않고, 장래의 특정채권이나 장래의 다수의 불특정채권도 상관없다. 다만 소비대차 또는 준소비대차계약에 기한 채권이면 가등기담보법이 적용된다.

(4) 양도담보의 설정은 목적물에 대한 처분행위이므로 양도담보설정자가 소유권 등의 처분권한이 없으면 양도담보권자는 그 권리를 취득할 수 없다($^{대판\ 2022.1.27,}_{2019다295568}$). 채무에 대한 담보로 채무자가 그 소유의 동산을 채권자에게 양도하되 점유개정에 의하여 채무자가 이를 계속 점유하기로 한 경우, 특별한 사정이 없는 한 동산의 소유권은 신탁적으로 이전된 것으로 본다. 따라서 채권자와 채무자 사이의 대내적 관계에는 채무자가 소유권을 보유하나, 대외적인 관계에 있어서 채무자는 동산의 소유권을 이미 채권자에게 양도한 무권리자가 되는 것이어서 다시 다른 채권자와 사이에 양도담보 설정계약을 체결하고 점유개정의 방법으로 인도를 하더라도 선의취득이 인정되지 않는 한 나중에 설정계약을 체결한 채권자는 양도담보권을 취득할 수 없다. 그런데 대부분의 양도담보계약은 점유개정의 방법으로 동산소유권을 이전하는 것을 예정하고, 점유개정으로는 선의취득이 인정되지 않으므로 뒤에 양도담보계약을 체결한 자가 점유개정의 방법으로 이를 선의취득하는 것은 불가능하다($^{대판\ 2004.6.25,}_{2004도1751}$).

**사례 14** A는 2017.7.29. B와 사이에 B에 대한 금 6,000만원의 대여금채무를 담보하기 위하여 돈사에 있던 A 소유의 돼지(연령 1년 6개월 된 웅돈 10두, 1년 된 모돈 90두, 2개월 된 자돈 280두, 3개월 이상 된 육성돈 300두)의 소유권을 B에게 양도하되, 위 돼지는 점유개정의 방법으로 A가 계속하여 점유, 관리, 사육하기로 하는 양도담보계약을 체결하고, A가 양도담보목적물인 돼지를 점유하는 동안 이를 무상으로 사용·수익하기로 약정하였다. 한편 C는 2018.7.27. A를 상대로 한 물품대금 사건의 집행력 있는 판결정본에 기하여 위 돈사에 있던 A 소유의 돼지(웅돈 5두, 모돈 60두, 자돈 250두, 육성돈 450두)에 대해 압류집행을 하였다. 그런데 C가 압류집행한 돼지는 B에게 양도담보한 웅돈 및 모돈의 일부 및 위 모돈이 출산한 새끼 돼지가 성장한 자돈 및 육성돈이었다. 이에 B는 모돈이 출산한 새끼 돼지는 그 모돈의 천연과실로서 그 소유권은 특별한 사정이 없는 한 원물인 모돈의 소유자에게 귀속하므로 양도담보로 제공된 모돈으로부터 출산된 새끼 돼지가 성장한 자돈 및 육성돈에게도 양도담보의 효력은 미치는가? (대판 1996.9.10. 96다25463 참조)

**해설 14** 양도담보의 효력이 미치지 않는다.

일반적으로 물건을 양도담보의 목적으로 양도한 경우 특별한 사정이 없는 한 목적물에 대한 사용수익권은 양도담보설정자에게 있고, 사안에서 양도담보목적물인 돼지를 점유하는 동안 이를 양도담보설정자인 A가 무상으로 사용·수익하기로 약정한 이상 양도담보목적물로서 원물인 돼지가 출산한 새끼 돼지는 천연과실에 해당하고 그 천연과실의 수취권은 원물인 돼지의 사용수익권을 가지는 양도담보설정자인 A에게 귀속되는 것이므로, 특별한 약정이 없는 한 천연과실인 위 새끼 돼지에 대하여는 양도담보의 효력이 미치지 않는다.

**사례 15** A는 2015.10.10. B와 사이에 이미 공급받은 사료대금과 앞으로 공급할 사료대금 합계 3억 원을 담보하기 위하여, 당시 A가 사육하고 있던 ○○농장 내의 돼지 전체인 돼지 3,000두의 소유권을 매매대금 3억 원으로 정하여 B에게 양도하되 점유개정의 방법으로 인도하고 "A가 돼지를 계속 점유·관리하면서 B의 승낙을 얻어 처분하여 그 대금으로 사료대금을 변제하며, 항상 3,000두를 유지하기"로 하는 내용의 양도담보계약을 체결하였다. 그런데 그 후 A는 자금사정이 악화되자 2016.12.1. 위와 같은 사실을 알고 있는 C에게 ○○농장에서 사육하고 있던 돼지 전체인 3,000두를 대금 3억 원에 매도하고, C는 ○○농장의 돈사를 임차하여 여전히 같은 장소에서 돼지를 사육하다가 일부를 처분하고 남은 돼지 770두에 2017.12.27. D로부터 돼지 840두를 1억 1,500만 원(이 자금은 A가 자신의 부동산을 처분하여 마련함)에 매수하여 위 770두와 함께 사육하고 있다. 그 후 C는 위 돼지들의 자돈을 키우고 일부를 처분하기도 하고 새로운 돼지를 구입하기도 하는 일을 반복하여 현재 ○○농장에서는 3,000두 이상의 돼지가 사육되고 있다. B는 A가 사료대금을 지급하지 않자 C에게 양도담보권의 실행을 위해 양도담보물의 인도를 구한다.
C가 사육 중인 돼지들 중 B의 양도담보권의 효력이 미치는 범위는 어디까지인가?

(대판 2004.11.12. 2004다22858 참조)

**해설 15** C가 D로부터 구입한 돼지에는 양도담보권의 효력이 미치지 않는다.

A와 B가 체결한 양도담보계약은 '유동집합물에 대한 양도담보계약'에 해당하는 것인 바, 사안과 같이 돈사에서 대량으로 사육하는 돼지를 집합물에 대한 양도담보의 목적물로 삼은 경우에 그

> 돼지는 번식, 사망, 판매, 구입 등의 요인에 의하여 증감 변동하게 마련인데, 양도담보권자인 B가 그 때마다 별도의 양도담보권설정계약을 맺거나 점유개정의 표시를 하지 아니하였더라도 하나의 집합물로서 동일성을 잃지 아니한 채 양도담보권의 효력은 항상 현재의 집합물 위에 미치게 되며, C가 선의취득의 요건을 갖추지 못한 채 이러한 양도담보의 목적물인 돼지를 양수한 이상 그 양도담보권의 부담을 그대로 인수하게 된다. 그러나 이 사건 양도담보권의 효력은 C가 애초에 양수한 ○○농장 내에 있던 돼지들 및 통상적인 양돈방식에 따라 그 돼지들을 사육·관리하면서 돼지를 출하하여 얻은 수익으로 새로 구입하거나 그 돼지와 교환한 돼지 또는 그 돼지로부터 출산시켜 얻은 새끼돼지에 한하여 미치는 것이지 C가 별도의 자금을 투입하여 반입한 돼지가 있다면 그 돼지에는 미치지 않는다.

### 2. 공시방법

(1) 목적물이 동산인 경우 동산의 인도가 있어야 한다. 점유개정의 방법에 의한 것도 가능하다.

(2) 목적물이 부동산인 경우 보통은 매매를 원인으로 하는 소유권이전등기를 한다. 따라서 피담보채권에 관한 사항이 등기에 기재되지 않는다.

(3) 양도담보의 목적이 채권 기타 재산권인 경우 그 권리이전에 필요한 요건 및 대항요건이 필요하다.

### 3. 양도담보권의 이전

양도담보권자는 양도담보권을 양도할 수 있지만, 수반성에 따라 피담보채권과 함께 양도해야 한다. 따라서 채권양도의 요건도 갖추어야 한다.

## Ⅳ. 양도담보권의 효력

> 1. 효력이 미치는 범위
>    (1) 피담보채권의 범위
>    (2) 목적물의 범위
>    (3) 불가분성과 물상대위성
> 2. 대내적 효력
>    (1) 목적물의 이용관계
>
> (2) 양도담보권자와 양도담보설정자의 의무
> 3. 대외적 효력
>    (1) 소유권의 귀속
>    (2) 담보목적물의 처분
>    (3) 일반채권자와의 관계
>    (4) 제3자에 의한 침해

### 1. 효력이 미치는 범위

#### (1) 피담보채권의 범위

피담보채권의 범위에 대해 저당권에 관한 제360조가 준용된다(대판 1992.5.12, 90다8855).

### (2) 목적물의 범위

목적물의 범위는 설정계약에 의하지만, 저당권과 마찬가지로 부합물과 종물에 관해서는 제358조와 제359조가 유추된다. 다만 원칙적으로 담보제공자가 목적물을 사용, 수익할 권리를 가지므로 별도의 특약이 없는 한 과실은 담보목적물에 포함되지 않는다.

### (3) 불가분성과 물상대위성

판례는 양도담보권자의 물상대위성을 인정하여 양도담보권자는 양도담보목적물이 소실되어 양도담보설정자가 보험회사에 대해 화재보험계약에 따른 보험금청구권을 취득한 경우, 담보물의 가치변형물인 화재보험금청구권에 대해 양도담보권에 기한 물상대위권을 행사할 수 있다고 한다($^{대판\ 2009.11.26,}_{2006다37106}$). 그런데 이 경우에는 지급 또는 인도 전에 압류가 필요하다. 왜냐하면 양도담보권자가 양도담보물의 형식상 소유자이지만 화재보험금청구권의 귀속자가 아니기 때문이다. 또한 동산 양도담보권자가 물상대위권 행사로 양도담보설정자의 화재보험금청구권에 대하여 압류 및 추심명령을 얻어 추심권을 행사하는 경우, 특별한 사정이 없는 한 제3채무자인 보험회사는 양도담보 설정 후 취득한 양도담보 설정자에 대한 별개의 채권을 가지고 상계로써 양도담보권자에게 대항할 수 없다($^{대판\ 2014.9.25,}_{2012다58609}$).

생각건대 판례와 같이 양도담보의 법적 성질을 신탁적 소유권이전으로 보면 물상대위가 인정될 수 없다. 이에 따르면 담보권자는 목적물의 소유권자이므로 자기소유물인 담보물의 멸실 또는 훼손시 그 가치변형물은 당연히 담보권자에게 귀속되어야 하기 때문이다(그러나 화재보험계약에서 보험금청구권은 담보권설정자에게 귀속된다는 점에서 양도담보권자의 물상대위권을 인정해야 할 실익이 있다).

---

**사례 16** A는 B와 사이에 그 소유의 기계(동산)에 대한 화재보험계약을 체결하였다. 그 후 A는 C에게 그 소유의 기계를 점유개정의 방법으로 양도담보로 제공하였다. 그런데 화재로 기계가 전소된 경우, C는 A의 화재보험금청구권에 대해 물상대위를 할 수 있는가?

(대판 2009.11.26, 2006다37106 참조)

**해설 16** C는 A의 화재보험금청구권에 대해 물상대위를 할 수 있다.

동산에 대하여 양도담보를 설정한 경우 채무자는 담보의 목적으로 그 소유의 동산을 채권자에게 양도해 주되 점유개정에 의하여 이를 계속 점유하지만, 채무자가 위 채무를 불이행하면 채권자는 담보목적물인 동산을 사적으로 타에 처분하거나 스스로 취득한 후 정산하는 방법으로 이를 환가하여 우선변제받음으로써 위 양도담보권을 실행하게 된다. 채무자가 채권자에게 위 동산의 소유권을 이전하는 이유는 채권자가 양도담보권을 실행할 때까지 스스로 담보물의 가치를 보존할 수 있도록 함으로써 만약 채무자가 채무를 이행하지 않더라도 채권자가 양도받았던 담보물을 환가하여 우선변제받는 데에 지장이 없도록 하기 위한 것이다. 이와 같이 담보물의 교환가치를 취득하는 것을 목적으로 하는 양도담보권의 성격에 비추어 보면, 양도담보로 제공된 목적물이 멸실, 훼손됨에 따라 양도담보 설정자와 제3자 사이에 교환가치에 대한 배상 또는 보상 등의 법률관계가 발생되는 경우에도 그로 인하여 양도담보 설정자가 받을 금전 기타 물건에 대하여 담보적 효력이 미친다고 보아야 할 것이다.

따라서, 양도담보권자는 양도담보 목적물이 소실되어 양도담보 설정자가 보험회사에 대하여 화재보험계약에 따른 보험금청구권을 취득한 경우에도 담보물 가치의 변형물인 위 화재보험금청구권에 대하여 양도담보권에 기한 물상대위권을 행사할 수 있다.

## 2. 대내적 효력

### (1) 목적물의 이용관계

### (가) 양도담보설정자의 담보목적물에 대한 사용 · 수익권

1) 양도담보목적물의 사용 · 수익권은 양도담보설정자에게 있다. 즉 일반적으로 부동산을 채권담보의 목적으로 양도한 경우 특별한 사정이 없는 한 목적부동산에 대한 사용수익권은 채무자인 양도담보설정자에게 있는 것이므로 양도담보설정자와 양도담보권자 사이에 양도담보권자가 목적물을 사용 · 수익하기로 하는 약정이 없는 이상 목적부동산을 임대할 권한은 양도담보설정자에게 있다$\left(\substack{\text{대판 1988.11.22.}\\87\text{다카}2555}\right)$. 따라서 양도담보권자는 사용 · 수익할 수 있는 정당한 권한이 있는 채무자 또는 채무자로부터 그 사용 · 수익할 수 있는 권한을 승계한 자에 대하여, 사용 · 수익을 하지 못한 것을 이유로 임료 상당의 손해배상이나 부당이득반환청구를 할 수 없다$\left(\substack{\text{대판 2008.}\\2.28, 2007\\\text{다}37394.\\37400}\right)$. 또한 양도담보의 목적인 동산이 일정한 토지 위에 설치되어 있어 그 토지의 점유 · 사용이 문제된 경우에는 특별한 사정이 없는 한 양도담보설정자가 그 토지를 점유 · 사용하고 있는 것으로 보아야 한다$\left(\substack{\text{대판 2018.5.30,}\\2018\text{다}201429}\right)$.

**사례 17** B는 2007.7.27. C로부터 2억 원을 빌렸다가, 이후 C와 치어양식판매업체인 'Y수산'을 공동경영하기로 하고 동업약정을 하고, C는 2011.2.20. A로부터 그 소유의 X토지를 임차하고, B는 그 지상에 수조식 육상종묘배양장 시설(이하 '이 사건 시설물'이라 한다)을 설치하였다. B와 C의 동업관계가 분쟁으로 2013.8.경 종료되자 A는 2014.2.10. C에게 위 임대차계약의 갱신을 거절하고, 2014.8.11. C에게 2014.8. 말까지 X토지에 있는 이 사건 시설물의 철거를 통지하였다. 한편, B와 C 사이에 2015.3.27. "C는 대여금 2억 원을 B로부터 모두 지급받을 때까지 양도담보 형식으로 이 사건 시설물의 소유권을 보유하고, B는 그 기간 동안 이 사건 시설물을 점유 · 관리 · 수익하며, 위 돈의 지급을 완료한 때 B는 이 사건 시설물의 소유권을 취득한다"는 내용으로 화해계약이 성립하였다. 이때 A는 B와 C 중 누구를 상대로 위 화해계약의 성립 이후 법률상 원인 없는 X토지의 사용에 대한 부당이득반환청구를 하여야 하는가?                                    (대판 2018.5.30, 2018다201429 참조)

│**해설 17**│ 양도담보 설정자인 B를 상대로 부당이득반환청구를 하여야 한다.

양도담보설정자가 채권을 담보하기 위하여 그 소유의 동산을 채권자에게 양도한 경우 반대의 특약이 없는 한 양도담보설정자가 그 동산에 대한 사용 · 수익권을 가진다. 따라서 그 동산이 일정

> 한 토지 위에 설치되어 있어 그 토지의 점유·사용이 문제된 경우에는 특별한 사정이 없는 한 양도담보설정자가 그 토지를 점유·사용하고 있는 것으로 보아야 한다.
> 사안의 경우 2015.3.27. 이 사건 관련 화해를 통해서 B가 자신의 채무를 담보하기 위해서 이 사건 시설물을 C에게 양도하면서 양도담보 기간 동안 이 사건 시설물에 대한 사용·수익권을 갖고 있었던 이상, 양도담보설정자인 B가 이 사건 시설물이 설치된 X토지를 점유·사용하고 있다고 보아야 하고, 채권자인 C가 X토지를 점유·사용하고 있다고 볼 수 없다.

2) 양도담보설정자의 사용·수익권의 법적 구성에 관하여 학설상 이를 사용대차(원본채권이 무이자부인 경우) 또는 임대차(원본채권이 이자부인 경우)관계로 이해하는 견해와 담보물권만을 설정한 것이므로 소유권에 기한 이용권으로 이해하는 견해 등으로 나뉜다. 다만 이를 임대차에 준하는 관계로 이해하더라도 차임의 미지급을 이유로 임대차계약을 해지할 수 있는지와 관련해서는 부정적으로 새기는 것이 일반적이다. 생각건대 신탁적 소유권이전설을 취하면 소유자인 양도담보권자가 그 설정자에게 이용권을 주는 사용대차 또는 임대차로 보아야 할 것이다.

### (나) 양도담보권자의 인도청구권

양도담보설정자는 적법하게 담보목적물을 점유할 권리를 갖기 때문에 양도담보권자는 담보설정자 또는 그로부터 용익권 등을 설정받은 제3자에게 소유물반환청구권을 행사할 수 없다. 다만 피담보채무의 이행지체가 성립한 경우, 담보권 실행을 위한 환가절차의 일환으로 담보목적물을 점유하는 양도담보설정자 또는 그로부터 적법하게 점유를 이전받은 제3자에 대해 인도청구를 할 수 있다(대판 2002.1.11, 2001다48347). 이 때 양도담보설정자 등이 인도를 거부하는 경우 담보권실행의 방해를 이유로 손해배상청구를 할 수 있지만, 그럼에도 양도담보권자에게는 목적부동산에 대한 사용·수익권이 없으므로 차임 상당의 손해배상을 청구할 수는 없다(대판 1979.10.30, 79다1545).

### (2) 양도담보권자와 양도담보설정자의 의무

양도담보권자는 담보의 목적을 초과하여 취득한 권리를 행사하여서는 안 될 의무를 부담한다. 이를 위반하여 담보목적물을 처분한 경우 의무위반에 따른 손해배상의무를 부담한다.

양도담보설정자는 양도담보권자가 담보목적을 달성할 수 있도록 목적물을 보관해야 한다. 이를 위반하여 목적물의 멸실, 훼손 등으로 담보물의 가치를 훼손한 경우 손해배상의무, 기한이익의 상실, 담보물보충청구권 등의 효과가 발생한다.

## 3. 대외적 효력

### (1) 소유권의 귀속

판례는 신탁적 소유권이전설의 견해를 취하므로 양도담보권자는 양도담보설정자를 제외한 제3자에 대한 관계에서 담보목적물의 소유자임을 주장하여 권리를 행사할 수 있다(대판 1994.8.26, 93다44739).

반면 담보권설은 양도담보설정자가 담보목적물의 소유권을 갖는다고 한다.

### (2) 담보목적물의 처분

### (가) 양도담보권자의 처분

신탁적 소유권이전설에 의하면 원래 양도담보권자가 채권의 담보를 목적으로 소유권이전등기를 경료받은 경우, 채무자가 변제기에 피담보채무를 변제하지 아니하면 채권채무관계는 소멸하고 부동산의 소유권은 확정적으로 채권자에게 귀속한다는 명시의 특약이 없는 한 정산절차를 예정한 약한 의미의 양도담보이므로 변제기가 도과된 후 채권자가 담보권을 실행하여 소유권의 확정적으로 취득하기 위해서는 소유권이전등기만으로는 부족하고 담보부동산을 적정한 가격으로 평가한 후 그 대금으로 피담보채권의 원리금에 충당하고 나머지 금원을 반환하거나 평가금액이 피담보채권액에 미달하는 경우에 그와 같은 내용을 채무자에게 통지하는 등의 정산절차를 마쳐야 한다(대판 2005.7.15, 2003다46963. 이 판결은 가등기담보법이 시행되기 전에 채권자가 채권담보의 목적으로 부동산에 가등기를 경료한 후 변제기까지 변제를 받지 못하자 위 가등기에 기한 소유권이전의 본등기를 경료한 경우에 관한 것임). 그러나 양도담보권자가 담보목적물을 제3자에게 처분한 경우, 양수인은 피담보채무의 변제기 도래 전·후, 양도인의 정산절차의 준수여부, 양수인의 선·악의를 불문하고 소유권을 취득한다(대판 1992.12.8, 92다35066). 다만 담보권설은 양도담보권자는 처분권한이 없기 때문에 그 처분행위는 무효이지만, 가등기담보법 제11조 단서의 유추에 의해 선의의 양수인은 확정적으로 소유권을 취득할 수 있고, 반면, 양수인이 악의인 경우 양도담보설정자는 담보권자의 처분 무효를 주장하여 양수인 명의의 소유권이전등기의 말소를 청구할 수 있다고 한다.

> **사례 18** A는 그 소유의 X부동산을 매매대금채권자 B에게 담보로 제공하기로 하고, 소유권이전등기를 마쳤다. 그 후 B는 청산절차를 거치지 않은 채 C에게 X부동산을 매도하고, 소유권이전등기를 마쳤다. 이 경우 C는 X부동산의 소유권을 취득하는가?　　　(대판 1992.12.8, 92다35066 참조)
>
> **│해설 18│** C는 X부동산의 소유권을 취득한다.
> X부동산에 관한, B 명의의 소유권이전등기는 담보목적 범위 내에서 유효하고, 담보권자인 B로부터 X부동산을 매수한 C는 그 소유권을 확정적으로 취득한다.

### (나) 양도담보설정자의 처분

### 1) 부동산의 경우

신탁적 소유권이전설에 의하면 양도담보설정자에게 처분권한이 없기 때문에 제3자에게 처분을 할 수 없다. 그런데 채무의 담보를 위하여 채무자가 자기의 비용과 노력으로 신축하는 건물의 건축허가 명의를 채권자 명의로 했다면 이는 완성될 건물을 양도담보로 제공하기로 하는 담보권 설정 합의로 인정된다. 이 때 채무자인 양도담보설정자가 신축건물을 타에 처분하여 그 대금으로 채무변제에 충당하기로 약정하고, 그 약정에 기하여 신축건물의 처분행위가 이루어졌다면, 신축건물에 관한 채권자인 양도담보권자의 담보권은 이미 실행되어 소멸된 것으로 보거나 담보권 주장을 포기한 것으로 볼 여지가 있다. 따라서 채권자인 양도담보권자는 채무자인 양도담보설정자 또는 제3자를 상대로 인도청구를 할 수 없지만, 그 약정이 신축건물의 처분 이전에 실효되거나 해제되었다면 채권자인 양도담보권자가 인도청구를 할 수 있다($\frac{대판\ 2002.1.11,}{2001다48347}$). 반면 담보권설에서는 양도담보설정자에게 처분권한이 있지만, 양도담보권자의 명의로 소유권이전등기가 되어 있어 현실적인 처분이 곤란하다.

---

**사례 19** A는 그 소유의 토지를 건축업자인 B에게 매도하면서, 그 매매대금채권의 담보로 B가 위 토지 위에 신축하는 건물의 건축허가 명의를 A 앞으로 하기로 약정하였다. B는 C에게 건물을 분양한 후, 건물이 완공되자 A 명의로 소유권보존등기를 마쳤다. 이 경우 C는 B를 대위하여 A에게 분양받은 건물의 소유권이전등기를 청구할 수 있는가? (대판 2002.7.12, 2002다19254 참조)

**해설 19** C는 A에게 분양받은 건물의 소유권이전등기를 청구할 수 없다.

대지 소유자가 건축업자에게 대지를 매도하고 건축업자는 대지 소유자 명의로 건축허가를 받았다면, 이는 완성될 건물을 대지 매매대금의 담보로 제공키로 하는 합의로서 법률행위에 의한 담보물권의 설정에 다름 아니어서, 완성된 건물의 소유권은 일단 이를 건축한 채무자가 원시적으로 취득한 후 대지 소유자 명의로 소유권보존등기를 마침으로써 담보목적의 범위 내에서 대지 소유자에게 그 소유권이 이전된다. 그 경우 건축업자가 건물을 타에 분양하였다 할지라도 그 후 대지 소유자 명의로 건물에 대한 소유권보존등기가 경료된 경우에는, 건축업자가 담보물인 위 건물을 타에 분양하고 그 분양대금 중 일부로 매매대금을 대지 소유자에게 지급하기로 약정하는 등 건축업자가 건물을 타에 분양하는 것을 대지 소유자가 허용한 경우가 아닌 한, 건축업자의 분양 등 처분행위는 대지 소유자의 담보권에 반한다. 따라서 건축업자로부터 건물을 분양받고 소유권이전등기를 경료받지 못한 자는 그보다 앞서 건물에 관하여 담보 목적으로 소유권보존등기를 경료한 대지 소유자에 대하여 분양을 이유로 한 소유권이전등기를 구할 수 없다. 사안에서 매매대금채권자이자 대지 소유자인 A 명의로의 소유권보존등기를 한 경우, 건물은 원시적으로 건축업자 B가 취득하나, 담보목적의 범위 내에서 A로 소유권이 이전되고, 건물분양에 대하여 A로부터 승낙을 받지 않고, B가 C에게 분양을 한 경우에 해당하므로, 대지소유자인 A에게 건물의 소유권이전등기를 청구할 수 없다.

---

**사례 20** A는 그 소유의 토지를 건축업자인 B에게 매도하면서, 그 매매대금채권의 담보로 B가 위 토지 위에 신축하는 건물의 건축허가 명의를 A 앞으로 한 후 건물을 제3자에게 매각 또는 임대하여 그 대금으로 매매대금을 지급하기로 약정하였다. B는 C에게 건물을 임대한 후, 건물이 완공되자 A 명의로 건물소유권보존등기를 마쳤다. 그 후 C는 건물에 입주하고 전입신고를 마쳤다. B가 매매대금의 지급을 지체하자, A는 담보권실행의 일환으로 C를 상대로 건물의 인도를 구한다. 이에 C는 자신이 주택임대차보호법상 대항력 있는 임차인이므로 그 이행을 거절할 수 있다고 주장한다. C의 주장은 타당한가? (대판 2001.1.5, 2000다47682 참조)

**|해설 20|** C의 주장은 타당하지 않다.

채무의 담보를 위하여 채무자가 자기의 비용과 노력으로 신축하는 건물의 건축허가 명의를 채권자 명의로 하였다면 이는 완성될 건물을 양도담보로 제공하기로 하는 담보권 설정의 합의로서, 완성된 건물에 관하여 자신 명의로 소유권보존등기를 마친 채권자는 채무자가 변제기를 도과하여 피담보채무의 이행지체에 빠졌을 때에는 담보계약에 의하여 취득한 목적 부동산의 처분권을 행사하기 위한 환가절차의 일환으로서 즉 담보권의 실행으로서 채무자에 대하여 그 건물의 인도를 구할 수 있고, 제3자가 채무자로부터 적법하게 건물의 점유를 이전받아 있는 경우에는 그 제3자를 상대로 인도청구를 할 수도 있으며, 여기의 제3자에는 담보권 설정 후에 대항요건을 갖춘 주택임차인도 당연히 포함된다. 즉 대항요건을 갖춘 주택임차인이라고 하더라도 그에 앞서 담보권을 취득한 담보권자에게는 대항할 수 없고, 그러한 경우에는 그 주택임차인은 그 담보권에 기한 환가절차에서 당해 주택을 취득하는 취득자에 대하여도 자신의 임차권을 주장할 수 없다. (다만 건물을 제3자에게 매각 또는 임대하여 그 대금으로 매매대금에 충당하기로 하는 약정에 기하여 이 사건 임대차가 이루어졌다면, 이 사건 건물에 관한 반소원고의 담보권은 이미 실행되어 소멸된 것으로 보거나, 반소원고인 A가 그 부분에 한하여 담보권 주장을 포기한 것으로 볼 여지가 있다.) 사안에서 A 명의로 보존등기가 마쳐진 이후 C가 전입신고를 하였기에, C는 그에 앞서 담보권을 취득한 A에게 대항할 수 없다.

### 2) 동산의 경우

신탁적 소유권이전설에 의하면 양도담보설정자에게 처분권이 없어 제3자에 대한 처분도 유효하지 않지만, 선의취득의 요건을 갖춘 경우 양수인이 소유권을 취득할 수 있다. 점유개정에 의해서는 선의취득이 인정되지 않는다는 점에 주의해야 한다. 그러나 담보물권설은 양도담보설정자에게 처분권이 있기 때문에 제3자는 양도담보권부 소유권을 취득하며, 양도담보권자는 제3자에 대하여 추급권을 행사할 수 있다고 한다.

### (3) 일반채권자와의 관계

### (가) 양도담보권자의 일반채권자와 양도담보설정자와의 관계

### 1) 일반채권자의 강제집행

신탁적 소유권이전설에 의하면 양도담보권자의 일반채권자가 담보목적물에 강제집행을 하여 압류한 경우 양도담보설정자는 제3자이의의 소($\binom{민사집행}{법 제48조}$)를 제기할 수 없다. 양도담보권자가 담보목적물의 소유자이기 때문이다. 반면 담보물권설은 양도담보설정자는 제3자이의의 소를 제기할 수 있다고 한다.

### 2) 양도담보권자의 파산 또는 회생절차 개시

신탁적 소유권이전설에 의하면 양도담보권자가 파산한 경우 양도담보설정자는 소유자가 아니므로 환취권($\binom{채무자회생}{법 제407조}$)을 행사할 수 없다. 반면 담보물권설에서는 양도담보설정자는 소유권자로서 피담보채권의 변제 후 목적물의 환취가 가능하다고 한다. 양도담보권자에 대한 회생절차가 개시된 경우 파산의 경우와 동일하다.

**(나) 양도담보설정자의 일반채권자와 양도담보권자와의 관계**

**1) 일반채권자의 강제집행**

신탁적 소유권이전설에 의하면 양도담보설정자의 일반채권자가 담보목적물인 동산을 강제집행하여 압류한 경우(부동산의 경우 양도담보권자 명의로 등기되어 있어 압류가 불가능하다$\binom{민사집행법}{제81조\ 참조}$) 양도담보권자는 제3자이의의 소를 제기할 수 있다$\binom{대판\ 1994.8.26,}{93다44739}$. 그런데 집행채무자의 소유가 아닌 경우에도 강제집행절차에서 그 유체동산을 매수하여 매각대금을 납부하고 이를 인도받은 자는 특별한 사정이 없는 한 그 소유권을 선의취득하므로, 양도담보권자가 그 동산의 소유권을 상실하게 된 경우, 그 결과 일반채권자가 채무자 아닌 제3자 소유의 담보목적물에 대한 매각대금을 배당받음으로써 법률상 원인 없이 이득을 얻고 그로 인하여 양도담보권자는 손해를 입었다고 할 것이므로, 일반채권자는 양도담보권자에게 이를 부당이득으로서 반환할 의무가 있다$\binom{대판\ 1997.6.27,}{96다51332}$. 다만 담보물권설에서 양도담보권자는 제3자이의의 소를 제기할 수 없다.

> **사례 21** A가 그 소유의 기계(동산)에 대하여 B에게 점유개정의 방법으로 양도담보를 설정하였다. 그런데 A의 채권자 C가 양도담보목적물인 기계에 대하여 동산압류집행을 한다. 이에 B는 제3자이의를 할 수 있는가? (대판 1994.8.26, 93다44739 참조)
>
> **|해설 21|** B는 제3자이의의 소를 제기할 수 있다.
> 기계(동산)에 관하여 양도담보계약이 이루어지고 B가 점유개정의 방법으로 인도를 받았다면 그 청산절차를 마치기 전이라 하더라도 담보목적물에 대한 사용수익권은 없지만 제3자에 대한 관계에 있어서는 그 물건의 소유자임을 주장하고 그 권리를 행사할 수 있다. 따라서 강제집행의 목적물에 관한 양도담보권자인 B는 강제집행을 한 C에 대하여 그 소유권을 주장하여 제3자이의의 소를 제기함으로써 그 강제집행의 배제를 구할 수 있다.

**2) 양도담보설정자의 파산 또는 회생절차 개시**

양도담보설정자가 파산 또는 회생절차에서 신탁적 소유권이전설에 의하면 양도담보권자에게 환취권이 인정되어야 하겠지만, 채무자 회생 및 파산에 관한 법률 제411조는 양도담보권을 담보물권으로 취급하여 별제권으로만 인정한다.

**(4) 제3자에 의한 침해**

**(가) 물권적 청구권**

신탁적 소유권이전설에서는 제3자가 담보목적물을 침탈한 경우 양도담보권자에게 소유권에 기한 물권적 청구권, 양도담보설정자에게 담보목적물을 점유하는 경우에 점유보호청구권을 인정한다. 반면 담보권설에서는 양도담보권자에게는 양도담보권에 기한, 양도담보설정자에게는 소유권에 기한 반환청구와 방해제거청구권을 인정한다.

판례는 부동산의 양도담보권설정자는 그 부동산의 등기명의가 양도담보권자 앞으로 되어있다 할지라도 그 부동산의 불법점유자인 제3자에 대하여는 그 실질적 소유자임을 주장하여 불법점유의 상태의 배제권을 행사할 수 있다고 한다(대판 1988.4.25, 87다카2696). 이 판결은 담보권설에 의할 때에만 설명될 수 있다.

### (나) 손해배상청구권

제3자가 담보목적물을 멸실·훼손한 경우, 신탁적 소유권이전설에서는 양도담보권자는 소유자로서 소유권침해를 이유로 손해배상청구가 가능하나, 양도담보설정자는 기대권 내지 채권침해의 성부에 따라 달라진다. 반면 담보물권설에서는 양도담보권자는 저당권침해의 경우에 준하고, 양도담보설정자는 소유자이므로 양자 모두 손해배상청구가 가능하다.

## V. 양도담보권의 실행

### 1. 양도담보권 실행의 요건

양도담보권자가 양도담보권을 실행하기 위해서는 피담보채권의 변제기가 경과하여 채무자가 이행지체에 빠져야 한다.

### 2. 양도담보권의 실행방법

#### (1) 양도담보권의 사적 실행

(가) 양도담보권의 실행방법은 당사자의 합의에 맡겨져 있지만, 양도담보는 특별한 사정이 없는 한 정산을 예정한 약한 의미의 양도담보로 추정한다(대판 1995.2.17, 94다38113). 따라서 통상 피담보채권의 변제기 도래 후 양도담보권자가 환가절차의 일환으로 양도담보설정자 또는 그로부터 적법하게 담보목적물을 점유하는 제3자로부터 목적물을 인도받아 이를 정당하게 평가한 다음, 제3자에게 처분하여 그 처분대금에서 우선변제를 받거나(처분정산) 양도담보권자가 담보목적물의 소유권을 취득한 후(귀속정산) 그 피담보채권액과의 잔액이 있으면 이를 양도담보설정자에게 반환하는 방법으로 한다(참고로 담보가등기의 경우에는 사적 실행방법의 하나인 처분정산이 인정되지 않는다는 점에서 양도담보와 다르다).

(나) 정산절차로서 담보물의 적정한 평가, 평가대금으로 피담보채권의 원리금 충당, 청산금의 반환 또는 청산금이 존재하지 않는다는 통지를 해야 한다(대판 2005.7.15, 2003다46963).

## (2) 양도담보권의 공적 실행

(가) 동산을 목적으로 하는 유동집합물 양도담보설정계약을 체결함과 동시에 채무불이행시 강제집행을 수락하는 공정증서를 작성한 경우, 양도담보권자는 그 집행증서에 기하지 아니하고 양도담보계약내용에 따라 이를 사적 실행의 방법으로 현금화할 수도 있지만, 집행증서에 기하여 담보목적물을 압류하고 강제경매를 실시하는 방법으로 현금화할 수 있다(대판 2005.2.18, 2004다37430).

(나) 후자의 방식에 의하여 강제경매를 실시하는 경우, 이는 형식상 강제집행이지만, 그 실질은 일반 강제집행절차가 아니라 동산양도담보권의 실행을 위한 환가절차이다. 따라서 그 압류절차에 압류를 경합한 양도담보설정자의 다른 채권자는 양도담보권자에 대한 관계에서 압류경합권자나 배당요구권자로 인정될 수 없다. 따라서 환가로 인한 매득금에서 환가비용을 공제한 잔액은 양도담보권자의 채권변제에 우선적으로 충당해야 하고(대판 1999.9.7, 98다47283), 양도담보권자와 압류경합자 사이에서 각 채권액에 따라 안분비례로 배당할 것은 아니다(대판 1994.5.13, 93다21910).

(다) 집행증서를 소지한 동산양도담보권자는 특별한 사정이 없는 한 양도담보권자인 지위에 기초하여 제3자 이의의 소에 의하여 목적물건에 대한 양도담보권설정자의 일반채권자가 한 강제집행의 배제를 구할 수 있으나(대판 1994.8.26, 93다44739), 그와 같은 방법에 의하지 아니하고 집행증서에 의한 담보목적물에 대한 이중 압류의 방법으로 배당절차에 참가하여 선행한 동산압류에 의하여 압류가 경합된 양도담보권설정자의 일반채권자에 우선하여 배당을 받을 수도 있다(대판 2004.12.24, 2004다45943).

## VI. 양도담보의 소멸

양도담보권은 물권 일반에 공통된 소멸원인 및 담보물권에 공통된 소멸원인에 의해 소멸함은 물론 경매, 제3취득자의 변제 등에 의해서도 소멸한다.

사례 22 A는 그 소유의 농장에서 돼지를 사육 중인 바, B로부터 공급받거나 받을 사료대금채권에 대한 담보로 B에게 농장의 돼지에 관하여 점유개정의 방법으로 양도담보를 설정하면서, 동시에 A의 채무불이행 시 강제집행을 수락하는 공정증서를 B에게 작성해 주었다. 그런데 B가 농장의 돼지에 대한 유체동산집행을 신청하자, A의 채권자 C도 농장의 돼지에 대해 압류를 신청한 바, 이 경우, B는 C보다 우선변제를 받을 수 있는가?                (대판 2005.2.18, 2004다37430 참조)

|해설 22| B는 C보다 우선변제를 받을 수 있다.

동산을 목적으로 하는 유동 집합물 양도담보설정계약을 체결함과 동시에 채무불이행시 강제집행을 수락하는 공정증서를 작성한 경우, 양도담보권자로서는 그 집행증서에 기하지 아니하고 양도담보계약내용에 따라 이를 사적으로 타에 처분하거나 스스로 취득한 후 정산하는 방법으로 현금화할 수도 있지만, 집행증서에 기하여 담보목적물을 압류하고 강제경매를 실시하는 방법으로

현금화할 수도 있는데, 만약 후자의 방식에 의하여 강제경매를 실시하는 경우, 이러한 방법에 의한 경매절차는 형식상은 강제집행이지만, 그 실질은 일반 강제집행절차가 아니라 동산양도담보권의 실행을 위한 환가절차로서 그 압류절차에 압류를 경합한 양도담보설정자의 다른 채권자는 양도담보권자에 대한 관계에서 압류경합권자나 배당요구권자로 인정될 수 없고, 따라서 환가로 인한 매득금에서 환가비용을 공제한 잔액은 양도담보권자의 채권변제에 우선적으로 충당해야 한다. B가 실시한 강제경매신청은, 그 실질은 양도담보권 실행을 위한 환가절차에 해당하고, 따라서 양도담보권설정자의 다른 채권자인 C는 양도담보권자인 B와의 관계에서 압류경합권자 또는 배당요구권자로 인정될 수 없다.

## Ⅶ. 가등기담보법이 적용되는 양도담보

### 1. 의    의

가등기담보법의 적용대상인 양도담보는 ⅰ) 피담보채권이 소비대차계약 또는 준소비대차계약에 기한 채권이어야 하고(제한설), ⅱ) 그 목적물이 소유권이전등기 또는 등록이 가능한 것일 뿐만 아니라, ⅲ) 예약 당시의 담보물의 가액이 차용원리금을 초과하는 것이어야 한다.

양도담보목적으로 소유권이전등기를 받은 담보권자의 법적 지위에 대해서는 가등기담보법에 규정이 없다. 생각건대 양도담보의 경우 담보부동산의 소유권은 담보권설정자에게 있음을 전제로 가등기담보법이 구성되어 있으므로 양도담보권은 담보권으로 보아야 한다.

### 2. 양도담보권의 성립

가등기담보법의 적용을 받는 양도담보의 성립을 위해서는 담보계약과 그에 기한 소유권이전등기 또는 등록이 필요하다. 가등기담보법의 적용대상인 양도담보는 담보목적의 소유권이전등기를 마친 경우라도 청산기간의 경과 후 청산금을 지급하여야만 그 목적물의 소유권을 취득할 수 있다(가등기담보법 제4조 제2항 제1문). 청산금을 지급하기 전의 양도담보권자는 가등기담보권자와 마찬가지로 저당권자에 준하는 지위에 있을 뿐이다.

양도담보권자는 가등기담보권자와 달리, 자기 명의로 소유권이전등기가 되어 있는 목적물에 대해 임의경매를 청구할 수 없다(민사집행법 제81조 제1항 제2호, 제268조). 그러나 담보물에 대해 선순위의 저당권자 등에 의해 개시된 경매절차에서는 우선변제를 받을 수 있다(법 제13조). 양도담보에서는 담보계약과 소유권이전등기가 실행되므로, 가등기담보와 달리 가등기담보법에서 예정한 후순위권리자는 원칙적으로 발생할 수 없다. 양도담보설정자는 등기부상 소유자가 아니므로 담보물에 저당권, 전세권, 가등기담보권을 설정할 수 없다.

### 3. 양도담보권의 실행

(1) 양도담보권자는 청산통지를 하고, 청산기간이 경과한 후 청산금이 있는 경우에는 이를 지급 또는 공탁함으로써, 청산금이 없는 경우에는 청산기간의 경과로 목적물의 소유권을 취득한다. 양도담보권자가 청산금의 지급없이 목적물의 인도를 청구하는 경우, 청산금채권자는 그 채권에 기하여 동시이행의 항변권을 행사할 수 있다($\binom{법 제4조}{제3항}$).

(2) 양도담보의 설정자나 목적물의 제3취득자 또는 채무자는 양도담보권자가 목적물의 소유권을 취득하기 전까지 채무원리금을 변제하여 소유권이전등기의 말소를 청구할 수 있다($\binom{법 제11}{조 본문}$). 채무원리금의 변제는 말소등기의무와 동시이행의 관계에 있는 것이 아니라 선이행관계에 있다($\binom{대판\ 1989.10.13.}{88다가29351}$). 이 경우의 소유권이전등기말소청구권은 통상 소유권에 기한 물권적 청구권의 성격을 가질 것이나, 경우에 따라서는 담보계약에 기한 채권적 청구권의 성격을 가질 수도 있다. 다만 피담보채무의 변제기로부터 10년이 경과한 경우나 선의의 제3자가 소유권을 취득한 경우($\binom{법 제11}{조 단서}$)에는 위 말소청구권의 행사는 제한을 받게 된다. 이 경우 선의의 증명책임은 제3자의 소유권취득을 부인하는 측에서 그 "악의"를 증명하여야 한다.

### 4. 양도담보권의 소멸

앞서 본 바와 같이 청산금의 지급 전에 피담보채무의 변제를 통해 양도담보권은 소멸한다. 또한 양도담보권의 실행으로 청산절차를 마치고 확정적으로 그 목적물의 소유권을 취득하거나 선의의 제3자가 그 목적물의 소유권을 취득하면 양도담보권이 소멸한다.

## 제4절 동산담보와 채권담보

## I. 총 설

### 1. 기존 동산·채권담보제도의 한계

동산·채권에 관한 기존의 담보제도로는 전형담보로서 질권과 비전형담보로서 양도담보가 활용되어 왔지만, 거래계에서 필요한 담보수요를 충족시키지 못하는 한계를 보여왔다. 즉 동산담보의 경우 동산질권은 주로 점유질의 원칙에 의해 질권설정자는 질물을 활용할 방법이 없었고, 동산양도담보는 공시방법의 불충분, 담보가치의 부족 등으로 제대로 활용하기 힘들었다. 또한 채권담보의 경우도 채권질권이나 채권양도담보에서 장래의 다수의 불특정채권을 담보로 활용할 때 장래의 채권이 특정되지 않아 대항요건을 갖추기 어렵고, 이중양도에서 우선순위가 제3채무자에 대한 도달의 선후에 의해 결정됨으로 인해 권리확보가 유동적일 수밖에 없었다.

## 2. 동산·채권 등의 담보에 관한 법률의 제정과 특징

### (1) 동산·채권 등의 담보에 관한 법률의 제정

기존의 동산·채권담보제도의 한계를 극복하고 국제금융거래과정에서 동산·채권담보거래의 수요에 대처하기 위해 2010년 동산·채권 등의 담보에 관한 법률(이하 "동산·채권담보법"이라 한다)이 제정되어 2012.6.11.부터 시행되고 있다.

### (2) 동산·채권담보법의 특징

**(가)** 동산·채권담보법은 등기에 의해 공시되는 동산·채권을 목적으로 하는 새로운 담보권을 창설하기 위하여 제정되었다(동산·채권담보법 제1조). 이와 같이 담보등기라는 새로운 공시방법을 도입하여 동산·채권에 담보권을 설정할 수 있게 되었다. 담보등기란 동산·채권을 담보로 제공하기 위한 등기를 말하고(법 제2조 제7호), 동산담보등기부와 채권담보등기부로 구분된다(법 제2조 제8호). 이러한 담보등기부는 부동산등기부의 물적 편성주의와 달리 인적 편성주의를 취하고 있기 때문에 공시방법으로 충분하지 않다. 따라서 담보권자의 보호를 위해 담보권설정자에게 담보목적물의 명시의무를 부과하고 있다(법 제6조).

**(나)** 동산·채권담보법에서 담보약정이란 양도담보 등 명목을 묻지 않고 동법에 따라 동산·채권을 담보로 제공하기로 하는 약정을 말한다고 규정하고 있는 바(법 제2조 제1호), 이는 담보거래의 형식이 어떠한 것이든 거래계에서 담보거래로 인정되는 것은 동일하게 평가하는 이른바 기능적 접근법을 취한 것으로 평가된다. 따라서 소유권유보부 매매나 금융리스 등과 같은 담보거래에 대해서도 동산·채권담보법이 적용될 수 있다.

**(다)** 동산·채권담보법에 의해 창설된 동산담보권과 채권담보권은 기존의 동산·채권에 관한 담보제도와 선택적인 관계에 있다.

**(라)** 동산·채권담보법은 동산·채권의 담보권설정자가 법인(상사법인, 민법법인, 특별법에 따른 법인, 외국법인을 말한다. 이하 같다) 또는 상업등기법에 상호등기를 한 사람인 경우에만 적용된다(법 제2조 제5호 단서). 다만 담보권설정 후 담보권설정자의 상호등기가 말소된 경우에도 이미 설정된 동산·채권담보권의 효력에는 영향을 미치지 않는다(법 제4조). 이에 반해 동산담보권자의 자격에는 어떤 제한이 없다.

## Ⅱ. 동산담보권

### 1. 동산담보권의 의의

동산담보권이란 담보약정에 따라 동산(여러 개의 동산 또는 장래에 취득할 동산을 포함한다)을 목적으로 등기한 담보권을 말한다($\binom{법 제2조}{제2호}$).

### 2. 동산담보권의 성립

#### (1) 동산담보권의 목적물

(가) 동산담보권의 목적물은 동산이다. 동산에는 집합동산이 포함되고 장래 취득할 동산도 목적물의 종류, 보관장소, 수량을 정하거나 그 밖에 이와 유사한 방법으로 특정될 수 있는 경우에는 동산담보권의 대상이 될 수 있다($\binom{법 제3조}{제2항}$). 등기기록에 종류와 보관장소 외에 중량이 기록되었더라도 당사자가 중량을 지정하여 목적물을 제한하기로 약정하였다는 등 특별한 사정이 없는 한 목적물이 그 중량으로 한정된다고 볼 수 없고 중량은 목적물을 표시하는 데 참고사항으로 기록된 것에 불과하다고 보아야 한다($\binom{대결\ 2021.4.8,}{2020그872}$). 장래 취득할 동산에 대한 동산담보권은 설정자가 그 소유권을 취득하여 이를 특정가능한 상태에 두는 때에 성립한다.

(나) 그러나 선박등기법에 따라 등기된 선박, '자동차 등 특정동산 저당법'에 따라 등록된 건설기계 · 자동차 · 항공기 · 소형선박, '공장 및 광업재단 저당법'에 따라 등기된 기업재산, 그 밖에 다른 법률에 따라 등기되거나 등록된 동산, 화물상환증, 선하증권, 창고증권이 작성된 동산, 무기명채권증서 등 대통령령으로 정하는 증권은 동산담보권의 목적물이 될 수 없다($\binom{법\ 제3}{조\ 제}{3항}$). 위 '자동차 등 특정동산 저당법'에 등록되지 않은 자동차 등에 대해서는 동산 · 채권담보법에 의한 담보등기를 통하여 동산담보권을 설정할 수 있다.

(다) 또한 양도할 수 없는 동산도 동산담보권의 목적물이 될 수 없다.

### (2) 담보약정과 담보등기

(가) 동산담보권의 성립을 위해서는 담보약정과 담보등기를 함으로써 성립한다. 따라서 채권자와 채무자 또는 제3자 사이에 담보약정이 체결되어야 한다$\binom{\text{법 제2조 제}}{\text{1호. 제2호}}$. 이 약정은 피담보채권의 발생을 위한 계약의 종된 계약이다. 동산담보권의 설정은 처분행위이므로 설정자는 목적동산에 대한 처분권을 갖고 있어야 한다. 채권자가 처분권한이 없는 자로부터 선의, 무과실로 동산담보권을 설정받거나 양수한 경우, 담보등기만으로 동산담보권의 선의취득은 인정되지 않는다. 동산·채권담보법에는 동산담보권의 선의취득을 인정한 규정이 없고, 동산담보권에는 점유취득의 요소가 내재되어 있지 않기 때문에 점유취득을 매개로 한 선의취득 규정이 적용 또는 준용되기 어렵다는 점을 고려해 볼 때, 소유자 보호를 위하여 선의취득 규정을 도입하는 등의 입법적 조치가 마련되지 않는 한, 동산담보권의 선의취득 자체가 배제되어야 한다는 견해가 유력하다. 다만 채권자가 동산의 점유를 이전받은 경우(점유개정에 의한 경우는 제외) 기존의 담보권(질권이나 양도담보)을 선의취득할 수는 있다.

(나) 동산담보권은 담보등기를 함으로써 성립한다$\binom{\text{법 제2조 제2호.}}{\text{제7조 제1항}}$. 즉 동산담보등기는 동산담보권의 성립요건이다. 담보등기에 관하여 동산·채권담보법에서 특별한 규정을 두고 있지 않는 경우 그 성질에 반하지 않는 범위 내에서 부동산등기법을 준용한다$\binom{\text{법 제}}{\text{57조}}$.

## 3. 동산담보권의 효력

### (1) 동산담보권의 성질

동산담보권은 채무자 또는 제3자가 제공한 담보목적물에 대해 다른 채권자보다 자기의 채권을 우선변제받는 것을 내용으로 하는 담보물권이다$\binom{\text{법}}{\text{제8조}}$. 따라서 동산담보권은 담보물권으로서의 성질을 갖는다. 즉 부종성$\binom{\text{법 제33조.}}{\text{제369조}}$, 수반성$\binom{\text{법}}{\text{제13조}}$, 불가분성$\binom{\text{법}}{\text{제9조}}$, 물상대위성$\binom{\text{법}}{\text{제14조}}$이 인정된다.

### (2) 동산담보권자의 권리

### (가) 현황조사청구권

동산담보권자는 동산담보설정자에게 담보목적물의 물적 상황에 대한 현황조사를 요구할 수 있고, 담보권설정자는 정당한 사유 없이 담보권자의 담보목적물에 대한 현황조사 요구를 거부할 수 없다. 이 경우 담보목적물의 현황을 조사하기 위하여 약정에 따라 전자적으로 식별할 수 있는 표지를 부착하는 등 필요한 조치를 할 수 있다$\binom{\text{법}}{\text{제17조}}$.

### (나) 담보물보충청구권

동산담보권설정자에게 책임이 있는 사유로 담보목적물의 가액이 현저히 감소된 경우에는 동산담보권자는 담보권설정자에게 그 원상회복 또는 적당한 담보의 제공을 청구할 수 있다$\binom{\text{법 제17}}{\text{조 제2항}}$.

### (다) 물권적 청구권

1) 동산담보권자는 담보목적물을 점유한 자에 대해 동산담보권설정자에게 반환할 것을 청구할 수 있다($\stackrel{\text{법 제19}}{\text{조 제1항}}$). 그러나 동산담보권자가 담보목적물을 점유할 권원이 있거나 담보권설정자가 담보목적물을 반환받을 수 없는 사정이 있는 경우에 동산담보권자는 담보목적물을 점유한 자에 대하여 자신에게 담보목적물을 반환할 것을 청구할 수 있다($\stackrel{\text{법 동조}}{\text{제2항}}$). 다만 점유자가 그 물건을 점유할 권리가 있는 경우에는 반환을 거부할 수 있다($\stackrel{\text{법 동조}}{\text{제3항}}$).

2) 동산담보권자는 동산담보권을 방해하는 자에게 방해의 제거를 청구할 수 있고, 동산담보권을 방해할 우려가 있는 행위를 하는 자에게 방해의 예방이나 손해배상의 담보를 청구할 수 있다($\stackrel{\text{법 제}}{\text{20조}}$).

### (라) 담보목적물의 사용·수익관계 및 유치적 효력

담보목적물의 사용·수익관계는 담보약정에서 정해지지만, 특별한 사정이 없는 한 동산담보권설정자가 담보목적물을 사용·수익할 수 있다고 할 것이다. 당사자 사이의 특약으로 동산담보권자가 담보목적물을 점유하는 경우, 동산담보권자는 선량한 관리자의 주의로 담보목적물을 관리해야 하고($\stackrel{\text{법 제25}}{\text{조 제3항}}$), 피담보채권을 변제받을 때까지 담보목적물을 유치할 수 있다($\stackrel{\text{법 제25조}}{\text{제1항 본문}}$). 다만 선순위권리자에게 대항하지 못한다($\stackrel{\text{법 동조}}{\text{동항 단서}}$). 이 경우에 동산담보권자는 담보목적물의 과실을 수취하여 다른 채권자보다 먼저 그 채권의 변제에 충당할 수 있다($\stackrel{\text{법 동조 제}}{\text{4항 본문}}$). 다만 과실이 금전이 아닌 경우에는 제21조에 따라 과실을 경매하거나 과실로써 직접 변제에 충당하거나 과실을 매각하여 대금으로 변제에 충당할 수 있다($\stackrel{\text{법 동조}}{\text{동항 단서}}$).

## (3) 동산담보권이 미치는 효력

### (가) 피담보채권의 범위

1) 동산담보권은 원본, 이자, 위약금, 담보권실행의 비용, 담보목적물의 보존비용 및 채무불이행 또는 담보목적물의 흠으로 인한 손해배상의 채권을 담보한다. 다만 설정행위에 다른 약정이 있는 경우에는 약정에 따른다($\stackrel{\text{법 제}}{\text{12조}}$). 조건부 채권이나 장래의 채권도 피담보채권이 될 수 있지만, 피담보채권액이 등기사항이므로($\stackrel{\text{법 제47조}}{\text{제2항 제7호}}$) 가액을 환산하여 금액으로 담보등기부에 기재해야 한다.

2) 동산담보권은 담보할 채무의 최고액만을 정하고 채무의 확정을 장래에 보류하여 설정할 수 있다(근담보권). 이 경우 채무가 확정될 때까지 채무의 소멸 또는 이전은 이미 설정된 동산담보권에 영향을 미치지 아니한다($\stackrel{\text{법 제5조}}{\text{제1항}}$). 채무의 이자는 최고액 중에 포함된 것으로 본다($\stackrel{\text{법 동조}}{\text{제2항}}$).

### (나) 목적물의 범위

1) 동산담보권의 효력은 담보목적물에 부합된 물건과 종물에 미친다. 다만 법률에 다른 규정

이 있거나 설정행위에 다른 약정이 있으면 그러하지 아니하다($_{10조}^{법 제}$). 또한 동산담보권의 효력은 담보목적물에 대한 압류 또는 제25조 제2항의 인도청구가 있은 후에 담보권설정자가 그 담보목적물로부터 수취한 과실 또는 수취할 수 있는 과실에 미친다($_{11조}^{법 제}$).

2) 동산담보권은 담보목적물의 매각, 임대, 멸실, 훼손 또는 공용징수 등으로 인하여 담보권설정자가 받을 금전이나 그 밖의 물건에 대하여도 행사할 수 있다. 이 경우 그 지급 또는 인도 전에 압류해야 한다($_{14조}^{법 제}$). 동산담보권의 효력을 강화하기 위해 민법상 질권과 저당권과 달리 매각, 임대로 인한 대위물(매각대금채권, 차임채권)에 대해서도 물상대위를 인정한다. 담보물에 대하여 제3자가 선의취득하게 되면 동산담보권이 소멸하기 때문에 담보설정자기 취득할 담보물매각대금채권에 대해서 물상대위가 인정되어야 한다.

### (4) 우선순위

동일한 동산에 설정된 수개의 동산담보권의 순위는 등기의 순서에 따른다($_{제2항}^{법 제7조}$). 동일한 동산에 관하여 담보등기부의 등기와 다른 담보권설정을 위한 인도(「민법」에 규정된 간이인도, 점유개정, 목적물반환청구권의 양도를 포함한다)가 행하여진 경우에 그에 따른 권리 사이의 순위는 법률에 다른 규정이 없으면 등기와 인도 사이의 선후에 따른다($_{제3항}^{법 동조}$).

동산담보권이 설정된 유체동산에 대하여 다른 채권자의 신청에 의한 강제집행절차가 진행되는 경우 집행관의 압류 전에 등기된 동산담보권을 가진 채권자는 배당요구를 하지 않아도 당연히 배당에 참가할 수 있다($_{2017다263901}^{대판 2022.3.31,}$).

### 4. 동산담보권의 실행

#### (1) 개 관

##### (가) 동산담보권 실행의 방법

동산담보권의 실행은 원칙적으로 민사집행법상 유체동산에 대한 강제집행에 의한 공적 실행에 의하지만($_{1항, 제22조}^{법 제21조 제}$), 예외적으로 귀속청산 또는 처분청산의 방법에 의한 사적 실행에 의할 수 있다($_{조 제2항}^{법 제21}$).

##### (나) 유담보약정

그 외에도 동산담보권자와 담보권설정자는 동산·채권담보법에서 정한 실행절차와 다른 내용의 약정을 할 수 있다($_{제1항 본문}^{법 제31조}$). 다만 제23조 제1항에 따른 통지가 없거나 통지 후 1개월이 지나지 아니한 경우에도 통지 없이 담보권자가 담보목적물을 처분하거나 직접 변제에 충당하기로 하는 약정은 효력이 없고($_{동항 단서}^{법 동조}$), 이러한 약정에 의해 이해관계인의 권리를 침해하지 못한다($_{조 제2항}^{법 제31}$).

### (다) 일반재산에 대한 실행

동산담보권자는 담보목적물로부터 변제를 받지 못한 채권이 있는 경우에만 채무자의 다른 재산으로부터 변제를 받을 수 있다. 다만 담보목적물보다 먼저 다른 재산을 대상으로 하여 배당이 실시되는 경우에는 그렇지 아니하다. 이 경우 다른 채권자는 동산담보권자에게 그 배당금액의 공탁을 청구할 수 있다$\binom{\text{법 제}}{15\text{조}}$.

### (라) 이해관계인의 가처분신청

동산담보권자가 위법하게 동산담보권을 실행하는 경우 이해관계인은 동산담보권설정자의 법인등기 또는 상호등기를 관할하는 법원에 동산·채권담보법 제21조 제2항에 따른 동산담보권 실행의 중지 등 필요한 조치를 명하는 가처분을 신청할 수 있다$\binom{\text{법 제30}}{\text{조 제1항}}$.

## (2) 사적 실행

### (가) 사적 실행의 요건

동산담보권자가 사적 실행을 위해서는 ⅰ) 정당한 이유가 있는 경우로서 ⅱ) 선순위권리자(담보등기부에 등기되어 있거나 담보권자가 알고 있는 경우로 한정한다)가 있는 경우 그의 동의를 받아야만 한다$\binom{\text{법 제21}}{\text{조 제2항}}$.

### (나) 청산절차

#### 1) 실행통지

㉮ 동산담보권자가 귀속청산 또는 처분청산의 방법으로 사적 실행을 하기 위해서는 피담보채권의 변제기 후에 동산담보권 실행의 방법을 채무자 등과 담보권자가 알고 있는 이해관계인에게 통지해야 한다$\binom{\text{법 제23조 제}}{\text{1항 본문 전문}}$. 다만 담보목적물이 멸실 또는 훼손될 염려가 있거나 가치가 급속하게 감소될 우려가 있는 경우에는 실행통지를 하지 않을 수 있다$\binom{\text{법 제23조}}{\text{제1항 단서}}$.

㉯ 통지에는 피담보채권의 금액, 담보목적물의 평가액 또는 예상매각대금, 담보목적물로써 직접 변제에 충당하거나 담보목적물을 매각하려는 이유를 명시해야 한다$\binom{\text{법 제23}}{\text{조 제2항}}$. 담보목적물의 평가액 또는 예상매각대금에서 그 채권액을 뺀 금액이 없다고 인정되는 경우에는 그 뜻을 밝혀야 한다$\binom{\text{법 시행령}}{\text{제3조 제1항}}$. 또한 담보목적물이 여러 개인 경우에는 각 담보목적물의 평가액 또는 예상매각대금에 비례하여 소멸시키려는 채권과 그 비용을 밝혀야 한다$\binom{\text{법 시행령}}{\text{제3조 제2항}}$.

㉰ 동산담보권자의 실행통지는 우편이나 그 밖의 적당한 방식으로 할 수 있는데$\binom{\text{법 시행령}}{\text{제3조 제3항}}$, 담보목적물에 대한 권리자로서 담보등기부에 기록되어 있는 이해관계인에 대한 실행통지는 받을 자의 등기부상의 주소로 할 수 있다$\binom{\text{법 시행령}}{\text{제3조 제4항}}$. 동산담보권자가 과실 없이 채무자 등과 담보권자가 알고 있는 이해관계인의 소재를 알지 못하여 우편 등에 따른 방식으로 통지할 수 없는 경우에는 「민사소송법」의 공시송달에 관한 규정에 따라 통지할 수 있다$\binom{\text{법 시행령}}{\text{제3조 제5항}}$.

### 2) 청산기간의 경과

실행통지가 채무자 등과 담보권자가 알고 있는 이해관계인에게 도달한 날부터 1개월의 청산기간이 지나야 한다($\substack{\text{법 제23조 제} \\ \text{1항 본문 후문}}$). 귀속청산의 경우 청산금을 지급하기 전 또는 청산금이 없는 경우 청산기간이 지나기 전(처분청산의 경우 동산담보권자가 제3자와 매매계약을 체결하기 전)에 담보목적물에 대하여 경매가 개시된 경우에는 동산담보권자는 귀속청산의 절차를 중지해야 한다($\substack{\text{법 제23조 제} \\ \text{5항 1호, 2호}}$).

### 3) 청산금의 지급

동산담보권자는 담보목적물의 평가액 또는 매각대금(이하 "매각대금 등"이라 한다)에서 그 피담보채권액을 뺀 금액(이하 "청산금"이라 한다)을 채무자 등에게 지급해야 한다. 이 경우 담보목적물에 선순위의 동산담보권 등이 있을 때에는 그 채권액을 계산할 때 선순위의 동산담보권 등에 의하여 담보된 채권액을 포함한다($\substack{\text{법 제23조} \\ \text{제3항}}$).

### (다) 사적 실행의 효과

### 1) 담보물의 소유권의 취득

귀속청산의 경우 동산담보권자가 청산금을 채무자 등에게 지급한 때에 담보목적물의 소유권을 취득한다($\substack{\text{법 제23조} \\ \text{제4항}}$). 처분청산의 경우는 물권변동의 원칙에 의해 매수인이 소유권을 취득한다.

### 2) 담보목적물상의 권리에 대한 효과

동산담보권의 사적 실행으로 동산담보권자나 매수인이 담보목적물의 소유권을 취득하면 그 담보권자의 권리와 그에 대항할 수 없는 권리는 소멸한다($\substack{\text{법 제} \\ \text{24조}}$). 즉 동산담보권자보다 선순위의 권리는 동산담보권자와 매수인이 인수하여 부담한다. 따라서 선순위의 권리는 청산금을 산정할 때 피담보채권에 포함시켜야 한다.

### (라) 채무자 등의 담보등기의 말소청구권

채무자 등은 귀속청산의 경우 청산금을 지급하기 전 또는 청산금이 없는 경우 청산기간이 지나기 전, 처분청산의 경우 제3자와 매매계약을 체결하기 전까지 피담보채무액을 담보권자에게 지급하고, 담보등기의 말소를 청구할 수 있다. 이 경우 동산담보권자는 동산담보권의 실행을 즉시 중지해야 한다($\substack{\text{법 제28조} \\ \text{제1항}}$). 다만 말소청구에 따라 동산담보권의 실행을 중지함으로써 동산담보권자에게 손해가 발생하는 경우에 채무자 등은 그 손해를 배상해야 한다($\substack{\text{법 제28조} \\ \text{제2항}}$).

### (마) 후순위권리자의 보호

1) 동산담보권의 사적 실행으로 동산담보권자보다 후순위의 권리는 소멸하기 때문에 채무자 등이 받을 청산금에 대하여 그 순위에 따라 청산금이 지급될 때까지 그 권리를 행사할 수 있고, 동산담보권자는 후순위권리자가 요구하는 경우에는 청산금을 지급해야 한다($\substack{\text{법 제26조} \\ \text{제1항}}$). 후순위권리자는 청산금에 대한 권리를 행사할 때에는 피담보채권의 범위에서 채권의 명세와 증서

를 동산담보권자에게 건네주어야 하고($\frac{법\ 제26조}{제3항}$), 동산담보권자가 위의 채권명세와 증서를 받고 후순위권리자에게 청산금을 지급한 때에는 그 범위에서 채무자 등에 대한 청산금 지급채무가 소멸한다($\frac{법\ 제26조}{제4항}$). 이러한 후순위권리자의 권리행사를 막으려는 자는 청산금을 압류하거나 가압류해야 한다($\frac{법\ 제26조}{제5항}$).

2) 담보목적물의 매각대금 등이 압류되거나 가압류된 경우 또는 담보목적물의 매각대금 등에 관하여 권리를 주장하는 자가 있는 경우에 동산담보권자는 그 전부 또는 일부를 동산담보권설정자의 법인등기 또는 상호등기를 관할하는 법원에 공탁할 수 있는 바, 동산담보권자는 공탁사실을 즉시 동산담보권자가 알고 있는 이해관계인과 담보목적물의 매각대금 등을 압류 또는 가압류하거나 그에 관하여 권리를 주장하는 자에게 통지해야 한다($\frac{법\ 제27조}{제1항}$). 담보목적물의 매각대금 등에 대한 압류 또는 가압류가 있은 후에 위와 같이 담보목적물의 매각대금 등을 공탁한 경우에는 채무자 등의 공탁금출급청구권이 압류되거나 가압류된 것으로 본다($\frac{법\ 제27조}{제2항}$). 동산담보권자는 공탁금의 회수를 청구할 수 없다($\frac{법\ 제27조}{제3항}$).

3) 후순위권리자는 동산담보권 실행의 경우에 청산금을 지급하기 전 또는 청산금이 없는 경우 청산기간이 지나기 전 또는 제3자와의 매매계약을 체결하기 전까지 담보목적물의 경매를 청구할 수 있다. 다만 그 피담보채권의 변제기가 되기 전에는 청산기간에만 경매를 청구할 수 있다($\frac{법\ 제26조}{제2항}$).

### (3) 공적 실행

동산담보권자는 자기의 채권을 변제받기 위하여 담보목적물의 경매를 청구할 수 있다($\frac{법\ 제21}{조\ 제}{1항}$). 경매절차에는 민사집행법 제264조, 제271조 및 제272조를 준용한다($\frac{법\ 제22조}{제1항}$).

### (4) 공동담보

동일한 채권의 담보로 여러 개의 담보목적물에 동산담보권을 설정한 경우 그 담보목적물의 매각대금을 동시에 배당할 때에는 각 담보목적물의 매각대금에 비례하여 그 채권의 분담을 정한다($\frac{법\ 제29조}{제1항}$). 여러 개의 담보목적물 중 일부의 매각대금을 먼저 배당하는 경우에는 그 대가에서 그 채권 전부를 변제받을 수 있다. 이 경우 경매된 동산의 후순위담보권자는 선순위담보권자가 다른 담보목적물의 동산담보권 실행으로 변제받을 수 있는 금액의 한도에서 선순위 담보권자를 대위하여 담보권을 행사할 수 있다($\frac{법\ 제29조}{제2항}$). 동산담보권자가 동산담보권을 사적 실행하는 경우에도 동시배당과 이시배당에 관한 위의 규정을 준용한다($\frac{법\ 제29조}{제3항\ 본문}$). 다만 동시배당에서 각 담보목적물의 매각대금을 정할 수 없는 경우에는 실행통지에 명시된 각 담보목적물의 평가액 또는 예상매각대금에 비례하여 그 채권의 분담을 정한다($\frac{법\ 제29조}{제3항\ 단서}$).

### (5) 물상보증인 또는 제3취득자의 지위

타인의 채무를 담보하기 위한 동산담보권설정자가 그 채무를 변제하거나 동산담보권의 실행으로 인하여 담보목적물의 소유권을 잃은 경우에는 「민법」의 보증채무에 관한 규정에 따라 채무자에 대한 구상권이 있다$\binom{법\ 제}{16조}$.

담보목적물의 제3취득자가 그 담보목적물의 보존·개량을 위하여 필요비 또는 유익비를 지출한 경우에는 제203조 제1항 또는 제2항에 따라 담보권자가 담보목적물을 실행하고 취득한 대가에서 우선하여 상환받을 수 있다$\binom{법\ 제}{18조}$.

### 5. 동산담보권의 소멸

동산담보권은 담보물권의 일반적 소멸사유에 의해 소멸한다. 또한 동산담보권이 설정된 담보동산에 대해 소유권이나 질권을 선의취득하면, 동산담보권도 소멸한다$\binom{법\ 제}{32조}$.

동산담보권은 존속기간은 5년을 초과할 수 없다. 다만 5년을 초과하지 않는 기간으로 갱신할 수 있는데, 동산담보권설정자와 동산담보권자 그 만료 전에 연장등기를 신청해야 한다$\binom{법\ 제}{49조}$. 그러나 등기의 순위나 효력은 최초의 등기시를 기준으로 한다.

## Ⅲ. 채권담보권

### 1. 채권담보권의 의의

채권담보권이란 담보약정에 따라 금전의 지급을 목적으로 하는 지명채권(여러 개의 채권 또는 장래에 발생할 채권을 포함한다)을 목적으로 등기한 담보권을 말한다$\binom{법\ 제2}{조\ 3호}$.

### 2. 채권담보권의 성립

#### (1) 채권담보권의 목적물

채권담보권의 대상은 금전의 지급을 목적으로 하는 지명채권이다$\binom{법\ 제2}{조\ 3호}$. 주로 매출채권이 대상이 될 것이다.

동산·채권담보법은 "여러 개의 채권" 또는 "장래에 발생할 채권"도 채권담보법의 목적물로 하고 있는 바$\binom{법\ 제2}{조\ 3호}$, 장래의 다수의 불특정채권에 대해서는 채무자의 특정 여부를 불문하지만$\binom{법\ 제34}{조\ 제2항}$, 채권의 종류, 발생원인, 발생 연월일을 정하거나 그 밖에 이와 유사한 방법으로 특정할 수 있는 경우에만 채권담보권의 목적물로 담보등기가 가능하다$\binom{법\ 제34조}{제2항}$. 특히 장래의 채권에 대해서는 종래의 판례의 법리에 의한 제한은 적용되지 않는다.

채권담보권의 목적인 채권은 양도가 가능해야 한다$\binom{법\ 제37조,\ 제}{33조,\ 제331조}$. 특히 양도금지특약부 채권은 채권양도금지특약에 물권적 효력설을 취하는 판례$\binom{대판(전)\ 2019.12.19.}{2016다24284}$를 고려하면 채권담보권자가 선의이고, 중과실이 없다면 채권담보권의 설정이 가능할 것이다.

## (2) 담보약정과 담보등기

(가) 채권담보권이 성립하기 위해서는 담보약정만으로 족하다.

(나) 동산·채권담보법은 채권질권 또는 채권양도담보에 관한 민법의 태도를 반영하여 채권담보권에는 지명채권의 채무자(이하 "제3채무자"라 한다)에 대한 대항요건과 제3채무자 외의 제3자에 대한 대항요건을 규정한다($\binom{\text{법 제}}{\text{35조}}$).

1) 제3채무자에 대한 대항요건으로 담보권자 또는 담보권설정자(채권담보권 양도의 경우에는 그 양도인 또는 양수인을 말한다)가 제3채무자에게 담보등기부의 등기사항증명서를 건네주는 방법으로 그 사실을 통지하거나 제3채무자가 이를 승낙하도록 규정한다($\binom{\text{법 동조,}}{\text{제2항}}$). 특히 통지권자의 범위가 민법과 다르다. 통지와 승낙에 대해서는 제451조와 제452조가 준용된다($\binom{\text{법 제35}}{\text{조 제4항}}$).

2) 제3자에 대한 대항요건으로 채권담보권의 득실변경을 담보등기부에 등기하도록 한다($\binom{\text{법 동조,}}{\text{제1항}}$). 즉 채권담보권등기는 동산담보권과 달리 채권담보권의 성립요건이 아니라 제3채무자 외의 제3자에 대한 대항요건이다. 제3자는 채권양도의 대항요건에서 제3자와 동일하다. 민법에서와 같이 확정일자에 의한 통지 또는 승낙이 아니라 동법에서 담보등기를 대항요건으로 규정함으로써 예컨대 다수의 불특정 거래처를 상대로 상품을 공급하는 법인은 담보목적물인 장래의 다수의 불특정채권의 채무자(위의 제3채무자)는 거래가 성사되기 전에는 특정이 곤란함에도 담보등기만으로 제3자에 대한 대항요건만을 우선적으로 갖추어 채권담보권자의 피담보채권에 우선변제권을 보장해주게 된다. 따라서 동일한 채권에 관하여 양립할 수 없는 이해관계인들이 제3자에게 대한 대항요건을 갖춘 경우에는 담보등기부의 등기와 제349조 또는 제450조 제2항에 따른 통지 또는 승낙이 있는 경우에 담보권자 또는 담보의 목적인 채권의 양수인은 법률에 다른 규정이 없으면 제3채무자 외의 제3자에게 등기와 그 통지의 도달 또는 승낙의 선후에 따라 그 권리를 주장할 수 있다($\binom{\text{법 제35조,}}{\text{제3항}}$). 그러므로 채권양도합의에 따른 확정일자 있는 통지가 제3채무자에게 먼저 도달하고, 담보등기부에 따른 등기가 나중에 있었다면 채권양수인의 권리가 우선하게 될 것이다. 그 채권양수인이 담보목적으로 채권을 양수한 것이라면, 잔여가치에 대해 채권담보권이 성립한다고 해석해야 할 것이다.

---

**사례 23** 2013.8.13. 甲과 A주식회사는 甲이 A회사에 대하여 갖고 있는 물품대금채권을 담보하기 위하여 A주식회사의 B주식회사에 대한 채권(이하 '이 사건 채권')에 대해 채권최고액 3억 원의 담보권을 설정하기로 하는 계약을 체결하였고, 이에 따라 2013년 8월 14일 담보권설정등기가 마쳐졌다(이하 '이 사건 담보권'). 그런데 A주식회사는 2013.8.28. 乙에게 이 사건 채권을 양도하고, 2013년 10월 1일을 확정일자로 하여 B주식회사에 채권양도사실을 통지했으며, 그 통지는 2013년 10월 2일 도달했다. 한편 甲은 2013년 10월 14일 B주식회사에 이 사건 담보권의 설정사실을 통지했고, 그 통지는 2013년 10월 15일 B주식회사에 도달했다.

질문 1) 만약 B주식회사는 2013년 10월 31일 乙에게 이 사건 채권의 변제로 2억 원을 지급한 후에 뒤늦게 이러한 사실을 알게 된 경우에, 甲은 B주식회사에게 이 사건 담보권의 실행으

로써 이 사건 채권의 지급청구를 할 수 있는가? (甲의 물품대금채권의 변제기는 청구시점에
이미 도래했다)

질문 2) 만약 B주식회사는 2013년 10월 13일 乙에게 이 사건 채권의 변제로 2억 원을 지급하였고
뒤늦게 이러한 사실을 알게 된 경우에, 甲은 乙을 상대로 B주식회사로부터 변제받은 것
에 대한 부당이득반환청구를 할 수 있는가? (甲의 물품대금채권의 변제기는 청구시점에 이미
도래했다) (대판 2016.7.14, 2015다71856,71863 참조)

|해설 23|

**해설 1)** 甲은 B주식회사에게 지급청구를 할 수 있다.

동산채권담보법에 의한 채권담보권자가 담보등기를 마친 후에서야 동일한 채권에 관한 채권양
도가 이루어지고 확정일자 있는 증서에 의한 채권양도의 통지가 제3채무자인 B에게 도달하였고,
그 후 동산채권담보법 제35조 제2항에 따른 담보권설정의 통지가 B에게 도달한 경우에는, 그
통지가 채권양도의 통지보다 늦게 B에게 도달하였더라도, B는 채권담보권자인 甲에게 채무를
변제해야 한다. 채권양수인 乙에게 우선하는 채권담보권자인 甲이 제3채무자인 B에 대한 대항
요건까지 갖추었기 때문이다. 그런데 B가 채권양수인인 乙에게 변제하였다면 특별한 사정이 없
는 한 이로써 채권담보권자인 甲에게 대항할 수 없다. 따라서 B는 甲의 지급청구에 대항할 수
없다.

**해설 2)** 甲은 乙에게 부당이득으로서 변제받은 것의 반환을 청구할 수 있다.

동산채권담보법에 의한 채권담보권자가 담보등기를 마친 후에서야 동일한 채권에 관한 채권양
도가 이루어지고 확정일자 있는 증서에 의한 채권양도의 통지가 제3채무자인 B에게 도달하였으
나, 동산채권담보법 제35조 제2항에 따른 담보권설정의 통지는 B에게 도달하지 않은 상태에서
는, B로서는 채권양수인에게 유효하게 채무를 변제할 수 있고 이로써 채권담보권자인 甲에 대하
여도 면책된다. B에 대한 관계에서 채권양수인인 乙만이 대항요건을 갖추었기 때문이다.

그러나 채권양수인 乙은 채권담보권자에 대한 관계에서는 후순위로서, 채권담보권자인 甲의 우
선변제적 지위를 침해하여 이익을 받은 것이 되므로, 甲은 乙에게 부당이득으로서 변제받은 것
의 반환을 청구할 수 있다.

## 3. 채권담보권의 효력

### (1) 채권담보권의 성질

채권담보권은 담보물권으로서의 성질을 갖기 때문에 담보물권으로서의 성질을 갖는다. 따라
서 부종성, 수반성, 불가분성, 물상대위성을 갖는다.

### (2) 효력이 미치는 범위

채권담보권의 효력이 미치는 범위에 관해서는 동산담보권에 관한 규정이 준용된다(법 제37조).

### 4. 채권담보권의 실행

채권담보권의 실행방법으로는 직접청구에 의한 실행과 민사집행법에 의한 실행이 있다.

채권담보권자는 피담보채권의 한도에서 채권담보권의 목적이 된 채권을 직접 청구할 수 있다(법 제36조 제1항). 그런데 채권담보권의 목적이 된 채권이 피담보채권보다 변제기가 먼저 도래하는 경우 채권담보권자는 제3채무자에게 그 변제금액의 공탁을 청구할 수 있다(법 제36조 제2항). 제3채무자가 변제금액을 공탁한 경우 채권담보권은 그 공탁금에 존재한다.

채권담보권자는 민사집행법에서 정한 방법으로 채권담보권을 실행할 수 있다(법 제36조 제3항, 민사집행법 제273조).

# 부 록

# 등기사항전부증명서(말소사항 포함)
## - 토지 [제출용] -

고유번호 1163 - □□□ - 040301

[토지] 서울특별시 중랑구 △△동 ××-×××

## 【표 제 부】 (토지의 표시)

| 표시번호 | 접 수 | 소재지번 | 지목 | 면 적 | 등기원인 및 기타사항 |
|---|---|---|---|---|---|
| ~~1~~ (전 1) | ~~1972년6월9일~~ | ~~서울특별시 동대문구 □□동 ××-×××~~ | ~~태~~ | ~~27평~~ | |
| | | | | | 부동산등기법 제177조의 6 제1항의 규정에 의하여 1999년07월01일 전산이기 |
| ~~2~~ | | ~~서울특별시 중랑구 △△동 ××-×××~~ | ~~태~~ | ~~27평~~ | ~~1988년1월1일~~ ~~행정구역변경으로 인하여~~ ~~1999년10월4일 등기~~ |
| 3 | 2007년3월22일 | 서울특별시 중랑구 △△동 ××-××× | 대 | 89㎡ | 환산등록 |

## 【갑 구】 (소유권에 관한 사항)

| 순위번호 | 등기목적 | 접 수 | 등기원인 | 권리자 및 기타사항 |
|---|---|---|---|---|
| 1 (전 1) | 소유권이전 | 1974년12월18일 제83152호 | 1974년12월16일 매매 | 소유자 홍길동 서울 동대문구 □□동 ○○-○○○ |
| | | | | 부동산등기법 제177조의 6 제1항의 규정에 의하여 1999년07월01일 전산이기 |
| ~~2~~ | ~~가압류~~ | ~~1999년12월18일~~ ~~제59353호~~ | ~~1999년12월16일~~ ~~서울지방법원의~~ ~~가압류 결정~~ ~~(99카단1699○○)~~ | ~~청구금액 금7,153,475원~~ ~~채권자 □□□~~ ~~태전 태덕구 ××동-×××~~ ~~(서울○지점)~~ |
| 3 | 2번가압류등기 말소 | 2001년7월23일 제28428호 | 2001년7월11일 해제 | |

[인터넷 발급] 문서 하단의 바코드를 스캐너로 확인하거나, **인터넷등기소**(http://www.iros.go.kr)**의 발급확인 메뉴에**서 **발급확인번호를 입력하여 위ㆍ변조 여부를 확인할 수 있습니다. 발급확인번호를 통한 확인은 발행일부터 3개월까**지 5회에 한하여 가능합니다.

발행번호 1162022○○○○○○○    발급확인번호 AALE-LWJW-○○○○    발행일 2022/08/02

1/4

[토지] 서울특별시 중랑구 △△동 ××-×××

| 순위번호 | 등기목적 | 접 수 | 등기원인 | 권리자 및 기타사항 |
|---|---|---|---|---|
| ~~4~~ | ~~가압류~~ | ~~2005년10월5일~~ ~~제38110호~~ | ~~2005년10월4일~~ ~~서울중앙지방법원의~~ ~~가압류 결정~~ ~~(2005카단1059○○)~~ | ~~청구금액 금10,775,100원~~ ~~채권자 ○○대학교병원~~ ~~서울 ○○구 ○○동 28~~ |
| 5 | 4번가압류등기 말소 | 2006년1월10일 제712호 | 2006년1월4일 해제 | |
| 6 | ~~임의경매개시결 정~~ | ~~2019년12월6일~~ ~~제155031호~~ | ~~2019년12월6일~~ ~~서울북부지방법원의~~ ~~임의경매개시 결정~~ ~~(2019타경103○○)~~ | ~~채권자 주식회사 ☆☆은행 110111-~~ ~~2365321~~ ~~서울 영등포구 ○○○○로8길 26~~ ~~(여의도동)~~ ~~(여신관리센터)~~ |
| 7 | 6번임의경매개 시결정등기말소 | 2020년1월23일 제17320호 | 2020년1월20일 취하 | |
| 8 | 소유권이전 | 2020년2월13일 제34837호 | 2015년4월9일 협의분할에 의한 상속 | ~~소유자 성춘향 62××××-*******~~ ~~서울특별시 중랑구 ××로 ○○길~~ ~~××-○○동~~ |
| 8-1 | 8번소유권경정 | 2021년8월17일 제168946호 | 2021년4월30일 사해행위취소 | 공유자 지분 5분의 4 을돌이 620000-******* 서울특별시 중랑구 ××로○×(××동) 지분 5분의 1 병돌이 690000-******* 서울특별시 중랑구 ××로○○(××동) |
| | | | | 대위자 ○○○○자산관리대부주식회사 서울특별시 ××구 ○○로 304, 405호(용강동) 대위원인 서울북부지방법원 2020가단 1540×× 확정판결 |
| 9 | 압류 | 2020년5월18일 제114189호 | 2020년5월4일 압류(세무1과- 6603) | 권리자 중랑구(서울특별시) 1128 |

[토지] 서울특별시 중랑구 △△동 ××-×××

| 순위번호 | 등기목적 | 접 수 | 등기원인 | 권리자 및 기타사항 |
|---|---|---|---|---|
| 9–1 | 9번압류경정 | | | 목적 8번 성춘향 지분압류<br>8번 소유권경정등기로 인하여<br>2021년8월17일 부기 |
| ~~10~~ | ~~강제경매개시결정~~ | ~~2021년5월12일<br>제○○○○호~~ | ~~2021년5월12일<br>서울북부지방법원의<br>강제경매개시결정<br>(2021타경1039○○)~~ | ~~채권자 ○○자산대부 주식회사~~<br>~~110111–5260362~~<br>~~서울 ○구 ○○로 23, 4층 402호~~<br>~~(자동2가, △△빌딩)~~ |
| 11 | 10번강제경매개시<br>결정등기말소 | 2021년8월12일<br>제○○○○호 | 2021년8월2일<br>취하 | |
| 12 | 8번을돌이지분강<br>제경매개시결정 | 2021년9월7일<br>제○○○○호 | 2021년9월7일<br>서울북부지방법원의<br>강제경매개시결정<br>(2021타경1071○○) | 채권자 ○○○○자산관리대부주식회사<br>110111–5873727<br>서울특별시 ○○구 ○○로 304,<br>405호(용강동, ○○빌딩) |
| 13 | 8번병돌이지분강<br>제경매개시결정 | 2022년2월24일<br>제○○○○호 | 2022년2월24일<br>서울북부지방법원의<br>강제경매개시결정<br>(2022타경1018○○) | 채권자 서울신용보증재단<br>114671–0026171<br>서울특별시 마포구 마포대로 163<br>(공덕동, 서울신용보증재단빌딩)<br>(특수채권센터) |

| 【을    구】 (소유권 이외의 권리에 관한 사항) | | | | |
|---|---|---|---|---|
| 순위번호 | 등기목적 | 접 수 | 등기원인 | 권리자 및 기타사항 |
| ~~1~~<br>~~(전 1)~~ | ~~근저당권설정~~ | ~~1997년3월27일<br>제20829호~~ | ~~1997년3월27일<br>설정계약~~ | ~~채권최고액 금42,000,000원~~<br>~~채무자 갑돌아~~<br>~~서울 중랑구 □□동 ××–×××~~<br>~~근저당권자 동부농업협동조합~~<br>~~114136–0000337~~<br>~~서울 중랑구 상봉동 115–9~~<br>~~공동담보 동소동번지 건물~~ |
| | | | | 부동산등기법 제177조의 6 제1항의 규정<br>에 의하여 1999년07월01일 전산이기 |

[토지] 서울특별시 중랑구 △△동 ××-×××

| 순위번호 | 등기목적 | 접 수 | 등기원인 | 권리자 및 기타사항 |
|---|---|---|---|---|
| 2 | 1번근저당권설정등기말소 | 2002년3월11일 제13903호 | 2002년3월11일 해지 | |
| 3 | 근저당권설정 | 2003년3월27일 제13761호 | 2003년3월27일 설정계약 | 채권최고액 금32,500,000원 채무자 갑돌어 서울 중랑구 □□동 ××-××× 근저당권자 구리농업협동조합 115236-0000178 구리시 교문동 250(갈매지점) 공동담보 건물 서울특별시 중랑구 △△동 ××-××× |
| 4 | 근저당권설정 | 2014년9월15일 제83680호 | 2014년9월15일 설정계약 | 채권최고액 금72,000,000원 채무자 갑돌어 서울특별시 중랑구 □□동 ××-××× 근저당권자 주식회사국민은행 110111-2365321 서울특별시 중구 남대문로 84 (을지로2가)(전농동지점) 공동담보 건물 서울특별시 중랑구 △△동 ××-××× |
| 5 | 3번근저당권설정등기말소 | 2014년9월16일 제84323호 | 2014년9월16일 해지 | |
| 6 | 4번근저당권설정등기말소 | 2020년1월20일 제13994호 | 2020년1월17일 해지 | |

-- 이 하 여 백 --

관할등기소 서울북부지방법원 등기국 / 발행등기소 법원행정처 등기정보중앙관리소
수수료 1,000원 영수함

이 증명서는 등기기록의 내용과 틀림없음을 증명합니다.
서기 2022년 8월 2일

법원행정처 등기정보중앙관리소 　　　　　　　　　　전산운영책임관

* 실선으로 그어진 부분은 말소사항을 표시함.　　　　　* 기록사항 없는 갑구, 을구는 '기록사항 없음'으로 표시함.
* 증명서는 컬러 또는 흑백으로 출력 가능.

[인터넷 발급] 문서 하단의 바코드를 스캐너로 확인하거나, **인터넷등기소**(http://www.iros.go.kr)의 **발급확인 메뉴**에서 **발급확인번호**를 입력하여 **위·변조 여부를 확인**할 수 있습니다. 발급확인번호를 통한 확인은 발행일부터 3개월까지 5회에 한하여 가능합니다.

발행번호 1162022○○○○○○○　　　　발급확인번호 AALE-LWJW-○○○○　　　　발행일 2022/08/02

# 등기사항전부증명서(말소사항 포함)
## - 건물 [제출용] -

고유번호 1163 - □□□ - 056674

[건물] 서울특별시 중랑구 △△동 ××-×××

## 【표 제 부】 (건물의 표시)

| 표시번호 | 접 수 | 소재지번 및 건물번호 | 건물내역 | 등기원인 및 기타사항 |
|---|---|---|---|---|
| 1<br>(전 1) | 1973년10월17일 | 서울특별시 동대문구<br>□□동 ××-××× | 연와조 세멘와즙<br>평가건주택1동<br>건평14평5홉6작<br>지하실 1평7홉7작 | 도면편철장 제7책재403장 |
| | | | | 부동산등기법 제177조의 6<br>제1항의 규정에 의하여<br>1999년07월01일 전산이기 |
| 2 | | 서울특별시 중랑구 □□동<br>××-××× | 연와조 세멘와즙<br>평가건주택1동<br>건편14평5홉6작<br>지하실 1평7홉7작 | 1988년1월1일<br>행정구역변경으로 인하여<br>1999년12월18일 등가 |
| 3 | | 서울특별시 중랑구 △△동<br>××-×××<br>[도로명주소]<br>서울특별시 중랑구 □□로 | 연와조 세멘와즙<br>평가건주택1동<br>건평14평5홉6작<br>지하실 1평7홉7작 | 도로명주소<br>2012년7월17일 등가 |
| 4 | 2014년9월1일 | 서울특별시 중랑구 △△동<br>××-×××<br>[도로명주소]<br>서울특별시 중랑구 □□로 | 시멘트블록조,연와조<br>세멘와즙,스라브지붕<br>단층 주택<br>지층 11.13㎡<br>1층 57㎡<br>1층 2.25㎡ | 증축 |

## 【갑 구】 (소유권에 관한 사항)

| 순위번호 | 등기목적 | 접 수 | 등기원인 | 권리자 및 기타사항 |
|---|---|---|---|---|
| 1<br>(전 6) | 소유권이전 | 1974년12월18일<br>제83152호 | 1974년12월16일<br>매매 | 소유자 갑돌이<br>서울특별시 동대문구 △△동 ××-××× |

발행번호 1162022○○○○○○○○          발급확인번호 AALE-LWTU-○○○○          발행일 2022/08/02

[건물] 서울특별시 중랑구 △△동 ××-×××

| 순위번호 | 등기목적 | 접 수 | 등기원인 | 권리자 및 기타사항 |
|---|---|---|---|---|
| | | | | 부동산등기법 제177조의 6 제1항의 규정에 의하여 1999년07월01일 전산이기 |
| 2 | ~~카압류~~ | ~~1999년12월18일 제59353호~~ | ~~1999년12월16일 서울지방법원의 카압류결정 (99카단1699○○)~~ | ~~청구금액 금7,153,475원 채무자 대우캐퍼탈주식회사 160111-0038524 대전 대덕구 송촌동 292-3 (서울1지점)~~ |
| 3 | 2번가압류등기 말소 | 2001년7월23일 제28428호 | 2001년7월11일 해제 | |
| 4 | ~~카압류~~ | ~~2005년10월5일 제38110호~~ | ~~2005년10월4일 서울중앙지방법원의 카압류결정 (2005카단1059○○)~~ | ~~청구금액 금10,775,100원 채권자 서울대학교병원 서울 종로구 연간동 28~~ |
| 5 | 4번가압류등기 말소 | 2006년1월10일 제712호 | 2006년1월4일 해제 | |
| 6 | ~~임의경매개시결 정~~ | ~~2019년12월6일 제155031호~~ | ~~2019년12월6일 서울북부지방법원의 임의경매개시 결정 (2019타경103○○)~~ | ~~채권자 주식회사 국민은행 110111-2365321 서울 영등포구 국제금융로8길 26 (여의도동) (여신관리센타)~~ |
| 7 | 6번임의경매개 시결정등기말소 | 2020년1월23일 제17320호 | 2020년1월20일 취하 | |
| 8 | 소유권이전 | 2020년2월13일 제34837호 | 2015년4월9일 협의분할에 의한 상속 | 소유자 을돌어 62○○○○-******* 서울특별시 중랑구 △△로 ××-××× |
| 8-1 | 8번소유권경정 | 2021년8월17일 제168946호 | 2021년4월30일 사해행위취소 | 공유자 지분 5분의 4 을돌이 62○○○○-******* 서울특별시 중랑구 ××로○×(××동) 지분 5분의 1 병돌이 69○○○○-******* 서울특별시 중랑구 ××로○○(××동) |

[건물] 서울특별시 중랑구 △△동 ××－×××

| 순위번호 | 등기목적 | 접 수 | 등기원인 | 권리자 및 기타사항 |
|---|---|---|---|---|
| | | | | 2－3(상봉동) |
| | | | | 대위자 ○○○○자산관리대부주식회사<br>　서울특별시 ○○구 ○○로 304,<br>　405호(용강동)<br>대위원인 서울북부지방법원 2020가단<br>　1540×× 확정판결 |
| 9 | 압류 | 2021년2월25일<br>제37693호 | 2021년2월25일<br>압류 | 권리자 중랑구(서울특별시) 1128 |
| 9－1 | 9번압류경정 | | | 목적 8번을돌이지분압류<br>8번 소유권경정등기로 인하여<br>2021년8월17일 부기 |
| ~~10~~ | 강제경매개시결정 | ~~2021년5월12일~~<br>~~제100339호~~ | ~~2021년5월12일~~<br>~~서울북부지방법원의~~<br>~~강제경매개시결정~~<br>~~(2021타경1039○○)~~ | 채권자 ○○자산대부 주식회사<br>~~110111－5260362~~<br>~~서울 ○구 ○○로 23, 4층 402호~~<br>~~(저동2가, ○○빌딩)~~ |
| 11 | 10번강제경매개시<br>결정등기말소 | 2021년8월12일<br>제166413호 | 2021년8월2일<br>취하 | |
| 12 | 8번병돌이지분강제<br>경매개시결정 | 2021년9월7일<br>제184920호 | 2021년9월7일<br>서울북부지방법원의<br>강제경매개시결정<br>(2021타경1071○○) | 채권자 ○○○○자산관리대부주식회사<br>　110111－5873727<br>　서울특별시 ○○구 ○○로 304,<br>　405호(용강동, ○○빌딩) |
| 13 | 8번을돌이지분강제<br>경매개시결정 | 2022년2월24일<br>제27150호 | 2022년2월24일<br>서울북부지방법원의<br>강제경매개시결정<br>(2022타경1018○○) | 채권자 서울신용보증재단<br>　114671－0026171<br>　서울특별시 마포구 마포대로 163<br>　(공덕동,서울신용보증재단빌딩)<br>　(특수채권센터) |

[건물] 서울특별시 중랑구 △△동 ××－×××

| 【을    구】 (소유권 이외의 권리에 관한 사항) | | | | |
|---|---|---|---|---|
| 순위번호 | 등기목적 | 접 수 | 등기원인 | 권리자 및 기타사항 |
| ~~1~~<br>~~(전 1)~~ | ~~근저당권설정~~ | ~~1997년3월27일~~<br>~~채20829호~~ | ~~1997년3월27일~~<br>~~설정계약~~ | ~~채권최고액  금42,000,000원~~<br>~~채무자  갑돌어~~<br>~~서울 중랑구 □□동 ××－×××~~<br>~~근저당권자  동부농업협동조합~~<br>~~114136－0000337~~<br>~~서울 중랑구 상봉동 115－9~~<br>~~공동담보  동소동번지 토지~~ |
| | | | | 부동산등기법 제177조의 6 제1항의 규정에<br>의하여 1999년07월01일 전산이기 |
| 2 | 1번근저당권설<br>정등기말소 | 2002년3월11일<br>제13903호 | 2002년3월11일<br>해지 | |
| 3 | ~~근저당권설정~~ | ~~2003년3월27일~~<br>~~채13761호~~ | ~~2003년3월27일~~<br>~~설정계약~~ | ~~채권최고액  금32,500,000원~~<br>~~채무자  갑돌어~~<br>~~서울 중랑구 □□동 ××－×××~~<br>~~근저당권자  구리농업협동조합~~<br>~~115236－0000178~~<br>~~구리시 교문동 250~~<br>~~(갈매지점)~~<br>~~공동담보  토지 서울특별시 △△구 ○○동~~<br>~~××－×××~~ |
| ~~4~~ | ~~근저당권설정~~ | ~~2014년9월15일~~<br>~~채83680호~~ | ~~2014년9월15일~~<br>~~설정계약~~ | ~~채권최고액  금72,000,000원~~<br>~~채무자  갑돌어~~<br>~~서울특별시 중랑구 □□동 ××－×××~~<br>~~근저당권자  주식회사국민은행~~<br>~~110111－2365321~~<br>~~서울특별시 중구 남대문로 84~~<br>~~(을지로2가)~~<br>~~(전농동지점)~~<br>~~공동담보  토지 서울특별시 중랑구 △△동~~<br>~~××－×××~~ |
| 5 | 3번근저당권설<br>정등기말소 | 2014년9월16일<br>제84323호 | 2014년9월16일<br>해지 | |
| 6 | 4번근저당권설<br>정등기말소 | 2020년1월20일<br>제13994호 | 2020년1월17일<br>해지 | |

－－ 이 하 여 백 －－

[건물] 서울특별시 중랑구 △△동 ××-×××

관할등기소  서울북부지방법원 등기국 / 발행등기소  법원행정처 등기정보중앙관리소
수수료  1,000원 영수함

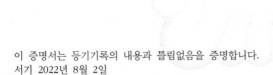

이 증명서는 등기기록의 내용과 틀림없음을 증명합니다.
서기 2022년 8월 2일

법원행정처 등기정보중앙관리소                                          전산운영책임관

* 실선으로 그어진 부분은 말소사항을 표시함.                    * 기록사항 없는 갑구, 을구는 '기록사항 없음'으로 표시함.
* 증명서는 컬러 또는 흑백으로 출력 가능함.

---

[인터넷 발급] 문서 하단의 바코드를 스캐너로 확인하거나, **인터넷등기소**(http://www.iros.go.kr)의 **발급확인** 메뉴에
서 **발급확인번호**를 입력하여 **위·변조 여부**를 확인할 수 있습니다. 발급확인번호를 통한 확인은 발행일부터 3개월까
지 5회에 한하여 가능합니다.

발행번호 1162022○○○○○○○          발급확인번호 AALE－LWTU－○○○○          발행일 2022/08/02

등기사항전부증명서(말소사항 포함)
# ‒ 동산담보 [제출용] ‒

등기고유번호 2021‒○○××××    등기일련번호 ○○○○

## 【담보권설정자】 (담보권설정자에 관한 사항)

| 표시번호 | 상호 / 명칭 | 법인등록번호 | 본점 / 주사무소 | 등기원인 및 등기일자 |
|---|---|---|---|---|
| 1 | 주식회사 ◇◇◇ | 2○○○○○‒○○○○○○○ | 경상남도 ○○시 □□□ 4길 6(☆☆동) | |

## 【담보권】 (담보권에 관한 사항)

| 순위번호 | 등기목적 | 접수 | 등기원인 | 담보권자 및 기타사항 |
|---|---|---|---|---|
| 1 | 근담보권설정 | 2021년9월29일 16시53분 제43호 | 2021년9월29일 설정계약 | 채권최고액 금120,000,000원<br>존속기간 2021년09월29일부터 만5년까지<br>채무자 주식회사 ◇◇◇<br>   경상남도 ○○시 □□□ 4길 6(☆☆동)<br>근담보권자 주식회사☆☆은행<br>   ******‒*******<br>   서울특별시 영등포구 ○○○○8길 26<br>   (여의도동)(웅상지점) |

## 【담보목적물】 (담보목적물에 관한 사항)

| 일련번호 | 동산의 종류 | 보관장소 / 특성 | 기타사항 |
|---|---|---|---|
| 1 | 개별동산: 기계기구 | 제조번호: 202115030015464 | 제품명: 플라스틱 사출성형기<br>제조번호: ○○○○○○○<br>모델명: VA○○○<br>제조사: ABC<br>제조연월: 2021.08.<br>사양: Clampimg Force: 300Ton<br>Injection Unit: 1100<br>Mold Opening Stroke: 600㎜<br>Tie Bar Distance: 730×730㎜<br>Screw Dia': Pie50㎜<br>Control Percent With Acc's<br>소재지(보관장소): 경상남도 ○○시 □□동<br>  1218‒4 (주)◇◇◇ 공장동내 |

[인터넷 발급] 문서 하단의 바코드를 스캐너로 확인하거나, **인터넷등기소**(http://www.iros.go.kr)**의 발급확인 메뉴**에서 **발급확인번호를 입력하여 위·변조 여부를 확인할 수 있습니다. 발급확인번호를 통한 확인은 발행일부터 3개월까지 5회에 한하여 가능합니다.

등기고유번호 2021 - ○○××××　등기일련번호 ○○○○

－－ 이 하 여 백 －－

관할등기소　울산지방법원 양산등기소 / 발행등기소　법원행정처 등기정보중앙관리소

수수료　1,000원 영수함

[ 참 고 사 항 ]

가. 이 증명서는 동산 또는 채권의 존재를 증명하지 않습니다.

나. 동산을 보관장소에 따라 특정하는 경우에는 같은 보관장소에 있는 같은 종류의 동산 전체가 담보목적물임을 나타냅니다.

이 증명서는 등기기록의 내용과 틀림없음을 증명합니다.

서기 2022년 7월 29일

법원행정처 등기정보중앙관리소　　　　　　　　　　　　　　전산운영책임관

＊ 실선으로 그어진 부분은 말소사항을 표시함.

＊ 증명서는 컬러 또는 흑백으로 출력 가능함.

[인터넷 발급] 문서 하단의 바코드를 스캐너로 확인하거나, **인터넷등기소**(http://www.iros.go.kr)**의 발급확인 메뉴**에서 **발급확인번호**를 입력하여 **위·변조 여부를 확인할 수 있습니다. 발급확인번호**를 통한 확인은 발행일부터 3개월까지 5회에 한하여 가능합니다.

발행번호 0102200×××××- ○○919　　　　발급확인번호 IKZH - 58××-AA××　　　　발행일 2022/07/29

저자 약력

■ 박 동 진

연세대학교 법과대학 졸업(법학사)
연세대학교 대학원 법학과 석사과정 졸업(법학석사)
연세대학교 대학원 법학과 박사과정 수학
독일 뮌헨(München)대학교 법학부 수료(법학박사 Dr. iur)
버클리대학교(UC Berkely) 방문교수
변호사시험 · 사법시험 · 행정고시 · 입법고시 등 시험위원
광운대학교 조교수
(현재) 연세대학교 법학전문대학원 · 법과대학 교수

》》 주요저서

계약법강의[제2판]
민사법 사례형 · 기록형 연습(공저)
주석 민법[제5판]: 채권각칙6(공저)
Grund und Umfang der Haftung für Schockschäden nach § 823 I BGB
로스쿨 채권법(불법행위편)(공저)
로스쿨 채권법(계약편)(공저)
로스쿨 민법총칙(공저)

## 물권법강의 [제2판]

2018년 8월 30일 초 판 발행
2022년 9월 5일 제2판 1쇄 발행

| 저 자 | 박 동 진 |
| --- | --- |
| 발행인 | 배 효 선 |
| 발행처 도서출판 | 法 文 社 |

주 소 10881 경기도 파주시 회동길 37-29
등 록 1957년 12월 12일/제2-76호(윤)
전 화 (031)955-6500~6 FAX (031)955-6525
E-mail (영업)bms@bobmunsa.co.kr
(편집)edit66@bobmunsa.co.kr
홈페이지 http://www.bobmunsa.co.kr
조판 법문사 전산실

정가 36,000원                    ISBN 978-89-18-91339-1